2025
관세법 해설

Customs

이종익 · 박병목

세 경 사

머리말

2025년 '미국을 다시 위대하게(Make America Great Again)'를 외치며 '강한 미국'을 추구하고 있는 '트럼프 2.0'시대 도래는 관세 · 환율 · 물가 등 세계경제에 거대한 변화가 예상됩니다. 이에 따른 탈세계화(Deglobalizaion) 현상은 가속화되며 자국의 안정적인 공급망 확보를 우선시하는 지역화(Regionalization) 추세는 더욱 확산될 것입니다.

대외의존도가 높은 우리나라는 이러한 환경변화에 경제주체들의 활동이 다각적으로 반영하고 신속한 글로벌 공급망을 확보하기 위하여 매년 여러 조문에 걸쳐 관세법 개정이 이루어지고 있습니다. 관세법은 관세국경 리스크 관리(wake-up call for risk)와 신속통관을 위한 수단으로 어느 때 보다 중요하다고 봅니다.

관세법의 주요 개정 내용을 보면 다음과 같습니다.

성실한 납세 관행을 정착시키기 위하여 대통령령으로 정하는 사업자를 대상으로 월별로 성실납세신고를 할 수 있도록 하고, 관세부과의 실효성을 제고하기 위하여 수입신고를 하지 아니하고 수입한 경우의 관세부과 제척기간을 5년에서 7년으로 연장하며, 조세회피를 방지하기 위하여 부정행위를 통해 과소신고한 경우의 가산세율을 100분의 40에서 100분의 60으로 상향하였습니다.

또한 방위산업기술의 해외 유출을 차단하기 위하여 수출입이 금지되는 지적재산권 침해물품을 확대하고, 전자상거래물품의 통관에 필요한 사항을 생략하거나 간소한 방법으로 적용받으려는 통신판매업자 등에 대한 등록 근거를 마련하며, 체납세액의 효율적인 징수를 위하여 과세자료의 제출기관을 추가하고, 위반행위에 따른 처벌의 실효성을 확보하기 위하여 가격조작죄의 벌금형 산정기준을 합리화하고 있습니다.

매년 개정되는 내용에 대해 충분한 학습과 이해가 병행되어야만 관세실무과정에서 법규를 잘 준수할 수 있습니다. 관세법에 대한 이해는 법조문에 대한 정확한 해석과 판결례에 대한 숙지라고 생각합니다. 본서는 출간된 지 20여년 동안 매년 개정을 진행하여, 실제 관세행정 현장에서 접하는 여러 쟁점사항의 연구와 정리를 조문별 취지 및 관련 판례와 함께 체계적으로 해설한 것이 장점입니다. 법제처를 비롯한 국내 유수의 기관에서 내부검토 및 질의회신에서 본서를 인용하고 있는 점에 저자로서 큰 보람을 느낍니다.

모쪼록 본서가 관세 업무와 관련된 모든 분들에게 많은 도움이 되었으면 합니다. 어려운 출판 환경에도 이번 개정판 출간에 정성을 다해 주신 세경사 김수진 대표님과 편집부 직원 여러분들에게 진심으로 감사를 드립니다.

2025년 1월

저자 일동

CONTENTS

차 례

제 1 장 총 칙

제 2 장 과세가격과 관세의 부과 · 징수 등

제 3 장 세율 및 품목분류

제 4 장 감면 · 환급 및 분할납부 등

제 5 장 납세자의 권리 및 불복절차

제 6 장 운송수단

제 7 장 보세구역

제8장 운 송

제9장 통　관

第12장 조사와 처분

제13장 보 칙

관세법(關稅法)에서 관(關)자는 "문을 가로쇠 나무로 잠근다"라는 뜻이고 세(稅)는 "곡식을 취한다"라는 뜻으로 관세는 관문에서 곡식을 취한다는 의미이다. 이 관문(關門)은 국경이나 교통 요지에 설치한 문이나 길목을 말하는 것으로 '관세선'(customs line)이라고 한다. 관세선은 수출입화물이 일정한 영토를 통과할 때 자국의 관세법규가 적용되는 지역을 말한다. 관세선을 통과하는 외국화물에 대해서는 관세부과, 징수, 보세, 담보, 통관검사 등이 시행되고 관세영역은 통상 정치상의 국가영역(영토, 영해 및 영공), 즉 국경선과 일치하나 특정국가의 경제 및 무역정책상 동일한 국가영역 내에서 관세영역을 달리하는 경우(예 ; 자유무역지역)도 있으며 또는 국가 간의 협정에 의하여 국가영역이 다른 지역을 통합하여 동일한 관세영역을 설정하는 경우(예 ; 관세동맹)도 있다.

세(稅)는 조세를 의미하며, 조세는 국가나 지방자치단체가 재력을 얻기 위하여 과세권에 근거를 두고 반대급부 없이, 즉 대가없이 그 구성원에게 부과하는 금전부담을 말한다. 영국의 경제학자 Adam Smith[1]는 그의 저서 '국부론'에서 "관세는 내국세보다 훨씬 오래된 것이다. 이 세가 관습(Customs)이라고 불리게 된 것은 그것이 아득한 옛날부터 관습적으로 행하여진 세금(Customary Payments)을 뜻하기 때문"이라고 설명하였다. 반면 길버트(C. B. Gillbert)는 보관료를 의미하는 'custodium'에서 유래하였다고 하였다.

조세는 과세주체에 따라 국세[2]와 지방세로 나눌 수 있다. 그리고 과세물건 종류에 따라 외국물품에 대하여 부과하는 관세와 내국물품에 대하여 부과하는 내국세로 나눌 수 있으나 이 구분은 불분명하며 외국물품에 대하여 부가가치세, 개별소비세 등 내국세를 함께 부과하기도 한다.

관세(關稅)는 현행 우리나라 관세법을 기준으로 보면, 국가가 수입물품에 대하여 법률이 정한대로 부과 · 징수하는 조세의 일종이라 정의할 수 있다. 지방자치단체나 공공단체는 관세를 부과하는 주체가 될 수 없으며, 국가만이 그 주체가 된다.[3] 부과대상은 국경을 드나드는 물품 중에 수출물품과 통과물품을 제외한 수입물품이다.

관세는 과세기회를 기준으로 수입세 · 수출세 · 통과세로, 과세방법을 기준으로 종량세 · 종가세로, 과세목적을 기준으로 재정관세 · 보호관세로, 관세율 제정권 주체를 기준으로 국정관세 · 협정관세 등으로 나눌 수 있다.

관세를 부과할 때에는 법에서 정한 방법대로 부과하여야 한다. 법(法)은 강제력이 따르는 국가의 규범을 말한다. 헌법 제38조 "모든 국민은 법률이 정하는 바에 의하여 납세의무를 진

1) 아담 스미스(Adam Smith, 1723년~1790년)는 Scottland의 관세청장을 역임하였다.
2) 국세기본법상 국세는 아니며, 광의의 국세라 할 수 있다.
3) 관세에 관한 업무를 관장하기 위해 기획재정부 소속으로 관세청을 두고, 2024.12.31. 현재 관세청, 관세인재개발원, 중앙관세분석소, 관세평가분류원, 34세관 16센터에 5310명(정원)이 근무하고 있다. (「관세청과 그 소속기관 직제 시행규칙」, 「관세청 및 그 소속기관 정원과 조직에 관한 훈령」)

다", 제59조 "조세의 종목과 세율은 법률로 정한다"는 규정에 따라 관세를 부과·징수하는 방법, 세율 등에 관하여 관세법으로 정하고 있다.

관세법은 헌법 하위에서 일반법이나 조약과 동등한 효력을 가진 행정법의 일종으로 1949.11.23. 법률 제67호로 제정된 이후 2024.12.31. 법률 제20608호 개정을 거쳐서 오늘에 이르고 있다. 관세법은 장·절·관·조·항·호·목 체계로 구성되어 있고, 일반 세법과 다르게 부과·징수에 관한 내용 이외에 운송수단·통관 등 물품관리, 범법 조사에 관한 내용도 규정하고 있다. 이는 관세법이 세법, 물품관리법, 형사법 등 성질을 동시에 가지고 있다는 것을 의미한다.

관세법 하위 법령으로서 대통령령·부령이 있으며, 관세법규로서 법령 이외에 고시·훈령·예규·지침·공고 등이 있다. 이외에 2000.1.1. 관세법 기본통칙을 제정하여 현재 운영하고 있다. 기본통칙은 관세법상 용어 해설과 적용기준의 통일성을 부여하여 법 집행의 투명성·통일성을 기하기 위해 제정되었다.

우리나라 법은 성문법으로서 국회 입법 과정을 거쳐야 한다. 그리고 조약[4]도 국회에서 동의를 얻어서 체결하므로 법과 서로 상충되지 않아야 하나, 그 효력이 논란의 대상이 될 수 있다. 일반적으로 협약에 관하여는 다수의 의견에 따르면 국내에서는 법을 우선 적용하고, 국제관계에서는 조약을 우선 적용해야 한다. 이전에는 관세법에 '조약우선의 원칙'이라는 규정도 있었다. 그러나 조약과 법률의 상호 관계는 어디까지나 조화를 이루어야 할 관계라 볼 수 있다. 「자유무역협정의 이행을 위한 관세법의 특례에 관한 법률」[5] 제3조에 "이 법은 관세법에 우선하여 적용한다. 다만, 이 법에서 정하지 아니한 사항에 대하여는 관세법에서 정하는 바에 따른다" 그리고 "이 법 또는 관세법이 협정과 상충되는 경우에는 협정을 우선하여 적용한다"라고 규정하고 있는데, 이는 조약과 법률의 조화로운 관계를 반영한 것으로 볼 수 있다.

수입물품에 관세를 부과하면 수입물품의 가격이 상승하므로 상대적으로 수입물품과 경쟁관계에 있는 국내 생산업자는 보호를 받는다. 그리고 소비자는 원래 사용하던 물품을 바꾸어 다른 물품을 사용하거나 아니면 소비량을 줄일 수 있다. 이러한 현상은 관세부과가 생산과 소비에 미치는 효과 중 하나다. 관세부과가 국내와 국제경제에 미치는 효과는 아주 복잡하고 다양하며, 이러한 내용은 국제경제학 혹은 무역학 등에서 취급하고 있다.

---

4) 우리나라가 가입한 관세 관련 국제협약에는 「통일 상품명 및 부호체계에 관한 국제협약」, 「WTO 설립을 위한 마라케쉬 협정」, 「멸종위기에 처한 야생동식물종의 국제거래에 대한 협약(CITES : Convention on International Trade in Endangered Species of Wild Fauna and Flora)」, 「세관절차의 간소화 및 조화에 관한 국제협약」, 「직업 용구의 일시 수입에 관한 국제협약」 등 많이 있다.

5) 2010.1.1. 「자유무역협정의 이행을 위한 관세법의 특례에 관한 법률」 개정(법률 제9918호)시 자유무역협정의 이행을 위한 관세법의 특례에 관한 법령이 이원화되어 있어 협정관세 신청절차 등이 달라 집행에 혼선을 초래함에 따라 「대한민국 정부와 칠레공화국 정부 간의 자유무역협정의 이행을 위한 관세법의 특례에 관한 법률」을 폐지하여 「자유무역협정의 이행을 위한 관세법의 특례에 관한 법률」로 흡수·통합하였다.

근대 이전에는 관세는 재정목적으로 시작하였으나 근대 이후에는 무역경제정책의 수단으로 인식되었다. 관세의 전통적 기능은 수출입물품에 대한 관세 및 내국세 부과 · 징수, 효율적인 통관관리 및 밀수 · 부정수출 단속, 수출입물품의 통관 등이 적정하게 이루어지도록 함으로써 대외무역 질서를 확립하는 것이다.

관세의 새로운 기능으로 대외무역거래질서 확립을 위하여 대외무역법 및 외환거래 위법행위 등의 종합적 단속, 소비자보호를 위한 원산지표시위반 및 지식재산권 침해행위 단속, 사회안전보호를 위한 마약 · 총기류 단속, 관세환급, 무역통계 작성 · 관리 등이 추가되고 있다.

【관세의 성격】

조세 성격	① 납세의무자로부터 반대급부 없이 강제 징수한다. ② 관세는 국가가 징수하고, 지방세는 지방자치단체에서 징수한다. ③ 국가의 재정수입을 목적으로 징수한다.
소비세 성격	① 소비되는 물품에 대해 징수하는 소비세[6] 일종이다. ② 국내 유통을 거쳐 최종 소비자에게 전가되는 간접세다. ③ 수입이 발생할 때마다 징수하는 수시세다. ④ 물품의 성질 · 수량 등 물적사항만을 고려하는 대물세이다.
특수 성격	① 관세 영역에 반입되는 수입물품에 대해 징수한다. ② 국가의 경제 정책을 실현하는 수단으로서 기능을 가진다. ③ 자유무역을 저해하는 전형적인 무역장벽 기능을 가진다.

최근 관세법의 분법에 관한 논의가 활발하게 진행되고 있다. 현행 관세법은 사회 안전과 수출입지원 강화를 규정하는 데에 한계가 있고, 법률 규정이 포괄적이고 복잡하며 중요 내용 중 많은 부분이 관세청 고시 등으로 운영되고 있어 위임 입법에 한계점이 있다는 것이 분법의 이유 중 하나이다.

분법에 관한 기존 연구 결과를 보면 현행 관세법을 3개 혹은 5개로 물리적으로 분할하는 안을 주요 내용으로 하고 있다. 그러나 이와 같은 방식은 미국 · 일본 · 유럽 · 중국 등 전 세계 주요 국가의 관세법체제와도 다른 것이다.

무역 형태의 다양화와 함께 이를 수용하는 관세행정이 복잡하게 진화함에 따라 기존 관세법 입법 체제로는 규정 내용이 너무 복잡하기 때문에 분법의 필요성은 있다. 그러나 그 방법에 있어서는 물리적으로 단순 분할하는 것은 규정 내용의 복잡성을 오히려 가중할 우려가 있고 법률 수요자의 편의를 해칠 우려가 있다.[7]

---

6) 관세는 소비재 이외에도 생산재의 사용, 소모, 기계의 사용 등도 소비로 보고 과세한다.

7) 「관세법분법에 따른 새로운 법률 제정 방안」, 한국관세사회 발주, 한국조세법학회, 2019.10. 참조

제 1 장

총 칙

'총칙'은 전체를 통괄하는 규정을 의미하며, 각칙을 적용할 때 불명확한 점이 있으면 총칙의 의미를 살려서 이를 각칙에 적용한다. 관세법 총칙 내용에는 통칙, 법적용의 원칙, 기간과 기한, 서류의 송달에 관한 규정 등이 있다.

관세법에서 사용하는 용어로서 '총칙'은 '통칙'과 유사한 의미를 지니고 있으나, '통칙'보다 의미가 넓다. '총칙'이 여러 가지 내용을 담고 있다면, '통칙'은 해당 장에서 공통으로 적용되는 개념만을 담고 있다. 관세법 '기본통칙'을 편의상 '통칙'이라고 부르는 점에서는 혼돈이 없어야 한다. 이외에 '총칙'과 유사한 용어로 제13장의 '보칙'은 다른 장에 해당하지 아니한 내용을 한 곳에 모아서 규정한 것이며, 이 법 마지막의 '부칙'은 '본칙'을 보충하기 위해 시행일, 경과규정, 관계 법령의 개폐 등 관련 내용을 규정한 것이다.

총칙의 각 절을 보면 다음과 같다.

제1절은 통칙으로서 관세법 목적, 관세법 용어 정의, 다른 국세에 대한 관세징수 우선, 관세와 함께 부과하는 내국세 부과・징수에 관한 규정이다.

제2절은 법 적용원칙에 관한 규정으로서 관세법 해석의 기준과 소급과세금지원칙, 신의성실원칙, 세관공무원의 재량 한계에 관한 규정이다.

제3절은 기간과 기한에 관한 규정으로서 관세법에서 사용되는 기간 및 기한의 계산 방법, 관세의 납부기한, 기타 천재지변 등으로 인한 기한연장에 관한 규정이다.

제4절은 납부고지서의 송달, 신고 서류의 보관기간에 관한 규정이다.

통 칙

제1조 【목적】 이 법은 관세의 부과·징수 및 수출입물품의 통관을 적정하게 하고 관세수입을 확보함으로써 국민경제의 발전에 이바지함을 목적으로 한다.

해 설

두 가지 방법으로 한 가지 목적을 달성하는 것이다. 두 가지 방법은 관세의 부과·징수 및 수출입물품 통관을 적정하게 하는 것과 관세수입을 확보하는 것이고, 한 가지 목적은 국민경제의 발전에 이바지하는 것이다.[8] 적정하게 하는 것과 확보하는 것, 이 두 가지 방법은 서로 상반되는 성격을 띠고 있는 것으로 볼 수 있으나 '적정'이라 함은 세법에 정한 각종 규정을 엄격히 해석하여 관세를 부과하는 것이고 확보는 관세부과결정에 따라 이를 충실히 이행하는 것을 말하는 것으로 볼 수 있다. 정책을 결정할 때나 방법을 선택할 때에는 '국민경제의 발전'이 판단의 기준이 되고, 이 법이 지향하는 목적이 되기도 한다. 국민경제는 국가전체의 경제활동을 말하는 것으로 철강 산업 혹은 전자 산업과 같은 특정 분야의 산업으로서 독립된 경제활동을 말하는 것은 아니다.

최근 FTA 협정체결의 증가로 관세 무세화 내지는 저세율화가 급격하게 진행되고 있다. 그러나 협정체결로 세관의 징세 기능이 줄어든다 할지라도 원산지·지식재산권 등 업무가 많이 늘어나고 있다. 이전에는 관세수입의 확보 그 자체가 관세법 목적으로 규정되어 있었으나, 오늘날과 같은 개방경제 체제에서는 국가 재정수입만 강조하는 것은 타당한 것이 아니라고 본다.

2000년 개정 관세법에서 전문개정을 통해 현재 조문과 같이 바뀌었고, 일부에서는 사회 안전 위해물품의 수출입 방지를 관세법의 목적으로 추가하여야 한다는 의견도 있으며 세관현대화법을 만들기 위해 세법과 절차법으로 분법해야 한다는 의견도 있다. 일본은 통관 중심의 관세법과 세법 중심의 관세정률법으로 나누어져 있다.

---

8) 대외무역법의 목적은 국민경제의 발전, 외국환거래법의 목적은 국민경제의 건전한 발전, 관세사법의 목적은 국민경제의 발전, 「자유무역협정의 이행을 위한 관세법의 특례에 관한 법률」은 자유무역협정의 원활한 이행과 국민경제의 발전, 「자유무역지역의 지정 및 운영에 관한 법률」은 국민경제의 발전을 목적으로 하고 있다.

제2조 【정의】 이 법에서 사용하는 용어의 뜻은 다음과 같다.
1. "수입"이란 외국물품을 우리나라에 반입(보세구역을 경유하는 것은 보세구역으로부터 반입하는 것을 말한다)하거나 우리나라에서 소비 또는 사용하는 것(우리나라의 운송수단 안에서의 소비 또는 사용을 포함하며, 제239조 각 호의 어느 하나에 해당하는 소비 또는 사용은 제외한다)을 말한다.

해 설

정의규정은 그 법령 중에 쓰이고 있는 용어의 뜻을 명확하게 정하는 규정을 말한다. 정의규정은 그 법령에서 쓰고 있는 용어 중 개념상 중요한 용어이거나 일반적으로 쓰는 용어의 의미와 다른 의미로 사용되는 용어에 대하여 법령 자체에서 그 의미를 명확할 목적으로 두게 된다. 정의규정을 통해 법령을 해석하고 적용할 때 나타나는 의문점을 없애고 법적 분쟁을 미리 예방함으로써 일관성 있게 법령을 집행하고 국민의 권익을 보호하려는 것이다. 정의규정은 총칙 규정의 일부로서 그 법령의 전체에 그 효력을 미친다. 법령의 특정한 조항에 대한 해석을 하는 경우에도 그 법령의 정의 규정은 해석지침으로서 중요한 역할을 한다.

'수입'의 의미는 사전적으로 보면, 물품·용역 등을 외국으로부터 우리나라에 가져오는 것이다.[9] 관세법은 수입 형태를 두 가지로 열거하고 있다. 첫째 외국물품을 우리나라에 '반입'하는 형태와, 둘째 우리나라에서 '소비 또는 사용'하는 형태가 있다. 수입하는 물품에 대해서는 원칙적으로 관세납부대상이므로 반입하거나 소비 또는 사용하는 경우 관세를 납부해야 한다.

그러나 '소비 또는 사용'이 여행자가 휴대품을 운송수단 또는 관세통로에서 소비 또는 사용하는 경우나 선박·항공기용품을 운송수단 안에서 그 용도에 따라 소비 또는 사용하는 경우 등 법 제239조에 해당되는 '소비 또는 사용'의 경우에는 수입으로 보지 않아 관세납부대상이 되지 않는다. 다만, 우리나라 운송수단 안에서 소비 또는 사용하는 경우는 수입에 해당하므로 관세납부대상이 된다. 참고로 세관공무원이 검사에 필요해서 견본을 채취하고 이를 사용 또는 소비한 경우에는 법 제161조에 따라 관세를 납부하고 수리된 것으로 본다. 유사한 규정으로 법 제240조의 수출입 의제조항이 있으며, 이 조항에 따르면 해당 물품들은 적법하게 수입된 것으로 보고 관세 등은 따로 징수하지 아니한다.

'반입'은 소유권 이전 사유로 가져올 뿐만 아니라, 사용권 이전 사유로 가져오는 경우도 포함한다. 이전에는 '반입' 대신에 '인취'라고 하였으나, '인취'는 구시대적인 용어로서 일반인

9) 제2조(정의) 제1호에서, '"수입"이라 함은'에서 '"수입"이란'으로 바꾸는 등 우리말로 쉽게 표현하기 위하여 법제처 주관으로 "알기 쉬운 법령만들기" 사업의 일환으로 2010.12.30. 법률 제10424호로 관세법 전체를 개정하였다.

이 이해하기 어려우므로 알기 쉽게 하기 위해 개정하였다.[10] 다만, 반입은 이동의 개념을 가진 것으로 보세구역에서 관세영역으로 이동하지 않고 머물러 있는 물품(예 ; 보세공장에서 시설재의 사용 또는 소비)에 대해서는 적용하기 곤란한 문제가 있으므로 보세구역에서 수입통관 후 사용 · 소비해야 하는 물품(시설재)을 통관하지 않고 사용 · 소비하는 경우에는 비록 관세영역으로 반입되지 않았지만 자체 사용 또는 소비하는 행위를 수입으로 간주하고 있다.

대외무역법에서도 수출입을 정의하고 있는데 국내(외국)에서 외국(국내)으로 물품이 이동하는 것을 말하며 유 · 무상을 불문한다. 여기서 '국내'란 대한민국의 주권을 미치는 지역을 말하는 것으로 관세법상 보세창고, 보세판매장, 보세공장 등도 국내로 보고 있다. 즉, 수출신고를 하여 보세구역에 장치하였다 하더라도 대외무역법상 수출로 간주하지 않으며 물품을 선적하여 외국으로 이동한 경우에만 대외무역법상 수출로 인정된다. 또한 입항전 수입신고가 수리된 물품은 관세법상 '내국물품'으로 인정되지만 대외무역법상 수입으로 간주되지 않는다.

공해상의 선박은 국제법상 해당국가의 영토로 간주하므로 우리나라 선박에 의하여 외국에서 채취 또는 포획한 광물[11] 또는 수산물을 외국에 매도하는 것도 국내에서 외국으로 수출한 행위로 간주하지만, 선박 · 항공기용품을 공급하는 행위는 대외무역법상의 외화획득행위로 간주하여 수출개념에 들어가지 않는다. 관세법은 국내에서 외국으로 물품이 이동하는 경우에만 수출입으로 인정되나, 대외무역법은 유상거래조건으로 외국에서 외국으로 물품이 이동하는 경우까지 수출로 인정된다. 「마약류 관리에 관한 법률」에서 수입은 국경선을 중시한 개념으로서 외국에서 국내로 반입하는 일체의 행위를 말한다.

반입되는 지점은 우리나라 혹은 보세구역이 되겠지만 구체적인 장소는 여러 곳이 될 수 있다. 일반 수입물품은 보세구역을 경유하므로 보세구역이 될 것이나, 밀수품은 선박에서 바로 내릴 수 있으므로, 선박 혹은 부두가 될 것이다. 따라서 도착지점이 보세구역이 아니라면 관련 법 조항 취지에 비추어 반입되는 지점이 어디인지를 판단해야 한다. 반입될 물품이 우리나라로 향하는 출발장소는 외국 혹은 공해이다.

---

10) 외국의 경제수역 내에서 해당 관할 국가와 계약을 맺고 입어료를 지불하고 잡아서 국내에 반입한 오징어가 관세법상 외국물품에 해당되는지에 관하여 외국 영해가 아닌 경제수역은 관세법에서 공해로 취급한다고 한다(기획재정부, 1988.5.25). 해난 등으로 인해 발생한 부유물로서 우리나라에 도착하여 인취한 것은 수입이라 볼 수 없다. 그러나 공해상에서 인양한 참깨를 반입한 경우 이 물품이 우리나라에서 생산되지 않은 물품임이 입증된 물품은 그 것이 무주물 상태이고 우리나라 선박에 의해 공해상에서 인양되었다 하더라도 이는 외국으로부터 우리나라에 도착된 물품으로 과세대상이라고 한다(기획재정부, 1989.4.8).

11) 내국적 외항선이 공해상에서 국제간 해저케이블 건설 및 유지보수 과정에서 수거한 소유권자를 알 수 없는 잉여 및 폐 해저광케이블에 대해 관세청은 수거물품은 바다에서 자연적으로 생기는 자연산물이 아니므로 관세법 제2조에 의한 내국물품 대상으로서 '수산물 등'에는 해당되지 아니하고 소유권자의 국적에 따라 내 · 외국물품이 결정되는바, 동 물품은 소유권자를 알 수 없는 물품이므로 수거자가 민법에 따라 소유권을 취득하는 경우 내국물품으로 보아 수입신고대상이 아니다(관세청 통관기획과－4334, 2015.7.30).

어느 국가의 영해도 아닌 해양은 공해에 해당한다. 관세법 기본통칙에 '공해'라 함은 외국의 영해[12]가 아닌 경제수역을 포함한다. 우리나라는 1994년 발효된 「해양법에 관한 국제연합협약」(UNCLOS) 및 이를 근거로 1996.8.8. 제정한 「배타적 경제수역법」에 따라 육지로부터 영해를 제외한 200해리(약 370㎞) 이내 수역을 배타적 경제수역(Exclusive Economic Zone ; EEZ)으로 지정하여 운용하고 있다.

【해양 경계선 개요】

용 어	내 용
내수(內水)	기선에서 육지 쪽으로의 수역
기선(저조선)	바닷물이 빠진 간조 때 뭍과 바다의 경계선
영해(領海) (기선 → 12해리)	영토에 접속한 일정한 범위(12해리, 22.2㎞)의 해역(연안해, 내해, 해협, 항)으로 경찰권, 안보권, 관세권 등 배타적 관할권을 행사
접속수역 (12해리 → 24해리)	영토 및 영해상의 관세·출입국 관리·보건관계 규칙위반을 예방·처벌하기 위해 필요한 국가통제권을 제한적으로 행사하는 수역
배타적 경제수역 (12해리 → 200해리)	어업자원과 광물자원을 탐사, 개발, 보존, 사용 등에 대한 경제적인 독점적 권리를 배타적으로 행사하는 수역

※ 근거 : 「해양법에 관한 UN협약」 UNCLOS, 「영해 및 접속수역법」, 「배타적 경제수역법」

우리나라 선박이 우리나라 영해 또는 공해에서 채집 또는 포획한 수산물은 관세법 제2조의 규정에 따라 내국물품에 해당되므로 관세납부대상이 아니며, 외국의 배타적 경제수역에서 외국정부의 허가를 받아 조업한 수산물도 배타적 경제수역 자체가 '공해'이므로 내국물품에 해당된다. 공해에서 조업한 수산물을 반입할 때 내국물품 여부 판단은 1995년 관세청과 수산청의 협의에 따라 원양어획물반입확인서(한국원양어업협회를 경유하여 국립수산물품질검사원이 확인)를 제출받는 것으로 하고 있다.

우리나라로 출발하는 장소가 외국 혹은 공해가 아닌 장소에 있는 물품에는 수출신고수리된 물품이 있다. 수출신고수리물품은 수리 후 30일 이내에 운송수단에 적재하면 수출한 것으로 보기 때문에 어디든지 물품을 보관·장치할 수 있으며, 그 곳으로부터 반입될 수 있다. 그러나 수출신고 수리된 물품은 외국물품이지만 이를 국내로 반입시에는 수입 절차로 처리하지 아니하고 수출신고수리를 취소하는 절차를 거친다.

'보세구역'은 지역으로 보면 우리나라 안이지만, 수입신고수리 미필상태로서 관세부과가 유보되는 곳이다. 이러한 점에서 이전에는 보세구역 안에 물품을 반입하여 사용하여도 수입으로 보지 아니하는가에 대한 논란이 있었으나, 2000년 개정 관세법에서는 우리나라에서 사용 또

12) 관세법 제93조의 관세감면과 관련하여 '외국의 영해'를 해당 지역에 실질적으로 권한을 행사할 수 있는 연안국의 실정법 규정에 의한 영해로 보아야 한다(기획재정부 관세47000－45, 2002.3.4).

는 소비하는 것을 수입으로 보며, 우리나라의 운송수단 안에서 사용 또는 소비하는 것도 수입으로 본다고 법 제239조에 규정하고 있어, 보세구역에서 외국물품을 사용·소비하게 되면 관세부과의 대상이 된다.

보세구역은 외국물품이 경유하는 지역으로서 관세부과를 유보할 수 있으나, 해당 물품을 사용·소비하게 되면 보세구역에서도 관세부과 대상이 된다. 예를 들면, 보세공장에서 제조기계 등에 사용되는 윤활유를 외국으로부터 반입하여 사용할 때에는 수입통관 후에 이를 사용하여야 한다.

남북 간에 반출입하는 물품은 「남북교류협력에 관한 법률」에 의하여 관세법을 적용하므로 물품의 장치·반입·검사는 「수입통관 사무처리에 관한 고시」에 따르며, 관세는 징수하지 아니 한다. 그러나 내국세에 대한 과세가격 결정방법은 다른 외국물품과 동일하게 법 제30조 이하 방법을 적용한다.

'우리나라의 운송수단 안'이란 우리나라 법의 적용을 받는 운송수단 안을 말한다. 운송수단은 그 특성상 국내에 있는 경우는 물론이고, 국내에 있지 아니하여도 외국물품을 운송수단 안에서 사용하거나 외국물품인 선박용품을 선박용품 용도에 사용하지 아니하고 다른 선박에 판매하는 등 용도외 사용을 하였다면 이를 수입으로 본다.

'수입'과 밀접한 관계가 있는 용어로 '수입신고수리'가 있다. 신고수리는 신고가 형식적 요건을 갖춘 경우에 이를 유효한 행위로 받아들이는 것을 말하며, 수동적 의사행위라 할 수 있다.[13] 수입신고수리 전 반출 등 제도가 있어 신고수리와 반출의 순서가 뒤바뀌는 수도 있지만 원칙적으로는 수출입신고수리가 완료되어야만 비로소 국내에 반출입행위가 이루어진다.

수입신고수리는 내국물품화하는 효과가 있는 행정행위이고, 수입은 물품을 반입하거나 소비 또는 사용하는 사실행위다.[14] 수입행위에 관한 학설에는 수입경로의 어느 시점을 받아들이느냐에 따라 관세선 유월설·입항설·영해설·양육설·수입신고수리설·자유유통설 등이 있다.

【수입에 대한 학설 개요】

영해설	영해에 물품이 반입되는 때를 수입으로 본다.
관세선 유월설	관세선이라는 법적인 경계를 넘은 때를 수입으로 본다.
양육설	물품을 국내 육지에 내렸을 때를 수입으로 본다.
수입신고수리설	세관장이 수입신고를 수리한 때를 수입으로 본다.
자유유통설	수입자가 수입물품을 법적인 절차를 거쳐서 자유롭게 사용할 수 있는 상태에 놓인 때를 수입으로 본다. <일본 통설>

13) 박윤흔, 『최신 행정법 강의(上)』, 서울 : 박영사, 1996, p.356.
14) 수입신고수리가 없는 부과고지 대상물품은 고지된 세액에 대하여 납세하면 내국물품이 된다.

'기본통칙'에는 수입을 단순히 보세구역으로부터 물리적으로 반출하는 것만 아니라 수입신고수리 절차를 거쳐 외국물품을 세관의 통제로부터 해제시켜 화주가 자유롭게 사용할 수 있게 하는 것을 말한다.[15] 제정관세법에서는 '수입'이란 외국물품을 본방 내에 '인취'하는 것으로 보고, '인취'는 물품을 사실상 관세법의 구속으로부터 이탈하여 자유유통 상태에 놓이게 하는 것으로 보았다.

관세법에서는 외국물품을 우리나라에서 소비 또는 사용하는 것도 수입으로 규정하고 있는데, 그 이유는 외국물품이 우리나라에 수입통관 전이라도 우리나라에서 소비 또는 사용되는 경우 그 소비 또는 사용에 따라 사실상 자유유통의 상태로 이동된 것과 동일한 효과가 발생하므로 반입과 동등하게 수입의 일종으로 규제하게 된 것이다. 우리나라의 운송수단 또는 보세구역에 반입된 물품이 통관 전에 소비 또는 사용된 경우 수입으로 보아 관세부과대상이 된다. 다만, 통관 전에 외국물품을 소비 또는 사용하는 경우라도 다음과 같이 법 제239조에 규정한 각 호[16]에 대하여는 이것을 굳이 수입으로 규제할 필요가 없기 때문에 수입으로 보지 않는다.

이에 대하여 법 제240조 수입의제는 적법하게 수입된 것으로 보고 관세를 징수하지 아니하는 경우다. 통관절차를 법에서 정하고 있지만 이러한 절차를 거치는 것이 중복되거나 불합리한 경우가 있어 이 경우는 통관절차를 거친 것으로 본다. 체신관서가 수취인에게 교부한 우편물, 이 법에 의하여 매각된 물품, 이 법에 의하여 몰수된 물품, 이 법의 의한 통고처분으로 납부된 물품, 법령에 의하여 국고귀속된 물품, 몰수에 갈음하여 추징된 물품 등이 있다. 법 제240조에 우편물에 대한 수출의제 규정은 있으나, 기타 일반적인 수출의제에 대하여는 별도 규정이 없다.

【대법원 2019.9.9, 2019도6588】 관세법 제2조 제1호 반입이란 물품이 사실상 관세법에 의한 구속에서 해제되어 내국물품이 되거나 자유유통 상태에 들어가는 것을 말한다. 외국으로부터 우리나라에 도착하여 보세구역에서 수입신고 절차를 거치는 수입자동차는 수입신고 수리시에 사실상 관세법에 의한 구속에서 해제되어 내국물품이 되므로 수입신고 수리시에 보세구역으로부터 반입되어 수입이 이루어진 것이라고 보아야 한다.

【대법원 2007.12.28, 2007도8401】 주한미군 부평교역처 보급창의 직원들이 '대한민국과 아메리카합중국 간의 상호방위조약 제4조에 의한 시설과 구역 및 대한민국에서의 합중국 군대의 지위에 관한 협정'에 의한 면세품인 맥주를 유통기한 경과로 폐기처리하는 과정에서 형식적으로는 폐기물처

15) 수입신고하고 이에 대하여 수입신고수리된 물품이 보세구역에 그대로 장치되어 있었다고 하여 수입 되지 아니한 상태이기 때문에 과세하는 것은 잘못된 것이라는 주장은 할 수 없다.

16) '각 호의 1'에서 '각'은 명사를 수식하는 용도로 쓰고, '각각'은 동사를 수식하는 용도로 사용한다. 그리고 '각 호'는 각 호의 모든 요건을 지칭하는 것이다.

리업자에게 이를 양도하는 형태로 관계 서류들을 작성한 후 실제로는 외부에 판매할 목적으로 반출한 경우, 이는 비면세대상자들이 면세기관으로부터 면세품인 맥주를 대한민국 내에서 양수하는 행위이므로, 「대한민국과 아메리카합중국 간의 상호방위조약 제4조에 의한 시설과 구역 및 대한민국에서의 합중국 군대의 지위에 관한 협정의 실시에 따른 관세법 등의 임시 특례에 관한 법률」 제9조 제1항에 의하여 관세법이나 식품위생법에서 말하는 '수입'행위에 해당한다.

【대법원 2000.5.12, 2000도354】 선박의 경우에는 그것이 우리나라와 다른 나라를 왕래하는 등의 특수성이 있으므로 선박이 우리나라의 영역에 들어온 것만으로는 그 선박이 수입되었다고 볼 것은 아니며, 다만 우리나라에 거주하는 자가 외국에 있던 선박의 사실상 소유권 내지 처분권을 취득하고 나아가 그 선박이 우리나라에 들어와 사용에 제공된 때에는 형식적으로는 그 선박이 우리나라의 국적을 아직 취득하지 아니하였더라도 실질적으로는 관세부과의 대상이 되는 수입에 해당한다고 보는 것이 실질과세의 원칙에 비추어 타당하고, 외국의 선박을 국내 거주자가 취득하면서 편의치적의 방법에 의하여 외국에 서류상으로만 회사를 만들어 놓고 그 회사의 소유로 선박을 등록하여 그 외국의 국적을 취득하게 한 다음 이를 국내에 반입하여 사용에 제공하게 한 때에도 위에서 말하는 관세법상의 수입에 해당하게 되는 것이다.

【대법원 1997.10.10, 96누10522】 선박의 경우는 그것이 우리나라와 다른 나라를 왕래하는 등의 특수성이 있으므로 선박이 우리나라의 영역에 들어온 것만으로 그 선박이 수입되었다고 볼 것은 아니고 수입면허를 받지 아니한 선박이라도 우리나라의 국적을 취득하고 사용에 제공된 때에는 관세법상 수입에 해당하는 것으로 보아야 하며, 민사소송법에 의한 경매절차에서 외국 선박을 경락취득하는 경우 그것이 관세부과 대상이 되는 수입에 해당하는지의 여부는 관세법에 의하여 판정되어야 하고, 외국 국적 선박에 관한 경매절차에서 경락허가결정을 받은 다음 경락대금을 완납하고 위 선박에 관하여 우리나라의 국적을 취득하고 운항에 제공하였다면 위 선박은 관세부과 대상이 되는 수입물품에 해당한다.

【대법원 1997.9.9, 97도795】 내국인이 외국 국적의 선박을 그에 대한 사실상의 소유권 내지 처분권을 취득함이 없이 단지 개항된 우리나라 항구와 공해 간을 운항할 목적으로 우리나라에 들여온 때에는 그 선박에 관하여 관세법상의 수입이 있다고 할 수 없다.

【대법원 1992.9.1, 92누8514】 언제 어떠한 경로를 통하여 수입된 것인지 확인되지 아니한 상태에서, 물건이 국내에서 생산되지 아니하고 또 정식으로 수입된 것이 아니라는 이유만으로, 위 물건이 관세 등을 납부하지 아니하고 수입된 것으로 단정하여 관세 등을 부과할 수는 없다.

【대법원 1989.4.11, 88도460】 관세법 제2조 제1항 제1호 소정의 외국의 선박이라 함은 원칙적으로 외국 국적의 선박을 의미하나 외국국적의 선박이라도 내국인이 나용선하거나 양수하여 이를 운용하면서 공해에서 수산물을 채포하는 경우에는 그 수산물이 채포의 주체에 따라 내국물품으로 구분되기 때문에 그 국내인취를 수입이라고 하지 않는다.

【대법원 1987.2.24, 85누713】 발전기가 해체용 선박으로 수입된 선박의 해체과정에서 나온 부산물로서 처음부터 발전기로서 수입된 것이 아니라 하더라도, 이를 해체용 선박으로부터 분리하여 우리나라에 인취하는 행위는 관세 및 무역에 관한 일반협정이나 관세법에서 말하는 수입에 해당된다.

【대법원 1983.10.11, 82누328】 국적취득조건부 용선계약이라 함은 용선계약의 형식을 취하고는 있으나 실질적으로는 선박의 매매로서 그 매선대금을 일정기간 동안 분할하여 지급하되 그 기간 동안 매수인이 선박을 사용할 수 있는 것으로서 선박수입의 특수한 형태라 할 것이므로 국적취득조건부 용선계약에 의한 선박의 도입은 국적취득여부를 불문하고 관세법상의 수입에 해당된다.

【대법원 1972.9.14, 72마594】 관세법에서 말하는 수입이라 함은 물품이 외국(보세구역으로부터 인취하는 경우는 보세구역)으로부터 우리나라에 반입됨을 말하는 것이고, 구 무역거래법 시행령(70.1.1. 대통령령 제4496호) 제7조 제10호의 특수형태의 수입이라 하여 물품이 제3국에 현존하는 상태에서 그 물품이 우리나라에 수입된 것이라 할 수 없다.

【대법원 1969.7.8, 67누88】 외국물품 또는 외국물품과 내국물품을 원료 또는 재료로 하여 제조 가공기타 유사의 작업을 하기 위한 보세공장에서 생한 물품은 보세공장으로부터 우리나라에 인도할 때 그 외국물품이 수입된다 해석한다.

【대법원 1954.3.27, 4286】 수입이란 육상에 있어서는 유월(踰越)하고 해상에 있어서는 선박으로부터 양륙하여 아국내에 반입하는 행위를 말한다.

【헌법재판소 2006.7.27, 2004헌바68 전원재판부】 남북교류협력에 관한 법률은 교역당사자의 남북간 물품 이동(단순히 제3국을 경유하는 경우를 포함한다)의 경우에만 적용되는 것이고 단순경유지가 아닌 북한 이외의 제3국으로부터 우리나라에 도착된 물품(북한 문화재)에는 관세법 등이 적용되므로 남북교류법이 관세법상의 수입의 개념에 영향을 미치지 아니한다. 북한 문화재가 단순경유지가 아닌 제3국으로부터 남한지역에 도착한 경우에도 이 사건 법률조항들을 적용할 것인가의 문제, 즉 순수한 법률의 해석과 적용에 관한 문제로서 헌법재판소의 심판대상이라고 할 수 없고 또한 헌법 제3조의 영토조항과도 관련이 없다.

2. "수출"이란 내국물품을 외국으로 반출하는 것을 말한다.

해 설

수출은 수입에 상대되는 개념이다. 수출할 때에 외국으로 반출하는 지점은 우리나라 법 효력이 미치는 지역이어야 한다. 우리나라 법 효력이 미칠 수 없는 지역이라면 관세법상 수출여부는 논할 실익이 없다. 수입의 경우를 보면 수입신고시점 및 물품 장치장소가 결정된 상태에서 수입신고가 되고 수입신고수리가 된다. 이와 같이 수출의 경우에도 수출신고시점 및 물품 장치장소가 결정된 상태에서 수출신고가 되고 수출신고수리가 되어야 한다. 따라서 수출신고가 수리되면 2호의 내용에 따라 외국으로 반출이 되어야 하며 그러지 아니하고 국내의 다른 지점을 거치는 것은 수출의 취지에 부합하지 않는다.[17] 수출에 대한 관세법상 통제는 수입에

17) 최근 수출화물을 국내 다른 국제항에 운송함에 따라 최종선적 완료 전에 환급되는 사례가 있었으며, 이는 수출의 개념을 확대 적용하였기 때문에 발생한 것이므로 추가적으로 최종 선적여부를 확인하는 절차 보완이 필요하다.

비하면 매우 완화된 상태이다. 그러나 최근에는 수출물품에 대하여 '선적지검사' 제도로 검사방법을 개선하는 등 새로운 기법을 도입하고 있다.

수출신고한 건에 대해 후속 이행조건을 두고 있는데 이것은 법 제251조에 수출신고 수리된 물품은 30일 이내에 운송수단에 '적재'해야 한다는 것이다. 수출신고가 수리되었지만 30일 이내에 운송수단에 적재하지 아니하면 수출하였다고 할 수 없다.[18] 운송수단에 적재한다는 것은 국제무역선이나 국제무역기, 국경출입차량에 적재하는 것이며 무역과 관계없는 일반 운송수단을 의미하는 것은 아니다. 따라서 '수출'이란 내국물품을 외국으로 반출하는 것을 의미하며, '반출'은 외국으로 향하는 운송수단에 '적재'하는 것을 말한다.

'수출'과 관련되는 용어로 '수출신고수리'가 있다. 수출신고수리는 수출신고에 대하여 세관장이 이를 받아들이는 것으로서 외국물품화하는 효과가 있는 행정행위지만, 수출은 물품을 정해진 기간 내에 운송수단에 적재하는 사실행위다.

3. "반송"이란 국내에 도착한 외국물품이 수입통관절차를 거치지 아니하고 다시 외국으로 반출되는 것을 말한다.

해 설

'반송'은 통관의 일종으로서 관세법상에 신고의무는 부여하고 있으나, 반송에 관한 정의 규정이 없어 법적인 분쟁 발생 소지[19]가 우려되어 2007.12.31. 제8833호 개정 관세법에 반송의 정의 규정을 신설하였다.

반송은 「반송절차에 관한 고시」에 의하면,[20] 수출신고수리물품을 제외한 외국물품을 외국으로 반출하는 것을 말하며, 이는 수입신고가 수리되기 전에 보세구역에서 다시 외국으로 반출하는 것이다. 수입신고를 하였다면 이를 취하하고 반송할 수 있지만 수입신고 수리된 다음에 통관절차를 거쳐 다시 외국으로 수출하는 것은 반송이 아니고 재수출이다. 반송은 일반적인

---

18) 보세공장에서 건조한 선박을 수출면허를 얻은 후 국외 반출하지 아니하고 동일지역에서 타소장치허가를 받아 국적취득조건부나용선으로 수입신고를 하는 경우 재수입 면세에 해당되는지 여부에 관한 질의에 대하여, 재수입면세대상은 우리나라로부터 수출된 물품으로 규정하고 있으므로 수출면허를 받았으나 외국으로 반출되지 아니하고 장치장에 있는 물품을 다시 반입하는 것은 재수입면세대상 수입이 아니므로 재수입면세를 받을 수 없다(기획재정부, 1992.11.26). 우리나라에 일시 기항하는 외국군함에 석유를 공급하고 그 대금을 외화로 받는 것은 관세법에 의한 수출면허대상이 아니다(기획재정부, 1986.2.24). 그러나 관세청 유권해석(1999.6.16)에 의하면 특수선박인 군함에 선용품을 공급하는 경우에는 환특법상 수출로 인정할 수 있다.

19) 반송신고 위반을 근거로 밀수출입죄로 처벌하였으나 '반송' 개념이 불명확하여 죄형법정주의에 위배된다하여 위헌소원이 제기되었다(헌재 2008.11.27. 선고 2007헌바11 결정).

20) 관세청 고시로 용어의 정의, 반송신고, 심사, 신고수리, 보세운송, 적재확인 등 규정되어 있다.

무역거래에서 발생되는 예외적인 통관이라 할 수 있다.

반송물품의 종류에는 보세구역에 반입된 물품으로서 계약위반을 이유로 수입신고수리 전에 외국으로 반송하는 물품, 수입신고를 하였으나 다른 사유로 통관 보류된 물품을 반송하는 물품, 가공 후 반출되는 위탁가공물품을 반송하는 물품, 수출할 것을 목적으로 보세구역에 반입하여 외국으로 반출하는 물품, 보세창고에 반입된 물품으로 수입화주의 의사에 의하여 수입하지 아니한 상태에서 외국으로 반출하는 물품, 우리나라에서 개최하는 박람회 등을 위해 보세전시장에 반입한 후 외국으로 반출하는 물품, 보세판매장에 반입되어 판매중인 외국물품이 변질·고장 등으로 운영인이 외국으로 반출하는 물품 등이 있다.

같은 조 제12호에서 수출·수입·반송을 수출입이라 부르는 것은 반송은 그 내용이 수출과는 다르지만 변형된 형태의 수출로 볼 수 있기 때문이다. 반송물품에 대하여는 관세확보를 위하여 일반수출물품에 비하여 반송사유, 검사대상 선별 및 검사, 보세운송신고, 보세운송 물품 관리, 적재확인, 조사의뢰 등 통관관리를 강화하고 있다.

【대법원 2009.2.12, 2007도300】 반송은 국내에 도착한 외국물품을 수입통관절차를 거치지 아니하고 다시 외국으로 반출하는 것으로서, 그 물품을 보냈던 화주에게 해당 물품을 도로 돌려보내는 경우로 한정되지 않는다고 봄이 상당하고 해당 반송물품이 반송신고한 바로 그 물품이 아니더라도 반송신고한 물품과 동일성이 인정되는 경우에는 밀반송죄는 성립하지 않는다.

【헌법재판소 2008.11.27, 2007헌바11 전원재판부】 [1] 현행 관세법에서는 " '반송'이란 국내에 도착한 외국물품이 수입통관절차를 거치지 아니하고 다시 외국으로 반출되는 것을 말한다"고 규정하고 있는 점, 통관은 화물의 이동경로에 따라 외국물품이 우리나라의 관세영역에 도착하는 경우 내국물품의 지위를 얻어 국내로 반입되는 수입통관, 외국물품 상태로 그대로 반출되는 반송통관 및 내국물품이 우리나라의 관세영역을 벗어나는 경우 외국물품의 지위를 얻어 반출되는 수출통관으로 대별되는데 이러한 일체의 통관에 대한 신고가 성실하게 되어야만 통관행정이 제대로 실현되어 관세법과 기타 수출입 관련 법령에 규정된 조건의 구비 여부가 확인될 수 있다는 점, 청구인들의 주장과 같이 "반송"을 원재료를 보냈던 화주에게 해당 물품을 보내는 경우로 한정하면 구 관세법에서 보세공장제도, 보세전시장제도 등을 두고 있는 취지에 어긋나게 된다는 점 등을 종합하면, "반송"은 법률적용단계에서 다의적인 해석의 우려 없이 그 의미가 구체화될 수 있으므로 명확성의 원칙에 반하지 않는다. [2] 밀반송죄와 허위반송신고죄는 모두 신고 당시 보세구역에 장치되어 있는 물품을 기준으로 허위신고 여부를 판단하나, 전자는 반송신고물품이 반송물품과 동일성이 인정되지 않는 경우에만 성립하는 반면 후자는 반송신고물품과 반송물품이 다르면 성립하고, 전자는 밀수품이 반송되는 부정적인 결과가 발생하거나 반송될 위험을 증대시켜 후자보다 불법성이 크므로, 양자는 그 성립요건과 불법의 정도를 달리한다는 점에서 동일한 구성요건에 대한 처벌조항 병존으로 인한 명확성의 원칙 위배 여부의 문제는 발생하지 않는다. [3] 밀반송죄가 반송물품의 성격이나 반송의도를 구별함이 없이 모든 밀반송행위에 대하여 동일한 법정형을 규정하고 있으나 이를 구별하여서는 관세법과 기타 수출입 관련 법령에 규정된 조건의 구비 여부를 확인하고자 하는 통관행정의 목적을

달성하기 어렵고, 허위반송신고죄와는 달리 밀반송죄의 법정형에 징역형이 추가되어 있더라도 양자는 그 성립요건과 불법의 정도를 달리하므로 평등의 원칙 및 비례의 원칙에 반하지 않는다.

4. "외국물품"이란 다음 각 목의 어느 하나에 해당하는 물품을 말한다.
   가. 외국으로부터 우리나라에 도착한 물품[외국의 선박 등이 공해(公海, 외국의 영해가 아닌 경제수역을 포함한다. 이하 같다)에서 채집하거나 포획한 수산물 등을 포함한다]으로서 제241조 제1항에 따른 수입의 신고(이하 "수입신고"라 한다)가 수리(受理)되기 전의 것
   나. 제241조 제1항에 따른 수출의 신고(이하 "수출신고"라 한다)가 수리된 물품

해 설

관세행정은 대물행정이다. 외국물품인지 내국물품인지 여부에 따라 관세법상 물품을 취급하는 방법이 다르다. 외국물품과 내국물품의 구별은 세관절차의 이행 여부를 기준으로 하여 판단하며 생산국 여하에 따르는 것은 아니다. 구별실익은 관세행정의 주된 관심이 외국물품에 대한 관리·통제 및 관세확보에 있기 때문이다. 내국물품은 원칙적으로 관세법의 구속을 받지 않기 때문에 외국물품을 관리하기 위한 것이 아니면 직접 관리대상으로 삼지 아니한다. 외국물품인지 여부에 대한 판단[21]은 수입신고 대상인지 여부를 결정하는 기준이 되기도 한다.

관세법상 외국물품은 수출입신고수리 여부를 두고 구분한다. 수입신고수리 전 물품, 수출신고수리 후 물품을 외국물품으로 본다. 다만, 수출신고수리물품 이외에는 반드시 외국으로부터 우리나라에 도착한 것이어야 한다.[22] 외국의 범위는 공해까지 확장 해석할 수 있다. 공해에서 외국의 선박이 채집·포획한 수산물, 해저광물 등은 외국물품이지만 우리나라의 선박이 채집·포획한 수산물, 해저광물 등은 내국물품이 된다.[23]

외국물품과 내국물품은 모두가 우리나라의 법 효력이 미치는 영역 내에 위치해야 하며,[24] 이외의 곳에 있는 물품은 내·외국물품을 따질 법적 실익이 없다. 예를 들면, 현재 일본국 전자상가에 있는 스마트폰은 관세법에서 보면 외국물품이 아니다. 그러나 우리나라 선박이나 항공기 안은 우리나라의 주권이 미치는 곳이기 때문에 장소에 관계없이 내국물품과 외국물품을

---

21) 보세판매장 반입물품의 국내반품시 처리절차 질의회신(관세청 종합심사과－2187, 2007.7.20). 환급특례법 제18조에 따라 환급대상수출물품반입확인서에 의해 면세점(보세판매장, 지정면세점)에 반입되어 환급받은 물품은 관세법상 외국물품에 해당되므로 동 물품을 다시 반출(반품)하는 경우에는 수입통관하여야 한다.

22) 국내에서 허가를 받아 내국물품인 선용품을 적재한 외국무역선이 외국을 기항하고 국내에 재입항하여 해당 물품을 하역하는 경우, 그 물품은 외국물품에 해당한다(관세국경감시과, 2017.8.7).

23) 기타 사례를 보면 밀수출된 물품을 국내에 반입하여 사용한 때에 이를 내국물품으로 본 경우가 있다.

24) 외국어선이 불법으로 우리나라 영해에서 잡은 고기는 내국물품, 우리나라 어선이 외국 영해에서 잡은 고기는 외국물품으로 보는 것이 타당하다(대법원 96도1210 참조).

구분할 필요가 있다. 이는 법 제2조에서 우리나라의 운송수단 안에서의 소비 또는 사용은 수입으로 보기 때문에 경우에 따라서는 관세를 부과해야 하는 문제가 발생한다.

법 제241조는 수출·수입 또는 반송의 신고에 관한 규정이다. 같은 조 제1항은 물품을 수출·수입 또는 반송하고자 하는 때에는 해당 물품의 품명, 규격 등 사항을 세관장에게 신고해야 한다는 규정이다.

【대법원 1996.10.25, 96도1210】 관세법 제2조 제4항에서 우리나라의 선박 등에 의하여 공해에서 채포된 수산물 등은 내국물품에 해당하도록 규정되어 있는바, 여기서 공해란 적어도 외국의 내수와 영해를 제외한 수면을 의미하는 것임이 분명하고, 조업을 함에 있어서 해당 외국에 경제적 대가를 지불하지 아니하였다고 하여 외국의 내수 또는 영해까지도 이 조항의 공해로 볼 수는 없다.

【대법원 1989.4.11, 88도460】 외국의 선박이라 함은 원칙적으로 외국 국적의 선박을 의미하나 외국국적의 선박이라도 내국인이 나용선하거나 양수하여 이를 운용하면서 공해에서 수산물을 채포하는 경우에는 그 수산물이 채포의 주체에 따라 내국물품으로 구분되기 때문에 그 국내인취를 수입이라고 하지 않는다.

5. "내국물품"이란 다음 각 목의 어느 하나에 해당하는 물품을 말한다.
   가. 우리나라에 있는 물품으로서 외국물품이 아닌 것
   나. 우리나라의 선박 등이 공해에서 채집하거나 포획한 수산물 등
   다. 제244조 제1항에 따른 입항전수입신고(이하 "입항전수입신고"라 한다)가 수리된 물품
   라. 제252조에 따른 수입신고수리 전 반출승인을 받아 반출된 물품
   마. 제253조 제1항에 따른 수입신고 전 즉시반출신고를 하고 반출된 물품

해 설

내국물품은 외국물품에 상대되는 개념이다. '가'목에서 내국물품이 위치하는 장소는 우리나라의 법 효력이 미치는 영역이다. 우리나라 내륙·영해는 물론이고, 의미를 확장하면 공해·외국 영해에 있는 우리나라의 선박인 운송수단 내도[25] 우리나라 법 효력이 미치는 영역이다.

---

25) '나'목에서 우리나라 선박은 내국물품인 선박을 의미하며 선박등록을 못하여 국내 국적등록을 못한 경우도 관세납부 등 절차를 마쳤다면 이를 우리나라 선박으로 본다(기획재정부, 1993.5.20). 통칙에 의하면 우리나라 선박 등이라 함은 선박법 제2조에 규정된 대한민국선박 뿐만 아니라 우리나라 국민 또는 법인이 외국의 국민 또는 법인으로부터 임차한 선박을 포함한다. 외국과 협정에 의하여 차용한 선박은 우리나라 선박이므로 이 선박이 공해에서 잡은 수산물은 내국물품이다. 이러한 선박에는 추진기관을 장치하지 아니한 준설선 또는 해저자원굴착선 등을 포함한다. 또한 인양된 화물에 대한 통관절차에 관하여 침몰한 배에서 나온 외국물품을 영해 또는 항내로 인양하여 국내에 반입하는 경우 침몰물품의 소유자가 불명하여 인양자가 관계법에 의하여 소유권을 취득한 경우 내국물품이 되었으므로 관세를 부과할 수 없다(기획재정부, 1979.6.8).

'나'목의 선박에는 이동추진기관을 장치하지 아니한 준설선 또는 해저자원굴착선 등을 포함한다. 우리나라 영역에 있지 아니 하지만 내국물품이 되는 경우로서 '다'목의 우리나라에 도착하기 전에 수입신고가 수리되는 입항전수입신고 수리물품이 있다.

'입항전수입신고제도'는 물품을 실은 선박이나 항공기가 국내에 입항하지 아니하였지만, 통관절차를 미리 진행하여 신속하게 수입신고 수리할 수 있는 제도다. 이 제도에서는 외국 영역에 있는 물품을 내국물품으로 보는 모순이 발생된다. 그러나 이때에는 외국으로부터 도착되지 아니하였고 수입신고가 수리되어 내국물품이 되었다 하더라도 실제로는 수입된 것은 아니다. 이러한 '수입신고수리'와 '수입'의 개념 차이로 발생되는 적용례로 우리나라 선박에 의하여 공해 현장에서 채집 · 포획된 수산물이 있다. 동 수산물은 내국물품이지만 우리나라의 영역이 아닌 곳에 있는 것을 들 수 있다.

일반적으로 관세법상 수입신고가 수리되어야 내국물품이 되는 것이지만, '라'목과 '마'목에서 수입신고수리 전에 반출되거나, 수입신고 전 즉시 반출되는 물품은 예외적으로 내국물품으로 본다. 그러나 법 제269조에 따른 무신고 수입물품은 수입신고가 수리된 물품이라고 보기 어려우므로 내국물품에 해당하지 아니한다.

제2조 제2호 수출의 정의에서 사용된 '반출'은 우리나라에서 외국으로 물품을 내보내는 것을 의미하지만, 여기에서 '반출'은 보세구역에서 우리나라 안으로 물품을 들여보내는 것을 의미한다.

과거에는 신고수리 여부에 따라 내국물품 · 외국물품으로 구분하였으나, 수입통관제도가 다양하게 변화 발전하면서 수입신고수리 전 반출 물품이나 수입신고 전 즉시반출 물품도 내국물품으로 본다. '수입신고수리 전 물품 반출'은 수입신고수리라는 행정행위를 하지 아니하더라도 관세가 확보되면 수입신고수리와 동일한 효과를 부여하려는 것이다. 다만, 수입신고 전 즉시반출에 관하여는 현행의 신고납부제에서 수입자가 수입신고를 하지 아니한 상태에서 관세를 확보하는 것은 사실상 어려우므로 이러한 제도는 내국물품의 범위를 너무 확장 해석하는 것이라 본다.

법 제244조는 입항전수입신고에 관한 규정, 법 제252조는 수입신고수리 전 반출에 관한 규정, 법 제253조는 수입신고 전 즉시반출에 관한 규정이다.

6. "국제무역선"이란 무역을 위하여 우리나라와 외국 간을 운항하는 선박을 말한다.
7. "국제무역기"란 무역을 위하여 우리나라와 외국 간을 운항하는 항공기를 말한다.

해 설

우리나라와 외국과의 사이를 왕래하는 선박 중에서 국제무역선(기)은 외국물품을 적재해서 우리나라와 외국 사이를 왕래하는 것이 통상적이기 때문에 관세법상 특별히 규제를 받고 있다. 2020.12.22.(법률 제17649호) 개정시 '외국무역선'과 '외국무역기'를 '국제무역선'과 '국제무역기'로 용어를 개정하였다.

국제무역선 · 국제무역기는 무역을 위하여 운항하는 선박 · 항공기를 말한다. 선박이라고 하는 것은 사회통념상 선박으로 보이는 것을 말하지만 굳이 정의하면 안쪽이 움푹 패인 형태의 항행용구이다. 이러한 의미에서 뗏목, 부표, 부선거(浮船渠), 침몰선, 건조중의 선박 등은 선박의 범위에 포함되지 않는다. 자력항행능력, 적재능력, 운반능력은 선박에 불가결 요건은 아니나 관세법상 선박은 수상의 운반구인 것, 자력 항행능력 등이 요구된다.

무역은 물품을 수출입하는 상행위를 말한다.[26] 선박 · 항공기가 무역 목적이 아닌 국방 · 외교 · 친선 등 목적으로 운항하는 것이라면 국제무역선 · 국제무역기에 해당되지 아니한다.[27]

운항방법에 있어서는 우리나라와 외국 간을 운항하는 것이어야 한다. 우리나라 내에서만 운항하거나 우리나라와 무인도, 국가가 아닌 지역을 운항하는 것은 해당되지 아니한다. 운항하는 것은 자력으로 항행하는 것이므로, 운항하지 아니하고 반입되는 고철용 선박, 장식용 모형항공기, 매매의 대상이 된 항공기 · 선박 등은 국제무역선, 국제무역기에 해당되지 아니한다.

무역이라는 목적과 우리나라와 외국 간을 운항한다는 조건에 맞아야 국제무역선이 될 수 있다. 목적에 맞지 아니하더라도 국제무역선에 준용하여 관세법을 적용할 수는 있으나 원칙적으로 국제무역선이 아니다. 이에 해당하는 금강산 유람선의 경우 국제무역선에 준하여 입출항 업무를 취급한다.

국제무역선 · 국제무역기 여부에 대한 결정은 선박 · 항공기 국적과는 관계가 없으며, 외국과 협정에 의하여 차용한 선박은 우리나라 선박에 준하여 취급한다. 국제무역선, 외국의 선박, 외국물품인 선박은 관세법에 그 의미를 구분해서 사용해야 한다.

외국인이 소유하는 선박 · 항공기는 외국의 선박 또는 외국의 항공기라고 하며, '국제무역

26) 대외무역법상 무역은 매매 · 임대차 · 사용대차 · 증여 등을 말하며 물품의 이동에 따른 반대급부로 금전이동이 있는 거래를 말한다.

27) 우리나라 조달청과 미국 회사가 용역계약을 체결하고 계약에 따라 해저케이블 공사에 투입된 선박이 과세대상인지 질의에 대해 외국무역선이 일시적으로 외국무역선 이외의 용도에 사용하더라도 수입신고 및 과세대상이 아니다(기획재정부, 1991.5.1). 편의치적(便宜置籍)의 방법에 의하여 수입하면서 수리목적으로 입항시키는 것처럼 허위신고한 것은 관세포탈죄에 해당된다(기획재정부, 1996.5.9). 선박 국적취득조건으로 자국민 소유, 자국 건조, 자국민 선원의 세 가지 조건을 갖추어야 하나, 다른 나라에 등록하지 아니하면 이 세 가지 조건을 갖추지 아니하더라도 자국에 등록하여 자국선박으로 인정해 주는 것을 편의치적이라 한다. 우리나라 선박이 공해에서 채포한 수산물을 국내로 운송하는 것은 무역이 아니므로, 이 운송선은 외국무역선이 아니다. 또한 무인도나 공해를 왕래하는 선박도 외국무역선이 아니다(기획재정부, 1991.5.17).

선' 또는 '국제무역기'라고 하지 아니한다. 국제무역선은 관세법상 운송수단 고유의 운송기능에 관한 것이고, 외국의 선박은 소유권에 관한 것이며, 외국물품인 선박은 수입통관절차를 거쳐야 하는 외국물품을 지칭하는 것이다.

해외취득 국적선박이나 국적취득 조건부 용선선박 같은 경우는 관세법상 수출입신고 대상이다. 그러나 실제 수출입물품인 선박이 우리나라에 위치하는 경우가 아니므로 수출입신고 요건을 갖추지 못하여 수출입신고 규정 적용상 어려움이 있다. 즉, 매매 계약은 성립되고 국적은 취득되었으나 현품인 선박은 우리나라에 입출항하지 아니한 상태이므로 추후 우리나라에서 입출항시에 수출입신고하여야 하는 문제가 있다. 더군다나 특수한 경우에는 우리나라에 입출항하는 일이 없는 경우도 발생된다.

우리나라 선박이 공해상에서 채포한 수산물(내국물품)을 공해에서 국내항으로 반복 수송하는 외국적 외항선박의 과세대상여부 질의에 대하여 관세법 제2조 제6호에서 국제무역선은 '무역을 위하여 우리나라와 외국 간을 왕래하는 선박'으로 정의하고 있는바, 본 건 선박은 우리나라 선박이 공해에서 채포한 수산물(내국물품)을 국내로 수송하는 것으로서 무역에 공하는 것이 아니므로 국제무역선에 포함시킬 수 없으며, 실질과세 원칙에 따라 국내운항선과 동일한 효과가 있으므로 수입신고 및 과세대상으로 처리함이 타당하다.[28)]

> 8. "국내운항선"이란 국내에서만 운항하는 선박을 말한다.
> 9. "국내운항기"란 국내에서만 운항하는 항공기를 말한다.

해 설

국내운항선 · 국내운항기는 국제무역선 · 국제무역기에 상대되는 개념이다. 국내운항선 · 국내운항기는 국내에서만 운항하는 선박 · 항공기를 말하며, 반대로 보면 외국을 운항할 자격이 없는 선박 · 항공기라고 할 수 있다. 운송수단의 운항 가능 범위를 '자격'이라 하며, 자격 자체가 내국물품 · 외국물품을 의미하는 것은 아니다. 자격을 전환하여 국내운항선 · 국내운항기가 국제무역선 · 국제무역기가 될 수 있고, 국제무역선 · 국제무역기가 국내운항선 · 국내운항기가 될 수 있다. 2020.12.22.(법률 제17649호) 개정시 '내항선'과 '내항기'를 '국내운항선'과 '국내운항기'로 용어를 개정하였다

28) 기획재정부는 해당 선박이 해저자원개발을 위하여 자격변경한 후 일정기간 공해상에서 시추작업하거나 국내항과 공해 간 물품 운반에 사용하는 것으로 내국인이 선박(시추선, 운반선)에 대한 소유권 내지 처분권을 취득하지 않는 경우라도 선박들이 내항선의 자격으로 일정기간 공해상에서 사용하거나 국내항과 공해 간에 운반하는 경우에는 실질과세원칙에 따라 수입신고대상이라고 회신하였다(관세 2270-194 1991.5.17 ; 관세제도과-876 2012.11.14).

협약에 따라 국경선하천에서만 운항하는 선박은 무역활동의 편의를 위해 국제무역선에 관한 규정을 적용하지 아니하고 국내운항선[29]에 관한 규정을 적용한다. 그러나 국경선하천과 내륙하천을 동시에 운항한다면 관세법 적용을 받아야 한다. 국제무역선과 관련하여 운항장소가 국내는 아니지만 그렇다고 외국도 아닌 장소에 운항하는 경우에 국내운항선으로 보아야 하는지 국제무역선으로 보아야 하는지 의문이 있을 수 있다. 원칙적으로 외국에 기착하는 효과가 없는 곳을 운항하였다면 국제무역선 규정을 적용할 필요가 없지만 외국선박과 교류 등 행위가 있어 기착 효과가 있다면 관세법의 적용을 받는 것이 타당할 것이다.

1949.11.23. 제정 관세법(법률 제67호)에서 '내국무역선'은 우리나라 국적을 가지고 무역을 목적으로 외국을 왕래하는 선박을 의미하였고, '내국무역선'에 대하여 톤세[30]를 면제하였다. 그러나 요즘에는 선박의 소유자에 관계없이 운항자격에 따라 국제무역선 · 국제무역기, 국내운항선 · 국내운항기로 구분하고 있다. 관세청고시로 「국제무역선의 입출항전환 및 승선 절차에 관한 고시」, 「국제무역기의 입출항 및 전환 절차 등에 관한 고시」가 있다.

10. "선박용품"이란 음료, 식품, 연료, 소모품, 밧줄, 수리용 예비부분품 및 부속품, 집기, 그 밖에 이와 유사한 물품으로서 해당 선박에서만 사용되는 것을 말한다.
11. "항공기용품"이란 선박용품에 준하는 물품으로서 해당 항공기에서만 사용되는 것을 말한다.
12. "차량용품"이란 선박용품에 준하는 물품으로서 해당 차량에서만 사용되는 것을 말한다.

해 설

선박(항공기)용품, 차량용품은 소모성 물품으로서 해당 운송수단에서 사용하는 물품이다. 선박(항공기)용품, 차량용품도 관세법상 관리대상물품에 포함되지만 항행하는 선박 자체 또는 선원과 선객에 필요한 일정범위의 물품에 대해서는 신속하고 간편한 절차로 보급해야 할 필요가 있으므로 그 성질상 일반물품과 구별하여 달리 취급할 필요가 있다. 2020.12.22.(법률 제17649호) 개정시 '선용품'과 '기용품'을 '선박용품'과 '항공기용품'으로 용어를 개정하였다.

운송수단은 무역을 위해 우리나라와 외국을 왕래하므로 이 운송수단에 사용되는 선박(항공기)용품에 대하여 간편한 절차를 적용하여 편의를 제공하는 것이 선박(항공기)용품제도의 취지다.

선박용품은 해당 선박에서만 사용하는 것으로 종류로는 크게 ① 수리용 예비부분품과 부속

29) 우리나라와 외국 간을 운항하며 무역에 종사하는 선박이 「채무자 회생 및 파산에 관한 법률」에 의한 기업회생절차가 개시됨에 따라 부득이하게 영리활동 없이 국내항에 일시 대기하는 경우 해당 선박이 국내개항을 운항한 사실만으로 관세법 제2조 제8호에 따른 내항선에 해당하는 것으로 볼 수 없다(기획재정부 관세제도과－553, 2014.9.2).
30) 톤세(Tonnage dues)란 외국으로부터 입항하는 선박에 대하여 그 등록 톤수에 따라 징수하는 조세이다.

품[31] : 해당 선박과 시설의 일부가 소모(마모)되어 수리(교체)가 예상되는 부분품과 부속품으로 일반적으로 항해도중 선원에 의하여 자체적으로 수리(교체)할 수 있는 것, ② 그 밖에 이와 유사한 물품 : 일반적으로 윤활유, 잔류연료, 사무용품, 의약품, 구명용구, 전기기구류 등이 있다. 선박용품은 판매하는 물품과 그 범위가 다르다. 예를 들어, 선원과 승객에게 제공되는 기내식 등은 선박용품으로 볼 수 있지만 해당 선박에서 판매하는 술, 담배, 휴대품, 신변용품 등은 선박용품으로 볼 수 없다. 항공기용품의 경우는 선박용품과 동일한 개념으로서 선박용품에 준하는 물품을 말한다.[32] 차량용품은 선박용품에 준하는 물품으로서 철도차량에는 판매용 물품도 있겠으나 일반 차량에는 성질상 판매용 물품은 없고, 예비부품 · 수리부품 · 연료 등이 있다. 북한과 교류가 확대되면 가까운 장래에 육로 운송에 의한 무역이 늘어날 것으로 보아, 2000년 개정 관세법에 차량용품에 관하여 자세히 규정하였다.

기본통칙에 '그 밖에 이와 유사한 물품'으로 닻 · 구명용구 · 단네이지(Dunnage) · 계기류, 사소한 전기기구류 등 항해에 직 · 간접으로 사용되는 물품을 정하고 있다.[33] 국제무역선 · 국제무역기가 전환하여 국내운항선 · 국내운항기가 되면 선박용품은 수입통관절차를 거치거나 보세구역으로 옮겨서 일반 보세화물로서 관리해야 한다.

차량용품과 관련하여 종전에는 국경을 통과하는 육상운송수단에 관한 규정이 철도차량에 한하여 규정되어 있으므로 향후 남북 간 육상도로운송 활성화에 대비하여 차량용품의 정의를 2000.12.29.(법률 제6305호)로 신설하였다.

관세청고시 「선박용품 등 관리에 관한 고시」와 「항공기용품 등 관리에 관한 고시」[34]에 외국선박(항공기)용품의 반입 · 적재 · 사후관리 등에 관해 규정하고 있으며, 선박(항공기)용품과 선박(항공기)내 판매용품은 별도로 구분 관리하고 있다.

【조세심판원 2013.9.10, 2012관0197호】 쟁점물품(초고속 여객선의 선박엔진)은 항해도중 선원에 의해 교체 또는 수리가 가능한 물품이 아닌 선박에서 분리하여 수출 후 재수입된 물품이므로 선용

---

31) '수리용 예비부분품 및 부속품'이라 함은 해당 선박의 시설 중에 선체를 제외한 시설의 일부가 소모 또는 마모되어 수리 및 교체가 예상되는 물품의 부분품 · 부속품으로서 항해도중 선원에 의해 자체적으로 수리 및 교체하는 물품을 말하며, 이 물품은 해당 선박에서만 사용되어야 수입이 아닌 소비가 된다(기획재정부, 1981.4.29).

32) 기내 우량고객에 대한 무료 증정 외국물품은 관세법 제2조 제11호에 따른 기용품에 해당한다(기획재정부 관세제도과－415, 2017.5.30). 해당 항공기에서만 사용되는 항공기 엔진오일은 기용품에 해당한다(관세국경감시과, 2012.12.24).

33) 판례(대법원 2016두42081)와 관련하여 '관세법에 부분품 및 부속품의 규모, 중량, 가격과 수리장소, 수리하는 사람 등에 관한 제한이 없고, 제한을 가하는 것은 해석론의 범위를 넘어서 입법행위에 가깝다'는 의견이 있다(김백영, "관세법이 정한 선용품의 범위", 『부산법조』 제34호, 부산지방변호사회, pp.42～52).

34) 선박용품(면세 · 환급대상 선용품 관리)과 항공기용품(기내판매품 관리에 중점)의 처리절차가 상이하여 종전 「선(기)용품 및 선(기)내 판매용품의 하역 등에 관한 고시」를 분리하여 규정하였다.

품으로 볼 수 없음에도, 선용품으로 적재허가를 받아 국내로 반입하면서 수입신고를 하지 않았으므로 부과제척기간은 5년이 적용되어야 할 것이고 쟁점물품을 보세구역 반출시 부가가치세를 신고납부하지 아니하였음으로 국세기본법 제47조의 2에 따라 무신고 가산세를 과세하는 것은 타당하다.

【조세심판원 1996.6.10, 95관0083호】 청구법인이 취득한 국내건조 국적취득조건부 나용선은 수입통관 후 외국무역선 자격으로 항해할 선박으로서 시운전하고 남은 잔류연료는 해당 선박에서만 사용될 것이 확실하고 선박의 용도, 종류, 톤수 및 1일 최대사용량 등을 감안할 때 선용품으로 인정받을 수 있는 범위내의 연료로 인정되므로 관세 등을 부과한 처분은 부당하다.

【대법원 2016.10.27, 2016두42081】 관세법 제239조 제1호는 선박 안에서 소비하거나 사용될 것이 예정된 외국물품을 수입신고대상에서 제외하여 통관절차의 편의를 제공하려는 취지이므로 선용품은 항해 중에 선박 자체 또는 선원이나 승객에게 통상적으로 필요한 물품으로 보아야 하는 점, 관세법 제2조 제10호에서 선용품으로 열거된 다른 품목들도 선박 운행에 필요한 연료나 선원과 승객이 소비하는 음료·식품 등과 같이 항해를 위하여 기본적으로 갖추어야 할 소모성 물품들인 점, 반면 외국에서 선박을 수리하는 데 사용된 일반적인 부분품이나 부속품은 국내 반입시 간이세율 등이 적용되는 수입으로 보아 달리 취급하고 있는 점 등을 종합하여 보면, 정의조항에서의 '수리용 예비부분품 및 부속품'은 항해 중에 있을 수 있는 선박의 자체적인 유지·관리·보수를 대비하여 통상적으로 구비하는 예비적인 부분품이나 부속품을 의미하고, 특정 부분품이 이에 해당하는지는 선박의 종류 및 규모, 부분품의 구성, 기능, 가격, 교체주기, 수리기간 및 방법 등 여러 사정을 종합적으로 고려하여 판단하여야 한다.

13. "통관"(通關)이란 이 법에 따른 절차를 이행하여 물품을 수출·수입 또는 반송하는 것을 말한다.

해 설

통관은 "이 법의 규정에 의한 절차를 이행"하는 것으로서 '절차'를 의미하므로 수출·수입 또는 반송의 이행에 관련되는 모든 절차를 통관이라 말할 수 있다. 즉, '통관절차'는 수출 또는 수입하려는 화물을 일정한 장소에 반입한 다음, 세관 등의 검사를 거쳐 수출이 허여된 화물을 국제무역선(기)에 적재하거나 수입이 허여된 화물을 국내에서 인수할 때까지의 일련의 절차를 말한다.

일반적인 수출입통관을 보면 화주는 물품을 세관장에게 신고하고, 세관장은 신고물품을 검사·심사하여 신고수리하는 것이다. 그리고 수출통관 절차를 거쳐 마지막에 수출하고 수입통관 절차를 거쳐 마지막에 수입하고 반송통관 절차를 거쳐 마지막에 반송한다.

수출·수입 또는 반송은 물품을 외국으로 반출하거나 국내로 반입하는 통관의 최종 행위라 할 수 있다. 이에 비하여 단순한 물품 이동을 의미하는 반출, 반입, 환적 등은 통관 흐름의 전체적인 의미를 내포하는 수출·수입 또는 반송이라는 통관 개념에 포함될 수 없다.

14. "환적"(換積)이란 동일한 세관의 관할구역에서 입국 또는 입항하는 운송수단에서 출국 또는 출항하는 운송수단으로 물품을 옮겨 싣는 것을 말한다.

해 설

무역에 있어 '환적(Transshipment)'은 선적항에서 선적을 한 후 목적지로 가는 도중에 타 선박 등의 운송수단에 옮겨 싣는 것을 말한다. 그러나 관세법상 '환적'은 동일한 세관관할 구역 안에서 입항하는 운송수단에서 출항하는 운송수단으로 물품을 옮겨 싣는 것을 말한다. 즉, 환적도 보세운송, 내국운송, 반입 · 반출과 같은 물품 이동의 한 종류이며, 물품이동 구역은 동일 세관관할 구역 이내이어야 한다. 따라서 부산항에서 내린 물품을 울산항에 가서 적재하는 것은 환적에 해당되지 아니한다.

또한 물품이동 대상 운송수단은 우리나라에서 떠나는 운송수단이어야 한다. 여기에는 바로 우리나라에서 출국하는 경우와 항구에서 출항하여 다른 항으로 가는 운송수단을 포함하나, 입항 운송수단에서 다른 입항 운송수단, 출항 운송수단에서 입항 운송수단, 출항 운송수단에서 다른 출항 운송수단으로 물품을 옮겨 싣는 것은 환적에 해당되지 아니한다. 물품이동 형태가 환적에 해당하면 수출입통관 절차 없이 바로 물품을 옮겨 실을 수 있을 뿐만 아니라, 일반 화물도 환적에 해당하면 수출입통관 절차 없이 바로 물품을 옮겨 실을 수 있어 그 절차가 매우 간편하다.

미국의 9.11. 테러사건 이후 환적화물에 대한 검사제도(CSI)[35]를 실시함으로써 비용 부담, 불편함 등 난제가 있지만, 환적업무를 편리하게 할 수 있다면 중계무역물품을 우리나라에 많이 유치하여 외화가득에 기여할 수 있을 것이다.

본조에 규정된 환적에 대한 정의는 교토협약 내용을 반영한 것이며, 환적 절차를 간소화하여 국가 간 물품이동에 대하여 통제를 최소화함으로써 무역을 증진하려는 목적을 가지고 있다. 중계무역 기지로서 부산항 혹은 인천공항에서 취급되는 환적 업무의 중대성을 감안하여 2000년 개정 관세법에서 새로 도입한 규정이다.

15. "복합환적"(複合換積)이란 입국 또는 입항하는 운송수단의 물품을 다른 세관의 관할구역으로 운송하여 출국 또는 출항하는 운송수단으로 옮겨 싣는 것을 말한다.

해 설

제14호에서 동일 세관관할 구역 안에서 운송수단을 변경하는 '환적'은 정의되어 있으나 세

35) CSI(Container Security Initiative)협정은 2003.1.17. 한미 관세청장간에 체결된 미국행 해상 컨테이너화물 사전 보안검색 협정을 말한다.

관관할구역을 달리하여 운송수단을 변경하는 경우는 정의되어 있지 않다.

'복합환적'은 기존의 '환적'과는 달리 세관 간 이동시에는 보세운송을 통하여 운송된다는 점 등이 법적으로 다른 점이므로 별도 개념으로 규정하여 통제할 필요성이 있다.

실무에서는 두 개념을 동일하게 운영하여도 어려운 점은 없으나 개정교토협약 특별부속서에서 '환적'은 한 세관관서의 관할 지역에서 세관 통제 하에 수입운송수단에서 수출운송수단으로 물품이 이전되는 세관절차를 의미한다고 규정하고 있어 별도의 개념으로 2007.12.31. 법률 제8833호로 신설 규정하였다.

16. "운영인"이란 다음 각 목의 어느 하나에 해당하는 자를 말한다.
   가. 제174조 제1항에 따라 특허보세구역의 설치・운영에 관한 특허를 받은 자
   나. 제198조 제1항에 따라 종합보세사업장의 설치・운영에 관한 신고를 한 자
17. "세관공무원"이란 다음 각 목의 사람을 말한다.
   가. 관세청장, 세관장 및 그 소속 공무원
   나. 그 밖에 관세청 소속기관의 장 및 그 소속 공무원
18. "탁송품"(託送品)이란 상업서류, 견본품, 자가사용물품, 그 밖에 이와 유사한 물품으로서 국제무역선・국제무역기 또는 국경출입차량을 이용한 물품의 송달을 업으로 하는 자(물품을 휴대하여 반출입하는 것을 업으로 하는 자는 제외한다)에게 위탁하여 우리나라에 반입하거나 외국으로 반출하는 물품을 말한다.
19. "전자상거래물품"이란 사이버몰(컴퓨터 등과 정보통신설비를 이용하여 재화를 거래할 수 있도록 설정된 가상의 영업장을 말한다. 이하 같다) 등을 통하여 전자적 방식으로 거래가 이루어지는 수출입물품을 말한다.
20. "관세조사"란 관세의 과세표준과 세액을 결정 또는 경정하기 위하여 방문 또는 서면으로 납세자의 장부・서류 또는 그 밖의 물건을 조사(제110조의 2에 따라 통합하여 조사하는 것을 포함한다)하는 것을 말한다.

해 설

'설치'는 어떤 일을 하기 위해 필요한 기계나 설비, 건물 등을 마련하여 갖추는 것을 말하며, '운영'은 조직이나 기구, 사업체 등의 어떤 대상을 관리하고 운용하는 것을 말한다. 설치・운영에 관하여 특허를 받거나, 신고를 하는 자는 운영인에 관한 인적인 요건과 시설에 관한 물적인 요건을 동시에 갖추어야 한다. 운영인의 결격사유를 법에서 규정하고 있고, 시설 등에 관하여는 세관장으로부터 물품관리상 필요한 범위 내에서 포괄적인 통제를 받고 있다. 인적인 요건이 있는 것을 고려하면 특허를 받은 운영인은 사업상 특정인에게 특허보세구역을 임대하여 영업을 하게 할 수 없다.

특허보세구역은 일정구역별로 특허를 받아 개별적으로 운영하지만, 종합보세구역은 지정구역 내에서 개별적으로 특허를 받고 이 구역 안에서는 희망하는 영업의 종류 두 가지 이상을 신고하여 보세구역을 운영하는 것이다. 종합보세구역 내에 운영하고자 하는 영업 종류를 신고하는 것을 종합보세사업장의 설치·운영신고라 한다.

운영인은 법 제7장 제3절 특허보세구역 등에서 정하는 설치·운영에 관한 제반 의무를 지고 있으며, 특별한 경우에는 보관물품에 대한 납세의무도 지고 있다. 화주, 금융기관, 운송회사, 운영인 등 물품 반출입·보관에 관계되는 주체들은 계약에 의하여 물품을 관리하는 관계가 성립한다. 이때 과세관청은 관세를 확보하기 위한 부과·징수 업무 이외에 개인 간 물품의 반출입 절차 등에 관하여는 직접적인 권리의무의 관계를 설정하는 것은 아니다. 예를 들면, 특정물품에 대한 수입신고필증은 그 물품이 통관절차를 거쳤다는 의미를 나타내는 것이지, 특정인에게 소유권 내지 반출권을 주는 것이 아니다.

제17호 및 제18호는 2020.12.22.(법률 제17649호) 개정시 신설한 조항이다. 세관공무원의 범위를 확대하였으므로 결과적으로 세관 업무 수행의 주체가 확대된 셈이다. 관세청 소속기관이란 관세국경관리연수원, 중앙관세분석소, 관세평가분류원 등을 지칭한다. 관세법 제24조의 2에 탁송품의 특별통관에 관한 규정을 두고 있다.

운영인을 이전에는 설영인이라 하였으나, 2000년 개정 관세법에서 현재와 같이 알기 쉬운 용어로 바꾸었다. 법 제174조는 특허보세구역의 설치·운영에 관한 규정이며, 법 제198조는 종합보세사업장의 설치·운영 신고 등에 관한 규정이다.

제19호는 2022.12.31. 개정시 전자상거래를 이용한 해외 (역)직구의 급증과 중요성을 감안하여 법 제254조의 개정과 함께 본 호에 신설 규정하였다. 본 호의 내용은 법 제19조 제5항 제1호 다목 2)에서 이관된 것이다.

제20호는 2023.12.31. 개정시 국세기본법상 세무조사의 정의에 본떠서 신설하였고, 관세조사 여부는 납세자의 권익 보호에 직결된 사항으로서 조사권의 남용금지, 중복조사 금지, 납세자보호위원회를 통한 권리 구제 등이 적용되므로 정의를 명확히 할 필요가 있었다. 관세조사에서는 세액심사는 제외한다.

> 제3조【관세징수의 우선】 ① 관세를 납부하여야 하는 물품에 대하여는 다른 조세, 그 밖의 공과금 및 채권에 우선하여 그 관세를 징수한다.
> ② 국세징수의 예에 따라 관세를 징수하는 경우 강제징수의 대상이 해당 관세를 납부하여야 하는 물품이 아닌 재산인 경우에는 관세의 우선순위는 국세기본법에 따른 국세와 동일하게 한다.

해 설

'우선순위'란 어떤 것을 먼저 차지하거나 사용할 수 있는 차례나 위치로서 금전이나 물건의 처분·취득 또는 이익 배당 등에서 다른 권리자보다 먼저 특전을 받는 것을 말한다. '국세의 우선권'이란 국세채권과 다른 공과금 및 기타 채권이 동시에 납세자의 재산에서 강제징수절차(압류물의 매각·교부청구)에 의하여 징수 또는 변제되는 경우에 특정한 경우를 제외하고는 국세채권을 다른 공과금 및 기타 채권에 우선하여 징수할 수 있는 법률상의 힘을 말한다. 일반 사법상의 채권은 채권자평등원칙이 적용됨에 비하여, 국세채권에 우선권을 부여하는 이유는 국세는 국가존립의 경제적 기초이며, 그의 활동을 위한 비용으로서 공공성·공익성을 가지므로, 징수를 확보하기 위하여 타 채권보다 우선하는 효력을 인정한 것이다.

이 규정은 종전 관세징수에 관한 조항이라 해서 징수에 해당하는 절에 규정하였으나, 2000년 개정 관세법에서는 본 총칙에 이를 규정하여 총괄적 성격을 나타내고 있다.

관세채권은 과세물건이 세관이 통제할 수 있는 보세구역에 있는 경우가 많기 때문에 납세의무자의 총재산을 담보로 할 필요가 없고 직접 과세물건을 확보하는 것만으로 충분하며 관세를 납부하지 않으면 국내로 반출이 되지 않기 때문에 다른 채권에 비해 우선할 수밖에 없다. 관세징수권의 우선원칙은 이러한 관세의 특수성에서 태동하게 된 것이다.

관세징수는 수입신고수리의 전제 조건이기 때문에 수입물품에 대하여 다른 조세·공과금·채권에 우선하여 먼저 관세를 징수하는 것은 올바른 징수순위라 할 수 있다.[36] 관세를 납부하여야 하는 물품이 아닌 일반물품이나 재산에 대하여는 이러한 우선순위가 적용되지 아니한다.

신고수리 전 반출, 수입신고 전 즉시반출 등의 경우에는 관세납부 전에 물품을 보세구역에서 반출한다. 이러한 때에는 당연히 이 물품 자체는 다른 국세에 우선하여 관세의 징수 대상이 된다. 그러나 수입한 원재료가 가공되어 다른 물품이 되어 있는 경우에는 그 원재료에 대하여 관세를 징수할 때에 관세징수 우선순위를 주장할 수 없다. '관세를 납부하여야 하는 물품'의 범위에서 이와 같이 가공되어 있는 것은 제외한다는 의미이다.

'국세징수의 예에 의하여 관세를 징수하는 경우'란 담보제공이 없거나 징수한 금액에 부족한 경우를 말한다. 국세와 같은 순위라는 것은 국세에 대하여 우선권을 행사할 수 없는 경우를 말한다. 국세기본법 제4장에는 국세우선권을 행사할 수 없는 경우를 규정하고, 국세와 일반채권과의 관계에 대하여 자세히 규정하고 있다.

---

36) '공과'는 조세 이외에 국가 또는 공공단체가 부과하는 금전 부담을 말하며, '채권'은 당사자 사이에서 일방이 타방에게 재산상 급부를 요구할 수 있는 재산권을 말한다. 해당물품이 관세를 납부해야 하는 물품이 아닌 경우, 국세기본법에 의한 국세와 동일한 순위이나, 지방세 등의 체납처분비용, 강제집행비용, 법정기일 전 전세권 등이 설정되어 담보된 채권, 임대차보호법에 의한 채권, 근로기준법에 의한 임금 등은 동 순위에서 제외된다.

【대법원 1979.2.27, 78다1689】 관세법 제20조 제1항에 "관세를 납부하여야 할 물품에 대하여는 다른 조세 기타의 공과 및 채권에 우선하여 그 관세를 징수한다"고 규정하여, 국세라 할지라도 그 납부기로부터 1년 전에 설정된 전세권, 질권 또는 저당권에 의하여 담보되는 채권에는 우선할 수 없도록 한 국세기본법 제35조 제3호의 규정을 배제한 것은, 관세의 특수성에 유래한 것이므로 세관장이 징수하는 내국세의 부과 · 징수에 관하여는 관세의 부과 · 징수에 관한 규정을 준용한다는 관세법 제17조 제8항의 규정이 있다 할지라도, 세관장이 징수하는 내국세인 물품세, 석유류세의 징수에 관하여는 관세우선에 관한 위 법 제20조 제1항을 적용할 여지가 없다. 수입물품에 부과되는 부가가치세 등 내국세에 대하여는 우선징수권을 인정하지 아니한다.

【대법원 2007.2.22, 2005다10845】 [1] 관세법 제4조 제1항은 수입물품에 대하여 세관장이 부과 · 징수하는 내국세의 부과 · 징수 · 환급 등의 절차적인 사항에 관하여는 관세법 규정을 우선 적용하는 것이 납세편의와 절차 간소화를 도모할 수 있다는 취지에서 규정된 것일 뿐, 실체적인 사항에 관하여 까지 관세법 규정을 우선 적용하라는 취지로 규정된 것은 아니고, 같은 법 제3조 제1항이 관세를 납부하여야 하는 물품에 대하여는 다른 조세 기타 공과금과 채권에 우선하여 그 관세를 징수한다고 규정하고 있는 것은 관세의 특수성에서 유래된 것이므로, 비록 부가가치세법 제23조 제3항에서 재화 수입의 부가가치세는 세관장이 관세징수의 예에 의하여 징수하도록 규정하고 있다고 하더라도, 내국세인 부가가치세 징수에 관하여는 관세법 제3조 제1항이 적용되지 않는다. [2] 국세기본법 제35조 제1항 제3호는 공시를 수반하는 담보물권과 관련하여 거래의 안전을 보장하려는 사법적 요청과 조세채권의 실현을 확보하려는 공익적 요청을 적절하게 조화시키려는 데 그 입법의 취지가 있으므로, 해당세가 담보물권에 의하여 담보되는 채권에 우선한다고 하더라도 이로써 담보물권의 본질적 내용까지 침해하여서는 아니 된다. 따라서 같은 호 단서에서 말하는 '그 재산에 대하여 부과된 국세'라 함은 담보물권을 취득하는 사람이 장래 그 재산에 대하여 부과될 것으로 상당한 정도로 예측할 수 있는 것으로서 오로지 해당 재산을 소유하고 있는 것 자체에 담세력을 인정하여 부과되는 국세만을 의미한다. [3] 부가가치세는 재화나 용역이 생산 · 제공되거나 유통되는 모든 단계에서 창출된 부가가치를 과세표준으로 하여 과세되는 조세로서 재화 또는 용역을 구입 · 소비하는 사실에 담세력을 인정하여 과세하는 이른바 소비세에 해당하므로 해당 재산을 소유하고 있는 것 자체에 담세력을 인정하는 국세기본법 제35조 제1항 제3호 소정의 해당세의 본질과는 전혀 다른 것이고, 납세편의 및 징수절차의 간소화를 위하여 세관장이 그 부과징수권을 행사함에 불과한 재화의 수입에 대한 부가가치세 역시 이와 달리 볼 이유가 없다. [4] 국세기본법 제21조 제1항 제7호 단서, 제22조 제1항, 같은 법 시행령 제10조의 2의 규정에 의하면, 재화의 수입에 대한 부가가치세의 납세의무는 세관장에게 과세표준과 세액을 신고하는 때에 확정되는 것이므로, 그 신고한 세액에 대하여는 국세기본법 제35조 제1항 제3호 (가)목의 규정에 따라 저당권 등의 피담보채권과의 우선순위를 결정하는 법정기일도 그 때로 볼 것이다. 그러나 과세표준과 세액을 신고하지 않거나 신고 내용에 오류 · 탈루 등이 있어 과세표준과 세액을 정부가 결정 또는 경정결정을 하는 경우에는 그 결정하는 때에 납세의무가 확정되는 것이므로, 그 고지한 세액에 대하여는 국세기본법 제35조 제1항 제3호 (나)목의 규정에 따라 그 법정기일을 납부고지서의 발송일로 볼 것이다.

【대법원 1974.7.16, 74다435】 보세지역에 장치되어 있을 뿐 관세가 부과징수되어 통관절차가 끝나지 아니한 물품은 내국물품이 되지 아니한 것으로 법원이 국가에 대하여 그 물품의 인도를 명할 수 없다.

제4조【내국세등의 부과 · 징수】 ① 수입물품에 대하여 세관장이 부과 · 징수하는 부가가치세, 지방소비세, 담배소비세, 지방교육세, 개별소비세, 주세, 교육세, 교통 · 에너지 · 환경세 및 농어촌특별세(이하 "내국세등"이라 하되, 내국세등의 가산세 및 강제징수비를 포함한다)의 부과 · 징수 · 환급 등에 관하여 국세기본법, 국세징수법, 부가가치세법, 지방세법, 개별소비세법, 주세법, 교육세법, 「교통 · 에너지 · 환경세법」 및 농어촌특별세법의 규정과 이 법의 규정이 상충되는 경우에는 이 법의 규정을 우선하여 적용한다.
② 수입물품에 대하여 세관장이 부과 · 징수하는 내국세등의 체납이 발생하였을 때에는 징수의 효율성 등을 고려하여 필요하다고 인정되는 경우 대통령령으로 정하는 바에 따라 납세의무자의 주소지(법인의 경우 그 법인의 등기부에 따른 본점이나 주사무소의 소재지)를 관할하는 세무서장이 체납세액을 징수할 수 있다.
③ 이 법에 따른 가산세 및 강제징수비의 부과 · 징수 · 환급 등에 관하여는 이 법 중 관세의 부과 · 징수 · 환급 등에 관한 규정을 적용한다.
④ 수입물품에 대하여 세관장이 부과 · 징수하는 내국세등에 대한 담보제공 요구, 국세충당, 담보해제, 담보금액 등에 관하여는 이 법 중 관세에 대한 담보 관련 규정을 적용한다.

해 설

하나의 법령에서 규율하려는 대상이나 사항이 다른 법령에서 규율하고 있는 것과 중복되거나 상호 연관되어 있는 경우가 있다. 이와 같이 법령의 규정은 고립하여 존재하는 것이 아니라 법령 상호간에 유기적으로 결부되어 종합적인 법체계를 구성하고 있다. 그러므로 각 법령 상호간 각 법령의 개별 규정 간에 조화와 균형을 유지하려면 다른 법령과의 관계를 명확하게 규정하여 다른 법령과의 상충을 피하고 법령 상호간의 조화를 도모하여야 한다.

수입물품에 대해 내국세를 부과 · 징수할 때 개별 내국세법에 정한 실체와 절차규정에 따라 징수하는 것이 원칙이다. 그러나 하나의 과세물건에 대해 관세와 내국세 부과 · 징수절차가 다르면 징세행정의 비효율성을 초래할 수 있다. 따라서 수입물품에 부과되는 내국세는 부과 · 징수업무를 효율적으로 하기 위하여 세관에서 관세를 부과할 때에 관세와 함께 부과하고 징수한다.

조세법은 절차적 사항과 실체적 사항으로 구분할 수 있는데, 4대 과세요건인 납세의무자, 과세물건, 과세가격, 세율은 실체적 사항으로 이들 요건을 적용함에 있어 관세법과 개별세법이 상충될 경우에는 개별세법이 우선 적용된다. 내국세의 부과제척기간 등의 부과 · 징수절차

에 대해서는 관세법의 부과제척기간 규정에 따라야 한다.[37]

세관장이 부과 · 징수하는 내국세에는 부가가치세, 지방소비세, 담배소비세, 지방교육세, 개별소비세, 주세, 교육세, 교통 · 에너지 · 환경세, 농어촌특별세 등 아홉 종류가 있다.[38] 이 아홉 종류의 내국세와 동 가산세 · 강제징수비에 대하여 부과 · 징수 · 환급 · 결손처분할 때에는 관세법 규정에 따라 처리한다. 그러나 2006.12.30. 국세기본법 개정시에 내국세 가산세를 적용시에 개별소비세, 부가가치세 등 각 내국세법에 상이하게 규정된 가산세율을 국세기본법에 동일한 가산세율로 통합 운영하고 수입물품에 대한 내국세 가산세는 국세기본법 규정을 적용하도록 동법 부칙 제7조 제11항에서 명문화하고 있다.

수입물품에 대하여는 부가가치세 징수를 세관장이 하도록 규정되어 있다. 이는 1984년부터 운영되어 온 법적인 제도이다. 그러나 2013년 7월 1일 부가가치세 수정수입세금계산서 발급 제한 제도를 부가가치세법령에 새로 규정함으로서 적용상 문제점들이 발생하고 있다. 관세와 국세는 서로 다른 징수 기관과 법령 하에서 징세업무를 집행하는 관계로 법적으로 사용하는 용어나 절차가 다르지만 국세청에서 부가가치세 운영에 적용하던 절차를 관세청에서 수입물품에 그대로 적용하는 과정에서 법적용의 충돌[39]이 발생하는 것이다.

부가가치세는 징수를 국세청에서 하는 것이나 업무의 간소화 내지는 납세자 편의를 위하여 수입물품에 대하여 관세를 징수할 때 부가가치세 등을 함께 세관장에서 납부하도록 하는 것이다. 이러한 과정에서는 국세청에서 징수하는 일련의 절차가 관세청에 위임되거나 관세의 징수 방식에 의지해서 부과 징수하는 것이 법 취지[40]에 맞는 것이다.

부가가치세 수정수입세금계산서 발급에 관하여는 2013.7.26. 부가가치세법 제35조를 개정하여 수정수입세금계산서 발급을 대폭 제한하였다. 특히 동법 제2항 제2호 다목에서 '수입자의 단순착오'로 확인되는 경우에만 부가가치세 수정수입세금계산서를 발급하도록 허용하고 있어 이는 내 · 외국물품에 대하여 차별성이 지나치다는 의견이 있었다. 그러나 2017.12.19.

37) 세관장이 부과하는 내국세 등의 부과 · 징수 · 환급 · 결손처분 등에 관하여 내국세법의 규정과 관세법의 규정이 상충하는 경우 관세법의 규정을 우선하여 적용하도록 되어 있으므로 수입물품에 대하여 세관장이 부과하는 내국세 부과의 제척기간도 관세부과의 제척기간이 적용된다(기획재정부 관세 47000-60, 1997.4.9).

38) 2010.1.1. 시행일로 하여 농어촌특별세법, 교육세법 폐지를 추진 중이었으나 미결 상태이고 「교통 · 에너지 · 환경세법」은 재정운영의 경직성을 초래하고 유류에 대한 과세체계를 복잡하게 하는 등의 문제점이 있어 2009.12.31. 개정하여 2016.1.1.(시행일) 교통 · 에너지 · 환경세를 폐지하고 개별소비세에 통합하기로 하였다. 또한 2015.12.29. 지방세법 개정에 따라 외국으로부터 입국하는 사람이 국내로 담배를 반입하는 경우 관세와 부가가치세 등을 세관에 납부하고 담배소비세와 지방교육세를 지방자치단체에 각각 납부하도록 하던 것을, 담배소비세와 지방교육세를 국세와 함께 세관장에게 납부할 수 있도록 하였다.

39) 이종익, "수정수입세금계산서 발급 제한에 관한 법적용 시점 검토", 『계간 관세사』 2016 봄호, 한국관세사회, 2016, pp.36~42.

40) 이종익, "부가가치세 수정수입세금계산서 발급제한의 문제점", 『계간 관세사』 2016 가을호, 한국관세사회, 2016, pp.4~15.

부가가치세법 개정시에는 동법 제35조 제2항 제2호 다목을 '수입자의 착오 또는 경미한 과실'로 확인되는 경우에 발급을 허용하도록 법 규정을 개정하였다. 개정 취지에서는 발급 허용 범위를 넓게 하기 위해서라고 설명하고 있다. 그러나 착오 또는 경미한 과실이 무엇인가에 따라 발급여부가 좌우되기 때문에 다소 혼란이 계속될 것으로 예상된다.[41]

2010.1.1. 지방세법 개정(법률 제9924호)시 지역경제 활성화 및 지방세수의 확충을 위하여 부가가치세의 일부를 지방소비세로 전환함으로써 관세법상 정리가 필요하여 이를 개정하였다.

'결손처분'은 내부적으로 일정기간 징수권 행사를 보류하는 의미만 갖게 되어 법률에 규정할 실익이 없으므로 국세징수법이 2012.1.1. 개정되었고, 내국세와 보조를 맞추기 위하여 결손처분에 관한 내용을 2013.1.1. 관세법 개정(법률 제11602호)시 법에서 삭제하였다.[42]

제2항에서 체납된 국세 인계에 관한 규정이다. 세관장이 징수하는 국세의 체납에 대하여 대통령령으로 정하는 바에 따라 납세의무자의 관할 세무서장에게 인계할 수 있다. 그러나 그동안 법의 위임 근거가 없고 국민의 권리·의무에 중요한 사항이므로 2013.1.1. 관세법 개정(법률 제11602호)시 이를 법에 명시적으로 규정하였다.

2017.3.27. 관세법 시행령 개정시 세관장의 요청에 따라 세무서장이 징수할 수 있는 내국세등에서 부과제척 기간이 만료되지 아니한 내국세등은 포함되어 있지 아니하였으나, 이를 개정하여 부과제척기간이 만료되지 아니한 체납내국세등 까지 세관장의 요청에 따라 세무서장이 징수할 수 있도록 징수 대상을 확대하였다.

제3항에서 관세의 부과·징수·환급 규정을 적용한다는 것은 법 제21조 및 제22조의 부과제척기간, 징수권소멸시효, 환급청구권 소멸시효 등을 적용하여 관세와 마찬가지로 부과·징수·환급한다는 의미다.

제4항에서 관세 담보는 관세일실 우려가 있는 경우 관세채권 확보를 위하여 관세 상당액을 담보로 요구하고 세관장이 부과 징수하는 내국세에 대하여는 담보 관련 명시적인 법 규정 없이 고시로 운영하였으나, 2013.1.1. 관세법 개정(법률 제11602호)시 이를 법에 명시적으로 규정하였다.

관세와 내국세는 관할하는 부서가 다르다. 그러나 관세청과 국세청이 각 해당 세법의 규정대로 업무를 처리한다면 효율성이 떨어지므로, 1983.12.29. 관세법 개정(법률 제3666호)시 관세의 징수절차를 내국세와 일치하도록 하고, 이어서 1984.8.7. 국세기본법 개정(법률 제3746호)시 세관장이 징수하는 내국세에 대하여는 관세법에서 특별 규정을 둘 수 있도록 정하였다.[43]

---

41) 수정수입세금계산서 발급에 관한 운영지침(관세청 훈령, 2018.3.29. 개정) 참조.

42) 제4조 제1항의 개정규정은 2014.1.1.부터 시행하였다.

43) 2010.4. 시행령 개정시 동 조에 의거 국세 체납이 발생한 때에는 종전에 시행령 제40조에 의무적으로 세무서장에게 인계하고 의무적으로 인수하도록 한 규정을 개정하여, 징수의 효율성을 고려하여 필요시 납세의무

교통세에 관하여는 2006.12.30.(법률 제8138호)로 교통세법에서 「교통 · 에너지 · 환경세법」으로 법명을 변경하였으며, 이에 따라 교통세도 교통 · 에너지 · 환경세로 명칭이 변경되었다. 2007.12.31.(법률 제8833호)에서 특별소비세법을 개별소비세법으로 명칭을 변경하였다.

【조세심판원 2022.7.12, 조심2022관0060】 쟁점물품은 청구법인과 정유사 간 계약할 때부터 선박에 적재할 당시, 수입신고할 당시에 모두 중유에 경유가 혼합된 상태로서, 이 혼합된 연료유는 공급하기 전에 정유사가 직접 만들어 청구법인에게 공급하는 것이며, 혼합된 상태의 쟁점물품의 특성은 중유에 있으므로 관세법상 중유로 품목분류될 뿐만 아니라 개별소비세법에 따르더라도 개별소비세 과세대상인 중유로 보이는 점 등에 비추어 처분청이 쟁점물품에 포함된 경유분을 분리하여 교통세와 개별소비세의 차액만큼을 과세한 처분은 잘못이 있다.

【조세심판원 2013.12.16, 조심2013관193】 관세부과의 제척기간은 관세법 제21조에 의거 일반은 2년, 부정한 방법으로 관세를 포탈하였거나 환급을 받은 경우는 5년을 적용하고 국세의 부과제척기간은 국세기본법 제26조의 2에 의거 일반은 5년, 무신고는 7년, 부정행위는 10년을 적용하고 있다. 그리고 국세기본법 제3조 제2항을 보면 세관장이 부과징수하는 국세에 관하여 관세법에 특례규정이 있으면 관세법을 적용하도록 규정하고 있는데 관세법 제4조 제1항에 세관장이 수입물품에 대하여 부가가치세를 부과징수할 때 관세법과 국세기본법이 상충하는 경우 관세법을 우선 적용하도록 규정하고 있다. 위 관련규정을 살피건대, 관세법 제4조 제1항에 세관장이 수입물품에 부과징수하는 부가가치세에 관하여 관세법을 우선 적용하도록 규정하고 있으므로 쟁점물품의 부가가치세의 제척기간은 관세법 제21조의 규정을 적용하여야 할 것이다. 그리고 이 건 부가가치세 면제에 대하여 청구인이 부정한 방법으로 감면을 받을 것으로 보이지 않았으므로 부과제척기간은 관세법 제21조 제1항의 규정에 따라 2년을 적용하여야 한다.

【대법원 2006.3.9, 2005두10125】 [1] 관세법 제4조 제1항은 내국세나 그 가산세 등의 부과 · 징수 · 환급 · 결손처분 등을 함에 있어서 절차적인 사항에 관해서는 관세법의 규정을 우선 적용하는 것이 관세에 관한 부과 · 징수 · 환급 · 결손처분 등의 절차와 통일을 기할 수 있음은 물론이고 그 절차의 간소화를 가져올 수 있으므로 조세행정의 능률과 납세자의 편의를 도모하기 위한 취지에서 관세법의 규정을 우선 적용하도록 한 것으로 보이고, 더 나아가 그 과세물건, 납세의무자, 과세표준, 세율 등 실체적 과세요건까지 관세법의 규정을 우선 적용하라는 취지를 규정한 것은 아니라고 풀이함이 상당하다. 즉, 수입물품에 대하여 세관장이 부가가치세 등 내국세 본세를 부과 · 징수할 때 그 부과대상이나 세액 산정을 위한 실체적 과세요건에 관해 부가가치세법 등 개별 내국세법의 관련 규정이 적용되어야 하고 이와 관세법의 관련 규정이 상충된다고 하여 관세법의 규정이 우선 적용되지 않듯이, 그 가산세에 대하여도 그 부과대상이나 세액 산정을 위한 실체적 과세요건에 관해서 부가가치세법 등 개별 세법에 정한 가산세 관련 규정이 적용되어야 한다. [2] 관세법 제4조 제2항은 관세에 관한 가산세 등의 부과 · 징수 · 환급 등에 관하여 본세인 관세의 부과 · 징수 · 환급 등에 관한 규정을 적용한다는 취지이지, 관세 이외에 세관장이 부과 · 징수하는 내국세에 관하여 개

자 주소지를 관할하는 세무서장에게 인계할 수 있도록 규정 내용을 탄력적으로 개정하였다.

별 세법이 규정하는 내국세의 가산세에 관하여 까지 관세에 관한 규정을 적용한다는 취지로는 보이지 아니한다.

【서울행정법원 2004.7.21, 2004구합8538】 [1] 관세법 제4조 제1항이 "수입물품에 대하여 세관장이 부과 · 징수하는 부가가치세 …… 부과 · 징수 등에 관하여 국세기본법 · 국세징수법 · 부가가치세법 …… 의 규정과 이 법의 규정이 상충되는 때에는 이 법의 규정을 우선하여 적용한다"고 규정하고 있는 것은, 소멸시효, 과세표준 및 세액 신고기관, 징수의 방법이나 절차 등에서 일반 세법의 규정과 관세법의 규정이 충돌하는 경우 관세법의 특색을 살리기 위하여 관세법의 규정을 우선하여 적용한다는 것이지, 일반 세법의 고유 세율까지 관세법에 의한 세율로 바꾼다는 취지가 아니라고 보인다. [2] 같은 조 제2항이 "이 법의 규정에 의한 가산금 · 가산세 및 체납처분비의 부과 · 징수 · 환급 등에 관하여는 이 법 중 관세의 부과 · 징수 · 환급 등에 관한 규정을 적용하여야 한다"라고 규정하고 있으나, 구 관세법 어디에도 특별소비세, 부가가치세, 교육세의 가산세에 관한 규정이 없고, 같은 법 제42조 제1항은 "세관장은 …… 부족한 관세액을 징수하는 때에는 해당 부족세액의 100분의 20의 범위 안에서 대통령령이 정하는 금액을 가산세로 징수한다"고 규정하고 있는바, 조세에 관한 법령의 해석은 엄격하게 해석을 하는 것이 원칙이므로 구 관세법 제42조 제1항의 '관세액'에 특별소비세 등이 포함되는 것으로 보거나 같은 법 제4조 제2항의 '이 법의 규정에 의한 가산세'에 특별소비세 가산세 등이 해당하는 것으로 볼 수 없으며, 이는 수입물품의 경우 특별소비세, 부가가치세, 교육세를 세관장이 징수하도록 하는 것은 단지 징수의 편의를 위한 것에 지나지 아니한데 부과 · 징수주체가 세관장인지 아닌지에 따라서 부가가치세 등의 가산세율이 서로 달라지는 것은 평등원칙에 반한다는 점에서도 명백하다. 따라서 피고가 특별소비세법 등 각 일반 세법에서 정한 가산세율에 의하지 아니하고 구 관세법 제42조 제1항 및 구 관세법 시행령 제39조의 가산세율에 따라 가산세를 산정하여 부과한 것은 위법하다고 할 것이다. * 전기온풍기를 품목분류(HS부호)번호 8415(공기조절기)가 아닌 8516(전기식 난방기)으로 수입신고한 건에 대하여 세관에서 특별소비세, 교육세, 부가가치세 및 각 세액 합계액에 가산세율 100분의 20을 곱하여 산출한 가산세를 부과 · 고지하는 처분을 하면서 특별소비세법 등 각 개별 세법에서 규정한 가산세를 부과하지 아니하고, 관세법 및 관세법 시행령을 적용하여 각 세목의 본세의 100분의 20에 해당하는 세액을 가산세로 부과한 것에 대한 취소소송 건이다.

법 적용의 원칙 등

제5조【법 해석의 기준과 소급과세의 금지】 ① 이 법을 해석하고 적용할 때에는 과세의 형평과 해당 조항의 합목적성에 비추어 납세자의 재산권을 부당하게 침해하지 아니하도록 하여야 한다.
② 이 법의 해석이나 관세행정의 관행이 일반적으로 납세자에게 받아들여진 후에는 그 해석이나 관행에 따른 행위 또는 계산은 정당한 것으로 보며, 새로운 해석이나 관행에 따라 소급하여 과세되지 아니한다.
③ 제1항 및 제2항의 기준에 맞는 이 법의 해석에 관한 사항은 국세기본법 제18조의 2에 따른 국세예규심사위원회에서 심의할 수 있다.
④ 이 법의 해석에 관한 질의회신의 처리 절차 및 방법 등에 관하여 필요한 사항은 대통령령으로 정한다.

해 설

조세법의 기본원칙은 조세법의 입법·해석·적용에 있어 준수해야 할 기본적인 지도 원리를 말하며 여기에는 조세법률주의와 조세평등주의가 있다.

조세법률주의는 법률에 근거가 없으면 국가는 조세를 부과·징수할 수 없고 국민도 조세의 납부를 요구받지 않는다는 원칙으로 과세요건을 법률로 규정하여 국민의 재산권을 보장하고 과세요건을 명확하게 규정함으로써 국민생활에서 법적 안정성과 예측가능성을 보장하기 위한 것이다. 조세법률주의는 과세요건 법정주의와 과세요건 명확주의를 그 핵심적 내용으로 하면서 소급과세금지원칙과 세법의 엄격해석을 보완적인 내용으로 한다.

과세요건 법정주의는 조세가 국민의 재산권 보장을 침해하는 것이 되기 때문에 납세의무를 성립시키는 납세의무자·과세물건·과세표준·세율 등의 과세요건과 조세의 부과·징수절차를 모두 국민의 대표기관인 국회가 제정한 법률로 규정하여야 한다는 의미이다. 다만, 과세요건 명확주의는 과세요건을 법률로 규정하였다 하더라도 그 규정내용이 지나치게 추상적이고 불명확하면 과세관청의 자의적 해석과 집행을 초래할 염려가 있으므로 그 규정내용이 명확하고 일의적(一義的)이어야 한다는 의미이다.[44]

---

44) 실정법상 조세법률주의의 예외로 관세법상 관세율에 있어서 긴급관세(제65조), 할당관세(제71조) 등을 인정하여, 기본세율을 중심으로 상하 각 과세가격의 100분의 40에 상당하는 율을 가감하여 부과할 수 있는 권한을 관세당국에 부여하고 있다. 이것은 기본적으로는 신축성 있는 관세에 의하여 일정한 경제행정의 목적을 달성하기 위한 것이라 하겠으나, 수권의 범위가 기본세율의 상하로 미칠 수 있다는 점과 지나치게 광범한

조세평등주의는 국민의 조세부담이 공평하게 배분되도록 하며 세법의 해석·적용에 있어 국민을 평등하게 취급하여야 한다는 원칙을 말하며 이를 실현하기 위해 실질과세원칙과 부당행위계산의 부인 등의 제도를 두고 있다. 실질과세원칙은 국세기본법 제14조에 규정되어 있지만 관세법에는 규정된 바 없다. 종전 관세행정은 실질과세원칙을 수용하지 않았으나, 2003. 4.11. 대법원 판례(2002두8442) 이후 실무에 적용하고 있는데, 주로 중국산 농산물의 저가신고에 따른 납세의무자(일명 '바지사장') 판단이 쟁점화되고 있다.

입법과 법제과정에서 추상적이고 일반적으로 규정되어 있는 법규범을 현실의 구체적이고 개별적인 사실에 적용하기 위해 법령해석이 필요하게 되는바, '해석'은 조문의 의미를 밝히는 것이고 '적용'은 조문의 의미를 사실에 맞추어 실현하는 것이다.

법령 해석은 주로 3단계로 이루어지는데 1단계(사실인정)는 구체적 사실을 밝혀서 확정하는 것이며 2단계(법령 발견)는 확정 또는 인정된 구체적 사실에 대하여 적용할 법령을 찾는 것이며 3단계(법령 적용)는 구체적으로 인정된 사실을 적용 가능한 법령에 맞추어 보아 구체적인 판단을 하는 것이다. 이러한 법령 적용의 과정에서 실질적인 '법령 해석'이 행해지게 된다. 해석에는 문리해석과 논리해석으로 구분되며 논리해석의 기법으로 확장해석, 축소해석, 변경해석, 반대해석, 유추해석, 물론해석[45] 등이 있다.

'과세의 형평'은 법 해석·적용이 다른 과세 사례와 비교해 볼 때 한쪽으로 치우치지 아니하는 것을 말하며, '합목적성'은 법 해석·적용이 해당 조항의 목적과 일치하는 것을 말한다. 합목적성은 문리해석 위주로 해야 할 세법에는 부적합하다는 의견이 많으나 법에서 명시적으로 규정한 만큼 해석의 기준이 된다.[46]

'소급과세 금지원칙'은 조세법령의 제정이나 개정, 과세관청의 법령에 대한 해석이나 처리지침 등이 변경된 때 그 효력 발생 전에 종결한 과세요건 사실에 대하여 해당 법령 등의 적용을 금지하는 것을 말한다(진정소급효). 그러나 그 이전부터 계속 진행되어 오는 사실이나 그 이후에 발생한 과세요건 사실에 대하여 새로운 법령 등을 적용하는 것을 제한하지는 아니한다(부진정소급효). 또한 세율을 잘못 적용하였기 때문에 올바른 세율을 적용하는 것은 이 원칙에 위반하지 아니한다. 따라서 일정기간의 단순한 과세누락인지 아니면 비과세관행인지 대하여 논란이 있을 수 있다. 수익적인 성격의 소급입법은 국민의 권리를 제한하는 침해적인 소급

수권을 내용으로 하고 있다는 점에서, 조세법률주의에 관한 헌법 제59조 및 위임입법의 한계를 정하고 있는 헌법 제75조와의 관련에서 문제가 제기될 수 있다고 한다(김동희, 『행정법 Ⅱ』, 박영사, 2014, p.639 참조).

45) '물론해석'은 어떤 법령규정의 입법목적, 취지 등으로 보아 명문규정은 없으나 그 것과 같은 취지의 규정이 있다고 해석하는 것이 조리 상으로 보아 당연한 것으로 생각되는 경우에 취하여지는 해석방법이다.

46) 대법원 1995.4.21. 선고 94누15677 판결 참조. 헌법재판소에서 법적효력을 바로 정지시키는 위헌 결정이 아니라 일정기간에 한해 효력을 인정해 주는 '헌법불합치' 결정을 내렸더라도 해당 법률을 더 이상 적용해서는 아니 된다는 판례가 있다(서울행정법원, 서울신문 2009.9.8).

입법과 달리 입법의 목적, 수혜자의 상황, 국가예산 등 여러 가지 사항을 고려하여 광범위한 입법형성의 자유가 인정된다.[47]

소급과세금지원칙은 형법상 형벌불소급 원칙과 같이 예외가 인정되지 않는 엄격한 것이 아니고 공공의 이익과 비교형량의 대상이 되는 공공의 이익이 더 큰 보호가치가 있는 등 일정한 사유가 있는 경우 그 예외가 인정되는 가변적인 원칙이다.

제2항에서 관세행정의 관행이 성립하려면 법령에서 규정한 바는 없지만, 판례 등에서 보이는 바와 같이 일정한 조건을 갖추어야 한다. 국세기본법에서 과세관행과 관련한 판례에 의하면, 과세관청이 공적인 견해 표명을 하였을 것, 납세자가 그 견해 표명을 신뢰하고 이에 따라 행위를 하였을 것, 과세관청의 견해 표명이 정당하다고 신뢰하는데 납세자의 귀책사유가 없을 것, 과세관청이 기존에 표명한 견해에 반하는 새로운 처분을 함으로써 실제로 납세자 이익을 침해하는 것일 것 등의 요건을 갖추어야 한다.[48] 관세행정실무에서 납세자가 무세율의 품목번호를 장기간에 걸쳐 수입신고한 경우 비과세관행이 성립되었는지 아니면 일정기간 단순한 과세누락인지 여부가 논란이 되고 있는데 '장기간'에 대하여는 확립된 견해 없이 수입신고 건수 등을 감안하여 그 사안별로 판단하고 있다.[49]

조세심판원은 통상 4년 이하의 신고기간에 대하여는 "신고납부방식의 경우 세관장이 납세자의 신고에 따라 세액을 수령하는 것은 사실행위에 불과할 뿐 확인적 부과처분으로 볼 수 없다"는 법리로 기각하는 입장이나 앞으로는 납세자 권익보호 차원에서 과세관행 성립, 소급과세 금지원칙을 폭넓게 수용하는 분위기는 확산될 것으로 보인다.

제3항에서 기획재정부장관과 관세청장은 관세법 해석과 관련된 질의에 대하여 해석하고 회신하여야 하며 관세청장은 회신한 문서 사본을 기획재정부에 송부하여야 한다.[50] 그리고 관세청장은 질의내용이 국세기본법 시행령 제9조의 3 제1항(국세예규심사위원회) 해당 사항[51]으로서 세법의 입법취지에 따른 사항, 기존 세법 해석 또는 일반화된 국세행정의 관행을 변경하는 사항, 납세자의 권리 및 의무에 중대한 영향을 미치는 사항에 대하여는 기획재정부장관에게 의견을 첨부하여 해석을 요청하여야 한다. 기획재정부장관에게 제출된 질의는 관세청장에게 이송되지만, 국세예규심사위원회의 심의를 거쳐야 하는 사항, 관세청장의 법 해석에 대하여 다시 질의한 사항, 법령 제·개정으로 해석이 필요한 사항 등에 대하여는 직접 회신할 수 있다.

---

47) 헌법과 법제실무, 법제처(발간번호 11－1170000－000323－01).

48) 기본통칙(제5－0－1조)에 비과세관행과 관련하여 '일반적으로 납세자에게 받아들여진 후'라 함은 장기간에 걸쳐 과세를 하지 아니한 객관적 사실이 존재하여야 하고, 과세관청의 비과세에 관한 명시적 또는 묵시적인 의사표시가 있었다고 볼 수 있는 특별한 사정이 있어야 한다고 규정하고 있다.

49) 심사청구 재결례(1995.9.18, 관심 제193－3호), 심사청구 재결례(1995.11.3, 관심 제194－16~18) 참조.

50) 이하는 2012.2.2. 대통령령 개정시 추가한 내용이다.

51) 국세예규심사위원회 회의에 부치는 해당 안건이다.

관세청장은 우리나라가 가입한 관세에 관한 조약에 대한 해석에 의문이 있는 경우에는 기획재정부장관에게 의견을 첨부하여 해석을 요청하여야 한다. 기획재정부장관은 필요한 경우 관련 국제기구에 질의할 수 있다. 예를 들어, 품목분류를 세계관세기구(WCO)에 질의할 경우 관세청장이 아닌 기획재정부장관이 이를 수행하고 있다.

국세기본법 제18조의 2는 국세예규심사위원회 설치에 관한 규정이다. 2011.12.31. 개정 관세법에서 관세법 해석 사항을 다루기 위하여 이 조항을 신설하였으며, 관세법의 해석 사항 범위에는 품목분류도 포함 된다.

【관세청 심사청구 1995.11.3, 관심 제194-16～18】 1965년 이후 선용품으로 인정하여 명시적으로 비과세함으로써 납세자에게 일반적으로 받아들여진 관행이 성립되었으므로 새로운 해석에 따라 소급 추징함은 소급과세금지원칙에 위배된다.

【관세청 심사청구 1995.9.18, 관심 제193-3호】 1993년 11월부터 1995년 2월까지 여러 업체가 여러 세관을 통하여 분석결과에 따라 수십 차례 통관한 물품이므로 동 물품은 이미 특정인이 아닌 일반인으로 납세자에게 받아들여진 관행이라 볼 수 있으므로 품목분류결정 통보일 이전에 수입신고한 물품에 대해 품목분류실무협의회 결정세번을 적용하는 것은 소급과세라 판단된다.

【조세심판원 2017.11.10, 2015관0246】 쟁점물품(C5R)과 나프타는 물품을 구성하는 화학적 성분 및 물리적 특성이 다르고, 품명 및 품목번호 등도 달라 국제적 또는 상거래에서 동일물품으로 보아 동일한 가격으로 거래된다고 보기 어려운 점, 두 원재료의 생산수율의 차이가 미미하기는 하나 두 원재료로부터 생산되는 제품의 생산비율이 확연히 구분되는 것으로 조사된 점 등에 비추어 쟁점물품과 나프타를 '동일원재료'로 보아야 한다는 청구주장은 받아들이기 어려우나, 청구법인은 자율심사 등 10년 넘게 쟁점물품과 나프타를 동일원재료로 보아 환급 받아왔고, 과세관청에서도 아무런 문제제기가 없었는바, 이 건 처분은 신뢰보호원칙을 위반한 잘못이 있는 것으로 판단된다.

【조세심판원 2016.4.12, 2015관0067】 수출자가 청구법인의 영업이익률을 일정하게 유지하기 위해 쟁점물품의 원가에 가산하는 Mark-up을 임의로 조정하고 있는 점 등에 비추어 거래가격이 특수관계에 영향을 받았다고 본 것은 잘못이 없으나, 자율심사 당시의 이전가격 결정방법으로 현재까지 일관되게 거래순이익률법이 적용되고 있는 점, 처분청이 자율심사 결과통지에서 이전가격 조정 후 추가지급하는 금액을 과세가격에 가산하여 수정신고하고 향후 잠정 및 확정가격신고를 하도록 한 것은 과세가격이 특수관계에 의하여 영향을 받지 않았음을 전제한 것으로 보이는 점, 청구법인이 통관지세관장으로부터 확정가산율을 통보받아 확정가격신고를 하여 온 점 등에 비추어 처분청의 공적 견해표명에 따라 이를 신뢰하고 과세가격을 신고하여 온 것에 잘못이 있다고 보기 어려우므로 관세 등을 부과한 처분은 잘못이 있다.

【조세심판원 2012.12.18, 2012관0156】 세액심사 강화지침이 청구인 이외의 다른 사업자에게도 동일하게 적용된 점과 쟁점물품의 수입신고가격을 과세가격으로 인정하겠다는 처분청의 공적 견해표명은 없었던 점으로 보아 이 건 과세처분이 과세형평의 원칙 내지는 신의성실의 원칙에 위배되었음을 이유로 취소하기는 어려워 보인다.

【대법원 2011.5.13, 2008두18250】 [1] 관세법 제5조 제2항에 의한 비과세관행이 성립하려면 과세물건에 대하여 상당한 기간에 걸쳐 과세하지 아니한 객관적 사실이 존재할 뿐만 아니라 과세관청이 과세할 수 있음을 알면서도 특별한 사정 때문에 과세하지 아니한다는 의사표시가 있어야 하나, 그러한 의사표시는 과세물건에 대한 비과세의 사실상태가 장기간에 걸쳐 지속된 경우 묵시적인 의향의 표시라고 볼 수 있는 정도이면 족하다고 할 것이다. 그리고 일단 성립한 비과세관행이 더 이상 유효하지 아니하다고 하기 위해서는 종전의 비과세관행을 시정하여 앞으로 해당 과세물건에 대하여 과세하겠다는 과세관청의 확정적인 의사가 표시되어야 하며, 그러한 의사표시는 반드시 전체 과세관청에 의하여 이루어지거나 처분 또는 결정과 같이 구체적인 행정작용을 통하여 이루어질 필요는 없지만, 적어도 공적 견해의 표명으로서 그로 인하여 납세자가 더 이상 종전의 비과세관행을 신뢰하는 것이 무리라고 여겨질 정도에 이르러야 한다. [2] 수입업체들이 전자제품의 전원공급 · 제어 기능을 수행하는 트랜지스터 모듈을 수입하면서 양허관세율 0%가 적용되는 관세율표상 품목번호 8541호 또는 8542호로 수입신고를 하였고 과세관청들은 이러한 수입신고를 아무런 이의 없이 수령하여 왔는데, 2004.3.26. 구미세관장이 수입업체들에게 서면으로 쟁점물품에 대한 자료제출을 요구하면서 쟁점물품이 기본관세율 8%가 적용되는 관세율표상 품목번호 8504호로 분류되어야 한다는 점을 검토사항으로 제시하였고, 이후 관세청 관세품목분류위원회가 2005.7.28. 쟁점물품을 관세율표상 품목번호 8504호로 분류하는 결정을 하였으며, 이후 과세관청들이 2003.12.1.부터 수입신고된 물품에 대하여 기본관세율 8%를 적용한 관세 등을 부과하였다가 쟁점물품에 관하여 성립된 비과세관행이 세관장의 자료제출 요구일인 2004.3.26. 소멸하였다고 보아 그 전에 수입신고된 물품에 대한 관세 등은 취소한 사안에서, 비과세관행의 소멸시점은 자료제출 요구일인 2004.3.26.이 아니라 관세청 관세품목분류위원회가 위 물품을 품목번호 8504호로 분류하기로 결정함으로써 향후 그에 대하여 과세하겠다는 확정적인 의사표시가 있었던 2005.7.28.로 보아야 한다.

【대법원 2007.7.12, 2005두15021】 조세법률주의와 조세공평의 이념에서 비롯된 엄격해석의 원칙은 과세요건에 해당하는 경우에는 물론 비과세 및 조세감면요건에 해당하는 경우에도 적용되므로, 납세자에게 유리하다고 하여 비과세요건이나 조세감면요건을 합리적 이유 없이 확장해석하거나 유추해석하는 것은 허용되지 않는다. 구 관세경감규칙 품목순위 108번 소정의 객차공기조화장치(Trailer Airconditioning Unit)'는 그 품명, 규격 및 용도가 완제품임을 전제로 규정되어 있음에 비추어 냉방, 난방 및 환기 기능을 모두 갖춘 완제품으로서의 공기조화장치를 의미한다고 봄이 상당하므로, '객차공기조화장치'의 부분품에 불과한 이 사건 수입물품은 해당되지 아니한다.

【대법원 2006.6.29, 2005두2858】 신의성실 원칙이나 소급과세금지의 원칙은 합법성의 원칙을 희생하여서라도 납세자의 신뢰를 보호함이 정의에 부합하는 것으로 인정되는 특별한 사정이 있을 경우에 한하여 적용된다고 할 것이고, 그 조항에서의 일반적으로 납세자에게 받아들여진 세법의 해석 또는 국세행정의 관행이란 비록 잘못된 해석 또는 관행이라도 특정납세자가 아닌 불특정한 일반납세자에게 정당한 것으로 이의 없이 받아들여져 납세자가 그와 같은 해석 또는 관행을 신뢰하는 것이 무리가 아니라고 인정될 정도에 이른 것을 말하고, 단순히 세법의 해석기준에 관한 공적 견해의 표명이 있었다는 사실만으로 그러한 해석 또는 관행이 있다고 볼 수는 없는 것이며, 그러한 해석 또는 관행의 존재에 대한 입증책임은 그 주장자인 납세자에게 있다.

【대법원 2003.4.11, 2002두8442】 그 물품을 수입한 실제 소유자인지 여부는 구체적으로 수출자와의 교섭, 신용장의 개설, 대금의 결제 등 수입절차의 관여 방법, 수입화물의 국내에서의 처분·판매의 방법의 실태, 해당 수입으로 인한 이익의 귀속관계 등의 사정을 종합하여 판단하여야 하며, 이와 같이 해석하는 것이 관세법에도 적용되는 실질과세 원칙에 부합하는 것이다.

【대법원 1995.4.21, 94누15677】 조정관세 관련규정에 의하면, 관세율표 번호 7005의 플로트유리 중 조정관세율 적용대상은 두께 2mm 초과 3mm 이하의 것과 4mm 초과 8mm 이하의 것에 한한다고 규정하고 있으므로, 확장해석이나 유추해석을 금지하는 조세법률주의의 원칙상, 공업진흥청장이 산업표준화법 제4조에 의거하여 공업진흥청 고시 제91－1790호로 각종 광공업품에 대한 산업표준규격을 정하면서 두께 8mm 플로트유리의 경우 허용오차가 0.6mm라고 규정하였다 하여, 수입한 두께 8.1mm의 플로트유리를 8mm의 플로트유리와 마찬가지로 조정관세율의 적용대상이라고 볼 수 없다.

【대법원 1994.9.30, 94부18】 헌법 제38조, 제59조에서 채택하고 있는 조세법률주의의 원칙은 과세요건과 징수절차 등 조세권행사의 요건과 절차는 국민의 대표기관인 국회가 제정하는 법률로써 규정하여야 한다는 것이나, 과세요건과 징수절차에 관한 사항을 하위법령에 위임하여 규정하게 하는 경우, 구체적·개별적 위임만이 허용되며, 포괄적·백지적 위임은 허용되지 아니하고(과세요건법정주의), 이러한 법률 또는 그 위임에 따른 명령규칙의 규정은 일의적이고 명확하여야 한다(과세요건명확주의)는 것이다.

【대법원 1989.9.12, 88누20】 특정형 승용자동차의 깔판으로 사용하도록 만들어진 것으로서 관세율표 세번 5802호로 분류함이 타당한 것인데, 불과 1년 남짓되는 기간 동안 8회에 걸쳐 부산지역의 세관에서만 관세율표 세번 4014호로 잘못 분류하였다가 관세중앙분석소의 분석결과에 따라 이를 시정한 것에 불과하다면, 아직 일반적으로 납세자에게 받아들여진 관세법의 해석 또는 관세관행이 있다고는 보여지지 아니한다.

【대법원 1983.12.13, 83누149】 국가의 과세권은 법치국가의 원리에 따라 조세법률주의와 재산권보장에 관한 헌법 규정에 구속받는 것이며 모든 세법은 이러한 헌법정신에 따라 국가의 자의적인 과세권 발동을 방지하고 국민의 경제활동에 관한 법적 안정성과 예측가능성을 보호하는 의미로 해석되어야 하는바, 국세기본법이나 관세법이 소급과세를 금지하는 것이 이 때문이다. 행정상의 관행을 존중하려는 것은 일정 기간 계속된 사실관계를 믿은 납세자의 신뢰를 보호하는데 주안점이 있는 것이므로 관세관행이 불특정 다수인에게 수입신고시마다 계속적으로 적용되어서 그 해석 또는 관행이 대다수 납세자에게 일반적으로 아무런 이의 없이 정당한 것으로 받아들여져야만 관세행정상의 관행이 될 수 있다는 논지는 받아들일 바 못된다.

【대법원 1983.12.13, 82누274】 원고가 토마토 케첩 및 쥬스를 생산 판매하고자 그 원료로서 수입한 토마토 페이스트에 관해서 이사건 부과처분 전에는 1976.부터 1980.11.까지 계속하여 세번 2002－0201 기본관세율 60%를 적용하여 관세를 부과하여 왔을 뿐만 아니라 이 사건 관세부과처분후인 1981.3.부터 1981.10.까지에도 긴급관세율을 적용하지 아니하고 위와 같은 세번 및 기본관세율을 적용하여 관세를 부과하였다면, 피고 스스로도 위 토마토 페이스트가 기본관세율에 해당한

다고 인정하고 있다 할 것이며 적어도 그러한 관행이 성립하였다고 할 수 있으니 피고가 긴급관세율 80%를 적용하여서 한 이 사건 부과처분 중 기본관세율에 의한 과세 및 부가가치세액을 초과하는 부분은 위법하다.

【대법원 1983.4.12, 80누203】 행정상의 관행을 존중하려는 것은 일정기간 계속된 사실관계를 믿은 납세자의 신뢰를 보호하는 데 주안점이 있는 것이라 할 것이므로 상급관청의 유권해석이나 지침시달에 따라 전국세관에서 통일적으로 운용된 사항만이 관세행정상 관례가 될 수 있다고 할 수 없다.

【대법원 1982.11.23, 82누221】 조세법률주의 원칙은 조세요건과 부과징수절차는 국회가 제정한 법률로써 이를 규정하여야 하고, 그 법률의 집행에 있어서도 이를 엄격하게 해석적용하여야 하며, 행정편의적인 확장해석이나 유추적용은 허용되지 않음을 의미하므로, 법률의 위임 없이 행정입법으로 조세요건과 부과징수절차에 관한 사항을 규정하거나 또는 법률에 규정된 내용을 함부로 유추확장하는 내용의 해석규정을 마련하는 것은 조세법률주의의 원칙에 위반된다.

제6조【신의성실】 납세자가 그 의무를 이행할 때에는 신의에 따라 성실하게 하여야 한다. 세관공무원이 그 직무를 수행할 때에도 또한 같다.

해 설

관세법상 세관공무원은 물품의 검사, 운수기관 등에 대한 조사 및 검사, 장부 또는 자료의 제출요구 등 직권으로 업무를 처리할 수 있는 권한을 가지고 있어 납세자의 권리의무에 직접적으로 영향을 미칠 수 있는 위치에 있고 세관공무원의 직무수행의 정도 등 재량행위에 따라 추징 또는 벌칙의 적용 등으로 결정될 수 있는 경우가 많다. 따라서 이러한 공무원의 재량행위에 대하여 적정한 한계를 설정함으로써 세관공무원은 과세행위를 함에 있어 납세자의 신분이나 재산 등에 따라 상호간에 형평을 위반하지 않도록 하고 일반인이라면 누구도 수긍할 수 있는 적정하고도 타당한 수준의 조치를 행할 수 있도록 대원칙을 규정하고 있다.

'신의성실의 원칙(신의칙)'은 사회생활 일원으로서 상대방의 신뢰에 반하지 않도록 성의 있게 행동해야 한다는 도덕적 내용을 법적 가치판단의 한 내용으로 도입한 것이다. 납세의무자와 세관공무원은 모두 신의에 좇아 성실히 직무를 수행해야 한다.

신의성실원칙은 납세자의 재산권보호를 위해 합법성을 희생하여 신뢰이익을 보호하고자 하는 원칙이므로 근본적으로 조세법률주의와 모순된다. 따라서 신의성실원칙은 합법성의 관철이라는 일반적 · 추상적 요구를 포기함으로써 상실되는 법익보다 신뢰이익의 보호가치가 더 크다고 인정되는 개별적 · 구체적 사안에 한하여 적용하는 것이다. 신의성실이 어떤 것인지에 대한 구체적 내용은 재판, 행정행위 등을 통해서 밝혀진다.[52] 소급과세금지의 원칙은 신의성실

52) 매매계약에 있어서 매각대금 1억 중에서 50만원을 지불하지 않고 있었는데, 이 50만원에 대하여 이자를 제

의 원칙에서 파생된 특별규정으로 보는 견해가 있다.

【소급과세금지원칙과 신의성실원칙 구분】

구 분	소급과세금지원칙	신의성실원칙(신의칙)
적 용 대 상	과세관청	과세관청, 납세자
적 용 납 세 자	불특정 납세자	특정 납세자
관 청 언 동	일반성 · 획일성	개별성 · 구체성
입 증 책 임	납세자[53]	

새로운 해석 또는 관행에 의하여 소급하지 못한다는 내용은 신뢰이익의 보호를 구체화하여 명문화한 것이지 조세법상 관습법의 법원을 규정한 것은 아니다. 따라서 소급과세금지의 원칙이 적용되기 위해서는 신의성실 원칙의 일반적 적용요건 외에 특별요건을 갖추어야 한다. '특별요건'은 과세관청의 언동인 세법의 해석 또는 국세행정의 관행이 일반적으로 납세자에게 받아들여져야 하고 과세관청이 그 해석 또는 관행에 반하여 새로운 해석 또는 관행에 의하여 소급적으로 적법한 과세처분을 하여야 한다는 요건을 말한다. '신의성실의 원칙'은 구체적인 사안에 대한 개별적 판단을 필요로 하는 것이지만 소급과세금지원칙은 객관적인 상황을 설정하고 그에 대한 납세의무자의 신뢰를 입법이라는 수단을 통하여 일반적으로 보호하고자 하는 데에 목적이 있다.[54] '국세부과의 원칙'에 관하여는 국세기본법에 실질과세, 신의 · 성실, 근거과세 등이 있다. 실질과세는 형식이나 명의보다는 실질내용에 따라 과세한다는 것을 말하며, 근거과세는 증빙자료를 명확히 갖추어 과세해야 한다는 것을 말한다.

【대법원 1989.9.26, 88누6597】 신의성실의 원칙은 자기의 언동을 신뢰하여 행동한 상대방의 이익을 침해하여서는 안 된다는 의미로서 과세관청의 행위에 대하여 위 원칙이 적용되려면 그 요건의 하나로서 과세관청이 납세의무자에게 신뢰의 대상이 되는 공적인 견해표명을 하여야 하고, 과세관청의 견해표명이 정당하다고 신뢰함에 대하여 납세자에게 귀책사유가 없어야 한다.

제7조【세관공무원 재량의 한계】 세관공무원은 그 재량으로 직무를 수행할 때에는 과세의 형평과 이 법의 목적에 비추어 일반적으로 타당하다고 인정되는 한계를 엄수하여야 한다.

때에 지불하지 아니하였다는 이유로 매매계약을 해제한 것은 신의칙에 위배하므로 계약해제는 효력이 없다.

53) 판례(대법원 2001두10837, 대법원 2001두7770 등)에 의하면, 과세처분의 입증책임은 과세관청에 있으나, 소급과세금지 및 신의성실원칙의 입증책임은 납세자에게 있다.

54) 이명구, "관세법상 소급과세금지의 원칙", 『관세와 무역』, 2005.11., pp.49~56.

해 설

행정청에 판단과 선택의 여지가 인정되는 행위를 재량행위라 한다. 재량의 종류를 기속재량과 자유재량으로 나눌 수 있으며, 법이 무엇인가를 판단하는 재량을 기속재량, 무엇이 공익과 행정 목적에 적합한 것인지를 판단하는 것을 자유재량이라 한다.[55)]

대법원은 "어느 행정행위가 기속행위인지 재량행위인지 나아가 재량행위라고 할지라도 기속재량행위인지 또는 자유재량에 속하는 것인지의 여부는 이를 일률적으로 규정지을 수는 없는 것이고, 해당 처분의 근거가 된 규정의 형식이나 체재 또는 문언에 따라 개별적으로 판단하여야 한다"고 판결[56)]한 바 있다.

과세형평과 법 목적에 비추어 일반적으로 타당하다고 인정되는 범위가 이 법에서 정한 재량의 한계라 할 수 있다. 재량권을 행사할 때 행위의 성질 및 행정목적에 적합하지 아니하면 재량권의 남용이라 하고, 법이 인정하는 재량권의 범위를 넘은 경우를 재량권의 유월이라 한다.

조세법률관계에서 과세관청의 부과 · 징수처분은 세관공무원 개인이 그 직무를 집행하기 때문에 과세처분과정에서 고의나 과실 또는 다른 사유로 위법하게 손해를 당한 납세자는 국가배상법에 따라 국가를 상대로 국가배상청구소송을 제기할 수 있다.

일부 납세자는 동법을 내세워 공무원이 정당한 직무집행을 하였음에도 해당 공무원을 상대로 부당하게 손해배상소송을 제기하는 사례가 있다.[57)] 하지만 조세행정에서 납세자의 손해입증과 담당공무원의 고의 또는 과실에 대한 인과관계를 입증하는 것이 현실적으로 어렵기 때문에 국가가 배상하는 사례는 거의 드물다.

【대법원 2013.12.12, 2011두3388】 어느 행정행위가 기속행위인지 재량행위인지는 이를 일률적으로 규정지을 수는 없는 것이고, 당해 처분의 근거가 된 규정의 형식이나 체재 또는 문언에 따라 개별적으로 판단해야 한다. 또한 침익적 행정행위의 근거가 되는 행정법규는 엄격하게 해석 · 적용하여야 하고 그 행정행위의 상대방에게 불리한 방향으로 지나치게 확장해석하거나 유추해석해서는 안

---

55) 박윤흔, 『최신 행정법 강의(上)』, 서울 : 박영사, 1996, p.320.

56) 대법원 1997.12.26. 선고 97누15418 판결 등 다수.

57) 세무공무원이 법률조항을 적용하여 청구인이 정당하게 지급받을 수 있는 것보다 적은 액수를 환급해 준 것은 불법행위에 해당한다고 주장하며 국가를 상대로 손해배상 청구소송을 제기하고(서울중앙지법 200가소104995) 항소심 등을 거쳐 헌법재판소에 심판을 청구하였으나, 헌법재판소가 이 사건 법률조항을 위헌으로 결정하여 해당 사건에서 위헌법률에 근거하여 행한 세무공무원의 직무집행 행위인 국세가산금 환급처분이 결과적으로 위법한 것으로 된다하더라도 법률이 헌법에 위반되는지 여부를 심사할 권한이 없고, 이 사건 법률조항 및 그 위임을 받은 하위법규의 취지에 따라 계산된 국세가산금 환급액을 지급하기만 할 뿐이어서 세무공무원에게 고의 또는 과실이 있다고 할 수 없으므로 국가의 손해배상책임은 성립하지 아니한다. 이 사건 법률조항이 헌법에 위반되는지 여부는 해당 사건에 있어 그 재판의 결론이나 주문 또는 내용과 효력에 관한 법률적 의미에 아무런 영향을 미치지 못하므로 이 사건 법률조항에 대한 위헌심판청구는 재판의 전제성을 갖추지 못하였다.

되며, 그 입법 취지와 목적 등을 고려한 목적론적 해석이 전적으로 배제되는 것은 아니라고 하더라도 그 해석이 문언의 통상적인 의미를 벗어나서는 안 된다.

【대법원 2003.6.24, 2001두7770】 법인의 소득금액을 결정함에 있어 익금에 산입할 수익이 있었는지의 여부나 그 수익액이 얼마인지에 대한 입증책임은 원칙적으로 과세관청에 있는 것이고, 또 일반적으로 납세의무자의 신고내용에 오류 또는 탈루가 있어 이를 경정함에 있어서는 장부나 증빙에 의함이 원칙이라고 하겠으나, 진정성립과 내용 합리성이 인정되는 다른 자료에 의하여 그 신고내용에 오류 또는 탈루가 있음이 인정되고 실지조사가 가능한 때에는 그 다른 자료에 의하여서도 이를 경정할 수 있지만, 납세의무자가 제출한 매출누락사실을 자인하는 확인서에 매출사실의 구체적 내용이 들어 있지 않아 그 증거가치를 쉽게 부인할 수 없을 정도의 신빙성이 인정되지 아니한다면, 비록 납세의무자의 확인서라고 하더라도, 이는 실지조사의 근거로 될 수 있는 장부 또는 증빙서류에 갈음하는 다른 자료에 해당되지 아니한다.

【대법원 1997.12.26, 97누15418】 해당 처분의 기준이 된 주택건설촉진법 시행령 제10조의 3 제1항 별표 1은 주택건설촉진법 제7조 제2항의 위임규정에 터잡은 규정형식상 대통령령이므로 그 성질이 부령인 시행규칙이나 또는 지방자치단체의 규칙과 같이 통상적으로 행정조직 내부에 있어서의 행정명령에 지나지 않는 것이 아니라 대외적으로 국민이나 법원을 구속하는 힘이 있는 법규명령에 해당한다.

【대법원 1997.7.11, 97다7608】 행정청이 관계 법령의 해석이 확립되기 전에 어느 한 학설을 취하여 업무를 처리한 것이 결과적으로 위법하게 되어 그 법령의 부당 집행이라는 결과를 빚었다고 하더라도 처분당시 그와 같은 처리방법 이상의 것을 성실한 평균적 공무원에게 기대하기 어려웠던 경우라면 특별한 사정없는 한 이를 두고 공무원의 과실로 인한 것이라고는 할 수 없기 때문에 그 행정처분 이후에 항고소송에서 취소되었다고 할지라도 해당 행정처분이 곧바로 공무원의 고의 또는 과실로 인한 불법행위를 구성한다고 단정할 수 없다.

【대법원 1998.7.10, 97누13894】 일반적으로 세금부과처분취소소송에 있어서 과세요건사실에 관한 입증책임은 과세권자에게 있다 할 것이나, 구체적인 소송과정에서 경험칙에 비추어 과세요건사실이 추정되는 사실이 밝혀지면, 상대방이 문제로 된 해당 사실이 경험칙 적용의 대상적격이 되지 못하는 사정을 입증하지 않는 한, 해당 과세처분을 과세요건을 충족시키지 못한 위법한 처분이라고 단정할 수는 없다.

【대법원 1997.2.11, 95다5110】 공무원이 직무수행 중 불법행위로 타인에게 손해를 입힌 경우 불법행위로 인한 손해배상 책임을 지고, 공무원의 경과실 경우에만 공무원 개인은 손해배상책임을 부담하지 아니한다.

【대법원 1994.1.11, 93다32798】 보건사회부장관은 1982.7.15. 공고 제82-31호로 약사법상 수입할 수 없는 수출용한약재를 지정하여 공고하였는데 위 공고에 도라지(길경)는 약사법상 수입할 수 없는 수출용한약재로 지정되어 있고 1987.11.9. 공고된 보건사회부 공고 제48호에도 위와 같이 지정되어 있음을 알 수 있다. 따라서 이 사건 마른 도라지가 식용뿐만 아니라 약용으로도 사용되는 식물에 해당하는 것이라면, 원심으로서는 이 사건 마른 도라지에 관하여 외국환은행장의 수입승인이

난 경위, 원고가 이 사건 마른 도라지를 수입신고 한 1988.2.6.까지 계속하여 수입금지품으로 지정, 공고되어 왔는지 여부와 위 마른 도라지의 통관불허결정을 한 세관공무원에게 구체적으로 어떠한 과실이 있었는지 하는 점에 대하여 더 심리하여 보지 않고는 이 사건 통관불허처분이 그 후 행정소송에서 원고 승소확정판결에 의하여 취소되었다는 등의 사유만으로 바로 통관을 불허한 세관공무원에게 과실이 있었다고 단정하기는 어렵다 할 것이다. 원심이 그 판시 사실만으로 이 사건 통관불허처분이 판시와 같은 통관원칙 및 법률불소급의 원칙에 의하여 통관을 불허할 수 없는 경우로서 불법행위에 해당한다고 판시한 것은 대외무역법 및 과실에 관한 법리를 오해하였거나 심리를 다하지 아니한 위법이 있다.

제3절 기간과 기한

> 제8조 【기간 및 기한의 계산】 ① 이 법에 따른 기간을 계산할 때 제252조에 따른 수입신고수리 전 반출승인을 받은 경우에는 그 승인일을 수입신고의 수리일로 본다.
> ② 이 법에 따른 기간의 계산은 이 법에 특별한 규정이 있는 것을 제외하고는 민법에 따른다.
> ③ 이 법에 따른 기한이 다음 각 호의 어느 하나에 해당하는 경우에는 그 다음 날을 기한으로 한다.
> 1. 토요일 및 일요일
> 2. 「공휴일에 관한 법률」에 따른 공휴일 및 대체공휴일
> 3. 「근로자의 날 제정에 관한 법률」에 따른 근로자의 날
> 4. 그 밖에 대통령령으로 정하는 날
>
> ④ 제327조에 따른 국가관세종합정보시스템, 연계정보통신망 또는 전산처리설비가 대통령령으로 정하는 장애로 가동이 정지되어 이 법에 따른 기한까지 이 법에 따른 신고, 신청, 승인, 허가, 수리, 교부, 통지, 통고, 납부 등을 할 수 없게 되는 경우에는 그 장애가 복구된 날의 다음 날을 기한으로 한다.

해　설

'기간'은 일정 시점에서 다른 시점까지 계속되는 시(時)의 흐름을 말하고, '기한'은 미리 정해 놓은 특정한 기일을 말한다. 행정법상으로 보면 기한은 행정행위의 효력의 발생 또는 소멸을 장래의 발생이 확실한 사실에 의존시키는 부관을 말한다.[58]

기간에는 소멸시효기간, 관세부과 제척기간 등이 있고, 기한에는 납부기한, 재수출이행기한 등이 있다. 기한은 법률행위 효력의 발생·소멸, 채무의 이행을 장래의 확정적 사실에 좌우시키는 법률행위의 부관이나, 이에 대하여 조건은 장래의 확정적 사실이 아니고 이루어질지가 불확실한 경우를 말하며, 완전히 성립된 권리에 대하여 주장을 연기하는 유예와 구별된다.

기간·기한의 경과로 효력 및 채권·채무 등 법률관계에 변화가 일어나기 때문에 그 계산방법을 자세하게 정하고 있다. 기간·기한을 계산하는 방법에는 자연적 계산방법과 역법적(曆法的) 계산방법이 있다. 일반적으로 전자는 단기 계산할 때 일수에 따라 계산하는 것이고, 후자는 장기 계산할 때 달력에 의해 계산하는 것이다.

수입신고수리 전에 물품을 반출한 것은 수리된 경우와 같이 실질적으로 물품을 사용할 수

58) 박균성, 『행정법론(上)』, 서울 : 박영사, 2011, p.343.

있는 것이므로, 반출 승인일을 수입신고 수리일로 보는 것이다. 이와 같은 사례로는 재수출면세물품의 반출의무기간을 계산하는 경우가 있다.

제2항은 민법 적용에 관한 규정이다. 기간계산은 관세법뿐만 아니라 대부분 법에서 정한 것과 같이 '특별히 정한 것이 없으면 민법에 의하도록 규정하고 있다. 민법에 기간계산 방법을 보면 다음과 같다. 기간을 시 · 분 · 초로 정한 때에는 즉시로부터 계산한다. 기간을 일 · 주 · 월 또는 년으로 정한 때에는 초일은 산입하지 아니하나, 오전 영시로부터 시작하는 때에는 산입한다. 연령 계산에는 출생일을 산입하며, 기간을 일 · 주 · 월 또는 년으로 정한 때에는 그 기간 말일의 종료로 기간이 만료한다. 기간을 주 · 월 또는 년으로 정한 때에는 달력에 의하여 계산하며, 주 · 월 또는 년의 처음으로부터 기간을 기산하지 아니하는 때에는 최후의 주 · 월 또는 년에서 그 기산일에 해당한 날의 전일로 그 기간이 만료한다. 월 · 년으로 정한 경우에 최종의 월에 해당하는 일이 없는 때에는 그 월의 말일에 기간이 만료한다.

정부의 민원서류 처리에 관한 기준은 「민원사무처리에 관한 법률」이 있다. 같은 법 제6조에는 민원사무처리 기준을 정하여 처리기간 5일 이하, 6일 이상, 역(주, 월, 년)인 경우 등으로 나누어서 구체적인 방법을 정하고 있다. 그리고 같은 법 시행령 제3조에서는 정당한 사유가 있는 경우를 제외하고는 3근무시간 이내에 처리하는 것을 말한다.[59]

제3항은 기한연장에 관한 규정이다. 민법에 의하면 기간 말일이 종료됨으로써 그 기간이 만료하나 말일이 공휴일인 때에는 그 익일에 기간이 만료한다. 「공휴일에 관한 법률」에는 공휴일과 대체공휴일에 관하여 규정하고 있고, 「근로자의 날 제정에 관한 법률」에는 "5월 1일을 근로자의 날로 하고, 이 날을 근로기준법에 의한 유급휴일로 한다"고 규정하고 있다. 2022.12.31. 법 개정시 내용을 알기 쉽게 정리하였다.

제4항은 국가관세종합정보시스템,[60] 연계정보통신망 또는 전산처리설비 장애시 기한연장에 관한 규정이다. 장애로부터 복구된 날의 당일이 아니고 다음 날을 기한으로 하는 것은 충분한 여유를 주기 위한 것으로 본다. 장애기간 동안의 업무처리 방법은, 법 제327조가 의무조항이 아니므로 전산화 이전 방법인 서류에 의한 방법으로 업무를 처리해야 한다고 본다. 이와 같이 구체적으로 규정하게 된 것은 통관행정이 모두 전산화되어 있어 예측할 수 없는 사고로 업무가 마비되는 등 급박한 사정이 발생할 수 있기 때문이다.

---

59) 정부의 '민원서류' 처리기간은 「민원사무 처리에 관한 법률 시행령」에 따른다. 예를 들면, 민원사무 처리기간이 5일 이내면 접수시각부터 시간 단위로 계산하되 공휴일, 토요일을 제외하고, 처리기간이 6일 이상인 때에는 일단위로 계산하고 초일을 산입하되 공휴일은 제외한다. 그리고 예외가 있지만 처리기간의 연장은 처리기간 범위 내에서 1회에 한해 연장 가능하다.

60) 관세법 제327조에서 전자통관 편의를 증진하고 외국세관과 정보 교환을 통하여 수출입의 원활화와 교역안전을 도모하기 위한 전산처리설비와 테이터베이스를 총칭하는 망을 말한다. 2008.12.26. 개정 관세법에서 도입하였다.

2002.12.18. 개정 관세법에서는 세금 '납부'의 경우에도 장애가 발생하여 납부기한을 지킬 수 없는 때에는 그 장애가 복구된 날의 다음 날로 납부기한이 연장되도록 정하였다. 수출입신고가 서류신고에서 P/L신고로 대체되어 가고 있는 현실을 반영하여 관세청장이 정하는 전산처리설비가 P/L신고를 할 수 없게 되는 등 과세관청의 귀책사유로 인하여 신고기한을 지킬 수 없는 경우에는 장애가 복구된 다음 날로 기한이 만료되도록 하였다. 법 제252조는 수입신고수리 전 반출에 관한 규정이며, 법 제327조는 국가관세종합정보시스템, 연계정보통신망의 구축 및 운영에 관한 규정으로서 국가관세종합정보시스템, 연계정보통신망의 구축 및 운영과 동 관련 전산처리설비를 이용한 전자신고 또는 전자송달 등을 할 수 있다는 규정이다.

제9조【관세의 납부기한 등】① 관세의 납부기한은 이 법에서 달리 규정하는 경우를 제외하고는 다음 각 호의 구분에 따른다.
1. 제38조 제1항에 따른 납세신고를 한 경우 : 납세신고 수리일부터 15일 이내
2. 제39조 제3항에 따른 납부고지를 한 경우 : 납부고지를 받은 날부터 15일 이내
3. 제253조 제1항에 따른 수입신고 전 즉시반출신고를 한 경우 : 수입신고일부터 15일 이내
② 납세의무자는 제1항에도 불구하고 수입신고가 수리되기 전에 해당 세액을 납부할 수 있다.

해 설

제1항 제1호에서 단순히 조문내용만 보면 법 제248조 제1항의 내용처럼 조건 없이 바로 신고수리하는 것으로 오해할 수 있으나 신고 납부하는 물품에 대하여 모두 신고수리하고 수리일부터 15일 이내에 세액을 납부하는 것은 아니다. 법 제248조 제2항에 따라 담보를 제공하지 아니하면 수리 전에 미리 세액을 납부하여야 하며, 담보제공에 대하여는 2010.1.1. 관세법 개정(법률 제9910호)시 원칙상 '관세무담보 방식'을 채택하여 담보에 대한 부담을 완화하고 있다.

제2호에서 부과고지방식으로 세관장이 관세를 부과 · 징수하고자 하는 경우에는 납부고지를 받은 날부터 15일 이내에 관세를 납부하며, 납세신고를 하는 경우에는 수입신고 수리일부터 15일 이내에 관세를 납부한다.

제3호에서 '수입신고 전 즉시반출'은 수입신고하기 전에 물품을 반출하는 제도를 말한다. 이에 비해 '수입신고수리 전 반출'은 수입신고는 하였으나, 과세가격이나 세율결정 등에 통관절차상 시간이 많이 소요됨으로서 신고수리 전에 미리 물품을 반출하기 위한 제도를 말한다.

수입신고 전 즉시반출 신고한 경우에 이전에는 관세 납부기한은 물품 반출일부터 15일 이내였으나, 2000년 개정 관세법에서는 수입신고일로부터 15일 이내로 개정하였다. 따라서 수입신고 전 즉시반출한 경우에는 즉시반출일부터 10일 이내에 수입신고를 하여야 하므로 전체적으로는 25일의 납기가 주어진 것과 같은 효과가 있다. 다른 물품과 납부기한 형평성을 고

려하면 물품 반출일부터 15일이 적정하다.

수입신고수리 전에 관세를 납부하는 방식은 전통적인 납부방식으로서 이전에 사용하는 납부방법이었으나, 현재는 담보를 제공하고 신고수리 후에 납부하는 사후납부방식을 주로 사용하고 있다. 물론 이때 담보를 제공하여야 하나, 실제 관세법상의 담보물을 제공하는 것이 아니고 신용담보 등의 방법으로 담보를 제공한다.

법 제38조는 신고납부에 관한 규정이며, 법 제39조는 부과고지에 관한 규정이다. 납부기한에 관한 연혁을 보면, 1975.12.22. 관세법 개정(법률 제2793호)시 고지서 발부일부터 20일 내 납부토록 납부기한을 신설하였고, 1983.12.29. 관세법 개정(법률 제3666호)시 납부기한을 20일에서 15일로 단축하였다. 그리고 1993.12.31. 관세법 개정(법률 제4674호)시 납부기한 시작 시점을 납세신고일로부터 15일로 개정하였으나, 다시 1995.12.6. 관세법 개정(법률 제4982호)시 수입신고수리일로부터 15일 이내로 개정하여 오늘에 이르고 있다.

【납부방법별 납부기한】

<table>
<tr><th>구분</th><th colspan="2">납부제도</th><th>주요목적</th><th>납부기한</th><th>법적 근거</th></tr>
<tr><td rowspan="3">원칙</td><td colspan="2" rowspan="3">일반적인 납세</td><td rowspan="3"></td><td>신고납부제도 : 납세신고수리일부터 15일 이내</td><td rowspan="3">관세법
제9조 제1항</td></tr>
<tr><td>부과고지제도 : 납부고지를 받은 날로부터 15일 이내</td></tr>
<tr><td>즉시반출제도 ; 수입신고일부터 15일 이내</td></tr>
<tr><td rowspan="6">예외</td><td rowspan="2">납세
정정
제도</td><td>보정
신청</td><td>부족세액납부</td><td>보정신청을 한 날의 다음날</td><td>관세법
제38조의 2 제4항</td></tr>
<tr><td>수정
신고</td><td>부족세액납부</td><td>수정신고를 한 날의 다음날</td><td>관세법
제38조의 3 제1항</td></tr>
<tr><td colspan="2">월별납부제도</td><td>납세편의,
금융비용절감</td><td>일반적인 납세납기가 속한 달의 말일</td><td>관세법
제9조 제3항</td></tr>
<tr><td colspan="2">징수유예제도</td><td rowspan="2">재난 등으로
인한 어려움
완화</td><td rowspan="2">1년 범위 내에서 세관장이 정하는 날</td><td>관세법 제10조,
국세징수법
제15조~제17조</td></tr>
<tr><td rowspan="2">분할
납부
제도</td><td>천재지변
등</td><td>관세법
제107조 제1항</td></tr>
<tr><td>특정물품
등</td><td>산업시설건설,
중소기업지원 등</td><td>분할납부승인일부터 5년 내에서 세관장이 정하는 날</td><td>관세법
제107조 제2항</td></tr>
</table>

구분	납부제도	주요목적	납부기한	법적 근거
	일괄납부제도	수출지원	일괄납부기간(6월범위내) 종료일의 다음달 15일	환급특례법 제5조
	납기전 징수제도	조세채권확보	세관장이 정하는 날	국세징수법 제14조
	성실납세신고제도	국민 편의 증진	수입신고 후 다음 달 말일 즉시 납부	관세법 제9조 제4항

③ 세관장은 납세실적 등을 고려하여 관세청장이 정하는 요건을 갖춘 성실납세자가 대통령령으로 정하는 바에 따라 신청을 할 때에는 제1항 제1호 및 제3호에도 불구하고 납부기한이 동일한 달에 속하는 세액에 대하여는 그 기한이 속하는 달의 말일까지 한꺼번에 납부하게 할 수 있다. 이 경우 세관장은 필요하다고 인정하는 경우에는 납부할 관세에 상당하는 담보를 제공하게 할 수 있다.
④ 세관장은 제1항 제1호 및 제3호에도 불구하고 제38조의 5 제2항에 따른 성실납세신고 적용 신청을 한 자가 동일한 달에 납세신고(제38조 제1항에 따른 납세신고를 말한다)한 물품의 세액을 제38조의 5 제1항에 따른 성실납세신고 기한까지 한꺼번에 납부하게 할 수 있다.

해 설

동일 납기일이고 동일 납세의무자인 경우에 일괄하여 한 건으로 통합 징수하는 방법은 이미 운영하고 있는 제도다. 그러나 성실납세자에게 편의를 제공하고 성실납세 풍토를 조성하기 위한 실질적인 일괄납부제도[61]는 2003.12.30. 개정 관세법에 처음 도입되었다. 일괄납부대상은 납세신고한 경우와 수입신고 전 즉시 반출 신고한 경우만 해당되며 납부고지한 경우는 제외하고 있다. 일반적인 수입물품에 대하여만 적용하려는 의미로 해석된다. 이러한 기간계산 방식은 환급특례법상에 원재료 수출기간, 정산기간 계산 등에 있어서 해당 달의 말일을 수입일로 보거나 다음 달 15일을 정산기일로 보는 것과 유사하다. 시행 초기에는 납부기한을 다음 달 1일까지로 하였으나 12월 세수의 경우 다음 연도로 이월되는 불편한 점 등을 개선하기 위하여 해당 달 말일까지 한꺼번에 납부할 수 있도록 2004.10.5.(법률 제7222호) 규정을 개정하였다. 이 제도를 활용하면 최장 30일 정도의 납부기한 연장 효과가 있다.

2012.2.2. 시행령 개정시 관세월별 납부 승인, 특허보세구역의 특허, 보세운송업자의 등록, 화물관리인의 지정 등 허가・등록 등의 유효기간 갱신시 사전통지제도를 도입하여 유효기간 만료일 전에 연장・갱신에 대하여 미리 알려주도록 규정하였다.

2024.12.31.(법률 제20608호) 개정시 제38조의 5에 따른 성실납세신고 기한까지 한꺼번에 납부할 수 있도록 규정을 개정하였다. 기존에는 수입신고시 신고 및 신고 후 15일 내 납부해

61) 법률 제10424호로(2010.12.30. 공포) '일괄'이라는 용어를 '한꺼번'이라는 용어로 바꾸었다.

야 하나 개정 규정에서는 수입신고(납세신고)후 다음 달 말일까지 성실납세신고하는 경우 한꺼번에 즉시 납부하는 것이다. 시행일은 2028년 1월 1일이며, 관련 조문으로서 제38조의 5 등 신설 규정이 있다. 유사한 제도로서 월별납부제도가 있으나 동 월별납세제도에서는 최장 60일 정도의 납부기한의 연장 효과가 있다. 그러나 관세사 등의 확인 기간이 1개월은 너무 짧다는 의견과 최초 납세신고와 추후 성실납세신고의 법적인 의미에 관하여 추가적인 검토가 필요하다는 의견이 있다.

제10조【천재지변 등으로 인한 기한의 연장】 세관장은 천재지변이나 그 밖에 대통령령으로 정하는 사유로 이 법에 따른 신고, 신청, 청구, 그 밖의 서류의 제출, 통지, 납부 또는 징수를 정하여진 기한까지 할 수 없다고 인정되는 경우에는 1년을 넘지 아니하는 기간을 정하여 대통령령으로 정하는 바에 따라 그 기한을 연장할 수 있다. 이 경우 세관장은 필요하다고 인정하는 경우에는 납부할 관세에 상당하는 담보를 제공하게 할 수 있다.

해 설

'천재지변'은 지진, 홍수, 태풍 등의 자연현상으로 일어나는 재난이나 이변을 말하고, 대통령령이 정하는 사유는 '인재' 등으로서 재산이나 사업 상 손실을 말한다.

이러한 경우에는 1년을 초과하지 아니하는 기간을 정하여 기한을 연장할 수 있다. 예를 들면, 부도로 인해 관세징수가 어려우면 사업 상황을 감안하여 관세징수를 유예할 수 있다.[62] 그러나 납부기한 연장은 관세징수기한을 연장하는 것이기 때문에 관세 확보 차원에서 그 요건을 엄격히 적용하여야 하며, 필요한 때에는 담보도 제공받아야 한다. 막연히 사업이 어렵다는 사유로 아예 관세부과를 연기하는 것은 현행법상 조세확보차원에서 불가능하다고 본다. 세관장은 납부기한을 연장한 때에는 새로 납부고지를 해야 하며, 납부기한 연장을 취소한 때에는 15일 이내의 납부기한을 다시 정하여 법 제39조의 규정에 의한 납부고지를 해야 한다. 납부기한 연장을 취소하는 경우로는 납부기한 연장을 받은 납세의무자가 관세를 지정한 납부기한 내에 납부하지 아니하는 때, 재산상황의 호전 기타 상황의 변화로 인하여 납부기한을 연장할 필요가 없게 되었다고 인정되는 때, 파산선고, 법인 해산, 기타의 사유로 해당 관세의 전액을 징수하기 곤란하다고 인정되는 때가 있으며 이때에 납부기한 연장을 취소할 수 있다.

이전에는 징수 방법 상 기한의 연장과 다른 '분할납부' 규정을 동조에 함께 규정하였으나, 2000년 개정 관세법에서는 이를 법 제107조 분할납부 규정에 분리하여 규정하였다.

---

62) 대통령령에는 천재지변 등으로 인한 기한 연장 경우를 예시하고 있다. 전쟁 · 화재 등 재해나 도난으로 인하여 재산에 심한 손실을 입은 경우, 사업에 현저한 손실을 입은 경우, 사업이 중대한 위기에 처한 경우, 기타 세관장이 상기에 유사한 사유가 있다고 인정하는 경우다.

제4절 서류의 송달 등

제11조【납부고지서의 송달】① 관세 납부고지서의 송달은 납세의무자에게 직접 발급하는 경우를 제외하고는 인편(人便), 우편 또는 제327조에 따른 전자송달의 방법으로 한다.
② 납부고지서를 송달받아야 할 자가 다음 각 호의 어느 하나에 해당하는 경우에는 납부고지사항을 공고한 날부터 14일이 지나면 제1항의 납부고지서의 송달이 된 것으로 본다.
1. 주소, 거소(居所), 영업소 또는 사무소가 국외에 있고 송달하기 곤란한 경우
2. 주소, 거소, 영업소 또는 사무소가 분명하지 아니한 경우
3. 납세의무자가 송달할 장소에 없는 경우로서 등기우편으로 송달하였으나 수취인 부재로 반송되는 경우 등 대통령령으로 정하는 경우

③ 제2항에 따른 공고는 다음 각 호의 어느 하나에 해당하는 방법으로 게시하거나 게재하여야 한다. 이 경우 제1호에 따라 공시송달을 하는 경우에는 다른 공시송달 방법과 함께 하여야 한다.
1. 제327조의 국가관세종합정보망에 게시하는 방법
2. 관세청 또는 세관의 홈페이지, 게시판이나 그 밖의 적절한 장소에 게시하는 방법
3. 해당 서류의 송달 장소를 관할하는 특별자치시·특별자치도·시·군·구(자치구를 말한다)의 홈페이지, 게시판이나 그 밖의 적절한 장소에 게시하는 방법
4. 관보 또는 일간신문에 게재하는 방법

해 설

관세의 부과, 징수 등의 행정처분에 대하여는 일반적으로는 서면에 의하여 행해지고 행정처분의 내용을 납세의무자에게 적법한 송달절차를 통해 알리지 않으면 처분으로서 효력이 발생하지 않는다. 이러한 관세법상의 일정 서류를 일정방식에 의하여 납세의무자에게 알리는 것을 목적으로 하는 작용을 '송달'이라고 하고 송달방식이 정해져 있다. 즉, 서류송달이라는 법정형식을 원칙으로 하고 공시송달을 그 보완형식으로 한다.

'고지'는 관세부과결정 등 사실을 관계자에게 통지하여 알리는 것을 말한다. 일반적으로 고지서는 관공서에서 일정한 일을 민간에게 알리는 서류를 말한다. 납부고지서는 납부 금액·기일 또는 장소 및 세목 등을 지정하여 세액의 납부를 명할 때에 발부하는 서류이며, 송달은 당사자나 이해관계인에게 서류의 내용을 알릴 목적으로 행해지는 명령적 혹은 공증적 행정행위의 일종이다. 송달 혹은 도달은 상식적으로 상대방의 점유가능상태에 들어갔다고 인정되면

유효하다. 본인에게 직접 전달하지 아니하더라도 동거자에게 전달하거나 우편함에 투입하여 본인이 알지 못하였더라도 유효하게 송달되었다고 본다. 납부고지서 송달의 종류로서 직접 교부, 인편, 우편송달, 국가관세종합정보시스템의 전산처리설비를 이용하는 송달(전자송달) 및 제2항에서 정하는 공시송달 방법이 있다. 법 제327조의 전자송달은 이중에서 직접 교부에 해당한다고 볼 수 있다.

제2항은 공시에 관한 규정이다. 공시는 최종적 송달 방법이다. 이 최종적 송달이 적정한 방법이 되기 위해서는 세관장이 납부고지사항을 공시하기 전에 선량한 과세관청으로서의 주의를 다하여 다른 방법으로 송달하려고 노력해야 한다. 공시는 게시판 등 적당한 장소를 이용하여 이해관계인에게 널리 알리는 것을 말하며, 세관게시판에 반드시 공시하여야 하는 것은 아니고 관보나 신문에 게재할 수 있다. 주소는 주민등록상의 주소를, 거소는 실질적 거주지를, 영업소나 사무소는 사업장을 말한다.

2022.12.31. 법 개정시 송달할 수 없는 경우를 더 구체적으로 정하고 있다. 납세자의 권리를 보호하기 위하여 국외에 있거나 수취인 부재로 반송되는 경우 등 납부고지서를 송달하기 곤란한 경우를 명시적으로 정하고 제3항 등 관련 규정 내용을 정리하였다.[63]

세관에서는 납부고지서 이외에 화주에게 통보할 서류에 관세조사전 사전통지서, 과세전 통지서 이외에 많은 서류가 있다. 해당 조문의 조명을 '납부고지서'로 한정할 것이 아니라 포괄적으로 '서류'로 정할 필요성이 있고, 이러한 통지를 '인편'으로 하는 경우 관세사를 통해서 전하는 경우가 있을 것으로 예상되므로 관세사를 명시적으로 화주를 대리하는 대리인으로 정하는 것이 좋다는 의견이 있다.[64]

제3항에서 종전에는 세관의 게시판이나 공시 방법을 그 밖의 적당한 장소라고 규정하고 있었으나 이를 구체적으로 정하여 그 방법을 다양화하고 있다.

관세범에 관한 서류를 공시 송달할 때에는 형사소송법에 의거 최초 공시한 날부터 2주일 경과하면 송달된 것으로 본다. 법 제288조, 제289조의 서류의 송달 및 서류송달시 수령증 교부는 관세범에 관한 서류 송달에 관한 규정이다. 기타 법 제118조의 과세전적부심사에 관한 서류, 법 제129조의 불복방법 통지에 관한 서류 등은 일반 민원서류처리에 따라 통지하면 된다. 이 절에서 서류의 송달은 납부고지서의 송달에 관한 조항이므로 납부고지서에 관해서는 반드시 본조의 방법과 기간을 따라야 한다. 2020.12.22.(법률 제17649호) 개정시 '납세고지서'를 '납부고지서'로 용어를 개정하였다.

---

63) 제정관세법에서는 7일이 경과한 때 송달된 것으로 보았으며, 이전에는 10일이었으나 2000년 개정 관세법에서 14일로 개정하였다.

64) 이승근, "관세법령상 납세고지서 송달에 관한 규정 개선방안", 『관세법 연구 자료모음』 제2호, 2011.12.2, pp.16～17.

【조세심판원 2024.11.5, 2024서2925】 처분청은 청구인을 쟁점법인의 과점주주로 보아 제2차 납세의무자로 지정하여 고지서를 등기우편으로 2차례 송달하였으나 2차례 모두 '폐문부재'의 사유로 반송되자 교부송달 등의 노력없이 바로 납부고지서를 공시송달하였는바, 국세기본법령에 따른 공시송달의 요건을 충족하였다고 보기 어려우므로 이를 전제로 한 과세처분은 취소하는 것이 타당하다.

【조세심판원 2017.1.16, 2016관0168】 처분청이 납세고지서를 청구법인이 아닌 쟁점물품 수입신고 등을 대리한 관세사 사무소의 직원에게 교부한 사실이 확인되는 점, 그 직원이 청구법인에게 납세고지서의 수령권한을 위임받았는지 여부가 확인되지 않는 점 등에 비추어 위와 같은 납세고지서의 송달은관세법제11조 제1항에 어긋나는 부적법한 것이다.

【대법원 1998.6.12, 97누17575】 '주소가 분명하지 아니한 때'의 의미는 과세관청이 선량한 관리자의 주의를 다하여 송달을 받아야 할 자의 주소 또는 영업소를 조사하였으나 주소 또는 영업소를 알 수 없는 경우를 말한다.

【대법원 1998.5.15, 98두3679】 등기우편물 등의 수령권한을 아파트의 경비원에게 묵시적으로 위임한 것이라고 보면 아파트의 경비원이 납세고지서를 수령한 날, 납세고지서가 적법하게 납세자에게 송달되었다고 본다.

【대법원 1998.4.10, 98두1161】 납세고지서의 명의인이 다른 곳으로 이사하였지만 주민등록을 옮기지 아니한 채 주민등록지로 배달되는 우편물을 새로운 거주자가 수령하여 자신에게 전달하도록 한 경우에는 그 새로운 거주자에게 우편물 수령권한을 위임한 것으로 보아 납세고지서 송달은 적법하다.

【대법원 1998.2.13, 97누8977】 납세의무자가 거주하지 아니하는 주민등록주소지로 납세고지를 등기우편으로 발송한 경우 반송된 사실이 없다고 하여 송달된 것이라고 볼 수 없다.

【대법원 1996.12.23, 96누7854】 구 관세법(1993.12.31. 법률 제4674호로 개정되기 전의 것)하에서 수입물품에 대한 관세·주세 및 교육세 등의 납세의무는 납세의무자의 신고와 이에 따른 세관장의 신고납부서의 교부에 의하여 구체적으로 확정되는 것으로서, 이를 법인세 등 신고납세방식에 의한 내국세에 있어서 납세의무자의 과세표준과 세액의 신고만에 의하여 곧바로 그 납세의무가 확정되는 경우와 같이 볼 수는 없으므로, 이 경우 세관장의 신고납부서의 교부는 행정상 쟁송의 대상이 되는 과세처분에 해당한다.

【대법원 1989.3.14, 88누8692】 납세의무자가 법인인 경우에는 그 대표자에게 납세고지서를 송달하여야 하므로 대표자의 주소로는 송달하여 봄이 없이 법인의 주소로만 우편에 의하여 송달한 다음 송달불능이 된다는 이유로 곧바로 납세고지서 등의 공시송달은 요건 없이 이루어진 것으로서 그 효력이 없다.

제12조【장부 등의 보관】 ① 이 법에 따라 가격신고, 납세신고, 수출입신고, 반송신고, 보세화물반출입신고, 보세운송신고를 한 자 또는 제출된 적재화물목록을 작성한 자는 신고 또는 작성한 자료의 내용을 증빙할 수 있는 장부 및 증거서류(신고필증을 포함한다. 이하 이 조에서 같다)를 성실하게 작성하여 신고일 또는 자료 제출일부터 5년의 범위에서 대통령령으로 정하는 기간 동

안 갖추어 두어야 한다. 이 경우 장부 및 증거서류 중 제37조의 4 제1항 및 제2항에 따라 세관장이 제30조 제3항 제4호에 따른 특수관계에 있는 자에게 제출하도록 요구할 수 있는 자료의 경우에는 소득세법 제6조 또는 법인세법 제9조에 따른 납세지(소득세법 제9조 또는 법인세법 제10조에 따라 국세청장이나 관할 지방국세청장이 지정하는 납세자를 포함한다)에 갖추어 두어야 한다.
② 제1항에 따라 장부 및 증거서류를 작성·보관하여야 하는 자는 그 장부와 증거서류의 전부 또는 일부를 「전자문서 및 전자거래 기본법」에 따른 정보처리시스템을 이용하여 작성할 수 있다. 이 경우 그 처리과정 등을 대통령령으로 정하는 기준에 따라 디스켓 또는 그 밖의 정보보존 장치에 보존하여야 한다.
③ 제1항을 적용하는 경우 「전자문서 및 전자거래 기본법」에 따른 전자문서로 작성하거나 같은 법 제5조 제2항에 따른 전자화문서로 변환하여 같은 법 제31조의 2에 따른 공인전자문서센터에 보관한 경우에는 제1항에 따라 장부 및 증거서류를 갖춘 것으로 본다. 다만, 계약서 등 위조·변조하기 쉬운 장부 및 증거서류로서 대통령령으로 정하는 것은 그러하지 아니하다.

해 설

관세행정은 선통관 후심사 원칙을 적용하고 있다. 통관의 적정성과 정확한 세액심사를 하기 위해서는 이를 입증할 각종 자료를 확보하여야 한다. 따라서 수출입화주가 보관하여야 할 자료와 보관기간에 대해 명시적으로 규정할 필요가 있다.

제1항에서 보세운송신고에 관하여는 그 동안 구체적으로 정한 것이 없었으나, 2000년 개정 관세법에서는 이를 법에 규정하였고, 2004.10.5. 개정 관세법에서는 보세화물반출입 신고나 적재화물목록 제출에 관하여 규정하고 있다. 반송신고에 관하여는 2010.12.30. 관세법 개정(법률 제10424호)시 추가하였다.

2020.12.22.(법률 제17649호) 개정시 '적하목록'을 '적재화물목록'으로 용어를 개정하였다. 이전에는 보관할 수입신고서류에 관하여는 법에서 정하고, 수출신고서류에 관련하여 법적 근거 없이 보관기간을 시행령에서 정하고 있어 입법이 불비한 상태에 있었다. 2000.12.29. 법률 제6305호 개정을 통해 수출관련자료에 대한 보관기간 및 동 기산점에 대한 법적 근거도 아울러 명확히 규정하였다. 2002년 시행령 개정시 보관해야 할 서류를 추가하고 책임소재를 분명하게 하였다.[65]

65) 신고수리일부터 5년간 보관해야 할 자료는 수입신고필증, 수입거래관련 계약서 또는 이에 갈음하는 서류, 지식재산권거래관련 계약서 또는 이에 갈음하는 서류, 수입물품 가격결정에 관한 자료, 수리일부터 3년간 보관해야 할 자료는 수출신고필증, 반송신고필증, 보세운송에 관한 자료, 수출물품 가격결정에 관한 자료, 수출거래·반송관련 계약서 또는 이에 갈음하는 서류이며, 수리일부터 2년간 보관해야 할 자료는 보세화물 반출입에 관한 자료, 적재화물목록에 관한 자료다. 2011.12.31. 개정 관세법에서는 본문의 ( ) 내 '신고필증을 포함한다'는 내용을 추가하였다.

법에서는 보관기간의 기산일에 관하여 신고 또는 제출한 날로부터 5년 범위 안에서 정하도록 규정하고 있으나, 시행령에서는 신고수리일을 기준일로 정하고 있다. 신고의 시점과 신고수리의 시점은 차이가 날 수 있으므로, 이를 개정하여 신고수리일로부터 5년 범위 안에서 정하는 것이 합리적이다. 보관당사자 즉, 보관의무를 지는 자는 관세법에서 정한 각종 신고의무를 받은 신고자이다.

수출입신고자는 대부분 관세사이므로 관세사가 보관해야 할 서류의 양이 많을 것이다. 규정에는 이 자료들을 관세청장이 정하는 바에 따라 마이크로필름·광디스크 등 자료전달매체에 의하여 보관할 수 있다. 그러나 전산화할 수 없는 서류가 많아 보관상 어려운 점이 있어 고의적으로 보관을 회피할 사례가 발생할 우려가 많다.[66] 이 규정을 위반한 경우 2,000만원 이하 벌금, 과실의 경우 300만원 이하 벌금에 해당한다.

종전에 보관대상을 '신고 또는 제출한 자료'로 규정하였으나 이를 '신고 또는 제출한 자료의 내용을 증빙할 수 있는 장부 및 증거서류(특수관계자 수입 물품 과세가격 결정 관련 자료 포함)'로 규정하여 과세행정의 합리화 및 과세 형평성을 제고하였다. 그리고 단서 조항에서 관세평가상 특수관계자에 관한 자료는 내국세 관련 규정에 따라 보관하도록 규정화하였다.

2024.12.31. 법 개정시 적재화물목록을 작성한 자의 서류 보관의무를 규정하였다. 종전에는 선사나 항공사에서만 증빙서류를 보관해야 할 의무가 있었으나, 개정법에서는 화물운송주선업자도 보관의무를 지게 되었다. 화물운송주선업자는 물품의 운송, 하역, 보관, 통관 등 일체의 물류 서비스를 제공하는 핵심주체이자 적재화물목록의 작성자로서 제출한 적재화물목록 자료의 증빙서류를 보관하여야 한다.

제2항에서 2023.12.31. 법 개정시 「전자문서 및 전자거래 기본법」(약칭 : 전자문서법)에 따른 정보보존 장치에 보관할 수 있도록 규정하고, 세부적으로 시행령에서 그 기준과 제외 대상을 정하고 있다.

제3항에서 공인전자문서센터에 보관하는 것을 장부 등의 보관으로 볼 수 있도록 규정하고, 다음 문서는 이를 적용하지 아니하도록 시행령에서 규정하였다. 상법 시행령 등 다른 법령에 따라 원본을 보존해야 하는 문서, 등기·등록 또는 명의개서가 필요한 자산의 취득 및 양도와 관련하여 기명날인 또는 서명한 계약서, 소송과 관련하여 제출·접수한 서류 및 판결문 사본(다만, 재발급이 가능한 서류는 제외), 인가·허가와 관련하여 제출·접수한 서류 및 인가증·허가증(다만, 재발급이 가능한 서류는 제외)등은 원본을 보관하여야 한다.

66) 전자화문서 보존이 종이문서를 갈음한다는 전자거래기본법 규정에도 불구하고 국세기본법 등의 장부 및 증빙서류 5년간 보관의무 조항으로 실무적용이 불가하였으나, 법제처는 2008.6.12. 전자화문서(스캐닝문서)가 국세기본법상 문서와 동일하다는 유권해석을 내렸다.

관세심의위원회

제13조 【관세심의위원회】 (삭제)

해 설

관세 관련 위원회에는 법에 그 근거를 가지고 있는 위원회가 있고, 중앙관세품목분류실무위원회와 같이 법에 그 근거가 없었던 위원회도 있었으며 그 위원회 결정 효력에 대해서 논란이 되었다. 따라서 2000년 개정 관세법에서는 명칭을 변경하여 '관세품목분류위원회'로 하고 이를 관세법에 규정하였다. 관세평가분류원에 설치된 품목분류협의회는 관세법에 규정된 정부위원회가 아닌, 관세청 훈령(「품목분류사무처리에 관한 시행세칙」)에서 규정되어 있는 협의회이다.

종전 관세청에 설치된 몰수품심사위원회는 1998.12.28. 폐지하였는데 그 사유는 다음과 같다. 세관장은 법위반에 따라 몰수되거나 장치기간 경과물품이 매각되지 않아 국고귀속된 물품을 공매 기타 방법에 의해 처분하고 있으나, 다만 공매이외의 방법으로 처분하는 물품이나 수입이 금지된 물품 등을 처분할 경우에는 관세청장의 지시를 받아야 하며 관세청장은 몰수품심사위원회의 심의를 거쳐 지시하였다. 몰수품 처분은 세관장의 책임인데 이를 관세청장에게 신청하여 지시를 받도록 한 것은 권한의 하부위임을 저해할 우려가 있고 몰수품심사위원회의 심사를 거쳐 처분지시를 받기까지는 약 4개월이 경과되고 보관에 따른 비용 및 물품의 상태저하 등으로 손실이 예상되어 몰수품에 대한 심의절차를 간소화하기 위해 동 위원회 제도를 폐지하였다.

관세심의위원회 제도는 1983.12.29. 관세법 개정(법률 제3666호)시 신설하여 운영하다가 안전행정부에서 제2차 정부조직개편의 일환으로 추진된 정부위원회 정비계획 대상에 포함되어 2008.12.26. 법 개정(법률 제9261호)시 이를 폐지하였다.

위원회 폐지와 함께 법 제118조의 과세전적부심사위원회는 제124조의 관세심사위원회와 통합하였으며, 제45조 관세체납정리위원회는 관세청 조직은 폐지하고 일선세관에는 그대로 두었다. 제324조 관세포상심사위원회는 타 부처의 경우 자체 훈령 등에서 심사위원회를 정하고 있는 점에서 타 부서와 입법례의 형평성에 문제가 있어서 폐지하였다.

제 2 장

과세가격과 관세의 부과·징수 등

조세채무는 개별 세법이 정한 과세요건이 충족되면 당연히 성립하며 과세관청의 부과처분이나 납세의무자의 신고 등의 행위가 필요 없을 뿐만 아니라 납세의무자가 과세요건 충족사실을 인식할 필요도 없다. 이 점에서 조세채무의 성립은 일반 행정법관계에서 행정처분에 의하여 비로소 국민의 권리의무가 발생하는 것과는 그 성질을 달리 한다. 이와 같이 과세요건의 충족에 의하여 성립하는 조세채무를 구체적으로 확정된 상태의 조세채무와 대비하여 강학상 "추상적 조세채무(납세의무)"라고 한다. 그러나 조세채무가 성립한다고 하여 곧바로 납세의무자에게 세금을 현실적으로 납부하여야 하는 납세의무가 발생한다거나 과세관청인 국가가 조세채권을 행사할 수 있는 것은 아니다. 추상적으로 성립한 조세채무에 관하여 과세권자인 국가가 그 이행을 청구하고 납세의무자가 이를 납부하기 위해서는 조세채무의 내용(과세표준과 세액 등)을 구체적으로 확인하는 절차를 필요로 하는데 위 확인절차를 조세채무의 확정이라고 한다. 조세채무의 확정은 성립된 조세채무의 납부 및 징수절차에 나아가기 위한 절차법적 개념으로서 강학상 "구체적 조세채무(납세의무)"라고 한다.

수입물품이 우리나라에 반입되면 추상적 납세의무가 발생하며, 이러한 추상적 납세의무가 발생한 상태를 납세의무의 성립이라고 한다.[1] 이렇게 성립된 납세의무는 수입신고를 통해 그 내용을 확정하는 절차를 거치게 되며, 납부 또는 징수 등의 사유로 소멸하게 된다. 과세요건이란 납세의무에 필요한 법률상의 요건을 말하는 것으로 통상 과세물건, 과세표준, 세율, 납세의무자 등 4가지 요건을 꼽고 있다. 과세표준은 수입물품의 수량과 가격을 말하며, 과세표준에 환율을 곱하면 과세가격이 산출되고 과세가격에 세율을 곱하면 세액이 산출된다.

'부과'는 세금을 매겨서 부담하게 하는 것이며, '징수'는 부과된 대로 법규에 따라 세금을 거두는 것이다. 부과·징수하기 위해서는 세액이 확정되어야 하며, 세액확정은 납세의무자가 납부할 세액을 구체적으로 정하는 것이다.[2] 부과는 부과과세방식에서 납세의무를 확정하거나, 신고납세방식의 세목에 있어서 신고가 없는 경우에 그 내용을 확정하거나 이미 취해진 조세채무의 확정을 변경하는 것을 말한다. 과세관청에 의한 당초 조세채무의 확정을 '결정'이라 하고 이미 납세자의 신고나 과세청의 결정에 의해 확정된 조세채무를 과세관청이 변경할 때 이를 '경정'이라 한다. 경정처분을 다시 변경하는 것을 '재경정'이라 한다.

조세채무의 확정절차에 있어 1차적 확인권한이 납세의무자에게 있느냐, 과세관청에게 있느냐에 따라 신고납세방식과 부과과세방식으로 나뉘고 일정한 경우에는 특별한 절차가 필요 없이 조세채무의 성립과 동시에 확정되는 자동확정방식[3]이 있다. 신고납세방식은 납세의무자가

---

1) 이태로·안경봉, 『조세법 강의』, 서울 : 박영사, 2001, p.49.
2) 대법원 1996.12.3. 선고 96누7854 판결 ; 대법원 1998.7.10. 선고 97누13894 판결 ; 대법원 1992.9.1. 선고 92누8514 판결 참조.
3) 자동확정방식이 적용되는 조세는 인지세, 원천징수 소득세 등이 있다.

스스로 과세표준과 세액을 자기 책임과 판단하에 신고함으로써 조세채무가 확정되는 방식이다. 다만, 신고가 없거나 신고내용에 오류나 탈루가 있어 과세권자가 결정(또는 경정결정)을 하는 경우에는 그 결정하는 때에 확정된다. 이러한 경우와 같이 신고납세방식의 경우에도 보충적으로 부과과세방식에 의하여 조세채무가 확정되는 것이다. 현재 신고납세방식의 조세가 주류를 이룬다.

부과과세방식은 과세관청인 국가가 납세의무자의 조세협력의무를 바탕으로 한 부과처분에 의하여 조세채무가 확정되는 방식이다. 과세관청이 과세표준과 세액을 결정하는 때에 조세채무가 확정되나, 그 확정의 효력은 납세의무자에게 그 결정이 고지된 때(통상 납부고지서가 송달된 때)에 발생한다. 납세의무자의 신고행위 또는 과세관청의 부과처분에 의하여 조세채무의 확정이 있게 되면, 과세관청은 납세의무자가 납부한 세액을 보유할 '법률상 원인'을 갖게 되고 납부하지 않을 경우 자력집행권에 의하여 강제징수절차에 들어갈 수 있게 된다.

조세의 부과는 원칙적으로 납세의무 성립 시의 유효한 법령의 규정에 의하며, 세법의 개정이 있을 경우에도 개정 전 · 후의 법령 중 납세의무 성립 당시의 법령을 적용하여야 한다. 당해 과세처분의 위법 여부의 판단을 과세처분 시의 법령이 아니라 납세의무 성립 시의 법령을 기준으로 한다는 점에서 일반 행정소송에서 처분 시의 법령을 기준으로 하는 것과는 다른 점에 유의할 필요가 있다.

징수에 관하여는 관세청 훈령으로 「징수사무처리에 관한 시행세칙」이 있다. 이 세칙에는 관세 등 제세의 징수 결정, 납부고지, 수납확인 및 대사, 체납관리, 환급금 처리, 정부 보관금의 출납에 관하여 규정하고 있다.

과세가격과 관세의 부과 · 징수에 관한 내용을 살펴보면 다음과 같다.

제1절은 통칙으로서 과세요건 중에서 중요사항인 과세물건, 과세표준, 과세물건의 확정시기, 관세부과시 적용해야 할 적용법령, 과세할 때 적용하는 외국통화와 내국통화의 교환비율인 과세환율, 납세의무자에 관하여 규정하고 있다.

제2절은 납세의무 부과기간 및 소멸에 관한 규정으로서 납부의무의 소멸, 부과할 수 있는 제척기간, 징수할 수 있는 소멸시효, 이 소멸시효의 중단 및 중지에 관하여 규정하고 있다.

제3절은 납세담보에 관한 규정으로서 담보의 종류, 관세 충당, 담보 없는 경우 관세징수 방법에 관하여 규정하고 있다.

제4절은 과세가격의 신고 및 결정에 관한 규정으로서 가격신고, 신고할 가격이 확정되지 아니한 경우에 잠정가격신고, 가격조사보고, 과세가격결정의 원칙, 과세가격 결정방법의 통보, 과세가격 사전심사에 관하여 규정하고 있다.

제5절은 부과와 징수에 관한 규정으로서 신고납부, 부과고지, 징수금액의 최저한, 가산세, 가산세 감면, 예외적 수납방법인 관세의 현장수납, 강제징수 유예, 체납자료의 제공, 체납정리위원회, 과오납금의 환급, 과다환급금의 징수, 환급가산금에 관하여 규정하고 있다.

제1절 통　칙

제14조 【과세물건】 수입물품에는 관세를 부과한다.

해 설

'과세'는 조세를 부과하는 것, 세금을 매기는 것을 말한다. 여기서 '부과'는 부과고지 방식에 의한 부과·징수를 의미하는 것이 아니고, 납세의무가 발생되어 과세관청이 납세의무자에게 금전부담 의무를 지우는 포괄적인 개념을 의미한다.

이 조항은 모든 수입되는 물품은 관세부과 대상이 된다는 관세의무주의 혹은 관세포괄주의, 수입물품에만 관세를 부과한다는 수입관세주의, 관세부과 근거를 법에 규정해야 한다는 관세법률주의를 동시에 나타내고 있다.[4]

과세물건은 조세법률 관계의 성립에 필요한 물적 요소로서 법률에서 과세의 목적물로 정한 물건, 행위 또는 사실 등을 말하며, 과세객체 또는 과세대상이라고도 한다.[5] 세법에서는 소득, 거래, 소비행위도 과세물건으로 보기도 한다.

관세법상 과세물건에는 수입물품으로서[6] 동산 성격을 가진 유체물과 관리할 수 있는 전기와 같은 무체물이 있다. 선박 및 항공기는 통상 운반수단으로 사용되는 경우에는 과세물건으로 보지 않지만 그 자체가 무역거래 대상이 된 경우는 과세물건이 된다. 관세법에서는 특허권

---

4) 기본통칙(제14-0-1조)에 외국국적 선박이 관세법령 이외의 법령에 의한 경매절차에서 경락허가 결정을 받은 다음 경락대금을 완납하고 그 선박에 대하여 우리나라 국적을 취득한 후 운항에 제공하였다면 그 선박은 관세부과대상이 되는 수입물품에 해당한다고 규정하고 있다. 외항선으로 취항하기 위하여 중고선박을 수입하면서 선박매매계약에 의거 사용 후 남은 연료에 대하여 대가를 별도로 지불하고 매입하여 국내항까지 운항하고 사용 후 남은 연료가 있을 경우에는 선박 수입시 사용하고 남은 연료는 과세물건이므로, 관세 부과대상이다(기획재정부, 1977.11.7). 선박의 남은 연료에 대하여 관세를 부과하였을 경우 이 선박이 외항선으로 자격을 획득하고 동 선박의 남은 연료만으로 출항하였을 경우 환급특례법에 의거 환급대상이다. 원양어선이 외국에서 급유 받아 조업하다가 귀국한 때 남은 연료는 관세부과 대상이다(기획재정부, 1983.4.13).

5) 일본 관세법에서는 "수입물품에는 관세를 부과한다"는 의미에 대해 "정확하게 말하면 물품자체에 부과한다고 하는 것보다도 수입행위 또는 사실 등을 매개로 하여 특정물품이 납세의무자에게 관련(귀속)하도록 하여 관세의 납세의무가 발생하는 것이라고 해석해야 한다"고 해설하고 있다.

6) 여기에서 '수입물품'은 수입하려는 의사를 표시하는 대상물품을 말하며, 법 제2조의 '수입' 정의에 따라 보세구역에서 반입하는 대상물품을 지칭하는 것이 아니다. 따라서 수입신고수리 후 보세구역에서 국내로 반입하지 아니하였다 하여 관세부과 행위가 잘못된 것은 아니다.

자체는 과세물건이 아니지만 수입물품에 특허권이 체화되어 있을 때에 과세물건과 함께 과세대상에 포함한다.

컴퓨터 소프트웨어 또한 법적으로 보호되는 지식재산권에 속하는 무형자산으로서 관세법상 과세물건에 속하지는 않지만 전달매체에 수록되어 오거나 기계장치에 체화되어 수입되는 경우 과세대상 일부를 구성하게 된다. 과세물건의 범위를 결정하는 것은 무역정책에 관한 사항이다. 국내자원이 모자란다면 관세율을 낮추거나 과세물건에서 제외하고 수출물품을 과세물건에 포함시킬 수 있다. 그러나 이러한 결정사항은 교역 상대국에 대하여 영향을 미치기 때문에 신중하게 결정해야 한다. 중계무역물품은 무역증진을 위해 과세물건에서 제외하는 것이 국제협약사항이다.

【대법원 1974.12.24, 74누97】 용선한 외국선박이 침몰하자 이를 양도받아 국내선처럼 위장 사용한 경우 관세부과대상이다.

【대법원 1962.7.26, 62누47】 외국영화 예고편도 과세대상이 된다.

【대법원 1957.11.1, 57누309】 관세법상의 관세대상품 중에는 지폐, 은행권, 채권, 기타 유가증권이 포함된다.

제15조【과세표준】 관세의 과세표준은 수입물품의 가격 또는 수량으로 한다.

해 설

과세표준[7]은 세액산정의 기초가 되는 과세물건의 수량 · 가격 · 품질 등을 말한다.[8] 관세법에서 과세표준은 수입물품의 가격이나 수량을 말하며, 종가세의 경우는 가격을 기초로 하여 세액을 산정하고, 종량세는 수량을 기초로 세액을 산정한다. 이외에도 종가세와 종량세를 조합시켜 부과하는 복합관세가 있다. 복합관세는 종량세와 종가세를 정해 놓고 그중 세액이 높은 쪽을 부과하는 선택관세와 종량세와 종가세를 결합하여 부과하는 협의적 복합관세로 나뉜다.

가격인 과세표준에 환율을 곱하면 과세가격이 산출되고, 과세가격에 세율을 곱하면 세액이 산출되며, 내국세의 경우에는 과세표준에 세율을 곱하면 세액이 산출된다.

---

7) 종가세를 적용하는 경우 과세표준인 가격을 과세가격(Dutiable value)이라 하며, WTO평가협약에는 관세의 과세표준인 과세가격을 관세가격(Customs value)라 하며, 이를 과세가격이라 부른다.

8) 기본통칙에 선하증권의 수량과 실제로 반입된 수량이 서로 다른 휘발유 등의 과세표준은 단가로 계약한 경우는 실제반입수량에 단가를 곱한 금액, 전체 수량에 대하여 총액으로 거래된 경우는 실제로 지급된 금액으로 한다. 종량세인 특별소비세, 교통세는 실제 반입수량을 과세표준으로 한다. 기본통칙에 우리나라 원 · 부자재 전부를 북한에 공급하여 북한에서 임가공한 물품은 순수한 임가공비만 부가가치세의 과세표준으로 한다(* 현금이 수입되는 경우는 그 가액을 과세대상으로 하고 현행 세율은 무세다).

종량세에서 수량으로 표시한 과세표준은 kg, ㎡, ℓ 등과 같은 국제적으로 통일된 계량기준이 있어 과세표준을 결정하기가 쉽다. 그러나 종가세에서 가격으로 표시한 과세표준은 거래당사자 간의 계약이나 상황에 따라 가격이 변동되기 때문에 같은 물품이라 하더라도 과세표준을 결정하기가 쉽지 않다.

무역은 국가 간에 여러 가지 형태로 계약이 성립되므로 가격결정 방법도 매우 다양하여 이를 통일하기 위해 WTO 관세평가협정(국제협약)에 따라 가격결정 방법을 정하고 있다.

제16조【과세물건 확정의 시기】 관세는 수입신고(입항전수입신고를 포함한다. 이하 이 조에서 같다)를 하는 때의 물품의 성질과 그 수량에 따라 부과한다. 다만, 다음 각 호의 어느 하나에 해당하는 물품에 대하여는 각 해당 호에 규정된 때의 물품의 성질과 그 수량에 따라 부과한다.

해 설

물품은 자체적으로 혹은 외부환경에 의하여 성질, 수량, 중량, 부피 등이 끊임없이 변한다. 이러한 변화의 특정 시점에 있는 수입물건의 성질이나 수량, 중량 등을 과세물건이라고 정하는 것을 과세물건 확정이라 하고, 그 시기를 '과세물건 확정시기'라 한다.

납세의무 성립의 시기와 과세물건 확정의 시기는 과세 편의 및 기타 여러 가지 이유로 반드시 일치하지 않으며, 과세물건 확정의 시기 및 적용법령(적용세율 등) 등에 대하여는 납세의무 성립 시기와는 별개로 관세법에서 규정하고 있다.

'물품의 성질'이란 다른 물품과 구별되는 특징을 말하며, '물품의 수량'은 사물 낱낱의 개수와 무게, 부피 등을 말한다. 과세물건 확정은 물건 자체의 성질 · 수량의 확정을 의미한다. 이에 비하여 세율 적용은 법령의 적용을 의미한다.

법적으로는 과세물건이 확정되면 그 과세물건과 수입자간에 귀속 관계가 생겨서 조세에 관한 구체적인 채권과 채무가 성립된다. 대부분 수입물품은 법 제241조 수출입신고, 법 제244조 입항 전 수입신고를 거쳐서 수입된다. 따라서 이러한 물품에 대하여 수입신고할 때 물품의 성질과 수량에 의하여 관세를 부과하고, 기타 예외적인 경우는 위 각 호에서와 같이 합리적으로 그 시기를 정하여 과세업무를 처리하고 있다.

수입신고 전에 손상된 물품의 경우 손상된 물품의 수입신고시기가 과세물건 확정시기가 되므로 손상된 물품이 과세물건이 된다. 이때 수출판매된 거래가격은 손상이전의 물품가격이고 과세물건은 손상된 물품이기에 송품장에 있는 가격은 과세가격이 될 수 없다. 일반적으로 손상물품의 경우는 제6방법에 의해 과세가격을 결정하게 되는데, 손상물품이 손상 정도를 감안한 가격, 즉 공인감정기관의 공인감정가격을 기초로 과세가격을 결정하게 된다.

과세물건 확정시기는 각 호에서와 같이 수입신고한 때, 허가 · 승인한 때, 기타 특정사실이 발생한 때 등 여러 가지가 있다. 입항전수입신고의 경우에는 과세물건 확정시점에 관하여 묵시적으로 입항전수입신고시점으로 운영해 왔으나, 2000년 개정 관세법에서 본 조항과 같이 입항전수입신고시점으로 이를 명시적으로 규정하였다.[9]

【조세심판원 2017.1.2, 2016관0084】 국내 판매물량 중 일부는 배합사료이므로 옥수수가 아닌 다른 원료의 비율에 해당하는 물량에 대하여는 비료 세율을 적용하여 경정하는 것이 타당하다. * 보세구역에 보관된 옥수수를 양도받아 비료용으로 폐기승인 받은 후, 사료로 판매하였다고 보아 사료용 옥수수의 관세율을 적용하여 과세한 처분의 당부 사례이다.

【조세심판원 2014.9.2, 2014관232】 밀수입물품에 대한 과세물건 확정시기는 관세법 제16조 제11호에 '수입된 때'라고 규정하고 있는 점, 내국세와 관련된 과세물건, 납세의무자, 과세표준, 세율, 가산세 등 실체적 과세요건에 대해서는 개별세법 규정을 적용하여야 하는 점, 형벌은 행위의 반사회성 내지는 반도덕성에 따른 처벌이고, 가산세는 행정적인 제재로서 그 성질이 달라 이중처벌 금지규정에 반하지 않는 점 등에 비추어 청구법인이 쟁점물품을 수입신고 없이 보세창고에서 무단반출한 사실에 대하여 처분청이 국세기본법을 적용하여 부가가치세 가산세를 부과한 이 사건 처분은 달리 잘못이 없다고 판단된다.

【대법원 2022.4.14, 2017두53767】 [1] 수입물품에 대한 품목분류는 수입신고 시를 기준으로 물품의 주요 특성, 기능, 용도, 성분, 가공정도 등 여러 가지 객관적인 요소에 따라 물품을 확정한 다음, 그에 해당하는 품목번호를 관세율표가 정하는 바에 따라 결정하여야 하고, 특별한 사정이 없는 한 해당 물품에 대한 납세의무자의 주관적인 용도나 수입 후의 실제 사용 용도를 고려할 것은 아니다. 이러한 법리는 보세건설장에 반입되어 산업시설의 건설에 사용될 수입물품의 품목분류에도 마찬가지로 적용된다. [2] 관세에 대한 경정거부처분 취소소송에서 납세의무자가 신고 · 납부한 세액이 정당한 세액을 초과하는지 여부는 특별한 사정이 없는 한 수입신고 건별이 아니라 수입신고에 포함된 수입물품을 기준으로 판단하여야 한다.

【대법원 2008.12.11, 2007도386】 [1] 관세법 제16조는 '관세는 수입신고를 하는 때의 물품의 성질과 그 수량에 의하여 부과한다'고 규정하는 한편, 같은 법 제50조 제1항, 제49조에 따른 관세율표 품목번호 제0902호는 '차류'에 관한 관세율을 규정하고 있다. 품질에 기초한 일반적인 용도에 의하여 품목분류를 할 경우, 위 '차류'에 해당하려면 대상물품이 수입신고시를 기준으로 음용에 적합한 것이어야 하고, 대상물품이 음용에 적합한 이상 다른 특별한 사정이 없는 한 위 '차류'에 해당한다. 수입자가 음용에 적합한 대상물품을 '차류'로 신고하여 수입한 다음 실제로는 입욕제 등으로 유

9) 기본통칙(제16－0－1조)에 외국수리선박의 과세물건확정시기에 대해 외국에서 선박을 수리하였거나 수리에 필요한 물품을 구입한 때를 수입된 때로 보아야 하나, 과세기술상 해당 선박이 외국에 있어 신고납부 또는 부과고지가 곤란하므로, 해당 선박이 우리나라에 최초로 입항하여 수입신고를 하는 경우에는 수입신고를 할 때, 해당 선박이 우리나라에 최초로 입항하였으나 수입신고를 하지 않은 경우 입항한 때를 과세물건 확정시기 및 환율 적용시점으로 한다고 규정하고 있다.

통·사용하였다고 하더라도, 수입 후의 위와 같은 사정만으로 달리 볼 것은 아니다. [2] 입욕제 용도로 수입하면서 '차류'로 신고한 녹차 및 홍차가 수입신고시를 기준으로 음용에 적합하고 원래의 용도가 음용 녹차 등과 같으므로 관세율표 품목번호 제0902호의 '차류'에 해당한다.

【대법원 1996.12.10, 96누11044】 외국에서 사료용으로 구매한 후 선박에 적재하여 우리나라로 항해하던 중 해난사고에 의한 바닷물 침수로 인하여 부패·변질됨으로써 그 용도가 비료용으로 변경된 수수는 가공하지 아니한 수수가 아니라 식물성비료에 해당된다.

【대법원 1978.8.22, 78누56】 수리선박은 우리나라 항구에 입항한 때에 비로소 그 수리부분이 우리나라에 인취 수입된 것으로서 관세의 과세물건이 된다. 수리선박의 수리부분에 대한 관세징수권은 수리선박부분이 우리나라에 수입된 때, 즉 수리선박이 항구에 입항한 때에 이를 행사할 수 있는 기산일로 보아야 한다.

1. 제143조 제6항(제151조 제2항에 따라 준용되는 경우를 포함한다)에 따라 관세를 징수하는 물품 : 하역을 허가받은 때
2. 제158조 제7항에 따라 관세를 징수하는 물품 : 보세구역 밖에서 하는 보수작업을 승인받은 때
3. 제160조 제2항에 따라 관세를 징수하는 물품 : 해당 물품이 멸실되거나 폐기된 때

해 설

제1호에서 선박용품, 항공기용품에 대하여는 하역할 때 물품의 수량·가격·신청자 등을 신고하므로 이 하역신고서를 근거로 하여 과세물건을 확정하고, 나중에 징수사유가 발생한 때에는 이를 근거로 하여 과세한다.

'하역'은 운송수단에 짐을 싣거나 내리는 것을 말하며, 선박용품·항공기용품·차량용품 등은 운송수단이 운행하는 데에 사용되는 물품이므로 운송수단이 이용하기에 불편이 없도록 신속한 절차를 거쳐 공급할 필요가 있어 일반적으로 다른 물품과 구분하여 관리한다.

법 제143조는 선박용품, 항공기용품의 하역에 관한 규정이며, 같은 조 제6항은 외국물품인 선박용품, 항공기용품, 국제무역선 또는 국제무역기 안에서 판매할 물품이 하역허가를 받은 내용대로 운송 수단에 하역하지 아니한 때에는 이 허가를 받은 자로부터 즉시 그 관세를 징수한다는 규정이다. 법 제151조는 물품의 하역 등에 관한 규정이며, 같은 조 제2항은 차량용품과 국경출입차량 안에서 판매할 물품을 해당 차량에 하역하거나 환적하는 때에는 법 제143조를 준용한다는 규정이다. 이 규정은 2000년 개정 관세법에서 새로 규정한 것이다.

제2호에서 보세구역 외 작업시에는 승인서에 의거 작업하므로, 이 승인서에 따라 과세물건을 확정하고 작업 기간 경과시에는 승인서에 의거 과세하는 것이다.

법 제158조는 보수작업에 관한 규정이며, 같은 조 제7항은 보수작업을 하는 경우에 법 제

187조 제2항 내지 제4항 및 제6항의 규정을 준용한다는 내용이다. 법 제187조 제6항은 지정된 기간이 경과하면 보세공장 외 작업장에 허가된 외국물품 또는 그 제품이 있는 때에는 이 물품에 대하여 허가를 받은 보세공장의 운영인으로부터 그 관세를 즉시 징수한다는 규정이다.

이 규정은 보세구역 밖에서 할 수 있는 보수작업 종류를 폭넓게 인정하기 위해 2000년 개정 관세법에서 새로 규정한 내용이다.

제3호는 멸실 · 폐기시의 과세물건 확정에 관한 규정이다. 멸실된 때에는 사후에 멸실 보고를 하고, 폐기하는 때에는 사전 승인을 받아야 하므로 멸실 보고서, 폐기승인서 등에 따라 과세물건을 확정한다.

사후에 멸실 보고를 하는 것은 미리 물품을 확인하는 것은 아니므로, 물품의 성질과 수량 등은 멸실 전후의 관련 서류를 참조하여 판단하여야 한다. 폐기할 때에는 능동적으로 신청하여 세관장의 승인을 얻는 절차를 거치지만, 멸실은 발생된 사실을 수동적으로 보고하는 것에 차이점이 있다.

멸실(滅失)은 다른 장소에도 해당 물품이 존재하지 아니하는 것을 말하며, 분실(紛失)은 물품이 비록 보세구역에는 없지만 국내의 다른 장소에 있다는 추정을 할 수 있는 경우를 말한다.

법 제160조는 장치물품의 폐기에 관한 규정이며, 같은 조 제2항은 보세구역에 장치된 외국물품이 멸실 · 폐기된 때에는 그 운영인 또는 보관인으로부터 즉시 관세를 징수한다는 내용이다.

4. 제187조 제7항(제195조 제2항과 제202조 제3항에 따라 준용되는 경우를 포함한다)에 따라 관세를 징수하는 물품 : 보세공장 외 작업, 보세건설장 외 작업 또는 종합보세구역 외 작업을 허가받거나 신고한 때
5. 제217조에 따라 관세를 징수하는 물품 : 보세운송을 신고하거나 승인받은 때
6. 수입신고가 수리되기 전에 소비하거나 사용하는 물품(제239조에 따라 소비 또는 사용을 수입으로 보지 아니하는 물품은 제외한다) : 해당 물품을 소비하거나 사용한 때

해 설

제4호는 보세공장 등에서 작업의 허가, 신고기간 경과시 과세물건 확정에 관한 규정이다. 보세공장 외 작업은 보세공장 외에서 보세작업을 하는 것이므로 보세공장 운영인은 작업허가를 받은 후 작업하여야 한다. 작업허가 기간을 경과하여 징수해야 할 때에는 이 허가서에 근거하여 관세 등을 부과할 수 있다.

보세건설장 외 작업은 보세건설장 외에서 보세작업을 하는 것이므로 보세건설장 운영인은 작업허가를 받은 후 작업하여야 하며, 작업허가 기간을 경과하여 징수해야 할 때에는 이 허가서에 근거하여 관세 등을 과세할 수 있다.

법 제187조는 보세공장 외 작업허가에 관한 규정이며, 같은 조 제7항은 지정된 기간이 경과한 경우 해당 공장 외 작업장에 허가된 외국물품 또는 그 제품이 있는 때에는 해당 물품의 허가를 받은 보세공장 운영인으로부터 그 관세를 즉시 징수한다는 규정이다. 법 제195조는 보세건설장외 작업허가에 관한 규정이며, 같은 조 제2항은 법 제187조의 규정을 준용한다는 규정이다. 법 제202조는 종합보세구역에서 설비의 유지의무 등에 관한 규정이며, 같은 조 제3항은 종합보세구역에서 보수작업을 하거나 종합보세구역 밖에서 보세작업을 하는 경우의 담보 제공 등에 관하여 법 제187조의 규정을 준용한다는 규정이다.

제5호는 보세운송 기간 경과시 과세물건 확정에 관한 규정이다. '보세운송'은 일정한 장소간에 외국물품 상태로 물품을 운송하는 것을 말한다. 보세운송 전에는 신고를 하거나 승인을 얻어야 하며, 보세운송 기간을 경과하여 관세 등을 징수할 때에는 이 신고서나 승인서에 근거하여 과세할 수 있다. 법 제217조는 보세운송기간 경과시의 징수에 관한 규정이다.

제6호는 소비·사용시 과세물건 확정에 관한 규정이다. 선박용품, 항공기용품, 여행자 휴대품 등을 이 규정 이외 장소에서 소비·사용하는 것은 수입에 해당되며, 이 경우 소비·사용되는 때를 과세물건 확정시기로 본다. 예를 들면, 보세구역에서 화주가 자기 물건이라 하여 수입신고수리 전에 소비하였다면, 소비·사용한 때를 과세물건 확정시기로 보아 관세를 부과한다. 법 제239조는 수입으로 보지 아니하는 소비 또는 사용에 관한 규정이며, 우리나라 운송수단 안에서 소비 또는 사용하는 경우에는 법 총칙에서 이를 수입으로 보나 이 조항에서는 이에 대한 예외 사항에 관하여 규정하고 있다.

7. 제253조 제1항에 따른 수입신고 전 즉시반출신고를 하고 반출한 물품 : 수입신고 전 즉시반출신고를 한 때
8. 우편으로 수입되는 물품(제258조 제2항에 해당하는 우편물은 제외한다) : 제256조에 따른 통관우체국(이하 "통관우체국"이라 한다)에 도착한 때

해 설

제7호는 즉시반출신고를 하여 반출한 물품에 대한 과세물건 확정 규정이다. 수입신고 전 물품을 즉시반출하는 경우에는 수입신고 전에 즉시반출신고를 하므로, 즉시반출신고서에 따라 과세하는 것이다. 즉시반출 후 10일 이내에 수입신고를 하지 아니하면 납부고지를 하되, 이때 과세물건의 확정시기는 즉시반출신고시점이다. 수입신고 내용은 처음에 한 즉시반출신고 내용과 같아야 하며, 만일 다르다면 경정 등 절차를 거쳐야 한다. 법 제253조는 수입신고 전의 물품반출에 관한 규정이다.

제8호는 우편물에 대한 과세물건 확정규정이다. 일반 수입신고제도에서는 신고자의 신고로

과세물건이 확정되나, 만국우편협약 · 소포우편약정 등 협약에 의해 발송 · 수취하는 우편물은 통관우체국에 도착한 때 과세물건이 확정된다. 다만, 통관에 있어 우편물로 보지 아니하고 일반 수입물품으로 보는 경우에는 정상적으로 수입신고를 해야 하므로 수입신고할 때 과세물건이 확정되는 것으로 본다.[10)]

2006.12.30. 개정 관세법에서는 과세물건 확정시기를 수입신고대상물품인 경우에는 수입신고시점으로 볼 수 있도록 명시적으로 정함으로써 우편물이 통관우체국에 도착하기 전에 법 제244조에 따라 입항전수입신고할 수 있도록 개선하였다.

또한 우편물 중에도 일반수입신고를 하고 과세해야 되는 물품도 세관에서 면세 처리되어 배송되는 경우, 수입자의 의사대로 수입신고를 할 수 없는 상황에 처하게 되는 불합리한 점이 있어 법 개정을 통하여 이를 해소하였다.

외국에서 우리나라에 도착하는 외국물품에는 일반적으로 보세구역에 도착하는 일반수입물품과 통관우체국에 도착하는 수입우편물로 구분해 볼 수 있다. 수입우편물은 통관우체국을 경유하여야 하며, 통관우체국은 우체국 중에서 수출입물품 통관 업무를 취급하는 우체국으로서 관세청장이 정하는 우체국을 말한다. 과세물건 확정은 좀 더 자세히 본다면 통관우체국에 도착되어 우편물 목록이 작성되는 시점이며, 여러 통관우체국을 거치는 경우는 최초로 도착한 우체국을 통관우체국으로 본다. 법 제256조는 통관우체국에 관한 규정이다.

9. 도난물품 또는 분실물품 : 해당 물품이 도난되거나 분실된 때
10. 이 법에 따라 매각되는 물품 : 해당 물품이 매각된 때
11. 수입신고를 하지 아니하고 수입된 물품(제1호부터 제10호까지에 규정된 것은 제외한다)

해 설

제9호는 도난물품에 대한 과세물건 확정 규정이다. 과세대상인 외국물품이 도난되거나 분실된 때에는, 도난되거나 분실된 때를 과세물건 확정시기로 본다.

도난 · 분실의 시점 등에서 물건의 성질이나 수량 등을 확인할 수 없지만, 전 · 후 관련 서류에 의하여 판단하여야 한다. 보세공장에서 작업 중이거나 보세운송 중인 물품이 도난 · 분실되어 작업기간이나 운송기간을 경과할 수 있다. 기간 경과시와 도난 · 분실 시는 과세물건 확정시기에 있어서 구분해야 한다.

제10호는 매각물품에 대한 과세물건 확정 규정이다. 이 법에 의하여 매각되는 물품에 대하여는 매각된 때를 과세물건 확정시기로 보아 관세를 부과한다고 규정하고 있으나, 실무적으로

10) 2006.12.30. 개정 관세법에서 법 제258조 제2항 · 법 제241조 규정에 의한 신고대상물품은 제외됨을 명문화하였다.

는 매각가격을 정할 때 미리 관세 등 세액을 포함시켜서 정한다. 매각되는 때를 과세물건 확정시기로 본다는 것은 더 자세하게 말하면 매각하기 위해 물품 매각가격을 산출하는 때를 과세물건 확정시기로 본다는 것이다. '매각'은 공법상 대리행위이다. 이 법에서 대리행위는 구체적으로 화주를 대리하여 국가기관인 세관장이 관세납부 절차를 밟는 것이다. 관세는 매각대금에서 징수하는 것이 되며, 매각물품의 화주가 납세자가 되는 셈이다.

제11호는 무신고수입물품에 대한 과세물건 확정 규정이다. '수입신고를 하지 아니하고 수입'한 물품은 무신고수입품이다. 제1호에서 제10호까지도 성격상 무신고수입품이지만, 구체적으로 사례가 정해져 있고, 제11호보다 더 우선적으로 적용된다. 예를 들면, 외국물품이 도난이나 분실된 때도 성격상 무신고수입에 해당하지만 제7호에서 정하는 도난·분실의 경우가 우선 적용된다. 이 이외의 경우로서 운송수단·보세구역 등에서 반출하거나 내리는 때, 즉 수입된 때 등을 과세물건 확정시점으로 볼 수 있다.

제17조【적용 법령】 관세는 수입신고 당시의 법령에 따라 부과한다. 다만, 다음 각 호의 어느 하나에 해당하는 물품에 대하여는 각 해당 호에 규정된 날에 시행되는 법령에 따라 부과한다.
1. 제16조 각 호의 어느 하나에 해당되는 물품 : 그 사실이 발생한 날
2. 제192조에 따라 보세건설장에 반입된 외국물품 : 사용 전 수입신고가 수리된 날

해 설

관세부과는 행정처분이므로, 이 처분은 법령에 근거를 두어야 한다. 그리고 수입통관 절차를 거치는 동안에 법령이 개정될 수 있으므로, 어느 시점의 법령을 적용해야 할지를 미리 정해 두어야 한다. 수입신고하는 물품에 적용할 법령은 수입신고시점의 법령이며, 과세물건의 확정시기도 수입신고시점이다. 그러나 제1호에 해당되는 경우는 그 날에 시행되는 법령에 의해 부과한다.

예를 들면, 체납세액을 징수하는 때에는 체납발생 당시 법령을 적용한다. 즉, 수입신고를 하지 아니한 물품에 대한 관세부과는 그 사실이 발생한 날에 시행하는 법령에 의해 부과한다. 따라서 법령 적용시기는 대부분 과세물건의 확정시기와 일치하지만 보세건설장 물품 등 특정한 물품에 대하여는 일치하지 않는다. 수입신고시점에서 납세의무자·과세물건·과세표준·세율 등 4대 과세요건이 확정된다.

제2호는 보세건설장 반입물품에 대한 적용법령 규정이다. 보세건설장제도는 시설재 등을 수입신고하여, 이를 이용해서 먼저 공사하고 시설이 완성되면 완성된 시설에 대하여 신고수리하는 제도다. 이는 매번 원재료를 수입신고하고, 수입신고를 수리하는 불편을 해소하기 위한 것이다. 수입신고한 때 물품 상태는 원재료이지만 완성된 시설의 완제품 세번으로 미리 신고

하고, 공사가 완성되면 신고된 완성품 세번으로 수입신고를 수리하는 것이다.

이에 비하여 보세공장에서는 먼저 반입신고하여 작업을 한 후, 나중에 수입신고하여 신고수리한다. 보세건설장의 경우 수입신고와 수입신고 수리의 기간이 장기간 소요될 수 있으므로 일반수입신고 물품과 다르게 수입신고가 수리된 날에 시행되는 법령을 적용하도록 정하고 있다. 그러나 과세환율은 일반수입신고와 같이 수입신고한 날의 과세환율에 의한다. 이는 수입신고시에 세액을 미리 산출하여 확정해야 하기 때문이다. 보세건설장에서 수입신고시 물품의 성질과 수량에 따라 과세물건만 실질적으로 확정하고, 이 과세물건에 대하여 수입신고수리시 법령에 따라 감면, 품목분류 등을 적용하는 것이다. 법 제192조는 보세건설장 '사용 전' 수입신고에 관한 규정이다. 여기에서 "사용 전"이란 건설재료를 공사에 사용하기 전이라는 의미이며 수입신고는 일반적인 수입신고다.

> 第18조【과세환율】 과세가격을 결정하는 경우 외국통화로 표시된 가격을 내국통화로 환산할 때에는 제17조에 따른 날(보세건설장에 반입된 물품의 경우에는 수입신고를 한 날을 말한다)이 속하는 주의 전주(前週)의 기준환율 또는 재정환율을 평균하여 관세청장이 그 율을 정한다.

해 설

환율이란 외화 1단위를 얻기 위해 지불해야 하는 자국통화의 양으로서, 한 나라 통화의 대외가치를 나타내는 자국통화와 외국통화의 교환비율을 말한다.

환율에는 전신환을 고객으로부터 매입할 때 적용하는 전신환매입율, 고객에게 매도할 때 적용하는 전신환매도율, 현금을 판매할 때 적용하는 현금매도율 등 여러 가지가 있다. 이 환율은 금융기관에서 사용하는 환율이다.

2022.9.15. 법 개정시 과세환율(외국환매도율), 수출환율(외국환매입율)을 적용하던 것을 외국환거래법[11]에 따른 기준환율 또는 재정환율[12]을 적용하는 것으로 규정을 개정하였다.

러시아－우크라이나 전쟁, 코로나19 재확산 등으로 원자재 및 제품 수입가격이 상승함에 따라 경영상의 어려움을 겪고 있는 국내 기업들을 지원하기 위하여 관세의 과세가격 결정시에 사용되는 과세환율의 기준을 현행 외국환매도율보다 평균적으로 1% 정도 낮게 형성되는 기준환율 또는 재정환율로 변경하였다. 그리고 수출신고시에 외국통화로 표시된 수출물품의 가격을 내국통화로 환산할 때 적용하는 환율을 종전에는 은행이 고객으로부터 외화를 살 때

---

11) 외국환거래법 제5조에서 기획재정부장관은 외국환거래에 관한 기준환율, 외국환의 매도율 · 매입율 및 재정환율(이하 "기준환율"이라 한다)을 정할 수 있다고 규정하고 있다.

12) 한 나라 화폐의 각국 화폐에 대한 환율을 말하며 기준화율과 교차비율에 의하여 간접적으로 산정한다. 우리나라에서는 원화의 미달러 시세와 제3국 통화의 달러에 대한 시세를 기준으로 재정한다.

적용하는 외국환매입율을 기준으로 하였으나 기준환율 또는 재정환율을 적용하도록 대통령령을 개정하여 수입물품에 대한 과세환율의 기준과 동일하게 맞추었다.

관세법 시행규칙에는 외국환거래법 제9조 제2항에 따른 외국환중개회사가 관세법 제17조에 따른 날이 속하는 주의 전주 월요일부터 금요일까지 매일 최초 고시하는 기준환율 또는 재정환율을 평균하여 과세환율을 결정한다고 규정하고 있으며, 세부 결정방법은 과세청장이 정할 수 있도록 규정하고 있다.

법 제17조는 관세는 수입신고 당시 법령에 의하여 부과하거나, 특정사실이 발생한 날 시행하는 법령에 의하여 부과한다는 규정이다.

제19조【납세의무자】 ① 다음 각 호의 어느 하나에 해당하는 자는 관세의 납세의무자가 된다.

1. 수입신고를 한 물품인 경우에는 그 물품을 수입신고하는 때의 화주(화주가 불분명할 때에는 다음 각 목의 어느 하나에 해당하는 자를 말한다. 이하 이 조에서 같다). 다만, 수입신고가 수리된 물품 또는 제252조에 따른 수입신고수리 전 반출승인을 받아 반출된 물품에 대하여 납부하였거나 납부하여야 할 관세액이 부족한 경우 해당 물품을 수입신고하는 때의 화주의 주소 및 거소가 분명하지 아니하거나 수입신고인이 화주를 명백히 하지 못하는 경우에는 그 신고인이 해당 물품을 수입신고하는 때의 화주와 연대하여 해당 관세를 납부하여야 한다.
   가. 수입을 위탁받아 수입업체가 대행수입한 물품인 경우 : 그 물품의 수입을 위탁한 자
   나. 수입을 위탁받아 수입업체가 대행수입한 물품이 아닌 경우 : 대통령령으로 정하는 상업서류에 적힌 물품수신인
   다. 수입물품을 수입신고 전에 양도한 경우 : 그 양수인

해 설

'납세의무'는 채무자인 납세의무자가 채권자인 국가에 대해 공법상 채무를 지는 것을 말한다. 이 채권·채무 관계는 과세요건이 충족됨으로써 자동적으로 성립하는 것이며 합의에 의한 것은 아니다.

과세요건을 충족하는 사실이 발생하면 납세의무가 성립하나, 납세의무가 성립한다고 해서 곧 구체적으로 그 세액을 납부할 의무가 발생하는 것이 아니다. 과세할 수 있는 대상이 존재할 뿐이다. 납세의무자는 국가에 대하여 세액을 납부하여야 할 법률상 의무를 지는 자를 말하며 이러한 면에서 실제로 관세를 부담하는 '담세자'와 다르다. 이전에는 '관세납부의무자'로 표현하였으나 현재 문구로 개정하였으며 내용상 변화된 것은 없다. 납세의무는 과세물건이 있는 자에게 귀속함으로써 성립하고 과세물건이 귀속된 자가 납세의무자가 된다. 이 과세물건과 납세의무자를 연결시키는 것을 '과세물건의 귀속'이라고 한다.

수입신고한 물품에 대한 관세 납세의무자는 원칙적으로 화주다.[13] 화주가 불분명한 경우는 각 목의 1에 해당하는 자가 납세의무자가 된다. 가, 나, 다 목은 적용의 순서를 의미하는 것이 아니고 '수입한 화주'를 판단하기 위한 기준이다. 수입한 화주를 판단함에 있어서 정당하게 납세의무자로 신고한 자를 별도로 두고, 세관장이 제3자를 납세의무자로 보아 부족 세액을 징수하기 위하여 납부고지하는 경우가 발생될 수 있다. 그러나 이런 때에는 세관장이 입증책임을 져야하며, 만약 입증하지 못하면 과세할 수 없는 문제가 발생되어 조세일실이 우려된다. 2013.1.1. 개정 관세법에서는 납세의무자 조항을 명확히 하기 위하여 소폭의 법을 개정하였으나, 원칙상 어디까지나 신고 내용에 따라 수입물품의 화주가 납세의무자임을 기본으로 하여 부과·징수업무를 처리할 때에 그런 문제가 최소화 될 수 있다.

2017.12.19. 법 개정시 '수입한 화주'를 물품을 '수입신고하는 때의 화주'로 변경하였다. 관세법상 '화주'라는 용어는 그 의미가 명확하지 않아[14] 대법원의 판례에 따라 해석하고 있었다. 그러나 대법원 판례가 실질과세 원칙에 입각하여 '화주'를 해석함에 따라 일관성 부족으로 납세자 및 과세당국의 혼란을 가중시키고 있다는 문제가 지적되고 있다. 종전에는 화주를 '실질적으로 화물을 수입한 효과가 귀속된 자'(2003.4.1. 선고 2002두8442)로 보았으나, 최근에는 '수입당시 소유권을 가지는 자'(2017.11.27. 선고 2014두8636)로 엄격히 해석하고 있다. 그러나 수입을 통한 관세포탈의 이익을 향유하는 등 수입의 효과가 실질적으로 귀속됨에도 '화주'의 범위에 명백히 해당하지 아니하는 경우에는 납세의무를 부담시킬 수 없어 이를 악용하는 사례가 지속적으로 발생하였다.[15]

---

13) 기본통칙에 수입한 화주는 물품의 수입을 위탁받아 대행 수입한 물품인 때에는 그 물품의 수입을 위탁한 자, 수입신고 전에 양도한 때에는 그 양수인, 조달물품은 실수요부처의 장 또는 실수요자가 수입화주다. 다만, 실수요부처 또는 실수요자가 결정되지 아니한 때에는 수입신고한 조달청장 또는 현지 조달청 사무소장으로 하되 그 후 실수요부처 또는 실수요자가 결정되면 조달청장 또는 현지 조달청 사무소장은 즉시 납세의무자 변경통보를 통관지 세관장에게 하고 통관지 세관장은 이에 의하여 납세의무자를 변경한다. 조달청은 다른 국가기관에 물품공급을 담당하는 부서로서 그 역할이 중개자적 역할을 하는 것이므로, 수입통관에 있어서 이를 인정하여 조달물품에 대하여 예외적으로 실수요부처의 장 등에 대하여 납세의무자를 정할 수 있도록 규정한 것이다. 이와 유사한 것으로 법 제105조에 시설대여사업법에 의한 시설대여사업자와 대여시설 이용자 간 납세의무 관계가 있다.

14) 화주의 정의가 관세법에서 별도하지 않고 「보세화물장치기간 및 체화관리에 관한 고시」에 정의하고 있다. 동 고시에서 수입화물인 경우 해당 화물의 적하목록에 수하인으로 기재된 자를 말하며, 수하인란에 "TO ORDER"로 기재된 경우에는 통지처로 기재된 자를 말한다고 규정한다. 미국·EU·일본·중국·캐나다·교토협약(세관절차의 간소화 및 조화에 관한 국제협약)은 관세 납세의무자와 관련하여 신고인, 소유자, 수입자 등의 용어를 사용하고 있으나, "화주"와 같이 해석상 논란이 내재되어 있는 용어를 법령에서 사용하지 않는다고 한다("국제기준에 맞는 관세 납세의무자 범위에 관한 연구", 한국법제연구원, 2016.8).

15) 타인을 통해 저가로 수입신고하여 수입·통관을 하고, 수입자는 관세조사를 받는 경우 실제화주(납세의무자)가 아니라고 하여 실제화주에게 세금을 부과하도록 유도한다. 이후 세관장은 고지를 취소하여 납부세액을 수입자에게 돌려주고 실제화주에게 재고지한다. 실제화주는 재고지 세액에 대해 고의로 체납하고, 재산 은닉

종전 판례에 따른 화주의 개념을 적용하기 위해서는 수입신고 수리시점까지 상황을 감안하여 판단하여야 하나, 요식적인 통관근거서류를 근거로 수입통관단계에서 이를 정확히 파악하는 데에는 한계가 있었다. 관세 납세의무자를 소유자에 국한하지 않고 폭 넓게 허용하여 관세채권을 강화하는 국제적 추세를 고려하고, 수입물품에 대한 부가가치세법 등 내국세와의 납세의무자를 일치[16]시키려는 취지이다. 납세의무자 범위를 확대하여 납세의무자를 바꿔치기 하는 관세포탈 행위를 방지하여 관세채권을 확보할 수 있고, 성실납세신고를 유도하여 관세행정의 비용을 절감 할 수 있을 것이다.

수입신고한 물품이 신고수리되거나, 법 제252조에 따라 물품이 신고수리 전에 반출된 경우에 화주 주소나 거소가 불명하거나 신고인이 화주를 명백히 하지 못하면 그 신고인이 연대하여 관세의 납세의무자가 된다. 주소는 주민등록법의 주소며, 거소는 일정기간 거주하는 장소를 말한다.

이 규정은 신고인이 영리성만 앞세우면 관세 확보가 어렵기 때문에 통관절차에서 신고인 역할을 강조하기 위하여 규정한 것이다. 이전에는 '수입신고수리되어 인취한 물품', '수입신고수리 전 반출된 물품'의 경우에만 신고인이 연대납세의무를 지도록 규정하였다. 그러나 2000년 개정 관세법에서는 물품을 반출하지 아니하였어도 '수입신고수리'를 한 경우에 연대납세의무를 지도록 명시적으로 규정한 것이다.

납세의무에 관하여는 일반적으로 수입신고수리라는 행정행위로 확정되는 것이므로 입항전 수입신고수리 물품도 물품은 반출되지 아니하였지만 납세의무는 확정되는 것이다. 법 제252조는 수입신고수리 전 반출에 관한 규정이다.

제1호의 '가'목은 수입을 위탁한 화주와 위탁받은 수입자간, 양도인과 양수인 간 납세의무에 관한 규정이다. 화주가 직접 수입하는 경우는 납세의무자가 수입자가 되나 수입대행 계약을 한 경우는 납세의무자와 수입자는 동일인이 아니다. 이 규정은 이전에는 관세청 예규로 운영하여 왔으나, 규정의 중요성과 실질과세원칙 등을 감안하여 2000년 개정 관세법에 규정하였다.

'실질과세원칙'은 사실상으로 과세물건이 귀속되는 자를 납세의무자로 하는 것을 말한다. 예를 들면, 단순히 명의를 빌려주어 본인도 모르게 대표이사가 된 자가 제3자의 불법행위로 추가 징수를 당하게 될 때에 실질적인 대표이사 역할을 한 제3자에게 과세하여야 한다는 것이다. 수입화주에 대해 관세를 추가 징수할 때 단순 명의대여자에게 과세하게 되면 불복청구

등을 통해 납세의무를 불이행하는 등 납세의무자 바꿔치기 사례가 고세율 농산물수입업자 사이에 조세회피 관행으로 고착되어 왔다.

16) 내국세법상 수입관련 납세의무자는 수입물품에 대한 특정행위 · 사건(반출, 반입, 수입)의 주체로 규정하고, 관세법상 납세의무자는 소유 개념의 화주(貨主)로 규정하고 있다. 예컨대, 부가가치세법에서는 '재화를 수입하는 자', 주세법에서는 '주류를 제조하여 제조장으로부터 출고하는 자' 개별소비세법 · 「교통 · 에너지 · 환경세법」에서는 '과세물품를 제조하여 반출하는 자' 등으로 규정하고 있다.

가 늘어나고 관세 확보도 어려우므로 실질과세원칙을 존중해서 과세업무를 처리해야 한다. 타인에게 자신의 명의를 대여하여 수입신고를 한 경우에는 관세법 제275조의 3에 따라 1년이하의 징역 또는 1천만원 이하의 벌금에 처한다.

'나'목에서 '대통령령이 정하는 상업서류'라 함은 송품장, 선하증권 또는 항공화물운송장을 말한다. 이 호 전체에서는 실질과세원칙과 대통령령이 정하는 상업서류에 표시된 물품수신인을 납세의무자로 하는 형식주의를 동시에 취하고 있다. 즉, 매 신고 건마다 납세의무자로 신고된 자가 진정한 납세의무자인지 여부를 서류심사를 통하여 세관장이 일일이 확인하여 과세할 필요는 없다는 것이다.

2020.12.22.(법률 제17649호) 개정시 '수하인'을 '물품수신인'으로 용어를 개정하였다.

'다'목에서 수입신고 전에 양도한 때에는 양수인이 납세의무자가 되나, 역으로 해석하면 수입신고 후에 양도한 때에는 이러한 납세의무 관계는 성립되지 아니한다. 수입신고 중에 있는 신고 건에 대하여는 납세의무 관계를 확정된 상태로 두는 것이 합리적이며, 수입신고 중에 납세의무자가 바뀐다면 신고내용의 정정을 의미한다.

종종 감면물품에 대하여 감면 혜택을 받기 위해 양도 · 양수하는 경우가 있다. 수입신고 전에 물품을 양도 · 양수 계약에 의거 양도하면 양수자가 납세의무자가 되므로 양수자가 감면요건에 해당된다면 감면 혜택을 받을 수 있다. 그러나 수입신고 후 양도 · 양수한다면 신고내용의 변경 없이는 납세의무자가 변경되지 아니하므로 양도자가 감면요건에 해당이 되지 아니하면 이 물건은 감면대상이 될 수 없다. 다만, 사후관리대상물품을 동일한 용도에 사용하기 위해 양도 · 양수가 이루어진 경우에는 관세법 제102조 제1항에 따라 감면혜택을 그대로 제공하고 있다.

【대법원 2021.10.28, 2019다293814】 주행세는 교통 · 에너지 · 환경세의 납세의무자에게 부과되는데, 교통 · 에너지 · 환경세의 납세의무자는 관세의 납세의무자와 동일하다.

【대법원 2015.11.27, 2014두2270】 [1] 국내 소비자가 해외 판매자에게서 물품을 직접 주문하여 국내 소비자 명의로 배송이 이루어지고 그 명의로 수입 통관절차를 거친 경우에는 국내 소비자의 편의나 해외 판매자의 판매촉진 · 반품 등과 관련하여 일부 보조적 행위를 한 국내사업자가 따로 있더라도 특별한 사정이 없는 한 물품을 수입한 실제 소유자는 국내사업자가 아니라 국내 소비자이다. [2] 국내 소비자가 해외 판매자에게서 직접 수입하는 것과 같은 거래의 외관을 취하였더라도 실질에서는 국내사업자가 해외 판매자에게서 직접 수입하여 다시 국내 소비자에게 판매하는 거래에 해당하는 경우라면 물품을 수입한 실제 소유자를 국내사업자로 볼 수 있겠지만, 이러한 경우에 해당하기 위해서는 해외 판매자와 국내사업자, 그리고 국내사업자와 국내 소비자 간의 2단계 거래가 실질적으로 존재하는 사정 등이 증명되어야 하고, 설령 국내사업자가 해외 판매자를 실질적으로 지배 · 관리하면서 소득이나 수익을 지배 · 관리하였더라도 이는 국내사업자를 실질적인 해외 판매

자로 보아 그와 국내 소비자 간에 수입 거래가 있었다고 할 수는 있을지언정 국내사업자와 국내 소비자 간에 별도의 국내 거래가 있었다고 단정할 수는 없으므로, 이러한 사정이 충분히 증명되지 아니한 경우에는 물품을 수입한 실제 소유자를 여전히 국내 소비자로 보아야 한다.

【대법원 2014.11.27, 2014두8636】 비록 원고가 유기농 인증이나 생산물 이력추적을 위하여 이 사건 수입물품의 재배지를 선정하고 생산과정을 수시로 확인하였으며, 수입전 검수절차를 통하여 최종 합격품을 선정하거나 때로는 수입물량과 가격에 관하여 부분적으로 중국 수출업체와 협상한 적이 있다고 하더라도, 원고는 관세법 제19조 제1항 제1호 본문에서 정한 관세의 납세의무자인 '이 사건 수입물품의 화주'로 볼 수 없다는 이유로 이 사건 부과처분을 위법하다고 한 원심의 판단은 정당하다. * 관세의 납세의무자를 수입물품이 수입되기 이전 단계의 법률상 소유권자로 보고 법적 실질설의 입장에서 원고를 납세의무자로 볼 수 없다고 판단한 사례이다.

【대법원 2003.4.11, 2002두8442】 관세납부의무자인 '그 물품을 수입한 화주'라 함은 그 물품을 수입한 실제 소유자를 의미한다고 할 것이고, 다만 그 물품을 수입한 실제 소유자인지 여부는 구체적으로 수출자와의 교섭, 신용장의 개설, 대금의 결제 등 수입절차의 관여 방법, 수입화물의 국내에서의 처분·판매의 방법의 실태, 해당 수입으로 인한 이익의 귀속관계 등의 사정을 종합하여 판단하여야 하며, 이와 같이 해석하는 것이 관세법에도 적용되는 실질과세 원칙에 부합하는 것이다. 사업자등록명의를 대여하여 준 형식상의 수입신고명의인이 '물품을 수입한 화주'에 해당하지 않는다.

【대법원 1971.9.28, 71누130】 학교장은 관세법상의 납세의무자가 될 수 없다. 수입품의 수입을 위탁한 자는 관세법 소정의 납세의무자가 아니므로 관세부과처분취소의 소를 제기할 수 없다.

2. 제143조 제6항(제151조 제2항에 따라 준용되는 경우를 포함한다)에 따라 관세를 징수하는 물품인 경우에는 하역허가를 받은 자
3. 제158조 제7항에 따라 관세를 징수하는 물품인 경우에는 보세구역 밖에서 하는 보수작업을 승인받은 자
4. 제160조 제2항에 따라 관세를 징수하는 물품인 경우에는 운영인 또는 보관인
5. 제187조 제7항(제195조 제2항 또는 제202조 제3항에 따라 준용되는 경우를 포함한다)에 따라 관세를 징수하는 물품인 경우에는 보세공장 외 작업, 보세건설장 외 작업 또는 종합보세구역 외 작업을 허가받거나 신고한 자
6. 제217조에 따라 관세를 징수하는 물품인 경우에는 보세운송을 신고하였거나 승인을 받은 자
7. 수입신고가 수리되기 전에 소비하거나 사용하는 물품(제239조에 따라 소비 또는 사용을 수입으로 보지 아니하는 물품은 제외한다)인 경우에는 그 소비자 또는 사용자
8. 제253조 제4항에 따라 관세를 징수하는 물품인 경우에는 해당 물품을 즉시 반출한 자
9. 우편으로 수입되는 물품인 경우에는 그 수취인
10. 도난물품이나 분실물품인 경우에는 다음 각 목에 규정된 자
   가. 보세구역의 장치물품(藏置物品) : 그 운영인 또는 제172조 제2항에 따른 화물관리인(이하 "화물관리인"이라 한다)

나. 보세운송물품 : 보세운송을 신고하거나 승인을 받은 자
다. 그 밖의 물품 : 그 보관인 또는 취급인
11. 이 법 또는 다른 법률에 따라 따로 납세의무자로 규정된 자
12. 제1호부터 제11호까지 외의 물품인 경우에는 그 소유자 또는 점유자

해 설

제2호는 선박용품·항공기용품·차량용품을 하역허가 받은 대로 운송수단에 적재하지 아니하는 경우에 납세의무자에 관한 규정이다. 이때에 납세의무자는 하역허가를 받은 자가 된다. 법 제143조는 선박용품 및 항공기용품의 하역 등에 관한 규정이며, 같은 조 제6항은 하역허가의 내용대로 운송수단에 적재되지 아니한 때에는 해당 허가를 받은 자로부터 즉시 그 관세를 징수한다는 내용이다. 법 제151조는 물품의 하역에 관한 규정이며, 같은 조 제2항은 물품의 상·하차에 관한 내용이다.

제3호는 보수작업 기간 경과시 납세의무자에 관한 규정이다. 법 제158조는 보수작업에 관한 규정이며, 같은 조 제7항은 보수작업을 하는 경우 해당물품에 관한 담보제공·반출검사 등에 관하여는 법 제187조의 규정을 준용한다는 내용이다. 그리고 160조는 장치물품의 폐기에 관한 규정으로서 제2항은 외국물품의 멸실이나 폐기에 관한 내용이다.

법 제187조는 보세공장 외 작업허가에 관한 규정이며, 같은 조 제7항은 지정된 기간이 경과한 경우 해당 공장 외 작업장에 허가된 외국물품 또는 그 제품이 있는 때에는 해당 허가를 받은 보세공장의 운영인으로부터 그 관세를 즉시 징수한다는 내용이다.

법 제217조는 보세운송기간 경과 시의 징수에 관한 규정이다.

법 제253조는 수입신고전의 물품 반출에 관한 규정으로서 제4항은 기간 내 수입신고 의무위반에 관한 내용이다.

제4호는 폐기시 납세의무자에 관한 규정이다. 특허보세구역에서 보관책임을 지는 자는 운영인이고, 지정장치장에서 보관 책임을 지는 자는 보관인이며 필요에 따라서 화물관리인을 지정할 수 있다. 법 제160조는 장치물품의 폐기에 관한 규정이다. 같은 조 제2항은 보세구역에 장치된 외국물품이 멸실되거나 폐기된 때에 운영인 또는 보관인으로부터 즉시 관세를 징수한다는 내용이다.

제5호는 보세구역 외 작업허가 기간 경과시 납세의무자에 관한 규정이다. 법 제187조는 보세공장 외 작업허가에 관한 규정이며, 같은 조 제6항은 지정된 기간이 경과한 경우 해당 공장 외 작업장에 허가된 외국물품 또는 그 제품이 있는 때에는 해당 물품의 허가를 받은 보세공장의 운영인으로부터 그 관세를 즉시 징수한다는 내용이다. 법 제195조는 보세건설장외 작업허가에 관한 규정이며, 같은 조 제2항은 법 제187조의 규정을 준용한다는 내용이다. 법 제

202조는 종합보세구역의 설비의 유지의무 등에 관한 규정이며 같은 조 제3항은 법 제187조의 규정을 준용한다는 내용이다.

제6호는 보세운송 기간 경과시 납세의무자에 관한 규정이다. 보세운송에는 신고에 의한 방법과 승인에 의한 방법 두 가지가 있다. 신고에 의한 보세운송 방법은 일반적인 방법이며, 승인에 의한 방법은 예외적으로 관세확보 등을 위하여 세관 심사를 강화한 방법이라고 볼 수 있다. 법 제217조는 보세운송기간 경과시의 징수에 관한 규정이다.

제7호는 소비 또는 사용시 납세의무자에 관한 규정이다. 법 제239조는 수입으로 보지 아니하는 소비 또는 사용에 관한 규정이다. 관세법 제16조 과세물건의 확정시기 조항과 일치시켜 제8호와 함께 2013.1.1. 관세법 개정(법률 제11602호)시 납세의무자 관련 조문을 명확화하였다.

제8호는 수입신고 전 물품반출시 납세의무자에 관한 규정이다. 법 제253조는 수입신고 전 물품반출에 관한 규정이다.

제9호는 우편물품에 대한 납세의무자 규정이다. 우편물은 수취인이 납세의무자다. 그러나 수취인이 수취 거부할 시에는 반송되므로, 반송한 때에는 납세의무는 소멸된다. 통상적 우편물은 일반수입물품과 같이 판매자와 구매자 사이에 매매계약에 의하여 수입하는 것만 있는 것이 아니다. 발송인이 일방적으로 보내는 경우도 있기 때문에 일반 수출입신고에 비하면 납세의무자의 성격이 다르다. 범칙물품의 경우 납세의무자가 처벌을 면하기 위하여 본인은 납세의무자가 아니라고도 주장할 수 있다.

제10호는 도난되거나 분실된 때에 납세의무자에 관한 규정이다. 특허보세구역에 장치한 물품에 대한 보관책임은 운영인, 지정보세구역 장치물품에 대한 보관책임은 화주에게 있으므로 이때에는 운영인이나 화주가 납세의무자가 된다.

그러나 지정장치장의 경우 화주가 보관 책임을 지지만 화주에 갈음하는 관리인을 지정한 경우에는 관리인이 보관인이 되어 납세의무를 진다. 보세운송물품은 보세운송 신고인, 기타 경우에는 보관인이나 취급인이 납세의무자가 된다. 법 제172조는 물품에 대한 보관책임에 관한 규정이며, 지정장치장에 반입한 물품에 대하여는 화주 또는 반입자가 그 보관의 책임을 진다는 규정이다. 같은 조 제2항은 지정장치장의 질서유지와 화물의 안전관리를 위하여 화주에 갈음하여 보관의 책임을 지는 화물관리인을 지정할 수 있다는 내용이다.

제11호는 기타 납세의무자에 관한 규정이다. 감면물품 · 분할납부물품 · 용도세율적용물품의 양수인이나 양도인, 납부보증자, 연대납세의무자, 제2차 납세의무자, 시설대여업자 등이 따로 규정된 납세의무자다.

제12호는 포괄적 납세의무자에 관한 규정이다. 상기 호에서 규정된 납세의무자이외 경우에 최종적으로는 해당 물품을 소유하거나 점유한 자가 납세의무자가 된다. '소유'는 목적물을 일반적 · 전면적으로 지배하는 것을 말하며, '점유'는 유체물을 사실상 지배하는 것을 말한다.

점유권은 사실을 법률 요건으로 하여 발생하는 물권이며, 유체물의 점유에 대하여 부여되고 일시적으로 그 유체물의 소지를 유지하는 것을 그 내용으로 한다.

【대법원 2007.6.14, 2007두6267】 물품을 수입한 화주가 세관장의 허가를 받아 보세구역이 아닌 장소에 장치하였다가 도난당한 경우에는 도난물품이 관세법 제19조 제1항 제10호 (다)목에 규정된 기타 물품에 해당하여 그 보관인 또는 취급인이 그 물품에 대한 관세의 납세의무자가 된다고 할 것인데, 위와 같은 경우 도난물품의 보관책임에 관하여 관세법 제155조 제2항은 관세법 제172조를 준용하도록 하고 있고, 관세법 제172조에 의하면 물품을 수입한 화주 또는 반입자가 그 보관의 책임을 지되 세관장이 필요하다고 인정하여 화주에 갈음하는 화물관리인을 지정한 경우에는 그 화물관리인이 보관책임을 지도록 규정하고 있으므로, 화물관리인이 지정된 경우에는 화물관리인이, 화물관리인이 지정되지 않은 경우에는 물품을 수입한 화주 또는 반입자가 관세법 제19조 제1항 제10호 (다)목에 규정된 보관인으로서 도난물품에 대한 관세의 납세의무자가 된다.

【대법원 1987.4.28, 86누93】 관세의 납세의무자가 될 수 있는 '보관인 또는 취급인'은 관세법에 의하여 조세채무를 부담할 수 있는 권리의무의 주체로서 법률상 담세능력이 있고 책임재산을 가질 수 있는 자이어야 한다. 서울국제우체국장은 우편사업을 담당하는 국가의 일개 기관에 불과할 뿐으로서 법률상 담세능력이 있다거나 책임재산을 가질 수 있다고 볼 수 없어 관세법상의 납세의무자가 될 수 없으므로 위 우체국장에 대한 이 사건 관세부과처분은 관세의 납세의무자가 될 수 없는 자를 그 납세의무자로 한 위법한 처분으로서 그 하자가 중대하고도 명백하여 당연무효라고 할 것이다.

【대법원 1962.5.24, 62도25】 납세의무자는 수입신고인은 물론 그 물품의 소유자, 점유자도 신고의무가 있으므로 선박의 사무장이 그 선원의 물품을 점유한 경우에는 그 물품에 대한 점유자로서 납세신고의무가 있다.

② 제1항 제1호에 따른 화주 또는 신고인과 제1항 제2호부터 제11호까지에 규정된 자가 경합되는 경우에는 제1항 제2호부터 제11호까지에 규정된 자를 납세의무자로 한다.
③ 이 법 또는 다른 법령, 조약, 협약 등에 따라 관세의 납부를 보증한 자는 보증액의 범위에서 납세의무를 진다.

해 설

제2항은 납세의무자의 적용순위에 관한 규정이다. 수입신고된 화물이 특허보세창고에서 분실된 경우 제1호에 의한 납세의무자로서 화주와 신고인이 있지만, 제10호에 의한 납세의무자인 보세창고 운영인이 납세의무자가 된다. 제2호 내지 제11호에 규정된 납세의무자를 특별납세의무자라고 하여 구분하기도 한다.[17]

---

17) 수산업에 사용할 조건으로 관세의 면제를 받은 선박에 대하여 동 선박의 수입면허일로부터 5년 이내에 면세수입자의 채권자의 청구에 의하여 법원 경매결과, 은행에 경락되고 은행이 이 선박을 다른 수산업자에게 임

제3항은 보증자의 납세의무에 관한 규정이다. 납부보증 납세의무자는 보증액 범위 안에서만 납부의무를 진다. 보증한 자에는 보증보험증권 발행자나 은행지급보증 발행자, 협약·조약에 의한 보증단체로서 까르네협약에 의한 대한상공회의소 등이 있다.

보증서에 의한 담보는 보증자가 관세납부의무를 이행하도록 과세관청이 납부를 요청하는 절차를 거쳐야 관세를 징수할 수 있다.[18]

【조세심판원 1998.1.21, 제97관9호】 A.T.A CARNET에 의하여 수입한 물품을 재수출 이행기간을 경과하여 수출한 경우에 있어 관세의 추징은 보증단체에 해야 한다. 즉, A.T.A CARNET를 이용한 수입에서 관세 등 지불책임은 보증단체에 있고, 보증단체는 그 관세를 납부할 자와 연대적 및 단독적으로 책임지도록 이 협약에서 규정하고 있으므로 관세추징은 보증단체를 대상으로 하여야 한다.

④ 법인이 합병하거나 상속이 개시된 경우에는 국세기본법 제23조 및 제24조를 준용하여 관세·가산세 및 강제징수비의 납세의무를 승계한다. 이 경우 같은 법 제24조 제2항 및 제4항의 "세무서장"은 "세관장"으로 본다.

⑤ 제1항 각 호에 따른 물품에 관계되는 관세·가산세 및 강제징수비에 대해서는 다음 각 호에 규정된 자가 연대하여 납부할 의무를 진다.

1. 제1항 제1호에 따른 수입신고물품의 경우 다음 각 목에 규정된 자
   가. 수입신고물품이 공유물이거나 공동사업에 속하는 물품인 경우 : 그 공유자 또는 공동사업자인 납세의무자
   나. 수입신고인이 수입신고를 하면서 수입신고하는 때의 화주가 아닌 자를 납세의무자로 신고한 경우 : 수입신고인 또는 납세의무자로 신고된 자가 제270조 제1항 또는 제4항에 따른 관세포탈 또는 부정감면의 범죄를 저지르거나 제271조 제1항(제270조 제1항 또는 제4항에 따른 행위를 교사하거나 방조한 경우에 한정한다)에 따른 범죄를 저질러 유죄의 확정판결을 받은 경우 그 수입신고인 및 납세의무자로 신고된 자와 해당 물품을 수입신고하는 때의 화주. 다만, 관세포탈 또는 부정감면으로 얻은 이득이 없는 수입신고인 또는 납세의무자로 신고된 자는 제외한다.
   다. 다음 중 어느 하나를 업으로 하는 자(이하 "구매대행업자"라 한다)가 화주로부터 수입물품에 대하여 납부할 관세 등에 상당하는 금액을 수령하고, 수입신고인 등에게 과세가격 등의 정보를 거짓으로 제공한 경우 : 구매대행업자와 수입신고하는 때의 화주

대하여 수산업에 계속 사용하고 있는 경우에 관세징수 여부 및 납세의무자가 누구인가에 대한 질의답변에서, 선박 소유권이 세관장 승인 없이 은행으로 이전된 때에는 면제된 관세를 즉시 징수하여야 하며 은행은 선박의 소유권을 취득한 원인이 경매인바, 경매로 인한 소유권 취득은 원시취득으로 그 취득자는 동 선박에 부과된 부담을 승계 받지 않는 것이므로 납세의무자는 관세를 면제받아 수입한 신고인이 된다(기획재정부, 1972.2.1).

18) 심판청구 재결례(조세심판원 1998.1.21, 제97관9호) 참조.

1) 자가사용물품을 수입하려는 화주의 위임에 따라 해외 판매자로부터 해당 수입물품의 구매를 대행하는 것
2) 사이버몰 등을 통하여 해외로부터 구매 가능한 물품의 정보를 제공하고 해당 물품을 자가사용물품으로 수입하려는 화주의 요청에 따라 그 물품을 구매해서 판매하는 것
2. 제1항 제2호부터 제12호까지의 규정에 따른 물품에 대한 납세의무자가 2인 이상인 경우 그 2인 이상의 납세의무자
⑥ 다음 각 호의 어느 하나에 해당되는 경우 국세기본법 제25조 제2항부터 제4항까지의 규정을 준용하여 분할되는 법인이나 분할 또는 분할합병으로 설립되는 법인, 존속하는 분할합병의 상대방 법인 및 신회사가 관세 · 가산세 및 강제징수비를 연대하여 납부할 의무를 진다.
1. 법인이 분할되거나 분할합병되는 경우
2. 법인이 분할 또는 분할합병으로 해산하는 경우
3. 법인이 「채무자 회생 및 파산에 관한 법률」 제215조에 따라 신회사를 설립하는 경우
⑦ 이 법에 따라 관세 · 가산세 및 강제징수비를 연대하여 납부할 의무에 관하여는 민법 제413조부터 제416조까지, 제419조, 제421조, 제423조 및 제425조부터 제427조까지의 규정을 준용한다.
⑧ 관세의 징수에 관하여는 국세기본법 제38조부터 제41조까지의 규정을 준용한다.
⑨ 제8항에 따라 준용되는 국세기본법 제38조부터 제41조까지의 규정에 따른 제2차 납세의무자는 관세의 담보로 제공된 것이 없고 납세의무자와 관세의 납부를 보증한 자가 납세의무를 이행하지 아니하는 경우에 납세의무를 진다.
⑩ 납세의무자(관세의 납부를 보증한 자와 제2차 납세의무자를 포함한다. 이하 이 조에서 같다)가 관세 · 가산세 및 강제징수비를 체납한 경우 그 납세의무자에게 국세기본법 제42조 제3항에 따른 양도담보재산이 있을 때에는 그 납세의무자의 다른 재산에 대하여 강제징수를 하여도 징수하여야 하는 금액에 미치지 못한 경우에만 국세징수법 제7조를 준용하여 그 양도담보재산으로써 납세의무자의 관세 · 가산세 및 강제징수비를 징수할 수 있다. 다만, 그 관세의 납세신고일(제39조에 따라 부과고지하는 경우에는 그 납부고지서의 발송일을 말한다) 전에 담보의 목적이 된 양도담보재산에 대해서는 그러하지 아니하다.

해 설

제4항 내지 제7항은 납세의무자의 범위에 관한 규정을 보완하기 위해 2014.1.1. 관세법 개정시 수입신고물품이 공유물이거나 공동사업에 속하는 물품인 경우 그 공유자 또는 공동사업자를, 법인 분할 · 분할합병시에는 분할합병의 상대방 법인 및 신회사를 연대납세의무자로 추가한 규정이다. 상속 또는 법인 합병시 관세 · 가산세 및 강제징수비에 대한 납세의무의 승계와 법인 분할 또는 분할합병시 연대납세의무를 규정하고 수입신고물품에 대한 공유자 또는 공동사업자의 연대납세의무와 우편으로 수입되는 물품 등 수입신고물품 외의 물품에 대한 납

세의무자들의 연대납세의무를 규정한 것이다.

2017.12.19. 법 개정시 제5항 제1호 나목을 신설하여 관세를 포탈·면탈한 수입신고자(명목상 화주)와 다른 실제 화주가 있는 경우에는 관세포탈·면탈하거나 관세포탈·면탈을 교사·방조한 명목상 화주를 연대납세의무자로 포함하였다. 관세포탈 또는 부정환급에 가담하여 수익을 얻는 등 실질적 수입자에게도 연대 납세의무를 부과하여 납세의무자를 바꿔치기 하는 관세포탈 행위를 방지하고 관세채권을 확보하며, 성실납세신고를 유도하여 관세행정의 비용을 절감하기 위한 것이다.

2019.12.31. 법 개정시 제5항 제1호 다목을 신설하여 구매대행업자에 대한 연대납세의무를 규정하였다. 전자상거래와 특급탁송물품의 증가에 따라 텔레비전 등 소비재가 저가로 신고되는 사례가 빈발하여 이를 차단하기 위하여 구매대행업자가 정확한 과세가격을 신고하도록 제도적 장치를 마련한 것이다. 단서 조항의 충족에 관하여는 화주와 구매대행업자 간에 다툼의 여지가 있으며, 이 규정에 위반되는 경우 관세법 제270조의 관세포탈죄 적용이 가능하다. 종전 개정 관세법에서 구매대행업자의 정의를 별도로 규정하였으나 논란의 소지가 있어 2021.12.31. 개정 관세법에서 다시 규정을 정비하였다. 구매대행업자와 화주 간 위임이나 판매 행위에 대하여 좀 더 구체적으로 설명하였으나, 구매 대행의 범위에 관하여서는 논란이 상존하며, 용어상 구매 대행이라고 하나 실제 판매 혹은 구매의 행위에 해당하는 경우도 있어서 향후에도 논란이 이어질 것으로 본다. 그리고 제5항 제1호 다목을 총칭하여 구매대행업자라 하고, 1)을 위임형 2)를 쇼핑몰형으로 구분한다. 해당 업체는 구매대행업자로 세관에 등록하고 통관시 구매대행업자 등록부호를 기입하도록 관세법시행령에 규정하고 있다.

제8항은 국세기본법 준용에 관한 규정이다. 국세기본법 제38조 내지 제41조에서는 청산인·출자자·합병법인·사업양수인에 대하여 납세의무를 확대 적용하고 있다. 이를 제2차 납세의무자라하며 관세법에서도 이를 준용하고 있다.

제9항은 제2차 납세의무자에 관한 규정이다. 원래의 납세의무자에게 압류·매각을 집행하여도 징수할 금액에 부족한 경우 세법은 그와 일정한 관계에 있는 자에게 그 부족액을 납부할 의무를 지우고 있다. 이를 제2차 납세의무라고 한다. 담보물이 없고, 납부의무자·납부보증자가 납세의무를 이행하지 아니한 때에는 제2차 납세의무자가 납세의무를 진다. 그러나 제2차 납세의무자는 납세의무자의 재산이 징수할 금액에 부족한 경우 그 부족액에 대해서만 납세의무를 진다. 이를 제2차 납세의무의 보충성이라 한다. 제2차 납세의무의 성립시기는 주된 납세의무의 납부기한이 경과한 이후가 된다. 본래의 납세의무가 소멸하면 제2차 납세의무도 소멸하며, 변경·소멸 등의 효력도 제2차 납세의무자에게 그대로 미친다. 제2차 납세의무자는 국세기본법 제38조(청산인 등의 제2차 납세의무), 제39조(출자자의 제2차 납세의무), 제40조(법인의 제2차 납세의무), 제41조(사업양수인의 제2차 납세의무)에 규정되어 있다.

제10항은 양도담보재산에 대한 납세의무자 규정이다. 양도담보는 목적물인 재산권을 채권자에게 양도하는 방법에 의한 물적 담보를 말한다. 납부의무를 회피하거나 정당한 납부대상물품임에도 납부하지 아니한 경우에 이미 양도한 양도담보재산에 대하여도 관세를 징수할 수 있다. 그러나 납세신고일 혹은 납부고지서 발송일 전에 다른 담보의 목적이 된 양도담보재산에 대하여는 관세를 징수할 수 없다.

'체납'은 관세등 제세를 납부기한까지 납부하지 아니하여 납기가 경과된 상태를 말하며 '체납처분'은 조세 · 공과금채권의 납부불이행시 자력집행력[19]에 의거 체납자의 재산으로부터 강제적으로 채권을 회수하기 위해서 행하는 강제징수절차로서 독촉, 재산압류, 압류재산 환가처분, 배분하는 과정을 말한다. 체납의 상황 및 해소방법으로 ① 보세구역에 장치중인 물품의 체납 → 당해물품을 매각하여 제세에 충당, ② 담보제공된 통관물품으로 납기경과된 체납 → 담보물 추심 또는 매각하여 제세에 충당, ③ 담보제공이 없거나 통관후 추징으로 발생한 체납(강제징수의 대상) → 국세기본법과 국세징수법의 징수절차에 의하여 강제징수가 있다.

'독촉'은 재정상의 지급의무이행을 최고하고 일정한 기한까지 의무를 이행하지 아니할 때에 강제 징수할 뜻을 통지하는 것이다. 독촉은 납부기한을 20일로 하여 납기경과 후 10일 이내 독촉장이나 납부최고서에 의해 독촉해야 한다. 독촉장 발부는 계고행위로서 압류의 선행요건이 된다. 독촉은 납기 전 징수의 경우를 제외하고는 강제징수의 필요적 전제요건이므로 독촉절차를 거치지 않고 바로 압류로 나아간 경우 그 압류처분은 위법하게 되나, 그와 같은 하자는 취소사유에 해당하고 당연무효 사유는 아니다.

'재산압류'는 납세의무자가 재산을 처분하는 것을 금지하고, 그 재산을 확보하는 것을 말하며, 압류시에는 무익한 압류나 초과 과잉압류, 압류해서는 아니 되는 재산 유무 등을 확인하여 압류해야 한다. 압류재산의 '환가'는 금전이외 재산을 매각 등 방법으로 금전으로 바꾸는 것을 말한다.

'공매'는 강제징수 절차 중의 한 단계로서 일반인에게 매수의 기회를 공개하여 강제적으로 환가하는 처분으로서 입찰 또는 경매의 방법으로 이루어진다. 공매시에는 공고해야 하며, 그 공고내용을 체납자, 납세담보물 소유자 전세권자, 질권, 저당권 기타의 권리자에게 송달의 방법 등으로 통지하여야 한다. 체납자 등에 대한 공매통지는 국가의 강제력에 의하여 진행되는 공매에서 체납자 등의 권리 내지 재산상의 이익을 보호하기 위하여 법률로 규정한 절차적 요건이라고 보아야 하므로 따라서 공매처분을 하면서 체납자 등에게 공매통지를 하지 않았거나 공매통지를 하였더라도 그것이 적법하지 아니한 경우에는 절차상의 흠이 있어 그 공매처분은 위법하다고 볼 수 있다.

19) '자력집행력'은 법원에 의한 채무명의 등을 얻음이 없이 행정청 명의로써 집행할 수 있는 효력이며 행정의 실효성을 확보하기 위한 수단이다.

'배분'은 매각대금을 압류와 관계된 관세, 강제징수비 등에 충당하거나 잔여액을 납세자에게 환부하는 것을 말한다. 매각대금에서 충당할 우선순위는 강제징수비 · 관세 및 제세 순서다. '강제징수비'는 강제징수 절차에 소요되는 압류, 보관, 운임, 공매에 든 비용, 통신비 등을 말한다. 이와 같이 강제징수는 압류 > 매각 > 청산(배분)이라는 일련의 독립된 행정처분으로 구성되므로 각각 개별처분은 처분행위로서 불복 대상이 되며, 압류, 매각, 청산은 모두 강제징수의 동일한 목적의 일련의 처분행위로서 선행처분인 압류가 위법한 경우 후행처분인 공매처분 등도 위법하게 된다.

관세를 징수할 때에는 납세의무자의 재산이 있는지 담보물이 있는지 납부보증자의 재산이 있는지 제2차 납세의무자의 재산이 있는지, 양도담보재산이 있는지에 대하여 순서에 따라 징수 여부를 검토해야 한다.

국세기본법 제42조 제3항은 당사자 간의 계약에 의하여 납세자가 그 재산을 양도한 때에 실질적으로 양도인에 대한 채권담보의 목적이 된 양도담보재산에 관한 규정이고, 국세징수법 제7조는 제2차 납세의무자 등에 대한 납부고지 관련 규정이다.

2020.12.22. 법 개정시(법률 제17649호) '체납처분비'를 '강제징수비'로 용어를 개정하였다.

【조세심판원 1996.7.15, 제96관17호】 제2차 납세의무자 지정 및 납부고지 절차 없이 바로 납부최고한 처분은 부적법하다.

【대법원 2008.11.20, 2007두18154】 체납자는 국세징수법 제66조에 의하여 직접이든 간접이든 압류재산을 매수하지 못함에도, 국세징수법이 압류재산을 공매할 때 공고와 별도로 체납자 등에게 공매통지를 하도록 한 이유는, 체납자 등에게 공매절차가 유효한 조세부과처분 및 압류처분에 근거하여 적법하게 이루어지는지 여부를 확인하고 이를 다툴 수 있는 기회를 주는 한편, 국세징수법이 정한 바에 따라 체납세액을 납부하고 공매절차를 중지 또는 취소시켜 소유권 또는 기타의 권리를 보존할 수 있는 기회를 갖도록 함으로써, 체납자 등이 감수하여야 하는 강제적인 재산권 상실에 대응한 절차적인 적법성을 확보하기 위한 것이다. 따라서 체납자 등에 대한 공매통지는 국가의 강제력에 의하여 진행되는 공매에서 체납자 등의 권리 내지 재산상의 이익을 보호하기 위하여 법률로 규정한 절차적 요건이라고 보아야 하며, 공매처분을 하면서 체납자 등에게 공매통지를 하지 않았거나 공매통지를 하였더라도 그것이 적법하지 아니한 경우에는 절차상의 흠이 있어 그 공매처분은 위법하다. 다만, 공매통지의 목적이나 취지 등에 비추어 보면, 체납자 등은 자신에 대한 공매통지의 하자만을 공매처분의 위법사유로 주장할 수 있을 뿐 다른 권리자에 대한 공매통지의 하자를 들어 공매처분의 위법사유로 주장하는 것은 허용되지 않는다.

【대법원 2008.1.10, 2006두19105】 과점주주 중 발행주식총수의 100분의 51 이상의 주식에 관한 권리를 실질적으로 행사하는 과점주주에 해당하는 자들은 모두 제2차 납세의무를 부담하되, 다만 그 책임 범위는 자신의 소유지분 범위 내로 제한된다는 취지로 봄이 상당하고, 과점주주에 해당하는 주주 1인이 100분의 51 이상의 주식에 관한 권리를 실질적으로 행사할 것을 요구하는 것은 아

니다.

【대법원 2006.4.13, 2005두15151】 과세관청이 납세자에 대한 체납처분으로서 제3자의 소유 물건을 압류하고 공매하더라도 그 처분으로 인하여 제3자가 소유권을 상실하는 것이 아니고, 체납처분으로서 압류의 요건을 규정하는 국세징수법 제24조 각 항의 규정을 보면 어느 경우에나 압류의 대상을 납세자의 재산에 국한하고 있으므로, 납세자가 아닌 제3자의 재산을 대상으로 한 압류처분은 그 처분의 내용이 법률상 실현될 수 없는 것이어서 당연무효이다.

【대법원 2005.4.15, 2003두13083】 제2차 납세의무가 성립하기 위하여는 주된 납세의무자의 체납 등 그 요건에 해당되는 사실이 발생하여야 하는 것이므로, 그 성립시기는 적어도 '주된 납세의무의 납부기한'이 경과한 이후이다.

【대법원 1998.10.27, 98두4535】 [1] 제2차 납세의무자에 대한 납부고지는 형식적으로는 독립된 과세처분이지만, 실질적으로는 과세처분 등에 의하여 확정된 주된 납세의무에 대한 징수절차상의 처분으로서의 성격을 가지는 것이므로, 제2차 납세의무자에 대하여 납부고지를 하려면 먼저 주된 납세의무자에 대하여 과세처분 등을 하여 그의 구체적인 납세의무를 확정하는 절차를 거쳐야 하고, 그러한 절차를 거침이 없이 바로 제2차 납세의무자에 대하여 납부고지를 하는 것은 위법하다. [2] 납세의무자에 대한 과세처분의 효력발생 전에 한 제2차 납세의무자에 대한 납부고지처분의 절차상의 하자는 그 후 주된 납세의무자에 대한 과세처분의 효력 발생으로 치유된다. 또한 하자있는 행정행위에 있어서 하자의 치유는 행정행위 성질이나 법치주의의 관점에서 볼 때 원칙적으로는 허용될 수 없으나 행정행위의 무용한 반복을 피하고 당사자의 법적 안정성을 보호하기 위하여 국민의 권리와 이익을 침해하지 아니하는 범위 내에서 구체적인 사정에 따라 예외적으로 허용될 수 있다.

【대법원 1998.10.13, 97누5930】 법인의 경영을 사실상 지배하는 자에 해당하는지 여부는 해당 과점주주 개개인을 기준으로 그자가 법인의 경영에 관여하여 이를 사실상 지배하였는지 여부에 따라 판단하여야 한다.

【대법원 1998.8.20, 97구13726】 본점 소재지로 납세고지서를 송달한 후 송달불능이 되자 대표이사의 법인등기부상의 주소지로 송달하여 보지도 아니하고 바로 공시 송달한 것은 납부고지서 송달이 부적법한 것이다. 또한 제2차 납세의무자에 대한 납세고지는 형식적으로 독립된 과세처분이지만 실질적으로는 구체적으로 확정된 주된 납세의무에 대한 징수절차상 처분으로서의 성격을 가지므로 선행요건으로서 주된 납세의무자에 대한 구체적인 납세의무 확정의 절차를 전제로 한다.

【대법원 1987.9.22, 87누383】 [1] 조세의 부과처분과 압류 등의 체납처분은 별개의 행정처분으로서 독립성을 가지므로 부과처분에 하자가 있더라도 그 부과처분이 취소되지 아니하는 한 그 부과처분에 의한 체납처분은 위법이라고 할 수는 없지만, 체납처분은 부과처분의 집행을 위한 절차에 불과하므로 그 부과처분에 중대하고도 명백한 하자가 있어 무효인 경우에는 그 부과처분의 집행을 위한 체납처분도 무효라 할 것이다. [2] 납세의무자가 세금을 납부기한까지 납부하지 아니하자 과세청이 그 징수를 위하여 압류처분에 이른 것이라면 비록 독촉절차없이 압류처분을 하였다 하더라도 이러한 사유만으로는 압류처분을 무효로 되게 하는 중대하고도 명백한 하자로는 되지 않는다.

【대법원 1974.5.28, 74누25】 국세징수법 제16조에 의하면 사업에 관하여 양도인에게 부과될 또는

양도인이 납부할 국세, 가산금과 체납처분비에 대하여 양도인의 재산으로서는 그 징수할 금액에 부족할 때에는 그 사업의 양수인은 제2차 납세의무를 진다고 규정하고 있으므로 동법 소정의 사업양수인의 제2차 납세의무는 사업의 양수인이 그 사업의 일체를 양도인으로부터 양수하여 동일한 장소에서 동일 종목 또는 유사한 종목의 사업을 경영하고 있다는 사실을 근거로 하여 국세징수확보의 필요상 "그 사업에 관하여" 양도인이 납부할 국세 등에 대하여 "그 사업의" 양수인이 제2차 납세의무를 지도록 한 것이라고 볼 수 있다. 한편 관세법 규정을 보면 관세는 소위 대인세나 행위세가 아니고 대물세이며 또 수시세인 성격을 띠고 있음이 분명하고 그 특수성에 따라 관세의 부과와 징수에 있어서는 여러 가지 특별규정을 두고 있다. 그런데 담보의 제공이 없거나 징수한 금액에 부족이 있는 관세의 징수는 이 법에 규정이 있는 것을 제외하고는 국세징수법의 예에 의한다고 규정되어 있으나, 그 규정의 내용과 취지로 보아 여기서 "징수"라 함은 협의의 징수절차만을 의미한다고 해석된다. 따라서 국세징수법 제16조는 이 사건과 같은 관세의 경우에 적용 내지는 준용될 수 없다고 볼 것이다(대법원 1980.5.27, 79누40 참조).

【대법원 1972.12.26, 72누91】 구 국세징수법(1961.12.8. 법률 제819호) 제16조 소정의 사업양수인의 제2차 납세의무는 사업의 양수인이 그 사업의 일체를 양수인으로부터 양수하여 동일한 장소에서 동일종목 또는 유사한 종목의 사업을 경영하고 있다는 사실을 근거로 하여 국세징수확보의 필요상 그 사업에 관하여 양도인이 납부할 국세 등에 대하여 그 사업의 양수인이 제2차 납세의무를 지도록 한 것이다.

제2절 납세의무의 소멸 등

제20조【납부의무의 소멸】 관세 또는 강제징수비를 납부하여야 하는 의무는 다음 각 호의 어느 하나에 해당되는 때에는 소멸한다.
1. 관세를 납부하거나 관세에 충당한 때
2. 관세부과가 취소된 때
3. 제21조에 따라 관세를 부과할 수 있는 기간에 관세가 부과되지 아니하고 그 기간이 만료된 때
4. 제22조에 따라 관세징수권의 소멸시효가 완성된 때

해 설

'소멸'은 사전적 의미로는 사라지는 것을 의미하며, 납부의무의 소멸은 제1호 내지 제4호에 해당하면 납부의무의 효력이 사라지는 것을 의미한다. 납세의무와 납부의무는 단순 표현상 차이로 볼 수 있으나, '납부'는 조세 이외에 공과금, 수업료, 등록금, 수수료 등 금전을 내는 것을 말하며, 납세보다 사용 범위가 넓다.

납부의무 소멸은 납부의무 관계를 일정한 때에 소멸시켜 법 생활에 안정을 기하는 역할을 한다. 납부의무는 외국에서 물품이 우리나라 관세영역에 반입되면 발생한다. 일반적으로 수입신고한 때 관세채권 · 채무가 성립하며, 납세의무자로부터 관세를 징수할 수 있는 권리를 관세채권이라 한다. 추상적으로 성립된 권리가 구체적으로 행사할 수 있는 권리가 되는 것을 "관세채권의 확정"이라 한다.

관세부과권은 이미 성립된 관세채권의 구체적인 내용 즉 세액의 확인을 주된 내용으로 하는 일종의 공법상 형성권[20]이며, 관세징수권은 관세부과권에 의해 확인된 관세채권에 대해 납세고지 · 독촉 · 강제징수 통해 그 이행을 청구 · 강제할 수 있는 권리이다. 따라서 관세부과권은 조세형성권의 일종이며, 관세징수권은 청구권의 일종으로 이행이 지체되는 경우 자력집행권을 행사할 수 있다.

제1호에서 관세의 납세의무는 납세의무자의 납세신고 또는 세관장의 부과고지에 의해 확정된 후 통상의 경우에는 납세의무자 자신에 의한 임의이행에 의한다. 즉, 신고납부방식의 경우

20) 형성권(形成權)은 권리자의 일방적 의사표시에 의하여 법률관계의 발생 · 변경 · 소멸 등의 변동을 발생시키는 권리이다.

납세신고에 의하여 확정된 세액을 납세의무자가 스스로 국가에 납부함으로써 소멸되며, 부과고지방식의 경우에는 세관장의 부과고지처분에 의하여 납세의무자가 그 세액을 국가에 납부함으로써 소멸된다.

제2호에서 납부의무를 발생시키는 납부고지, 환급금 충당결정, 부과처분 등을 취소하면 납부의무를 발생시키는 원인 행정행위가 취소되어 납부의무가 소멸하는 것이다. 납부고지 후 이 고지행위를 취소하면 고지에 대하여 이미 납부한 금액은 환급대상이 되지만, 취소하지 아니하고 동일 과세요건에 대하여 다른 내용으로 납부고지하면 나중에 고지한 내용으로 고지 내용이 변경되는 것으로 본다.

제3호에서 관세부과 제척기간은 5년이다. 즉, 법 제21조에서 관세를 부과할 수 있는 날로부터 5년이 지난 후에는 관세를 부과할 수 없고, 부정한 방법으로 관세를 포탈하였을 때에는 그 기간이 연장되어 10년까지 관세를 부과할 수 있다.

제4호에서 관세징수권은 이를 행사할 수 있는 날부터 5년 간 행사하지 아니하면 소멸시효가 완성된다.

시효는 일정한 사실상태가 계속되는 경우를 말하며 그 상태가 권리관계에 합치하느냐 여부를 묻지 아니하고 그 상태를 진실한 권리관계로 인정하여 일정한 법률상 효과를 부여하는 것을 말한다. 소멸시효 완성이란 일정기간 권리를 행사하지 아니한 경우에 그 권리・의무가 소멸되는 것을 말하며, 소멸한 때에는 과거에 소급하여 그 효과가 미친다. 시효완성의 장애요인에는 법 제23조에 시효중단과 시효정지가 있다.

제21조【관세부과의 제척기간】 ① 관세는 해당 관세를 부과할 수 있는 날부터 5년이 지나면 부과할 수 없다. 다만, 다음 각 호의 경우에는 관세를 부과할 수 있는 날부터 해당 호에서 정하는 기간이 지나면 부과할 수 없다.

1. 수입신고를 하지 아니하고 수입한 경우(제16조 제1호부터 제10호까지에 따른 물품은 제외한다) : 7년
2. 부정한 방법으로 관세를 포탈하였거나 환급 또는 감면받은 경우 : 10년

② 다음 각 호의 어느 하나에 해당하는 경우에는 제1항에도 불구하고 해당 호에 규정된 기간까지는 해당 결정・판결・회신결과 또는 경정청구에 따라 경정이나 그 밖에 필요한 처분을 할 수 있다.

1. 다음 각 목의 어느 하나에 해당하는 경우 : 그 결정・판결이 확정된 날부터 1년
   가. 제5장 제2절(제119조부터 제132조까지)에 따른 이의신청, 심사청구 또는 심판청구에 대한 결정이 있은 경우
   나. 감사원법에 따른 심사청구에 대한 결정이 있은 경우
   다. 행정소송법에 따른 소송에 대한 판결이 있은 경우

라. 제313조에 따른 압수물품의 반환결정이 있은 경우

2. 이 법과 「자유무역협정의 이행을 위한 관세법의 특례에 관한 법률」 및 조약 · 협정 등에서 정하는 바에 따라 양허세율의 적용여부 및 세액 등을 확정하기 위하여 원산지증명서를 발급한 국가의 세관이나 그 밖에 발급권한이 있는 기관에게 원산지증명서 및 원산지증명서확인자료의 진위 여부, 정확성 등의 확인을 요청한 경우 : 다음 각 목의 날 중 먼저 도래하는 날부터 1년

가. 해당 요청에 따라 회신을 받은 날

나. 이 법과 「자유무역협정의 이행을 위한 관세법의 특례에 관한 법률」 및 조약 · 협정 등에서 정한 회신기간이 종료된 날

3. 다음 각 목의 어느 하나에 해당하는 경우 : 경정청구일 또는 결정통지일부터 2개월

가. 제38조의 3 제2항 · 제3항 또는 제38조의 4 제1항에 따른 경정청구가 있는 경우

나. 제38조의 4 제4항에 따른 조정 신청에 대한 결정통지가 있는 경우

③ 제1항에도 불구하고 제2항 제1호 가목부터 다목까지의 결정 또는 판결에 따라 명의대여 사실이 확인된 경우에는 당초의 부과처분을 취소하고 그 결정 또는 판결이 확정된 날부터 1년 이내에 실제로 사업을 경영한 자에게 경정이나 그 밖에 필요한 처분을 할 수 있다.

④ 제1항에 따른 관세를 부과할 수 있는 날은 대통령령으로 정한다.

해 설

관세는 납세의무가 성립하는 것과 동시에 확정하는 것을 제외하고 모든 납세신고, 부과고지, 경정 등의 부과절차를 거치지 않으면 납세의무 내용(즉, 세액)이 확정되지 않는다. 세액확정절차가 이루어지지 않으면 관세징수 등 관세채무 이행의 단계로 이동할 수 없다. 따라서 세액확정절차는 그 후속 절차인 징수절차의 전제요건을 구성한다고 말할 수 있다.

실무상 부과제척기간과 징수권의 소멸시효의 개념에 대하여 혼동하는 경우가 있는데, 부과제척기간은 납세의무가 성립된 상태에서의 실체법적 부과권을, 징수권의 소멸시효는 조세채권이 확정된 상태에서의 절차법적인 징수권을 각 그 대상으로 하고 있다는 점에서 구별된다. 즉 부과제척기간이란 일정한 기간 내에서만 세금을 부과할 수 있도록 하고 그 기간이 지나면 세금을 부과할 수 없도록 하는 것을 말하며, 징수권의 소멸시효는 납세의무가 구체적으로 확정되었음을 전제로 과세관청이 일정한 기간 내에 체납징수를 위하여 조치를 취하지 않으면 세금을 징수할 수 없도록 하는 것을 말한다.

이와 같은 납세신고와 부과고지 등의 절차는 법률상 관세의 확정을 행할 수 있는 절차이지만 이 중에서 세관장이 행사할 수 있는 과세처분(부과권)에 대하여 조세법상의 법률관계를 언제까지나 불확정의 상태로 두는 것은 바람직하지 않기 때문에 그 존속기간이 관세법에 정하여 제한할 필요가 있다. 이와 같이 관세에 대한 채권 · 채무관계를 신속히 확정시키기 위해

법률이 정하는 권리 존속기간을 '제척기간'이라고 한다.

소멸시효에는 기간 진행 중단·정지가 있으나, 관세부과 제척기간에는 기간 진행 중단·정지는 없다.

제1항의 기간이 경과하면 국가의 부과권이 소멸되는 것이므로 어떠한 이유로도 관세 등을 증액 또는 감액경정하거나 추가로 징수할 수 없으며, 경정이나 처분을 하였다면 이는 법률상 원인 없는 행위이므로 당연무효인 처분이 된다.[21] 예를 들어, 납세자가 제척기간이 만료된 이후에 수정신고를 한 경우 이는 법률상 원인 없는 부당이득금에 해당되므로 즉시 환급하여야 한다.

종전에는 관세부과제척기간이 2년이었으나 법률 제12027호(2013.8.13) 개정을 통해 5년으로 연장하였으며, 날이 갈수록 복잡해지는 관세포탈행위를 찾아 숨은 세원을 발굴하기 위해 국세와 똑같은 부과제척기간을 적용한 것이다. 사위 기타 부정한 방법으로 관세를 포탈하는 경우에는 탈루 신고임을 발견하기가 어려워 부과권 조기 행사를 기대하기가 어렵고 또 신고세액이나 부과세액을 납부하지 아니한 경우에는 특별한 사정이 없는 한 그 확정된 세액 징수까지 단기에 포기하거나 종결할 필요가 없기 때문에 10년으로 연장하고 있다.

감면 사항이 부정한 방법으로 관세를 포탈하였거나 환급받은 경우로 보는지에 대하여 논란이 있었으나 2011.12.31. 개정 관세법에서 감면 사항을 추가하였다.

2024.12.31. 법 개정시 수입신고를 하지 아니하고 수입한 경우 제척기간을 7년으로 하는 내용을 추가하였다. 이는 관세에 관한 신고가 이행되지 않았을 경우 국가세원 관리를 위하여 국세기본법과 동일하게 부과제척기간을 7년으로 확대한 것이다.

제2항에서 관세부과 제척기간의 진행은 중단되거나 정지되지 아니하므로, 과세처분에 대한 행정심판청구 또는 행정소송 등의 쟁송절차가 장기간 지연되어 그 결정 또는 판결이 과세제척기간이 지난 후에 행하여지는 경우 그 결정이나 판결에 따른 처분조차도 할 수 없게 되는 불합리한 사례가 발생하는 것을 방지하기 위하여 마련된 것이다. 이러한 이유로 결정이나 판결에 따라 경정기타 필요한 처분을 할 수 있도록 규정하고 있다.

제1호에서, 이의신청, 심사청구, 심판청구, 감사원법에 의한 심사청구, 행정소송법에 의한 판결, 압수물품에 대한 환부결정이 있은 날부터 1년이 경과하기 전까지는 해당 처분을 할 수 있다. 예를 들면, 범칙혐의가 있어 기소를 하였으나 범죄사실이 없어 법원으로부터 압수물품을 돌려주라는 환부결정이 있으면 제척기간 경과로 과세가 불가하여 그냥 물품을 돌려주어야 하는 경우가 발생한다. 환부결정에 있어서 관세청장 또는 세관장은 압수물품을 몰수하지 아니할 때에는 그 압수물품 또는 그 물품의 환가대금을 환부하여야 하기 때문이다. 이러한 경우를 대비하여, 2000년 개정 관세법에서는 관세부과제척기간을 결정일부터 1년 연장할 수 있도록

21) 기본통칙에 "제척기간이 지난 후에는 부과할 수 없다"라고 함은 해당 납부고지서가 제척기간이 지나기 전에 납세의무자에게 도달하여야 하는 것을 말한다.

규정하고 있다. 이를 특례제척기간제도라고 하기도 한다. 이 제도에서 '경정결정 기타 필요한 처분'에 관하여는 납세자를 위하여 해당 소송의 판결을 이행하기 위한 처분이 아닌 경우에는 특례제척기간이 적용되지 아니한다는 '편면적용설'과 특례제척기간이 오로지 납세자를 위한 것이라고 보아 납세자에게 유리한 결정이나 판결을 이행하기 위하여만 허용된다고 볼 근거는 없다는 '양면적용설' 양론이 있다. 대법원은 양면적용설의 입장을 견지하고 있는바, 특례제척기간 규정에 대해 "위 규정은 결정이나 판결이 확정된 날로부터 1년 내라 하여 해당 결정이나 판결에 따르지 아니하는 새로운 결정이나 증액경정결정까지 할 수 있다는 취지가 아님은 분명하나, 그렇다고 하여 위 규정을 오로지 납세자를 위한 것이라고 보아 납세자에게 유리한 결정이나 판결을 이행하기 위하여만 허용된다고 볼 근거는 없으므로, 납세고지 위법을 이유로 과세처분이 취소되자, 과세관청이 그 판결 확정일로부터 1년 내에 그 잘못을 바로잡아 다시 지방세 부과처분을 하였다면, 이는 위 구 지방세법 제30조의 2 제2항이 정하는 해당 판결에 따른 처분으로 제1항이 정하는 제척기간의 적용이 없다"고 판결(93누4885)하였다.[22]

제2항 제2호는 관세법 · 「자유무역협정의 이행을 위한 관세법의 특례에 관한 법률」에 따라 특혜관세를 적용받은 수입물품에 대하여 원산지 증빙서류의 진위 여부 등을 확인할 필요가 있는 경우 수출상대국에게 요청하고, 이 경우 원산지 조사 결과를 부과제척기간 경과 후에 회신 받게 되어 경정이 불가능해지는 결과를 초래할 수 있다. 이에 2013.1.1. 개정 관세법에 회신일로부터 1년간 특별제척사유를 확대하였으며, 추가로 2020.12.22.(법률 제17649호) 개정시 원산지를 증명하는 서류의 진위 여부 등의 확인 요청에 따라 회신을 받은 날과 회신기간이 종료된 날 중 먼저 도래하는 날부터 1년 동안 회신 결과에 따른 경정 등을 할 수 있도록 개정하였다. 이는 회신기간 기간 내 회신이 이루어지지 아니한 경우 등의 부과 제척기간에 대해서는 불명확한 면이 있었기 때문이었다.

제2항 제3호는 2011.12.31. 개정 관세법에 도입된 '특별제척기간'에 관한 내용이다. 제38조의 3 등은 경정청구에 관한 규정이며, 이 경정청구에 대한 통지 결과에 대하여 이의가 있는 경우 청구인은 제38조의 4 제4항에 따라 국세의 정상가격과 관세의 과세가격 간의 조정을 신청할 수 있다. 특별제척기간은 경정청구 결정 기간이 청구일로부터 2개월이므로 결정이 늦어지면 부과제척기간을 경과하게 되어 경정처분이 불가한 사례가 발생할 수 있기 때문에 이를 예방하고자 도입한 것이다. 국세의 경우는 부과제척기간은 5년이고, 경정청구기간은 3년이기 때문에 이러한 문제는 발생하지 아니한다.

헌법재판소는 "납세의무자의 경정청구권이 과세표준 및 세액의 감소나 결손금액 또는 환급세액의 증가를 목적으로 하는 것인 반면, 과세관청의 경정결정은 과세표준 및 세액의 증가뿐

---

22) 대법원 1996.5.10. 선고 93누4885 판결 참조.

아니라 감소를 통하여 적정한 조세의 부과를 목적으로 하는 것으로서 양자는 그 취지 및 기능 등 여러 가지 측면에서 본질적으로 상이하다고 보고 있으며, 이러한 관점에서 경정청구권을 가지는 납세의무자와 국세부과권을 가지는 조세채권자를 본질적으로 동일한 두 개의 비교집단이라고 보기 어렵고, 따라서 관련 법률조항이 평등원칙[23]을 위반하여 납세의무자의 기본권을 침해하였다고 볼 수 없다"고 결정한 바 있다.[24]

제3항에서 2023.12.31. 법 개정시 불복신청・소송 등의 결과 명의대여 사실이 확인된 경우에는 결정이나 판결의 확정일부터 1년으로 하여 관세 부과 제척기간의 예외 적용을 확대하였다.

제4항은 관세부과제척기간 기산일에 관한 규정이다. 부과제척기간인 5년 혹은 10년을 계산하기 위하여 그 기간의 시작 날을 언제로 보느냐에 관한 내용이다. 관세부과제척기간 기산일은 수입신고한 날의 다음 날이며, 예외적으로 법 제16조 제1호 내지 제11호에 해당되는 경우 그 사실이 발생한 날의 다음 날, 감면조건 의무불이행으로 징수하는 경우 관세징수사유가 발생한 날의 다음 날, 보세건설장에 반입한 외국물품의 경우에 건설공사 완료보고와 특허기간만료일 중 먼저 도래한 날의 다음 날, 과다환급[25] 또는 부정환급 등의 사유로 관세를 징수하는 경우에는 환급한 날의 다음 날이다.

기간의 계산에 있어서도 관세부과의 제척기간은 권리관계를 조속히 확정시키기 위한 부과권의 존속기간을 말하는 것이므로 징수권의 소멸시효와는 다르게 기간의 중단이나 정지가 인정되지 아니한다.

수입물품에 대하여 세관장이 관세와 함께 부과・징수하는 내국세에 관하여 부과제척기간 적용시 관세법을 따를 것인지 내국세법을 따를 것인지는 부과제척기간이 실체적 과세요건인

---

23) 헌법상 평등의 원칙은 일반적으로 입법자에게 본질적으로 같은 것을 자의적으로 다르게, 본질적으로 다른 것을 자의적으로 같게 취급하는 것을 금하고 있는 것이다. 평등원칙위반여부 심사시 엄격 또는 심사척도에 의할 것인지는 입법자에게 허용되는 입법형성권의 정도에 따라서 달라지는바 특별한 사정이 없는 한, 법률의 평등원칙위반여부는 입법자의 자의성이 있는지의 여부만을 심사하게 된다. 자의금지원칙의 위반에 대한 심사요건은 ① 본질적으로 동일한 것을 다르게 취급하고 있는가 하는 차별취급의 여부와 ② 이러한 차별취급이 자의적인가의 여부라고 할 수 있다. ①의 기준과 관련하여 두 개의 비교집단이 본질적으로 동일한지의 여부에 대한 판단은 일반적으로 관련 헌법규정 및 해당 법규정의 의미와 목적에 달려 있고 ②의 기준과 관련하여 차별취급의 자의성은 합리적인 이유가 결여된 것을 의미한다(헌법재판소 1999.12.23, 98헌마363 참조).

24) 헌재 2004.12.16. 선고 2003헌바78 결정 참조.

25) 감액경정으로 환급한 세액을 재경정으로 증액하는 것은 감액경정 처분을 취소함으로써 납세의무를 소생시키는 것이 아니라 최초 수입신고 등에 따른 납세의무에 대해 새로이 부과처분을 함으로써 과세하는 것으로 과다환급의 징수와 무관하다(기획재정부 관세제도과－941, 2012.12.7). 따라서 재경정시 부과제척기간 기산일은 최초 수입신고한 날의 다음 날이며 감액경정일부터 증액재경정일까지 해당하는 기간 동안의 과다환급가산금을 부과할 수 없고, 당초 감액경정시 기지급된 환급가산금 역시 추징할 수 없다. 또한 재경정시 확정된 세액에 비하여 당초 납세의무자가 신고납부한 세액에 부족이 없으므로 가산세는 부과할 수 없으며, 다만 재경정시 확정된 세액이 더 많을 경우에만 그 초과분에 대해서 가산세를 부과할 수 있다.

지 절차적 과세요건인지를 검토해 보아야 한다. 해당 판례를 보면[26] 과세물건, 납세의무자, 과세표준, 세율, 감면요건 등은 실체적 과세요건으로 보고 조세 부과기간은 절차적 과세요건이라고 보고 있다.

이전에는 징수권에 관하여만 법에 규정하고 이를 부과권도 함께 규정한 것으로 해석하였다. 즉, 관세 등 확정세액의 납부이행에 관한 징수권의 행사기간뿐만 아니라 부과권 행사기간도 아울러 정한 것으로 보았으나,[27] 1996.12.30. 현행과 같이 관세법 개정(법률 제5194호)시 관세부과 제척기간 조문을 신설하였다.

【조세심판원 2024.1.23, 2023관0026】 10년의 부과제척기간이 적용되는 '부정한 방법으로 관세를 포탈하였거나 환급 또는 감면받은 경우'라 함은 조세포탈의 의도를 가지고, 그 수단으로서 조세의 부과징수를 불능 또는 현저하게 곤란하게 하는 위계 기타 부정한 적극적인 행위가 있음을 의미하는 것 인바, 청구법인이 쟁점 수출자 등에게 수입신고한 금액보다 과다 송금하는 등 부정한 방법으로 관세 등을 포탈한 증빙자료를 확인할 수 없는 점, 처분청도 이 건 수입물품의 과세가격을 관세법 제30조가 아닌 같은 법 제31조 및 제35조에 따라 재산정한 점, 청구법인이 조세포탈의 의도를 가지고 외화를 송금할 때와 수입신고할 때에 서로 다른 송품장을 사용하여 관세 등을 포탈하였다고 보기 어려운 점 등에 비추어 10년의 부과제척기간을 적용하여 과세한 이 건 처분은 잘못이 있다.

【조세심판원 2013.2.7, 2012관0183】 청구인이 중국산 가발 등을 수입하는 과정에서 실제 구입한 수량보다 현저히 적은 수량을 수입신고하는 방법으로 쟁점물품을 밀수한 사실이 확인되는바 이에 부과제척기간 5년을 적용하여 관세 등을 부과한 처분에 잘못이 없다. * 검찰에서 고의를 입증할 증거자료가 부족하여 무혐의로 종결된 밀수입 혐의 대상물품에 대한 처분청의 부과처분이 적법한지 여부에 대한 사례이다.

【조세심판원 1990.11.16, 제90관】 여행자휴대품으로 반도체소자의 회로설계도면을 수록한 마그네틱테이프를 휴대 반입하여, 면세통관 후 기술사용료를 과세가격에 관해 징수시효를 5년으로 보아 추징한 건에 대하여, 여행자가 휴대품통관시 휴대품신고서에 기재하지 아니하였다 하더라도 입국할 때 물품검사를 거쳐 수입통관되었고, 수입 또는 관세포탈에 대한 별도의 조사가 없었기 때문에 징수시효는 5년이 아니라 2년으로 보았다.

【대법원 2024.4.16, 2021두36196】 감액경정처분의 실질은 당초 경정처분의 일부 취소로서 당초 경정처분과는 다른 별개의 새로운 과세처분이라고 볼 수 없으므로, 다툼의 대상인 부과처분의 제척기간 도과 여부도 당초 경정처분일을 기준으로 살펴야 한다.

【대법원 2011.9.29, 2009두15104】 관세법 제21조 제1항 본문과 단서 제1호의 내용 및 그 입법 취지는 관세에 관한 법률관계를 조기에 확정하기 위하여 부과제척기간을 2년으로 단축하면서도 과세요건사실의 발견을 곤란하게 하거나 허위의 환급요건사실을 작출하는 등의 부정한 행위가 있는 경우에 과세관청으로서는 탈루신고임을 발견하기가 쉽지 아니하여 부과권의 조기 행사를 기대하기가

26) 대법원 2006.3.9. 선고 2005두10125 판결 참조.

27) 심판 재결례(국세심판소 1990.11.16, 제90관59호) 참조.

어려우므로 해당 관세에 대한 부과제척기간을 5년으로 연장하는 데 있다. 그렇다면 여기서 말하는 '부정한 방법'에는 납세의무자 본인이 행한 부정한 방법뿐만 아니라, 납세의무자가 스스로 관련 업무의 처리를 위탁함으로써 그 행위영역 확장의 이익을 얻게 되는 납세의무자의 대리인이나 이행보조자 등이 행한 부정한 방법도 다른 특별한 사정이 없는 한 포함된다고 할 것이다.

【대법원 2009.12.24, 2007두16974】 국세기본법 제26조의 2 제1항 제1호의 규정형식, 입법 취지 및 엄격해석의 원칙상 법정신고기한 내에 과세표준신고서를 제출한 납세자가 사기 기타 부정한 행위를 하였다고 하더라도 그로 인하여 국세를 포탈하거나 환급·공제받지 아니하는 경우에는 원칙으로 돌아가 그 부과제척기간은 5년이 되고, 이는 당해 납세자가 다른 납세자의 조세포탈 등에 가담하였더라도 자신의 포탈세액 등이 없는 이상 달리 볼 것은 아니다.

【대법원 2004.6.10, 2003두1752】 [1] 국세부과의 제척기간이 도과된 후에 이루어진 과세처분은 무효이다. [2] 과세제척기간이 일단 만료되면 과세권자는 새로운 결정이나 증액경정결정은 물론 감액결정등 어떠한 처분도 할 수 없다.

【대법원 2002.9.24, 2000두6657】 납세자가 항고소송 등 불복절차를 통하여 당초의 과세처분을 다투고 있는 경우에 과세관청이 납세자의 불복내용의 전부 또는 일부를 받아들여 당초의 과세처분을 감액경정하거나 취소하는 것은 그 불복절차의 계속 중 언제든지 가능하다고 보아야 하며, 과세제척기간이 만료되었다는 이유 때문에 처분이 불가능하거나 위법하다고 해석할 것은 아니다

【대법원 1997.10.10, 96누10522】 [1] 관세 등 조세채권을 단기에 확정하게 하면서도 사위 기타 부정한 방법으로 관세를 포탈하는 경우에는 탈루신고임을 발견하기가 쉽지 아니하여 부과권의 조기행사를 기대하기가 어렵고, 또 신고세액이나 부과된 세액을 납부하지 아니한 경우 특별한 사정이 없는 한 그 확정된 세액의 징수까지를 단기에 포기하거나 종결할 필요가 없다고 보아 예외를 둔 취지라고 할 것이다. [2] 외국 국적 선박을 경락취득하여 운항에 사용하면서 수입신고를 하지 아니하여 과세관청이 관세를 부과하게 되었다면, 그 부과징수권에 대하여 장기소멸시효기간을 적용하기 위하여는 경락취득자가 신고하지도 아니한 세액을 납부하지 아니한 데에 정당한 사유가 있는지의 여부는 문제될 여지가 없고, 그 신고하지 아니함으로써 관세를 포탈한 태양이 사위 기타 부정한 방법에 해당하는 경우임이 인정되어야 한다.

【대법원 1996.5.10, 93누4885】 구 지방세법 제30조의 2 규정은 부과권의 제척기간에는 징수권의 소멸시효와는 달리 그 기간의 중단이나 중지가 없으므로 과세관청이 부과처분의 불복에 대한 결정 또는 판결이 있은 후 그에 따라 다시 부과처분을 하려는 시점에 이미 제척기간을 도과하였다고 하여 그 결정이나 판결의 결과에 따른 부과처분조차 할 수 없게 된다면 그 결정이나 판결은 무의미하게 되며 과세관청에게 가혹하고 또한 과세관청이 제척기간의 만료를 염려하여 재차 부과처분을 하게 되면 납세의무자에게 부담을 가중하는 것이 되므로 일정기간의 예외를 두자는 취지에서 비롯된 것이다. 그리고 위 규정은 결정이나 판결이 확정된 날로부터 1년 내라 하여 해당 결정이나 판결에 따르지 아니하는 새로운 결정이나 증액경정결정까지 할 수 있다는 취지가 아님은 분명하나, 그렇다고 하여 위 규정을 오로지 납세자를 위한 것이라고 보아 납세자에게 유리한 결정이나 판결을 이행하기 위하여만 허용된다고 볼 근거는 없으므로, 납세고지의 위법을 이유로 과세 처분이 취소되자,

과세관청이 그 판결 확정일로부터 1년 내에 그 잘못을 바로잡아 다시 지방세 부과처분을 하였다면, 이는 위 구 지방세법 제30조의 2 제2항이 정하는 해당 판결에 따른 처분으로 제1항이 정하는 제척기간의 적용이 없다.

【대법원 1994.11.22, 94누3308】 부과권 행사기간에 관한 규정을 따로 두고 있지 아니한 관세법에 있어 확정세액의 납부이행에 관한 징수권의 행사기간뿐 아니라 그 확정을 위한 부과권의 행사기간을 아울러 정한 것으로 볼 것이나, 한편 수입물품에 대한 관세 등 조세채권을 단기에 확정케 하면서도 소정의 "사위 기타 부정한 방법으로 관세를 포탈한 경우"에는 그 탈루신고임을 발견하기가 쉽지 아니하여 부과권의 조기행사를 기대하기가 어렵고 또 신고세액이나 부과된 세액을 납부하지 아니한 경우에는 특별한 사정이 없는 한 그 확정된 세액의 징수까지를 단기에 포기하거나 종결할 필요는 없다고 보아 예외를 둔 취지라고 할 것이다.

【대법원 1987.11.24, 87도1571】 사위 기타 부정한 방법은 결과적으로 탈세를 가능하게 한 행위로서 사회통념상 사위 부정으로 인정되는 모든 행위를 말하며, 적극적인 행위뿐만 아니라 소극적인 행위도 포함한다.

제22조 【관세징수권 등의 소멸시효】 ① 관세의 징수권은 이를 행사할 수 있는 날부터 다음 각 호의 구분에 따른 기간 동안 행사하지 아니하면 소멸시효가 완성된다.
1. 5억원 이상의 관세(내국세를 포함한다. 이하 이 항에서 같다) : 10년
2. 제1호 외의 관세 : 5년
② 납세자가 납부한 금액 중 잘못 납부하거나 초과하여 납부한 금액 또는 그 밖의 관세의 환급청구권은 그 권리를 행사할 수 있는 날부터 5년간 행사하지 아니하면 소멸시효가 완성된다.
③ 제1항에 따른 관세의 징수권과 제2항에 따른 잘못 납부하거나 초과하여 납부한 금액 또는 그 밖의 관세의 환급청구권을 행사할 수 있는 날은 대통령령으로 정한다.

해 설

소멸시효는 권리자가 일정기간 동안 권리를 행사하지 아니한 경우에 그 사실상태가 진실한 법률관계에 부합되는지 여부에 관계없이 그 사실 상태를 그대로 존중하여 그 권리를 소멸시키는 것을 말한다. 관세 징수권에 대하여 소멸시효를 인정하는 이유는 민법의 시효제도와 같이 「권리 위에 잠자는 자는 법의 보호를 받을 가치가 없다」 또는 「너무 오래된 과거의 사실에 대하여 입증하는 것은 곤란하다」라는 견해를 반영한 것으로 일정기간 계속된 상태를 존중하여 사회에서 법률생활의 안정을 유지하려는데 그 목적이 있다.

소멸시효가 완성되면 조세징수권은 당연히 소멸되고 시효완성 후에 이루어진 징수처분은 당연무효이다. 판례(대법원 87다카70, 1988.1.19)는 시효완성 후에 세금을 납부하였더라도 시효이익을 포기한 것은 아니라고 하였다.

과납금은 납세자가 과다납부한 것으로 판단하여 세관장에게 경정청구한 결과 세관장이 이를 받아들여 경정처분한 금액 또는 불복청구결과 채무가 소멸한 세액을 말하며, 오납금은 조세채무를 초과하여 납부한 세액을 말한다. 이와 같이 과납금 · 오납금 · 위약환급금은 서로 다른 성격을 가지고 있으나, 이에 대한 환급청구권의 소멸시효 기산일은 같게 규정하고 있다. 그러나 제3항과 같이 이를 2000년 개정 관세법에서 별도 조항으로 명문화하여 종류별로 구분하여 정하고 있다. 2023.12.31. 법 개정시 종전의 '납세자의 과오납금'이라는 용어를 '납세자가 납부한 금액 중 잘못 납부하거나 초과하여 납부한 금액'으로 용어를 구체화하였다.

제1항에서는 징수권의 소멸시효를 관세액 기준으로 하여 5억원 이상의 관세는 10년, 5억원 미만의 관세는 5년으로 적용하고 있다. 제2항에서는 환급청구권 소멸시효 5년을 규정하고 있고 제3항은 소멸시효의 기산일에 관하여 대통령령에 위임사항을 규정하고 있다. 구 관세법[법률 제12847호(2014.12.23) 개정 전]에서는 징수권 소멸시효는 관세액과 무관하게 5년으로 규정되었는데, 본 조 개정을 통해 내국세의 경우 5억 이상 국세징수의 소멸시효를 10년으로 연장한 것과 마찬가지로 고액인 관세채권에 대한 관세의 징수권을 강화하기 위해 5억원 이상인 관세채권의 징수권 소멸시효를 5년에서 10년으로 연장하였다.

종전 규정은 신고납부한 경우에는 확정되지 아니한 금액에 대하여 환급청구권을 인정하고 있어 과오납금의 존재 여부가 확정되지 아니한 금액에 대해 환급청구를 인정하는 불합리한 점이 있으므로 세관장의 처분으로 확인된 초과징수세액에 대하여만 환급청구권을 인정하고 단순한 신고납부세액에 대한 환급청구는 경정청구를 거쳐 환급금이 확정된 후에 환급청구를 할 수 있도록 2000.12.29. 법률 제6305호로 개정하였다.

관세징수권 소멸시효의 기산일은 신고납부하는 관세는 수입신고가 수리된 날부터 15일이 경과한 날의 다음 날, 수정신고일의 다음 날의 다음 날, 부과고지 시에는 관세의 납부고지를 받은 날부터 15일 경과한 날의 다음 날, 즉시반출물품에 대하여는 수입신고한 날부터 15일이 경과한 날의 다음 날, 기타 법령에 의하여 납부고지하여 부과하는 관세에 있어서는 납부기한을 정한 때에는 그 납부기한이 만료된 날의 다음 날이 관세징수권 소멸시효의 기산일이다.[28]

관세환급청구권 소멸시효 기산일은, 경정에 의한 환급은 경정결정일, 착오납부 또는 이중납부로 인한 환급의 경우에는 그 납부일, 계약과 상이한 물품에 대한 환급의 경우에는 해당 물품의 수출신고 수리일, 수입신고 또는 입항전수입신고를 하고 관세를 납부한 후 신고가 취하 또는 각하된 경우에 신고 취하일 또는 각하일, 적법하게 납부한 후 법률 개정으로 인하여 환급하는 경우에는 그 법률 시행일로 정하고 있다. 관세징수권 소멸시효 기산일은 자진 납부기한을 경과한 다음 날부터 기산하고, 환급청구권 소멸시효 기산일은 당일부터 기산한다.

---

28) 기본통칙에 관세징수권의 소멸시효가 완성된 때에는 해당 물품에 대한 내국세 · 가산세 · 가산금 · 체납처분비 등에 대하여도 그 효력이 미친다. 또한 '소멸시효가 완성된다'라 함은 관세징수권이 소멸하는 것을 말한다.

이전에는 과오납금과 환급금의 청구권 소멸시효가 3년이었으나 2008.12.26. 법 개정(법률 제9261호)시 5년으로 개정하였다. 과세관청이 행사하는 징수권 소멸시효가 5년인 점을 고려하면 납세자의 권리보호를 강화한 면이 인정된다. 환급청구권은 당연 무효가 아닌 경우에는 일차적으로 과세관청의 경정처분이 선행되어야 하므로 법 제38조의 3의 경정청구기간이나 부과제척기간이 연장되지 아니하면 실질적인 납세자의 권리신장 효과는 적다고 할 수 있다.[29] 이러한 문제점을 개선하고 납세자의 권익 향상을 위하여 법률 제12847호(2014.12.23) 개정을 통해 신고납부한 세액이 과다한 경우 경정청구기간 및 수입물품 과세가격 조정에 따른 경정청구기간을 현행 3년에서 5년으로 각각 연장하였다.

【조세심판원 1998.1.21, 제97관7호】 국내시장에서 압수한 물품을 환부하면서 관세 등을 징수하려면 해당 물품이 언제, 누구에 의하여 어떻게 관세를 납부함이 없이 국내에 반입된 물품으로 관세징수권의 소멸시효가 경과되기 전에 수입된 것이라고 단정할 만한 증거가 있어야 한다.

【대법원 2004.4.27, 2003두10763】 [1] 소멸시효는 객관적으로 권리가 발생하여 그 권리를 행사할 수 있는 때로부터 진행하고 그 권리를 행사할 수 없는 동안만은 진행하지 않는바, '권리를 행사할 수 없는' 경우라 함은 그 권리행사에 법률상의 장애사유, 예컨대 기간의 미도래나 조건불성취 등이 있는 경우를 말하는 것이고, 사실상 권리의 존재나 권리행사 가능성을 알지 못하였고 알지 못함에 과실이 없다고 하여도 이러한 사유는 법률상 장애사유에 해당하지 않는다. [2] 과세관청이 관세 과오납금 환급청구권의 소멸시효 완성을 주장하는 것이 권리남용에 해당하지 않는다.

【대법원 1997.8.26, 97누7486】 정식으로 수입된 것이 아니라는 이유만으로 관세징수권 소멸시효기간이나 제척기간이 경과되기 전 시기에 수입된 것으로 단정하여 관세 등을 부과할 수 없다.

【대법원 1987.4.14, 86다카2215】 "기타 관세의 환급청구권"은 관세환급가산금을 포함한다고 볼 것이므로 관세환급가산금 청구권의 소멸시효에 관하여서는 국세기본법 정한 5년의 소멸시효 기간을 적용할 것이 아니고 위 관세법에서 정한 2년의 소멸시효 기간이 적용되어야 한다.

제23조 【시효의 중단 및 정지】 ① 관세징수권의 소멸시효는 다음 각 호의 어느 하나에 해당하는 사유로 중단된다.

1. 납부고지
2. 경정처분
3. 납부독촉[(납부최고(納付催告)를 포함한다)

29) 2005.7.13. 관세법 개정시에 납세자의 권익보호를 위하여 환급청구권의 소멸시효를 2년에서 3년으로 연장한 바 있다. 한편 내국세의 환급청구권 이나 징수권의 소멸시효는 5년이나, 납세자의 경정청구기간은 2년으로 납세자와 과세권자간 형평성 문제가 있어서 납세자의 권익보호를 위하여 2005.7. 법률 제7582호로 국세의 경정청구 기간을 3년으로 연장하였고 개정법률 제12027호(2013.8.13)를 통해 경정청구기간 2년을 3년으로 연장하였다.

4. 통고처분
5. 고발
6. 「특정범죄 가중처벌 등에 관한 법률」 제16조에 따른 공소제기
7. 교부청구
8. 압류

② 환급청구권의 소멸시효는 환급청구권의 행사로 중단된다.

③ 관세징수권의 소멸시효는 관세의 분할납부기간, 징수유예기간, 압류·매각의 유예기간 또는 사해행위(詐害行爲) 취소소송기간 중에는 진행하지 아니한다.

④ 제3항에 따른 사해행위 취소소송으로 인한 시효정지의 효력은 소송이 각하, 기각 또는 취하된 경우에는 효력이 없다.

⑤ 관세징수권과 환급청구권의 소멸시효에 관하여 이 법에서 규정한 것을 제외하고는 민법을 준용한다.

해 설

소멸시효의 중단은 권리의 불행사라는 사실상태가 계속되어야 시효가 진행하나 그러한 사실 상태와 모순되는 사실이 발생하였을 때 그 사실상태의 계속이 그 시점에서 중단되는 것을 말한다.[30] 시효중단의 사유가 소멸되면 시효는 다시 진행하며, 중단 후 다시 진행할 때에는 처음부터 다시 진행하나, 정지 후 다시 진행할 때는 정지시점에서 진행한다.

'독촉'은 납세자가 납부기한까지 조세를 완납하지 아니하는 경우에 강제징수에 앞서 그 이행을 최고하는 행위를 말한다. 납부독촉은 납부기한경과부터 10일 이내에, 납부기한 20일을 주어 납세를 독촉하는 것을 말한다.[31] 납부독촉하는 경우에 시효진행은 중단되나, 여러 번 독촉을 하는 경우에도 최초의 독촉만 유효하므로, 최초 독촉의 납부기한이 경과하면 시효가 다시 진행한다. 통고처분은 법원에 의하여 자유형 또는 재산형에 처하는 과벌제도에 갈음하여 행정관청이 법규위반자에게 금전적 제재(벌과금)을 통고하고 이를 이행한 경우 해당 위반행위에 대한 소추를 면하게 하는 법 제311조에 의한 처분을 말하는 것으로 관세법상 통고처분은 관세청장 또는 세관장이 관세범의 조사결과 범죄의 확증을 얻은 때에는 그 이유를 명시하고 벌금에 상당하는 금액 등을 납부할 것을 통고하는 행정처분을 말한다. 2020.12.22.(법률 제17649호) 개정시 납세고지를 납부고지로, 납세독촉은 납부독촉으로 용어를 개정하였다.

---

30) 기본통칙에 주 납세의무자에 대하여 관세징수권 소멸시효가 완성된 때에는 해당 건과 관련된 제2차 납세의무자, 납세보증인 및 물적 납세의무자 등에 대하여 관세징수권을 행사함으로써 해당 징수권의 소멸시효가 중단된 경우 그 효력은 주 납세의무자에게 미친다.

31) 국세징수법 제23조 제1항에 독촉기일을 15일 이내로 정하고 있고, 관세청의 「징수사무 처리에 관한 시행세칙」 제16조에 7일 이내에 독촉하도록 정하고 있다. 예를 들면, 납부기한이 1999.8.2.인 경우 8.3.부터 8.9. 이내에 납기 8.12.로 하여 납부토록 고지서를 발부한다.

고발은 형사소송에서 피고인에 대한 국가의 형벌권 발동을 촉구하는 것으로 법 제284조에 의한 관세청장 또는 세관장의 고발을 말한다. 「특정범죄 가중처벌 등에 관한 법률」 제16조에 해당되는 죄는 관세청장 또는 세관장의 고발 없이도 검사가 공소를 제기할 수 있다. 관세법상 고발시 불기소처분(기소유예 · 혐의 없음 등) 또는 확정판결(유 · 무죄)의 내용에 따라 시효중단의 효력이 달라지는지 여부와 관련하여 관세법 특유의 시효중단사유인 고발이 있다면 그 이후 기소유예 처분 또는 유죄 확정판결을 받았는지 여부와 상관없이 관세징수권의 소멸시효가 중단되며, 시효 중단 이후 새로이 진행되는 시효의 기산점은 고발이 종료된 때이며 불기소처분 또는 판결이 확정된 때가 아니다.[32]

교부 청구는 체납자 재산에 대하여 압류 · 매각이나 강제집행 등 환가 절차가 이미 개시된 경우에 환가 절차를 진행하고 있는 집행기관에 체납조세의 교부를 청구하는 것을 말하며, 압류이외에 참가압류는 압류에 참가하여 조세채권을 징수하는 것을 말한다. 이때에는 법 제22조 시행령 해당 납부기한이 만료된 날의 다음 날에 시효는 다시 진행한다.

제2항은 환급청구권 소멸시효의 중단에 관한 규정이다. 본문과 같이 환급청구권의 소멸시효는 환급신청으로 중단된다. 환급청구권을 행사할 수 있는 날은 개략적으로 보면 경정결정일, 납부일, 수출신고 수리일, 취하일 · 각하일, 시행일 등이 있다. 환급신청에 대하여 일부를 환급한 경우에 그 시효는 진행하지만, 세관에서 환급을 거부한 경우에도 이를 환급 신청이 계속되는 것으로 보아야 하는지에 대하여는 논란이 있다.

제3항은 관세징수권 소멸시효의 정지에 관한 규정이다. 소멸시효 진행정지는 일정기간 시효완성을 유예하는 것을 말하며, 이는 권리 불행사가 권리자의 태만에 의한 것이라고 할 수 없는 경우에 이를 보호하기 위함이다. 시효의 정지 사유는 분할납부, 징수유예, 압류 · 매각의 유예, 사해행위 취소소송이 있다. '분할납부'는 관세를 여러 기간 나누어 납부하는 것이므로, 완납할 때까지 시효진행이 정지된다. 법 제10조 천재지변 등으로 인한 기한의 연장 규정에 따라 일정기간 징수기간을 연장해 주는 징수유예의 경우에도 그 기간은 소멸시효 진행이 정지된다.

2006.12.30. 개정 관세법에서 체납처분유예기간과 사해행위 취소소송의 기간 중에도 소멸시효의 진행이 정지되도록 추가하였다.[33] 압류 · 매각의 유예는 국세징수법 제85조의 2에 규정된 사항으로서 일정한 경우에 체납액에 대해 재산의 압류나 압류재산의 매각을 유예할 수 있도록 정하고 있다. 사해행위란 채무자가 채권자를 해함을 알면서도 은닉 등 방법으로 자기의 재산을 감소시켜서 채권자의 강제집행을 어렵게 하는 행위라 할 수 있다.[34] 사해행위취소제도

---

32) 기획재정부 관세제도과-23, 2014.1.9.

33) 국세기본법 제28조(시효의 중단과 정지) 제3항에는 소멸시효의 진행 정지사유로 분납기간, 징수유예기간, 체납처분유예기간 또는 연부연납기간으로 정하고 있다.

34) Naver 법률용어 해설 자료에는 "채권자를 해하는 채무자의 재산권을 목적으로 하는 법률행위"라 하며, 사해

란 체납자가 재산권을 목적으로 법률행위에 의하여 자신의 재산을 줄여 조세채권자를 해하는 행위를 한 경우에 조세채권자는 법원에 이러한 법률행위의 취소를 청구하여 납세자의 재산을 원래대로 회복시켜 놓는 제도를 말한다.[35)]

국세징수법 제30조(사해행위의 취소), 민법 제406조(채권자취소권), 국가채권관리법 제22조(사해행위의 취소) 등 관련 규정에서 사해행위에 관하여 규정하고 있다. 이전에는 사해행위로 체납자의 재산이 제3자에게 이전되는 경우 재산이 없으면 압류가 불가하므로 납부고지, 독촉 등의 방법으로 시효를 정지하거나 중단하는 것이 불가하여 사실상 조세채권의 확보가 불가하였다. 이러한 문제점을 해소하기 위하여 본 조항을 새로 규정한 것이다.

제4항은 소멸시효 진행은 제3항에 따라 사해행위 취소소송 기간에는 정지되지만 취소소송이 각하, 기각, 취하되는 경우 그 효력 자체가 없으므로 소멸시효는 정지되지 아니한다.

'각하'는 당사자의 소송 신청에 대하여 법원에서 부적법을 이유로 배척하는 재판을 말하며, '기각'은 원고의 소에 의한 청구나 상소인의 상소에 의한 불복신청을 이유가 없다 하여 배척하는 판결 또는 결정, '취하'는 신청한 또는 제출한 서류를 도로 거두어들임, '취소'는 법률행위의 효력을 행위시로 소급하여 소멸시키는 일을 말한다.

제5항은 민법 준용에 관한 규정이다. 민법에서 소멸시효는 권리를 행사할 수 있는 때부터 진행하나, 권리자가 그 권리의 존재를 알지 못하였다는 사실상의 장해 등은 시효 기산점에 영향을 주지 못하며 법률상의 장해만이 시효 진행을 방해한다.

【제척기간과 소멸시효 차이점 등】

구 분		관세부과 제척기간	징수권 소멸시효
차이점	개 념	일정한 권리에 대하여 법률이 정한 존속기간	권리의 불행사가 계속되면 권리소멸의 효과 발생
	성 격	권리의 존속기간	권리의 불행사기간
	대 상	관세부과권(형성권의 일종)	관세징수권(청구권의 일종)
	기 간	5년(예외 10년), 쟁송 등 1년	5억 이상 10년 그 외 5년(환급청구권 5년)
	기 산 일	관세를 부과할 수 있는 날	징수권을 행사할 수 있는 날
	중단과 정지	없음	있음

행위는 채무자의 행위, 법률행위 및 준법률행위를 말하며, 부작위나 사실행위는 포함하지 아니한다.

35) 사해행위의 주요 유형을 보면 증여에 의한 사해행위, 매매에 의한 사해행위, 신탁에 의한 사해행위, 매매계약 가등기에 의한 사해행위 등이 있으며 체납자의 법률행위가 사해행위에 해당된다고 판단된 경우 민법 및 민사소송법 규정에 따라 사해행위 취소소송을 제기하여 권리행사를 한다. 법률 행위가 있은 날부터 5년 이내 혹은 사해행위를 안 날로부터 1년 이내 중 빠른 날이 제척기간이 된다.

구 분		관세부과 제척기간	징수권 소멸시효
	소급효 유무	없음(장래에 향하여 소멸)	있음(기산일에 소급효)
	납세의무소멸절차	불요	불요
공 통 점		공법상 일정기간의 경과로 권리가 소멸하는 효과 발생	

【대법원 2006.7.4, 2004다61280】 사해행위취소소송에 있어서 수익자가 사해행위임을 몰랐다는 사실은 그 수익자 자신에게 입증책임이 있는 것이고, 이때 그 사해행위 당시 수익자가 선의였음을 인정함에 있어서는 객관적이고도 납득할 만한 증거자료 등에 의하여야 하고, 채무자의 일방적인 진술이나 제3자의 추측에 불과한 진술 등에만 터 잡아 그 사해행위 당시 수익자가 선의였다고 선뜻 단정하여서는 안 된다.

【대법원 1986.7.8, 85누686】 소멸시효의 중단은 소멸시효의 기초가 되는 권리의 불행사라는 사실상태와 맞지 않는 사실이 생긴 것을 이유로 소멸시효 진행을 차단케 하는 제도이므로 납세고지에 의한 국세징수권자의 권리행사에 의하여 이미 발생한 소멸시효중단의 효력은 그 부과처분이 취소되었다 하여 사라지지 않고 또 국세체납처분에 의한 압류를 한 경우에 납세고지에 의한 부과처분이 취소되어 소급하여 그 효력을 상실하였다 하여 그 압류처분이 실효되어 당연무효가 된다고 할 수도 없다.

납세담보

제24조【담보의 종류 등】 ① 이 법에 따라 제공하는 담보의 종류는 다음 각 호와 같다.
1. 금전
2. 국채 또는 지방채
3. 세관장이 인정하는 유가증권
4. 납세보증보험증권
5. 토지
6. 보험에 가입된 등기 또는 등록된 건물·공장재단·광업재단·선박·항공기 또는 건설기계
7. 세관장이 인정하는 보증인의 납세보증서

해 설

보세구역에 있는 외국물품은 그 자체가 관세채권의 담보물 성격을 가지고 있는바, 민법상의 담보물건에 비하여 유치권적 효과 등 법률적 효과가 있다.[36]

관세 미납물품을 보세구역 등으로부터 반출하는 경우 그 과세물건이 세관의 관리·통제에서 벗어나기 때문에 이를 대신할 담보로써 관세채권을 확보할 필요가 있다. 이와 같이 담보는 채무자가 채무를 이행하지 아니할 때를 대비하여 미리 채무자로부터 제공받은 채무이행 확보수단을 말한다.

담보에 대해 국가가 가지는 권리는 민법상의 유치권과 유사하나, 공법상의 담보물권이다. 민법상의 유치권은 민사소송에 의하여 권리를 실현하지만, 공법상으로는 매각 등의 절차를 거쳐서 그 권리를 실현한다. 납세담보는 관세채권의 확보를 위하여 필요한 것이나, 담보제공을 지나치게 강조하면 통관 규제가 될 수도 있다.

국가 정책상 감면이나 환급 등 세제상의 혜택을 제공할 수 있으나 관세에 대한 채권확보를 위해 실물 담보제공을 요구하면, 재력이 부족한 납세자는 담보제공에 별도의 경비를 사용하여야 할 것이므로 이러한 세제상의 혜택을 쉽게 받을 수 없다. 이러한 문제점을 해소하기 위하여 신용담보제도를 운영하고 있다. 이 제도는 실물담보를 제공하는 것이 아니라, 납세자의 신용을 사전에 평가하고 일정 금액의 범위 내에서 신용으로 담보를 제공할 수 있는 제도다. 신

36)『일본관세법 해설』, 관세청 일본관세행정연구회, 2002.3.

용담보제도는 법에 명시적으로 규정하고 있는 제도는 아니다. 이러한 신용담보제도의 확대실시로 인하여 실물담보 사용빈도는 한층 줄어들었다고 할 수 있다. 관세 확보를 위한 제1차적 방법은 수입신고 수리 전에 담보물을 확보하는 것이지만 통관제도에 있어서는 물품흐름을 원활하게 해야 하는 기능과 관세를 확보해야 하는 기능이 항상 대립한 위치에 서있기 때문에 두 기능의 조화로운 운영이 필요하다.

【담보물의 법적 성격】

법률적 효과	내 용
유치권적 효과	관세미납물품은 원칙적으로 관세가 납부될 때까지 국내로 반출되지 않기 때문에 민법상의 유치권과 유사하다.
질권적 효과	관세미납물품이 장치기간을 경과하여도 보세구역에서 반출되지 않을 때에는 세관은 관세 확보를 위하여 공매에 붙이고 그 공매대금 에서 관세에 충당할 수 있다. 이와 같이 세관이 타인의 물품을 점유, 공매하고 공매대금에서 관세를 우선적으로 징수할 수 있는 권리는 일종의 질권적 효과이다.
선취특권적 효과	관세는 과세물건인 해당 외국물품에 대하여 다른 조세, 그 밖의 공과금 및 채권에 우선하여 징수할 수 있으므로 선취특권적 효과가 있다.

제1호에서 금전은 돈을 말하며, 화폐를 말한다. 화폐는 상품교환의 매개체로서 지불수단이나 가치 척도 또는 가치 축적의 목적물로써 사회에 유통되는 금화·은화·동화·지폐 따위를 말한다. 여기서는 현금과 동일한 취급을 받는 수표도 해당된다.

제2호에서 국채와 지방채는 재정의 건정한 운영과 공공의 목적을 위하여 필요에 따라 발행하는 공채의 일종이다.

제3호에서 국세기본법 및 통칙에 세무서장이 확실하다고 인정하는 유가증권에는 한국은행의 통화안정증권 등 특별법에 의한 법인발행 채권, 양도성 예금증서 등이 있다.

제4호에서 납세보증보험증권은 보증보험회사에서 관세납부를 보증한 증권을 말한다.

제5호에서 토지는 법률적으로 물권의 객체가 되는 땅을 말한다. 일반적으로 건물과 함께 부동산이라 한다. 건물은 부동산의 일종으로 제6호에 규정되어 있다.

제6호에서 부동산은 토지와 그것에 정착된 건물이나 수목 등 재산을 말하며 선박 등도 부동산에 속한다. 공장재단은 공장에 속하는 토지와 공작물 기계 권리 등을 일괄하여 담보로 등기하여 저당권 설정이 인정되는 재단을, 광업재단은 광업권과 그 광업권에 의하여 광물을 채굴하고 취득하기 위한 설비 등으로 구성되는 기업재산이 저당권 설정의 목적이 될 수 있는 재단을 말한다.

제7호에서 국세기본법 및 통칙에 세무서장이 인정하는 보증인에는 은행법의 규정에 의한 금융기관, 신용보증기급법의 규정에 의한 신용보증기금 등이 있다.

담보종류에 관하여 변천되어 온 과정을 살펴보면 다음과 같다. 제정관세법에서는 금전, 국채와 증권을 담보물 종류로 하였으나, 1963년에 은행지급보증, 1964년에 증권거래소에 상장된 증권, 1970년에 납세보증보험증권, 1975년에 신용보증기금법의 신용보증을 담보물로 추가하여 담보종류를 확대하였다. 1990.12.31. 관세법 제정(법률 제4246호)시 납세자의 담보제공 편의와 신기술사업에 대한 자금 공급 원활화를 위해 신기술사업금융지원제도를 신설하였다.

또한 1993.12.31. 관세법 개정(법률 제4674호)시 관세청장이 담보제공 사유에 따라 제공할 수 있는 담보물 종류의 제한을 해제하였다. 2002.12.18. 개정 관세법에서는 신용보증재단이 발행한 보증서도 담보로 추가되었고, 아울러서 납세보증인에 의한 포괄담보제공도 허용하여 본인이 포괄담보에 해당하지 아니하더라고 납세보증인의 보증에 의한 포괄담보를 인정할 수 있게 되었다.

2008.12.26. 법 개정(법률 제9261호)시 담보의 종류에 대한 용어를 정리하였다. 국세기본법상 사용되는 용어를 중심으로 개정하여 담보 종류를 단순화하면서 세관장이 인정하는 '유가증권과 보증인의 납세보증서'로 위임함으로써 그 범위를 유지하고, 법에서 삭제되는 항목은 국세기본법상 법체계에 따라 기본통칙으로 옮겨 규정하였다. 그리고 담보해제 사유발생시 세관장이 지체 없이 담보를 해제하도록 의무규정도 두고 있다.

2010.1.1. 개정 관세법(법률 제9910호)에서 수입시 "관세무담보 방식"을 도입하였다. 통관시 원칙적인 관세 담보요구는 국제규범(개정 교토협약)과도 일치하지 않고 예외적으로 관세법이나 「수출용 원재료에 대한 관세등 환급에 관한 특례법」 위반자, 관세 체납자, 신규수입자 등에 대하여 관세담보를 인정하고 있다.

② 제1항 제4호에 따른 납세보증보험증권 및 제7호에 따른 납세보증서는 세관장이 요청하면 특정인이 납부하여야 하는 금액을 일정 기일 이후에는 언제든지 세관장에게 지급한다는 내용의 것이어야 한다.

③ 제1항에 따른 담보의 제공에 필요한 사항은 대통령령으로 정한다.

④ 납세의무자(관세의 납부를 보증한 자를 포함한다)는 이 법에 따라 계속하여 담보를 제공하여야 하는 사유가 있는 경우에는 관세청장이 정하는 바에 따라 일정 기간에 제공하여야 하는 담보를 포괄하여 미리 세관장에게 제공할 수 있다.

해 설

담보 종류는 법에 정해져 있으며, 기본적으로 환급성이 있어야 담보로서 역할을 할 수 있다. 따라서 은행지급보증, 납세보증보험증권 등에 의한 신용보증은 일정금액을 일정기일 후 언제든지 세관장에게 지급한다는 내용이어야 한다. 각종 보증서는 그 자체가 유가증권이거나 재산은 아니기 때문에 다른 담보와 성격을 달리한다.

제4항은 포괄담보에 관한 규정이다. 관세청 고시로 「관세 등에 대한 담보제도 운영에 관한 고시」가 있다. 이 고시는 관세법 제24조 제4항의 포괄담보, 법 제248조 신고수리에 필요한 담보, 「수출용 원재료에 대한 관세등 환급에 관한 특례법」에 의한 환급에 관해 규정하고 있다.

포괄담보제도는 일정기간 제공하여야 할 담보물을 포괄하여 제공하고 수입신고 수리시에 필요한 만큼 담보금액에서 차감하고, 사후에 납세를 하면 그 금액만큼 다시 담보 역할을 하는 제도다. 신용담보제도는 구체적으로 담보물을 세관장에게 제공하는 것이 아니라 기업체의 신용도에 따라 일정금액을 담보로 제공한 것으로 보는 것이다. 신용담보는 「수출용 원재료에 대한 관세등 환급에 관한 특례법」에 의한 환급과 연계하여 징수할 세액과 환급할 세액을 서로 상계하는 정산제도로 운영하고 있다.

2002.12.18. 개정 관세법에서는 납세의무자 본인만 아니라 관세의 납부를 보증한 자도 납세의무자가 되기 때문에, 이 보증자도 포괄담보를 제공할 수 있도록 하였다.

제25조【담보의 관세충당】 ① 세관장은 담보를 제공한 납세의무자가 그 납부기한까지 해당 관세를 납부하지 아니하면 기획재정부령으로 정하는 바에 따라 그 담보를 해당 관세에 충당할 수 있다. 이 경우 담보로 제공된 금전을 해당 관세에 충당할 때에는 납부기한이 지난 후에 충당하더라도 제42조를 적용하지 아니한다.
② 세관장은 제1항에 따라 담보를 관세에 충당하고 남은 금액이 있을 때에는 담보를 제공한 자에게 이를 돌려주어야 하며, 돌려줄 수 없는 경우에는 이를 공탁할 수 있다.
③ 세관장은 관세의 납세의무자가 아닌 자가 관세의 납부를 보증한 경우 그 담보로 관세에 충당하고 남은 금액이 있을 때에는 그 보증인에게 이를 직접 돌려주어야 한다.

해 설

담보제공은 관세를 확보하기 위한 수단이므로 관세를 납부하지 아니한 경우에는 확보된 담보를 관세 납부에 사용하며, 사용하고 남은 잔액은 교부·공탁 등으로 처리한다. '충당'은 모자라는 것을 채우는 것을 말한다. 금전으로 담보를 제공한 때에는 납부기한 경과 후 충당하더라도 가산세를 납부하지 아니한다. 이는 납세의무자가 담보를 제공하였지만, 금전을 납부한 것은 관세를 납부한 때와 같은 경제적 부담을 지기 때문이다.

법 제42조는 관세를 납부기한까지 완납하지 아니한 때에는 관세액의 100분의 3과 지연납부이자를 가산세로 징수한다는 규정이다.

제2항은 공탁에 관한 규정이다. '공탁'은 금전, 유가증권 등을 공탁소에 맡겨 두는 것을 말

하며, 공탁된 담보물은 법원에서 지정하는 바에 따라 관리한다. 관세에 충당하고 잔액이 있는 때에는 납세의무자인 담보제공자에게 이를 교부하여야 하며, 담보제공자에게 잔금을 교부할 수 없을 때에는 공탁한다.

제3항은 잔금교부에 관한 규정이다. 미납부한 관세에 대하여 담보물로 충당하고, 잔금이 있으면 이를 제공한 보증인에게 돌려주는 것을 잔금교부라 한다.

관세의 납부를 보증한 자는 보증한 범위 안에서 관세납부의 의무를 지기 때문에 담보물을 그 관세에 충당하고 잔액이 있으면 다른 미납관세가 있어도 보증인에게 직접 그 잔액을 교부해야 한다.

제26조【담보 등이 없는 경우의 관세징수】① 담보 제공이 없거나 징수한 금액이 부족한 관세의 징수에 관하여는 이 법에 규정된 것을 제외하고는 국세기본법과 국세징수법의 예에 따른다.
② 세관장은 관세의 강제징수를 할 때에는 재산의 압류, 보관, 운반 및 공매에 드는 비용에 상당하는 강제징수비를 징수할 수 있다.

해 설

관세납부 대상이 되는 물품은 사전에 담보를 제공하지 아니하면 수리하지 아니하는 등 관세 확보를 위한 제반 장치가 마련되어 있다. 그러나 정상적으로 수리된 물품도 사후심사 등 상황의 변화로 인하여 추가로 관세를 징수하여야 하는 경우가 발생된다. 이때에는 관세는 국세기본법상으로는 국세가 아니므로, 관세법에서 별도로 징수 방법을 규정하는 것 이외에는 일반 국세와 마찬가지로 국세기본법 등에 따라 징수한다는 원칙을 정하고 있다.

제공된 담보가 있으면 이 법에 따라 충당하면 되지만 제공된 담보가 없거나, 이미 징수한 금액에 부족이 있는 경우, 관세의 징수에 관하여는 이 법에 규정된 것을 제외하고는 국세기본법과 국세징수법에 의한다.

납세의무자가 확정된 조세채무를 이행하지 않는 경우 과세관청은 강제징수절차에 들어가게 된다. 이러한 강제징수를 위한 일련의 행위를 '강제징수'라고 한다. 강제징수절차는 크게 ① 체납자의 재산을 확보하는 압류, ② 압류한 재산을 금전으로 환가하는 매각, ③ 매각대금을 관세 등에 배분·충당하기 위한 청산절차로 이루어진다. 이 중 압류재산의 매각은 공매 또는 수의계약을 통해 이루어지고 공매는 입찰 또는 경매의 방법으로 이루어진다. 이러한 일련의 강제징수는 그 전체로서 하나의 행정처분이 되는 것은 아니고 압류, 매각, 청산이 각각 독립된 행정처분이 된다.

보세구역에 장치된 미통관물품은 수입신고·체납 여부와 관계없이 장치기간이 경과하는 경우 관세법 제208조에 따라 강제적 징수절차인 체화공매로 처리가능하기 때문에 제26조 제1

항에 따른 강제징수대상에 해당하지 않는다.[37]

제2항은 강제징수비 징수에 관한 규정이다. 강제징수는 체납자의 재산을 공매하여 그 공매대금으로 미납한 세금 등을 강제적으로 징수하는 행정처분을 말한다.

강제징수는 독촉 · 압류 · 공매 · 청산의 절차를 거치며, 강제징수비는 압류 · 보관 · 운반 · 공매비용에 소요되는 비용을 말한다. 법 제211조 제1항 장치기간 경과물품 매각에 따르는 잔금처리 시의 강제징수비는 그 잔금교부 순위에 따라 제세, 공과금에 우선하여 변제받을 수 있다.

> 제26조의 2【담보의 해제】 세관장은 납세담보의 제공을 받은 관세 및 강제징수비가 납부되었을 때에는 지체 없이 담보해제의 절차를 밟아야 한다.

해 설

담보에 관한 일반적 규정은 국세기본법 제5절 납세담보의 규정과 가급적 일치시켜 징수업무의 효율성을 기하려 하고 있다.

같은 법 제24조 '담보의 종류'는 국세기본법 제29조, 본 조의 '담보의 해제'는 국세기본법 제34조 내용을 인용하여 규정하고 있다. 2008.12.26. 법 개정(법률 제9261호)시 납세자의 권익보호를 위하여 신설하였다.

---

37) 반면, 장치기간의 제한이 없는 종합보세구역에 장치된 미통관 체납물품은 관세법 제208조에 따른 체화공매는 불가능하고 체납처분은 가능할 수 있다. 즉, 장치기간의 제한이 없는 종합보세구역 장치된 미통관 체납물품은 관세법 제26조 제1항에 따라 체납처분이 가능하므로 국세징수법에 따라 체납처분할 수 있다(관세청 세원심사과－3213, 2014.9.24).

과세가격의 신고 및 결정

1. 제1관 가격신고 등

제27조【가격신고】 ① 관세의 납세의무자는 수입신고를 할 때 대통령령으로 정하는 바에 따라 세관장에게 해당 물품의 가격에 대한 신고(이하 "가격신고"라 한다)를 하여야 한다. 다만, 통관의 능률을 높이기 위하여 필요하다고 인정되는 경우에는 대통령령으로 정하는 바에 따라 물품의 수입신고를 하기 전에 가격신고를 할 수 있다.

해 설

가격신고 · 수입신고 전 가격신고, 과세자료 제출, 가격신고 생략에 관한 규정이다. 가격신고는 수입 물품의 가격에 관한 신고를 말한다.[38] 수입신고된 가격이 바로 과세표준이 되는 것이 아니고, 가감요소를 조정하여 관세평가기준에 맞을 때 이를 과세표준으로 본다.

과세표준은 수입물품의 가격 또는 수량을 말하므로, 종량세에 해당되는 경우에는 가격신고를 하지 아니한다. 수입물품의 가격이 관세의 과세표준이며, 과세표준에 환율을 적용하여 과세가격을 산출한다. 과세가격에는 도착지 과세가격, 발송지 과세가격, 국내시장평균 과세가격, 시가역산 과세가격 등이 있다. 물품이 도착하는 곳에서 형성된 가격을 기준으로 하는 것을 도착지 과세가격이라 하고, 물품을 발송하는 곳에서 형성된 가격을 기준으로 하는 것을 발송지 과세가격이라 하며, 국내시장에서 형성된 가격을 평균한 가격을 기준으로 하는 것을 국내시장 평균 과세가격이라 한다. 또한 국내시장에 형성된 시가에서 각종 평균 경비와 이윤을 공제하여 산출한 가격을 기준으로 하는 것을 시가역산 과세가격으로 한다. 우리나라는 도착지과세가격을 과세가격으로 보고 있다.

단서 규정의 수입신고 전 가격신고는 신속 통관을 위하여 그 사유와 가격신고 내용을 기재한 신청서를 세관장에게 제출하여 신고한다. 그러나 수입신고 전 가격신고제도는 절차의 번거로움, 소요기간, 법적인 효력 등 불확실성이 많아서 활성화되지 않고 있다. 많은 납세의무자들이 수입신고시 신고가격에 대한 확신이 부족하여 사후심사로 인한 추가 징수 세액에 대한

---

38) 가격신고는 수입신고서상 신고된 가격의 산정 근거, 가산공제요소 및 관련 자료를 신고하는 것으로 과세가격을 평가(valuation)하는 근거를 신고한다고 하여 일부 국가에서는 평가신고라고 부르기도 한다.

불안감이 많으므로 이러한 제도를 활성화하는 것도 바람직하다고 본다. 납세의무자는 수입신고할 때에 수입신고서와 수입관련거래에 관한 사항, 과세가격산출내용에 관한 사항 등을 기재한 서류를 세관장에게 제출하여야 한다. 여기에서 가격신고의 주체는 납세의무자이며, '과세가격산출내용에 관한 사항 등을 기재한 서류'는 가격신고서다.

② 가격신고를 할 때에는 대통령령으로 정하는 바에 따라 과세가격의 결정과 관계되는 자료(이하 "과세가격결정자료"라 한다)를 제출하여야 한다.
③ 과세가격을 결정하기가 곤란하지 아니하다고 인정하여 기획재정부령으로 정하는 물품에 대하여는 가격신고를 생략할 수 있다.

해 설

제2항에서 보면 과세자료는 거래 유형별로 다양하기 때문에 이를 일률적으로 정하는 것은 업무에 도움이 되지 아니할 뿐만 아니라, 납세의무자도 불필요한 자료를 제출해야 하는 경우가 발생할 수 있다. 일반적으로 예시한 서류에는 송품장, 계약서, 각종 비용의 금액 및 산출근거를 나타내는 증빙자료, 기타 가격신고의 내용을 입증하는 데에 필요한 자료가 있다.

다만, 해당 물품의 거래의 내용, 과세가격결정방법 등에 비추어 과세가격결정에 곤란이 없다고 인정하는 경우에는 자료 일부를 제출하지 아니할 수 있다.[39] 2008.2.22. 시행령 개정시 서류제출을 생략하는 경우를 구체적으로 정하여, 같은 물품을 같은 조건으로 반복적으로 수입하는 경우 등의 경우에는 서류제출을 하지 아니하도록 규정하여 신고인의 신고부담을 완화하였다.

같은 법 시행령 제250조에 수입신고서류는 선하증권사본, 원산지증명서 기타 참고서류로 정하고 있다. 특히 선하증권 사본을 지칭하였지만 본 항에 의한 과세자료는 서류의 사본이라고 구체적으로 지정하고 있지 않다. 사본은 서류제출자의 책임소재가 불분명한 점, 서류에 대한 신빙성의 부족 등의 문제점을 가지고 있다.

제3항은 가격신고 생략에 관한 규정이다. 과세가격 결정에 곤란이 없다고 인정하는 경우에 가격신고를 생략하도록 규정하고 있다.[40] 기획재정부령에서 정한 내용을 보면, 과세가격을 결

39) 동일물품을 반복적으로 수입하는 경우, 수입항까지 운임 및 보험료 이외에 우리나라에 수출하기 위하여 판매되는 물품에 대하여 구매자가 실제로 지급하여야 할 가격에 가산할 금액이 없는 경우, 기타 과세가격결정에 곤란이 없다고 인정하여 관세청장이 정하는 경우에는 해당 서류의 전부 또는 일부를 제출하지 아니하게 할 수 있다.

40) 기획재정부령에 정부 또는 지방자치단체가 수입하는 물품, 정부조달물품, 「공공기관 운영에 관한 법률」 제4조에 따른 공공기관이 수입하는 물품, 관세 및 내국세 등이 부과되지 아니하는 물품, 방위산업용 기계와 그 부분품 및 원재료로 수입하는 물품, 수출용 원재료, 「특정연구기관 육성법」의 규정에 의한 특정연구기관이

정하기가 용이한 경우라고만 할 수는 없고, 관세 채권을 확보하기 어렵지 아니하거나, 관세를 징수하더라도 환급하기 때문에 가격신고가 불필요하다고 보는 경우도 있다. 가격신고 생략의 기준은 과세가격 결정에 곤란이 없다고 인정하는 경우라고 하기보다는 관세채권 확보에 지장이 없는 경우로 보는 것이 타당하다. 2008.2.22. 시행령 개정시 '일괄가격신고제'를 도입하여 동일한 물품을 동일한 조건으로 반복적으로 수입하는 경우 일정기간별 포괄신고를 허용하고 있다. 그리고 시행규칙에 관세 행정상 편익에 대비하여 납세자의 부담을 줄이기 위하여 1만불 이하는 가격신고를 생략하도록 규정하였다.

'과세가격의 결정'에 관한 심사는 가격심사다. 이에 비하여 세액심사는 신고납부제도에서 납세신고한 세액을 심사하는 것을 의미하며, 세관장이 직권으로 부과·징수하는 부과고지제도에서는 이와 같은 세액심사 사항은 규정하고 있지 아니하다.

제28조【잠정가격의 신고 등】① 납세의무자는 가격신고를 할 때 신고하여야 할 가격이 확정되지 아니한 경우로서 대통령령으로 정하는 경우에는 잠정가격으로 가격신고를 할 수 있다. 이 경우 신고의 방법과 그 밖에 필요한 사항은 대통령령으로 정한다.

해 설

잠정가격신고, 확정가격신고, 차액정산에 관한 규정이다. 잠정가격신고제도는 수입물품의 과세가격을 결정하는 과정에서 거래의 특수성으로 말미암아 과세가격의 결정이 지연되는 경우 과세가격 불확정 사태에서의 추정세액을 우선 납부하고 물품을 반출시킨 후 과세가격이 최종적으로 확정되는 시점에 이전에 납부한 추정세액과 확정세액과의 차액을 정산하는 제도이다.[41] 일반가격신고에 상대되는 개념으로 잠정가격신고에 관하여 규정하고 있고, 잠정적으로 가격을 신고함으로써 추후 이를 확정하기 위한 절차와 확정에 따르는 정산절차에 관하여도 규정하고 있다.

수입신고를 할 때에는 가격신고도 같이 해야 하나, 신고해야 할 가격이 결정되지 아니하는 경우[42]가 있을 수 있다. 이때에는 잠정가격으로 신고하고 물품을 반출하여 사용한 후 가격이

수입하는 물품, 과세가격이 미화 1만불 이하인 물품으로 관세청장이 정하는 물품, 그 밖에 과세가격의 결정에 문제가 없다고 관세청장이 인정하는 물품 등은 가격신고를 생략하도록 규정하고 있다. 그러나 운임, 보험료, 기타 운송에 관련되는 비용이외에 가산요소가 있는 물품, 부과고지 물품, 잠정가격신고 물품, 신고수리 전 세액심사 물품인 경우에는 가격신고를 생략할 수 없다.

41) 관세청 유권해석에 의하면 가격신고서를 제출하지 아니하거나 가격신고서의 해당 잠정가격신고 항목에 대하여 기재하지 아니한 가격신고서를 제출한 경우에는 잠정가격신고의 성립요건을 갖추었다고 볼 수 없으므로 추후 확정시에 부족 관세를 징수하는 때에는 가산세를 징수하는 것이 원칙이다.

42) 가격이 확정되지 않았다는 것은 수입신고 당시 "수입물품의 대가"로서 지급하였거나 지급하여야 할 거래가

확정되면 확정가격을 신고한다. 잠정가격신고는 납세자의 선택사항이며 강제 의무 조항으로 볼 수 없다. 따라서 납세의무자가 잠정가격신고를 할 필요가 없다고 판단한다면 잠정가격신고 제도를 이용하지 않아도 된다.

잠정가격 신고대상 물품은 대통령령으로 정하며, 이 물품의 가격 결정은 수입하기 전에 결정하는 것이 아니라, 일정 기일이 지난 다음 특정 국제시장에서 형성된 가격을 매매가격으로 보는 등 특수한 방법으로 가격을 결정한다는 것을 알 수 있다. 거래관행상 일정기간이 경과된 후에 가격이 정해지는 물품으로 수입신고일 현재 가격이 정하여지지 아니한 경우, 법 제37조에 따라 과세가격 결정방법의 사전심사를 신청한 경우, 수입신고일부터 일정기일이 지나서 가격이 결정되는 경우, 거래내용이나 특성상 잠정가격으로 가격신고하는 것이 불가피하다고 세관장이 인정하는 경우에는 잠정가격으로 신고한다. 예를 들면, 거래관행상 '일정기간이 경과된 후에 가격이 정해지는 물품'으로 원유 · 곡물 · 광석 그 밖에 이와 비슷한 일차산품이 있다.

2007.12.31. 법 개정(법률 제8833호)시 법 제37조 과세가격 결정방법의 사전심사에 따른 사전심사 신청물품 중 특수관계자 간 거래물품의 경우에는 이를 잠정가격 신고대상에 포함하여 가산세를 면제하는 제도를 도입하였다.

【감사원 심사청구 2011.2.17, 감심29호】 청구인의 수입신고업무를 대리하는 관세사사무소 직원이 잠정가격으로 이 사건 수입신고를 하면서 같은 법 시행령 제16조 제2항에서 정한 법정 신고사항을 누락하고 수입신고를 하였으므로 같은 법 제28조에서 규정한 잠정가격이 아닌 같은 법 제27조에서 규정한 확정가격으로 수입신고를 한 것으로 보아야 한다. 또한 관세사사무소에서 이 사건 잠정신고 수입신고 후 1개월 정도 지나 잠정가격 신고가 잘못되었다는 사실을 확인하고 이를 정정하려 하였으나 관세청 전산시스템에 입력된 수입신고 내용은 세관의 수입신고 수리후에는 수정할 수 없다는 사유로 이 사건 신고내용의 오류사항을 정정하지 못하였다고 주장하나 같은 법 제38조의 2와 제38조의 3에서 규정한 보정신청이나 수정신고로 위 오류사항에 대한 정정이 가능하였는데도 이를 하지 않았다. 따라서 이 사건 가산세 부과처분의 직접적인 원인은 청구인으로부터 수입신고 업무를 위임받은 관세사사무소 직원의 과실(해당 법령의 무지 또는 착오 등)에 있으나 그 과실 및 그 과실로 인한 법적 효력은 민법 제141조에 따라 청구인에게 귀속되므로 이를 청구인의 관세법상 신고의무 불이행을 탓 할 수 없는 정당한 사유에 해당된다고 보기 어렵다 할 것이다.

【서울고등법원 2012.11.30, 2012누1961】 수입신고 당시 구매자와 판매자 사이에 가격변경에 관한 합의가 있었다가 수입신고 후에 그러한 합의에 따라 가격이 변경된 모든 경우에 있어서 수입신고 당시 거래가격이 확정되지 않아 그 후에 변경된 가격이 실제로 지급하였거나 지급하여야 할 거래가격이라 할 수는 없고, '수입물품의 대가'로 볼 수 있는 것이 변경된 경우라야 수입신고 당시 거래가격이 확정되지 않았다고 할 수 있다.

격이 확정되지 않았다는 것이다(서울고등법원 2012.11.30. 선고 2012누1961 판결 참조).

② 납세의무자는 제1항에 따른 잠정가격으로 가격신고를 하였을 때에는 대통령령으로 정하는 기간 내에 해당 물품의 확정된 가격을 세관장에게 신고하여야 한다.
③ 세관장은 납세의무자가 제2항에 따른 기간 내에 확정된 가격을 신고하지 아니하는 경우에는 해당 물품에 적용될 가격을 확정할 수 있다. 다만, 납세의무자가 폐업, 파산신고, 법인해산 등의 사유로 확정된 가격을 신고하지 못할 것으로 인정되는 경우에는 제2항에 따른 기간 중에도 해당 물품에 적용될 가격을 확정할 수 있다.
④ 세관장은 제2항에 따라 확정된 가격을 신고받거나 제3항에 따라 가격을 확정하였을 때에는 대통령령으로 정하는 바에 따라 잠정가격을 기초로 신고납부한 세액과 확정된 가격에 따른 세액의 차액을 징수하거나 환급하여야 한다.

해 설

제2항은 확정가격신고에 관한 규정이다. 납세의무자의 요청에 의하여 2년의 기간 내에서 확정가격 신고시점을 연장할 수 있다. 기간이 부적절하게 길게 정해진 경우에는 가격이 확정된 후에도 신고를 하지 아니할 수 있기 때문에 가장 짧은 기간 안에서 확정가격 신고기간을 정해야 한다. 잠정가격 신고를 할 때에는 가격 확정예정 시기를 신고하게 되어 있으며, 이때에 신고내용을 심사하여 세관장이 가격 확정시기를 확정한다.

확정가격을 신고하고자 하는 자는 잠정가격신고번호 또는 수입신고번호 및 신고일자, 품명 및 수입신고 수리일자, 잠정가격과 확정가격 및 그 차액을 기재한 확정가격 신고서를 제출하여야 하며, 이때에는 송품장·계약서를 제외한 나머지 각종 비용의 금액 및 산출근거를 나타내는 증빙자료와 기타 가격신고의 내용을 입증하는데 필요한 자료를 다시 제출하여야 한다.[43]

확정가격이 정해졌는지 여부에 따라 확정가격 신고의무가 부여되며, 확정가격 신고가 늦어지면 100만원 이하의 과태료 부과대상이 된다. 이전에는 가격이 확정된 것을 안 때에는 지체 없이 신고하도록 규정하였으나 '지체 없이'의 뜻이 모호하여 납세의무자와 과세관청 사이에 의견이 빈번하게 대립되어 이 구절은 삭제하고 현행 규정으로 개정하였다.[44]

제3항은 수입신고 후 2년 이내에 확정가격 신고를 하지 않은 경우 세관장 직권으로 확정가격을 결정할 수 있는 규정으로 2006.3.24. 개정시 도입된 제도이다. 2015.12.15. 관세법 개정 시에는 조속한 권리·의무를 확정하기 위해 부도·폐업 등 납세의무자 사정으로 확정가격 신

43) 기본통칙에 확정가격신고 절차에 따라 세액을 신고납부한 후 해당 물품에 대한 과세가격의 감액변동 사실이 확인되는 경우 변동분에 대한경정청구는 해당 물품에 대한 확정가격 신고납부일로부터 2년 이내 하여야 한다.
44) 2년 이내 신고를 한다고 하더라도 가격 자료를 요청하는 등 추가 심사가 필요한 경우에는 비정상적으로 과세하는 데에 장기간이 소요될 가능성이 있다. 가격신고에 관하여는 최장 5년의 부과기간을 두고 있으나, 최근의 특수관계 등 복잡한 과세가격 결정 환경을 고려하면 이보다 더 장기간이 소요될 가능성도 있다. 특히 고의적인 자료제출 지연을 하는 경우에는 별도의 대안이 필요하다고 하겠다.

고를 할 수 없는 경우에는 확정신고기간 내이라도 확정가격을 결정할 수 있도록 하였다.

제4항은 잠정신고가격과 확정신고가격 간의 세액 차이에 대하여 징수 또는 환급하는 정산에 관한 규정이다. 부족하게 징수한 때에는 추가 징수하고 과다하게 징수한 때에는 환급한다. 그러나 잠정가격신고는 거래의 특수성에 기인한 불가피한 신고 방법인 만큼 부족세액을 징수하는 경우에도 가산세를 징수하지 아니하며, 과다세액을 환급하는 경우에도 시행령 제56조 제1항에 따라 이자성격인 환급가산금을 지급하지 아니한다. 가산세와 환급가산금을 같이 부과하지 않는 것은 일차적으로 형평성에 맞는 것으로 보이나, 잠정가격 신고할 때에 가격신고와 무관한 세율을 잘못 신고하거나 제출한 가격자료가 사실과 다름이 판명되는 경우에는 가산세를 부과한다.

그러나 잠정가격신고는 신고의 일종으로 수입신고의 범주에서 벗어나지 아니한다. 따라서 적정하게 잠정가격신고 하고 확정가격신고 수리한 건에 대하여 나중에 잠정가격신고 내용에 오류가 있다고 하여 해당 건을 잠정가격신고한 건이 아니라고 하는 것은 잠정가격신고 자체를 소급하여 부정하는 것으로서 잘못된 해석이라는 의견이 있다.[45]

차액을 징수하거나 환급할 때에는 수정신고, 경정, 과오납 관세에 대한 환급신청, 과오납금 충당통지 등의 규정을 준용하며, 잠정가격신고에 의한 수입신고도 정상적인 수입신고로 보아 수정신고나 경정 등의 절차를 거치는 것으로 해석되므로, 규정에 해당하는 경우 가산세 부과 대상이 될 수 있으며, 특히 확정가격신고 후 사후확인 과정에서 누락세액이 발견되는 경우에는 가산세 역시 부과할 수 있다.[46] 이때 해당가격신고 이외 것은 일반수입신고에 맞게 처리한다.

납세의무자가 잠정가격으로 신고한 후 확정된 가격을 신고한 경우 법 제21조에 따른 관세 부과제척기간의 기산일은 시행령 제6조 제5호에 따라 확정된 가격을 신고한 날의 다음 날이고(2012.2.2. 시행령 개정시 신설), 법 제38조의 2 제1항에 따른 보정신청은 확정된 가격을 신고 납부한 날부터 6개월 이내에 할 수 있으며, 잠정가격을 기초로 신고납부한 세액보다 확정가격을 기초로 신고납부한 세액이 낮아 그 차액을 동법 시행령 제16조 제5항에 따라 환급하는 절차가 법 제38조의 3 제3항에 따른 경정에 해당한다고 하더라도 납세자는 법 제38조의 3 제1항에 따라 수정신고를 할 수 있다.[47]

2017.3.27. 관세법 시행령 개정시 특수관계가 있는 구매자와 판매자 사이의 거래 중 거래가격이 수입신고 수리 이후에 정상적으로 조정될 것으로 예상되는 거래로서 일정한 요건을

---

45) 이종익, "관세법상 가격신고에 관한 고찰", 『계간 관세사』 통권202호, 한국관세사회, pp.33～46.

46) 잠정가격신고에 따른 확정가격 신고시 납부한 세액이 과다하여 경정청구를 하고자 하는 경우 관세법상 최초 납세 신고일을 잠정가격신고일 또는 확정가격신고일 중 어느 시점을 기준으로 해석해야 하는지 여부에 대해 잠정가격신고 대상의 경정청구는 확정가격신고일(납세신고일)부터 가능하다(심사정책 2003.3.14).

47) 기획재정부 유권해석(관세제도과－850호, 2011.11.16).

갖춘 거래의 경우에는 잠정가격으로 신고할 수 있도록 잠정가격 신고대상을 확대하였다.

【조세심판원 2017.3.30, 2016관0164】 우리나라에 수출하기 위하여 판매된 물품이 아닌 이상, 잠정가격신고대상에 해당하지 아니하는 것으로 보이는 점, 현행 신고납부제도 하에서 잠정·확정가격 신고를 수리한 것은 원칙적으로 사실행위에 불과하여 수입신고한 내용이 적법하다는 점을 확인해 준 것으로 보기 어렵다.

제29조【가격조사 보고 등】 ① 기획재정부장관 또는 관세청장은 과세가격을 결정하기 위하여 필요하다고 인정되는 경우에는 수출입업자, 경제단체 또는 그 밖의 관계인에게 과세가격 결정에 필요한 자료를 제출할 것을 요청할 수 있다. 이 경우 그 요청을 받은 자는 정당한 사유가 없으면 이에 따라야 한다.

해 설

가격조사보고는 수출입업자 등이 이행해야 하는 의무사항이다. 과세가격과 관련하여, 과세관청은 과세가격결정에 관한 통보의무가 있으며 이에 대하여 수출입업자·경제단체·기타 관계인은 자료제출의무가 있다.[48] 규정은 과세가격 결정업무를 원활하게 하기 위한 제도적 보장이라 할 수 있으나, 미이행시 제재조치는 없다.

이와 유사한 자료제출에 관한 규정에는 법 제264조에 국가기관 및 지방자치단체에 대하여 관세의 부과·징수 및 통관에 관계되는 자료 또는 통계에 관한 과세자료의 요청에 관한 규정이 있고, 법 제30조 제4항에 신고가격에 관한 자료의 제출에 관한 규정이 있다. 국세 분야에서는 「과세자료의 제출 및 관리에 관한 법률」을 제정하여 운영하고 있으며, 이 경우 과세자료 제출 대상은 주로 중앙관서, 지방자치단체, 공공기관 등으로 한정되어 있다.

② 관세청장은 다음 각 호의 어느 하나에 해당하는 경우 국민 생활에 긴요한 물품으로서 국내물품과 비교 가능한 수입물품의 평균 신고가격이나 반입 수량에 관한 자료를 대통령령으로 정하는 바에 따라 집계하여 공표할 수 있다.

1. 원활한 물자수급을 위하여 특정물품의 수입을 촉진시킬 필요가 있는 경우
2. 수입물품의 국내가격을 안정시킬 필요가 있는 경우

48) 관세는 수입물품에 대하여 부과하는 조세로서 물품 수입에는 금융기관을 통한 외환거래 등이 수반되므로 금융기관을 수출입관계 기관으로 보아야 하며 관세청장 또는 세관장이 자료제출을 요구하거나 조사할 수 있는 대상에서는 금융기관이 포함되는 것으로 해석하여야 한다(기획재정부, 1995.9.20).

해 설

제2항은 2009.2.6. 관세법 개정(법률 제9410호)시 국내물가 안정을 위하여 국민생활에 긴요한 물품으로서 국내물품과 비교 가능한 수입물품의 평균 신고가격이나 반입수량에 관한 자료를 집계하여 공표할 수 있는 "수입가격 공개제도"를 마련하기 위해 도입되었다.

"수입가격 공개제도"는 무역의존도가 높은 개방형 무역구조를 지닌 우리나라에서 수입물품의 공급량과 가격은 국내 물가형성에 큰 영향을 미치고 있어, 수입물품 유통구조를 개선하고 소비자의 올바른 구매를 유도함으로써 물가안정을 도모할 수 있도록 수입물품에 대한 효과적인 정보제공에 그 의의가 있다.

즉, 국민소비 생활에 직결되는 화장품, 의류, 주류 등에 대한 수입물품의 최저신고가격 · 평균신고가격 · 최고신고가격을 널리 공표함으로써 건전한 소비생활을 유도할 수 있으며, 정기적인 수입가격 공개를 통해 수입업체의 자율적인 가격인하를 유도하고 유통구조 개선효과를 도모할 수 있다.

2011.1.1. 시행령 개정시 공표사항에 대하여 자세히 규정하였다. 공표시에는 관세청 홈페이지를 통하여 공표하여야 하고 자료의 집계방법을 함께 공표하여야 하며 수입물품의 상표와 상호, 영업상의 비밀 등 수입자의 정당한 이익을 현저히 침해할 우려가 있는 사항은 공표하여서는 아니 된다. 공개대상은 국민생활에 긴요한 물품으로서 국내물품과 비교 가능한 수입물품이다.

2. 제2관 과세가격의 결정

제30조【과세가격 결정의 원칙】 ① 수입물품의 과세가격은 우리나라에 수출하기 위하여 판매되는 물품에 대하여 구매자가 실제로 지급하였거나 지급하여야 할 가격에 다음 각 호의 금액을 더하여 조정한 거래가격으로 한다. 다만, 다음 각 호의 금액을 더할 때에는 객관적이고 수량화할 수 있는 자료에 근거하여야 하며, 이러한 자료가 없는 경우에는 이 조에 규정된 방법으로 과세가격을 결정하지 아니하고 제31조부터 제35조까지에 규정된 방법으로 과세가격을 결정한다.

1. 구매자가 부담하는 수수료와 중개료. 다만, 구매수수료는 제외한다.
2. 해당 수입물품과 동일체로 취급되는 용기의 비용과 해당 수입물품의 포장에 드는 노무비와 자재비로서 구매자가 부담하는 비용
3. 구매자가 해당 수입물품의 생산 및 수출거래를 위하여 대통령령으로 정하는 물품 및 용역을 무료 또는 인하된 가격으로 직접 또는 간접으로 공급한 경우에는 그 물품 및 용역의 가격 또는 인하차액을 해당 수입물품의 총생산량 등 대통령령으로 정하는 요소를 고려하여 적절히 배분한 금액
4. 특허권, 실용신안권, 디자인권, 상표권 및 이와 유사한 권리를 사용하는 대가로 지급하는 것으로서 대통령령으로 정하는 바에 따라 산출된 금액

5. 해당 수입물품을 수입한 후 전매 · 처분 또는 사용하여 생긴 수익금액 중 판매자에게 직접 또는 간접으로 귀속되는 금액
6. 수입항(輸入港)까지의 운임 · 보험료와 그 밖에 운송과 관련되는 비용으로서 대통령령으로 정하는 바에 따라 결정된 금액. 다만, 기획재정부령으로 정하는 수입물품의 경우에는 이의 전부 또는 일부를 제외할 수 있다.

해 설

과세가격 결정원칙(제1방법) 및 가산요소, 공제요소, 해당물품 거래가격의 비적용에 관한 규정이다. 과세가격의 결정을 '평가'라 한다.[49] 평가는 사전적 의미로 어떤 물건을 다른 물건으로 환산하여 가치를 매기는 것이다. 가치에 비하여 가격은 구체적 수치에 관한 개념이므로 평가는 가격을 매기는 것이라고 할 수 있다.

과세가격의 결정은 관세법에서 규정하여 강행규정으로 운영하고 있으며, 국가 간의 물품이동에 따른 과세요건의 충족으로 발동되는 만큼 국제협약, 즉 WTO관세평가협정에 따라 강행규정으로 운영된다.

우루과이 라운드 결과로 WTO체제가 1995.1. 출범함에 따라 적용되는 평가협정을 WTO평가협정(GATT1994)[50]이라 하고, 그 전의 협정은 동경 라운드 평가협정 또는 GATT평가협정[51]이라고 한다. WTO평가협정에서는 WTO관세평가위원회와 WCO관세평가기술위원회 두 개의 기구를 두고, 평가상 발생하는 국가 간 이해관계를 조정하고 있다. WTO평가협정상 WCO관세평가기술위원회의 결정(decision), 권고의견(advisory opinions), 예해(commentary), 해설(explanatory), 사례 연구(case study), 연구(study) 중에서 결정 이외에는 법적인 구속력을 가지지 아니하지만 이 내용들을 자국의 국내법에 반영하여 법적 효력을 부여하고 있다. 그러나 내용 중에서 모두가 관세법령에 규정하고 있는 것은 아니어서 나라마다 다를 수가 있다.

---

49) 관세평가제도는 시가역산 제도, 특관세 제도, 브뤼셀 평가협약, GATT평가협정 시대로 변해 왔다.

50) 정식명칭은 「Agreement on Implementation of Article VII of the General Agreement of Tariffs and Trade 1994」이지만, 실무상 「WTO Valuation Agreement」로 불린다. 평가협정에서 규정하고 있는 내용을 보면, '1994년 관세와 무역에 관한 일반협정' 제7조에 '관세평가'에 관하여 규정하고 있고 그 '부속서 I'에 '제7조에 대하여'를 규정하고 있다. 그리고 '1994년도 관세와 무역에 관한 일반협정 제7조의 시행에 관한 협정(GATT/WTO 신평가협정)'에 '일반 서설'에서 '제1부 관세평가 규칙', '제2부 관리, 협의 및 분쟁해결', '제3부 특별 및 차등 대우', '제4부 최종 조항', '부속서 I 주해', '부속서 II 평가기술위원회', '부속서 III 결정, 권고의견, 예해, 해설, 사례 연구, 연구'를 규정하고 있다.

51) GATT는 1947.10.30. 23개국에 의하여 제네바에서 조인(GATT 1947)되었으며, 평가 관계 규정은 이 협약의 제7조에 규정되어 있다. 우리나라는 1968년 가입하였다가 1981년에 GATT평가협정 가입후 1982년에 브뤼셀 평가협약(Convention on the Valuation of Goods for Customs Purpose)서 탈퇴하였으며, 개도국에 대한 특례규정에 따라 유예기간을 거쳐 1986년에 공식적으로 GATT평가협정을 시행하였다.

과세가격은 실제 지급하였거나[52] 지급할 가격을 조정한 거래가격으로 하며,[53] 조정할 때에는 객관적이고 수량화할 수 있는 자료에 근거하여 조정해야 한다.

우리나라에 수출하기 위하여 판매하는 것이란 무역절차에 따라 우리나라에 판매되는 거래를 말하며, 우리나라가 아니고 다른 나라에 수출하기 위하여 판매하는 물품에 대한 판매가격은 배제되는 것을 의미한다. 구체적으로 수출판매가 아닌 경우는 대통령령에서 정하고 있다.[54] 무역거래가 복잡한 형태를 보임에 따라, 2000년 대통령령을 개정할 때 이를 구체적으로 정하여 해당 물품의 거래가격으로 과세가격을 결정할 수 있는지 여부에 대한 논란의 소지를 줄인 것이다.

'거래'는 영리 목적으로 상품을 사고파는 것을 말하고, '조정'은 가산하거나 공제하는 것을 말하며, 객관적이고 수량화 할 수 있는 자료가 없으면 이 조항에 의한 방법으로 과세가격을 결정하지 아니하고 법 제31조 동종동질물품의 거래가격을 기초로 한 과세가격결정 방법 등에 의하여 결정한다.

과세가격의 종류로서 법정 과세가격, 발송지 과세가격, 도착지 과세가격 등에 의한 과세가격이 있다. 물품의 과세가격을 법으로 정한 것이 법정과세가격이고, FOB가격을 위주로 하는 것이 발송지 과세가격이며, CIF가격 위주로 하는 것이 도착지 과세가격이라 할 수 있다. 그러나 이러한 무역거래상 용어와 관세법에서 지향하고 있는 과세가격 결정방법이 완전히 일치하는 것은 아닐 것이므로, 알기 쉽게 우리나라의 과세가격 결정방법을 CIF가격에 근접하는 가격으로 이해하는 것이 타당할 것이다.

법에 정하고 있는 과세가격 결정방법에는 해당 물품의 거래가격을 기초로 한 과세가격 결정, 동종·동질물품의 거래가격을 기초로 한 과세가격 결정, 유사물품의 거래가격을 기초로 한 과세가격 결정, 국내판매가격을 기초로 한 과세가격 결정, 산정가격을 기초로 한 과세가격 결정, 합리적인 기준에 의한 과세가격 결정방법이 있다.[55]

---

52) 대법원 1992.11.24. 선고 92도2006 판결 참조.

53) WTO 평가협정 주해에 따르면 조정한 거래가격을 제외하고 자신의 계산으로 수행한 활동은 비록 판매자에게 이익이 되는 것으로 간주된다 할지라도 판매자에 대한 간접지급으로 간주되지 않는 것으로 규정하고 있다.

54) 대통령령에 무상수입물품, 수입 후 경매 등을 통하여 가격을 결정하는 위탁판매수입물품, 수출자의 책임으로 국내에서 판매하기 위하여 수입하는 물품, 별개의 법적 사업체가 아닌 지점 등에서 수입하는 물품, 임대차계약에 의하여 수입하는 물품, 무상임차 수입물품, 판매자가 돈을 지불하는 산업 쓰레기 등 물품은 우리나라에 수출판매한 물품이 아니다.

55) 과세가격 결정과 관련하여 관세청 고시인 「수입물품 과세가격 결정에 관한 고시」가 있다. 이 고시에는 용어의 정의, 과세가격 결정시 기초통화, 과세환율, 실제지급금액, 수출판매, 연불이자에 관한 구체적인 정의 등을 규정하고 있다. 또한 동 고시에는 특수물품의 과세가격 결정방법을 별도로 정하여 운용하고 있다. 그 종류는 수입신고 전 변질손상물품, 여행자휴대품, 임차수입물품, 중고물품, 보세공장에서 국내로 반입하는 물품, 불하물품, 수리가공한 후 재수입하는 물품 등이 있다.

"다만, 각 호의 금액을 더할 때에는 객관적이고 수량화할 수 있는 자료에 근거하여야 하며 …… "에서 자료제출이나 입증책임[56]의 문제가 대두된다. 우루과이 라운드에서도 개발도상국에서 '세관의 입증책임'을 납세의무자에게 전가하는 안을 주장하였으나 제대로 수용되지 않았다. 국가 간 무역 거래에서 관련 자료는 대부분 수출자인 외국인이 가지고 있는 상태에서 입증책임을 과세관청에서 모두 지는 것은 불공평하므로 입증책임의 분배 문제가 새로운 문제점으로 부각되고 있다.

최근에는 다국적기업들이 각국에 산재해 있는 특수관계기업의 이익극대화 및 조세회피를 위하여 공격적으로 다양한 이전가격 정책을 시도하고 있다. 이를테면 수입물품의 과세가격, 로열티, 구매수수료 등을 악용하여 세액탈루하거나 국내 영업이익을 해외로 불법이전하는 사례가 있다. 독과점(의약품, 자동차, 명품 등)의 경우 우월적 지위를 이용하여 수입가격 부풀리기 등 불공정무역행위도 발생하고 있다.

제1호는 수수료와 중개료에 관한 규정이다. 수수료(Commission)란 거래당사자 일방의 위임을 받아 그를 대리해 수입물품을 구입하거나 판매하고 위임자로부터 받은 대가를 말하는 것으로, 판매자를 대리해 구매자에게 물품을 판매하고 그로부터 받은 대가를 '판매수수료'라 하고 수입물품을 구입할 때 해외에서 구매자를 대신하는 용역의 대가로 구매자가 지급하는 비용을 구매수수료라 한다. 통칙에서는 구매수수료를 수입물품을 구매하기 위하여 외국에서 구매자만을 위하여 구매자를 대리하여 행하는 용역(공급자를 물색하고, 구매자의 요구사항을 판매자에게 알려주며, 샘플을 수집하고, 물품을 검사하며, 때로는 보험, 운송, 보관 및 인도 등의 업무를 수행함)의 대가로 지급하는 비용이라고 한다.

중개료(Brokerage)는 판매자나 구매자로부터 독립적인 중개인이 양자 사이에서 거래를 주선하고 쌍방으로부터 받은 거래주선료를 말한다. 수수료와 중개료는 구매자가 부담하는 경우에만 해당물품의 거래가격에 가산할 수 있다. 물품을 판매하는 자가 지불한 판매에 관련된 비용은 물품가격에 합하여 판매가격을 결정하지만, 구매자가 부담하는 수수료나 중개료는 판매물품가격에 반영되어 있지 아니하기 때문에 이를 판매가격에 가산하는 것이다. 다만, 구매자가 쓴 구매수수료는 구매자 자신이 독자적 판단에 따라 사용한 것으로 보기 때문에 가산 대상항목에서 제외한다.[57] 2011.4.1. 시행령 개정시 구매수수료에 해당하는 금액이 따로 구분하여 산

56) 어떤 사실이 존부 불명인 때에는 그 사실을 요건 사실로 하면 자기에게 유리한 법률효과의 발생이 인정되지 아니하여 당사자의 일방이 받는 불이익을 말한다. 거증책임이라고도 한다. 입증책임을 어느 당사자가 부담하는가를 정하는 것을 '입증책임의 분배'라고 한다(『법률 용어 사전』, 현암사).

57) 구매수수료는 구매자만을 대리하여 제공한 용역에 대한 대가로 받는 수수료로서 물품 가격에 포함시키지 아니하므로 이 수수료는 물품가격에서 제외하고 있다. 그러나 실제 무역 거래에서는 판매수수료, 구매수수료, 중개료 등의 구분이 불분명한 경우가 많다. 특히 다국적 기업의 경우 회사의 일정 역할을 외주(Outsourcing)함으로써 이런 용역의 구분이 더 복잡하게 되어 과세가격 결정이 매우 어렵다.

정[58]될 수 있는 경우에만 해당 금액을 구매수수료로 인정하고, 구매수수료에 대한 자료 제출을 구매자에게 요청할 수 있도록 개정하였다.[59]

제2호는 용기 및 포장비용에 관한 규정이다. 판매자가 부담하는 판매물품의 용기비용, 포장에 소요되는 노무비나 자재비는 물품가격에 반영되어 있으나, 구매자가 부담하는 것은 물품가격에 반영되어 있지 아니하므로 이를 가산하는 것이다. 해당 물품과 동일체로 취급한다는 것과 해당 물품의 포장에 소요된다는 것은 해당 물품으로 취급하는 것을 말하며, 해당 물품가격에 포함되어 있지 아니하면 이를 가산한다는 의미다.

제3호는 생산지원 금액에 관한 규정이다. 실제 지급한 가격에서 조정하는 가격으로 구매자가 생산자 등에게 무료 또는 인하된 가격으로 물품이나 용역을 제공하는 가격이 있다. '물품 및 용역'에는 수입물품에 결합되는 재료 · 구성요소 · 부분품 기타 이와 비슷한 물품, 수입물품의 생산에 사용되는 공구 · 다이스 · 모울드 및 이와 비슷한 물품으로 수입물품의 생산과정에 소비되는 물품이 있다.[60] 여기에는 수입물품의 생산에 필요한 기술 · 설계 · 고안 · 공예 및 의장이 포함이 되지만 우리나라에서 개발된 것을 제외한다. 자국에서 개발된 기술 등을 과세가격에서 제외하는 것은 국제협약 사항이기도 하다. '수입물품의 생산에 필요한 기술의 범위'에는 특허기술 및 노하우 등 이미 개발되어 있는 기술과 새로이 수행하여 얻은 기술 등을 포함한다. 기본통칙에서 생산의 범위를 재배, 제조, 채광, 채취, 가공, 조립 등 해당 물품을 만들어 내거나 가치를 창조해 내는 행위로 규정하고 있다.

생산지원비를 수입예정 총수량을 근거로 해당 수입물품에 배분하여 가산토록 2013.1.1. 관세법 개정(법률 제11602호)시 명시적으로 규정하였다. 기존에는 관세청 고시로 생산지원비를 배분 가산하도록 규정하였으나, 이를 법률로 상향조정하였으며, 이는 WTO평가협정 제8조 및 주해의 내용을 법제화한 것이기도 하다.

제4호는 지식재산권 사용료에 관한 규정이다. 지식재산권을 사용하는 대가를 권리사용료라 한다.[61] 실제 지급한 가격에서 조정하는 비용으로 지식재산권에 해당되는 특허권 · 실용신안권 · 디자인권 · 상표권의 사용 대가, 이와 유사한 사용 대가 등이 있다. 특허권은 특허권자가 독점적 · 배타적으로 발명, 실용신안 또는 의장에 관하여 가지는 지배권을 말하며, 무체재산권

---

58) 이종익, "구매수수료 과세 논란에 관한 연구", 『관세와 무역』, 관세무역개발원, 2011.4., pp.62～73.

59) WTO 평가협정을 반영한 사항이다.

60) 기획재정부령이 정하는 당해 수입물품의 조립 · 가공 · 성형 등 생산과정에 직접 사용되는 기계 · 기구 등이 있다.

61) 법 제235조는 지식재산권 보호에 관한 규정이다. 종전 지식재산권 보호 대상을 상표권, 저작권, 저작인접권으로 한정하였으나, 2010.12.30. 법 개정시 품종보호권, 지리적표시권, 특허권, 디자인권 등을 대상으로 포함하였다. 이외에 미국 EU 일본에서는 반도체배치설계, 식물신품종보호, 상호, 부정경쟁위반, 실용신안 등을 보호대상으로 포함하고 있다.

의 성질을 가지고 있다. 실용신안권은 실용신안을 등록한 자가 독점적·배타적으로 실용신안에 대하여 가지는 지배권을 말하며 역시 무체재산권의 성질을 가진다. 디자인권은 물건의 외관에 대한 창작인 디자인을 보호객체로 하는 권리이며, 상표권은 등록상표를 지정상품에 독점적으로 사용할 수 있는 권리를 말한다.

'이와 유사한 권리'라 함은 저작권 등의 법적 권리,[62] 법적 권리에는 속하지 아니하지만 경제적 가치를 가지는 것으로서 상당한 노력에 의하여 비밀로 유지된 생산방법·판매방법 기타 사업 활동에 유용한 기술상 또는 경영상의 정보 등을 말한다. 이를 영업비밀이라고도 한다. 해당 물품에 대하여 구매자가 실제로 지급하였거나 지급하여야 할 가격에 가산하여야 하는 특허권, 실용신안권, 디자인권, 상표권 및 이와 유사한 권리를 사용하는 대가는 해당 물품에 관련되고(related to the goods) 해당 물품의 거래조건으로(condition of sale) 구매자가 직접 또는 간접으로 지급하는 금액으로 한다. 그러나 우리나라에서 다른 물품에 재현하거나 복제하는 권리에 대한 대가는 제외한다. 예를 들면, 외국에서 비디오테이프 원본을 구매하여 우리나라에서 비디오테이프를 복제하는 권리에 대한 대가지급은 가산요소에서 제외된다.[63] 이 호는 다른 호와는 달리 지급주체를 구매자라고 명시하지 아니하고 있다. 이는 지급 주체를 따지지 아니한다는 의미다.

시행령에서는 '관련성'을 ① 특허권은 특허발명품, 방법에 관한 특허에 의하여 생산된 물품, 국내에서 당해 특허에 의하여 생산될 물품의 부분품·원재료 또는 구성요소로서 그 자체에 당해 특허의 내용의 전부 또는 일부가 구현되어 있는 물품, 방법에 관한 특허를 실시하기에 적합하게 고안된 설비·기계 및 장치, ② 디자인권은 수입물품이 당해 디자인을 표현하는 물품이거나 국내에서 당해 디자인권에 의하여 생산되는 물품의 부분품 또는 구성요소로서 그 자체에 당해 디자인의 전부 또는 일부가 표현되어 있는 경우, ③ 상표권은 수입물품에 상표가 부착되거나 희석·혼합·분류·단순조립·재포장 등의 경미한 가공 후에 상표가 부착되는 경우, ④ 저작권은 수입물품에 가사·선율·영상·컴퓨터소프트웨어 등이 수록되어 있는 경우 등 무형재산권의 종류에 따라 예시로 규정하고, '거래조건'은 구매자가 수입물품을 구매하기 위하여 판매자에게 권리사용료를 지급하는 경우, 구매자와 판매자간의 약정에 따라 구매자가 수입물품을 구매하기 위하여 당해 판매자가 아닌 자에게 권리사용료를 지급하는 경우, 구매자가 수입물품을 구매하기 위해 판매자가 아닌 자로부터 특허권 등 사용에 대한 허락을 받아 판매자에게 그 특허권 등을 사용하게 하고 당해 판매자가 아닌 자에게 권리사용료를 지

---

62) 대법원 1996.2.23. 선고 94도3266 판결 참조.

63) 통칙(30－19…7)에 따르면 특정한 고안이나 창안이 구현되어 있는 수입물품이 우리나라에서 재현하는 데에만 사용되고 수입물품 자체가 판매되거나 분배되지 않는 경우, 재현하는 권리 이외의 판매권 등은 의미 없는 공허한 권리에 불과하므로 이러한 수입물품에 대한 권리사용료는 과세대상이 아니다

급하는 경우 등을 예시하고 있다.[64]

제5호는 실제 지급한 가격에서 조정하는 비용으로 전매 · 처분 · 사용한 결과 수익금액 중 일부를 판매자에게 되돌려 주는 것을 말한다.[65] 되돌려 주는 것은 결과적으로 구매자가 판매자에게 물품가격을 추가 지불하는 것이므로, 추가 지불하는 금액을 과세가격에 포함시킨다. 통상적으로 판매자에게 귀속되는 금액이 있으면 수입신고가격이 확정되지 아니한 것으로 보아 잠정가격으로 신고하고, 가격이 확정되면 확정가격을 신고한다. 예를 들면, 직배사를 통해 영화를 수입하는 경우에는 상영 후 수입금 중 일부를 수출자에게 송금하는 경우에 잠정가격으로 신고하고 상영한 다음 수입금을 송금한 때에 확정가격을 신고하는 경우가 있다.

제6호는 실제 지급한 가격에서 조정하는 비용으로 수입항까지 운임 등 비용이 있다. '수입항까지'는 '수입항 도착'과 같은 의미로 사용하며, 해당 수입물품이 수입항에 도착하여 본선 하역준비가 완료된 시점과 장소를 구체적으로는 하역 신고한 날을 말한다.[66] 운임 및 보험료는 해당 사업자가 발급한 운임명세서 · 보험료명세서 또는 이에 갈음할 수 있는 서류에 의하여 산출하나, 운임 및 보험료를 산출할 수 없는 때에는 운송거리 · 운송방법 등을 참작하여 관세청장이 정하는 바에 따라 산출한다. 관세청장이 정하는 물품이 항공기로 운송되는 경우에는 해당 물품이 항공기 이외의 일반적인 운송방법에 의하여 운송된 것으로 보아 운임 및 보험료를 산출한다.[67] '기타 운송에 관련되는 비용'은 해당 수입물품을 수입항까지 운송하기 위하여 구매자가 부담하는 비용 중 운임과 보험료를 제외한 것으로 하며, 수출항에서 발생하는 체선료 등이 있다. 그러나 수입항

64) 수출자 · 수입자 · 제3자(상표권자) 모두 특수관계에 있을 경우 판매계약에 권리사용료의 지급에 대한 명시적인 조건이 없더라도 해당 권리사용료의 지급은 수입자가 해당 물품을 구매하는 결과로 상표권자에게 로열티를 지급해야 하므로 당해물품의 거래조건에 해당한다(WTO 관세평가협정 권고의견 4.11). 수입자가 모회사와 특수관계가 아닌 수출자로부터 조제오이류를 수입하면서 모회사에 지급한 로열티를 과세가격에 가산한 사안에서 거래조건성이 인정된 사례가 있다(대법원 1993.4.27. 선고 91누7958 판결 참조).

65) 사후조정금액이 해당 수입물품을 수입한 후 전매 · 처분 또는 사용하여 생긴 수익금액 중 판매자에게 직접 또는 간접으로 귀속되는 금액인 경우에는 관세법 제30조 제1항 제5호에 의한 사후귀속이익에 해당되며, 실제 사후귀속이익에 해당하는지 여부는 과세관청의 사실판단 사항이다(기획재정부 관세협력과−640, 2016.10.26).

66) 기획재정부 유권해석(1997.1.9)에 의하면 수입항까지 운임, 보험료, 기타 운송에 관련되는 비용은 당해 물품 구매자가 부담하는지 여부와 관계없이 당해 수입물품 실제지급가격에 가산한다. 또한 '기타 운송관련 비용'은 운임 · 보험료 이외 구매자가 부담하는 운송수단 변경시의 양하 · 적하비용, 산 동물 사료 공급비용 등 운송관련비용을 말한다. 선박의 노후를 이유로 지불한 선박할증보험료는 그 부담자가 누구인지와 관계없는 보험료 성격을 띠고 있다. 선박할증보험료를 선박회사가 대납하는 경우에는 운임을 선박할증료 만큼 덜 받는 것으로 보아야 하므로 이 경우 당해 수입물품의 실제지급가격에 가산해야 할 운임은 실제로 대납된 선박할증보험료 상당액이 차감된 금액이어야 한다.

67) 수입자의 선박 또는 항공기로 운송되는 물품, 운임과 적재수량을 특약한 항해용선 계약에 따라 운송되거나, 실제 적재수량이 특약수량에 미치지 아니하는 물품, 기타 특수조건에 의하여 운송되는 물품운임이 통상운임과 현저하게 다른 때에는 운송거리 · 운송방법 등을 참작하여 관세청장이 정하는 통상운임을 당해 물품운임으로 할 수 있다.

에서 발생하는 조출료, CFS Charge 등 비용은 수입항 도착 이후 비용에 속한다.

과세가격 결정에 관한 관련 자료를 보면, 1978.12.5. 관세법 개정(법률 제3109호)시 종량세 과세표준을 최초로 규정하였으며, 법률 제4027호로 GATT협약에 맞게 과세가격 결정원칙을 개정하였다. 1983.12.29. 관세법 개정(법률 제3666호)시 과세표준을 정상도착가격에서 거래가격으로 개정하였으며, 1988.12.26. 관세법 개정(법률 제4027호)시 과세가격 결정방법을 순차적으로 정하여 실시하도록 규정하였다. 1993.12.31. 관세법 개정(법률 제4674호)시 특허권에 관한 내용, 선적일 개념, 기타운송에 관한 비용, 가산요소 등에 관한 세부사항을 추가하여 정하였다.

【운임과 운송관련비용의 종류 및 과세 여부】

종 류	표 시	내 용	평 가
해상운임	O.F(Ocean Freight) B.F(BasicFreight)	일반적인 해상운임	과세
내륙운임	ARB(Arbitrary Charge) ONC(On-Carrige) FSC(Feeder Service Charge) O/F IHC(Ocean Freight Inland Haulage Charge) FOB Charge(수출국 발생비용) Inland FRT(수출국 내륙운송비)	국외발생 내륙운송료 도착 후 발생 내륙운송료	과세 비과세
선적항부두사용료	PSC(Port Service Charge)	국외발생 부두사용료	과세
부두사용료	WFG(Wharfage) W/F	선사가 도착지 항구에 대신하여 납부하는 것	비과세
선적항장비사용료	LOO(Lift on-off Charge) LFT(LiftCharge)	선적항에서의 장비사용료	과세
도착후터미널사용료	DDC(Destination Dock Charge)	도착후 발생 사용료	비과세
터미널화물조작료	THC(Terminal Handling Charge)	국외발생 화물조작료(OTH) 도착후 발생 화물조작료(DTH)	과세 비과세
통화할증료	CAF(Currancy Adjustment Factor)	항해중 환율변동에 따른 손실에 대한 보전비용	과세
유류할증료	FAF(Fuel Adjustment Factor) BAF(Banker Adjustment Factor)	항해중 유가변동에 따른 손실에 대한 보전비용	과세
해외발생금융비용	Banking Charge	판매자 이익을 위해 해외에서 발생한 금융비용을 구매자가 지급한 간접지급금	과세

종 류	표 시	내 용	평 가
착지불수수료	Freight Collection Charge C/C Charge CCF(Charge Collect Fee)	후불운임의 수취라는 서비스 대가로 지급되는 비용	비과세
서류작성료	DOC(Documentation Charge) DCF(Document Fee)	선사가 화주에게 제공하는 Document 작성비용	비과세
컨테이너지역개발세	CTX(Container Tax)	선사가 지자체에 대납	비과세
화물하역료	CFS	국외발생 하물하역료 도착 후 발생 화물하역료	과세 비과세

【조세심판원 2016.10.24, 2016관0072】 쟁점물품은 수입 당시 사실상 무상으로 수입된 것인 점, 쟁점물품은 수량할인이 아닌 판촉물의 성격이 상당해 보이는 점, 쟁점계약을 이미 정해진 판매물량에 따라 가격을 할인하는 가격조정약관으로 보기 어려운 점 등에 비추어 청구주장을 받아들이기 어렵다. * 계약에 따라 약정된 연간 기준물량을 초과하여 추가로 제공받은 무상샘플을 수량할인으로 보아 쟁점물품의 과세가격을 재산정하여야 한다는 청구주장의 당부 사례이다.

【조세심판원 2016.6.15, 2015관0072】 청구법인은 해당 수입물품별로 수입 이후 전매 · 처분 또는 사용하여 생긴 수익금액을 판매자인 미국 본사에 지급할 것을 양 거래당사자가 사전약정한 사실이 없는 점, 이 건 조정금액은 특수관계자 간 이전가격의 사후조정에 해당하는 점, 이 건 사후조정은 가격조정약관에도 해당하지 아니하여 그 조정금액을 쟁점물품의 실제지급가격으로 보기 어려운 점 등에 비추어 이 건 조정금액을 사후귀속이익으로 보기 어렵다 할 것이므로 이를 가산하여 관세 등을 과세한 처분은 잘못이 있다.

【조세심판원 2014.10.29, 2012관0168】 특별수주할인은 당사자 간의 협의에 따라 특정수주건 · 특별고객에게만 한시적 · 한정적 조건 하에 제공되는 할인으로 보이므로 이를 정상적인 가격결정 관행에 부합한다고 보기 어려운 점, 특별수주할인은 당사자 간 특수관계에 의한 조건 및 사정에 따라 그 금액을 계산할 수 있는 점 등에 비추어 처분청이 특별수주할인금액을 과세가격에 포함하여 과세한 처분은 잘못이 없다.

【조세심판원 2014.8.21, 2014관0226】 보세구역 내에서 계약변경된 거래가액은 쟁점물품에 대해 지급하였거나 지급할 가격이 아니므로 이를 적용 할 수 없고 처분청은 공인조사기관 조사결과에 따라 수입신고 당시 변질 · 손상정도를 반영한 성질 · 수량으로 과세가격을 산정한 결과에 따라 과세가격을 결정하였으므로 이 건 과세는 정당하다.

【조세심판원 2013.5.16, 2012관0067】 IMF(국제마케팅비용)는 기존에 상표사용료에 포함하여 지급하던 것을 임의적으로 구분한 것으로 보여지는 점, 라이센서가 2009년 이전 수행했던 마케팅 활동과 2009년 이후 수행한 활동 및 계약내용에 차이가 없다는 점, IMF는 청구법인이 얻은 효익에 대한 보상차원으로 증가된 상표가치에 대하여 지급하는 것으로 보여지는 점, 라이센서가 IMF 실제소요비용을 청구하지 아니하고 상표사용료와 동일하게 순매출액의 일정률로 청구하여 지급받는 점으

로 보아 IMF는 상표사용료로 보여진다. 그리고 청구법인이 수입·판매하는 쟁점물품에 ○○○상표가 부착되어 있어 관련성이 충족된다는 점, 쟁점물품 해외 제조업체들은 ○○○ 상표가 부착된 물품을 제조할 권한이 없어 ○○○ 본사에서 승인하고 있고 상표사용계약에 따라 쟁점 IMF비용을 라이센서에게 지급하지 않는 경우 상표사용계약 10.3조 및 10.4조에 따라 상표사용계약이 종료되고 청구법인은 더 이상 ○○○상표를 사용할 권리를 가질 수 없으므로 라이센서의 승인이 없이는 쟁점물품을 제조하여 청구법인에게 공급할 수 없으므로 거래조건 또한 충족되므로 청구법인이 상표권자에게 지급한 국제마케팅비용은 관세법 제30조 제1항 제4호의 상표사용료에 해당되는 것으로 보여지므로 처분청의 이 사건 쟁점물품에 대한 과세처분은 잘못이 없다고 판단된다. * 특수관계자간 계약내용을 변경하여, 상표권 사용료로 지급되던 금액을 상표권 사용료와 마케팅비용으로 분리하였으나, 모기업(상표권자)에 지불한 국제마케팅비용(IMF)이 상표권 사용료에 해당한다는 사례이다.

【조세심판원 2009.9.15, 2008관0158】 제3자간 SWAP 계약에 따라 절감된 수송비의 이익 분배과정에서 지급된 정산금은 공급자의 청구서(Debit Note)에 'SWAP 거래로 인한 운임절감분'으로, 수입자의 회계전표상 수송비로 회계처리하고 있으므로 해당 수입물품과 관련해 발생한 운송관련비용으로 보는 것이 타당하다.

【조세심판원 2009.8.12, 2008관0054】 선박이 특정부두에 접안하여 하역을 하는 하역준비완료통지(NOR Tender) 시점을 '수입항에 도착하여 본선하역준비가 완료되는 때'로 볼 수 있는지 여부에 대하여 살펴보면, 이 사건 관련 선박의 경우 '하역준비완료통지(NOR Tender) 시점 및 지점'은 관련 선박이 항계 밖 도선구에 도착하여 동 사실을 선박대리점에 알림과 동시에 도선사의 승무를 요청하는 시점 및 지점으로서 ○○○계 밖 약 37㎞ 지점에 위치하고 있어 해당 선박의 항해가 실질적으로 종료되었다고 보기 어렵고, 해당 장소에서는 쟁점물품의 하역을 개시할 수도 없으므로 동 시점이 '수입항에 도착하여 본선하역준비가 완료되는 때'에 해당한다고 보기는 곤란하다. 반면에, 쟁점물품의 하역은 도선사가 이 사건 선박을 ○○○ 내에 위치한 청구법인의 전용부두까지 운항하여 전용부두에 접안·계류(繫留)함으로써 해당 선박의 항해가 실질적으로 종료되고 하역작업이 개시될 수 있음을 청구법인이 확인(NOR receive)한 후 실제로 개시되는 바, '본선의 하역준비가 완료되는 때'는 선장의 '본선하역준비완료통지(NOR Tender)' 시점이 아니라 쟁점물품의 하역장소인 전용부두에 본선이 접안·계류(繫留)하여 실제로 하역을 개시할 수 있는 때로 봄이 타당하다.

【조세심판원 2009.6.30, 2006관0200】 쟁점연구개발비용의 청구와 관련하여 독일 ○○○에서는 청구법인 등 ○○○ 계열사에게 쟁점연구개발비용을 청구하여 지급받는 대신 로열티 등 지적권리사용료, 즉 로열티를 청구하지 않는다고 계약서에 규정하고 있는 점을 보면 쟁점연구개발비용은 사실상 물품개발과 관련한 지적권리 사용료에 대한 대가의 측면이 있다고 보여진다. 청구법인은 해외의 ○○ 계열사로부터 쟁점물품을 수입함에 있어 비용배분 합의서에 의하여 독일 ○○○에게 쟁점연구개발비용을 지급하고 있는바, 청구법인이 쟁점물품을 수입하기 위하여는 쟁점연구개발비용을 지급할 수밖에 없는 점, 쟁점물품의 수입과 관련하여 독일 ○○○에서 청구법인 등 ○○○ 계열사에게 쟁점연구개발비용을 청구하여 지급받는 대신 로열티 등 지적권리 사용료를 청구하지 않는 점, 또한 순수한 인건비라고 주장하는 Management비용의 경우에도 실제 제품개발과 관련하여 사용된

비용임을 청구법인 스스로 인정하고 있는 점, 독일 ○○○에서 연구개발비용의 배분을 수입제품별로 할당하여 청구하고 있는 점 등을 감안하여 볼 때 쟁점연구개발비용은 쟁점물품의 수입과 관련하여 실제로 지불했거나 지불할 가격의 일부로 보여지므로 쟁점물품의 과세가격에 가산하는 것이 타당하다고 판단된다. * 연구개발비용을 실제로 지급하였거나 지급하여야 할 금액으로 보고 물품의 과세가격에 포함하여 경정고지한 처분의 당부 사례이다.

【조세심판원 2007.11.22, 2006관0038】 Corning은 FDM 및 Stirrer의 사용 및 판매와 관련하여 청구법인을 비롯한 동종업체로부터 권리사용료를 지급받지 않는다고 하는 점, 경쟁업체에서는 Corning을 통하지 않고 제조회사로부터 FDM 및 Stirrer의 직접구매가 가능한 점, Corning의 미국특허는 유리물 청징공정(Melting/Fining)에 관한 특허인 점, 관련 공학계에서도 정밀유리제조는 운전기술(공정기술)이 생산성을 유발하는 가장 중요한 요소로서 특허출원의 경우보다 영업비밀로 관리하는 것이 독점적 실시가 가능하다고 하는 점, WTO 관세평가협약 「권고의견 4.3」에서도 특허공법을 사용하여 제조된 물품의 수에 따라 권리사용료를 지급하는 계약을 체결하고, 별도의 계약에 의거 당해 특허공법을 수행하기 위해 특별히 고안된 기계장치를 해외 제조자로부터 구매하는 경우 판매조건이 아니기 때문에 권리사용료를 과세하지 않는다고 권고하는 점, 대법원에서도 권리사용료에 대한 과세요건은 관련성만으로는 부족하고, 거래조건까지 인정되어야 하며, 이에 관한 입증책임은 과세관청에 있다고 판시한 점 등을 감안할 때, 청구법인이 Corning및 Cosam에 지급한 권리사용료는 쟁점물품의 거래조건으로 지급한 것이 아니고, 정밀평면유리 제조 및 판매 등과 관련한 기술의 독점사용에 대한 대가로 지급한 것으로 보인다. * 관련성은 인정되나 거래조건에 해당되지 않는다는 사례이다.

【조세심판원 2003.9.1, 2002관0061】 청구법인의 대금지불능력 및 신용이 부족한 상황에서 청구법인은 수출자에게 수출자의 지급보증에 의한 대출금액으로 쟁점물품을 구매할 수 있도록 요청하였고, 수출자는 청구법인에게 수출자가 지정하는 은행으로부터 대출을 받도록 하고 대출금액을 물품대금으로 지급받으면서 청구법인으로부터는 물품대금과는 별도로 지급보증수수료를 지급받았는바, 수출자의 지급보증이 없었다면 청구법인은 쟁점물품을 구매할 수 없었다고 여겨지므로 이건 지급보증수수료는 관세법 제30조 제2항 및 GATT 신평가협약 부속서 3. 제7항의 규정에 의하여 구매자가 지급했거나 지급하여야 할 간접적인 지급액에 포함될 뿐만 아니라, WTO 관세평가협약 해설 5.1에서 살펴본 확인수수료와 같은 성격의 것으로 보인다. 따라서 이건 지급보증수수료는 판매조건으로 수출자에게 간접지급된 비용으로 보아야 하므로 관세법 제30조 제2항 및 GATT 신평가협약 부속서 3. 제7항의 규정에 의하여 과세가격에 포함하여야 한다고 판단된다. * 수입자가 수입물품을 수입하면서 수출자의 지급보증하에 지정한 금융기관으로부터 대출을 받아 물품대금을 지급하고 수출자에게 지급보증수수료를 지급한 때 동 수수료가 간접지급이용으로 관세관세가격에 포함되는지 여부에 관한 사례이다.

【대법원 2022.11.17, 2018두47714】 연간 구매수량의 일정비율에 해당하는 물품을 '무료샘플' 명목으로 공급받기로 특약에 따라 무상으로 물품을 공급받으면 '연간 총지급액'은 변하지 않으나 '연간 총구매수량'이 증가하므로 실질적으로 단위당 거래가격이 인하되는 효과가 발생하는 점, 특약이 포함된 원료 독점 수입 계약은 연간 구매계약으로서 잠정적인 기본가격을 설정하고 연간 구매수량에

따라 추가 공급수량이 확정되면 연간 총지급액과 연간 총구매수량에 따라 1년 단위로 최종적인 거래가격이 결정되는 구조의 계약이라고 볼 수 있는 점, 특약에 따라 공급받은 물품이 '무료샘플'이라는 명목으로 공급되었고 수입할 당시 대가를 별도로 지급하지 않았더라도 아무런 대가 없이 공급된 것이라고 볼 수는 없는 점을 종합하면, 특약에 따라 공급받은 물품은 관세법 시행령 제17조 제1호에서 정한 '무상으로 수입하는 물품'에 해당한다고 보기 어렵다.

【대법원 2020.2.27, 2018두57599】 재현권의 사용 대가를 수입물품의 과세가격에서 제외하는 까닭은, 재현권은 수입신고 이후 문제 되는 것이고 수입신고 당시의 수입물품 자체와는 관련이 없으므로 그 사용 대가는 수입물품의 가치와 별도로 취급되어야 하기 때문이다. 수입물품에 구현되어 있는 특정한 저작물을 우리나라에서 공연이나 방영 등의 방법으로 재현하는 권리에 대한 사용 대가는 관세법 시행령 제19조 제2항 괄호 부분에 따라 수입물품의 과세가격에 포함될 수 없다.

【대법원 2019.2.14, 2016두34110, 34127】 이 사건 권리사용료에는 수입설비 중 일부와 관련되어 지급된 특허・노하우의 대가 외에도 전체설비 등과 관련성이 없는 공정관리에 관한 노하우의 대가, 사업운영에 관한 노하우의 대가가 포함되어 있으므로 권리사용료 전부에 수입설비의 실제지급가격에 가산할 금액을 산출한 처분은 위법하다.

【대법원 2017.10.12, 2017두44879】 甲유한회사가 자신이 수입하는 스포츠용 의류 등에 부착된 상표의 상표권자인 乙미국 법인에 유명 선수 등의 후원 및 국제마케팅 활동 등과 관련하여 WWP (World Wide Promotion) 분담금을 지급하기로 하는 마케팅지원계약을 체결한 후 乙 법인의 상표가 부착된 스포츠용 의류 등을 수입하면서 WWP 분담금을 수입물품의 과세가격에 가산하지 않고 신고하자, 관할 세관장이 WWP 분담금을 수입물품의 과세가격에 가산하여 관세 등 부과처분을 한 사안에서, WWP 분담금이 수입물품의 과세가격에 가산조정되는 '상표권 사용 대가'에 해당한다.

【대법원 2017.4.7, 2015관49320】 수입자가 국내 구매자에 대한 독립적인 판매자의 지위에 있는지 아니면 수출자의 판매대리인으로서 단순 보조자에 불과한지는 물품 수입계약 및 국내 구매자에 대한 판매계약의 각 계약당사자, 수입가격 및 국내 판매가격의 결정 방식, 국내 구매자에 대한 물품 공급 과정, 수입물품에 관한 위험부담의 법적 귀속주체, 관세회피 목적의 유무 등을 종합적으로 고려하여 거래관념과 사회통념에 따라 합리적으로 판단하여야 한다. 다만, 납세의무자는 경제활동을 할 때 특정 경제적 목적을 달성하기 위하여 어떤 법적 형식을 취할 것인지 임의로 선택할 수 있고, 과세관청으로서도 그것이 가장행위라거나 조세회피 목적이 있다는 등의 특별한 사정이 없는 한 납세의무자가 선택한 법적 형식에 따른 법률관계를 존중하여야 한다. 그러므로 수입자가 수출자의 국내 자회사로서 물품 수입 및 공급거래의 과정에서 모회사의 지시에 따르거나 수입물품에 관한 경제적 위험을 모회사와 분담하는 등 일반적인 제3자 사이의 거래와 다른 특수한 점이 있다고 하더라도, 그것이 거래통념상 모회사와 자회사 사이에서 보통 이루어지는 거래방식에서 벗어난 것이 아니라면, 관련 당사자들 사이의 계약 내용을 무시하고 자회사를 수입물품의 구매자가 아닌 판매대리인에 불과하다고 쉽게 단정할 것은 아니다.

【대법원 2016.12.15, 2016두47321】 [1] 관세법은 수입물품의 과세가격에 가산되는 조정요소의 하나로 '수입항까지의 운임'을 들고 있다. 여기에서 말하는 운임은 화주가 계약자유의 원칙에 따라

운송계약에서 운송인에게 운송의 대가로 지급하기로 약정한 보수로서, 화주가 운송인에게 실제로 지급하는 금전뿐만 아니라 금전적 가치를 가지는 현물도 포함된다. 관세법의 위임에 따라 시행령은 법 제30조 제1항 제6호 본문에서 정한 운임을 운임명세서 등에 의하여 산출하는 것을 원칙으로 하고 있으므로, 운임명세서 등에 운임이 기재되어 있는 경우에는 이를 위 조항에 따른 운임으로 보아야 한다. 관세청장이 운송거리나 운송방법 등을 고려하여 운임을 정하는 것은 운송계약과 운임명세서 등으로 운임을 산출할 수 없는 예외적인 경우에 한정된다. [2] 과세관청이 운송계약에서 정하거나 운임명세서 등에 기재되어 있지 않은데도 운임이라고 인정하고 이를 수입물품의 과세가격에 가산하여 조정하려면 과세관청이 운임이 발생하였다는 점과 금액을 증명하여야 한다.

【대법원 2016.10.27, 2014두13362】 시행령 제19조 제5항은 권리사용료가 해당 물품의 거래조건으로 지급되는 것으로 보는 경우의 하나로 제2호에서 수입물품의 구매자와 판매자 간의 약정에 따라 구매자가 수입물품을 구매하기 위하여 판매자가 아닌 자에게 권리사용료를 지급하는 경우를 들고 있다. 구매자와 판매자 사이의 직접적인 약정에 따라 구매자가 판매자 아닌 자에게 권리사용료를 지급하는 경우가 아니더라도, 구매자, 판매자 및 권리보유자 사이의 관계와 그들 사이의 관련 약정의 내용 등에 비추어 볼 때 구매자가 판매자 아닌 자에게 권리사용료를 지급하지 않으면 판매자로부터 수입물품을 구매할 수 없는 경우에는 특별한 사정이 없는 한 권리사용료가 수입물품의 거래조건으로 지급되는 경우에 해당한다.

【대법원 2016.8.30, 2015두52098】 [1] 세법 중 과세표준의 계산에 관한 규정은 소득, 수익, 재산, 행위 또는 거래의 명칭이나 형식에 관계없이 실질 내용에 따라 적용하여야 하고(국세기본법 제14조 제2항), 이는 관세법을 해석 · 적용할 때도 마찬가지이다. 따라서 구매자가 상표권자에게 지급한 금액이 수입물품 과세가격의 가산조정요소가 되는 '상표권 및 이와 유사한 권리의 사용 대가'에 해당하는지는 지급한 금액의 명목이 아니라 실질내용이 상표권 등 권리를 사용하는 대가로서의 성격을 갖는 것인지에 따라 판단하여야 한다. [2] 甲주식회사가 자신이 수입하는 스포츠용 의류 등에 부착된 상표의 상표권자인 乙독일법인에 권리사용료(royalties)와 별도로 국제마케팅비(IMF)를 지급하는 라이선스 계약을 체결한 후 乙법인 상표가 부착된 스포츠용 의류 등을 수입한 사안에서, 국제마케팅비는 甲회사의 수입물품을 개별적으로 광고함으로써 판매를 촉진하기 위한 것이 아니라 주로 乙법인이 유명 운동선수나 팀 또는 국제적인 운동경기 등을 통하여 자신이 보유하는 상표의 명칭과 로고 등을 대중들에게 지속적으로 노출시키는 데 쓰인 비용의 일부인 점 등을 종합해 보면, 국제마케팅비는 명목에도 불구하고 실질이 수입물품의 구매자인 甲회사가 상표권 등에 대한 권리자인 乙법인에 권리사용의 대가로 지급한 금액이라고 볼 여지가 충분하므로, 국제마케팅비는 甲회사가 乙법인에 지급한 '상표권 및 이와 유사한 권리의 사용 대가'라고 보는 것이 거래의 실질에 부합한다.

【대법원 2014.9.26, 2014두7572】 ① 비록 A회사(다국적기업의 아웃소싱업체, 홍콩소재)가 동남아 소재 제조자에게 이 사건물품을 주문하기 전에 원고로부터 제조자나 물품에 대한 의견을 받아 이를 주문에 반영하였다고 하더라도 이러한 주문방식은 A가 판매자로서 수혜하는 영업방식으로 볼 수도 있는 점, ② A가 제조자들과 표준구매계약서에 따라 계약을 체결하였는데 거기에는 A가 구매자이고 소유권(title)과 위험(risk)이 주문조건 등에 따라 A에게 이전된다고 규정되어 있을 뿐 A가

원고의 대리인이라는 등이 원고와 대리관계가 나타나 있지 아니하며 원고와 제조자들 사이에 별도로 계약서가 작성되지도 아니한 점, ③ A가 자신의 명의로 제조자에게 물품을 주문하고 제조자로부터 수입자를 A로 하는 상업송장을 받은 다음 자신의 명의의 제조자를 수익자로 하는 신용장을 개설하여 제조자에게 물품대금을 지급하였으며 이와 같은 과정을 거쳐 물품대금의 지급이 완료된 이후에 비로소 원고에게 이 사건 수수료를 합한 대금을 청구할 수 있어 물품대금의 선지급에 따른 위험을 부담한 점, ④ A가 제조자에 대한 미지급 물품대금을 매입채무로 계상하는 한편 클레임 충당금을 계상하였는데 이는 A가 이 사건 계약에 따라 원고에게 부담하는 물품의 결함, 수량부족 등의 하자에 대한 보증책임에 대비하기 위한 것으로 보이는 점, ⑤ 원고도 이 사건 물품의 수입 당시 수입신고서에 해외거래처를 A로 기재하고 이 사건 수수료에 관한 거래를 용역거래가 아닌 재화거래로 하여 회계처리를 한 점 등을 종합하면 A가 원고의 대리인이 아니라 이 사건 물품의 실질적인 수출자 또는 판매자의 지위에 있었다고 보아야 하므로 이 사건 수수료는 수입물품의 과세가격에 가산하지 아니하는 구매수수료에 해당하지 아니한다.

【대법원 2012.2.23, 2010도4355】 피고인이 중국회사에서 오토바이를 수입하면서 과세가격을 실제로 지급한 금액에서 중국회사의 금형개발비를 누락시켜 신고함으로써 차액에 대한 관세를 포탈하였다고 하여 관세법 위반으로 기소된 사안에서, 무료 또는 인하된 가격으로 금형 자체를 수출업자에게 공급한 것이 아니라 구매자가 금형개발비를 물품대금에 포함하여 지급한 경우로서 금형개발비로 지급된 금액 자체가 곧바로 수입물품의 과세가격으로 된다고 보아 유죄를 인정한 원심판단은 정당하다.

【대법원 2010.5.13, 2008두9508】 원고와 ○○사 사이의 구매대리서비스계약상 ○○가 소유권을 보유하지 않기로 한 점, 구매자 선정, 가격결정, 운송 기타 관련 업무에 대한 최종결정권은 원고가 가지기로 약정한 점, ○○사는 구매대리서비스 계약에 정해진 대로 원고에게 제조자를 물색해 주고 원고의 요구사항을 제조자에게 알려주며, 샘플을 수집, 물품을 검수 확인하고 물품의 운송과 관련된 제반 사항을 주선하는 업무를 수행한 점, ○○가 제조자에게 제품을 주문할 때에도 원고의 주문번호와 고객번호를 명시하였는데 이는 ○○사가 원고의 대리인 자격을 표시한 것으로 볼 수 있는 점, 제조자는 ○○사를 원고의 대리인으로 표시한 송장을 발행한 점, 하자에 대한 책임은 제조자가 부담한 점 등을 고려할 때 ○○사는 구매대리인이며 원고가 지급한 수수료는 구매수수료에 해당한다.

【서울고등법원 2007.6.15, 2006누2688】 조달계약서상에 ○○가 원고의 구매대리인의 구체적 서비스 내용(용역의 범위)이 전혀 기재되어 있지 않고 손실을 분담할 필요가 없음에도 처분비용을 분담한다고 기재되어 있는 점, 원고의 미국 현지에 설립한 법인으로 원고와 특수관계에 있는 점, 선적서류의 수출자란에 ○○가 기재되어 있는 점, 오더워크쉬트상에 Commission이 아닌 Profit이라고 기재되어 있는 점 등을 고려하면, 쟁점금액은 그 실질상 수입자가 수출자에게 지급한 물품대금에 해당하므로 구매수수료라는 원고의 주장은 이유없다.

【부산고등법원 1999.1.19, 97구3569】 ○○사가 외국 제조업체로부터 ○○상표제품을 수입함에 있어 원고의 구매대리인으로 선임되어 있고, 그에게 구매수수료라는 명목으로 비용이 지급되고 있다고 하더라도, ○○사는 원고의 전 주식을 소유하는 법인으로서, 원고는 ○○사를 통하지 아니하고는 해외로부터 ○○상표제품을 구매할 수 없을 뿐만 아니라 해외 제조업체에 대한 선택권이 없으며, 사실

상 ○○사가 제조업체를 지시, 통제하고 있는 점 및 원고의 대금결제 역시 ○○사의 하도급업체인 ○○○사에게 하고 매매계약상 수출자가 ○○○사인 점, 그리고 수수료가 제품공장도 가격의 7%로서 정률로 되어 있는 점 등에 비추어보면, ○○사는 단순한 원고의 구매대리인이 아니라, 실질적인 제품의 수출자 또는 판매자로서의 역할을 수행한다고 할 것이고, 나아가서 원고가 ○○사에게 구매수수료 명목으로 지급하는 금액은 구매하는 물품에 대한 대가로서의 성격을 가지고 있다.

【대법원 1998.12.8, 97누12495】 A/S용 부품의 수입가격은 양산용 부품의 구입과 관련성이나 조건성이 없고 A/S용 부품의 구입 여부나 수량 등의 결정권이 전적으로 원고에게 있는 점, A/S용 부품에 대한 할인금은 양산용 부품의 거래와는 상관없이 A/S용 부품의 구입수량 등에 따라 소외 회사들이 정한 할인율에 따라 결정되고, 그 할인의 대가로 소외 회사들이 부담하여야 할 무상보증수리의무를 원고가 대신 부담하기로 한 것도 아닌 점, A/S용 부품은 건설중장비의 유지관리 및 수리보수 전반에 사용되는 것으로 전시용, 광고용 등으로만 사용하거나 특정인에게만 판매하도록 하는 등의 처분 또는 사용상 제한이 없고 할인가격이 통상의 거래가격인 점 등을 종합하여 수입한 A/S용 부품이 관세법 소정의 그 처분 또는 사용에 제한이 있다거나 그 거래의 성립 또는 가격결정이 금액으로 환산할 수 없는 조건이나 사정에 의하여 영향을 받은 경우에 해당하지 않는다는 이유로, 그 할인금 상당액이 과세가액에 포함되지 않는다.

【대법원 1998.9.4, 98두1512】 소프트웨어 자체는 물품이 아니므로 관세의 과세대상은 수입물품인 '소프트웨어가 수록된 매체'라고 할 것이고, 이때 매체의 가치를 평가함에 있어 그 수록된 소프트웨어의 가치를 합산하는 것인바, 소프트웨어는 저작권 유사의 권리로서 그 가치는 프로그램의 내용뿐만 아니라 그에 대한 권리의 범위에 따라 달라지는 것이고, 프로그램의 사용을 허락받은 자는 허락된 사용방법 및 조건의 범위 안에서 해당 프로그램을 사용할 수 있으며, 프로그램 저작권자의 동의 없이는 사용할 권리를 제3자에게 양도할 수 없으므로, 평가용 소프트웨어는 비록 일반용 소프트웨어와 그 프로그램의 내용에 있어 동일하다고 하더라도 저작권자가 지정한 사용권한의 범위가 다르고 그에 따라 그 가치가 상이하며 상업적으로 상호 교환이 가능한 것이라고 볼 수도 없다면, 과세가격을 결정함에 있어 평가용 소프트웨어가 수록된 매체는 일반용 소프트웨어가 수록된 매체와는 서로 다른 물건이라고 함이 상당하다.

【대법원 1998.8.21, 97누13115】 [1] 특허권 등의 권리를 사용하는 대가가 수입물품과 관련이 있고 수입물품의 거래조건으로 지급될 경우, 수입물품의 과세가격에는 수입물품의 실제지급가격에 가산하여 권리사용료가 포함되고, 컴퓨터 소프트웨어는 저작물로서 그에 대한 권리는 저작권 유사의 권리로 보호되는 것이므로, 컴퓨터 소프트웨어가 기록된 전달매체의 과세가격은 전달매체의 가격 이외에 컴퓨터 소프트웨어의 가치를 가산하여 조정한 거래가격으로 보아야 한다. [2] 수입회사가 모회사로부터 컴퓨터 소프트웨어가 수록된 전달매체를 수입하면서 위 소프트웨어를 재사용허가할 독점적 권리를 취득하고 국내에서 소프트웨어 제품을 판매하는 데 필요한 부속물품과 정보를 공급받는 대가로 고객에게 청구한 금액의 40%를 로열티로 지급하기로 약정한 경우, 위 로열티에는 소프트웨어 사용대가 외에 부속물품, 정보 등의 대가가 포함되어 있고 소프트웨어를 고객의 컴퓨터에 설치해 주고받은 대가는 이른바 재현생산권의 대가로서 수입물품의 과세가격에 포함될 수 없다.

【대법원 1996.2.23, 94도3266】 [1] 저작권법에 의하여 보호되는 저작물이기 위하여는 어디까지나 문학, 학술 또는 예술의 범위에 속하는 창작물이어야 하고, 본래 산업상의 대량생산에의 이용을 목적으로 하여 창작되는 응용미술품 등에 대하여 의장법 외에 저작권법에 의한 중첩적 보호가 일반적으로 인정되게 되면 신규성 요건이나 등록 요건, 단기의 존속기간 등 의장법의 여러 가지 제한 규정의 취지가 몰각되고 기본적으로 의장법에 의한 보호에 익숙한 산업계에 많은 혼란이 우려되는 점 등을 고려하면, 이러한 응용미술작품에 대하여는 원칙적으로 의장법에 의한 보호로써 충분하고 예외적으로 저작권법에 의한 보호가 중첩적으로 주어진다고 보는 것이 의장법 및 저작권법의 입법 취지라 할 것이므로 산업상의 대량생산에의 이용을 목적으로 하여 창작되는 모든 응용미술작품이 곧바로 저작권법상의 저작물로 보호된다고 할 수는 없고, 그중에서도 그 자체가 하나의 독립적인 예술적 특성이나 가치를 가지고 있어 위에서 말하는 예술의 범위에 속하는 창작물에 해당하여야만 저작물로서 보호된다. [2] 직물 염직에 사용하기 위한 염직도안이 응용미술품의 일종이긴 하나 저작권법상 저작물이 아니다.

【대법원 1994.11.25, 93도3274】 양륙기간을 약정한 용선계약에 있어서 용선자가 약정한 기간내에 양륙작업을 완료하지 못하고 기간을 초과하여 양륙한 경우에 있어 선박회사가 그 초과한 기간에 대하여 용선자에게 청구할 수 있는 이른바 체선료는 그 체선기간 중 선박소유자가 입는 선원료, 식비, 체선비용, 선박이용을 방해받음으로 인하여 상실한 이익 등의 손실을 전보하기 위한 법정의 특별보수라고 할 것이므로, 선적항에서의 체선료는 다른 특별한 사정이 없는 한 수입물품의 거래가격을 신고할 때 가산하여야 할 관세법 소정의 "운송에 관련되는 비용"에 포함된다고 보아야 한다.

【대법원 1993.12.14, 92누5263】 수입물품의 과세가격에 가산되는 물품 및 용역의 공급이란 수입거래에 있어서 수출자가 하여야 할 일을 수입자가 자신의 비용으로 대신하여 수행한 다음 그 결과를 무료 또는 인하된 가격으로 생산자에게 제공함으로써 수입물품의 가격을 인하시키는 경우를 가리킨다.

【대법원 1993.12.7, 93도1064】 선박용선에 있어서의 운임이란 해당 용선계약에 의하여 실제로 지급한 일체의 비용을 말하는 것이나, 운임용선계약에 있어서의 공적운임(Dead freight)은 용선자가 해당 선박에 선적하여야 할 책임이 있는 적하량의 최저한을 채우지 못한 경우 운송자에게 부담하는 금원으로서 그 실질은 운임이 아니라 손해배상이라 할 것이므로, 공적운임은 다른 특별한 사정이 없는 한 수입물품의 거래가격을 신고할 때 가산하여야 할 관세법 소정의 "운임, 보험료 기타 운송에 관련되는 비용"에는 포함되지 아니한다.

【대법원 1993.12.7, 93누17881】 구매자가 디스트리뷰터(Distributor) 방식에 따라 판매자가 수행할 용역(판매장 설치 전시광고 등 사항, 보증유지수리 등 사항)을 자신이 하는 대신 통상의 판매가격보다 할인된 가격으로 수입한 경우 할인금액이 관세의 과세가격에 포함된다.

【대법원 1993.4.27, 91누7958】 라이선스계약상 식품의 취급과 판매에 있어 M사가 수시로 지정하는 M시스템의 사양과 질적인 기준을 충족하는 식음료 재료만을 사용하여야 하며, 이를 위반할 경우에는 계약을 해지할 수 있기로 약정하였고, 더욱이 조제오이류는 공산품의 경우와 같이 국제공인규격이 정하여져 있는 것도 아닐 뿐만 아니라, ○○주식회사에서 수입 당시까지는 조제오이류를 ○○○○사로부터만 구입하여 왔으며, 그것이 햄버거의 생산에 전용되는 재료인 점에 비추어 보면, 조제오

이류는 ○○주식회사가 M사에 지급하는 사용료와 관련이 있고, 거래의 조건이 되어 실수요자인 ○○주식회사로서는 사실상 그 구매선택권이 없었다고 봄이 상당하다고 할 것이다. * 라이선스계약의 내용이나 거래의 실질에 비추어 수입물품의 거래조건으로 로열티를 지급하는 것으로 본다는 사례이다.

【대법원 1993.2.12, 92도1636】 대외무역법상의 갑류 무역대리업자가 오퍼시트(offer sheet)를 발행하면서 수수료를 포함하지 아니하고 물품공급자와 사이에 결정된 가격대로 물품가격을 기재한 경우 이를 관세포탈죄의 실행행위인 사위 기타 부정한 행위로 볼 수 없다.

【대법원 1992.7.14, 91누10763】 기술사용료가 수입물품의 실제지급가격에 포함되어 실제로 지급하였거나 지급하여야 할 금액이 아님에도 불구하고 이를 그 수입물품의 실제지급가격에 가산하여 조정한 거래가격을 과세가격으로 삼기 위하여는, 기술사용료가 수입물품에 관련되는 것만으로는 부족하고, 나아가 해당 물품의 거래조건으로 지급된 점까지 인정되어야만 하는바, 그와 같은 점에 관한 입증책임은 과세관청에게 있다.

【대법원 1992.11.24, 92도2006】 수입물품 중 일부가 불량품이라고 하더라도 대금을 정상품 가격대로 모두 지급한 이상 과세가격은 이 금액이 되는 것이지 불량품 금액만큼 감액한 금액이라고 할 수 없다.

【대법원 1989.9.12, 88도1884】 수입물품의 감정가격이 관세법 각 규정에 의한 방법 가운데 어느 방법에 의하여 평가한 금액인지 그 산출근거를 밝히지 않고 그 감정가격을 토대로 관세포탈액과 추징액을 산정한 조치는 심리미진의 위법이 있다.

【대법원 1977.9.13, 77도2162】 수입 외국화물가격표에 기재된 외화가격이 반드시 정당한 과세가격이 될 수 없다.

② 제1항 각 호 외의 부분 본문에서 "구매자가 실제로 지급하였거나 지급하여야 할 가격"이란 해당 수입물품의 대가로서 구매자가 지급하였거나 지급하여야 할 총금액을 말하며, 구매자가 해당 수입물품의 대가와 판매자의 채무를 상계(相計)하는 금액, 구매자가 판매자의 채무를 변제하는 금액, 그 밖의 간접적인 지급액을 포함한다. 다만, 구매자가 지급하였거나 지급하여야 할 총금액에서 다음 각 호의 어느 하나에 해당하는 금액을 명백히 구분할 수 있을 때에는 그 금액을 뺀 금액을 말한다.

1. 수입 후에 하는 해당 수입물품의 건설, 설치, 조립, 정비, 유지 또는 해당 수입물품에 관한 기술지원에 필요한 비용
2. 수입항에 도착한 후 해당 수입물품을 운송하는 데에 필요한 운임 · 보험료와 그 밖에 운송과 관련되는 비용
3. 우리나라에서 해당 수입물품에 부과된 관세 등의 세금과 그 밖의 공과금
4. 연불조건(延拂條件)의 수입인 경우에는 해당 수입물품에 대한 연불이자

해 설

실제지급금액이란 구매자가 지급하는 총금액을 말한다. 총금액에는 구매자가 판매자를 위

해 상계 · 변제 · 기타 간접적으로 지급하는 금액이 포함된다. 기타 간접지급 금액은 거래에 직접 관계가 없는 제3자를 통하여 물품대금을 지급하는 것 등이 있다.[68] 예를 들면, 우리나라 업체가 외국 수출업자와 구매계약을 맺고 수입할 때 그 대금 중 일부를 외국에 있는 우리나라 업체의 지사가 지급하는 경우다. 이러한 금액은 제1항에 규정된 가산요소 외에 간접지급 금액 형태로 수입대금이 지급되는 것이므로 이를 실제지급금액으로 본다. '상계'는 채권자와 채무자가 동종의 채권 · 채무를 가지는 경우 그 대등액에서 채권과 채무를 서로 소멸시키는 것이다. '변제'는 채무자나 다른 자의 행위로서 채무자의 급부를 실현시키는 것이며 변제에 의해 채권자는 목적을 달성하게 된다. 각 호 경우는 실제지급금액에서 공제하므로 이를 공제요소라 한다. 가산요소와 함께 조정해야 할 항목에 속한다.

제1호는 기술지원 비용에 관한 규정이다. 수입항까지 비용은 가산요소로 실제지급금액에 가산하지만, 수입 후에 행해지는 수입물품 건설, 설치, 조립, 정비, 유지 또는 기술지원에 필요한 비용은 실제지급금액에 포함되어 있으면 이를 공제한다. 예를 들면, 대형 공장을 건설하는 경우 외국으로부터 기술자가 우리나라에 와서 직접 시설을 설치하는 경우가 있으며, 이런 때에는 기술자의 인건비 등은 별도로 계산하여 과세가격에서 공제하여야 한다.

제2호는 운임 · 보험료에 관한 규정이다. 수입항 도착 후 수입물품 운송에 필요한 운임, 보험료, 기타 운송에 관련되는 비용은 내국운송에 관련되는 비용이다. 이러한 비용은 실제지급금액에 포함되어 있으면 이를 공제한다. 또한 컨테이너 취급비용, 항구 사용료 등 공과금이 총 금액에 포함되어 있으면 이도 공제한다. 다만, 이러한 비용이 포함되었는지 여부는 거래관계를 심사해서 개별적으로 판단하여야 한다.

제3호는 수입물품의 세금 등에 관한 규정이다. 세금 부과 전 가격이 과세가격에 해당하는 것이므로, 세금이 부과되었다면 이를 공제하여야 한다.

제4호는 연불이자에 관한 규정이다. 물품대금을 일시에 지불하지 아니하고 일정기간으로 정하여 지급하는 경우 그 기간 동안 이자를 지급한다. 이 연불이자는 물품대금과 무관한 금융과실이므로 총금액에 포함되어 있으면 공제하여야 한다. 연불이자를 공제하기 위해서는 연불이자가 수입물품의 대가로 실제 지급되었거나 지급할 금액과 구별될 것, 서면에 의한 계약서로 확인될 것, 해당 물품이 수입신고된 가격으로 판매되었으며 이자율이 금융이 제공된 국가에서 당시 그러한 거래에서 통용되는 수준을 초과하지 아니할 것 등 조건을 충족시켜야 한다.

---

68) 대통령령에 '기타의 간접적인 지급액'에는 판매자의 요청에 의하여 수입물품의 대가 중에서 전부 또는 일부를 제3자에게 지급하는 경우 그 지급금액, 구매자가 해당 수입물품의 거래조건으로 판매자 또는 제3자가 수행하여야 하는 하자보증을 대신하고 그에 해당하는 금액을 할인 받았거나 하자보증비중 전부 또는 일부를 별도로 지급하는 경우 해당 금액, 수입물품의 거래조건으로 구매자가 지급하는 외국훈련비 또는 외국교육비, 기타 일반적으로 판매자가 부담하는 금융비용 등을 구매자가 지급하는 경우 그 지급금액을 포함한다.

【조세심판원 2024.4.22, 2023관0098】 청구법인이 수출자로부터 수입하여 딜러사에게 판매한 쟁점부품이 쟁점물품의 하자보증 무상수리에 사용된 경우, 청구법인이 딜러사로부터 청구받은 쟁점부품 가격과 청구법인이 수출자에게 청구한 쟁점부품 가격의 차액을 간접지급금액으로서 관세 가격에 합산되기 위해서는 수입 당시를 기준으로 그 가액이 확정되어 있어야 하고 딜러사가 쟁점부품을 하자보증에 사용하였다면 청구법인은 사후적으로 쟁점부품을 무상으로 수입하여 딜러사에게 무상으로 제공한 것과 같은 결과로 하였을 뿐 수출자나 청구법인에게 추가적 손실 · 이익이 발생하지 않았고 청구법인이 하자보증을 이행하는 조건으로 할인받았다고 볼 만한 사정이 확인되지 않는다.

【조세심판원 2014.2.20, 2013관0271】 쟁점물품 과세가격에서 공제되는 수입후 설치비용 등이 주문서 등에 물품가격과 구분되어 있지는 아니하나 쟁점물품은 선박엔진 제조를 위한 설비로서 물품가격 이외에 설치비용이 별도로 소요되었을 것으로 보이고 처분청도 일부 설치비용의 발생사실을 인정하고 있는 점 등으로 보아 실제 지불한 사실이 객관적으로 확인되는 설치비용은 공제요소로 인정하는 것이 합리적이다.

【조세심판원 2014.2.4, 2013관0229】 청구법인이 쟁점물품을 수입하면서, 그 운송 도중 발생하여 운송선박의 추진연료 등으로 사용한 BOG에 상당하는 운임을 제외하고 운항선사에 지급한 것에 대하여 이를 과세가격에 가산요소인 수입항까지의 운임으로 보아 쟁점물품의 과세가격에 가산한 처분에 대해 쟁점물품의 거래가격에 BOG가격이 포함되었다고 보기 어렵고 청구법인은 BOG를 운송선사가 사용하게 한 후 이를 운송비용에서 차감해 온 점 등에 비추어 BOG를 가산요소인 운임으로 보아 과세한 처분은 정당하다.

【조세심판원 1995.6.2, 94관0105】 국제무역거래에서 수출자가 수입자에게 판매한 물품에 하자가 있는 경우 그 책임을 지는 것이 상관행상 수출자의 의무인바, 쟁점할인 가격은 수출자가 이러한 의무를 이행하지 아니하는 조건으로 하자보수를 수입업자에게 가격은 수출자가 이러한 의무를 이행하지 아니하는 조건으로 하자보수를 수입업자에게 부담시키면서 그 대가로 할인하여 준 것이므로 과세가격이 포함시킨 처분에는 잘못이 없다.

【대법원 2007.6.14, 2007두6267】 '기타 일반적으로 판매자가 부담하는 금융비용 등을 구매자가 지급하는 경우 그 지급금액'을 관세법 제30조 제2항에 정한 실제지급가격에 포함되는 '간접적인 지급액'에 해당하는 것으로 규정한 관세법 시행령 제20조 제6항 제4호는 판매자의 이익을 위하여 금융서비스가 이루어졌기 때문에 일반적으로 판매자가 부담해야 하는 금융비용을 구매자와의 특약에 의하여 구매자에게 전가한 경우 간접적인 지급액에 해당한다는 취지일 뿐이고, 이와는 달리 해당 물품을 수입하는 구매자의 요청에 따라서 판매자가 그 대금지급기한 등을 연장해 주는 과정에서 추가적인 금융비용이 발생한 경우 이러한 비용은 성질상 해당 수입물품의 대가나 거래의 조건에 해당한다고 보기 어렵기 때문에, 수입 관련 서류 등에 의하여 위와 같은 추가적인 금융비용을 해당 수입물품의 대가 등과 명백하게 구분할 수 있는 경우 이를 실제지급가격에 포함시킬 수는 없다. 원유 판매업자가 수입자인 구매자의 요청에 따라 대금지급기한을 연장해 주기 위하여 수출환어음을 해외 금융기관으로부터 무소구 조건으로 할인받는 포페이팅(forfeiting) 거래를 하게 된 경우, 판매자가 해외 금융기관에게 지급한 추가적 금융비용인 포페이팅 비용이 관세의 과세가격에 포함

되지 않는다.

【대법원 2006.1.27, 2004두11305】 '하자보증'이란 수입물품에 대한 하자 등에 대하여 그 물품의 종류나 성질에 따라 상거래관행상 통상적으로 요구되는 '일정기간' 동안 수출자의 책임으로 보상하는 것을 의미하고, 하자보증비는 그것이 해당 수입물품의 거래조건으로 지급된 경우에만 과세가격에 포함되며, '유지'의 개념에는 하자보증기간이 경과한 이후 그 내구연한 동안 해당 수입물품이 구매목적에 부합하는 기능을 수행할 수 있도록 보장하기 위하여 수시로 이루어지는 수리가 포함된다. [2] 수입물품에 대한 기술지원 서비스의 대가로 지급한 금액이 관세법 제30조 제2항 단서 제1호 등에 정한 '수입 후에 행하여지는 해당 수입물품의 정비 · 유지 또는 해당 수입물품에 관한 기술지원에 필요한 비용'에 해당하므로 해당 수입물품의 관세 과세가격에서 제외되어야 한다.

③ 다음 각 호의 어느 하나에 해당하는 경우에는 제1항에 따른 거래가격을 해당 물품의 과세가격으로 하지 아니하고 제31조부터 제35조까지에 규정된 방법으로 과세가격을 결정한다. 이 경우 세관장은 다음 각 호의 어느 하나에 해당하는 것으로 판단하는 근거를 납세의무자에게 미리 서면으로 통보하여 의견을 제시할 기회를 주어야 한다.

1. 해당 물품의 처분 또는 사용에 제한이 있는 경우. 다만, 세관장이 제1항에 따른 거래가격에 실질적으로 영향을 미치지 아니한다고 인정하는 제한이 있는 경우 등 대통령령으로 정하는 경우는 제외한다.
2. 해당 물품에 대한 거래의 성립 또는 가격의 결정이 금액으로 계산할 수 없는 조건 또는 사정에 따라 영향을 받은 경우
3. 해당 물품을 수입한 후에 전매 · 처분 또는 사용하여 생긴 수익의 일부가 판매자에게 직접 또는 간접으로 귀속되는 경우. 다만, 제1항에 따라 적절히 조정할 수 있는 경우는 제외한다.
4. 구매자와 판매자 간에 대통령령으로 정하는 특수관계(이하 "특수관계"라 한다)가 있어 그 특수관계가 해당 물품의 가격에 영향을 미친 경우. 다만, 해당 산업부문의 정상적인 가격결정 관행에 부합하는 방법으로 결정된 경우 등 대통령령으로 정하는 경우는 제외한다.

해 설

과세가격은 실제지급금액에 가산하거나 공제한 거래가격을 말한다. 그러나 거래가격에 영향을 미친 어떤 요인이 객관적 수치로 나타낼 수 없어 가산하거나 공제할 수 없으면 해당 거래가격에 의해서 과세가격을 산출할 수 없는 것이다.[69] 이하에서는 해당 물품 거래가격에 의한 산출방법이 아닌 법 제31조 이하의 제2방법 내지 제6방법으로 과세가격을 산정하는 경우다. 후단은 2011.12.31. 개정 관세법에서 도입되었으며, 거래가격 적용 배제시 적용할 과세가

69) 거래가격을 과세가격으로 함이 원칙이고 그 적용 배제 사유는 엄격하게 해석하여야 한다(부산고등법원 2016.8.12, 2015누23915 참조).

격 결정방법을 명확히 함으로써 논란을 사전에 차단하는 의미도 있다.[70]

제1호는 처분 또는 사용의 제한에 관한 규정이다. 물품의 처분이나 사용에 제한이 있으면 이는 물품의 거래가격에도 영향을 미쳤다고 할 수 있다. 따라서 영향 정도에 따라 가격을 조정할 수 있는 객관적인 수치가 없으면 해당 물품 거래가격에 의해서 과세가격을 산출할 수 없다. '해당 물품의 처분 또는 사용에 제한이 있는 경우'로서 전시용, 자선용, 교육용 등 해당 물품을 특정용도로 사용하도록 하는 제한, 해당 물품을 특정인에게만 판매 또는 임대하도록 하는 제한, 기타 해당 물품의 가격에 실질적으로 영향을 미치는 제한이 있다.[71]

제2호는 금액으로 환산할 수 없는 영향에 관한 규정이다. 거래 성립과 가격 결정에 금액으로 계산할 수 있는 객관적 수치가 있으면 이 수치에 근거하여 거래가격을 조정할 수 있다. 그러나 이러한 객관적 수치가 없다면 해당 물품 거래가격에 의해서는 과세가격을 산출할 수 없다.[72] 이러한 경우는 해당 물품 가격이 독립적으로 결정되는 것이 아니고 다른 물품의 거래상황에 따라 의존적으로 정해지는 것을 말하고 있다.

제3호는 사후귀속이익에 관한 규정이다. 물품을 수입한 후에 전매 · 처분 · 사용에 따르는 수익을 정산하는 경우를 말하며, 이것은 계약 당시의 거래조건이라고도 할 수 있다. 그러나 이러한 경우에도 구체적으로 금액을 산출할 수 있고 조정할 수 있으면 거래가격으로 인정할 수 있다. '수입 후의 전매 · 처분 또는 사용에 따른 수익'이라 함은 해당 수입물품의 판매, 사용 등에서 얻어지는 판매대금, 임대료, 가공임 등을 말하며, 해당 수입물품의 현물출자로 인하여 발생하는 주식배당금과 같이 수입물품과 직접 관련이 없는 것은 이에 해당하지 아니한다.

제4호는 특수관계에 관한 규정이다. 구매자와 판매자간의 특별한 인적 관계를 '특수관계'라 한다. 그 관계가 물품가격 결정에 영향을 끼쳤을 경우에는 일차적으로는 해당 물품 거래가격에 의해서 과세가격을 산출할 수 없으나 이를 조정할 수 있다면 거래가격으로 인정할 수 있다. '구매자와 판매자간에 대통령령이 정하는 특수관계'라 함은 구매자와 판매자가 상호 사업상의 임원 또는 관리자인 경우, 구매자와 판매자가 상호 법률상의 동업자인 경우, 구매자와 판매자가 고용관계에 있는 경우, 특정인이 구매자 및 판매자의 의결권 있는 주식을 직접 · 간접으로 5퍼센트 이상 소유하거나 관리하는 경우, 구매자 및 판매자중 일방이 상대방에 대하

---

70) WTO 관세평가협정 제1조 제2항을 반영하였다.

71) '거래가격에 영향을 미치지 아니하는 제한'으로서 구체적으로는 우리나라 법령이나 법령에 의한 처분에 의하여 부과되거나 요구되는 제한, 수입물품이 전매될 수 있는 지역의 제한, 기타 수입가격에 실질적인 영향을 미치지 아니한다고 세관장이 인정하는 경우에는 가격에 영향이 없다고 본다.

72) '금액으로 계산할 수 없는 조건 또는 사정'으로 구매자가 판매자로부터 특정수량의 다른 물품을 구매하는 조건으로 당해 물품의 가격이 결정되는 경우, 구매자가 판매자에게 판매하는 다른 물품의 가격에 따라 당해 물품의 가격이 결정되는 경우, 판매자가 반제품을 구매자에게 공급하고 그 대가로 완제품의 일정수량을 받는 조건으로 당해 물품 가격이 결정되는 경우가 있다.

여 법적으로 또는 사실상으로 지시나 통제 할 수 있는 위치에 있는 등 일방이 상대방을 직접·간접으로 지배하는 경우, 구매자 및 판매자가 동일한 제3자에 의하여 직접·간접으로 지배를 받는 경우, 구매자 및 판매자가 동일한 제3자를 직접·간접으로 공동지배하는 경우, 구매자와 판매자가 국세기본법 시행령 제20조 제1호 내지 제8호의 1에 해당하는 친족관계에 있는 경우가 있다.

구매자와 판매자가 특수관계에 있는 경우라도 해당 물품 가격이 특수관계가 없는 구매자와 판매자 간에 통상적으로 이루어지는 가격결정방법으로 결정된 가격, 해당 산업부문의 정상적인 가격결정 관행에 부합하는 방법으로 결정된 가격, 특수관계가 없는 우리나라의 구매자에게 수출되는 동종·동질물품 또는 유사물품의 거래가격에 근접하는 가격, 동종·동질물품 또는 유사물품의 과세가격으로서 일정한 가격은 특수관계가 해당 물품의 가격에 영향을 미치지 아니한 것으로 본다.[73] 특수관계에 의한 가격을 비교할 때에는 거래단계, 거래수량을 조정하여야 하며, 물리적 특성·품질 및 소비자 등이 평판을 포함한 모든 면에서 동일한 물품인지를 비교하여야 한다. 또한 특수관계가 가격 결정에 영향이 없었던 것으로 인정받고자 하는 경우에는 가격신고서 자료 등을 제출하여야 한다. 이는 특수관계로 인정되면 거래가격을 과세가격으로 보지 아니하기 때문에 납세의무자도 특수관계가 거래가격에 영향이 없었다는 것을 인정받기 위한 주장을 할 수 있는 것이다.[74]

---

73) 「수입물품 과세가격 결정에 관한 고시」 제19조에서 특수관계가 해당물품의 거래가격에 영향에 미치지 아니한 것으로는, 1. 판매자가 국내의 특수관계가 없는 구매자에게 동등한 가격 수준으로 판매하는 경우. 단, 거래수량, 거래단계 등이 상이한 경우에는 이를 조정하여야 한다. 2. 판매자가 수출국 또는 제3국의 특수관계가 없는 구매자에게 동등한 가격 수준으로 판매하는 경우. 단, 거래수량, 거래단계, 국가별 시장의 발전수준 및 판매자의 글로벌 마케팅 전략 등이 상이한 경우에는 이를 조정하여야 한다. 3. 구매자가 동종동질 또는 유사물품을 특수관계가 없는 다른 판매자로부터 동등한 가격 수준으로 구매하는 경우. 단, 거래수량, 거래단계 등이 상이한 경우에는 이를 조정하여야 한다. 4. 판매된 물품의 가격이 신문, 잡지 등에 공표된 가격으로서 다른 특수관계가 없는 구매자도 동등한 가격 수준으로 구입할 수 있음이 증명되는 경우 5. 해당물품의 가격이 그 물품의 생산 및 판매에 관한 모든 비용과 대표적인 기간 동안에 동종 또는 동류의 물품 판매에서 실현된 기업의 전반적인 이윤을 충분하게 포함하고 있는 경우 6. 판매자가 특수관계가 없는 제조자 등으로부터 구입한 물품을 구매자에게 판매하는 경우에 해당물품의 가격이 제조자 등으로부터의 구입가격에 더하여 판매자의 판매와 관련된 통상의 이윤 및 일반경비를 충분하게 포함하고 있는 경우 7. 판매자가 구매자에 대한 판매에서 실현한 매출총이익률과 우리나라 또는 제3국의 특수관계가 없는 구매자에 대한 판매에서 실현한 매출총이익률이 동등한 수준인 경우. 단, 거래수량, 거래단계, 국가별 시장의 발전수준 및 판매자의 글로벌 마케팅 전략 등이 상이한 경우에는 이를 조정하여야 한다. 8. 구매자가 특수관계자로부터 구매한 물품과 특수관계가 없는 자로부터 구매한 동종동질 또는 유사물품을 국내 판매할 때 실현한 매출총이익률이 동등한 수준인 경우. 이 경우, 동등한 수준의 거래조건과 시장조건하에서 실현된 것을 전제로 하며, 구매자의 총이익률은 해당산업의 총이익률과 동등한 수준이어야 한다. 9. 구매자가 해당 수입물품 또는 이를 대체할 수 있는 물품을 특수관계가 없는 자로부터 자유롭게 구매하며, 구매자가 판매자를 선택하는 주요 요인이 가격에 의한 것임이 제출 자료 및 실제 거래내역에 의해 확인되는 경우 등이 있다.

74) 기획재정부 유권해석(1984.10.10)에 의하면 조세채권확보를 위해서는 친족범위를 광의로 해석해야 하는 것

특수관계에 관한 문제는 주로 다국적 기업의 이전가격 정책이 문제가 된다. 가격 결정 과정이 물품의 제조원가 등 전통적인 요인에 의하여 결정되는 것이 아니고 다국적기업의 이윤 최대화를 위한 국가 간의 세율 등을 감안한 요소들이 물품 가격 결정에 영향을 미치는 것이다. 소득세나 법인세 등 내국세와 관세를 비교하여 수입물품의 가격의 고저를 조정함으로써 다국적 기업의 이윤을 최대화 할 수 있다. 이와 관련하여 과세가격 결정시 입증책임의 문제, 자료제출의 문제 등 과세관청과 납세자 간의 대립이 발생하고 있다.

납세자는 국세청의 APA(Advanced price arrangement)제도에서 제시되는 물품의 가격에 대하여 관세청의 수입신고가격시 원용 내지는 인정을 주장하고 있으나, 두 제도 간에는 여러 가지의 차이점이 있다.[75]

【조세심판원 2017.10.23, 2014관0175】 본사는 거래 전반을 통제하고, 모든 과정에서 경제적 효익을 향유하는 것과 달리 하청생산자는 제한된 범위에서 제조기능만을 수행하고 그에 따른 이익만을 보전받는 것으로 보이는 점, 쟁점물품 거래가격에는 본사 등이 수행하는 활동에 대한 대가 및 이윤 등이 포함되어 있지 않는 점 등에 비추어 본사가 실제 판매자로 판단되고 특수관계가 거래가격에 영향을 미친 경우로 보이나, 과세가격을 재산정함에 있어서 보다 합리적인 계산방법이 있는지 여부를 재조사하여 그 결과에 따라 과세표준 및 세액을 경정하는 것이 타당하다. * 하청생산자를 판매자로 하여 수입신고가격을 이윤 및 일반경비 등이 충분히 반영되지 아니한 '하청생산자가 청구한 제조비용 수준의 낮은 가격'으로 신고한 사실을 확인하고 거래가격을 부인한 사례이다.

【조세심판원 2014.8.14, 2014관228】 쟁점물품의 수입통관 이후 소유권이 청구법인에게 있음에도 수출자가 조달용으로만 판매하라고 부여한 거래조건에 의하여 쟁점물품의 가격이 민수용보다 낮은 가격으로 결정되는 등 이러한 제한이 조달용 쟁점물품의 거래가격 형성에 영향을 미친 것으로 판단되므로 쟁점물품의 수입가격을 과세가격으로 인정하기 어렵다.

이 출자자의 제2차 납세의무자에 관한 규정의 입법취지에 부합되는 것으로 본다. 친족 등 특수관계의 범위는 법률상 뿐 만 아니라 사실상의 형제자매지간으로서 타인에 양자로 입적하였다 하더라도 형제자매간의 혈통관계가 해소되는 것이 아니므로 양자한 처남은 처의 2촌 이내의 부계혈족에 해당된다. 특수관계자 간에 가격결정에 영향이 있었는지를 판정함에 있어서 근접함의 의미는 비교가격과의 차이가 비교가격을 기준으로 하여 비교할 때 100분의 10 이하인 경우를 말한다. 다만, 세관장이 해당 물품의 특성, 거래내용, 거래관행 등으로 보아 그 수입가격이 합리적이라고 인정되는 경우에는 100의 10을 초과하더라도 근접한 것으로 볼 수 있으며, 수입가격이 불합리한 가격이라고 인정한 경우에는 100분의 10 이하인 경우라도 근접한 것으로 보지 아니할 수 있다. 이 가격은 비교의 목적으로만 사용되어야 하며, 동 가격을 과세가격으로 결정하여서는 아니 된다.

75) 관세평가제도는 WTO 관세평가협정 상 법적 구속력을 가지고 있지만, 이전가격제에서는 OECD의 이전가격 과세지침에 의한 참고 및 권고 사항으로 받아 들여 지고 있다. 앞에서 서술한 순서대로 차이점을 나열하면 다음과 같다. 근거법이 관세법이고 「국제조세 조정에 관한 법률」인 점, 성격이 간접세이고 대물세인 반면 직접세이고 대인세인 점, 평가시 고려 요소가 수입물품의 가격인 반면 기업의 이윤인 점, 과세 당국의 입장에서 과세가격을 인상하려는 반면 과세가격을 인하하려는 점, 평가방법에서 순차적으로 적용하는 반면 적정한 방법을 사용하는 점 등의 차이점이 있다.

【조세심판원 2013.9.30, 2013관138】 처분청은 청구법인에게 국제광고비(WWP) 및 아태분담금 등에 대한 객관적이고 수량화할 수 있는 자료 등을 제출받아 관세법 제30조에서 규정하고 있는 실제로 지급하였거나 지급하여야 할 가격에 가산하거나 공제하여 조정할 요소인지 여부 등을 재조사한 후, 우선 제4방법이 아닌 제1방법으로 과세가격을 결정하되, 제출된 자료에 객관적이고 수량화할 수 있는 내용이 없는 등의 사유로 제1방법으로 과세가격을 결정하지 못할 경우 제2방법 이하의 방법을 순차적으로 적용하여 과세가격을 결정하는 것이 타당하다고 판단된다. *특수관계라는 사실 및 가산요소를 수량화하기 어렵다는 이유로, 제1방법의 적용을 배제하고 제4방법으로 과세가격을 결정하는 것은 부당하다고 청구한 사례이다.

【조세심판원 2010.6.18, 2008관127】 쟁점광고비용이 관세법 제30조 제2항 및 같은 법 시행령 제20조 제6항의 규정에 의한 간접지급금액으로서 관세가격에 포함되기 위하여는 쟁점자동차의 수입과 관련되고 동시에 수입대가로 지급되는 것이어야 하는바, 쟁점광고비용은 종합적인 브랜드 이미지 고양을 위해 동시에 여러 나라에 광고되는 국제광고비용에 해당되는바, 동 광고가 해당 수입물품인 쟁점자동차에 대한 직·간접적인 광고효과가 있고, 또한 해당 수입물품(개별 브랜드)에 대한 광고를 포함하고 있다고 하더라도 기본적으로 해당 수입물품을 대상으로 하는 개별광고가 아니며, 상품화계획, 자동차경주 스폰서, 모터쇼 등의 비용특성을 고려할 때, 쟁점광고비용과 해당 수입물품인 쟁점자동차가 명백히 관련성이 있다고 할 수 없을 뿐만 아니라, 일반적으로 국제광고는 구매수요가 예상되는 수개의 나라를 대상으로 브랜드 이미지 제고를 위한 광고로서 특정물품에 대한 광고와는 구별되는바, 쟁점광고비용의 상세내용을 보면 글로벌 마케팅 활동과 자동차 쇼 참가로서 전세계적인 판매촉진을 위한 상품화계획(merchandising), 카탈로그, 스폰서, 조사연구, 광고 등이 포함되며, 전 세계 인지도 향상을 위해 자동차 쇼 참가비용 등으로 전반적인 ○○ 브랜드의 고품격 이미지를 유지하고 고양하는 노력을 위한 광고활동으로 특정물품에 대한 광고로 볼 수는 없으므로 쟁점광고비용을 우리나라에 수출된 쟁점자동차의 대가로서의 일부를 구성한다고 보기도 어렵다고 하겠다. 따라서 청구법인이 쟁점자동차를 수입하면서 물품가격 이외에 별도로 해외에서 수행한 쟁점광고비용을 부담한 이 건의 경우, 개별 수입된 쟁점자동차에 대하여 수입단위로 직접 관련된 광고비용을 객관적이고 수량화된 자료에 의하여 실제로 산출한 것으로 볼 수 없으므로 쟁점광고비용과 쟁점자동차간에 명백히 관련성이 있다고 보기 어려울 뿐만 아니라, 설사 객관적이고 수량화된 자료에 의하여 실제로 산출할 수 있다고 하더라도 쟁점광고비용이 특정 수입물품인 쟁점자동차의 대가로서의 일부를 구성한다고보기 어려우므로 쟁점광고비용을 실제지급금액의 가산요소로서 간접지급금액으로 보아 쟁점자동차의 과세가격에 포함하여 과세한 처분은 잘못이다.

【조세심판원 2004.2.21, 2003관0084】 관세평가협약 권고의견 20.1(계약서에 고정환율을 정하고 있는 경우의 통화환산)에 "수입국통화로 결제가 이루어진 경우에는 통화전환이 불필요하다"고 하고 있고, 기획재정부 유권해석(관협 47040-68호, 2001.3.20)에 의하면 "수입물품이 원화표시금액으로 수입되어 이와 동일한 금액으로 송금일 현재의 환율에 따라 환전하여 외화로 송금하는 경우에는 과세가격의 결정을 위한 통화전환이 불필요하고 따라서 동 원화표시금액을 기초로 하여 관세의 과세가격이 결정되는 것"이라고 하고 있다. 특수관계자 간의 거래로서 적용환율이 시장환율을

반영하지 아니하고 의도적으로 낮게(또는 높게) 책정한 경우는 수출자가 자의적으로 환차손(또는 환차익)을 입게 되므로 과세가격에 영향을 미쳤다고 볼 수도 있으나, 적용환율 결정시에 당시의 시장환율을 적절히 반영하였다면 특수관계가 과세가격에 영향을 미쳤다고 볼 수는 없다. * 1년간의 고정환율에 의한 원화거래방식으로 수입한 쟁점물품의 과세가격이 특수관계에 의하여 영향받은 것으로 볼 수 없다고 판단한 사례이다.

【부산고등법원 2016.8.12, 2015누23915】 당사자 간에 합의된 처분 또는 사용상의 제한이 거래가격에 실질적으로 영향을 미치지 않았다면 그 거래가격의 적용을 배제할 수 없다고 보아야 하고, 수입물품에 대한 제한이 수입가격에 실질적으로 영향을 미쳤는지를 결정하기 위해서는 제한의 본질, 수입물품의 특징, 산업의 특징, 상관행 등 여러 요소를 종합하여 판단해야 한다. 비록 처분 또는 사용의 제한이 있고 세관장이 거래가격에 실질적으로 영향을 미치지 아니하였다고 인정하지 아니하였다 하더라도, 거래가격에 실질적으로 영향을 미치지 않았다면 그 거래가격의 적용을 배제할 수 없다고 보아야 한다. * 특별할인가격으로 수입한 물품이 발주처에만 납품하도록 되어 있다 하여도 그와 같은 제한이 수입가격에 실질적으로 영향을 미쳤다고 볼 수는 없다고 사례이다.

【서울고등법원 2012.11.30, 2012누1961】 수입판매업체의 실제 영업이익은 이전가격과 시장위험 및 환위험 등이 복합적으로 작용하여 결정되는 것이므로, 시장위험과 환위험을 원칙적으로 수입판매업체가 부담하도록 하면서 장기간 손실이 발생하거나 지속적으로 환율이 변동되는 경우 이전가격을 인하하여 수입판매업체의 손실을 보전하는 것은, 이전가격 이외의 시장위험 및 환위험으로 인한 손실도 이전가격을 수단으로 하여 보전하는 것으로서, 당초 수입판매업체로부터 이전가격으로 지급받았던 자금이 수입판매업체의 종국적인 손실을 보전하기 위하 재원으로 사용되는 것이다. * 손실보전금액만큼 수입가격이 인하되었음을 이유로 감액경정청구를 하였으나 거부처분을 받자, 취소를 청구한 사례이다.

【대법원 2012.11.29, 2010두14565】 관세법 제30조 제1항 제5호, 1994년도 관세 및 무역에 관한 일반협정 제7조의 이행에 관한 협정 제1조 제1항, 제8조 제1항(라)목 규정의 문언 내용과 아울러 해당 물품의 수입 후의 전매 · 처분 또는 사용에 따른 수익금액 중 판매자에게 직접 또는 간접으로 귀속되는 금액(사후귀속이익)은 확정시기나 지급방법 등의 특수성에도 불구하고 그 실질은 어디까지나 수입물품의 대가이기 때문에 이를 가산하여 수입물품의 과세가격을 산정하려는 것이 이들 규정의 취지인 점 등을 고려하면, 수입물품 그 자체의 판매에 따른 수익금액 중 판매자에게 귀속되는 금액뿐만 아니라 수입물품을 가공하거나 이를 원료로 사용하여 만든 제품의 판매에 따른 수익금액 중 판매자에게 귀속되는 금액도 그것이 수입물품에 대한 대가로서의 성질을 갖는 경우에는 사후귀속이익에 포함된다고 봄이 타당하다. * 사후귀속이익의 가산 요건 중 하나인 "사용"의 의미를 수입물품이 변형되어 동질성을 잃는 경우까지 포함한 사례이다.

【부산지법 2009.6.11, 2008구합1864】 [1] 아일랜드 소재 ○○사와 보틀러사인 ○○○성 간에 독점병입계약을 체결한 사실, 원고는 ○○과 사이에 이 사건 물품을 ○○에게 공급하는 내용의 원액공급계약을 체결한 사실, 원고는 11년간 관계회사인 ○○등으로부터 수입하여 ○○에게 독점공급한 사실을 각 인정할 수 있으므로 처분 · 사용에 제한이 있는 경우에 해당한다고 할 것이다. [2] 재판매가격은 주기적으로 인상되어 왔음에도 수입가격은 1994년 이래 ○○○달러로 고정되어 있는 점,

재판매하여 거두는 차익이 늘어났음에도 불구하고 원고의 영업이익은 감소 추세에 있는데, 이는 광고선전비 부담이 가중되었기 때문인 것으로 보이는 점, 실제 원고는 재판매 차익에 따른 매출총이익의 상당 부분을 광고선전비에 사요하고 있는바, 시장점유율 확대가 원고에게도 이익이 되는 측면이 존재한다고 하더라도 원고의 이익보다는 주로 특수관계자인 ○○등의 이익을 위한 것으로 보이는 점 등에 비추어 보면, 수입가격은 금액으로 환산할 수 없는 조건 또는 사정에 영향을 받았거나 원고와 ○○사이의 특수관계가 수입가격에 영향을 미친 경우에 해당한다.

【대법원 2009.5.28, 2007두9303】 [1] 관세법 제30조 제1항, 제3항 제4호 규정의 취지 및 내용, 과세요건 사실에 관한 증명책임은 원칙적으로 과세관청에게 있는 점, '관세 및 무역에 관한 일반협정 제7조의 시행에 관한 협약' 제1조 제2항 (a)는 "구매자와 판매자 간에 특수관계가 있다는 사실 자체만으로 그 실제 거래가격을 과세가격으로 수락할 수 없는 것으로 간주하는 근거가 되지 아니한다"고 정하고 있는 점 등을 종합하여 보면, 관세법 제30조 제3항 제4호를 적용하기 위하여는 구매자와 판매자 간에 특수관계가 있다는 사실 외에도 그 특수관계에 의하여 거래가격이 영향을 받았다는 점까지 과세관청이 증명하여야 한다. [2] 수입의약품의 매출원가율이 구매회사가 수입한 다른 의약품에 비하여 낮고 다른 업체들의 평균치에 미치지 못한다거나 그 재판매가격이 수출자인 판매회사의 가격정책에 부합하지 않는다는 사정만으로는 수입의약품의 거래가격이 구매회사와 판매회사의 특수관계에 영향을 받아 부당하게 낮은 가격으로 책정된 것이라고 단정할 수 없다

【부산고등법원 1998.5.13, 97구3569】 원고가 ○○사에 지급하는 체육인 고문 로열티가 과세가격에 포함되기 위하여는 해당 물품에 관련되고 해당 물품의 거래조건으로 원고가 직접 또는 간접으로 지급하는 것이어야 하는바, 원고가 일정액이 아니라 순매출액의 일정 비율을 체육인 고문 로열티로 지급하고 있는 점과 유명체육인의 모습과 이름이 하나의 상표처럼 기능하고 있는 현실에 비추어 보면, 체육인 고문 로열티는 단순한 광고비가 아니라 일종의 상표사용료에 해당하고, 원고와 ○○사 사이의 앞서 본 바와 같은 관계와 거래의 실질관계 등을 감안하면 이와 같은 상표사용료 역시 구매제품에 관련되고 해당 물품의 거래조건으로 지급된 것이라 할 것이다.

【대법원 1993.7.13, 92누17112】 특수관계라 함은 일방이 타방에 대하여 법적 또는 사실상으로 통제권 또는 지휘권을 행사할 수 있는 위치에 있을 경우를 말한다고 풀이되고 그에 관한 입증책임은 과세관청에게 있다.

【대법원 1983.12.13, 82누460】 체인소오(Chain Saw) 판매자는 원고 회사의 대표이사가 설립한 개인무역 무역상사 간에 1970년 이래 대리점계약을 맺어온 사이여서 이점을 감안하여 원고 회사에 대해서도 정상수출가격(릴당324불)보다 싸게 릴당 F.O.B 275불(수입신고가격)에 판매한 것이라면, 위 신고가격은 정상수출가격에 비하여 현저히 저렴한 가격으로서 판매자와 그 대리점인 소외 우창무역상사와의 간의 영업상 관계에 의하여 영향을 받은 가격이다.

【대법원 1982.9.28, 80누526】 수입물품(칼콜−68공업용)을 분석한 결과 공업용뿐만 아니라 화장품용으로도 범용되는 물품인 것이 판명되었고 한편 수입물품 외화가격표에 공업용 세칠알콜과 화장품용 세칠알콜의 가격이 상이하여 후자가 고가로 기재되어 있다 하더라도 위 분석결과가 화장품용으로 전용되는 물품이라고 나온 것도 아닌 이상, 피고가 이 사건 수입물품이 과세가격이 화장품

용 물품이라고 보아 공업용 세칠알콜과의 차액에 대하여 추가관세를 부과처분함은 관계규정을 과세권자 일방에게만 유리하게 해석 운용하려는 것이 되어 허용할 수 없다.

④ 세관장은 납세의무자가 제1항에 따른 거래가격으로 가격신고를 한 경우 해당 신고가격이 동종·동질물품 또는 유사물품의 거래가격과 현저한 차이가 있는 등 이를 과세가격으로 인정하기 곤란한 경우로서 대통령령으로 정하는 경우에는 대통령령으로 정하는 바에 따라 납세의무자에게 신고가격이 사실과 같음을 증명할 수 있는 자료를 제출할 것을 요구할 수 있다.
⑤ 세관장은 납세의무자가 다음 각 호의 어느 하나에 해당하면 제1항과 제2항에 규정된 방법으로 과세가격을 결정하지 아니하고 제31조부터 제35조까지에 규정된 방법으로 과세가격을 결정한다. 이 경우 세관장은 빠른 시일 내에 과세가격 결정을 하기 위하여 납세의무자와 정보교환 등 적절한 협조가 이루어지도록 노력하여야 하고, 신고가격을 과세가격으로 인정하기 곤란한 사유와 과세가격 결정 내용을 해당 납세의무자에게 통보하여야 한다.
1. 제4항에 따라 요구받은 자료를 제출하지 아니한 경우
2. 제4항의 요구에 따라 제출한 자료가 일반적으로 인정된 회계원칙에 부합하지 아니하게 작성된 경우
3. 그 밖에 대통령령으로 정하는 사유에 해당하여 신고가격을 과세가격으로 인정하기 곤란한 경우

해 설

관세법 체계는 선의의 납세자의 진실한 신고를 전제로 신고납부제도를 운용하며 수입물품의 실거래가격에 관한 자료는 납세자에게만 있으므로 수입자가 자료제출에 비협조적인 경우 세관장은 신고가격의 진위여부를 입증할 수 없으므로 이에 대한 보완이 필요하다.

제4항은 세관장의 자료제출 요구권 및 요구권에 따른 후속 조치에 관한 규정이다. 해당 물품의 거래가격에 영향을 미친 부분이 있더라도 실제지급금액을 조정할 수 있는 객관적 수치가 있는 경우는 이를 과세가격으로 인정할 수 있다. 그러나 객관적 수치가 있더라도 그 가격이 동종·동질물품, 유사물품과 현저한 차이가 있을 때에는 신고가격이 사실과 같음을 증명하는 자료를 별도로 요구할 수 있다.

'동종·동질물품'이라 함은 같은 생산국으로서 물리적 특성·품질 및 소비자 등의 평판을 포함한 모든 면에서 동일한 물품이지만, 외양상 경미한 차이가 있는 것을 말하며, '유사물품'이란 같은 생산국으로 동일 기능을 수행하거나 대체 수행할 수 있는 것을 말한다. 자료제출은 기간을 정하여 서면으로 요구해야 한다.

'과세가격으로 인정하기 곤란한 경우'라 함은 납세의무자가 신고한 가격이 동종·동질물품 또는 유사물품의 가격과 현저한 차이가 있는 경우, 납세의무자가 동일한 공급자로부터 계속하

여 수입하고 있음에도 불구하고 신고한 가격에 현저한 변동이 있는 경우,[76] 신고한 물품이 원유·광석·곡물 등 국제거래시세가 공고되는 물품으로 신고한 가격이 그 국제거래시세와 현저한 차이가 있는 경우, 납세의무자가 거래선을 변경한 경우로서 신고 가격이 종전 가격과 현저한 차이가 있는 경우, 기타 이에 준하는 사유로서 기획재정부령이 정하는 경우가 있다. 이와 같이 납세의무자의 신고가격을 과세가격으로 인정하기 곤란한 경우에는 납세의무자에게 신고가격이 사실임을 증명할 수 있는 자료 제출을 요구할 수 있다. 이러한 절차 없이 과세가격을 결정하는 것은 납세자의 재산권을 부당히 침해할 우려가 있으므로 이를 방지하기 위하여 1998.12.8. 관세법 개정시 신설 보완한 규정이다.

제5항은 제4항의 과세자료 요구권에 이은 과세관청의 후속 조치에 관한 규정이다. 자료를 제출하지 아니하거나 제출된 자료만으로 해당 물품 거래가격에 의한 과세가격 결정이 곤란한 경우에는 다른 방법으로 과세가격을 결정한다. 이때에는 과세관청이 일방적으로 과세하는 것이기 때문에 그 사유와 과세가격 결정 내용을 납세의무자에게 통보해야 한다. 2006.12.30. 개정 관세법에서 이전에 시행령에 규정하던 내용을 법에서 규정하여 실무집행의 통일성을 기하고 분쟁의 소지를 사전에 예방하였다. 본 항에서 규정한 '일반적으로 인정된 회계원칙에 일치하지 않게 작성된 경우 등 대통령령이 정하는 사유에 해당하여'는 WTO협정 부속서 주해 및 WTO결정 6.1 내용 수용에 대한 근거 규정으로서 그 의의를 찾을 수 있다.[77] 그리고 K-IFRS(Korean International Financial Reporting Standards ; 한국채택국제회계기준)에 대하여 2013년까지 모든 상장기업이 이를 적용하고 하도록 정하고 있으나 비상장기업의 경우에는 일반기업회계기준을 적용하도록 하고 있어 회계기준의 2원적 체계를 유지하고 있다. 그리고 2013.1.1. 관세법 개정(법률 제11602호)시 세관장과 납세자가 과세가격 결정에 대한 협력의무를 추가하여 규정하고 있다. 선언적인 의미가 있지만, 관세평가제도의 원활한 이행을 위하여 상호신뢰 확보가 무엇보다도 필요하다.

법 제31조 내지 법 제35조에 규정한 과세가격 결정방법은 관세청고시에 의한 제2방법에서 제6방법에 의한 과세가격 결정방법을 말한다.

【대법원 2006.1.27, 2004도1564】 [1] 구매자가 실제로 지급하였거나 지급하여야 할 가격을 원칙적인 과세가격으로 규정하고 있는 이상, 그 적용을 배제하는 방법으로 과세가격을 결정하는 것은 가급적 그 요건을 엄격히 해석할 필요가 있고, 납세의무자의 신고가격을 부인할 수 있는 경우를 규정하고 있는 관세법 시행령이 물품의 특성, 거래형태를 구체적으로 특정하여 제한하고 있으므로, 시

76) 판매자로부터 공급받은 테스트용 물품은 동일 주문에 의하여 거래된 하나의 거래로서 관세법 제30조 규정에 의하여 구매자가 지급하는 실제지급금액으로 과세가격을 결정한다(2009년도 제5회 관세평가협의회 결정).

77) WTO 부속서1 주해는 각 회원국의 세관당국은 해당 조항에 적절한 것으로서 국내에서 일반적으로 수락된 회계원칙과 일치하게 작성된 정보를 활용해야 한다는 등 내용이며, WTO 평가위원회결정 6.1은 세관당국이 신고가격 정확성이나 진실성을 의심할 만한 사유가 있는 경우에는 서류나 증거를 추가적으로 소명 가능하며 여전히 의심할 사유가 있는 경우에는 수입물품의 과세가격은 제1방법에 의하여 결정될 수 없다는 내용이다.

행령에서 정한 '유사물품의 가격'은 과세관청이 유사물품에 관한 관세범칙 사건의 조사나 사후 세액심사 등을 통하여 인정한 가격뿐만 아니라 수입신고인이 유사물품의 가격으로 신고한 것으로서 과세관청이 수리한 가격 등을 포함하는 거래사례에서의 가격을 의미한다. [2] 수입물품의 신고가격이 유사물품에 관한 극소수 관세범칙 사건의 조사과정에서 밝혀낸 거래가격과 차이가 난다는 이유만으로 신고가격을 부인할 수는 없다.

第31조【동종·동질물품의 거래가격을 기초로 한 과세가격의 결정】① 제30조에 따른 방법으로 과세가격을 결정할 수 없는 경우에는 과세가격으로 인정된 사실이 있는 동종·동질물품의 거래가격으로서 다음 각 호의 요건을 갖춘 가격을 기초로 하여 과세가격을 결정한다.

해 설

동종·동질물품의 거래가격에 의한 과세가격 결정방법(제2방법)이다. 법 제30조에 의한 해당 물품의 실제지급 금액을 조정한 거래가격으로 과세가격을 결정할 수 없을 때에는 다른 물품의 거래가격을 기초로 하여 과세가격을 결정한다. 이것은 해당 물품과 가장 유사한 조건에서 형성된 동종·동질 물품의 거래가격을 조정하여, 해당 물품의 과세가격으로 보는 것이다. 이때 사용되는 거래가격은 이전에 과세가격으로 인정된 바 있는 가격을 말한다. 그러나 해당 물품과 거래조건 등이 동일하지 아니하다면 그 차이를 조정해야 한다.

가격 차이를 조정해야 하는 요소에는 도매·소매와 같은 거래 단계, 대량구매·소량구매와 같은 거래수량, 운송에 관련하여 운송거리·운송형태가 있다.

【대법원 1993.7.27, 93도1325】 밀수입한 참깨의 과세가격을 시가역산율에 의하여 산정하지 아니하고 밀수입할 무렵 농수산물유통공사가 동일한 생산국으로부터 수입한 참깨의 국내도착가격을 기준으로 결정한 것이 관세법 규정취지에 부합한다.

1. 과세가격을 결정하려는 해당 물품의 생산국에서 생산된 것으로서 해당 물품의 선적일(船積日)에 선적되거나 해당 물품의 선적일을 전후하여 가격에 영향을 미치는 시장조건이나 상관행(商慣行)에 변동이 없는 기간 중에 선적되어 우리나라에 수입된 것일 것
2. 거래 단계, 거래 수량, 운송 거리, 운송 형태 등이 해당 물품과 같아야 하며, 두 물품 간에 차이가 있는 경우에는 그에 따른 가격차이를 조정한 가격일 것

② 제1항에 따라 과세가격으로 인정된 사실이 있는 동종·동질물품의 거래가격이라 하더라도 그 가격의 정확성과 진실성을 의심할만한 합리적인 사유가 있는 경우 그 가격은 과세가격 결정의 기초자료에서 제외한다.

③ 제1항을 적용할 때 동종·동질물품의 거래가격이 둘 이상 있는 경우에는 생산자, 거래 시기,

거래 단계, 거래 수량 등(이하 "거래내용등"이라 한다)이 해당 물품과 가장 유사한 것에 해당하는 물품의 가격을 기초로 하고, 거래내용등이 같은 물품이 둘 이상이 있고 그 가격도 둘 이상이 있는 경우에는 가장 낮은 가격을 기초로 하여 과세가격을 결정한다.

해 설

제1호와 제2호에서 거래가격을 조정하는 방법으로 '선적일'을 기준으로 삼고 있다. 선적일은 글자 그대로라면 선박에 적재하는 경우로 한정한다고 해석할 수 있으나 여기에는 항공기에 적재하는 경우도 포함하는 것이라는 점을 이해하여야 한다.

제2항은 2013.1.1. 관세법 개정(법률 제11602호)시 세관장이 이미 인정한 동종·동질물품의 거래가격이더라도 그 가격이 진실되지 않은 것으로 밝혀지는 경우, 이를 과세가격 결정의 기초로 삼지 않도록 명확하게 하여 평가원칙을 강화하였다. 이는 WTO 관세평가협정의 취지를 국내법에 반영한 것이다.

제3항은 여러 거래가격 중 적용 우선순위에 관한 규정이다. 동종·동질물품의 거래가격이 둘 이상인 경우에는 거래내용이 원래 거래내용에 가장 근접한 가격을 기초로 과세가격을 결정하고, 거래내용 근접성이 같은 경우에 가장 낮은 가격을 기초로 과세가격을 결정한다. 거래내용은 생산자·거래 시기·거래 단계·거래 수량을 말한다. 여기에서 운송 거리·운송 형태는 운임에 포함되어 가산할 수 있기 때문에 거래내용에서 제외한 것이다.

第32條【유사물품의 거래가격을 기초로 한 과세가격의 결정】 ① 제30조와 제31조에 따른 방법으로 과세가격을 결정할 수 없을 때에는 과세가격으로 인정된 사실이 있는 유사물품의 거래가격으로서 제31조 제1항 각 호의 요건을 갖춘 가격을 기초로 하여 과세가격을 결정한다.
② 제1항에 따라 과세가격으로 인정된 사실이 있는 유사물품의 거래가격이라 하더라도 그 가격의 정확성과 진실성을 의심할만한 합리적인 사유가 있는 경우 그 가격은 과세가격 결정의 기초자료에서 제외한다.
③ 제1항을 적용할 때 유사물품의 거래가격이 둘 이상이 있는 경우에는 거래내용등이 해당 물품과 가장 유사한 것에 해당하는 물품의 가격을 기초로 하고, 거래내용등이 같은 물품이 둘 이상이 있고 그 가격도 둘 이상이 있는 경우에는 가장 낮은 가격을 기초로 하여 과세가격을 결정한다.

해 설

유사물품의 거래가격에 의한 과세가격 결정방법(제3방법)이다. 법 제30조에 해당 물품 거래가격에 의한 과세가격, 법 제31조에 동종·동질물품 거래가격에 의한 과세가격 결정 방법으로 과세가격을 결정할 수 없는 경우에는 유사물품 거래가격에 의해 과세가격을 결정한다. 법

제31조 제1항 각 호의 요건은 해당 물품과 가장 유사한 조건으로 생산국이 같고, 가격에 관한 시장조건이나 상관행이 변동이 없는 기간 내에 운송하기 위하여 선적·수입되어야 한다는 것이다. 기본통칙에 '선적일'이라 함은 수입물품을 우리나라로 운송하기 위하여 선적한 날을 말하며, 선하증권 등 기타 서류에 의하여 확인한다고 규정하고 있다. 여기에서 '과세가격으로 인정된 사실'[78]은 신고수리가 된 상태를 의미하는 것인지 아니면 개별적 심사 완료 상태를 의미하는 것인지에 대하여 이론이 있다.[79]

제2항 유사물품의 경우도 거래가격의 진실성 또는 정확성이 명백히 의심되거나 허위가 확인되는 경우 해당 가격은 비교가격에서 배제한다. 농산물의 저가신고 등의 사례가 늘어나 수입시장 질서를 교란하는 사례가 빈발하여, 제31조 제2항과 같은 취지로 2013.1.1. 법 개정(법률 제11602호)시 신설된 조항이다.

제3항은 여러 가격 중 적용 우선순위에 관한 규정이다. 유사물품 거래가격이 둘 이상인 경우에 가장 유사한 거래내용, 거래내용이 같은 경우에는 가장 낮은 가격을 기초로 하여 과세가격을 결정하여야 한다. 이 방식은 동종·동질물품의 거래가격을 기초로 과세가격을 결정하는 방식과 동일하다. '가장 낮은 가격을 기초로 하여 과세가격을 결정한다'에서 무한 반복으로 가격이 낮아지는 현상이 있을 것이 아닌가 하는 의심이 있지만 합리적인 판단 하에서는 '가격 하한선이 없는 현상'은 있을 수 없다고 본다.

【조세심판원 2023.1.31, 2022관0073】 수출자로부터 최초 수입하는 농산물에 대하여 수입국에서 실시하는 정밀검사의 비용이 상당하다면 수입자의 요구에 따라 수출자는 그 거래를 성사시키기 위하여 정밀검사비용에 상당하는 금액만큼을 물품가격에서 인하할 수 있을 것으로 보이고 이는 일반적인 상거래 관행에 어긋나는 것으로 단정하기 어려운 점, 정밀검사비용에 해당하는 금액만큼을 추가로 인하하여 거래가격을 체결한 사실이 수출자확인서 및 청구법인의 거래성립과정에 대한 설명에 의해 나타나는 점, 원가명세서에 나타나는 고르기 및 포장비용 항목은 수출포장하는 비용인 것으로 보이고 청구법인이 국내에서 판매할 때 필요한 수준의 고르기 및 재포장하는 작업은 국내에서 수행된 것으로 보이는 점, 청구법인이 국내에서 고르기 및 재포장 작업을 하는 대신 수출자 현지에서 고르기 및 재포장 작업을 할 경우 예상 작업비용을 신고가격에 가산하면 세관장이 채택한 유사물품의 단가와 비슷한 것으로 나타나고, 실제로 수출자 고르기 작업을 하여 다른 업체에 판매한 동종물품의 판매가격 역시 비슷한 것으로 나타나는 점, 쟁점물품의 신고단가와 과세가격으로 채택한 유사물품의 단가를 비교하면 가격차이는 모두 10% 이내이고, 세관장은 청구법인이 동일한 가

78) 보세판매장용으로 반입신고한 가격은 세관당국에서 인정된 거래가격이(accepted by Customs as a transaction value) 아니므로 대비가격(test value)으로 사용할 수 없다(관세청 평일 47221-279, 1996.6.22).

79) 세관장이 과세가격으로 인정한 사실이 있는 유사물품이라 하더라도, 해당 유사물품의 거래가격의 진실성 및 정확성을 의심할 만한 상당한 사정 및 판단근거가 있는 경우에는 과세가격의 기초로 삼을 수 없다(기획재정부-다자관세협력과, 2012.3.21).

격결정과정을 거쳐 수입한 신고가격을 인정한 점 등에 비추어 신고가격을 부인하고 관세법 제32조에 따라 과세가격을 재산정하여 관세를 과세한 처분은 잘못이 있다.

【조세심판원 2019.10.17, 2018관0062】 가스전의 개발 초기 안정적인 구매물량 확보가 필요하였던 쟁점판매자와 민간 발전사업을 시작하면서 저가의 안정적인 공급물량이 필요했던 청구법인의 상호 이해관계가 일치하여 20년의, 비교적 장기간의 공급계약이 체결되었던 것으로 보이는 점 등 각 요소들이 반영된 최종 거래가격이 당시 다른 거래들에 가격에 비하여 특별히 낮은 것으로 보이지 않으며, 특히 두차례의 관세조사에서도 그 거래가격이 특별히 문제되지 않았던 점 등을 함께 고려하면, 거래가격이 현저하게 낮게 결정되었다는 처분청 의견은 받아들이기 어렵다. 계약시기 및 기간, 당시 국제유가 등에 차이가 있어 이를 사물품으로 단정하기 어렵고, 설령 유사물품에 해당한다고 하더라도 아무런 조정 없이 이를 단순 비교하여 신고가격과 현저한 차이가 있다고 단정하기 어려운 점 등 처분청이 쟁점물품의 거래가격을 부인하고 제3방법에 따라 수입 LNG를 유사물품으로 보아 그 거래가격을 기초로 쟁점물품의 과세가격을 결정하여 부가가치세 등을 과세한 처분은 잘못이 있다.

【조세심판원 2012.12.18, 2012관0156】 쟁점물품의 수입신고가격이 중국 수출상 판매가격, 중국 선물시장가격, 중국세관 수출가격 및 일본세관 수입가격보다 현저히 낮은 가격이고, 쟁점물품은 대두의 부산물인 대두박의 국제거래가격보다도 오히려 낮은 가격으로 신고하고 있고, 곡물은 그 특성상 생산량 및 수요에 따라 수시로 변동됨에도 쟁점물품에 대하여 2009년 이후 변함없는 단일가격을 과세가격으로 신고하고 있고, 비교대상물품과 현저한 가격차이가 있는 점 등에 비추어 보면, 쟁점물품의 수입신고가격이 실제거래가격이 아닌 것으로 보이는 점, 기획재정부장관도 세관장이 과세가격으로 인정한 사실이 있는 유사물품의 거래가격이라 하더라도 해당 유사물품의 거래가격의 진실성 및 정확성을 의심할 만한 상당한 사정 및 판단근거가 있는 경우 합리적인 의심이 있는 유사물품의 거래가격은 과세가격의 기초로 삼을 수 없다고 한 사실이 있는 점 등을 고려해 보면, 청구인의 쟁점물품에 대한 수입신고가격을 그대로 실제거래가격이라고 인정하기는 어렵다고 판단되므로 처분청이 관세법 제32조의 규정에 의한 유사물품 거래가격 등을 과세가격으로 결정한 것은 달리 잘못이 없다고 판단된다.

【대법원 2019.12.27, 2019두47834】 관세법 제32조 제1항 이 관세법 제30조 에서 사용된 '거래가격'이라는 용어를 그대로 사용하고 있는 점 등에 비추어 보면, 관세법 제32조 제1항의 '과세가격으로 인정된 사실이 있는 유사물품의 거래가격'은 '관세법 제30조에 따라 과세가격으로 인정된 유사물품의 거래가격'만을 의미하고, '과세관청이 신고가격을 부인하고 관세법 제31조 내지 제35조 에서 정한 방법에 따라 결정한 과세가격'은 여기에 포함되지 않는다고 해석함이 타당하다.

제33조【국내판매가격을 기초로 한 과세가격의 결정】 ① 제30조부터 제32조까지에 규정된 방법으로 과세가격을 결정할 수 없을 때에는 제1호의 금액에서 제2호부터 제4호까지의 금액을 뺀 가격을 과세가격으로 한다. 다만, 납세의무자가 요청하면 제34조에 따라 과세가격을 결정하되 제34조에 따라 결정할 수 없는 경우에는 이 조, 제35조의 순서에 따라 과세가격을 결정한다.

1. 해당 물품, 동종 · 동질물품 또는 유사물품이 수입된 것과 동일한 상태로 해당 물품의 수입신고일 또는 수입신고일과 거의 동시에 특수관계가 없는 자에게 가장 많은 수량으로 국내에서 판매되는 단위가격을 기초로 하여 산출한 금액
2. 국내판매와 관련하여 통상적으로 지급하였거나 지급하여야 할 것으로 합의된 수수료 또는 동종 · 동류의 수입물품이 국내에서 판매되는 때에 통상적으로 부가되는 이윤 및 일반경비에 해당하는 금액
3. 수입항에 도착한 후 국내에서 발생한 통상의 운임 · 보험료와 그 밖의 관련 비용
4. 해당 물품의 수입 및 국내판매와 관련하여 납부하였거나 납부하여야 하는 조세와 그 밖의 공과금

② 제1항 제1호에 따른 국내에서 판매되는 단위가격이라 하더라도 그 가격의 정확성과 진실성을 의심할만한 합리적인 사유가 있는 경우에는 제1항을 적용하지 아니할 수 있다.

③ 해당 물품, 동종 · 동질물품 또는 유사물품이 수입된 것과 동일한 상태로 국내에서 판매되는 사례가 없는 경우 납세의무자가 요청할 때에는 해당 물품이 국내에서 가공된 후 특수관계가 없는 자에게 가장 많은 수량으로 판매되는 단위가격을 기초로 하여 산출된 금액에서 다음 각 호의 금액을 뺀 가격을 과세가격으로 한다.

1. 제1항 제2호부터 제4호까지의 금액
2. 국내 가공에 따른 부가가치

해 설

국내판매가격에 의한 과세가격 결정방법(제4방법)이다. 법 제30조 해당 물품 거래가격에 의한 과세가격 결정방법, 법 제31조 동종 · 동질물품 거래가격에 의한 과세가격 결정방법, 법 제32조 유사물품 거래가격에 의한 과세가격 결정방법으로 과세가격을 결정할 수 없는 경우는 국내판매 단위가격을 기초로 하여 과세가격을 결정한다.

단서 규정에 따라 납세의무자의 요청이 있는 경우, 법 제34조 산정가격을 기초로 과세가격을 결정할 수 있다. 산정가격에 의한 결정방법은 납세의무자가 자료를 제공하는 것이 가능하므로 납세의무자의 요청에 의거 적용하는 것이다. 국내판매가격을 기초로 한 과세가격 결정방법은 가격결정 과정을 거꾸로 올라가면서 각 비용을 공제하여 과세가격에 근접하는 것이다. 즉, 국내판매 단위가격에서 제4호 · 제3호 · 제2호에 해당 비용을 공제하여 수입항 도착 상태의 가격으로 근접한다.

2011.12.31. 개정 관세법에서 단서 조항을 개정하여, 납세의무자의 요청에 따라 제34조에 따라 과세가격을 결정하되 제34조에 따라 결정할 수 없는 경우에는 다시 제33조, 제35조 순서로 과세가격 결정방법을 적용하여야 한다. 과세가격 결정방법의 적용상 문제 소지가 다소 있어 이를 명확히 하기 위한 조치로 볼 수 있으며, WTO 평가협정 규정을 국내법에 반영한 조치이기도 하다.

제1호에서 '국내판매되는 단위가격'이라 함은 수입한 후 최초의 거래에서 판매되는 단위가격을 말한다. 그러나 최초 거래의 구매자가 판매자 또는 수출자와 특수관계에 있는 경우, 최초 거래의 구매자가 판매자 또는 수출자에게 수입물품의 생산 또는 거래에 관련하여 사용하도록 무료 또는 인하된 가격으로 공급하는 경우에 이를 국내 판매되는 단위가격으로 보지 아니한다. 이때 '최초의 거래'는 '최초의 거래단계'로 해석 적용하는 것이 타당하다는 것이 다수의견이다. '수입신고일과 거의 동시'에 판매되는 단위가격은 해당 물품의 종류와 특성에 따라 수입신고일의 가격과 가격변동이 거의 없다고 인정되는 기간 중의 판매가격으로 한다. 다만, 수입신고일부터 90일이 경과된 후에 판매되는 가격을 제외한다.

제2호에서 '합의된 수수료'는 외국의 수출자와 국내 수입자간 계약에 의해 정해진 수수료를 의미하며, 수수료에 관한 계약이 없으면 동종·동류 물품에 대하여 통상적으로 인정되는 이윤 및 일반경비를 공제한다. '동종·동류의 수입물품'이라 함은 해당 수입물품이 제조되는 특정산업 또는 산업부문에서 생산되고 해당 수입물품과 일반적으로 동일한 범주에 속하는 동종·동질물품 또는 유사물품 등을 포함한다.

'이윤 및 일반경비'는 일체로서 취급하며, 일반적으로 인정된 회계원칙에 따라 작성된 회계보고서를 근거로 작성한 것이다. 산출한 이윤 및 일반경비의 비율이 100분의 110 이하인 경우에는 납세의무자가 제출한 이윤 및 일반경비를 인정하고 그렇지 아니한 경우는 동종·동류비율을 적용하여 산출한 이윤 및 일반경비를 인정한다.

국내 판매가격을 기초로 과세가격을 결정할 때 종전에는 국세청에서 고시한 업종별 매출총이익률 자료를 기초로 산출한 기준비율을 적용하였으나 2012.2.2. 시행령 개정시 세관장은 관세청장이 정하는 바에 따라 해당 수입물품의 특성, 거래 규모 등을 고려하여 동종·동류의 수입물품을 선정하고 이 물품이 국내에서 판매되는 때에 부가되는 이윤 및 일반경비의 평균값을 기준으로 동종·동류비율을 산출하여 적용하여야 하는 것으로 변경되었다.[80)]

납세의무자는 세관장이 산출한 동종·동류비율이 불합리하다고 판단될 때에는 동종·동류비율을 통보받은 날부터 30일 이내에[81)] 수입물품을 통관하였거나 통관할 세관장을 거쳐 관세청장에게 이의를 제기할 수 있다. 이 경우 관세청장은 해당 납세의무자가 제출하는 자료와 관련 업계 또는 단체의 자료를 검토하여 동종·동류비율을 다시 산출할 수 있다.

---

80) 동종·동류비율을 산출하기 위한 비교대상업체 선정과 관련해서는 동종·동류의 수입물품에 대한 품목번호의 범위는 납세의무자의 수입신고 실적을 고려하고, 비교대상업체의 업종범위는 해당업종(신용평가기관에서 조회되는 납세의무자의 업종)과 연계업종(통계청에서 정한 「한국표준산업분류표」를 참고하여 관세평가분류원장이 선정한 업종)을 고려하여 결정한다(「수입물품 과세가격 결정에 관한 고시」 제26조). 산업평균율을 고려한 방법은 2018.4. 삭제함.

81) 과세가격의 조기 확정을 위하여 세관장이 통보한 동종동류비율에 대한 이의제기 기간을 30일로 하였으며(「수입물품 과세가격 결정에 관한 고시」 제27조), 과세가격·품목분류 사전심사 이의제기 기간도 30일이다.

적정한 비교대상업체의 선정은 과세대상 수입물품의 수입시 또는 그 무렵에 시장에서 경쟁하고 있는 동종·동류 물품의 수입업체들을 찾아내는 데에 달려있으나, 관세청의 심사정보시스템에 따르면 업종의 변동등 사정에 따라 수입시 또는 그 무렵을 기준으로 동종동류의 물품을 수입하고 있지 않던 업체가 비교대상업체 후보로 추출될 수 있거나 수입시 또는 그 무렵을 기준으로 동종동류의 물품을 수입하였던 업체임에도 비교대상업체 후보에서 배제될 수 있으므로 관련 법령과 고시에 위배하여 그 자체로 위법하다는 판례가 있다.[82]

제3호에서 수입항 도착한 후 발생하는 비용은 보세운송 운임, 운송보험, 창고사용료 등이 있다.

제4호에서는 수입 및 국내 판매와 관련된 조세 기타 공과금으로는 관세 등 제세와 부두사용료 등을 예로 들 수 있다. 무역업자가 국내 도착가격에서 각종 정상적인 비용, 이윤 등을 더하여 가격을 정한다는 가정에서 이러한 방법이 나올 수 있는 것이다. 이러한 모든 비용을 최초 판매가격에서 공제하면 순수하게 국내에 도착하는 가격이 산출된다. 수입과 관련된 조세에는 관세, 개별소비세, 주세, 농어촌특별세, 교통 · 에너지 · 환경세, 교육세, 부가가치세가 있으며, 국내 판매와 관련된 조세에는 소득세 등이 있고, 공과금에는 부두사용료 등이 있다.

1988.12.26. 관세법 개정(법률 제4027호)시 과세가격 결정방법을 순차적으로 실시하도록 규정하였다. 또한 GATT협약에 위배되는 과세가격 결정방법을 순차적으로 적용하지 아니하고 임의로 적용순서를 변경하거나, 협약에 맞지 않는 평가정지 조항 등도 삭제하였다.

제2항은 국내판매가격을 부인할 수 있는 근거 규정이다. 최근 농산물의 지속되는 저가신고 시도를 차단하기 위하여 동종 · 동질물품의 거래가격 또는 유사물품의 거래가격의 정확성과 진실성이 의심되는 경우 해당 가격을 기초로 하여 과세가격의 결정을 하지 아니할 수 있도록 함에 따라 국내판매가격의 경우에도 그 정확성이나 진실성을 의심할 만한 합리적인 사유가 있는 경우에는 법률 제12847호(2014.12.23) 개정을 통해 그에 기초하여 과세가격 결정을 하지 아니할 수 있도록 하였다.

제3항은 국내가공 후 과세가격 산정방법에 관한 규정이다.

이 조의 가격 결정방법은 제1항의 방법에서 국내가공에 따르는 부가가치 분을 추가로 공제하는 것이다. 최초로 수입한 물품을 원료로 하여 새로운 종류의 물품을 제작할 수 있으므로 새로운 종류의 물품에 부가된 부가가치를 공제하는 것이다.

【부산고등법원 2018.2.9, 2017누20910】 조회 시점에 따라 바교대상업체후보가 달라지게 된다면 비교대상업체에 실제 포함되어야 할 업체가 업종이 다르다는 이유로 제외되거나 동종 · 동류의 수입물품과 업종은 동일 · 유사하지만 실제 경쟁관계가 아니거나 동종업체로 보기 어려운 업체가 비교대상업체후보로 선정된 여지가 있게 되어 비교대상업체후보에 포함되어야 할 업체가 누락되거나

82) 부산고법 2017누20910(2018.2.9), 대법원 2018두38697(2018.6.28) 참조.

비교대상업체후보에 포함시키지 말아야 할 업체가 선정될 수 있는 문제점이 있게 된다.

【대법원 2013.2.28, 2010두16998】 [1] 부가가치세법 제13조는 제3항에서 국내에서의 재화 또는 용역의 공급에 대한 부가가치세의 과세표준에 관하여 규정하면서 '재화 또는 용역을 공급한 후의 그 공급가액에 대한 장려금'은 이를 과세표준에 포함하도록 규정하고 있을 뿐이고, 재화의 수입에 대한 부가가치세의 과세표준에 관하여는 제1항 내지 제3항의 국내에서의 재화 또는 용역의 공급에 관한 부가가치세 과세표준에 관한 규정과는 달리 제4항에서 관세의 과세가격과 관세·개별소비세·주세·교육세·농어촌특별세 및 교통·에너지·환경세의 합계액을 과세표준으로 하도록 규정하고 있는 점, 관세법은 과세표준의 산정과 관련하여 구 부가가치세법 제13조 제3항의 규정을 준용하지 않고 있을 뿐만 아니라, 제4조 제1항에서 수입물품에 대하여 세관장이 부과·징수하는 부가가치세의 부과·징수·환급 등에 관하여 구 부가가치세법의 규정과 관세법의 규정이 상충하는 경우에는 관세법의 규정을 우선하여 적용하도록 하고 있는 점, 관세법 제33조는 국내판매가격을 기초로 한 과세가격의 결정과 관련하여 국내 공급가액만을 기초로 과세표준을 산정하는 부가가치세의 과세표준 산정방식과는 달리, '특수관계가 없는 자에게 가장 많은 수량으로 국내에서 판매되는 단위가격을 기초로 하여 산출한 금액'에서 '통상적으로 부가되는 이윤 및 일반경비' 및 '통상의 운임·보험료'와 '조세와 그 밖의 공과금'을 뺀 가격을 과세가격으로 산정하고 있는 점 등을 종합하여 보면, '재화 또는 용역을 공급한 후의 그 공급가액에 대한 장려금'을 과세표준에 포함시켜야 한다는 구 부가가치세법 제13조 제3항의 내용을 관세법 제33조가 정하고 있는 방법에 따라 국내판매가격을 기초로 한 과세가격을 결정하는 경우에까지 적용할 것은 아니라고 할 것이다. [2] 관세법 제5조 제1항은 이 법을 해석하고 적용할 때에는 과세의 형평과 해당 조항의 합목적성에 비추어 납세자의 재산권을 부당하게 침해하지 아니하도록 하여야 한다고 규정하고 있는 점, 관세법 시행령 제27조 제4항이 관세법 제33조에 의한 국내판매가격을 기초로 한 과세가격 산정의 한 요소인 '통상적으로 부가되는 이윤 및 일반경비'를 일반적으로 인정된 회계원칙에 따라 작성된 회계보고서를 근거로 하여 산정하도록 하고 있는 이상, 과세가격 산정의 다른 요소들 또한 특별히 다른 규정이 있거나 다른 기준이 없는 한 일반적으로 인정된 회계원칙에 따른 금액을 근거로 산정하여야 과세가격 산정 근거가 되는 여러 가지 요소들의 금액 사이에 모순이나 충돌이 발생하지 않는 점, 우리나라가 가입한 세계무역기구(WTO) 관세평가협정의 부속서 Ⅰ 주해 총설은 "일반적으로 인정되는 회계원칙(GAAP)은 자세한 관행 및 절차가 될 수 있을 뿐만 아니라 일반적으로 적용되는 광범위한 지침(broad guidelines of general application)이 될 수 있고, 이 협약의 목적상 세계무역기구(WTO) 회원국의 세관 당국은 해당 조항에 적절한 것으로서 국내에서 일반적으로 인정되는 회계원칙과 일치되게 작성된 정보를 활용하여야 한다"고 규정하여, 관세법상 과세가격 산정에 있어서 별다른 기준이 없는 한 일반적으로 인정되는 회계원칙을 기준으로 삼아야 한다는 취지로 규정하고 있는 점, 국내에서 일반적으로 인정되는 회계원칙으로 볼 수 있는 기업회계기준 제38조(매출액)는 "상품 또는 제품의 매출액은 총매출액에서 매출에누리와 환입 및 매출할인을 차감한 금액으로 한다. 이 경우에 일정 기간의 거래수량이나 거래금액에 따라 매출액을 감액하는 것은 매출에누리에 포함된다"고 규정하고 있는데다, 금융감독원은 2006.11.4. '재무보고에 관한 실무의견서(제목 : 판매인센티브에 관

한 회계처리)'에서 대량 구매에 따라 지급되는 현금보조와 현금할인은 기업회계기준상 매출에누리와 경제적 실질이 동일하므로 매출에서 차감하는 것이 타당하다고 발표한 점 등에 비추어 보면, 관세법 제33조 제1항 제1호가 정하고 있는 '특수관계가 없는 자에게 가장 많은 수량으로 국내에서 판매되는 단위가격을 기초로 하여 산출한 금액'은 일반적으로 인정된 회계원칙인 기업회계기준이 정한 바에 따라 '특수관계가 없는 자에게 가장 많은 수량으로 국내에서 판매한 매출액에서 판매장려금을 공제한 금액'이라고 봄이 상당하다.

【대법원 1991.1.29, 90누5054】 특수관계 있는 자로부터의 수입물품에 대하여 원고가 필요경비에 관하여 자백한 경우에는 조세소송에서 과세요건사실인 필요경비의 입증책임이 과세관청에게 있다고 하더라도 관세관청의 입증필요는 면제된다고 볼 것이다.

【대법원 1985.7.23, 85도757】 관세가격산정의 기초로 삼은 수입물품들의 국내(도매)가격 속에는 그 수입에 정상적으로 소요된 비용액등이 이미 포함되어 있는 것으로 간주되는 것임이 법문상 명백하므로 국내가격과 수입비용의 양자에 대하여 모두 관세를 납입하여야 한다고 하는 것은 결국 관세를 중복으로 부과하는 셈이 되어 부당하다.

【대법원 1981.10.13, 81도2160】 녹용은 산지별 종류에 따라 수입가격과 국내 도매가격에 상당한 차이가 있음에도 그 산지별 종류를 구별함이 없이 시가를 평가하여 관세포탈액과 추징액을 산출하였음은 위법하다.

제34조【산정가격을 기초로 한 과세가격의 결정】 ① 제30조부터 제33조까지에 규정된 방법으로 과세가격을 결정할 수 없을 때에는 다음 각 호의 금액을 합한 가격을 기초로 하여 과세가격을 결정한다.

1. 해당 물품의 생산에 사용된 원자재 비용 및 조립이나 그 밖의 가공에 드는 비용 또는 그 가격
2. 수출국 내에서 해당 물품과 동종 · 동류의 물품의 생산자가 우리나라에 수출하기 위하여 판매할 때 통상적으로 반영하는 이윤 및 일반 경비에 해당하는 금액
3. 해당 물품의 수입항까지의 운임 · 보험료와 그 밖에 운송과 관련된 비용으로서 제30조 제1항 제6호에 따라 결정된 금액

② 납세의무자가 제1항 각 호의 금액을 확인하는데 필요한 자료를 제출하지 않은 경우에는 제1항을 적용하지 않을 수 있다.

해 설

산정가격에 의한 과세가격 결정방법(제5방법)이다. 법 제33조 국내판매가격에 의한 과세가격 결정방법이 비용 등을 공제해서 과세가격에 접근하는 것이라면, 동조 산정가격을 기초로 한 과세가격 결정방법은 비용 등을 가산해서 과세가격에 접근하는 것이다.

우리나라에 수입될 물품은 수출국 공장에서 제조하여 원자재 및 조립 비용, 수출자의 이윤

및 일반경비, 운임 · 보험료 등을 붙여서 거래가격을 정하여 수입자에게 판매한다. 산정가격을 기초로 한 과세가격 결정방법은 이러한 절차에 따라서 최초 원자재에서 각종 비용을 가산하여 과세가격에 접근해 나가는 것이다. 산정은 물품원가를 계산한다는 의미다. 이때에는 물품제조자가 자료를 충분히 제공하여야 가능하다. 따라서 납세의무자의 신청에 의해서 국내판매가격에 의한 방법 대신에 이 방법에 의할 수 있는 것이다.

제1호에서 '기타 가공에 소요되는 비용 또는 그 가격'에는 해당 물품과 동일체로 취급되는 용기 비용과 해당 물품의 포장에 소요되는 노무비 및 자재비가 포함되며, 우리나라에서 개발된 기술, 설계, 고안, 의장 또는 공예에 소요되는 비용을 생산자가 부담하는 경우에는 해당 비용이 포함된다.

제2호에서 생산자가 수출국에서 판매할 때 이윤 및 일반경비라는 요건 규정을 2013.1.1. 법 개정(법률 제11602호)시 명확화하였다. WTO평가협정 제6조 및 관련 주해의 내용을 법제화한 것이다. 수출국내 생산자의 통상적인 이윤 및 일반경비에 관한 규정이다. 이러한 자료들은 회사 내에서 비밀에 해당하는 사항이므로 수입국에서 이를 입수하기는 매우 어려우므로 실제 적용되는 사례는 드물다.

제3호는 법 제30조 제1항 제6호는 수입항까지 운임 · 보험료 기타 운송에 관련되는 비용으로서 대통령령이 정하는 바에 따라 결정된 금액을 말한다.

제2항은 관세평가 제5방법인 산정가격에 의한 평가는 납세자나 수출자가 충분한 정보제공을 선행조건으로 하여야 가능할 것이다. 동 방법을 두고 자료제출에 대한 과세관청과 납세자간의 의견 대립이 심화되어 성실납세 및 공정과세 풍토 조장을 위하여 2013.1.1. 법 개정(법률 제11602호)시 납세의무자 등의 자료제출 의무를 강화하였다.

> 제35조 【합리적 기준에 따른 과세가격의 결정】 ① 제30조부터 제34조까지에 규정된 방법으로 과세가격을 결정할 수 없을 때에는 대통령령으로 정하는 바에 따라 제30조부터 제34조까지에 규정된 원칙과 부합되는 합리적인 기준에 따라 과세가격을 결정한다.
> ② 제1항에 따른 방법으로 과세가격을 결정할 수 없을 때에는 국제거래시세 · 산지조사가격을 조정한 가격을 적용하는 방법 등 거래의 실질 및 관행에 비추어 합리적으로 인정되는 방법에 따라 과세가격을 결정한다.

해 설

합리적 기준에 따른 과세가격 결정방법(제6방법)이다. 가격결정 기준을 엄격하게 해석하는 경우 과세가격 산출이 어렵다면 적용 기준을 완화하여 탄력적으로 적용함으로써 과세가격 산출을 용이하게 할 수 있다. 탄력적으로 적용할 수 있는 합리적 기준에는 선적일 전후 조건,

동일상태 조건 등을 완화하여 적용하거나, 국내판매가격이나 산정가격으로 인정된 바 있는 실적, 수입신고일부터 90일 경과 후의 판매가격은 제외한다는 기준을 초과하여 적용하는 방법, 즉 단서의 규정을 적용하지 아니하는 방법 등이 있다.

농산물 일부품목의 경우 이면결재 등 지능적 탈세수법에 의한 저가신고가 여전하고 낮은 신고가격에 맞추어 송품장, 외환자료 등을 완벽하게 구비하여 세액심사시 실거래가격 및 입증자료 확보 곤란 등 수입업자의 학습효과로 세관의 사후세액심사의 실효성이 크게 저하됨에 따라 정책 차원에서 근본적 개선방안을 필요하게 되었다.

이에 제2항은 실제가격(actual value)을 기초하여 과세가격을 산출하여야 하나, 실제가격을 확인할 수 없는 경우 확인 가능한 실제 가격에 가장 가까운 상당치에 기초하여야 한다는 GATT 제7조 및 WTO관세평가협정 제1조의 취지를 근거로 하여 동종 · 유사물품의 거래가격 등 실제 가격을 확인할 수 없는 경우에는 실제 가격에 가장 가까운 상당치인 국제거래시세, 산지조사가격을 기초로 과세가격을 결정할 수 있도록 법률 제12027호(2013.8.13) 개정을 통해 신설하였다.

수입한 것과 '동일한 상태'로 판매하여야 한다는 요건을 신축적으로 해석 · 적용하는 방법은 납세의무자의 요청이 없는 경우에도 해당 물품이 국내에서 가공된 후 판매되는 가격을 조정하여 과세가격을 결정하는 것을 말한다. '단서의 규정을 적용하지 아니 하는 방법'이라 함은 수입신고일부터 180일까지 판매되는 가격을 적용하는 방법을 말한다.

합리적 방법에 의해 과세가격을 산출할 때에는 행정 편의주의로 해서 자의적으로 가격을 결정할 우려가 있으므로, 기준으로 삼을 수 없는 가격의 종류를 정해 놓고 있다. 기준으로 할 수 없는 가격에는 우리나라에서 생산된 물품의 국내판매가격, 선택 가능한 가격 중 높은 가격을 과세가격으로 해야 한다는 규정에 의한 가격, 수출국의 국내판매가격, 법 제34조 산정가격을 기초한 과세가격 결정 방법에 의하지 않고 정해진 생산비용을 기초로 결정된 가격, 우리나라 이외의 국가에 수출하는 물품 가격, 기타 설정된 최저과세기준가격, 가공적이고 자의적인 가격이 있다.

합리적인 방법 중 하나로 장기간 반복하여 수입하는 물품에 대하여는 국내판매가격을 적용시 가산율 또는 공제율을 미리 정하여 운영할 수 있다. 동일한 물품을 반복적으로 수입함으로써 매번 과세가격을 심사하는 것은 통관시간이 많이 소요되는 불편한 점이 있으므로 미리 정해진 가산율 또는 공제율을 적용하여 과세가격을 결정하는 것이다. 그러나 이율의 적용은 납세의무자의 요청이 있는 경우에 한하여 적용할 수 있다.

합리적인 과세가격 결정방법의 하나로써 특정물품에 대하여 과세가격결정에 필요한 기초자료와 금액의 계산방법 등 과세가격결정에 필요한 세부사항을 정하는 것이 있다. 이러한 특정물품으로는 수입신고 전에 변질 · 손상된 물품, 여행자 또는 승무원의 휴대품, 우편물, 탁송품 및 별송품, 임차수입물품, 중고물품, 보세공장의 제품과세시 외국물품으로 보는 물품, 범칙물품, 기타 관세청장이 과세가격 결정에 혼란이 발생할 우려가 있다고 인정하는 물품이 있다. 이 내용은 「수입물품의 과세가격 결정에 관한 고시」에 규정하고 있다.[83]

83) WTO 관세평가협정은 국제적으로 거래되는 상업적 교역물품으로서 종가세 대상물품에 대한 관세평가원칙을 정하는 것이므로 각국의 개인용품, 공매물품 등에 대한 가격결정은 동 협정의 대상이 아니라고 한다.

【수입물품의 과세가격 결정방법 도해】

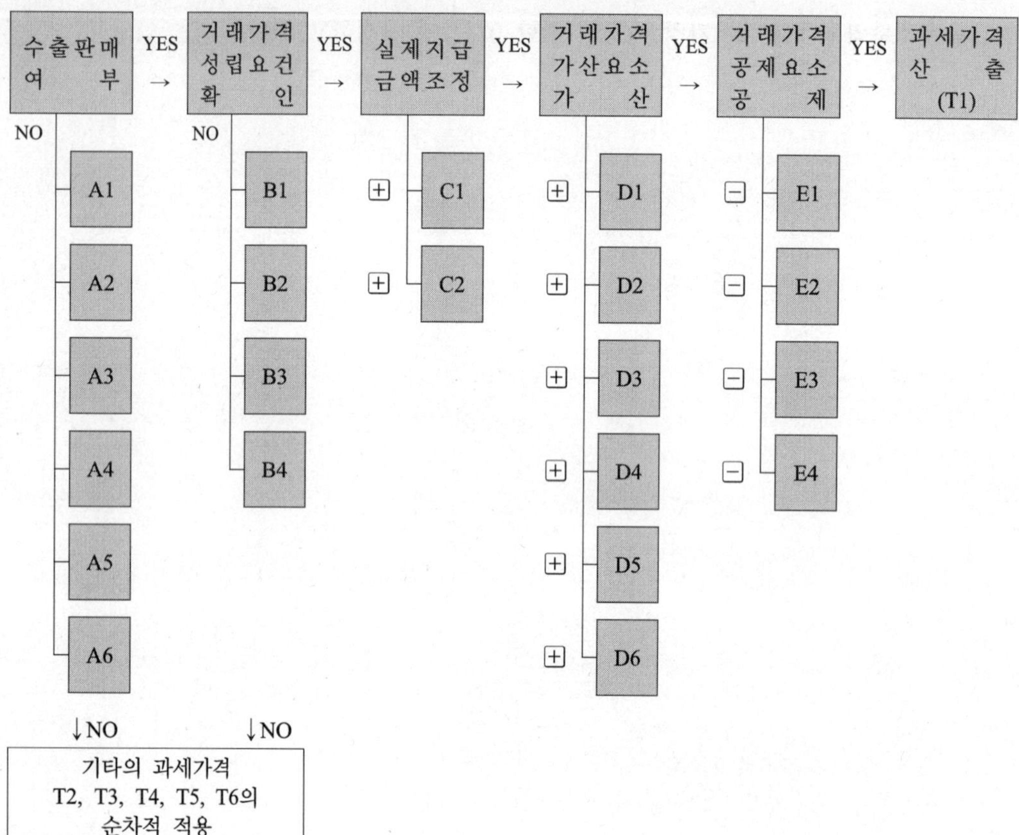

T1 : 실제지급금액을 기초한 과세가격
T2 : 동종동질물질의 거래가격을 기초한 과세가격
T3 : 유사물품의 거래가격을 기초한 과세가격
T4 : 국내판매가격을 기초로 한 과세가격
T5 : 산정가격을 기초로 한 과세가격
T6 : 합리적인 과세가격

A1 : 무상수입물품이 아님
A2 : 판매위탁수입물품이 아님
A3 : 수출자책임판매물품이 아님
A4 : 지점등에서 수입하는 물품이 아님
A5 : 유 · 무상임대차물품이 아님
A6 : 송화주부담 파기물품이 아님

B1 : 수입물품의 사용 · 처분의 제한 없음
B2 : 특별한 조건이나 사정에 영향 없음
B3 : 계산할 수 없는 사후귀속이익 없음
B4 : 특수관계 거래가격에 영향 없음

※ 관세청 통관적법성 심사매뉴얼 참조

C1 : 별도로 지급한 금액(채무변제액, 상계액)
C2 : 간접지급금액

D1 : 수수료 및 중개료
D2 : 용기 및 포장비용
D3 : 생산지원비용
D4 : 로열티 및 라이선스료
D5 : 사후귀속이익
D6 : 운임 및 보험료

E1 : 수입후 설치 등 비용
E2 : 수입 이후의 운송비용
E3 : 수입국 제세 · 공과금
E4 : 연불이자

【조세심판원 2024.2.1, 2022관0155】 처분청은 제6방법에 따라 쟁점물품의 과세가격을 제3자 도매가격으로 결정한 방법이 합리적이고 적정하다는 의견이다. 그러나 청구법인뿐만 아니라 국내외 AAA 그룹의 특수관계자 및 비특수관계자들도 모두 제3자 도매가격에 할인율을 적용하는 방식으로 수입가격을 결정하고 있고, 각 수입자의 수입규모 · 역할 및 기능 등의 차이에 따라 0%~34%까지 할인율에 차이가 있는 것으로 보이는 점, 국내 제3자의 각 수입비중은 청구법인의 수입금액 대비 1%~2%에 불과할 뿐만 아니라 청구법인은 국내 제3자와 달리 단독 브랜드 취급, 전문 매장 등을 통한 판매, 마케팅 및 최소 수량 구매의무 등 그 역할 및 기능에 차이가 있는 것으로 보이는 점, 청구법인 설립 이전 AAA의 국내 판매대리점이었던 비특수관계자 BBB의 수입비중은 현재 청구법인의 수입금액 대비 30% 정도에 불과함에도 평균 13%의 할인율을 적용받았던 점 등에 비추어 처분청이 청구법인의 역할 및 기능의 차이에 따른 가격을 전혀 고려하지 아니한 채 쟁점할인율 20% 전체를 인정하지 않고 국내 제3자의 수입가격으로 쟁점물품의 과세가격을 결정한 것은 합리적으로 보기 어려우므로 이러한 고려 없이 이루어진 처분은 잘못이 있다.

【조세심판원 2023.3.9, 2022관0098】 쟁점물품은 원강에서 떨어져 토막난 자투리 및 원강 중 품위가 떨어지는 것인 반면 처분청이 제시한 산지조사가격은 우수 품위의 생강에 대한 것인 등 달리 수입신고가격을 배제할 사유가 없음에도 이를 인정하지 아니한 처분은 잘못이 있다.

【조세심판원 2016.6.28, 2014관0419】 처분청이 연도별로 급격한 가격변동이 있었다고 제시한 물품의 수입가격은 그 근거 자료가 확인되지 않고, 쟁점물품으로 확인된 ×개 품목의 수입가격은 처분청이 제시한 가격과 다른 것으로 나타나고, 쟁점물품에 급격한 가격변동이 있었다고 보기 어려운 점, 처분청이 비교대상업체로 삼은 ○○○㈜는 다단계판매업체인 청구법인과 달라 특별한 사정이 없는 한 동종 · 동류물품을 수입하는 비교가능한 업체로 보기 어려운 점 등에 비추어 거래가격을 배제하고 과세가격을 산정하여 관세 등을 과세한 처분은 잘못이 있다.

【조세심판원 2014.8.20, 2014관0119】 검사장비를 수출한 후 고장난 장비 부분품을 무상수리 목적으로 국내반입하면서 임의가격으로 수입신고한 것에 대하여 신고가격을 부인하고 관세법 제35조에 따라 부품별 실제 수출가격에서 감가상각 등을 감안한 가격을 과세가격으로 산정하여 과세한 처분과 관련하여 처분청이 과세가격 산정기준으로 삼은 부품별 실제 수출가격은 국내판매가격에 해당하는 측면은 있으나 청구법인의 수입신고가격 역시 임의가격에 해당하므로 이를 재조사하여 경정하는 것이 타당하다.

【조세심판원 2014.4.21, 2013관0167】 국세 · 관세 간 이전가격 과세조정이 이뤄지기 위해서는 쟁점물품의 거래가격을 조정하고 수입물품의 거래가격 조정방법과 계산근거 등이 관세법 규정에 적합하여야 하나 거래순이익률법을 적용하여 이전소득을 조정하였을 뿐 쟁점물품의 거래가격을 조정한 사실이 없어 청구법인 주장을 받아들이기 어렵다.

【조세심판원 2014.3.5, 2013관0183】 청구법인은 완성된 쟁점물품을 위탁자에게 판매한 것이 아니라 위탁자와의 임가공계약에 따라 임가공용역을 제공한 것이므로 관세법상 수출판매에 해당되지 아니하므로 관세법 제35조에 따라 과세가격을 결정하여야 하여 임가공비와 웨이퍼 가격을 합산한 합리적인 가격을 과세가격으로 결정함이 타당하다.

【조세심판원 2013.10.17, 2013관0056】 [1] 저가신고로 계상된 관세에 기초한 쟁점물품 국내판매가격을 정상적인 판매가격이라고 볼 수 없는 점, 청구인은 소규모 영세업체로서 일반적으로 인정된 회계원칙에 따라 작성된 신뢰할 수 있는 회계장부 기록이나 증빙도 충분하지 않아 관세법 제33조에 따른 제4방법을 적용하기는 어려운 점 등으로 보아, 쟁점물품 과세가격은 관세법 제33조에서 규정한 제4방법으로 결정하는 것은 적정하지 않은 것으로 판단된다. [2] 쟁점물품 수입시기와 유사한 시기에 동종동질물품이나 유사물품의 수입실적이 없어 관세법 제31조 및 제32조로 과세가격을 결정할 수 없었고, 저가신고로 계상된 관세에 기초한 판매가격을 정상적인 판매가격이라고 볼 수 없음에 따라 관세법 제33조에 의해서도 과세가격을 결정할 수 없어, 쟁점물품 과세가격을 제6방법으로 결정한 처분은 적정한 것으로 보여진다. 다만, 관세법 제35조에서 규정한 제6방법으로 과세가격을 결정할 때 관세법 시행규칙 제7조 제1항 제2호에 따라 쟁점물품 선적일 전후 90일 이내의 유사물품 수입가격 중 가장 낮은 가격에 기초하여 과세가격을 결정하여야 함에도 불구하고, 쟁점물품 입항일 기준 30일 이내의 유사물품 신고가격에 기초하여 과세가격을 결정한 것은 처분청의 잘못이라고 보여진다. * 유통공사 수입신고 가격을 일반 수입업체와 비교하여 조정요소를 합리적으로 재산정한 가격을 인정하고, 조세심판원이 유통공사가 공신력 있는 기관이며 신고가격 또한 신뢰할 수 있는 가격임을 확인한 사례이다.

【대법원 2024.4.16, 2021두36196】 과세관청이 어떠한 수입물품에 대하여 보충적 결정방법인 관세법 제35조 제2항에 따라 과세가격을 결정하여 관세를 부과하기 위해서는, 관세법 제30조부터 제35조 제1항까지 규정된 방법으로 해당 수입물품의 과세가격을 결정할 수 없다는 점을 과세관청이 증명하여야 한다. 나아가 해당 수입물품에 대하여 동종 · 동질물품이 존재하더라도, 두 물품 간에 거래 단계 등 거래조건에 차이가 있고, 그에 따른 가격차이를 조정할 객관적이고 합리적인 자료가 없다면 관세법 제31조에 규정된 방법으로 과세가격을 결정할 수 없다고 봄이 상당하다. 여기에서 '거래 단계가 같다'는 것은 해당 수입물품 거래와 동종 · 동질물품 거래의 상업적 수준(Commercial Level)이 같다는 것을 의미하는데, 상업적 수준은 도매단계, 소매단계와 같이 물품이 최종소비자에게 도달할 때까지 거치는 과정 중 특정단계를 가리키는 것으로서, 위 두 거래에서 제조자, 도매업자, 소매업자, 최종소비자 등 과 같이 각 거래 당사자가 맡은 역할이 다르다면 거래 단계가 같다고 볼 수 없다.

【인천지법 2012.10.11, 2012구합359】 유통공사의 산지 수매가격은 수입가격결정이나 국내 수급계획 수립의 참고자료로 활용하기 위해 현지 모니터 및 위 공사 중국 청도 사무소를 통해 중국산 산지수매가격을 조사하고 있는 사실, 복수의 주산지 수집상을 대상으로 탐문조사하는 방법으로 산지수매가격을 조사하는 사실을 인정하면서, 공신력 있는 기관을 통해 조사된 가격에 내륙운송비, 해상운송비, 이윤 등이 더해진 과세가격이 수출국의 국내 판매가격이라고 보기 어려우며, 제3의 공신력 있는 기관이 조사한 기초가격에 원고가 인정한 원가를 더한 것으로 자의적 또는 가공적인 가격으로도 보이지 않는다. * 원고가 한국농수산물유통공사의 산매 수매가격이 관세법 시행령 제29조 제2항의 "수출국의 국내판매가격"이나 "자의적 또는 가공적인 가격"에 해당하여 과세가격 결정 기초로 사용할 수 없다고 주장한 것으로, 신선깐마늘 관련 처분청이 제6방법 적용시 한국농수산식품유통공사의

산지 수매가격을 기초로 한 과세의 위법성 여부에 관한 사례이다.

【대법원 2008.3.27, 2008도325】 [1] 「특정범죄 가중처벌 등에 관한 법률」 제6조 소정의 '물품원가'라 함은 수입의 경우에는 수입지의 도착가격(CIF)을 말하는 것이고, 범행 당시의 시가(국내도매가격)에 시가 역산율을 곱하여 도착가격을 산정하는 것도 그것이 실제 거래가격을 충실히 반영하는 방법으로 결정된 국내 도매가격을 기초로 하여 산정되었다고 볼 수 있는 경우에는 이를 관세법 제35조에 의한 합리적 기준에 의한 과세가격의 결정방법이라고 할 수 있다. [2] 세관원이 '전년도 평균수입단가', '범칙물품 기준가격' 등을 기준으로 밀수품의 도착가격을 인정하거나 또는 실제거래가격을 충실히 반영하는 방법으로 결정된 국내도매가격에 시가 역산율을 곱하는 방법으로 도착가격을 산정한 감정서에 의거하여 밀수품의 원가를 인정하였다면, 그러한 세관원의 조치는 정당하다. [3] 세관원이 '농산물유통공사의 도매가격', '시장조사결과' 등에 의해 시가를 인정하거나 또는 물품원가(도착가격)에 시가 역산율을 적용하는 방법으로 밀수품의 시가를 산정한 감정서를 토대로 밀수품의 시가를 인정하였다면, 그러한 국내도매가격산정은 적법하다.

【대법원 2001.4.27, 2001도371】 [1] 범칙물품 중 순록 뿔은 국내에서 정상적으로 거래되지 아니하는 물품이어서 범행 당시의 시가(국내도매가격)에 시가역산율을 곱하여 도착가격을 산정하는 것은 물론 가능하지만, 그것이 실제거래가격을 충실히 반영하는 방법으로 결정된 국내도매가격을 기초로 하여 산정한 것으로 볼 수 있는 경우에 한하여 이를 같은 합리적 기준에 의한 과세가격의 결정방법이라고 할 수 있을 것이다. [2] 세관직원의 감정서를 근거로 순록뿔 등의 시가(단위가격)를 인정하고, 여기에 녹용에 대한 시가역산율을 곱하여 산출한 물품원가를 합리적인 기준에 따른 과세가격이라고 본 원심을 파기한다.

【대법원 2000.4.25, 99도5479】 「특정범죄 가중처벌 등에 관한 법률」 제6조 소정의 "물품원가"라 함은 수입의 경우에는 수입지의 도착가격(CIF)을 말하는 것이고, 범행 당시의 시가(국내도매가격)에 시가역산율을 곱하여 도착가격을 산정하는 것도 그것이 실제거래가격을 충실히 반영하는 방법으로 결정된 국내도매가격을 기초로 하여 산정되었다고 볼 수 있는 경우에는 이를 관세법에 의한 합리적 기준에 의한 과세가격의 결정방법이라고 할 수 있다.

【대법원 1997.12.26, 97누1037】 선박경매절차에서 외국국적 중고어선을 경락받아 대금을 완납하고 그 소유권을 취득한 경우 그 관세부과에 있어, 위 선박은 법에서 정한 수입절차에 따라 수입된 것이 아니어서 관세법 소정의 우리나라에 수출판매되는 물품에 해당한다고 볼 수 없고 각 규정된 방법으로 과세가격을 결정할 수도 없어 합리적 기준에 의하여 과세가격을 결정하여야 할 것이라 하여, 공인감정기관의 감정가격인 최초 경매기일의 최저경매가격을 기초로 하여 과세물건확정시까지의 가치하락분을 감가한 가격으로 위 선박 과세가격을 결정한 것은 적법하다.

【대법원 1994.11.8, 94도479】 [1] 범행 당시의 시가(국내도매가격)에 시가역산율을 곱하여 산정한 방법은 여행자휴대품 · 중고물품 등의 특수한 물품의 경우에만 인정하는 방법이지만, 중국산 잣과 같이 국내에 정식으로 수입된 적이 전혀 없는 물품의 경우에도 그것이 실제거래가격을 충실히 반영하는 방법으로 결정된 국내도매가격을 기초로 하여 산정되었다고 볼 수 있는 경우에는 관세법에 정한 합리적 기준에 의한 과세가격의 결정방법이라고 할 수 있다. [2] 밀수입한 잣에 대하여 시가

역산율에 의한 과세가격결정이 관세청고시가 정한 요건을 구비하였는지의 여부나 피고인의 변호인이 주장입증한 대한물가협회 작성의 시가조회회보서에 의한 과세가격이 시가역산율에 의한 과세가격보다 관세법에 정한 합리적인 기준에 따른 과세가격인지를 잘 살피지 아니한 채, 국내도매가격을 제대로 반영한 것인지 의심스러운 세관공무원이 조사한 도매가격을 기초로 시가역산율에 의하여 산정한 과세가격을 정당하다고 본 원심판결에는 과세가격결정에 관한 법리를 오해하거나 심리를 다하지 아니한 위법이 있다.

제36조【과세가격 결정방법 등의 통보】 세관장은 납세의무자가 서면으로 요청하면 과세가격을 결정하는 데에 사용한 방법과 과세가격 및 그 산출근거를 그 납세의무자에게 서면으로 통보하여야 한다.

해 설

과세는 세관장 명의로 하기 때문에 과세가격 결정방법 통보는 세관장이 한다. 통보내용은 법 제30조부터 제35조까지 결정방법[84]에 의한 과세가격 산출근거이며, 통보방법은 서면으로 하여 투명성을 확보하고 있다.

과세가격 결정방법은 일반 납세의무자가 쉽게 이해하기 어려운 전문분야라 할 수 있으므로 그 결정과정들을 공개하기 위한 제도적 보장이라 할 수 있다. 1988.12.26. 관세법 개정(법률 제4027호)시 납세의무자에게 과세가격 결정근거를 알리도록 관련 규정을 개정하였다.

제37조【과세가격 결정방법의 사전심사】 ① 제38조 제1항에 따라 납세신고를 하여야 하는 자는 과세가격 결정과 관련하여 다음 각 호의 사항에 관하여 의문이 있을 때에는 가격신고를 하기 전에 대통령령으로 정하는 바에 따라 관세청장에게 미리 심사하여 줄 것을 신청할 수 있다.
1. 제30조 제1항부터 제3항까지에 규정된 사항
2. 제30조에 따른 방법으로 과세가격을 결정할 수 없는 경우에 적용되는 과세가격 결정방법
3. 특수관계가 있는 자들 간에 거래되는 물품의 과세가격 결정방법

해 설

과세가격 사전심사제도는 과세가격결정에 기초가 되는 사항에 대하여 의문이 있는 경우, 가격신고 전에 서류로써 관세청장에게 미리 과세가격 결정방법을 확인하여 줄 것을 신청하는 제도이다. 2007.12.31. 법률 제8833호로 특수관계자로부터 수입시 과세가격 결정방법 사전확인

---

84) 관세청 고시에서는 1~6방법으로 호칭한다.

제도를 도입하였다.[85] 과세가격 결정방법을 사전에 신청하고자 하는 경우 관세법 제37조에 따라 관세평가분류원에 '과세가격 결정방법의 사전심사'를 신청할 수 있다. 과세가격 사전심사제도는 독립당사자 간 거래물품의 과세가격 결정방법을 사전에 심사하는 경우(일반 사전심사 ; APR ; Advance Pricing Rule)와 본 · 지사 등 특수관계자 간 거래물품의 과세가격 결정방법을 심사하는 경우(특수관계 사전심사 ; ACVA ; Advance Customs Valuation Arrangement)로 구분된다.

이 제도 도입의 취지는 외투기업 등 특수 관계자로부터 수입시 과세가격 산정이 곤란하여 세관의 사후심사 및 추징 위험에 노출되는 것을 방지하여 기업이 안정적인 경영 전략 및 판매 전략 수립을 가능하도록 지원하는 제도이다. ACVA신청물품의 경우 신청시점부터 승인시점까지 잠정신고를 할 수 있으므로 승인내역으로 확정가격 신고를 할 수 있다. 이렇게 함으로써 사후 추징에 따르는 가산세 부담을 어느 정도 완화할 수 있으며, 결정방법의 유효기간을 운영함으로써 건별로 심사 신청하는 부담을 완화할 수도 있다.[86]

사전심사제도 활성화를 위하여 가산세 면제 인센티브를 전면적으로 운영하는 경우 모든 가격신고 대상에 대하여 과세가격 결정방법의 사전심사를 허용하면 동 제도가 악용될 소지가 있다. 사전심사 신청 물품을 잠정가격 신고대상에 포함시켜 특수관계자 간 거래물품의 경우에만 가산세를 면제하였으나, 2012.2.2. 시행령 개정시 과세가격 사전심사를 받은 물품을 심사결과 통보일부터 2개월 이내 수정신고 하는 경우에는 가산세 중 이자율에 해당하는 가산세는 부과하나 10% 해당 가산세는 면제하여 동 제도의 활성화를 도모하고 있다.

과세가격 결정방법 사전심사 대상으로서 과세가격의 결정에 관하여 실제지급금액에 가산할 것인가를 결정하는 가산요소, 공제할 것인가 하는 공제요소, 거래가격을 기준으로 과세가격을 결정할 수 있는 거래 요건인가에 관한 사항이 있다. 이외에도 법 제30조 제3항의 제한요소 해당 여부, 특수관계가 있는 경우 과세가격 결정방법에 관한 것이 있다. 개정 전 규정 내용보다는 특수관계 등에 중점적으로 심사를 한다는 취지가 분명하여 동 제도의 활성화를 기대할 수 있다.[87]

2018.12.31. 법 개정시 성실 납세신고를 지원하기 위하여 과세가격 결정방법 사전심사 대상을 확대하였다. 종전에는 과세가격 결정방법 사전심사 신청대상을 일부 요소에만 한정하여 제1호 가산요소와 공제요소의 금액, 제2호 거래가격 배제요건 해당 여부, 제3호 특수관계자 간 거래물품의 과세가격 결정방법의 경우에 대해서만 사전심사 대상으로 제한 규정하였다. 그러나 실무 현장에서는 이러한 요소들 외에도 수출하기 위하여 판매된 물품에 해당하는지 여

85) 종전에도 과세가격사전심사 제도는 운영되어 왔으나, 특수관계자간 거래에 대해서는 2007.12.31. 법률 제8833호로 처음 도입하였다.

86) 관세분야에는 ACVA(Advanced customs value arrangement), 내국세 분야에서는 APA(Advanced price arrangement)가 있다. ACVA는 관세법상 특수관계에 관한 사전심사제도이며 APA는 「국제조세 조정에 관한 법률」에 근거한 이전가격 사전심사 제도다.

87) 「특수관계 사전심사 운영에 관한 훈령」에서 업무처리 절차와 방법을 규정하고 있다.

부, 실제지급가격에 포함되는지 여부 등 과세가격 결정시 다양한 요소에 의문이 발생할 수 있어 납세의무자에 대한 보다 질 높은 서비스를 제공할 필요가 있었다. 이러한 이유로 사전심사 대상을 '거래가격 적정성과 거래가격 인정이 곤란한 경우, 동종 · 동질물품가격 적용 적정성 등 과세가격 결정 전반에 걸친 내용으로 확대한 셈이다.

과세가격 결정방법의 사전심사 신청자 적격에 대하여는 논란이 있으나 로펌 등에서는 실무적으로 사전심사 신청하여 업무를 진행하고 있다.[88] 법 제38조 제1항은 물품을 수입하고자 하는 자는 수입신고를 할 때에 대통령령이 정하는 바에 의해 세관장에게 관세의 납부에 관한 신고 즉 납세신고를 하여야 한다는 규정이다. 법 제30조 제1항 각 호는 가산요소, 법 제30조 제2항 각호는 공제요소, 법 제30조 제3항 각 호는 거래가격을 과세가격으로 인정할 수 없는 경우다.

【대법원 1999.4.9, 99도424】 관세를 포탈할 목적으로 수입할 물품의 수량과 가격이 낮게 기재된 계약서를 첨부하여 수입예정 물량 전부에 대한 과세가격 사전심사를 신청함으로써 과세가격을 허위로 신고하고 이에 따른 과세가격 사전심사서를 미리 받아 두는 행위는 관세포탈죄의 실현을 위한 외부적인 준비행위에 해당한다.

② 제1항에 따른 신청을 받은 관세청장은 대통령령으로 정하는 기간 이내에 과세가격의 결정방법을 심사한 후 그 결과를 신청인에게 통보하여야 한다.
③ 제2항에 따라 결과를 통보받은 자가 그 결과에 이의가 있는 경우에는 그 결과를 통보받은 날부터 30일 이내에 대통령령으로 정하는 바에 따라 관세청장에게 재심사를 신청할 수 있다. 이 경우 재심사의 기간 및 결과의 통보에 관하여는 제2항을 준용한다.
④ 세관장은 관세의 납세의무자가 제2항 또는 제3항에 따라 통보된 과세가격의 결정방법에 따라 납세신고를 한 경우 대통령령으로 정하는 요건을 갖추었을 때에는 그 결정방법에 따라 과세가격을 결정하여야 한다.
⑤ 제1항 제3호에 따라 사전심사를 신청하여 제2항에 따라 결과를 통보받은 자는 심사결과 결정된 과세가격 결정방법을 적용하여 산출한 과세가격 및 그 산출과정 등이 포함된 보고서를 대통령령으로 정하는 바에 따라 관세청장에게 제출하여야 한다.
⑥ 관세청장은 제5항에 따른 보고서를 제출하지 아니하는 등 대통령령으로 정하는 사유에 해당하는 경우에는 제2항에 따른 사전심사 결과를 변경, 철회 또는 취소할 수 있다. 이 경우 관세청장은 사전심사를 신청한 자에게 그 사실을 즉시 통보하여야 한다.

88) 변호사법에 변호사는 행정처분의 청구에 관한 대리행위와 일반 법률 사무를 하는 것을 그 직무로 한다고 규정하고 있다. 그러나 관세사법에는 통관업의 제한으로 통관절차의 대리 제한 규정을 두고 있어 과세가격 결정방법의 사전심사가 여기에 해당되는 지에 관하여 다소 논란이 있다. 품목분류사전심사 신청은 관세사만이 대리 신청하고 있다.

해 설

제2항은 과세가격의 결정방법 심사결과 통보에 관한 규정이다. 가산 혹은 공제요소 결정, 실제거래가격 배제 여부에 대한 결정기간은 1개월로 하고, 특수관계자 간에 거래되는 물품의 과세가격 결정은 1년의 기간으로 한다. 보완기간 등에 관하여는 법에서 구체적으로 정하고 있지 아니하므로 일반 민원서류에 준하여 취급하면 된다.

유사제도로서 사전세액심사, 과세전적부심사가 있다. 사전세액심사는 법 제38조 제2항에 의해 납세신고사항을 수입신고 수리 전에 심사하는 것을 말하고, 과세전적부심사는 법 제118조 제2항에 의해 부족세액 징수의 적법성을 심사하는 것을 말한다.

제3항은 과세가격 사전심사에 대한 재심사 제도에 관한 규정이다. 과세가격 사전심사의 결과에 대하여 납세자가 수용할 수 없는 경우에 납세자의 권익을 보호하고 과세가격 사전심사의 결과에 대한 재심사절차를 마련하도록 의무화하고 있는 세계무역기구(WTO) 무역원활화 협정의 국내적 이행을 위하여 법률 제12847호(2014.12.23) 개정을 통해 과세가격 사전심사에 대한 재심사절차를 마련하였다. 2018.12.31. 법 개정시 납세자 편의 제고를 위하여 종전에 특수관계가 없는 경우에만 재심사 신청이 가능한 것을 특수관계 유무와 관계없이 재심사 신청이 가능하도록 대상 범위를 확대하였다.

제4항은 심사결정의 적용방법에 관한 규정이다. 과세가격 결정방법 사전심사 결과 심사결정의 효력은 동일한 방식의 거래에 적용하며 결정일부터 3년[89]의 범위에서 효력이 있으며, 승인 신청 후 자료제출 요구 등을 성실히 이행한 경우 가산세를 면제한다. 명시적인 규정은 없으나 과세가격의 사전심사이므로 건별 적용을 원칙으로 하되 기초가 되는 법령, 거래관계가 동일한 경우에 적용한다. 이외에 세부절차로서 신청반려 및 철회규정 추가, 제출서류에 대한 비밀유지 의무, 연례보고서 제출 의무 등을 규정하고 있다.

이전의 과세가격 사전심사제도는 1990.12.31. 관세법 개정(법률 제4286호)시 신설한 조문이며, 이전에는 수입면허 후 사후에 신고세액을 심사하였다. 이 제도를 도입할 때에는 가산해야 할 금액을 확정하지 못한 경우 '예상되는 가산가격'을 기재하여 과세가격 사전 심사서를 교부할 수 있도록 하였다. 그러나 1993.12.31. 별도로 법 제28조에 잠정가격 신고 제도를 신설하였기 때문에 예상되는 가산가격에 관한 과세가격 사전심사서 교부제도는 폐지하였다.

2018.12.31. 법 개정시 제5항과 제6항을 신설하여, 특수관계자 간 거래물품의 과세가격 사전심사 결정 이후 사후관리에 필요한 보고서 제출 및 취소·변경 등에 관한 근거를 마련하였다. 다국적기업은 각 국가의 세제 정책 등에 따라 자회사 설립, 거래선 다변화 등 이전가격 정책 변경이 가능하므로 사전심사 승인 내용의 이행여부 등에 관한 관리가 매우 중요하고, 또

89) 시행령에 따르면 유효기간 만료 1년 전에 과세가격결정방법 등 변동이 없는 경우 2년 이내까지 유효기간을 연장하여 줄 것을 신청할 수 있다.

한 특수관계자 간 과세가격 사전심사는 일반 사전심사와 달리 다국적기업의 이전가격과 관련하여 난이도가 높은 사항을 심사하여 조건부로 승인하는 경우가 많기 때문에 사후관리가 필수적이다. 종전에 「수입물품 과세가격 결정에 관한 고시」로 연례보고서 제출, 사전심사 결과 변경·취소 등 사후관리 절차에 관한 사항을 상향 입법한 것이다.

제5항에서 보고서 제출의무를 부여하고 있다. 연례보고서[90]를 통한 사후관리를 강화하여 약정된 과세가격 결정방법의 이행 여부를 확인하고 관리하기 위한 것이다.

제6항에서 사전심사 변경과 취소 등을 규정하고 있다. 승인 당시와 납세환경이 달라진 경우와 승인에 따른 의무를 이행하지 않은 사실이 확인된 경우에 변경·취소 등 절차를 법률에 명확하게 규정한 것이다. 보고서 미제출·허위 작성·고의 누락, 과세가격 결정방법의 내용 또는 조건의 미준수 등은 '취소·철회 사유'이고, 과세가격 결정방법의 전제조건 또는 가정의 변경, 또는 국제협약의 변경으로 과세가격 결정방법의 변경이 필요한 경우 등은 '변경사유'이다.

제37조의 2 【관세의 과세가격 결정방법과 국세의 정상가격 산출방법의 사전조정】 ① 제37조 제1항 제3호에 관하여 의문이 있어 같은 항에 따른 사전심사를 신청하는 자는 관세의 과세가격과 국세의 정상가격을 사전에 조정(이하 이 조에서 "사전조정"이라 한다)받기 위하여 「국제조세조정에 관한 법률」 제14조 제1항에 따른 정상가격 산출방법의 사전승인(같은 조 제2항 단서에 따른 일방적 사전승인의 대상인 경우에 한정한다)을 관세청장에게 동시에 신청할 수 있다.
② 관세청장은 제1항에 따른 신청을 받은 경우에는 국세청장에게 정상가격 산출방법의 사전승인 신청서류를 첨부하여 신청을 받은 사실을 통보하고, 국세청장과 과세가격 결정방법, 정상가격 산출방법 및 사전조정 가격의 범위에 대하여 대통령령으로 정하는 바에 따라 협의하여야 한다.
③ 관세청장은 제2항에 따른 협의가 이루어진 경우에는 사전조정을 하여야 한다.
④ 관세청장은 제1항에 따른 신청의 처리결과를 사전조정을 신청한 자와 기획재정부장관에게 통보하여야 한다.
⑤ 제1항부터 제4항까지의 규정에 따른 사전조정 신청 방법 및 절차 등에 관하여 필요한 사항은 대통령령으로 정한다.

해 설

본 조항은 2014.12.23. 법률 제12847호로 신설된 조항으로 납세자의 편의를 위하여 납세자가 관세청장에게 관세의 과세가격 결정방법에 대한 사전심사를 신청하는 경우에 국세의 정상가격 산출방법에 대한 사전승인을 동시에 신청할 수 있도록 하고 국세청장과 관세청장이

90) 보고서 제출목록으로는 과세가격 결정방법의 전제가 되는 근거 또는 가정의 실현 여부, 사전심사결과 결정된 과세가격 결정방법으로 산출된 과세가격 및 그 산출과정, 과세가격과 실제 거래가격이 다른 경우 그 차이에 대한 처리내역, 사전심사결과 결정시에 보고서에 포함하도록 정한 사항 등이 있다.

공동으로 참여하여 과세가격 결정방법 및 정상가격 산출방법을 협의하여 결정하도록 하는 사전조정제도를 도입하였다.

2017.12.19. 법 개정시 납세자 권익보호와 사전조정제도의 실효성 제고를 위하여 기존 국세와 관세의 과세가격 산출방법[91]이 유사한 경우로 한정되는 것을 산출방법이 다른 경우도 신청 허용하여 사전조정 대상을 확대하였다. 또한 제5항에 따라 시행령에 '사전조정을 위한 국세청－관세청간 실무조정위원회' 설치하여 10명 이내의 국세청 및 관세청 실무자로 구성하여 운영하기로 하였다.

다국적기업은 일반적으로 특수관계자간 거래에서 이전가격 정책으로 운영하기 때문에 국세 산정에 사용되는 정상가격을 기준으로 거래가격을 결정한다, 이때 국세 목적의 이전가격 조정에 따라 발생한 사후조정 금액은 수입물품의 과세가격에 영향을 미칠 수 있다. 특수관계자간 이전가격 사후조정 금액을 이미 수입된 물품의 과세가격에 반영하기 위해서는 사후조정 금액이 관세법상 사후귀속이익에 해당하는지 여부가 쟁점이 된다.

제37조의 3【관세의 부과 등을 위한 정보제공】 관세청장 또는 세관장은 과세가격의 결정·조정 및 관세의 부과·징수를 위하여 필요한 경우에는 국세청장, 지방국세청장 또는 관할 세무서장에게 대통령령으로 정하는 정보 또는 자료를 요청할 수 있다. 이 경우 요청을 받은 기관은 정당한 사유가 없으면 요청에 따라야 한다.

해 설

국세와 관세 부과기관 간의 정보교환은 다국적기업의 활동을 고려하면 보다 더 활발하게 추진되어야 과세의 효율성을 높일 수 있다. 관세분야의 특수관계에서 적용되는 과세가격과 국세분야의 이전가격과 관련하여 적용되는 정상가격 간에는 합리적인 고려사항이 있을 수 있다는 것이 통설이다. 이를 조정하기 위하여는 부서간의 과세 정보 교환이 필요하다. 본 조는 이러한 의미에서 정보제공의 근거라 할 수 있다.

2011.12.31. 개정 관세법에서 도입하였으며, 미국의 세제에도 이와 유사한 규정을 두고 있다.[92] 대통령령으로 정하는 정보는 「국제조세조정에 관한 법률」 제4조에 따른 과세표준, 세액의 결정·경정과 관련된 정보 또는 자료 등을 말한다.

역외탈세와 관련해서는 과세관청의 정보접근이 어려워 적발에 상당한 노력이 필요하며, 그 탈세 수법도 날로 변신과 진화를 거듭하고 있는 실정이다. 관세청과 국세청은 2013.9.2. 역외

91) 국세에는 비교가능 제3자 가격법, 재판매가격법, 원가가산법 등이 있고, 관세에는 동종·동질 수입물품 거래가격법, 유사수입물품 거래가격법, 국내판매가격 역산방법, 산정가격방법 등이 있다.

92) 미국 내국세법(IRC) § 6103(1)(14) 참조.

탈세정보 공유에 대한 협력증진 일환으로 양기관간 "역외탈세 관련 협의정보 교환에 대한 양해각서(MOU)"를 체결한 바 있다.

제37조의 4 【특수관계자의 수입물품 과세가격결정자료등 제출】 ① 세관장은 관세조사 및 제38조 제2항에 따른 세액심사시 특수관계에 있는 자가 수입하는 물품의 과세가격의 적정성을 심사하기 위하여 해당 특수관계자에게 과세가격결정자료(전산화된 자료를 포함한다)를 제출할 것을 요구할 수 있다. 이 경우 자료의 제출범위, 제출방법 등은 대통령령으로 정한다.
② 세관장은 제1항에 따라 제출받은 과세가격결정자료에서 제30조 제1항 각 호의 어느 하나에 해당하는 금액이 이에 해당하지 아니하는 금액과 합산되어 있는지 불분명한 경우에는 이를 구분하여 계산할 수 있는 객관적인 증명자료(전산화된 자료를 포함한다)의 제출을 요구할 수 있다.
③ 제1항에 따른 과세가격결정자료 또는 제2항에 따른 증명자료(이하 "과세가격결정자료등"이라 한다)의 제출을 요구받은 자는 자료제출을 요구받은 날부터 60일 이내에 해당 자료를 제출하여야 한다. 다만, 대통령령으로 정하는 부득이한 사유로 제출기한의 연장을 신청하는 경우에는 세관장은 한 차례만 60일까지 연장할 수 있다.
④ 세관장은 특수관계에 있는 자가 다음 각 호의 어느 하나에 해당하는 경우에는 제31조부터 제35조까지의 규정에 따른 방법으로 과세가격을 결정할 수 있다. 이 경우 세관장은 과세가격을 결정하기 전에 특수관계에 있는 자와 대통령령으로 정하는 바에 따라 협의를 하여야 하며 의견을 제시할 기회를 주어야 한다.
1. 과세가격결정자료등을 제3항에 따른 기한까지 제출하지 아니하는 경우
2. 과세가격결정자료등을 거짓으로 제출하는 경우
⑤ 제4항에도 불구하고 세관장은 특수관계에 있는 자가 제30조 제3항 제4호 단서에 해당하는 경우임을 증명하는 경우에는 같은 조 제1항 및 제2항에 따라 과세가격을 결정하여야 한다.
⑥ 세관장은 과세가격결정자료등의 제출을 요구받은 자가 제277조 제1항에 따라 과태료를 부과받고도 자료를 제출하지 아니하거나 거짓의 자료를 시정하여 제출하지 아니하는 경우에는 미제출된 자료를 제출하도록 요구하거나 거짓의 자료를 시정하여 제출하도록 요구할 수 있다.
⑦ 제6항에 따라 자료제출을 요구받은 자는 그 요구를 받은 날부터 30일 이내에 그 요구에 따른 자료를 제출하여야 한다.

해 설

납세자와 과세관청은 상호 과세가격에 대하여는 협력하는 것이 WTO평가협약 및 관세법의 취지이나, 다국적 기업 등 많은 기업들이 글로벌화 되면서 가격 결정 방법이 복잡하여 이러한 취지에 반하는 사례가 빈발하였다. 이로 인하여 각종 쟁송이 야기되고 과세자나 납세자의 쟁송에 대한 기회비용이 지나치게 많아서 사회적 비효율성이 늘어나, 2013.1.1. 법 개정(법률 제11602호)시 특수관계자의 수입물품에 대한 가격자료 제출 의무규정을 법제화하기에 이르렀다.

제1항에서 과세자료 제출은 기본적인 의무이나 자료제출을 해태하거나 초기 과세시에는 제출하지 아니하고 추후 쟁송과정에서 유리한 경우 제출하여 과세 행정을 왜곡화하는 것을 막기 위하여 제출의무를 한 번 더 강조하는 의미에서 신설된 조항이다. 「국제조세조정에 관한 법률」 제11조에도 국제거래에 대한 자료제출 의무를 규정하고 있으며, 이 내용을 관세법에 규정한 것이다. 「국제조세조정에 관한 법률」에서는 과세가격 조사단계에서 제출하지 않은 자료는 불복 쟁송단계에서 과세자료로 이용을 제한하는 규정을 두고 있다.

2018.2.13. 관세법 시행령 개정시 세관장이 납세자가 신고한 세액에 대한 심사를 하는 경우 특수관계가 있는 납세자가 수입하는 물품의 과세가격의 적정성을 심사하기 위하여 그 특수 관계가 있는 자에게 요구할 수 있는 자료의 범위에 '통합기업보고서' 및 '개별기업보고서'를 추가 규정하였다.

2019.2.12. 관세법 시행령 개정시 세관장이 특수관계자에게 수입물품에 대한 과세자료 제출을 요구할 때에는 '요구사유'와 '제출기한'을 적은 문서로 하고 '과세가격 결정방법'등에 관하여 특수관계자와 협의하고 10일 이상의 의견진술기회를 부여하도록 규정하였다.

2023.12.31. 법 개정시 관세조사시에도 자료요청을 할 수 있도록 근거 규정을 정비하였다.

제2항은 세관장이 특수관계에 있는 자로부터 제출받은 과세가격의 결정에 관계되는 자료에서 구매자가 부담하는 수수료와 중개료 등이 이에 해당하지 아니하는 금액과 합산되어 있는지 불분명한 경우에는 이를 구분하여 계산할 수 있는 객관적인 증명자료의 제출을 요구할 수 있도록 하는 규정이다.

제3항에서 과세자료 제출 요구는 국민의 권리 의무에 관한 사항이므로 제출기한과 연장에 대하여는 법에서 규정하되 기타 사항은 대통령령에서 규정하도록 정하고 있다. 자료 제출기한 등으로 납세자와 과세자간 마찰이 빈번하므로 이를 법적으로 정하는 것이 타당하다고 본다.

제4항은 세관장이 요구하는 자료를 제출기한까지 제출하지 아니하는 경우 과세방법에 관한 규정이다. 2018.12.31. 법 개정시 특수관계자 간 거래에 대해 과세가격 결정 효율화를 위하여 신고가격이 아닌 동종·동질물품가격, 유사물품가격 등을 기초로 하여 과세할 수 있도록 하였다. 종전에는 제출된 과세가격의 결정에 관계되는 자료에 따른 금액을 거래가격으로 하여 과세가격을 결정할 수 있도록 하였었다. 특수관계자로부터 수입하는 자가 거래가격이 부인되면 관세부담이 상당하여, 세관장은 가격 결정전에 납세자와 협의 및 의견진술 기회를 주어야 한다. 2022.12.31. 법 개정시 제1호와 제2호를 신설 규정하였다.

제5항은 2018.12.31. 법 개정시 신설된 조항으로 예외적으로 납세자가 정상적 가격결정 관행임을 증명하는 경우에는 신고가격으로 과세하도록 하였다.

제6항과 제7항은 2021.12.31. 개정 관세법에서 추가 규정한 내용으로서 과세가격 결정 자료 확보를 위한 보완 규정이다.

2022.12.31. 법 개정시 제4항 등 특수관계자 간 거래의 신고가격 불인정 사유로 과세가격 결정자료 및 증명자료를 거짓으로 제출한 경우를 추가하고, 시정요구와 과태료 부과 대상도 확대하여 증명자료의 미제출 및 거짓자료 제출을 포함시켜서 의무 위반 제재의 대상도 확대하였다.

부과와 징수

1. 제1관 세액의 확정

제38조 【신고납부】 ① 물품(제39조에 따라 세관장이 부과고지하는 물품은 제외한다)을 수입하려는 자는 수입신고를 할 때에 세관장에게 관세의 납부에 관한 신고(이하 "납세신고"라 한다)를 하여야 한다.
② 세관장은 납세신고를 받으면 수입신고서에 기재된 사항과 이 법에 따른 확인사항 등을 심사하되, 신고한 세액 등 납세신고 내용에 대한 심사(이하 "세액심사"라 한다)는 수입신고를 수리한 후에 한다. 다만, 신고한 세액에 대하여 관세채권을 확보하기가 곤란하거나, 수입신고를 수리한 후 세액심사를 하는 것이 적당하지 아니하다고 인정하여 기획재정부령으로 정하는 물품의 경우에는 수입신고를 수리하기 전에 이를 심사한다.

해 설

납세의무자로부터 관세를 징수할 수 있는 추상적 권리를 취득하고, 과세요건이 성립하면 구체적으로 세액을 확정하여 확정된 대로 관세를 징수한다. 세액확정은 납세의무자가 납부하여야 할 세액을 구체적으로 정하는 것이다. 세액확정 방법에는 납세의무자가 신고하여 이 신고내용을 근거로 세액을 확정하는 신고납부제도와 과세관청이 세액을 확정하는 부과고지제도가 있다. 이러한 의미에서 보면 본 절의 표제인 부과는 부과고지제도의 부과를 의미하는 것은 아니라는 것을 알 수 있다. '부과'는 세금을 매겨서 부담하게 하는 것이며, '징수'는 부과된 대로 법규에 따라 세금을 거두어들이는 것이다.

'부과권'은 이미 성립된 조세채권의 구체적 내용, 즉 세액 확인을 주된 내용으로 하는 공법상 형성권을 말하며, '징수권'은 부과권에 의하여 확정된 세액의 이행을 청구하는 권리를 말한다.[93] 또한 부과권은 형성권이므로 시효 중단 및 정지가 없는 제척기간에 해당되고, 징수권은 청구권이므로 시효중단이나 정지가 있는 소멸시효에 해당된다. 징수권은 확정된 조세채권을 실현하기 위하여 납세자에게 이행을 청구하며, 임의로 이행이 이루어지지 않을 경우에는

93) 행정법적 성질에 있어서 부과권이 징수결정 · 경정 · 확인행위 · 형성권 · 관세채권 확정 · 제척기간임에 비하여, 징수권은 이에 대응하는 고지 · 강제징수 · 법률행위 · 청구권 · 관세채권 징수 · 소멸시효인 점에서 차이점이 있다.

이행을 강제하고 납부된 세액을 수납하는 과세권자의 권리를 말한다. 부과권과 징수권은 동일한 조세채권의 궁극적 실현을 위한 실체적 면과 절차적 면의 양면 관계인 동시에 하나의 진행 과정이다. 예를 들면, 고지서를 발행하기 전까지는 부과권의 영역이고 발행 이후는 징수권의 영역이라 볼 수 있다.[94]

세액확정 시점은 「납세업무 처리에 관한 고시」[95]에 납세신고를 하고 해당 세액을 납부한 때를 그 시점으로 보고 있고, 부과고지제도에서는 고지서가 납세의무자에게 송달한 때를 세액확정 시점으로 본다. 확정절차로서 세액을 납부하도록 명하는 통지를 고지라 한다.

우리의 조세법 구조는 조세채권자(과세관청)의 조세채무에 대한 결정권에 대응하여 조세채무자(납세의무자)에게는 과세표준 및 세액의 신고에 의한 조세채무의 확정권을 부여하는 신고납세제도를 그 기본적 골격으로 하고 있다. 이는 과세물건의 파악은 누구보다도 납세의무자가 정확히 알고 있다는 전제 아래 그에게 일차적으로 그 측정작업을 맡기는 제도로서 신고납세제도의 실효성확보를 위해서는 납세의무자의 정확한 신고가 필수적이다.

물품을 수입하고자 하는 자는 세관장에게 관세납부에 관한 신고를 하여야 한다. 이를 납세신고라 하고 납세신고에 의한 납부방식을 신고납부라 한다.[96] 이에 대하여, 신고자의 납세신고 없이 세관장이 관세를 직접 부과 · 징수하는 것을 부과고지라 한다. 고지란 어떠한 사실을 관계자에게 통지하여 알리는 것을 말하며, 관세부과시 고지서를 발행 · 송부하는 것을 의미하기도 한다.

납세신고는 행정법적으로 자기완결적인 사인의 공법행위로서 납세의무자가 납세의무의 내용을 구체적으로 확정하여 과세관청에 통지하는 행위이다. 납세신고는 요식행위이며, 납세신고서가 제출 수리된 때에는 신고의 내용에 의하여 납세의무자가 확정된다. 세관장이 납세의무자의 신고에 따라 세액을 수령하는 것은 사실행위다.[97]

신고납세방식의 조세에 있어 신고행위는 사인(私人)의 행위이기는 하나 공법관계인 조세채무를 구체적으로 확인하는 공법상의 준법률행위(관념의 통지)로 보고 있으므로 의사표시에 관한 민법규정을 유추적용할 수 없어 그 신고행위의 취소는 허용될 여지가 없고 단지 그 무효여부만이 문제된다. 납세의무자의 신고행위에 의하여 조세채무가 확정된 경우 그 취소를 구할 처분이 없으므로 과세관청에 대한 경정청구를 통한 경정거부처분취소소송의 방법과 부과처분이 무효인 경우와 마찬가지로 신고행위의 무효를 이유로 부당이득반환청구에 의한 방법으로

94) 이태로 · 안경봉, 앞의 책, p.83.

95) 기존 「납세심사 사무처리에 관한 고시」 내용 중 내부절차 사항은 분리하여 「납세업무 처리에 관한 훈령」으로 제정하고, 고시명을 「납세업무 처리에 관한 고시」(관세청고시 제2015－19호, 2015.6.3. 전부개정)로 명칭을 변경하고 전면 개정하였다.

96) 서울지법 1997.6.13. 선고 96가합56158 판결 참조.

97) 박균성, 『행정법론(하)』, 서울 : 박영사, 2014, p.808 참조.

다툴 수 있다.[98)]

법 제241조에 따라 물품에 대한 수입신고할 때에는 법 제27조에 의한 가격신고와 법 제38조에 의한 납세신고를 하여야 한다. '수입신고'는 물품에 대한 신고이고, '가격신고'와 '납세신고'는 각 과세가격에 관한 신고와 세액에 관한 신고다. 가격신고시에는 송품장, 계약서, 각종 비용 및 산출증거자료, 가격신고 내용 입증자료 등 과세자료를 제출하여야 한다. 이 자료를 심사하는 것을 과세가격심사라 한다. 관세청고시로 「수입물품 과세가격 결정에 관한 고시」[99)]가 있다.

과세가격심사시점에 관하여는 수입신고 전에 과세가격을 심사하는 과세가격 사전심사제도가 있고, 수입신고 후에 실시하는 과세가격심사에 관하여는 그 시점이 구체적으로 정해져 있지 아니하나 심사할 실익이 있으면 언제든지 가격 심사할 수 있다.

납세신고는 품목분류 · 세율, 품목분류별 세액 및 합계액, 감면액과 법적 근거, 특수관계, 기타 과세가격 결정에 참고 되는 사항을 신고하는 것이다. 이 자료를 심사하는 것을 세액심사라 하며, 납세신고를 받은 때에는 신고서상 기재사항과 세관장 확인사항 등을 심사하고, 세액에 대하여는 신고수리 전 세액심사, 신고수리 후 심사가 있다. 그러나 신고수리 후에 실시하는 세액심사에 관하여는 그 시점이 구체적으로 정해져 있지 아니하므로 신고수리 후 과세가격심사와 마찬가지로 신고수리 후에는 언제든지 세액심사의 실익이 있을 때에는 이를 심사할 수 있다. 납세신고할 때에 특수관계, 기타 과세가격 결정에 참고 자료도 신고대상에 포함되어 있는 것은 가격신고와 납세신고 내용이 명확하게 구분하기 어렵기 때문인 것으로 생각한다.

조문 중에서 '수입신고를 할 때'란 수입신고서 자료를 관세청장이 정하는 전산처리설비에 저장하여 접수될 때나 세관에 서류로 제출할 때를 말한다. '신고'는 일정한 법률관계의 존부에 관하여 구두나 서면으로 행정청에 통고하는 행위를 말하며, '신고수리'는 행정청에 대한 신고가 유효한 행위라는 판단 아래 행정청이 이를 받아들이는 것을 말한다. 신고를 받은 때에 신고자 혹은 납세의무자는 조세채무에 대한 과세관청의 조사 · 확정권에서 완전히 배제되는 것이 아니고, 2차적 · 보충적 지위에 머물러 있는 것이다. 이는 신고를 받으면 과세관청이 수리만 하는 것이 아니라 조사도 할 수 있고, 수리하지 아니할 수도 있다는 의미다.

'처분'은 공권력 행사로서 행정쟁송의 대상이 되지만, '수리'는 그 대상이 아니다. 수리는 행정청의 구체적 사실에 대한 법 집행인 공권력 행사가 아니기 때문이다. '면허'는 권리나 법률관계의 형성을 의미하며 광업허가와 같이 사용하나, 단순한 금지의 해제를 의미하는 때에는 재정허가 등과 같이 사용한다. 법률관계의 형성을 의미하는 경우로는 특허보세구역 설치 · 운

98) 서울행정법원 조세소송실무연구회, 『조세소송실무』, 서울행정법원, 2012, p.16.
99) 동 고시는 ① 조세 마찰 최소화 등 납세협력도 제고를 위한 규정 · 절차 명시, ② 특수관계자 간 거래운동에 대한 평가기준 · 절차 등 정비를 주요내용으로 하여 개정되었다(2014.1.3).

영특허를 예로 들 수 있다. 허가는 금지 해제를 의미하는 것이며, 승인은 개인의 행위에 부여하는 허가적, 인가적 승낙 또는 동의를 말한다.

'신고납부'라는 용어는 1978.12.5. 관세법 개정(법률 제3109호)시 사용하기 시작하였다. 1990.12.31. 관세법 개정(법률 제4286호)시 신고납세 시에는 신고수리 후에 세액을 심사하도록 하여 실질적인 신고납부제 완성을 보게 되었다. 1993.12.31. 관세법 개정(법률 제4674호)시 이전에는 신고납부서를 세관장이 납세의무자에게 교부하였으나 이 교부제도도 폐지하였다.

제2항은 사후세액심사에 관한 규정이다. 납세신고를 받은 때에 수입신고서상 기재사항과 확인사항만 심사하고, 세액에 관하여는 사후에 심사함으로써 업무량을 줄여서 신속하게 통관업무를 처리할 수 있는 제도가 사후세액심사제도다. 신속하게 업무를 처리할 수 있는 만큼 정확성도 확보되어야 하나, 정확성 부문에서는 앞으로 지속적으로 개선해 나가야 할 것이다. 이 제도에서 신고서 기재사항을 심사한다는 것은 기재내용의 형식적인 측면만 심사한다는 것이고, 확인사항을 심사한다는 것은 법 제226조에 의한 세관장확인사항 등을 심사한다는 것이다.

신고수리 전 세액 심사를 하는 경우는 법률 또는 조약에 의하여 관세와 내국세 감면을 받고자 하는 물품, 분할납부 물품, 관세체납 중에 있는 자가 신고하는 물품, 관세청장이 정하는 불성실신고인, 물품가격변동이 심하여 관세청장이 별도로 정한 물품[100]이 있다. 다만, 감면과 분할납부의 적정여부에 대한 심사는 수입신고 수리 전에 하고, 과세가격 및 세율 등에 대한 심사는 수입신고 수리 후에 한다.

관세청 고시로서 「수입통관 사무 처리에 관한 고시」에 심사할 때에 고려해야 할 일반적 내용을 규정하고 있다. 관세채권 확보가 곤란하거나, 수입신고 수리 후 세액 심사하는 것이 부적당하다고 인정되는 경우에 수리 전에 세액 심사한다. 그러나 세액에 관련된 심사는 그 범위가 수입신고서, 가격신고서, 납세신고서 전체에 해당될 수 있는 사항으로 어디까지가 세액심사에 해당하는지는 실무적으로 명확하게 경계 짓기가 어렵다.[101]

2023.12.31. 법 개정시 '신고한 세액 등 납세신고에 대한 심사'를 '세액심사'로 용어를 변경 규정하였다. 용어상 세액심사와 제1항에서 규정한 납세신고에 대한 심사에는 차이점이 있다고 할 것이나 규정 내용상 이를 동일시한 것이다.

【대법원 2011.11.10, 2009도12443】 관세법 제38조 제2항, 관세법 시행규칙 제8조 제1항 제5호, 관세법 제252조에 의하면, 관세청장이 기준가격을 정해 심사시스템에 사전세액심사 대상물품으로 등록한 물품, 즉 사전세액심사 대상물품에 해당하는 경우에는 수입신고수리 이전에 반드시 세액심사를 거쳐야 하고 세액심사 이전에 물품을 반출하기 위해서는 담보를 제공하고 세관장의 승인을 얻

100) 「납세심사사무처리에 관한 고시」 제20조 제3항, 「납세업무 처리에 관한 훈령」 제17조에 따라 지정된다.

101) 일부에서는 품목분류를 확정하기 어려운 물품에 대하여 품목분류에 관한 한 잠정신고로 인정하여 품목분류의 오류로 인한 부족세액의 징수로 발생하는 기업의 애로사항을 해소하자는 의견이 있다.

어야 하므로, 사전세액심사 대상물품으로 지정된 물품과 그렇지 않은 물품은 수입신고수리의 요건이 달라 양자를 동일성이 인정되는 물품이라고 할 수 없어 관세법 제269조 제2항 제2호에서 정한 밀수입죄에 해당한다.

【대법원 2009.7.23, 2007두1170】 외국인투자기업이 조세특례제한법 제121조의 3 규정에 의하여 관세 등을 면제받기 위해서는 수입신고수리 전에 세관장에게 면제신청을 하여야만 하고, 수입신고수리 후에 경정청구를 통하여 면제신청을 한 때에는 관세 등을 면제받을 수 없다.

【대법원 2003.2.14, 2001두4832】 신고납세방식 아래에서는, 물품을 수입하고자 하는 자가 납세신고를 함에 있어서 수입신고서에 해당 물품의 품목분류·세율·세액 등을 기재하여 신고함과 아울러 관세를 납부할 의무가 있고, 세관장은 신고한 세액에 대하여는 수입신고를 수리한 후에 심사할 수 있는 것이므로, 수입업자가 시장접근물량을 초과하는지 여부에 따라 양허관세율이 차등 적용되는 물품을 수입하면서 시장접근물량에 적용되는 낮은 양허관세율을 적용받기 위해 필요한 시장접근물량 양허관세적용 추천서를 납세신고시 제출하지 아니하는 경우, 세관장은 그 납세신고를 수리함에 있어서 그 물품이 양허관세율이 적용되는 물품인지 여부, 추천서를 갖추었는지 여부 등을 심사하거나 그 보완을 요구할 의무가 없다.

【대법원 2000.11.24, 99다65035】 시장접근물량을 초과하는지 여부에 따라 양허관세율이 차등 적용되는 물품을 수입함에 있어 낮은 양허관세율을 적용받기 위하여는 납세신고시 양허관세추천대행기관의 추천서를 발급받아 세관에 제출하여야 함에도 수입업자가 이를 누락한 채 세관에 수입신고서류를 접수한 경우, 세관장이 그 접수시에 그 물품이 양허관세율 적용물품인지 여부와 낮은 세율을 적용받기 위하여는 위 추천서를 구비하여야 하는지 여부 및 실제로 이를 구비하였는지 여부를 심사하여야 할 의무나 위 추천서의 보완을 요구하여야 할 의무가 있다고 볼 수 없다.

【서울지방법원 1997.6.13, 96가합56158】 자진신고납부의 성질은 납세의무자의 납세신고로서 조세채권이 확정된 이상 그 신고행위의 하자가 중대하고 명백하여 당연 무효가 아니라면 그 물품이 주세부과 대상이 아니라 하여도 이미 납부한 세액이 부당이득이 될 수 없다고 할 것이다. 따라서 추후 세관장의 경정처분이 있음을 인정할 만한 증거가 없으므로 자진신고 납부행위는 일단 확정력이 생겼다고 할 수 있다. 또한 일반적으로 과세부과처분이 당연 무효가 되기 위해서는 그 하자가 중대하고 명백해야만 할 것이며, 과세대상이 되는 법률관계나 사실관계가 전혀 없는 사람에게 한 과세부과 처분은 그 하자가 중대하고 명백하다고 할 것이나 과세대상이 되는 어떤 법률관계나 사실관계에 대하여 이를 과세대상으로 오인할 만한 객관적인 사정이 있는 경우에는 그 하자가 중대하고 명백한 것으로 볼 수 없다.

【대법원 1996.12.6, 95누11184】 1993.12.31. 법률 제4674호로 개정되기 전의 조항과는 달리, 세관장이 납세신고를 받은 때에는 수입신고서상의 기재사항과 그 법의 규정에 의한 확인사항 등을 심사한다고만 규정하였을 뿐 기재사항 등의 심사 후 납세의무자에게 신고납부서를 교부한다는 부분을 삭제하였는바, 위 개정 조항은 관세의 원칙적인 부과·징수를 순수한 신고납세 방식으로 전환한 것으로 보아야 할 것이므로, 그 시행일인 1994.1.1. 이후 납세의무자가 수입신고와 동시에 관세를 스스로 신고·납부한 경우에는 이를 개정 전의 경우와 같이 세관장의 부과처분에 기한 것이라고는

볼 수 없게 되었고, 이와 같은 신고납세 방식의 조세에 있어서 과세관청이 납세의무자의 신고에 따라 세액을 수령하는 것은 사실행위에 불과할 뿐 이를 확인적 부과처분으로 볼 수 없다(대법원 1997.7.22, 96누8321).

③ 세관장은 세액심사를 할 때 제1항에 따라 제출된 신고서나 그 밖의 서류에 미비한 점이 있거나 오류가 있는 경우에는 보완할 것을 요구할 수 있다.
④ 세관장은 제2항 본문에도 불구하고 납세실적과 수입규모 등을 고려하여 관세청장이 정하는 요건을 갖춘 자가 신청할 때에는 납세신고한 세액을 자체적으로 심사(이하 "자율심사"라 한다)하게 할 수 있다. 이 경우 해당 납세의무자는 자율심사한 결과를 세관장에게 제출하여야 한다.
⑤ 납세의무자는 납세신고한 세액을 납부하기 전에 그 세액이 과부족(過不足)하다는 것을 알게 되었을 때에는 납세신고한 세액을 정정할 수 있다. 이 경우 납부기한은 당초의 납부기한(제9조에 따른 납부기한을 말한다)으로 한다.
⑥ 납세신고, 자율심사 및 제4항에 따른 세액의 정정과 관련하여 그 방법 및 절차 등 필요한 사항은 대통령령으로 정한다.
⑦ 관세의 납부에 관하여는 국세징수법 제12조 제1항 제3호, 같은 조 제2항 및 제3항을 준용한다.

해 설

제3항은 2024.12.31. 법 개정시 신설한 내용이다. 세액 심사시 납세신고 내용의 보완을 요구하는 근거 규정이 명확하지 아니하여 제266조에 근거하여 과세자료를 요구하였으나, 세액심사와 관세조사에 대한 납세자의 혼동을 방지하기 위하여 별도로 세액심사시 납세신고에 대한 보완 요구를 할 수 있도록 관련 규정을 개정한 것이다.

제4항은 이전에는 모든 수입신고 건에 대하여 심사를 실시하였고, 이러한 관계로 수입통관이 지연되는 문제가 대두되어서 사후세액심사제도를 실시하게 되었다. 그러나 사후세액심사를 실시하는 것도 늘어나는 수입 물량을 감안할 때에 충분한 보완책이 되지는 못하고, 업체에 관세탈루에 대한 자율적 시정기회를 부여하지 않고 높은 가산세율을 적용하여 추징함에 따라 업체에 부담이 되므로, 업체가 스스로 심사하여 결과를 보고하는 자율심사 제도를 2003.12.30. 개정 관세법에 도입하게 되었다. 자율심사결과를 허위로 작성하여 제출하는 것은 2천만원 이하의 벌금에 해당한다.

그리고 자율심사한 결과를 세관장이 지정한 날 혹은 연장 승인을 받은 날 제출하지 아니한 경우에는 200만원 이하의 과태료를 그 기간에 따라 차등적으로 부과할 수 있다.

현재는 자율심사 절차를 개선하여 동 조항을 근거 조항으로 하여 수입세액 정산제를 운영하고 있다. AEO업체가 1년단위로 납부세액 적정성 여부를 자율점검하고 관세사 검증후 제출하면 조기 세액확정 및 관세조사 면제하는 것으로 기업의 조세부담을 조기에 확정하여 기업경영의 안정성을 도모 하고, 조세마찰을 최소화함으로써 관세행정 신뢰도 제고가 목적이다. 시행령 제32조의 2에서는 업체지정, 심사방법, 자료요청, 평가결과 통지 등의 절차를 규정하고 있으며, 「납세업무 처리에 관한 고시」 제47조에서 AEO업체에 대하여 자율심사토록 규정하고 있다. 이른바 '정기 수입세액 정산제도'를 말한다. 정산제도를 활용하는 경우에는 가산세 경감, 수정수입세금계산서 발급 등 실질적인 혜택이 제공되나 정산한 내용에 대한 확정력 여부에 대하여는 법적인 쟁점이 남아있다.

제5항은 정정제도에 관한 규정이다. 정정과 보정은 같은 의미로 사용하여 왔으나 2003. 12.30. 개정 관세법에서는 그 내용을 구분하여 규정하고 있다. 정정은 그 대상을 납세신고한 세액, 즉 아직 납부하지 아니한 상태를 지칭하고 제38조의 2 보정은 그 대상을 신고납부한 세액, 즉 납부한 상태를 지칭한다.

제6항과 관련하여 시행령에 세관장은 납세신고세액을 자체적으로 심사하는 자율심사업체를 승인하고, 업체에 업무처리의 방법 및 체계 등에 관한 자료를 제공한다. 업체는 자율심사결과 및 조치내용을 세관장에게 제출하여 과부족분에 대한 보정신청, 수정신고, 경정청구하고 과다환급한 경우는 세관장에게 통지하며, 세관장은 제출된 심사결과를 평가한다. 심사결과가 부적절한 경우는 자료제출을 요청하거나 방문 심사할 수 있다. 세관장은 요건을 갖추지 못하거나, 의사가 없거나, 의무를 이행하지 아니하면 자율심사 승인을 취소할 수 있다. 이러한 절차는 업체에게 추가적인 업무 부담이 될 수 있으므로 동 제도가 성공적으로 정착되기 위해서는 자율심사업체가 누리는 혜택을 보다 더 확대하는 것이 필요하다.[102]

제7항은 국세기본법에 신설되는 신용카드 등을 통한 국세납부 조항을 관세법에 준용하기 위한 것이다. 이사물품이나 휴대품 등 통관시 카드납부를 허용하여 일시적으로 현금 등을 지참하지 아니한 경우라도 납세할 수 있도록 편의를 제공하기 위해 2007.12.31. 법 개정(법률 제8833호)시 처음 도입하였다. 종전 국세기본법 제46조의 2는 2007.12.31. 신설 규정으로서 신용카드 등에 의한 국세납부조항으로서 일정 금액 이하인 경우에는 국세납부대행기관[103]을 통하여 신용카드, 직불카드 등으로 납부할 수 있다는 조항이었다. 합산 세액이 200만원 이하인 경우에는 신용카드, 직불카드로 납부할 수 있도록 2009.2.1. 동법 시행령을 개정하였으나 2010.4.부터는 그 금액을 500만원, 2012.2.2.부터는 1,000만원으로 조정하였고, 2015.2.6.에는 한도를 폐지하였다. 한편 국세기본법 제46조의 2 조항은 2020.12.29.(법률 제17758호) 삭제

---

102) AEO 인증제도가 도입되면서 자율심사라는 제도는 사실상 사용되고 있지 아니하다. 그러나 AEO 제도 심사 기반이 동 시행령에 기초를 두고 있는 것이 아닌가 한다.

103) 기획재정부령이 정하는 관세납부 대행기관으로서 납부대행수수료를 납부받을 수 있다.

되었으며, 국세징수법 제12조는 납부의 방법에 관한 사항으로 해당 3호는 「여신전문금융업법」에 따른 신용카드 등과 「정보통신망 이용촉진 및 정보보호 등에 관한 법률」에 따른 통신과금 서비스에 관해 규정하고 있다.

제38조의 2 【보정】 ① 납세의무자는 신고납부한 세액이 부족하다는 것을 알게 되거나 세액산출의 기초가 되는 과세가격 또는 품목분류 등에 오류가 있는 것을 알게 되었을 때에는 신고납부한 날부터 6개월 이내(이하 "보정기간"이라 한다)에 대통령령으로 정하는 바에 따라 해당 세액을 보정(補正)하여 줄 것을 세관장에게 신청할 수 있다.

해 설

초기에는 해당 세액을 납부하기 전 납세신고한 세액에 대해서만 보정하였으나, 현재는 규정과 같이 보정의 내용이 변경되었다.[104] 그리고 납부한 세액이 부족하여 추가 징수하는 경우는 일반적으로 가산세를 부과하였으나, 2003.12.30. 개정 관세법에서는 보정시에는 가산세보다 부담이 적은, 예금이자에 해당하는 보정가산금을 부과하도록 하였다. 그리고 2008.12.26. 법 개정(법률 제9261호)시 보정 기간을 3개월에서 6개월로 늘였다. 수정신고까지의 기간이 연장됨에 따라 가산세 감면범위를 넓혀주는 효과가 있다.

이 제도는 심사업무량이 많고 전문화되어 감에 따라 납세의무자가 잘못 납세한 경우에는 스스로가 알아서 보정 신청할 수 있도록 함으로써 성실하고 효율적인 납세풍토를 조성하기 위함이다. 그리고 과세관청도 납부한 세액에 잘못이 있는 것을 확인하면 적극적으로 개입하여 납세의무자가 보정 신청하도록 통지한다.

가산세액만을 두고 보면 '수정신고'나 '경정'과의 차이점이 없다는 점을 들어 가산세 감면조항을 도입해야 한다는 의견도 있었다. 즉, 수정신고에 대한 유인책이 필요하다는 지적에 따라 2015.2.6. 시행령 개정시 보정기간이 지난날부터 6개월 이내 수정신고를 하는 경우에는 20% 경감, 보정기간이 지난날부터 6개월 초과 1년6개월 이내 수정신고하는 경우에는 10% 경감 등 수정신고시기에 따라 가산세 경감비율을 차등하여 적용하고 과세표준과 세액을 경정할 것을 미리 알고 수정신고서를 제출한 경우 등은 제외하는 것으로 변경한 바 있다.

잠정가격으로 신고한 후 확정된 가격을 신고한 경우에 보정신청은 '확정된 가격'을 신고납부한 날부터 6개월 이내 할 수 있다.[105]

참고로 보면, 경정이나 수정신고할 때에는 가산세를 부과하고, 법 제42조 및 동법 시행령에

104) 대법원 1996.10.29. 선고 96누11570 판결 참조. 기획재정부 유권해석에 의하면 세액보정 신청을 받은 처분청이 세액보정을 거부하는 것은 위법이다.

105) 기획재정부 관세제도과－850, 2011.11.16. 참조.

의하여 수입신고가 수리되기 전에 세금을 납부하고 납세의무자가 해당 세액에 대해 수정신고하거나 세관장이 경정하는 경우는 가산세를 납부하지 아니한다.

【대법원 1996.10.29, 96누11570】 신고납세방식으로 신고한 세액에 대하여 보정신고한 것은 부과처분으로 볼 수 없다.

② 세관장은 신고납부한 세액이 부족하다는 것을 알게 되거나 세액산출의 기초가 되는 과세가격 또는 품목분류 등에 오류가 있다는 것을 알게 되었을 때에는 대통령령으로 정하는 바에 따라 납세의무자에게 해당 보정기간에 보정신청을 하도록 통지할 수 있다. 이 경우 세액보정을 신청하려는 납세의무자는 대통령령으로 정하는 바에 따라 세관장에게 신청하여야 한다.
③ (삭제)
④ 납세의무자가 제1항과 제2항 후단에 따라 부족한 세액에 대한 세액의 보정을 신청한 경우에는 해당 보정신청을 한 날의 다음 날까지 해당 관세를 납부하여야 한다.
⑤ 세관장은 제1항과 제2항 후단에 따른 신청에 따라 세액을 보정한 결과 부족한 세액이 있을 때에는 제42조에도 불구하고 납부기한(제9조에 따른 납부기한을 말한다) 다음 날부터 보정신청을 한 날까지의 기간과 금융회사의 정기예금에 대하여 적용하는 이자율을 고려하여 대통령령으로 정하는 이율에 따라 계산한 금액을 더하여 해당 부족세액을 징수하여야 한다. 다만, 다음 각 호의 어느 하나에 해당하는 경우에는 그러하지 아니하다.
1. 국가 또는 지방자치단체가 직접 수입하는 물품 등 대통령령으로 정하는 물품의 경우
2. 신고납부한 세액의 부족 등에 대하여 납세의무자에게 대통령령으로 정하는 정당한 사유가 있는 경우
⑥ 제5항에도 불구하고 납세의무자가 제42조 제2항에 따른 부정한 행위로 과소신고한 후 제1항과 제2항 후단에 따른 신청을 한 경우에는 세관장은 제42조 제2항에 따른 가산세를 징수하여야 한다.

해 설

제2항에서 세관장은 납세의무자가 보정신청을 할 수 있도록 통지할 수 있고, 이 통지를 받은 납세의무자는 보정 신청하여야 한다. 이전에는 「수입통관 사무 처리에 관한 고시」에서 세관장이 납세의무자에게 보정 혹은 정정하도록 통지하는 제도를 운영하였으며, 이러한 제도의 취지를 2003.12.30. 개정 관세법에 도입하였다. 부족한 세액에 대하여는 납세의무자가 추가납부하면 될 것이나, 과다 납부한 세액에 대하여는 법에 명시적인 규정은 없으나, 과세관청이 보정신청에 대한 조치로서 보정하여 환급할 수 있으며, 근거로는 과오납금의 환급 등 법 제46조 내지 제48조를 준용할 수 있을 것이다. 세관장이 하는 보정심사대상은 전산에 의한 자동선별건과 품목분류·과세가격신고의 오류가 예상되는 물품에 대하여 심사대상을 세관심사

자가 직접 선별하는 수작업 선별건이 있다. 선별방법은 「납세심사대상선별 시행세칙」으로 운영하고 있으며 보정심사기간은 15일이 원칙이다.

제3항은 2011.12.31. 개정 관세법에서 삭제하였다. 종전 내용은 보정한 세액에 대하여는 사후세액심사 및 자율심사를 하지 아니한다는 것이었으며, 이러한 조치는 보정업무를 활성화함으로써 과세관청 및 납세의무자 모두 심사업무의 부담을 줄이는 효과가 있을 것으로 예상되었으나, 정당세액을 탈루하거나 해외 송금 등에 악용하는 사례 등이 발생할 우려가 있어 이 제도를 폐지하였다.

제4항에서 보정신청한 날의 다음 날까지 관세를 납부하도록 규정하고 있다.

제5항에서 부족 세액에 대하여는 이자에 해당하는 보정이자를 추가하여 징수한다고 규정하고 있다. 2011.12.31. 개정 관세법에서 보정은 '과부족'한 경우가 아니라 '부족'한 경우에만 적용하도록 하였다. 납부한 세액이 과다하다면 경정청구 제도를 활용하면 될 것이다.

2019.12.31. 법 개정시 개정 조문을 조정하여 규정하였으며, 보정이자 면제에 관련된 정당한 사유를 대통령령으로 구체적으로 정하도록 하였다. 제42조의 2 가산세 면제 규정과는 별도로 보정이자율 적용 면제규정을 두고 있다. 이는 가산세가 수정이나 경정시에 부과되는 것이므로 보정시에 부과되는 경우에는 이를 가산세로 지칭하기에는 맞지 아니하기 때문이다.

보정 이외에 수정 · 경정에서도 법 제42조 가산세 형태로 이자율을 포함시켜서 이자 개념을 적용하여 운영하고 있다. 2003.12.30. 개정 관세법에서는 이자율의 적용방법에 관하여 금융기관의 정기예금 이자율 적용 등에 관하여 구체적으로 정하고 있다. 2004.10.5. 개정 관세법에서는 단서 조항을 추가하여 국가나 지방자치단체의 수입물품, 우편물에 대한 이자면제 근거규정을 신설하였다.

그리고 2010.1.1. 법 개정시 납세자에게 정당한 사유가 발생한 경우에 보정이자를 면제하는 단서 조항을 추가하였다.[106] 2011.12.31. 개정 관세법에서 보정시 이자율에 해당하는 가산세 계산 기간을 납부기한 다음 날부터 보정 신청일까지로 조정하였으며,[107] 이는 제4항 규정 내용과 제38조의 3 수정신고 내용과 일치하는 것이기도 하다.

제6항은 보정 혜택을 제한하는 규정으로서 2021.12.31. 개정 관세법에서 도입되었다. 이중계약서 등 허위증명이나 거래 조작 또는 은폐 등 방법으로 납세의무자가 부당한 방법으로 과소 신고한 경우에는 보정 신청하였지만 가산세를 징수한다. 2022.12.31. 법 개정시 '부당한 방법'을 '부정한 행위'로 규정 내용을 개정하였으며 이는 가산세 면제 범위를 더 확대하여 명확하게 정한 것이라 볼 수 있다. 예를 들면, 범칙 조사 과정에서 쟁점 건에 대하여 중가산세

106) 2018.8.8. 가산세 및 보정이자 면제에 관한 지침을 전부 개정하면서 '정당한 이유'에 관해 세부적으로 정하고 있다.

107) 보정신청일과 보정이자 · 부족세액 납부기한이 일치하지 아니하는 경우 보정이자와 가산세가 중복부과될 수 있다.

가 부과되었으나, 추후 무혐의로 결정이 되는 등 무죄로 밝혀지면 중가산세는 부과될 수 없다.

제38조의 3 【수정 및 경정】 ① 납세의무자는 신고납부한 세액이 부족한 경우에는 대통령령으로 정하는 바에 따라 수정신고(보정기간이 지난 날부터 제21조 제1항에 따른 기간이 끝나기 전까지로 한정한다)를 할 수 있다. 이 경우 납세의무자는 수정신고한 날의 다음 날까지 해당 관세를 납부하여야 한다.
② 납세의무자는 신고납부한 세액, 제38조의 2 제1항에 따라 보정신청한 세액 및 이 조 제1항에 따라 수정신고한 세액이 과다한 것을 알게 되었을 때에는 최초로 납세신고를 한 날부터 5년 이내에 대통령령으로 정하는 바에 따라 신고한 세액의 경정을 세관장에게 청구할 수 있다.
③ 납세의무자는 최초의 신고 또는 경정에서 과세표준 및 세액의 계산근거가 된 거래 또는 행위 등이 그에 관한 소송에 대한 판결(판결과 같은 효력을 가지는 화해나 그 밖의 행위를 포함한다)에 의하여 다른 것으로 확정되는 등 대통령령으로 정하는 사유가 발생하여 납부한 세액이 과다한 것을 알게 되었을 때에는 제2항에 따른 기간에도 불구하고 그 사유가 발생한 것을 안 날부터 2개월 이내에 대통령령으로 정하는 바에 따라 납부한 세액의 경정을 세관장에게 청구할 수 있다.
④ 세관장은 제2항 또는 제3항에 따른 경정의 청구를 받은 날부터 2개월 이내에 세액을 경정하거나 경정하여야 할 이유가 없다는 뜻을 그 청구를 한 자에게 통지하여야 한다.
⑤ 제2항 또는 제3항에 따라 경정을 청구한 자가 제4항에 따라 2개월 이내에 통지를 받지 못한 경우에는 그 2개월이 되는 날의 다음 날부터 제5장에 따른 이의신청, 심사청구, 심판청구 또는 감사원법에 따른 심사청구를 할 수 있다.
⑥ 세관장은 납세의무자가 신고납부한 세액, 납세신고한 세액 또는 제2항 및 제3항에 따라 경정청구한 세액을 심사한 결과 과부족하다는 것을 알게 되었을 때에는 대통령령으로 정하는 바에 따라 그 세액을 경정하여야 한다.

해 설

납세의무자는 신고납부한 세액에 부족이 있는 때에는 수정신고를 할 수 있으며, 수정신고를 한 때에는 수정신고한 날의 다음 날까지 관세를 납부해야 한다.[108] 수정신고를 한 경우에는 수정신고와 동시에 해당 관세를 납부하도록 운영해 왔으나, 수정신고의 취지가 최초 수입신고시 납부한 세액에 잘못이 있어 스스로 정당한 세액을 납부하겠다는 의사표시이므로 이를 감안하여 2002.12.18. 개정 관세법에서 수정신고한 날의 다음 날까지 관세를 납부하도록 개정하였다. 2008.12.26. 개정 관세법에서 수정신고와 경정시 가산세액 금액 면에서는 차이가 없게 되었다. 그러나 수정신고시에 납부기한이 수정신고 다음 날이고 경정시에는 납부고지를 받은 날부터 15일 이내이므로 수정신고가 부담이 된다.[109]

108) 심사재결례(2000.9.7, 관심 제2000－54) 참조.

수정신고와 경정은 행위자와 그 행위 시기에 있어서 차이가 있다. 수정신고 행위자는 납세의무자이며, 경정 행위자는 과세관청이다. 행위 시기에 있어서 수정신고는 관세를 납부한 후이지만, 경정은 신고납부한 세액, 납세신고한 세액, 경정청구한 세액을 심사한 결과 과부족이 있는 경우다. 그리고 수정신고의 경우 이를 그대로 받아드리는 것이 원칙이고 그 내용에 대한 심사는 수정신고수리와는 별개인 것으로 오해하고 있다. 수정신고에 대하여도 당연히 그 내용에 대하여 잘못이 있으면 심사하여 당부를 따져야 한다.[110] 이와 반면, 수정신고는 행정법상 자기완결적 신고이며 행정법상 공권에 해당되므로 제한하거나 금지할 수 없다는 견해도 있다.[111]

부과제척기간 경과 후에도 수정신고를 허용하는 것은 권리관계의 조속한 확정을 위한 부과제척기간 취지에 반하며 종전의 조문 내용대로라면 '보정기간이 지난 후로 한정한다'고 하여 부과제척기간 경과 후에도 수정신고를 허용할 수 있다고 보아 2013.1.1. 법 개정(법률 제11602호)시 수정신고 기한을 부과제척 기한까지로 한정하였다. 국세기본법에서도 2011년에 법 개정을 한 바 있다. 법 제21조 제1항은 관세부과 제척기간에 관한 규정이다.

관세법상 수정신고 방식을 따라서 FTA 협정관세적용 신청 내용을 변경할 수 있다. 이때 납세자가 신고사항 정정과 함께 수정신고하고 이에 대하여 과세관청이 납부서(영수증)를 발부 통지하면, 최초 신고 · 신청한 사항에 대한 변경 효과(철회 또는 취소)가 발생된다고 본다. 납세자가 수정신고의 오류에 대하여 경정청구는 할 수 있으나, 수정신고 자체가 오류에 해당하지 아니하는 한 수정신고 내용을 정정하는 것은 수정신고의 법적 성격상 제한된다.

또한 수정신고의 오류를 이유로 경정청구하는 경우에도 경정청구의 선행 조건인 오류 내용에 관한 수정신고의 정정이 불가하다면 경정청구의 실익이 없다. 만일 수정신고 후 다시 불복 예정이라면 수정신고하는 것에 신중해야 한다.[112]

제2항에서 규정한 경정청구제도는 객관적으로 존재하는 진실한 세액을 초과하여 착오 등으로 과다신고 · 납부한 경우에 이를 시정하거나, 일정한 후발적 사유의 발생으로 말미암아 과세표준 및 세액 등의 산정기초에 변동이 생긴 경우에 납세의무자의 이익을 위하여 그러한 사정을 반영하여 시정케 하는 법적 장치이다. 또한 경정청구제도는 납세의무자의 권리를 사후적으로 구제하

---

109) 국세기본법에는 가산세를 최대 2년까지 100분의 10에서 100분의 50까지 감면해 주나 관세법에는 감세혜택을 규정하고 있지 않고 있다가 2015.2.6. 시행령 개정시 제39조 제2항 제3호의 2 및 제3항 제3호에 따라 보정기간이 지난날부터 6개월 이내 수정신고를 하는 경우에는 20% 경감, 6개월 초과 1년 6개월 이내 수정신고하는 경우에는 10% 경감하는 것으로 변경하였다.

110) 이종익, "수정신고와 잠정신고 등에 관한 소고", 『관세와 무역』, 한국관세무역개발원, 2011.10., pp.12~13.

111) 전한준, 『관세법 법리연구』, 광교이택스, 2015, p.191.

112) 이종익, "관세행정상 신고(申告)와 신청(申請)에 관한 소고", 『계간 관세사』 통권199호 2020년 겨울호, 한국관세사회.

는 제도로서 납세의무자가 경정청구를 하고 이에 대하여 세관장이 경정청구의 이유가 없다고 한 경우 이에 불복하는 납세의무자는 행정심판을 할 수 있고, 이에 의하여 만족을 얻지 못하면 행정소송을 제기할 수 있다는 점에서 납세의무자의 권리를 보호하는 기능을 한다.

경정청구 주체는 납세의무자, 대상은 신고납부한 세액, 보정신청한 세액, 수정신고한 세액.[113] 기간은 최초 납세신고일부터[114] 5년 이내이다. 그러므로 납세의무자는 세관장이 직권으로 경정한 세액에 대해서는 경정청구를 할 수 없다. 경정청구를 받은 세관장은 2개월 이내에 경정여부에 대하여 통지해야 한다. 납세신고는 수입신고를 할 때에 하는 것이므로 최초로 납세신고 한 날이란 최초의 수입신고 날이 된다. 신고를 취하하고 다시 신고하는 경우에는 신고취하 이전 신고일을 기산일로 계산하여 5년 이내다. 이전에 경정청구 기한은 최초 납세신고한 날부터 1년이었다. 그러나 납세자의 경정청구는 과세관청의 부과권에 대응하는 권리이므로 경정청구권과 부과권의 제척기간을 동일하게 하여 평등원칙에 부합토록 2000년 개정 관세법에서 2년으로 개정하였고 납세자의 권익을 증진하기 위해 2013.8.13. 법률 제12027호로 3년으로 연장하였고 2014.12.23. 법률 제12847호 개정을 통해 다시 5년으로 연장하였다.

납세의무자의 경정청구권은 조세채무의 감면 내지 환급세액의 증액을 목적으로 하는 것이지만, 과세관청의 부과결정은 조세채무의 증액뿐만 아니라 감면을 통하여 적정한 조세 부과를 목적으로 하는 것으로서 양자는 그 취지 및 기능이 다르다고 볼 수 있다. 납세의무자는 과세요건의 사실관계 및 과세자료의 파악이 용이하므로 당초 신고한 과세표준이나 세액이 과다하거나 환급세액이 과소하다는 사실을 쉽게 알 수 있고 또한 이를 이유로 바로 경정청구권을 행사할 수 있는 반면, 과세관청으로서는 세무조사 등을 하지 아니하고는 납세의무자가 신고한 과세표준이나 세액의 당부를 알기 어려워 신고된 과세표준 및 세액에 오류나 탈루가 있다 하더라도 이를 신속히 경정할 수 없다. 이러한 점에서 과세관청의 부과결정권 행사기간과 납세의무자의 경정청구권 행사기간에 차이가 있다 하더라도 이는 입법자의 광범위한 입법형성의 자유영역에 속하는 것이라고 볼 수 있다.[115]

납세자가 과다납부한 경우 세관장이 환급조치를 하지 아니하면 행정행위 부작위에 대한 행정소송절차를 거쳐야 권리구제가 가능하다. 물론 세관장은 세액이 과다한 것을 안 경우에는 법에 따라 직권으로 환급하여야 한다. 그러나 이를 모르거나 환급을 거부하는 경우를 예상하면 납세의무자 권리구제를 위해서 적극적으로 행정행위를 청구할 수 있는 길을 열어 놓을 필

113) 2022.12.31. 법 개정시 보정신청한 세액, 수정신고한 세액을 경정청구의 대상으로 추가하였다. 그 동안 보정신청이나 수정신고 세액에 대하여도 경정청구의 대상으로 보아 왔으나, 명시적으로 개정된 현재 규정 내용에서는 새로운 의미로 해석될 수도 있다.

114) 잠정신고 대상 물품에 대하여는 확정신고시를 기준으로 한다(관세청 유권해석, 법 제28조 제4항 해설 참조).

115) 헌재 2004.12.16. 선고 2003헌바78 결정 참조.

요가 있다. 따라서 경정청구 제도에 따라 경정청구에 대하여 세관장이 경정을 거부하면 납세자는 행정심판 등 절차를 거쳐 권리구제를 받을 수 있다. 납세의무자가 과다 납부하였다고 주장하는 경우에는 이를 정정할 수 있는 법 규정이 없어 납세자의 권리구제가 미흡하다하여 1996.12.30. 관세법 개정(법률 제5194호)시 경정청구에 관한 조항을 신설하였다.

【세액의 오류수정】

구분	정정신고	보정신청	수정신고	경정청구	경정
주체	납세의무자	납세의무자	납세의무자	납세의무자	세관장
시기	세액납부 하기 전	신고납부한 날로부터 6개월 이내(보정기간)	보정기간이 지난 후	납세신고한 날로부터 5년 이내*	납부 전후
대상	신고세액	납부세액	납부세액	납부세액, 과세가격 조정	신고, 납부세액, 경정청구세액
원인	과부족	부족	부족	과다	과부족
증액여부	증액 및 감액	증액	증액	감액	증액 및 감액
보정이자	없음	가산	없음	없음	없음
가산세	없음	가산	가산	없음	가산
납부기한	당초의 납부기한	보정신청한 날의 다음 날	수정신고한 날의 다음 날	–	고지받은 날로부터 15일 이내

* 경정청구에 관련하여, '소송판결 등'은 사유발생한 것을 안 날로부터 2개월 이내이고, '과세가격조정'은 결정 · 처분이 있음을 안 날로부터 2개월 이내 또는 최초 납세신고일로부터 5년 이내이다.

실무에서는 화주가 국내납품가격을 높이거나 해외재산도피 등의 사유로 수입물품 가격을 고의적으로 높게 신고한 후 세관장에게 적발되자 다시 실제거래가격으로 변경시 발생된 차액에 대해 경정청구가 가능한지 여부가 논란되기도 한다. 이에 관세법상 고의적인 고가신고의 경우는 경정청구를 제한하는 명시적인 규정이 없으므로 세관장이 경정청구를 거부할 근거가 없고, 판례 및 조세심판원 결정례에 비추어 볼 때, 고의적인 고가신고에 따른 과다납부세액이 민법 제746조의 불법원인급여에 해당한다고 볼 수 없으며, 현행 수입신고수리제도하에서 납세자가 허위로 과다 납부한 세액을 단지 과세관청이 징수한 것을 두고 관세법 제6조의 '신의성실원칙에 위배될 정도로 심한 배신행위를 하였다고 볼 수 없으므로 수입물품의 고가신고에 따라 세액이 과다납부된 것이 확인된 경우라면 납세자의 경정청구에 대한 경정이 가능하다.

제3항에서 2011.12.31. 개정 관세법에서 후발적 사유에 따른 경정청구 제도를 도입하였다. 과세물건의 귀속 변경, 허가 · 처분 또는 계약의 취소 등 사유가 발생한 것을 안 날부터 2개

월 이내에 경정을 청구할 수 있고,[116] 부과제척기간도 후발적 경정청구의 경우 경정청구일부터 2개월로 개정하였다. 내국세 경우 1994년도부터 후발적 사유에 의한 경정청구제도를 두고 있었으나[117] 관세의 경우는 규정하지는 않았었다. 경정청구제도는 당초 신고시 예측하기 어려웠던 사유가 발생할 수 있어 도입한 것이나 과세권 행사와 납세자 권익보호에 대한 형평성 유지 등 운영 상 신중을 기하여야 하는 제도이다.[118] 대통령령으로 정한 사항은 소송에 대한 판결에 의하여 과세표준이나 세액이 다른 것을 확정된 경우, 원산지증명서 등의 진위 여부 등을 회신받은 세관장으로부터 그 회신 내용을 통보받은 경우이다.

제4항은 세관장의 의사표시에 관한 규정이다. 경정청구는 행정행위를 요구하는 청구이므로 세관장은 반드시 청구에 대한 의사를 표시해야 하며, 청구를 받은 날부터 2개월 이내에 경정하거나 경정하여야 할 이유가 없다는 뜻을 통보하여야 한다. 2016.12.10. 법 개정시 제2항 단서 내용에 있던 내용으로, 별도 조항으로 신설되면서 납세자 권익보호를 위해 제3항 후발적 사유에 따른 경정청구인 경우도 포함하여 세액을 경정하거나 경정하여야 할 이유가 없다는 뜻을 그 청구를 한 자에게 통지하도록 하였다.

제5항은 납세자 권익보호와 경정절차 조기 확정을 위해 2016.12.10. 법 개정시 신설된 조항으로 2개월 이내에 통지를 받지 못한 경우에는 그 2개월이 되는 날의 다음 날부터 따른 이의신청, 심사청구, 심판청구 또는 감사원법에 따른 심사청구를 할 수 있도록 하였다.

제6항은 경정에 관한 규정이다. 2016.12.10. 법 개정시 제4항이 제6항으로 이동하였다. 세액이 많거나 적은 경우, 이를 고쳐서 바르게 하는 의미에서 경정하는 것이다. 경정할 때에는 과세관청이 경정통지서를 납세의무자에게 교부하여야 하며, 납부고지를 해야 한다. 경정한 세액에 과부족이 있는 때에는 다시 경정해야 한다.[119] 재경정 관련하여 감액경정으로 환급한 세액을 재경정으로 증액하는 것은 감액경정 처분을 취소함으로써 납세의무를 소생시키는 것이 아니라, 최초 수입신고 등에 따른 납세의무에 대해 새로이 부과처분을 함으로써 과세하는 것으로 과다환급의 징수 무관하다. 따라서 재경정시 부과제척기간 기산일은 최초 수입신고한 날의 다음 날이며, 감액경정일부터 증액재경정일까지 해당하는 기간 동안의 과다환급가산금을 부과할 수 없고, 당초 감액경정시 기지급된 환급가산금 역시 추징할 수 없다. 또한 재경정시 확정된 세액에 비하여 당초 납세의무자가 신고납부한 세액에 부족이 없으므로 가산세는 부과할 수 없으며, 다만 재경정시 확정된 세액이 더 많을 경우에만 그 초과분에 대해서 가산세를

116) 원산지검증에 따른 경정고지 후 관세법 시행령 제112조 제2항 제1호에 따라 사후감면 신청시 관세법 제21조 제1항의 제척기간이 경과하였더라도 관세법 제38조의 3 제3항에 따라 후발적 경정청구에 따른 환급이 가능하다(기획재정부 관세제도과－159, 2013.3.12).

117) 국세기본법 제45조의 2 경정 등의 청구에 규정하고 있다.

118) 이종익, "수정신고와 잠정신고 등에 관한 소고", 『관세와 무역』, 한국관세무역개발원, 2011.10., pp.10~11.

119) 대법원 2000.9.22. 선고 98두18510 판결 참조.

부과할 수 있다.[120]

경정의 대상은 신고납부한 세액, 납세신고한 세액, 경정청구한 세액을 심사한 결과 과부족이 있는 경우이다. 경정하는 경우에는 법 제21조의 부과제척기간의 적용을 받는다. 이 경정처분은 법 제46조의 과오납환급을 위한 사전 행위가 된다. 당연 무효인 경우를 제외하고는 부과제척기간 내에 경정이 있어야 하고 경정이 있은 후에 해당 건에 대하여 과오납환급이 가능한 것이다.[121]

이전에는 납세의무자가 신고납부한 세액, 사전세액 심사대상인 신고한 세액, 경정청구한 세액, 납세신고한 세액에 대하여 경정할 수 있도록 규정하였고, 사후세액심사 건은 경정 대상에서 제외하여 통관이 진행되는 과정에서는 경정으로 인한 통관 지연이 발생되지 아니하도록 운영하였다. 그러나 현행의 정정신청, 보정신청, 수정신고 제도에서는 사전세액심사와 사후세액심사의 구분을 두지 아니하고 있다.

【관세청 심사청구 2000.9.7, 관심 제2000-54】 종전 세번으로 분류하는 관행이 성립되어 있음이 인정된다면 처분청의 자진신고 안내에 따라 수정신고한 것이라도 수정 전 세번으로 경정 청구한 것을 거부한 처분은 부당하다.

【조세심판원 2006.11.16, 2004관177】 실질과세의 원칙은 납세자의 과세소득을 계산함에 있어서 구체적인 세법 적용의 기준이 되는 과세사실의 판단은 납세자의 기장내용, 계정과목, 거래명의에도 불구하고 그 거래의 실질내용을 기준으로 하여야 하고, …… (중략) …… 납세의무자가 단지 수입물품의 원활한 판매촉진을 위하여 다른 물품명으로 수입신고하여 세액을 과다하게 신고납부한 후 그 과다납부한 세액의 취소를 다툰다는 사정만으로 신의성실의 원칙에 위배될 정도로 심한 배신행위를 하였다고 볼 수 없고, 처분청이 잘못된 수입신고를 믿고 이를 그대로 수리하였다하여 이를 보호받을 가치가 있는 신뢰라고 보기 어렵다 할 것이다. (중략) 일반적으로 불법원인은 그 원인될 행위가 선량한 풍속 기타 사회질서에 위반하지 아니한 경우에는 이에 해당하지 않는다 할 것이므로 청구법인이 사실상 방카씨유와 성분이 유사한 원유를 발전용 연료유로 판매하기 위하여 방카씨유로 수입신고하면서 신고납부한 차액관세 등은 부당이득의 반환청구가 금지되는 민법 제746조에서 규정하는 불법원인급여에 해당되지 않는 것으로 보인다.

【대법원 2020.12.24, 2019두44378】 증액경정의 대상이 된 갑 회사의 물품에 관한 수입신고는 실지조사권을 가진 세관장이 경정청구를 심사한 후 인용한 당초 감액경정에 따른 것이므로, 그 후 이에 관하여 증액경정이 있었더라도 당초 감액경정에 따라 수입신고를 한 갑 회사에게 부가가치세법 제35조 제2항 제2호(다)목에서 말하는 귀책사유가 있다고 볼 수 없다.

【대법원 2020.1.9, 2018두61888】 관세법 제38조의 3 제3항에서 후발적 경정청구제도를 둔 취지는 납세의무 성립 후 일정한 후발적 사유의 발생으로 말미암아 과세표준 및 세액의 산정기초에 변동이 생긴 경우 납세자로 하여금 그 사실을 증명하여 감액을 청구할 수 있도록 함으로써 납세자의 권

---

120) 기획재정부 관세제도과－941, 2012.12.7 ; 관세청 세원심사과－4085, 2012.12.12.

121) 이종익, “경정, 경정청구 및 과오납환급에 관한 검토”, 『관세와 무역』, 한국관세무역연구원, 2005.12., pp.44～52.

리구제를 확대하려는 데 있는바, 여기서 말하는 후발적 경정청구사유 중 관세법 시행령 제34조 제2항 제1호의 '거래 또는 행위 등이 그에 관한 소송에 대한 판결에 의하여 다른 것으로 확정된 경우'는 최초의 신고 등이 이루어진 후 과세표준 및 세액의 계산근거가 된 거래 또는 행위 등에 관한 분쟁이 발생하여 그에 관한 소송에서 판결에 의하여 그 거래 또는 행위 등의 존부나 그 법률효과 등이 다른 내용의 것으로 확정됨으로써 최초의 신고 등이 정당하게 유지될 수 없게 된 경우를 의미한다. 한편 형사사건의 재판절차에서 납세의무의 존부나 범위에 관한 판단을 기초로 판결이 확정되었다 하더라도, 이는 특별한 사정이 없는 한 관세법 제38조의 3 제3항 및 관세법 시행령 제34조 제2항 제1호에서 말하는 '최초의 신고 또는 경정에서 과세표준 및 세액의 계산근거가 된 거래 또는 행위 등이 그에 관한 소송에 대한 판결에 의하여 다른 내용의 것으로 확정된 경우'에 해당한다고 볼 수 없다.

【대법원 2015.3.12, 2014두44830】 관세법 제4조 제1항, 제38조의 3 제2항 제3항, 주세법 제23조 제3항과 같이 세관장이 부과·징수하는 조세에 관하여 특례를 정하고 있는 취지는 수입물품에 대한 조세는 관세와 마찬가지로 세관장이 함께 부과·징수하도록 함으로써 과세행정의 효율성과 납세의무자 간의 형평을 도모하고자 함에 있으므로, 그에 관한 불복절차 또한 관세와 동일하게 이루어질 필요가 있다. 따라서 수입한 주류의 주세에 대한 경정청구에 관하여 구 관세법 제38조의 3 제2항에서 정한 2년의 경정청구기간이 적용된다. 그리고 경정청구기간이 도과한 후 제기된 경정청구는 부적법하여 과세관청이 과세표준 및 세액을 결정 또는 경정하거나 거부처분을 할 의무가 없으므로, 과세관청이 경정을 거절하였다고 하더라도 이를 항고소송의 대상이 되는 거부처분으로 볼 수 없다.

【대법원 2008.12.24, 2006두13497】 정당한 본세액이 당초 납세의무자가 신고·납부한 본세액에 미달한다면, 설령 그 정당한 본세액에 가산세액을 합산한 세액이 신고·납부한 본세액을 초과하더라도 과세관청으로서는 그러한 사유만으로 납세의무자의 경정청구를 거부할 수 없다.

【대법원 2000.9.22, 98두18510】 과세처분이 있은 후에 증액경정처분이 있는 경우 당초 과세처분은 경정처분에 흡수되어 독립적인 존재가치를 상실하므로 전심절차의 경유여부도 그 경정처분을 기준으로 판단하여야 하는 것이 원칙이고, 다만 그 위법사유가 공통되고 당초 과세처분에 대하여 적법한 전심절차를 거친 경우에는 납세의무자는 그 경정처분에 대하여 다시 전심절차를 거치지 아니하고도 취소를 구하는 행정소송을 제기할 수 있는 것이지만, 납세의무자 스스로 당초 과세처분에 대한 전심절차 외에 증액경정처분에 대한 전심절차를 거쳤다면, 그 증액경정처분에 대한 제소기간은 구 국세기본법(1994.12.22. 법률 제4810호로 개정되기 전의 것) 제56조 제2항의 규정에 따라 증액경정처분에 대한 심판결정 통지 수령일로부터 60일이라고 보아야 할 것이고, 당초 과세처분에 대한 심판결정 통지 수령일을 제소기간 기산일로 삼을 근거는 없다. * 과세처분이 있은 후에 증액경정처분이 있었는데 납세의무자가 당초 과세처분에 대한 전심절차 외에 증액경정처분에 대한 전심절차를 거친 경우, 그 증액경정처분에 대한 제소기간은 증액경정처분에 대한 심판결정 통지 수령일로부터 기산하여야 한다.

【서울지방법원 1997.2.28, 95가합87964】 환치기에 해당하는 해외송금행위가 외국환관리법에 의한 제한규정에 위반되어 무효라고 본다 하더라도 그 지급행위의 원인되는 행위가 선량한 풍속 기타 사회질서에 위반되는 불법의 것이라고 할 수는 없다.

【서울지방법원 1992.12.11, 92다33169】 송금액에 해당하는 수입품에 대한 관세포탈을 저지르기 위하여 환전상 인가를 받지 아니한 자에게 비밀송금을 위탁한 행위는 선량한 풍속 기타 사회질서에 반하는 행위로서 민법 제746조 소정의 불법원인급여에 해당한다.

【헌법재판소 2016.7.28. 2014헌바372, 2016헌바29(병합)】 [1] 이 사건 법률조항은 세관장이 과세표준 등을 경정하거나 관세조사 등이 이루어져 수입자가 과세표준 등이 경정될 것을 미리 알고 수정신고를 하는 모든 경우에 수정수입세금계산서의 발급을 제한하는 것이 아니고, 수입자의 단순착오로 확인되거나 수입자가 자신의 귀책사유 없음을 증명하는 경우 등에는 여전히 수정수입세금계산서 발급이 가능하도록 하고 있어, 수입자의 재산권 침해를 최소화하기 위한 합리적인 장치를 두고 있다. 또한 이 사건 법률조항으로 인하여 제한되는 사익에 비하여 조세수입의 공백을 막고 국가재정의 기초를 튼튼히 하고자 하는 공익이 훨씬 크다고 할 것이므로, 이 사건 법률조항은 과잉금지원칙을 위반한다고 볼 수 없다. [2] 이 사건 부칙조항은, 이 사건 법률조항이 개정된 이후 수입자가 수정신고하거나 과세관청이 경정함으로써 새로이 확정된 사실관계에 대하여 이를 적용하도록 하고 있으므로, 소급입법에 의한 재산권 침해는 문제될 여지가 없다. 따라서 관세조사 등으로 과세표준 등이 경정될 것을 미리 알고 수정신고하는 경우 또는 세관장이 과세표준 등을 경정하는 경우에도 수정수입세금계산서 발급이 가능하였다는 청구인들의 신뢰가 보호가치가 있는 신뢰인지 여부만 문제된다. 그런데 청구인들의 위와 같은 신뢰는 구법상의 입법미비사항에 기대어 세액을 누락하여도 수정수입세금계산서를 발급받아 매입세액 공제를 받을 수 있을 것이라는 신뢰에 불과하여 헌법상 보호가치가 크다고 할 수 없다. 반면, 이 사건 심판대상조항들은 수정수입세금계산서를 일정한 요건 하에 발급하도록 함으로써, 성실한 납세신고를 유도하는 등 건전한 과세문화를 정착시키고자 하는 것이므로, 그 공익이 중대하다고 할 것이어서, 이 사건 부칙조항은 신뢰보호원칙을 위반한다고 볼 수 없다. * 수정수입세금계산서의 발급요건을 제한한 부가가치세법(2013.7.26. 법률 제11944호로 개정된 것) 제35조 제2항 제2호 중 '경정 및 수정신고'에 관한 부분이 과잉금지원칙을 위반하는지 여부 등에 관한 사례이다.

【헌법재판소 2004.12.16, 2003헌바78 전원재판부】 경정청구제도는 납세의무자가 과다신고된 과세표준 및 세액의 감액을 주장할 수 있는 유일한 권리구제수단인바, 경정청구기간 내에 경정청구를 하지 아니하면 조세쟁송을 제기할 수 없어 행정소송에 의한 구제의 길마저 차단된다는 점에서 경정청구기간을 단기간으로 제한하는 것은 납세의무자의 권리구제를 위한 법원에의 접근권, 즉 재판청구권을 제한하는 측면이 있다. 다만, 경정청구권의 행사기간을 정하는 것은 조세행정의 원활한 운영과 조세법률관계의 조속한 안정 등과 같은 공익상의 필요와 납세의무자의 권익보호라는 서로 상충하는 이익을 어떻게 조화시킬 것인가의 문제로서, 조세법률관계의 성질 및 조세법의 체계, 기간 내 권리행사의 가능성, 과세관청에 의한 자기시정의 개연성 등을 종합적으로 고려하여 입법자가 그 입법형성재량에 기초한 정책적 판단에 따라 결정할 문제이고, 그것이 입법부에 주어진 합리적인 재량의 한계를 일탈하지 아니하는 한 위헌이라고 판단할 것은 아니다. 구 국세기본법 제45조의 2 제1항이 경정청구기간을 법정신고기한 경과 후 1년 이내로 제한한 것은 조세행정의 원활한 운영과 조세법률관계의 조속한 안정을 도모하기 위한 것으로서, 신고납세방식의 조세이든 부과과세방식의 조세이든 납세의무자의 성실하고 정확한 신고가 적정한 과세권 행사의 기초가 된다는 점을 감안할

때, 경정청구기간을 일정하게 제한하는 것은 납세의무자에 대하여 그 기한 내에 자신의 과세표준 및 세액에 대한 계산을 충분히 검토하도록 하여 기한 내 신고의 적정화를 기함과 함께 조세법률관계의 조기안정, 세무행정의 능률적 운용 등 제반 요청을 만족시키기 위하여 권리로서 경정을 청구할 수 있는 기한을 정하는 한편, 해당 기한 내에 청구가 없는 경우에도 관할 세무서장은 직권조사에 의하여 신고한 세액이 과다하다고 인정하는 때에는 적극적으로 감액경정을 함으로써 납세자의 정당한 권리는 보호될 수 있다고 본 취지를 반영한 것이다. 나아가, 일반적으로 납세의무자는 당초 본인이 신고한 과세표준이나 세액이 과다하다는 사실을 다음의 신고기가 도래하는 시점인 6개월 내지 1년 이내에는 그 오류를 발견할 수 있다고 할 것이므로 1년 이하를 과세단위로 하여 세액을 산출하는 대부분의 신고납세방식 세목에서 1년의 기간은 납세자로 하여금 자신이 신고한 것에 대해 재고를 할 수 있는 충분한 기간이 될 수 있다고 할 것이다. 따라서 경정청구기간을 법정신고기한으로부터 1년으로 정한 것이 납세의무자의 권리구제를 위한 재판청구권 행사를 불가능하게 하거나 현저히 곤란하게 할 정도로 짧은 것이라고 볼 수 없으므로 납세의무자의 재판청구권을 침해하는 것이라고는 볼 수 없다.

제38조의 4【수입물품의 과세가격 조정에 따른 경정】 ① 납세의무자는「국제조세조정에 관한 법률」제7조 제1항에 따라 관할 지방국세청장 또는 세무서장이 해당 수입물품의 거래가격을 조정하여 과세표준 및 세액을 결정·경정 처분하거나 같은 법 제14조 제3항(일방적 사전승인의 대상인 경우에 한한다) 단서에 따라 국세청장이 해당 수입물품의 거래가격과 관련하여 소급하여 적용하도록 사전승인을 함에 따라 그 거래가격과 이 법에 따라 신고납부·경정한 세액의 산정기준이 된 과세가격 간 차이가 발생한 경우에는 그 결정·경정 처분 또는 사전승인이 있음을 안 날(처분 또는 사전승인의 통지를 받은 경우에는 그 받은 날)부터 3개월 또는 최초로 납세신고를 한 날부터 5년 내에 대통령령으로 정하는 바에 따라 세관장에게 세액의 경정을 청구할 수 있다.
② 제1항에 따른 경정청구를 받은 세관장은 대통령령으로 정하는 바에 따라 해당 수입물품의 거래가격 조정방법과 계산근거 등이 제30조부터 제35조까지의 규정에 적합하다고 인정하는 경우에는 세액을 경정할 수 있다.
③ 세관장은 제1항에 따른 경정청구를 받은 날부터 2개월 내에 세액을 경정하거나 경정하여야 할 이유가 없다는 뜻을 청구인에게 통지하여야 한다.
④ 제3항에 따른 세관장의 통지에 이의가 있는 청구인은 그 통지를 받은 날(2개월 내에 통지를 받지 못한 경우에는 2개월이 지난 날)부터 30일 내에 기획재정부장관에게 국세의 정상가격과 관세의 과세가격 간의 조정을 신청할 수 있다. 이 경우「국제조세조정에 관한 법률」제20조를 준용한다.
⑤ 청구인은 제3항에 따라 2개월 이내에 통지를 받지 못한 경우에는 그 2개월이 되는 날의 다음 날부터 제5장에 따른 이의신청, 심사청구, 심판청구 또는 감사원법에 따른 심사청구를 할 수 있다.
⑥ 세관장은 제2항에 따라 세액을 경정하기 위하여 필요한 경우에는 관할 지방국세청장 또는 세무서장과 협의할 수 있다.

해 설

내국세 이전가격 조사 결과 등 세무조사에 따라 수입물품의 가격이 하향 조정되는 경우 관세 등에 대하여는 환급하는 규정이다. 2011.12.31. 개정 관세법에 처음 도입되었다. 환급받을 수 있는 요건은 조정된 가격이 거래형태, 물품의 특성 등을 감안하여 관세법상 과세가격으로 인정되는 경우에 한정된다. 조정 중 일부만 인정되는 경우라도 그 부분은 관세 환급의 대상이 된다. 이 조항은 내국세와 관세의 과세가격을 각각 산정함에 따라 과세가격이 달라 수입업체의 이중적인 세부담이 되는 것을 완화하기 위한 것이다. 그러나 구체적인 내용은 확인하여 관세법상의 규정에 맞아야 환급이 가능하다. 「국제조세조정에 관한 법률」 제7조 제1항은 정상가격에 의한 과세가격 조정에 관한 규정이다.

제1항에서 납세자의 권리를 구제하기 위해 2014.1.1. 관세법 개정을 통해 「국제조세조정에 관한 법률」 제14조 제3항 단서에 따라 국세청장이 해당 수입물품의 거래가격과 관련하여 소급하여 적용하도록 사전승인을 함에 따라 그 거래가격과 이 법에 따른 세액 산정의 기준이 된 과세가격 간 차이가 발생한 경우에는 세액의 경정청구를 허용하도록 하여 수입물품의 과세가격 조정에 따른 경정청구 대상을 확대하였다. 2014.12.23. 관세법 개정시 납세자의 경정청구기간을 종전 3년에서 5년으로 확대하였다. 2017.12.19. 관세법 개정시에는 경정청구 기한을 납세자 결정·경정 처분 또는 사전승인이 있음을 안 날부터 종전 2개월에서 3개월로 납세자 권리보호 강화를 위하여 확대하였다.

제2항에서 거래가격 조정방법이나 계산근거가 관세법상 과세가격 결정방법에 적합한 경우에 세액을 경정한다.[122] 구체적으로는 로열티 금액 중에서 인정이 되는 범위 내의 금액, 비교대상 업체가 관세법상 합리적인 것으로 인정되는 경우 이에 대한 금액, 이윤 및 일반경비율이 관세법상 합리적인 것으로 인정되는 금액, 내국세에서 조정한 가격이 관세법상 적정한 가격으로 인정되는 금액 등이 있을 수 있다.

제3항은 경정청구에 대한 세관장의 통지 의무기간이다.

제4항은 기획재정부장관의 조정에 관한 규정으로 관세청과 국세청에 대한 조세업무를 조정·권고하는 것이다. 「국제조세조정에 관한 법률」 제20조는 국제거래가격에 대한 과세의 조정권고에 관한 사항이며, 조정 신청을 받은 경우 기획재정부장관은 조정을 권고할 수 있고, 과세관청은 이행계획 등과 함께 30일 내에 통지하도록 규정하고 있다.

---

122) A가 거래순이익률법에 의해 국세과세조정에 따라 관세 과세가격 조정을 신청한 건과 관련하여 비교대상거래, 통상이윤의 적용 등 과세당국의 수입물품 가격의 조정방법과 계산근거가 관세법 제21조부터 제35조까지의 규정에 적합하지 않아 조정권고를 하지 아니한다(기획재정부 다자관세협력과－171, 2013.3.19). B가 정상가격 산출방법의 사전승인(APA)에 의한 수정신고에 따라 관세 과세가격 조정을 신청한 건에 대해 APA는 관세법 제38조의 4 제1항의 과세당국의 결정·경정처분으로 볼 수 없으므로 경정청구 및 과세가격 조정신청대상이 아니다(기획재정부 다자협력과－172, 2013.3.19).

제5항은 납세자의 권익보호 차원에서 납세자가 통지기간내에 통지를 받지 못한 경우 불복절차를 밟을 수 있도록 법률 제14379호(2016.12.20) 신설 규정하였다.

제6항에서 세관장과 지방국세청장 · 세무서장 업무협의를 규정하고 있으며, 두 부서에서 취급하는 과세가격에는 여러 가지 다른 요인들이 내포되어 있기 때문에 정보 교환차원에서 서로 긴밀한 협의가 필요하다 할 것이다.[123]

제38조의 5【성실신고확인대상사업자의 성실납세신고 특례】 ① 성실한 납세를 위하여 필요하다고 인정하여 대통령령으로 정하는 사업자(이하 이 조에서 "성실신고확인대상사업자"라 한다)는 대통령령으로 정하는 물품을 제외한 물품에 대하여 납세신고한 달의 다음 달 말일까지 세관장에게 다시 한꺼번에 납세신고(이하 이 조, 제39조 제1항 제6호 및 제42조 제1항에서 "성실납세신고"라 한다)를 할 수 있다. 이 경우 성실신고확인대상사업자는 제86조 제1항 제3호에 따른 관세사등이 수입신고서에 적힌 사항과 이 법에 따른 확인사항 등을 기획재정부령으로 정하는 바에 따라 확인하고 작성한 확인서를 첨부하여야 한다.

② 성실납세신고를 하려는 자는 대통령령으로 정하는 바에 따라 세관장에게 성실납세신고 적용 신청을 하여야 한다.

③ 제2항에 따른 성실납세신고 적용 신청을 한 자는 제27조 제1항에도 불구하고 성실납세신고를 할 때 가격신고를 할 수 있으며, 납세신고를 한 후에 그 세액이 과부족하다는 것을 알게 되었을 때에는 제38조 제5항에도 불구하고 제9조 제4항에 따른 납부기한까지 납세신고한 세액을 정정할 수 있다.

④ 제1항부터 제3항까지에서 규정한 사항 외에 성실납세신고에 필요한 사항은 대통령령으로 정한다.

해 설

2024.12.31. 법 개정시 신설 도입한 제도(시행일 2028.1.1)이다. 성실신고확인이 필요한 사업자를 대상으로 관세사 등의 성실신고확인을 받아 성실납세신고를 하는 제도를 말한다. 세액심사는 수입신고수리를 수리한 후에 하는 것이 원칙으로서 납세신고와 관련하여 세관장이 수리하였다고 하여 세관장이 그 신고가 적정한 것이라 인정 혹은 승인한 것으로 간주되지 아니하여 납세의무자에게는 납세 상태가 항상 불안정한 셈이다. 이에 관세사 등의 성실신고 확인을 받을 수 있도록 하여 사후 세액검증을 강화하고 정확한 납세 관행을 정착 유도하려는 것이 성실납세신고제도의 취지라 할 것이다.

제1항에서 대통령령으로 정하는 사업자인 성실신고확인대상사업사가 대상물품에 대하여 납

123) 이종익, "수정신고와 잠정신고 등에 관한 소고", 『관세와 무역』, 한국관세무역개발원, 2011.10., p.12.

세신고한 달(동일한 달)의 다음 달 말일까지 성실납세신고를 하되 이때 관세사 등의 확인서를 첨부하여야 한다. 여기에서 '동일한 달'이라는 의미는 납세신고는 당초 수입신고분이 속하는 달을 의미하여 납세신고에 관련된 법적인 적용은 이 동일한 달의 적용을 받는 것으로 추정이 된다.

제2항에서 성실납세신고 적용 신청에 관한 규정으로서 사전에 세관장에게 적용 신청을 해야 한다.

제3항에서 가격신고를 확정납세신고(성실신고)시에 할 수 있고, 납세신고를 한 후에 그 세액이 과부족하다는 것을 알게 된 경우에는 성실납세신고기한까지 납세신고한 세액을 정정할 수 있다.

성실납세신고 제도에 관하여 관세사 등 확인의 법적인 의미에 관한 구체적 규정이 없어서 제도의 실효성 등에 관하여 논란이 있다. 그리고 성실납세신고가 기존의 납세신고와는 다른 별도의 확정 의미를 가지는 납세신고인지 아니면 기존의 납세신고의 반복인지 등에 대하여 납세의 확정에 관한 점에서 법적 의미도 모호한 상태이다. 향후에 시행일 전까지 제도 개선의 여지가 있다할 것이다.

제38조의 6【경정청구서 등 우편제출에 따른 특례】 제38조의 2 제1항, 제38조의 3 제1항부터 제3항까지, 제38조의 4 제1항 및 제4항에 따른 각각의 기한까지 우편으로 발송(국세기본법 제5조의 2 에서 정한 날을 기준으로 한다)한 청구서 등이 세관장 또는 기획재정부장관에게 기간을 지나서 도달한 경우 그 기간의 만료일에 신청·신고 또는 청구된 것으로 본다.

해 설

2014.1.1. 관세법 개정을 통해 경정청구서 등 우편제출에 따른 특례를 신설하였다. 납세자의 권익을 보호하기 위해 신청·신고 또는 청구기간까지 우편으로 발송한 신청서·신고서 또는 청구서가 그 기간이 지나서 도달한 경우에도 그 기간의 만료일에 신청·신고 또는 청구된 것으로 보도록 하였다.

제39조【부과고지】 ① 다음 각 호의 어느 하나에 해당하는 경우에는 제38조 및 제38조의 5에도 불구하고 세관장이 관세를 부과·징수한다.

1. 제16조 제1호부터 제6호까지 및 제8호부터 제11호까지에 해당되어 관세를 징수하는 경우

해 설

세관장이 관세를 직접 부과·징수하는 것이 부과고지다. 부과고지를 하기 위해서는 세관장이 납세의무자에게 세목·세액·납부 장소 등을 기재한 납부고지서를 교부하여야 한다. 그리고 품목분류·세율·세액 등에 관한 납세신고 사항은 부과고지에서는 신고할 필요가 없으나, 가격신고는 해야 한다.

제1호는 일반적인 부과고지에 관한 규정이며, 1993.12.31. 관세법 개정시 부과고지대상을 구체적으로 정하였다. 법 제16조 과세물건확정의 시기는 수입신고할 때 물품의 성질과 수량에 의하여 부과하지만, 예외적으로 제1호 이하 각호에 해당하는 때를 기준으로 하여 관세를 부과한다는 조항이다.

같은 조 제1호는 선박용품·항공기용품을 하역허가를 받은 대로 운송수단에 하역하지 아니한 경우 관세를 징수하는 경우, 제2호는 보세구역 밖에서 보수 작업하는 때에 기간을 경과하여 징수하는 경우, 제3호는 보세구역에 장치하고 있는 외국물품이 멸실·폐기된 때 관세를 징수하는 경우, 제4호는 보세공장 외 작업, 보세건설장외 작업, 종합보세구역 외 작업의 허가기간을 경과하여 징수하는 경우, 제5호는 보세운송기간 경과시 징수하는 경우, 제6호는 수입신고 수리되기 전에 소비·사용하는 물품에 대하여 징수하는 경우, 제8호는 우편물에 대하여 징수하는 경우, 제9호는 도난이나 분실물품에 대하여 징수하는 경우, 제10호는 매각되는 물품에 대하여 징수하는 경우, 제11호는 수입신고하지 아니하고 수입된 물품에 대하여 징수하는 경우이다.

이중에서 제7호는 수입신고 전 즉시반출물품에 관한 규정이며, 부과고지 대상에서 제외되어 있다. 그 이유는 수입신고 전 즉시반출물품은 반출시점에 과세물건이 확정되고 신고 후 10일 이내에 수입신고를 해야 하며 수입신고하지 않을 경우 세관장이 부과고지하도록 되어 있다. 즉, 수입신고 전 즉시반출물품은 원칙적으로 수입신고에 따른 신고납부를 해야 하고 수입신고를 하지 않는 경우 부과고지를 하게 되어 신고납부와 부과고지가 병행 적용되는 제도이다. 따라서 수입신고 전 즉시반출물품에 대해 무조건 부과고지토록 한 것은 입법의 오류이므로 이를 시정하기 위해 삭제되었다.

【조세심판원 2013.2.7, 2012관0183】 처분청은 청구인이 중국산 가발 등을 수입하는 과정에서 실제 수입한 수량보다 현저히 적은 수량을 수입신고하고, 차액을 환치기계좌 등을 이용하여 불법송금한 사실 등이 처분청이 제출한 자료 등에 의하여 확인되는 점, 쟁점물품은 수입신고를 하지 아니하고 수입된 물품으로서 같은 법 제39조에 규정된 부과고지대상물품인 점, 청구인에 대한 검찰청 조사결과 "청구인에게 이 사건 무신고 수입행위 및 과세가격 허위신고 행위에 대한 고의가 있었음을 인정하기에 부족하고 달리 이를 인정할 만한 뚜렷한 증거가 없다"라고 하여 불기소 결정을 하였으나, 수사기관인 검찰에서 고의를 입증할 증거자료가 부족하여 처벌하지 아니한 것이지 무신고 수입행

위는 인정한 것으로 볼 수 있는 점 등을 종합적으로 고려해 보면, 처분청의 쟁점물품에 대한 부과처분은 달리 잘못이 없다고 판단된다. * 검찰에서 고의를 입증할 증거자료가 부족하여 무혐의로 종결된 밀수입 혐의 대상물품에 대한 처분청의 부과처분이 적법하다는 사례이다.

2. 보세건설장에서 건설된 시설로서 제248조에 따라 수입신고가 수리되기 전에 가동된 경우
3. 보세구역(제156조 제1항에 따라 보세구역 외 장치를 허가받은 장소를 포함한다)에 반입된 물품이 제248조 제3항을 위반하여 수입신고가 수리되기 전에 반출된 경우
4. 납세의무자가 관세청장이 정하는 사유로 과세가격이나 관세율 등을 결정하기 곤란하여 부과고지를 요청하는 경우
5. 제253조에 따라 즉시 반출한 물품을 같은 조 제3항의 기간 내에 수입신고를 하지 아니하여 관세를 징수하는 경우
6. 제38조의 5 제2항에 따른 성실납세신고 적용 신청을 한 자가 성실납세신고를 하지 아니하거나 성실납세신고한 내용이 이 법에 맞지 아니한 경우
7. 그 밖에 제38조에 따른 납세신고가 부적당한 것으로서 기획재정부령으로 정하는 경우

② 세관장은 과세표준, 세율, 관세의 감면 등에 관한 규정의 적용 착오 또는 그 밖의 사유로 이미 징수한 금액이 부족한 것을 알게 되었을 때에는 그 부족액을 징수한다.

③ 제1항과 제2항에 따라 세관장이 관세를 징수하려는 경우에는 대통령령으로 정하는 바에 따라 납세의무자에게 납부고지를 하여야 한다.

해 설

제2호는 보세건설장의 부과고지에 관한 규정이다. 보세건설장제도는 수입신고한 후 바로 이 물품을 사용하여 건설공사를 하고, 완공되면 시설을 가동하기 전에 수입신고 수리를 받게 하여, 시설공사에 필요한 대규모 자재의 통관 편의를 위한 제도다. 보세공장에서는 일차적으로 원재료에 대하여 반입신고를 하고 제품을 완성하게 되면, 수입신고와 수입신고 수리 절차를 거친다. 처음 수입신고시에 납세를 유예 받고, 시설이 완료되면 그 때 신고 수리를 받은 다음에 가동하도록 규정하고 있다. 이러한 절차를 위반하여 신고수리 전에 시설을 가동하면 부과고지 대상이 된다.

제3호는 일반 보세구역의 부과고지에 관한 규정이다. 수입물품은 통관절차를 밟기 위하여 보세구역에 장치한 후 수입신고를 하고, 신고수리하여 반출하나, 수입신고가 수리되지 아니하고 반출하게 된 경우에는 신고납부가 불가능하므로 부과고지한다. 보세구역은 관세가 미납된 물품, 수입신고 수리가 되지 아니한 된 물품, 일정한 경우 내국물품을 장치할 수 있는 장소다. 법 제156조는 보세구역 외 장치허가에 관한 규정이며, 이전에는 타소장치라 하였다. 법 제248조는 신고의 수리에 관한 규정이나 2011.12.31. 개정 관세법에서 제248조 제3항으로

하여 규정내용을 명확히 하였다.

제4호는 부과고지 요청에 관한 규정이다. 납세의무자가 과세가격, 관세율 등을 결정하기 곤란한 경우에도 신고납부를 해야 한다면 탈세할 의도가 없음에도 결과적으로 잘못 신고납부하게 되고, 또 가산세를 부담하게 되는 경우가 있다. 이러한 모순점을 해소하기 위하여 2000년 개정 관세법에서 새로 부과고지 요청제도를 도입하였다. 가산세는 납부하여야할 세액의 100분의 20 혹은 100분의 10, 수정 신고시 100분의 10 혹은 100분의 5 등으로서 신고자나 납세의무자에게 큰 부담이 되기 때문에 이를 회피하기 위하여 이 요청제도를 이용할 수 있다고 본다. 부과고지 요청제도를 남용하는 경우에는 신고납부제도의 근간을 해칠 우려가 있다. 현재는 조문 내용과 같이 관세청장이 정하는 사유에 해당할 때만 요청할 수 있도록 제한하고 있다.

제5호는 수입신고 전 물품반출의 부과고지에 관한 규정이다. 법 제253조는 수입신고 전의 물품반출에 관한 규정이며, 같은 조 제3항은 즉시반출신고하고, 물품을 반출한 자는 즉시반출신고한 날부터 10일 이내에 수입신고하여야 한다는 규정이다. 이 기간 이내에 수입신고하지 아니하여 징수하는 경우에는 부과고지한다.

제6호는 성실납세신고제도 도입으로 2024.12.31. 법 개정시 신설한 규정이다. 성실납세신고제도는 신고제도의 한 유형으로 보이나 성실납세신고를 하지 아니하거나 성실납세신고한 내용이 이 법에 맞지 아니한 경우 부과고지하도록 규정한 것은 신고제도의 취지에 맞지 아니할 수 있어 논란의 소지가 있다.

제7호는 기타의 부과고지에 관한 규정이다. 신고 납부할 때에는 품목분류 · 세율 · 세액 등을 신고하여야 하나, 여행자휴대품 등은 소액이면서 여러 가지 품목이고 신속통관이 필요한 물품이므로, 납세신고 절차를 거치지 아니하고 과세권자가 직권으로 부과고지한다. 부과고지 대상과 사전세액심사대상은 혼동이 있을 수 있으나, 납세신고하는 것이 부적당한 경우에 부과고지하고, 관세 확보가 불확실한 경우에 사전세액심사를 한다.

관세청은 냉동고추, 양파 등 고세율 농림수산물 27개 품목에 대하여는 저가신고 조기경보시스템을 운용하고 있는데 신고가격이 경보기준가격보다 낮은 경우 위험정보 발령을 하게 된다. 경보기준가격 이상의 신고물품은 심사생략하지만 이하의 물품인 경우에는 경보기준가격과의 차액에 대한 담보부보와 수리 전 반출 후 심사를 한다.

부과고지할 때에는 가산세를 징수하지 아니하나, 사전세액심사는 신고납부제도에서 발생하는 사항이므로 가산세와 관련이 있다. 기획재정부령에 부과고지 대상물품으로 여행자 · 승무원 휴대품, 별송품, 우편물, 법률의 규정에 의하여 세관장이 부과 · 징수하는 물품, 납세신고가 부적당하다고 인정되어 관세청장이 지정하는 물품으로 정하고 있다.

기획재정부령에서 정하는 사전세액 심사물품에는 관세 · 내국세의 감면을 받고자 하는 물품, 관세 분할납부 물품, 관세 체납 중에 있는 자가 신고하는 물품(다만, 체납액이 10만원 미만이거나 체납기간이 7일 이내에 수입신고하는 경우는 제외), 불성실 신고인이 신고하는 물품, 수입신고수리 후 세액심사가 부적당하다고 관세청장이 정한 물품이 있다. 체납기간이 7일 이내인 경우는 통상적으로 보면, 납부능력이 없다기보다는 회사 업무처리자의 사무적 실수 등으로 체납이 발생하는 경우가 있으므로 이러한 사유로 통관이 지연되는 경우를 예방하기 위함이다.

제2항은 부족세액 징수에 관한 규정이다. 신고납부제도에서 경정시에는 경정통지서, 납세고지서를 납세의무자에게 교부하는 절차를 거쳐 징수하며, 부과고지제도에서는 납부고지서를 납세의무자에게 교부하는 절차를 거쳐서 징수한다. 납부고지서를 발부하는 것은 동일하다 할 수 있다.

제3항은 납부고지에 관한 규정이다. 납부고지할 때 과세연도 · 세목 · 세액과 산출 근거 · 납부기한 · 납부 장소를 명시하여 고지서를 발부해야 한다. 고지서에 이러한 사항이 명시되어 있지 아니하면 무효가 되며, 누락한 공무원에게 국고손실에 대한 구상권을 행사할 수도 있다.[124] 관세를 현장에서 수납할 때는 물품을 검사한 공무원이 말로써 고지할 수 있다. 2020.12.22.(법률 제17649호) 개정시 종전에 사용하던 "납세"라는 용어를 "납부"로 변경하였으며, 용어 사용상 법적 의미를 달리하는 것은 아니다.

【조세심판원 2017.10.23, 2017관0200】 관세법령에서 부족세액 등 징수시 납세의무자에게 세목 · 세액 · 납부장소 등이 기재된 납세고지서를 교부, 송달 또는 공시하도록 규정하고 있는 점, 쟁점물품의 납세의무자가 쟁점대행회사에서 청구인들로 변경되었으므로 처분청이 각 청구인들에게 각자의 세목 및 세액 등을 특정하여 납세고지서를 발급하여야 함에도 이를 특정하지 아니하고 납세의무자를 ○○ 외 △△명으로, 납부세액을 각 청구인별 합계세액으로 일괄하여 납세고지서를 발급한 점 등에 비추어 적법한 납세고지가 있었다고 보기 어려워 이 건 부과처분은 취소됨이 타당하다고 판단된다. * 납세고지서에 납세의무자를 "○○○ 외 43명", 납부할 가산세액을 "○○○원"으로 기재하여 대행회사에게 교부한 사례이다.

【대법원 1998.6.26, 96누12634】 [1] 납세고지서에 관한 법령 규정들은 강행규정으로서 이들 법령이 요구하는 기재사항 중 일부를 누락시킨 하자가 있는 경우 이로써 그 부과처분은 위법하게 되지만, 이러한 납세고지서 작성과 관련한 하자는 그 고지서가 납세의무자에게 송달된 이상 과세처분의 본질적 요소를 이루는 것은 아니어서 과세처분의 취소사유가 됨은 별론으로 하고 당연무효의 사유로는 되지 아니한다. [2] 과세처분이 당연무효라고 하기 위하여는 그 처분에 위법사유가 있다는 것만으로는 부족하고, 그 하자가 중요한 법규에 위반한 것이고, 객관적으로 명백한 것이어야 하며, 하자가 중대하고도 명백한 것인가의 여부를 판별하는 데에는 그 과세처분의 근거가 되는 법규의 목적, 의미, 기능 등을 목적론적으로 고찰함과 동시에 구체적 사안 자체의 특수성에 관하여도 합리적으로 고찰할 필요가 있는 것인바, 이러한 관점에서 볼 때 과세대상이 되는 법률관계나 사실관계가

124) 서울고법 1997.10.24, 96구46721 판결 ; 대법원 1998.6.26, 96누12634 판결 참조.

전혀 없는 사람에게 한 과세처분은 그 하자가 중대하고도 명백하나, 과세대상이 되지 아니하는 어떤 법률관계나 사실관계에 대하여 이를 과세대상이 되는 것으로 오인할 만한 객관적인 사정이 있어 그 것이 과세대상이 되는지의 여부가 그 사실관계를 정확히 조사하여야 비로소 밝혀질 수 있는 경우라면, 그 하자가 중대한 경우라도 외관상 명백하다고는 할 수 없으므로 이처럼 과세요건 사실을 오인한 과세처분을 당연무효라고는 할 수 없고, 또한 그러한 하자들이 취소사유에 불과한 이상 이들 하자가 경합된다 하더라도 달리 볼 것은 아니며, 그리고 과세관청이 조세를 부과하고자 할 때에는 해당 조세법규가 규정하는 조사방법에 따라 얻은 정확한 근거에 바탕을 두어 과세표준액을 결정하고 세액을 산출하여야 하며, 이러한 조사방법 등을 완전히 무시하고 아무런 근거도 없이 막연한 방법으로 과세표준액과 세액을 결정 · 부과하였다면 이는 그 하자가 중대하고도 명백하여 당연무효라 하겠지만, 그와 같은 조사결정절차에 단순한 과세대상의 오인, 조사방법의 잘못된 선택, 세액산출의 잘못 등의 위법이 있음에 그치는 경우에는 취소사유로 될 뿐이다. [3] 과세관청이 과세처분에 앞서 납세의무자에게 보낸 과세예고통지서 등에 의하여 납세의무자가 그 처분에 대한 불복 여부의 결정 및 불복신청에 전혀 지장을 받지 않았음이 명백하다면, 이로써 납세고지서의 흠결이 보완되거나 하자가 치유된다고 보아야 하나, 이와 같이 납세고지서의 하자를 사전에 보완할 수 있는 서면은 법령 등에 의하여 납세고지에 앞서 납세의무자에게 교부하도록 되어 있어 납세고지서와 일체를 이룰 수 있는 것에 한정되는 것은 물론, 납세고지서의 필요적 기재사항이 제대로 기재되어 있어야 한다.

【서울고등법원 1997.10.24, 96구46721】 구체적인 세목, 세액, 산출근거 등이 기재되지 않는 납부고지서에 의해 납세의무자에게 부과 처분한 것은 부과처분의 내용을 상세히 알리지 아니하여 불복의 권리를 침해하는 것으로서 위법하다.

제40조【징수금액의 최저한】 세관장은 납세의무자가 납부하여야 하는 세액이 대통령령으로 정하는 금액 미만인 경우에는 이를 징수하지 아니한다.

해 설

징수금액의 최저한에 관한 교토협약 내용[125]을 반영한 규정이다. 납세행정비용보다 징수하는 금액이 적은 경우에는 행정의 낭비를 초래하는 등 징수의 실익이 없으므로 이를 해소할 필요가 있다. 국세기본법, 동법 시행령에 규정된 최저한 고지금액은 1만원이다. 관세법의 경우에는 대통령령에 징수금액의 최저한을 3천원으로 정하고 있어, 2006.3.24. 개정 관세법 시행령에서 국세기본법상의 금액과 동일한 수준으로 상향조정 한 바 있다. 수입신고 건당 내국세를 포함한 전체 세액이 1만원 미만일 때에는 이를 징수하지 아니한다.[126]

125) 교토협약 일반부속서 제4장 제13조 : National legislation shall specify a minimum value and/or a minimum amount of and taxes below which no duties or taxes will be collected.

126) 국세기본법 제83조에 고지금액의 최저한에 관하여 "고지할 국세, 가산금, 가산세 또는 강제징수비의 합계액이 대통령령이 정하는 금액 미만인 때에는 그 금액은 없는 것으로 본다"라 규정하고 있으며, 대통령령에

본 조항에서는 징수금액의 최저한을 정하고 있지만, 국세기본법에서는 고지금액의 최저한을 정하고 있다. 수입신고 건에 대하여 추가 징수하거나 경정, 수정, 보정의 경우에도 1만원 미만이면 징수하지 아니한다. 2001.12.31. 시행령 개정시 이전에는 최저한 금액이 8천원이었으나, 3천원으로 하향 조정하였고, 2006.3.24. 개정 관세법에 따른 시행령 개정시 최저한 금액을 1만원으로 상향 조정하였다. 관세를 징수하지 아니하는 경우는 해당 물품의 수입신고 수리일을 그 납부일로 본다.

제41조【가산금】 법률 제16838호(2019.12.31)에 의거 삭제

가산금 규정은 제42조 가산세 규정에 통합되었으나, 규정 이해를 돕기 위하여 종전 규정 해설 내용을 참고로 실었다.

종전규정 【가산금】 ① 관세를 납부기한까지 완납(完納)하지 아니하면 그 납부기한이 지난 날부터 체납된 관세에 대하여 100분의 3에 상당하는 가산금을 징수한다.

해 설

가산금 비율, 중가산금 비율, 중가산금 제외, 가산금 및 중가산금 제외에[127] 관한 규정이다. 가산금은 국가가 법령에 따라 확보한 금전채권에 대해 채무자가 납입을 지연하는 경우에 부과·징수하는 금전을 말한다. 가산금은 관세를 납부기한 이내에 납부하도록 간접적으로 강제하는 수단의 일종이다. 공법관계에서 금전적 납부의무의 대표적인 유형은 조세인데 그 납부를 지체할 경우 국가 경영에 차질을 빚기 때문에 강력한 강제징수 방식을 채택하고 있다. 이 경우 강제징수로 부르는 행정상 강제징수방법과 함께 연체금이나 가산금을 고율로 부과하는데 이러한 가산금은 채무이행 지체에 따른 경제적 가치의 보전이라는 의미와 함께 이행을 강제하기 위한 심리적 압박수단으로서의 의미를 갖는다. 가산금 제도를 행정상 의무이행확보 수단의 일종으로 분류하는 이유도 여기에 있다. 가산금의 부과주체는 국가, 지방자치단체라는 점에서 순수한 사인(私人) 상호 간의 금전거래에 따르는 지연이자와 구별된다.

가산세도 납부기한이 경과하면 가산금 징수대상이 되며, 납세의무가 승계되는 경우 승계 이전에 납세의무자에게 부과된 가산금은 승계되지 아니한다.[128] 또한 신고납부하거나 부과고지할

는 그 금액을 1만원으로 정하고 있다.

127) 대법원 2000.9.22. 선고 2000두2013 판결 참조.

128) 기획재정부 유권해석(1984.5.28)에 의하면 1983년도에 수입면허분을 1984년도에 추징 고지할 때에 납부기한 및 가산금에 관한 적용법령에 관하여 가산금은 체납시점 법령을 적용하여 부과하며, 납부기한은 고지시

때에 납부기한을 경과하면 가산금 부과대상이 되지만, 가산세는 신고납부 시에만 부과하는 것이다. 2003.12.28. 개정 관세법에서는 가산금을 100분의 5에서 100분의 3으로 조정하였다.

【대법원 2000.9.22, 2000두2013】 [1] 국세징수법 제21조, 제22조가 규정하는 가산금과 중가산금은 국세가 납부기한까지 납부되지 않은 경우 미납분에 관한 지연이자의 의미로 부과되는 부대세의 일종으로서, 과세권자의 확정절차 없이 국세를 납부기한까지 납부하지 아니하면 같은 법 제21조, 제22조의 규정에 의하여 당연히 발생하고 그 액수도 확정되는 것이며, 그에 관한 징수절차를 개시하려면 독촉장에 의하여 그 납부를 독촉함으로써 가능한 것이므로, 그 납부독촉이 부당하거나 절차에 하자가 있는 경우에는 그 징수처분에 대하여 취소소송에 의한 불복이 가능할 것이나, 과세관청이 가산금이나 중가산금을 확정하는 어떤 행위를 한 바 없고, 다만 국세의 납세고지를 하면서 납기일까지 납부하지 아니하면 납기 후 1개월까지는 가산금으로 얼마를 징수하게 된다는 등의 취지를 고지하였을 뿐이고, 납부기한 경과 후에 그 납부를 독촉한 사실이 없다면 가산금이나 중가산금의 부과처분은 존재하지 않는다. [2] 과세관청이 과세처분을 한 뒤에 증액경정처분을 한 경우 처음의 과세처분은 뒤의 경정처분의 일부로 흡수되어 독립된 존재가치를 상실하고 소멸하는 것과는 달리, 감액경정처분을 한 경우에는 처음의 과세처분 전부를 취소한 다음에 새로이 잔액에 관하여 구체적 조세채무를 확정시키는 효과를 갖는 것이 아니라 처음의 과세처분이 감액된 범위 내에서 존속하게 되는 것이므로, 가산금 및 중가산금의 부과 여부는 처음의 과세처분의 납부기한 등을 기준으로 하여 판단하여야 한다.

종전규정 【가산금】 ② 체납된 관세를 납부하지 아니하면 그 납부기한이 지난 날부터 1개월이 지날 때마다 체납된 관세의 1만분의 75에 상당하는 가산금(이하 이 조에서 "중가산금"이라 한다)을 제1항에 따른 가산금에 다시 더하여 징수한다. 이 경우 중가산금을 더하여 징수하는 기간은 60개월을 초과하지 못한다.

③ 체납된 관세(세관장이 징수하는 내국세가 있을 때에는 그 금액을 포함한다)가 100만원 미만인 경우에는 제2항을 적용하지 아니한다.

④ 국가나 지방자치단체가 직접 수입하는 물품 등 대통령령으로 정하는 물품에 대하여는 제1항부터 제3항까지의 규정을 적용하지 아니한다.

해 설

제2항은 가산금과 이 가산금에 추가로 징수하는 중가산금에 관한 규정이다. 중가산금은 1월 단위로 징수한다. 가산금은 체납된 관세의 100분의 3, 중가산금은 1개월 단위로 체납된 관세의 '10,000분의 75'[129]를 징수한다.[130] 중가산금 부과기간을 종전의 10월보다 더 연장하여,

---

점 법령을 적용하여 정한다.

129) 기준금리가 지속적으로 인하됨에 따라 중가산금율 인하 필요성이 있어 2018.12.31. 법 개정시 '1천분의 12'에서 '1만분의 75'로 개정되었다.

130) 대법원 2000.9.22, 2000두2013 판결 참조.

국세징수법에서 정하고 있는 60개월로 개정하였다. 종전에는 중가산금은 1개월 경과시마다 체납된 관세의 100분의 2에 상당하는 중가산금을 가산금에 추가하여 부과하고, 최대 납부하여야 할 관세의 100분의 25까지 부과할 수 있도록 규정하였다. 이후 100분의 75까지 가산금을 부과할 수 있다가 기준금리인하로 중가산금이 줄어들어 가산금이 100분의 48까지 줄어들었으나, 여전히 부담이 상당하다.[131] 납부기한 경과시 부과하는 가산금은 납부를 간접 강제하는 부과금적 성격이지만, 중가산금을 부과하는 것은 이러한 성격의 범위를 넘는 것이 아닌지 논란이 있을 수 있다.

제3항은 중가산금 제외에 관한 규정이다. 체납된 관세 등 제세가 100만원 미만인 경우에는 기본 가산금에 추가로 더하는 중가산금은 부과하지 아니한다. 그러나 100분의 3의 기본 가산금은 부과하여야 한다. 이전은 50만원 이었으나 2010.1.1. 관세법 개정(법률 제9910호)시 이를 100만원으로 상향 조정하였다. 1984년 이후 50만원으로 적용하다가 물가상승 및 현 국세징수법상 100만원인 점 등을 고려하여 개정하였다.

제4항은 가산금·중가산금 비적용에 관한 규정이다. 가산금과 중가산금 규정은 국가·지방자치단체·지방자치단체조합이 직접 수입하는 물품, 국가·지방자치단체에 기증되는 물품, 우편물의 경우에는 적용하지 아니한다. 국가나 지방자치단체는 성질상 납부기한을 경과하더라도 관세 확보를 위해 간접 강제할 필요가 없고, 우편물은 수취인이 납세의무자이지만 우편물이 발송인의 의사에 의해서 일방적으로 송달되는 경우도 있기 때문에 이를 적용하지 아니하는 것이다. 본문 중 '제3항의 규정을 적용하지 아니 한다'는 것은 체납된 관세가 100만원 미만인 때에는 중가산금을 적용하지 아니한다는 의미다. 법 제25조 담보의 관세충당에서 보면 현금 담보를 제공한 경우에는 가산금을 적용하지 아니하도록 규정하고 있다.

제42조 【가산세】 ① 세관장은 납세의무자가 제9조에 따른 납부기한(제39조 제1항 제6호에 따라 부과·징수하는 경우에는 제38조의 5 제1항 전단에 따른 성실납세신고 기한을 말하며, 이하 이 조에서 "법정납부기한"이라 한다)까지 납부하지 아니한 관세액(이하 이 조에서 "미납부세액"이라 한다)을 징수하거나 제38조의 3 제1항 또는 제6항에 따라 부족한 관세액(이하 이 조에서 "부족세액"이라 한다)을 징수할 때에는 다음 각 호의 금액을 합한 금액을 가산세로 징수한다.

1. 부족세액의 100분의 10
2. 다음 각 목의 금액을 합한 금액

131) 가산금 납부에 관하여 예를 들어보면, 2019.11.1. 신고수리 된 경우 2019.11.16.이 납부 기한이고, 월 단위 계산은 달력에 의해 계산하나 처음부터 기산하지 아니하는 때에는 최후의 월에서 그 기산일에 해당하는 날의 전날에 만료하므로, 2019.11.17.부터 계산하여 1월이 되는 2019.12.16.까지 납부하면 전체 100분의 3의 가산금만 부과하고 2019.12.17.부터 2020.1.16.까지 납부하면 중가산금을 포함한 10000분의 375의 가산금을 부과한다.

가. 미납부세액 또는 부족세액 × 법정납부기한의 다음 날부터 납부일까지의 기간(납부고지일부터 납부고지서에 따른 납부기한까지의 기간은 제외한다) × 금융회사 등이 연체대출금에 대하여 적용하는 이자율 등을 고려하여 대통령령으로 정하는 이자율
나. 법정납부기한까지 납부하여야 할 세액 중 납부고지서에 따른 납부기한까지 납부하지 아니한 세액 × 100분의 3(관세를 납부고지서에 따른 납부기한까지 완납하지 아니한 경우에 한정한다)
② 제1항에도 불구하고 납세자가 부정한 행위(납세자가 관세의 과세표준 또는 세액계산의 기초가 되는 사실의 전부 또는 일부를 은폐하거나 가장하는 것에 기초하여 관세의 과세표준 또는 세액의 신고의무를 위반하는 것으로서 대통령령으로 정하는 방법을 말한다)로 과소신고한 경우에는 세관장은 부족세액의 100분의 60에 상당하는 금액과 제1항 제2호의 금액을 합한 금액을 가산세로 징수한다.
③ 세관장은 제16조 제11호에 따른 물품에 대하여 관세를 부과·징수할 때에는 다음 각 호의 금액을 합한 금액을 가산세로 징수한다. 다만, 제241조 제5항에 따라 가산세를 징수하는 경우와 천재지변 등 수입신고를 하지 아니하고 수입한 데에 정당한 사유가 있는 것으로 세관장이 인정하는 경우는 제외한다.
1. 해당 관세액의 100분의 20(제269조의 죄에 해당하여 처벌받거나 통고처분을 받은 경우에는 100분의 60)
2. 다음 각 목의 금액을 합한 금액
가. 해당 관세액 × 수입된 날부터 납부일까지의 기간(납부고지일부터 납부고지서에 따른 납부기한까지의 기간은 제외한다) × 금융회사 등이 연체대출금에 대하여 적용하는 이자율
나. 해당 관세액 중 납부고지서에 따른 납부기한까지 납부하지 아니한 세액 × 100분의 3(관세를 납부고지서에 따른 납부기한까지 완납하지 아니한 경우에 한정한다)

해 설

가산세는 부족하게 납부한 세액에 대한 징벌적 조치이며, 행정법적으로 가산세는 행정벌이라는 것이 다수설이고 판례의 입장이다. 정당한 납부자와 공평부담을 도모하기 위한 행정상 조치며, 손해배상적 성격이고, 특별한 경제적 부담을 지우므로 처벌적 요소가 적다는 의견도 있다.[132] 가산세 부과시에는 납세자의 고의·과실은 고려하지 아니한다.[133] 다만, 납세의무자에게 정당한 사유가 있을 때에는 부과하지 않는다. 가산세는 관세가 아니므로 내국세 과세표준에는 포함시킬 수 없다.

2019.12.31. 법 개정시(법률 제16838호) 종전 관세법 제41조의 가산금 규정을 삭제하고 본조 가산세 규정에 이를 통합하였다. 납세자가 납부기한까지 세금을 완납하지 아니한 경우 납부고

132) 이태로, 안경봉, 『조세법강의』, 서울 : 박영사, 2001, p.94.
133) 대법원 2011.2.10, 2008두2330 판결 참조.

지전에 적용되는 기간이자 성격의 가산세와 납부고지 후에 적용되는 가산금을 일원화한 것이다. 그러나 강학적인 명칭으로는 가산금은 납부기한 이내에 세액을 납부하지 아니할 때에 이행 확보를 위한 부과금적 성격을 가지고 있고, 과오납환급, 과다환급의 징수에 관한 가산금은 이자 성격을 가지고 있어 법적인 성격을 달리하고 있다.

내국세의 가산세 징수방법에 관하여는 2006.12.22. 국세기본법을 개정하여 관세법 제4조에서 설명한 바와 같이 국세기본법 부칙에 수입물품에 대한 내국세 가산세는 동일한 가산세율을 정하여 통합·운영하도록 하고 있다. 이로써 이전에 가산세를 부과할 때에는 내국세를 포함하여, 부족 납부한 관세, 부가가치세 등에 대하여 합한 세액의 100분의 20 이내로 가산세를 부과하였으나 내국세에 대한 가산세의 부과 방식이 다르므로 관세와 달리 계산하여 부과해야 한다.[134] 다만, 관세법 제241조 제5항에 명시적으로 규정하고 있는 여행자 휴대품 및 이사물품에 대한 부과는 이전과 마찬가지로 합산하여 관세법에서 정한 세율로 부과한다. 경정시 '무신고'는 국세기본법 시행령상 범칙 추징 대상을 말하며, 사실을 은폐하거나 가장하고 이에 근거하여 과세표준 및 세액의 신고의무를 위반한 경우를 말한다. 예를 들면, 이중장부의 작성, 허위증빙, 장부기록의 파기, 업무의 조작적 처리 등이 있다. '과소신고'는 신고된 세액이 있는 경우에 해당되며, 이 경우에도 부당과 일반이 있으므로 차별적으로 부과된다. 무신고와 과소 신고의 예를 들면 수입신고 1건에 관세, 개별소비세, 부가가치세가 부과되는 경우 관세와 부가가치세는 신고하였으나 개별소비세는 신고하지 않은 경우 개별소비세는 무신고로 처리된다.

국세기본법에 부당한 과소 신고의 예로 이중장부의 작성, 허위 증빙 문서 작성, 장부의 파기, 재산 은닉 등을 들고 있다. 국세기본법에 의하면 가산세는 세법에 규정하는 의무를 태만할 때 부과한다. 그러나 가산세 부과시 '정당한 사유'에 해당하는지 여부도 중요한 기준이 되겠으나, 관세와 내국세의 가산세 감면 혹은 비적용에 관한 법적인 기준이 서로 다르기 때문에 논란이 있을 수 있다.

가산세에는 본조의 가산세 이외에 여러 종류가 있으며, 법 제97조 재수출미이행 가산세, 법 제241조 수입·반송신고기한경과 가산세, 법 제241조 휴대품·이사물품미신고 가산세, 법 제253조 즉시반출신고 후 수입신고기간경과 가산세 등이 있다.[135]

---

134) 관세 가산세는 경정시에는 가산세 10%에 기간이자(부족세액 × 경과일수 × 25/100,000), 수정시에는 가산세 10%에 경정과 동일한 기간이자를 부과하고 보정시에는 기간이자만 부과하며, 내국세 가산세는 경정시에 무신고와 과소 신고로 구분하여 무신고시에 부당한 무신고는 신고불성실가산세 40%에 기간이자(미납세액 × 경과일수 × 25/100,000), 일반 무신고는 신고불성실가산세 20%에 동일한 기간이자를 부과하고, 과소신고의 경우 부당시에는 40%, 일반인 경우에는 10%를 부과하고 동일한 기간이자를 부과한다. 수정신고시에는 무신고의 경우 1월 내면 50%감면, 과소 신고의 경우 6월 이내면 50%를 감면하고 기간이자는 감면하지 아니한다.

135) 기획재정부 유권해석(1977.4.19)에 의하면 부가가치세법, 주세법에 수입물품에 대한 가산세 징수규정이 없더라도 관세법의 규정에 따라 가산세를 징수한다. 그러나 가산세는 관세는 아니므로 가산세를 포탈하는 것

제1항에서, 종전의 가산금 규정을 통합하기 위하여 가산세액을 미납부세액 가산세와 부족세액 가산세 개념으로 구분하였으며 종전 가산금은 미납부세액에 해당한다고 볼 수 있으며, 제2호 나목이 미납부세액에 해당한다. 이는 종전의 관세법 제41조 가산금 규정상 체납된 관세에 대하여 100분의 3에 상당하는 가산금을 징수한다는 내용과 동일한 것이다.

예를 들면, 부족세액이 발생하는 경우 연체이자율 관련 세액에 더하여 부족세액의 100분의 10의 기본 가산세율을 적용하여 과세하며 이에 대하여 납부과정에서 미납이 발생하면 100분의 3의 기본 가산세율을 다시 추가로 적용하는 것이다. 종전에는 납부서 발행 전후로 하여 가산세, 가산금으로 구분하여 징수하되 그 적용되는 기간에 대한 방법이나 이율이 달랐으나 이를 하나로 통합한 것이다. 조문 내용에서 미납부 세액은 법정기한까지 납부하지 아니한 '관세액'을 의미하므로, 종전에는 가산세를 포함하여 '관세'라는 의미로 해석 적용하였으나 개정 관세법에서는 이와 다르기 때문에 과세표준에 변경이 있을 수 있다.

제2호의 '금융회사 등이 연체대출금에 대하여 적용하는 이자율 등을 고려하여 대통령령으로 정하는 이자율'이란 시행령 제39조 제1항의 '1일 10만분의 22'를 말한다. 그리고 보정시 적용하는 이자율은 시행령 제56조 제2항 및 동 시행규칙 제9조의 3에 규정한 기획재정부령으로 정하는 환급가산금의 이자율인 '연 1천분의 12'를 말한다.

제2항은 중가산세를 부과하는 규정으로서 그 대상을 종전에는 '부당한 방법'으로 규정하였으나, 국세기본법 등 내용과 일치되지도 아니하고 지나치게 중가산세 부과 대상을 확대하는 사례가 있었다. 2022.12.31. 법 개정시 부정한 행위만을 중가산세 부과의 대상으로 한정하였다. 관세법상의 가산세나 중가산세 제도는 국세기본법상 규정을 본떠서 관세법에 규정한 만큼 제도의 취지나 일반적 운영 면에서는 동일하다. 따라서 가산세 관련 국세기본법령 등이 개정 적용되면 관련 관세법령도 개정 적용되는 것이 합당하나 실제는 그러지 아니하고 있다. 이러한 결과 수입물품에 대하여는 중가산세 부과의 판단 기준인 '부정행위' 여부에 대하여 검찰이나 법원이 쟁점 건에 대하여 '부정행위'가 아니라고 판단하였음에도 이를 받아드리지 아니하여 납세자는 중가산세 부과와 이에 대한 소송이라는 이중고를 겪었었다.[136)]

2024.12.31. 법 개정시 중가산세의 비율을 종전 100분의 40에서 100분의 60으로 증액하였다. 수입물품에 대한 부당한 방법에 의한 과소신고시 내국세 부족에 대한 가산세율은 100분의 60이나 관세 부족은 100분의 40이어서 동일 물품임에도 세목이 달라 가산세율이 달라 이를 일치시키기 위하여 규정을 개정하였다.

제3항에서 관세법 제16조 제11호는 수입신고하지 아니하고 수입한 경우를 지칭하는 것이며 이 경우에는 제1호의 금액과 2호의 금액을 합한 금액을 가산세로 부과한다. 수입신고를

은 관세포탈죄에는 해당되지 아니한다.

136) 이종익, "관세 조사와 중가산세 부과에 관한 고찰", 『계간 관세사』 통권201호, 한국관세사회, pp.2～12.

하지 아니한 물품이지만 세관장이 부과하면서 관세와 함께 가산세를 부과한다.

> ④ 제1항부터 제3항까지의 규정을 적용할 때 납부고지서에 따른 납부기한의 다음 날부터 납부일까지의 기간이 5년을 초과하는 경우에는 그 기간은 5년으로 한다.
> ⑤ 체납된 관세(세관장이 징수하는 내국세가 있을 때에는 그 금액을 포함한다)가 150만원 미만인 경우에는 제1항 제2호 가목 및 제3항 제2호 가목의 가산세를 적용하지 아니한다.
> ⑥ 제1항 제2호 및 제3항 제2호에 따른 가산세(이하 "납부지연가산세"라 한다) 중 납부고지서에 따른 납부기한 후의 납부지연가산세를 징수하는 경우에는 납부고지서를 발급하지 아니할 수 있다.
> ⑦ 납부지연가산세(납부고지서에 따른 납부기한 후의 납부지연가산세에 한정한다)의 납세의무의 성립 및 확정에 관하여는 국세기본법 제21조 제2항 제11호 나목·다목 및 제22조 제4항 제5호를 준용한다. 이 경우 국세기본법 제21조 제2항 제11호 나목의 "제47조의 4 제1항 제1호·제2호에 따른 납부지연가산세" 및 "법정납부기한"은 각각 "제1항 제2호 가목 및 제3항 제2호 가목에 따른 가산세" 및 "납부고지서에 따른 납부기한"으로, 같은 호 다목의 "제47조의 4 제1항 제3호에 따른 납부지연가산세"는 "제1항 제2호 나목 및 제3항 제2호 나목에 따른 가산세"로 본다.

해 설

2019.12.31. 법 개정시(법률 제16838호) 신설한 규정들이다. 가산금 규정을 삭제하고 이를 가산세 규정으로 통합하기 위하여 관세와 내국세간 규정 해석상의 괴리 현상 등을 완화하기 위한 규정 정리 과정이라 할 수 있다. 다만, 종전 가산금 제도하에서는 중가산금을 1개월 단위로 부과하였으나 이를 폐지하고 개정법에서는 가산세를 '일 단위' 로 계산함에 따라 납부기간에 따라 가산세 금액이 다르다.

제4항에서 징수권의 소멸시효인 5년을 적용하여 가산세를 부과한다.

제5항에서 체납된 관세가 150만원 미만인 경우에는 연체대출금 이자율 관련 가산세 규정은 적용하지 아니한다. 이는 국세기본법 제47조의 4 제8항을 관세법에도 동일하게 적용한 것이다.

제6항에서 이미 발급한 납부고지서에 근거한 납부지연가산세를 징수함에 있어서 규정상으로 금액 등이 이미 확정된 상태이기 때문에 이를 생략할 수 있도록 규정한 것이다. 이는 제4항에서 언급한 것과 같이 일별 계산으로 가산세액을 산출하므로 납부일에 따라 세액이 다르기 때문에 취한 조치인 것이다. 종전에 세액이 100만원이었으나 2021.12.31. 법 개정시 150만원으로 상향 조정하였다.

제7항에서 납부지연가산세의 납세의무 성립과 확정에 관하여는, 국세기본법 제21조 제2항

제11호 나목·다목과 제22조 제4항 제5호를 준용한다고 규정하고 있는 바, 제21조 제2항 제11호 나목·다목에서 보면 이는 전자의 납부지연가산세 및 법정납부기한[137]은 연체율 적용에 관하여 제1항 제2호 가목 및 제3항 제2호 가목에 따른 가산세 및 납부고지서에 의한 납부기한으로 보고 후자의 납부지연가산세는 제1항 제2호 나목 및 제3항 제2호 나목에 따른 가산세로 본다는 것이다. 제22조 제4항 제5호는 납세의무의 성립에 관한 규정으로서 국세의 납세의무 확정은 세법이 정하는 절차에 따라 세액이 확정되지만, 특정한 경우에는 납세의무가 성립하는 때 특별한 절차 없이 세액이 확정된다는 규정이다.

가산세 호칭에 관하여 일반적으로 국세기본법상 명칭인 불성실가산세라고 하거나, 신고불성실가산세 혹은 납부불성실가산세라고 하고 있다. 그러나 관세법상 신고와 국세기본법상 신고 개념은 다르기 때문에 이 명칭은 적정하지 아니하며, 관세법 규정에 사용된 용어를 기준으로 하여 부족세액가산세, 미납부세액가산세, 납부지연가산세, 과소신고가산세, 무신고가산세로 분류하는 것이 타당하다.[138]

국세의 납세의무 성립과 관세의 납세의물 성립에 관하여 참고로 비교하여 살펴보면, 소득세나 법인세는 '과세기간이 끝나는 때', 상속세는 '상속이 개시되는 때', 증여세는 '증여에 의하여 재산을 취득하는 때' 등으로 규정하고 있다. 관세의 납세의무 성립은 내국세와 성격이 다르다. 관세에서는 과세물건의 확정 시기로서 '수입신고하는 때'로 규정하고 있다. 그러나 납세의무의 성립 시기에 관하여는 명시적으로 규정하고 있지 않다. 관세는 수입물품에 부과하는 것이며, 수입물품은 외국과 우리나라 간에 채결될 물품 매매 계약 등 요인으로 우리나라에 반입되는 외국물품을 의미한다. 외국물품의 반입 요인을 보자면 해당 무역 계약으로 볼 수 있으며 외국물품이 우리나라 법 영역이 아닌 외국에 있는 경우에는 우리나라 법 적용이 될 수 없다. 따라서 외국물품이 우리나라 법령이 적용되는 구역에 반입되는 때가 우리나라 법 적용이 가능한 시점이라고 할 수 있다. 관세 가산세는 관세에 따르는 부수적인 세이므로 관세의 확정과 성립이 없이는 그에 따른 가산세의 확정과 성립도 없는 것이다. 본 조의 규정 취지는 종전의 가산세가 아닌 가산금 성격의 가산세에 관한 납세의무의 성립과 확정에 관하여 규정한 것이다. 관세 가산세이지만 관세와 그 성립 및 확정의 시기 등이 다르다는 문제점이 있다. 내국세에 있어서는 국세기본법 제49조에 가산세의 한도 규정을 두고 있으나 관세에 관하여는 이러한 규정이 없다. 그리고 국세기본법 제51조에 국세환급금에 관한 규정이 있는 것과 같이 관세법 제48조에는 환급가산금 규정이 있다.

부족세액을 징수하였으나 환급 사유가 발생하여 최종적으로는 본 세에 부족 세액이 없는

137) 관세법상 법정납부기한은 관세법 제9조에 규정되어 있다. 납세의무자의 수입신고와 과세청의 부과고지일로부터 15일 이내로 규정하고 있다. 그러나 내국세는 세종별로 다양한 법정납부기한을 규정하고 있다.

138) 이종익, "가산세면제에 관한 소고", 『계간 관세사』 통권198호 2020년 가을호, 한국관세사회, pp.50~60.

경우에는 가산세 고지(부과) 대상에서 제외된다는 판례[139]에 따라 관련 규정이 개정된 바 있다.

제42조의 2 【가산세의 감면】 ① 세관장은 다음 각 호의 어느 하나에 해당하는 경우에는 제42조 제1항에 따른 가산세액에서 다음 각 호에서 정하는 금액을 감면한다.

1. 제9조 제2항에 따라 수입신고가 수리되기 전에 관세를 납부한 결과 부족세액이 발생한 경우로서 수입신고가 수리되기 전에 납세의무자가 해당 세액에 대하여 수정신고를 하거나 세관장이 경정하는 경우 : 제42조 제1항 제1호 및 제2호의 금액을 합한 금액
2. 제28조 제1항에 따른 잠정가격신고를 기초로 납세신고를 하고 이에 해당하는 세액을 납부한 경우(납세의무자가 제출한 자료가 사실과 다름이 판명되어 추징의 사유가 발생한 경우는 제외한다) : 제42조 제1항 제1호 및 제2호의 금액을 합한 금액
3. 제37조 제1항 제3호에 관한 사전심사의 결과를 통보받은 경우 그 통보일부터 2개월 이내에 통보된 과세가격의 결정방법에 따라 해당 사전심사의 결과를 통보받은 날 전에 신고납부한 세액을 수정신고 하는 경우 : 제42조 제1항 제1호의 금액
4. 제38조 제2항 단서에 따라 기획재정부령으로 정하는 물품 중 감면대상 및 감면율을 잘못 적용하여 부족세액이 발생한 경우 : 제42조 제1항 제1호의 금액
5. 제38조의 3 제1항에 따라 수정신고(제38조의2 제1항에 따른 보정기간이 지난 날부터 1년 6개월이 지나기 전에 한 수정신고로 한정한다)를 한 경우에는 다음 각 목의 구분에 따른 금액. 다만, 해당 관세에 대하여 과세표준과 세액을 경정할 것을 미리 알고 수정신고를 한 경우로서 기획재정부령으로 정하는 경우는 제외한다.
   가. 제38조의 2 제1항에 따른 보정기간이 지난 날부터 6개월 이내에 수정신고한 경우 : 제42조 제1항 제1호의 금액의 100분의 30
   나. 제38조의 2 제1항에 따른 보정기간이 지난 날부터 6개월 초과 1년 이내에 수정신고한 경우 : 제42조 제1항 제1호의 금액의 100분의 20
   다. 제38조의 2 제1항에 따른 보정기간이 지난 날부터 1년 초과 1년 6개월 이내에 수정신고한 경우 : 제42조 제1항 제1호의 금액의 100분의 10
6. 국가 또는 지방자치단체가 직접 수입하는 물품 등 대통령령으로 정하는 물품의 경우 : 제42조 제1항 제1호 및 제2호의 금액을 합한 금액
7. 제118조의 4 제9항 전단에 따른 관세심사위원회가 제118조 제3항 본문에 따른 기간 내에 과세전적부심사의 결정 · 통지(이하 이 호에서 "결정 · 통지"라 한다)를 하지 아니한 경우 : 결정 · 통지가 지연된 기간에 대하여 부과되는 가산세(제42조 제1항 제2호 가목에 따른 계산식에 결정 · 통지가 지연된 기간을 적용하여 계산한 금액에 해당하는 가산세를 말한다) 금액의 100분의 50
8. 신고납부한 세액의 부족 등에 대하여 납세의무자에게 대통령령으로 정하는 정당한 사유가 있는 경우 : 제42조 제1항 제1호 및 제2호의 금액을 합한 금액

139) 대법원 2015두52616 참조.

② 제1항에 따른 가산세 감면을 받으려는 자는 대통령령으로 정하는 바에 따라 감면을 신청할 수 있다.

해 설

2019.12.31. 법 개정시(법률 제16838호) 기존에 관세법 시행령 제39조에 규정한 사항을 관세법으로 상향 규정하였다. 그 동안 가산세 감면에 관한 규정이 복잡하게 규정되어 있어서 감면 적용상 불편한 점이 있었다. 이러한 사유로 가산세 감면에 관한 사항을 모아서 본 조에 규정한 것이다. 종전에는 관세법 시행령에 감면 대상과 감면율에 관하여 각각 제2항과 제3항으로 분리 규정하여 규정 이해가 다소 혼란스러웠으나 이를 법에 상향 규정하면서 내용은 변경됨이 없이 본조와 같이 나열식으로 규정하였다. 감면 물품의 경우 이를 엄격히 해석하여 적용세번 및 적용세율이 달라지는 경우는 가산세를 부과한다. 그 이유는 감면대상 · 감면율을 잘못 적용한 경우가 아니라 물품을 달리 본 경우라 할 수 있기 때문이다. 감면의 적정여부는 '사전'에 심사하고 세번 등은 '사후심사' 대상이므로 세번이 달라지는 경우는 가산세 대상이 된다는 의미이다.[140]

제1항에서 보면, 가산세 전액을 감면하는 경우로서, 수입신고수리전에 납부한 경우, 잠정가격신고로 납부한 경우, 국가 또는 지방자치단체가 직접 수입하는 물품의 경우가 있으며, 제42조 제1항 제1호의 부족세액의 100분의 10을 감면하는 경우에는 사전심사 결과에 따라 수정신고하는 경우,[141] 감면대상 및 감면율을 잘못 적용한 경우가 있다. 그리고 제42조 제1항 제1호의 부족세액의 100분의 10에 자체 감면율에 대하여 다른 감면율을 적용하는 경우로서 보정기간이 지난날부터 6개월 이내 수정신고한 경우에 부족세액의 100분의 20을 적용, 6개월 초과 1년 6개월 이내 수정신고한 경우 부족세액의 100분의 10을 감면한다. 또한 제42조 제1항 제2호 가목의 산식에 관세심사위원회 결정 · 통지 지연기간을 적용한 금액에 대하여 100분의 50을 감면한다. 그리고 정당한 사유가 있는 경우로서 대통령령이 정하는 경우에는 제42조 제1항 제1호 및 2호의 금액을 감면할 수 있다.

제3호의 경우 2021.12.31. 개정된 내용으로서 사전심사 신청 건에 대하여 그 결과가 나온 다음에 이를 소급하여 가산세를 부과하는 것은 부당하다는 의견을 반영한 것이다.

제5호에서 2023.12.31. 법 개정시 수정신고에 대한 감면율을 상향 조정하였다. 가목의 경우 100분의 20에서 100분의 30으로, 나목의 경우 100분의 10에서 100분의 20으로 감면 혜

---

140) 이종익, "감면물품의 가산세 면제에 대하여", 『관세와 무역』, 한국관세무역개발원, 2005.9, pp.66～75.

141) 참고로 사전심사 신청한 건에 대하여 가산세 면제할 때에, 신청 결과가 나오기 전에 수입신고한 건에 대해서는 모두 부족세액가산세를 면제하는 것이 타당하다. 이종익, "가산세면제에 관한 소고", 『계간 관세사』 통권198호 2020년 가을호, 한국관세사회, pp.50～60 참조.

택 비율을 높였고, 다목을 신설하였다. 성실납세를 유도하기 위하여 수정신고에 따른 과소신고가산세의 부담을 줄인 것이다.

제2항에서 가산세 감면에 관하여는 과세관청이 직권으로 감면할 수도 있으나, 쟁점이 있는 경우 등에는 납세의무자가 대통령령이 정하는 바에 따라 감면을 신청할 수 있다.

신고납부와 부과고지 제도 적용의 혼란으로 가산세를 잘못 부과하는 사례가 있다. 수입신고해야 하는 물품에 대하여 수입신고를 하지 아니한 경우 부과고지하면서 가산세를 부과하는 것이나 부과고지 대상으로 정해진 물품에 대하여 과세하면서 가산세를 부과하는 것에는 문제점[142]이 있다.

가산세 면제 종류는 8가지가 있으며, 이 중에서 잠정가격신고 물품, 과세가격 사전심사 물품, 감면 물품을 상호 비교해 보면 잠정가격신고 물품의 경우가 면제되는 가산세액이 상대적으로 많다. 과세가격의 미확정 상태에서 통관절차가 진행된다는 점에서는 세 가지 모두 유사하나 면제되는 가산세액은 다르므로 합리적 조정이 필요하다. 제1항 제3호의 경우에는 앞서 언급한 것과 같이 2021년 법 개정시 반영이 되었다.[143]

【조세심판원 2019.12.19, 2019관0039】 무상으로 수입된 물품은 거래당사자 간에 별도로 가격을 정하지 않는 한 관세법 제31조부터 제35조까지에 규정된 방법을 순차적으로 적용하더라도 그 과세가격을 알기 어려운 특성이 있고, 이 건과 같이 위탁가공계약상 수탁자의 지위에 있는 청구법인으로서는 더욱 이를 알기 어려운 측면이 있는 점, 청구법인과 처분청은 가격자료 확보를 위해 노력하였지만 해외위탁자로부터 영업비밀이라는 이유로 사실상 가격자료 제출을 거부당한 것으로 보이는 한편 처분청은 청구법인이 쟁점물품의 가격내역을 정확히 파악하여 신고하는 것에 사실상 어려움이 있음을 감안하여 수정수입세금계산서를 발급한 점 등에 비추어 해외위탁자가 제공하는 인보이스 가격을 기준으로 과세가격을 신고한 청구법인에게는 가산세를 면제할 정당한 사유가 있는 것으로 보이므로 가산세 경정청구 거부처분은 잘못이 있다.

【대법원 2022.12.1, 2020두49539】 한국가스공사가 수송자인 甲 주식회사와 체결한 운송계약에 따라 액화천연가스의 수입신고 시 자본비를 포함한 운임구성요소를 각 선적수량에 따라 안분하여 산정한 항차별 운임을 반영하여 가격신고 및 납세신고를 해오다가, 한국가스공사와 甲 회사가 운임구성요소 중 자본비는 甲 회사가 이를 금융단에 상환하는 시점의 직전 항차 또는 그전 항차에 일시에 지급하기로 변경합의를 함에 따라 이후 한국가스공사가 액화천연가스의 수입신고를 하면서 자본비를 연 2회 특정 항차의 운임에만 포함하여 가격신고 및 납세신고를 하던 중, 세관으로부터 자본비를 안분하여 항차별 운임에 포함하지 않고 특정 항차의 운임에 일괄하여 포함한 것은 잘못이라는 지적을 받아, 종전 방식대로 재산정한 후 수입신고에 관하여 관세 및 부가가치세를 수정신고 · 납부

142) 이종익, "신고납부와 부과고지 그리고 가산세 징수에 관한 소고", 『계간 관세사』 2017 가을호, 한국관세사회, pp.8～16.

143) 이종익, "잠정가격신고와 가산세 면제에 관한 고찰", 『계간 관세사』 통권200호, 한국관세사회, pp.15～24.

하고 부족세액에 대한 가산세를 납부한 후 관할 세관장에게 가산세를 면제하여 달라는 신청을 하였으나, 관할 세관장이 구 관세법 시행령 제39조 제2항 제5호가 정한 가산세 면제사유인 '신고납부한 세액의 부족 등에 대하여 납세의무자에게 정당한 사유가 있는 경우'에 해당하지 않는다는 이유로 이를 거부한 사안에서, 한국가스공사가 변경합의에 따라 변경된 운임을 반영하여 한 신고에 어떠한 잘못이 없고, 관세 및 부가가치세의 신고·납부의무를 위반한 사실이 없는 이상, 그 자체로 한국가스공사에 관세 및 부가가치세의 신고·납부의무를 게을리한 점을 비난할 수 없다.

【대법원 2019.2.14, 2015두52616】 [1] 가산세는 세법에서 규정하는 의무의 성실한 이행을 확보하기 위하여 세법에 따라 산출한 본세액에 가산하여 징수하는 독립된 조세로서, 본세에 감면사유가 인정된다고 하여 가산세도 감면대상에 포함되는 것이 아니고, 반면에 그 의무를 이행하지 아니한 데 대한 정당한 사유가 있는 경우에는 본세 납세의무가 있더라도 가산세는 부과하지 않는다(국세기본법 제2조 제4호, 제47조, 제48조 등 참조). 가산세의 종류에 따라서는 본세 납세의무와 무관하게 별도의 협력의무 위반에 대한 제재로서 부과되는 가산세도 있으나, 가산세 부과의 근거가 되는 법률 규정에서 본세의 세액이 유효하게 확정되어 있을 것을 전제로 납세의무자가 법정기한까지 과세표준과 세액을 제대로 신고하거나 납부하지 않은 것을 요건으로 하는 무신고·과소신고·납부불성실 가산세 등은 신고·납부할 본세의 납세의무가 인정되지 아니하는 경우에 이를 따로 부과할 수 없다고 할 것이고, 이는 관세의 경우에도 마찬가지이다. [2] 관세법 제42조 제1항 각호의 규정에 따른 관세 가산세는 국세기본법의 무신고·과소신고·납부불성실 가산세와 마찬가지로 본세 납세의무가 최종적으로 존재하는 것을 전제로 하는 것으로서, 성질상 그 부과의 기초가 되는 "부족한 관세액"이 없는 이상 가산세 납세의무만 따로 인정될 수 없다.

【대법원 2018.11.29, 2015두56120】 [1] 가산세의 종류에 따라서는 본세 납세의무와 무관하게 별도의 협력의무 위반에 대한 제재로서 부과되는 가산세도 있으나, 가산세 부과의 근거가 되는 법률 규정에서 본세의 세액이 유효하게 확정되어 있을 것을 전제로 납세의무자가 법정기한까지 과세표준과 세액을 제대로 신고하거나 납부하지 않은 것을 요건으로 하는 무신고·과소신고·납부불성실가산세 등은 신고·납부할 본세의 납세의무가 인정되지 아니하는 경우에 이를 따로 부과할 수 없다고 할 것이고, 이는 관세의 경우에도 마찬가지이다. [2] 수입신고 이후에도 일정한 기한 내에 관세의 감면신청을 할 수 있도록 허용하는 취지는 관세법규의 복잡성 등을 고려하여 납세자의 권익을 두텁게 보호하기 위한 것이지, 사전신고 여부에 따라 관세 가산세 납세의무의 존부를 달리 판단할 근거는 없다. 또한, 사전신고 시에 잘못이 있었더라도 적법한 기한 내에 이를 보완하여 관세 감면이 유효하게 이루어진 이상 관세법 제42조가 담보하고자 하는 관세액의 정당한 징수와 납세자의 협력의무 이행에 위반이 있었다고 평가할 수도 없다.

【대법원 2012.10.18, 2010두12347 전원합의체】 [1] 납세고지서에 해당 본세의 과세표준과 세액의 산출근거 등이 제대로 기재되지 않았다면 특별한 사정이 없는 한 그 과세처분은 위법하다는 것이 판례의 확립된 견해이다. 판례는 여기에서 한발 더 나아가 설령 부가가치세법과 같이 개별 세법에서 납세고지에 관한 별도의 규정을 두지 않은 경우라 하더라도 해당 본세의 납세고지서에 국세징수법 제9조 제1항이 규정한 것과 같은 세액의 산출근거 등이 기재되어 있지 않다면 그 과세처분은 적법하지 않다고 한다. 말하자면 개별 세법에 납세고지에 관한 별도의 규정이 없더라도 국세징수법

이 정한 것과 같은 납세고지의 요건을 갖추지 않으면 안 된다는 것이고, 이는 적법절차의 원칙이 과세처분에도 적용됨에 따른 당연한 귀결이다. 같은 맥락에서, 하나의 납세고지서에 의하여 복수의 과세처분을 함께 하는 경우에는 과세처분별로 그 세액과 산출근거 등을 구분하여 기재함으로써 납세의무자가 각 과세처분의 내용을 알 수 있도록 해야 하는 것 역시 당연하다고 할 것이다. [2] 가산세 부과처분에 관해서는 국세기본법이나 개별 세법 어디에도 그 납세고지의 방식 등에 관하여 따로 정한 규정이 없다. 그러나 가산세는 비록 본세의 세목으로 부과되기는 하지만(국세기본법 제47조 제2항 본문), 그 본질은 과세권의 행사와 조세채권의 실현을 용이하게 하기 위하여 세법에 규정된 의무를 정당한 이유 없이 위반한 납세의무자 등에게 부과하는 일종의 행정상 제재라는 점에서 적법절차의 원칙은 더 강하게 관철되어야 한다. 따라서 납세고지서에 가산세의 산출근거 등이 기재되어 있지 않으면 납세의무자로서는 무슨 가산세가 어떤 근거로 부과되었는지 파악하기가 쉽지 않은 것이 보통일 것이다. 하나의 납세고지서에 의하여 본세와 가산세를 함께 부과할 때에는 납세고지서에 본세와 가산세 각각의 세액과 산출근거 등을 구분하여 기재해야 하는 것이고, 또 여러 종류의 가산세를 함께 부과하는 경우에는 그 가산세 상호 간에도 종류별로 세액과 산출근거 등을 구분하여 기재함으로써 납세의무자가 납세고지서 자체로 각 과세처분의 내용을 알 수 있도록 하는 것이 당연한 원칙이다.

【창원지방법원 2011.11.17, 2011구합172】 창원지방검찰청으로부터 혐의없음(증거불충분) 처분을 받은 사실을 인정할 수 있으나, 고의범임을 요하는 형사사건에서 증거불충분으로 무혐의 처분을 받았다는 사정만으로는 원고에게 의무 해태를 탓할 수 없는 정당한 사유가 있었다고 단정할 수 없다.

【대법원 2011.5.13, 2008두12986】 세법상 가산세는 과세권의 행사 및 조세채권의 실현을 용이하게 하기 위하여 납세자가 정당한 사유 없이 법에 규정된 신고 · 납세 등 각종 의무를 위반한 경우 법이 정하는 바에 의하여 부과하는 행정상의 제재로서 납세자의 고의 · 과실은 고려되지 아니하고, 법령의 부지 · 착오 등은 의무의 위반을 탓할 수 없는 정당한 사유에 해당하지 않는다.

【대법원 2011.2.10, 2008두2330】 세법상 가산세는 과세의 적정을 기하기 위하여 납세의무자로 하여금 성실한 과세표준의 신고 및 세액의 납부의 의무를 부과하면서 그 확보책으로 그 의무이행을 게을리하였을 경우에 가해지는 일종의 행정상의 제재라고 할 것이다. 이와 같은 제재는 단순한 법률의 부지나 오해의 범위를 넘어 세법의 해석상 의의로 인한 견해의 대립이 있는 등으로 말미암아 납세의무자가 그 의무를 알지 못하는 것이 무리가 아니라고 할 수 있어서 그를 정당시할 수 있는 사정이 있을 때 또는 그 의무의 이행을 도저히 당사자에게 기대할 수 없다고 평가되는 사정이 있을 때와 같이 그 의무를 게을리한 점을 탓할 수 없는 정당한 사유가 있는 경우에는 이를 과할 수 없다.

【대법원 2006.3.9, 2005두10125】 부가가치세법 제23조 제3항이 재화의 수입에 대한 부가가치세는 세관장이 관세징수의 예에 의하여 징수한다고 규정하고 있는 취지와 가산세의 부과대상이나 세액산정방법 또는 그 감면요건 등 실체적 과세요건을 이루는 사항에 관하여 법률의 명시적인 위임근거가 없이 대통령령에 바로 규정하는 것은 조세법률주의의 원칙상 허용될 수 없는 점 등을 고려하면, 부가가치세법 시행령 제71조 제1항이 "세관장이 부가가치세법 제23조 제3항의 규정에 의하여 부가가치세를 징수하는 때에는 관세법 제42조 등의 규정을 준용한다"고 규정한 것은 세관장이

부가가치세를 징수하면서 그에 대한 가산세를 관세징수의 예에 의하여 부가가치세와 함께 징수할 수 있다는 의미로 해석된다.

【대법원 1998.7.24, 96누18076】 세법상의 가산세는 과세권의 행사 및 조세채권의 실현을 용이하게 하기 위하여 납세자가 정당한 이유 없이 법에 규정된 신고·납세의무 등을 위반한 경우에 법이 정하는 바에 의하여 부과하는 행정상의 제재로서, 납세의무자에게 그 의무의 해태를 탓할 수 없는 정당한 사유가 있는 경우가 아닌 한 세법상 의무의 불이행에 대하여 부과되어야 한다.

제43조【관세의 현장 수납】 ① 다음 각 호의 어느 하나에 해당하는 물품에 대한 관세는 그 물품을 검사한 공무원이 검사 장소에서 수납할 수 있다.

1. 여행자의 휴대품
2. 조난 선박에 적재된 물품으로서 보세구역이 아닌 장소에 장치된 물품

② 제1항에 따라 물품을 검사한 공무원이 관세를 수납할 때에는 부득이한 사유가 있는 경우를 제외하고는 다른 공무원을 참여시켜야 한다.

③ 출납공무원이 아닌 공무원이 제1항에 따라 관세를 수납하였을 때에는 지체 없이 출납공무원에게 인계하여야 한다.

④ 출납공무원이 아닌 공무원이 선량한 관리자로서의 주의를 게을리하여 제1항에 따라 수납한 현금을 잃어버린 경우에는 변상하여야 한다.

해 설

관세수납 방법 상 예외적인 방법인 현장수납과 수납 전·후에 밟아야 할 절차와 의무에 관하여 규정하고 있다. 일반적으로 관세는 한국은행이 정한 국고수납기관에서 수납한다. 그러나 여행자휴대품과 조난선박 물품으로서 보세구역이 아닌 장소에 보관중인 물품에 대하여는 현장 수납할 수 있도록 정하고 있다. 검사한 공무원이 검사 장소에서 관세를 수납하는 것을 현장수납이라 한다. 이때에는 말로써 고지할 수 있다.

여행자휴대품에 대한 검사를 하는 경우 일반적으로 국고수납은행이 검사장에서 영업을 하고 있어서 현장 수납하지 아니 하여도 업무처리가 가능할 것이다. 그러나 국고수납은행이 없는 경우에는 검사공무원이 직접 관세를 수납하면서 업무를 처리할 수 있도록 규정하고 있다. 그리고 조난 선박으로부터 내린 물품이 보세구역에 장치되어 있다면 절차에 따라서 정상 과세하면 된다.

제2항은 공무원입회에 관한 규정이다. 입회는 나중에 문제점이 발생할 때를 대비하여 증인으로 삼기 위한 것이다.

제3항은 수납한 관세의 인계에 관한 규정이다. 출납공무원은 국가재정법, 물품관리법 등 법령이 정하는 바에 의하여 현금이나 물품을 출납·보관하는 공무원을 말한다. 실무적으로는

제1항의 현장수납공무원은 출납공무원이 아닌 경우가 대부분이므로 관세를 수납한 때에는 출납공무원에게 인계해야 한다.

제4항은 변상책임에 관한 규정이다. 회계 관계 공무원의 일반적 책임조항을 검사공무원에게 적용한 것이다. 현금이나 물품을 망실 훼손하였을 때에는 선량한 관리자의 주의의무를 태만하지 아니한 증명을 하지 못하면 변상책임을 져야한다. 입증책임이 검사공무원에게 있다는 의미이다.

2. 제2관 강제징수 등

제43조의 2 【압류 · 매각의 유예】 ① 세관장은 재산의 압류나 압류재산의 매각을 유예함으로써 사업을 정상적으로 운영할 수 있게 되어 체납액의 징수가 가능하다고 인정되는 경우에는 그 체납액에 대하여 강제징수에 의한 재산의 압류나 압류재산의 매각을 대통령령으로 정하는 바에 따라 유예할 수 있다.
② 세관장은 제1항에 따라 유예하는 경우에 필요하다고 인정하면 이미 압류한 재산의 압류를 해제할 수 있다.
③ 세관장은 제1항 및 제2항에 따라 재산의 압류를 유예하거나 압류한 재산의 압류를 해제하는 경우에는 그에 상당하는 납세담보의 제공을 요구할 수 있다.
④ 제3항에도 불구하고 세관장은 압류 또는 매각의 유예 결정일 기준으로 최근 3년 이내에 이 법, 「자유무역협정의 이행을 위한 관세법의 특례에 관한 법률」, 「수출용 원재료에 대한 관세 등 환급에 관한 특례법」 또는 「조세범 처벌법」 위반으로 처벌받은 사실이 없는 체납자로부터 체납액 납부계획서를 제출받고 그 납부계획의 타당성을 인정하는 경우에는 납세담보의 제공을 요구하지 아니할 수 있다.
⑤ 세관장은 압류 또는 매각의 유예를 받은 체납자가 다음 각 호의 어느 하나에 해당하는 경우에는 그 압류 또는 매각의 유예를 취소하고, 유예에 관계되는 체납액을 한꺼번에 징수할 수 있다. 다만, 제1호에 정당한 사유가 있는 것으로 세관장이 인정하는 경우에는 압류 또는 매각의 유예를 취소하지 아니할 수 있다.
1. 체납액을 분납계획에 따라 납부하지 아니한 경우
2. 담보의 변경이나 그 밖에 담보 보전에 필요한 세관장의 명령에 따르지 아니한 경우
3. 재산상황이나 그 밖의 사정의 변화로 유예할 필요가 없다고 인정될 경우
4. 다음 각 목 중 어느 하나의 경우에 해당되어 그 유예한 기한까지 유예에 관계되는 체납액의 전액을 징수할 수 없다고 인정될 경우
   가. 국세 · 지방세 또는 공과금의 체납으로 강제징수 또는 체납처분이 시작된 경우
   나. 민사집행법에 따른 강제집행 · 담보권 실행 등을 위한 경매가 시작된 경우
   다. 어음법 및 수표법에 따른 어음교환소에서 거래정지처분을 받은 경우
   라. 「채무자 회생 및 파산에 관한 법률」에 따른 파산선고를 받은 경우
   마. 법인이 해산된 경우

바. 관세의 체납이 발생되거나 관세를 포탈하려는 행위가 있다고 인정되는 경우
⑥ 세관장은 제1항에 따라 압류 또는 매각을 유예하였거나 제5항에 따라 압류 또는 매각의 유예를 취소하였을 때에는 체납자에게 그 사실을 통지하여야 한다.
⑦ 세관장은 다음 각 호의 어느 하나에 해당하는 경우에는 제1항에 따라 압류 또는 매각의 유예를 받은 체납액에 대하여 유예기간이 지난 후 다시 압류 또는 매각의 유예를 할 수 있다.
1. 제5항 각 호 외의 부분 단서에 따라 압류 또는 매각의 유예를 취소하지 아니한 경우
2. 제5항 제3호에 따라 압류 또는 매각의 유예를 취소한 경우
⑧ 관세청장은 제4항에 따른 법 위반 사실을 확인하기 위하여 관계 기관의 장에게 범죄경력자료(이 법, 「자유무역협정의 이행을 위한 관세법의 특례에 관한 법률」, 「수출용 원재료에 대한 관세 등 환급에 관한 특례법」 또는 「조세범 처벌법」 위반에 한정한다)의 조회를 요청할 수 있으며, 그 요청을 받은 관계 기관의 장은 정당한 사유가 없으면 이에 따라야 한다.
⑨ 제1항부터 제8항까지에서 규정한 사항 외에 압류 또는 매각의 유예 신청, 통지 및 유예기간 등 압류 또는 매각의 유예에 필요한 세부사항은 대통령령으로 정한다.

해 설

2018.12.31. 법 개정시 제2관을 '체납자료의 제공 등'에서 '체납처분 등'으로 제목을 변경하고, 제43조의 2 '압류 · 매각의 유예제도(reprieve of disposition for arrears of taxes)'를 신설하였다. 이는 관세 체납자의 납부 부담 완화를 통해 회생 기회를 제공하기 위하여 일시적 자금난을 겪는 관세[144]체납자에 대한 압류 · 매각의 유예, 유예한 처분의 취소 및 연장 등이 가능하도록 하는 것이다. 압류 · 매각의 유예는 사업의 정상 운영을 통해 체납액 징수가 가능한 체납자를 지원하기 위해 국세징수법 제85조의 2에 먼저 도입된 제도이다. 관세법도 종전에 국세징수법을 준용하여 운영하였지만, 담보 제공에 따른 요건[145]이 까다로워 체납자 회생 지원 취지에 맞도록 요건 완화가 필요하였다.

제1항에서는 압류 · 매각의 유예 대상자를 규정하고 있다. 압류 · 매각을 유예함으로써 사업의 정상적인 운영이 가능하여 체납액 징수가 가능하다고 인정되는 체납자를 그 대상으로 한다.

제2항에서 압류 · 매각을 유예할 경우, 이미 압류한 재산도 압류를 해제할 수 있도록 하고 있다.

제3항은 납세담보에 관한 것으로 담보를 제공받고 재산 압류 또는 압류재산 매각을 유예한다는 것이다.

제4항은 담보제공 특례를 규정하고 있다. 재산 또는 소득에 관한 사항과 납부일정에 관한

144) 세관장이 부과 · 징수하는 내국세 포함한다.
145) 담보 면제를 위해서는 체납액 납부계획 제출하고, 체납정리위원회로부터 '체납액 납부계획의 타당성'을 인정받아야 했다.

사항 등이 포함된 '납부계획서' 제출하고 세관장이 체납액 납부계획이 타당하다고 인정할 때에는 담보제공을 생략할 수 있다. 국세징수법에서는 국세체납정리위원회가 체납세액 납부계획의 타당성을 인정하는 경우 담보가 면제된다는 점에서 차이가 있다. 2020.12.22.(법률 제17649호) 개정시 법령 준수 요건 강화를 위하여 대상 법률에 「자유무역협정의 이행을 위한 관세법의 특례에 관한 법률」을 추가하였다.

제5항은 압류 · 매각의 유예 취소에 대한 내용이다. 분할납부 미이행, 세관장 명령 불응, 재산상황 변화, 강제징수, 강제집행, 거래정지처분, 경매 개시, 법인 해산, 관세포탈 행위 인정되는 경우 등에는 압류 · 매각의 유예를 취소하고 체납액을 징수할 수 있다.

2020.12.22.(법률 제17649호) 개정시 '체납처분'이란 용어를 '압류 · 매각'이라는 용어로 개정하였으며, 부분적으로는 '강제징수'라는 용어로 대체하였다. 용어 의미를 알기 쉽게 구체화한 것이라 볼 수 있다. 민사집행법과 「채무자 회생 및 파산에 관한 법률」에 의한 경매 및 파산선고의 경우 압류 또는 매각의 유예를 취소할 수 있는 경우를 명시적으로 정하고 있다.

제7항은 분할납부 중 체납자의 귀책사유가 아닌 천재지변 등으로 불가피하게 압류 · 매각의 유예가 취소된 경우에는 재승인이 가능하도록 하여 체납자가 재기(再起, comeback)할 수 있는 기회를 제공한다. 불가피한 입항지연 등으로 압류 · 매각의 유예 취소사유가 발생하는 경우에도 압류 · 매각의 유예를 지속할 수 있다.[146)]

제8항은 2020.12.22. 신설한 조항으로서 압류 · 매각의 유예의 실효성 제고를 위하여 관계기관의 장에게 범죄경력자료의 조회를 요청할 수 있는 근거를 마련하였다.

제9항은 신청절차, 유예기간 등 세부내용을 시행령에 규정하도록 하고 있다. 시행령에 따르면 체납자 인적사항, 체납액, 유예 기간, 분납금액 및 분납횟수 등이 포함된 '압류 · 매각의 유예신청서'를 세관장에 제출하고, 유예기간은 유예한 날의 다음 날부터 2년 이내이다.

제44조【체납자료의 제공】 ① 세관장은 관세징수 또는 공익목적을 위하여 필요한 경우로서 「신용정보의 이용 및 보호에 관한 법률」 제2조 제6호에 따른 신용정보집중기관, 그 밖에 대통령령으로 정하는 자가 다음 각 호의 어느 하나에 해당하는 체납자의 인적사항 및 체납액에 관한 자료(이하 "체납자료"라 한다)를 요구한 경우에는 이를 제공할 수 있다. 다만, 체납된 관세 및 내국세등과 관련하여 이 법에 따른 이의신청 · 심사청구 또는 심판청구 및 행정소송이 계류 중인 경우나 그 밖에 대통령령으로 정하는 경우에는 체납자료를 제공하지 아니한다.

146) 관세법 제43조의 2 제1항에 따라 최초 체납처분의 유예를 받은 체납액에 대하여 제43조의 2 제7항에 따른 再유예를 적용할 경우, 최초 체납처분 유예 기간의 범위인 2년을 넘어서 再유예가 가능하다(기획재정부 관세제도과-65, 2021.1.27).

> 1. 체납 발생일부터 1년이 지나고 체납액이 대통령령으로 정하는 금액 이상인 자
> 2. 1년에 3회 이상 체납하고 체납액이 대통령령으로 정하는 금액 이상인 자

해 설

'결손처분'은 체납액을 징수하는 것이 불가능하여, 이를 회계상 금전손실로 처리하는 것을 말한다. 결손처분이 납세의무를 소멸시키는 것은 아니며, 결손처분 후에도 소멸시효 기간 이내라면 결손처분을 취소하고 다시 징수절차를 진행할 수 있다. 이러한 의미에서 내부적으로 결손처분이 징수권 행사를 보류하는 의미만을 가지고 있어 2013.1.1. 법 개정(법률 제11602호) 시 결손처분이라는 용어 자체를 삭제하고, 대신에 체납자료 제공에 관한 내용으로 개정하였다.[147] 앞서 국세징수법도 2012.1.1.에 법 개정하여 삭제한 바 있었다.

「신용정보의 이용 및 보호에 관한 법률」은 신용정보업의 건전 육성, 신용정보의 효율적 이용과 체계적 관리, 신용정보의 오용 등으로부터 사생활 보호 등을 목적으로 한다. 동법 제6호는 신용정보집중기관의 금융위원회에 대한 허가에 관한 사항이다.

> ② 제1항에 따른 체납자료의 제공 절차 등에 필요한 사항은 대통령령으로 정한다.
> ③ 제1항에 따라 체납자료를 제공받은 자는 이를 업무 목적 외의 목적으로 누설하거나 이용하여서는 아니 된다.

해 설

법 제116조의 2(고액·상습체납자 명단공개)에는 체납발생일로부터 1년이 지난 체납관세액 등이 3억원 이상인 체납자에 대하여는 그 인적사항을 공개할 수 있도록 규정하고 있다. 관세청 훈령인 「체납정리사무처리에 관한 시행세칙」 제30조에는 체납자료 제공에 관한 내용을 규정하고 있었으나 명단공개를 법으로 정하고 있는 만큼 자료제공에 관한 사항도 법에 명시적으로 규정하는 것이 타당하다. 2013.1.1. 법 개정(법률 제11602호)시 신설한 조항이다.

국세징수법 제7조의 2에는 국세징수 또는 공익목적을 위하여 필요한 경우 체납 또는 결손처분자료를 제공할 수 있다고 규정하고 있다.

---

147) 제44조 개정규정은 2014년 1월 1일부터 시행하였다.

제45조 【관세체납정리위원회】 ① 관세(세관장이 징수하는 내국세등을 포함한다)의 체납정리에 관한 사항을 심의하기 위하여 세관에 관세체납정리위원회를 둘 수 있다
② 제1항에 따른 관세체납정리위원회의 조직과 운영에 필요한 사항은 대통령령으로 정한다.

해 설

체납정리위원회 설치, 조직과 운영에 관한 규정이다. 이전에는 관세청과 세관에 체납정리위원회를 두도록 규정하고 있지만, 행정자치부의 위원회 정비 계획에 따라 2008.12.26. 법 개정(법률 제9261호)시 관세청에 설치하는 동 위원회는 폐지하고 세관에만 설치하도록 규정하였다. 규정 개정 전에도 대통령령에는 세관에 둘 수 있는 관세체납정리위원회에 관하여만 규정하고 있었다.[148] 관세체납정리위원회의 위원장인 세관장은 국세징수법의 예에 의한 관세 등에 대하여 강제징수를 중지하고자 하는 경우, 체납된 내국세등에 대해 세무서장이 징수하게 하는 경우에는 회의를 소집하고 그 의장이 된다. 세관장은 내국세의 체납이 발생한 때에는 납세의무자의 주소지를 관할하는 세무서장에게 이를 인계하고 세무서장은 이를 인수할 수 있다.

관세체납정리위원회 · 관세품목분류위원회는 의결기관, 품목분류협의회는 자문기관, 심사처분심의위원회는 심의기관, 관세심사위원회는 심의 · 의결기관의 성격을 가지고 있다.

3. 제 3 관 관세환급금의 환급 등

제46조 【관세환급금의 환급】 ① 세관장은 납세의무자가 관세 · 가산세 또는 강제징수비로 납부한 금액 중 잘못 납부하거나 초과하여 납부한 금액 또는 이 법에 따라 환급하여야 할 환급세액의 환급을 청구할 때에는 대통령령으로 정하는 바에 따라 지체 없이 이를 관세환급금으로 결정하고 30일 이내에 환급하여야 하며, 세관장이 확인한 관세환급금은 납세의무자가 환급을 청구하지 아니하더라도 환급하여야 한다.

해 설

종전에는 조명이 '과오납금의 환급'이었으나, 2013.1.1. 법 개정(법률 제11602호)시에는 '과오납금과 이 법에 따른 환급세액'을 같이 관세환급금으로 명명하였다. 법 제4조 제1항에 따라 내국세를 부과 · 징수하고, 동법 제2항에 따라 가산세 및 강제징수비의 부과 · 징수 · 환급

148) 관세체납정리위원회는 위원장 1인을 포함한 5인 이상 7인 이내의 위원으로 구성하며, 위원장은 세관장이 된다. 위원은 세관공무원, 변호사 · 관세사 · 공인회계사 · 세무사, 상공계의 대표, 재정경제에 관한 학식과 경험이 풍부한 자로 세관장이 임명 또는 위촉한다. 2000년 법 개정시 관세법에 근거한 각종 위원회에서 표결이 가부 동수인 경우는 의장의 결정권을 삭제하여 결정을 못하게 한 바 있다.

을 하는 경우, 이 관세환급금의 환급 규정을 따른다.

잘못 납부한 세금을 돌려주는 것을 과오납금 환급이라 한다. 환급할 때 과다하게 환급하였다면 과다환급한 세액을 징수하며 이를 과다환급금 징수라고 한다. 과오납금을 환급하거나 과다환급금을 징수하는 때에는 이자성격인 가산금을 붙여서 환급·징수한다.

국세징수법에 '과오납금'이란 과납금과 오납금을 함께 지칭하는 것이다. '과납금'이란 조세를 납부할 때에는 조세채무가 있었으나, 불복청구에 대한 결정·판결 등의 사유로 채무가 소멸한 세액을 말한다. 이에 대하여 '오납금'이란 조세채무를 초과한 세액을 말한다. 이를테면 동일한 수입신고건에 이중하여 관세를 납부한 경우가 오납금에 해당된다. 관세·가산세·강제징수비의 과오납금 환급은 세관에서 받을 수 있으며, 부가가치세 같은 내국세의 경우도 법 제4조의 규정에 의해 세관장이 징수한 것은 세관장이 환급한다. 「납세심사사무처리에 관한 고시」(관세청 훈령 제2010－118호) 제4－2－4조(환급액과 환급가산금)에서 환급가산금 적용기간은 과오납부한 날의 다음 날부터 환급하는 날까지이나, 부가가치세의 환급가산금 적용기간은 과오납부한 날의 다음 날부터 세무서에서 매입세액을 공제받은 날까지로 규정되어 있었다.[149] 「납세업무 처리에 관한 고시」(관세청고시 제2015－19호, 2015.6.3)로 전면 개정하면서 관세법 시행령 제56조와 일치하게 환급가산금은 시행령 제56조 제3항의 환급가산금 기산일부터 환급하는 날까지로 개정하고, 부가가치세 환급가산금 적용기간은 관세법 제48조와 일치하도록 삭제하였다.

그러나 환급가산금의 기산일을 정함에 있어서 경정, 착오납부의 경우는 납부일이 되고 감면 결정시에는 감면결정일, 계약상이물품 환급 등의 경우에는 수출신고 수리일 또는 보세공장 반입신고일 등, 법률 개정시는 법률 시행일 등으로 국세기본법 등에서는 정하여 운영하고 있어, 시행령에 이를 규정하고 관세환급의 사유별로 기산일을 환급금 원인별로 구분하여 적용하게 되었다.

종전에는 과오납금의 환급을 환급사유 발생시 즉시 환급하도록 규정하고 있으나, 실무상 환급에 소요되는 기일을 고려하여 즉시 환급(충당)금액 및 환급가산금을 결정하되 30일 이내에 지급(충당)하도록 2013.1.1.에 법을 개정하였다.

제1항에서 신고납부한 때에는 신고납부자가 신고한 책임을 들어서 과세관청이 과오납금 환급을 꺼리는 경향이 있어, 1993.12.31. 관세법 개정(법률 제4674호)시 신고납부하였더라도 납세의무자가 환급청구한 때에는 세관장이 이를 심사하도록 규정하였다. 그러나 경정청구제도를

149) 대법원 2009.9.10, 2009다11808에 의하면, 신고납세방식에 의한 관세납부 신고행위가 당연무효인 경우, 관세와 함께 납부한 부가가치세를 매입세액으로 공제받았다고 하더라도 수정신고의 무효로 인한 피고의 부당이득반환의무와는 별개의 원인에 기인한 것이므로 과세관청이 위 부가가치세 상당액에 관하여 이득이 없다고 볼 수 없다고 하였으므로, 현행 「납세심사사무처리에 관한 고시」(관세청 훈령 제2010－118호) 제4－2－4조 규정을 손질할 필요가 있었다.

도입함으로써 과다납부한 세액에 대하여는 환급청구보다는 경정청구로서 구제받을 수 있게 되었다. 실질적으로 신고납부한 세액에 대한 환급청구제도는 불필요하므로 2000년 관세법 개정시 '신고납부한 세액에 대한 환급의 청구를 포함한다'는 내용을 삭제하였다.[150]

환급청구권의 소멸시효가 완성이 된 경우에는 직권 환급은 가능하지 않다.[151] 관세청 유권해석에 의하면, 환급청구권의 소멸시효가 경과한 경우에는 비록 세관장이 과오납의 존재를 확인하였다고 하여도 이를 직권으로 환급해 줄 수 없다.[152] '세관장이 확인한 관세환급금은 납세의무자가 환급을 청구하지 아니하더라도 환급하여야 한다'는 조문의 내용은 다의적인 것으로 해석될 소지가 있다. 2023.12.31. 법 개정시 '과오납금'이라는 용어를 '납부한 금액 중 잘못 납부하거나 초과하여 납부한 금액'으로 대체하였다.

【대법원 2010.6.10, 2010두4353】 1996.12.30. 법률 제5149호로 경정청구제도가 도입된 이상, 관세법에서 규정한 과오납금 환급청구제도는 이미 확정된 관세 등에 대한 환급청구와 세관장의 환급절차를 규정한 것에 불과하여 환급 거부 통보를 항고소송의 대상으로 삼을 필요 없다.

【대법원 2009.9.10, 2009다11808】 [1] 신고납세방식의 조세에서 납세사유가 없음에도 세관장의 형사고발 및 과세 전 통지를 받고 불이익을 피하기 위해 불가피하게 관세납부 신고행위(수정신고)를 하고 세금납부를 한 사안에서, 그 후 각종 구제절차에서 수정신고의 하자를 적극적으로 주장하였고, 수정신고의 하자에 관하여 다른 구제수단이 없는 경우, 위 수정신고는 당연무효이다. [2] 신고

---

150) 대법원 2010.6.10. 선고 2010두4353 판결 참조.

151) 판례에 의하면 행정상의 과오납에 대하여만 환급의무가 있으며, 환급신청에 대한 이행거절은 금전채권 불이행으로서 행정처분으로 보지 아니한다. 기획재정부 유권해석(1992.7.30)에 의하면 수입신고시 적법하게 관세를 신고납부하였다 하더라도 사후에 과다납부한 사실을 입증하는 자료를 제출하는 경우에는 환급청구가 가능하다. 기획재정부 유권해석(1995.11.4)에 의하면 법 제7조 규정에 대하여 청구 받은 세관장이 환급을 거부하였을 경우, 신고납부한 관세 등을 과오납부한 경우에는 신고납부한 납세자가 법 제24조에 의한 관세 등을 환급청구하고 세관장의 환급거부를 처분으로 보아 심사청구해야 한다. 신고납부한 관세 등에 대한 세관장 세액심사행위를 바로 심사청구 · 심판청구 대상으로 할 수 없다. 대법원의 판례(1989.1.31, 85누883)에 의하면 환급신청 이행거절은 금전채권 불이행이며 행정상의 과오납만 환급의무가 있다. 국세기본법에 과오납한 세액은 즉시 반환하여야 한다는 부당이익 법리를 표현한 것이지, 환급결정으로 과오납금 등 존부 범위가 비로소 확장되는 것이 아니며 과세관청이 납세의무자의 환급신청을 거부하여도 금전채무의 이행거절에 해당하며 항고소송의 대상인 행정처분이 아니다고 한다(그러나 현재는 경청청구제도가 있으므로 경정청구하고 청구에 따른 처분내용에 따라 항고소송을 제기할 수 있다). 기획재정부 유권해석(1997. 4.1)에 의하면 납세자가 환급청구를 하고 이를 제출 받은 세관장이 환급거부를 하였을 경우 세관장의 환급거부를 심사청구의 대상으로도 할 수 있다. 이는 환급신청의 거부를 처분으로 보지 아니하나 민원인의 권리구제의 폭을 넓히는 것이 바람직하므로 심사청구의 심리대상을 확대한 것으로 볼 수 있다. 수수료는 조세가 아니기 때문에 과오납금 환급 청구대상이 아니다.

152) 구 관세법 제24조(현행 제46조) 제1항 후단의 규정에 의한 직권환급이란 세관장이 세액심사과정에서 과오납금이 있음을 확인한 경우 납세자의 환급청구가 없더라도 환급할 수 있도록 함으로써 세관장의 과오납금의 환급통지 및 납세자의 환급청구를 거쳐야 하는 복잡한 행정절차를 생략하려는 것이며 시효완성으로 인한 환급청구권이 없는 경우까지 적용하는 것이 아니다(기획재정부 관세 47000－185, 1999.12.21).

납세방식에 의한 관세납부신고행위가 당연무효인 경우, 관세와 함께 납부한 부가가치세를 매입세액으로 공제받았다고 하더라도 과세관청이 부가가치세 상당액에 관하여 이득이 없다고 볼 수 없다. [3] 조세환급금은 조세채무가 처음부터 존재하지 않거나 그 후 소멸하였음에도 불구하고 국가가 법률상 원인 없이 수령하거나 보유하고 있는 부당이득에 해당하고, 환급가산금은 그 부당이득에 대한 법정이자로서의 성질을 가진다. 이때 환급가산금의 내용에 대한 세법상의 규정은 부당이득의 반환범위에 관한 민법 제748조에 대하여 그 특칙으로서의 성질을 가진다고 할 것이므로, 환급가산금은 수익자인 국가의 선의·악의를 불문하고 그 가산금에 관한 각 규정에서 정한 기산일과 비율에 의하여 확정된다. 부당이득반환의무는 일반적으로 기한의 정함이 없는 채무로서, 수익자는 이행청구를 받은 다음 날부터 이행지체로 인한 지연손해금을 배상할 책임이 있다. 그러므로 납세자가 조세환급금에 대하여 이행청구를 한 이후에는 법정이자의 성질을 가지는 환급가산금청구권 및 이행지체로 인한 지연손해금청구권이 경합적으로 발생하고, 납세자는 자신의 선택에 좇아 그중 하나의 청구권을 행사할 수 있다. [4] 납세자가 환급대상인 국세 및 관세를 납부한 후 그 국세 등에 대하여 환급신청을 한 사안에서, 국가는 납세자에게 국세 등 납부일의 다음 날부터 환급신청일까지는 국세기본법 등 관계 법령에 정한 각 가산금율을 적용한 환급가산금을, 환급신청일의 다음 날부터는 납세자의 선택에 따라 환급가산금 또는 지연손해금을 각 지급할 의무가 있다. [5] 관세법 제48조가 환급가산금의 대상으로 '가산세'를 명시하고 있음에 반하여, 국세기본법 제52조가 환급가산금의 대상으로 하고 있는 국세기본법 제51조의 국세환급금에는 '가산세'가 명시되어 있지 아니하다. 그러나 국세기본법 제47조 제2항은 "가산세는 해당 의무가 규정된 세법의 해당 국세의 세목으로 한다"고 규정하고 있으므로, 국세기본법 제51조의 '국세'에는 '가산세'가 당연히 포함되어 있는 것이다.

② 세관장은 제1항에 따라 관세환급금을 환급하는 경우에 환급받을 자가 세관에 납부하여야 하는 관세와 그 밖의 세금, 가산세 또는 강제징수비가 있을 때에는 환급하여야 하는 금액에서 이를 충당할 수 있다.
③ 납세의무자의 관세환급금에 관한 권리는 대통령령으로 정하는 바에 따라 제3자에게 양도할 수 있다.
④ 제1항에 따른 관세환급금의 환급은 국가재정법 제17조에도 불구하고 대통령령으로 정하는 바에 따라 한국은행법에 따른 한국은행의 해당 세관장의 소관 세입금에서 지급한다.

해 설

제2항은 관세환급금 충당에 관한 규정이다. 담보물건은 해당 관세에 한해 충당할 수 있으나, 관세환급금은 다른 미납관세·제세·가산세·강제징수비에 대하여도 충당할 수 있다. 관세환급금을 충당하는 때에는 그 사실을 권리자에게 통보하여야 하며 권리자의 신청에 의해 충당한 때에는 그 통지를 생략할 수 있다.

제3항은 양도에 관한 규정이다. '양도'는 권리·재산·법률 상의 지위를 남에게 넘겨주는

것을 말한다. 관세환급금에 대한 권리 즉 관세환급금 청구권은 제3자에 넘겨 줄 수 있다. 이 때에는 세관장에게 양도승인 신청을 해야 한다. 관세환급금을 양도하고자 할 때에는 권리자는 인감증명을 첨부하여 양도인의 주소와 성명, 양수인의 주소와 성명, 관세환급 사유, 양도하고자 하는 관세환급금액을 적은 신청서를 제출하여야 한다. 그러나 만일 관세 채무가 있는 자가 관세환급금에 관한 권리를 제3자에게 양도하고자 한다면 세관에서는 양도승인 신청을 받을 때 이를 확인하여 제2항에 의해 직권으로 충당할 수 있다.

제4항은 지급에 관한 규정이다. 관세환급금의 환급 방법은 '예산총계주의' 원칙에 대한 예외로 세출계정에서 지출하는 것이 아니라, 해당 세관장의 소관세입금계정에서 바로 지출한다. '예산총계주의'는 회계연도 내의 모든 수입을 세입으로 하고, 모든 지출을 세출로 계상하는 방식을 말한다. 이에 비하여 '예산순계주의'는 수입에서 지출을 공제하고 남은 잔액을 세입이나 세출에 계상하는 방식을 말한다. 국가재정법 제17조에는 세입세출의 정의 및 예산총계주의원칙에 관한 규정으로 한 회계연도의 모든 수입을 세입으로 하고 모든 지출을 세출로 하며, 세입세출은 모두 예산에 계상하여야 한다.

【대법원 1998.5.29, 97누7806】 관세법이 적용되는 특별소비세의 과오납금 환급 거부처분은 항고소송의 대상이 된다.

【대법원 1985.9.10, 85다카571】 구 관세법(1983.12.29. 법률 제3666호로 개정되기 전의 것) 및 동법 시행령(1983.12.29. 대통령령 제11286호로 개정되기 전의 것)에는 과오납관세의 환급에 있어서 국세기본법 제52조 등과 같은 환급가산금(이자)에 관한 규정이 없으나, 부당하게 징수한 조세를 환급함에 있어서 국세와 관세를 구별할 합리적인 이유가 없고 과오납관세의 환급금에 대하여만 법의 규정이 없다 하여 환급가산금을 지급치 아니한다는 것은 심히 형평을 잃은 것이라 할 것이므로(따라서 현행 관세법에는 환급가산금에 관한 규정을 신설하였다) 국세기본법의 환급가산금에 관한 규정을 유추적용하여 과오납관세의 환급금에 대하여도 납부한 다음 날부터 환급가산금(이자)을 지급하여야 한다.

제47조 【과다환급관세의 징수】 ① 세관장은 제46조에 따른 관세환급금의 환급에 있어서 그 환급액이 과다한 것을 알게 되었을 때에는 해당 관세환급금을 지급받은 자로부터 과다지급된 금액을 징수하여야 한다.

② 세관장은 제1항에 따라 관세환급금의 과다환급액을 징수할 때에는 과다환급을 한 날의 다음 날부터 징수결정을 하는 날까지의 기간에 대하여 대통령령으로 정하는 이율에 따라 계산한 금액을 과다환급액에 더하여야 한다.

해 설

종전에는 과다환급금의 범주를 관세 · 가산금 · 가산세 · 강제징수비로 보고 규정하였으나,

2013.1.1. 법 개정(법률 제11602호)시 이를 관세환급금으로 명명함으로써 표현을 명확화 하였다. 세관장이 부과 · 징수하는 수입물품에 대한 내국세는 관세의 징수 · 환급을 준용하므로, 이러한 내국세는 과다환급금 징수대상에 포함된다.

과다환급 관세의 징수에 관하여는 구체적 징수절차에 관하여 정하고 있지 아니하였으나, 2002년 시행령 개정시 제36조에 의해 '납세고지'하도록 규정하였다. 법 제270조 제5항 부정환급의 경우에도 이와 마찬가지로 납부고지해야 한다. 판례에 의하면, 환급 자격이 없는 자가 환급을 받은 경우에는 환급특례법상 과다환급으로 보아 환급가산금을 부가하여 징수한다.

제2항은 과다환급 가산금, 관세환급가산금에 관한 규정이다. 과다환급액을 징수하는 때에는 가산금을 가산하여 징수한다. 과다환급액을 징수하는 때에 가산하는 과다환급가산금 이율과 관세환급금을 환급하는 때에 가산하는 관세환급가산금 이율은 같다. 과다환급액을 징수하는 때에 가산금은 과다환급한 날 다음 날부터 징수 결정하는 날까지 기간에 대한 이율로 계산한 금액이다.

제48조 【관세환급가산금】 세관장은 제46조에 따라 관세환급금을 환급하거나 충당할 때에는 대통령령으로 정하는 관세환급가산금 기산일부터 환급결정 또는 충당결정을 하는 날까지의 기간과 대통령령으로 정하는 이율에 따라 계산한 금액을 관세환급금에 더하여야 한다. 다만, 국가 또는 지방자치단체가 직접 수입하는 물품 등 대통령령으로 정하는 물품에 대하여는 그러하지 아니하다.

해 설

관세환급금을 환급 · 충당하는 때에는 환급이나 충당 결정하는 날까지 기간 동안 이율에 따른 금액을 환급금에 가산하여야 한다. 분할납부한 경우에는 최후에 납부된 금액이 전체 환급금에 이를 때까지 소급한 날까지 기간에 해당하는 이율을 적용하여 계산한다. 단, 잠정가격신고를 기초로 과다세액을 환급 · 충당하는 경우에는 시행령 제56조에 따라 환급가산금을 지급하지 아니한다.

이전에 환급가산금의 이율은 환급 · 충당 또는 징수할 금액 100원에 대하여 1일 3전 즉 10,000원에 대하여 1일 3원이었으나, 2002년 시행령 개정시 서울특별시에 본점을 둔 금융기관의 해당 이자율을 감안하여 관세청장이 정하도록 개정하였다.[153] 수출용 원재료에 대하여 과

153) 종전에는 「관세 등 환급가산금 이자율에 관한 고시」를 통하여 정하였으나, 현재 가산금의 이율은 은행법에 의한 은행업의 인가를 받은 금융기관으로서 서울특별시에 본점을 둔 금융기관의 1년 만기 정기예금 이자율의 평균을 감안하여 기획재정부령(시행규칙 제9조의 3)으로 정하는 이자율로 한다. 2012.2.28. 신설시 '연 1천분의 40', 2013.2.23. 개정시 '연 1천분의 34', 2015.3.6. 개정시 '연 1천분의 25', 2016.3.9. 개정시 '연 1

다하게 세금을 부과한 경우에는 관세법에 의하여 환급하고, 이 원재료로 가공한 물품을 수출하여 개별 환급받은 경우에는 환급특례법에 의하여 과다환급을 징수하면 된다.

법 제41조 제4항은 가산금과 중가산금 규정은 납세의무자, 물품 성질 등으로 보아 일정한 경우에는 적용하지 아니하는 규정이다. 가산금과 중가산금 규정은 국가나 지방자치단체가 직접 수입하는 물품과 이 기관에 기증되는 물품, 우편물 등에는 적용하지 아니한다.

천분의 18'을 각각 적용하였다. 환급특례법 시행령 제30조에 의한 환급가산금은 1일 '10만분의 39' 혹은 1일 '10만분의 10' 두 종류가 있다.

제 3 장

세율 및 품목분류

제1절 통　칙
제2절 세율의 조정
제3절 세율의 적용 등
제4절 품목분류

관세율표에서는 품목번호에 따라 세율을 정하고 있으므로, 세율을 정하기 위해서는 품목번호를 먼저 정해야 한다. 품목번호를 정하는 것이 품목분류이며, 품목분류는 세액과 밀접한 관계가 있기 때문에 제3장에서 세율과 함께 규정하고 있다. 품목번호는 모든 수출입물품을 2019.1. 현재 12,232개 품목(10단위)으로 나누어 놓은 것이며, 이 제도는 국가마다 물품에 대한 호칭이 다를 수 있으므로 무역거래 편의를 위해 물품에 번호를 정하여 정확하게 해당 물품을 지칭할 수 있도록 하기 위한 것이다.

품목번호에 의하여 세율을 정하는 것은 관세율 구조의 특성 중 하나다. 품목분류의 중요성을 감안하여, 2004.8.30. 관세품목분류위원회를 관세청에 설치하여 수출입물품의 품목분류 등에 대한 관세청장의 자문에 응하도록 하고, 물품의 품목분류 등이 결정된 후 그 결정에 영향을 미칠 수 있는 사실관계 등이 변경되는 경우에 이를 심의, 의결하도록 하고 있다.

세율에는 세액을 산출하는 비율을 정하는 방법에 따라 종가세율 · 종량세율 · 복합세율 · 혼합세율 · 선택세율 등으로 분류할 수 있다. 종가세율은 물품 가격에 따른 세율을 백분비율로 표시한 것이고, 종량세율은 물품 량에 따라 세액을 표시한 것이다. 종가세율과 종량세율을 합하여 만든 복합 · 혼합세율이 있지만 우리나라에서는 사용하지 아니한다.[1] 그러나 종가세율과 종량세율 중에 높은 세율을 선택해서 적용하는 선택세율은 특별긴급관세에서 일부 사용하고 있다. 종량세는 물품가격과 관계없이 부과되므로 저가물품에 비하여 고가물품은 상대적으로 세액이 적은 것이 특징이다. 따라서 저가물품이 대량으로 수입되는 경우에 종량세를 적용하면 국내생산자 보호역할을 하게 된다. 이에 비하여 종가세율은 가격을 결정하는 어려움이 있으나 고가물품은 고액의 관세를 부과하게 되고 저가물품은 소액의 관세를 부과하므로 경제적 형평에 맞는 것이라고 할 수 있다.

제3장의 내용을 요약하면 다음과 같다.

제1절은 통칙으로서 기본세율, 잠정세율, 대통령령이 정하는 세율, 기획재정부령이 정하는 세율 등 세율의 종류를 규정하고 있으며, 세율의 종류가 많기 때문에 세율간에 우선 적용할 수 있는 순위를 정하고 있다.

제2절은 대통령령이 정하는 세율과 기획재정부령이 정하는 세율에 대하여 조정하는 구체적인 목적 · 대상 · 절차 · 방법 등에 관하여 정하고 있다.

---

1) 실행관세율, 실효관세율이라는 용어는 정책부서에서 편의상 사용하는 용어로서 실행관세율은 실제로 적용되는 세율로서 기본관세와 양허관세 중 낮은 것을 단순평균 혹은 가중 평균한 세율을 지칭하고, 실효관세율은 관세순징수액/총수입액으로 계산한 세율을 지칭하는 것이다.

제3절은 이러한 세율에 대하여, 세율적용 방법을 일반적인 방법과 달리하는 경우로서 간이 세율 · 합의에 의한 세율 · 용도세율에 관하여 정하고 있다.

제4절은 품목분류에 관한 사항으로서 전체적 면에서 품목분류체계, 운용 면에서 관세청장이 시행할 수 있는 품목분류 적용기준 · 사전심사 · 변경 등에 관하여 규정하고 있다.

통 칙

제49조【세율의 종류】 제14조에 따라 수입물품에 부과되는 관세의 세율은 다음 각 호와 같다.
1. 기본세율
2. 잠정세율
3. 제51조부터 제67조까지, 제67조의 2 및 제68조부터 제77조까지의 규정에 따라 대통령령 또는 기획재정부령으로 정하는 세율

해 설

이 규정에 따라 세율의 종류를 기본세율, 잠정세율, 대통령령이 정하는 세율, 기획재정부령이 정하는 세율로 나눌 수 있다.[2] 관세율은 관세율표상 세율을 말하나, 관세율표상 세율이외에 무역정책 목적에 따라 여러 종류의 관세율을 정해두고 목적에 따라 해당 관세율을 적용한다. 기본세율과 잠정세율은 입법사항이고 기타 탄력관세율은 대통령령이나 기획재정부령으로 정할 수 있다.

기본관세율은 균등관세율체제와 경사관세구조 및 종가세 중심의 세율구조의 3가지 특징을 가지고 있다. 균등관세율체제는 산업에 대한 중립성 확보를 위하여 동일가공단계에서는 품목별로 균등한 관세율 수준을 유지하는 것이며 경사관세구조는 국내 산업육성을 위하여 기초원자재, 중간재, 최종재의 가공단계별로 관세율을 차등 두는 것이며 종가세 중심의 세율구조는 29단계(0~50%)로 차등화된 종가세를 기본으로 운영(종량세는 필름 등 일부 품목에만 제한적 운영)하는 것을 말한다.

대통령령 또는 기획재정부령이 정하는 세율은 현행 덤핑방지관세등과 조정관세 등 탄력관세를 말하며 기본세율에 대체하여 독립적으로 부과되는 세율(편익관세, 국제협력관세 등)과 실행세율에 부가하여 부과되는 세율(덤핑방지관세, 긴급관세 등)으로 구분될 수 있다.

호칭을 기준으로 관세율 종류를 보면 13개이다. 즉, 제1호 · 제2호 및 제3호에 의한 덤핑방지관세 등 11가지 세율을 말한다. 그러나 간이세율, 합의에 의한 세율, 용도세율 등은 세율적용 방법의 종류라 할 수 있다. 간이세율은 여행자 편의를 위해 여행자휴대품 등에 적용하며,

2) 대통령령으로 정할 수 있는 관세에는 보복관세, 조정관세, 국제협력관세, 일반특혜관세 등이 있고, 기획재정부령이 정하는 세율에는 덤핑방지관세, 상계관세, 긴급관세, 특정국물품긴급관세, 계절관세, 편익관세 등이 있다.

합의에 의한 세율은 수입신고자 편의를 위해 신청에 의해 적용하고, 용도세율은 몇 가지 세율 중에서 낮은 세율을 적용하고자 할 때 신청에 의하여 적용한다. 법 제51조 내지 제77조는 덤핑관세 등 관세를 정하고 있다.

관세의 종류를 국정관세와 협정관세로 나누고 국정관세에는 기본관세 · 잠정관세 · 탄력관세로, 협정관세에는 WTO협정관세 · WTO개도국간협정관세 · ESCAP개도국간협정세율 · 유엔무역개발회의개도국간협정세율 · 일반특혜관세 등으로 나눌 수 있다.[3] 이와 같은 분류방법은, 탄력관세와 협정관세의 구별에 모호한 점이 있기는 하지만 관세의 종류를 구분하기 위한 분류방법의 한 가지로 볼 수 있다.

제50조 【세율 적용의 우선순위】 ① 기본세율과 잠정세율은 별표 관세율표에 따르되, 잠정세율을 기본세율에 우선하여 적용한다.
② 제49조 제3호의 세율은 다음 각 호의 순서에 따라 별표 관세율표의 세율에 우선하여 적용한다.
1. 제51조, 제57조, 제63조, 제65조, 제67조의 2, 제68조 및 제69조 제2호 따른 세율
2. 제73조 및 제74조에 따른 세율
3. 제69조 제1호 · 제3호 · 제4호, 제71조 및 제72조에 따른 세율
4. 제76조에 따른 세율

해 설

세율적용 순위, 예외적 순위, 잠정세율 적용방법, 종량세의 경우 적용방법에 관한 규정이다. 세율을 정하는 근거로서 관세율표를 규정하고, 세율간 적용 우선순위도 규정하고 있다. 관세율표는 관세법 별표로서 HSK 분류체계에 따라 물품을 분류하여 물품별로 기본관세율이나 잠정관세율을 정하고 있다.

우리나라는 조세법률주의를 택하고 있기 때문에 세율을 변경하고자 할 때에는 법 개정 절차를 거쳐야 한다. 그러나 대통령령이나 기획재정부령으로 정하는 탄력관세는 법 개정을 하지 아니하고 세율을 변경할 수 있다. 행정관청의 결정에 의해 탄력관세율을 변경하는 것과 같이 잠정관세율도 세율적용을 정지하는 등 조치를 할 수 있지만 잠정세율은 처음부터 관세율표에서 정해지는 세율이기 때문에 탄력관세가 아니다. 기본세율과 잠정세율이 경합되면 잠정세율을 우선 적용하며, 잠정세율 적용정지는 대통령령으로 정한다. 기본세율은 무세부터 약 50%까지, HSK 4단위에서 10단위까지 해당 품목별로 정해져 있다.

제1항은 기본관세율과 잠정세율 간 우선순위에 관한 규정이다. 잠정세율을 기본세율에 우

3) 관세청, 『신관세율표 실무해설 편람』, 관세무역연구원, 2003, p.8.

선하여 적용한다.

제2항은 기타 세율에 대한 우선순위에 관한 규정이다. 세율에는 여러 종류가 있으므로 세율적용상 우선순위를 정하여 업무의 혼란을 막는 것이다. 국제무역 질서를 해치는 행위에 대하여 부과하는 덤핑관세·상계관세·보복관세, 대책이 늦으면 피해를 복구할 수 없는 긴급한 상황에서 발동하는 긴급관세, 특정국물품긴급관세, 농림축산물특별긴급관세, 공중도덕 보호·국제평화와 안전보장 등을 사유로 부과하는 조정관세는 최우선 적용할 수 있다. 국가 간 합의에 의해 적용되는 국제협력관세와 상대국에 관세 편익을 제공하는 편익관세는 이 다음으로 적용할 수 있다. 그리고 일반적으로 국내산업계의 자체사정 등으로 부과되는 조정관세·계절관세·할당관세는 그 후 순위이고, 개발도상국가에 적용하는 일반특혜관세는 그 다음 순위다. 각 호의 순서가 나타내는 의미는 상위 관세율은 하위 관세율에 우선하여 적용하며, 하위세율을 대체하여 적용할 수 있다는 의미이다. 2018.12.31. 법 개정시 제1호에 제69조 제2호를 추가하여 '공중도덕 보호, 국제평화와 안전보장' 등을 사유로 부과하는 조정관세가 1순위로 적용할 수 있도록 하였다.

국제협력관세인 WTO 양허관세를 적용하는 물품에 대하여는 우선순위에 따라서 할당관세나 계절관세에 의해서는 세율조정이 불가능하지만 긴급관세로 세율조정이 가능하다. 예를 들면, WTO 양허관세 대상인 동남아산 농산물이 대량 수입되는 경우에는 조정관세는 부과하기 어려우나 긴급관세를 부과하여 수입량을 줄여서 생산자를 보호할 수 있다.

【관세율 적용 순위】

순 위	관세율 종류
1	덤핑방지관세, 보복관세, 긴급관세, 농림축산물에대한특별긴급관세, 특정국물품긴급관세, 상계관세, 공중도덕 보호, 국제평화와 안전보장 등을 사유로 부과하는 조정관세(제69조 제2호)
2	편익관세·국제협력관세(3, 4, 5, 6보다 낮은 경우)
3	세율불균형, 국내신개발품 보호, 국내산업 보호 등을 사유로 부과하는 조정관세(제69조 제1호, 제3호, 제4호), 계절관세, 할당관세(4보다 낮은 경우)
4	일반특혜관세
5	잠정관세
6	기본관세

※ 국내외가격차로 양허한 농림축산물양허관세는 국제협력관세의 일종이지만 세율이 높아도 잠정·기본관세보다 우선 적용

법 제51조는 덤핑방지관세, 법 제57조는 상계관세, 법 제63조는 보복관세, 법 제65조는 긴급관세, 법 제67조의 2는 특정국물품긴급관세, 법 제68조는 농림축산물에 대한 특별긴급관세, 법 제73조는 국제협력관세, 법 제74조는 편익관세, 법 제69조는 조정관세, 법 제71조는 할당관세, 법 제72조는 계절관세, 법 제76조는 일반특혜관세이다.

【대법원, 2014.10.30, 2011두23535】 [1] 관세법 제50조 제1항 관세율표는 프로젝터의 품목을 2가지로 구분하여 제8528.61호로 제8471호의 '자동자료처리시스템에 전용 또는 주로 사용되는 것'을, 제8528.69호로 '기타'를 각 규정함으로써, 제8528.61호에 해당하지 않는 프로젝터는 모두 제8528.69호의 기타 프로젝터로 분류하도록 하고 있다. 이러한 관세율표의 문언 내용 및 수입신고 당시 물품의 성질과 수량에 의하여 관세를 부과하도록 규정한 관세법 제16조의 취지 등에 비추어 보면, 수입물품인 프로젝터가 관세율표의 제8528.61호로 분류되기 위해서는 수입신고 당시의 구조나 기능, 특성 등에 비추어 자동자료처리시스템에 전용 또는 주로 사용되는 것이어야 하고, 그렇지 않은 경우에는 관세율표 제8528.69호로 분류되어야 한다. [2] 甲 주식회사가 수입한 프로젝터를 관세율표 제8528.69호로 분류하여 수입신고하고 이에 따른 관세 등을 납부하였다가 다시 관세율표 제8528.61호에 해당한다고 기납부 세금을 환급해 달라며 관할 세관장에게 경정청구를 하였으나 거부처분을 받은 사안에서, 위 프로젝트는 자동자료처리시스템에 전용 또는 주로 사용되는 것이라고 할 수 없으므로, 위 관세율표 제8528.69호의 기타 프로젝트로 분류함이 타당하다.

【대법원, 2012.1.12, 2011두13491】 [1] 관세법 제16조는 관세는 수입신고를 하는 때의 물품 성질과 수량에 의하여 부과하도록 규정하고 있고, 법 제50조 제1항에서 정한 관세율표의 '관세율표 해석에 관한 통칙'은 법적인 목적상 품목분류는 1차적으로 각 호의 용어 및 관련 부 또는 류의 주에 따라 결정하도록 되어 있으므로, 수입물품에 대한 품목분류는 수입신고시를 기준으로, 물품의 주요 특성, 기능, 용도, 성분, 가공정도 등 여러 가지 객관적인 요소에 따라 물품을 확정한 다음, 그에 해당하는 품목번호를 관세율표가 정하는 바에 따라 결정하여야 하고, 특별한 사정이 없는 한 해당 물품에 대한 납세의무자의 주관적인 용도나 수입 후의 실제 사용 용도를 고려할 것은 아니다. [2] 甲 주식회사 등이 원자재로 사용할 목적으로 알루미늄을 수입하면서 수출업자의 세제상 편의를 도모하기 위해 '괴'가 아닌 그 자체로 상품으로 사용할 수 있는 '판·쉬트' 형태로 수입한 사안에서, 수입물품의 두께와 폭, 알루미늄과 기타 원소 등의 함유량, 알루미늄 함유량이 전 중량에서 차지하는 비율 등에 비추어 보면 비록 甲 회사 등이 알루미늄 제품의 원자재로 사용할 목적이 있었더라도 관세법 별표에서 정한 관세율표에 따른 수입물품의 품목번호는 7601.10-0000호의 '합금하지 아니한 알루미늄의 괴'가 아니라 이보다 관세율이 더 높은 7606.11-9000호의 '알루미늄의 판·쉬트 및 스트립(두께가 0.2㎜를 초과하는 것에 한한다) 중 합금하지 아니한 알루미늄의 것'이라고 본다. [3] 수입신고의 수리는 사실행위에 불과하여 공적인 견해표명이라 할 수 없고, 甲 회사 등은 품목분류 사전심사제도를 이용하여 수입물품이 어느 품목으로 분류될지 미리 알아볼 수 있었으므로 귀책사유가 없다고 할 수 없다는 등 이유로 위 처분이 신뢰보호의 원칙에 위배되지 않는다.

【대법원 2000.10.13, 98두15955】 관세율표 제72류 소호주 1. 다.에서, 규소전기강이라 함은 "규소

의 함유량이 전 중량의 100분의 0.6 이상 100분의 6 이하이고, 탄소의 함유량이 전 중량의 100분의 0.08 이하인 합금강을 말한다. 이들 합금강은 알루미늄이 중량비로 100분의 1 이하일 수 있으나 다른 합금강의 특성을 부여하는 비율로 기타 원소가 함유되어 있어서는 안 된다"고 정의하고 있는 바, 소호주 1. 다. 후단의 규소전기강으로 분류될 수 없는 소극적 요건인 '다른 합금강의 특성을 부여하는 비율로 기타 원소가 함유되어서는 안 된다'의 의미는 규소전기강에 기타 원소가 함유되고 이로 인하여 다른 합금강의 특성을 지니는 경우에 한하여 이를 규소전기강에서 제외하는 것이라고 해석함이 타당하다.

【대법원 1998.7.24, 96누18076】 '관세율표 통칙' 규정들에 의하면, 수출입물품의 품목분류에 관하여 호의 용어 및 관련 부 또는 류의 주에 의하여 이를 정할 수 없을 때 비로소 혼합물 또는 복합물 등의 분류방법에 관한 통칙 제3호 (나)의 적용이 있다 할 것인바, 수입 합판이 품목분류번호 4412.11에서 정하고 있는 조정관세 적용대상에서 제외되는 합판에 해당되는지 여부가 육안 및 분석검사에 의하여 밝혀진 그 구성 목재의 수종에 따라 바로 판정된다면 이는 해석통칙 제1호에서 말하는 "호의 용어 및 관련 부 또는 류의 주에 의하여 결정되는 경우"에 해당된다고 할 것이어서, 위 합판의 품목분류에 대하여 해석통칙 제3호의 (나)가 적용된다고 할 수 없다.

【대법원 1998.5.29, 97누7806】 폴란드의 아그로스사로부터 수입한 '세사미 스냅(SESAME SNAPS)'에 관한 HS관세율표상의 해당 품목번호를 결정함에 있어서, 우선 동 제품이 참깨와 설탕 등 2종 이상의 재료로 조제된 혼합물로서 위 관세율표의 부(部)나 유(類)의 주(註) 또는 각 부·각 유·각 번호의 본문에서 그에 관하여 따로 규정하고 있지 아니하므로 같은 표의 해석에 관한 통칙 제3호의 규정에 따라 이를 결정하여야 할 것이고[위 통칙 제2호 (나)목, 제2의(나)호], 또한 위 제품이 서로 다른 구성요소로 만들어진 복합물이지만 주원료인 참깨의 조제품이 그 맛과 외형 등에 있어서 본질적인 특성을 부여하고 있으므로 그 전체를 참깨의 조제품으로 구성된 것으로 취급하여 분류하되[위 통칙 제3호 (나)목], 그 조제방법이 단순히 설탕으로 저장처리한 것이 아니라 시럽에 절인 것이어서 그 품목번호는 제20류(채소·과실·견과류 또는 식물의 기타 부분의 조제품) 중에서도 설탕으로 저장처리한 제20.06호가 아니라 기타의 방법으로 조제 또는 저장처리한 제20.08호에 해당한다.

【대법원 1995.1.12, 94누8846】 수입물품인 효소음료와 동종의 물품에서 알콜함량이 0.5%를 초과하는 것으로 감정분석결과 나왔다고 하여, 그 수입물품에 알콜이 생성되는 과정 및 각 제품마다 알콜용량이 일정치 아니한 점 등에 비추어, 그것만으로는 그 수입물품의 알콜의 용량이 전용량의 0.5%를 초과하는 것이었다고 인정하기에 부족하고 달리 이를 인정할 증거가 없다고 하여 그 수입물품의 알콜용량이 0.5%를 초과함을 전제로 관세율표상 그 세번이 2106－90호가 아니라 2208－10호로 분류된다는 이유로 한 관세부과처분이 위법하다.

【대법원 1995.9.15, 95누6984】 수입물품이 하나의 복합기계인지 아니면 별개의 각 독립한 기계인지의 여부는 관세법 별표 관세율표에 의하여 이를 가려 보아야 하고, 수입물품은 예열, 소입, 소려 등 각각 다른 기능을 수행하는 별개의 기기들로서 위 관세율표에서 말하는 이른바 영구적으로 부착되는 등의 방식으로 하나의 기계로 결합되어 있는 것이 아니라 PLC조정을 위하여 전선으로 각

연결되어 있을 뿐이고 전력용량이 다르고 전력의 공급원도 별도로 하고 있으며 각 별도의 고주파 발생장치를 가지고 있는 독립한 기계인 점이 인정될 뿐만 아니라 전력용량은 관세법 규정의 취지에 비추어 각 개별기기의 그 용량을 말한다고 할 것이므로, 일련의 연속적인 작업을 수행한다고 하여 관련기기의 모든 용량을 합산하여 관세감면대상 여부를 결정하여야 하는 것은 아니고, 각 기기는 별개의 독립한 기계로 보아야 하고 위와 같은 이유만으로 이를 포괄하여 하나의 복합기계 또는 단일기계로 볼 수는 없다

【대법원 1991.10.11, 91누445】 가공 등의 공정을 거친 바 없는 옥수수는 완전한 낟알의 형태를 갖춘 것이든 깨어진 것이든 간에 관세율표상 제2부 제10류에 속하는 식물성 생산품 그 자체로서의 곡물임이 명백하다 할 것이므로 인위적 가공을 거치지 않은 자연 옥수수로서 수확, 탈곡, 운송과정에서 깨어진 옥수수 및 그 부스러기만을 모은 것을 관세율표상 제4부 제23류 중 세번 2302호 '밀기울 미강과 기타 이와 유사한 박류'에 해당한다고 판단하여 그에 해당하는 관세율을 적용한 관세부과처분은 위법하다.

【대법원 1990.9.25, 89누4970】 관세법상 관세율표는 수출입물품의 품목분류와 각 품목에 관한 세율을 정한 것일 뿐 수출입물품의 제한여부나 내용 및 절차 등을 정한 것이라고는 볼 수 없다.

【대법원 1984.3.13, 82누272】 토마토 페이스트가 철관에 밀봉되어 있다고 하여도 그 철관은 운반용기에 불과하고 이것이 직접 식용에 공여될 수 없고 원료로만 사용될 뿐인 한 관세율표에서 말하는 채소 통조림에 해당된다고는 볼 수 없고, 기타 채소 중의 토마토에 해당된다 할 것이다.

【대법원 1984.1.31, 83누403】 관세법 제7조의 2 별표 관세율표의 해석에 관한 통칙 2의 "가"의 규정취지는 불완전품이거나 미완성품이라고 하더라도 수입할 때에 완전품 또는 완성품의 주요한 특성을 갖춘 것이거나 완전품 또는 완성품이 수입할 때 분해되었거나 아직 조립되지 않은 물품을 관세율표 각호에 게기된 물품에 포함하여 그 각 호 소정 세율에 따라 관세를 부과한다는 것에 불과하다. 급수식 제습기가 제습을 하는데 수반하여 온도조절을 하는 냉동기를 갖추고 있다고 하여도 관세법 제7조의 별표 관세율표의 분류상 공기조절기로 분류할 것은 아니다.

【대법원 1983.6.14, 82도2592】 라돈타일의 주요성분은 산화라듐 등 기타 광물성 무기염 등을 응용제조한 것으로 주요용도는 목욕탕에 넣어 광천수를 만들어 라듐온천과 같은 효과를 내는 것임에 비추어 볼 때 관세법 제7조 제1항의 별표관세율표의 해석상 이는 동 관세율표 2850호의 무세품목으로 분류되어야 하는 것이다.

【대법원 1983.5.10, 82누384】 관세법 별표 중 관세율표 통칙 2의 가항의 내용은, 불완전품이거나 미완성품이라고 하더라도 수입할 때에 완전품 또는 완성품의 주요한 특색을 갖춘 것이거나 완전품 또는 완성품이 수입할 때 분해되었거나 아직 조립되지 않은 물품은 이를 관세율표 각호에 게기된 물품에 포함하여 그 각호 소정세율에 따라 관세를 부과한다는 뜻이라고 풀이된다.

【대법원 1980.2.12, 79누205】 세번 8903－1900에서 말하는 조명선이라 함은 일반적으로 (야간경계, 해난구조, 소방작업 등에서) 조명효과만을 내는 기능을 가진 선박을 말하므로 조명효과로 어군을 유인 집결시키는 외에 본선이나 보조선과 더불어 투망작업을 조력하는 기능도 가진 선박은 조선명에 해당하지 아니하고 세번 8901－0501에서 말하는 어로작업선으로 보는 것이 타당하다.

【대법원 1977.12.13, 77누179】 금속해수재생을 위하여 수입한 철강은 스크랩이라고 하고 형강이라고 하지 아니하므로 철근제조용으로 수입한 것으로서 단순한 압연에 의하여 원래의 형태와 조금 다른 변형된 형강의 상태로 전환될 수 없는 중고궤조는 이를 형강으로 보아 관세율표의 세번 7311에 분류할 수 없다.

【헌법재판소 1998.3.26, 96헌마166 전원재판부】 직접 법률에 대한 헌법소원심판을 청구하려면 먼저 청구인 스스로가 해당법률에 의하여 별도의 구체적인 집행행위의 매개 없이 직접·현재 헌법상 보장된 기본권을 침해당하고 있는 경우이어야 한다. 그런데 이 사건 관세율표는 관세의 부과대상이 되는 비료의 종류 및 세율에 관하여 규정하고 있는 것으로서, 구체적인 집행행위인 세관장의 관세부과처분을 거치지 아니하고 곧바로 청구인에 대한 의무의 부과나 권리침해 등의 법률효과가 생기는 것이 아니므로, 이 사건 심판청구는 직접성을 갖추지 못하였다.

③ 제2항에도 불구하고 제2항 제2호의 세율은 기본세율, 잠정세율, 제2항 제3호 및 제4호의 세율보다 낮은 경우에만 우선하여 적용하고, 제2항 제3호의 세율 중 제71조에 따른 세율은 제2항 제4호의 세율보다 낮은 경우에만 우선하여 적용한다. 다만, 제73조에 따라 국제기구와의 관세에 관한 협상에서 국내외의 가격차에 상당하는 율로 양허(讓許)하거나 국내시장 개방과 함께 기본세율보다 높은 세율로 양허한 농림축산물 중 대통령령으로 정하는 물품에 대하여 양허한 세율(시장접근물량에 대한 양허세율을 포함한다)은 기본세율 및 잠정세율에 우선하여 적용한다.
④ 별표 관세율표 중 잠정세율을 적용받는 물품에 대하여는 대통령령으로 정하는 바에 따라 그 물품의 전부 또는 일부에 대하여 잠정세율의 적용을 정지하거나 기본세율과의 세율차를 좁히도록 잠정세율을 올리거나 내릴 수 있다.
⑤ 제49조 제3호에 따른 세율을 적용할 때 별표 관세율표 중 종량세인 경우에는 해당 세율에 상당하는 금액을 적용한다.

해 설

제3항은 예외적인 적용순위에 관한 규정이다. 편익관세는 조약에 의한 편익을 받지 아니하는 나라로부터 수입되는 물품에 대하여도 이미 시행하고 있는 조약에 의한 편익을 제공하는 관세이며, 조약의 효과를 최대화하는 것이다. 국제협력관세는 정부가 우리나라의 대외무역 증진을 위하여 필요하다고 인정하여 특정국가나 국제기구와 협상하여 정한 관세다. 세율적용의 취지에 따라 국제협력관세나 편익관세의 세율이 기본관세, 잠정관세, 조정관세, 할당관세, 계절관세, 일반특혜관세보다 낮은 경우에만 우선적으로 적용하고, 할당관세는 일반특혜관세보다 낮은 경우에 한하여 우선 적용한다.

국제협력관세 중에서 WTO 등과 같은 국제기구와 관세에 관한 협상에서 국내외가격차에 상당한 율 즉, 관세 상당치로 관세율을 정하거나, 국내시장개방 조건으로 기본세율보다 높은 율로 관세율을 정하면서 수입제한을 해제하거나 시장접근물량 만큼 수입해야하는 농림축산물에 대하여는 양허세율을 기본세율·잠정세율에 우선하여 적용한다.

시장접근물량은 우리나라가 제한 없이 의무적으로 수입해야 하는 물량을 말한다. 이 물량을 초과하여 수입할 때에는 국내가격차에 상당하는 율에 해당하는 높은 관세를 부과하며, 기준을 초과하여 물량이 증가하거나 가격이 하락한 때에는 농림축수산물 특별긴급관세를 부과할 수 있다. 이는 WTO 협상 결과 농산물개방을 위한 조치로서 수입은 개방하되, 일정기준을 초과하면 높은 관세를 부과하여 생산자를 보호하기 위한 것이다. 농림축산물양허관세는 기본세율 및 잠정세율에 대하여 우선 적용하지만, 다른 탄력관세에 대한 부과 우선순위에 관하여는 정해져 있지 아니하다. 이는 다른 탄력관세와 경합이 되는 경우가 발생되지 아니하기 때문이며, 만일 있다면 미리 조정될 것으로 예상된다.

제4항은 잠정세율 적용방법에 관한 규정이다. 잠정세율은 관세율표에 있는 세율이지만 세율적용 정지·인상·인하 등 운영방법에 대하여는 대통령령으로 정할 수 있다. 잠정세율 적용방법은 다른 탄력관세와 다르게 적용을 정지하거나 현재 운영되는 세율과 기본세율 차이를 줄여 들여가는 것이다. 기본세율과 차이를 좁히는 방향으로 인상·인하한다는 것은 기본세율보다 잠정세율이 높은 경우는 잠정세율을 낮출 수 있고, 기본세율보다 잠정세율이 낮은 경우에는 잠정세율을 높일 수 있다는 의미다.

적용정지, 잠정세율의 인하·인상에 관하여 이해관계인이 기획재정부장관에 요청할 수 있으며, 기획재정부장관은 잠정세율의 적용정지에 관하여 이를 조사하기 위하여 관계기관, 수출자, 수입자, 기타 이해관계인에게 관련 자료의 제출 및 기타 필요한 협조를 요청할 수 있다. 잠정세율은 법에서 구체적으로 부과 목적을 규정하고 있지 아니하지만 기본관세율에 탄력성을 부여하기 위하여 운영하는 세율이다.

제5항은 종량세의 경우 적용방법에 관한 규정이다. 대통령령, 기획재정부령으로 정하는 탄력관세율은 종가세를 기준으로 정하고 있다. 따라서 적용대상물품이 종량세인 경우에는 규정에 의한 방법으로 산정된 율에 해당하는 금액을 적용하는 것을 의미한다.

【대법원 1996.11.15, 96도1889】 [1] 양허세율이 기본세율·잠정세율에 우선하여 적용되는 물품의 범위를 관세법규정에 의하여 국제기구와 관세에 관한 협상에서 국내외 가격차에 상당한 율로 양허하거나 국내 시장개방과 함께 기본세율보다 높은 세율로 양허한 농림축산물로 한정하여 대통령령에 위임하고 있는 이상, 관세법 제7조 제3항 단서의 규정이 조세법률주의에 위반된 것이라고 볼 수는 없다. [2] 관세법, 세계무역기구협정 등에 의한 양허관세규정 규정의 내용과 취지에 비추어 보면, 비록 관세율표가 참깨에 대한 관세를 종가세로 규정하고 있다고 하여 종가세와 종량세의 선택세로 규정되어 있는 참깨에 대한 양허세율 중 종가세만을 적용하여야 하는 것은 아니고, 양허세율이 기본세율·잠정세율에 우선하여 적용되는 것은 관세법, 세계무역기구협정 등에 의한 양허관세

규정 규정에 따른 것이므로 참깨에 대하여 관세율표에는 없는 종량세를 선택적으로 규정하고 있다 하여 위 규정이 위임의 한계를 벗어난 것이라고 볼 수는 없다.

제2절 세율의 조정

기본관세율이나 잠정관세율은 법으로 정하지만, 행정관청이 독자적으로 조정할 수 있는 관세율이 있다. 이렇게 정할 수 있는 관세의 종류에는 덤핑방지관세(Anti Dumping Duty), 보복관세(Retaliatory Duty), 긴급관세(Emergency Duty), 조정관세(Adjustment Duty), 농림축산물에대한특별긴급관세(Special Safeguard), 상계관세(Countervailing Duty), 편익관세(Beneficiary Duty), 계절관세(Seasonal Duty), 할당관세(Tariff Quota) 등이 있으며, 이외에 국제관세협력분야에 국제협력관세, 일반특혜관세가 있다.

세율을 결정하거나 조정하는 일은 급변하는 무역환경에 대하여 국익을 보호하거나 국내산업을 보호하는 역할을 하지만, 남용으로 인하여 국가 간 무역 분쟁을 일으키기도 한다. 미국의 한국산 철강제품에 대한 덤핑방관세부과에 관한 건만 보더라도 국가 간 이익이 첨예하게 대립되어 있는 분야에 적용되는 과제라는 것을 알 수 있다.

일반적으로 우리나라에서는 국내산업보호를 위해서 긴급관세, 물가안정을 위해서 할당관세, 수입자유화로 인한 국내산업 피해 방지를 위해서 조정관세, 산업피해구제를 위해서 덤핑방지관세, 농산물생산자 보호를 위해서 특별긴급관세를 부과하여 왔다.[4] 우리나라는 1967.11.29. 관세법 개정(법률 제1976호)시 탄력관세제도를 관세법에 처음 도입하였다.

1. 제1관 덤핑방지관세[5]

> 제51조【덤핑방지관세의 부과대상】 국내산업과 이해관계가 있는 자로서 대통령령으로 정하는 자 또는 주무부장관이 부과요청을 한 경우로서 외국의 물품이 대통령령으로 정하는 정상가격 이하로 수입(이하 "덤핑"이라 한다)되어 다음 각 호의 어느 하나에 해당하는 것(이하 이 관에서 "실질적 피해등"이라 한다)으로 조사를 통하여 확인되고 해당 국내산업을 보호할 필요가 있다고 인정되는 경우에는 기획재정부령으로 그 물품과 공급자 또는 공급국을 지정하여 해당 물품에 대하여 정상가격과 덤핑가격 간의 차액(이하 "덤핑차액"이라 한다)에 상당하는 금액 이하의 관세(이하 "덤핑방지관세"라 한다)를 추가하여 부과할 수 있다.

4) 박상태, 『관세정책요론』, 서울 : 한국관세연구소, 1996, p.260.
5) 명칭이 반덤핑관세(Anti Dumping Duty)라는 의견도 있다.

1. 국내산업이 실질적인 피해를 받거나 받을 우려가 있는 경우
2. 국내산업의 발전이 실질적으로 지연된 경우

해 설

덤핑방지관세의 부과목적, 부과대상, 부과범위 등에 관한 규정이다. 덤핑방지관세는 GATT 제6조, WTO 반덤핑협정에 근거를 두고 있으며 대표적인 무역구제제도이다. 무역구제제도는 불공정무역관행에 의한 것과 공정무역관행에 의한 것으로 나누어 볼 수 있는데 불공정무역관행에 의한 무역구제제도는 가격경쟁력의 임의적 조작에 의한 수입을 대상으로 하며 이에는 덤핑, 정부보조금 지급 등에 의해 정상가격 이하의 가격경쟁력을 보유한 물품의 수입을 대상으로 하고 있다. 반면 공정무역관행에 의한 무역구제제도는 국제경쟁력의 임의적 조작이 없는 상태에서 단순한 수입증가에 의한 산업피해를 구제하기 위한 제도로서 세이프가드 제도를 말한다.

전 세계적으로 무역구제제도 가운데 상계관세와 세이프가드 발동은 제한적인 반면 반덤핑관세에 대한 의존도는 매우 높다. 반덤핑관세제도는 수입국가의 입장에서나 관련산업의 입장에서 상당히 이용하기 용이한 제도이다. 이는 수입규제의 원인이 수출자의 불공정한 행위, 즉 덤핑에 있으므로 수입제재에 따른 국제적 비난이나 교역상대국의 보복위협에서 벗어날 수 있다. 또한 반덤핑관세는 실질적인 부과 여부에 관계없이 그 효과가 대단히 크다는 점이다. 즉 수입국은 고율의 반덤핑관세 부과를 무기로 수출국을 위협함으로써 수출업자가 스스로 물량을 제한하거나 가격을 인상하도록 유도하여 반덤핑관세 부과와 같은 효과를 기대할 수 있다.

이와 반면 상계관세는 상대국 정부의 보조금의 존재를 입증하여야 하는데 보조금의 존재를 입증하는 것이 기술적으로 어려울 뿐만 아니라 상대국 정부와 껄끄러운 관계를 각오하여야 하며 세이프가드조치는 수출자의 불공정한 행위가 없으므로 조치상대국의 보복위협에서 벗어날 수 없다.

이해관계인이나 주무부장관의 요청으로 외국물품이 덤핑 수입되면 국내 산업을 보호하기 위해 조사를 통하여 덤핑방지관세를 부과할 수 있다. '덤핑'은 외국물품을 정상가격 이하 가격으로 수입하는 것을 말하며, '덤핑방지관세'는 정상가격과 덤핑가격의 차액에 상당하는 금액 이하의 관세를 말한다. 또한 '정상가격'은 해당 물품의 공급국에서 소비되는 동종물품의 통상거래가격을 말하며, '덤핑가격'은 조사가 개시된 조사대상물품에 대하여 실제로 지급하였거나 지급하여야 하는 가격을 말한다.

덤핑방지관세는 실질적 피해 등을 받은 국내 산업에 이해관계가 있는 자 또는 해당 산업을 관장하는 주무부장관이 기획재정부장관에게 덤핑방지관세의 부과를 요청할 수 있다. 이 요청은 대외무역법 제32조의 규정에 의한 무역위원회에 대한 덤핑방지관세의 부과에 필요한 조사신청으로 갈음할 수 있다. '국내 산업에 이해관계가 있는 자'라 함은 실질적 피해 등을 받은

국내 산업에 속하는 국내생산자와 이들을 구성원으로 하거나 이익을 대변하는 법인·단체·개인으로서 기획재정부령이 정한 자를 말한다.[6] '기획재정부령이 정하는 자'는 국내생산자로 구성된 협회·조합 등을 말한다. 덤핑방지관세 부과요청에서 '국내산업'은 정상가격 이하로 수입되는 물품과 동종물품의 국내생산사업 전부 또는 국내 총생산량의 상당 부분을 점하는 국내 생산 사업으로 한다. 다만, 해당 수입물품의 공급자 또는 수입자와 기획재정부령이 정하는 특수관계에 있는 생산자에 의한 생산사업과 해당 수입물품의 수입자인 생산자로서 기획재정부령이 정하는 자에 의한 생산 사업을 제외할 수 있다.

WTO반덤핑협정 제5.4조는 제소업체의 생산량이 '국내산업' 전체생산량의 25%이고, 제소에 지지 또는 반대를 표명한 기업의 생산량의 50%를 초과하여야 한다고 규정하고 있다. 국내산업 중에는 덤핑 제소에 대하여 무관심하거나 반대하는 기업이 있을 수 있기 때문이다. 즉, 제소조건은 국내산업 중 제소에 지지하는 기업(a), 반대하는 기업(b), 무의견기업(c)이 있을 때 a의 생산량이 a + b의 생산량의 50% 초과, a의 생산량이 a + b + c의 생산량의 25% 이상이어야 한다. 다만, 국내산업이 예외적으로 많은 수의 생산자를 포함하고 있을 경우 수입당국은 통계적으로 적절한 표본추출방법을 사용하여 지지 또는 반대를 결정할 수 있다(제5.4조 주석).

기획재정부장관이 덤핑방지관세 부과 여부나 세율 등을 결정하며, 관세청은 덤핑방지관세를 실제 부과·징수한다. 조사를 담당하고 있는 무역위원회는 관계 공무원이 조사 활동에 참여하도록 요구할 수 있다.

덤핑방지관세를 정률세 방법으로 부과하는 경우에는 (조정된 정상가격 − 조정된 덤핑가격)/과세가격 × 100 = 덤핑률과 같은 방법으로 산출한 금액, 덤핑방지관세를 기준수입가격 방법으로 부과하는 경우에는 기준수입가격에서 과세가격을 차감하여 산출한 금액으로 부과한다. 가중평균 덤핑방지관세율 또는 기준수입가격을 산정함에 있어서는 공급자별 수출량에 따라 가중치를 두어 산정할 수 있다.[7] 덤핑차액이 없거나 덤핑가격대비 덤핑차액이 100분의2 미만인 경우에는 해당 덤핑차액을 제외하고 산정하며, 이용 가능한 자료를 사용하여 덤핑률을 산정한 공급자도 제외한다. 이전에는 대통령령에 조사 담당기관과 조사 등 절차에 관해서만 규정하였으나, 법적인 근거를 마련하기 위하여 2000년 개정 관세법에서는 대통령령으로 규정하고 있다. 덤핑방지관세율 산정시에는 '최소부과원칙', 즉 국내산업의 피해를 구제하기 위하여 필요한 최소한의 수준으로 부과하도록 2008.2.22. 시행령 개정시 이를 명문화 하였다. 이전에도

---

6) 기획재정부 유권해석(1996.7.10)에 의하면 국내생산자와 그들의 조합, 협회 등 국내생산자를 구성원으로 하거나 이익을 대변하는 법인, 단체만이 덤핑방지관세의 부과를 요청할 수 있으며 노동조합은 포함되지 아니한다.

7) 개별 수출가격이 수출국의 내수가격보다 높아 마이너스 마진이 산정된 경우 이를 '0'으로 환산함으로써 덤핑방지율을 높이 산정하는 방식을 'Zeroing'하며, WTO에서 금지하고 있어 이를 한·인도 CEPA, 한·싱 FTA에 반영하고 있다.

WTO 반덤핑협정의 권고에 따라 무역위원회 예규로 최소부과원칙을 적용하고 있었다. 2010년 시행령 개정시 덤핑방지 관세는 실질적 피해 등을 구제하기 위하여 필요한 범위에서 부과하는 원칙을 규정하였다. 반덤핑관세 부과시 소비자 가격상승 등 부작용이 있으나 최소부과원칙을 적용시 소비자가격 상승억제 효과가 있다. 2010.3.26. 시행령 개정시 신규 공급자에 대하여는 담보제공을 받은 후 덤핑방지관세 부과를 유예하도록 개정하였다.

무역위원회가 실질적인 피해를 판정할 때에는 실질적 증거에 근거하여야 하며, 피해는 명백히 예견되고 급박한 것이어야 한다. 또한 피해가 여러 국가로부터 수입된 물품으로 발생된 때에는 이를 누적할 수 있으며, 덤핑 이외의 요인으로 인한 국내산업 피해를 덤핑에 의한 것으로 간주하여서는 아니 된다.

1993.12.31. 관세법 개정시 덤핑방지관세부과에 관해 대통령령으로 부과하던 것을 기획재정부령으로 바꾸었고, 덤핑에 관한 정의를 GATT규정과 일치하도록 개정하였다. 또한 1996.1.1. 덤핑사실 여부나 덤핑률 조사업무는 관세청에서 무역위원회업무로 이관하였고, 1996.7.1.부터는 예비조사 종결권, 약속제의, 약속수락 업무도 무역위원회로 이관하였다.[8]

【대법원 2022.12.1, 2019두48905】 기획재정부장관이 일정 요건을 갖춘 일본산 공기압 전송용 밸브에 대하여 5년간 적용할 덤핑방지관세율을 규정하는 '일본산 공기압 전송용 밸브에 대한 덤핑방지관세의 부과에 관한 규칙'을 제정·공포하자, 甲 법인이 위 규칙이 관세법 제51조에서 정한 덤핑방지관세의 부과요건을 갖추지 못하여 위법하다고 취소를 구하는 소를 제기한 사안에서, 위 규칙은 덤핑방지관세를 부과할 물품과 공급자를 지정하고 해당 물품에 적용할 관세율을 정한 조세법령으로, 덤핑물품과 관세율 등 과세요건을 규정하는 것만으로 납세의무자에게 덤핑방지관세를 납부할 의무가 성립하는 것은 아닌 점, 규칙은 수입된 덤핑물품에 관한 세관장의 덤핑방지관세 부과처분 등 별도의 집행행위가 있어야 비로소 상대방의 권리의무나 법률관계에 영향을 미치게 되는 점, 관세 부과처분 등에 따라 덤핑방지관세를 납부하게 될 자는 덤핑물품을 수입하는 화주 등이지 덤핑물품을 수출하는 자가 아니고, 위 규칙은 덤핑물품의 수출 또는 수입행위를 규제하거나 외국 수출자와 국내 수입자 사이의 덤핑물품에 관한 법률관계를 규율하지 않고, 甲 법인의 구체적인 권리의무나 법률관계에 직접적인 변동을 초래한다고 보기 어려운 점을 종합하면, 위 시행규칙은 항고소송의 대상이 될 수 없고, 취소를 구하는 소는 부적법하다.

【서울행정법원 2005.9.1, 2004구합5911】 [1] 덤핑방지관세는 덤핑으로 인하여 국내산업에 실질적인 피해가 있다고 인정되는 경우에 그 물품과 공급자 또는 공급국을 지정하여 해당 물품에 대하여 부과되는 것이기 때문에 그 물품의 우리나라에 대한 수출에 직접적인 영향을 미친다는 점 등을 종합하여 보면, 기획재정부령 제330호 '관세법 제51조의 규정에 의한 인도네시아·중국산 정보용지

8) 무역위원회는 「불공정무역행위 조사 및 산업피해 구제에 관한 법률」 제27조에 따라 구성되고, 동법에서 정하는 절차에 따라 조사활동을 한다. 동법에는 불공정무역행위의 조사, 수입증가로 인한 산업피해조사, 덤핑 및 보조금 등으로 인한 산업피해조사, 산업경쟁력 영향 조사, 무역위원회 구성 등에 관하여 규정하고 있다.

및 백상지에 대한 덤핑방지관세 부과에 관한 규칙'은 항고소송의 대상이 되는 행정처분에 해당한다. [2] 우리나라에 정보용지 및 백상지를 수출하는 인도네시아의 회사들이 동일한 그룹에 속하는 자회사들로서 모두 한 회사의 지배하에 놓여 있는 점 및 위 회사들과 같이 조사대상업체들이 특수관계에 있는 경우 각 회사의 덤핑률을 가중평균한 단일 덤핑률을 산정하여 덤핑방지관세를 부과하지 않는다면 덤핑판정을 받지 않거나 덤핑률이 낮게 부과된 수출업체를 통하여 우회수출을 할 때에 덤핑방지관세 부과의 실효를 거두지 못할 것이라는 점 등을 종합하여, 기획재정부장관이 독립된 법인격을 가진 복수의 공급자들인 위 회사들을 단일한 경제적 실체로 인정하여 단일 덤핑방지관세율을 결정할 정당한 사유가 있다.

【대법원 2002.2.22, 2000도5550】 [1] 덤핑방지관세를 부과할 수 있도록 한 관세법 시행규칙에 따라, 정률세의 방법으로 부과하는 경우 일정한 산식에 의하여 산정된 덤핑률의 범위 내에서 결정된 율을 과세가격에 곱하여 산출된 금액을 부과하도록 되어 있는바, 여기에서 과세가격은 구매자가 실제로 지급하였거나 지급하여야 할 가격, 즉 그 수입가격을 의미함이 분명하고, 이와 달리 과세가격을 정상가격과 덤핑가격의 차이인 덤핑차액으로 보아야 할 아무런 법령상 근거가 없다. [2] 덤핑방지관세는 정상가격과 덤핑가격의 차액인 덤핑차액을 초과할 수는 없다고 할 것이나, 여기서 '정상가격'이란 일반적으로 해당 물품의 공급국에서 소비되는 동종물품의 통상거래가격을 의미하는 것으로서, 수출자가 그보다 낮은 가격으로는 한국 내 수입업자에게 판매하지 않을 것을 한국정부에 약속한 가격을 의미하지는 않는다.

제52조【덤핑 및 실질적 피해등의 조사】 ① 제51조에 따른 덤핑 사실과 실질적 피해등의 사실에 관한 조사는 대통령령으로 정하는 바에 따른다.
② 기획재정부장관은 덤핑방지관세를 부과할 때 관련 산업의 경쟁력 향상, 국내 시장구조, 물가안정, 통상협력 등을 고려할 필요가 있는 경우에는 이를 조사하여 반영할 수 있다.

해 설

덤핑방지관세의 조사, 조사시 반영해야 할 사항에 관한 규정이다. 덤핑사실 및 실질적 피해등 사실에 관한 조사[9]는 무역위원회가 담당한다. 무역위원회는 예비조사에 따른 덤핑차액 또는 덤핑물품의 수입량이 기준에 미달하거나 실질적 피해 등이 경미한 것으로 인정되는 때에

9) 관세법 시행령 제64조에 따른 "덤핑 사실과 실질적 피해 등의 사실에 관한 조사 및 덤핑방지관세의 부과 여부 등을 결정하기 위하여 필요하다고 인정하여 이해관계인 등에게 제출받은 관계 자료 중 비밀로 취급되는 자료"는 이를 비밀 또는 비공개 사항으로 보호하여야 할 필요성이 있는지 여부 등에 대한 판단을 전제로 하여 결정하여야 할 것이고, 관세법 제52조는 덤핑 사실과 실질적 피해등의 사실에 관한 조사에 대하여 대통령령으로 정하도록 포괄적으로 위임하고 있을 뿐, 조사와 관련하여 제출되는 자료의 공개에 관한 구체적인 위임규정이라고는 할 수 없으므로 당연히 「공공기관의 정보공개에 관한 법률」 제9조 제1항 제1호에 따른 "다른 법률 또는 법률이 위임한 명령에 의하여 비밀 또는 비공개 사항으로 규정된 정보"에 해당한다고 볼 수는 없다(법제처 11-0344, 2011.8.4).

는 본 조사를 종결해야 한다.

무역위원회는 덤핑방지관세 부과요청 후 2개월 이내에 조사개시 여부를 결정하여 결정일부터 10일 이내에 관보에 게재하고, 관보에 게재된 날부터 3월 이내에 덤핑사실 및 그로 인한 실질적 피해 등의 사실이 있다고 추정되는 충분한 증거가 있는지에 관한 예비조사를 하여 그 결과를 기획재정부장관에게 제출하여야 한다.[10] 다만, 제소적격 없는 자가 신청한 경우나 덤핑 및 피해 관련 충분한 자료를 제출하지 않은 경우, 덤핑차액 및 덤핑물량이 미미한 경우 또는 조사개시가 필요 없게 된 경우에는 반덤핑조사 신청을 기각할 수 있었으나 2008.2.22. 시행령 개정시 조사신청의 기각 요건을 강화하여 WTO의 반덤핑협정과 동일하게 규정하여 조사개시만으로도 해당 물품의 수입억제, 공급선 변경 등 파급효과가 상당하여 반덤핑협정과 상이하게 반덤핑 조사가 개시된 경우에는 강제적으로 조사 신청을 기각하도록 정하고 있다. 기타 진행 절차를 보면, 예비조사의 결정 이후에 수출자나 기획재정부장관은 약속을 제의할 수 있다. 그리고 기획재정부장관은 예비조사결과가 제출된 날부터 1개월 20일 이내에 법 제53조 제1항의 규정에 의한 조치의 필요여부 및 내용에 관한 사항을 결정하여야 한다.

조사를 신청한 자가 해당 신청을 철회하고자 하는 때에는 서면으로 그 뜻을 무역위원회에 제출하여야 한다. 조사신청을 철회하는 경우 무역위원회는 예비조사결과를 제출하기 전에 해당 철회서를 접수한 때에는 기획재정부장관 및 관계행정기관의 장과 협의하여 조사개시 여부의 결정을 중지하거나 조사를 종결할 수 있으며, 예비조사결과를 제출한 후에 해당 철회서를 접수한 때에는 기획재정부장관에게 이를 통보하여야 한다. 기획재정부장관은 통보를 받은 때에는 무역위원회 및 관계행정기관의 장과 협의하여 조사를 종결 할 수 있으며, 잠정조치가 취하여진 경우에는 이를 철회할 수 있다. 그리고 기획재정부 장관은 본 조사 종결에 관한 사항을 관보에 게재하여야 한다. 예비조사 또는 본 조사기간 중에 철회서가 접수된 경우로서 해당 철회사유가 부당하다고 인정되는 경우에는 해당 예비조사나 본 조사가 종료될 때까지 철회에 따른 조사종결 여부에 대한 결정을 유보할 수 있다.

제2항은 관련 산업의 동향을 조사에 반영할 수 있는 규정이다. 이전에는 국내 산업에 관한 실질적인 피해를 받거나 받을 우려가 있는 경우, 국내산업의 확립이 실질적으로 지연된 경우에 관하여만 조사하였으나, 2000년 개정 관세법에서는 관련 산업의 경쟁력제고, 물가안정, 통상협력 등을 추가하여 정하였고[11] 2016년 개정시에는 기획재정부장관이 덤핑방지관세 또는 상계관세를 부과하는 경우 수입물품의 공급 감소에 따라 국내 시장의 독과점이 심화될 가능

10) 상계관세의 경우는 조사 개시 여부를 결정하여 2개월 이내에 기획재정부장관에게 제출하여야 한다.

11) 덤핑방지관세 부과대상국이 아닌 기타 국가에서 생산된 물품의 경우 덤핑방지관세 부과대상이 아니고 기타 국가로부터 수입된 물품이 덤핑혐의가 있는 경우에는 새로 제소절차 및 조사과정을 거쳐 덤핑방지관세 부과 여부를 결정하게 된다(기획재정부, 1995.6.21).

성이 있는지 여부 등의 국내시장구조에 관한 사항까지도 조사하여 반영할 수 있도록 하였다.

제53조【덤핑방지관세를 부과하기 전의 잠정조치】 ① 기획재정부장관은 덤핑방지관세의 부과 여부를 결정하기 위하여 조사가 시작된 경우로서 다음 각 호의 어느 하나에 해당하는 경우에는 조사기간 중에 발생하는 피해를 방지하기 위하여 해당 조사가 종결되기 전이라도 대통령령으로 정하는 바에 따라 그 물품과 공급자 또는 공급국 및 기간을 정하여 잠정적으로 추계(推計)된 덤핑차액에 상당하는 금액 이하의 잠정덤핑방지관세를 추가하여 부과하도록 명하거나 담보를 제공하도록 명하는 조치(이하 이 관에서 "잠정조치"라 한다)를 할 수 있다.

1. 해당 물품에 대한 덤핑 사실 및 그로 인한 실질적 피해 등의 사실이 있다고 추정되는 충분한 증거가 있는 경우
2. 제54조에 따른 약속을 위반하거나 약속의 이행에 관한 자료제출 요구 및 제출자료의 검증 허용 요구를 따르지 아니한 경우로서 이용할 수 있는 최선의 정보가 있는 경우

해 설

덤핑방지관세의 잠정조치, 잠정덤핑방지관세의 환급 및 담보해제, 잠정덤핑방지관세의 정산에 관한 규정이다. 피해를 방지하기 위해 조사가 종결되기 전이라도 증거가 있거나, 약속위반·자료요구 불응 등의 경우에는 추계된 덤핑차액 이하의 잠정덤핑방지관세를 부과하거나 담보제공의 조치 등 잠정조치를 할 수 있다.

제1호와 제2호에서 보면, 잠정조치를 취할 때에는 양자 간의 균형적 판단을 중시하고 있다. 충분한 증거를 바탕으로 부과하고 검증허용 요구에 불응시에는 최선의 정보로 부과할 수 있도록 정하고 있는 것이다.[12]

② 다음 각 호의 어느 하나에 해당하는 경우에는 대통령령으로 정하는 바에 따라 납부된 잠정덤핑방지관세를 환급하거나 제공된 담보를 해제하여야 한다.

1. 잠정조치를 한 물품에 대한 덤핑방지관세의 부과요청이 철회되어 조사가 종결된 경우

12) 잠정조치는 예비조사결과 덤핑사실 및 그로 인한 실질적 피해 등의 사실이 있다고 추정되는 충분한 증거가 있다고 판정된 경우로서 해당 조사의 개시 후 최소한 60일이 경과된 날 이후부터 적용할 수 있다. 잠정조치의 적용기간은 6월 이내로 하여야 한다. 다만, 해당 물품의 무역에 있어서 중요한 비중을 차지하는 공급자가 요청하는 경우에는 그 적용기간을 9월까지 연장할 수 있다. 그러나 기획재정부장관이 필요하다고 인정하는 때에는 국제협약에 따라 잠정조치의 적용기간을 연장할 수 있다. 적용기간을 6월 요청시 9월까지 연장 가능하도록 한 것은 조사기간 중에 국내산업이 피해를 입지 않도록 취하는 조치로서 이전 4월, 6월에서 현행 기간으로 2007.12.31. 법 개정시 그 기간을 연장하였다. 잠정조치 적용기간의 연장을 요청하고자 하는 자는 잠정조치의 유효기간 종료일 10일 전까지 이를 요청하여야 하며, 제공되는 담보는 잠정덤핑방지관세액에 상당하는 금액이어야 한다.

2. 잠정조치를 한 물품에 대한 덤핑방지관세의 부과 여부가 결정된 경우
3. 제54조에 따른 약속이 수락된 경우

③ 제2항에도 불구하고 다음 각 호의 어느 하나에 해당하는 경우 덤핑방지관세액이 잠정덤핑방지관세액 또는 제공된 담보금액을 초과할 때에는 그 차액을 징수하지 아니하며, 덤핑방지관세액이 잠정덤핑방지관세 또는 제공된 담보금액에 미달될 때에는 그 차액을 환급하거나 차액에 해당하는 담보를 해제하여야 한다.

1. 덤핑과 그로 인한 산업피해를 조사한 결과 해당 물품에 대한 덤핑 사실 및 그로 인한 실질적 피해등의 사실이 있는 것으로 판정된 이후에 제54조에 따른 약속이 수락된 경우
2. 제55조 단서에 따라 덤핑방지관세를 소급하여 부과하는 경우

해 설

제2항은 잠정덤핑방지관세를 환급하거나 제공된 담보 해제에 관한 규정이다. 부과요청의 철회로 조사가 종결된 경우, 부과 여부가 결정된 경우, 약속이 수락된 경우에는 납부된 잠정덤핑방지관세를 환급하거나 담보를 해제해야 한다.

제3항은 잠정덤핑방지관세의 정산내용에 관한 규정이다. 실질적인 피해 등이 있다고 판정된 후 약속이 수락된 경우, 소급하여 덤핑방지관세를 부과하는 경우는 정산절차를 거쳐야 한다. 특히, 약속 수락 후에는 법 제54조에 따라 잠정 혹은 덤핑방지관세를 부과하지 않지만, 약속수락이 피해 사실이 있는 것으로 판정된 후 이루어진 경우에는 이미 납부된 잠정덤핑방지관세에 대한 정산절차를 거치도록 규정하고 있다. 이 규정은 잠정덤핑방지부과와 약속제의를 두고 양자 간 협의를 최대한 끌어내려는 의미로 볼 수 있다. 2023.12.31. 법 개정시 '제공된 담보금액'에 관한 사항을 추가하였다.

정산 내용을 보면 잠정덤핑방지관세가 많으면 그 차액을 환급하지만, 적으면 그 차액은 추징하지 아니한다.[13] 이는 잠정덩핑방지관세 금액을 지나치게 높게 책정하는 것을 막기 위한 보호 장치라고도 할 수 있다.

제54조【덤핑방지관세와 관련된 약속의 제의】 ① 덤핑방지관세의 부과 여부를 결정하기 위하여 예비조사를 한 결과 해당 물품에 대한 덤핑 사실 및 그로 인한 실질적 피해 등의 사실이 있는 것으로 판정된 경우 해당 물품의 수출자 또는 기획재정부장관은 대통령령으로 정하는 바에 따라 덤핑으로 인한 피해가 제거될 정도의 가격수정이나 덤핑수출의 중지에 관한 약속을 제의할 수 있다.

13) 기본통칙에 의하면 잠정덤핑방지관세 환급 경우에도 과오납금의 환급에 해당되어 환급가산금을 지급해야 한다.

② 제1항에 따른 약속이 수락된 경우 기획재정부장관은 잠정조치 또는 덤핑방지관세의 부과 없이 조사가 중지 또는 종결되도록 하여야 한다. 다만, 기획재정부장관이 필요하다고 인정하거나 수출자가 조사를 계속하여 줄 것을 요청한 경우에는 그 조사를 계속할 수 있다.

해 설

'약속의 제의' 제도 취지는 덤핑방지관세를 부과하는 것보다 국가 간 협상을 통해 문제를 해결하려는 데에 있다. 제1항에 의한 약속이 수락되면 제2항과 같이 잠정조치나 덤핑방지관세부과 없이 조사를 중지 또는 종결해야 한다. 그러나 법 제55조에 의하여 소급 과세하는 경우에는 정산절차를 거쳐서 덤핑방지관세를 부과한다.

'약속의 제의'는 수출자가 무역위원회나 기획재정부장관에게 제출할 수 있다. '약속의 제의' 내용은 구체적으로 규정에서 정하고 있으므로 임의적으로 수락 여부를 결정할 수 있는 것은 아니다. 그리고 약속을 위반하는 경우에는 법 제53조에서 규정한 내용에 추가하여 잠정조치를 취할 수도 있다. 특히 가격약속의 경우에는 가격약속 검토에 필요한 기간 확보 및 수출자 등에게 조사결과가 노출될 위험성이 있으며 최종판정 전일 또는 당일 가격 약속 신청하는 경우 무역위원회 등의 의견 조회 곤란, 조사결과 노출시 우리 측 가격 약속 체결 협상력 저하 등 사항을 예방할 수 있도록 가격약속의 접수 및 수락기관의 기획재정부로 일원화 및 신청기간을 최종판정일 이전 5일 전까지 제출하도록 2008.2.22. 시행령을 개정하였다. 2010.3. 시행령 개정시에는 신규 공급자도 약속 제기할 수 있도록 규정을 개정하였다.

제1항을 요약하면, 예비조사결과 실질적 피해 등이 있는 경우 수출자 또는 기획재정부장관은 덤핑으로 인한 피해가 제거될 정도의 가격수정이나, 덤핑수출의 중지에 관한 약속을 제의할 수 있다.[14] 예를 들면, 2000.10.12. 기획재정부 고시로 알칼리망간건전지에 대한 가격인상

14) 수출자가 무역위원회에 약속을 제의하고자 하는 경우 그 약속 내용에는 수출자가 수출가격을 실질적인 피해 등이 제거될 수 있는 수준으로 인상한다는 내용, 기획재정부장관과 협의하여 정하는 기간 이내에 덤핑수출을 중지한다는 내용, 약속을 수락하기 전까지 계약되거나 선적되는 물품에 관한 내용, 형식·모양·명칭 등을 변경하거나 저급품 판매 등의 방법으로 약속 이행을 회피하지 아니하겠다는 내용, 제3국이나 제3자를 통하여 판매하는 등의 방법을 이용하여 사실상 약속을 위반하지 아니하겠다는 내용, 수출국내에서 판매물량·판매가격과 우리나라로 수출물량·수출가격에 대하여 기획재정부장관에게 정기적으로 보고하겠다는 내용, 관련 자료에 대한 검증을 허용하겠다는 내용, 기타 상황이 변동하는 경우에 기획재정부장관의 요구에 대해 재협의를 할 수 있다는 내용을 포함하여야 한다. 기획재정부장관은 약속을 수락하기 전에 무역위원회·관계 행정기관의 장 및 이해관계인의 의견을 물을 수 있으나, 다수의 수출자를 대리하여 약속을 제의한 자가 그 다수의 수출자간에 완전한 합의가 이루어졌음을 입증하지 못하는 경우, 약속 이행여부에 대한 적절한 확인 또는 조사가 곤란한 조건이 있는 경우, 과거에 약속을 위반하였던 사실이 있는 등 약속을 수락할 수 없다고 인정되는 합리적인 사유가 있는 경우에는 약속을 수락하지 아니할 수 있다. 기획재정부장관으로부터 약속의 제의를 받은 수출자는 1월 이내에 수락 여부를 통보해야 한다. 기획재정부장관은 수출자가 약속을 지키지 아니하면 잠정조치를 취하하는 조치를 할 수 있다. 조사를 계속한 결과 실질적인 피해가 없거나 덤핑차액이

약속제의 내용을 예로 보면, 중국 수출자는 자체 생산한 알칼리망간 건전지에 대하여 약속 시행일부터 약속한 최저가로 판매할 것을 약속하고 정부가 이를 수락하여 이 물품에 대하여 덤핑방지관세를 부과하지 아니한 경우가 있다.

제55조【덤핑방지관세의 부과 시기】 덤핑방지관세의 부과와 잠정조치는 각각의 조치일 이후 수입되는 물품에 대하여 적용된다. 다만, 잠정조치가 적용된 물품에 대하여 국제협약에서 달리 정하는 경우와 그 밖에 대통령령으로 정하는 경우에는 그 물품에 대하여도 덤핑방지관세를 부과할 수 있다.

해 설

덤핑방지관세의 부과시기, 예외적 부과시기에 관한 규정이다. 덤핑방지관세 부과 대상과 잠정조치 적용대상에 단서 조항은 소급부과를 의미하며, 소급부과는 잠정조치가 취해진 경우에만 부과하는 것이다.

덤핑방지관세를 소급하여 부과할 수 있는 경우는 대통령령에 세부적으로 정하고 있다. 이를 요약하면, 실질적인 피해판정이나 잠정조치가 없었다면 피해가 있을 것이라 하여 잠정조치한 기간 동안 수입된 물품, 과거에 덤핑사실이 있었거나 수입자가 덤핑사실로 피해가 있는 것을 알고 있는 경우에 잠정조치 적용한 날부터 90일 전 이후 수입된 물품, 약속을 위반하여 덤핑한 경우에 잠정조치 적용일부터 90일 전 이후 수입된 물품, 국제협약에서 정하는 바에 따라 기획재정부장관이 정하는 기간에 수입된 물품에 대하여 소급하여 부과한다. 약속위반과 관련한 잠정조치의 경우는 약속위반일 이전에 수입된 물품은 제외한다.

제56조【덤핑방지관세에 대한 재심사 등】 ① 기획재정부장관은 필요하다고 인정될 때에는 대통령령으로 정하는 바에 따라 다음 각 호의 조치(이하 이 조에서 "덤핑방지조치"라 한다)에 대하여 재심사를 할 수 있으며, 재심사의 결과에 따라 덤핑방지조치의 변경, 환급 등 필요한 조치를 할 수 있다.

1. 덤핑방지관세의 부과
2. 제54조에 따른 약속

② 기획재정부장관은 제1항에 따른 재심사에 필요한 사항으로서 덤핑방지조치 물품의 수입 및 징수실적 등 대통령령으로 정하는 사항을 조사할 수 있다.

③ 덤핑방지조치는 기획재정부령으로 그 적용시한을 따로 정하는 경우를 제외하고는 해당 덤핑

없다면 약속의 효력을 소멸시켜야 한다. 그러나 이러한 사실이 약속이행으로 인한 것이라면 계속해서 약속을 이행하게 할 수 있다.

방지조치의 시행일부터 5년이 지나면 그 효력을 잃으며, 제1항에 따라 덤핑과 산업피해를 재심사하고 그 결과에 따라 내용을 변경할 때에는 기획재정부령으로 그 적용시한을 따로 정하는 경우를 제외하고는 변경된 내용의 시행일부터 5년이 지나면 그 효력을 잃는다. 다만, 대통령령으로 정하는 사유로 재심사하는 경우에는 재심사가 끝나기 전에 해당 덤핑방지조치의 적용시한이 종료되더라도 재심사기간 동안 그 덤핑방지조치는 효력을 잃지 아니한다.
④ 제1항부터 제3항까지의 규정과 제51조부터 제55조까지의 규정에 따른 덤핑방지관세의 부과 및 시행 등에 필요한 사항은 대통령령으로 정한다.

해 설

덤핑방지관세에 관한 재심사, 덤핑방지관세의 효력 등에 관한 규정이다. 재심사는 덤핑방지관세의 부과와 약속의 내용을 다시 심사하는 것을 말하며, 덤핑방지관세의 부과 또는 약속의 시행일부터 1년이 경과된 날 이후에 신청할 수 있고, 효력이 상실되는 날의 6월 이전에 신청해야 한다. 이 경우 기획재정부장관은 재심사를 요청 받은 날부터 2월 이내에 재심사의 필요여부를 결정하여야 한다. 재심사여부 결정시 요건은 조치내용의 변경이 필요한 상황변동이 발생한 경우, 반덤핑조치 종료로 국내산업이 피해를 입을 우려가 있는 경우, 덤핑방지관세를 과다하게 납부한 경우에는 재심사를 할 수 있도록 규정하였으나 2008.2.22. 시행령 개정시 덤핑 및 피해가 발생하거나 재발할 우려가 있는 경우로 규정을 개정하여 재심사 요건을 WTO 반덤핑협정과 동일하게 규정하여 제도운영의 일관성을 유지하도록 하였다. 그리고 재심사 기간 중 덤핑방지조치 효력은 지속되며 적용시한이 종료된 이후 계속 조치는 잠정조치로 간주하며 재심사결과에 따라[15] 덤핑방지관세의 부과 연장 등 조치사항은 원 심사 규정을 준용하도록 규정을 개정하였다.

2023.12.31. 법 개정시 제1호와 제2호(추가)로 구분하여 조문을 정리하였다.

제2항은 2021.12.31. 개정 관세법에서 추가된 내용이며, 기획재정부 장관의 조사권에 관한 규정이다.

제3항은 덤핑방지관세의 부과나 수락된 약속 등의 유효기간에 관한 규정이다. 단서 조항은 2023.12.31. 법 개정시 신설된 조항이다. 시행일부터 5년이 지나면 효력을 잃으며, 재심사한 경우는 변경된 내용의 시행일부터 5년이 지나면 효력을 잃는다. 다만, 변경시에는 별도의 효력 기한을 둘 수 있다. 이 유효기간은 상계관세와 동일하지만 법 제65조의 긴급관세 부과기간은 4년, 전체 8년을 초과할 수 없도록 규정하고 있다. 규제내용이 일정기간이 지나면 별도의 폐지 행위 없이 자동으로 폐지되는 것을 규제일몰제도라 한다. 덤핑방지관세의 부과, 수락

---

15) 관세법 제56조 및 동법 시행령 제70조 제1항 제1호에 따른 재심사 결과는 소급하여 적용되지 않으므로, 부과제외 조치 이전의 해당물품은 관세법 제51조에 따른 덤핑방지관세 부과대상에 해당한다(기획재정부 산업관세과-317, 2020.9.1).

된 약속은 적용시한을 따로 정한 경우를 제외하고는 시행일부터 5년이 지나면 자동으로 그 효력을 잃는다.

제4항에서는 덤핑방지관세부과 및 조사업무가 미치는 국내외적 영향을 감안하여 관보게재, 이해관계인에 대한 서면통지 등에 관해 구체적으로 규정하고 있다.[16)]

제56조의 2【우회덤핑 물품에 대한 덤핑방지관세의 부과】 ① 다음 각 호의 어느 하나에 해당하는 경우로서 제51조에 따라 덤핑방지관세가 부과되는 물품의 물리적 특성이나 형태 등을 경미하게 변경하는 행위 등 대통령령으로 정하는 행위를 통하여 해당 덤핑방지관세의 부과를 회피(이하 "우회덤핑"이라 한다)하려는 사실이 조사를 통하여 확인되는 경우에는 기획재정부령으로 그 물품을 지정하여 같은 조에 따른 덤핑방지관세를 부과할 수 있다.

1. 제51조에 따른 부과요청을 한 자가 우회덤핑 해당 여부에 대한 조사를 신청한 경우
2. 그 밖에 대통령령으로 정하는 경우

② 제1항에 따른 물품(이하 이 조에서 "우회덤핑 물품"이라 한다)에 대해서는 제53조 및 제54조를 적용하지 아니한다.

③ 제55조에도 불구하고 제1항에 따른 덤핑방지관세의 부과는 해당 우회덤핑에 대한 조사의 개시일 이후 수입되는 물품에 대해서도 적용한다.

④ 우회덤핑에 관한 조사, 우회덤핑 물품에 대한 덤핑방지관세의 부과 및 시행 등에 필요한 사항은 대통령령으로 정한다.

해 설

덤핑방지관세 부과 후 부과대상에 해당하는 물품이 사소한 변경 등을 통해 덤핑방지관세를 회피하는 사례가 발생하여 이를 방지하기 위하여 2023.12.31. 법 개정시 신설한 조항이다. 물품에 사소한 변경이 있더라도 반덤핑 조치대상과 동종물품일 경우 부과대상에 포함되도록 하여 덤핑제도의 실효성 제고하였다.

현행 제도상 사소한 변경 등을 통해 반덤핑조치 회피시 이를 제재하기 위해서는 반덤핑관세 부과 지정 절차를 다시 거쳐야 하므로 적기에 국내산업 보호가 어려운 문제점이 있었다. 품목분류가 조금 다르거나 원산지를 변경하거나 제품의 일부 부분을 변경하여 수입하는 사례

16) 기획재정부장관은 조치를 결정하거나 해당 조치를 하지 아니하기로 결정한 때, 약속을 수락하여 조사를 중지 또는 종결하거나 조사를 계속하는 때, 재심사를 개시하거나 재심사결과 덤핑방지조치의 내용을 변경한 때, 덤핑방지조치의 효력이 연장되는 때 그 내용을 관보에 게재하고, 이해관계인에게 서면으로 통지하여야 한다. 기획재정부장관 또는 무역위원회는 조사신청이 기각되거나, 조사가 종결된 때, 예비조사의 결과에 따라 예비판정을 한 때, 본조사의 결과에 따라 최종판정을 한 때, 조사기간을 연장한 때, 기간을 연장한 때, 덤핑방지관세의 부과요청이 철회되어 조사의 개시 여부에 관한 결정이 중지되거나 조사가 종결된 때, 잠정조치의 적용기간을 연장한 때, 기획재정부장관이 약속을 제의한 때에는 그 내용을 이해관계인에게 통지하여야 한다.

가 있어 이에 대한 대응책으로 본조를 신설한 것이다.

2. 제2관 상계관세

제57조【상계관세의 부과대상】 국내산업과 이해관계가 있는 자로서 대통령령으로 정하는 자 또는 주무부장관이 부과요청을 한 경우로서, 외국에서 제조·생산 또는 수출에 관하여 직접 또는 간접으로 보조금이나 장려금(이하 "보조금등"이라 한다)을 받은 물품의 수입으로 인하여 다음 각 호의 어느 하나에 해당하는 것(이하 이 관에서 "실질적 피해등"이라 한다)으로 조사를 통하여 확인되고 해당 국내산업을 보호할 필요가 있다고 인정되는 경우에는 기획재정부령으로 그 물품과 수출자 또는 수출국을 지정하여 그 물품에 대하여 해당 보조금등의 금액 이하의 관세(이하 "상계관세"라 한다)를 추가하여 부과할 수 있다.
1. 국내산업이 실질적인 피해를 받거나 받을 우려가 있는 경우
2. 국내산업의 발전이 실질적으로 지연된 경우

해 설

상계관세의 부과목적, 부과대상, 부과범위 등에 관한 규정이다. 외국에서 보조금 등을 받은 물품을 수입하여 실질적인 피해가 있어 국내 산업을 보호할 필요가 있을 때 보조금 등 금액 이하의 관세를 부과하는 것이 상계관세다. 즉, 정부 또는 공공기관에 의한 재정적 기여행위 또는 소득·가격지원 형태의 조치가 이루어지고 이로 인한 혜택이 부여된 경우 보조금이 존재한다고 간주하며 이 보조금이 특정 기업 또는 특정 산업에 제한적으로 제공된 경우 反보조금 조치로써 상계관세를 부과한다. 상계는 상쇄, 즉 셈을 서로 비긴다는 의미로서 상대국에서 보조한 금액만큼 그 효과를 감한다는 의미이기도 하다.

이러한 재정지원은 자유경쟁원리에 입각한 자유무역주의에 어긋나는 것이므로 보조금 등으로 지원 받은 물품을 수입하는 국가에서는 자국 내 산업을 보호하기 위해 보조금에 상응하는 관세를 부과할 수 있다. 그러나 상계관세 부과는 부과 대상요건인 제1호, 제2호에서 보는 것과 같이 다른 탄력관세에 비하여 아주 포괄적으로 정하고 있는 것이 특징이다.

'보조금' 등이라 함은 정부 또는 공공기관 등의 재정지원 등에 의한 혜택 중 특정성이 있는 것을 말한다. 보조금은 특정성은 있으나 연구·지역개발 및 환경관련 보조금 등으로서 국제협약에서 인정하고 있는 보조금을 말한다. '특정성'이라 함은 보조금 등이 일부기업 등에 대하여 제한적으로 지급되는 경우, 보조금 등이 제한된 수의 기업 등에 의하여 사용되는 경우, 보조금 등이 특정한 지역에 한정되어 지급되는 경우, 기타 국제협약에서 인정하고 있는 특정성의 기준에 부합되는 경우에는 특정성이 있는 것으로 본다.

보조금 등의 금액을 산정함에 있어서 지분참여 형태의 경우에는 해당 지분참여와 통상적인 투자행태와 차이에 의하여 발생하는 금액 상당액, 대출의 경우에는 해당 대출금리에 의하여 지불하는 금액과 시장금리에 의하여 지불하는 금액의 차액 상당액, 대출보증의 경우에는 해당 대출에 대하여 지불하는 금액과 대출보증이 없었을 경우 비교 가능한 상업적 차입에 대하여 지불하여야 할 금액과의 차액 상당액, 재화·용역의 공급 또는 구매의 경우에는 해당 가격과 시장가격과의 차이에 의하여 발생하는 금액 상당액, 기타 국제협약에서 인정하고 있는 기준에 의한 금액을 기준으로 하여야 한다. 상계관세를 부과하기 위해서는 상대국의 자료제공 협조가 있어야 제소가 가능하므로 상계관세 부과보다는 덤핑제소를 통하여 산업피해를 구제하는 것이 용이하다.

상계관세의 부과 방법은 덤핑방지관세의 부과 방법과 매우 유사하다. 상계관세의 부과요청, 실질적인 피해 등의 조사개시, 실질적인 조사, 상계관세의 부과요청 철회, 실질적인 피해 등의 판정, 이해관계인의 자료협조요청, 상계관세 부과, 잠정조치적용, 가격수정·수출중지의 약속, 상계관세의 소급부과, 잠정상계관세의 정산, 재심사, 이해관계인에 대한 통지·공고에 있어서 동일한 절차를 거친다. 다만, 상계관세의 부과대상이 보조금이고, 약속 제의자에 수출국 정부도 포함되어 있으며, 상계관세부과 요청시 구비서류가 다른 정도이다.

1993.12.31. 관세법 개정(법률 제4674호)시 신속하게 상계관세를 부과할 수 있도록 하기 위해 대통령령으로 정하여 부과하던 것을 기획재정부령으로 정하여 부과할 수 있도록 조정하였다.

제58조【보조금등의 지급과 실질적 피해등의 조사】 ① 보조금등의 지급과 실질적 피해등의 사실에 관한 조사는 대통령령으로 정하는 바에 따른다.
② 기획재정부장관은 상계관세를 부과할 때 관련 산업의 경쟁력 향상, 국내시장구조, 물가안정, 통상협력 등을 고려할 필요가 있는 경우에는 이를 조사하여 반영할 수 있다.

해 설

상계관세의 조사 등에 관한 규정이다. 상계관세에 관한 조사는 덤핑방지관세부과의 경우처럼 무역위원회가 담당한다. 무역위원회는 조사신청을 받은 경우 보조금 등을 받은 물품의 수입사실과 실질적 피해 등의 사실에 관한 조사의 개시여부를 결정하여 조사신청을 받은 날부터 2월 이내에 기획재정부장관에게 통보해야 한다. 이 경우 필요하면 관계행정기관의 공무원 또는 관계전문가로 하여금 조사활동에 참여하도록 할 수 있다.

제2항은 조사시 반영 사항에 관한 규정이다. 법 제70조의 조정세율 적용, 법 제65조 긴급관세의 부과에서도 이와 같이 탄력적으로 운영할 수 있도록 규정하고 있다. 2016년 개정시에는 기획재정부장관이 덤핑방지관세 또는 상계관세를 부과하는 경우 수입물품의 공급 감소에

따라 국내 시장의 독과점이 심화될 가능성이 있는지 여부 등의 국내시장구조에 관한 사항까지도 조사하여 반영할 수 있도록 하였다.

第59条【상계관세를 부과하기 전의 잠정조치】 ① 기획재정부장관은 상계관세의 부과 여부를 결정하기 위하여 조사가 시작된 물품이 보조금등을 받아 수입되어 다음 각 호의 어느 하나에 해당한다고 인정되는 경우에는 대통령령으로 정하는 바에 따라 국내산업의 보호를 위하여 조사가 종결되기 전이라도 그 물품의 수출자 또는 수출국 및 기간을 정하여 보조금등의 추정액에 상당하는 금액 이하의 잠정상계관세를 부과하도록 명하거나 담보를 제공하도록 명하는 조치(이하 이 관에서 "잠정조치"라 한다)를 할 수 있다.

1. 국내산업에 실질적 피해등이 발생한 사실이 있다고 추정되는 충분한 증거가 있음이 확인되는 경우
2. 제60조에 따른 약속을 철회하거나 위반한 경우와 그 약속의 이행에 관한 자료를 제출하지 아니한 경우로서 이용할 수 있는 최선의 정보가 있는 경우

② 잠정조치가 취하여진 물품에 대하여 상계관세의 부과요청이 철회되어 조사가 종결되거나 상계관세의 부과 여부가 결정된 경우 또는 제60조에 따른 약속이 수락된 경우에는 대통령령으로 정하는 바에 따라 납부된 잠정상계관세를 환급하거나 제공된 담보를 해제하여야 한다. 다만, 다음 각 호의 어느 하나에 해당하는 경우 상계관세액이 잠정상계관세액 또는 제공된 담보금액을 초과할 때에는 그 차액을 징수하지 아니하며, 상계관세액이 잠정상계관세액에 미달될 때에는 그 차액을 환급하거나 차액에 해당하는 담보를 해제하여야 한다.

1. 보조금등의 지급과 그로 인한 산업피해를 조사한 결과 해당 물품에 대한 보조금등의 지급과 그로 인한 실질적 피해등의 사실이 있다고 판정된 이후에 제60조에 따른 약속이 수락된 경우
2. 제61조 단서에 따라 상계관세를 소급하여 부과하는 경우

해 설

상계관세의 잠정조치, 잠정조치의 정산절차에 관한 규정이다. 잠정조치는 국내산업의 보호를 위하여 조사가 종결되기 전이라도 피해의 증거가 있거나, 약속을 철회 · 위반 · 약속이행자료 미제출 등의 경우에 보조금 등 추정액 이하의 잠정상계관세부과, 담보제공의 조치를 하는 것을 말한다. 부과 대상요건 등 몇 가지만 제외한다면 상계관세 부과 절차 등에 관한 내용은 법 제54조 덤핑방지관세를 부과하기 전의 내용과 동일하다.

제2항은 잠정조치한 건에 대한 정산절차에 관한 규정이다. 조사가 종결된 경우, 부과 여부가 결정된 경우, 약속이 수락된 때에는 납부된 잠정상계관세를 환급하거나 담보를 해제해야 한다. 그러나 실질적 피해가 있다고 판정된 후 약속을 수락한 경우, 소급하여 상계관세를 부과하는 경우에는 정산절차를 거쳐야 한다. 이때 잠정상계관세가 많으면 그 차액을 환급하지

만, 적으면 그 차액은 추징하지 아니한다. 2023.12.31. 법 개정시 제공된 담보에 관한 내용을 추가하였다.

제60조【상계관세와 관련된 약속의 제의】 ① 제57조에 따른 상계관세의 부과 여부를 결정하기 위하여 예비조사를 한 결과 보조금등의 지급과 그로 인한 실질적 피해등의 사실이 있는 것으로 판정된 경우 해당 물품의 수출국 정부 또는 기획재정부장관은 대통령령으로 정하는 바에 따라 해당 물품에 대한 보조금등을 철폐 또는 삭감하거나 보조금등의 국내산업에 대한 피해효과를 제거하기 위한 적절한 조치에 관한 약속을 제의할 수 있으며, 해당 물품의 수출자는 수출국 정부의 동의를 받아 보조금등의 국내산업에 대한 피해효과가 제거될 수 있을 정도로 가격을 수정하겠다는 약속을 제의할 수 있다.
② 제1항에 따른 약속이 수락된 경우 기획재정부장관은 잠정조치 또는 상계관세의 부과 없이 조사가 중지 또는 종결되도록 하여야 한다. 다만, 기획재정부장관이 필요하다고 인정하거나 수출국 정부가 피해 조사를 계속하여 줄 것을 요청한 경우에는 그 조사를 계속할 수 있다.

해 설

약속의 제의, 약속의 수락시 조치 사항에 관한 규정이다. '약속의 제의' 제도의 취지는 상계관세를 부과하는 것보다 미리 국가 간 협상을 통해 문제를 해결하려는 데에 있다. 따라서 덤핑방지관세의 경우와 마찬가지로 제1항에 의한 약속이 수락되면 제2항과 같이 잠정조치나 상계관세의 부과 없이 조사를 중지 또는 종결해야 한다.

제1항은 '약속의 제의'에 관한 규정이다. 예비조사결과 실질적 피해 등이 있는 경우 수출국 정부 또는 기획재정부장관은 보조금 등의 철폐 또는 삭감, 보조금 등의 피해효과 제거를 위한 약속을 제의할 수 있으며, 수출국 정부의 동의를 얻은 수출자는 가격을 수정하겠다는 약속을 제의할 수 있다. 수출국 정부가 당사자로 지정된 것은 보조금이 정부 또는 공공기관 등의 재정지원 등에 의한 혜택 중 특정성이 있는 것을 지칭하기 때문이다. 덤핑방지관세에 있어서는 수출자만이 약속 제의자로 정해져 있다.

제2항은 약속이 수락된 경우 조사를 중지 내지 종결해야 한다는 규정이다.

제61조【상계관세의 부과 시기】 상계관세의 부과와 잠정조치는 각각의 조치일 이후 수입되는 물품에 대하여 적용된다. 다만, 잠정조치가 적용된 물품에 대하여 국제협약에서 달리 정하고 있는 경우와 그 밖에 대통령령으로 정하는 경우에는 그 물품에 대하여도 상계관세를 부과할 수 있다.

해 설

상계관세의 부과와 소급부과에 관하여 규정하고 있으며, 덤핑방지관세부과의 경우와 마찬가지로 소급부과는 잠정조치가 취해진 경우에 부과할 수 있다. 잠정조치가 적용된 기간 중에 수입된 물품에 대하여 부과하는 상계관세액이 잠정상계관세액과 같거나 많은 때에는 그 잠정상계관세액을 상계관세액으로 하여 그 차액을 징수하지 아니하며, 적은 때에는 그 차액에 상당하는 잠정상계관세액을 환급하여야 한다. 또한 담보가 제공된 경우로서 해당 잠정조치가 적용된 기간 중에 소급 부과될 상계관세액은 잠정상계관세액 상당액을 초과할 수 없다.

제62조【상계관세에 대한 재심사 등】① 기획재정부장관은 필요하다고 인정될 때에는 대통령령으로 정하는 바에 따라 다음 각 호의 조치(이하 이 조에서 "상계조치"라 한다)에 대하여 재심사를 할 수 있으며, 재심사의 결과에 따라 상계조치의 변경, 환급 등 필요한 조치를 할 수 있다.
1. 상계관세의 부과
2. 제60조에 따른 약속
② 기획재정부장관은 제1항에 따른 재심사에 필요한 사항으로서 상계조치 물품의 수입 및 징수실적 등 대통령령으로 정하는 사항을 조사할 수 있다.
③ 상계조치는 기획재정부령으로 그 적용시한을 따로 정하는 경우를 제외하고는 해당 상계조치의 시행일부터 5년이 지나면 그 효력을 잃으며, 제1항에 따라 보조금등의 지급과 산업피해를 재심사하고 그 결과에 따라 내용을 변경할 때에는 기획재정부령으로 그 적용시한을 따로 정하는 경우를 제외하고는 변경된 내용의 시행일부터 5년이 지나면 그 효력을 잃는다. 다만, 대통령령으로 정하는 사유로 재심사하는 경우에는 재심사가 끝나기 전에 해당 상계조치의 적용시한이 종료되더라도 재심사기간 동안 그 상계조치는 효력을 잃지 아니한다.
④ 제1항부터 제3항까지의 규정과 제57조부터 제61조까지의 규정에 따른 상계관세의 부과 및 시행 등에 필요한 사항은 대통령령으로 정한다.

해 설

재심사는 상계관세 부과 또는 약속의 시행일부터 1년이 경과된 날 이후에 신청할 수 있으며, 효력이 상실되는 날의 6개월 이전에 신청해야 한다. 재심사는 시행하고 있는 상계관세나 약속에 대해 다시 심사하는 것이므로, 덤핑방지관세의 경우와 마찬가지로 일정기간 시행해 보거나 시행이 끝나기 전에 심사할 수 있도록 시간적 여유를 두고 있다.

제2항은 2021.12.31. 개정관세법에서 추가된 내용으로 법 제56조의 덤핑관세 관련 조항과 함께 개정되었다.

제3항은 상계관세 부과나 수락된 약속 등의 유효기간에 관한 규정이다. 시행일부터 5년이 지나면 효력을 잃는다. 재심사한 경우는 변경된 내용의 시행일부터 5년이 지나면 효력을 잃

는다. 다만, 변경시에는 별도의 효력 기한을 둘 수 있다. 이 유효기간은 덤핑방지관세와 동일하지만 법 제65조의 긴급관세 부과기간은 4년, 전체 8년을 초과할 수 없도록 규정하고 있다.

상계관세에 관하여는 제57조 상계관세의 부과대상에서 설명한 것과 같이 덤핑방지 관세의 부과와 가장 유사하다고 할 수 있다. 따라서 부과·조사·잠정조치·약속의 제의·부과시기·재심사 등에 관하여 구체적 설명을 생략하였으며, 덤핑방지관세 내용을 참고하는 것으로 충분할 것으로 생각한다. 2023.12.31. 법 개정시 제1항과 제3항의 규정을 개정하였다.

3. 제3관 보복관세

제63조【보복관세의 부과대상】 ① 교역상대국이 우리나라의 수출물품 등에 대하여 다음 각 호의 어느 하나에 해당하는 행위를 하여 우리나라의 무역이익이 침해되는 경우에는 그 나라로부터 수입되는 물품에 대하여 피해상당액의 범위에서 관세(이하 "보복관세"라 한다)를 부과할 수 있다.

1. 관세 또는 무역에 관한 국제협정이나 양자 간의 협정 등에 규정된 우리나라의 권익을 부인하거나 제한하는 경우
2. 그 밖에 우리나라에 대하여 부당하거나 차별적인 조치를 하는 경우

② 보복관세를 부과하여야 하는 대상 국가, 물품, 수량, 세율, 적용시한, 그 밖에 필요한 사항은 대통령령으로 정한다.

해 설

상대국이 우리나라 권익을 부인하거나 제한하거나 부당 또는 차별하여 우리나라 무역이익이 침해되는 때에 피해상당액의 범위 내에서 보복관세를 부과할 수 있다. 보복관세는 부과하는 경우도 아주 포괄적인 것이 그 특징이므로 무역마찰이 발생할 수 있는 소지가 많은 분야라 할 수 있다.

다른 관세와 비교해 보면, 부과 목적에 있어서 덤핑방지관세, 상계관세 및 긴급관세는 국내산업보호를 위해 부과하며, 부과 범위에 있어서 덤핑방지관세는 덤핑차액의 범위 이내, 상계관세는 보조금 범위 이내, 보복관세는 피해액 범위 이내, 긴급관세는 필요한 범위 안에서 관세를 부과할 수 있다. 또한 부과 방법에 있어서 보복관세는 기존 관세에 추가하여 부과하는 것이 아니고 새로운 관세를 보복관세로 부과한다.

관계부처의 장 또는 이해관계인이 보복관세 부과를 요청하고자 하는 때에는 해당 물품에 대한 행위를 한 나라 및 그 행위의 내용, 우리나라에서 보복조치를 할 물품, 피해상당액의 금액과 그 산출내역 및 관세부과의 내용을 기획재정부장관에게 제출하여야 한다. 기획재정부장관은 보복관세의 적용에 관하여 필요한 사항을 조사하기 위하여 필요하다고 인정되는 때에는 관계기관, 수출자,

수입자 및 기타 이해관계인에게 관계 자료 제출 기타 필요한 협조를 요청할 수 있다.

1993.12.31. 관세법 개정시 '우리나라의 수출물품, 선박 또는 항공기에 대하여'를 '우리나라의 수출물품 등에 대하여'로 문구를 바꾸었다.

제64조【보복관세의 부과에 관한 협의】 기획재정부장관은 보복관세를 부과할 때 필요하다고 인정되는 경우에는 관련 국제기구 또는 당사국과 미리 협의할 수 있다.

해 설

보복관세는 특정 국가를 지정하여 피해상당액의 범위 안에서 부과하기 때문에 미리 WTO 등 국제기구나 당사국과 협의할 수 있다. 이는 보복관세가 공격적인 관세이므로, 사전에 불필요한 무역마찰을 막기 위해 협의할 수 있는 조항을 둔 것이다.

덤핑방지관세, 긴급관세, 할당관세 등은 부과한 사례가 있으나, 보복관세는 부과한 사례가 없으며, 상징적인 의미를 가지고 있다고 볼 수 있다. 「자유무역협정의 이행을 위한 관세법의 특례에 관한 법률」에서는 협상이 결렬되면 대응조치를 할 수 있다.

4. 제4관 긴급관세

제65조【긴급관세의 부과대상 등】 ① 특정물품의 수입증가로 인하여 동종물품 또는 직접적인 경쟁관계에 있는 물품을 생산하는 국내산업(이하 이 조에서 "국내산업"이라 한다)이 심각한 피해를 받거나 받을 우려(이하 이 조에서 "심각한 피해등"이라 한다)가 있음이 조사를 통하여 확인되고 해당 국내산업을 보호할 필요가 있다고 인정되는 경우에는 해당 물품에 대하여 심각한 피해등을 방지하거나 치유하고 조정을 촉진(이하 "피해의 구제등"이라 한다)하기 위하여 필요한 범위에서 관세(이하 "긴급관세"라 한다)를 추가하여 부과할 수 있다.
② 긴급관세는 해당 국내산업의 보호 필요성, 국제통상관계, 긴급관세 부과에 따른 보상 수준 및 국민경제 전반에 미치는 영향 등을 검토하여 부과 여부와 그 내용을 결정한다.
③ 기획재정부장관은 긴급관세를 부과하는 경우에는 이해당사국과 긴급관세부과의 부정적 효과에 대한 적절한 무역보상방법에 관하여 협의를 할 수 있다.

해 설

긴급관세 부과목적, 부과대상, 부과범위, 이해 당사자국과 협의, 부과시기, 부과기간, 부과방법 및 자료요청에 관한 규정이다. 특정물품의 수입증가로 인하여 국내산업이 심각한 피해 등을 받거나 받을 우려가 있는 경우 이 피해구제 등을 위하여 필요한 범위 내에서 긴급관세를 부과한다. 결국 긴급관세는 수입급증으로 인한 국내산업 피해 발생시, 상대국과의 통상마찰로 인한 득실을 감안하여 결정되는 것으로 특정물품의 수입증가로 국내 산업이 심각한 피해를 입은 경우 이 피해를 구제하는 데에 그 목적이 있으며, GATT 제19조의 면책조항에 해당되는 관세다.

중국산 수산물이 대량 수입되어 국내 산업이 피해를 입는 경우, 다른 탄력관세는 협약에 의해 정해진 세율이 있기 때문에 국내산업 피해를 이유로 부과할 수는 없으나 긴급관세는 부과할 수 있다. 명칭은 긴급관세와 유사하지만 '농림축산물에대한특별긴급관세'는 수입자유화된 농림축산물에 대해 부과하며, 양허품목이 수입가격의 하락이나 수량의 증가로 해서 국내 산업에 영향을 미칠 때 긴급구제 조치로서 부과하는 관세다.

2002.12.18. 개정 관세법에서는 특정국물품긴급관세제도를 도입하여 긴급관세제도를 다양화하고 있다. 그리고 1990.12.31. 관세법 개정(법률 제4286호)시 긴급관세 부과요건에 부적절한 내용은 조정관세로 옮겨서 규정하였다. 1993.12.31. 관세법 개정(법률 제4674호)시 부과절차를 대통령령에서 정하던 것을 기획재정부령으로 정하도록 개정하였다. 1995.12.6. 관세법 개정(법률 제4982호)시 잠정긴급관세 부과를 규정하였으며, 이는 당시 관세법을 세계무역기구(WTO)의 긴급 수입제한 조치에 관한 협정과 일치시키기 위한 것이었다.

제2항은 부과 여부 및 내용에 관한 규정이다. 법 제70조의 조정관세 부과 여부 및 내용을 결정할 때 고려해야 할 사항과 동일한 것으로서 국내 산업 보호 필요성, 국제 통상 관계, 긴급관세부과에 따른 보상 수준, 국민경제에 미치는 영향 등을 종합적으로 검토하여 부과 여부와 내용을 결정한다.

제3항은 무역보상방법에 관한 협의 규정이다. 긴급관세는 국내산업보호를 위한 관세이므로 긴급관세부과로 상대국의 업체가 피해를 받는 경우가 발생한다. 이때에는 이해당사국과 협의하여 부정적 효과, 즉 부작용에 대한 보상방법을 협의할 수 있다. 무역위원회의 건의 접수일로부터 1개월 이내 부과 여부 및 그 내용을 결정해야 하며, 이때 이해당사국과 협의한 기간은 1개월 기간에서 제외할 수 있다. 이는 긴급관세의 특성상, 예비조사 및 본 조사를 거쳐서 결정하는 덤핑방지관세나 상계관세에 비하여 매우 신속한 결정과정이라 볼 수 있다.

④ 긴급관세의 부과와 제66조 제1항에 따른 잠정긴급관세의 부과는 각각의 부과조치 결정 시행일 이후 수입되는 물품에 한정하여 적용한다.
⑤ 긴급관세의 부과기간은 4년을 초과할 수 없으며, 제66조 제1항에 따른 잠정긴급관세는 200일을 초과하여 부과할 수 없다. 다만, 제67조에 따른 재심사의 결과에 따라 부과기간을 연장하는 경우에는 잠정긴급관세의 부과기간, 긴급관세의 부과기간, 대외무역법 제39조 제1항에 따른 수입수량제한 등(이하 이 조와 제66조에서 "수입수량제한등"이라 한다)의 적용기간 및 그 연장

기간을 포함한 총 적용기간은 8년을 초과할 수 없다.
⑥ 긴급관세 또는 제66조 제1항에 따른 잠정긴급관세를 부과하여야 하는 대상 물품, 세율, 적용기간, 수량, 수입관리방안, 그 밖에 필요한 사항은 기획재정부령으로 정한다.
⑦ 기획재정부장관은 긴급관세 또는 제66조 제1항에 따른 잠정긴급관세의 부과 여부를 결정하기 위하여 필요하다고 인정되는 경우에는 관계 행정기관의 장 및 이해관계인 등에게 관련 자료의 제출 등 필요한 협조를 요청할 수 있다.

해 설

제4항은 부과대상에 관한 규정이다. 긴급관세, 잠정긴급관세 부과는 조치결정일 이후 수입되는 물품에 한하여 적용하며, 덤핑방지관세나 상계관세와 같이 소급하여 부과하지 아니한다.

제5항은 부과기간에 관한 규정이다. 긴급관세의 부과기간은 4년을 초과할 수 없으며, 잠정긴급관세는 200일을 초과하여 부과할 수 없다. 다만, 재심사 결과 부과기간을 연장하는 때에는 전체 8년을 초과할 수 없다. 이에 비하여 덤핑방지관세나 상계관세의 효력은 5년을 초과할 수 없으며, 조치내용이 변경되면 변경되는 시점부터 5년을 초과할 수 없다. 또한 덤핑방지관세에 대한 잠정조치의 적용기간은 4개월 이내이며 6개월까지 연장할 수 있다. 효력의 소멸기간을 별도로 정하는 제도는 자동소멸제도의 일종이라 할 수 있다. 규제를 해제하기 위해 별도의 절차를 거치게 된다면, 한번 정한 규제는 이를 해제하기가 번거롭기 마련이다. 따라서 효력에 대하여 미리 정하여 규제를 자동으로 소멸하게 하는 것이다. 대외무역법 제26조 제1항은 수입수량제한조치에 관한 사항이다.

제6항은 부과방법, 제7항은 자료제출에 관한 규정이다. 긴급관세와 관련된 부과되는 물량조건 용어 중 MMA(Minimum Market Access)는 UR협상 결과 새로 시장이 개방된 농산물은 내외가격차(TE ; Tariff Equivalent)로 관세를 부과하되 일정물량은 저세율로 수입을 허용하기로 함에 따라 수입되는 물량을 말한다.

제66조【잠정긴급관세의 부과 등】① 긴급관세의 부과 여부를 결정하기 위하여 조사가 시작된 물품 또는「불공정무역행위 조사 및 산업피해구제에 관한 법률」제7조 제1항에 따라 잠정조치가 건의된 물품에 대하여 조사기간 중에 발생하는 심각한 피해등을 방지하지 아니하는 경우 회복하기 어려운 피해가 초래되거나 초래될 우려가 있다고 판단될 때에는 조사가 종결되기 전에 피해의 구제등을 위하여 필요한 범위에서 잠정긴급관세를 추가하여 부과할 수 있다.
② 긴급관세의 부과 또는 수입수량제한등의 조치 여부를 결정한 때에는 제1항에 따른 잠정긴급관세의 부과를 중단한다.
③ 긴급관세의 부과 또는 수입수량제한등의 조치 여부를 결정하기 위하여 조사한 결과 수입증가

가 국내산업에 심각한 피해를 초래하거나 초래할 우려가 있다고 판단되지 아니하는 경우에는 제1항에 따라 납부된 잠정긴급관세를 환급하여야 한다.

해 설

잠정긴급관세 부과, 부과중단 및 환급에 관한 규정이다. 조사가 개시된 물품, 대외무역법에 의한 잠정조치가 건의된 물품에 대하여 심각한 피해가 발생하여 조사기간 중 피해를 구제하지 아니하면 회복하기 어렵다고 판단되는 때에 조사종결 전에 잠정긴급관세를 부과한다. 잠정덤핑관세, 잠정상계관세 부과와 같은 취지로 잠정긴급관세를 부과하며, 무역위원회의 부과건의를 받아서 기획재정부장관이 1개월 이내에 잠정긴급관세를 부과한다. 이 기간은 20일의 범위 내에서 연장 가능하다. 잠정긴급관세를 부과하던 물품에 긴급관세를 부과하게 되면 정산작업을 한다. 무역위원회가 국내산업에 피해가 없다고 판정하고 이를 기획재정부장관에게 통보한 때에는 동 피해와 관련하여 납부된 잠정긴급관세액을 환급하는 조치를 하여야 한다.

제2항은 부과중단에 관한 규정이다. 관세법상의 긴급관세의 부과 또는 대외무역법상의 수입수량제한 등을 조치하기로 결정한 때에는 이중제재를 피하기 위하여 관세법에 의한 잠정긴급관세부과는 중단한다. 대외무역법 제28조 제1항은 수입수량제한조치에 관한 사항이다.

제3항은 환급에 관한 규정이다. 납부한 잠정긴급관세는 환급을 하거나 긴급관세로 받아들인다. 환급은 수입증가가 국내 산업에 심각한 피해를 초래하거나 초래할 우려가 있다고 판단되지 아니하는 경우에 할 수 있는 조치사항이다. 무역위원회가 국내산업 피해가 없다고 판정하고 이를 기획재정부장관에게 통보한 때에는 잠정긴급관세를 환급한다. 긴급관세에는 담보제공에 관한 규정은 없으나, 덤핑방지관세와 상계관세에는 담보를 제공하는 규정이 있다.

제67조【긴급관세에 대한 재심사 등】 기획재정부장관은 필요하다고 인정되는 때에는 긴급관세의 부과결정에 대하여 재심사를 할 수 있으며, 재심사결과에 따라 부과내용을 변경할 수 있다. 이 경우 변경된 내용은 최초의 조치내용보다 더 강화되어서는 아니 된다.

해 설

긴급관세의 재심사, 내용변경 등에 관한 규정이다. 이 조항에서는 일반법에서 통용되고 있는 '불이익변경금지'를 규정하고 있다. 다만, 부과기간 등은 법 제65조 제5항에서와 같이 총 기간 8년 이내에 연장 가능하다. 기획재정부장관은 부과중인 긴급관세에 대하여 무역위원회가 그 내용의 완화·해제 또는 연장 등을 건의하는 때에는 그 건의가 접수된 날부터 1개월 이내 재심사하여 긴급관세부과의 완화·해제 또는 연장 등의 조치여부를 결정하여야 한다. 다만, 기획재정부장관은 필요하다고 인정되는 때에는 20일 범위 내에 그 결정기간을 연장할 수 있다.

법 제56조에는 '덤핑방지관세에 대한 재심사'에 관한 규정이 있다. 이 조항을 보면 덤핑방지관세에서는 불이익변경제한에 관한 규정은 없으며, 덤핑방지관세 기간은 5년이다.

제67조의 2 【특정국물품 긴급관세의 부과】 ① 국제조약 또는 일반적인 국제법규에 따라 허용되는 한도에서 대통령령으로 정하는 국가를 원산지로 하는 물품(이하 이 조에서 "특정국물품"이라 한다)이 다음 각 호의 어느 하나에 해당하는 것으로 조사를 통하여 확인된 경우에는 피해를 구제하거나 방지하기 위하여 필요한 범위에서 관세(이하 "특정국물품 긴급관세"라 한다)를 추가하여 부과할 수 있다.

1. 해당 물품의 수입증가가 국내시장의 교란 또는 교란우려의 중대한 원인이 되는 경우
2. 세계무역기구 회원국이 해당 물품의 수입증가에 대하여 자국의 피해를 구제하거나 방지하기 위하여 한 조치로 인하여 중대한 무역전환이 발생하여 해당 물품이 우리나라로 수입되거나 수입될 우려가 있는 경우

② 제1항 제1호에서 "국내시장의 교란 또는 교란우려"란 특정국물품의 수입증가로 인하여 동종물품 또는 직접적인 경쟁관계에 있는 물품을 생산하는 국내산업이 실질적 피해를 받거나 받을 우려가 있는 경우를 말한다.

③ 특정국물품 긴급관세 또는 제5항에 따른 특정국물품 잠정긴급관세를 부과하여야 하는 대상물품, 세율, 적용기간, 수량, 수입관리방안 등에 관하여 필요한 사항은 기획재정부령으로 정한다.

해 설

특정국물품긴급관세의 부과목적, 부과대상, 부과범위, 사전협의, 잠정긴급관세부과·환급, 부과중지, 준용에 관한 규정이다. 2002.12.18. 개정 관세법에는 일반긴급관세제도와 틀을 조금 달리하는 특정국물품긴급관세제도를 도입하여 일반긴급관세제도를 강화하고 있다.[17] 특정국물품긴급관세는 물품의 수입증가가 국내시장 교란 또는 교란 우려의 원인이 되거나 세계무역기구의 회원국이 취한 조치로 무역전환효과가 발생되어 우리나라로 물품이 수입되거나 수입될 우려가 있는 것이 조사를 통하여 확인된 경우 피해를 구제하거나 방지하기 위하여 필요한 범위에서 관세를 추가하여 부과하는 관세를 말한다.

중국이 WTO 가입조건으로 회원국에게 인정된 대중국 한시적 수입제한조치를 반영하여 관세법 시행령에서는 특정국을 중국으로 정하고 있었으나, 2015.2.6. 시행령 개정시 유효기간 경과로 삭제되었다.[18] 당시 긴급관세와 특정국물품긴급관세제도의 차이점을 살펴보면 다음 표와 같다.

17) 중국에 대한 특정국물품 긴급관세는 미국 및 일본에서는 이미 도입한 바 있었다.
18) 당시 시행령에는 홍콩 및 마카오를 제외한다고 하였다.

【긴급관세와 특정국물품긴급관세 비교】[19]

구 분	긴급관세	특정국물품긴급관세
제도도입근거	WTO Safeguard 규정	중국의 WTO 가입조건
관련 법조항	관세법 제65조	관세법 제67조의 2
발동 대상	모든 국가 물품	중국제품에 한정
발동 요건	수입증가로 국내산업에 심각한 피해 발생	수입증가로 국내산업에 실질적 피해 발생, 제3국의 조치로 무역전환이 발생하여 수입증가
부과 기간	4년 혹은 8년	기간제한 없음
제도유효 기간	제한 없음	중국 가입 후 12년간(2013.12.10)

제2항은 발동요건에 관한 규정이다. 특정국물품 긴급관세와 일반긴급관세의 중요한 차이점은 긴급관세 발동요건이 '심각한 피해'에서 특정국물품 긴급관세는 '실질적 피해'로 다르게 정하고 있는 것이다. 실질적 피해는 덤핑방지관세 · 상계관세에서 요구되는 피해 개념으로서 발동요건이 폭넓은 것이 그 특징이다.

제3항은 부과대상에 관한 규정이다. 이는 일반긴급관세와 동일한 내용으로 규정하고 있다. 특정국물품긴급관세제도는 현행 긴급관세제도와 상이한 내용만을 법령에 규정하고 기타 규정은 긴급관세제도를 준용하도록 하고 있다.

④ 기획재정부장관은 특정국물품 긴급관세를 부과할 때에는 이해당사국과 해결책을 모색하기 위하여 사전 협의를 할 수 있다.
⑤ 제1항 제1호에 따라 특정국물품 긴급관세의 부과 여부를 결정하기 위한 조사가 시작된 물품에 대하여 조사기간 중에 발생하는 국내시장의 교란을 방지하지 아니하는 경우 회복하기 어려운 피해가 초래되거나 초래될 우려가 있다고 판단될 때에는 조사가 종결되기 전에 피해를 구제하거나 방지하기 위하여 필요한 범위에서 특정국물품에 대한 잠정긴급관세(이하 "특정국물품 잠정긴급관세"라 한다)를 200일의 범위에서 부과할 수 있다.
⑥ 특정국물품 긴급관세의 부과 여부를 결정하기 위하여 조사한 결과 국내시장의 교란 또는 교란우려가 있다고 판단되지 아니하는 경우에는 제5항에 따라 납부된 특정국물품 잠정긴급관세를 환급하여야 한다.
⑦ 제1항 제2호에 따른 특정국물품 긴급관세 부과의 원인이 된 세계무역기구 회원국의 조치가 종료된 때에는 그 종료일부터 30일 이내에 특정국물품 긴급관세 부과를 중지하여야 한다.
⑧ 특정국물품 긴급관세 또는 특정국물품 잠정긴급관세의 부과에 관하여는 제65조 제2항 · 제4항 · 제7항, 제66조 제2항 및 제67조를 준용한다.

19) 김철, 『관세와 무역』, 한국관세무역연구원, 2003.1., p.53.

해 설

제4항은 사전 협의에 관한 규정이다. 이해당사국과 협의하는 경우는 일반긴급관세와 동일한 내용이나, 구체적으로는 일반긴급관세부과의 경우에는 부정적 효과에 대한 적절한 무역보상방법에 관한 협의를 할 수 있도록 정하고 있으며, 특정국물품 긴급관세의 경우는 이해당사국과 해결책을 모색하기 위하여 사전협의할 수 있도록 규정하고 있다. '보상'과 '해결책'이라는 의제로 협의내용을 달리하고 있다.

제5항은 잠정긴급관세 부과에 관한 규정이며, 제6항은 잠정긴급관세 환급에 관한 규정이다. 특정국물품 잠정긴급관세의 부과기간은 200일로 정하고 있으나, 긴급관세의 경우에는 특정한 경우에 전체적으로 8년을 초과할 수 없도록 규정하고 있다.

제7항은 부과중지에 관한 규정이다. 특정국물품긴급관세는 중국이 WTO 가입 후 12년간 부과할 수 있으므로 부과 가능 종료일인 2013.12.10.부터 30일 이내에 부과를 중지하여야 한다.

제8항은 준용에 관한 규정이다. 법 제65조 제2항은 긴급관세는 국내산업의 보호필요성 · 국제통상관계 · 긴급관세 부과에 따른 보상 수준 및 국민경제 전반에 미치는 영향 등을 검토하여 부과 여부 및 그 내용을 결정한다는 내용이며, 동조 제4항은 긴급관세 및 잠정긴급관세 부과는 부과조치 결정 시행일 이후 수입되는 물품에 한하여 적용한다는 내용이며, 같은 조 제7항은 관련자료 등 협조를 요청할 수 있다는 내용이다. 또한 법 제66조 제2항은 긴급관세 부과 또는 수입수량제한 등의 조치를 결정한 때에는 잠정긴급관세의 부과를 중단한다는 내용이며, 법 제67조는 긴급관세에 대한 재심사에 관한 규정이다.

5. 제5관 농림축산물에 대한 특별긴급관세

제68조【농림축산물에 대한 특별긴급관세】 ① 제73조에 따라 국내외 가격차에 상당한 율로 양허한 농림축산물의 수입물량이 급증하거나 수입가격이 하락하는 경우에는 대통령령으로 정하는 바에 따라 양허한 세율을 초과하여 관세(이하 "특별긴급관세"라 한다)를 부과할 수 있다.
② 특별긴급관세를 부과하여야 하는 대상 물품, 세율, 적용시한, 수량 등은 기획재정부령으로 정한다.

해 설

농림축산물에 대한 특별긴급관세는 농림축산물의 수입량이 급증하거나 가격이 하락한 경우에 부과하는 것으로 UR협정 체결시 국내외 가격차에 상당한 율로 양허한 물품을 대상으로 하고 있다. 국내 농림축산물생산자를 보호하기 위한 제도이며, 명칭이 유사한 긴급관세는 국내산업보호를 위해 부과하는 것이다. 또한 조정관세 부과대상은 농·림·축·수산물 4개 품목이나, 특별긴급관세 부과대상은 이중에서 수산물은 제외하고 있다. 농림축산물수입을 개방하지만 국내외 가격차이 만큼은 관세상당치(Tariff Equivalent : TE)로서 관세를 부과할 수 있도록 하고, 이러한 물품이 일정 기준을 초과하여 가격이 인하되거나, 수입수량이 증가하는 경우에 특별긴급관세를 부과하는 것이다.

법 제73조 국제협력관세 규정에 의하여 국제기구와 관세에 관한 협상에서 양허한 시장접근물량으로 수입되는 물품은 특별긴급관세 부과대상에서 제외하되, 수입수량을 계산할 때에는 이를 수입한 수량으로 산입하여 한다. 이는 법 제50조 제3항의 특별긴급관세 부과에 대하여 설명하고 있지만 시장접근물량 이내로 수입되는 물품은 특별긴급관세를 부과하지 아니하며, 기준수량 계산에서는 이를 산입하여 그 기준을 초과하는 시점에는 모든 수입물품에 대하여 특별긴급관세를 발동한다는 의미다. 수입물량이 급증하거나 수입가격이 하락한 정도가 심하여 특별긴급관세를 부과해야 하는 기준은 해당 수입량이 기준발동물량을 초과하는 경우(물량기준)와 수입가격이 기준가격의 100분의 10을 초과하여 하락하는 경우(가격기준) 및 기준발동물량까지는 가격기준, 물량 초과 시는 가격·물량 복합기준 중 세율(액)이 높은 것을 적용하여 부과하는 경우(가격·물량 복합기준) 등 3가지가 있다.

【대법원 2000.11.24, 99다65035】 시장접근물량을 초과하는지 여부에 따라 양허관세율이 차등 적용되는 물품을 수입함에 있어 낮은 양허관세율을 적용받기 위하여는 납세신고시 양허관세추천대행기관의 추천서를 발급받아 세관에 제출하여야 함에도 수입업자가 이를 누락한 채 세관에 수입신고서류를 접수한 경우, 세관장이 그 접수시에 그 물품이 양허관세율 적용물품인지 여부와 낮은 세율을 적용받기 위하여는 위 추천서를 구비하여야 하는지 여부 및 실제로 이를 구비하였는지 여부를 심사하여야 할 의무나 위 추천서의 보완을 요구하여야 할 의무가 있다고 볼 수 없다.

6. 제6관 조정관세

제69조【조정관세의 부과대상】 다음 각 호의 어느 하나에 해당하는 경우에는 100분의 100에서 해당 물품의 기본세율을 뺀 율을 기본세율에 더한 율의 범위에서 관세를 부과할 수 있다. 다만, 농림축수산물 또는 이를 원재료로 하여 제조된 물품의 국내외 가격차가 해당 물품의 과세가격을 초과하는 경우에는 국내외 가격차에 상당하는 율의 범위에서 관세를 부과할 수 있다.

1. 산업구조의 변동 등으로 물품 간의 세율 불균형이 심하여 이를 시정할 필요가 있는 경우
2. 공중도덕 보호, 인간·동물·식물의 생명 및 건강보호, 환경보전, 한정된 천연자원 보존 및 국제평화와 안전보장 등을 위하여 필요한 경우

3. 국내에서 개발된 물품을 일정 기간 보호할 필요가 있는 경우
4. 농림축수산물 등 국제경쟁력이 취약한 물품의 수입증가로 인하여 국내시장이 교란되거나 산업기반이 붕괴될 우려가 있어 이를 시정하거나 방지할 필요가 있는 경우

해 설

조정관세의 부과목적, 부과대상 및 부과범위에 관한 규정이다. 수입자유화 이후 수입 자동승인 품목의 수입이 급증하여 부작용이 발생하는 것을 막기 위해 조정관세제도를 두고 있다. 조정관세를 부과할 수 있는 사항은 긴급관세를 부과할 수 있는 GATT Safeguard 조항 중에 포함되지 아니한 사항이다. 조정관세는 모든 국가에 차별 없이 적용하기 때문에 국제규범에 배치하지 아니하며, 양허세율 비적용 품목에 대하여 적용하므로 정부에서 관세율을 변경하기가 용이하다. 그러나 임의적, 편의적 운영으로 각종 국제기구나 상대국가로 부터 이의제기를 받고 있다. 조정관세 적용품목이 대부분 중국산 제품이어서 중국과 우리나라 간 조정관세 부과가 주요 통상현안이 되어 왔다.

조정관세 부과에 관하여 요약하면 조정관세는 산업구조 불균형의 시정, 공중도덕 보호, 국산개발품보호, 국내시장 교란・산업기반시설 기반붕괴를 시정하거나 방지하기 위해서 기본세율에 일정률 만큼 가산한 율로 부과한다. 조정관세율은 100%에서 해당 물품의 기본세율을 뺀 율의 범위 안에서 기본세율에 가산한 율이며, 이는 100%까지 관세를 부과할 수 있다는 의미다. 그러나 농림축수산물의 경우에는 예외적으로 국내외가격차에 상당하는 율의 범위 안에서 관세를 부과한다. 국내외가격차에 상당하는 율이란 국내외 가격 차이를 관세로 부과하는 것이다. 2018.12.31. 법 개정시 조정관세 부과사유를 확대하여 제2호에 공중도덕 보호, 인간・동물・식물의 생명 및 유한 천연자원 보존, 국제평화와 안전보장 등을 추가하였다. 국민보건과 소비자 보호는 삭제하였다.

긴급관세율・덤핑방지관세율・상계관세율 부과 방식이 기존 세율에 해당 탄력관세를 추가하여 부과하는 것은 피해조사 결과에 따라 부과 여부를 확정하여 환급하거나 징수하는 결정과정을 거쳐야 하기 때문이다. 그러나 조정관세는 긴급관세나 덤핑방지관세와 같이 적용세율에 추가하여 따로 부과하는 것이 아니고 기본세율을 포함한 새로운 세율인 조정관세율을 정하여 부과한다. 1983.12.29. 관세법 개정(법률 제3666호)시 조정관세 제도를 신설하였다.

2019.2.12. 관세법 시행령 개정시 국제평화와 안전보장 등 조정관세 부과사유 확대에 따른 심사 강화 등을 위해 조정관세의 부과 요청을 할 때 세율인상으로 인하여 국내산업, 물가에 미치는 영향 등에 관한 자료를 제출하도록 하고, 기획재정부장관은 조정관세 부과 전에 미리 관계부처의 장의 의견을 듣도록 규정하였다.

제70조【조정관세의 적용 세율 등】 ① 제69조에 따른 관세(이하 "조정관세"라 한다)는 해당 국내산업의 보호 필요성, 국제통상관계, 국제평화 · 국가안보 · 사회질서 · 국민경제 전반에 미치는 영향 등을 검토하여 부과 여부와 그 내용을 정한다.
② 조정관세를 부과하여야 하는 대상 물품, 세율 및 적용시한 등은 대통령령으로 정한다.

해 설

조정관세의 부과 방법 등에 관한 규정이다. 위 조문의 국민경제 전반, 국제통상 관계 등 용어에서 알 수 있는 것과 같이 조정관세 발동의 범위가 다른 탄력관세보다 비교적 넓다.[20]

2018.12.31. 법 개정시 조정관세 부과시 '국제평화, 국가안보 및 사회질서'에 미치는 영향까지 고려하도록 추가하였다.

【대법원 1996.12.6, 95누11184】 관세법의 위임에 의한 조정관세의적용에관한규정에 의하면, 관세율표 세번 7005의 판유리(CLEAR FLOAT GLASS) 중 조정관세의 적용대상은 두께 2mm 초과 3mm 이하의 것과 4mm 초과 8mm 이하의 것에 한한다고 규정하고 있으므로, 확장해석이나 유추해석을 금지하는 조세법률주의의 원칙상 공업진흥청장이 고시한 한국공업규격(KSL 2012)에 따라 두께 3mm의 경우 허용오차가 ±0.3mm, 두께 8mm의 경우 그 허용오차가 ±0.6mm임을 내세워 수입된 두께 3.1mm의 판유리는 두께 3mm의, 두께 8.1mm와 8.2mm의 판유리는 두께 8mm의 판유리와 마찬가지로 각 조정관세율의 적용대상임을 전제로 한 관세의 부과처분은 위법하다.

【대법원 1995.4.21, 94누15677】 조정관세의 적용에 관한규정에 의하면, 관세율표 번호 7005의 플로트유리 중 조정관세율 적용대상은 두께 2mm 초과 3mm 이하의 것과 4mm 초과 8mm 이하의 것에 한한다고 규정하고 있으므로, 확장해석이나 유추해석을 금지하는 조세법률주의의 원칙상, 공업진흥청장이 산업표준화법 제4조에 의거하여 공업진흥청 고시 제91-1790호로 각종 광공업품에 대한 산업표준규격을 정하면서 두께 8mm 플로트유리의 경우 허용오차가 0.6mm라고 규정하였다 하여, 수입한 두께 8.1mm의 플로트유리를 두께 8mm의 플로트유리와 마찬가지로 조정관세율의 적용대상이라고 볼 수 없다.

20) 관계부처의 장 또는 이해관계인이 법 제69조의 규정에 의한 조치를 요청하고자 하는 때에는 해당 물품과 관련된 해당 물품의 세번 · 품명 · 규격 · 용도 및 대체물품, 해당 물품 제조용 투입원료 및 해당 물품을 원료로 하는 관련제품 제조공정설명서 및 용도, 해당 연도와 그 전후 1년간의 수급실적 및 계획, 최근 1년간의 월별 주요 수입국별 수입가격 및 수입실적, 최근 1년간의 월별 주요 국내제조업체별 공장도가격 및 출고실적, 인상하여야 하는 세율 · 인상이유 및 그 적용기간에 관한 자료를 기획재정부장관에게 제출하여야 한다. 기획재정부장관은 법 제69조의 규정에 의한 조정관세의 적용에 관하여 필요한 사항을 조사하기 위하여 필요하다고 인정되는 때에는 관계기관 · 수출자 · 수입자 기타 이해관계인에게 관계 자료의 제출 기타 필요한 협조를 요청할 수 있다.

7. 제7관 할당관세

제71조【할당관세】 ① 다음 각 호의 어느 하나에 해당하는 경우에는 100분의 40의 범위의 율을 기본세율에서 빼고 관세를 부과할 수 있다. 이 경우 필요하다고 인정될 때에는 그 수량을 제한할 수 있다.
1. 원활한 물자수급 또는 산업의 경쟁력 강화를 위하여 특정물품의 수입을 촉진할 필요가 있는 경우
2. 수입가격이 급등한 물품 또는 이를 원재료로 한 제품의 국내가격을 안정시키기 위하여 필요한 경우
3. 유사물품 간의 세율이 현저히 불균형하여 이를 시정할 필요가 있는 경우

② 특정물품의 수입을 억제할 필요가 있는 경우에는 일정한 수량을 초과하여 수입되는 분에 대하여 100분의 40의 범위의 율을 기본세율에 더하여 관세를 부과할 수 있다. 다만, 농림축수산물인 경우에는 기본세율에 동종물품·유사물품 또는 대체물품의 국내외 가격차에 상당하는 율을 더한 율의 범위에서 관세를 부과할 수 있다.

③ 제1항과 제2항에 따른 관세를 부과하여야 하는 대상 물품, 수량, 세율, 적용기간 등은 대통령령으로 정한다.

④ 기획재정부장관은 매 회계연도 종료 후 5개월 이내에 제1항부터 제3항까지의 규정에 따른 관세의 전년도 부과 실적 및 그 결과(관세 부과의 효과 등을 조사·분석한 보고서를 포함한다)를 국회 소관 상임위원회에 보고하여야 한다.

해 설

할당관세의 부과목적, 부과대상, 부과범위 등에 관한 규정이다. 할당관세는 특정물품에 대하여 기준수량이나 금액을 정해 놓고 일정수량까지는 낮은 세율을 적용하고 그 기준을 초과할 때에는 높은 세율을 적용한다. 이와 같이 한 가지 품목에 대하여 두 가지 세율을 정해 놓은 결과이므로 이중관세율 구조라고도 할 수 있다.

제1항은 관세율을 내려서 부과할 수 있는 경우, 제2항은 관세율을 올려서 부과할 수 있는 경우를 규정하고 있다. 관세를 내려서 부과하는 경우를 요약하면 수입 촉진이 필요한 경우, 국내가격 안정이 필요한 경우, 유사물품 간 세율 불균형 시정이 필요한 경우 등으로 기본관세율에서 40%P 감한 범위 안에서 할당관세를 부과할 수 있다. 수량할당은 정해진 수량의 범위 안에서 주무부장관 또는 그 위임을 받은 자의 추천으로 할당한다.[21] 다만, 기획재정부장관이 정하는 물품에 있어서는 수입신고 순위에 따르고 일정수량에 달하는 날의 할당은 그 날에 수

21) 할당관세에 대한 추천 행위는 추천자의 물품 관리를 위한 법적 근거 없는 자발적인 조치로서 세관에서 통관상 이 추천서의 유효성과는 무관한 것이다(기획재정부 산업정책과-694, 2019.6.30).

입신고 되는 분을 해당 수량에 비례하여 할당한다.

최근 할당관세 추천부서와 과세부서 간에 추천서의 효력과 과세의 적정성에 관하여 법 적용상 혼란스러운 상황이 발생되고 있다. 추천서가 추천부서에서 법적으로 정당하게 발부(조건 충족 등) 되었다면, 이 추천서에 의하여 적용된 할당관세는 적법한 것이며, 추후에 할당관세 적용 물품 관리상 규정 위반 사항은 기 적용된 할당관세 적용과는 무관한 것이다.

한편 행정 규정 적용에 사용되는 행정법상 용어를 정확하게 사용하지 않음으로써 부서 간 규정 적용 해석이 달라서 민원인들에 혼란이 가중되고 있기 때문에 행정법상 사용되는 취소, 철회 등 용어 사용에 정확성을 기할 필요가 있다.

제2항에서 관세를 올려서 부과하는 경우를 요약하면 수입억제를 위해서 일정수량 초과하여 수입되는 물품에 대하여 기본세율에 40%P 범위 안에서 가산하여 관세를 부과할 수 있다. 다만, 농림축수산물 경우에는 국내외가격차에 상당한 율을 가산한 율 범위 안에서 관세를 부과할 수 있다.

제1항에서 규정하는 기본세율에 40%P 범위 안에서 감하여 관세를 부과하는 경우에는 농림축산물에 대한 예외조항이 없다. 농림축수산물에 대한 예외 조항은 조정관세에 관한 조문에서도 그 예를 볼 수 있다. 주무부장관 또는 그 위임을 받은 자의 추천을 받은 자는 해당 추천서를 수입신고 수리 전까지 세관장에게 제출하여야 하며, 법 제71조 규정에 의한 일정수량까지의 수입통관실적은 관세청이 확인한다.[22]

제3항에서 물품은 '관세법 제71조에 따른 할당관세의 적용에 관한 규정' 별표의 ① 관세율표 번호, ② 품명에 해당하여야 하며, ③ 규격이 별도로 정해진 경우에는 동 규격에 합치하여야 한다.[23]

제4항은 2011.12.31. 개정 관세법에서 국회상임위원회에 실적과 결과를 보고하도록 규정하였고 2014.1.1. 개정시 할당관세 부과 실적과 결과를 국회 소관 상임 위원회에 보고할 때 할당관세 부과의 효과 등을 조사·분석한 보고서를 포함하도록 하여 할당관세에 대한 사후관리를 강화하였다.

【조세심판원 2013.12.24, 2013관0029】 할당관세 입법취지가 '돼지고기 수급조절을 통한 물가안정'을 위해 적기에 시중에 많은 물량을 공급하고자 하는 것이고, 돼지고기의 판매계약이 체결되었다 하더라도 이를 즉시 시중에 유통하지 아니하고 창고에 계속 보관한다면 돼지고기의 가격안정에

---

22) 대법원 1993.10.8. 선고 93누7358 판결 참조.

23) 관련 협회·부처 등이 할당관세 대상으로 요청하여 할당관세 규정에 반영된 물품이 수입되는 경우, 물품이 규정상 품명·규격과 동일하여 일의적(一義的)으로 할당관세 적용대상 품목임이 특정된다면 물품의 품목분류가 동 규정의 관세율표 번호와 상이하더라도 할당관세가 적용될 수 있다(기획재정부 산업관세과-276, 2018.6.19).

어떠한 도움도 줄 수 없는 점을 고려하여 2012년도부터 협회 추천공고상 판매실적기준이 신설되면서 쟁점물품 수입통관후 일정기간이내에 일정비율을 판매하여야 한다는 추천요건이 강화된 점으로 보아 쟁점물품의 '판매계약'만으로는 추천요건에 해당될 수 없다고 보여진다. 이 건 청구법인이 협회에 제출한 판매실적보고서를 보면 쟁점물품의 추천기준인 판매실적 80%를 맞추기 위하여 미판매 재고물량에 대해 가공의 판매내역을 추가하거나, 기존 판매실적을 판매일자만을 바꾸어 중복 기재하거나, 실제 판매하지 않은 업체에 판매한 것처럼 기재하는 등의 방법으로 판매보고서를 작성하여 추천을 받았다고 보여지므로 쟁점물품은 할당관세 추천요건에 해당되지 않는 것으로 판단된다.

【대법원 2017.9.21, 2016두34417】 [1] 수입업체가 추천기관에 관련 자료를 첨부하여 할당관세 적용 추천을 신청하고, 추천기관이 일정한 심사를 거쳐 추천요건이 충족되었다고 판단하여 추천서를 작성·교부하는 방식으로 추천행위를 한다고 하더라도, 그 추천은 수입신고를 하면서 관세를 신고·납부하거나 관세부과처분을 받게 될 때 할당관세를 적용받을 수 있을지에 관하여 1차적으로 심사·확인한 것에 불과하고, 그 할당관세 적용에 관한 종국적인 결정은 세관장 등에 의해서 관세경정부과처분의 형태로 이루어지는 것이므로, 추천기관의 '추천'은 할당관세의 적용을 확정하거나 세관장 등의 결정을 구속하는 효력이 있는 처분에 해당한다고 볼 수 없다. [2] 한국농수산식품유통공사로부터 할당관세 적용 추천을 받은 것만으로 위 수입물품 전체에 대하여 할당관세가 적용되는 것을 최종적으로 확정하는 효과는 없고, 수입물품 중 일부를 추천이 전제한 것과 달리 가공 없이 그대로 타인에게 판매함으로써 결과적으로 그 부분에 관한 할당관세 적용요건을 충족하지 못하였으므로, 이는 관세경정부과처분 사유에 해당한다. * 볶은 땅콩을 원료로 하는 땅콩버터를 제조·판매하는 수입자가 수입한 볶은 땅콩 중 일부 수량만 땅콩버터 제조 원료로 사용하고 나머지는 별도의 가공 없이 수입된 상태 그대로 타인에게 판매한 사실을 세관장이 적발한 사안

【서울행정법원 2015.1.23, 2013구합15705】 육류협회는 추천권한을 위임받은 공무수탁사인에 해당하고, 할당관세 추천을 받지 못한 수입업체는 법적 불이익을 입게 되므로, 불추천행위는 항고소송의 대상인 행정처분에 해당하는 점 등을 고려하면 추천공고는 상위 법령과 결합하여 대외적으로 구속력이 있는 법규영령에 해당하며, 세관이 보정기간 내에 보정통지 없이 가산세를 부과하였다하더라도 보정통지는 재량사항이고 조문을 확인하지 않은 데에 원고에게 귀책사유가 있는 점으로 보아 신의성실 및 세관공무원 재량의 한계에 위배에 위배된다고 볼 수 없다.

【대법원 2007.11.29, 2007도4811】 곡분제조업자가 뻥튀기용 옥수수(백옥)를 할당관세의 적용을 받는 '가공용 옥수수'로 신고·수입한 후 자신이 운영하는 회사의 시설로 정선·석발·가수·건조의 작업을 거쳐 뻥튀기 원재료를 만들어 뻥튀기 제조업체들에 공급한 경우, 농림부 소관 품목에 대한 할당관세 추천요령에서 정한 '가공용 옥수수'를 그 신고한 용도대로 사용하였다고 보아 관세포탈죄를 구성하지 않는다.

【대법원 1999.2.9, 97누17155】 할당관세율의 적용을 받을 물품의 수량을 제한한 경우에는, 그 물품을 수입한 자들에 대하여 제한된 일정수량의 범위 내에서 이를 분배하여야 하므로 주무부장관 등의 추천 절차에 의하여 공정하게 할당수량을 정하여 할당관세율의 적용을 받게 할 필요가 있으나, 할당관세율의 적용을 받을 물품을 일정수량으로 제한하지 아니하고 그 수입전량에 대하여 할당관

세율을 적용하도록 규정한 경우에 있어서는 추천 절차에 의하여 할당관세율의 적용대상 수량을 분배할 필요가 없으므로 주무부장관 등의 추천 여부와 상관없이 할당관세율이 적용된다고 보아야 할 것이고, 한계수량을 수입전량으로 규정한 물품의 수입은 주무부장관 등의 할당관세 추천을 받지 아니하였다 하더라도 할당관세율이 적용된다.

【대법원 1993.10.8, 93누7358】 할당관세 적용기간의 연장실시가 확정되어 있어서 관세할당추천서의 유효기간을 1991년 상반기와 하반기에 걸치도록 하여 발급한 경우 그 관세할당추천은 1991년 하반기의 할당물량의 범위 내에서 이루어진 것으로서 적법하다

【대법원 1985.11.12, 85누614】 보세구역에 있는 물품이 수입면허 없이 인출된 경우에 그 물품이 관세법 소정의 할당관세적용 대상물품에 해당하는지의 여부는 그 물품이 수입된 때 다시 말하면 그 물품이 보세구역으로부터 인취된 때를 표준으로 하여 이를 결정한다(대법원 1987.7.21, 86도221).

【대법원 1983.9.27, 82누275】 관세할당제도는 내수용 특정물품을 수입할 필요가 있는 경우에 그 필요한 일정 물량을 할당하고 이에 대하여 저율의 관세율을 적용함으로써 물자수급의 원활을 기하자는데 그 목적이 있다. 비누제조업계에서는 1980년도 상반기 할당관세율이 하반기에서도 그대로 연장실시되리라는 사실과 그 적용대상인 소요 우지물량 등이 주지된 사정하에서 하반기의 관세율 변경에 관한 규정(1980.7.1, 대통령령 제9930호, 시행기간 1980.7.1.부터 동년 12.31.까지임)의 시행이전인 1980.6.30.에 한 상공부장관의 할당관세율 적용품목의 수량추천은 위 대통령령 제9930호의 시행을 예측하고 이에 기하여 발급한 것이라고 할 것으로서 적법하다 할 것이니, 원고가 위 6.30.자 추천서를 첨부하여 하반기인 7.4.에 제출한 추천수량우지에 관한 수입신고가 법령적용의 시한을 경과하였다 하여 위 수입신고에 대하여 일정률을 감한 저율이 아닌 기본관세율을 적용하여 한 관세등 추징과세처분은 위법하다.

8. 제8관 계절관세

제72조【계절관세】 ① 계절에 따라 가격의 차이가 심한 물품으로서 동종물품·유사물품 또는 대체물품의 수입으로 인하여 국내시장이 교란되거나 생산 기반이 붕괴될 우려가 있을 때에는 계절에 따라 해당 물품의 국내외 가격차에 상당하는 율의 범위에서 기본세율보다 높게 관세를 부과하거나 100분의 40의 범위의 율을 기본세율에서 빼고 관세를 부과할 수 있다.
② 제1항에 따른 관세를 부과하여야 하는 대상 물품, 세율 및 적용시한 등은 기획재정부령으로 정한다.

해 설

계절관세의 부과대상, 부과목적 및 부과범위 등에 관한 규정이다. 계절관세는 계절에 따라 가격의 차이가 현저한 물품에 대하여 상품 출하기·비출하기에 따라 국내외가격차에 상당하

는 율 범위 안에서 기본세율보다 높게 관세를 부과하거나, 40%P 범위 안에서 낮게 관세를 부과할 수 있다. 세율을 높이는 한계는 정해져 있지 아니하나 세율을 내릴 때에는 40%P 범위 안에서 내려야 한다. 기본세율에 40%P 범위 안의 율이란 기본관세율의 40%를 의미하는 것이 아니고, 기본세율이 50%인 경우, 기본세율 50%에서 40%P를 감한 관세율 10% 이상의 율을 계절관세로 부과할 수 있다는 것을 말한다. 계절관세는 물가평형관세와 함께 도입하였다. 그러나 1993.12.3. 관세법 개정(법률 제4674호)시 물가안정과 국내농업지원을 위해 별도로 계절관세 분야를 현행 조문으로 분리 규정하였다.

물가평형관세는 물가안정과 국내산업보호를 위해 마련한 것으로 여기에는 차액관세와 활척관세가 있다. 차액관세는 국내기준가격을 설정하고 그 기준가격과 차액만큼을 관세로 부과하거나 면제하여 국내물가를 안정시키는 역할을 한다. 활척관세는 수입가격이 인하될 때 고율의 관세를 부과하는 등 국제가격에 따라 세율을 변동시켜 가격을 안정시키는 것이다.

물가평형관세는 1996.12.30. 관세법 개정(법률 제5194호)시 부과실적이 없고, 조정관세 등 다른 탄력관세를 활용하여 목적을 달성할 수 있어 이를 폐지하였다.

9. 제9관 국제협력관세

제73조【국제협력관세】 ① 정부는 우리나라의 대외무역 증진을 위하여 필요하다고 인정될 때에는 특정 국가 또는 국제기구와 관세에 관한 협상을 할 수 있다

② 제1항에 따른 협상을 수행할 때 필요하다고 인정되면 관세를 양허할 수 있다. 다만, 특정 국가와 협상할 때에는 기본 관세율의 100분의 50의 범위를 초과하여 관세를 양허할 수 없다.

③ 제2항에 따른 관세를 부과하여야 하는 대상 물품, 세율 및 적용기간 등은 대통령령으로 정한다.

해 설

국제협력관세의 협상주체를 기획재정부장관이나 관세청장으로 한정하지 아니하고 정부로 규정한 것은 조약 등의 성격이 국가 간 업무이기 때문이다. 정부는 대외무역증진을 위하여 특정 국가나 WTO 등과 같은 국제기구와 관세에 관한 협상을 할 수 있다. WTO(World Trade Organization, 세계무역기구)는, 'GATT 관세 및 무역에 관한 일반협정'을 대신하는 국제적인 무역기구로서 1995.1.1. 출범하였다. GATT에 비하면 회원국에 대한 강제력이 강화되었고, 이전에 협상의 대상에서 제외되었던 농산물, 섬유 분야도 협상분야로 포함하고 있으며, 분쟁해결 기구를 별도로 두어 분쟁해결의 실효성을 확보하는 등 보다 강력한 힘을 가진 기구이다. 국제협력관세 관련 국제기구에는 WTO, UNCTAD, ESCAP, WCO, APEC 등이 있으며, ESCAP의 방콕협정 회원국은 한국, 인도, 스리랑카, 방글라데시, 라오스, 중국 등이다.

체결된 조약내용은 관세법 등 국내법에 이를 수용하여 시행하여야 한다. 과거에는 관세법에 조약이 우선한다는 규정이 있었으나, 현행 헌법에서는 조약은 국내법과 동등한 효력이 있다고 규정하고 있다. 국제협력관세 종류로서는 세계무역기구양허관세 · 개발도상국이나 저개발국가지원을위한세계무역기구협정개발도상국간양허관세 · 유엔무역개발회의개발도상국간양허관세 · 방콕협정에의한양허관세 등이 있다.

제2항은 양허의 범위에 관한 규정이다. 특정국가와 협상(양자간 협상)을 수행함에 있어서는 기본관세율의 100분의 50의 범위를 초과하여 관세를 양허할 수 없지만 국제기구와 협상(다자간 협상)할 때에는 이러한 한계를 두지 아니한다. 이는 조세법률주의 원칙을 가급적 유지하려는 취지에서 나온 것으로 본다. 예를 들면, WTO 협정 등에서 현행 8%의 관세율을 0%의 관세율로 협상하는 경우가 있다.[24] 양자 간 협상이나 다자간 협상이 달라 보이지만 결국 함께 갈 수밖에 없으며, 양자 간 협상에 의한 FTA가 많아지고 있지만 '스파게티볼 효과'로 인한 불편함 등을 무시할 수 없어 전체적인 기준을 통일하는 다자간 협상이 병행되어야 한다고 한다.[25]

제3항에서 대통령령으로 정한 경우로 「세계무역기구 협정 등에 의한 양허관세 규정」이 있으며, 이 규정에 따라 국제협력관세 등을 부과하고 있다. 국제기구와 관세에 관한 협상에서 국내외가격차에 상당한 율로 양허하거나 시장개방과 함께 기본세율보다 높은 세율로 양허한 농림축산물 중 시장접근물량으로 관련 기관의 추천을 받은 경우에는 해당 추천서를 수입신고 수리 전까지[26] 세관장에게 제출하여 낮은 관세율을 적용 받을 수 있다. 동조에 의한 낮은 세율 적용 물품을 법 제83조에 의한 용도세율 적용대상으로 보아 해당 용도에 사용되지 아니하면 차액관세를 징수하도록 규정하고 있으나 구체적으로 용도에 따른 세율을 정하지 아니하였다는 점을 들어 이에 대한 차액관세의 부과가 위법하다는 판례가 있다.[27]

【대법원 2016.9.8, 2016두41606】 사료관리법 제6조에서 양허관세를 적용받기 위해서는 농림수산부장관이나 그 대행기관의 추천이 필요하다고 규정하고 있고, 관세법 시행령 제94조는 그 추천서를 수입신고 수리전까지 세관장에게 제출하여야 한다고 명시하고 있으며, 수입통관시 해당 물품이 시장접근물량 이내임을 확인하기 위해서는 양허관세 추천서의 제출이 필수적이라는 점에서 위 각 규정은 양허관세를 적용받기 위한 요건에 관한 강행규정인바, 수입신고수리전까지 추천서를 제출하지 아니하여 양허관세 적용을 배제한 처분은 정당하다.

---

24) 「자유무역협정의 이행을 위한 관세법의 특례에 관한 법률」에 따라 관세법에서 정한 범위를 넘어서 관세율을 정하는 경우도 있다. 약칭 FTA특례법에는 '다른 법률과의 관계', '협정관세'의 범위, '법률 적용의 우선순위' 등 관세법의 관계에 관한 규정을 두고 있다. 따라서 FTA협정관세는 특례법에 의해 부과되는 관세라 할 수 있다.

25) 매일경제 최석영 신임 FTA 교섭대표 인터뷰 내용, 2010.6.24.

26) 2021.2.17 시행령 개정시 납세자 권익보호를 위하여, 해당 농림축산물이 보세구역에서 반출되지 않은 경우에는 수입신고 수리일부터 15일이 되는 날까지 제출할 수 있도록 추천서 제출기한을 연장하였다.

27) 동법 제83조 해설 참조.

【헌법재판소 1998.11.26, 97헌바65 전원재판부】 마라케쉬협정에 따른 시장접근물량을 할당함에 있어서, 시장접근물량은 국내 총소비량의 5% 미만에 불과한 반면 시장접근물량에 해당하는 농산물의 수입에 관해서는 저율의 관세가 부과되어 그로 인한 이익이 크기 때문에 이를 합리적으로 분배할 필요가 있어 농수산물유통및가격안정에관한법률 제10조의 3에 의하여 농림부장관으로 하여금 추천권을 행사하여 수입물량을 배분하도록 하고 그로 인한 수익은 농산물가격안정기금이나 축산발전기금 등으로 환수하여 재투자하고 있다. 따라서 시장접근물량내의 수입참깨와 그 이외의 수입참깨에 대하여 다른 세율의 관세를 적용하는 것은 관세법과 농수산물유통및가격안정에관한법률 및 마라케쉬협정에 따른 것으로서 그 규정내용이 합리적이고 명확하여 죄형법정주의나 조세법률주의에 어긋나는 것이라고 할 수 없다. 마라케쉬협정도 적법하게 체결되어 공포된 조약이므로 국내법과 같은 효력을 갖는 것이어서 그로 인하여 새로운 범죄를 구성하거나 범죄자에 대한 처벌이 가중된다고 하더라도 이것은 국내법에 의하여 형사처벌을 가중한 것과 같은 효력을 갖게 되는 것이다. 따라서 마라케쉬협정에 의하여 관세법위반자의 처벌이 가중된다고 하더라도 이를 들어 법률에 의하지 아니한 형사처벌이라거나 행위 시의 법률에 의하지 아니한 형사처벌이라고 할 수 없다.

10. 제10관 편익관세

제74조 【편익관세의 적용기준 등】 ① 관세에 관한 조약에 따른 편익을 받지 아니하는 나라의 생산물로서 우리나라에 수입되는 물품에 대하여 이미 체결된 외국과의 조약에 따른 편익의 한도에서 관세에 관한 편익(이하 "편익관세"라 한다)을 부여할 수 있다.
② 편익관세를 부여할 수 있는 대상 국가, 대상 물품, 적용 세율, 적용방법, 그 밖에 필요한 사항은 대통령령으로 정한다.

해 설

조약은 국가 간에 협상에 의하여 체결하며, 이 결과를 다른 국가에도 적용하여 그 효과를 극대화하는 것이 편익관세 제도의 취지다. 따라서 편익관세는 직접 조약에 근거해서 부과하는 것이 아니고, 다른 조약에 근거를 두고 그 한도 안에서 편익관세를 부과하는 것이다. 현행 규정으로 보면 '한도 안에서 관세에 관한 편익을 부여한다' 함은 정한 세율의 범위 내에서 저세율을 적용하는 것을 의미한다.[28]

세율적용의 우선순위는 법 제50조에서 규정한 바와 같이 편익관세율이 기본관세, 잠정관세, 조정관세, 할당관세, 계절관세, 일반특혜관세보다 낮은 경우에만 편익관세율을 적용하고, 법에

28) 편익관세 부과대상 국가로서 14개 국가(2017.3 현재)를 지정하고, 물품 및 세율은 세계무역기구협정 등에 의한 양허관세규정 별표 1의 가 또는 나 규정에 의한다. 적용방법에 있어서 해당 물품에 대한 관세율표상의 품목분류가 세분되거나 통합된 때에도 동일한 편익을 받을 수 있다.

서 정한 세율이 낮다면 법에서 정한 세율을 우선적으로 적용한다. 편익관세 적용대상 국가는 시행령 별표로 정하고 있다.

> 第75조【편익관세의 적용 정지 등】 기획재정부장관은 다음 각 호의 어느 하나에 해당하는 경우에는 국가, 물품 및 기간을 지정하여 편익관세의 적용을 정지시킬 수 있다.
> 1. 편익관세의 적용으로 국민경제에 중대한 영향이 초래되거나 초래될 우려가 있는 경우
> 2. 그 밖에 편익관세의 적용을 정지시켜야 할 긴급한 사태가 있는 경우

해 설

법 제77조의 일반특혜관세의 적용정지와 마찬가지로 국가 등을 지정하여 정지하지만, 편익관세의 경우는 구체적으로 그 기간을 정하여 정지한다. '정지'시에는 그 기간을 정하여 정지하므로 다시 편익관세를 적용할 수 있다는 의미다. 법 제77조 제2항, 일반특혜관세에 관한 조항을 보면 대상국의 소득수준 등을 평가하여 적용배제 여부를 결정한다. 이 규정은 이전에 대통령령에 규정하던 것을 2000년 개정 관세법에 상향 규정하였다.

11. 제11관 일반특혜관세

> 第76조【일반특혜관세의 적용기준】 ① 대통령령으로 정하는 개발도상국가(이하 이 조에서 "특혜대상국"이라 한다)를 원산지로 하는 물품 중 대통령령으로 정하는 물품(이하 이 조에서 "특혜대상물품"이라 한다)에 대하여는 기본세율보다 낮은 세율의 관세(이하 이 관에서 "일반특혜관세"라 한다)를 부과할 수 있다.
> ② 일반특혜관세를 부과할 때 해당 특혜대상물품의 수입이 국내산업에 미치는 영향 등을 고려하여 그 물품에 적용되는 세율에 차등을 두거나 특혜대상물품의 수입수량 등을 한정할 수 있다.
> ③ 국제연합총회의 결의에 따른 최빈(最貧) 개발도상국[최빈 개발도상국에서 제외(2025년 4월 1일 전에 제외된 경우를 포함한다)된 날부터 대통령령으로 정하는 기간이 지나지 아니한 국가를 포함한다] 중 대통령령으로 정하는 국가를 원산지로 하는 물품에 대하여는 다른 특혜대상국보다 우대하여 일반특혜관세를 부과할 수 있다.
> ④ 특혜대상물품에 적용되는 세율 및 적용기간과 그 밖에 필요한 사항은 대통령령으로 정한다.

해 설

GSP(Generalized System of Preference, 일반특혜관세제도)는 개발도상국의 수출증대와 공업화를 촉진하기 위해 개발도상국으로부터 수입하는 물품에 대하여 무관세나 저율의 관세를 부과하

는 혜택을 주는 제도를 말한다. 특혜대상국은 개발도상국가이고, 대상물품은 대통령령이 정하는 물품이며, 관세는 기본세율보다 낮은 세율이다. 이를 특혜대상국, 특혜대상물품, 일반특혜관세라 하며, 일반특혜관세는 원산지를 중심으로 부여하는 것이 그 기본 취지라 할 수 있다.

법 제232조 제2항에 의하면 원산지증명서 확인이 필요한 물품을 수입할 때 원산지증명서를 제출하지 아니하면 일반특혜관세 · 국제협력관세 · 편익관세를 적용하지 아니할 수 있다. 법 제50조 세율적용 우선순위에 의하면, 본조의 일반특혜관세는 기본관세율보다 낮은 경우에만 적용한다. 따라서 우선순위가 전체적으로는 하위에 있는 관세라 할 수 있다. 우리나라는 국가경제발전으로 일반특혜관세 혜택을 받는 지위에서 혜택을 주는 지위로 성장함에 따라서 1996.12.30. 관세법 개정(법률 제5194호)시 이 조항을 신설하였다.

제2항은 세율차등 · 수량제한에 관한 규정이다. 일반특혜관세는 저율의 관세를 부과함으로써 개발도상국을 지원하지만, 국내산업을 보호하기 위해서는 세율과 적용수량에 대하여 차등 적용 혹은 한정할 수 있다.

제3항은 일반특혜관세 중에서 UN이 결의한 최빈개발도상국가를 원산지로 하는 물품에 대하여 다른 특혜대상국보다 우대하여 일반특혜관세를 부과하는 규정이다. 유엔무역개발회의개발도상국간특혜무역제도에관한협정(GSTP)에는 방글라데쉬, 탄자니아, 기네아, 베닌, 모잠비크, 수단, 미얀마 등을 특혜대상국으로 정하고 있으며, 최빈개발도상국에 대한 특혜관세 공여에 관한 규정이 있다.[29] 대통령령인 「최빈개발도상국에 대한 특혜관세 공여 규정」에서 최빈개발도상국 범위, 세율, 국내산업의 피해구제, 원산지 규정(결정 기준) 등을 정하고 있다.

2024.12.31. 법 개정시 개발도상국 적용 범위를 일정 기간 유예하여 적용하는 내용으로 규정을 개정하였다.

> 제77조【일반특혜관세의 적용 정지 등】 ① 기획재정부장관은 특정한 특혜대상 물품의 수입이 증가하여 이와 동종의 물품 또는 직접적인 경쟁관계에 있는 물품을 생산하는 국내산업에 중대한 피해를 주거나 줄 우려가 있는 등 일반특혜관세를 부과하는 것이 적당하지 아니하다고 판단될 때에는 대통령령으로 정하는 바에 따라 해당 물품과 그 물품의 원산지인 국가를 지정하여 일반특혜관세의 적용을 정지할 수 있다.
> ② 기획재정부장관은 특정한 특혜대상국의 소득수준, 우리나라의 총수입액 중 특정한 특혜대상국으로부터의 수입액이 차지하는 비중, 특정한 특혜대상국의 특정한 특혜대상물품이 지니는 국제경쟁력의 정도, 그 밖의 사정을 고려하여 일반특혜관세를 부과하는 것이 적당하지 아니하다고

29) 유엔무역개발회의(UNCTAD, United Nations Conference on Trade and Development), GSTP (Global System of Trade Preferences among Developing Countires)

판단될 때에는 대통령령으로 정하는 바에 따라 해당 국가를 지정하거나 해당 국가 및 물품을 지정하여 일반특혜관세의 적용을 배제할 수 있다.

해 설

일반특혜관세는 시혜적 정책에서 비롯된 관세이므로 필요시 그 적용을 정지·배제할 수 있다. 정지·배제사유는 매우 포괄적으로 정하고 있으며, 정지·배제할 때에는 대상 국가를 정하여 시행한다. '배제'는 특혜대상국 소득수준이나 기타 사항을 감안하여 특혜관세를 적용하지 아니하는 것을 말한다. 이에 대하여 '정지'는 일시적으로 우리나라 산업피해가 우려되어 일반특혜관세를 적용하지 아니하는 것이므로, 적용하지 아니하는 사유에 있어서 차이가 있다. 또한 일반적으로 배제는 대상국가의 사정에 따른 것이고, 정지는 우리나라 국내 사정에 따라 발생하는 것이라 볼 수 있다. 일반특혜관세는 개발도상국가의 산업발전을 지원하기 위한 것이므로 국내산업에 부담이 될 수 있는 경우에 적용정지조치를 두어 국내 산업을 보호하고 있다. 적용할 때에도 원산지, 물품을 정하여 적용하는 것이므로, 적용 정지에 있어서도 동일한 방법으로 원산지, 물품을 정하여 적용 정지한다.

제2항은 일반특혜관세 적용배제에 관한 규정이다. 일반특혜관세는 세율차등·수량제한·적용정지·적용배제 등 적용방법을 다양화하여 국내 산업에 미치는 영향을 충분히 고려할 수 있도록 운영하고 있다.

12. 제12관 관세양허에 대한 조치 등

제78조【양허의 철회 및 수정】 ① 정부는 외국에서의 가격 하락이나 그 밖에 예상하지 못하였던 사정의 변화 또는 조약상 의무의 이행으로 인하여 특정물품의 수입이 증가됨으로써 이와 동종의 물품 또는 직접 경쟁관계에 있는 물품을 생산하는 국내 생산자에게 중대한 피해를 가져오거나 가져올 우려가 있다고 인정되는 경우에는 다음 각 호의 구분에 따른 조치를 할 수 있다.
1. 조약에 따라 관세를 양허하고 있는 경우 : 해당 조약에 따라 이루어진 특정물품에 대한 양허를 철회하거나 수정하여 이 법에 따른 세율이나 수정 후의 세율에 따라 관세를 부과하는 조치
2. 특정물품에 대하여 제1호의 조치를 하려고 하거나 그 조치를 한 경우 : 해당 조약에 따른 협의에 따라 그 물품 외에 이미 양허한 물품의 관세율을 수정하거나 양허품목을 추가하여 새로 관세의 양허를 하고 수정 또는 양허한 후의 세율을 적용하는 조치

② 제1항 제2호의 조치는 같은 항 제1호의 조치에 대한 보상으로서 필요한 범위에서만 할 수 있다.
③ 제1항에 따른 조치의 시기 및 내용과 그 밖에 필요한 사항은 대통령령으로 정한다.

해 설

양허(Concession), 즉 남에게 허락한다는 의미로서 관세양허는 조약 등 협상과정에서 상대의 관세인하 등의 요구사항을 수용하는 것을 의미한다. 양허 종류로는 Reduction(현행 관세율을 인하하는 것), Binding(관세를 더 이상 올리지 않겠다고 약속하는 것), Ceiling Binding(현행 세율을 인상하더라도 일정수준으로는 올리지 않겠다는 한계선을 설정하는 것) 등이 있다. 관세양허는 관세율 무세화, 관세율 인하, 일정 기간 후 무세화 등 방법으로 관세율을 조정한다. 그러나 국내생산 업자가 피해를 보게 될 경우, 그 양허의 철회 및 수정 등 조치로 국내 생산 업자를 보호한다.

법 제73조의 국제협력관세에 관한 조문과 법 제79조의 대항조치에 관한 조문에서도 그 주체는 '정부'로 규정되어 있어, 해당 조문의 특성을 나타내 주고 있다. 국제협력관세, 양허의 철회 및 수정, 대항조치 등에 관하여는 우리나라를 대표하는 정부기관이면 이를 집행할 수 있다는 의미다. 그러나 구체적 절차는 대통령령을 통하여 집행한다.

제1항은 양허의 철회와 수정에 관한 규정이다. 가격하락, 예측하지 못한 사정변화, 조약의 무이행 등으로 물품의 수입이 증가하여 국내생산업자에게 피해가 있거나, 우려가 있을 때 양허의 철회·수정 혹은 다른 물품에 대한 관세율의 수정·양허 추가 등 방법으로 관세를 부과할 수 있다. 위에서와 같이 양허세율을 적용하는 과정에서 국내생산자보호를 위한 조치가 필요하면 양허의 철회·수정을 할 수 있으며, 철회하면 이 법에 의한 세율을 적용하고, 수정할 때에는 새로운 수정 양허세율을 적용한다. 또한 해당 양허품목 이외에 다른 품목을 양허품목으로 정할 수 있으며, 새로 양허한 품목에 대하여는 양허한 후 세율을 적용할 수 있다.

제2항은 철회·수정에 대한 보상 규정이다. 해당물품 이외 물품에 대한 양허·수정 등은 무역분쟁을 초래할 우려가 있으므로 양허·수정 범위를 보상수준 이내로 제한하는 규정이다.

제79조【대항조치】① 정부는 외국이 특정물품에 관한 양허의 철회·수정 또는 그 밖의 조치를 하려고 하거나 그 조치를 한 경우 해당 조약에 따라 대항조치를 할 수 있다고 인정될 때에는 다음 각 호의 조치를 할 수 있다.

1. 특정물품에 대하여 이 법에 따른 관세 외에 그 물품의 과세가격 상당액의 범위에서 관세를 부과하는 조치
2. 특정물품에 대하여 관세의 양허를 하고 있는 경우에는 그 양허의 적용을 정지하고 이 법에 따른 세율의 범위에서 관세를 부과하는 조치

② 제1항 각 호의 조치는 외국의 조치에 대한 대항조치로서 필요한 범위에서만 할 수 있다.

③ 제1항에 따른 조치의 대상 국가, 시기, 내용, 그 밖에 필요한 사항은 대통령령으로 정한다.

해 설

외국이 양허철회·수정조치를 하면 이에 대하여 정부는 대항조치를 할 수 있으며, 대항조치로서는 제1항에서와 같이 관세 외에 과세가격 상당액 범위 안에서 관세를 부과하거나, 양허를 정지하고 이 법에 의한 관세를 부과하는 조치 등이 있다. 법 제78조는 우리나라 정부가 외국에 대하여 취할 수 있는 자체 방어에 관한 조항이고, 동조는 외국 정부가 우리나라에 대하여 취하는 조치에 대한 조치, 즉 대항조치를 규정하고 있다.

제2항 및 제3항은 대항 조치의 내용에 대하여 규정하고 있다. 대항조치는 외국이 양허 철회나 수정함으로써 우리나라에 불리한 영향을 미치게 한 조치에 대한 보복적인 성격을 띠고 있다. 따라서 과도한 대항조치는 무역 분쟁을 초래할 우려가 있으므로 조치 범위는 외국의 조치에 상응하는 것이어야 한다.

제80조【양허 및 철회의 효력】 ① 조약에 따라 우리나라가 양허한 품목에 대하여 그 양허를 철회한 경우에는 해당 조약에 따라 철회의 효력이 발생한 날부터 이 법에 따른 세율을 적용한다.
② 제1항에 따른 양허의 철회에 대한 보상으로 우리나라가 새로 양허한 품목에 대하여는 그 양허의 효력이 발생한 날부터 이 법에 따른 세율을 적용하지 아니한다.

해 설

우리나라가 양허를 철회한 때에는, 철회 효력이 발생한 때에 이 법에 의한 세율을 적용하며, 새로 양허한 때에는 양허 효력이 발생한 때에 새로운 양허세율을 적용한다. 취소는 과거까지 효력이 미치지만, 철회는 장래에 대해 그 효력의 존속을 막는 것을 말한다.

세율의 적용 등

제81조【간이세율의 적용】 ① 다음 각 호의 어느 하나에 해당하는 물품 중 대통령령으로 정하는 물품에 대하여는 다른 법령에도 불구하고 간이세율을 적용할 수 있다.
1. 여행자 또는 외국을 오가는 운송수단의 승무원이 휴대하여 수입하는 물품
2. 우편물. 다만, 제258조 제2항에 따라 제241조 제1항에 따른 수입신고를 하여야 하는 우편물은 제외한다.
3. (삭제)
4. 탁송품 또는 별송품

② (삭제)

③ 간이세율은 수입물품에 대한 관세, 임시수입부가세 및 내국세의 세율을 기초로 하여 대통령령으로 정한다.

④ 제1항 제1호에 해당하는 물품으로서 그 총액이 대통령령으로 정하는 금액 이하인 물품에 대하여는 일반적으로 휴대하여 수입하는 물품의 관세, 임시수입부가세 및 내국세의 세율을 고려하여 제3항에 따른 세율을 단일한 세율로 할 수 있다.

해 설

간이세율의 적용, 간이세율의 과세가격, 간이세율의 책정 및 단일세율에 관한 규정이다. 일반세율 적용물품은 품목번호(HSK)로 물품을 나누고 간이세율 적용물품은 10개 품목번호로 물품을 나눈다. 이와 같이 간이세율은 세율적용 대상물품을 소수의 무리로 나누어서 품목분류를 쉽게 할 수 있게 만든 세율이다. 적용 대상물품에 있어서 종전에는 관세법에 '간이세율을 적용한다'로 하여 간이세율 적용대상이 되면 적용하여야 하는 것으로 규정하고 대통령령에서 간이세율 적용배제를 청구할 수 있도록 규정하였으나, 2000년 개정 관세법에서는 '간이세율을 적용할 수 있다'로 규정하여 의무사항이 아니라는 의미로 해석할 수 있다.

여행자휴대품 · 우편물 등은 일반적으로 물품 종류가 다양하며, 그 특성상 관세징수의 정확성을 기하는 것보다는 신속 통관을 우선 고려해야 할 물품들이다. 이러한 물품들을 정상적으로 품목분류하고 신고절차를 거쳐 세율을 결정한다면 통관절차가 지연될 수 있으므로 이와 같은 간이세율제도를 운영하게 된 것이다. 간이세율 적용은 일반통관 절차의 예외적 과정이므로 그 적용 대상을 제한하고 있고, 구체적으로 간이세율을 적용할 수 없는 물품과 그 세율은

대통령령으로 정하고 있다.[30)]

제1항은 간이세율적용대상에 관한 규정이다. 여행자나 승무원의 휴대품, 소량이지만 자주 반입하는 우편물, 탁송품 및 별송품은 관세율표상 세율을 적용하지 아니하고 간이세율을 적용할 수 있다. 「여행자 및 승무원휴대품 통관에 관한 고시」(관세청고시)에서 '휴대품'이란 일시적으로 출입국하는 여행자가 출입국 시에 휴대하여 반출입하는 물품과 특수한 사정으로 사전 또는 사후에 도착된 물품을 말하며, '별송품'이란 여행자가 이용한 항공기 및 선박 등 이외의 운송수단을 이용하여 별도로 반입하는 물품을 말한다고 규정하고 있다. 2018.12.31. 법 개정시 '외국에서 선박 또는 항공기의 일부를 수리하거나 개체(改替)하기 위하여 사용된 물품'은 삭제하였다. '해외 수리 운송수단 수입신고의 특례'가 법 제241조의 2항에 신설됨에 따라 해외수리선박등에 대한 간이세율 제도를 폐지한 것이다.

제2호 우편물에 관한 규정을 2021.12.31. 개정하여 종전에는 단순히 수입신고라고 하던 것을 '법 제241조 제1항에 따른 수입신고'로 명확화하였다. 수입신고 방식이 다양화 됨에 따라 법적인 혼선을 해소하기 위한 것이라 볼 수 있다.

'탁송품'(consignment)은 별도로 규정된 바 없으나 화주가 직접 운송하는 것이 아니라 운송업자 등에게 위탁하여 국내로 송부한 물품을 의미하고 있는데 해외친척이 선물로 국내거주자에게 보내준 물품 또는 해외 전자상거래를 통해 국내로 반입한 물품 등을 예로 들 수 있다.

제2항은 간이세율 적용시 과세가격에 관한 규정이다. 과세물건의 수량 혹은 가격이 과세표준이고, 가격 과세표준이 과세가격이다. 폐지된 규정에 따르면 운송수단인 선박·항공기 일부를 외국에서 수리 또는 개체할 때에는 대가로 지급하는 외화가격을 과세가격으로 하였다. 이는 물품 거래가격을 기준으로 과세가격을 결정하는 일반적 과세가격 결정방법에 대한 예외규정이었다. 외화가격은 외화로 계산된 물품 등 가격을 말한다. 개체는 부품의 일부를 바꾸어 고치는 것을 말한다. 이때에는 단순히 물품만 구매하는 것이 아니라 용역의 대가도 지불하므로 과세가격에 이 용역의 대가도 포함한다. 외국에서 선박을 수리한 때 과세물건 확정시기와 과세환율의 적용 시점은 해당 선박이 우리나라에 최초로 입항한 때나 입항하여 신고한 때로 한다. 신설된 해외 수리 운송수단 수입신고의 특례에 따르면 과세가격은 수리 또는 부품 등이 교체된 부분의 가격이다.

---

30) 간이세율을 적용하지 아니하는 품목으로서 관세율이 무세인 품목과 관세가 감면되는 물품, 수출용 원재료, 범칙행위에 관련된 물품, 종량세가 적용되는 물품, 상업용으로 인정되는 수량의 물품과 고가품, 해당 물품의 수입이 국내 산업을 저해할 우려가 있는 물품, 단일한 간이세율 적용이 과세형평을 현저히 저해할 우려가 있는 물품으로서 관세청장이 정하는 물품, 화주가 과세대상물품 전부에 대하여 간이세율 적용배제 신청을 한 물품이 있다.

제3항은 간이세율의 책정기준을 규정하고 있다. 물품에 대하여 부과하는 각종 세금을 기초로 하여 가급적 평균치에 근접한 세율을 정한다. 여기서 내국세는 수입물품에 부과하는 내국세를 말한다.[31] 일반 물품은 해당 세번에 따르는 세율을 기초로 하여 정하지만 기존 삭제된 선박이나 항공기의 수리·개체용 물품에 대하여는 해당 물품에 대한 세율이 아니라 선박이나 항공기의 세율을 기초로 하여 간이세율을 정하였다.[32] 이것은 선박·항공기의 세율이 낮으므로 해당 운송업의 지원으로 볼 수 있었다. 임시수입부가세는 임시수입부가세법에 따라 부과하는 것으로 국내수지를 개선하기 위해 제정된 것이며, 수입 수요를 긴급히 억제하기 위해 부과하는 등 긴급히 대처할 필요가 있을 때 부과한다.

제4항은 간이세율이외 단일세율에 관한 규정이다. 단일세율은 간이세율을 더욱 단순화한 세율이라 할 수 있다. 여행자나 외국에 왕래하는 운송수단 승무원의 휴대품에 대하여는 일정 금액 이하의 경우에는 단일 세율을 적용할 수 있다. 휴대품의 특성상 신속한 과세가 필요하기 때문에 이를 감안하여 규정한 것이다. 2004년 시행령에는 해외여행자의 통관지체요인을 감소시키고 민원만족도를 향상시키기 위해 여행자 휴대물품의 과세가격 합산 총액이 미화 1,000불 이하인 경우 각 물품에 품목별 세율을 적용하지 않고 일부품목을 제외하고는 단일세율인 20%를 적용하도록 개정하였다.[33]

> 제82조【합의에 따른 세율 적용】① 일괄하여 수입신고가 된 물품으로서 물품별 세율이 다른 물품에 대하여는 신고인의 신청에 따라 그 세율 중 가장 높은 세율을 적용할 수 있다.
> ② 제1항을 적용할 때에는 제5장 제2절(제119조부터 제132조까지)은 적용하지 아니한다.

해 설

합의세율의 적용방법 및 적용효과 등에 관한 규정이다. 합의에 의한 세율은 간이세율과 마찬가지로 통관의 편의를 위한 것이다. 이러한 세율은 과세관청과 신고인등의 합의가 전제되어야 적용할 수 있다. 종전에는 합의에 의한 세율적용은 화주의 신청에 의하도록 규정하였으나, 2000년 개정 관세법에서 이를 신고인으로 규정하였다. 그 사유로서 합의세율의 적용은 해당

31) 예를 들면, 2010.3.26. 시행령 개정시 냉장고, 에어컨, 드럼세탁기 등에 대해서 개별소비세가 과세됨에 따라 간이세율이 신설되었다.

32) 기획재정부 유권해석(1982.9.30)에 의하면 선박수리의 과세가격은 지급하는 외화가격으로 하도록 규정하고 있으며, 이는 가치 증가에 과세하는 것을 의미하였다. 따라서 동 규정의 합목적성에 비추어 순수한 용역비도 과세대상이며 또한 과세가격 의미에서도 수리가공의 경우 형평성에 맞는 것이었다. 물품 없이 용역만 제공받으면 지급된 용역 대가에 대해서만 과세하였다.

33) 간이세율 20%는 관세나 부가가치세 등의 세액을 평균하여 산정한 세율이나 현재 실효관세율이 3% 이하인 점을 고려하며 너무 높다는 이론이 있다.

물품의 수입신고를 한 자가 신청토록 함으로써 실질적으로 신고서류상에 나타나지 않은 화주에 대한 세율적용 여부에 관한 결정권을 부여하는 모순을 시정하고 과세관청의 안정적인 행정업무처리를 도모하는 데 있었다. 일반적으로 화주는 실질과세원칙에 따라 납세의무자가 되나 수입신고는 대부분 관세사 등 관세전문가를 통하여 행해지고 있으므로 합의세율의 적용여부도 수입신고인이 신청하는 것이 타당하다.

제1항은 합의세율의 적용방법에 관한 규정이다. 소액·소량의 다수 물품이 섞여서 신고서를 작성하기가 번거로운 경우 화주의 신청에 의하여 세율 중 가장 높은 세율을 적용하여 일괄 과세할 수 있다. 그러나 세율이 여러 가지인 경우 품목번호도 여러 가지이므로 결국은 가장 높은 세율의 품목번호로 일괄 수입신고하게 된다. 따라서 수입통관 통계의 정확성이 떨어지게 된다.

제2항은 심사대상 제외에 관한 규정이다. 제5장은 납세자의 권리 및 불복절차에 관한 장이며, 제2절은 심사와 심판에 관한 절이다. 합의에 의한 세율을 적용할 시에는 심사와 심판에 관한 규정을 적용하지 아니한다. 이는 화주와의 합의에 의해 높은 세율을 적용하였기 때문이다. 합의에 의한 세율적용을 잘못 적용한 경우에는 납세의 신뢰보호 및 가장 높은 세율을 적용하는 법 취지의 양면을 고루 반영하기 위해서는 화주와 과세관청 간에 새로운 합의가 성립되어야 한다. 합의가 성립되지 아니하는 경우에는 개별물품별로 기본세율을 적용하여 과세하여야 한다.[34)]

제5장 제2절은 '심사와 심판'에 관한 사항으로서 불복의 신청부터 이의신청에 관한 사항까지를 규정하고 있다.

제83조【용도세율의 적용】 ① 별표 관세율표나 제50조 제4항, 제51조, 제57조, 제63조, 제65조, 제67조의 2, 제68조, 제70조부터 제74조까지 및 제76조에 따른 대통령령 또는 기획재정부령으로 용도에 따라 세율을 다르게 정하는 물품을 세율이 낮은 용도에 사용하여 해당 물품에 그 낮은 세율(이하 "용도세율"이라 한다)의 적용을 받으려는 자는 대통령령으로 정하는 바에 따라 세관장에게 신청하여야 한다. 다만, 대통령령으로 정하는 바에 따라 미리 세관장으로부터 해당 용도로만 사용할 것을 승인받은 경우에는 신청을 생략할 수 있다.
② 용도세율이 적용된 물품은 그 수입신고의 수리일부터 3년의 범위에서 대통령령으로 정하는 기준에 따라 관세청장이 정하는 기간에는 해당 용도 외의 다른 용도에 사용하거나 양도할 수 없다. 다만, 대통령령으로 정하는 바에 따라 미리 세관장의 승인을 받은 경우에는 그러하지 아니하다.

34) 합의에 의한 세율적용은 일괄 수입신고된 물품에 대하여 품목별 세율이 상이한 경우에 화주의 합의세율적용신청에 의하여 가장 높은 세율을 적용하고 이에 대하여 화주가 관세 등을 납부하는 제도이다(기획재정부, 1991.7.24).

해 설

용도세율의 적용승인, 용도 외 사용금지 및 즉시관세 징수에 관한 규정이다. 용도세율은 동일 물품이라 하더라도 용도에 따라 낮게 정한 세율을 말한다. 관세율표에는 대부분 품목별로 한 가지 세율이 정해져 있으나, 일부 품목에는 용도에 따라 세율을 다르게 정해 놓은 것이 있다. 용도에 따라 세율을 다르게 정해놓은 것 중에서 낮은 세율을 적용하고자 할 때에는 세관장 승인을 받아야 하며, 이때 낮은 세율을 용도세율이라 한다.[35)]

기본세율 · 잠정세율 · 긴급관세 · 특정국물품긴급관세 · 조정관세 · 농림축산물에대한특별긴급관세 · 계절관세 · 할당관세 · 국제협력관세 · 일반특혜관세는 용도에 따라 해당 세율을 달리 정할 수 있다. 반면에 덤핑방지관세 · 상계관세 · 보복관세 · 편익관세는 세율자체의 특성상 용도세율 적용대상으로 보고 있지 아니하였으나, 2023.12.31. 법 개정시 이를 용도세율 적용대상으로 포함하였다. 그리고 종전에는 물품의 성질이나 형태가 그 용도 외에 다른 용도로 사용할 수 없는 경우에는 이를 세관장에게 신청하는 것을 생략하였으나 이러한 예외 조항을 삭제하였다. 용도에 따라 세율을 다르게 정하는 물품을 세율이 낮은 용도에 사용하고자 하는 경우에는 세관장의 승인을 얻어야 한다.

종전에는 감면물품과 분할납부물품만 사후관리대상으로 하였으나 동일물품이라도 특정용도에 사용될 경우 낮은 세율을 적용하는 용도세율 적용물품의 경우에는 감면받은 것과 동일한 효과가 발생하므로 사후관리측면에서도 감면물품과 동일하게 취급할 필요성이 제기되어 2002.12.18. 법률 제6777호로 추가하였다. 용도세율 적용물품이 법 제103조 등 감면규정을 적용 받는 감면물품에 대한 사후관리와 동일하기 때문에 용도세율 물품이 감면물품과 유사한 것으로 보아 사전세액 심사대상 물품, 가산세면제대상물품으로 유추 해석하는 경향이 있으나 이는 용도세율 적용물품의 범위를 지나치게 확대 해석한 잘못이 있다.[36)] 또한 '용도'의 의미를 확장 혹은 유추 해석하여, 법 제73조 등의 위임에 의한 대통령령에서 용도에 따라 세율을 다르게 정한 것이 없다는 이유로 차액관세를 부과할 수 없다고 한다.[37)]

용도세율에 표시한 용도 종류를 보면 사료용, 반도체 제조용 등이 있다. 사료용이나 반도체 제조용 물품은 국가에서 정책적으로 수입을 장려하여 그 분야 산업을 발전시키려는 목적이

---

35) 기본통칙 및 고시에 의하면 해당 용도 이외에 타 용도에 사용할 수 없는 물품과 주로 해당 용도에 사용하는 물품으로 표시되어 있는 경우에는 용도세율 적용대상으로 보지 아니한다. 이 물품은 용도세율이 아니므로 사후관리 대상도 아니다. 기획재정부 유권해석(1978.4.27)에 의하면 관세율표에서 특정용도에 사용할 것을 요건으로 정한 세율이 특정용도에 사용할 것을 요건으로 하지 아니하는 세율보다 낮은 경우에 한하여 용도세율로 정하고 있는바, 수입물품의 성상이 낮은 세율의 특정용도에만 사용이 가능하고 타 용도에 범용성이 없는 물품인 고철화 작업이 된 용해용 고철은 용도세율 적용대상이 아니다.

36) 이종익, "감면물품과 용도세율적용물품의 구분", 『관세와 무역』, 한국관세무역연구원, 2005.10., pp.74~81.

37) 대법원 2008.11.27. 선고 2006두20792 판결 참조.

있는 것이며, 이러한 물품을 다른 용도에 사용하는 것을 막기 위해 사후관리를 한다. 그러나 물품 성상이 다른 용도에 사용하기에 부적당한 경우는 용도세율 적용대상이 될 수 없으며, 사후관리 대상도 아니라 할 수 있다.

용도세율과 품목분류 적용에 관하여 2017년에 세율적용 논란이 있었다. 세관은 품목분류를 우선으로 적용하여야 한다는 주장이나 이는 용도세율 적용 취지를 이해하지 못한 결과이다. 좀 더 살펴보면 관세법 제3절은 세율의 적용에 관한 규정이며, 이는 품목분류에 따라 세율을 적용하는 일반 원칙에 대한 특별 규정이다. 즉, 간이세율 적용, 합의에 따른 세율 적용, 용도세율의 적용시에는 품목분류에 의한 세율적용의 예외 규정인 것이다. 일반적 품목분류 원칙에 따른 품목분류와 그 결과에 대한 세율이 적용되지 아니하는 영역이며, 각각 위 3가지 해당 적용규정에 따라 적용되어야 하는 것이다.[38]

제1항에서 용도세율 적용 대상 물품에 대한 의미를 명확화하기 위하여 2021.12.31. 개정 관세법에서 관련 용어를 변경하였다. '사용하려는'이라는 문구를 '적용을 받으려는'으로 대체하였다. 그리고 종전에는 신청에 대하여 승인 과정을 거치는 것으로 규정되어 있었으나 신청만으로 절차가 종료되도록 개정하였다. 신고자의 신청에 대한 과세청의 심사 및 승인이라는 과정을 수행하지 아니한다는 취지라 볼 수 있다. 그러나 2023.12.31. 법 개정시에는 다시 세관장의 승인 사항을 규정하였다. 종전 보다는 용도세율 적용 대상물품에 대한 관리가 강화되었다고 볼 수 있다.

제2항은 용도 외 사용금지에 관한 규정이다. 용도세율을 적용 받은 물품은 3년의 범위 안에서 용도 외에 사용하거나 양도할 수 없으며,[39] 또한 용도세율 적용물품은 감면·분할납부물품과 마찬가지로 사후관리 한다. 이 사후관리기간 동안은 세관장의 승인 없이 용도 외 사용하거나 양도할 수 없다. 동일 용도에 사용하고자 하는 자에게 양도한 경우에는 과태료 200만원 이하에 해당한다. 2023.12.31. 법 개정시 단서 조항을 신설하여 용도 외로 사용할 것을 승인 받은 경우에만 사후관리에서 면제가 되도록 규정하였다.

【대법원 2008.11.27, 2006두20792】 조세법률주의 원칙상 과세요건이거나 비과세요건이거나 또는 조세감면요건을 막론하고 조세법규의 해석은 특별한 사정이 없는 한 법문대로 해석해야하고 합리적 이유 없이 확장해석하거나 유추 해석할 수 없으므로 차액관세를 징수하기 위해서는 우선 그 대상이 되는 물품에 대하여 관세율표나 법 제73조 등의 위임에 의한 대통령령에서 용도에 따라 세율

---

38) 이종익, "품목분류 제도와 용도세율 적용에 관한 고찰", 『계간 관세사』 통권194호(2019년 가을호), 한국관세사회, pp.2~10.

39) 용도세율 적용물품의 중간 공급업체 양도시 용도세율 적용가능 여부에 대하여 '수입자가 용도세율 목적으로 사용하기 위해 수입하거나 용도세율 목적으로 사용하려는 자에게 수입자가 판매하기 위해 수입하는 경우에만 용도세율을 적용한다'고 회신한 사례가 있다(관세청 세원심사과, 2016.2.4.).

을 다르게 정하고 있어야 하나, 법 제73조의 위임에 의한 대통령령인 '세계무역기구협정 등에 의한 양허관세규정' 제2조에는 농림축산물에 대한 양허관세를 규정하면서 고구마전분에 대하여 그 것이 시장접근물량 이내인지 혹은 이를 초과하였는지에 따라 세율을 달리 정하고 있을 뿐 용도에 따라 세율을 달리 정하고 있지 아니하므로 관세법 제83조 제3항에 근거하여 차액관세를 부과할 수 없다.

【대법원 2007.11.29, 2007도4811】 관세법이 제83조 제2항, 제276조 제2항에서 용도세율이 적용된 물품을 해당 용도 외의 다른 용도에 사용하거나 양도할 수 없도록 규정하는 한편 그 위반행위를 처벌하고 있으며, 제277조 제1항에서 '해당 물품을 직접 수입한 경우에는 관세의 감면을 받을 수 있고 수입자와 동일한 용도에 사용하려고 하는 자'에게 양도한 경우에도 과태료에 처한다고 규정하고 있는 취지에 비추어, 농림부 소관 품목에 대한 할당관세 추천요령에서 할당관세 적용대상으로 정하고 있는 '가공용 옥수수'를 할당관세의 적용을 받아 수입한 자는 이를 스스로 '가공용'으로 사용하여야 한다. 다만, 구체적으로 어떠한 행위를 하였을 때 옥수수를 가공한 것으로 볼 수 있는지가 문제인데, 할당관세와 용도세율의 목적 및 취지와 함께 해당 물품의 성질과 용도 및 유통과정 등을 종합적으로 고려하여 탄력적으로 해석해야 하므로, 반드시 일정한 물리적, 화학적 변화를 거치는 과정만이 이에 해당한다고 그 의미를 엄격히 제한할 것은 아니다.

【대법원 2006.11.9, 2005두4137】 용도세율 적용승인 제도는 관세의 신고납부제도 원칙 아래에서 용도에 따라 적용세율이 달라지는 물품의 실제 용도가 그 신고한 내용대로인지를 확인하는 것일 뿐, 세관장이 그 승인에 앞서 그 품목분류 및 세액의 적정성을 심사하여야 하는 것은 아니므로 세관장이 수입물품에 대하여 관세율표상 특정 품목번호를 적용한 신고자의 용도세율 적용신청을 승인하면서 수입신고를 수리하였다 하더라도 그 승인으로써 위 물품에 대하여 신고자가 신고한 대로의 품목분류가 적정한 것이라는 내용의 공적인 견해를 표명하였다거나 그에 대한 신고자의 신뢰가 형성되었다고는 할 수 없어 관세부과처분이 신의성실의 원칙에 위배되지 아니한다.

【대법원 1982.9.28, 81누102】 면세수입된 물품을 자의로 채권담보로 제공하여 그 담보권의 실행으로 그 물품이 경매에 의하여 타인에게 경락된 경우에도 세관장의 승인 없이 양도한 때에 해당한다 할 것이므로 이 사건 면세수입된 어선들이 채권담보로 저당권을 설정하였다가 그 담보권의 실행으로 세관장의 승인 없이 다른 사람에게 경락되었다면 세관장의 사전승인 없는 양도로서 면세된 관세의 추징사유가 발생되었다고 할 것이고, 정부의 부실기업정리 대책에 따라 그 담보권 실행으로 경매된 것이라 하여도 이를 법조에서 규정한 양도행위에 해당되지 않는다거나 세관장의 승인이 있는 것으로 의제될 수는 없다.

③ 제1항의 물품을 제2항에 따른 기간에 해당 용도 외의 다른 용도에 사용하거나 그 용도 외의 다른 용도에 사용하려는 자에게 양도한 경우에는 해당 물품을 특정용도 외에 사용한 자 또는 그 양도인으로부터 해당 물품을 특정용도에 사용할 것을 요건으로 하지 아니하는 세율에 따라 계산한 관세액과 해당 용도세율에 따라 계산한 관세액의 차액에 상당하는 관세를 즉시 징수하며, 양도인으로부터 해당 관세를 징수할 수 없을 때에는 그 양수인으로부터 즉시 징수한다. 다만, 재해

나 그 밖의 부득이한 사유로 멸실되었거나 미리 세관장의 승인을 받아 폐기한 경우에는 그러하지 아니하다.

해 설

제3항은 즉시관세징수에 관한 규정이다. 사후관리 기간 중에서 용도세율 적용물품을 타 용도에 사용할 때에는 용도세율로 인해 적게 징수한 관세의 차액을 징수하며, 양도인으로부터 관세를 징수할 수 없으면 양수인으로 부터 관세를 징수한다. 그러나 재해 기타 부득이한 사유로 멸실되거나 세관장의 승인을 얻어 폐기한 때에는 이러한 차액 관세를 징수하지 아니한다. 세관장의 승인을 받지 아니하고 용도세율 적용물품을 용도 외에 사용하거나 양도를 하는 것은 2천만원 이하 벌금 혹은 과실인 경우에는 300만원 이하 벌금에 해당된다.

【대법원 1990.2.27, 89누6884】 금형제조업이 경감대상업종이고 수입한 수치제어식 나이캐스팅기계가 재무부장관이 고시한 수입물품에 해당하더라도 원고가 금형제조업 외에 각종 주물제조업을 경영하고 있고 위 기계를 수입한 후 이를 사용하여 금형제조와는 관계가 없는 주조물을 생산한 바 있다면 위 기계를 그 용도외에 사용하거나 해당 용도에 계속하여 사용하지 아니한 경우로서 경감된 관세를 즉시 징수할 수 있다.

품목분류

> 제84조【품목분류체계의 수정】기획재정부장관은 「통일상품명 및 부호체계에 관한 국제협약」에 따른 관세협력이사회의 권고 또는 결정 등 대통령령으로 정하는 사유로 다음 각 호에 따른 표 또는 품목분류의 품목을 수정할 필요가 있는 경우 그 세율이 변경되지 아니하는 경우에는 대통령령으로 정하는 바에 따라 품목을 신설 또는 삭제하거나 다시 분류할 수 있다.
> 1. 별표 관세율표
> 2. 제73조 및 제76조에 따라 대통령령으로 정한 품목분류
> 3. 「통일상품명 및 부호체계에 관한 국제협약」 및 별표 관세율표를 기초로 기획재정부장관이 품목을 세분하여 고시하는 관세·통계통합품목분류표(이하 "품목분류표"라 한다)

해 설

무역으로 국가 간에 물품이 이동하게 되면 정부와 무역업자는 이 물품에 대한 관리를 해야 하며, 이를 위하여 계약서 작성, 매매, 운송, 통관 등의 절차를 거친다. 이러한 과정에서 무역거래 대상물품을 관계자에게 알릴 때에 해당물품의 이름을 이용하나, 물품에 대한 이름이 국가마다 다를 수 있어 혼란이 발생할 수 있다. 이러한 문제를 해결하기 위해 HS협약에서는 모든 물품에 대하여 고유번호를 정하여 무역거래, 협약 체결 등에 사용할 수 있도록 하고 있다. 이를 품목번호라 하며, 세관에서도 이 번호를 기준으로 물품에 대한 통관을 관리한다. 이러한 관계로 물품에 대한 이름이 조금씩 상이하여도 통관관리는 가능하나 품목번호가 틀리면 통관관리가 어려울 정도로 품목번호는 관세행정에서 중요한 위치를 차지하고 있다. 수출자·수입자는 통관 전에 수출입물품이 어느 품목번호에 해당되는가를 알아야 한다. 정확한 품목번호를 알기 위해서 물품에 해당되는 품목번호를 분류해 내는 것을 품목분류라 한다.

품목분류는 판단의 문제이므로 누구나 할 수 있으나, 품목분류에 대한 유권해석기관으로서 관세평가분류원, 관세청, 기획재정부, WCO 등이 있다.[40)]

---

40) 관세협력이사회는 품목분류 등 관세업무에 관련된 국제업무를 취급하는 세계관세기구인 WCO(World Customs Organization)의 기구로서 품목분류에 관한 국제적인 최종 결정기구다. 다만, WCO에서는 비공식질의(관세사, 무역업자 등이 평가협정의 해석 등에 관한 질의 등을 예로 들 수 있음)에 대하여는 국내문제임을 이유로 유권 해석을 하지 아니하고 있다. 최근 WCO에서 HS 2012 권고안을 마련하였고, 발효하는 경우 2012.1.1.부터 몬트리올의정서 관련 소호(Sub headings)도 규정되어 있다.

품목분류체계 수정은 세율을 변경함이 없이 품목분류를 새로 하거나, 다시 하는 것을 말한다.[41] 세율을 변경하지 아니하는 것은 세율은 입법사항이므로 행정기관에서 변경할 수 없기 때문이다. 품목분류체계 수정은 품목분류 전체에 영향을 미치는 것을 말한다. 이와 반면 법 제86조 특정물품에 적용될 품목분류는 해당 물품에만 적용된다.

「통일상품명 및 부호체계에 관한 국제협약」은 HS(Harmonized Commodity Description and Coding System)협약이라고도 한다.[42] 우리나라에서는 기획재정부장관이 통관 및 통계파악을 위하여 이 HS협약에 근거하여 작성한 관세·통계통합품목분류표, 즉 HSK(HS OF KOREA)를 고시하여 운영하고 있으며, 관세법 별표인 관세율표도 이 HS협약과 맞추어서 6단위 코드수로 운영하고 있다.

WCO는 산업발달에 따른 신상품의 출현이나 무역패턴의 변화 등에 대응하기 위해 각 국에서 제기된 HS협약의 문제점을 반영하여 그동안 일곱 차례의 협약개정이 있었다(1992년, 1996년, 2002년, 2007년, 2012년, 2017년, 2022년).

우리나라 관세율표 구성은 관세율표 해석에 관한 원칙인 통칙1부터 통칙7까지를 맨 먼저 정하고, 그 다음에 본문 내용을 제1부에서 제21부로 나누고, 부 아래에 제1류부터 97류까지 11,293개 품목(2022년 현재)을 10단위 숫자로 분류하고 있다.

우리나라 관세율표는 WCO[43] HS(Harmonized Commodity Description And Coding System)협약[44] 품목분류 체계에 따라 품목별로 세율을 정해 놓은 것이며, 관세법 별표로 정하고 있다. HS협약 가입 국가는 협약 품목분류 체계의 6단위 품목번호까지는 의무적으로 지켜야 하나, 7단위부터는 필요에 따라서 10단위, 12단위 등과 같이 편의대로 세분하여 사용할 수 있다.

우리나라는 HSK(Harmonized System of Korea)[45]로서, 10단위로 표시하는 관세·통계통합품

---

41) 기획재정부장관은 관세협력이사회로부터 협약의 품목분류에 관한 권고 또는 결정이 있거나 새로운 상품이 개발되는 등 법 별표 관세율표와 세계무역기구협정 등에 의한 양허관세규정 및 특정국가와의 관세협상에 따른 국제협력관세의 적용에 관한 규정에 의한 품목분류 및 품목분류표를 변경할 필요가 있는 때에는 그 세율을 변경함이 없이 법 별표 관세율표와 세계무역기구협정 등에 의한 양허관세규정 및 특정국가와의 관세협상에 따른 국제협력관세의 적용에 관한 규정에 의한 품목분류 및 품목분류표를 변경 고시할 수 있다.

42) HS협약은 「The International Convention on The Harmonized Commodity Description and Coding System and its Annex」를 지칭하며 통일상품명 및 부호 체계에 관한 국제협약 및 그 부속서라 한다.

43) WCO는 세계관세기구로서 국가마다 다른 관세제도를 통일시키고 관세기술을 발전시켜 세계무역에 기여하기 위한 기구로서 1952.11.4. 설립되었다.

44) 「통일상품명 및 부호체계에 관한 국제협약」(International Convention on the Harmonized Commodity Description and Coding System)은 WCO가 국제무역을 증진시킬 목적으로 전 세계적인 품목분류를 통일시키고자 1983년 제정하여 1988.1.1.부터 시행 중인 HS협약의 부속서로 작성된 품목분류표로서 1992년·1996년·2002년·2007년·2012년·2017년 개정된 바 있으며, 2017년 개정은 제6차 개정에 해당한다.

45) HS품목분류표 6단위 코드를 우리나라의 관세율 및 통계 등의 국내적 필요에 의해 10단위 코드로 세분화한 관세·통계통합품목분류표(HSK)로서 관세법 제84조의 규정에 의거 기획재정부 고시로 운용하고 있다.

목분류표를 기획재정부고시로 정하여 이 품목분류 체계에 관세율을 매겨서 관세율 적용에 활용하고 있다. 우리나라는 그 동안 4단위의 분류체계를 택하여 오다가 2007.1.1.부터 6단위로 전환하였으며, 이는 HS협약 품목분류표에 HSK를 일치시킬 협약의무 이행사항이기도 하다. 1987.12.4. 관세법 개정시 CCCN 분류체계에서 현재의 HS 분류체계로 전환하여 1988년부터 사용하고 있다.

FTA 관세양허표는 HSK 체계로 작성되어 있어 HSK 수정의 경우에는 이전 FTA 협정 내용에 배치되어서는 아니 된다. 조세법률주의에 따라 관세법 제84조의 세율변경 금지조항은 협정의 경우에도 적용되기 때문이다. 즉, HSK 수정만으로 기체결된 협정의 세율을 변경할 수 없다.[46)]

2019.2.12. 관세법 시행령 개정시 기획재정부장관 또는 관세청장은 품목분류 관련 국제분쟁에 대한 협의를 진행하며 협의가 완료되지 않은 경우 기획재정부장관은 관세협력이사회에 해당 분쟁의 해결을 요구할 수 있도록 규정하였다. 그리고 2023.12.31. 법 개정시 기획재정부장관이 품목을 세분하여 고시하는 관세 · 통계통합품목분류표(HSK)도 그 대상으로 명문화하였다.

관세율표를 해석하고 이해하기 위한 기본 규칙이 관세율표 통칙이며, 관세율표에는 제1부터 제7까지 통칙을 정하고 있다. 통칙은 품목분류에 있어서 매우 중요한 역할을 맡고 있으므로 일반 쟁송에서도 그 기준을 많이 인용하고 있다.

통칙1은 각호의 용어와 관련 부 · 류의 주에 의하여 품목분류 한다. 예를 들면, 제61류 주에 “이류에는 제6212호를 제외한다”로 정하고 있다. 제61류 주에 따라 브래지어는 의류 등 부속품으로서 메리야스 편물이라 하더라도 제61류에 분류하지 아니하고 제62류에 분류한다.

통칙2는 완전 · 완성된 특성을 지니고 있는 불완전 · 미완성의 물품은 완전 · 완성된 물품에 포함된 것으로 보아 품목분류 한다. 어떤 재료 · 물질에는 해당 재료 · 물질에 다른 물질이 섞인 화합물 · 복합물이 포함된 것으로 보아 품목 분류한다. 이것은 불완전한 것이라 하더라도 주요 특성을 갖춘 것이면 완전한 물품으로 품목분류 한다는 것이며, 타이어나 핸들이 없는 차량이라도 이를 차량으로 분류한다는 의미이다.

통칙3은 가장 협의로 표현한 것이 일반적으로 표현한 호에 우선하여 분류하는 것이다. 공업용의 도자제품은 제6909호에 분류하나, 공업용 도자제품이지만 전기절연재인 애자는 제8546호에 분류한다. 혼합물 · 복합물 · 세트로 구성된 물품은 본질적인 특성을 부여하는 재료 · 구성요소에 따라 분류하고, 이 순서에 의해서도 분류가 아니 되면 최종 호에 분류한다.

통칙4는 가장 유사한 물품이 해당되는 호에 분류하는 것이다. 이상의 통칙은 순서에 따라 적용해야 한다. 즉 상위 통칙을 먼저 적용해서 품목분류를 해보고 아니 되면 다음 통칙으로

---

46) 이종익, HSK “품목분류체계수정과 FTA 관세양허표 적용에 관한 고찰”, 『계간 관세사』 통권190호(2018년 가을호), 한국관세사회, pp.21～31.

넘어가서 품목분류를 해야 한다. 그러나 통칙5부터는 이러한 순서에 관한 원칙이 없다.

통칙5는 케이스·포장용기에 관한 것, 통칙6은 이 관세율표에 규정되어 있지 아니한 것은 「통일 상품명 및 부호체계에 관한 국제협약」(HS협약)에 의하고, 통칙7은 괄호 안에 표기된 것은 잠정세율임을 밝힌 것이다. 품목분류상 적용기준은 부, 류, 소호의 주와 호의 용어에 따라 분류하며 부, 류, 절의 표제 등은 기준이 될 수 없다. 이것은 부·류·절의 표제도 용어이지만 이는 품목분류에 참조용으로 삼는 것이지 품목분류 기준은 될 수 없다는 의미이다.

예를 들면, 제13부의 표제는 석·플라스터·시멘트·석면·운모 또는 이와 유사한 재료의 제품, 도자제품, 유리와 유리제품이고, 제13부에 속하는 제69류의 표제는 도자제품이지만, 도자제인 애자는 표제의 내용과는 관계없이 제85류 전기기기와 그 부분품, 녹음기와 음성재생기·텔레비전의 영상 및 음성의 기록기와 재생기 및 이들의 부분품과 부속품에 분류한다.

위와 같이 통칙1은 「최우선 분류규정」이므로 통칙1에 의하여 결정할 수 없는 경우에 비로소 통칙2 내지 통칙4가 순차적으로 적용되므로 통칙2 내지 통칙4는 통칙1에 「종속된 규정」이라 할 수 있다. 통칙5와 통칙6은 「보충적 분류규정」으로 이는 통칙1 내지 통칙4를 적용하여 품목분류를 결정하는 과정에서 '필요한 경우'에만 적용되기 때문이다.

조세법률주의에 의한다면 행정 관청에서는 세율을 변경할 수 없으므로, 품목분류할 때에 세율은 변경할 수 없다. 세율을 변경하고자 할 때에는 별도로 법 개정 절차를 거쳐야 한다. 세계관세기구로부터 협약의 품목분류에 관한 권고 또는 결정이 있어서 품목분류를 변경하는 때에는 협약에 의한 기한 내에 법 별표 관세율표상의 품목분류 및 품목분류표에 이를 반영하여야 한다. 만일 기획재정부장관이 이를 반영하지 않았다면 그 세율은 적용할 수 없다.

법 제73조는 국제협력관세에 관한 조항이며, 법 제76조는 일반특혜관세에 관한 조항이다.

【조세심판원 2017.1.2, 2016관0150】 쟁점물품은 본래 군용 야전상의에서 유래된 의류로서 여성용이라 하여 여밈의 방향이 통상의 여성의류처럼 오른편이 왼편 위로 잠기도록 다자인되기 어려워 보이고 그러한 의상에 여성적 특성을 강조하는 절개선이나 장식물을 부착하기 어려워 보이는 점, 청구법인이 제시한 재단법에 의하면 남성용과 쟁점물품이 유사하기는 하나 별도로 디자인된 것으로 나타나는 점, 위 분류기준에서 남성용·소년용 또는 여성용·소녀용을 판별할 수 없는 경우에는 여성용·소녀용으로 분류하도록 규정하고 있는 점 등에 비추어 처분청이 쟁점물품을 남성용·소년용 의류로 분류하여 과세한 이 건 처분은 잘못이 있다고 판단된다.

【대법원 2014.5.29, 2011두12290】 갑 회사가 풍력발전기의 조립·설치와 관련하여 '가운데가 빈 원통 모양의 금속제 개별 지주들을 상하로 연결하여 전체 지주를 설치하는 데 사용되는 반지 모양의 강철제 물품'을 수출하고 관세법 제50조 제1항 별표 관세율표 제7307호로 수출용 원재료에 대한 관세 등의 환급을 신청하여 이를 환급받자 관할 세관장이 위 물품을 관세율표 제7308호로 분류하고 갑 회사에 과다환급금 징수 결정 및 납부 고지를 한 사안에서, 위 물품은 관세율표 제7307호

의 '철강으로 만든 관(관) 연결구류'로 분류할 수는 없고 제7308호의 '철강으로 만든 구조물의 부분품'으로 분류하는 것이 타당하다.

【대법원 2013.1.24, 2011두9928】 기능단위기계를 구성하는 각종의 개별기기 중 일부의 개별기기만이 제시된 경우도 관세율표의 해석에 관한 통칙 제2호 (가)목에서 말하는 '불완전 또는 미완성의 물품이 제시'된 경우에 해당한다고 봄이 타당하므로, 제시된 개별기기가 완전 또는 완성된 기능단위기계의 본질적인 특성을 지니고 있다면 제시된 개별기기 전부를 그 기능단위기계가 해당하는 호에 분류할 수 있지만, 그렇지 않다면 개별기기별로 각각의 해당 호에 분류하여야 할 것이다. 그리고 기능단위기계도 HS 관세율표 해설의 제16부 총설 (Ⅲ) 부속기기 조항에서 말하는 주기기가 될 수 있으나 기능단위기계를 구성하는 개별기기는 개념상 기능단위기계의 구성부품일 뿐 별도의 물품은 아닌 반면 기능단위기계를 주기기로 하는 부속기기는 기능단위기계를 구성하지 않는 별도의 물품이어야 하는 점 등을 고려하면, 기능단위기계를 구성하는 개별기기는 기능단위기계나 그것을 구성하는 다른 개별기기를 주기기로 하는 부속기기로 보아 HS 관세율표 해설의 제16부 총설 (Ⅲ) 부속기기 조항을 적용할 수는 없다.

【대법원 1989.9.12, 88누2601】 관세협력이사회에서 품목분류에 관하여 종전의 내용을 변경하는 결의가 있었더라도 대통령령이 정하는 바에 의하여 관세율표상의 품목분류를 새로 하거나 다시 하는 방법으로 그 결의내용을 국내법으로 수용하는 절차를 거치지 아니하는 이상 그 결의 자체가 바로 국내법으로서의 효력을 가지고 납세의무자를 구속할 수는 없고, 설사 관세청장이 세관장에게 통첩의 형식으로 그 결정내용과 같은 품목분류 해석기준에 따라 세율을 적용할 것을 통보하더라도 그 통보가 법규와 같은 효력을 갖는 것은 아니다.

【대법원 1989.3.14, 87누1115】 "관세율표상 물품의 분류를 위한 품목분류에 관한 협약"에 따른 관세협력이사회의 품목분류위원회가 품목분류에 관하여 종전의 내용을 변경하는 결의를 하더라도 이에 따라 품목분류를 변경하는 등 국내법으로 수용하는 절차를 거치지 아니하는 이상 그 결의 자체가 바로 관세 납세의무자를 구속할 수 없고, 또 관세청장이 그 결의와 같은 품목분류에 따라 세율을 적용할 것을 세관장에게 통보하였다 하더라도 이는 법규와 같은 효력을 갖는 것이 아니다.

【대법원 1988.10.24, 87누1100】 관세협력이사회에서 품목분류에 관하여 종전의 내용을 변경하는 결의가 있었다고 하여도 그 결의내용에 따라 관세법 품목분류를 변경하는 등으로 국내법으로 수용하는 절차를 거치지 아니하는 이상 그 결의 자체가 바로 국내법적인 효력이 있어 관세 납세의무자를 구속할 수는 없고, 또 그 결의한 바와 같은 품목분류 해석기준에 따라 세율을 적용할 것을 관세청장이 통첩의 형식으로 각 세관장에게 통보하였다고 하여도 그 통보가 법규와 같은 효력을 갖는 것은 아니다.

【대법원 1987.9.22, 85누413】 관세율표상 물품의 분류를 위한 품목분류에 관한 협약 제2조(a), 제4조(b)의 각 규정에 따르면 위 협약에 의하여 설치된 품목분류위원회의 권고 또는 결정이 있다 하더라도 체약국인 우리나라는 그 권고 또는 결정에 따라야 할 조약상의 의무를 부담한다고는 할 것이나 관세법에 따라 대통령령이 정하는 바에 의하여 품목분류의 수정을 하지 아니하는 한 권고적 효력밖에 없는 위 권고 또는 결정이 그대로 국내법상 효력을 가진다고는 할 수 없다. 관세율표상 물

품의 분류를 위한 품목분류에 관한 협약 또는 다른 조약에 관세법과 다른 규정이 있어 그 조약의 규정이 그대로 국내법상 효력을 가지는 경우라 하더라도 관세법상의 세율이 조약에 의한 세율보다 낮을 때에는 관세법 규정이 조약의 규정보다 우선하여 적용된다.

제85조【품목분류의 적용기준 등】 ① 기획재정부장관은 대통령령으로 정하는 바에 따라 품목분류를 적용하는 데에 필요한 기준을 정할 수 있다.
② 다음 각 호의 사항을 심의하기 위하여 관세청에 관세품목분류위원회(이하 이 조에서 "분류위원회"라 한다)를 둔다.
1. 제1항에 따른 품목분류 적용기준의 신설 또는 변경과 관련하여 관세청장이 기획재정부장관에게 요청할 사항
2. 제86조에 따른 특정물품에 적용될 품목분류의 사전심사 및 재심사
3. 제87조에 따른 특정물품에 적용될 품목분류의 변경 및 재심사
4. 그 밖에 품목분류에 관하여 관세청장이 분류위원회에 부치는 사항
③ (삭제)<2003.12.30>
④ 분류위원회의 구성, 기능, 운영 등에 필요한 사항은 대통령령으로 정한다.

해 설

구체적 품목분류 적용기준에는 HS관세율표해설서, HS품목분류의견서, HS알파벳색인서가 있다. HS관세율표해설서(HS Explanatory Notes)는 HS협약의 일부는 아니지만, 세계관세기구(WCO)가 승인한 HS의 품목분류에 관하여 공식적인 해석을 한 설명서로서 품목분류의 통일성을 확보하기 위하여 분류지침을 제시하고 있다. HS품목분류의견서(HS Classification Opinions)는 특정물품의 분류에 주의를 환기시키고 통일적인 분류를 위한 의견서로서 이것은 예규형식으로 HS번호 순서에 따라 수록하고 특정물품에 대한 해설, 품목분류에 대한 결정 등이 기재되어 있다.

HS알파벳색인서(HS Alphabetical Index)는 신속한 품목분류를 위해 HS품목분류표와 해설서 등에서 취급한 품목을 알파벳순으로 코드(Code)와 연계하여 작성되었다. 이것은 품목분류의 편의를 위한 것이며 법적 구속력은 없고 여기서 찾아진 품목은 다시 호의 내용과 관련 주, HS해설서 등을 참고하여 품목분류를 해야 한다. 이 중 HS해설서와 HS품목분류의견서는 「품목분류적용기준에 관한 고시」(관세청고시)로 운영하고 있다.

관세청은 종전에는 고세율 위주의 물품 중 납세자 간 다툼이 자주 발생하는 물품에 대해서는 품목별로 적용기준을 제정하여 운영하였는데 이 중에서 기획재정부장관의 승인을 받은 것은 「관세법 제85조에 따른 품목분류기준에 관한 고시」(관세청 고시)로, 승인을 받지 못한 것은 「품목분류기준에 관한 시행세칙」(관세청 훈령)으로 제정・시행하였으나 2015.7.1. 법적 안정성

을 확보하기 위해 양자를 통합한 후 「관세법 제85조에 따른 품목분류기준에 관한 규칙」(기획재정부령 제486호) 제정하여 시행하고 있다. 동 규칙에는 소뼈와 돼지뼈, 냉동 고추 등 41개 개별품목군에 대한 세부적인 분류기준이 마련되어 있다.

고시, 훈령, 예규 등과 같은 행정규칙은 행정기관 내부의 규범에 지나지 않은 것이어서 법규성이 없으나 법령에 따라서는 법규사항을 행정규칙에 위임하는 경우가 있다. 이른바 행정규칙의 형식을 취하는 법규명령(법령 보충적 행정규칙)으로 대법원과 헌법재판소는 이러한 행정규칙에 대해 법규로서의 효력을 인정하고 있다.[47] 따라서 법령의 직접적인 위임에 따라 수임행정기관이 그 법령의 시행에 필요한 구체적인 사항을 고시, 훈령, 예규 등으로 정한 경우 그 고시 등은 상위법령의 위임한계를 벗어나지 않는 범위에서 상위법령에서 결합하여 대외적인 구속력을 갖는 법규명령으로서의 효력을 갖는다.

이러한 점에서 「관세법 제85조에 따른 품목분류기준에 관한 규칙」은 상위법령으로부터 관세율표상 품목분류의 적용기준에 관한 위임을 받아 품목분류의 세부적인 기준을 정하기 위하여 마련된 규정으로서 상위법령의 내용과 결합하여 대외적인 효력을 가지게 되는 법규명령이다.

제2항은 관세품목분류위원회에 관한 규정이다. 위원회가 하는 업무에는 품목분류 적용기준, 품목분류 사전심사, 품목분류 결정, 기타 품목분류 사항이 있다. 위원회는 의사결정 과정에 여러 사람이 참여하여 표결의 방법에 따라 하나의 의사를 결정하는 합의제 기관을 말한다. 위원회는 행정의 민주성, 공정성의 확보, 전문지식의 도입, 이해관계의 조정이나 관계기관 간의 의사의 종합, 협의, 조정 등을 위해 설치된다.

이전에 품목분류에 관한 위원회인 중앙관세품목분류위원회는 대통령령에 그 설치 근거를 두었으나, 2000년 개정 관세법에서는 이를 관세법에 규정하였다. 다른 위원회가 관세법에 그 근거를 두고 있다는 점과 이 위원회가 처리하는 민원업무비중을 감안하여 관세법에 규정한 것이다. 이 위원회는 품목분류 적용기준, 품목분류 변경, 품목분류 결정, 기타 품목분류에 관한 사항을 심의하기 위하여 관세청에 설치하였다. 2000년 시행령 개정시, 위원으로 시민단체에서 추천한 자를 정할 수 있도록 한 것과 직무대행에 대하여 탄력적으로 운영할 수 있도록 대행 범위를 넓혔다.

제4항은 위원회에 관한 규정이다. 2002.1. 시행령 개정시 위원을 직급에 관계없이 폭넓게 임명 또는 위촉할 수 있게 하였고, 자문위원을 둘 수 있도록 하였다. 이는 위원회가 실질적인 품목분류 심의 담당기관으로서 그 중요성을 감안한 조치라 할 수 있다. 2003.12.이전에는 관세법상 '관세품목분류위원회'를, 관세법 시행령(제105조)상 '실무위원회'제도를 두어 이원화하여 운영하였으나, 2003.12.28. 개정 관세법에서는 행정효율화 차원에서 불요불급한 위원회 통폐합을 위한 정

47) 대법원 1996.4.12. 선고 95누7727 판결 ; 헌재 2004.10.28. 선고 99헌바91 결정 등.

부의 위원회정비계획(행정자치부 조정 12200－360, 2003.7)에 따라 실무위원회를 폐지하고 관세청의 3급 이상의 공무원으로서 관세청장이 지정하는 자를 위원장으로 하고, 위원은 관세청장이 임명 또는 위촉한다. 관세청 훈령으로 「품목분류 사무처리에 관한 훈령」이 있다.

【조세심판원 2013.12.23, 2013관0233】 ○○○의 품목분류에 대하여, 2011.3월 WCO 제47차 HS위원회에서 ○○○호로 변경하기로 결정하였고, 이에 따라 우리나라에서도 이를 국내규정에 수용하기 위하여 2011.10.19. ○○○이 ○○○호로 분류된다고 「관세 · 통계통합품목분류표」(기획재정부 고시 제2011－17호)와 「품목분류 적용기준에 관한 고시」(관세청고시 제2011－52호, 2011.12.26)를 개정하였고 그 개정고시 부칙에 고시 시행일을 2012.1.1.로 하면서, 시행일 이후 수출입신고하는 분부터 적용한다고 명시한 바 있다. 따라서 2012.1.1. 시행일 이전에 수입신고한 쟁점물품의 품목분류를 ○○○호로 소급하여 적용할 수 없다.

【대법원 2004.4.9, 2003두1592】 관세법규정에 의한 품목분류기준에 관한 관세청고시는 국제적으로 수많은 종류의 물품이 거래되고 있고 또 새로이 많은 종류의 물품이 생겨나고 있는 상황에서 구체적으로 어떠한 물품이 관세율표의 어느 항목에 해당하는지가 불분명할 경우에 품목분류자의 주관적인 판단을 배제하고 정확하고 일관성 있는 품목분류를 한 다음 이에 따른 관세율을 적용하기 위하여 제정, 고시된 통일적인 해석기준 내지 적용기준이 되는 것이다. 또한 상위법령으로부터 관세율표상 품목분류의 적용기준에 관한 위임을 받아 품목분류의 세부적인 기준을 정하기 위하여 마련된 규정으로서 상위법령의 내용과 결합하여 대외적인 효력을 가지게 되는 법규명령이라고 할 것이며, 또한 규정의 체계나 취지에 비추어 위와 같은 관세청고시가 상위법령의 위임의 한계를 벗어나거나 포괄위임에 의한 것이라고 할 수 없을 뿐 아니라 그 내용 또한 관련 법령의 목적이나 취지에 반한다고 보이지 아니하므로 그 효력을 함부로 배척할 수는 없다.

【대법원 2002.2.26, 2001두4092】 관세청의 기준을 참작하여 낙화생 중 볶은 낙화생으로 색깔이 변화된 것이어야 하며 비린 맛이 없어야 하고 고소한 향미가 있을 것, 색차계에 의한 색차 측정시 적색도 값이 5.45이상이거나 황색도의 값이 32.98이상일 것의 2가지 요건을 모두 충족하는 경우에만 2008호로 분류하고 나머지의 경우 1202호로 분류하여야 한다고 전제한 다음 원고가 수입한 이 사건 낙화생은 위 항목을 충족시키지 못하여 1202호로 분류하여야 한다. 관세청의 "볶은 낙화생의 품목분류적용기준"은 과세관청 내부에 있어서 세법의 해석기준 및 집행기준을 시달한 행정규칙에 불과하나 법원은 세법을 해석함에 있어 이를 하나의 자료로 삼을 수 있으므로 원심이 위 "볶은 낙화생의 적용기준"을 참작하여 위와 같이 판단하였다고 하여 이를 잘못이라 할 수 없다.

제86조【특정물품에 적용될 품목분류의 사전심사】 ① 다음 각 호의 어느 하나에 해당하는 자는 제241조 제1항에 따른 수출입신고를 하기 전에 대통령령으로 정하는 서류를 갖추어 관세청장에게 해당 물품에 적용될 별표 관세율표 또는 품목분류표상의 품목분류를 미리 심사하여 줄 것을 신청할 수 있다.

1. 물품을 수출입하려는 자

2. 수출할 물품의 제조자
3. 관세사법에 따른 관세사 · 관세법인 또는 통관취급법인(이하 "관세사등"이라 한다)
② 제1항에 따른 심사(이하 "사전심사"라 한다)의 신청을 받은 관세청장은 해당 물품에 적용될 품목분류를 심사하여 대통령령으로 정하는 기간 이내에 이를 신청인에게 통지하여야 한다. 다만, 제출자료의 미비 등으로 품목분류를 심사하기 곤란한 경우에는 그 뜻을 통지하여야 한다.
③ 제2항에 따라 통지를 받은 자는 통지받은 날부터 30일 이내에 대통령령으로 정하는 서류를 갖추어 관세청장에게 재심사를 신청할 수 있다. 이 경우 관세청장은 해당 물품에 적용될 품목분류를 재심사하여 대통령령으로 정하는 기간 이내에 이를 신청인에게 통지하여야 하며, 제출자료의 미비 등으로 품목분류를 심사하기 곤란한 경우에는 그 뜻을 통지하여야 한다.
④ 관세청장은 제2항 본문에 따라 품목분류를 심사한 물품 및 제3항에 따른 재심사 결과 적용할 품목분류가 변경된 물품에 대하여는 해당 물품에 적용될 품목분류와 품명, 용도, 규격, 그 밖에 필요한 사항을 고시 또는 공표하여야 한다. 다만, 신청인의 영업 비밀을 포함하는 등 해당 물품에 적용될 품목분류를 고시 또는 공표하는 것이 적당하지 아니하다고 인정되는 물품에 대하여는 고시 또는 공표하지 아니할 수 있다.
⑤ 세관장은 제241조 제1항에 따른 수출입신고가 된 물품이 제2항 본문 및 제3항에 따라 통지한 물품과 같을 때에는 그 통지 내용에 따라 품목분류를 적용하여야 한다.
1. 삭제
2. 삭제
⑥ 관세청장은 제2항 본문 및 제3항에 따라 품목분류를 심사 또는 재심사하기 위하여 해당 물품에 대한 구성재료의 물리적 · 화학적 분석이 필요한 경우에는 해당 품목분류를 심사 또는 재심사하여 줄 것을 신청한 자에게 기획재정부령으로 정하는 수수료를 납부하게 할 수 있다.
⑦ 제2항 본문에 따라 통지받은 사전심사 결과 또는 제3항에 따라 통지받은 재심사 결과는 제87조 제1항 또는 제3항에 따라 품목분류가 변경되기 전까지 유효하다.
⑧ 품목분류 사전심사 및 재심사의 절차, 방법과 그 밖에 필요한 사항은 대통령령으로 정한다.
⑨ 관세청장은 사전심사의 신청이 없는 경우에도 수출입신고된 물품에 적용될 품목분류를 결정할 수 있다. 이 경우 제85조 제2항 제4호에 따라 관세품목분류위원회의 심의를 거쳐 품목분류가 결정된 물품에 대해서는 제4항을 준용하여 해당 물품의 품목분류에 관한 사항을 고시 또는 공표하여야 한다.

해 설

사전심사의 신청, 결과 통지, 고시 및 공표, 사전심사 적용, 수수료 납부에 관한 규정 즉, 품목분류 사전심사의 절차와 실제 통관시 적용하는 방법에 관한 규정이다. 품목분류사전회시제도는 1982.1.18. 시행되었다.[48] 수입신고된 물품을 검사한 후에 품목분류하던 것을 수입 이

48) 품목분류사전회시제도는 품목분류로 인해 야기될 수 있는 수출입에 따른 통관절차상의 문제를 사전에 방지

전에 품목번호를 확정함으로써 통관허용 여부와 관세 부담액을 예측할 수 있도록 하였다. 그리고 이전에는 특정물품에 적용될 품목분류 사전심사 외에 대통령령에는 세번회시 제도를 규정하였다. 이 세번회시 제도는 세관장이 수입물품에 대하여 품목분류하는 제도다. 관세청장이 운영하던 품목분류사전회시제도와 비교하면 회시권자·신청자·대상물품 등에 차이가 있었지만 2000년 시행령 개정시 사전회시 제도를 삭제하였고, 대신에 본부세관·중앙관세분석소에 품목분류협의회를 두고 있었다. 현재는 품목분류 발급기관 일원화로 본부세관·중앙관세분석소에 품목분류협의회를 폐지하고 관세평가분류원에서 품목분류협의회를 설치 운영하고 있다.

2003.11.20. 국제무역 환경변화와 다양한 무역거래 증가에 따라 관세평가업무를 전문화시키고 농산물 등 차등 관세물품을 보다 정확하게 분류하여 양질의 통관서비스를 제공하는 한편 통관·심사·정보 관리부서에서 개별관리하는 위험관리업무를 종합적으로 관리하기 위해 관세청 직속기관으로 관세평가분류원을 신설하였다.

품목분류 민원회신제도는 수출입통관 실적 유무에 따라 수출입실적이 있는 경우에는 본부세관의 품목분류협의회에서 품목번호 확인서를 발급하고 수출입실적이 없는 경우에는 관세평가분류원의 품목분류협의회에서 품목분류사전심사결정서를 발급하는 등 이원화하여 운영하였다. 기획재정부에서 신청인의 최초 수출입신고 여부에 관계없이 수출입신고를 하기 전이면 품목분류사전심사 신청이 가능하다고 해석[49]함에 따라 관세청은 「품목분류사무처리에 관한 시행세칙」(관세청 훈령 제1471호, 2012.3.7) 개정을 통해 동일물품에 대한 상이한 품목분류 방지를 위해 품목분류 민원회신제도를 관세평가분류원으로 일원화하였다.

'특정물품'은 일반물품에 반대되는 개념으로서 신청한 해당 물품을 지칭하는 것이다. 따라서 이 조는 신청한 물품에 적용될 품목분류 결정에 관한 규정이라 할 수 있다. 특정물품에 적용될 품목분류 사전심사는 수출입자·수출할 물품의 제조자·관세사[50]·관세법인[51]·통관취급법인이 수출입신고 전에 해당 물품에 적용될 관세율표상 품목분류를 정하여 줄 것을 신청하

하기 위한 것이다. 이 사전회시는 통관절차상 품목분류에 있어서 세관장을 기속할 뿐이며 그 신청인에 대하여 직접 공법상 권리를 취득하게 하거나 의무를 부담하게 하는 행정처분은 아니다(대법원 1988.10.10. 선고 88나11805 판결 참조).

49) 품목분류사전심사의 신청과 관련하여 수출입자가 관세법 제86조의 규정에 의한 품목분류 사전심사를 받지 않고 수출입신고한 물품의 경우에도 향후 수출입자가 같은 종류의 물품을 수출입하기 위해서 법 제86조의 규정에 의한 품목분류 사전심사를 신청할 수 있다(기획재정부 산업관세과-263, 2011.5.31).

50) 관세사는 관세사법에 따라 수출입물품에 대한 세번, 세율, 과세가격, 수출입신고, 심사청구, 관세에 관한 상담, 수출용 원재료 환급에 관한 업무를 한다.

51) 관세사법인은 3인 이상 관세사를 사원으로 설립한다. 운송, 보관, 하역을 업으로 하는 법인이나 이 법인이 50% 이상 출자하여 설립한 법인이 관세청장의 허가를 얻어 통관업을 운영하는 것이 통관취급법인이다. 2007.7.19. 법률 제8517호로 관세사법을 개정하여 '관세사법인'제도를 폐지(2008.12.31)하고 '관세법인'(5인이상의 관세사로 구성) 제도를 도입하였다.

는 것이다. 2013.1.1. 법 개정(법률 제11602호)시 사전심사 신청자에 '수출할 물품의 제조자'를 포함시켰다. 수출물품 생산자 등 중소기업의 편의를 위한 규정이라 할 수 있다.

1988.12.26. 관세법 개정(법률 제4027호)시 수출물품도 품목분류사전회시 대상으로 정하였으며, 1990.12.31. 관세법 개정(법률 제4286호)시 회시내용을 고시하는 제도를 도입하였다. 품목분류사전회시 신청자 범위를 이전에는 수출입자로 한정하였으나 1995.12.6. 관세법 개정(법률 제4982호)시 관세사 등으로 범위를 확대하였다. 또한 1997.12.13. 관세법 개정(법률 제5419호)시에는 사전회시내용을 변경하는 경우에는 반드시 고시하도록 하였다. 2000년 개정 관세법에서는 '품목분류사전회시'라는 용어를 삭제하고 '특정물품에 적용될 품목분류의 결정'이라는 용어로 개정한 것이다.

제2항은 결과통지에 관한 규정이다. 품목분류 심사결과를 관세청장이 신청인에게 통지하는 때에 그 내용, 설명자료, 견본을 통관예정 세관장에게도 통지하여야 한다. 품목분류를 정하지 못하는 경우에도 그 뜻을 통지해야 한다. 이는 나중에 물품이 수출입 통관될 때에 통관예정세관에서 품목분류 내용 등을 참조하기 위한 것이다. 품목분류 심사결과를 통지할 때에는 통관예정 세관장에게 통지하며, 이때에는 설명자료, 봉인된 견본을 함께 송부해야 한다.

제3항은 품목분류 사전심사에 대한 재검토 절차를 마련하도록 의무화한 세계무역기구(WTO) 무역원활화 협정(ATF ; Agreement on Trade Facilitation)[52]에 따라 품목분류 사전심사 재심사제도를 법률 12847호(2014.12.23) 개정을 통해 신설하였다. 동 제도 신설 전에는 과세관청에서 한번 품목분류를 결정하게 되면 재심사제도가 없어 납세자는 곧바로 과세전적부심사청구 또는 행정심판을 제기할 수밖에 없었고 그로 인해 비용과 인력이 소모되는 문제점이 있었다. 재심사 진행 주체는 재검토라는 취지에 맞게 기존의 사전심사를 진행한 조직과 다른, 보다 객관적인 조직 또는 기구 등에서 재심사를 담당할 필요가 있다.

2018.12.31. 법 개정시 재심사 처리 기간과 통지에 대하여 사전심사 준용규정을 삭제하고, 시행령에서 별도로 정하도록 하였다. 시행령에서는 재심사 처리기간을 현실화하고 납세자 권리보호를 강화하기 위하여 60일로 연장하였다. 또한 재심사에 대한 객관성과 신뢰성을 제고하기 위하여 재심사시 관세품목분류위원회에서 원칙적으로 심의하고, 재심사 심의시 해당품목 사전심사에 참석하지 아니한 위원으로 구성하여 민간위원을 교체하도록 시행령을 신설하였다.

제4항은 품목분류의 고시 또는 공표에 관한 규정이다. 품목분류에 따라서 세율이 정해지므로 품목분류 심사결과를 고시 또는 공표할 수 있으나, 고시 또는 공표하는 것이 부적당하다고 인정하는 경우에는 고시 또는 공표하지 아니한다.[53] 부적당 여부 판단기준은 명시되어 있지

52) WTO DDA 무역원활화 협정 Article 3.7 및 3.9는 상품의 품목분류 및 과세가격 결정방법(기준) 및 적용의 사전판정 결과에 대해 신청인이 요청하는 경우 재검토 기회를 보장할 것을 규정하고 있다.

53) 심사청구 재결례(1994.5.2, 관심 제181－5호).

아니하지만,[54] 고시 또는 공표하여 일괄 적용하는 것이 품목분류에 혼란이 있을 가능성이 있는 경우라 할 수 있겠다. 2015.12.15. 관세법 개정시 영업비밀 등이 있는 경우 품목분류 고시에서 제외하도록 하여 납세자 정보보호를 강화하였다. 특정물품에 적용될 품목분류에 대한 심사결과는 반드시 통지하지만, 고시 또는 공표는 할 수도 있고 하지 아니할 수도 있다. 제4항에 따르면 통지한 물품에 대하여는 통지내용에 따라 품목분류를 적용해야 한다. 따라서 고시 또는 공표하지 아니한 물품인 경우에는 품목분류에 있어서 반드시 모든 경우에 적용하여야 하는 것은 아니며, 품목분류사전심사가 법 제86조 제1항에 따라 수입신고 전에 신청하는 것임을 감안하면 실제 절차상 해당 신청건만 유효하다고 볼 수 있다.

품목분류 유효기간과 관련하여 관세법시행령 제106조 제4항에 고시 또는 공표하지 않은 물품의 품목분류 유효기간을 1년으로 되어 있으나 유효기간이 경과되는 경우 효력범위 및 유효기간 재설정 등의 문제로 2015.2.6. 유효기간제도를 폐지하였다.

제5항은 사전심사 적용에 관한 규정이다. 품목분류를 사전에 심사한 경우에는 그 결과대로 품목을 분류하여 세율을 정하여야 한다.[55] 수출입신고자가 누구인가에 관계없이 물품만 동일하면 품목분류 심사결과 내용대로 품목분류 한다. 품명·규격이나 기타 자료를 참조하여 실제 물건과 회시내용이 같은 것인가는 실제 통관 단계에서 심사하여야 한다. 그러나 심사결과 다른 품목에 분류될 수 있을 정도 성분, 규격 등이 다르면 품목분류 결정 내용을 적용할 수 없다. 이에 비해 과세가격 사전심사제도에서는 심사결과를 신청인에게 통보하고 이 결과를 적용할 때에는 신청인, 물품이 동시에 일치하여야 적용할 수 있다는 점이 품목분류 사전심사와 다르다.

이전에는 신청인에게 통지된 물품 혹은 고시된 물품은 반드시 이를 적용하도록 규정하였으나, 2000년 개정 관세법에서는 고시된 물품과 고시되지 아니하고 통지된 물품을 나누어 규정하고 있다. 이는 특정물품에 적용될 품목분류의 결정 사항은 그 신청인에게 제한적으로 적용하기 위한 것으로 해석할 수 있다.

2015.12.15. 관세법 개정시 품목분류 결정에 귀책사유가 있는 자에 대한 제재 근거를 마련하였는바, 허위자료제출 등 신청인에게 품목분류 변경의 귀책이 있는 경우 신청인의 통관물품에 한하여 소급적용하도록 개정하였다.

2023.12.31. 법 개정시 변경된 품목분류 적용 기준인 제1호 및 제2호를 법 제87조 제4항으로 이관하여 규정하였다.

---

54) 일본은 관세정률법에 따라 신청자의 비공개요청을 전제로 하여 ① 신규 수입품 또는 계획단계의 물품으로써 수입되기 전에 타인에게 알려짐에 따라 신청자 또는 이해관계자가 불이익을 받을 우려가 있는 경우, ② 대상물품 성분비율 또는 제조방법에 특징이 있고, 공개되면 경쟁자에게 알려져 신청자 또는 이해관계자가 불이익을 받을 우려가 있는 경우, ③ 기타 비공개로 하는 데 정당한 이유가 있는 경우 등에 한해 필요한 기간을 정하여 비공개 조치하고 있다.

55) 심사청구 재결례(1995.4.17, 관심 제189−12∼17호) 참조.

제6항은 수수료 납부에 관한 규정이다. 물리적·화학적 분석이 필요한 경우에 수수료를 납부하며, 기계류와 같이 분석대상이 아닌 것은 수수료 납부대상에서 제외한다. 수수료는 분석에 필요한 시료 등에 필요한 비용이 해당되며, 물리적·화학적 분석은 중앙관세분석소에서 담당 처리한다. 비용에 대하여는 1996.12.30. 관세법 개정(법률 제5194호)시 수익자부담 원칙에 따라 화주가 비용을 부담하도록 규정하였다. 신고납부제도에서는 수입자가 세번·세율·과세과격·세액 등을 스스로 결정하여 신고하며, 이러한 이유로 수입자의 필요에 따라 품목분류 사전심사를 신청하는 것이다.

관세청 훈령으로 「수출입물품의 분석사무 처리에 관한 시행세칙」이 있다. 이 세칙에는 분석대상, 분석 기준 및 방법, 관세중앙분석소 분석의뢰, 외부기관에 분석의뢰 등에 관하여 규정하고 있다. 분석수수료는 품목분류 사전심사 신청 품목당 3만원이며, 품목분류 사전심사 신청에 대한 처리기간은 15일이다.

2019.9.24. 관세법 시행령 개정시 관세청장이 품목분류의 사전심사를 할 때 신청인이 요구하는 경우 관세율표에 따른 호 및 소호까지의 품목분류에 대해서만 심사하여 통지할 수 있도록 개정하였다.

제7항은 품목분류 사전심사와 재심사 결과의 유효기간에 관한 규정으로 종전에는 유효기간의 규정이 없어 한번 결정하게 되면 이를 번복하지 아니한 끝까지 이를 인정하는 관행이 있었다. 이를 개선하기 위해 법률 제12847호(2014.12.23) 개정을 통해 그 유효기간을 3년으로 신설하였다. 그러나 유효기간이 종료되었을 때 다시 품목분류 사전심사를 신청해야 하는 지가 논란이 될 수 있다. 모든 사전심사신청물품의 유효기간이 3년으로 관세법 개정이 됨에 따라 동법 시행령 제106조 제44항에서 규정한 품목분류의 고시 또는 공표를 하지 아니한 물품의 유효기간(1년)은 삭제되었다. 2015.12.15. 관세법 개정시 품목분류 재심사결과 품목분류가 변경된 경우에는 해당 통지를 받은 날부터 유효기간을 다시 기산하도록 하였다. 2020.12.22.(법률 제17649호) 개정시 납세자 권익보호와 예측가능한 행정서비스 제공을 위하여 관련 유효기간 등을 삭제하여 변경되기 전까지 유효하도록 하였다.

2023.12.31. 법 개정시 제9항을 신설하였고, 종전에 관세청 훈령으로 규정된 사항을 상향규정하였으며 신청인의 신청이 없더라도 관세청장이 품목분류를 결정할 수 있고 이를 고시하거나 공표하여야 한다.

【심사청구 1995.4.17, 관심 제189-12~17호】 관세중앙분석소의 분석회보 내용에 따라 기본세율을 적용 통관한 물품이고 관세중앙분석소의 분석결과는 별도의 조치가 없는 한 세관에 적용될 것이므로 신뢰관계가 형성되었음은 물론 관세법의 해석 및 관행이 일반적으로 납세자에게 받아들여진 것으로 보아야 할 것이므로, 면허 후 조정관세를 적용하여 차액관세를 추징한 처분은 소급과세금지규정을 위반한 처분이다

【심사청구 1994.5.2, 관심 제181-5호】 품목분류 사전회시를 받아 고시하지 아니한 경우 유효기간은 1년이므로 1년 이내에 수입통관하였고, 관세법 시행령상 변경의 사유에 해당되지 아니함으로써 관세법 규정과 신의성실 원칙 및 납세자의 신뢰보호 측면에서 볼 때 청구인의 주장은 이유 있다.

【조세심판원 2017.10.13, 2017관0073】 청구법인은 과거 동종물품에 대하여 품목분류 사전심사를 신청하여 '볶은 퀴노아'로 회신받은 사실이 있는 점, 수출자가 작성한 공정준수확약서 등을 감안할 때 쟁점물품은 품목분류 사전심사신청물품과 동일한 것으로 보이는 점, 구 관세청 고시에서는 '볶은 곡물'의 범위에 퀴노아를 포함하고 있지 않아 전분완전파괴기준이 적용되어야 한다고 보기 어려운 점 등에 비추어 쟁점물품을 HSK 제○○○호의 기타의 가공곡물로 품목분류 변경하여 관세 등을 경정고지한 처분은 잘못이 있다고 판단한다.

【대법원 2006.4.28, 2005두6225】 사전회시신청에 의한 관세청장의 품목분류결정과 이에 대한 변경결정은 관세청장이 수출입물품이 관세율표상의 어느 품목에 해당하는지를 판단하는 법 해석 및 법 집행작용으로서 관세청의 내부에 있어서 관세법의 해석기준 및 집행기준을 시달한 것으로 국민의 권리, 의무에 관하여 일반적 구속력을 가지는 법규명령은 아니라고 할 것이다. 관세청장의 품목분류 변경결정은 법규명령이 아니므로 조세법령 불소급 원칙이 적용될 여지가 없다.

【대법원 2005.10.7, 2005다38294】 관세사는 의뢰받은 사무와 밀접하게 연관되는 범위 안에서는 비록 별도의 위임이 없다 하여도 의뢰인이 이익을 도모하고 손해를 방지하기 위하여 필요한 조치를 취하도록 의뢰인에게 설명하고 조언하여야 하며, 의뢰인의 구체적인 지시가 있어도 그에 따르는 것이 위임의 본지에 적합하지 않거나 또는 의뢰인에게 불이익한 때에는 관세사는 그러한 내용을 의뢰인에게 설명하고 그 지시를 변경하도록 조언할 의무를 진다. 관세사가 의뢰인으로부터 위임받은 수입물품의 통관 업무를 처리하면서 관세청장에 대한 사전회시 등 수입물품의 관세율표 품목분류번호(세번)를 확정하는 데 필요한 조치를 취하지 아니한 채, 의뢰인의 요구에 따라 잘못된 세번과 세율로 수입신고함으로써 의뢰인으로 하여금 가산세를 무는 손해를 입게 하였다면, 관세사로서의 선량한 관리자의 주의의무와 설명조언의무를 위반한 것이다.

【대법원 1995.9.5, 94도710】 사전회시 제도는 품목분류의 혼란으로 야기될 수 있는 수출입에 따른 통관절차상의 문제를 사전에 방지하기 위하여 수출입을 하고자 하는 자로 하여금 관세청장으로부터 사전회시를 받을 수 있도록 하는 것으로서, 그 사전회시는 통관절차상의 품목분류에 있어서 세관장을 기속할 뿐 그 신청인에 대하여 직접 공법상의 권리를 취득하게 하거나 의무를 부담하게 하는 행정처분은 아니다.

【대법원 1988.10.10, 88나11805】 기계에 대한 세번분류를 잘못하여 세율적용을 그르친 하자가 있어 위법하다고 가정하더라도 그와 같은 하자는 중대한 것이기는 하지만 외형상 객관적으로 명백하다고까지는 볼 수 없다 할 것이어서 과세처분을 취소할 수 있음에 그치고 당연히 무효는 아니다.

【대법원 1984.5.22, 83누485】 원고가 취소를 구하는 관세청장의 본건 회신은 그 형식이 원고의 청원에 대한 회신일 뿐 아니라 그 내용도 본건 라벤다 꽃가루가 상품분류상 1208에 해당한다는 피고의 의견표명으로서 이로써 원고에게 어떠한 공법상 권리의무가 발생한다고 볼 수 없고, 설사 위 청원을 관세법 소정의 관세율표상의 품목분류에 관한 질의로 보고 이에 대한 피고의 회신이 품목분

류 사전회시서의 교부에 해당한다 하더라도 이는 통관절차상의 품목분류에 있어서 세관장을 기속할 따름이어서 그에 따라 수입품목의 세번이 확정되리라는 기대를 원고가 갖게 되는 것일 뿐 위 품목분류 사전회시서의 교부로 인하여 원고가 직접 공법상 권리를 취득하거나 의무를 부담하는 것이 아니라 할 것이므로 피고의 회신은 행정처분이라 할 수 없다. 확인의 소의 대상은 현재의 구체적 권리관계이어야 하므로 추상적 법률관계나 법률의 해석 등은 그 대상이 될 수 없다 할 것인바, 이 사건 라벤다 꽃가루 세번이 관세율표상 1207이라는 확인을 구하는 것은 추상적인 관세율표의 해석에 관한 사항일 뿐 원고의 구체적인 권리관계를 대상으로 하는 것이 아니므로 확인의 소의 대상이 될 수 없다.

제87조【특정물품에 적용되는 품목분류의 변경 및 적용】 ① 관세청장은 제86조에 따라 사전심사 또는 재심사한 품목분류를 변경하여야 할 필요가 있거나 그 밖에 관세청장이 직권으로 한 품목분류를 변경하여야 할 부득이한 사유가 생겼을 경우 등 대통령령으로 정하는 경우에는 해당 물품에 적용할 품목분류를 변경할 수 있다.
② 관세청장은 제1항에 따라 품목분류를 변경하였을 때에는 그 내용을 고시 또는 공표하고, 제86조 제2항 및 제3항에 따라 통지한 신청인에게는 그 내용을 통지하여야 한다. 다만, 신청인의 영업 비밀을 포함하는 등 해당 물품에 적용될 품목분류를 고시하는 것이 적당하지 아니하다고 인정되는 물품에 대해서는 고시 또는 공표하지 아니할 수 있다.
③ 제2항에 따라 통지를 받은 자는 통지받은 날부터 30일 이내에 대통령령으로 정하는 서류를 갖추어 관세청장에게 재심사를 신청할 수 있다. 이 경우 재심사의 기간, 재심사 결과의 통지 및 고시·공표, 수수료 및 재심사의 절차·방법 등에 관하여는 제86조 제3항, 제4항, 제6항 및 제8항을 준용한다.
④ 제1항 및 제3항에 따라 품목분류가 변경된 경우에는 제86조에 따른 신청인이 변경 내용을 통지받은 날과 변경 내용의 고시 또는 공표일 중 빠른 날(이하 "변경일"이라 한다)부터 변경된 품목분류를 적용한다. 다만, 다음 각 호의 구분에 따라 변경 내용을 달리 적용할 수 있다.
1. 변경일부터 30일이 지나기 전에 우리나라에 수출하기 위하여 선적된 물품에 대하여 변경 전의 품목분류를 적용하는 것이 수입신고인에게 유리한 경우 : 변경 전의 품목분류 적용
2. 다음 각 목의 어느 하나에 해당하는 경우 : 제86조에 따라 품목분류가 결정된 이후 변경일 전까지 수출입신고가 수리된 물품에 대해서도 소급하여 변경된 품목분류 적용
   가. 제86조에 따른 사전심사 또는 재심사 과정에서 거짓자료 제출 등 신청인에게 책임 있는 사유로 해당 물품의 품목분류가 결정되었으나 이를 이유로 품목분류가 변경된 경우
   나. 다음의 어느 하나에 해당하는 경우로서 수출입신고인에게 유리한 경우
      1) 제86조에 따른 사전심사 또는 재심사 과정에서 신청인에게 자료제출 미비 등의 책임 있는 사유 없이 해당 물품의 품목분류가 결정되었으나 다른 이유로 품목분류가 변경된 경우
      2) 제86조에 따른 신청인이 아닌 자가 관세청장이 결정하여 고시하거나 공표한 품목분류

에 따라 수출입신고를 하였으나 품목분류가 변경된 경우
⑤ 제86조에 따라 사전심사 또는 재심사한 품목분류가 제1항 또는 제3항에 따라 변경된 경우 그 변경된 품목분류는 제1항 또는 제3항에 따라 다시 변경되기 전까지 유효하다.

해 설

물품에 대한 품목분류는 불변의 것이 아니라 결정과정이나 검토대상 자료 등에 따라 결과가 변경될 수 있는 사항이므로, 이에 대한 변경절차와 적용방법에 관해 규정하고 있다. 법 제84조 품목분류체계 수정과 이 조항의 품목분류 변경은 그 내용이나 변경권자 등에 있어서 차이가 있다.

품목분류체계 수정은 국외적인 협약 및 국가 간 관계에 관한 사항으로 모든 물품에 적용하지만, 품목분류 변경은 특정물품에 적용하는 것이다. 기획재정부장관이 품목분류 수정권자이고 변경권자는 관세청장이며, 관세청장의 품목분류 변경 범위는 품목분류를 사전 심사한 내용과 관세청장이 직권으로 품목분류한 내용에 한한다.[56]

2019.9.24. 관세법 시행령 개정시 관세협력이사회의 권고·결정이나 법원의 판결로 품목분류 변경이 필요한 경우에는 관세청장으로 하여금 그 권고·결정이 있은 날 또는 판결이 확정된 날부터 3개월 이내에 해당 변경에 대해 관세품목분류위원회의 심의에 부치도록 하여 품목분류의 변경이 필요한 사항을 신속하게 반영토록 개정하였다.

제2항은 변경내용의 고시에 관한 규정이다. 법 제86조에 의해 정해진 품목분류를 변경한 때에는 반드시 변경내용을 고시하고 신청인에게 그 내용을 통지하도록 규정하고 있다. 품목분류에 따라 관세율이 결정되는 것이므로 품목분류를 변경하는 경우에는 고시를 하여 널리 알려야 한다. 납세자의 정보보호 강화를 위해 고시내용에 영업비밀 등이 포함될 때에는 비고시할 수 있다.

제3항은 품목분류 변경에 대한 재심사청구에 관한 규정이다. 동 규정은 품목분류 변경에 대한 재검토 절차를 마련하도록 의무화한 세계무역기구(WTO) 무역원활화협정에 따라 법률 제12847호(2014.12.23) 개정을 통해 신설하였다. 품목분류 변경에 대한 재심사청구에 관한 절차는 품목분류 사전심사 절차를 준용하도록 규정하고 있다.

제4항은 변경 내용의 고시 적용에 관한 규정이다. 변경일부터 30일이 경과하기 전에 우리나라로 수출하기 위하여 선적된 물품에 대하여 수입신고자에게 유리한 경우 변경 전 품목분류를 적용할 수 있도록 규정하고 있다. 이것 또한 수입자의 예상치 못한 피해를 막기 위한 규정이다.[57]

---

56) 품목분류를 변경할 수 있는 사유는 관계 법령의 개정에 따라 해당 물품의 품목분류가 변경된 경우, 품목분류 체계수정으로 품목분류를 변경한 경우, 신청인의 허위자료제출 등으로 품목분류에 중대한 착오가 생긴 경우이다.

1997.12.13. 관세법 개정(법률 제5419호)시 30일간의 적용유예기간을 최초로 규정하였으며, 구체적 날짜는 선하증권에 의하여 확인할 수 있다. 다만, 관계법령의 개정이나 새로운 상품 개발 등으로 품목분류체계를 수정한 경우에는 소급효는 적용하지 않고 미래효만 적용한다.

품목분류 체계의 수정 등 요인으로 상품의 주기능이 변하여 품목분류를 변경하는 경우에도 이와 같이 소급적으로 적용하는 것은 합리적이 아니기 때문에 이 규정을 적용하지 아니한다. 그러나 본 항에서는 착오로 품목분류를 잘못 결정하여 이를 변경하는 경우에 소급적으로 적용할 수 있는지에 관하여는 규정하고 있지 아니하다. 신고인에게 유리할 때 소급적으로 적용하는 경우를 주로 규정하고 있으나 신고인에게 불리할 때에도 변경 사유를 심사하여 소급적으로 적용하는 경우를 구체적으로 정할 필요가 있다.[58]

품목 번호는 물품에 대한 식별 기능을 하는 것으로서 해석에 관한 사항이며 물품 자체의 변화를 의미하는 것은 아니므로 품목 번호의 변경으로 인해 수입신고나 FTA 협정관세 적용 신청 등이 취소나 각하되지는 아니한다. 따라서 최초 수입신고나 FTA 협정관세 적용 신청 행위가 나중에 품목 번호가 변경되었다고 하여 소급하여 해당 신고나 신청을 하지 않았다고 할 수 없다.[59]

세액결정에 영향을 미치기 위하여 허위의 서류를 갖추어 사전심사를 신청한 자는 관세포탈죄 등에 따라 처벌할 수 있도록 2006.3. 개정 관세법에서 법 제270조 제1항 제1호의 2를 추가하였다.

2023.12.31. 법 개정이 제86조 제5항 규정 내용을 본조 제4항으로 이관 규정하여 조문을 정리하였다.

제5항에서는 유효기간에 관한 규정인 제86조 제5항의 개정에 따라 해당 유효기간 3년 규정을 삭제하여 재변경되기 전까지 유효하도록 하였다.

【대법원 2017.5.12, 2016관0142】 쟁점물품은 제8528호의 HS해설서상 '기타 모니터'에 대한 설명과 달리 수평주사 주파수가 30～160KHz이고, R · G · B 단자가 없는 점, 쟁점물품은 기울어짐과 회전기능이 없지만 이는 자동자료처리시스템에 주로 사용되는 모니터의 필수적인 특성이 아닌 점, 대형모니터의 경우에도 화면분할 등의 방법으로 사용하는 경우가 많아 모니터 크기로 전용성 여부를 판단하는 것은 합리적으로 보이지 않는 점, 청구법인의 쟁점물품 홍보물에 쟁점물품이 사이니지용으로 사용 가능하다는 내용이 있으나 청구법인이 제시한 소비자의 구매사례 등에 따르면 사용자들은 실제 쟁점물품을 컴퓨터용 모니터로 주로 사용하고 있는 것으로 보이는 점 등에 비추어 등에 비추어 쟁점물품이 자동자료처리시스템에 주로 사용되는 액정모니터에 해당하지 않는 것으로 보아

57) 변경일이 2003.5.1.이라면 2003.5.31.까지 선적된 것이 확인되면 혜택을 받을 수 있는 요건은 된다.

58) 이종익, "품목분류사전심사 운용에 관한 검토", 『관세와 무역』, 한국관세무역연구원, 2006.1., pp.83～92.

59) 이종익, "수입신고와 FTA 협정관세 적용 신청에 관한 고찰", 『계간 관세사』 통권196호 2020년 봄호, 한국관세사회, pp.38～45.

과세한 이 건 처분은 잘못이 있다.

【대법원 2004.4.9, 2003두1592】 [1] 법령의 위임에 따라 수임 행정기관이 그 법령의 내용이 될 사항을 구체적으로 규정한 고시는 해당 법률 및 그 시행령의 위임한계를 벗어나지 아니하는 한 그와 결합하여 대외적으로 구속력이 있는 법규명령으로서 효력을 가지는 것이며, 그와 같은 고시의 내용이 관계 법령의 목적이나 근본 취지에 명백히 배치되거나 서로 모순되는 등의 특별한 사정이 없는 한 효력이 없는 것이라고 할 수 없는 것이다. [2] 관세율표상 품목분류의 기준을 정한 관세청 고시가 법규명령으로서의 효력을 갖는다.

제 4 장

감면 · 환급 및 분할납부 등

넓은 의미에서 감면은 세금 전액을 면제하거나 일부를 면제(경감)하는 것을 말한다. 면제와 무세는 세금을 내지 아니하는 점에서는 같지만, 면제는 관세를 부과하지 아니하는 것을 말하며, 무세는 관세율표상 세율이 없는 것을 말한다. 영세율은 관세율이 0%인 것을 말하며, 감세는 과세물건의 변질, 손상 등으로 줄어든 가치만큼 세금도 줄여 주는 것을 말한다. 또한 면세는 관세의 전부를 부과·징수하지 아니하는 것을 말하며, 감면세는 관세의 일부를 부과·징수하지 아니하는 것을 말한다. 그러나 관세·내국세 등 전체적으로 볼 때에 해당 세목에 따라 그 용어를 조금씩 다르게 사용하고 있는 실정이다.

조세감면의 경우에도 적극적으로 조세를 부과·징수하는 경우와 동일하게 조세법률주의의 과세요건 법정주의와 명확주의가 적용된다. 헌법재판소(93헌바2)는 조세감면의 우대조치는 조세평등주의에 반하고 국가의 재원 포기이기도 하여 가급적 억제되어야 하고 그 범위를 확대하는 것은 결코 바람직하지 못하므로 특히 정책목표달성에 필요한 경우에 그 면제혜택을 받는 자의 요건을 엄격히 해석하여 극히 한정된 범위에서 예외적으로 허용되어야 한다고 하여 조세평등에 입각하여 제한적으로 허용하도록 기준을 제시한 바 있다.

감면 규정의 해석은 전통적으로 자구(字句) 중심으로 해석하고 있지만[1] 우리나라는 최근 세계 중요무역국으로 성장함에 따라 감면혜택을 폭넓게 적용하려는 경향에 맞추어 감면 규정도 탄력적으로 운영하는 추세에 있다.[2] 한·칠레 FTA 체결에 따라 칠레로부터 수입되는 물품이 일시 수입물품의 요건에 충족하고 원산지가 칠레인 경우 담보 없이 관세를 면제하는 것과 같이 국가 간 협약에 따라서 면세적용을 탄력적으로 운영하는 예도 있다.[3]

감면을 편의상 감면조건에 따라 무조건 감면과 조건부 감면으로 나누어 볼 수 있다. 무조건 감면은 감면할 때에 감면조건이 없는 것으로 이는 수입 후에 감면물품을 어떻게 사용하든

1) 대법원 판례(대법원 1998.3.27. 선고 97누20090 판결)에 의하면 조세법규 해석은 특별한 사정이 없는 한 법문대로 해석해야 하고 확장해석하거나 유추해석하는 것은 허용되지 아니하며 감면요건 규정 가운데 특혜규정이라고 볼 수 있는 것은 엄격하게 해석하는 것이 조세공평의 원칙에 부합한다. 이러한 점을 감안하여 적부심사(2003.6.12, 제12003-20호)에서는 가운뎃점(·)을 '및'으로 해석하여 여러 공정을 동시에 수행하는 기계에 한하여 감면을 허용한 바 있다. 참고로 법제처의 법령입안 심사기준에 의하면 업무상 선후 관계나 연관성을 갖는 단어는 '및'(사전적인 의미로서는 그리고 그 밖에 등 의미를 가짐)이나 '또는'으로 연결하지 않고 가운뎃점(·)을 써서 연결한다.

2) 기획재정부 관세제도-804호(2006.9.18)에 의하면 관세법 제39조 제2항에 의거 부족세액에 대한 추징 부과고지를 받은 경우에는 최초 수입시부터 관세 감면대상이었다면 해당 납부고지를 받은 날부터 5일 이내 감면신청가능하고, 최초 수입신고시 과세표준의 누락으로 추징하는 경우에도 감면대상에 해당되면 경정 고지에 따른 추징도 감면신청이 가능하다.

3) 한·칠레 경우 최초 협정이어서 「한·칠레 FTA 이행 특례법」을 제정하여 운영하였으나 FTA체결마다 이행법을 제정해야하는 부담을 해소하고 법적인 통일성을 유지하기 위하여 일반특례법을 제정(「자유무역협정 이행을 위한 관세법의 특례에 관한 법률」, 2005.12.31. 법률 제7842호) 운영하였고, 2010.1.1.에는 상기 한·칠레 특례법을 폐지하고 이를 동법에 흡수시켰다.

지 관세와 무관한 것이며, 이러한 물품에 대해서는 사후관리를 하지 아니한다. 사후관리를 하지 아니한다고 해서 바로 무조건 감면물품은 아니다. 왜냐하면 사후관리는 편의상 생략할 수 있기 때문이다.

무조건 감면 종류에는 외교관면세·정부용품등 면세·소액물품등 면세·여행자휴대품등 면세·재수입 면세·손상 감면·해외임가공물품 감면 등이 있다. 이에 대하여 조건부 감면은 수입할 때에 감면하되, 감면 후 의무사항을 요구하거나 사후관리대상으로 삼는 것을 말한다.[4] 이러한 감면에는 세율불균형 면세, 학술연구용품 감면, 종교용품·자선용품·장애인용품등 면세, 특정물품 면세, 환경오염방지물품등 감면, 재수출 면세, 재수출 감면 등이 있다.

【관세법상 관세 감면 종류】

무조건 감면	조건부 감면
• 외교관용 물품 등의 면세(관세법 제88조) • 정부용품 등의 면세(관세법 제92조) • 소액물품 등의 면세(관세법 제94조) • 여행자 휴대품 및 이사물품 등의 감면(관세법 제96조) • 재수입면세(관세법 제99조) • 손상감면(관세법 제100조) • 해외임가공물품 등의 감면(관세법 제101조)	• 세율불균형물품의 면세(관세법 제89조) • 학술연구용품의 감면(관세법 제90조) • 종교용품, 자선용품, 장애인용품 등의 면세(관세법 제91조) • 특정물품의 면세(관세법 제93조) • 환경오염방지물품 등에 대한 감면(관세법 제95조) • 재수출면세(관세법 제97조) • 재수출감면(관세법 제98조)

면세는 외교관 면세·종교용품 등 면세·정부용품 등 면세·특정물품 면세·소액물품 면세·여행자휴대품등 면세·재수입 면세·재수출 면세가 있다. 면세는 일반적으로 무조건 면세가 대부분이지만 종교용품 등 면세·특정물품 면세·재수출 면세·세율불균형물품 면세는 조건부 면세라고 하여, 무조건 면세와는 면세 성질을 달리한다.

감면에는 학술연구용물품 감면·환경오염방지용물품 등 감면·재수출 감면·수출용원자재 등 감면·관세법 부칙에 의한 감면이 있다. 또한, 감면에는 손상한 물품만큼 세액을 줄여주는 손상감면과 해외에서 임가공하기 위해 수출한 국산원재료에 대하여 그 만큼 세액을 줄여주는 해외임가공물품 감면이 있다.

2012.2.2. 시행령 개정시 관세감면신청 제도를 완화하였다. 수입신고 수리 전까지 감면신청서를 제출하거나, 부과징수 하는 경우는 납부고지를 받은 날부터 5일 이내 감면신청서를 제출하면 되나 이에 추가하여 해당 물품이 보세구역에서 반출되지 아니하는 경우에 한정하여

4) 무조건 감면, 조건 감면은 편의상 분류하는 것에 지나지 않는다. 법 제103조 관세감면 물품의 용도 외 사용 조항에 보면 외교관용 물품 등의 면세를 받은 물품을 타 용도에 사용하는 경우 관세를 징수하는 예가 있다.

수입신고 수리일부터 15일 이내 신청하면 면세가 가능하다.[5] 그러나 부과고지가 아니고 신고납부에서 경정하는 경우에도 경정일부터, 즉 납부고지서를 받은 날부터 5일 이내에 감면 신청하는 경우에 감면신청된 것으로 보아 감면하기도 한다. 이점에 대하여는 논란이 있다.[6]

감면제도는 관세 부담을 줄여서 관련 산업을 지원하는 취지로 시행하는 것과 국제협약사항·국내산업·특정사회활동·무역업 편의 등 여러 가지 사유와 목적에 따라 운영되고 있다. 따라서 관세감면물품에 대해서는 감면을 받아 통관된 후 감면 목적에 맞게 사용하도록 용도에 관한 사후관리를 하고 있다.[7] 일정한 조건을 충족하면 용도 외로 사용하더라도 감면을 승계 받을 수가 있다. 시설 등을 임대하는 것을 업으로 하는 시설 대여업자에 대한 감면은 특수한 경우로서 시설이용자 명의로 감면을 신청할 수 있고, 시설이용자가 관세를 납부하지 아니하는 경우에는 시설대여업자가 연대하여 관세납부의무를 진다.

관세경감률 산정 기준에 있어서 세율불균형물품의 면세, 학술연구용품의 감면, 종교용품 · 자선용품 · 장애인용품 등의 면세, 정부용품 등의 면세, 특정물품의 면세, 소액물품 등의 면세, 환경오염방지물품 등에 대한 감면세, 재수출감면세의 경감률 산정은 실제 적용되는 관세율을 기준으로 한다. 덤핑방지관세, 보복관세, 긴급관세, 농림축산물에 대한 특별긴급관세, 상계관

---

5) 판례(1995.4.25, 94타3733) 참조. 기획재정부 유권해석(1977.7.5)에 의하면 관세감면을 받기 위해서는 수입신고 당시에 감면 요건이 구비되어야 하며, 감면신청서류는 수입면허 전까지 세관장에게 제출해야 한다. 또 감면추천서를 면허 전에 제출하지 못했다하여 모두 추징하는 것은 부당하다고 한다. 그러나 관세 감면을 받고자 하는 자는 관세감면신청서를 수입면허 전에 제출해야 하고, 이 관세감면신청서를 제출하는 시기에 관한 대통령령 규정은 단순한 훈시규정이 아니라 강행규정이다. 관세청 유권해석(2001.8.25)에 의하면 일부 과세표준 누락에 따른 추징고지를 받고 해당 수입물품 전체를 대상으로 감면신청하는 경우에도 관련 규정에서 별도로 감면승인 대상범위를 제한하고 있지 아니하므로 해당 수입물품의 과세가격 전체에 대한 감면신청이 가능하고 한다.

6) 이종익, "신고납부와 부과고지물품의 감면신청에 관한 검토", 『관세와 무역』, 한국관세무역연구원, 2005.11.

7) 용도세율 적용물품이나 기획재정부령이 정하는 외교관용물품의 면세, 세율불균형물품의 면세, 학술연구용품의 감면세, 종교용품·자선용품·장애인용품 등의 면세, 특정물품의 면세, 환경오염방지물품 등에 대한 감면세를 받은 물품에 대한 용도 외 사용의 금지기간 및 양수·양도의 금지기간 즉 사후관리기간을 정하고자 하는 때에는 물품의 내용연수, 즉 법인세법의 규정에 의한 내용연수를 기준으로 하는 사후관리기간은 내용연수가 5년 이상인 물품은 3년(단, 법 제90조의 학술연구용품 감면의 경우는 2년), 내용연수가 4년인 물품은 2년, 내용연수가 3년 이하인 물품은 1년 이내다. 또, 관세감면물품이 다른 용도로 사용될 가능성이 적은 경우의 사후관리기간은 1년 이내다. 다만, 장애인 등 특정인만이 사용하거나 금형과 같이 성격상 다른 용도로 사용될 수 없는 물품의 경우에는 수입신고 수리일까지로 하며, 박람회·전시회 등 특정행사에 사용되는 물품의 경우에는 해당 용도 또는 행사가 소멸 또는 종료되는 때까지로 한다. 또 관세감면물품이 원재료·부분품 또는 견품인 경우의 사후관리기간은 1년 이내이다. 다만, 원재료·부분품 또는 견품 등이 특정용도에 사용된 후 사실상 소모되는 물품인 경우에는 감면용도에 사용하기 위하여 사용장소에 반입된 사실이 확인된 날까지로 하며, 감면받은 용도에 사용되지 아니하고 1년 이상 보관하는 경우에는 해당 물품이 최초로 사용되는 날까지로 한다. 관세감면물품에 대한 법 제50조의 규정에 의한 세율에 감면율을 곱한 율을 기준으로 하는 사후관리기간은 3퍼센트 이하인 경우에는 1년 이내, 3퍼센트 초과 7퍼센트 이하인 경우에는 2년 이내이다. 이러한 기준을 적용한 결과 동일물품에 대한 사후관리기간이 다르게 되는 때에는 그중 짧은 기간으로 할 수 있다.

세는 실제 적용하는 관세율에 포함되지 아니한다. 따라서 할당관세가 적용되는 물품은 이 할당관세율에 감면율을 적용하여 감면할 수 있다.

부정한 방법으로 관세감면을 받거나 관세감면을 받은 물품에 대한 관세징수를 면탈하는 것은 3년 이하 징역 또는 감면받거나 면탈한 세액의 5배 이하에 상당하는 벌금에 해당된다.

1993.12.31. 법 개정(법률 제4674호)시 첨단기술산업과 방위산업 감면세와 방위산업용품 감면세를 단계적으로 줄여 이를 폐지하기 위해 관세법 부칙으로 옮겨서 운영하였으나, 2007.1. 현재 부칙에 의한 감면조항은 없다.[8)]

2020.12.22.(법률 제17649호) 개정시 '감면세, 감세'를 '감면'으로 용어를 개정하였다. 학술연구용품 감면세, 한경오염방지물품 등에 대한 감면세, 여행자 휴대품 및 이사물품 등의 감면세, 재수출감면세, 손상감세, 해외임가공물품 등의 감세 등에서 감면세 혹은 감세라는 용어를 감면으로 개정한 것이다. 따라서 감면 관련 제도에서는 면세와 감면 두 가지로 정리되었다고 볼 수 있다.

제1절은 감면에 관한 규정으로서 감면종류 · 대상 · 방법과 감면받은 물품에 대한 관세확보수단으로 사후관리 등에 관하여 규정하고 있다.

제2절은 징수한 세금을 돌려주는 환급과 세금을 나누어 납부하는 분할납부에 관한 규정으로서 계약상이 물품 관세환급, 분할납부, 이러한 물품에 대한 관세 확보수단으로 사후관리 및 담보제공에 관하여 규정하고 있다. 또한 이외에 관세법 이외 법에서 관세를 감면하는 경우에 대한 사후관리에 대하여 규정하고 있다.

【대법원 1998.3.27, 97누20090】 조세법률주의의 원칙상 과세요건이거나 비과세요건 또는 조세감면요건을 막론하고 조세법규 해석은 특별한 사정이 없는 한 법문대로 해석할 것이고 합리적 이유 없이 확장해석하거나 유추해석하는 것은 허용되지 아니하고, 특히 감면요건 규정 가운데에 명백히 특혜규정이라고 볼 수 있는 것은 엄격하게 해석하는 것이 조세공평의 원칙에도 부합한다.

【대법원 1995.4.25, 94타3733】 관세법에 의하여 수입물품에 대한 관세를 감면받고자 하는 자는 관세감면신청서를 수입면허전에 제출하여야 한다. 관세감면신청의 제출시기에 관한 규정은 단순한 훈시규정이 아니고 강행규정이라 할 것이므로 수입면허 전에 관세감면신청을 하지 아니하면 관세감면품목이라고 하더라도 더 이상 관세를 감면받을 수 없다.

8) 종전에 관세법 부칙에 의한 감면세 규정으로 방위산업감면, 방위산업용품감면이 있었다. 방위산업감면은 업종에 따른 감면으로서 정밀전자산업, 전자제어와 고도정밀기계산업 등 감면이 해당되며, 방위산업용품 감면에는 경찰경비함정을 제조하는 데에 소요되는 부분품 감면 등이 있었으나, 현재 이를 법 제95조 제1항 제5호에 규정하고 있다.

【헌법재판소 1996.6.26, 93헌바2】 조세 감면에 관한 규정은 조세의 부과·징수의 요건이나 절차와 직접 관련되는 것은 아니지만 조세란 공공경비를 국민에게 강제적으로 배분하는 것으로 납세의무자 상호간에는 조세의 전가관계가 있으므로 특정인이나 특정계층에 대하여 정당한 사유 없이 조세감면의 우대조치를 하는 것은 특정한 납세자군이 조세부담을 다른 납세자군의 부담으로 떠맡기는 것과 같으므로 조세감면의 근거 역시 법률로 정해야만 하는 것이 국민주권주의나 법치주의의 원리에 부응하는 것이다.

감 면

제88조 【외교관용 물품 등의 면세】 ① 다음 각 호의 어느 하나에 해당하는 물품이 수입될 때에는 그 관세를 면제한다.

1. 우리나라에 있는 외국의 대사관·공사관 및 그 밖에 이에 준하는 기관의 업무용품
2. 우리나라에 주재하는 외국의 대사·공사 및 그 밖에 이에 준하는 사절과 그 가족이 사용하는 물품
3. 우리나라에 있는 외국의 영사관 및 그 밖에 이에 준하는 기관의 업무용품
4. 우리나라에 있는 외국의 대사관·공사관·영사관 및 그 밖에 이에 준하는 기관의 직원 중 대통령령으로 정하는 직원과 그 가족이 사용하는 물품
5. 정부와 체결한 사업계약을 수행하기 위하여 외국계약자가 계약조건에 따라 수입하는 업무용품
6. 국제기구 또는 외국 정부로부터 우리나라 정부에 파견된 고문관·기술단원 및 그 밖에 기획재정부령으로 정하는 자가 사용하는 물품

② 제1항에 따라 관세를 면제받은 물품 중 기획재정부령으로 정하는 물품은 수입신고 수리일부터 3년의 범위에서 대통령령으로 정하는 기준에 따라 관세청장이 정하는 기간에 제1항의 용도 외의 다른 용도로 사용하기 위하여 양수할 수 없다. 다만, 대통령령으로 정하는 바에 따라 미리 세관장의 승인을 받았을 때에는 그러하지 아니하다.

③ 제2항에 따라 기획재정부령으로 정하는 물품을 제2항에 따른 기간에 제1항에 따른 용도 외의 다른 용도로 사용하기 위하여 양수한 경우에는 그 양수자로부터 면제된 관세를 즉시 징수한다.

해 설

외교관 면세는 외교사절에 대한 관세 면제를 말한다. 외교관은 국가를 대표하는 공무원이므로 예우하기 위하여 면세혜택을 부여하고 있다. 원래 외교관에 대하여는 치외법권이 인정되어 내국세는 면제하였으나 관세에 관하여는 면제 규정은 없었다. 그 후 1961년 '외교관계에 관한 비엔나 협약'으로 면세특권에 관한 내용을 국제조약으로 규정하였고, 이를 관세법에 반영한 것이 외교관면세에 관한 조항이다.

제1항 제1호에서 제4호를 요약하면 우리나라에 있는 외국의 대사(관), 공사(관), 영사(관)에 속하는 사절 등의 자용품과 이 기관에 속하는 업무용품이 외교관면세 대상물품이다. 대사관 등 관원은 참사관, 1~3등서기관, 총영사, 영사, 부영사, 영사관보, 영사관등의 외무공무원을 포함하며 명예총영사나 명예영사는 제외한다. 조약에 의하여 면세한다. '대사'는 특명전권대

사를 말하며 주재국에서 국가를 대표하여 외교교섭을 하고, 자국민보호감독의 임무를 수행하는 제1급 외교 사절로서 국가원수가 상대국가원수에게 파견하며, 공사는 특명전권공사를 말하는 것이며 대사와 같은 업무를 수행하나, 제2급 외교 사절을 말한다. 영사는 국교가 있는 나라에 머물면서 자국민보호 감독과 통상 문화교류 등의 일을 맡아보는 외무공무원을 말한다. 우리나라에 있지 아니하는 외교기관의 사절 등, 예를 들면 주 중국 미국대사관 직원은 외교관면세 대상자가 아니다. 외교관면세에는 국가 간 상호조건, 즉 상대국가가 우리나라에 대하여 외교관면세로 대우하지 아니하면 우리나라도 상대 국가를 그렇게 대우하지 아니한다는 원칙이 있었으나, 2000년 개정 관세법에서는 이러한 상호주의를 삭제하고, 또 준외교관 면세도 외교관 면세규정으로 통합하였다.

제5호 · 제6호는 외교관에 준하여 대우받는 외교관이 수입하는 물품에 대하여 관세를 면제하는 규정이다. 대상물품에는 외국계약자 업무용품, 고문관용품 등이 있다. 국제연합 관계기관과 그 직원은 외교관에 준하여 대우한다는 국제협약이 있으며, 국제연합, 국제연합 사업계획으로 참여하는 외국정부 고문관 등은 국제협약에 의해 외교관에 준한 대우를 받는다.

제2항은 양수제한에 관한 규정이다. 기획재정부령이 정하는 물품은 자동차, 선박, 피아노, 전자오르간 · 파이프오르간, 엽총이다.

제3항에 규정된 사항을 제외하고는 외교관용품 면세규정에는 멸실되거나 폐기하는 경우에도 다른 감면과 같이 승인을 받지 아니한다. 이는 납세의무를 지는 양도자 · 양수자가 없기 때문이다.[9] 외교관용품으로 면세 받은 물품 중에서 기획재정부령으로 정한 물품을 승인 얻지 아니하고 양수한 경우에는 2천만원 이하 벌금 혹은 과실인 경우에는 300만원 이하의 벌금에 해당된다. 다만, 해당 물품을 직접 수입한 경우에 관세 감면을 받을 수 있고 수입자와 동일한 용도에 사용할 자에게 양도할 때에는 과태료 200만원에 해당된다.

제3항은 용도 외 사용시 관세징수에 관한 규정이다. 감면 조건을 지키지 아니한 경우에 양도자나 양수자에 대한 관세징수는 면세규정에서 일반적인 사항이다. 그러나 외교관용품으로 면세 받은 물품을 승인을 받지 아니하고 양도 · 양수한 경우 양도자인 외교관에 대하여는 납세의무가 없다. 이것은 외교관용품으로 면세 받은 물품이 일반 감면물품과 크게 다른 점이며, 그 다른 사유는 외교관에게 부여되는 외교관특권 때문이다. 그러나 제2항에서 기획재정부령이 정하는 물품의 경우에는 일반 면세물품과 같이 승인을 받아야 한다.

---

9) 기획재정부 유권해석(1975.12.20)에 의하면 외교관 사용 조건으로 면세 받은 외교관차량을 용도 외사용 금지기간 내에 용도 외에 사용하기 위하여 양수한 때에는 그 양수인으로부터 면세된 관세를 즉시 징수한다. 면세 받은 외교관 차량이 여러 사람에게 전매되어 관세를 징수하는 경우 양수인 모두를 납세의무자로 간주하여 징수한다.

제89조【세율불균형물품의 면세】 ① 세율불균형을 시정하기 위하여 조세특례제한법 제6조 제1항에 따른 중소기업(이하 이 조에서 "중소기업"이라 한다)이 대통령령으로 정하는 바에 따라 세관장이 지정하는 공장에서 다음 각 호의 어느 하나에 해당하는 물품을 제조 또는 수리하기 위하여 사용하는 부분품과 원재료(수출한 후 외국에서 수리·가공되어 수입되는 부분품과 원재료의 가공수리분을 포함한다. 이하 이 조에서 같다) 중 기획재정부령으로 정하는 물품에 대해서는 그 관세를 면제할 수 있다.

1. 항공기(부분품을 포함한다)
2. 반도체 제조용 장비(부속기기를 포함한다)

② 다음 각 호의 어느 하나에 해당하는 자는 제1항에 따른 지정을 받을 수 없다.

1. 제175조 제1호부터 제5호까지 및 제7호의 어느 하나에 해당하는 자
2. 제4항에 따라 지정이 취소(제175조 제1호부터 제3호까지의 어느 하나에 해당하여 취소된 경우는 제외한다)된 날부터 2년이 지나지 아니한 자
3. 제1호 또는 제2호에 해당하는 사람이 임원(해당 공장의 운영업무를 직접 담당하거나 이를 감독하는 자로 한정한다)으로 재직하는 법인

③ 제1항에 따른 지정기간은 3년 이내로 하되, 지정받은 자의 신청에 의하여 연장할 수 있다.

④ 세관장은 제1항에 따라 지정을 받은 자가 다음 각 호의 어느 하나에 해당하는 경우에는 그 지정을 취소할 수 있다. 다만, 제1호 또는 제2호에 해당하는 경우에는 지정을 취소하여야 한다.

1. 제2항 각 호의 어느 하나에 해당하는 경우. 다만, 제2항 제3호에 해당하는 경우로서 제175조 제2호 또는 제3호에 해당하는 사람을 임원으로 하는 법인이 3개월 이내에 해당 임원을 변경하는 경우에는 그러하지 아니하다.
2. 거짓이나 그 밖의 부정한 방법으로 지정을 받은 경우
3. 1년 이상 휴업하여 세관장이 지정된 공장의 설치목적을 달성하기 곤란하다고 인정하는 경우

⑤ 제1항에 따라 지정된 공장에 대하여는 제179조, 제180조 제2항, 제182조 및 제187조를 준용한다.

⑥ 중소기업이 아닌 자가 제1항의 대통령령으로 정하는 바에 따라 세관장이 지정하는 공장에서 제1항 제1호의 물품을 제조 또는 수리하기 위하여 사용하는 부분품과 원재료에 대해서는 다음 각 호에 따라 그 관세를 감면한다.

1. 「세계무역기구 설립을 위한 마라케쉬 협정 부속서 4의 민간항공기 무역에 관한 협정」 대상 물품 중 기획재정부령으로 정하는 물품의 관세 감면에 관하여는 다음 표의 기간 동안 수입신고하는 분에 대하여는 각각의 적용기간에 해당하는 감면율을 적용한다.

2022년 1월 1일부터 2024년 12월 31일까지	2025년 1월 1일부터 12월 31일까지	2026년 1월 1일부터 12월 31일까지	2027년 1월 1일부터 12월 31일까지	2028년 1월 1일부터 12월 31일까지
100분의 100	100분의 80	100분의 60	100분의 40	100분의 20

2. 제1호 이외의 물품의 관세감면에 관하여는 다음 표의 기간 동안 수입신고하는 분에 대하여는 각각의 적용기간에 해당하는 감면율을 적용한다.

2019년 5월 1일부터 12월 31일까지	2020년 1월 1일부터 12월 31일까지	2021년 1월 1일부터 12월 31일까지	2022년 1월 1일부터 12월 31일까지	2023년 1월 1일부터 12월 31일까지	2024년 1월 1일부터 12월 31일까지	2025년 1월 1일부터 12월 31일까지
100분의 90	100분의 80	100분의 70	100분의 60	100분의 50	100분의 40	100분의 20

⑦ 국가 및 지방자치단체가 제1항 제1호의 물품을 제조 또는 수리하기 위하여 사용하는 부분품과 원재료에 관하여는 제6항에도 불구하고 제1항을 준용한다.
⑧ 제1항에 따라 지정을 받은 자가 지정사항을 변경하려는 경우에는 관세청장이 정하는 바에 따라 세관장에게 변경신고하여야 한다.

해 설

세율불균형은 관세율 구조에 관한 용어로서 제품의 세율이 낮고 이 제품을 만들기 위한 원료품의 세율은 높은 상태를 말한다. 세율불균형물품은 이러한 관세율 구조를 가지고 있는 물품을 말하며, 현재 운용되는 관세율표에 의하면 항공기, 컴퓨터 관련 제품이 이에 해당된다. 이러한 현상이 발생되는 이유 중 하나는 각종 국제협약에 따라 세율을 인하한 결과 제품 세율은 인하되고 원료품 세율은 그대로 유지되기 때문이다.

이전에는 항공기 제조업을 지원하기 위하여 항공기제조용 원료품에 대하여 항공기제조용 원료품 감면세 조항에 따라 관세를 감면하였으나, 이러한 세율불균형 현상을 시정하기 위해 유사 관련 규정을 통합하여 2000년 개정 관세법에서 현재와 같은 세율불균형물품 감면세 조문으로 개정하였다.

세율불균형물품 감면제도는 일반 감면제도와 특허보세구역인 보세공장제도가 혼합된 제도다. 지정공장에서 세율불균형물품을 사용하는 경우 기획재정부령이 정하는 물품에 대하여 관세를 감면한다. 지정공장으로 지정 받기 위해서는 사업계획서와 도면 등을 첨부하여 세관장에게 제출하여야 한다. 이 지정공장은 별도의 지정절차를 거쳐야 하고 특허의제·보고·검사·지정의 소멸 등과 같은 규정의 적용도 받는다. 지정기간은 3년으로 갱신할 수 있으며 운영인의 결격사유에 해당되는 자는 지정공장의 지정을 받을 수 없다. 보세공장은 사용원재료가 국산이 가능한지 여부를 불문하고 동일한 혜택을 주지만, 지정공장에서는 세율불균형품목만을 선별적으로 감면할 수 있어 세율불균형품목이외의 국산원재료 사용을 촉진할 수 있는 제도이다.

2013.1.1. 법 개정(법률 제11602호)시 감면을 면세로 바꾸고 면세 대상을 중소기업으로 제한하는 법 개정이 있었다.

항공기 원료품은 다른 용도로 사용하기는 사실상 불가능하므로 항공사의 업무부담을 줄이기 위하여 1996.12.30. 관세법 개정(법률 제5194호)시 사후관리대상에서 이를 제외하였다. 이전에는 외국항행선박 등 제조용 원료품도 감면대상이었으나, 1995.12.6. 관세법 개정(법률 제4982호)시 항공기 제조용 원료품만 감면세 대상으로 하였다. 이는 선박감면 규모가 적고, 그 당시 조선 산업에 대한 지원을 폐지하도록 하는 국제협정에 가입할 예정이어서 선박에 대한 관세감면 조항을 삭제한 것이다. 2000년 개정 관세법에서는 제2호에 반도체 제조용 장비와 부속기기를 해당 품목으로 추가하였다.

FTA의 확대로 관세감면의 실효성이 줄어들어 감면 대상기업으로서 중소기업은 현행대로 유지하되, 일반기업은 이를 폐지하기 위하여 단계적으로 감면의 적용기간과 적용율을 부칙 제14조로 규정하고 있다. 부칙에 의하면, 2014년 이후부터는 1년이 지나면 20% 감면율을 축소하여 2018년에는 20%의 감면율을 적용하도록 규정하고 있다. 초기에 이 감면율은 100분의 80이었으나, 2000년에 100분의 100으로 조정하여 운영해 왔었다.

제2항은 당초 감면율에 관한 규정이나 2013.1.1. 법 개정(법률 제11602호)시 이를 삭제하였고 2015.12.15. 관세법 개정시 지정공장 운영인의 지정요건에 대한 결격사유 조항으로 대체되었다. 지정공장을 운영하기 위한 요건은 보세구역 운영인의 결격사유 등에 해당되지 않아야 한다.

제3항에서 지정공장의 지정기간은 3년으로 하되, 신청인의 연장신청에 따라 연장이 가능하도록 하였다.

제4항은 지정공장의 취소사유를 열거하고 있다. 취소사유를 임의적 사유와 강행적 사유로 구분하여 거짓이나 부정한 방법 등으로 지정받은 경우는 반드시 취소하도록 하고 다만, 1년 이상 휴업하여 설치목적에 달성하기 곤란한 경우 등에는 임의 규정으로 하여 세관장이 재량으로 그 취소여부를 판단하도록 하였다. 2018.12.31. 법 개정시 제1호에 단서 내용을 추가해서, 피성년후견인·피한정후견인·파산선고 후 미복권자 등을 임원으로 하는 법인이 해당 임원을 3개월 이내에 변경한 법인은 취소를 제한하도록 하였다.

제5항은 준용 규정이다. 특허보세구역의 설치·운영에 관한 보고와 검사에 관한 사항이나 특허가 소멸한 경우 일정기간을 특허가 존속되는 것으로 의제하는 사항, 기타 보세공장 외 작업 허가 등에 관한 사항 등은 다른 보세구역과 마찬가지로 지정공장에도 이를 준용한다.[10] 특히, 2002.12.18. 개정 관세법에서는 관련 제품을 제조·수리할 수 있는 장소로 당초 지정된 공장외의 일정한 장소에서도 수리 등을 할 수 있도록 함으로써 완제품에 부착된 물품을 별도로 분리하여 지정공장으로 운반하는 불편을 해소하고 신속한 수리가 가능하도록 규정을 개정하였다. 항공기의 수리는 항공기 계류장에서 이루어지고 반도체제조장비의 수리는 반도체소자

---

10) 감면받은 물품을 국내에 수리차 일시 입항한 항공기 수리에 사용한 경우에는 동일 용도에 사용된 것으로 보아 추징할 수 없다고 한다. 감면받은 부분품을 사용하여 제조한 물품은 사후관리 대상이 아니다(기획재정부, 1995.4.21).

제조공장에서 행해지는 현실을 반영한 것으로 항공기 및 반도체 장비제조관련 지정공장 밖의 협력업체의 산업활동을 지원하는 효과가 있다.

법 제179조는 특허의 효력상실 및 승계, 법 제180조 제2항은 특허설치 · 운영의 감독에 관한 규정이며, 법 제182조는 특허의제에 관한 규정이다. 또한 법 제187조는 보세공장 외 작업허가에 관한 규정이다.

제6항은 2018.12.31. 법 개정시 신설된 조항이다. 중소기업 이외 일반기업의 항공기(부분품) 관세 면제기한을 연장하는 것을 내용으로, 적용기간과 적용율을 정하고 있다. 마라케쉬 협정 부속서 4의 민간항공기[11] 무역에 관한 협정 대상 물품 중 기획재정부령으로 정하는 물품은 2022년 이후부터는 1년이 지나면 20% 감면율을 축소하여 2025년에는 20%의 감면율을 적용하도록 규정하고 있다. 그 외 물품도 2025년까지 단계적으로 감면율을 축소하여 적용하도록 규정하였다. 종전 부칙규정[12] 유지시 2022년 이후 면세실적의 94%가 없어져 항공기에 대한 '세율불균형면세제도' 유명무실화 우려[13]가 있으므로 5년을 연장하여 동 제도를 적극적으로 활용할 기회를 부여할 필요가 있다는 지적에 따라 신설되었다.[14] 법적 안정성을 위하여 계속적인 연장보다는 WTO 역내 협정인 '항공기부품과 부수장비 무관세 거래를 위한 협정(TCA · Agreement on Trade in Civil Aircraft)' 가입을 검토할 필요가 있다.[15] 그리고 제6항 제1호 표는 2021.12.31. 관세법 개정시 개정되어 2028년도까지 적용이 연장된 바 있다.

제7항 및 제8항은 2020.12.22.(법률 제17649호) 개정시 신설되었다.

제7항에서는 면세대상을 추가하여 국가 · 지자체가 수입하는 항공기 및 부분품의 제조 · 수리용 물품에 면세적용을 명확하게 하였다. 산림청 · 해양청 등 국가기관에서 업무용 항공기 · 헬리콥터 등의 제조 · 수리를 위한 물품을 수입하면서 세율불균형 면세를 적용받고 있으나 근거규정 미비하였기 때문이다.[16]

---

11) 관세법 제89조 제6항에 따른 관세 감면의 대상 "부분품 및 원재료"가 사용되는 "항공기"를 민간항공기로 한정하고 있지 않다. 군용항공기용 부분품과 원재료는 관세법 제89조 제6항 제1호에 따라 관세가 감면되는 물품에서 제외되지 않는다(법제처 23－0683, 2023.12.4). 참고로 동 법제처 회신에서 본서 『관세법해설』을 인용하여 조문의 취지 등을 해석하였다.

12) '항공기 주요 거래국(미국 · EU)과 FTA(자유무역협정) 등에 따라 관세면제 제도가 실효성이 없어졌다'는 이유로 제도의 일몰 폐지를 결정하여 단계적으로 폐지될 예정이었다.

13) 개정 당시 과거 5년간 항공기 면세실적은 대기업 · 중견기업이 94%, 중소기업이 6%이었다.

14) 세수가 감소하고 2016년 1차 연장조치에 이어 또 연장하는 것은 당초 입법취지를 침해하며, 법령 본문상의 적용대상은 중소기업임에도 일반기업 모두를 대상으로 하고 있어 업무처리과정상의 혼선 발생하는 문제점이 있다는 지적도 있었다.

15) TCA는 항공분야의 무관세 거래 촉진을 위한 세계무역기구(WTO) 역내 협정으로 일본 · 미국 · EU 등 항공선진국 중심으로 32개국이 가입돼 있다. 항공업계는 협정에 가입하면 WTO 정보기술협정(ITA) 가입한 반도체업계처럼 관세면제를 계속 유지할 수 있는 효과를 누리게 된다고 강조한다.

16) 동 조항은 "해당물품"에 대한 감면을 의미하며 "특정기관 또는 기업"에 대한 감면목적이 아니므로 산림청,

제8항에서는 종전 「세율불균형감면물품의 제조(수리)공장지정에 관한 고시」에서 규정하고 있었던 제조·수리공장 지정사항 변경신고에 대한 법적 근거를 마련하였다. 변경신고는 국민의 권리·의무와 관련된 사항이므로 법률로 규정함이 타당하다는 법제처의견에 따라 법령화 한 것이다.

제90조【학술연구용품의 감면】 ① 다음 각 호의 어느 하나에 해당하는 물품이 수입될 때에는 그 관세를 감면할 수 있다.

1. 국가기관, 지방자치단체 및 기획재정부령으로 정하는 기관에서 사용할 학술연구용품·교육용품 및 실험실습용품으로서 기획재정부령으로 정하는 물품
2. 학교, 공공의료기관, 공공직업훈련원, 박물관, 그 밖에 이에 준하는 기획재정부령으로 정하는 기관에서 학술연구용·교육용·훈련용·실험실습용 및 과학기술연구용으로 사용할 물품 중 기획재정부령으로 정하는 물품
3. 제2호의 기관에서 사용할 학술연구용품·교육용품·훈련용품·실험실습용품 및 과학기술연구용품으로서 외국으로부터 기증되는 물품. 다만, 기획재정부령으로 정하는 물품은 제외한다.
4. 기획재정부령으로 정하는 자가 산업기술의 연구개발에 사용하기 위하여 수입하는 물품으로서 기획재정부령으로 정하는 물품

② 제1항에 따라 관세를 감면하는 경우 그 감면율은 기획재정부령으로 정한다.

해 설

학술연구용품의 감면제도는 국가 혹은 특정기관의 학술적 연구 활동이나 일반 개인 기업체의 연구 활동에 대하여 이를 지원하기 위한 제도다. 이전에는 이 감면규정 상호간에 내용이 중복된 것이 있었으나, 2000년 개정 관세법에서는 전체 감면조문 내용을 통합 혹은 삭제하여 알기 쉽게 정비하였다. 예를 들면 과학기술 연구·개발에 사용하기 위하여 수입하는 물품 중 기증 받은 물품에 대한 감면, 이 기관에서 과학기술의 연구·개발에 사용하기 위하여 수입하는 물품 중에서 기획재정부령이 정하는 물품에 대한 감면, 학교·공공의료기관·공공직업훈련원·박물관·기타 이와 유사한 기관과 기획재정부령이 정하는 자가 수입하는 시약에 대한 감면은 다른 규정에 통합하였다. 정신문화의 연구·계발을 위하여 수입하는 물품에 대한 감면은 그 실적이 없고, 방위산업에 소요되는 물품에 대한 감면은 그 실적이 미미하여 이를 폐지하였다.

제1호에서 보면, 면세대상기관으로 국가기관·지방자치단체[17] 및 기획재정부령이 정하는 학

경찰청 등의 국가기관이 업무용으로 수입하는 항공기 및 부분품을 제조·수리하기 위하여 수입하는 물품도 세율불균형물품 감면대상이다(기획재정부 관세제도과-74, 2014.1.28).

17) 지방자치단체에서 분석기기를 수입하여 동 자치단체의 소속 직원과 무관한 인근 대학교에 설치한 분석기기 등에 대하여 감면을 불허한 사례가 있다. 사용 주체에 대한 요건을 충족하지 못한 경우라 할 수 있다.

교·공공의료기관·공공직업훈련원·박물관·기타 이에 준하는 기관이 있다. 면세대상물품으로 기획재정부령에서 정하는 학술연구용품·교육용품·실험실습용품 등이 있다.[18] 기획재정부령이 정하는 기관은 종전 27개 기관에서 경제자유구역 및 제주국제자유도시에 설립되는 외국교육기관까지 확대하도록 규정을 2007.12.31. 개정하였다. 이는 교육여건 개선을 위해 외국교육기관에 대해 세제상 인센티브를 제공할 수 있도록 규정을 개정한 것이다.

이전에는 국가기관을 정부로 표현하였으나 정부는 행정부, 중앙관청, 또는 입법, 사법, 행정을 통틀어서 이르는 말 등 여러 가지 의미로 해석될 수 있어, 이를 현행과 같이 지방자치단체와 비교되는 용어인 국가로 바꾸었다. 그러나 법 제92조의 정부용품 등의 면세와 같이 다른 규정에는 정부라는 용어를 그대로 사용하고 있다.

제2호에서 감면대상기관으로 학교, 공공의료기관, 공공직업훈련원, 박물관 또는 기획재정부령이 정하는 기관이 있다. 이전에 면세대상 물품으로 표본, 참고품, 도서 레코드, 녹음된 테이프, 녹화된 슬라이드, 촬영된 필름, 시약류, 기타 이와 유사한 물품 및 자료[19]이었고, 시약류는 종전에 제7호에 규정하고 있었으나, 동 호로 통폐합하였다. 그러나 2010.1.1. 관세법 개정시 제1호의 국가나 지방자치단체의 감면 대상처럼 시행규칙에 대상물품을 규정하기 위하여 이를 삭제하였다.[20] 학술연구용품이 환자진료용으로 사용되는 경우에 있어서, 의료기기가 학술연구용·교육용·훈련용·실험실습용 등에 사용된다면 진료겸용이라도 관세가 감면된다.[21]

2010.1.1. 법 개정시 기존 제3호를 삭제하고 2호의 내용과 함께 규정하였다. 2호의 내용 중 최초 면세제도 도입시에는 면세대상으로서 훈련용 물품을 명시하지 아니하였으나, 공공직업훈련원이 면세대상기관이므로 훈련용 물품을 명기하였고, 과학기술연구용 물품도 추가하였다.

제3호에서 면세대상기관은 학교, 공공의료기관, 공공직업훈련원, 박물관 또는 기획재정부령이 정하는 기관이다. 면세대상물품은 학술연구용품,[22] 교육용품, 훈련용품, 실험실습용품, 과학기술연구용품으로서 외국으로부터 기증되는 물품이다. 기획재정부령에 관세를 감면받고자 하

18) 기획재정부령에 관세가 감면되는 물품은 법 제90조 제1항 제2호 규정에 의한 감면대상물품, 개당 또는 세트당 과세가격이 100만원 이상인 기기와 그 기기의 부분품 및 부속품 혹은 사후에 보수용으로 따로 수입하는 물품으로서 국내에서 제작하기 곤란한 것 중 해당 물품의 생산에 관한 업무를 담당하는 중앙행정기관의 장 또는 그가 지정하는 자가 추천하는 물품, 시약·시험지·부분품·원재료 및 견품이 해당된다. 통칙에 연구개발용부분품이라함은 관세율표상 부분품으로 분류되는지 여부에 관계없이 해당 연구기관의 연구사업계획서 등에 의하여 연구개발용부분품임이 확인되는 부분품을 말한다.

19) 표본이나 참고품은 식물표본, 모형, 이와 유사한 것을 지칭하며 산 것, 죽은 것을 구분하지 아니하며, 진열용으로 인정되고 소비용이 아닌 것이 있다(기획재정부 유권해석, 1974.11.7).

20) 동 개정법의 시행은 2010.4.1.이다.

21) 진료용 의료기기 학술연구용품 감면 해당 여부에 대한 기획재정부 유권해석이 있다(관세제도과-882, 2011.12.1).

22) 법 제90조 제1항 제4호의 '연구·개발용 견품'이란 기업부설연구소의 연구목적이나 범위 등을 고려하여 타당하다고 인정되는 물품이나 수량을 '견품'으로 볼 수 있다(관세청 통관기획과-2895, 2011.6.2).

는 자는 해당 기증사실을 증명하는 서류를 신청서에 첨부하여야 한다.

제4호에서 면세대상자는 산업기술의 연구·개발에 사용하기 위하여 물품을 수입하는 자이며, 감면대상 물품은 기획재정부령이 정하는 물품이다. 이 호의 감면을 기업부설연구소 감면 혹은 연구개발전담부서 감면이라 한다.

1988.12.26. 관세법 개정(법률 제4027호)시 같은 조 제5호의 기업부설연구소와 연구소가 없는 중소기업을 감면대상으로 추가하였고, 1998.12.28. 관세법 개정시 국내 제작이 곤란한 물품에 대하여 감면하는 조건을 삭제하여 감면 범위를 확대하였다.

제2항은 감면율 결정에 관한 규정이다. 학술연구용품 감면뿐만 아니라 감면제도 전반에 걸쳐 감면에 관한 세부내용인 감면대상자, 감면대상물품, 감면율 등을 기획재정부장관에 위임한 것은 감면제도를 탄력적으로 운용하기 위한 것이다. 관세의 감면율은 100분의 80으로 하나, 공공의료기관 및 학교부설의료기관에서 사용할 물품에 대한 관세의 감면율은 100분의 50으로 한다.[23)]

【조세심판원 2020.1.14, 2019관0041】 관세법 제90조 제1항 제4호 및 같은 법 시행규칙 제37조 제3항 제1호에서 학술연구용품 관세감면을 받을 수 있는 자를 "연구개발전담부서를 설치하고 있거나 설치를 위한 신고를 한 기업"으로만 규정하고 있을 뿐, 달리 학술연구용품 관세감면 대상물품의 설치 장소 등에 엄격한 제한을 두고 있지 않은 점, 검찰청에서도 청구법인의 부정감면 혐의에 대하여 무혐의 처분한 점 등에 비추어, 쟁점물품이 쟁점설치장소에 설치되었다는 사정 등만으로 처분청이 쟁점물품을 학술연구용품 관세감면 대상 자체가 아니라고 보아 감면된 관세 등을 과세한 처분은 잘못이 있다.

【조세심판원 2014.6.27, 2014관0213】 청구법인의 주요수행업무는 의료사업이고 「공공보건의료에 관한 법률」에서 공공보건의료기관으로 정하고 있으며 쟁점물품이 의료기기인 점에 비추어 청구법인을 '공공의료기관'으로 보아 감면율을 적용한 것은 잘못이 없다.

제91조【종교용품, 자선용품, 장애인용품 등의 면세】 다음 각 호의 어느 하나에 해당하는 물품이 수입될 때에는 그 관세를 면제한다.

1. 교회, 사원 등 종교단체의 의식(儀式)에 사용되는 물품으로서 외국으로부터 기증되는 물품. 다만, 기획재정부령으로 정하는 물품은 제외한다.
2. 자선 또는 구호의 목적으로 기증되는 물품 및 기획재정부령으로 정하는 자선시설·구호시설

23) 법 제90조 학술연구용품 감면 적용시 하자보증비가 물품가격과 구분되어 별도로 제시되는 경우 하자보증비가 감면대상에 해당되는지 여부와 관련하여, 수입물품의 구매 후 발생할 수 있는 하자에 대하여 일정기간 동안 외국의 매도인 부담으로 수리/보수하는 것을 조건으로 지불하는 하자보증비용은 과세가격에 포함되는 것으로, 해당 수입물품이 감면요건에 충족된다면 하자보증비용은 과세가격에 포함되어 감면적용 대상이 되는 것이다(관세청 통관기획과-3038, 2014.5.25).

또는 사회복지시설에 기증되는 물품으로서 해당 용도로 직접 사용하는 물품. 다만, 기획재정부령으로 정하는 물품은 제외한다.
3. 국제적십자사·외국적십자사 및 기획재정부령으로 정하는 국제기구가 국제평화봉사활동 또는 국제친선활동을 위하여 기증하는 물품
4. 시각장애인, 청각장애인, 언어장애인, 지체장애인, 만성신부전증환자, 희귀난치성질환자 등을 위한 용도로 특수하게 제작되거나 제조된 물품 중 기획재정부령으로 정하는 물품
5. 장애인복지법 제58조에 따른 장애인복지시설 및 장애인의 재활의료를 목적으로 국가·지방자치단체 또는 사회복지법인이 운영하는 재활 병원·의원에서 장애인을 진단하고 치료하기 위하여 사용하는 의료용구

해 설

특정물품감면이라 하여 사회복지사업, 종교, 자선사업 등 분야에 관세감면 혜택을 부여하는 감면제도를 운영하였으나, 2000년 개정 관세법에서는 감면대상물품의 성질을 여러 개로 나누어서 알기 쉽게 종교·자선·장애인용품 등 감면으로 명칭을 변경하였다. 또한 가족계획사업에 사용하기 위한 물품도 감면대상이었으나 인구정책 변경으로 인해 산아제한 정책이 폐지됨에 따라 이 물품들을 감면 대상물품에서 제외하였다.

제1호에서 종교의 사회적 역할을 고려하여 교회·사원 등 종교단체의 의식(儀式)에 사용되는 물품으로서 외국으로부터 기증되는 물품을 면세대상으로 정하고 있다. 그러나 기획재정부령이 정하는 마이크로폰, 확성기 등 물품은 제외한다. 이 호의 면세는 외국에서 구매한 것이 아니고 기증 받아 오는 것이어야 감면 대상이 된다.[24] 2020.12.22.(법률 제17649호) 개정시 '예배용품과 식전용품(式典用品)'을 '의식(儀式)에 사용되는 물품'으로 용어를 개정하였다.

제2호에서 외국에서 구매하여 오는 것은 면세대상이 아니며, 자선·구호 등 용도에 직접 공해야 면세대상이 된다는 의미다. 예를 들면 수입한 물품을 판매하여 그 돈으로 면세에 해당 사업을 하는 것은 직접 사용하는 것에 해당되지 아니한다. 그러나 통칙에 이 호의 면세물품에는 우리나라에 도착한 후 수입신고가 수리되기 전에 자선 또는 구호의 목적으로 기증되어 수증자가 수입신고하는 물품을 포함한다.[25] 기획재정부령이 정하는 물품은 관세율표 번호 제

24) 보세구역에서 기증되는 경우는 외국으로부터 기증하는 것에 해당되지 않는다. 즉, 외국에서는 기증이 아닌 다른 목적으로 우리나라에 도착하였으나, 보세구역에서 기증을 하는 경우는 감면세대상이 아니다(기획재정부 1983.9.6).

25) 관세법 제91조 제2호에 따른 자선용품 면세를 적용받기 위한 감면신청은 기증물품의 수증자뿐만 아니라 기증자도 가능하다. 다만, 이 경우 수입신고 당시 기증되는 물품임이 객관적으로 증빙서류 등을 통하여 인정되어야 하며, 개별 수입신고 건에 대한 실제 감면 여부는 해당 세관장이 구체적인 사실관계 등을 검토하여 판단할 사항이다(기획재정부 관세제도과-90, 2020.2.14).

8702호 및 제8703호에 해당하는 자동차와 제8711호에 해당하는 이륜자동차로 한다.

제3호에서 국제적십자사, 외국적십자사 및 기타 기획재정부령이 정하는 국제기구가 국제평화봉사활동, 국제친선활동을 위하여 기증하는 물품은 감면 대상이다. 감면을 받기 위하여서는 해당 국제기구가 해당 목적을 위해서 기증하는 것이어야 하며, 관세를 면제받고자 하는 자가 국가·지방자치단체 또는 대한적십자사이외의 자인 때에 해당 기증목적에 관하여 외교통상부장관 확인을 받아야 한다.

제4호 및 제5호에서 시각, 청각 및 언어 장애인, 지체장애인, 만성신부전증환자, 희귀난치성질환자[26] 등을 위하여 특수하게 제작 또는 제조된 물품 중에서 기획재정부령이 정하는 물품과 장애인복지시설과 국가나 지방자치단체, 사회복지법인이 운영하는 재활원·의원에서 장애인의 진단 및 치료를 위하여 사용하는 의료용구가 감면대상이다.[27] 종전에는 장애인 등이 직접 사용하는 물품에 대해서만 감면하였으나 이들 장애인을 치료, 진료하기 위한 의료용구도 감면할 수 있도록 규정을 변경하였다. 장애인복지법 제48조는 장애인복지 시설에 관한 조항이다.

제92조【정부용품 등의 면세】 다음 각 호의 어느 하나에 해당하는 물품이 수입될 때에는 그 관세를 면제할 수 있다.

1. 국가기관이나 지방자치단체에 기증된 물품으로서 공용으로 사용하는 물품. 다만, 기획재정부령으로 정하는 물품은 제외한다.
2. 정부가 외국으로부터 수입하는 군수품(정부의 위탁을 받아 정부 외의 자가 수입하는 경우를 포함한다). 다만, 기획재정부령으로 정하는 물품은 제외한다.

2의 2. 국가원수의 경호용으로 사용하기 위하여 수입하는 물품

3. 외국에 주둔하는 국군이나 재외공관으로부터 반환된 공용품
4. 과학기술정보통신부장관이 국가의 안전보장을 위하여 긴요하다고 인정하여 수입하는 비상통신용 물품 및 전파관리용 물품
5. 정부가 직접 수입하는 간행물, 음반, 녹음된 테이프, 녹화된 슬라이드, 촬영된 필름, 그 밖에 이와 유사한 물품 및 자료
6. 국가나 지방자치단체(이들이 설립하였거나 출연 또는 출자한 법인을 포함한다)가 환경오염(소음 및 진동을 포함한다)을 측정하거나 분석하기 위하여 수입하는 기계·기구 중 기획재정

26) 2010.1.1. 법 개정시 추가한 사항이다.

27) 관세법 제91조 제4호 및 같은 법 시행규칙 별표2에 따른 관세 면제대상 물품과 조세특례제한법 제105조 제1항 제4호, 같은 법 시행령 제105조 제2항, 같은 법 시행규칙 제47조의 4 및 별표9의 2에 따른 부가가치세 영세율 적용대상 물품은 '장애인용으로 특별히 제작된 것'을 대상으로 하는 것이며, 노인 등을 위한 물품은 포함되지 않는다(기획재정부 관세제도과－14, 2021.1.6).

부령으로 정하는 물품
7. 상수도 수질을 측정하거나 이를 보전·향상하기 위하여 국가나 지방자치단체(이들이 설립하였거나 출연 또는 출자한 법인을 포함한다)가 수입하는 물품으로서 기획재정부령으로 정하는 물품
8. 국가정보원장 또는 그 위임을 받은 자가 국가의 안전보장 목적의 수행상 긴요하다고 인정하여 수입하는 물품

해 설

정부용품 등의 면세는 무조건 면세에 해당하므로 수입통관 후에는 면세 용도에 사용하는지 여부에 대하여는 관리하지 아니한다.[28] 제1호에서 정부가 사용하는 물품이라 해서 국고 주체로서 같은 국가가 소유한 물품으로 보아 모두 관세를 면세하는 것은 아니며, 기증된 물품으로서 공용으로 사용하는 물품에 한하여 면세한다. 국가기관 또는 지방자치단체에 기증된 물품의 범위에는 외국으로부터 우리나라 수증자에게 기증된 물품을 수입신고 수리 전에 다시 국가기관 또는 지방자치단체에 다시 기증하여 이 기관이 수입신고하는 물품을 포함한다.[29] 2000년 관세법 개정시에 이전 정부용품 등 면세 규정을 법 제93조 특정물품의 면세, 법 제94조 소액물품 등의 면세, 법 제96조 여행자휴대품·이사물품 등의 면세규정으로 세분하여 정부용품으로서 특성이 적은 면세는 각 특성별로 다른 면세조항에 규정하였다.

제2호에서 정부가 수입하거나 정부의 위탁을 받아 수입하는 군수품과 국가원수의 경호용품은 감면할 수 있다.[30] 그러나 정부가 수입하는 일반 관수용품이나 국가원수 및 가족용품은 면세 대상이 아니다. 기획재정부령에 정부의 위탁을 받아 수입하는 자가 관세를 면제받고자 하는 때에는 정부의 위탁을 받아 수입한다는 것을 해당 수요기관이 확인한 서류를 신청서에 첨부하여야 한다. 국가재정법상 위탁계약은 없으므로 위탁은 있을 수 없으나 사실상의 위탁으로 수요기관이 이를 확인하는 경우에는 위탁으로 인정하여야 한다는 의견이 있다. 원래 군수품의 면세는 정부가 외국으로부터 군수품을 수입하는 경우 적용하기 위한 제도이지만 규정 내용이 명확하지 못하여 방위산업체가 보세공장에서 제조한 군수품에도 적용하여 관세를 회피하는

28) 기획재정부 유권해석에 의하면 감면규정에서 수입주체를 정부, 지방자치단체 등으로 규정하고 있는 경우에는 정부, 지방자치단체 이외의 자는 관세감면의 주체가 될 수 없다.

29) 기획재정부령에 단서 규정에 의하여 관세가 부과되는 물품은 법 별표 관세율표 제8703호에 해당하는 승용자동차로 한다. 관세를 면제받고자 하는 자는 해당 기증사실을 증명하는 서류를 신청서에 첨부하여야 한다. 부산세관 과세전적부심사(2003.8.25)에서는 '기증된'이란 수입신고 전 기증행위가 이루어진 것을 의미하고 '기증되는'이란 수입신고 수리 전까지 기증행위가 이루어지는 것을 의미한다고 해석한 바 있다.

30) '정부의 위탁을 받아 군수물품을 수입하는 경우의 부가가치세 과세 여부'에 대하여는 정부에서 직접 수입하는 것으로 보아 부가가치세를 면세하여야 한다고 기존 회신(재무부 간세 1265.1－1201, 1981.9.30)을 재확인하였다(기획재정부 부가가치세제과－61, 2018.1.24). 정부와 외국업체가 직접 구매계약을 체결하고, 정부 외의 자는 수입통관업무만을 단순 대행하는 것이다(관세청 통관기획과－1308, 2008.10.24).

사례가[31] 발생하여, 이를 방지하기 위하여 2007.12.31. 법 개정(법률 제8833호)시 군수품[32]의 면세범위를 축소하였다.

제2호의 2는 2021.12.31. 법 개정시 종전 제2호 내용을 분리하여 국가원수의 경호용으로 사용하기 위하여 수입하는 물품을 별도로 신설하여 군수품과 경호용품으로 구분 규정하였다.

제3호에서 반환된 공용품은 우리나라에서 수출한 공용품을 의미한다. 재외공관이 철수하는 등 사유로 이 물품이 다시 국내로 되돌아오는 경우 감면대상이 되지만, 외국에서 구매한 물품은 감면대상이 아니다.

제4호에서 비상통신용 물품 및 전파관리용 물품으로서 미래창조과학부장관이 비상통신용 및 전자관리용으로 인정하면 과학기술정보통신부장관이 직접 수입하지 아니하고, 한국전기통신공사가 수입하더라도 면세가 가능하다. 이 물품에 대한 실질적인 면세여부 판단은 과학기술정보통신부장관이 한다고 볼 수 있다.[33]

제5호에서 정부는 입법 · 사법 · 행정기관을 말한다. 이 기관이 직접 수입하는 것이어야 감면대상이 된다.[34]

제6호에서 법 제95조 환경오염방지물품 등에 대한 감면 규정에 해당하는 물품은 환경오염을 직접 방지하는 시설, 기계류이나 이 호의 물품은 측정 혹은 분석 기계, 기구 등이 해당된다.[35] 또한 환경오염방지물품 등에 대한 감면조항에서는 감면 대상물품에 대한 수입자의 자격에 관하여는 정하지 아니하고 감면대상 물품만 정하고 있지만, 이 호의 물품에 대한 수입자의 자격은 국가나 지방자치단체이어야 한다.

제7호 해당 물품과 제6호 해당 물품의 조건에 관하여 기획재정부령에서는 동일하게 정하고 있다.[36]

---

31) 정부용품면세율은 100%이나 방위산업물품의 감면율은 40%이다. 보세공장에서 과세의 편의를 위해 예외적으로 사용하는 수입의 개념을 관세감면에 동일하게 적용할 수 없다는 논리에 근거하고 있다.

32) 군수품에는 전비품과 통상품이 있다. 2007.12.31. 개정시에는 전비품으로만 한정하였다.

33) 2017.7.26. 정부조직법 개정(법률 제14839호)으로 미래창조과학부의 명칭을 과학기술정보통신부로 변경한 바 있다.

34) 정부는 입법 · 사법 · 행정기관을 말하며 이 경우 행정기관은 헌법상의 정부기관과 정부조직법상의 중앙행정기관 및 지방행정기관 등을 지칭하는 것이므로 국립대학교는 정부의 범주에 포함된다(기획재정부 1978.4.3). 국가기관의 범위에 서울대학교 등 국립대학이 포함된다고 한다(기획재정부 1990.8.22). 경찰작전용방탄조끼, 무전기류 등은 군수품이 아니므로 면세대상이 아니다(기획재정부 1983.3.2). 정부용품 등 면세는 정부에서 직접 수입하는 물품에 한한 것이고, 정부에 납품하기 위하여 납품업자가 수입하는 경우는 해당되지 아니한다(기획재정부 1972.11.29).

35) 법 제92조 제6호(환경오염측정 · 분석) 물품에 대한 관세감면은 국민생활 환경개선과 국민보건향상에 이바지하기 위하여 도입된 것으로 지방자치단체의 행정기구와 정원기준 등에 관한 규정에 의하여 설치된 농업기술센터의 토양 · 수질 잔류농약 분석기는 동 감면 조항에 해당되지 아니한다(관세청 통관기획과−3917, 2013.7.8).

36) 기획재정부령에 관세가 면제되는 제6호 내지 제7호 물품은 개당 또는 세트 당 과세가격이 100만원 이상인

제8호에서 면세물품은 기획재정부령에서 정하는 것이 일반적이지만 이 호의 물품은 제4호 물품과 같이 면세 혜택을 받는 자가 면세 여부를 결정할 수 있는 물품으로 해석할 수 있다.

【조세심판원 2020.8.31, 2019관0158】 공급계약서상 청구법인이 '매도인'으로, 방위사업청장이 '매수인'으로 기재되어 있고, 물품대금도 방위사업청장이 매수인의 지위에서 매도인인 청구법인에게 지급하도록 규정하고 있을 뿐만 아니라 공급계약서에서 정부가 청구법인에게 수입을 위탁하였다고 볼 만한 내용이 확인되지 아니하는 점, 방위사업청장이 청구법인에게 수입대행수수료를 지급한 사실은 확인되지 않고, 청구법인도 방위사업청장을 '공급받는 자'로 하여 쟁점물품 공급에 대한 전자세금계산서를 발행하였던 점, 항공화물운송장 및 송품장 등 선적서류에 수하인이 청구법인으로 기재되어 있어 쟁점물품의 납세의무자를 방위사업청장으로 보기도 어렵고, 쟁점협조요청공문 등을 수요기관의 수입 위탁 사실 확인서류라 하기도 어려운 점 등에 비추어, 청구법인에게 면제 받은 관세 등을 과세한 처분은 잘못이 없다.

【조세심판원 2020.8.31, 2019관0120】 정부가 판매자와 구매계약을 체결하고 물품 대금 또한 판매자에게 지급한 것으로 보이므로 납세의무자는 정부로 보는 것이 타당하고, 청구인은 판매자를 대리하여 수입통관 업무를 수행한 것에 불과한 점 등에 비추어 쟁점물품은 관세법 제92조의 정부용품 면세 대상에 해당하는 것으로 판단된다. * 수요기관으로부터 정부의 위탁을 받아 수입하는 물품이라는 확인서 제출하지 않아 추징한 사례이다.

【서울고등법원 2001.6.13, 2000누12838】 정부와 군수품에 관한 물품납품계약 또는 시설공사계약을 체결한 후 이를 이행하기 위하여 필요한 물품을 수입하는 경우까지 관세면세대상 아니다.

【대법원 2001.1.19, 98두10158】 [1] 외국으로부터 우리나라에 도착된 물품으로서 공용으로 사용할 물품이 수입 전에 국가기관 또는 지방자치단체에 기증되어 수증자인 국가기관 또는 지방자치단체가 이를 수입할 때에는 그 물품이 외국으로부터 기증되는 것인지의 여부에 관계없이 관세 면제대상에 해당한다. [2] 부가가치세법 제12조 제2항 제5호는 외국으로부터 국가·지방자치단체 또는 지방자치단체조합에 기증되는 재화의 수입에 대하여는 부가가치세를 면제한다고 규정하고 있으므로, 외국으로부터 유상으로 구입하여 우리나라에 도착된 물품은, 수입 전에 국가·지방자치단체 등에 기증되어 수증자인 국가·지방자치단체 등이 이를 수입하더라도 위에서 규정한 부가가치세 면제대상에 해당하지 아니한다.

제93조 【특정물품의 면세 등】 다음 각 호의 어느 하나에 해당하는 물품이 수입될 때에는 그 관세를 면제할 수 있다.

1. 동식물의 번식·양식 및 종자개량을 위한 물품 중 기획재정부령으로 정하는 물품

기기와 그 기기의 부분품 및 부속품(사후에 보수용으로 따로 수입하는 물품을 포함한다)중 국내에서 제작하기 곤란한 것으로서 해당 물품의 생산에 관한 사무를 관장하는 주무부처의 장 또는 그가 지정하는 자가 추천하는 물품으로 한다. 해당 물품으로는 대기질의 채취 및 측정용, 소음·진동의 측정 및 분석용, 환경오염 측정 및 분석용, 수질의 채취 및 측정용 기계·기구이다.

2. 박람회, 국제경기대회, 그 밖에 이에 준하는 행사 중 기획재정부령으로 정하는 행사에 사용하기 위하여 그 행사에 참가하는 자가 수입하는 물품 중 기획재정부령으로 정하는 물품
3. 핵사고 또는 방사능 긴급사태시 그 복구지원과 구호를 목적으로 외국으로부터 기증되는 물품으로서 기획재정부령으로 정하는 물품
4. 우리나라 선박이 외국 정부의 허가를 받아 외국의 영해에서 채집하거나 포획한 수산물(이를 원료로 하여 우리나라 선박에서 제조하거나 가공한 것을 포함한다. 이하 이 조에서 같다)
5. 우리나라 선박이 외국의 선박과 협력하여 기획재정부령으로 정하는 방법으로 채집하거나 포획한 수산물로서 해양수산부장관이 추천하는 것
6. 해양수산부장관의 허가를 받은 자가 기획재정부령으로 정하는 요건에 적합하게 외국인과 합작하여 채집하거나 포획한 수산물 중 해양수산부장관이 기획재정부장관과 협의하여 추천하는 것
7. 우리나라 선박 등이 채집하거나 포획한 수산물과 제5호 및 제6호에 따른 수산물의 포장에 사용된 물품으로서 재사용이 불가능한 것 중 기획재정부령으로 정하는 물품
8. 중소기업기본법 제2조에 따른 중소기업이 해외구매자의 주문에 따라 제작한 기계·기구가 해당 구매자가 요구한 규격 및 성능에 일치하는지를 확인하기 위하여 하는 시험생산에 필요한 원재료로서 기획재정부령으로 정하는 요건에 적합한 물품
9. 우리나라를 방문하는 외국의 원수와 그 가족 및 수행원의 물품
10. 우리나라의 선박이나 그 밖의 운송수단이 조난으로 인하여 해체된 경우 그 해체재(解體材) 및 장비
11. 우리나라와 외국 간에 건설될 교량, 통신시설, 해저통로, 그 밖에 이에 준하는 시설의 건설 또는 수리에 필요한 물품
12. 우리나라 수출물품의 품질, 규격, 안전도 등이 수입국의 권한 있는 기관이 정하는 조건에 적합한 것임을 표시하는 수출물품에 붙이는 증표로서 기획재정부령으로 정하는 물품
13. 우리나라의 선박이나 항공기가 해외에서 사고로 발생한 피해를 복구하기 위하여 외국의 보험회사 또는 외국의 가해자의 부담으로 하는 수리 부분에 해당하는 물품
14. 우리나라의 선박이나 항공기가 매매계약상의 하자보수 보증기간 중에 외국에서 발생한 고장에 대하여 외국의 매도인의 부담으로 하는 수리 부분에 해당하는 물품
15. 국제올림픽·장애인올림픽·농아인올림픽 및 아시아운동경기·장애인아시아운동경기 종목에 해당하는 운동용구(부분품을 포함한다)로서 기획재정부령으로 정하는 물품
16. 국립묘지의 건설·유지 또는 장식을 위한 자재와 국립묘지에 안장되는 자의 관·유골함 및 장례용 물품
17. 피상속인이 사망하여 국내에 주소를 둔 자에게 상속되는 피상속인의 신변용품
18. 보석의 원석(原石) 및 나석(裸石)으로서 기획재정부령으로 정하는 것

해 설

이전에는 '특정물품감면세' 조항을 별도로 정해서 운영하였으나, 2000년 개정 관세법에서는 '특정물품면세' 조항으로 명칭을 개정하였다.[37] 2008.12.26. 법 개정(법률 제9261호)시 교통·에너지·환경세 및 교육세·농특세 등 폐지 추진에 따라 이를 본세에 통합하기 위하여 단서 조항을 추가 규정하였다. 단서 규정은 2010.1.1. 이후 최초 신고 물품부터 적용하기로 하였으나, 농특세법[38] 폐지 유예에 따라 2010.1.1. 법 개정시 감면율을 100분의 80에서 100분의 100으로 다시 환원하였다.

제1호에는 사료작물 재배용 종자(호밀·귀리 및 수수)가 있다.

제2호에서 박람회, 국제경기대회 등 행사에 사용하기 위하여 행사참가자가 수입하는 물품 중 기획재정부령이 정하는 물품은 면세한다. 박람회 전시물품들은 대부분 재수출조건부로 수입하여 전시 후에는 다시 수출하며, 전시물품이 판매된 때에는 수입절차를 거쳐서 관세를 납부하고 수입한 후에 인도한다. 2002.12.18. 개정 관세법에서는 월드컵 등 국제경기대회가 개최될 때에 '박람회 기타 이에 준하는 행사'에 적용하여 감면하던 것을 법적 근거를 명확히 하기 위하여 이를 현형과 같이 명문화하였다.

이전에는 계기착륙용 수신 장치, 로란수신기, 방향탐지기 등이 있었으며, 항공기의 발착·항행의 안전 또는 승객의 안전에 필요한 기계·기구 및 그 부분품과 항공기 지상정비용기계·기구 및 항공기 승무원 훈련용 장비로서 별표에 정해져 있었다. 이 물품은 국내에서 제작하기 곤란한 것 중 국토교통부장관 또는 법령에 의하여 정부의 위탁업무를 수행할 수 있는 항공관계 전문기관 중 국토교통부장관이 지정한 자가 확인한 것으로 한다. 2002.12.18. 개정 관세법에서는 항공기 승객안전용품 및 승무원 훈련용 장비를 추가하여 감면대상으로 규정하였다. 그리고 2006.3.24. 개정 관세법에서 감면세의 적용기한을 일몰기간인 2007.12.31.로 제한하여 운영하다가 2007.12.31.에 이를 삭제하고 동법 제95조 감면조항으로 옮겨서 규정하였다.

제3호는 국가적 재해에 대한 신속하고 효과적인 복구 작업이 필요한 핵사고 또는 방사능긴급사태가 발생한 때에 필요한 물품이다.

제4호에서 공해에서 우리나라 선박이 잡은 수산물은 내국물품이지만, 다른 나라 영해에서 잡은 수산물은 내국물품이 아니다. 수산업 발전을 위해 우리나라 선박이 외국영해[39]에서 어획

37) 감면세와 면세의 차이점은 면제해 주는 세액의 범위가 부분적인 면제를 감면이라 하고 전액 면제를 면세라 한다. 본조의 제목에 '등'을 추가한 것도 이러한 의미로 해석된다.

38) 농특세는 감면액의 100분의 20에 해당한다.

39) 관세법 제93조 제5호에서 규정된 "외국의 영해"는 연안국의 영해에 대한 배타적 주권을 고려하여 우리나라 선박이 연안국 정부의 허가를 전제로 그 영해에서 채집 또는 포획한 수산물을 수입하는 경우에 관세를 면제할 수 있게 한 것으로, 연안국 법령 등에 의하여 영해로 정한 수역을 뜻하는 것으로 보아야 할 것이지, 모든 국가 또는 해양법에 관한 국제연합협약에 가입한 국가에 대하여 당연히 동 협약에 의한 기선으로부터 12해

한 수산물에 대하여 면세혜택을 부여하고자 하는 것이 본 호의 취지라 할 수 있다. 예를 들면, 구소련 영해인 캄차카 반도 앞에서 소련 정부의 허가를 받아 잡은 명태 등 어획물에 대하여 감면하는 것이다. 다만, 해양수산부장관의 허가를 받은 자가 외국인과 합작하여 채포한 수산물에 대한 감면은 합작수산물와 외국에서 구입한 수산물의 구별이 어려운 점을 악용하여 해외구입 수산물을 합작어획물로 위장반입하는 사례가 있어 감면요건을 엄격히 적용하기 위하여 해양수산부장관이 기획재정부장관과 협의하여 추천토록 하였다.

제5호와 제6호에서 보면, 우리나라 선박이 외국 선박과 협업하여 기획재정부령이 정하는 방법으로 채집 또는 포획한 수산물로서 해양수산부장관이 추천하는 물품과 해양수산부장관의 허가를 받은 자가 기획재정부령이 정하는 요건에 적합하게 외국인과 합작하여 잡은 수산물 중 해양수산부장관이 기획재정부장관과 협의하여 추천한 물품이 면세대상이다. 이전에는 해양수산부장관이 추천한 물품을 면세대상으로 하였으나 합작수산물과 외국에서 단순 구매한 수산물을 구별하기 어려운 점을 악용하여 구매한 수산물을 합작어획물로 위장 반입하므로 이를 막기 위하여 기획재정부장관과 협의하여 추천하도록 규정을 개정하였다.

제5호에서 "기획재정부령으로 정하는 방법"이란 원양산업발전법 제6조에 따라 해양수산부장관으로부터 원양모선식 어업허가를 받고 외국과의 협상 등에 의하여 해외수역에서 해당 외국의 국적을 가진 자선과 공동으로 수산물을 채집 또는 포획하는 원양어업방법을 말한다. 1988.12.26. 관세법 개정(법률 제4027호)시 공동어업방식으로 잡은 수산물은 내국물품으로 보아 관세를 면제하였다.

제6호에서 '기획재정부령이 정하는 요건'이라 함은 원양산업발전법 제6조에 따라 해양수산부장관에게 신고를 한 자가 원양산업발전법 제2조 제5호에 따라 해외수역에서 선박·어구 등 생산수단을 투입하여 수산동식물을 채집 또는 포획하는 어업을 경영하고 총지분의 49% 이상을 확보한 경우를 말한다.

제7호에서 '기획재정부령이 정하는 물품'이라 함은 우리나라 선박 등에 의하여 채집 또는 포획된 수산물과 제5호 및 제6호의 규정에 의한 방법 또는 요건에 따라 채집 또는 포획된 수산물을 포장하기 위한 법 별표 관세율표 번호 제4819호의 골판지 고기상자를 말한다.

제8호에서 이 규정에 해당하는 기업이 해외구매자의 주문에 따라 생산한 물품의 규격 및 성능을 확인하기 위하여 행하는 시험생산에 소요되는 원재료로서 기획재정부령이 정하는 요건에 적합한 물품이 면세 대상이다. '기획재정부령이 정하는 요건에 적합한 물품'은 외국인이 무상으로 공급하는 물품을 말한다. 중소기업기본법 제2조는 중소기업요건에 적합한 고용인력, 자산규모 등을 업종별로 정해 놓고, 이 규모 이하의 중소기업에 대하여는 지원 혜택을 부여하

리 범위내의 전 수역을 뜻하는 것으로 해석하기는 어렵다(기획재정부 2002.2.25).

고 있다.

제9호는 우리나라에 오는 외국원수, 그 가족 및 수행원의 물품은 이 규정에 따라 면세하지만, 우리나라 대통령이나 가족 및 수행원에 대하여는 면세하지 아니한다는 의미다. 일반외교관은 외교관면세규정에 따라 면세한다.

제10호에서 운송기관이 무역을 하기 위해 외국과 우리나라를 왕래하는 경우에는 이 운송기관을 과세대상인 외국물품으로 보지 아니하며, 운송기관이 그 역할이 없을 때에는 그 자체가 수입물품으로서 수입신고 대상물품이 된다. 이러한 논리로 우리나라 운송수단이 해체된 해체재 및 장비는 면세대상이 되는 것이다. 관세를 면제 받고자 하는 자는 영 제112조 제1항 각 호의 사항 외에 운수기관명 · 조난 장소 및 조난 연월일을 신청서에 기재하고 주무부서 장관이 확인한 서류를 첨부하여야 한다.

제11호에서 보면, 우리나라와 외국 간 해저통신시설 설치 등 공사에 투여되는 장비에 대하여는 공사를 완료한 다음 다시 외국으로 반출하는 경우가 많다. 이러한 물품에 대하여 과세절차를 거치는 것은 번거로운 일이므로 면세절차를 거쳐 효과적으로 공사에 사용할 수 있도록 정하고 있다.[40]

제12호에서 증표는 물품효용 가치보다는 나타내고자 하는 의미가 더 중요하고, 증표를 붙인 물품은 다시 수출되기 때문에 면세한다. 관세를 면제받고자 하는 자는 해당 증표 공급국의 권한 있는 기관과의 공급 및 관리에 관한 계약서 또는 이에 갈음할 서류를 신청서에 첨부하여야 한다. 다만, 세관장이 필요가 없다고 인정하는 때에는 해당 계약서 등 첨부를 생략할 수 있다.

제13호 및 제14호는 보험이나 하자보수 등 이유로 해외에서 우리나라의 선박이나 항공기가 외국인의 부담으로 수리한 부분에 대하여 감면하는 규정이다. 이것은 비용부담 주체는 외국인이므로, 수리부분에 대하여 과세한다면 외국에 있는 비용 부담자에게 과세하는 결과가 된다. 관세를 면제받고자 하는 자는 영 제112조 제1항 각 호의 사항 이외에 수리 선박명 또는 수리 항공기명을 신청서에 기재하고, 해당 수리가 외국의 보험회사 · 가해자 또는 매도인의 부담으로 행하는 것임을 증명하는 서류와 수리인이 발급한 수리사실을 증명하는 서류를 첨부하여야 한다.[41]

---

40) 통신시설은 우리나라와 외국간에 건설되는 해저케이블 등 통신시설을 의미하는 것이므로 외무부와 우리나라의 재외공관의 교신을 위하여 수입하는 통신시설은 이에 해당되지 아니한다(기획재정부 1982.4.20). 면세물품 범위에는 단순 자재류뿐만 아니라 장비류도 포함한다(기획재정부 1996.4.15). 해저케이블 매설용 선박은 장비로 보아서 감면 대상이 된다는 의견이 있다.

41) 기획재정부 유권해석(1982.10.4)에 의하면 우리나라의 선박 또는 항공기가 해외에서 발생한 사고로 인해 입게 된 피해를 복구하기 위하여 외국의 보험회사, 외국의 가해자, 매매계약서상의 하자보수 보증기간 중에 있는 외국의 매도인의 부담으로 행하는 수리부분에 해당하는 물품에 한하여 면세하려는 취지이므로 내국인

삭제된 조항이지만, 이전에는 제조된 담배에 대하여 관세를 면제하고 지방세를 부과하였다. 그러나 당초에는 외국담배를 국내에서 제조하지 아니하고 수입만 하는 조건으로 관세를 면제하였으나, 관련법이 개정되어 국내에서도 제조할 수 있게 되어 면세대상에서 제외하였다. 2002년 1월 현재 제조담배로서 담배소비세가 부과되는 것에 대하여는 일시적으로 할당관세율 10%를 적용하고 있으며, 기본적으로는 관세 면제대상에서 제외되었다.[42]

제15호는 국민체력 향상을 위하여 국제경기 종목에 해당하는 운동용구에 대하여 관세를 면제하는 규정이다. 2008.12.26. 법 개정(법률 제9261호)시 장애인에 관련된 사항을 추가 규정하였다. 관세가 면제되는 물품은 국민체육진흥법에 의하여 설립된 대한체육회 또는 대한장애인체육회가 수입하는 물품으로 한다.[43]

제16호 및 제17호는 2002.12.18. 개정 관세법에서, 국제 관세법이라 할 수 있는 개정교토협약 부속서의 관세감면 권고사항인 국립묘지관련 물품과 해외에서 사망한 피상속인의 신변용품에 대하여 이를 수용한 것이다.

제18호는 보석산업의 활성화 및 세원양성화를 위하여 2019.12.31. 개정 관세법에서 추가한 것이다.

【대법원 1970.10.23, 70누126】 대통령령은 1969.1.1. 이후 수입된 물품에 대하여도 소급적용하게 되어 있으므로 위 대통령령시행일 전에 수입된 이 사건 농약원료인 "키타진텍크니칼"과 "솔폴"에 대하여 수입신고를 하고 그와 동시에 관세의 면제신청을 하지 아니하였다고 하더라도 소급하여 관세면제품이 된 이상, 그 후에 실소요자에 의하여한 관세면제신청을 위법이라고는 할 수 없는 것이다. 이 사건에 있어서와 같이 수입신고 후에 소급하여 관세면제품이 된 경우에는 관세의 감면세신청은 면세추천을 받은 자가 자기명의로 수입신고와 동시에 하여야 한다는 취지의 소론관세법의 규정은 적용될 여지가 없는 것이다.

【대법원 1970.4.28, 70누23】 관세의 감면을 받을려면 수입신고시에 적법한 요건을 구비한 면세신청서를 제출하여야 한다.

이 외화 또는 우리나라 통화로 지급하여 부담하는 경우는 감면대상이 아닌 것으로 본다. 기획재정부 유권해석(1984.11.27)에 의하면 외국에서 선박의 일부를 수리 또는 개체하기 위하여 사용한 물품에 대하여는 간이세율을 적용토록 규정되어 있는바, 어선의 경우 그 용도를 변경하기 위하여 외국에서 선박 시설의 일부를 구입하고 현지 기술진에 의하여 새로 설치한 경우에도 수리 및 개체의 범위에 포함하는 것이다. 즉 수리하는 의미는 광범위하게 용도변경을 위한 제반 시설의 구입 · 설치까지를 포함한다.

42) 2008년 1월 현재 권련의 경우 관세율이 40%, 지방세는 1보루 당 6,410원, 교육세는 지방세의 50%이다.

43) 운동용구는 선수가 운동경기에 직접 사용하는 운동용구만을 지칭한다고 볼 수 있으므로 경기시설이나 경기에 직접 사용되지 않는 훈련용품 등은 포함되지 아니 한다고 본다(기획재정부 1995.8.4). 또한 승마경기를 위해 들여오는 말은 운동용구가 아니므로 면세대상에서 제외된다는 의견이 있다.

제94조【소액물품 등의 면세】 다음 각 호의 어느 하나에 해당하는 물품이 수입될 때에는 그 관세를 면제할 수 있다.
1. 우리나라의 거주자에게 수여된 훈장·기장(紀章) 또는 이에 준하는 표창장 및 상패
2. 기록문서 또는 그 밖의 서류
3. 상업용견본품 또는 광고용품으로서 기획재정부령으로 정하는 물품
4. 우리나라 거주자가 받는 소액물품으로서 기획재정부령으로 정하는 물품

해 설

소액물품은 직접적으로 무역을 목적으로 하지 아니하는 물품이기 때문에 이러한 물품에 대하여 면세혜택을 제공하여 간접적으로 무역활동 지원 및 편의제공을 위해 마련된 규정이다.

제1호의 훈장·기장·표창장·상패 등은 물품의 효용보다는 공로와 명예를 나타내는 물품이며, 제2호의 기록문서 등은 상품보다는 업무를 원활하게 하는 부수적 기능이 있는 물품이고, 제3호의 상업용견본이나 광고용 물품은 국내에서 소비·판매 목적용 물품이 아니고 무역을 촉진하거나 다른 물품을 광고·선전하는 물품이다. 기획재정부령에 소액물품의 면세대상물품으로 물품이 천공 또는 절단되었거나 통상적인 조건으로 판매할 수 없는 상태로 처리되어 견본품으로 사용될 것으로 인정되는 물품, 판매 또는 임대를 위한 물품의 상품목록·가격표 및 교역안내서 등 물품, 과세가격이 미화 250불 이하인 물품으로 견본품으로 사용될 것으로 인정되는 물품, 물품의 형상·성질 및 성능으로 보아 견본품으로 사용될 것으로 인정되는 물품이 있다.[44] 2020.12.22.(법률 제17649호) 개정시 '상용견품(商用見品)'을 '상업용견본품'으로 용어를 개정하였다.

제4호에서 우리나라 거주자가 수취한 소액물품은 면세되므로 면세대상자는 내·외국인을 가리지 아니한다. 소액물품 등에 대한 면세 규정은 2000년 개정 관세법에서 이 조항에 별도로 분리 규정하였다. 우리나라 거주자에게 기증되는 소액물품에 한하여 면세하던 것을 1998.12.28. 관세법 개정시에 기증 조건을 삭제하여 기증 여부에 관계없이 우리나라 거주자가 수취하는 일정액 이하 물품에 대하여는 면세할 수 있도록 하였다. 기증한 것인지 여부를 판단하는 것이 어려울 뿐만 아니라 이를 확인하는 과정이 불편하여 통관절차가 번잡하였기 때문에 면세규정을 완화한 것이다.[45] 이 결과 다시 문제점으로 대두된 것이 자가 사용 혹은

44) 여행자 휴대품의 경우는 해외 구입가격이 미화 600불이므로 미화 700불 물품이 과세대상이 된다면 600불을 공제한 100불을 과세대상으로 하나, 견본류의 경우 미화 250불 이하의 물품으로 규정 되어 있으므로 미화 260불 이상이 되는 물품은 전체 미화 260불에 대하여 과세를 한다.

45) 기획재정부령에 관세를 면제할 물품은 해당 물품의 총 과세가격이 15만원 상당액이하의 물품으로서 자가사용 물품, 박람회 기타 이에 준하는 행사에 참가하는 자가 회장안에서 관람자에게 무상으로 제공할 목적으로 수입하는 물품, 전시할 기계의 성능을 보여주기 위한 원료 등이 있다. 다만, 관람자 1인 당 제공량의 정

판매용 물품인지 여부에 대한 확인이 쉽지 않다는 것이다.

전자상거래를 이용한 물품인 경우에는 법 제254조의 '전자상거래물품 등의 특별통관'에 관련된 「전자상거래물품의 특별통관에 관한 고시」에서 국내거주자가 수취하는 자가사용물품 중 물품 가격이 미화 150달러(한-미 FTA 해당 물품의 경우 미화 200달러) 이하의 특송물품은 통관목록을 제출함으로서 수입신고를 생략(목록통관)할 수 있고, 물품가격이 미화 150달러 초과하고 미화 2,000달러 이하인 물품은 간이한 방법(간이신고)으로 수입신고할 수 있다. 그러나 목록통관 및 간이통관 배제 대상 물품으로 「특송물품 수입통관 사무처리에 관한 고시」에 정한 물품은 이를 배제하도록 규정하고 있다.

한편, 「수입통관 사무처리에 관한 고시」 제71조에서는 신고서에 의한 간이신고를 규정하고 있으며 이 경우에는 첨부서류 없이 수입신고서만을 제출하여 신고(간이신고)하는 규정을 두고 있으며, 이 대상으로는 국내거주자가 수취하는 해당물품의 총 가격이 미화 150달러 이하의 물품으로서 자가사용물품으로 인정되는 물품과 미화 250달러 이하의 면세되는 상용견품, 설계도와 금융기관이 수입하는 지급 수단 등이 규정되어 있다. 참고로 법 제96조 여행자 휴대품 및 이사물품 등의 감면 규정에 의한 「여행자 및 승무원 휴대품통관에 관한 고시」에서는 여행자의 경우 과세가격 미화 800달러 이하로 정하고 있다. 그리고 총과세가격이 15만원 이하로서 「수입통관사무처리에 관한 고시」상 자가 사용 인정기준에 해당하는 경우에만 소액면세물품으로 적용하도록 규정하고 있다.

제95조 【환경오염방지물품 등에 대한 감면】 ① 다음 각 호의 어느 하나에 해당하는 물품으로서 국내에서 제작하기 곤란한 물품이 수입될 때에는 그 관세를 감면할 수 있다.

1. 오염물질(소음 및 진동을 포함한다)의 배출 방지 또는 처리를 위하여 사용하는 기계·기구·시설·장비로서 기획재정부령으로 정하는 것
2. 폐기물 처리(재활용을 포함한다)를 위하여 사용하는 기계·기구로서 기획재정부령으로 정하는 것
3. 기계·전자기술 또는 정보처리기술을 응용한 공장 자동화 기계·기구·설비(그 구성기기를 포함한다) 및 그 핵심부분품으로서 기획재정부령으로 정하는 것

② 제1항에 따라 관세를 감면하는 경우 그 감면기간과 감면율은 기획재정부령으로 정한다.

해 설

환경오염방지물품 등에 대한 감면은 이전에는 특정물품감면세에 해당하던 것이었으나, 새로 부각되는 환경오염에 관한 중요성을 고려하여 1993년부터 분리하여 규정했다. 특정물품감면세는 주로 전액을 면세하나, 이 규정의 감면율은 100분의 100이 아니고 100분의 50 혹은

상도착가격이 미화 5불 상당액이하의 것으로서 세관장이 타당하다고 인정하는 것에 한한다.

100분의 30 등이다. 환경오염방지물품 등에 대한 감면에 관하여 감면기간, 감면율은 탄력적으로 운영하기 위하여 기획재정부령으로 정한다.

제1항에서 환경오염방지물품로서 법 제1호와 제2호에 규정된 물품은 2007.12.31.까지 수입신고하는 분에 한하여 100분의 50을 감면하도록 규정되어 있으나, 2009.12.31.까지 2년 간 연장 적용하여 기업의 환경설비 투자부담을 완화하고 폐자원활용 선진기술 확보를 지원하고 있다. 제3호 산업재해 및 직업병 예방에 직접 사용하는 물품에 대하여 관세를 감면하였으나 실적이 미미하여 2010.1.1. 법 개정시 이를 삭제하였다. 환경오염방지물품 등에 대한 감면세에는 환경오염방지물품 뿐만 아니라 물품의 성질이 다른 제3호의 공장자동화 물품이 포함되어 있다.[46] 공장자동화 물품의 감면도 일몰기간이 2007.12.31.이었으나 기업의 설비투자 지원을 위하여 2009년 이후 단계적으로 폐지를 추진하기로 하고 일몰기간을 1년 더 연장하였다.

감면세제도는 업체지원 등의 목적을 가지고 운영되기 때문에 업체의 요청에 따라 수시로 관련 규정을 개정하거나 신설하였다. 조문을 신설하는 경우는 법 개정 절차가 번거롭기 때문에 가급적 기존 조문에 추가 항으로 개정한 결과 그 성격이 다른 내용도 같은 조문에 함께 규정하게 된 것으로 이해된다.

방위산업용품 관세감면제도 및 항공기 항행안전용품 관세감면제도를 2011.1.1. 폐지하였다. 동 감면제도는 장기간 지속된 특정산업에 대한 지원제도로서 관세감면원칙에 위배된다는 시각에서 2007년 세제 개편시 감면율을 단계적으로 축소한 바 있다.[47]

【대법원 1983.4.26, 81누278】 구 관세법 시행규칙(1979.6.26. 재무부령 제1400호) 제20조 제5항 별표5 소정의 "실수요자"라 함은 오염물질배출방지시설의 설치를 직접적으로 필요로 하는 최종 수요자인 오염물질배출시설을 설치하고 있는 사업자만을 가리키고, 등록된 방지시설업자가 배출시설을 설치하고 있는 사업자와 간에 그 방지시설시공계약을 맺고 그 시공을 위하여 수입한 경우에까지 이를 "실수요자"라고 볼 수 없으므로 동 시공업자가 수입한 방지시설용 물품들은 동 조항 소정의 관세감면대상이 되지 아니한다.

제96조【여행자 휴대품 및 이사물품 등의 감면】 ① 다음 각 호의 어느 하나에 해당하는 물품이 수입될 때에는 그 관세를 면제할 수 있다.

46) 관세법 제95조, 제107조 및 같은 법 시행규칙 제46조, 제59조와 관련하여 두 가지 이상의 복합적인 산업활동을 수행하는 업체는 제조업이 주된 산업활동이 아니더라도 한국표준산업분류에 따른 제조업을 영위하고 있는 경우, 공장자동화 관세감면 및 관세의 분할납부를 받을 수 있다(기획재정부 관세제도과－67, 2020.2.5).

47) 방위산업용품 감면은 1974년에 도입하였고, 2010년도에는 감면율이 10%였다. 그리고 항행안전용품 감면은 1961년 도입하여 2010에는 감면율이 30%였으나 비과세 감면 정비 및 일몰제도의 취지에 따라 동 감면제도는 2010.12.31.(법률 제10424호) 폐지하였다.

> 1. 여행자의 휴대품 또는 별송품으로서 여행자의 입국 사유, 체재기간, 직업, 그 밖의 사정을 고려하여 기획재정부령으로 정하는 기준에 따라 세관장이 타당하다고 인정하는 물품
> 2. 우리나라로 거주를 이전하기 위하여 입국하는 자가 입국할 때 수입하는 이사물품으로서 거주 이전의 사유, 거주기간, 직업, 가족 수, 그 밖의 사정을 고려하여 기획재정부령으로 정하는 기준에 따라 세관장이 타당하다고 인정하는 물품
> 3. 국제무역선 또는 국제무역기의 승무원이 휴대하여 수입하는 물품으로서 항행일수, 체재기간, 그 밖의 사정을 고려하여 기획재정부령으로 정하는 기준에 따라 세관장이 타당하다고 인정하는 물품
>
> ② 여행자가 휴대품 또는 별송품(제1항 제1호에 해당하는 물품은 제외한다)을 기획재정부령으로 정하는 방법으로 자진신고하는 경우에는 20만원을 넘지 아니하는 범위에서 해당 물품에 부과될 관세(제81조에 따라 간이세율을 적용하는 물품의 경우에는 간이세율을 적용하여 산출된 세액을 말한다)의 100분의 30에 상당하는 금액을 경감할 수 있다.

해 설

우리나라와 외국 간을 왕래하는 여행자 등에 대하여도 일반무역에 해당되는 통관절차를 적용하는 것은 여행자 등에게 불편을 끼치는 일일 뿐 아니라 관세행정의 목적에도 부합하지 아니하므로, 본조와 같은 여행자 등에 대한 면제제도를 운영하는 것이다.

여행자가 입국할 때 같이 가지고 온 물품을 휴대품이라 하고, 별도로 다른 운송수단에 운송 의뢰하여 가지고 오는 것을 별송품이라 한다. 「여행자 및 승무원 휴대품통관에 관한 고시」에는 휴대반입물품신고, 면세통관, 과세통관, 승무원휴대품통관 등에 관한 절차가 있다.[48] 이 고시에서 휴대품이란 여행자가 휴대하여 반입하는 물품과 특수한 사정으로 인하여 사전 또는 사후에 도착된 물품을 말한다. 「남북한왕래자 휴대품통관에 관한 고시」가 있어 「여행자 및 승무원 휴대품 통관에 관한 고시」에 대하여 예외적으로 적용하고 있다. 우리나라에 이사하기 위하여 입국하는 자가 입국할 때 가져오는 물품을 이사물품이라 한다.[49] 여행자휴대품은 운송하는 방법에 따라 편의상 휴대품·별송품·탁송품으로 구분할 수 있다.[50] 이외에 제3호에서 규정하고 있는 국제무역선(기)에 승선한 승무원이 휴대하여 수입하는 승무원 휴대품이 있다.

---

48) 2022년 여행자 휴대품 면세 금액 범위는 해외구입가격 미화 600불에서 800불로 상향 조정되었다. 양주, 담배 등 기본 면세품을 제외하고는 이 금액을 초과하면 초과된 금액만큼은 과세대상이 된다.

49) 기본통칙에 이사물품이란 외국에 거주하던 우리나라 국민이 사용하던 물품 등 본인의 사망으로 인하여 반입되는 물품과 외국에서 다른 외국으로 거주를 이전하면서 이전하는 나라에서 사용할 필요가 없어 우리나라로 송부하는 이전 거주국에 사용하던 물품을 포함한다.

50) 기본통칙에 일시적으로 출입국하는 여행자가 휴대반입하는 물품과 특수한 사정으로 사전 또는 사후에 도착된 물품을 휴대품이라 하며, 별송품은 여행자가 이용한 항공기 및 선박 등 이외의 운송수단을 통하여 별도로 반입되는 물품을 말한다.

승무원은 자주 우리나라와 외국을 왕래하는 직업상 특수성 때문에 일반적으로 여행자나 이사자에 비하여 면세범위를 좁게 운영하고 있다.

세관장은 우리나라에 가져오는 물품에 대하여 이 물품이 여행자 휴대품, 이사물품, 승무원휴대품에 해당하는지 여부를 결정한다. 이때 결정기준이 제1호, 제2호, 제3호에 규정된 사항이다.[51] 세관장이 타당하다고 인정하는 기준은 포괄적 위임사항으로 정하고 있다. 포괄적 위임사항으로 운영하는 이유는 여행자, 이사자, 운송기관의 승무원이 소지한 물품의 특성상 탄력적인 해석이 필요하기 때문이다. 주요 선진국에서는 품목별 면세 제한을 폐지하고 가정용품(Household effects)에 대하여 폭넓게 면세를 인정하여 해외이사자의 불편을 줄이되 면세범위 확대를 위한 보완장치로서 입국 전 최소 3개월을 사용한 물품에 한하여 면세하도록 규정을 개정하였다.[52]

판례를 보면 상용물품이 여행자휴대품신고서를 제출하는 방법의 간이수입신고를 통하여 면세 통관되었다고 하더라도 이는 적법하게 통관된 것으로 볼 수 없어 그 수입행위는 관세법의 무신고수입죄를 구성하며 그 사정을 알면서 그 물품을 취득하는 행위는 밀수품취득죄를 구성한다.[53]

법 제43조(관세의 현장수납) 제1항 제1호의 '여행자'의 휴대품에서 여행자에 승무원이 포함되는지에 대하여, 법 제43조의 '여행자'에는 '승무원'이 포함되고, 법 제239조(수입으로 보지 아니하는 소비 또는 사용) 제2호의 '여행자'에도 승무원이 포함된다. 그러나 법 제96조(여행자휴대품·이사물품 등의 면세)에서의 '승무원'은 '여행자'와 다르다. 승무원을 '특수한 여행자'로 보아 면세 규정을 별도로 둔 것으로 이해된다.

제2항은 법률 제12847호(2014.12.23) 개정에 따라 신설된 조항으로 여행자 휴대품의 면세한도 초과물품 반입시 신고를 하지 아니한 자에 대하여 가산세를 부과하고 있으나 자진신고의 유인효과가 부족하다는 문제점이 있어 여행자의 자진신고를 유도하기 위하여 면세한도를 초과

---

51) 제1호에서 기획재정부령에 관세가 면제되는 물품은 여행자가 휴대하는 것이 통상적으로 필요하다고 인정하는 신변용품 및 신변장식품, 비거주자인 여행자가 반입하는 물품으로서 본인의 직업상 필요하다고 인정되는 직업용구, 세관장이 반출 확인한 물품으로서 재 반입되는 물품, 물품의 성질·수량·가격·용도 등으로 보아 통상적으로 여행자의 휴대품 또는 별송품인 것으로 인정되는 물품이 있다. 제2호에서 이사물품으로서 거주이전 사유, 거주기간, 직업, 가족수, 기타 사정을 고려하여 기획재정부령이 정하는 기준에 따라 세관장이 타당하다고 인정하는 물품은 면세대상이다. 구체적으로는 관세청고시에 「이사물품의 수입통관 사무처리에 관한 고시」를 정하여 운영하고 있다. 이 고시의 주요 내용은 이사자를 이사자, 준이사자, 단기 체류자로 나누어 면세혜택의 범위를 다르게 적용하고 있고, 이사물품으로 인정될 수 있는 범위, 필수 과세품목 등이 규정되어 있다. 제3호에서 기획재정부령이 정하는 물품은 면세 대상에서 제외된다. 면세 대상에서 제외한 물품은 자동차·선박·항공기 및 개당 과세가격 50만원 이상의 보석·진주·별갑·산호·호박 및 상아와 이를 사용한 제품 등이 있다.

52) 종전에는 '입국 전에 사용하였고 입국 후에도 계속 사용할 것으로 인정되는 물품'으로 정하고 있었으나 이를 2007.12.31. 개정하여 입국 전 3개월 이상 사용한 물품으로 제한하였다.

53) 대법원 2005.2.25, 2004도8786 판결 참조.

하는 휴대품 및 별송품을 자진신고하는 여행자에 대해서는 15만원을 넘지 아니하는 범위내에서 부과될 관세의 30퍼센트를 경감하도록 하였으나 2022.12.31. 법 개정시 한도 금액을 20만원으로 상향 조정하였다. 2019.12.31. 법 개정시 간이세율을 적용하는 경우에도 이를 적용할 수 있도록 규정을 개정하였다. 일반적으로 감면규정은 관세율표상 세율을 적용하는 것이지만 여행자 휴대품의 특수성을 고려하여 간이세율의 경우에도 이를 적용할 수 있도록 개정하였다.

【조세심판원 2014.5.20, 2014관0123】 미화 400달러 이하의 기본면세범위는 정책적으로 결정하여야 할 사항이고, 면세대상 및 범위를 법률로 정하는 것이 헌법에 위반되는지 여부는 심판사항이 아니며, 여행자 휴대품의 면세는 납세자의 기본권을 제한하기보다는 오히려 특혜를 부여하는 조항에 해당하므로, 당초 과세처분은 정당함.

【대법원 2005.3.25, 2004도8786】 상용물품을 반입하는 경우에는 여행자휴대품신고서를 제출하는 방법의 간이수입신고를 통하여 면세통관할 수 없다 할 것이어서, 설령 상용물품이 여행자휴대품신고서를 제출하는 방법의 간이수입신고를 통하여 면세통관되었다고 하더라도 이는 적법하게 통관된 것으로 볼 수 없어 그 수입행위는 관세법 제269조 제2항 제1호 소정의 무신고수입죄를 구성한다 할 것이고, 그러한 사정을 알면서 그 물품을 취득하는 행위는 관세법 제274조 제1항 제1호 소정의 밀수품취득죄를 구성한다.

【대법원 1993.5.11, 93도342】 중국에서 구입한 산삼뿌리를 중국술병을 담은 비닐주머니 밑에 넣고 두꺼운 종이로 덮은 다음 그 위에 술병을 놓아 마치 중국산술병만을 휴대하고 있는 양 은닉하고 세관에 신고하지 아니하였다면 사회통념상 사위, 부정으로 인정되는 행위를 한 것이다.

【대법원 1991.2.8, 90도2418】 휴대품을 세관검사대 위에 올려 놓은 것 자체를 하나의 신고로 볼 것 인가의 문제는 짧은 시간 내에 많은 휴대품에 대하여 통관절차를 마쳐 야 하는 통관사무의 현실정에 비추어 세관원으로 하여금 유세 휴대품의 내용을 쉽게 알아 볼 수 있도록 제시하는 경우에 한하여 하나의 신고로 볼 것이다. 사금과 자수정 원석을 여행자 휴대품 신고서의 작성시 고의로 누락시키고 신문용지로 포장하여 외관상 값어치 없는 물건으로 가장한 후 중형 서류가방에 넣고 그 위에 헌 옷가지 등을 놓은 후 신문용지에 싼 것이 무엇이냐는 세관원의 질문에 거짓으로 대답하여 관세 부담 없이 반입되도록 하려고 기도하였다면 위 가방을 세관검사대위에 올려 놓은 것만으로는 적법한 신고라고 볼 수 없다.

【대법원 1990.12.26, 90도2432】 에메랄드 외 10종의 보석류를 여행자 휴대품신고서의 작성시 고의로 누락시키고 이를 쉽게 발견할 수 없도록 봉지에 넣어 묶은 후 일반 신변휴대품인 양 의류 등 다른 물건들과 잡화 사이에 끼어서 관세 부담 없이 반입되도록 하려고 기도 하였다면 위 가방을 세관검사대 위에 올려놓은 것만으로는 적법한 신고라고 볼 수 없고 일련의 행위를 종합적으로 볼 때 관세포탈의 범의를 나타내는 행위로서 결과적으로 탈세를 가능하게 하는 사회통념상 사위, 부정으로 인정되는 행위를 한 것에 다름없다.

【대법원 1983.7.26, 83도1360】 무역거래법에 의하여 무환수입되는 해외에서 이주해 오는 자의 이사물품이나 휴대품 기타 탁송품 등에 의하여 반입되는 경우라 하더라도 수입이 허용되지 않는 물

품이 그로인하여 수입이 허용된다거나 또는 관세가 감면된다고 볼 아무런 근거가 없고 일정한 한도의 물품에 대하여 수입이 허용되는 경우에도 부과관세율에 아무 차등이 없으며, 다만 거주이전자 및 그 가족이 전거주지에서 사용하던 중고품은 관세가 면제되는 경우가 있을 따름이다. 피고인이 일제 전자제품 등을 해외에서 이주해 오는 자의 이사짐으로 가장하여 일부는 통관절차에 따라 수입신고를 하였고 나머지 물건은 따로 감추어 두었다가 세관의 통관절차 없이 몰래 빼돌려 관세를 포탈하려다 발견되었다면 이 통관절차를 거치지 않은 부분에 대해서만 관세법 소정의 관세포탈미수죄가 성립된다고 할 것이다.

【대법원 1982.3.23, 80도2847】 입국자의 이사화물로 소정절차를 밟아 수입되는 경우에 면세되는 물품이라 할지라도 소정의 절차를 이천함이 없이 다른 사람의 이사화물과 같이 수입될 경우는 이는 그 다른 사람의 이사화물이 아니므로 수입에 있어 관세를 납부하여야 하며 다른 사람의 이사화물로 위장 수입한 경우에는 관세포탈죄가 성립된다.

제97조 【재수출면세】 ① 수입신고 수리일부터 다음 각 호의 어느 하나의 기간에 다시 수출하는 물품에 대하여는 그 관세를 면제할 수 있다.

1. 기획재정부령으로 정하는 물품 : 1년의 범위에서 대통령령으로 정하는 기준에 따라 세관장이 정하는 기간. 다만, 세관장은 부득이한 사유가 있다고 인정될 때에는 1년의 범위에서 그 기간을 연장할 수 있다.
2. 1년을 초과하여 수출하여야 할 부득이한 사유가 있는 물품으로서 기획재정부령으로 정하는 물품 : 세관장이 정하는 기간

② 제1항에 따라 관세를 면제받은 물품은 같은 항의 기간에 같은 항에서 정한 용도 외의 다른 용도로 사용되거나 양도될 수 없다. 다만, 대통령령으로 정하는 바에 따라 미리 세관장의 승인을 받았을 때에는 그러하지 아니하다.

③ 다음 각 호의 어느 하나에 해당하는 경우에는 수출하지 아니한 자, 용도 외로 사용한 자 또는 양도를 한 자로부터 면제된 관세를 즉시 징수하며, 양도인으로부터 해당 관세를 징수할 수 없을 때에는 양수인으로부터 면제된 관세를 즉시 징수한다. 다만, 재해나 그 밖의 부득이한 사유로 멸실되었거나 미리 세관장의 승인을 받아 폐기하였을 때에는 그러하지 아니하다.

1. 제1항에 따라 관세를 면제받은 물품을 같은 항에 규정된 기간 내에 수출하지 아니한 경우
2. 제1항에서 정한 용도 외의 다른 용도로 사용하거나 해당 용도 외의 다른 용도로 사용하려는 자에게 양도한 경우

④ 세관장은 제1항에 따라 관세를 면제받은 물품 중 기획재정부령으로 정하는 물품이 같은 항에 규정된 기간 내에 수출되지 아니한 경우에는 500만원을 넘지 아니하는 범위에서 해당 물품에 부과될 관세의 100분의 20에 상당하는 금액을 가산세로 징수한다.

해 설

재수출면세는 일시수입물품에 대한 면세제도라고도 한다. 이는 무역절차를 쉽게 하고, 여행자 등에게 편의를 제공하기 위한 것이다. 이 제도는 이러한 정책적인 면에서도 면세하는 것이지만, 관세부과에 관한 이론적인 면에서 보아도 수입된 물품이 그대로 다시 수출되므로 관세를 부과하지 아니하는 것이다. 수출하는 물품이라 함은 수출 예정인 물품이다. 수입된 물품이 물품의 가치나 일반적으로 보아 그 효용이 변하지 아니한 범위 안에서 그대로 수출되면 되는 것이지, 전적으로 사용하지도 아니한 상태로 보관하다가 그대로 수출하는 것은 아니다.[54] 생산작업에 투여되어서 사용한 것이라면 재수출면세대상 여부를 엄격히 적용해야 한다.[55] 그러나 최근에는 고가의 보석류 등의 물품이 주문수집용 물품에 해당하는지, 자체사업 홍보 또는 판매촉진을 위한 전시물품이 재수출면세대상이 되는 지에 대하여 논란이 발생하고 있어 면세대상 해석상 엄격성이 요구되고 있다.

재수출면세를 위한 국가 간 협약이 많이 체결되어 있다. 예를 들면 A.T.A. CARNET 협약, 「교육과학기재의 일시 수입 협약」, 「승용차 등의 일시 수입 협약」, 「포장용기의 일시 수입에 관한 관세 협약」,[56] 「전시회 · 전람회 기타 유사한 행사에서 전시 또는 사용을 위한 물품의 수입상 편의에 관한 관세협약」, 작업용구조약 등이 있다. A.T.A. CARNET 협약은 대표적인 재수출면세에 관한 협약이다. 이 협약은 협약체결국 내의 보증단체가 관세납부를 보증함으로써 수출입자는 이 보증에 의하여 간편하게 면세 받을 수 있는 제도다.

관세청 고시로는 「A.T.A.까르네에 의한 일시수출입 통관에 관한 고시」가 있다. 이 고시에는 협약 가입국과, 보증단체, 심사, 통관요령 등에 관하여 규정하고 있다.[57]

제1항에서 사용기간을 살펴보면 재수출면세제도와 재수출감면제도의 시행 목적이 구분된

---

54) 시제품장비를 수입하여 수입 당시의 성질 또는 형상이 변경되지 아니하는 정도의 성능시험을 하거나, 판매용이 아닌 단순히 성능시험 목적의 제품생산에 사용한 후 재수출하는 경우에는 재수출면세 대상물품에 해당 되며 수입자가 시험용 장비를 제3자에게 양도(임대 포함)한다면 관세법 제97조 제2항 단서에 따라 세관장의 사전승인이 필요하다(관세청 통관기획과－1389, 2013.3.7).

55) 관세법 제97조 및 동법 시행규칙 제50조 제11호의 수리를 위한 물품은 우리나라에서 수출된 물품이 운송도중 또는 해외에서 발생하는 하자의 수리를 용이하게 하고 물품의 특성상 기술적 · 경제적 이유로 우리나라에서 수리할 수밖에 없는 물품에 대한 일시적인 수리를 지원하기 위한 것으로 수리를 위한 물품의 소유권이 해외거주자에게 있는 것을 전제로 하고 있다. 따라서 일본에서 중고 광학기기를 유상 수입하여 국내에서 수리과정을 거쳐 중국 등 제3국으로 전량 재수출하는 경우 수리물품인 중고 광학기기에 대한 소유권은 국내 수입업자에게 있으므로 동 규정을 적용받을 수 없다(국민신문고 관세청 답변사항, 2013.11.19).

56) 포장용기의 자체 운임이 재수출면세가액에 포함될 수 있는가에 대하여는 '관세청 평일 47221－284, 1996.6.25호' 등으로 포함되지 아니한다는 의견이 지배적이다.

57) 법 제97조 제1항 및 시행규칙 제50조 제1항 제4호 전단은 일시입국자가 본인이 사용하고 재수출할 목적으로 직접 휴대하거나 별도로 수입하는 물품이어야 하므로 일시 입국자가 아닌 국내회사가 납세의무자인 경우는 재수출면세재상의 직업용품에 해당하지 아니한다.

다. 재수출면세는 일시 사용하기 위하여 단기간에 물품을 수입하는 물품에 대하여 적용하는 것이다. 그러나 재수출감면은 물품을 임대차계약에 의하여 수입하거나 도급계약의 이행과 관련하여 수입하는 것으로 재수출면세품보다 장기간(2년 혹은 4년) 사용하기 위해 수입하는 것이다.[58]

제2항은 용도 외 사용·양도 금지에 관한 규정이다. 재수출면세 물품은 재수출 의무기간 이내에 세관장의 승인 없이 용도 외 사용하거나 양도할 수 없다. 용도 외 사용은 재수출면세를 받은 자가 면세신청서 상에 기재한 용도 이외로 사용하는 경우를 말하며, 양도는 재수출면세를 받은 자가 다른 자에게 물품을 판매하거나 임대하는 등 행위를 하는 것을 말한다.

이 규정을 위반하는 것은 2천만원 이하 벌금 혹은 과실인 경우에는 300만원 이하의 벌금에 해당된다. 다만, 해당 물품을 직접 수입한 경우에 관세의 감면을 받을 수 있고 수입자와 동일한 용도에 사용할 자에게 양도하는 것은 제외한다. 이때는 과태료 200만원에 해당된다.

제3항은 관세징수에 관한 규정이다. 재수출면세물품을 재수출의무기간 이내에 수출하지 아니하거나, 용도 외에 사용하거나, 용도 외에 사용할 자에게 양도한 때에는 면제된 관세를 즉시 징수한다. 동일 용도에 사용할 자에게 양도한 때에는 관세를 징수하지 아니한다.[59] 이때 납세의무자는 수출을 하지 아니한 자, 용도 외에 사용한 자, 양도자이며, 양도자로부터 관세를 징수할 수 없는 경우에는 양수자로부터 관세를 징수한다.[60] 재해 등의 사유로 멸실되거나 미리 세관장의 승인을 얻어 폐기한 때에는 징수하지 아니하지만, 승인을 얻어 양도한 경우 등에는 관세를 징수하되 제4항에 의한 가산세는 부과하지 아니한다.[61] 관세청 고시에서 멸실은 천재지변이나 화재 등 재앙에 의하여 파괴·훼손되어 소멸된 상태를 말하며, 도난 등으로 국내 어느 곳에 존재하고 있는 경우에는 멸실로 보지 아니 한다. 전시용 판매용 견품으로 신고하여 면세를 받았으나 실상은 해당 물품을 판매할 가능성이 많은 물품을 면세할 수 있는가에 대하여 논란이 있다. 물론 판매하는 경우에는 용도 외 사용의 승인을 받고 면세된 세액을 납부하

58) 기본통칙에 재수출면세기간 연장은 1년 이내이나 그 연장 회수는 제한이 없다. 또한 재수출기간은 재수출신고일까지 기간을 말한다. 이는 수입신고 수리일부터 재수출신고일까지를 말한다. 외국에 거주하는 여행자가 우리나라에 일시 입국하면서 면세 받은 물품의 경우 해당 여행자가 면세 받은 물품을 세관에 예치하거나 담보를 제공하고 일시 출국하였다가 다시 입국하였더라도 그 기간을 재수출면세기간에서 제외하는 것은 아니다.

59) 재수출면세는 수출물품 포장용품을 수입하여 세관장의 승인을 받아 당초 면세용도와 동일한 용도로 사용하려는 제3자에게 양도(임대 포함)한 후 그 제3자가 재수출한 경우에도 적용할 수 있다(기획재정부 관세제도과－956, 2011.12.29).

60) 처분청이 재수출이행에 대한 안내를 사전에 하지 않아서 청구인이 재수출기간 내에 수입물품을 재수출하거나 기간연장승인을 받지 못하였다는 사유로 처분청이 당초 감면받은 세액을 징수 결정한 부과처분은 정당하다는 감사원의 심사결정(2001.6.19, 감심 제59호)이 있다.

61) 이 경우 감면대상과 감면율이 확정이 되어 있었기 때문에 관세법 제42조 및 시행령 제39조에 따른 가산세(금융기관 정기예금이자에 상당하는 가산세 포함)도 부과하지 아니한다.

지만 최초 면세신청의 요건에 대하여 불명확한 점이 있다는 주장이 있다.

제4항은 가산세 징수에 관한 규정이다. 재수출 면세는 일정기간 내에 수출하거나, 용도 외 사용, 용도 외 사용할 자에게 양도하지 아니할 것을 조건으로 관세를 면제해 주는 해제조건부 행정행위이다. 해제조건부는 조건을 이행하지 아니한 경우 면세행위는 효력을 잃게 되고 해당 관세를 추징하는 것을 말한다. 따라서 이러한 조건을 위반한 경우에는 즉시 관세를 징수하고 가산세도 부과한다. 수출 미이행 가산세는 기간 내 수출하지 아니하는 때에는 500만원 범위에서 가산세를 징수하며, 2013.1.1. 법 개정(법률 제11602호)시 징수하는 관세액의 20%로 한정하였다.

관세법상 가산세는 감면받은 관세액을 징수함에 따라 부과하는 것이므로 관세의 20%로 하는 것이 타당하며, 법 제253조에 수입신고 전 물품 반출시 10일 이내의 수입신고 의무를 위반하는 경우 해당 관세의 20%를 가산세로 부과하는 사례가 있다.

【조세심판원 2022.7.14, 2022관0014】 재수출조건부 면세대상물품으로서 수입시 관세 등을 면제받기 위해서는 최초 출국일까지 재수출이 이루어져야 하고, 휴대품 통관고시 제63조 제1항에 따라 출국시 세관장에게 신고하고 반출확인을 받아야 하는데, 청구인이 반출확인절차를 이행하지 못한 것과 관련하여 청구인의 귀책이 없다고 보기 어렵다.

【조세심판원 2016.9.6, 2016관0128】 감면대상 물품은 수입신고수리 전에 감면신청서를 제출하여야 하는데, 청구법인은 처분청에 수입신고한 쟁점물품에 대하여는 재수출면세 적용신청서를 제출한 점, 이후 청구법인이 과세대상물품으로 변경하여 신고납부한 것은 통관 고시에서 규정한 세관 심사자의 안내에 따른 것으로 보이고, 청구법인은 이후 같은 이유에서 쟁점물품에 대한 감면신청서를 제출하지 않은 것으로 보이는 점, 청구법인은 처분청의 동종물품에 대한 경정·고지에 대해 이의신청을 제기하였고, 그 동안의 제반사정 등을 종합하면, 청구법인은 감면신청서 제출을 사실상 유보한 것으로 보이는 점, 관세청에서도 유사한 경우 감면을 허용한 사례가 있는 점 등에 비추어 쟁점물품에 대한 경정청구를 거부한 처분은 잘못이 있다.

【조세심판원 2014.11.18, 2014관355】 청구법인이 관세법상 '재수출면세' 관련 절차를 이행하지 아니한 점, 재수출면세 신청 당시 쟁점신고 건에 대한 현품이 없는 상태에서 청구법인의 수출·수입신고내역만으로는 쟁점신고 건의 수입물품과 수출물품의 동일함을 인정하기 어려운 점 등에 비추어 처분청이 청구법인의 '재수출면세' 적용 신청을 거부한 처분은 달리 잘못이 없다. * 세관장에게 재수출조건 수입의사를 밝히지 않고 수입한 후 동일성 여부에 대한 재수출확인을 받지 아니하고 이미 수출이 이루어져 현품확인이 불가능한 상태에서 청구법인의 '재수출면세' 적용 신청을 거부한 처분의 당부 사례이다.

【대법원 2001.10.9, 2000두6039】 일시 입국자 아닌 자가 재수출 물품의 수입 화주로서 수입신고시 자신을 그 물품의 수입자 및 납세의무자로 하여 관세면제신청을 한 경우, 그 물품은 일시 입국자의 직업용품에 해당하지 않는다.

【대법원 1997.9.26, 97도1267】 [1] 구 관세법(1996.12.30. 법률 제5149호로 개정되기 전의 것) 제180조 소정의 '사위 기타 부정한 방법'이라 함은 결과적으로 탈세를 가능하게 하는 행위로서 사회통념상 사위·부정으로 인정되는 모든 행위를 말하며 적극적 행위(작위)뿐만 아니라 소극적 행위(부작위)도 포함한다. [2] 일시수입통관증서(A.T.A. Carnet)에서 정해진 목적으로 사용할 의사가 아니라 처음부터 일시수입통관증서에서 지정된 목적 이외에 사용할 의사로서 물품을 수입한 것이라면 일시수입통관증서에서 정해진 목적은 단지 명목에 불과한 것이고 그것은 오로지 관세포탈의 수단으로 사용되었을 뿐이라고 할 것이므로, 이러한 경우에는 '사위 기타 부정한 방법'으로 관세를 포탈한 경우에 해당한다. [3] 구 대외무역법 제19조에 의한 수입승인 없이 수입승인의 대상 물품을 우편물의 방법으로 반입한 후 세관에 신고하지 아니한 경우 '사위 기타 부정한 방법'에 해당한다.

【대법원 1989.9.26, 88누6597】 [1] 일시수입통관증서에 의하여 일시수입한 물품의 관세를 면제받기 위하여서는 재수출기간내에 재수출을 하여야 하고, 그 입증으로서 원칙적으로는 물품의일시수입을위한일시수입통관증서에관한관세협약에서 정한 기간내에 증서에 기재된 재수출증명서를, 예외적으로 수입국 관세당국의 수락이 있는 경우에는 증서의 유효기간이 경과된 경우라도 협약 제8조 제2항 가호 및 나호 소정의 서류를 각 증거로서 제출하여야 하고, 관세당국으로부터 재수출증명을 발급받았다는 사유만으로 재수출기간을 전수하였는지의 여부에 관계없이 당연히 관세를 면제받는 것은 아니다. [2] 위 증서에 기재된 재수출기간 연장은 세관장이 부득이한 사정이 있는 때에 한하여 신청에 의하여 위 협약에 규정한 기간의 범위내에서 할 수 있을 뿐이고, 재수출기간을 준수할 수 없는 부득이한 사유가 있는 때에도 그 기간연장을 얻지 못한 이상 관세를 면제받을 사유가 되지 못한다.

【대법원 1979.1.30, 78다2079】 관세면제에 있어서의 수출조건을 이행하지 아니한 경우 감면된 관세를 즉시 징수한다고 규정되어 있다하여 관세를 징수하되 추징부과의 절차 없이 그 납기를 수입면허시까지 소급하여 유보된 관세징수권을 행사하여 즉시 납부토록 하는 우선징수권을 인정할 수 없다.

【대법원 1978.2.14, 77누162】 수출 의무조건으로 면세수입된 물품을 자의로 채권담보로 제공하여 그 물품이 타인에게 경락된 경우는 세관장의 승인 없이 양도한 때에 해당하여 관세의 추징사유가 발생한다.

제98조【재수출감면】 ① 장기간에 걸쳐 사용할 수 있는 물품으로서 그 수입이 임대차계약에 의하거나 도급계약 또는 수출계약의 이행과 관련하여 국내에서 일시적으로 사용하기 위하여 수입하는 물품 중 기획재정부령으로 정하는 물품이 그 수입신고 수리일부터 2년(장기간의 사용이 부득이한 물품으로서 기획재정부령으로 정하는 것 중 수입하기 전에 세관장의 승인을 받은 것은 4년의 범위에서 대통령령으로 정하는 기준에 따라 세관장이 정하는 기간을 말한다) 이내에 재수출되는 것에 대해서는 다음 각 호의 구분에 따라 그 관세를 경감할 수 있다. 다만, 외국과 체결한 조약·협정 등에 따라 수입되는 것에 대해서는 상호 조건에 따라 그 관세를 면제한다.

1. 재수출기간이 6개월 이내인 경우 : 해당 물품에 대한 관세액의 100분의 85
2. 재수출기간이 6개월 초과 1년 이내인 경우 : 해당 물품에 대한 관세액의 100분의 70

3. 재수출기간이 1년 초과 2년 이내인 경우 : 해당 물품에 대한 관세액의 100분의 55
4. 재수출기간이 2년 초과 3년 이내인 경우 : 해당 물품에 대한 관세액의 100분의 40
5. 재수출기간이 3년 초과 4년 이내인 경우 : 해당 물품에 대한 관세액의 100분의 30
② 제1항에 따라 관세를 감면한 물품에 대해서는 제97조 제2항부터 제4항까지의 규정을 준용한다.

해 설

재수출감면은 제1항에서와 같이 임대차계약에 의하거나 도급계약의 이행 또는 수출계약과 관련하여 국내에서 일시적으로 사용하기 위하여 수입하는 물품으로 수입신고 수리일부터 2년, 혹은 4년 이내에 수출되는 것에 대하여 관세를 경감하는 것이다. 2020.12.22.(법률 제17649호) 개정시 수출기업 등 지원을 위하여 '수출계약'을 추가하였다. 재수출감면의 취지가 국내 일시 반입되어 사용 후 수출하는 물품에 대하여 사용기간에 상당하는 금액에 대해서만 과세하는 것으로 국내사용의 전제를 임대차, 도급계약에만 국한할 필요가 없기 때문이다. 따라서 수출계약의 이행을 위해 계약 상대방이 제공하는 물품의 경우도 감면이 허용된다. 재수출 감면에 비하여, 재수출면세는 일반적으로 수입하는 물품으로 1년 이내에 다시 수출하는 물품이 그 대상이 된다. 재수출감면시 경감률을 보면 국내에서 장기간 사용하는 것에 대해서는 단기간 사용하는 것보다 경감률을 낮게 책정하고 있다. 이는 국내에서 사용기간이 긴 것은 그 만큼 수입된 것과 같은 효과가 있기 때문에 감면률을 낮게 책정하고 있다. 4년의 범위 내에 재수출기간을 정하고자 할 때에는 해당 반입계약에 관한 증빙서류에 의하여 확인할 수 없는 경우에는 성질, 용도, 임대차기간 등을 고려하여 타당한 기간을 정한다. 이와 관련 임차물품의 과세가격은 임차료 산출기초가 되는 해당 임차물품의 가격이며 임차료 자체가 아니다.

「수입물품과세가격결정에 관한 고시」에 따르면 임차수입물품에 대하여는 다음 4가지 가격을 순차적으로 적용한다. 즉, ① 임차료 산출기초가 되는 해당 임차수입물품의 가격, ② 해당 임차수입물품, 동종・동질 또는 유사물품을 우리나라에 수출할 때 공개된 가격자료에 기재된 가격(중고물품인 경우 중고물품 과세가격결정방법), ③ 해당 임차수입물품의 경제적 내구연한 동안 지급될 총 예상임차료를 기초로 하여 계산한 가격, ④ 임차하여 수입하는 물품에 대하여 수입자가 구매선택권을 가지는 경우에는 임차계약상 구매선택권을 행사할 수 있을 때까지 지급할 총 예상임차료와 구매선택권을 행사하는 때에 지급하여야 할 금액의 현재가격의 합계액을 기초로 한 과세가격 순이다.[62]

---

62) 총 예상임차료를 기초로 하여 계산할 경우에는 총 예상임차료를 현재가격으로 환산한 가격을 과세가격의 기초로 하고, 수입자가 임차료 이외의 명목으로 정기적 또는 비정기적으로 지급하는 특허권 등의 사용료 또는 해당 물품의 거래조건으로 별도로 지급하는 비용이 있는 경우에는 이를 임차료와 동일하게 취급한다(「수입물품 과세가격 결정에 관한 고시」 제33조 참조). 임차물품이 중고품인 경우라도 임차료가 지불된다면 임

관세를 감면받고자 하는 자는 관세감면 신청서에 기재하는 사항 이외에 해당 물품의 수출예정시기·수출지 및 수출예정 세관명을 신청서에 기재하여야 한다. 재수출면세규정에 비하여 재수출감면규정은 법에서 감면세 기간의 연장에 관하여는 명시적으로 규정한 것이 없다. 그러나 관련 유권해석에 의하면 2년 혹은 4년의 정해진 기간 범위 내에서는 기간 연장이 가능하며, 이때에는 당초에 감면한 세액은 추징하고 새롭게 감면 기간에 맞추어 감면한다. 하지만 2년 혹은 4년의 법정 기간을 넘어서는 기간은 연장이 되지 아니한다. 2006.3.24. 개정 관세법에서 그 동안 시행령에 규정했던 감면률을 국민재산권보호차원에서 본 법에 상향 규정하였다. 세율을 법에 규정하는 것은 세율법정주의에 부합하는 것이라 할 수 있다.

세관장의 승인 없이 용도 외 사용하거나 양도한 것은 2천만원 이하 벌금 혹은 과실인 경우에는 300만원 이하의 벌금에 해당되며, 수출하지 아니한 경우에는 500만원 범위에서 가산세를 부과할 수 있다.

제2항에서 법 제97조 제2항은 용도 외 사용, 양도 금지규정, 법 제97조 제3항은 재수출감면 조건을 지키지 아니하는 경우에는 관세를 징수하는 규정, 법 제97조 제4항은 기간 이내 재수출하지 아니하는 경우 가산세를 부과하는 규정이다.

【조세심판원 1995.4.21, 94관0055】 임차물품의 과세가격은 임차료 산출기초가 되는 해당 임차물품의 가격이며 임차료 자체가 아니므로 처분청의 처분은 잘못이 없다고 판단된다.

제99조【재수입면세】 다음 각 호의 어느 하나에 해당하는 물품이 수입될 때에는 그 관세를 면제할 수 있다.

1. 우리나라에서 수출(보세가공수출을 포함한다)된 물품으로서 해외에서 제조·가공·수리 또는 사용(장기간에 걸쳐 사용할 수 있는 물품으로서 임대차계약 또는 도급계약 등에 따라 해외에서 일시적으로 사용하기 위하여 수출된 물품이나 박람회, 전시회, 품평회, 국제경기대회, 그 밖에 이에 준하는 행사에 출품 또는 사용된 물품 등 기획재정부령으로 정하는 물품의 경우는 제외한다)되지 아니하고 수출신고 수리일부터 2년 내에 다시 수입(이하 이 조에서 "재수입"이라 한다)되는 물품. 다만, 다음 각 목의 어느 하나에 해당하는 경우에는 관세를 면제하지 아니한다.
   가. 해당 물품 또는 원자재에 대하여 관세를 감면받은 경우
   나. 이 법 또는 「수출용 원재료에 대한 관세 등 환급에 관한 특례법」에 따른 환급을 받은 경우
   다. 이 법 또는 「수출용 원재료에 대한 관세 등 환급에 관한 특례법」에 따른 환급을 받을 수

차료 산출에 중고품가격이 충분히 반영되어 임차료가 결정될 것이므로 임차수입물품의 경우에 따른다(평환47221－88, 1997.3.11). 경제적 내구연한이란 물품의 경제적 효용가치가 지속되는 기간을 의미하므로 법인세법 시행규칙상의 법정내용연수와는 차이가 있다(평일47221－148, 1993.3.31).

있는 자 외의 자가 해당 물품을 재수입하는 경우. 다만, 재수입하는 물품에 대하여 환급을 받을 수 있는 자가 환급받을 권리를 포기하였음을 증명하는 서류를 재수입하는 자가 세관장에게 제출하는 경우는 제외한다.

라. 보세가공 또는 장치기간경과물품을 재수출조건으로 매각함에 따라 관세가 부과되지 아니한 경우

2. 수출물품의 용기로서 다시 수입하는 물품
3. 해외시험 및 연구를 목적으로 수출된 후 재수입되는 물품

해 설

재수입이란 물품을 수출한 후 그 물품을 그대로 수입하는 것을 말한다. 무역업자의 편의를 위해 재수입물품에 대하여 면세하는 것을 재수입면세라 한다. 재수출면세, 재수출감면은 있으나 재수입감면세는 없다. 그 이유는 내국물품은 원래 관세부과 대상이 아니기 때문에 감면세를 하지 아니하고 면세하는 것이다. 재수입면세 물품에는 일반수출물품, 수출물품용기, 해외시험 · 연구용품 등이 있다.

재수입면세할 때 수입자가 수출자와 일치해야 하는지에 대하여는 명확하게 규정하고 있지 아니하다.[63] 그러나 수출자에게 환급청구권이 있는 경우 제3자의 재수입면세 가능 여부 질의에 대한 회신에서 재수입면세는 이 법 또는 「수출용 원재료에 대한 관세 등 환급에 관한 특례법」에 따라 관세를 환급받을 권리가 있는 수출자가 수출한 물품을 제3자가 수입한 경우에는 적용되지 아니한다.[64]

수출신고필증이나 반송신고필증에는 일반 제품인 경우에는 일련 번호 등을 기재하여야 하며 일련번호가 없는 것은 다른 확인할 수 있는 자료를 갖추어야 한다. 재수출면세는 원래 외국물품이었던 물품에 대한 면세제도이나, 재수입면세는 원래 내국물품이었던 물품에 대한 면세제도이다. 재수입면세는 수출한 물품이 결함 등으로 반송되거나 일시 사용될 것을 예정하고 수출되는 경우 관세를 부과하지 않고 수입한다는 취지를 지니고 있다.

'사용된 것'과 관련하여 경주말의 경우 2017년부터 재수입 면세대상 여부에 관하여 논란이 있었다. 국내 경주말이 해외에서 경마대회에 출전한 것은 경주말의 사용이기 때문에 재수입면세 대상이 아니라는 것이 세관의 입장이었다.[65] 외국 경주말이 수입되어서 국내에서 출전하는 경우는 재수출면세 대상으로 보고 있었다. 그러나 해외 경마에 참여하고 다시 수입되는 국내

---

63) '개정교토협약 동일상태 재수입'에 대하여 우리나라는 아직 유보상태이나 협약에는 일부 재수입, 수출자와 수입자가 다른 재수입, 보존 유지된 상태의 재수입 등이 있다.
64) 기획재정부 유권해석(관세제도과－958 2011.12.29).
65) 국내 경주말의 경우 휴대품면세 규정을 적용하는 것이 타당하다고 한다.

경주말의 경우 종전과 달리 재수입 면세 대상이라는 대법원의 판결[66]이 있었다.[67]

1967년 최초 도입시에는 가공 수리품에 대하여만 감면할 수 있도록 정하였으나, 1978년에 일반수출물품과 수출물품용기로서 다시 수입하는 물품을 추가하여 면세할 수 있도록 규정하였다. 2000년 개정 관세법에서는 가공·수리 목적으로 수출되었다가 수입되는 물품에 대한 재수입면세 규정은 법 제101조에서 규정하고 있다.

제1호에서 우리나라로부터 수출된 물품으로 수출신고 수리일부터 1년 이내, 기획재정부령이 정하는 물품은 2년 이내에 다시 수입하는 물품은 재수입면세 대상 물품이었으나, 2000년 개정 관세법에서 재수입면세 받을 수 있는 기간은 모두 2년으로 연장하였다. 여기에서 수출은 앞서의 '수출의 정의'에서 설명한 것과 같이 우리나라의 법률의 효력이 미치는 영역을 전제로 설명할 수 있다. 예를 들면, 우리나라 선박이 공해상에서 잡은 수산물을 현지에서 외국의 구매자에게 수출한 후 그중 일부가 국내로 반송된 경우에는 일반 수출의 경우와 마찬가지로 재수입면세대상이 된다. 여기서 수출물품이란 우리나라 영역으로부터 선적, 수출된 물품을 의미하는 것이 아니라 우리나라에서 수출절차가 이행된 수출물품으로 본다.

재수입은 수출된 물품이 다시 수입되는 경우[68]를 말하고 재수출은 수입된 물품이 다시 수출되는 것을 의미한다. 수입과 재수출, 재수출품을 다시 수입하는 것, 다시 수입한 것을 수출하는 것과 같이 거래관계가 계속 이어질 수 있으나, 물품의 동일성 등을 고려하여 거래단계를 매듭지어 과세업무를 처리해 나가야 한다.

재수입 물품 또는 원자재에 대하여 이전 수입단계에서 관세 감면을 받았거나 혹은 관세를 납부하고 환급을 받았거나,[69] 관세를 납부하지 아니한 상태에서 보세가공을 하였거나, 장치기간경과물품을 재수출 조건으로 매각함에 따라 관세를 별도로 납부하지 아니한 경우에는 재수입면세를 받을 수 없다.[70]

장치기간 경과물품 매각에 대한 재수입면세 제외 이유는 체화물품이 관세 등 제세를 제외한 가격으로 예정가격이 산정되어 재수출조건으로 공매되었으나, 이 물품이 재수입된 경우 그 이전에 관세를 납부하지 아니 하였기 때문에 재수입면세에서 제외하는 것이다.

---

66) 서울고등법원 2018누55250(2018.12.4) 대법원 2019두31464(2019.4.26) 참조.

67) 이종익, "관세법 제99조(재수입면세)규정 해석에 관한 고찰", 『계간 관세사』 통권192호(2019년 봄호), 한국관세사회, pp.22~32.

68) 입고검사 과정에서 발생한 불량품은 수출된 원상태의 것으로서 "사용되지 아니한 것"으로 보아 관세법 제99조 재수입면세 물품에 해당되지만 제조·시험비행·납품·하자보증수리 과정에서 발생한 불량품은 "사용된 것"으로 보아 관세법 제99조의 재수입면세 물품에 해당되지 아니한다(관세청 통관기획과-4208, 2013.7.23).

69) 실무에서는 환급한 세액을 추징하고 재수입면세 처리를 하는 경우가 있지만 다소 법 취지에는 맞지 않다.

70) 기획재정부 유권해석에 의하면 여기에서 '관세'라 함은 그 관세나 해당 관세를 의미하며 관세를 제외한 부분에 대하여는 재수입면세가 가능하다.

법 제101조 해외임가공물품 등 감세에는 이와 같이 해당 거래 전 단계에서 발생된 면세·환급 여부에 대하여는 규정을 하고 있지 아니하였으나, 이중 혜택을 받는 문제점 등을 해소하기 위해 동조와 같이 2000년 개정 관세법에서 이를 명문으로 규정하였다. 재수입면세를 받기 위해서는 수출된 물품이 다시 수입되었다는 사실을 면세신청자가 증명하여야 한다.[71] 무역거래 당사자가 동일인이 아니라도 수출된 물품이 수입되는 경우에 재수입면세를 받을 수 있다고 본다. 그러나 2010.1.1. 관세법 개정(법률 제9910호)시 면세요건 내용을 보다 상세하게 규정하였으며, 특히 사용의 경우 임대차나 도급계약의 이행을 위하여 해외에서 일시 사용하거나 전시회에서 사용된 경우에만 재수입면세를 허용하고 있다.[72] 이는 이전에 수출물품의 사용여부, 유무상 수입여부 등을 고려함이 없이 재수입 면세가 가능한 것을 보다 엄격히 한 것이라 볼 수 있다. 2014.1.1. 관세법 개정시 수출물품에 대한 관세를 환급받을 수 있는 권리를 보호하기 위해 환급을 받을 수 있는 자 이외의 자가 해당 물품을 재수입하는 경우에는 관세를 면제하지 아니하되, 환급청구권자가 동의하는 경우 재수입자의 면세를 허용하였다. 즉 환급을 받을 수 있는 자가 환급받을 권리를 포기하였음을 증명하는 서류를 세관장에게 제출하는 경우 관세를 면제하도록 하여 재수입시 관세면제 제외사유를 명확히 하였다.여기서 환급포기각서를 제출하지 않고 재수입면세신청하여 세관장이 이를 승인한 경우 사후에 환급포기각서를 제출하여 당초 재수입면세 승인을 인정받을 수 있는지 여부에 대해서는 처분청의 보완요구가 있었다면 충분히 환급포기각서의 제출이 가능했으므로 사후보완이 가능하다.[73]

2019.12.31. 개정 관세법에서 국내경주말에 관한 대법원의 판결에 따라 관련 규정을 개정하였다. 문구상으로는 해외에서 일시적으로 사용하기 위하여 수출된 물품은 모두가 재수입 감면의 대상이 되는 것으로 해석된다.

제2호에서 보면, 재수입면세물품에는 수출물품 용기로 다시 수입하는 물품이 있지만, 이에 대하여 재수출면세물품에는 수입물품의 포장용품, 수출물품의 포장용품 등이 있다. 수입물품의 포장용품이지만 다시 수출할 것이므로 면세하는 것이고, 수입하지만 수출물품의 포장용품으로 사용되어 다시 수출할 것이므로 면세하는 것이다.

우리나라 물품이 수출되었다가 다시 수입되기 때문에 면세한다. 이 제도는 반복적으로 수

71) 재수입면세는 포장용기 대여업자가 제3자에게 포장용기를 임대하여 그 제3자가 수출신고한 후 당초 포장용기 대여업자가 재수입하더라도 당초 수출물품과 동일물품임이 입증된다면 적용될 수 있다(기획재정부 관세제도과−956, 211.12.29).

72) 이 규정은 2010.4.1.부터 시행하고 있다(통관기획 47240−523, 2001.5.3.).

73) 관세청 통관기획과−3427호, 2015.6.12(유사사례 참조). 수입신고 수리 전에 관세감면신청이 있었고 비록 요건확인서류가 함께 제출되지 않았지만 신청한 자의 착오와 함께 과세관청도 관세감면에 있어 요건확인서류에 대한 보완요구 등 필요한 절차를 이행하지 아니한 잘못이 있고 처분청이 수입수리 전에 첨부서류를 제출토록 보완요구 하였다면 이를 충분히 이행할 수 있었으므로 청구인에게만 귀책사유가 있는 것으로 판단하여 추징하는 것은 부당하다(국심 제90관19호, 1990.6.9).

출입하는 물품에 대해 관세부과 절차를 생략하여 수출입절차를 간소화하는 것이다. 수출물품 용기에는 가스, 화공약품 등을 담는 용기가 있다. 컨테이너는 관세율표상 관세가 무세기 때문에 담보제공 절차 없이 재수입 면세하므로 통관관리가 간편하다. 그러나 유사한 용도에 사용하지만 화물을 적재하기 위해 바닥에 깔개로 사용하는 파레트는 담보를 제공하고 재수입면세 절차를 거쳐 관리하고 있다.

액체운반용 컨테이너는 관세율표상 품목번호가 HSK 8609.00－1000호로 지정되어 있다. 그러나 파레트는 재질·용도·형상에 있어서 그 종류가 다양하여 구체적 품목번호가 정해진 것이 없다.

제3호에서 보면, 거래당사자간 계약에 수출물품 성능이 외국의 특정기준 시험에 통과해야 할 조건이 있는 경우가 있다. 이때에는 이 조건을 이행하기 위해 외국으로 물품을 수출한 후 다시 국내로 수입하여야 한다. 이러한 물품에 대하여 재수입 면세하는 규정이다.

【조세심판원 2019.10.22, 2019관0027】 쟁점물품은 국제경기대회에 참가하였다가 그대로 수입되었으므로 해외에서 부가가치가 증가된 후 재수입되었다고 보기 어려운 점, 재수입면세 요건으로서 수출의 근거가 되는 계약 등이 엄격히 임대차계약이나 도급계약에 준하는 성격을 가져야 한다고 제한적으로 해석할 수는 없고, 당해 수출이 '해외에서의 일시적인 사용을 내용으로 하는 계약 등 합의'에 기하여 이루어진 경우이면 족하다고 할 것이며, 여기서의 임대차계약이나 도급계약은 그러한 계약 등 합의를 예시한 것이라고 해석함이 타당하다고 보이는 점 등에 비추어 처분청이 쟁점물품을 관세법 제99조에 따른 재수입면세 대상이 아니라고 보아 관세 등을 과세한 처분은 잘못이 있는 것으로 판단된다.

【조세심판원 2017.6.30, 2017관0054】 관세법 제99조는 원칙적으로 수출 후 사용되지 않고 수입되는 물품에 대해서만 관세를 면제하고 있고, 박람회 등에서 사용된 경우만 예외적으로 면세 적용을 허용하고 있는 점, 경주마의 경마대회에서의 사용은 해당물품의 본질적인 사용에 해당하므로 박람회 등에서의 시연 등과는 달라 국제경마대회를 박람회 등에 준하는 행사로 보기 어려운 점 등에 비추어 수출 후 국제경마대회에 출전하였다가 다시 수입되는 말에 대하여 관세법 제99조의 재수입면세의 적용을 배제하고 과세한 처분은 잘못이 없다.

【서울고등법원 2018.12.4, 2018누55250】 재수입면세 요건으로서 '임대차계약 또는 도급계약 등'을 수출의 근거가 되는 계약 등이 엄격히 임대차계약이나 도급계약에 준하는 성격을 가져야 한다고 제한적으로 해석할 수는 없고, 당해 수출이 '해외에서의 일시적인 사용을 내용으로 하는 계약 등 합의'에 기하여 이루어진 경우이면 족하다고 할 것이며, 여기서의 임대차계약이나 도급계약은 그러한 계약 등 합의를 예시한 것이라고 해석함이 타당하다.

【대법원 1998.4.10, 97누6711】 수입물품이 재수입면세 대상에 해당하더라도 그 물품의 수입에 관한 면세신청에 따라 면세조치를 할 수 있는 것이지 그러한 면세신청이 없는 경우에도 면세가 되는 것은 아니며, 가공할 목적으로 수출하였던 부품을 가공 후에 수입면허를 받지 아니한 상태로 보세

공장으로 재반입하면서 그 사용신고시 그러한 물품임을 표시하였다거나 그 부품 등을 사용하여 보세공장에서 제조한 제품에 대한 수입신고를 하면서 그 부품가격을 내국물품가격에 산입하여 신고하였다고 하여 그 부품에 대한 적법한 재수입면세신청이 있었다고는 볼 수 없다.

【대법원 1995.9.15, 95누6748】 수입물품이 소정의 재수입면세 대상물품에 해당한다 하더라도 과세관청으로서는 위 물품의 수입에 관한 관세의 면세신청에 따라 면세조치를 할 수 있고, 면세신청이 없는 경우에도 면세조치를 하여야 하는 것은 아니다.

【대법원 1995.5.23, 94누16328】 재수입면세대상이 되는 물품은 수출된 물품이 그 성질과 형상을 변하지 아니한 상태로 동일성을 유지하면서 그대로 다시 수입된 물품을 말하고, 그와 같은 물품을 면세대상으로 한 취지는 우리나라에서 수출된 물품이 그대로 되돌아 온 것은 이를 새로운 물품의 수입으로 볼 수 없을 뿐만 아니라 관세를 면제하는 것이 과세균형상 타당하다는 고려에 따른 것이다. 외국의 자동차회사로부터 덤프트럭을 수입하면서 자동차 타이어를 수출한 후 트럭에 장착하여 재수입한 것이 재수입면세대상에 해당한다.

【대법원 1995.3.3, 94누14568】 엔진 등 자동차의 중요한 구조나 장치에는 변경을 가함이 없이 그 밖의 일부 내부구조 및 장치를 소정의 승인을 받아 일부 변경한 것에 불과한 이상 개조 후의 자동차는 개조 전에 비하여 그 성질 또는 형상이 크게 변하지 않아 동일성이 그대로 유지되고 있다고 보아야 하므로, 위와 같은 개조는 가공에 해당한다.

【대법원 1985.11.12, 85누650】 수출당시의 이 사건 촉매제와 수입후의 위 촉매제는 모양, 규격, 형식, 수량 및 그물망 등이 외관상 거의 일치하고 단지 극소부분의 불순물 및 합금량의 차이와 그 화학반응의 효율에 있어 차이가 있을 뿐으로 이는 가공 내지는 수선의 정도에 그칠뿐 원물과 동일성을 인정할 수 없을 정도의 제조에 이르렀다고 보기 어려우며 피고 소송수행자가 주장하듯이 이 사건 물건은 "용융"의 과정을 거쳐 가공 수선한 사실은 인정되나, 소외 회사에서 용융의 과정을 거침은 이 사건 물건을 가공, 수리하는 방법으로써 질산제조중 섭씨 900도의 고열에서 화학반응 중 밀착된 불순물과 위 과정에서 변형된 백금과 로듐의 비율을 원형의 형태 및 그 비율로 환원하기 위한 합금속의 정제 및 가공, 수리하는 필연적인 기술과정이고 용융과정이 있다하여 새로운 물건이 제조되었다고 보기 어렵다. * 가공 또는 수리할 목적으로 수출한 후 재수입한 물품이어서 관세가 면제된다고 판단한 사례이다.

【대법원 1985.3.26, 80누550】 선박의 건조에 사용된 원자재에 대하여 관세의 감면 등이 있었음에도 이를 수출하였다가 재수입한 것을 다시 면세대상으로 본 위법이 있다

【대법원 1984.11.27, 84도2100】 [1] 수리를 위하여 수출한 물품과 칫수, 구조, 성능, 가격, 날자와 요일의 표시가 같은 동종의 다른 신품이 수입된 경우는 비록 동종의 물품이라 하더라도 수리를 위하여 수출한 그 물건 아닌 다른 물건이 수입된 것이므로 면세대상이 될 수 없다. [2] 면세대상품이 아닌 물품인 새로 수입된 신품을 수리를 위하여 수출한 후 이를 수리하여 재수입된 면세대상품인 수리한 중고품 내지 폐품 또는 불량품으로 수입신고하여 관세의 면세를 받도록 한 행위는 사위 기타 부정한 방법으로 관세 등을 면탈하려 한 것으로 관세포탈의 범의가 있었다 할 것이다.

제100조【손상물품에 대한 감면】 ① 수입신고한 물품이 수입신고가 수리되기 전에 변질되거나 손상되었을 때에는 대통령령으로 정하는 바에 따라 그 관세를 경감할 수 있다.
② 이 법이나 그 밖의 법률 또는 조약·협정 등에 따라 관세를 감면받은 물품에 대하여 관세를 추징하는 경우 그 물품이 변질 또는 손상되거나 사용되어 그 가치가 떨어졌을 때에는 대통령령으로 정하는 바에 따라 그 관세를 경감할 수 있다.

해 설

수입물품은 수입신고 당시 물품의 성질과 수량에 따라 과세하는 것이다. 그러나 수입신고 후 신고가 수리되기 전에 물품이 변질되는 경우에는 화주가 손상된 물품에 대한 관세를 납부하게 되는 것이므로 금전적으로 손해를 본다고 할 수 있다. 본조는 이러한 문제점을 해소하기 위한 규정이다. 수리 전 '손상물품에 대한 감면'과 면세물품 '손상물품에 대한 감면' 두 종류가 있다. 제1항에서는 전자를 제2항에서는 후자를 규정하고 있다. 2020.12.22.(법률 제17649호) 개정시 '손상감세'를 '손상물품에 대한 감면'으로 용어를 개정하였다.

신고수리 전 외국물품 상태에서 변질 또는 손상된 것이어야 감면을 받을 수 있다. 이는 수입신고 수리가 되기 이전에 변질·손상되는 것인 만큼 수입신고 당시 물품의 성질과 수량에 의하여 과세한다는 원칙을 탄력적으로 적용한 것으로 해석할 수 있다. 그러나 수입신고 수리 후 계속 지정보세구역에 장치 중 멸실되거나 변질·손상된 경우는 관세환급 대상이지 감면대상은 아니며, 수입신고 전에 변질·손상된 것은 과세가격결정의 문제라 할 수 있다. 이런 점에서 신고수리 전 반출된 물품의 경우를 보면 '손상물품에 대한 감면' 대상은 아니라고 판단이 된다.

변질은 화학적인 변화, 손상은 물리적인 변화에 의한 가치의 감소이다. 손상물품에 대한 감면은 일반감면처럼 혜택을 주는 것이 아니라 경감사유에 해당되면 공평과세 원칙에 의거 관세를 경감해 주는 것이다.

제2항은 감면물품 감면에 관한 규정이다. 감면받은 물품이 사후관리를 하고 있는 중에 감면조건을 위반하면 추징을 하지만 위반 이전까지는 합당하게 감면을 받은 것으로 본다는 의미다. 따라서 사유발생 시점에서 그 동안 사용으로 인한 변질·손상가치가 감소한 만큼 관세를 경감하는 것이다. 동항 단서 조항 2011.12.31. 개정 관세법에서 삭제하였다. 그 내용은 법 제104조 제6항 수출용원자재 등의 감면 및 환급 규정에 따라 감면을 받는 때에는 재해, 기타 부득이한 사유로 변질, 손상된 때 한하여 경감한다는 것이었다. 이는 면세범위를 제한한 것으로, 물품을 사용하다가 변질·손상되는 경우는 감면에서 제외한다는 의미였다.[74] 동항의 단서 규정

74) 기획재정부 유권해석에 의하면 물품이 변질 또는 손상되거나 사용으로 인하여 물품 가치가 감소된 것에 대

은 세관의 직권에 의한 손상물품에 대한 감면 규정으로서 별도의 신청절차를 규정하고 있지 아니하며, 구체적인 가치감소의 산정기준도 정하고 있지 아니하므로 적용상 신중을 기할 필요가 있었다.[75]

경감하는 관세액은 수입물품의 변질·손상 또는 사용으로 인한 가치의 감소에 따르는 가격의 저하분에 상응하는 관세액, 수입물품의 관세액에서 그 변질·손상 또는 사용으로 인한 가치의 감소후의 성질 및 수량에 의하여 산출한 관세액을 공제한 차액 중에서 많은 금액으로 한다. 변질·손상 또는 사용으로 인한 가치감소 산정기준은 관세청장이 정할 수 있다. 법 제106조에서 수입신고 수리된 물품이 수리 후 계속 지정보세구역에 장치되어 있는 중에 재해로 인한 멸실 등으로 그 가치가 감소된 때에는 환급 조치한다.

【대법원 1990.6.22, 90누2574】 감면된 관세를 추징하는 경우의 관세경감에 관한 관세법 손상감세 규정은 "관세법에 의하여 관세를 추징하는 경우"에 적용되는 것으로서, 외자도입법의 규정에 의하여 감면된 관세, 특별소비세 및 부가가치세를 "외자도입법에 의하여 추징하는 경우"(추징사유도 관세법과는 다르다)에까지는 적용되지 않는 것이다.

제101조【해외임가공물품 등의 감면】 ① 다음 각 호의 어느 하나에 해당하는 물품이 수입될 때에는 대통령령으로 정하는 바에 따라 그 관세를 경감할 수 있다.
1. 원재료 또는 부분품을 수출하여 기획재정부령으로 정하는 물품으로 제조하거나 가공한 물품
2. 가공 또는 수리할 목적으로 수출한 물품으로서 기획재정부령으로 정하는 기준에 적합한 물품
② 제1항의 물품이 다음 각 호의 어느 하나에 해당하는 경우에는 그 관세를 경감하지 아니한다.
1. 해당 물품 또는 원자재에 대하여 관세를 감면받은 경우. 다만, 제1항 제2호의 경우는 제외한다.
2. 이 법 또는 「수출용 원재료에 대한 관세 등 환급에 관한 특례법」에 따른 환급을 받은 경우
3. 보세가공 또는 장치기간경과물품을 재수출조건으로 매각함에 따라 관세가 부과되지 아니한 경우

해 설

원재료나 부분품이 내국물품인 경우 그 금액에 해당하는 만큼 수입할 때에 관세를 감면하는 것을 해외임가공물품감세라 한다. 임가공무역을 증진하기 위한 제도이라 할 수 있다. 최근

하여는 대통령령이 정하는 바에 의하여 그 관세를 경감한다. 그러나 변질 또는 손상되거나 사용으로 인하여 가치가 감소된 사유에 대하여는 구체적으로 법에서 정한 바가 없으므로 물품이 해당 용도에 사용되지 못하고 손상·변질되거나 감소된 상태에서 용도 외 사용 등 추징사유가 발생하여 추징하게 되는 경우에도 손상감세 대상이 된다.

75) 까르네 재수출면세물품을 반입하여 일정 기간 제품생산 등에 사용한 후, 감세 신청하여 감면받는 사례를 예로 들 수 있다. 이런 경우 사용기간 만큼의 관세 등 수입이 줄어든다고 볼 수 있다.

에는 중국을 상대로 한 임가공무역이 급증하고 있다.[76] 일반적으로 '제조'라 함은 원재료에 노력을 가하여 원재료와는 전연 동일성을 인식할 수 없을 정도로 변경된 새로운 물건을 만들어 내는 것이고 '가공'은 원재료에 노력을 가하여 원재료와 동일성을 유지할 수 있을 정도의 변경을 가하는 것이며 '수선'은 물품의 용도에 따라 기능이 불완전할 경우 그 기능을 회복시켜 주는 것을 말한다.[77]

제1호는 1998.12.28. 관세법 개정(법률 제5583호)시 전자부분품을 해외에 수출하여 가공 후 수입하는 형태의 무역을 지원하기 위해 신설한 조항이며, 해당되는 물품은 기획재정부령 관세율표 제85류, 제90류 등에 해당하는 것이다.

제2호에서 기획재정부령에 '기획재정부령이 정하는 기준에 적합한 물품'이라 함은 가공 또는 수리하기 위하여 수출된 물품과 가공 · 수리[78] 후 수입된 물품[79]의 관세 · 통계통합품목분류표상 10단위의 품목번호가 일치하는 물품을 말한다.[80] 다만, 수율 · 성능 등이 저하되어 폐기된 물품을 수출하여 녹이는 과정 등을 거쳐 재생한 후 다시 수입하는 경우와 제품의 제작일련번호 또

76) '임가공'의 내재된 정의가 가공을 위해 일시적으로 맡기는 무상수출인 경우만을 의미하므로 유상수출의 경우에 이 규정의 적용을 받을 수 없다(기획재정부 관세제도-708, 2006.8.17). 이러한 회신에 따라 관세청에서는 유상수출에 대한 감면은 불가능한 것으로 안내하고 있고 유상수출에 대한 감면을 배제하고 있었고, 국심 2007관0145(2008.7.14) 및 조심 2014관0221(2014.7.21)에서는 감면이 가능하다고 하여 업무 적용에 혼선이 발생되고 있는 상황이었다. 2015.11.6. 제195회 국세예규심사위원회에서 소유권이전이 했다고 보기 곤란한 일부 유상수출에 대하여는 해외임가공 감면이 가능하다고 결정하였다.

77) 기획재정부 유권해석(1991.11.5)에 의하면 가공의 의미는 가공하기 전의 물품성질 및 형태와 동질동형을 유지할 수 있는 정도의 단순한 가공만을 뜻한다고 본다. 관세법에는 가공 · 수리와 제조라는 개념에 관하여 명확한 규정이 따로 없으므로, 일반적으로 제조는 원재료에 노력을 가하여 원재료와 전연 동일성을 인식할 수 없을 정도로 변경된 새로운 물건을 만들어 내는 것이다(대법원 1986.12.23. 선고 86누272 판결)참조.

78) '가공 · 수리'의 범위에는 물품의 품명 · HS번호 및 제조번호가 기 수출되었던 물품과 일치하여 외형상 동일물품이 확인되는 경우에는 "기능향상(Upgrade) 또는 개조(Modification)"된 것이 포함한다(기획재정부 관세 47000-345, 1993.12.3). 수율 · 성능이 저하된 물품을 수출하여 해외에서 용융과정 등을 거쳐 일부 구성요소를 폐기하고 대체물을 사용한 물품을 수입하는 경우, 용융과정 등을 통해 이물질을 제거하는 과정에서 불가피하게 폐기되는 보조제를 동종의 보조제로 교체하였을 뿐, 수출물품과 수입물품의 구성요소, 기능(용도), 특성, 사용자, 모양 등이 모두 동일하여 그 동일성을 인식할 수 있다면 관세법 제101조 제1항 제2호의 가공 또는 수리에 해당된다(기획재정부 관세제도과-561 2015.9.23).

79) 해외임가공 과정에서 발생한 불량품은 가공 또는 수리 후 수입되는 물품으로 볼 수 없으므로 해외임가공 감면을 받을 수 없다(관세청 통관기획과-4760, 2015.8.24).

80) HSK 제4107호 가죽이 수출되어 카시트용으로 사용하기 위해 여러 조각으로 절단 및 천공 한 후 수입하는 경우 수출자와 위탁가공계약을 체결한 후 원자재를 수출자에게 공급된다는 점, 수입물품이 당사가 제공하는 절단 전개도의 내용과 일치하는 점, 수입물품의 색상 상태가 수출물품의 기본색상과 동일한 점, 그 특성상 수출물품을 다른 용도로 사용하거나 다른 가공재료를 이용하여 수출물품을 가공할 개연성이 높지 않은 점 등이 인정된다면, 비록 수출 및 수입시 물품의 HSK 10단위가 일치하지 아니하더라도 관세법 시행규칙 제56조 제2항 단서에 의거 제품의 특성으로 보아 수입물품이 우리나라에서 수출된 물품임을 세관장이 확인할 수 있는 물품인 경우로 볼 수 있다(관세청 통관기획과-4521, 2014.7.24).

는 제품의 특성으로 보아 수입물품이 우리나라에서 수출된 물품임을 세관장이 확인할 수 있는 물품인 경우에는 관세·통계통합품목분류표상 10단위의 품목번호가 일치하지 아니하더라도 면세대상물품으로 한다.[81] 이 호의 가공·수리를 목적으로 수출한 물품이 다시 수입되어 면세하는 경우는 종전의 가공·수리 부분에 대한 과세조항을 현행 조항으로 옮겨서 2000년 개정 관세법에 규정한 것이다. 미리 원재료 수출시 해외임가공을 위한 원재료 수출을 신고하도록 2010.3. 시행령을 개정하여 감면신청을 통제하였다. 종전에는 감면신청시 해외임가공물품에 대한 감면신청서와 증빙서류를 제출하도록 하여 임가공 과정에 대한 파악이 곤란하였다.

제2항은 법 제99조 재수입면세가 제외되는 조항과 내용이 동일하다. 제1항 제1호의 경우에는 2000년 개정 관세법에 새로 규정한 조항이다. 새로 규정하게 된 이유는 같은 물품에 대하여 환급과 감면 등 이중 혜택을 배제하기 위한 것이며, 특히 체화물품이 관세 등 제세를 제외한 가격으로 예정가격을 산정, 즉 재수출조건으로 공매하여 이 물품이 수출된 후 사정 변경으로 1년 내에 다시 수입되는 경우에는 부과하지 아니한 관세 등을 과세할 수 있도록 규정한 것이다.[82] 해외임가공물품에 대한 관세경감액을 살펴보면, 법 제101조 제1항 제1호의 물품은 수입물품의 제조·가공에 사용된 원재료 또는 부분품의 수출신고가격에 해당 수입물품에 적용되는 관세율을 곱한 금액이 관세경감이다. 법 제101조 제1항 제2호의 물품은 가공·수리물품의 수출신고가격에 해당 수입물품에 적용되는 관세율을 곱한 금액 혹은 하자보수 보증기간 중 하자가 발견된 경우에는 수출신고가격(운임·보험료 및 가공·수리비 상당 금액 포함)을 합한 금액에 해당 수입물품에 적용되는 관세율을 곱한 금액이 관세 경감액이다. 무상수리 후 재수입하는 경우에는 수리비만 과세한다. 그러나 이러한 물품이 관세 감면을 받은 물품인 경우에는 관세를 경감하지 아니하도록 규정하고 있었으나, 2008.12.26. 법 개정(법률 제9261호)시에 당초 수입시 관세감면받은 물품을 반출하여 가공·수리 후 재수입시에는 감면받은 물품에 대해 감면

---

81) 제142회 국세예규심사위원회 2008.2.28, 통관기획과－2320, 2008.5.2 : 용융 재생 후 재수입시 중량, 규격 및 수량이 달라지는 경우 해외임가공 감면 여부와 관련하여 가공 또는 수리의 범위내로 볼 수 있을 만큼 성분구성비의 변화가 적고, 수출입물품 간 사용자·구성요소·기능 등이 동일하며, 원물(폐기되기 이전 물품)과 재수입물품의 관세·통계통합품목분류표상 10단위가 일치하여 본질적 특성이 변경되지 않는 경우 감면대상이다.
기획재정부 관세제도과－561, 2015.9.23 : 수율·성능이 저하된 물품을 수출하여 해외에서 용융과정 등을 거쳐 일부 구성요소를 폐기하고 대체물을 사용한 물품을 수입하는 경우 용융과정 등을 통해 이물질을 제거하는 과정에서 불가피하게 폐기되는 보조제를 동종의 보조제로 교체하였을 뿐, 수출물품과 수입물품의 구성요소, 기능(용도), 특성, 사용자, 모양 등이 모두 동일하여 동일성을 인식할 수 있다면 해외임가공 감세의 가공 또는 수리에 해당된다.

82) 관세청 유권해석(2001.9.3)에 의하면 하나의 수입물품이 둘 이상의 관세감면조항에서 규정하는 감면요건을 모두 충족하는 경우에는 수입자의 신청에 의하여 감면조항을 선택적으로 적용하는 것이 가능하나, 재수입물품 본체에 대해 해외임가공감세를 신청하고 수리·가공분에 대하여 방위산업제품제조용감면을 적용하는 것은 타당하지 아니하다. 그러나 세율불균형물품의 감면 경우는 수리·가공 부분을 별도로 규정하고 있으므로 수리가공분에 대한 세율불균형물품 감면신청이 가능하다.

효력을 계속 유지하기 위하여 관세를 감면하되 가공·수리비만 과세하도록 규정하였다.[83]

【조세심판원 2017.9.26, 2017관0102】 청구법인이 수입신고 당시 신고누락하였던 원재료가격을 수정신고(1차)하면서 해외임가공을 이유로 부가가치세를 면제받았고, 이 건 심판청구는 1차 수정신고 이후 기간에 대한 납부불성실가산세에 대한 청구인 점, 수입신고수리 전에 감면신청을 하여야 하는 관세와 달리 부가가치세의 경우 관련 법령에 별도로 감면신청에 관한 규정이 없으나, 기획재정부장관은 관세법 제101조에 따라 관세의 경감대상에 해당하는 때에는 부가가치세법제27조 제12호에 따라 부가가치세가 감면된다고 유권해석하고 있는 점 등에 비추어 이 건 가산세 면제신청 거부처분은 잘못이 있다고 판단된다.

【조세심판원 2014.7.21, 2014관0221】 관련규정상 해외임가공을 위하여 유상수출한 원부자재 등에 대해서 감세를 배제한다는 명문규정이 없고 감세를 배제할 다른 사유가 없는 점 등에 비추어 해외임가공감세대상에 해당한다.

【조세심판원 20008.7.14, 2007관0145】 유상수출한 원재료 등에 대해서는 해외임가공물품의 관세감면을 배제하는 명문규정이 없을 뿐만 아니라 수차례 감면이 가능하다는 해석이 있었음에도 당초의 관세감면승인을 취소한 것은 부당하다.

【대법원 1986.12.23, 86누272】 가공 또는 수리할 목적으로 수출되었다가 일정기간내에 재수입하는 물품에 대한 감면세조치는 가공, 수리에 의하여 부가된 가치부분만 실질적으로 수입하는 것이므로 그 부분에 대하여서만 과세하고, 재수입되는 원물품에 대하여서는 관세를 면제함이 과세균형상 타당한 것인 바, 나일론 제조원료인 카프로락탐을 제조 판매하는 회사로서 제조공정에 사용되는 암모니아 산화촉매인 백금, 로듐의 합금망선으로 짠 직경 2,700밀리미터의 원형망 12매를 독일회사로부터 수입하여 사용하는데 최초암모니아 산화효율은 97퍼센트정도 반응하다가 섭씨 약 700도의 고온에서 9개월정도 사용하면 철분, 닉켈, 먼지, 기름등의 불순물이 부착되고 위 촉매망 자체의 백금 및 로듐이 마모되어 암모니아 산화효율이 93 내지 94퍼센트로 저하되고 경제성이 떨어지므로 위와 같이 효율이 떨어진 촉매제는 이를 제조회사에 다시 보내어 위 촉매에 부착된 불순물을 제거하고 마모된 망선의 굵기를 정상규격으로 환원하고 백금과 로듐의 구성비를 90 : 10으로 보충 조정한 후 방사직조하여 다시 수입하고 신고와 동시에 가공수리비에 상당하는 관세 및 방위세를 신고하고 나머지에 대한 감면신청을 하였는데 이는 가공 내지 수선의 정도에 그친다 할 것으로서 원물과의 동일성을 인정할 수 없을 정도의 제조에 이르렀다고는 보기 어려우므로 제조물로 평가하여 부과한 피고의 과세처분은 위법한 것으로서 취소되어야 한다.

【헌법재판소 2003.7.24, 2002헌바54】 해외임가공물품감세제도는 국내에서 원재료·부분품을 해외로 수출하여 임가공한 후 이를 국내로 다시 수입하는 경우 당초 국내에서 수출한 원재료·부분

83) 이때 최초 수입신고시 개별소비세를 과세하고 사용도중 고장으로 외국공급사의 공장으로 송부하여 수리 및 재조정후 반입하였을 때 다시 동 수리비(소요 부품대금, 인건비, 부대경비)에 대하여 개별소비세 과세대상인지에 문제될 수 있는바, 당초 수입시 납부한 세액을 환급 또는 공제받지 아니한 경우라면 무조건 면세승인을 얻어 개별소비세의 면제를 받을 수 있다. 다만 재료를 대체 또는 보완하거나 신품과 동등한 정도로 가공 또는 개조하였다면 새로운 물품의 수입으로 본다(참고예규 : 소비22601－24, 1992.2.15).

품은 외국물품이라기보다는 내국물품으로서의 성격이 더 강할 뿐만 아니라, 국내기업이 외국기업과 동등한 조건으로 경쟁할 수 있도록 해외임가공물품에 대한 관세감면제도를 종래보다 확대하고자 하는 취지에서 도입된 제도이다. 이 사건 법률조항의 입법목적을 고려하면 기획재정부령인 시행규칙에서 관세경감대상으로 규정될 물품은 "원재료·부분품을 수출하여 제조·가공한 후 수입"하는 물품 중에서 국내기업의 경쟁력 향상을 위해 필요한 경우에 국내임가공업체를 위축시키거나 국내산업시설의 해외이전촉진으로 인한 국내산업의 공동화를 초래할 우려가 없고 해외임가공에 상당부분 의존하고 있는 경우로 한정될 것임은 이 사건 조항을 통해서 예측될 수 있다고 할 것이다.

제102조 【관세감면물품의 사후관리】 ① 제89조부터 제91조까지와 제93조 및 제95조에 따라 관세를 감면받은 물품은 수입신고 수리일부터 3년의 범위에서 대통령령으로 정하는 기준에 따라 관세청장이 정하는 기간에는 그 감면받은 용도 외의 다른 용도로 사용하거나 양도(임대를 포함한다. 이하 같다)할 수 없다. 다만, 기획재정부령으로 정하는 물품과 대통령령으로 정하는 바에 따라 미리 세관장의 승인을 받은 물품의 경우에는 그러하지 아니하다.

② 다음 각 호의 어느 하나에 해당하면 그 용도 외의 다른 용도로 사용한 자나 그 양도인(임대인을 포함한다. 이하 같다)으로부터 감면된 관세를 즉시 징수하며, 양도인으로부터 해당 관세를 징수할 수 없을 때에는 양수인(임차인을 포함한다. 이하 같다)으로부터 감면된 관세를 징수한다. 다만, 재해나 그 밖의 부득이한 사유로 멸실되었거나 미리 세관장의 승인을 받아 폐기하였을 때에는 그러하지 아니하다.

1. 제1항에 따라 관세를 감면받은 물품을 제1항에 따른 기간에 감면받은 용도 외의 다른 용도로 사용한 경우
2. 제1항에 따라 관세를 감면받은 물품을 제1항에 따른 기간에 감면받은 용도 외의 다른 용도로 사용하려는 자에게 양도한 경우

해 설

사후관리는 수입신고 수리 후 대상물품을 감면 등 용도에 제대로 사용하는 지를 관리하는 것을 말한다. 이 규정에 의하여 감면받은 물품은 수입신고 수리일부터 3년 범위 안에서 대통령령이 정하는 기준에 따라 관세청장이 정하는 기간 이내에는 감면받은 용도 외로 사용하거나 양도·임대할 수 없다. 이를 관세법에 의해 감면된 물품의 사후관리라 하며, 법 제109조에는 다른 법령에 의해 감면된 물품에 대한 사후관리 내용을 규정하고 있다.

양도 개념에 대해 소유권의 이전을 의미하는 것인지 아니면 임대차, 사용대차, 관리위임 등 사용권, 점유권, 수익권의 이전도 포함되는지 여부에 대해 기획재정부는 법률용어상 "물권의 양도"이라 함은 통상 양도인이 가지고 있는 물권을 당사자의 의사에 의하여 양수인에게 이전하는 것, 즉 권리주체의 변경을 말하며 관세법 제102조에서 규정한 '양도'도 물권의 양도(소

유권일 것임)를 지칭하는 것이 명백하다고 할 것이며 단순히 상대방에게 물권의 일부를 이전하거나 또는 사용·수익 기타 권리를 발생케 하는 임대차, 사용대차, 관리위임 등은 양도의 개념에 포함되지 않는다고 회신[84]하였다.

종전에는 학술연구용품 등 3가지의 감면세에 대해 사후관리를 적용하였으나 2000.12.29. 법률 제6305호 개정을 통해 감면범위를 확대하되, 사후관리는 전용성이 있는 물품(예 ; 항공기 제조용 물품등)은 제외하고 범용성이 있는 물품등에 한정하도록 함으로써 사후관리대상물품의 범위를 축소하였다. 사후관리가 제외되는 물품은 기획재정부령으로 정하고 있는데 해외협력 채포수산물, 우리나라 선박 등의 조난해체물품 등이 있다.

법 제89조는 세율불균형물품 감면세에 관한 규정, 법 제90조는 학술연구용품 감면세에 관한 규정, 법 제91조는 종교·자선·장애인용품 등 면세에 관한 규정, 법 제93조는 특정물품 면세에 관한 규정, 법 제95조는 환경오염방지물품 등에 대한 감면세에 관한 규정이다. 관세청 고시로 「사후관리에 관한 고시」가 있다.[85]

제2항은 관세징수 대상자에 관한 규정이다. 사후관리기간 내에 감면받은 용도 외 사용하거나 용도 외 사용할 자에게 양도한 때에는 용도 외 사용자,[86] 양도인, 임대인으로부터 감면된 관세를 즉시 징수하며, 양도인으로부터 관세를 징수할 수 없을 때에는 양수인, 임차인으로부터 관세를 징수한다. 세관장 승인 없이 용도외 사용하거나, 양도하는 것은 2천만원 이하 벌금 혹은 과실인 경우에는 300만원 이하의 벌금에 해당된다. 다만, 해당 물품을 직접 수입한 경우에 관세의 감면을 받을 수 있고 수입자와 동일한 용도에 사용할 자에게 양도하는 것은 제외하며, 이때는 과태료 2백만원에 해당된다.

참고로 관세법 제102조에 의해 사후관리 중인 감면물품을 수리 등을 위하여 수출할 때는 세관장의 승인을 얻어야 하나, 만일 세관장 승인 없이 수출되었을지라도 이를 용도외 사용으로 간주하여 해당 감면세액을 징수하는 것은 아니다.[87]

---

84) 기획재정부 제도1242－220(1975.3.22).

85) 「사후관리에 관한 고시」는 관세감면·분할납부·용도세율적용승인물품에 대한 용도 외 사용금지기간 및 양도·양수금지기간을 정하고, 사후관리물품의 인수·인계절차, 용도 외 사용등 양수도에 관한 절차, 수입화주 등의 의무사항, 사후관리 물품의 위탁에 관한 사항 등에 관하여 규정하고 있다.

86) 관세법 제89조 관세감면 사후관리 물품의 양수도와 관련하여 지정공장운영인이 반도체 제조업 또는 수리업을 운영하지 않는 중간공급업체에게 판매하고 그 중간공급업체는 다시 반도체 제조업체에 재판매하는 경우 중간공급업체가 매매이익을 얻기 위해 재판매한 행위는 당초 감면용도인 반도체 제조행위에 해당되지 아니하므로 동일용도의 양수도로 볼 수 없고, 다단계의 감면승계가 이루어진 경우 승계시마다 동일용도 사용이라는 요건을 충족되어야 하므로 중간 감면승계과정에서 타 용도로 사용한 경우 그 다음 단계에서의 양수자 또는 최종 사용자가 사후관리기간내에 다시 동일용도로 사용하였는지 여부는 고려대상이 아니다(관세청 세원심사과, 2013.8.29).

87) 기획재정부 관세47000－178, 2001.9.15.

제103조【관세감면물품의 용도 외 사용】 ① 법령, 조약, 협정 등에 따라 관세를 감면받은 물품을 감면받은 용도 외의 다른 용도로 사용하거나 감면받은 용도 외의 다른 용도로 사용하려는 자에게 양도하는 경우(해당 물품을 다른 용도로 사용하는 자나 해당 물품을 다른 용도로 사용하기 위하여 양수하는 자가 그 물품을 다른 용도로 사용하기 위하여 수입하는 경우에는 그 물품에 대하여 법령 또는 조약, 협정 등에 따라 관세를 감면받을 수 있는 경우로 한정한다)에는 대통령령으로 정하는 바에 따라 제83조 제3항, 제88조 제3항, 제97조 제3항, 제98조 제2항, 제102조 제2항 또는 제109조 제2항에 따라 징수하여야 하는 관세를 감면할 수 있다. 다만, 이 법 외의 법령, 조약, 협정 등에 따라 그 감면된 관세를 징수할 때에는 그러하지 아니하다.
② 제98조 제2항과 제102조 제1항에도 불구하고 제90조, 제93조, 제95조 또는 제98조에 따라 관세를 감면받은 물품은 「대 · 중소기업 상생협력 촉진에 관한 법률」 제2조 제4호에 따른 수탁 · 위탁거래의 관계에 있는 기업에 양도할 수 있으며, 이 경우 제98조 제2항과 제102조 제2항에 따라 징수할 관세를 감면할 수 있다. 다만, 이 법 외의 법령, 조약, 협정 등에 따라 그 감면된 관세를 징수할 때에는 그러하지 아니하다.
③ 제1항과 제2항에 따라 관세를 감면받은 경우 그 사후관리기간은 당초의 수입신고 수리일부터 계산한다.

해 설

사후관리업무 중 가장 대표적인 업무는 용도 외 사용에 관한 업무다. 감면물품 중에서 조건이 붙어 있는 감면 물품에 대하여는 사후관리의 일종으로 용도 외 사용 물품에 대하여 추가 징수를 하나, 이 물품을 감면받을 수 있는 자에게 양도하는 때에는 추가 징수하고 다시 감면하는 절차를 거치는 것보다 업무편의를 위하여 바로 감면을 받을 수 있도록 규정하고 있다.

제1항에서 감면승계는 감면받은 물품이 용도 외로 사용된다 하더라도 새로운 용도에 따라 감면을 받을 수 있으면, 이를 추징하고 다시 감면받는 번거로운 절차 없이 감면 지위를 그대로 승계 받는 것을 말한다.[88] 법 제83조 제3항은 용도세율적용 물품에 대해 징수하게 된 경우,[89] 법 제88조 제3항은 외교관면세물품에 대하여 징수하게 된 경우, 법 제97조 제3항은 재수출면세 적용물품에 대해 징수하게 된 경우, 법 제98조 제2항은 재수출감면 적용물품에 대해 징수하게 된 경우, 법 제102조 제2항은 세율불균형물품, 학술연구용품, 종교 · 자선 · 장애인용품, 특정물품, 환경오염방지물품 등 용도외 사용시 관세 징수하게 된 경우, 법 제109조 제2항은 다른 법령에 의한 감면 물품에 대해 관세를 징수하게 된 경우에는 이를 징수하지 아니하고 감면 지위를 승계할 수 있다. 그러나 관세법이 아니고 다른 법 · 조약 등에 의해 감면

88) 승계는 매매 · 상속 등으로 타인이 소유한 권리에 기하여 권리를 취득하는 것을 말한다.
89) 행정심판 재결례(국세심판원 20012.11.5, 2002관0045) 등에서 용도세율 적용물품이 감면물품과 같은 범주에서 취급되어야 한다는 주장의 근거가 되는 규정이다.

된 경우에는 승계할 수 없다. 승계한다면 그 법에서 정해서 승계한다는 의미로 해석할 수 있다. 감면 신청시에는 신청서를 제출하여야 하며, 새로운 용도에 따라 감면되는 관세의 금액이 당초에 감면된 관세금액보다 적은 경우에는 그 차액을 관세로 징수한다.

제2항은 감면물품 양도 등에 관한 규정이다. 학술연구용품 감면, 특정물품 감면, 환경오염방지물품 등에 대한 감면, 재수출물품 감면 등을 받은 물품에 대하여 「대·중소기업 상생 협력 촉진에 관한 법률」[90]에 따른 의한 수탁·위탁거래의 관계에 있는 기업에 양수·양도할 수 있다. 이때에는 관세를 징수하지 아니하나, 관세법 이외 규정에 의해 감면한 때에는 관세를 징수한다. 또한 재수출감면물품은 감면승계를 할 수 있으나, 재수출면세물품은 제외되어 있다. 그 이유는 재수출면세물품은 대부분 소규모 물품으로 여행자 등의 편의를 위해 정해 놓은 것이며, 이러한 물품들은 동 법률이 지향하는 중소업체간 협력증진을 위한 목적과는 거리가 먼 품목이기 때문이다.

제3항은 사후관리기간 승계에 관한 규정이다. 일반적으로 감면물품의 사후관리기간은 수입신고 수리일부터 시작되나, 감면이 승계되어 수입신고수리가 2회 이상으로 경합되면 최초 수입신고 수리일부터 기간 계산한다.

【조세심판원 2002.11.5, 2002관0045】 쟁점물품은 청구법인이 수입신고시 관세법 제83조의 규정에 의한 용도세율적용을 신청하고 세관장의 승인을 얻어 신고수리되었는바, 관세법 제103조 및 같은 법 시행령 제109조 규정에 의하면 용도세율적용물품은 관세감면대상에 포함되며, 같은 법 제38조 제2항 단서 및 같은 법 시행규칙 제8조 제1항에 해당되는 사전세액심사대상으로서 감면대상 및 감면율을 잘못 적용하여 부족세액이 발생한 경우에 해당되는 것으로 판단된다. 따라서 쟁점물품은 세관장의 승인을 받아 용도세율이 적용되고 사후관리를 받아온 물품으로서 관세법 시행령 제39조 제2항 제3호의 규정에 의한 가산세부과 면제대상에 해당된다.

【대법원 1988.4.25, 87도2451】 주한외국대사관의 공용품으로서 관세가 면제되어 수입된 후 5년이 경과되지 아니한 차량의 양수에 관하여는 미리 세관장의 승인을 얻어야 하는 바 이를 얻지 아니하고 위 승용차를 매수하기로 약정한 후 그 매수대금 중 일부를 지급하고 위 차량을 인수받았다면 그로써 용도외사용죄는 일단 성립된 것으로 보아야 하므로 설사 그후 위 매매계약이 해약되고 매도인측이 매매대금을 반환하지 아니하여 부득이 위 차량을 보관만 하고 있었다 하더라도 그와 같은 사유는 일단 성립된 위 용도외사용죄에는 아무런 영향도 주지 아니한다. 감면된 관세액이라 함은 수입당시에 감면을 받은 관세액을 의미한다.

【대법원 1987.7.21, 87누350】 관세의 감면을 받은 물품으로 그 용도에 따라 제조한 물품을 정상적인 상거래를 통하여 이를 다시 구입한 자가 그 물품을 용도에 따라 사용하지 아니하는 경우에는 감면된 관세를 징수할 수는 없다.

---

90) 2006.3.3. 「중소기업의 사업영역보호 및 기업간 협력증진에 관한 법률」이 「대·중소기업 상생 협력 촉진에 관한 법률」로 개정되었다.

【대법원 1983.12.27, 83누420】 [1] 면세수입된 이 사건 선박에 대한 경매가 대통령의 부실기업정리에 관한특별지시에 의하여 진행된 것이라고 하여도 이러한 사유로 위 경매를 위법하다거나 무효라고 볼 수 없고, 원고가 자유로운 의사로 담보제공을 한 이상, 그 담보권 실행으로 제3자에게 경락되었다면 이는 세관장의 승인없는 양도에 해당하며, 또 양도받은 자가 동일한 용도에 사용한다고 하여도 당시 시행되던 관세법 제28조 제3항의 양도에 해당한다. [2] 원고가 위 구 관세법 제28조 제2항의 규정에 의한 세관장의 승인을 받지 않은 이상 경매법원이 경매진행을 한 뒤에 피고가 위 승인이 없음을 이유로 면제된 관세를 추징한다고 하여 신의측에 위반된다고 할 수 없다. [3] 면세수입품의 양도에 있어서 요구되는 세관장의 승인은 관세면제를 위한 요건일 뿐이지 소유권 취득의 요건은 아니므로 면세수입품의 경매시에 그 승인이 없다 하여 그 경매를 무효라고 볼 수는 없다. [4] 일단 부과된 조세채권의 징수권에 대하여 소멸시효가 완성되었다 하여도 부과처분 자체가 무효로 되는 것은 아니다.

【대법원 1978.10.31, 78누325】 면세조건인 수출의무액 미달은 관세법에서 말하는 "용도외 사용"이라고 할 수 없으므로 면세로 수입된 중요산업용 기초설비물에 대하여 위 사유로 추징한 관세의 부과는 위법하다.

【대법원 1978.8.22, 78도1652】 제주도 개발사업용으로 면세수입된 기선저인망어선을 가지고 수산업에 종사하면서 수입조건으로서는 어획물의 양륙항을 제주도내 항구에 한한다고 되어 있는데 위 선박으로 어획한 어획물을 제주도 내가 아닌 마산, 인천항 등지에서 양륙 판매하였다면 구관세법 제28조 제2항의 용도외에 사용한 경우에 해당된다.

【대법원 1977.11.8, 76누34】 관세청고시 65호로서 특정용도에 사용할 물품으로서 감면과세된 물품을 6개월안에 사용하지 않으면 감면되었던 관세를 추징한다고 규정하였음은 법에 규정없는 새로운 의무, 불이익을 지우는 것이 되어 조세법률주의에 위반되어 효력이 없다.

제104조【수출용원자재 등의 감면세와 환급】 (삭제)

해 설

감면세와 환급제도는 업체가 수출용원자재를 수입하는 데에 필요한 자금 부담을 줄여 주기 위하여 외국으로 다시 수출되는 효과가 있는 물품에 대하여는 세금을 감면하거나 되돌려 주기 위하여 마련된 제도다. 그러나 본 항의 감면세의 경우에 운영 실적이 없으며,[91] 환급의 경우에도 「수출용 원재료에 대한 관세 등 환급에 관한 특례법」에 의한 환급을 하기 때문에 이 법에 의한 적용 실적은 없어 2011.12.31. 개정 관세법에서 이를 삭제하였다.

「수출용 원재료에 대한 관세 등 환급에 관한 특례법」은 수출용 원재료의 관세 등 환급을

91) 감면코드 자체가 1978년까지는 있었으나 그 이후에는 전산화 과정에서 삭제되었다. 관련 시행령은 나중에 삭제되고 법의 일부가 그 이후에 개정되기도 하였다.

적정하게 하여 수출지원과 산업발전에 이바지하기 위해, 관세법·임시수입부가세법·개별소비세법·주세법·국세기본법·국세징수법에 대한 특례를 정한 법이다. 현재 일반 수출물품의 환급은 모두 이 특례법에 의하여 처리하며, 관세법의 감면이나 환급제도는 이용하지 아니하고 있다. 임시수입부가세법은 1973.3.3. 제정되었다. 이 법은 수입물품에 대하여 관세 이외에 임시 수입부가세를 부과하는 것을 내용으로 하고, 과세물건·과세표준·세율·면제·징수에 관하여 규정하고 있다. 기타 사항은 관세법을 준용한다.

수출용 원재료에 대한 환급제도는 제정관세법시대부터 운영하던 사전면세제도가 무역량이 증가하는 등의 사유로 관리절차가 복잡하고 인력도 많이 필요했기 때문에 1975.7.1. 관세환급제도로 전환하여 현재까지 운영하고 있다. 법에서는 대통령령으로 정하여 환급하도록 하고 있으나, 대통령령에 구체적으로 정해놓은 것이 없고, 이하 제2항·제3항·제5항도 마찬가지로 정해 놓은 것이 없다. 다만, 환급특례법에서 위임한 사항의 시행에 관하여 필요한 내용을 관세청고시인 「수출용 원재료에 대한 관세 등 환급 사무 처리에 관한 고시」에 정하여 운영하고 있다.

【대법원 1985.9.10, 84누357】 관세법 및 수출용 원재료에 대한 관세등 환급에 관한 특별법의 규정에 의하여 정부로부터 환급받아 사업자에게 되돌려 준 관세환급금은 사업자가 수출업자에게 공급한 수출품의 원자재 원가에 포함된 것으로서 공급재화의 대가를 구성하는 일부라고 봄이 상당하므로 부가가치세법 제13조 1항 소정의 과세표준에 포함된다.

【대법원 1985.7.23, 84누264】 수출용원자재를 수입하면서 관세를 납부한 사업자가 내국신용장거래에 의하여 그 원자재로 수출품을 만들어 수출업자에게 공급하고, 수출업자가 수출이행 후에 사업자가 원자재수입시에 납부한 관세를 관세법 및 「수출용 원재료에 대한 관세 등 환급에 관한 특례법」의 규정에 의하여 정부로부터 환급받아 사업자에게 되돌려준 관세환급금은 사업자가 수출업자에게 공급한 수출품의 원자재원가에 포함된 것으로서 공급재화의 대가를 구성하는 일부라고 봄이 상당하므로 부가가치세법 제13조 제1항 소정의 과세표준에 포함된다 할 것이고, 다만 이에 대하여는 부가가치세법 제11조 제1항 제1호 및 같은 법 시행령 제24조 제2항의 규정에 의하여 영의 세율이 적용될 뿐이다.

제105조 【시설대여업자에 대한 감면 등】 ① 여신전문금융업법에 따른 시설대여업을 하는 자(이하 이 조에서 "시설대여업자"라 한다)가 이 법에 따라 관세가 감면되거나 분할납부되는 물품을 수입할 때에는 제19조에도 불구하고 대여시설 이용자를 납세의무자로 하여 수입신고를 할 수 있다. 이 경우 납세의무자는 대여시설 이용자가 된다.
② 제1항에 따라 관세를 감면받거나 분할납부를 승인받은 물품에 대하여 관세를 징수하는 경우 납세의무자인 대여시설 이용자로부터 관세를 징수할 수 없을 때에는 시설대여업자로부터 징수한다.

해 설

시설대여업자는 수입물품의 화주이기는 하나, 대여시설 이용자가 실질적으로 납세하고 물품을 관리·운영하므로, 효율적 통관 관리를 위해 대여시설이용자를 납세의무자로 정할 수 있도록 규정한 것이다. 시설대여란 시설대여회사가 대여시설이용자에게 일정기간 이상 시설·장비 등을 사용하게 하고, 그 대가를 정기적으로 분할하여 지급 받는 것을 말하며, 기간 종료 후에는 당사자 간 약정으로 물건을 처분하는 물적 금융의 일종이다. 1991.12.27. 시설대여육성법에서 시설대여업법으로 명칭이 바뀌었다. 시설대여업법은 기업에 대한 시설투자 지원을 원활하게 하여 국민경제 발전에 기여하기 위해 제정되었으며, 여신전문금융업법은 신용카드업, 시설대여업, 할부금융업, 기술사업금융을 영위하는 자의 건전하고 창의적인 발전을 지원하기 위한 법률이다.

대여시설의 감면조건을 심사할 때에는 시설대여업자의 조건 구비여부에 관하여 심사하는 것이 아니고, 대여시설이용자의 조건구비 등에 대하여 심사한다. 감면세액, 분할 납부세액을 대여시설이용자로부터 징수할 수 없을 때에는 시설대여업자로부터 이를 징수한다. 법 제19조는 납세의무자에 관한 조항이다.

제2항은 시설대여업자의 납세의무에 관한 규정이다. 대여시설은 일반적으로 규모가 크므로 분할납부로 납세를 하는 경우가 많다. 대여시설이용자로부터 관세를 징수할 수 없는 경우에는 시설대여업자로부터 관세를 징수하는 것은 제1항에서 시설대여업자 대신에 대여시설이용자를 납세의무자로 수입신고하기 때문에 원래 납세의무자인 시설대여업자에게 관세를 징수할 수 있다는 의미로 해석하여야 한다.[92] 법에서 정한 조건에 해당하는 경우에 지는 납세의무인 점을 염두에 두면 시설대여업자의 납세의무자 성격은 연대납세의무자가 아닌 제2차 납세의무자라 할 수 있다.

【심사청구 1998.10.2, 관심 제98-49호】 제2차 납세의무자 제도는 본 납세의무자의 재산으로 조세채권을 확보할 수 없을 때 그 부족액에 대하여 법률에서 정한 제3자에게 보충적으로 납세의무를 확장하는 예외적 제도로서 관세법 및 국세기본법에 시설대여업자를 제2차 납세의무자로 지정할 근거가 없다.

92) 심사청구 재결례(1998.10.2, 관심 제98－49호).

환급 및 분할납부 등

제106조【계약 내용과 다른 물품 등에 대한 관세 환급】 ① 수입신고가 수리된 물품이 계약 내용과 다르고 수입신고 당시의 성질이나 형태가 변경되지 아니한 경우로서 다음 각 호의 어느 하나에 해당하는 경우에는 그 관세를 환급한다.

1. 외국으로부터 수입된 물품 : 다음 각 목의 어느 하나에 해당하는 장소에 해당 물품을 반입(수입신고 수리일부터 1년 이내에 반입한 경우로 한정한다)하였다가 다시 수출한 경우
   가. 보세구역(제156조 제1항에 따라 세관장의 허가를 받았을 때에는 그 허가받은 장소를 포함한다. 이하 이 조에서 같다)
   나. 「자유무역지역의 지정 및 운영에 관한 법률」에 따른 자유무역지역 중 관세청장이 수출물품을 일정기간 보관하기 위하여 필요하다고 인정하여 고시하는 장소
   다. 통관우체국
2. 보세공장에서 생산된 물품 : 수입신고 수리일부터 1년 이내에 보세공장에 해당 물품을 다시 반입한 경우

② 제1항에 따른 수입물품으로서 세관장이 환급세액을 산출하는 데에 지장이 없다고 인정하여 승인한 경우에는 그 수입물품의 일부를 수출하였을 때에도 제1항에 따라 그 관세를 환급할 수 있다.

③ 제1항과 제2항에 따른 수입물품의 수출을 갈음하여 이를 폐기하는 것이 부득이하다고 인정하여 그 물품을 수입신고 수리일부터 1년 내에 보세구역에 반입하여 미리 세관장의 승인을 받아 폐기하였을 때에는 그 관세를 환급한다.

④ 수입신고가 수리된 물품이 수입신고 수리 후에도 지정보세구역에 계속 장치되어 있는 중에 재해로 멸실되거나 변질 또는 손상되어 그 가치가 떨어졌을 때에는 대통령령으로 정하는 바에 따라 그 관세의 전부 또는 일부를 환급할 수 있다.

⑤ 제1항부터 제4항까지의 규정을 적용할 때 해당 수입물품에 대한 관세의 납부기한이 종료되기 전이거나 징수유예 중 또는 분할납부기간이 끝나지 아니하여 해당 물품에 대한 관세가 징수되지 아니한 경우에는 세관장은 해당 관세의 부과를 취소할 수 있다.

⑥ 제1항부터 제4항까지에서 규정한 관세의 환급에 관하여는 제46조와 제47조를 준용한다.

해 설

징수한 세금을 납부한 자에게 되돌려 주는 것을 환급이라 한다. 환급에는 위약환급, 과오납

환급, 수출용 원재료환급 등이 있다. 물품내용이 무역거래의 계약내용과 달라서 반품하는 사유 등으로 발생하는 위약물품환급, 처음부터 납부할 세액이 아닌 것, 사정변경으로 납부할 세액이 아닌 것을 납부하였기 때문에 이를 납세의무자에게 되돌려 주는 과오납환급, 수출물품을 제조·가공하는 수출용 원재료에 대하여 관세를 환급하는 수출용 원재료환급이다. 이외에 그 성격이 다르기는 하지만 지정장치장에 장치된 물품이 신고수리 후 그대로 장치장에 있는 중에 손상을 입은 경우에 환급하는 지정장치장 환급 등이 있다. 특히 위약환급의 경우 1961. 4.10. 동 조문 신설시 위약환급의 조건을 '물품의 성질, 규격 등이 상이하여'로 명시하였다가 '계약내용과 상이하고 수입면허 당시의 성질 또는 형상이 변경되지 아니한 경우'로 1963. 12.5. 규정을 개정하여 현재에 이르고 있다. 납부해야 할 세액을 일정기간 나누어서 납부하는 것을 '분할납부'라 한다. 분할납부에는 천재지변 등으로 사업상 손해로 인한 관세부담을 줄이기 위한 분할납부와 세액 규모가 커서 관세부담을 줄이기 위한 분할납부가 있다.

【관세환급 종류】

종 류	근거 법령	내 용
과오납 환급	관세법 제46조	외국으로부터 물품 수입시 납부하여야 할 금액보다 많이 납부하였을 때 과다 납부한 금액을 환급(관세율 또는 과세가격 착오 등)
계약상이물품 환급 (위약환급)	관세법 제106조	수입신고가 수리된 물품이 계약내용과 상이하여 물품을 수출자에게 재수출하거나 폐기하였을 때 납부한 금액을 환급
자가사용물품에 대한 환급	관세법 제106조의 2	수입신고가 수리된 개인의 자가사용물품이 수입한 상태 그대로 수출되는 경우 환급
종합보세구역 판매물품 환급	관세법 제199조의 2	종합보세구역에서 구입한 물품을 국외로 반출하는 경우 물품을 구입할 때 납부한 관세 및 내국세등을 환급
수출용 원재료에 대한 환급	관세환급특례법 제2조	수출용 원재료를 수입할 때 납부하였거나 납부하여야 할 관세 등을 수출자 또는 수출물품의 생산자에게 환급

'위약'은 계약을 위반하는 것을 말하며, 이로 인하여 발생하는 것이 위약환급이다. 수입자·수출자 간에 매매된 물품이 계약과 상이한 것이 밝혀지면, 거래 계약 취소에 이어 보상절차가 뒤따른다. 이때 납부된 관세에 관한 문제는 이 조항에 의한 관세환급 방법으로 해결하는 것이다. 위약환급조건으로는 수입신고가 수리된 물품이 계약 내용과 다른 경우, 그 물품의 성질이나 형태가 변하지 아니한 상태에서 1년 내에 보세구역에 반입하여[93] 수출한 때에 그 관세

93) 수출신고전까지 보세구역에 반입되어야 하지만, 법 제249조에 따라 신고사항 보완이 필요한 경우 등에는 수출신고 수리전까지 반입할 수 있다(기획재정부 관세제도과－85, 2018.11.5).

를 환급하도록 정하고 있다. 기계의 경우는 제품을 만든 후 이를 사용해 보아야 위약 여부를 알 수 있는 경우도 있기 때문에 이와 같이 반입기간을 장기간으로 정해 놓은 것이다. 보세구역 등에 반입은 반드시 지켜야 할 사항이며, 보세구역에 반입하지 아니하거나 세관장이 허가한 장소에 반입하지 아니하고 수출한 때에는 위약환급 대상이 아니다.

2003.12.28. 개정 관세법에서는 보세공장에서 생산된 물품이 다시 최초에 수입신고한 보세공장에 다시 반입된 때에도 환급대상으로 규정하였다. 보세공장에서 제조 후 국내로 수입통관한 물품이 원래 계약내용과 다른 물품이어서 해당 보세공장에 재반입한 경우에는 대체품을 국내로 반입하게 되나, 그 대체품에서도 수입제세를 부과하고 있어 이중과세의 문제가 발생하게 된다. 따라서 계약내용과 상이하여 보세공장으로 재반입하는 물품에 대해서는 국내 반입시 부과한 수입제세를 환급함으로써 납세형평성을 제고하였다.

1호와 관련하여 이전에는 보세구역에 반드시 반입하고 나서 수출, 폐기 등 절차를 거쳐야 환급이 가능하였으나, 2000년 개정 관세법에서는 보세구역이 아닌 곳으로서 세관장이 허가한 장소에 반입한 경우에도 환급할 수 있도록 개정하였는바, 종전에는 위약수출을 위한 물품은 반드시 보세구역에 보관토록 하고 있어 최초에 보세구역외에 장치되어 있던 물품을 위약수출하는 경우에는 보세구역에 다시 보관해야 하는 복잡한 절차를 간소화하고 물류비용을 절감하기 위해 개정하였다.

계약내용과 상이한 물품을 수입신고 수리일부터 1년 이내에 보세구역에 반입하여 수출까지 완료한 때에 환급이 가능하였다.[94] 그러나 2011.12.31. 개정 관세법에서는 반입한 후 수출은 수입신고 수리일부터 1년이 경과하여도 가능하다.[95] 2022.12.31. 법 개정시에는 수출에 관한 기한 규정은 사실상 불필요하므로 이를 삭제하였다. 그리고 보세구역 이외에 「자유무역지역의 지정 및 운영에 관한 법률」에 따른 일정 장소도 포함하여 그 범위를 넓혔다. 그리고 최초 수입신고한 물품을 재수입조건부로 수출한 물품을 재수입신고한 경우, 이 물품을 다시 계약상이물품수출로 수출하는 경우 그 기간 계산은 재수입신고한 날을 기준으로 한다는 검토 결과가 있다.

그리고 관세법 제106조 제1항 제1호와 관련하여 수입신고 수리된 물품이 계약 내용과 다르다는 이유로 관세법 제106조에 따라 수출되는 경우 같은 조 제1항 제1호 가목의 '외국으로부터 수입된 물품'은 수출신고 전까지 보세구역에 반입되어야 하지만, 해당 물품의 보세구역 반입 여부와 관련하여 같은 법 제249조에 따라 신고 사항을 보완해야 할 필요가 있는 경우에는 수출신고 수리 전까지 반입할 수 있다.[96] 계약상이 물품을 보세구역에 반입하여 1년 기간

94) 계약상이 물품을 보세구역에 반입하여 1년 기간 내에 수출까지 완료한 때에만 환급이 가능하며 수출 갈음 폐기의 경우에도 폐기까지 완료한 때에 환급이 가능하다(관세청 유권해석 2009.11.30).

95) 행정심판 재결례(조세심판원 2010.12.31, 2010관0019) 참조.

96) 수입신고 수리된 물품이 계약 내용과 다르다는 이유로 관세법 제106조에 따라 수출되는 경우, 같은 조 제1

내에 수출까지 완료한 때에만 환급이 가능하며 수출에 갈음하여 폐기하는 경우에도 폐기까지 완료한 때에 환급이 가능하다.

2024.12.31. 법 개정시 관세환급을 위한 수출물품 반입장소에 통관우체국을 추가하였다. 통관우체국을 통하여 수입된 국제우편물의 경우 계약상이 물품임에도 관세환급이 어려워 그 동안 민원이 많이 발생한 사안이었다.

제2호와 관련하여 2007.12.31. 법 개정(법률 제8833호)시 보세공장에서 수입된 하자물품을 타 보세공장에서 반입하여 수리한 후 재수입하는 경우에도 환급을 허용하도록 규정하였다. 이는 타 보세공장에 반입하여 수리하는 경우 이중으로 과세하는 문제점을 해소하고, 하자물품에 대한 신속한 수리를 위하여 별도로 설치된 전용수리 라인에서 작업을 진행하는 상황 등을 감안하여 도입한 제도이다.

'위약 환급'에 관하여는 어디까지가 위약이냐에 대하여 논란이 있을 수 있으나, 현행 법조문으로 볼 때 막연하지만 '계약 위반'으로 보아야 한다. 또한 '성질 또는 형태'의 변경을 어디까지 변경으로 보아야 하는가에 대하여도 명확한 기준이 없는 실정이다. 공정에 투입되고 있는 과정에서 물품에 하자가 있는 것이 나중에 밝혀진 경우, 수입하여 일부 가공 후 사용하다가 수입당시부터 하자가 있음이 밝혀진 경우 등 논란의 소지가 많을 수 있다.[97]

위약환급 제도는, 관세가 국내에서 소비되는 것을 전제(징세의 편의상 소비되기 전에 세관에서 징수하고 있음)로 부과되는 것이므로 수입물품이 국내에서 소비되지 않고 수출자에게 되돌려 보내진 후 국내에 재수입시 다시 관세가 부과되므로 이중과세 방지를 위한 목적도 있다.[98] 따라서 실질적으로 수입당시 물품에 하자가 있었다는 것이 밝혀지면 적극적으로 이를 수용하는 것이 본 규정의 취지라 할 수 있다. 하지만 최근에는 골프채 같은 반복적으로 수입되는 물품을 수입 후 사용하다가 파손되면 이를 본 조의 환급 대상으로 보아 환급 신청하여 환급받은 사례가 있었다. 법 제156조 제1항은 보세구역 외 장치의 허가에 관한 규정이다.

제2항은 일부환급에 관한 규정이다. 수입물품 전체에 대하여 부분적으로 환급세액을 산출

항 제1호의 '외국으로부터 수입된 물품'은 수출신고 전까지 보세구역에 반입되어야 하지만, 해당 물품의 보세구역 반입 여부와 관련하여 같은 법 제249조에 따라 신고사항을 보완해야 할 필요가 있는 경우에는 수출신고 수리 전까지 반입할 수 있다(기회개정부 관세제도과−85, 2018.11.5).

97) 기획재정부 유권해석(2007.9.)에 의하면, 수입물품의 절단 등 추가 작업이 위약 확인을 위해 불가피하게 발생한 경우 위약환급이 가능하다고 보아야 하는바, 질의사안의 경우 사안의 경우 플라스틱 봉의 절단에 의해서만 기름띠, 흑점 등의 불량을 확인할 수 있으므로 수입 물품에 대한 절단 등 추가 작업은 불가피하다고 볼 수 있다.

98) 교토협약 일반부속서 제4장 제19조에는 위약환급을 받기 위해서는 수입국에서 가공(worked), 수리(repaired), 또는 사용(used)되지 않아야 하며, 물품의 재수출 또는 재수입의 사유가 된 결함이나 기타 상황을 발견하기 위하여 물품을 사용하는 것이 불가피하였다면 그 물품의 사용이 환급을 저해하지 아니하여야 한다고 규정되어 있다.

할 수 있으면 그 물품의 일부분을 수출한 때에도 관세를 환급할 수 있다. 이때에는 물품이 물리적으로 구분되어야 하지만 금액상으로도 구분할 수 있어야 한다.

제3항은 폐기환급에 관한 규정이다. 운임이나 기타 소요되는 경비를 비교하여 볼 때 수출하는 것이 불리한 경우에는 폐기한다. 수출에 갈음하여 폐기하는 것이기 때문에 수입신고 수리일로부터 1년 이내에 보세구역 등에 반입하여야 하며, 폐기시에는 세관장의 승인을 얻어서 폐기하여야 한다.[99]

제4항은 지정보세구역의 일부환급에 관한 규정이다. 수입신고가 수리된 물품이 수리 후 지정보세구역에 장치되어 있는 중에 재해로 멸실, 변질, 손상되어 가치가 감소한 경우에 관세의 전부 또는 일부를 환급할 수 있다. 영리를 목적으로 하는 특허보세구역은 이 경우에 포함되지 아니한다.[100]

수입신고 수리 후에는 이 조항에 의해 환급을 받을 수 있으나, 수리 전에 보세구역에서 물품이 손상되면 손상물품에 대한 감면을 받을 수 있다. 입항전수입신고수리물품도 이 조항에 의해 관세를 환급한다. 위약환급은 감면 절에 규정하고, 과오납 환급은 부과 징수절에 규정하여, 두 환급은 서로 성격이 다르다는 전제하에서 규정하고 있으나 위약환급은 과오납금 환급 규정을 준용하고 있다.

제5항은 부과취소에 관한 규정이다. 관세를 징수하지 아니한 경우에는 부과를 취소함으로 관세를 환급하는 것과 같은 혜택을 부여하는 것이다. 환급은 세금을 징수한 물품에 대하여 그 세금을 납세자에게 되돌려 주는 것이기 때문에, 납부기한이 종료되기 전 · 징수유예 · 분할납부 건은 환급대상이 아니다. 관세미납 위약물품에 대한 부과취소 신청은 해당 관세의 납부기한, 징수유예기간, 분할납부기간이 종료하기 전에 세관장에게 신청서를 제출하여야 한다. 환급 절차를 간소화하기 위하여 2013.1.1. 법 개정시(법률 제11602호) 신고납부 기한 종료 전에도 관세 미납 위약물품의 부과취소 사유를 확대하여 절차를 간소화 하였다.

제6항은 준용 규정이다. 위약물품의 환급절차 등은 과오납금환급, 과다환급금징수 규정, 환급가산금 규정을 준용한다. 법 제46조는 과오납 환급에 관한 규정, 법 제47조는 과다환급관세의 징수에 관한 규정이다. 법 제48조는 환급가산금에 관한 규정으로서 위약환급에서는 환

---

99) 기획재정부 유권해석(1991.5.7)에 의하면 보세구역에 1년 내에 반입하고 수출은 1년이 넘어서 된 경우에도 환급 가능하다. 위약물품의 관세환급의 적용법령에 대하여 관세법에 명확한 규정은 없으나 세법 적용에 있어서 납세의무자에게 유리한 경우 개정 세법의 소급적용은 과세 공평성을 깨트리지 않는 범위 안에서 허용된다.

100) 비교적 오래 전에 규정된 내용으로서 일반 보세구역에도 이런 혜택을 확대 적용하는 것이 바람직하다는 의견이 있으나 관세청 심사청구결정례(관심 제2010-27호, 2010.12.10)에서 "수입신고수리 후 특허보세구역에서 보관 중에 있던 물품이 화재로 멸실된 경우 관세법 제106조 제4항 규정에 의거 멸실된 장소가 지정보세구역이 아니라는 이유로 청구인의 관세환급신청을 거부한 처분은 적법하다"고 하였다.

급가산금을 지급하지 아니한 관계로 2003.12.28.에는 관련 법조문을 정리하여 제48조 동 항에서 이런 내용을 삭제하였다.

> 【심사청구 2010.12.10, 관심 제2010-27호】 수입신고수리 후 특허보세구역에서 보관 중에 있던 물품이 화재로 멸실된 경우 관세법 제106조 제4항 규정에 의거 멸실된 장소가 지정보세구역이 아니라는 이유로 청구인의 관세환급신청을 거부한 처분은 적법하다.
>
> 【조세심판원 2017.12.21, 2017관0183】 청구법인이 위약수출에 대응하는 수입신고번호를 특정하지 못하고 있는 점 등에 비추어 관세법령상 위약환급 요건을 충족하지 못하였다고 볼 여지는 있으나, 쟁점물품의 품질에 문제가 있어 국내판매처로부터 반품된 사실이 확인되는 점, 쟁점물품이 수출자에게 다시 수출된 점, 청구법인이 추후 위약수출건별로 당초 수입신고번호 등을 특정하여 처분청에 제출할 수 있다고 진술한 점 등에 비추어 수출신고별 수입신고번호의 특정, 수입물품 그대로 재수출되었는지 여부 등을 재조사하여 그 결과에 따라 해당 관세를 환급하는 것이 타당하다
>
> 【조세심판원 2010.12.31, 2010관0019】 계약상이 물품을 수입신고수리일부터 1년 내에 보세구역에 반입하였으나 수출은 1년 내에 이루어지지 않은 경우 계약상이환급 신청에 대해 환급결정을 취소하고, 가산금을 포함한 관세 등을 추징·고지한 처분은 잘못된 것이다.
>
> 【헌법재판소 2015.6.25, 2013헌바193】 관세법상 지정보세구역은 외국으로부터 도착한 화물에 대한 관세의 확보, 반입목적에 맞는 합당한 관리 및 신속한 통관 등 관세행정의 필요에 의하여 운영되나, 특허보세구역은 보세구역을 설치·운영하는 사인의 이익을 보호하기 위한 측면이 강하고, 그에 따라 지정보세구역에는 세관장의 직접적인 통제가 인정되는 반면, 특허보세구역은 특허보세구역 운영인의 관리 아래 있다. 관세법 제106조 제4항은 위와 같은 보세구역의 종류에 따른 목적과 관리 지배현황을 고려하여 이미 납부한 관세를 환급할 수 있도록 한 것으로 조세평등주의에 위배되지 아니한다.

제106조의 2 【수입한 상태 그대로 수출되는 자가사용물품에 대한 관세 환급】 ① 수입신고가 수리된 개인의 자가사용물품이 수입한 상태 그대로 수출되는 경우로서 다음 각 호의 어느 하나에 해당하는 경우에는 수입할 때 납부한 관세를 환급한다. 이 경우 수입한 상태 그대로 수출되는 경우의 기준은 대통령령으로 정한다.

1. 수입신고 수리일부터 6개월 이내에 보세구역 또는 「자유무역지역의 지정 및 운영에 관한 법률」에 따른 자유무역지역 중 관세청장이 수출물품을 일정기간 보관하기 위하여 필요하다고 인정하여 고시하는 장소에 반입하였다가 다시 수출하는 경우
2. 수입신고 수리일부터 6개월 이내에 관세청장이 정하는 바에 따라 세관장의 확인을 받고 다시 수출하는 경우
3. 제241조 제2항에 따라 수출신고가 생략되는 탁송품 또는 우편물로서 기획재정부령으로 정하는 금액 이하인 물품을 수입신고 수리일부터 6개월 이내에 수출한 후 관세청장이 정하는 바에 따라 세관장의 확인을 받은 경우

② 여행자가 제96조 제2항에 따라 자진신고한 물품이 다음 각 호의 어느 하나에 해당하게 된 경

우에는 자진신고할 때 납부한 관세를 환급한다.
1. 제143조 제1항 제2호에 따른 국제무역선 또는 국제무역기 안에서 구입한 물품이 환불된 경우
2. 제196조에 따른 보세판매장에서 구입한 물품이 환불된 경우
③ 제1항에 따른 관세 환급에 관하여는 제46조, 제47조 및 제106조 제2항·제5항을 준용한다.

해 설

본 조항은 2015.12.15. 관세법 개정시 해외직구를 이용하는 소비자 보호 강화를 위해 신설되었다. 수입된 것과 동일한 상태로 재수출되는 경우 개인이나 기업 구분 없이 수입시 납부한 조세를 환급하는 것이 개정교토협약의 취지이다.

이러한 점을 반영하여 수입신고가 수리된 개인의 자가사용 물품이 수입한 상태 그대로 수출되는 경우로서 수입신고 수리일부터 6개월 이내에 보세구역에 반입하였다가 다시 수출하거나 관세청장이 정하는 바에 따라 세관장의 확인을 받고 다시 수출하는 경우에는 수입할 때 납부한 관세를 환급하도록 환급요건을 완화하였다. 2022.12.31. 법 개정시 자유무역지대 일정장소를 보세구역에 추가하여 관세청장이 정하는 장소로 확대하였다.

2021.12.31. 법 개정시 제1항 제3호를 신설하였다. 종전에는 수출신고를 전제로 관세 환급을 하였으나 수출신고가 생략되는 탁송품이나 우편물도 환급 대상에 포함된 것이다.

2019.12.31. 법 개정시 제2항을 신설하였다. 자진신고하는 경우에는 법 제96조 제2항에 따라 세액을 경감 받을 수도 있지만, 물품을 환불하는 경우에는 납부 관세를 환급함으로서 우대하는 조항이라 할 수 있다. 해외여행자가 늘어남에 따라 입국보세판매장 등 보세판매장에서 구매한 물품에 대한 다양한 민원 및 불만 사항을 수용한 것이며, 개정 교통협약 일반부속서 제4장 제19조의 규정을 반영한 것이기도 하다. 2021.12.31. 법 개정시 국제무역선이나 국제무역기 안에서 구입한 물품도 환급 대상으로 확대하였다.

제107조 【관세의 분할납부】 ① 세관장은 천재지변이나 그 밖에 대통령령으로 정하는 사유로 이 법에 따른 신고, 신청, 청구, 그 밖의 서류의 제출, 통지, 납부 또는 징수를 정하여진 기한까지 할 수 없다고 인정될 때에는 1년을 넘지 아니하는 기간을 정하여 대통령령으로 정하는 바에 따라 관세를 분할하여 납부하게 할 수 있다.
② 다음 각 호의 어느 하나에 해당하는 물품이 수입될 때에는 세관장은 기획재정부령으로 정하는 바에 따라 5년을 넘지 아니하는 기간을 정하여 관세의 분할납부를 승인할 수 있다.
1. 시설기계류, 기초설비품, 건설용 재료 및 그 구조물과 공사용 장비로서 기획재정부장관이 고시하는 물품. 다만, 기획재정부령으로 정하는 업종에 소요되는 물품은 제외한다.
2. 정부나 지방자치단체가 수입하는 물품으로서 기획재정부령으로 정하는 물품

3. 학교나 직업훈련원에서 수입하는 물품과 비영리법인이 공익사업을 위하여 수입하는 물품으로서 기획재정부령으로 정하는 물품
4. 의료기관 등 기획재정부령으로 정하는 사회복지기관 및 사회복지시설에서 수입하는 물품으로서 기획재정부장관이 고시하는 물품
5. 기획재정부령으로 정하는 기업부설연구소, 산업기술연구조합 및 비영리법인인 연구기관, 그 밖에 이와 유사한 연구기관에서 수입하는 기술개발연구용품 및 실험실습용품으로서 기획재정부장관이 고시하는 물품
6. 기획재정부령으로 정하는 중소제조업체가 직접 사용하려고 수입하는 물품. 다만, 기획재정부령으로 정하는 기준에 적합한 물품이어야 한다.
7. 기획재정부령으로 정하는 기업부설 직업훈련원에서 직업훈련에 직접 사용하려고 수입하는 교육용품 및 실험실습용품 중 국내에서 제작하기가 곤란한 물품으로서 기획재정부장관이 고시하는 물품

해 설

분할납부는 납부하여야 할 관세를 일정기간 나누어 납부하는 것이다. 나누어 납부함으로써 경제적 부담을 줄이는 것이 분할납부의 취지다. 이전에는 본 조 제2항과 같이 분할납부물품을 기획재정부령으로 정하여 운영하였다. 그러나 2000년 개정 관세법에서는 제1항에서 같이 물품에 관계없이 천재지변 등 대통령령이 정하는 사유로 인하여 신고 등을 기한까지 할 수 없다고 인정되는 때에는 1년을 초과하지 아니하는 기간을 정하여 관세를 분할하여 납부할 수 있도록 분할납부의 조건 내지 대상을 확대하였다. 대통령령이 정하는 사유는 법 제10조의 천재지변 등으로 인한 기한 연장의 경우를 준용하는 것이다.

이와 같이 제2항에서 운영하는 종전의 분할납부 방식과는 다른 새로운 방식의 분할납부제도를 도입한 것은, 경제사정이 어려운 기업체에 회생의 기회를 주기 위한 관세납부연장은 바람직하지만 납부 능력이 있는 기업에게도 납부기한을 그냥 연장하는 것은 관세 확보차원에서 바람직하지 못하기 때문에 단기간의 분할납부제도를 도입한 것이다.

본 항의 분할납부는 법 시행령 제2조 '천재지변 등으로 인한 기한의 연장 등'과 같이 운영하는 것이며, 그 사유, 기준, 신청, 납부고지, 담보제공, 승인, 취소 때의 납부고지 방법 등이 동일하다.[101] 일반적으로 분할납부기간은 1년 이내이나 제2항의 경우는 5년 이내다. 이 기간 동안은 관세 징수시효 진행은 정지된다.

제2항은 5년의 범위에서 정할 수 있는 분할납부 대상물품에 관한 규정이다. 분할납부 조건

---

101) 법 제10조 시행령 제2조에는 대통령령이 정하는 사유로 4가지를 구체적으로 정하고 있다. 그러나 동조에서는 대통령령이 정하는 사유라고 규정은 하고 있으나 대통령령에 구체적인 예를 정하고 있지 않아서 시행령 제2조를 준용하는 것으로 볼 수 있다.

내지 대상을 지정함으로써 분할납부 대상을 정하고 있다. 관세의 분할납부 승인신청은 제1항의 경우에는 납부기한 이내에 세관장에게 제출해야 하며, 제2항의 경우에는 수입신고 수리 전까지 승인신청서를 세관장에게 제출하여야 하고, 기한연장의 경우에도 납부기한 이내에 세관장에게 승인신청을 하면 된다. 제1항의 분할납부는 경제적으로 어려운 업체를 지원하는 효과가 크고, 제2항의 분할납부는 개별업체에 관세부담을 줄여서 관련 업무분야를 지원하는 효과가 크다.

세관장은 관세의 분할납부를 승인한 때에는 납부기한 별로 납부고지를 하여야 하며, 관세 전액을 징수하는 때에는 10일 이내의 납부기한을 정하여 납부고지를 하여야 한다. 이렇게 고지한 관세로서 이 납부고지의 납부기한 이후인 것의 납부고지는 이를 취소하여야 한다.

③ 제2항에 따라 관세의 분할납부를 승인받은 자가 해당 물품의 용도를 변경하거나 그 물품을 양도하려는 경우에는 미리 세관장의 승인을 받아야 한다.
④ 관세의 분할납부를 승인받은 법인이 합병·분할·분할합병 또는 해산을 하거나 파산선고를 받은 경우 또는 관세의 분할납부를 승인받은 자가 파산선고를 받은 경우에는 제6항부터 제8항까지의 규정에 따라 그 관세를 납부하여야 하는 자는 지체 없이 그 사유를 세관장에게 신고하여야 한다.

해 설

제3항은 용도 변경시 승인에 관한 규정이다. 용도변경이나 양도의 승인은 분할납부를 계속하기 위한 승인이 아니고, 용도 변경할 것이므로 분할납부한 물품에 대하여 관세를 징수하기 위한 절차다. 용도 외 사용승인을 얻기 위해서는 신청서와 양수·양도 계약서사본을 첨부하여 세관장에게 제출하여야 한다. 관세분할납부 물품을 승인 없이 용도 외 사용 또는 양도한 경우에는 200만원 이하의 과태료에 해당한다.

제4항은 해산, 파산 등에 관한 신고의무에 관한 규정이다. 신고의무자는 이러한 상황에 해당하는 자가 아니고, 법에 정한 납세의무자가 신고자가 된다. 구체적으로 보면 분할납부 승인을 받은 법인이 합병·분할·분할합병·해산·파산하거나 자연인이 파산·사망하는 경우는 납세의무 주체가 바뀌거나 없어지는 것이므로, 존속 법인이나 새로운 법인이 이 신고를 해야 하며, 파산한 때에는 파산 관재인이, 해산한 때에는 청산인이 신고해야 한다. 분할납부는 세액 납부기간이 장기간에 걸쳐 소요된다. 따라서 그 기간 중에 발생하는 회사의 양수도·합병 등 경우를 예상하여 법에서 납세의무자 등에 관하여 자세히 정하고 있다. 특정한 경우에는 분할 납부된 관세 전액을 즉시 징수하도록 정하고 있다. 제3항에 의한 분할납부 승인을 받지 아니한 경우에는 200만원 이하의 과태료에 해당하며, 제4항에 의한 신고를 하지 아니하는 경

우는 100만원 이하의 과태료에 해당한다.

⑤ 관세의 분할납부를 승인받은 물품을 동일한 용도로 사용하려는 자에게 양도한 경우에는 그 양수인이 관세를 납부하여야 하며, 해당 용도 외의 다른 용도로 사용하려는 자에게 양도한 경우에는 그 양도인이 관세를 납부하여야 한다. 이 경우 양도인으로부터 해당 관세를 징수할 수 없을 때에는 그 양수인으로부터 징수한다.
⑥ 관세의 분할납부를 승인받은 법인이 합병·분할 또는 분할합병된 경우에는 합병·분할 또는 분할합병 후에 존속하거나 합병·분할 또는 분할합병으로 설립된 법인이 연대하여 관세를 납부하여야 한다.
⑦ 관세의 분할납부를 승인받은 자가 파산선고를 받은 경우에는 그 파산관재인이 관세를 납부하여야 한다.
⑧ 관세의 분할납부를 승인받은 법인이 해산한 경우에는 그 청산인이 관세를 납부하여야 한다.
⑨ 다음 각 호의 어느 하나에 해당하는 경우에는 납부하지 아니한 관세의 전액을 즉시 징수한다.
1. 관세의 분할납부를 승인받은 물품을 제2항에서 정한 기간에 해당 용도 외의 다른 용도로 사용하거나 해당 용도 외의 다른 용도로 사용하려는 자에게 양도한 경우
2. 관세를 지정된 기한까지 납부하지 아니한 경우. 다만, 관세청장이 부득이한 사유가 있다고 인정하는 경우는 제외한다.
3. 파산선고를 받은 경우
4. 법인이 해산한 경우

해 설

제5항은 양도자 혹은 양수자의 납세의무에 관한 규정이다. '납세의무자'는 분할납부 물품을 양수·양도할 때에는 양수인이나 양도인이 납세의무자가 되며, 논리상 동일한 용도에 사용할 자에게 양도한 때에는 양수인이, 용도 외 사용자에게 양도한 때에는 양도인이 납세의무자가 된다. 보충 규정으로서 양도인으로부터 징수할 수 없을 때에는 양수인으로부터 관세를 징수한다. 분할납부물품에 대하여는 감면물품의 감면승계와 같이 승계되는 경우는 없다.

제6항은 연대납세의무자에 관한 규정이다. 분할납부는 대부분 세액을 납부하기까지 장기간이 소요되므로, 이 기간 동안 권리·의무 변동으로 인한 납세의무자 변경에 관하여 구체적으로 정할 필요가 있다. 법인의 주체가 변경되었으나, 존속한 경우에는 존속 법인 혹은 새로 설립된 법인이 연대 납부의무를 진다.

제7항은 파산관재인의 납세의무에 관한 규정이다. 파산은 채무자가 그 채무를 완전히 갚을 수 없는 상태에 놓였을 때 채무자의 모든 재산을 채권자에게 공평하게 나누어 주기 위한 재판상 절차를 말한다. 파산관재인은 파산재단에 속하는 재산의 관리를 행하는 파산절차상의 공

적인 기관을 말하며, 파산절차에 있어서 가장 중요한 역할을 한다. 분할납부 승인을 얻은 자가 파산선고를 받은 때에는 파산관재인이 납세의무자가 된다.

제8항은 해산한 때에 청산인의 관세납부 의무에 관한 규정이다. 청산인은 민법상 법인·회사·조합 등이 청산할 때 그 절차를 담당하는 자를 말한다. 분할납부 승인을 얻은 법인이 해산할 때에는 청산인이 관세납부 의무를 진다. 사망한 경우에는 상속인이 반드시 납세의무자가 되는 것은 아니다.

제9항은 관세의 전액 징수에 관한 규정이다. 분할납부기간 중에 관세가 정상적으로 징수될 수 없는 경우에는 관련 세액을 즉시 징수한다. 전액 징수의 경우로서 사후관리 기간 이내에 용도 외 사용하거나 용도 외 사용할 자에게 양도한 때, 납기 내에 관세를 납부하지 않은 때, 파산선고 받은 때, 법인이 해산한 때에는 관세 전액을 즉시 징수한다. 그러나 법인이 합병·분할·분할 합병하는 경우, 납세의무자가 사망한 때에는 분할납부 잔액을 즉시 징수하지 아니한다. 관세를 지정된 기한까지 납부하지 아니하는 때에도 즉시 관세 전액을 징수하지만, 부득이한 사유가 있는 경우에는 전액을 징수하지 아니할 수 있다. 이때에는 업무착오, 기타 합리적인 사유 등 납득할 만한 사유가 있어야 한다고 본다. 분할 납부를 승인한 때에는 납부기한 별로 납부고지해야 하며, 전액 즉시 징수할 때에는 15일 이내의 납부기한을 정하여 납세고지해야 하고, 이 고지의 징수기간은 처음의 납부고지보다 우선하여 적용한다.[102]

제108조【담보 제공 및 사후관리】 ① 세관장은 필요하다고 인정될 때에는 대통령령으로 정하는 범위에서 관세청장이 정하는 바에 따라 이 법이나 그 밖의 법령·조약·협정 등에 따라 관세를 감면받거나 분할납부를 승인받은 물품에 대하여 그 물품을 수입할 때에 감면받거나 분할납부하는 관세액(제97조 제4항 및 제98조 제2항에 따른 가산세는 제외한다)에 상당하는 담보를 제공하게 할 수 있다.

해 설

담보는 채무이행 확보수단으로서 관세는 수입물품에 부과하는 것이므로 이전에는 수입물품 자체가 담보가 되어 관세를 납부하지 아니하면 물품을 찾아갈 수 없었다. 그러나 현재는 관세납부와 물품이동을 별개의 흐름으로 보아 관세납부가 없더라도 물품흐름을 정지시키지 아니하여, 물류비용을 절감하려는 방향으로 통관제도가 발전하고 있다. 이러한 현상은 물류 흐름을 신속하게 하기 위한 제도개선의 결과이며, 앞으로는 관세채권 확보를 위한 담보의 중요성

102) 기획재정부 유권해석(1981.6.22)에 의하면 관세를 분할납부받은 물품이 관세율 적용착오 등 세관의 귀책사유로 인하여 사후 정정되어 추징되었을 경우 등 납세자의 잘못이 없었다면 면허 당시에 관세를 분할납부받을 수 있는 물품에 대하여는 동 추징금액에 대하여도 당초 관세분할납부에 준하여 관세를 분할납부받을 수 있다.

이 더욱 증가될 것으로 본다. 감면할 때에는 감면받은 세액 상당액을, 분할납부할 때에는 아직 미납된 세액 상당액을 담보로 제공받을 수 있으며, 보세운송이나 수입신고 수리할 때에도 담보를 제공하도록 할 수 있다. 담보 제공시에는 금액을 얼마로 해야 하는지에 대하여는 의문이 있을 수 있다. 현금담보의 경우에는 재수출면세를 예로 들면 관세와 해당 가산세 등을 고려하여 정할 수 있지만 보증보험의 경우에는 세액과 의무위반의 경우 부담하는 가산세를 고려하여 납부해야 할 세액의 100분의 20을 담보로 제공받아 왔으나 2010.1.1. 관세법 개정(법률 9910호)시 가산세 부분은 담보액 부분에서 제외하도록 규정하였다. 이는 개정 교토협약과 내용이 일치되는 것이기도 하다.

용도세율을 적용할 때에는 담보제공을 하지 아니한다. 담보제공은 재수출면세, 재수출감면세, 분할납부승인을 받은 경우에만 제공하게 하여야 한다. 사후관리는 감면이나 분할납부 승인물품이 조건대로 운용 · 사용되는지에 관하여 수입신고수리 후에 관리하는 것을 말한다.

② 이 법이나 그 밖의 법률 · 조약 · 협정 등에 따라 용도세율을 적용받거나 관세의 감면 또는 분할납부를 승인받은 자는 대통령령으로 정하는 바에 따라 해당 조건의 이행 여부를 확인하는 데에 필요한 서류를 세관장에게 제출하여야 한다.
③ 관세청장은 사후관리를 위하여 필요할 경우 대통령령으로 정하는 바에 따라 해당 물품의 사후관리에 관한 업무를 주무부장관에게 위탁할 수 있으며, 주무부장관은 물품의 사후관리를 위하여 필요한 경우에는 미리 관세청장과 협의한 후 위탁받은 사후관리에 관한 업무를 관계 기관이나 법인 · 단체 등에 재위임하거나 재위탁 할 수 있다.
④ 용도세율을 적용받거나 관세를 감면받은 물품을 세관장의 승인을 받아 수출한 경우에는 이 법을 적용할 때 용도 외의 사용으로 보지 아니하고 사후관리를 종결한다. 다만, 용도세율을 적용받거나 관세를 감면받은 물품을 가공하거나 수리할 목적으로 수출한 후 다시 수입하거나 해외시험 및 연구를 목적으로 수출한 후 다시 수입하여 제99조 제3호 또는 제101조 제1항 제2호에 따른 감면을 받은 경우에는 사후관리를 계속한다.

해 설

제2항은 사후관리시 필요한 자료제출에 관한 규정이다. 감면 및 분할납부 승인은 세관장만이 하는 것이 아니고, 다른 법률이나 조약에 따라 승인할 수도 있다. 이때 해당 조건 이행을 확인함에 있어서 필요한 서류를 세관장에게 제출해야 하며, 제출해야 할 서류는 관세청장이 정하도록 규정하고 있다. 용도세율을 적용하는 경우도 마찬가지로 용도세율 적용조건의 이행을 확인하는데 필요한 서류를 제출해야 한다. 관세의 감면 또는 분할납부의 승인을 받은 물품의 통관지 세관과 관할지 세관이 다른 때에는 통관지세관장은 관세청장이 정하는 바에 의하

여 관할지세관장에게 해당 물품에 대한 관계서류를 인계한다. 2023.12.31. 법 개정시 용도세율 적용 물품에 관한 규정 개정에 따른 조문 정리를 하였고, 사후관리의 용어를 구체화하였다. 제83조 제1항 단서 조항은 세관장으로 부터 해당 용도로만 사용할 것을 승인 받은 경우를 말한다.

제3항은 사후관리 위탁에 관한 규정이다.

사후관리는 용도세율 적용, 감면, 분할납부 조건의 이행여부를 확인하여 용도 외 사용을 방지하고 관세 확보를 기하기 위한 것이다. 2002년 시행령 개정시 '용도세율의 적용물품'도 포함하여 사후관리의 위탁 범위를 넓혔다. 권한을 다른 기관에 넘겨서 그 기관 책임으로 업무를 수행하는 것을 위탁이라 한다. 한 기관이 모든 사후관리업무를 담당하는 것보다는 담당하기 용이한 기관에 업무를 맡겨서 처리하는 것이 효율적인 경우에 해당 주무부장관에게 위탁하여 처리하는 것이다.

다른 법령에 의한 감면물품인 경우에는 해당 법률·조약 등의 집행을 주관하는 부처의 장 또는 학술연구용품 감면, 종교용품·자선용품·장애인용품 등 면세, 특정물품 면세, 환경오염방지물품감면, 관세분할 납부물품인 경우에는 해당 업무를 주관하는 부처의 장에게 위탁한다. 사후관리업무를 관장하는 기관을 예로 들면 국방부장관, 교육과학기술부장관, 노동부장관 등이 있다. 학교에서 연구용 장비로 수입한 감면물품을 감면받은 용도에 잘 사용하고 있는지를 확인하고 관리하는 업무는 세관장이 하는 것보다는 교육과학기술부장관이 하는 것이 효율적이라는 의미이다. 관세청장은 관세의 용도세율, 감면 또는 분할납부의 승인을 받은 물품에 대한 해당 조건의 이행을 확인하기 위하여 필요한 때에는 그 사후관리에 관한 사항을 위탁한다. 사후관리를 위탁받은 부처의 장은 감면 또는 분할납부의 승인을 받은 물품에 대한 관세의 징수사유가 발생한 것을 확인한 때에는 지체 없이 해당 물품의 관할지세관장에게 통보하여야 한다. 위탁된 물품에 대한 사후관리사항은 위탁받은 부처의 장이 관세청장과 협의하여 정한다.

2019.12.31. 법 개정시 그 동안 사후관리에 관한 고시에서 규정하여 운영하여 왔던 주무부장관 위탁제도 중 재위탁하는 근거를 명확히 하였다. 법제처의 개선 권고에 따라 사후관리 수탁 주무부장관의 재위탁 근거를 마련한 것이다.

제4항은 사후관리 종결에 관한 규정이다. 용도세율을 적용 받거나 감면받은 물품을 세관장의 승인을 얻어 수출한 때에는 사후관리를 종결한다. 감면물품 사후관리는 관세 확보 차원에서 하는 것이므로 이 물품을 수출한 경우에는 별도로 사후관리 할 의미가 없다. 이때 수출은 용도 외 사용으로 보지 아니하므로 감면된 세액을 징수하지 아니한다. 만일 이 물품이 다시 수입된다면 이는 새로운 수입으로 보아 관리하면 된다. 그러나 수입하기로 예정한 수출물품을 다시 수입하여 재수입감면받은 경우에는 사후관리를 계속하며, 이는 새로운 사후관리가 아니고 해오던 사후관리를 계속하는 것이다. 감면받은 물품을 수출하는 경우 관세환급 여부에 대

하여 논란이 있으나, 감면물품이나 분할납부물품은 일반수입물품과는 다르게 수입신고 당시부터 특정목적을 위해 관세 혜택을 받은 것이며, 이 물품을 목적 이외 수출에 사용하여 환급을 받는 것은 감면과 분할납부제도 운영의 취지에 맞지 아니하고, 수출용 원재료에 대하여 수입할 때에 납부하거나 납부하여야 할 관세를 징수하도록 하는 환급특례법 취지에도 맞지 아니하므로 환급은 불가하다고 본다. 법 제99조 제3호는 재수입면세에 관한 조항이며, 법 제101조 제1항 제2호는 해외임가공 감면에 관한 조항이다.

제109조【다른 법령 등에 따른 감면물품의 관세징수】 ① 이 법 외의 법령이나 조약·협정 등에 따라 관세가 감면된 물품을 그 수입신고 수리일부터 3년 내에 해당 법령이나 조약·협정 등에 규정된 용도 외의 다른 용도로 사용하거나 양도하려는 경우에는 세관장의 확인을 받아야 한다. 다만, 해당 법령이나 조약·협정 등에 다른 용도로 사용하거나 양도한 경우에 해당 관세의 징수를 면제하는 규정이 있을 때에는 그러하지 아니하다.

② 제1항에 따라 세관장의 확인을 받아야 하는 물품에 대하여는 해당 용도 외의 다른 용도로 사용한 자 또는 그 양도를 한 자로부터 감면된 관세를 즉시 징수하여야 하며, 양도인으로부터 해당 관세를 징수할 수 없을 때에는 그 양수인으로부터 감면된 관세를 즉시 징수한다. 다만, 그 물품이 재해나 그 밖의 부득이한 사유로 멸실되었거나 미리 세관장의 승인을 받아 그 물품을 폐기하였을 때에는 예외로 한다.

해 설

관세법에 의한 감면 이외에 타 법령에 의한 감면물품의 관리 및 관세징수, 감면 적용시 타 법령과 관세법의 관계에 관한 규정이다. 다른 법령 등에 의한 감면 물품을 용도외 사용하거나, 용도 외 사용할 자에게 양도하는 때에는 세관장의 확인을 거쳐 감면된 관세를 즉시 징수하며, 이 확인은 관세징수를 위한 절차다. 확인을 받고자 하는 자는 해당 물품의 관세감면의 근거가 되는 법령·조약 또는 협정 및 그 조항을 기재한 확인신청서에 동 법령·조약 또는 협정의 규정에 의하여 해당 물품의 용도 외 사용 또는 양도에 필요한 요건을 갖춘 것임을 증빙하는 서류를 첨부하여 관할지 세관장에게 제출하여야 한다.

이 조항에서 다른 법령은 관세법에 대해 특별법의 역할을 하므로 다른 법령에 감면에 관하여 별도로 규정하고 있으면 이를 우선 적용한다. 다른 법령 등에 의한 면세에는 조세특례와 이에 대한 제한에 관한 사항을 규정한 조세특례제한법에 의한 면세, 해저광물과 탐사를 위해 수입하는 기계류 등에 대하여 감면하는 해저광물자원개발법에 의한 면세, 조약·협정에 의한 면세 등이 있다.

관세법에 의한 감면 사후관리기간은 최장 3년이고, 다른 법령에 의한 감면 사후관리기간은

3년이며, 타 법령에 해당 관세를 면제하는 규정이 있는 경우는 제1항에서 같이 세관장의 확인을 받을 필요가 없으나, 관세를 면제하는 규정이 없는 경우에는 용도 외에 사용하고자 할 때에 세관장의 확인을 받아야 한다. 세관장의 확인을 받아야 할 의무를 위반하는 것은 2천만원 이하 벌금 혹은 과실인 경우에는 300만원 이하 벌금에 해당된다.

제2항은 양도인 또는 양수인으로부터의 관세 징수에 관한 규정이다. 이 법 조항은 관세법에 의한 관세감면물품의 사후관리에 관한 법 제102조 제2항과 같으며, 다른 법령에 의하여 관세를 감면할 때에도 관세법과 동일하게 납세의무자, 징수 방법 등을 적용한다는 내용을 정해 놓은 것이다.[103] 조세특례제한법은 조세의 감면 또는 중과 등 조세특례와 제한에 관한 사항을 규정하며, 이법, 국세기본법이나 조약 그리고 소득세법, 법인세법, 관세법 등 24개의 법률에 의하지 아니하고는 조세 특례를 정할 수 없다. 예를 들면, 택지개발촉진법에 면허세를 면제한다고 규정하고 있다고 하더라도 조세제한특례법에 규정하지 아니 하면 면허세 면제대상이 아니다.

【대법원 2009.7.23, 2007두1170】 조세특례제한법 및 관세법의 관련 규정의 문언, 체계와 취지, 특히 관세의 감면대상물품에 대한 세액심사는 수입신고수리 전에 하여야 하는 점 및 외국인투자기업이 위 조세특례제한법 제121조의 3 규정에 의하여 관세 등을 면제받은 때에는 수입신고수리 후부터 사후관리를 받아야 하며 만일 해당 수입물품을 면제받은 용도로 사용하지 않으면 관세 등을 추징당하는 점 등을 종합하여 보면, 외국인투자기업이 위 조세특례제한법 제121조의 3 규정에 의하여 관세 등을 면제받기 위해서는 수입신고수리 전에 세관장에게 면제신청을 하여야만 하고, 수입신고수리 후에 경정청구를 통하여 면제신청을 한 때에는 관세 등을 면제받을 수 없다. 한편, 관세법 시행령상 면제 신청 시기의 규정은 조세특례제한법 규정에 따른 관세 등의 면제에 있어서 새로운 면제요건을 규정한 것이 아니어서 법률 유보의 원칙, 법률 우위의 원칙에 위배되지 아니한다.

103) 대법원 2009.7.23. 선고 2007두1170 판례 참조.

제 5 장

납세자의 권리 및 불복절차

헌법에서 국민의 권리와 의무에 관하여 선언하고, 법에서 구체적 권리 및 의무 내용을 정하는 것과 같이, 2000년 개정 관세법에서는 구체적으로 이 권리에 관하여 규정하고 있다. 권리는 일정한 이익을 누릴 수 있는 법이 인정하는 힘을 말한다.

권리는 공법과 사법의 구별에 따라 공권과 사권으로 나누어지며, 주체설을 인용하면 공권력의 담당자와 복종자간의 관계를 규율하는 것이 공법이고, 사인간의 대등한 관계를 규율하는 것이 사법이다.

공권에는 국가적 공권과 개인적 공권이 있다. 국가적 공권은 국가, 공공단체로부터 권리를 받은 지배권자가 국민에 대하여 가지는 형벌권, 강제권, 재정권 등을 말하며, 개인적 공권은 국민이 지배권자에 대하여 가지는 참정권, 수익권, 자유권 등을 말한다. 납세자 권리헌장에 포함되어 있는 권리는 개인적 공권에 해당되므로 침해받을 시에는 행정소송의 절차에 따라 구제 받을 수 있다.

제1절은 납세자의 권리에 관한 규정으로서 납세자권리헌장의 제정과 교부, 납세자 권리보호를 위한 중복조사금지, 조사를 받는 납세자가 가지는 조력을 받을 권리, 납세자는 성실하다는 성실성 추정, 관세 조사시 사전통지 · 연기신청 · 결과통지 · 비밀유지, 납세자가 필요로 하는 정보의 제공, 고액상습체납자의 명단공개 · 감치, 과세가 적정한 지를 미리 심사하는 과세전적부심사에 관한 규정이다.

제2절은 심사와 심판에 관한 규정으로서 불복청구대상 · 기간 · 절차, 청구서 보정, 심사청구사항을 심사하는 관세심사위원회, 대리인, 결정 · 절차, 불고불리 · 불이익변경 금지, 불복방법 통지, 서류 열람 · 의견진술, 심판청구, 이의신청, 행정소송법과의 관계, 불복청구가 다른 행정의 집행에 미치는 효력에 관한 규정이다.

납세자의 권리

제110조【납세자권리헌장의 제정 및 교부】 ① 관세청장은 제111조부터 제116조까지, 제116조의 2 및 제117조에서 규정한 사항과 그 밖에 납세자의 권리보호에 관한 사항을 포함하는 납세자권리헌장(이하 이 조에서 "납세자권리헌장"이라 한다)을 제정하여 고시하여야 한다.

② 세관공무원은 다음 각 호의 어느 하나에 해당하는 경우에는 납세자권리헌장의 내용이 수록된 문서를 납세자에게 내주어야 하며, 조사사유, 조사기간, 제118조의 4 제1항에 따른 납세자보호위원회에 대한 심의 요청사항·절차 및 권리구제 절차 등을 설명하여야 한다.

1. 제283조에 따른 관세범(「수출용 원재료에 대한 관세 등 환급에 관한 특례법」 제23조 제1항부터 제4항까지의 규정에 따른 죄를 포함한다)에 관한 조사를 하는 경우
2. 관세조사를 하는 경우
3. 그 밖에 대통령령으로 정하는 경우

③ 세관공무원은 납세자를 긴급히 체포·압수·수색하는 경우 또는 현행범인 납세자가 도주할 우려가 있는 등 조사목적을 달성할 수 없다고 인정되는 경우에는 납세자권리헌장을 내주지 아니할 수 있다.

해 설

납세자의 권리를 보호하고 세관공무원으로부터 부당한 권리 침해를 받지 않도록 하기 위하여 납세자의 권리가 침해될 소지가 매우 높은 범칙사건의 조사 등 각종 조사 또는 검사 등의 경우에 있어 세관공무원의 직무수행시 반드시 납세자권리헌장을 교부함으로써 납세자가 스스로 자신이 가진 권리를 알게 하고 직무를 수행하는 세관공무원도 납세자의 권리를 존중토록 함으로써 친절하고도 공정한 납세행정이 수행될 수 있도록 2000.12.29. 법률 제6035호로 신설하였다.

납세자권리헌장에 포함되는 내용은 국세기본법 제7장의 2를 참조하여 관세행정에 적용될 수 있도록 수정하여 규정하였다. 국세기본법 제81조의 2 제2항 제3호에서는 사업자등록증을 교부하는 경우에도 납세자권리헌장을 교부토록 하고 있으나 관세행정의 경우 사업자등록증을 교부하는 경우가 없어 이를 채택하지 아니하였으나 세관장이 납세자의 권리의무를 발생하기 위하여 발급하는 각종 형태의 통지, 교부 등 대통령령이 정하는 경우에는 납세자권리헌장을 교부할 수 있도록 하였다.

납세자권리헌장에는 중복 검사 또는 조사의 금지, 세관조사에 대하여 조력을 받을 권리, 납

세자의 성실성 추정 등, 세관조사의 사전통지와 연기신청, 세관조사의 결과통보, 비밀유지, 정보의 제공, 과세전적부심사 등에 관한 사항이 포함하고 있다. 이는 납세자 권리헌장이 단순 선언적 의미를 넘어서 실정법상 권리적 성격을 가지고 있음을 의미한다. 납세자권리헌장의 제정 및 교부의 의미는 납세자의 권리를 과세행정기관이 분명하게 알고 이를 납세자에게도 바로 알려서 권리를 향유할 수 있도록 하기 위함이다. 관세청과 세관에서는 납세자권리헌장 이외에 서비스헌장을 제정하여 납세자에 대한 최상의 서비스를 제공하는 데에 노력하고 있다. 납세자 권리헌장은 관세청고시로 정하고 있으며 내용은 다음과 같다.

> 납세자로서의 귀하의 권리는 헌법과 법률이 정하는 바에 의하여 존중 받고 보장되어야 합니다. 이를 위하여 관세공무원은 귀하가 신성한 납세의무를 성실하게 이행할 수 있도록 필요한 정보와 편익을 최대한 제공하며 귀하의 권리가 존중되고 실현될 수 있도록 최선을 다하여 협력할 의무가 있습니다.
>
> 이 헌장은 귀하에게 납세자로서 보장받을 수 있는 권리를 알려드리기 위한 것입니다.
>
> 1. 귀하는 수출입신고등의 의무를 이행하지 않았거나 구체적인 관세포탈 등의 혐의가 없는 한 성실한 납세자이며 귀하가 제출한 자료는 진실한 것으로 추정됩니다.
> 2. 귀하는 법령에서 정하는 경우를 제외하고는 관세조사의 사전통지와 조사결과의 통지를 받을 권리가 있으며 불가피한 사유가 있는 경우에는 조사의 연기를 신청할 권리가 있습니다.
> 3. 귀하는 관세공무원으로부터 조사를 받게 되는 경우 관세사 등 전문가로 하여금 입회하게 하거나 의견을 진술하게 할 수 있는 권리가 있습니다.
> 4. 귀하는 법령에서 정한 경우를 제외하고는 이미 조사 받은 사안에 대하여 다시 조사 받지 아니할 권리가 있습니다.
> 5. 귀하는 자신의 과세정보에 대한 비밀을 보호받을 권리가 있으며 자신의 권리행사를 위해 필요한 정보를 신속하게 제공받을 권리가 있습니다.
> 6. 귀하는 위법·부당한 처분을 받거나 필요한 처분을 받지 못함으로써 권리나 이익을 침해받을 경우에는 심사청구 등을 통해 공정하고 신속하게 구제 받을 권리가 있습니다.

2019.12.31. 법 개정시 제118조의 4에서 신설된 '납세자보호위원회'에 관한 내용을 의무적으로 설명하도록 규정하였다.

제2항은 납세자권리헌장 교부에 관한 조항이다. 조사는 어떤 사실의 내용을 알기 위하여 자세히 살펴보거나 찾는 것을 말한다. 행정조사는 행정기관이 행정작용을 위해 필요한 자료를 얻기 위한 권력적 조사 작용을 말한다. 행정상 즉시강제가 직접적으로 행정목적을 달성하는 것을 말한다면, 행정조사는 행정목적을 실현시키기 위한 보조적 수단으로 사용된다. 이전에는 행정목적을 위한 질문, 검사 등 자료 수집을 행정상 즉시 강제로 보아 왔으나 현재는 독자적인 행정조사로 보고 있다.

관세법상 조사업무를 범칙조사와 관세조사로 구분하여 보면 관련 규정을 이해하기가 쉽다. 관세조사는 과세표준과 세액의 결정 또는 경정을 위하여 납세자를 방문 또는 서면으로 조사하는 것을 말하며, 일반적으로 신고수리 후 세액 심사활동을 지칭하나, 범칙조사는 관세법 등 관련 법규 위반에 대하여 의심을 가지고 조사하는 것을 말한다. 따라서 이 두 조사는 첫째는 업무착수의 동기에 차이가 있으며, 둘째는 결과로서 관세조사의 경우는 추가징수 등 절차를 거치고, 범칙조사의 경우는 처벌절차를 거치는 점에서 차이가 있다고 볼 수 있다. 위 조문과 같이 관세포탈, 부정감면 또는 부정환급에 대한 범칙사건을 조사하는 경우, 관세조사의 경우, 기타 대통령령이 정하는 경우에는 납세자 권리헌장의 내용이 수록된 문서를 교부하여야 한다.[1]

기업심사는 관세법 제110조 제2항 제2호에 따른 관세조사를 말하는 것으로 법인심사와 기획심사를 구분된다.[2] 법인심사는 관세법 제110조의 3 제1항에 따라 정기선정방법으로 선정된 기업심사대상업체에 대해 통관적법성을 심사하는 것을 말한다. 기획심사는 법제110조의 3 제2항에 따라 수시선정 방법으로 선정된 기업심사대상업체에 대하여 통관적법성을 심사하는 것을 말한다. '통관적법성'이란 신고납부세액과 관세법 및 다른 법령에서 정하는 수출입관련 의무이행의 적법여부를 말한다. 그 대상으로는 ① 과세가격 및 세율, ② 수출입에 관한 허가·승인·추천 등의 요건의 구비사항, ③ 수출입신고물품에 대한 품명·규격·수량·중량 등의 수출입신고의 적정성에 관한 사항, ④ 관세환급(소요량계산을 포함한다)에 관한 사항, ⑤ 관세감면 및 사후관리에 관한 사항, ⑥ 개별소비세 등 내국세에 대한 신고 및 납부에 관한 사항, ⑦ 원산지 또는 협정관세 적용 및 증명서류에 관한 사항,[3] ⑧ 지식재산권 침해 및 원산지표

1) 제2항 제3호에서 기타 대통령령이 정하는 경우라 함은 징수권 확보를 위하여 압류하는 경우, 보세판매장에 대한 조사를 하는 경우로 규정하고 있다.

2) 「기업심사운영에 관한 훈령」 제2조 (관세청 훈령 제1829호, 2016.7.1)

3) FTA원산지조사는 「자유무역협정의 이행을 위한 관세법의 특례에 관한 법률」 제3조의 규정에 따라 관세법에 우선하여 적용하여야 하며 원산지조사대상자, 조사상법, 사전통지 및 조사기간 등 조사절차가 관세조사와 상이하여 원산지조사를 관세조사에 통합하여 운영하기가 곤란하여 2012.2.29. 「관세조사시 FTA 원산지조사에 대한 운영지침」 제정을 통해 관세조사 범위에서 제외하였다.

【관세조사와 원산지 조사의 절차 비교】

구 분	관세조사	원산지 조사
근거법령	관세법 제110조~제115조	FTA관세특례법
조사대상	수입자(수입물품)	• 제1단계 : 수입자(국내조사) • 제2단계 : 수출자·생산자(해외조사
조사범위	과세요건(납세자, 과세물건, 과세표준, 세율)과 수출입의무위반 사항	원산지 또는 협정관세 적용의 적정 여부
조사방법	• 원칙 : 방문조사 • 예외 : 서면조사	• 원칙 : 서면조사 • 예외 : 현지조사
사전통지	조사시작 10일전	조사 시작 30일 전
조사기간	• 방문조사 : 15일 이내	없음

시에 관한 사항, ⑨ 보세구역 관련업무수행의 적법 여부에 관한 사항, ⑩ 그 밖의 통관, 외환거래 및 수출입물품과 관련한 관련법령 위반사항 등이 있다.

1996.7. 이전에는 건별심사를 위주로 하는 기업심사로 범칙조사 영역에 속해져 있었으나 1996.7. 수출입신고 면허제에서 수리제로 전환하면서 세액의 적정성 등을 통관 후에 확인하는 기업심사제도를 시행하였다. 2000.1. 심사조직과 업무수행체계 전면 개편(본청 심사정책국 및 본부세관 기업심사조직 신설)을 통해 정보분석에 의한 기획심사와 업체의 자발적 협력에 기초로 한 종합심사로 구분하여 진행하였다. 주로 기획심사 위주로 운영되고 종합심사를 강제방식으로 변경했지만 업체의 반발로 중단하고 2004년 종합심사제도를 업체 자율심사방식으로 개편하였다. 2009년 AEO 공인제도를 종합심사제도와 연계하면서 종전 AEO 운영조직을 본청 조사감시국에서 심사정책국으로 업무이관을 하였다. 2010년 정기 법인심사 제도를 도입하여 주기적 기업심사를 운영하였다. 주기적 기업심사를 통해 세관은 심사전문가 양성 및 대기업 위험관리가 가능해지고 다국적기업의 신종 조세회피 등에 대응역량을 갖추게 되었고 기업에서는 기업심사에 대한 수용성이 향상되고 관세팀 신설 등 자발적 점검체계를 갖추는 등 성실신고에 대한 인식이 높아지는 계기가 되었다.

2011.12.31. 개정 관세법에서는 관세조사 범위에 처음으로 서면조사를 포함시키고 있다. 이로서 중복조사 등 문제가 많이 대두될 것으로 예상되며, 서면조사는 사실상 업체의 편의를 위한 현지조사 이전 조사 단계로 보지만, 서면조사가 관세조사의 일종이라면 자칫 현지조사의 남용 우려도 있다.

2017.12.19. 법 개정시 납세자 권리 보호를 강화하기 위해 납세자권리헌장 교부 대상 확대하였다. 즉, 관세포탈 · 부정감면 · 부정환급등에 대한 범칙사건이외에 전자문서 위조 · 변조죄, 밀수출입죄 등도 포함하여 모든 관세법상 모든 범칙사건을 조사하는 경우에 교부하도록 하였다.

이 조항의 개정은 법 제112조 관세조사의 경우 조력을 받을 권리의 확대에 해당되므로 실질적으로 조력을 받을 수 있는 범위와 조력 제공자의 영역이 확대되는 셈이다.

제3항은 납세자권리헌장 비교부에 관한 규정이다. 긴급히 납세자를 체포 · 압수 · 수색하거나 현행범이 도주할 우려가 있는 등 조사목적을 달성할 수 없다고 인정되면 이를 교부하지 아니한다. 이 경우는 흔히 범칙조사에서 발생되며, 관세조사에서는 발생되지 아니하는 사항이다. 법 제270조는 관세포탈죄에 관한 규정이며, 법 제269조 밀수출입죄 등에 관하여 조사할

구 분	관세조사	원산지 조사
	• (세칙) 서면조사 : 30일 이내	
결과통지	조사종료 20일 이내 (세칙 : 처분위원회 상정)	조사를 완료한 날로부터 30일 (처분위원회 심의 없음)

때에는 납세자권리헌장 교부대상에서 제외하고 있다.

제110조의 2【통합조사의 원칙】 세관공무원은 특정한 분야만을 조사할 필요가 있는 등 대통령령으로 정하는 경우를 제외하고는 신고납부세액과 이 법 및 다른 법령에서 정하는 수출입 관련 의무 이행과 관련하여 그 권한에 속하는 사항을 통합하여 조사하는 것을 원칙으로 한다.

해 설

관세조사시 신고납부세액과 관세법 및 다른 법령상의 수출입관련 의무이행과 관련된 사항을 통합하여 실시하는 것을 원칙으로 하지만 조세채권 확보 등을 위한 긴급한 조사나 특정 분야에 한정한 조사, 기타 효율성이나 납세자의 편의를 위하여 필요시는 예외로 하고 있다. 국세기본법 제81조의 11에서는 내국세의 세목을 통합하여 조사하는 것을 의미하나 여기에서는 관세법 및 무역관련 법령을 통합하여 조사한다는 면에서 다르다. 2011.12.31. 개정 관세법에서 처음 도입하였다.

통합조사 원칙의 예외 사항으로 세금탈루 혐의, 수출입관련 의무위반 혐의, 수출입업자 등의 업종·규모 등을 고려하여 특정사안만 조사할 필요가 있는 경우, 조세채권확보를 위하여 필요한 경우, 조사의 효율성 등을 고려하여 기획재정부장관이 정하는 경우 등이 있다.

제110조의 3【관세조사 대상자 선정】 ① 세관장은 다음 각 호의 어느 하나에 해당하는 경우에 정기적으로 신고의 적정성을 검증하기 위하여 대상을 선정(이하 "정기선정"이라 한다)하여 조사를 할 수 있다. 이 경우 세관장은 객관적 기준에 따라 공정하게 그 대상을 선정하여야 한다.

1. 관세청장이 수출입업자의 신고 내용에 대하여 정기적으로 성실도를 분석한 결과 불성실 혐의가 있다고 인정하는 경우
2. 최근 4년 이상 조사를 받지 아니한 납세자에 대하여 업종, 규모 등을 고려하여 대통령령으로 정하는 바에 따라 신고 내용이 적정한지를 검증할 필요가 있는 경우
3. 무작위추출방식으로 표본조사를 하려는 경우
4. 납세자가 세관공무원에게 직무와 관련하여 금품을 제공하거나 금품제공을 알선한 경우

② 세관장은 정기선정에 의한 조사 외에 다음 각 호의 어느 하나에 해당하는 경우에는 조사를 할 수 있다.

1. 납세자가 이 법에서 정하는 신고·신청, 과세가격결정자료의 제출 등의 납세협력의무를 이행하지 아니한 경우
2. 수출입업자에 대한 구체적인 탈세제보 등이 있는 경우
3. 신고내용에 탈세나 오류의 혐의를 인정할 만한 자료가 있는 경우

> ③ 세관장은 제39조 제1항에 따라 부과고지를 하는 경우 과세표준과 세액을 결정하기 위한 조사를 할 수 있다.
> ④ 세관장은 최근 2년간 수출입신고 실적이 일정금액 이하인 경우 등 대통령령으로 정하는 요건을 충족하는 자에 대해서는 제1항에 따른 조사를 하지 아니할 수 있다. 다만, 객관적인 증거자료에 의하여 과소 신고한 것이 명백한 경우에는 그러하지 아니하다.

해 설

그 동안 관세조사 대상자 선정 절차·기준 등이 주로 훈령으로 운영됨에 따라 관세조사의 투명성 제고에 대한 각계의 건의가 많아 2011.12.31. 개정 관세법에 이를 반영하였다. 관세조사를 정기조사와 수시조사로 크게 나누고 예외로 부과고지의 필요에 따라 관세조사를 할 수 있도록 규정하였다.

제1항에서 정기선정의 기준은 법규준수도, 장기 미조사자, 무작위 3가지다. 조사대상자가 쉽게 수긍할 수 있도록 기준을 단순화하였다고 볼 수 있다.[4] 4년은 관세부과 제척기간이 5년인 점을 고려하여 정한 것이다. 2017.12.19. 법 개정시 관세공무원 비리 방지를 위해 제4호를 신설하여 금품제공등을 한 경우를 추가하였다. 국세의 경우, 세무공무원에게 직무와 관련하여 금품을 제공하거나 금품제공을 알선한 납세자에 대해 비정기 세무조사와 재조사가 가능하도록 하고 있는 근거규정을 마련하고 있으나, 관세의 경우에는 이에 대한 규정이 없어 근거규정 마련의 필요성이 인정되어 왔다.

제2항은 수시조사에 관한 조항이고 제3항은 부과고지의 경우 과세표준·세액을 결정하기 위한 조사이다.

제4항은 정기조사에 대한 예외 조항으로서 최근 2년간 수출입실적이 일정금액 이하인 경우이다. 시행령에는 최근 2년간 수출입신고 실적이 30억원 이하이고 체납사실이나 벌금형 이상의 형의 선고가 없는 경우, 부족세액을 추징당하지 않는 경우 등이 있다. 2013.7.1.부터 경제활성화 등 정부시책을 뒷받침하기 위해 중소기업과 일자리창출기업에 대한 관세조사 부담완화의 필요성 대두되어 일자리창출기업 등에 대한 관세조사유예 혜택을 부여하였다. 전년대비 일정비율 이상 일자리창출계획이 있는 기업에 대해 신청을 받아 선정기업에 대해 1년간 관세조사를 유예하는 등 일자리 창출, 장애인고용, 창업지원, 취약계층 지원 등 정부시책에 협력하는 성실기업에 대한 관세조사를 유예하였다.

---

4) 국세기본법 제81조의 6 내용과 동일하다.

【사후심사체계】

<table>
<tr><th rowspan="3">구분</th><th colspan="3">기업단위 심사</th><th colspan="2">신고건별 단위 심사</th></tr>
<tr><th rowspan="2">AEO</th><th colspan="2">비 AEO</th><th rowspan="2">보정심사</th><th rowspan="2">환급심사</th></tr>
<tr><th>법인심사</th><th>기획심사</th></tr>
<tr><td>범위</td><td>공인기준
통관적법성</td><td>통관적법성
(세액+요건)</td><td>통관적법성
(세액+요건)</td><td>납부세액
적정성</td><td>환급지급
적정성</td></tr>
<tr><td>주기</td><td>정기신청(5년)</td><td>정기(5년)</td><td>수시</td><td>상시</td><td>상시</td></tr>
<tr><td>방법</td><td>세관정보제공
기업자율점검</td><td>세관 강제심사
(후보군 순환)</td><td>세관 강제심사
(고위험 타겟팅)</td><td>보정안내
자율보정</td><td>직접심사</td></tr>
<tr><td>대상</td><td>AEO업체</td><td>법인심사후보군</td><td>AEO/법인심사
후보군 외</td><td>수입신고 건별</td><td>환급지급 건별</td></tr>
</table>

【헌법재판소 2014.4.29, 2014헌마249】 관세법 제110조의 3 제1항 제3호는 관세조사 대상자의 정기선정사유의 하나로 '무작위추출방식으로 표본조사를 하려는 경우'를 규정한 것에 불과하고, 청구인이 주장하는 여행자 휴대품 검사대상자의 선정이나 휴대품 검사와 관련된 규정이 아니므로, 위 조항자체만으로써 청구인의 법적 지위에 무슨 영향을 미친다고 볼 수 없어 이 사건 심판청구는 부적법하다. *청구인은 공항을 입국하다가 여행자 휴대품 검사대상자로 선정되어 자신의 휴대품에 대하여 검사를 받자 동 조항이 청구인의 행복추구권, 신체의 자유를 침해하여 위헌이라고 주장하며 헌법소원심판을 청구한 사례이다.

제111조 【관세조사권 남용 금지】 ① 세관공무원은 적정하고 공평한 과세를 실현하고 통관의 적법성을 보장하기 위하여 필요한 최소한의 범위에서 관세조사를 하여야 하며 다른 목적 등을 위하여 조사권을 남용하여서는 아니 된다.

② 세관공무원은 다음 각 호의 어느 하나에 해당하는 경우를 제외하고는 해당 사안에 대하여 이미 조사받은 자를 다시 조사할 수 없다.

1. 관세탈루 등의 혐의를 인정할 만한 명백한 자료가 있는 경우
2. 이미 조사받은 자의 거래상대방을 조사할 필요가 있는 경우
3. 제118조 제4항 제2호 후단 또는 제128조 제1항 제3호 후단(제132조 제4항 본문에서 준용하는 경우를 포함한다)에 따른 재조사 결정에 따라 재조사를 하는 경우(결정서 주문에 기재된 범위의 재조사에 한정한다)
4. 납세자가 세관공무원에게 직무와 관련하여 금품을 제공하거나 금품제공을 알선한 경우
5. 그 밖에 제1호부터 제4호까지와 유사한 경우로서 대통령령으로 정하는 경우

해 설

관세징수권 소멸시효는 5년이고, 관세부과제척기간은 5년 혹은 10년이므로 이 기간 동안은 언제든지 사후세액심사 절차를 거쳐서 부족세액을 부과·징수할 수 있다. 그러나 이미 조사한 납세자에 재조사하는 것은 행정의 낭비요인이 될 수 있으므로 이를 금지할 필요가 있다. 명백한 관세포탈 입증자료가 있는 경우 등 확실하게 납세자에게 혐의를 인정할 수 있는 경우 외에는 이미 검사 또는 조사를 받은 동일한 납세자 등에 대해 재조사 또는 검사를 할 수 없도록 함으로써 납세자의 권리를 보호하기 위해 2000.12.29. 법률 제6305호로 신설하였다. 중복조사 또는 검사의 금지는 국세기본법 제81조의 3의 규정을 관세행정에 적용가능하도록 적합하게 수정하여 규정하였다.

관세조사권 남용금지는 납세자의 권리 구제를 위해 마련된 조항이므로 이를 구체적으로 정하지 아니하면 유명무실할 우려가 있다. 종전에는 조명이 '중복조사의 금지'였으나 2011.12.31. 개정 관세법에서는 현재와 같이 개정하였으며, 단순 중복조사의 개념에서 발전하여 '필요한 최소한의 조사'에 한정하여야 하며 다른 목적 등을 위한 남용을 금지하고 있다.

제2항에서 관세탈루 혐의가 있다는 명백한 자료가 있거나, 거래상대방에 대한 조사가 필요하거나, 이의신청 등에서 내려진 필요한 처분의 결정, 즉 '재조사'결정으로 조사하거나, 기타 일제조사 등 대통령령이 정하는 바에 따라 필요한 경우에 다시 조사하는 것은 예외적으로 인정된다. 대통령령이 정하는 경우라 함은 밀수출입, 부정·불공정무역 등 경제 질서 교란 등을 통한 탈세혐의가 있는 자에 대하여 일제조사를 하는 경우를 말한다.

2023.12.31. 법 개정시 관세탈루의 경우에 중복조사를 할 수 있도록 규정을 개정하였다. 탈루(脫漏)의 사전적 의미는 '납세자가 세금을 신고하거나 납부할 때 의도적으로 누락시키는 일'이다.

법 제110조의 제2항 제1호의 조사와 제2호의 관세조사가 중복되는 경우 법 제111조 해석시 관세조사권 남용인지 여부에 대하여 논란이 있다. 관세조사권 남용에 해당한다는 것이 일반적 해석이다. 그리고 서류심사와 방문조사가 중복되는 사항이 아닌가 하는 논란에 대하여는 관세청의 업무처리 지침이 있어 이는 중복조사에 해당하지 아니한다고[5] 보았으나 2011.12.31. 개정 관세법 제110조(납세권리헌장의 제정 및 교부) 제2항 제2호에서 관세조사에 서면조사를 포함시킴으로서 서면조사도 같은 관세조사가 되었다.[6]

「자유무역협정의 이행을 위한 관세에 관한 법률」 제13조(원산지에 관한 조사)에서는 서면조사와 현지조사를 구분하여 규정하고, 동법 시행령 제15조 수출물품의 원산지에 관한 조사, 동법 시행령 제16조 수입물품의 원산지에 관한 조사에서는 원칙적으로 서면조사를 하되 서면조

5) 중복조사금지원칙에 관한 업무처리지침(종합심사 47260-474호, 2002.10.18) 참조.
6) 국민권익위원회에서 납세자 권리보호 차원에서 관세조사권 남용금지 조항을 법제화할 것을 권고하였다.

사로 부족한 경우에는 현지조사를 하도록 규정하고 있다. 그러나 이 법은 관세법에 대한 특례법이기 때문에 서면조사를 하고 다시 현지조사를 하더라도 법적으로 문제가 될 것은 없다고 본다.

제3호는 2011.12.31. 개정 관세법에서 추가되고,[7] 2017.12.19. 법 개정시 법 제118조, 제128조에 과세전적부심 · 이의신청 · 심사청구시 '재조사결정'이 가능하도록 명시됨에 따라 재조사 범위를 결정서주문 범위 내로 한정하는 경우에 과세전적부심 · 이의신청 · 심사청구 · 심판청구시 내려진 재조사 결정에 따라 조사할 수 있도록 본호를 수정하였다. 재조사 결정은 재결청이 조사대상 · 범위를 구체적으로 명시하여 필요한 처분을 명하는 것을 말한다.

2017.12.19. 법 개정시 관세공무원 비리 방지를 위해 제4호를 신설하여 금품제공등을 한 경우에 재조사를 하도록 사유를 추가하였다.

제5호는 2024.12.31. 법 개정시 추가한 내용이다. 관세조사권 남용 금지 규정 및 재조사 금지의 예외 사유 규정으로서 통합조사가 아닌 특정한 분야만을 조사한 경우에 관세조사를 받지 않은 부분에 대해 재조사를 할 수 있도록 규정한 것이다.

【조세심판원 2023.12.4, 2023관0053】 관세범 조사에 대하여 무혐의 통보한 후 다시 관세조사를 실시할 수밖에 없는 부득이한 사유 등은 달리 보이지 않는 점, 통상 관세조사를 시행하였다면 재조사금지원칙이 적용되고 같은 법 제111조 제2항 제1호 즉, '관세포탈 등의 혐의를 인정할 만한 명백한 자료가 있는 경우'에 한하여 재조사를 실시할 수 있는바, 이미 관세포탈죄에 대한 관세범 조사를 실시하여 무혐의로 통보하였음에도 다시 관세조사를 실시할 수 있도록 한다면, 관세조사를 먼저 실시한 경우보다 관세범 조사를 실시한 경우에 납세의무자로서는 중복조사의 위험에 노출되는 결과에 이르게 되어 세관공무원의 조사 진행 순서에 따라 재조사금지원칙이 무력화되는 결과에 이르게 되는 측면이 있는 점 등에 비추어 중복 관세조사에 따른 처분은 부당하다.

【대법원 2020.2.13, 2015두745】 [1] 관세법 제111조에 의하면, 세관공무원은 예외적인 경우를 제외하고는 해당 사안에 대하여 이미 조사를 받은 자에 대하여 재조사를 할 수 없다. 나아가 금지되는 재조사에 기하여 과세처분을 하는 것은 단순히 당초 과세처분의 오류를 경정하는 경우에 불과하다는 등의 특별한 사정이 없는 한 그 자체로 위법하고, 이는 과세관청이 그러한 재조사로 얻은 과세자료를 과세처분의 근거로 삼지 않았다거나 이를 배제하고서도 동일한 과세처분이 가능한 경우라고 하여 달리 볼 것은 아니다. [2] 세관공무원의 조사행위가 관세법 제111조가 적용되는 '조사'에 해당하는지는 조사의 목적과 실시 경위, 질문조사의 대상과 방법 및 내용, 조사를 통하여 획득한 자료, 조사행위의 규모와 기간 등을 종합적으로 고려하여 구체적 사안에서 개별적으로 판단하며, 납세자 등을 접촉하여 상당한 시일에 걸쳐 질문검사권을 행사하여 과세요건사실을 조사·확인하고 일정한 기간 과세에 필요한 직간접의 자료를 검사·조사하고 수집하는 일련의 행위를 한 경우에

---

7) 복잡한 거래관계로 인하여 '재조사' 결정이 행정쟁송 과정에서 자주 발생하게 되고 이로 인한 관세조사권 남용 문제가 발생할 수 있어 법에 규정하였다.

는 특별한 사정이 없는 한 재조사가 금지되는 '조사'로 보아야 한다. [3] 세관공무원이 어느 수입물품의 과세가격에 대하여 조사한 경우에 다시 동일한 수입물품의 과세가격에 대하여 조사를 하는 것은 특별한 사정이 없는 한 관세법 제111조에서 금지하는 재조사에 해당하고, 세관공무원이 동일한 사안에 대하여 당초 조사한 과세가격 결정방법이 아닌 다른 과세가격 결정방법을 조사하였다고 하여 달리 볼 것은 아니다.

【조세심판원 2011.6.28, 2011관0051】 처분청이 2009년도에 실시한 서면심사의 경우 청구법인이 쟁점물품을 수입하면서 신고서에 품명을 ○○○으로 기재하면서 품목분류를 HSK6305.33－○○○○호로 수입신고한 물품에 대해서 서면심사하여 청구법인에게 안내함에 따라 청구법인이 오류를 인정하고 스스로 HSK 6305.32－○○○○호로 수정신고하고 납부하여 종결된 사안이고, 2010년도에 실시한 서면심사는 쟁점물품을 '포장용 ○○○'으로 기재하고 HSK6305.33－○○○○호로 신고한 건에 대하여 서면심사하여 '신축성 있는 ○○○'이라는 사실을 확인하고 부족세액을 경정고지한 사안인바, 별개의 수입건에 대하여 서면심사하여 잘못 신고된 사안을 확인하고 부족세액을 경정고지한 본건의 경우는 중복조사의 금지대상에 해당되지 않는다.

제112조 【관세조사의 경우 조력을 받을 권리】 납세자는 제110조 제2항 각 호의 어느 하나에 해당하여 세관공무원에게 조사를 받는 경우에 변호사, 관세사로 하여금 조사에 참여하게 하거나 의견을 진술하게 할 수 있다.

해 설

납세자가 범칙사건의 조사나 운수기관·보세구역 등에 대한 조사를 받을 경우 변호사나 관세사등 전문가로 하여금 입회하게 하거나 그들로 하여금 의견을 진술할 수 있도록 하기 위해 2000.12.29. 법률 제6305호로 신설하였다. 국세기본법 제81조의 4에서도 세무조사에 있어서 조력을 받을 권리가 명시되어 있다. 2014.1.1. 관세법 개정시 관세조사시 참여하는 조력자 범위를 '관세에 관한 전문지식을 갖춘 사람'을 삭제하여 납세자가 전문적인 자격이 있는 자만의 조력을 받도록 하였다.

'수사'는 범죄혐의 유무를 명백히 구분하여 공소제기와 유지여부를 결정하기 위하여 범인을 발견·확보하고 증거를 수집·보전하는 수사기관의 활동을 말하며, 이때에 조사를 받는 자는 변호사의 조력을 받을 수 있다. 이와 마찬가지로 범칙 조사나 관세조사를 받을 경우에는 변호사·관세사가 조사에 입회하거나 의견을 진술할 수 있다.

범칙 조사의 경우 관세포탈(법 제270조)에 한하여 관세사가 조력을 제공할 수 있으므로 법 제269조 밀수출입죄에는 조력을 제공할 수 없으며, 변호사나 관세사의 업무 영역에 관한 문제로서 상호 대립된 상태이다.

'입회'는 참여 증인을 말하며, 이는 추후에 증거로 삼기 위하여 참여시키는 증인을 말한다. 2010.1.1. 관세법 개정시 '입회'를 '참여'로 그 용어를 바꾸었다.

법 제110조 제2항은 범칙 조사・관세 조사시에 납세자권리헌장 내용이 수록된 문서를 납세자에게 교부해야 한다는 조항이다. 동조에서 본문 중에 조사라는 용어를 사용하고 있으나 이는 문맥상 관세조사를 의미하는 것이 명백하다.[8]

제113조【납세자의 성실성 추정 등】 ① 세관공무원은 납세자가 이 법에 따른 신고 등의 의무를 이행하지 아니한 경우 또는 납세자에게 구체적인 관세포탈 등의 혐의가 있는 경우 등 대통령령으로 정하는 경우를 제외하고는 납세자가 성실하며 납세자가 제출한 신고서 등이 진실한 것으로 추정하여야 한다.

② 제1항은 세관공무원이 납세자가 제출한 신고서 등의 내용에 관하여 질문을 하거나 신고한 물품에 대하여 확인을 하는 행위 등 대통령령으로 정하는 행위를 하는 것을 제한하지 아니한다.

해 설

납세자가 세관장에 대하여 행한 신고 등 모든 행위나 제출한 신고서 등은 성실한 것으로 추정하여 신고한 내용에 대응하여 행한 세관공무원의 행위는 항상 납세자가 원하는 사항과 일치하게 수행하고 있음을 명시하기 위해 2000.12.29. 법률 제6305호로 신설하였다. 다만, 특별히 구체적인 사안에 있어서 성실성을 부인할 만한 정보가 있는 경우에만 예외적으로 이를 적용하지 않도록 함으로써 납세자와 세관공무원의 상호신뢰를 바탕으로 납세행정을 수행할 수 있도록 하였다. 그러나 성실성이 추정된다고 하더라도 납세자가 제출한 신고서 등에 대한 세관공무원이 질문이나 신고한 물품에 대한 확인 등의 행위는 성실성 추정과 별개로서 세관공무원의 적법한 공무수행이므로 이를 제한하지 않도록 하였다.

형사피고인이 유죄판결을 받을 때까지 무죄인로 취급받는 것을 형사피고인의 무죄추정이라 한다. 소송의 당사자는 진실의무를 지며, 진실의무는 본인이 진실하지 아니하다는 것을 알면서 진실하지 아니한 사실을 주장하거나, 거짓 증거를 제출하여서는 아니 된다는 원칙 등을 말한다. 이러한 점에서 납세자의 성실성 추정은 당연한 귀결이라 볼 수 있으며, 이러한 추정은 거증 책임이 과세관청 혹은 수사기관에 있음을 의미하기도 한다.[9]

---

8) 조사, 수사, 심사, 심리 등 용어가 있으며, 영어로는 Investigation, Examination, Audit, Enforcement 등이 있다.

9) 납세자가 의무를 이행하지 아니하였거나 구체적인 관세포탈의 제보가 있거나 대통령령이 정하는 경우를 제외하고는 납세자는 성실하고, 제출한 신고서는 진실하다는 추정을 받는다. 대통령령이 정하는 경우는 납세자가 신고 및 신청, 과세자료의 제출 등의 납세협력의무를 이행하지 아니한 경우, 납세자에 대한 구체적인 탈세 정보가 있는 경우, 신고내용에 탈루나 오류의 혐의를 인정할 만한 명백한 자료가 있는 경우, 납세자의 신고내용이 관세청장이 정한 기준과 비교하여 불성실하다고 인정되는 경우다.

제2항에서 보면, 납세자에 대한 성실성 추정이 신고서 등 내용에 관한 질문이나 신고한 물품에 대한 확인행위를 제한하는 것은 아니다. 범칙 조사나 관세 조사는 특정한 혐의나 의심을 가지고 행해지나, 여기에서 '확인 행위'는 이러한 점과는 무관하게 일정한 사실을 인정해 나가는 절차적 의미가 강하다. 대통령령에 보면 구체적으로 세액심사를 위한 질문이나 자료제출 요구, 물품 검사, 장부 또는 자료제출, 기타 법에 의한 자료조사나 자료제출 요구를 하는 것은 제한하지 아니한다.

동조에 대하여는 위반시 처벌 규정이 없어 실효성이 문제라는 의견도 있다.

제114조【관세조사의 사전통지와 연기신청】 ① 세관공무원은 제110조 제2항 각 호의 어느 하나에 해당하는 조사를 하기 위하여 해당 장부, 서류, 전산처리장치 또는 그 밖의 물품 등을 조사하는 경우에는 조사를 받게 될 납세자(그 위임을 받은 자를 포함한다. 이하 이 조에서 같다)에게 조사 시작 15일 전에 조사 대상, 조사 사유, 그 밖에 대통령령으로 정하는 사항을 통지하여야 한다. 다만, 다음 각 호의 어느 하나에 해당하는 경우에는 그러하지 아니하다.

1. 범칙사건에 대하여 조사하는 경우
2. 사전에 통지하면 증거인멸 등으로 조사 목적을 달성할 수 없는 경우

② 제1항에 따른 통지를 받은 납세자가 천재지변이나 그 밖에 대통령령으로 정하는 사유로 조사를 받기가 곤란한 경우에는 대통령령으로 정하는 바에 따라 해당 세관장에게 조사를 연기하여 줄 것을 신청할 수 있다.

해 설

세관공무원이 관세에 관한 조사를 함에 있어 납세자에 대한 통지 없이 불시조사를 함에 따라 납세자의 예측 가능한 권리행사를 하지 못할 우려가 있고 권리방어에 대한 시간적인 여유를 보장하기 곤란하므로 미리 조사개시여부를 알려 납세자가 자신의 권리를 보호할 수 있도록 하기 위해 2000.12.29. 법률 제6305호로 신설하였다.

사전통지는 납세자에게 관세조사에 대비하여 자료를 준비할 시간적 여유를 주고, 업무처리 형편을 감안하여 조사를 받을 수 있도록 하기 위한 것이다. 그러나 범칙조사를 하는 경우와 사전통지를 하면 증거인멸 등으로 관세조사의 목적을 달성할 수 없는 경우에는 통지하지 아니 할 수 있다. 법 제110조는 납세자 권리헌장의 제정 및 교부에 관한 규정이다.

제1항을 요약하면, 관세조사에 대한 사전통지는 납세자에게 조사개시 15일 전에 조사대상·사유, 기타 대통령령이 정하는 사항을 통지하는 것이다. 대통령령이 정하는 사항이라 함은 조사대상자로서 납세자 또는 위임을 받은 자의 성명과 주소 또는 거소, 조사기간·대상·사유, 조사공무원의 인적사항, 기타 필요한 사항이다. 2017.12.19. 관세법 개정시 납세자 권익보

호를 위하여 2018.1.1. 이후 관세조사 개시하는 분부터 관세조사 사전통지 기한을 조정하여 10일에서 15일로 변경하였다.

제2항은 관세조사 사전통지에 대하여 납세자가 신청할 수 있는 연기신청 규정이다.[10] 사전통지만으로는 납세자 권리를 확보하기 힘든 것이므로, 이 통보에 대하여 납세자가 편리한 시간에 관세조사를 받을 수 있도록 기회를 주는 것이다. 천재지변이나 대통령이 정하는 사유인 경우에 조사를 연기할 수 있다. 대통령령이 정하는 사유라 함은 화재 그 밖에 재해로 사업상 심한 어려움이 있는 경우, 납세자 또는 그 위임을 받은 자의 질병, 장기출장 등으로 관세조사가 곤란하다고 판단되는 경우, 권한 있는 기관에 의해 장부·증빙서류가 압수 또는 영치된 경우, 이와 유사한 사유가 있는 경우다.

제114조의 2【장부·서류 등의 보관 금지】 ① 세관공무원은 관세조사의 목적으로 납세자의 장부·서류 또는 그 밖의 물건(이하 이 조에서 "장부등"이라 한다)을 세관관서에 임의로 보관할 수 없다.
② 제1항에도 불구하고 세관공무원은 제110조의 3 제2항 각 호의 어느 하나의 사유에 해당하는 경우에는 조사목적에 필요한 최소한의 범위에서 납세자, 소지자 또는 보관자 등 정당한 권한이 있는 자가 임의로 제출한 장부등을 제118조의 4제 1항에 따른 납세자보호위원회의 심의를 거쳐 세관관서에 일시 보관할 수 있다.
③ 세관공무원은 제2항에 따라 납세자의 장부등을 세관관서에 일시 보관하려는 경우 납세자로부터 일시 보관 동의서를 받아야 하며, 일시 보관증을 교부하여야 한다.
④ 세관공무원은 제2항에 따라 일시 보관하고 있는 장부등에 대하여 납세자가 반환을 요청한 경우에는 납세자가 그 반환을 요청한 날부터 14일을 초과하여 장부등을 보관할 수 없다. 다만, 조사목적을 달성하기 위하여 필요한 경우에는 납세자의 동의를 받아 한 차례만 14일 이내의 범위에서 보관 기간을 연장할 수 있다.
⑤ 제4항에도 불구하고 세관공무원은 납세자가 제2항에 따라 일시 보관하고 있는 장부등의 반환을 요청한 경우로서 관세조사에 지장이 없다고 판단될 때에는 요청한 장부등을 즉시 반환하여야 한다.
⑥ 제4항 및 제5항에 따라 납세자에게 장부등을 반환하는 경우 세관공무원은 장부등의 사본을 보관할 수 있고, 그 사본이 원본과 다름없다는 사실을 확인하는 납세자의 서명 또는 날인을 요구할 수 있다.
⑦ 제1항부터 제6항까지에서 규정한 사항 외에 장부등의 일시 보관 방법 및 절차 등에 관하여 필요한 사항은 대통령령으로 정한다.

10) 행정조사기본법(법률 제8852호, 일부 개정 2008.2.29) 제11조에 현장 조사, 제17조 조사의 사전 통지, 제18조 조사의 연기 신청, 제22조 조사원 교체 신청에 관하여 규정하고 있다.

해 설

2017.12.19. 법 개정시 관세조사시 납세자 권리 보호와 관세조사 투명화를 위해 장부·서류의 임의보관 금지 근거를 마련하고 관세청 '기업 심사 운영에 관한 훈령'에 있던 관세조사에 필요한 자료의 보관 및 반환 절차를 상향 입법하여 본조를 신설하였다. 관세조사시 적법절차 준수 및 납세자 보호를 위한 필요한 규정이다.[11]

제1항은 납세자 장부등을 임의보관할 수 없다는 임의보관 금지가 원칙임을 규정하고 있다. 예외적인 경우 일시보관할 수 있다는 것이다.

제2항은 일시보관 요건을 규정한 것으로 ① 조사목적에 필요한 최소한의 범위, ② 납세자 등 정당한 권한자가 임의로 제출한 장부·서류일 것, ③ 납세자의 동의를 전제로 한다.

2018.2.13. 관세법 시행령 개정시 납세자 등에게 장부 등의 일시보관 사유, 동의 없이는 장부 등을 일시 보관할 수 없다는 내용 등에 관한 고지의무를 신설하였다.

제3항은 절차와 관련한 것으로 일시보관 동의서 수취 및 일시보관증 교부를 명시하고 있다. 세관공무원은 장부등의 일시 보관 전에 납세자등에게 보관사유, 동의하지 아니하는 경우에는 일시 보관할 수 없고, 임의로 제출한 장부등에 대해서만 보관할 수 있으며, 요청하는 경우 일시 보관 중인 장부등을 반환받을 수 있다는 내용 등을 납세자 권리보호 사항을 사전에 고지하여야 한다.

제4항과 제5항은 반환과 관련된 규정으로 납세자 요청시 조사에 지장이 없는 한 즉시 반환을 원칙으로 명시하고 있다. 즉, 납세자 요청일부터 14일 이내 반환하되, 납세자보호위원회의 심의를 거쳐 14일 이내 1회 연장 가능하다. 납세자등은 조사목적이나 조사범위와 관련이 없는 장부등에 대해서는 세관공무원에게 일시 보관할 장부등에서 제외할 것을 요청할 수 있으며, 세관공무원은 해당 관세조사를 종료하였을 때에는 일시 보관한 장부등을 모두 반환하여야 한다.

2019.12.31. 관세법 개정시 납세자보호위원회의 심의를 거치도록 하여 납세자의 권리보장을 강화하였다.

제6항은 반환시 사본보관 가능하고 납세자에게 원본과 사본이 동일여부 확인요구 가능하다는 규정이다.

---

11) 국세기본법은 제81조의 10에 자료의 보관 및 반환 절차를 규정하고 있는 반면, 관세법에는 규정이 없었다. 국세기본법 제81조의 10(장부·서류 보관 금지) 제1항 세무공무원은 세무조사의 목적으로 납세자의 장부 또는 서류 등(이하 이 조에서 "장부등"이라 한다)을 세무관서에 임의로 보관할 수 없다. 다만, 납세자의 동의가 있는 경우에는 목적에 필요한 최소한의 범위에서 세무조사 기간동안 일시 보관할 수 있다.

제115조【관세조사의 결과 통지】 세관공무원은 제110조 제2항 각 호의 어느 하나에 해당하는 조사를 종료하였을 때에는 종료 후 20일 이내에 그 조사 결과를 서면으로 납세자에게 통지하여야 한다. 다만, 납세자가 폐업한 경우 등 대통령령으로 정하는 경우에는 그러하지 아니하다.

해 설

이전에는 조사결과 적발내용이 없으면 통상적으로 아무 조치 없이 조사를 종결하였으나, 이는 조사종결에 대한 의사표시가 불명확하여 납세자에게 불편을 끼칠 우려가 있으므로 서면으로 통지하도록 정하고 있다. 세관공무원이 조사를 종료한 경우에는 조사결과를 납세자에게 통지토록 하여 해당 조사에 대한 납세자의 이의를 제기할 수 있는 기회를 제공하거나 결과에 순응토록 함으로써 세관공무원의 조사에 대한 공정성을 확보하고 납세자의 법집행에 대한 순응(compliance)을 제고하기 위해 2000.12.29. 법률 제6305호로 신설하였다.

2017.12.19. 관세법 개정시 납세자 권익보호를 위하여 2018.1.1. 이후 관세조사 개시하는 분부터 결과통지 기한을 '종류 후 20일 이내에'라고 명시하여 명확하게 하였다.

서면통지를 받은 경우 납세자는 중복검사 · 조사 금지에 관한 권리를 주장하거나 필요한 조치를 취할 수 있다. 관세조사의 결과를 통지하지 아니하는 경우로서는 납세자에게 통고처분하는 경우, 범칙사건을 고발하는 경우, 폐업한 경우, 납세자의 주소 및 거소가 불명하거나 통지하기 곤란하다고 인정되는 경우가 있다.

관세조사의 투명성을 확보하기 위하여 조사기간 및 연장기간에 관하여 2010.3.26. 시행령 개정시 구체적으로 정하였다. 이는 납세자의 신청이 아니라 조사자의 연기신청에 관한 제한사항인 것이다. 조사 기간은 20일 이내로 하고 연장은 20일 이내로 하되 2회 이상 연장하는 경우에는 관세청장의 승인을 받도록 하고 있다.

법 제110조 제2항은 관세포탈, 부정감면, 부정환급, 관세조사, 기타 대통령령이 정하는 사항을 말한다.

제116조【비밀유지】 ① 세관공무원은 납세자가 이 법에서 정한 납세의무를 이행하기 위하여 제출한 자료나 관세의 부과 · 징수 또는 통관을 목적으로 업무상 취득한 자료 등(이하 "과세정보"라 한다)을 타인에게 제공하거나 누설하여서는 아니 되며, 사용 목적 외의 용도로 사용하여서도 아니 된다. 다만, 다음 각 호의 어느 하나에 해당하는 경우에는 그 사용 목적에 맞는 범위에서 납세자의 과세정보를 제공할 수 있다.

1. 국가기관이 관세에 관한 쟁송이나 관세범에 대한 소추(訴追)를 목적으로 과세정보를 요구하는 경우

2. 법원의 제출명령이나 법관이 발부한 영장에 따라 과세정보를 요구하는 경우
3. 세관공무원 상호간에 관세를 부과·징수, 통관 또는 질문·검사하는 데에 필요하여 과세정보를 요구하는 경우
4. 통계청장이 국가통계작성 목적으로 과세정보를 요구하는 경우
5. 다음 각 목에 해당하는 자가 급부·지원 등의 대상자 선정 및 그 자격을 조사·심사하는데 필요한 과세정보를 당사자의 동의를 받아 요구하는 경우
   가. 국가행정기관 및 지방자치단체
   나. 「공공기관의 운영에 관한 법률」에 따른 공공기관 중 대통령령으로 정하는 공공기관
   다. 은행법에 따른 은행
   라. 그 밖에 급부·지원 등의 업무와 관련된 자로서 대통령령으로 정하는 자
6. 제5호 나목 또는 다목에 해당하는 자가 대외무역법 제2조 제3호에 따른 무역거래자의 거래, 지급, 수령 등을 확인하는데 필요한 과세정보를 당사자의 동의를 받아 요구하는 경우
7. 다른 법률에 따라 과세정보를 요구하는 경우

② 제1항 제5호 및 제6호에 해당하는 경우에 제공할 수 있는 과세정보의 구체적인 범위는 대통령령으로 정한다.

③ 제1항 제1호 및 제4호부터 제7호까지의 규정에 따라 과세정보의 제공을 요구하는 자는 대통령령으로 정하는 바에 따라 문서로 관세청장 또는 해당 세관장에게 요구하여야 한다.

④ 세관공무원은 제1항부터 제3항까지의 규정에 위반되게 과세정보의 제공을 요구받으면 이를 거부하여야 한다.

⑤ 관세청장은 제1항 제5호부터 제7호까지에 따른 과세정보의 제공 업무를 제322조 제5항에 따른 대행기관에 대행하게 할 수 있다. 이 경우 관세청장은 과세정보 제공 업무를 위한 기초자료를 대행기관에 제공하여야 한다.

⑥ 제1항에 따라 과세정보를 알게 된 자 또는 제5항에 따라 과세정보의 제공 업무를 대행하는 자는 과세정보를 타인에게 제공하거나 누설하여서는 아니 되며, 그 목적 외의 용도로 사용하여서도 아니 된다.

⑦ 제1항에 따라 과세정보를 알게 된 자 또는 제5항에 따라 과세정보의 제공 업무를 대행하는 자는 과세정보의 유출을 방지하기 위한 시스템 구축 등 대통령령으로 정하는 바에 따라 과세정보의 안전성 확보를 위한 조치를 하여야 한다.

⑧ 이 조에 따라 과세정보를 제공받아 알게 된 자 또는 과세정보의 제공 업무를 대행하는 자 중 공무원이 아닌 자는 형법이나 그 밖의 법률에 따른 벌칙을 적용할 때 공무원으로 본다.

해 설

원칙적으로 납세자 과세정보에 대하여 비밀유지의무를 부과하여 보호하고 있고, 예외적으로 일정한 경우에만 이를 외부에 제공하는 것을 허용하고 있다. 단순하게 정보를 보호해야 한

다는 규정내용을 넘어서 실제적으로 보호에 관련된 절차를 상세하게 정하고 있어 보호의 효과를 높이고 있다. 과세정보는 납세의무를 이행하기 위해 제출한 자료, 관세부과 · 징수 또는 통관을 목적으로 업무상 취득한 자료 등을 말한다.

세관공무원이 관세에 관한 조사를 함에 있어서 취득한 납세자에 대한 자료나 정보 등을 함부로 타인에게 제공하거나 누설 또는 목적 외에 사용할 수 없게 함으로써 납세자의 비밀을 보호하고 납세자로 하여금 세관공무원의 조사에 대한 신뢰성으로 확보하고 정보제공의 기회를 확대하기 위해 2000.12.29. 법률 제6305호로 신설하였다. 과세정보를 제공받고자 하는 자는 문서로서 해당 세관장에게 요청토록 하고 과세정보를 제공할 수 있는 경우가 아니면 이를 거부하도록 함으로써 과세정보가 공공연히 타인에게 누설되는 것을 방지하고 납세자의 비밀이 유지되도록 하였다.

과세정보는 실질과세와 근거과세원칙을 실현하고 현행 신고납세방식하에서 납세자가 성실하게 제출한 과세정보가 보호되어야 지속적인 납세협력이 가능하게 된다. 특히 관세행정에 있어서 과세정보는 물품단가 · 해외공급자 · 운송수단 등이 경쟁자에게는 중요한 사업상 정보가 될 수 있다. 과세정보를 제공하는 경우를 보면 대부분 법원, 법관, 세관공무원 기타 법률의 규정에 의한 공공기관에서 요청하는 경우라 할 수 있다. 제1항 단서가 임의조항으로 규정되어 있고 사용목적 범위내로 제한하고 있는 입법취지상 해당 사유에 해당하는지 여부도 매우 엄격하게 해석하여야 한다고 본다.[12)]

여기서 제1호 '관세범의 소추목적'이라 함은 기소 및 공소를 유지할 목적으로 해석되며, 단순히 수사의 필요에 의한 정보제공은 제한적으로 해석되고 관세범으로 볼 만한 구체적 사실이 포착된 경우로서 법관의 영장발부에 준하는 사유, 즉 구체적 관세범의 혐의가 확인된 경우로 해석되어야 법관이 발부한 영장을 필요로 하는 제2호의 해석과 균형이 맞다.

2017.12.19. 법 개정시 통계청장이 국가통계작성 목적으로 과세정보를 요구하는 경우를 추가 하였다. 정책 수립의 기초가 되지만 자료의 미흡으로 국가통계의 정확도를 끌어올리겠다는 취지를 반영하여 국세기본법에 있던 내용을 관세법에도 추가하였다.

2022.12.31. 법 개정시 제5호와 제6호를 추가하였다. 다른 경우와 비교되는 사항으로서 당사자의 동의를 전제로 하여 과세정보를 제공하는 경우이다. 국가행정기관, 지방자치단체, 은행으로부터 당사자의 동의를 받아 필요한 과세정보를 요구하는 경우 과세정보를 제공할 수 있다.

또한 제7호의 다른 법률의 규정에 따라 과세정보를 요구하는 경우라 함은 관세법상 비밀유지조항을 배제하고 과세정보를 요구할 수 있는 구체적 근거조항이 있을 때만 적용되고 일반

12) 박병목, "관세법상 과세정보 보호에 관한 검토", 『관세무역연구』, 관세포럼, 2012.12.

적인 정보 요청 규정만으로는 적용되지 않는 것으로 제한적으로 해석된다.[13] 관세와 관련 없이 어떤 목적에서라도 과세정보를 요청할 수 있다고 본다면 제1호에서 쟁송이나 관세범의 소추목적을 위하여 과세정보를 요구하는 경우를 별도로 규정한 취지와 배치된다. 또한 과세정보가 공개되어도 그 사용목적에 맞는 범위 내에서 과세정보를 제공하기에 과세정보의 제공 여부, 그 범위와 정도는 별도로 재량적으로 검토될 사항이다. 따라서 수사기관 국회 등으로부터 자료요구를 받는 경우 사용 목적의 범위 내 제공, 거부 혹은 제한 제공 등을 고려해야 한다.

제2항 이하에서 과세정보의 제공절차를 상세하게 규정하고 있다. 2022.12.31. 법 개정시 과세정보의 범위와 정보제공 대행기관에 관한 규정 등을 신설 규정하였다. 구체적인 정보범위 및 대행기관의 시스템 구축 등 중요 내용은 대통령령으로 정하도록 규정하고 있다. 그리고 정보제공은 문서로 요구하고, 세관공무원은 불필요한 때에는 이를 거부하여야 한다. 또한 과세정보는 목적 외 용도에 사용하여서는 아니 되며, 처벌규정으로서 공무원 의제조항이 있다.[14] 이러한 규정들은 법에서 과세정보에 대한 일반적 비밀유지 의무를 규정하고 제공절차를 상세하게 정하여 비밀유지 및 비밀공개의 적법성을 최대한 확보하기 위한 것이고, 정보수요자의 이익과 정보 보호의 목적을 동시에 달성하기 위한 방법이라 볼 수 있다.

제116조의 2【고액·상습체납자 등의 명단 공개】 ① 관세청장은 제116조에도 불구하고 다음 각 호의 구분에 따라 해당 사항을 공개할 수 있다.

1. 체납발생일부터 1년이 지난 관세 및 내국세등(이하 이 항에서 "체납관세등"이라 한다)이 2억원 이상인 체납자 : 해당 체납자의 인적사항과 체납액 등. 다만, 체납관세등에 대하여 이의신청·심사청구 등 불복청구가 진행 중이거나 체납액의 일정금액 이상을 납부한 경우 등 대통령령으로 정하는 사유에 해당하는 경우에는 그러하지 아니하다.
2. 제270조 제1항·제4항 및 제5항에 따른 범죄로 유죄판결이 확정된 자로서 같은 조에 따른 포탈, 감면, 면탈 또는 환급받은 관세 및 내국세등의 금액(이하 이 조에서 "포탈관세액"이라 한다)이 연간 2억원 이상인 자(이하 이 조에서 "관세포탈범"이라 한다) : 해당 관세포탈범의 인적사항과 포탈관세액 등. 다만, 제2항에 따른 관세정보위원회가 공개할 실익이 없거나 공개하는 것이 부적절하다고 인정하는 경우 등 대통령령으로 정하는 사유에 해당하는 경우에는 그러하지 아니하다.

② 제1항과 제4항에 따른 체납자의 인적사항과 체납액 또는 관세포탈범의 인적사항과 포탈관세

13) 질서위반행위규제법에서는 행정기관이 과태료 부과징수를 목적으로 관계행정기관 등에 자료 또는 정보제공을 요청할 수 있다는 일반적인 자료 등 제공요청 규정만 있어 과세정보를 제공할 수 없다(2009.12.2. 법제처 해석).

14) 형법상 피의사실공표죄(126조)·공무상비밀누설죄(127조), 국가공무원법의 성실·비밀엄수의 의무, 「공공기관의 개인정보보호에 관한 법률」의 개인정보 취급자의 의무, 관세청 공무원 행동강령 등이 있다.

액 등에 대한 공개 여부를 심의하거나 재심의하고 제116조의 4 제1항 제3호에 따른 체납자에 대한 감치 필요성 여부를 의결하기 위하여 관세청에 관세정보위원회(이하 이 조에서 "심의위원회"라 한다)를 둔다.
③ 관세청장은 심의위원회의 심의를 거친 공개대상예정자에게 체납자 또는 관세포탈범 명단 공개대상예정자임을 통지하여 소명할 기회를 주어야 한다.
④ 관세청장은 제3항에 따라 통지한 날부터 6개월이 지나면 심의위원회로 하여금 체납액의 납부이행 등을 고려하여 체납자 또는 관세포탈범의 명단 공개 여부를 재심의하게 한다.
⑤ 제1항에 따른 공개는 관보에 게재하거나 관세청장이 지정하는 정보통신망 또는 관할 세관의 게시판에 게시하는 방법으로 한다.
⑥ 제1항부터 제5항까지의 규정에 따른 체납자 · 관세포탈범 명단 공개 및 심의위원회의 구성 · 운영 등에 필요한 사항은 대통령령으로 정한다.

해 설

"관세 등 고액 · 상습 체납자명단 공개제도"는 체납발생일로부터 1년이 지난 관세 등이 3억원 이상인 체납자의 성명, 상호(법인 명칭 포함), 연령, 직업, 주소 등을 공개하는 제도로서 고액 및 상습체납자의 체납액이 지속적으로 증가함에 따라 조세형평에 어긋나고 국가 재정확보에도 악영향을 미치므로 우리 사회에 성실한 납세풍토 조성과 자진납부를 유도하기 위한 노력의 하나라고 볼 수 있다.

체납정리에 있어서 체납자를 추적하여 체납을 정리하는 직접적인 방법과 각종 편의 제공을 제한함으로써 체납을 정리하는 간접적인 방법이 있다면 명단 공개는 간접적인 방법에 속한다고 볼 수 있다. 직접적인 방법에는 관세청 훈령 「체납정리 사무처리에 관한 훈령」에 독촉과 납부최고, 체납처분, 체납자 행정제재, 출국금지 혹은 정지 및 여권발급 제한 등이 있다. 출국금지는 세관장이 관련 서류를 구비하여 관세청장에게 요청하고 관세청장은 국세기본법 제84조에 따라 법무부 출입국관리국에 출국금지 혹은 정지하여 줄 것을 의뢰한다.

제1항에서 상습은 1년 이상의 기간 동안 체납상태인 것을 지칭하고 고액은 3억원[15] 이상을 지칭한다. 관세청 훈령에 의하면 체납액이 1억원 이상이면 세관장이 관리하도록 정하고 있다. 관세의 고액 체납자 대부분은 개인이 아닌 법인이고, 법인의 경우에는 폐업 혹은 부도가 아닌 다음에는 이와 같은 고액 · 상습 체납자에 해당되는 경우가 흔하지 아니하다. 명단공개에서

15) 2010.12.30. 법령 제10424호 개정시 10억원에서 7억원으로 낮추었으며, 국세기본법상 고액 · 상습 체납자 명단 공개 사항에서 2009.12. 동법 개정시 7억원으로 낮추었다. 2011.12.31. 개정 관세법에서 1년 이상 체납액 5억원 이상으로 그 대상을 확대하였다. 관세법 개정을 통해 2015.12.15. 3억원으로, 2017.12.19. 2억원으로 계속 하향조정하였다. 국세기본법도 2016년말 개정을 통해 고액 · 상습체납자의 명단공개 기준 금액을 3억원에서 2억원으로 조정하여 명단공개제도의 실효성을 강화하였다.

제외되는 경우는 체납액의 100분의 30 이상을 납부한 경우, 회생 계획인가에 따라 체납된 세금을 징수유예 받고 있거나 회생계획에 따라 세금을 납부하는 경우, 관세정보공개심의위원회가 비공개를 인정하는 경우가 있다.[16] 종전에는 체납액에 결손처분된 금액을 포함하는 조문 내용이 있었으나, 결손처분의 실익이 없어 2013.1.1. 법 개정(제11602호)시 법 제44조의 결손처분 용어를 삭제한 관계로 이에 동 조에서 같은 취지로 조문을 정리하였다.[17]

2023.12.31. 법 개정시 국세청이 「조세범 처벌법」에 따른 조세포탈범의 명단을 2012년부터 공개함에 따라 관세법에서도 관세포탈 등 범죄 방지와 미납세액 납부유도를 위하여 고액 관세포탈 사범으로 유죄가 확정된 자에 대한 명단을 공개하는 근거로서 제2호를 신설하였고, 이하 조문에서 체납자와 더불어 관세포탈범의 명단 공개에 관한 조문 내용도 함께 정리하였다.

제2항에서 위원회는 관세청 공무원 4인, 관세청장이 위촉하는 자 6인으로 구성하고 관세청 차장이 위원장이 된다. 이의신청심의위원회가 2006.3.24. 관련 고시를 개정하고 공무원과 외부 학자 등을 2대 3으로 구성 운영함으로써 인용비율을 높여서 이의신청을 활성화하고 있는 것과 같이 본 위원회도 외부 학자 등 구성비가 높은 편이다.

2019.12.31. 법 개정시 위원회의 명칭을 관세정보공개심의위원회에서 관세정보위원회로 변경하였고, 제116조의 4에서 '감치(監置)'제도의 도입으로 감치 필요성 여부에 관한 사항도 추가 규정하였다.

제3항 및 제4항은 정보공개의 절차에 관한 규정이다. 소명의 기회를 주고 재심의를 통하여 신중하게 처리하고 개인의 신상에 관한 사항이기 때문에 그 절차 진행도 충분한 시간을 가지고 처리하고 있다. 그리고 인권보호차원에서 법적인 용어 선택에도 신중을 기하여 '공개대상예정자'로 명확히 밝히고 있다.

제5항은 공개하는 방법에 관한 규정으로서 관보, 관세청 혹은 세관의 홈페이지, 세관의 게시판 등이다.

본 규정은 2006.3. 개정 관세법에서 처음 규정하였으며, 납세자에 대한 제재적 수단인 점을 감안하여 시행시기를 2007.1.로 정하고 있다.

법 제116조는 비밀유지에 관한 규정이다.

> 제116조의 3 【납세증명서의 제출 및 발급】 ① 납세자(미과세된 자를 포함한다. 이하 이 조에서 같다)는 다음 각 호의 어느 하나에 해당하는 경우에는 대통령령으로 정하는 바에 따라 납세증명서를 제출하여야 한다.

16) 관세정보공개심의위원회의 위원장은 관세청 차장이며, 관세청 소속 2급 또는 3급 공무원 중에서 관세청장이 임명하는 자, 법률·재정·경제에 관한 학식과 경험이 풍부한 자중 관세청장이 위촉하는 자로 구성된다.

17) 제116조의 2의 개정규정은 2014.1.1.부터 시행하였다.

1. 국가, 지방자치단체 또는 대통령령으로 정하는 정부관리기관으로부터 대금을 지급받을 경우
2. 출입국관리법 제31조에 따른 외국인등록 또는 「재외동포의 출입국과 법적 지위에 관한 법률」 제6조에 따른 국내거소신고를 한 외국인이 체류기간 연장허가 등 대통령령으로 정하는 체류허가를 법무부장관에게 신청하는 경우
3. 내국인이 해외이주 목적으로 해외이주법 제6조에 따라 재외동포청장에게 해외이주신고를 하는 경우

② 세관장은 납세자로부터 납세증명서의 발급신청을 받았을 때에는 그 사실을 확인하고 즉시 납세증명서를 발급하여야 한다.

해 설

동 규정은 법률 제12847호(2014.12.23)을 개정을 통해 신설된 조항으로 내국세의 경우 공공기관으로부터 대금을 지급받는 경우 등에 체납액이 없다는 사실을 증명하는 납세증명서를 제출하도록 하고 있으나 관세에 대해서는 해당 제도가 없는 점을 개선하고 체납자에 대한 관리를 강화하고 성실한 납세를 유도하기 위하여 내국세와 마찬가지로 관세에 대해서도 납세증명서를 제출하고 발급할 수 있도록 하였다. 납세자의 동의시 행정정보공동이용(G4C)으로 확인하도록 하였다.

2018.12.31. 법 개정시 외국인에 대한 납세증명서 제출 의무가 실제 집행된 사실이 없고[18] 해외이주법 개정에 따라 거주여권 제도가 폐지되어,[19] 체납자 관리 강화 및 자발적 납부를 유도하기 위해 제1조 제2호·제3호 내용을 수정하였다. 종전 제2호 '외국인이 출국할 경우 납세증명서를 제출하는 것'에서 '외국인등이 법무부장관에게 체류허가 신청시' 납세증명서 제출하도록 대체하였다. 관세체납이 있는 외국인에 대하여 국내체류를 제한하는 방식으로 체납세액 납부를 유도하기 위한 것이다. 이에 따라 시행령에 외국인 및 재외동포가 납세증명서를 제출해야 하는 체류허가 종류[20]를 신설하였다. 제3호도 '거주여권을 신청하는 것'에서 '해외이주신고'를 하는 경우에 납세증명서를 제출하도록 수정하였다.

출입국관리법 제31조는 외국인등록에 관한 규정이며, 재외동포의 출입국과 법적 지위에 관한 법률 제6조는 외국국적동포의 국내거소신고에 관한 규정이며, 해외이주법 제6조는 해외이주신고에 관한 규정이다. 2023.6.5. 법 개정시 외교부장관을 재외동포청장으로 변경하였다.

---

18) 출입국관리법에 따라 5000만원 이상 관세체납 외국인에 대해서는 관세청장 요청으로 법무부장관이 출국 금지나 정지를 취하고 있어 외국인에 대한 납세증명서 제출 의무는 유명무실하다는 지적이 있었다.

19) 2017.12.21. 해외이주법이 개정되어. 해외이주자에 대한 '거주여권' 제도가 폐지되고 '해외이주신고' 제도가 시행되었다.

20) 재외동포에 대한 국내거소신고, 외국인의 체류자격외 활동허가, 외국인의 근무처 변경·추가, 외국인의 체류자격 부여·변경허가, 체류기간 연장 등이다.

제116조의 4【고액·상습체납자의 감치】 ① 법원은 검사의 청구에 따라 체납자가 다음 각 호의 사유에 모두 해당하는 경우 결정으로 30일의 범위에서 체납된 관세(세관장이 부과·징수하는 내국세등을 포함한다. 이하 이 조에서 같다)가 납부될 때까지 그 체납자를 감치(監置)에 처할 수 있다.

1. 관세를 3회 이상 체납하고 있고, 체납발생일부터 각 1년이 경과하였으며, 체납금액의 합계가 2억원 이상인 경우
2. 체납된 관세의 납부능력이 있음에도 불구하고 정당한 사유 없이 체납한 경우
3. 제116조의 2 제2항에 따른 관세정보위원회의 의결에 따라 해당 체납자에 대한 감치 필요성이 인정되는 경우

② 관세청장은 체납자가 제1항 각 호의 사유에 모두 해당하는 경우에는 체납자의 주소 또는 거소를 관할하는 지방검찰청 또는 지청의 검사에게 체납자의 감치를 신청할 수 있다.

③ 관세청장은 제2항에 따라 체납자의 감치를 신청하기 전에 체납자에게 대통령령으로 정하는 바에 따라 소명자료를 제출하거나 의견을 진술할 수 있는 기회를 주어야 한다.

④ 제1항의 결정에 대하여는 즉시항고를 할 수 있다.

⑤ 제1항에 따라 감치에 처하여진 체납자는 동일한 체납사실로 인하여 재차 감치되지 아니한다.

⑥ 제1항에 따라 감치에 처하는 재판을 받은 체납자가 그 감치의 집행 중에 체납된 관세를 납부한 경우에는 감치집행을 종료하여야 한다.

⑦ 제1항에 따른 감치집행시 세관공무원은 감치대상자에게 감치사유, 감치기간, 제6항에 따른 감치집행의 종료 등 감치결정에 대한 사항을 설명하고 그 밖의 감치집행에 필요한 절차에 협력하여야 한다.

⑧ 제1항에 따른 감치에 처하는 재판 절차 및 그 집행, 그 밖에 필요한 사항은 대법원규칙으로 정한다.

해 설

2019.12.31. 법 개정시 국세징수법 제7조의 5에 규정된 감치(監置)[21]제도를 법에 규정하였다. 법 제116조의 5조 '출국금지 요청'규정과 함께 고액상습체납자에 대한 강한 제재수단이 될 것으로 예상된다.

---

21) 감치(監置, detention)는 법원 직권으로 법정 내외에서 재판장의 질서유지 명령을 위배하거나 재판장의 허가 없이 녹화·촬영·중계방송 등을 하거나 폭언·소란등으로 법원의 심리를 방해하는 자에 대하여는 결정으로 20일 이내에 감차 또는 100만원 이하의 과태료에 처하거나 이를 병과할 수 있다. 감치는 경찰서 유치장교도소 또는 구치소에 유치하여 집행한다, 법원은 감치를 위하여 법원직원·교도관 또는 경찰관으로 하여금 즉시 행위자를 구속하게 할 수 있는데 구속한 때로부터 24시간 이내에 감치에 처하는 재판을 하지 않으면 즉시 석방해야 한다. 감치에 처하는 재판에 대하여는 이의신청항고 또는 특별항고를 할 수 있다. 감치는 다른 사건으로 인한 구속 및 형에 우선하여 집행되며, 감치 중에는 다른 사건으로 인한 구속 및 형의 집행이나 피감치인이 당사자로 되어 있는 심판사건의 소송절차가 정지된다(법원조직법 제61조 참조).

제1항에서는 체납자에 대한 감치 요건을 규정하고 있으며, 제2항에서 관세청장은 체납자의 감치를 신청할 수 있다.

제3항에서 관세청장은 감치 신청전에 대상자에게 소명기회를 의무적으로 주어야 하며, 체납자에게 감치 요건, 감치 기간 등을 통지하고 통지를 받은 체납자가 관세정보위원회에서 의견을 진술할 수 있도록 하여야 한다.

제4항에서 감치 대상자는 감치에 처하는 경우 즉시항고를 할 수 있다. 그리고 제5항에서 동일 체납 건에 대한 중복감치 금지를 규정하고 있고, 제6항에서는 감치종료 규정, 제7항에서 세관공무원의 감치 대상자에 대한 설명의무등을 규정하고 있으며, 감치에 관한 여타 일반사항은 대법원규칙[22]으로 규정한다.

제116조의 5 【출국금지 요청 등】 ① 관세청장은 정당한 사유 없이 5천만원 이상의 관세(세관장이 부과·징수하는 내국세등을 포함한다. 이하 이 조에서 같다)를 체납한 자 중 대통령령으로 정하는 자에 대하여 법무부장관에게 출입국관리법 제4조 제3항 및 같은 법 제29조 제2항에 따라 출국금지 또는 출국정지를 즉시 요청하여야 한다.
② 법무부장관은 제1항에 따른 출국금지 또는 출국정지 요청에 따라 출국금지 또는 출국정지를 한 경우에는 관세청장에게 그 결과를 「정보통신망 이용촉진 및 정보보호 등에 관한 법률」 제2조 제1항 제1호에 따른 정보통신망 등을 통하여 통보하여야 한다.
③ 관세청장은 다음 각 호의 어느 하나에 해당하는 경우에는 즉시 법무부장관에게 출국금지 또는 출국정지의 해제를 요청하여야 한다.
1. 체납자가 체납액을 전부 또는 일부 납부하여 체납된 관세가 5천만원 미만으로 된 경우
2. 체납자 재산의 압류, 담보 제공 등으로 출국금지 사유가 해소된 경우
3. 관세징수권의 소멸시효가 완성된 경우
4. 그 밖에 대통령령으로 정하는 사유가 있는 경우
④ 제1항부터 제3항까지에서 규정한 사항 외에 출국금지 및 출국정지 요청 등의 절차에 관하여 필요한 사항은 대통령령으로 정한다.

해 설

2019.12.31. 법 개정시 종전에는 국세징수법 제7조의 4에 따라 출국금지 요청하던 것을 같은 내용으로 법에 규정하여 관세 관련 출국금지 대상자 및 절차 등을 명확하게 규정하였다.

제1항에서는 출국금지의 요건으로서 5천만원 이상 관세를 체납한 경우로 하며, 동 시행령으로 관세체납과 관련한 출국금지 및 출국정지 요청 대상자를 5만달러 상당액 이상의 국외자

22) 대법원규칙 제2176호인 「과태료 체납자에 대한 감치의 재판에 관한 규칙」이 있다.

산이 발견된 사람 등으로 규정하고, 출국금지 및 출국정지 해제를 요청할 수 있는 사유를 체납된 관세가 5천만원 미만으로서 된 경우 등으로 규정하고 있다.

제2항에서는 법무부장관의 출국금지에 대한 통보 사항, 제3항에서는 출국금지의 해제사항에 관한여 규정하고 있다.

출입국관리법 제4조 제3항은 중앙행정기관의 장 및 법무부장관이 정하는 관계기관의 장은 소관업무와 관련하여 법무부장관에게 출국금지를 요청할 수 있다는 규정이다.

「정보통신망 이용촉진 및 정보보호 등에 관한 법률」 제2조 제1항 제1호는 전기통신설비를 이용하거나 전기통신설비와 컴퓨터의 이용기술을 활용하여 정보를 수집・가공・저장・검색・송신 또는 수신하는 정보통신체제를 말하고 규정하고 있다.

제116조의 6【납세자 본인에 관한 과세정보의 전송 요구】 ① 납세자는 관세청장에 대하여 본인에 관한 정보로서 제116조에 따른 과세정보를 본인이나 본인이 지정하는 자로서 본인정보를 이용하여 업무를 처리하려는 다음 각 호에 해당하는 자에게 전송하여 줄 것을 요구할 수 있다.
1. 납세자 본인
2. 관세사법 제7조에 따라 등록한 관세사, 같은 법 제17조의 2에 따라 등록한 관세법인 또는 같은 법 제19조에 따라 등록한 통관취급법인등
3. 세무사법 제6조에 따라 등록한 세무사 또는 같은 법 제16조의 4에 따라 등록한 세무법인
4. 세무사법에 따라 세무대리를 할 수 있는 공인회계사 또는 변호사
5. 전기통신사업법 제2조 제8호에 따른 전기통신사업자로서 대통령령으로 정하는 자

② 관세청장은 제1항에 따른 전송 요구를 받은 경우에는 대통령령으로 정하는 범위에서 해당 정보를 컴퓨터 등 정보처리장치를 이용하여 처리 가능한 형태로 전송하여야 한다.

③ 납세자는 제1항에 따른 전송 요구를 철회할 수 있다.

④ 제2항에도 불구하고 관세청장은 납세자의 본인 여부가 확인되지 아니하는 경우 등 대통령령으로 정하는 경우에는 제1항에 따른 전송 요구를 거절하거나 전송을 중단할 수 있다. 이 경우 관세청장은 지체 없이 해당 사실을 납세자에게 통지하여야 한다.

⑤ 납세자는 제1항 각 호의 어느 하나에 해당하는 자에게 제1항에 따른 전송 요구를 할 때에는 다음 각 호의 사항을 모두 특정하여 전자문서나 그 밖에 안전성과 신뢰성이 확보된 방법으로 하여야 한다.
1. 전송을 요구하는 본인의 과세정보
2. 본인의 과세정보를 제공받는 자
3. 정기적인 전송을 요구하는지 여부 및 요구하는 경우 그 주기
4. 그 밖에 제1호부터 제3호까지에서 정한 사항과 유사한 사항으로서 관세청장이 정하는 사항

⑥ 납세자는 제1항에 따른 전송 요구로 인하여 타인의 권리나 정당한 이익을 침해하여서는 아니 된다.

⑦ 제1항부터 제6항까지에서 규정한 사항 외에 전송 요구의 방법, 전송의 기한·주기 및 방법, 전송 요구 철회의 방법 등 필요한 사항은 대통령령으로 정한다.
⑧ 관세청장은 이 조에 따른 과세정보의 전송 업무를 제322조 제5항에 따른 대행기관에 대행하게 할 수 있다. 이 경우 관세청장은 과세정보 전송 업무를 위하여 기초자료를 대행기관에 제공하여야 한다.
⑨ 제2항에 따라 전송된 과세정보를 알게 된 제1항 각 호(제1호는 제외한다)의 자 또는 제8항에 따라 과세정보의 전송 업무를 대행하는 자는 대통령령으로 정하는 바에 따라 과세정보의 유출을 방지하기 위한 시스템 구축 등 과세정보의 안정성 확보를 위한 조치를 하여야 한다.
⑩ 제2항에 따라 전송된 과세정보를 알게 된 제1항 각 호(제1호는 제외한다)의 자 또는 제8항에 따라 과세정보의 전송 업무를 대행하는 자는 과세정보를 타인에게 제공 또는 누설하거나 그 목적 외의 용도로 사용하여서는 아니 된다.
⑪ 제1항에 따른 과세정보를 전송 요구하려는 자는 기획재정부령으로 정하는 바에 따라 관세청장에게 수수료를 납부하여야 한다. 다만, 제8항에 따라 대행기관이 업무를 대행하는 경우에는 대행기관이 정하는 수수료를 해당 대행기관에 납부하여야한다.

해 설

2023.12.31. 법 개정시 신설된 조항이다. 제3자에게 제공·활용되는 과세정보의 안전성 확보조치에 이행력을 부여함으로써 납세자의 과세정보 보호 강화하려는 목적을 가지고 있다.

제2항 이하에서 전송 요구 주체와 방법 그리고 전송 요구의 철회에 관하여 규정하고 있고 제7항에서는 전송 요구의 방법, 전송의 기한, 주기 및 방법, 전송 요구의 철회 방법 등 사항은 대통령령으로 정하도록 규정하고 있다.

제8항 이하에서는 대행기관에 관하여 규정하고 대행업체의 시설 구비 의무를 부여하고 전송된 과세 정보의 사용 목적 제한 그리고 수수료 납부에 관하여 규정하고 있다.

제117조【정보의 제공】 세관공무원은 납세자가 납세자의 권리행사에 필요한 정보를 요구하면 신속하게 제공하여야 한다. 이 경우 세관공무원은 납세자가 요구한 정보와 관련되어 있어 관세청장이 정하는 바에 따라 납세자가 반드시 알아야 한다고 판단되는 그 밖의 정보도 함께 제공하여야 한다.

해 설

세관공무원은 납세자가 요구하는 정보를 신속하게 제공하도록 함으로써 납세자가 세관과 대등한 정보를 확보할 수 있도록 하고 이로 인해 자신의 권리를 원활하게 행사할 수 있도록

2000.12.29. 법률 제6305호로 신설하였다. 무지로 인하여 억울하게 세금을 납부하게 되거나 조사를 받게 되는 경우가 발생하지 않도록 납세자도 세관과 동일한 정보를 소유할 수 있도록 하려는 데 있다. 또한 납세자가 요구한 정보와 관련된 정보로써 납세자가 반드시 알아야 된다고 판단되는 정보는 납세자가 요구하지 않더라도 이를 제공하도록 하였다.

따라서 정보를 제공할 때에는 신속하게 제공하여야 하고, 납세자가 요구하지 아니하더라도 알아야 된다고 판단되는 기타 정보도 함께 제공하여야 한다. 이때 제공해야 할 정보가 구체적으로 어떠한 정보인지는 관세청장이 정하고 있으며, 일반적으로 납세자의 권리행사에 필요한 사항이므로 비밀유지 · 결과통지 · 관세조사 연기신청 등에 관한 사항이라고 볼 수 있다.

납세자를 보호하는 면에서 법 제116조는 소극적 정보제공에 관하여 규정하고 있는 반면에 본조는 적극적 정보제공에 관하여 규정하고 있다. 수요자 중심의 관세행정 구현을 위한 것이라 할 수 있다.

이 조문의 내용은 교토협약 일반부속서 제9장 제5조 내용을 반영한 것이며, 헌법상 국민의 알권리 혹은 최근에 중요시 되고 있는 정보의 공개에 관한 내용이기도 하다.

제118조【과세전적부심사】 ① 세관장은 제38조의 3 제6항 또는 제39조 제2항에 따라 납부세액이나 납부하여야 하는 세액에 미치지 못한 금액을 징수하려는 경우에는 미리 납세의무자에게 그 내용을 서면으로 통지하여야 한다. 다만, 다음 각 호의 어느 하나에 해당하는 경우에는 통지를 생략할 수 있다.

1. 통지하려는 날부터 3개월 이내에 제21조에 따른 관세부과의 제척기간이 만료되는 경우
2. 제28조 제2항에 따라 납세의무자가 확정가격을 신고한 경우
3. 제38조 제2항 단서에 따라 수입신고 수리 전에 세액을 심사하는 경우로서 그 결과에 따라 부족세액을 징수하는 경우
4. 제97조 제3항(제98조 제2항에 따라 준용되는 경우를 포함한다)에 따라 면제된 관세를 징수하거나 제102조 제2항에 따라 감면된 관세를 징수하는 경우
5. 제270조에 따른 관세포탈죄로 고발되어 포탈세액을 징수하는 경우
6. 그 밖에 관세의 징수가 곤란하게 되는 등 사전통지가 적당하지 아니한 경우로서 대통령령으로 정하는 경우

해 설

과세처분은 대표적인 침익적 행정처분이므로 과세전적부심사[23]의 절차 없이 과세관청이 과세를 하면 납세의무자는 일단 해당세액을 납부하여야 하며, 납부기한을 경과하는 경우에는 가

23) 본조의 조명(條名)은 '과세전통지 및 과세전적부심'이라고 하는 것이 알기 쉽다.

산금 부과대상이 되거나 강제징수를 당하게 되어 재산상 불이익을 보게 된다. 이러한 제도적인 문제점을 해소하기 위해 과세관청이 부족세액 등을 징수할 때에 납세자에게 통보하여, 납세자가 납세하던지 아니면 이 과세할 내용이 적법한지 여부에 대하여 심사를 청구할 수 있도록 한 것이다. 이와 같이 과세전 통지는 과세관청이 조사한 사실 등의 정보를 미리 납세자에게 알려줌으로써 납세자가 충분한 시간을 가지고 준비하여 과세전적부심사와 같은 의견청취절차에서 의견을 진술할 기회를 가짐으로써 자신의 권익을 보호할 수 있도록 하기 위한 처분의 사전통지로서의 성질을 가진다. 또한 과세처분 이후에 행하여지는 행정심판이나 행정소송은 시간과 비용이 많이 소요되어 효율적인 구제수단으로 미흡한 측면이 있다는 점 등을 고려할 때 과세전적부심사제도는 과세관청이 위법·부당한 처분을 행할 가능성을 줄이고 납세자도 과세처분 이전에 자신의 주장을 반영할 수 있도록 하는 예방적 구제제도의 성질을 가진다.

그러나 미리 세액에 대하여 심사를 거친 경우나 거치게 될 경우 등에는 이러한 절차를 생략한다. 특히, 사법당국의 판단을 이미 받아 포탈세액을 징수하는 경우 통지대상에서 제외하였는바, 이는 동일사안에 대하여 사법당국의 판단을 이미 거친 경우에는 다시 과세전적부심사제도에 의한 통지를 하는 것은 불필요한 절차의 반복이고 설사 심사청구를 한다고 하더라도 인용될 가능성이 전혀 없으므로 관세포탈죄로 고발되어 포탈세액을 징수하는 경우에는 과세전적부심사통지대상에서 제외하였다. 이 때 관세포탈죄로 고발한 건에 대해 피고발자와 실제의무자가 상이한 경우에는 실제납부의무자에 대해서는 과세전통지절차를 이행해야 한다.[24] 그 밖에도 세관장이 보정안내통지를 하였으나 납세자가 보정을 하지 아니하여 세관장이 경정조치를 하는 경우에도 세관장은 과세전통지절차를 이행해야 한다.[25] 수입신고수리 전 세액심사대상물품에 부족세액이 있어 이를 징수하고자 하는 경우에도 서면 통지를 하여야 함에 따라 오히려 통관이 지연되는 요인이 있어 이를 시정하기 위하여 2000년 개정 관세법에서는 두 가지를 추가하여 서면통지 대상에서 이를 제외하였다.

부족세액을 징수하고자 하는 경우에 과세하기 전에 미리 납세의무자에게 서면으로 통지하여야 하며, 이 과세 전 통지를 받은 납세의무자는 과세전 적부심사를 청구할 수 있다. 과세전통지제도는 과세하고자 하는 내용을 미리 통지하는 것으로서 과세전적부심사의 사전절차이다.[26]

제1항 제4호에서 제97조는 재수출면제 조항이고 제98조는 재수출감면 조항이다. 2021.12.31. 법 개정시 재수출 감면에 관한 내용을 추가하였다.

---

24) 관세청 심사정책과-3058호, 2004.8.18.

25) 관세청 심사정책과-1977호, 2007.4.24.

26) 최근 과세전통지를 하고 납세의무자가 과세전적부심사청구를 제기하여 결정이 있는 동안 납세고지가 사실상 유예되어 세수확보가 지연되고 심지어는 재산도피 등으로 악성체납 발생 등 부작용이 발생하고 있다. 이러한 현상을 막기 위해 불필요한 과세전적부심청구를 줄여야 하고, 청구된 적부심에 대하여는 조속한 결정이 필요하다.

제1항 제6호에서 사전통지가 부적당한 경우로서 계산착오 등 명백한 오류에 의하여 부족하게 된 세액을 징수하는 경우(납세의무자의 권리를 침해할 가능성이 적기 때문), 감사원법의 시정요구에 따라 징수하는 경우(처분청의 자의적인 처분이 아니라 제3의 기관인 감사원이 행정처분 내용을 심사하여 시정요구를 한 것이므로 해당기관의 장은 감사원이 정한 날까지 이를 이행하여야 하므로 감사원의 처분요구를 받은 과세관청으로서는 애당초 감사원의 요구사항에 반하는 결정을 할 수 없음),[27] 납세의무자가 부도 · 휴업 · 폐업 또는 파산한 경우(과세전통지를 하여도 실제로 납세의무자가 관세를 납부할 가능성이 희박하기 때문), 관세품목분류위원회의 의결에 따라 품목분류의 세번이 변경되어 부족한 세액을 징수하는 경우(이 경우에는 관세품목분류위원회의 품목분류결정에 대한 법적 효력 문제와 납세의무자는 품목분류 변경에 따른 신의칙을 주장할 수 있기 때문에 과세전통지를 생략하는 것이 문제점이 있음)를 규정하고 있다.

과세전통지대상으로는 관세법 제38조의 3 제6항 및 제39조 제2항을 적용받는 물품으로 제39조 제1항을 적용받은 부과고지물품은 과세전통지대상에서 제외된다. 요컨대 여행자가 반입하는 물품은 관세법 제39조 제1항 제6호에 따라 부과고지대상이 되는바, 1천만원 이상되는 고가의 시계를 세관장에게 신고 없이 반입한 경우 과세전통지대상이 아니므로 즉시 경정고지할 수 있다. 그러나 세관장에 신고하고 세관장이 관세를 부과한 경우 추후 세관장이 최초 부과한 세액에 대해 부족세액이 있음을 안 경우에는 최초 부과오류에 따른 귀책사유가 세관장에게 있기 때문에 이 경우 과세전통지대상이 된다.

법 제38조의 3 제6항은 신고납부에서 납부세액, 납세신고한 세액, 경정 청구한 세액에 과부족이 있는 것을 안 때에는 대통령령이 정하는 바에 의하여 그 세액을 경정하여야 한다는 조항이고, 법 제39조 제2항은 부과고지에서 이미 징수한 금액에 부족이 있는 것을 알았을 때에는 그 부족액을 징수한다는 조항이다. 법 제27조는 가격신고에 관한 규정, 법 제28조는 잠정가격신고에 관한 규정, 법 제21조는 부과고지 제척기간에 관한 규정, 법 제38조 제2항은 사전세액심사물품의 관세 징수에 관한 규정, 법 제97조는 재수출면세물품에 관한 규정, 법 제102조는 법 제89조 세율불균형물품감면세, 제90조 학술연구용품감면세, 제91조 종교 · 자선 · 장애인용품 등의 면세, 제93조 특정물품면세, 제95조 환경오염방지물품 등에 대한 감면세에 대한 관세징수에 관한 규정, 법 제98조는 재수출감면에 대한 관세징수 규정이다.

이전에 관세청 훈령으로 「고지 전 과세적부 심사 업무에 관한 시행세칙」을 운영해 왔으나,

---

27) 그럼에도 불구하고 대법원은 과세관청이 감사원의 감사결과 처분지시 또는 시정요구에 따라 과세처분을 하는 경우라도 국가기관 간의 사정만으로는 납세자가 가지는 절차적 권리의 침해를 용인할 수 있는 사유로 볼 수 없고 그와 같은 처분지시나 시정요구가 납세자가 가지는 절차적 권리를 무시하면서까지 긴급히 과세처분을 하라는 취지도 아니므로 위와 같은 사유로 과세관청이 과세예고통지를 생략하거나 납세자에게 과세전적부심사의 기회를 부여하지 아니한 채 과세처분을 할 수 있는 예외사유에 해당한다고 할 수 없다(대법원 2015두52326).

2000년 개정 관세법에서 납세자의 재산권 보호를 강화하기 위해 본법에 규정하였다.

【조세심판원 2024.1.23, 2023두0026】 청구법인은 재조사를 한 후 쟁점처분 전에 다시 과세전통지를 하였어야 한다고 주장하나, 처분청은 재조사를 하여 그 결과에 따라 쟁점처분을 한 것이므로 이는 관세법 제118조 제1항 제6호, 제4항 및 같은 법 시행령 제142조 제5호에 의해 과세전통지를 생략할 수 있는 사유에 해당하는 점, 처분청은 재조사를 한 후 청구법인에게 재조사 결과를 통보한 점 등에 비추어 청구주장은 받아들이기 어렵다.

【대법원 2004.5.14, 2004두695】 구 관세법 제118조 제1항 제5호 '관세포탈죄로 고발되어 포탈세액을 추징하는 경우'라 함은 관세포탈죄로 고발된 자에 대하여 포탈세액을 징수하는 경우를 말한다.

【대법원 2016.4.15, 2015두52326】 사전구제절차로서 과세예고 통지와 통지 내용의 적법성에 관한 심사(이하 '과세전적부심사'라 한다) 제도가 가지는 기능과 이를 통해 권리구제가 가능한 범위, 제도가 도입된 경위와 취지, 납세자의 절차적 권리 침해를 효율적으로 방지하기 위한 통제방법 등을 종합적으로 고려하면, 국세기본법 및 구 국세기본법 시행령이 과세예고 통지의 대상으로 삼고 있지 않다거나 과세전적부심사를 거치지 않고 곧바로 과세처분을 할 수 있는 예외사유로 정하고 있는 등의 특별한 사정이 없는 한, 과세관청이 과세처분에 앞서 필수적으로 행하여야 할 과세예고 통지를 하지 아니함으로써 납세자에게 과세전적부심사의 기회를 부여하지 아니한 채 과세처분을 하였다면, 이는 납세자의 절차적 권리를 침해한 것으로서 과세처분의 효력을 부정하는 방법으로 통제할 수밖에 없는 중대한 절차적 하자가 존재하는 경우에 해당하므로, 과세처분은 위법하다. 국세기본법 제81조의15 제2항 각 호는 긴급한 과세처분의 필요가 있다거나 형사절차상 과세관청이 반드시 과세처분을 할 수밖에 없는 등의 일정한 사유가 있는 경우에는 과세전적부심사를 거치지 않아도 된다고 규정하고 있는데, 과세관청이 감사원의 감사결과 처분지시 또는 시정요구에 따라 과세처분을 하는 경우라도 국가기관 간의 사정만으로는 납세자가 가지는 절차적 권리의 침해를 용인할 수 있는 사유로 볼 수 없고, 처분지시나 시정요구가 납세자가 가지는 절차적 권리를 무시하면서까지 긴급히 과세처분을 하라는 취지도 아니므로, 위와 같은 사유는 과세관청이 과세예고 통지를 생략하거나 납세자에게 과세전적부심사의 기회를 부여하지 아니한 채 과세처분을 할 수 있는 예외사유에 해당한다고 할 수 없다.

② 납세의무자는 제1항에 따른 통지를 받았을 때에는 그 통지를 받은 날부터 30일 이내에 기획재정부령으로 정하는 세관장에게 통지 내용이 적법한지에 대한 심사(이하 이 조에서 "과세전적부심사"라 한다)를 청구할 수 있다. 다만, 법령에 대한 관세청장의 유권해석을 변경하여야 하거나 새로운 해석이 필요한 경우 등 대통령령으로 정하는 경우에는 관세청장에게 이를 청구할 수 있다.

③ 과세전적부심사를 청구받은 세관장이나 관세청장은 그 청구를 받은 날부터 30일 이내에 제118조의 4 제9항 전단에 따른 관세심사위원회의 심사를 거쳐 결정을 하고, 그 결과를 청구인에게 통지하여야 한다. 다만, 과세전적부심사 청구기간이 지난 후 과세전적부심사청구가 제기된

경우 등 대통령령으로 정하는 사유에 해당하는 경우에는 해당 위원회의 심사를 거치지 아니하고 결정할 수 있다.
④ 과세전적부심사 청구에 대한 결정은 다음 각 호의 구분에 따른다.
1. 청구가 이유 없다고 인정되는 경우 : 채택하지 아니한다는 결정
2. 청구가 이유 있다고 인정되는 경우 : 청구의 전부 또는 일부를 채택하는 결정. 이 경우 구체적인 채택의 범위를 정하기 위하여 사실관계 확인 등 추가적으로 조사가 필요한 경우에는 제1항 본문에 따른 통지를 한 세관장으로 하여금 이를 재조사하여 그 결과에 따라 당초 통지 내용을 수정하여 통지하도록 하는 재조사 결정을 할 수 있다.
3. 청구기간이 지났거나 보정기간 내에 보정하지 아니하는 경우 또는 적법하지 아니한 청구를 하는 경우 : 심사하지 아니한다는 결정
⑤ 제1항 각 호 외의 부분 본문에 따른 통지를 받은 자는 과세전적부심사를 청구하지 아니하고 통지를 한 세관장에게 통지받은 내용의 전부 또는 일부에 대하여 조기에 경정해 줄 것을 신청할 수 있다. 이 경우 해당 세관장은 즉시 신청받은 대로 세액을 경정하여야 한다.
⑥ 과세전적부심사에 관하여는 제121조 제3항, 제122조 제2항, 제123조, 제126조, 제127조 제3항, 제128조 제4항부터 제6항까지, 제129조의 2 및 제130조를 준용한다.
⑦ 과세전적부심사에 관하여는 행정심판법 제15조, 제16조, 제20조부터 제22조까지, 제29조, 제39조 및 제40조를 준용한다. 이 경우 "위원회"는 "관세심사위원회"로 본다.
⑧ 과세전적부심사의 방법과 그 밖에 필요한 사항은 대통령령으로 정한다.

해 설

제2항에서는 심사하는 방법으로서 관세청장이 하는 경우와 세관장이 하는 경우로 구분하고 있다. 2008.12.26. 법 개정(법률 제9261호)시 과세전적부심사위원회와 관세심사위원회의 기능이 유사하다하여 관세청의 관세심사위원회를 그대로 두고 세관의 과세전적부심사위원회도 존치하되 그 기능을 통합하여 운영하도록 규정을 개정하였다.[28] 그러나 위원회의 통폐합이라는 정부 시책에 따라 현재에는 세관에 설치된 과세전적부심사위원회를 관세심사위원회로 명의를 통일화하였다.

관세청에 과세전적부심사를 청구할 수 있는 사항은 기존 시행령 제143조 각 호에 추가하여, 2012.2.2. 시행령 개정시 과세전적부심사 청구금액이 5억원 이상인 경우도 포함시켰다.

제3항에서는 관세청과 세관의 심사대상에 관한 영역을 정하고 있다. 2008.2.22. 시행령 개정시 경미한 사항은 관세청장이 위원회의 심의를 거치지 아니하고 직접 결정할 수 있도록 하

28) 종전에는 세관에는 관세심사위원회가 구성되어 있지 아니하고 관세청에서는 과세전적부심사위원회 위원과 관세심사위원회의 위원의 구성 내용은 동일하였다. 2011.12.31. 개정 관세법에서는 관세청이나 세관이 모두 관세심사위원회로 통합하였다(2012.7.1. 시행). 다만, 위원의 구성 및 심의 내용은 관세청, 본부세관, 세관별 달리 운영하도록 하였다.

는 간이결정제도를 도입하여 신속한 납세자의 권리구제가 가능하도록 하였다. 심사청구나 이의신청에서는 동 제도를 이미 적용하고 있다. 기타 세부절차를 보면 과세전통지를 받은 날부터 30일 이내에 과세전적부심사를 청구할 수 있고, 청구를 받은 날부터 30일 이내에 세관장 또는 관세청장은 심사를 거쳐 결정하고, 그 결과를 청구인에게 통지하여야 한다. 종전에는 과세전적부심사 청구기한이 20일 이었으나 청구 준비기간이 부족하고 국세기본법과 같이 30일로 연장하여 납세자의 사전 권리구제기회를 확대하기 위하여 2006.12.30. 개정 관세법에서 이를 연장하였다.

제4항에서 과세전적부심사청구에 대하여는 채택하지 아니하거나, 전부 채택하거나, 부분적으로 채택하거나, 심사하지 아니한다는 결정을 할 수 있다.[29)] 「관세 불복청구 및 처리 절차에 관한 고시」에 과세전적부심사에 관한 자세한 절차를 정하고 있으며, 2005.6. 이 고시를 개정하여 불복청구 사전안내의 의무화, 불복청구가 중복된 경우 처리절차의 명확화, 결정 지연사유 통보 등 절차를 보완하였다. 2017.12.19. 법 개정시 심사하지 아니한다는 결정 사유에 "적법하지 않은 청구"를 추가하였다. 법 제128조 제1항 제1호 심사청구 "각하" 결정사유에는 부적법한 청구를 규정하고 있으나, 과세전적부심사의 "심사하지 아니한다는 결정사유"에는 부적법한 청구를 규정하지 않으므로 결정사유 부조화가 지적되어 왔었다.

동 고시 제2조에서 과세전적부심의 경우에도 '불이익변경금지'[30)]의 원칙을 적용할 수 있도록 명문화하였다. 이에 대하여 과세전적부심은 행정처분이 아직 없는 상태이기 때문에 이 원칙을 적용하지 않는 것이 타당하다는 의견도 있지만, 권리보호 제도라는 점에서 적용하는 것이 타당하다.

본부세관에 과세전적부심사위원회(현재는 관세심사위원회로 명칭이 통합되었음)를 두고 본청에 관세심사위원회를 두고 있으며 본부세관의 과세전적부심사를 거쳐 다시 처분청이 이의신청을 할 수도 있다는 것을 상정하면 처분에 대한 구제절차가 다소 왜곡된다고 할 수 있다.

제5항에서 부족세액에 대한 과세전통지를 받은 납세의무자가 과세전적부심사를 거치는 것을 원하지 않는 경우 세관장은 통지받은 대로 즉시 경정처분함으로써 최대 30일 간의 가산세 부담을 줄일 수 있다.[31)] 2011.12.31. 개정 관세법에 도입되었다.

---

29) 2017.12.19. 법 개정시 관례적으로 진행되어온 결정의 변형 유형인 '재조사' 결정을 불복절차 명확화로 납세자 편의 제고를 위하여 입법화 하였다. 즉, 사실관계 확인 등 추가조사가 필요한 경우 재조사 결정이 법적으로 가능하도록 하였다.

30) 재판에 대하여 불복이 신청되어 심리 결과 새로운 재판이 행하여진 경우에 전의 재판보다도 피고인에게 불이익한 재판을 할 수 없다는 원칙을 말한다. 이 원칙을 인정하는 이유는 이렇게 하지 아니하면 피고인이 불복신청한 결과 오히려 불이익하게 될 것을 두려워 한 나머지 불복신청을 단념하는 폐해가 생기기 때문이다. 형사소송법에서는 중한 형의 선고만이 금지되어 있기 때문에 단순히 원판결보다 중한 벌칙을 적용하는 것은 무방하다고 한다(『법률 용어 사전』, 현암사).

31) 국세기본법 제81조의 15 제7항에 규정되어 있다.

제6항에서 2019.12.31. 법 개정시 제121조 제3항의 심사청구 관련 우편제출에 따른 심사청구 기간 특례, 제127조 제3항의 관세청심사위원회 비공개회의 개최, 제129조의 2의 국가관세종합정보시스템 등을 통한 불복청구 사항을 준용하도록 그 적용범위를 넓혔다. 제122조 제2항은 심사청구 절차, 제128조 제4항은 보정기간 불산입, 128조 제5항과 제6항은 재조사 결정에 관한 사항, 제123조는 보정에 관한 사항, 제126조는 대리인에 관한 사항, 법 제130조는 서류의 열람 및 의견 진술에 관한 규정이다. 2020.12.22.(법률 제17649호) 개정시 과세전적부심사 운영 합리화를 위하여 제128조 제4항 준용규정을 추가하여 과세전적부심사 결정기간에서 보정기간(심사청구서의 내용·절차 등의 하자를 보완하는 데 소요되는 기간)을 제외하였다.

제7항에서는 행정심판법을 과세전적부심사 시에도 준용하도록 2011.12.31. 개정 관세법에 규정하였다. 동법 제15조의 공동청구시 대표자 선정, 제16조의 청구인의 지위 승계, 제20조 이하의 심판참가, 제39조의 직권심리, 제40조의 심리 방식 등 규정을 준용한다. 심사청구와 심판청구의 선택적 청구제도를 도입함에 따라 심사청구의 경우에도 동일하게 행정심판법을 준용하는 것이다. 그리고 과세전적부심사는 사전적 구제제도로서 심판 등 불복청구와 동일하게 대표자 선정 등 절차적인 사항은 동일하게 적용하는 것이 타당하다.

제118조의 2【관세청장의 납세자 권리보호】 ① 관세청장은 직무를 수행할 때 납세자의 권리가 보호되고 실현될 수 있도록 성실하게 노력하여야 한다.
② 납세자의 권리보호를 위하여 관세청에 납세자 권리보호업무를 총괄하는 납세자보호관을 두고, 대통령령으로 정하는 세관에 납세자 권리보호업무를 수행하는 담당관을 각각 1명을 둔다.
③ 관세청장은 제2항에 따른 납세자보호관을 개방형직위로 운영하고 납세자보호관 및 담당관이 업무를 수행할 때 독립성이 보장될 수 있도록 하여야 한다. 이 경우 납세자보호관은 관세·법률·재정 분야의 전문지식과 경험을 갖춘 사람으로서 다음 각 호의 어느 하나에 해당하지 아니하는 사람을 대상으로 공개모집한다. 1. 세관공무원 2. 세관공무원으로 퇴직한 지 3년이 지나지 아니한 사람
④ 관세청장은 납세자 권리보호업무의 추진실적 등의 자료를 일반 국민에게 정기적으로 공개하여야 한다.
⑤ 납세자보호관 및 담당관은 세금 관련 고충민원의 처리 등 대통령령으로 정하는 직무 및 권한을 가지며, 납세자보호관 및 담당관의 자격 등 납세자보호관 제도의 운영에 필요한 사항은 대통령령으로 정한다.

해 설

2019.12.31. 법 개정시 납세자보호관 및 담당관 제도를 신설하였다. 이들은 고충민원 처리 등 납세자 권리보호 업무를 총괄하고 '납세자보호위원회' 의결사항에 대한 이행여부 등을 감

독하는 직무를 수행한다. 제118조의 4에는 납세자보호위원회 관련사항을 신설 규정하고 있다. 국세기본법 제81조의 16(국세청장의 납세자 권리보호)사항을 관세법에 이관 규정한 것이다. 조직을 보면, 관세청에 납세자 권리보호 업무를 총괄하는 납세자보호관을 두고, 대통령령으로 정하는 세관에는 담당관을 두며, 납세자보호관은 개방형 직위로 공개모집한다.

제118조의 3 【납세자의 협력의무】 납세자는 세관공무원의 적법한 질문 · 조사, 제출명령에 대하여 성실하게 협력하여야 한다.

해 설

2019.12.31. 법 개정시 신설한 규정이다. 제118조의 2 납세자 권리보호 등에 따라 해당 권리에 대응하는 납세자의 협력의무를 규정하였으며, 국세기본법 제81조의 17(납세자의 협력의무) 규정을 관세법에 이관 규정한 것이다.

제118조의 4 【납세자보호위원회】 ① 다음 각 호의 사항을 심의(제3호의 사항은 의결을 포함한다)하기 위하여 제118조의 2 제2항의 세관 및 관세청에 납세자보호위원회(이하 "납세자보호위원회"라 한다)를 둔다.

1. 납세자 권리보호에 관한 사항
2. 제118조 제2항에 따른 과세전적부심사
3. 제122조 제1항에 따른 심사청구
4. 제132조 제1항에 따른 이의신청

② 제1항에 따라 제118조의 2 제2항의 세관에 두는 납세자보호위원회(이하 "세관 납세자보호위원회"라 한다)는 다음 각 호의 사항을 심의한다.

1. 관세조사 범위의 확대
2. 관세조사 기간 연장에 대한 납세자의 관세조사 일시중지 또는 중지 요청
3. 위법 · 부당한 관세조사 및 관세조사 중 세관공무원의 위법 · 부당한 행위에 대한 납세자의 관세조사 일시중지 또는 중지 요청
4. 제114조의 2 제4항 단서에 따른 장부등의 일시 보관 기간 연장
5. 제118조 제2항 본문에 따른 과세전적부심사
6. 제132조 제1항에 따른 이의신청
7. 그 밖에 고충민원의 처리 등 납세자의 권리보호를 위하여 납세자보호담당관이 심의가 필요하다고 인정하는 안건

③ 제1항에 따라 관세청에 두는 납세자보호위원회(이하 "관세청 납세자보호위원회"라 한다)는 다음 각 호의 사항을 심의(제3호의 사항은 의결을 포함한다)한다.

1. 제2항 제1호부터 제3호까지의 사항에 대하여 세관 납세자보호위원회의 심의를 거친 해당 세관장의 결정에 대한 납세자의 취소 또는 변경 요청
2. 제118조 제2항 단서에 따른 과세전적부심사
3. 제122조 제1항에 따른 심사청구
4. 그 밖에 고충민원의 처리 또는 납세자 권리보호를 위한 관세행정의 제도 및 절차 개선 등으로서 납세자보호위원회의 위원장 또는 납세자보호관이 심의가 필요하다고 인정하는 사항

④ (삭제)

⑤ 납세자보호위원회의 위원장은 다음 각 호의 구분에 따른 사람이 된다.

1. 세관 납세자보호위원회 : 공무원이 아닌 사람 중에서 해당 세관장의 추천을 받아 관세청장이 위촉하는 사람
2. 관세청 납세자보호위원회 : 공무원이 아닌 사람 중에서 기획재정부장관의 추천을 받아 관세청장이 위촉하는 사람

⑥ 납세자보호위원회의 위원은 관세 · 법률 · 재정 분야에 전문적인 학식과 경험이 풍부한 사람과 관계 공무원 중에서 관세청장(세관 납세자보호위원회의 위원은 해당 세관장)이 임명 또는 위촉한다.

⑦ 납세자보호위원회의 위원은 업무 중 알게 된 과세정보를 타인에게 제공 또는 누설하거나 목적 외의 용도로 사용해서는 아니 된다.

⑧ 납세자보호위원회의 위원은 공정한 심의를 기대하기 어려운 사정이 있다고 인정될 때에는 대통령령으로 정하는 바에 따라 위원회 회의에서 제척되거나 회피하여야 한다.

⑨ 제2항 제5호 · 제6호 및 제3항 제2호 · 제3호의 사항을 심의하거나 심의 · 의결하기 위하여 세관 납세자보호위원회 및 관세청 납세자보호위원회에 각각 분과위원회로 관세심사위원회(이하 "관세심사위원회"라 한다)를 둔다. 이 경우 관세심사위원회의 심의 또는 심의 · 의결은 납세자보호위원회의 심의 또는 심의 · 의결로 본다.

⑩ 납세자보호위원회의 구성 및 운영 등에 필요한 사항은 대통령령으로 정한다.

⑪ 납세자보호관은 납세자보호위원회의 의결사항에 대한 이행여부 등을 감독한다.

해 설

2019.12.31. 법 개정시 납세자보호위원회 제도를 신설하였다. 국세기본법 제81조의 18(납세자보호위원회) 규정을 관세법에 이관 규정하였으며, 관세청 및 세관에 설치한다. 그 동안 관세조사의 경우 관세청 내규나 고시 등으로 관세조사를 운영하여 왔으나 납세자 권리보호의 필요성이 제기됨에 따라 납세자보호관 및 납세자보호위원회 등 제도를 설치하게 된 것이다.

2022.12.31. 법 개정시 세관과 관세청에 납세자보호위원회를 두고 납세자 권리보호, 과세전적부심사, 심사청구, 이의신청에 관한 심의를 하도록 관련 제도를 정비하였다.

제2항에서는 세관에 두는 위원회의 심의내용, 제3항에서는 관세청에 두는 위원회의 심의내용을 구분하여 규정하고 있다.

제5항 이하 제8항까지는 납세자보호위원회 위원장 위촉에 관한 사항, 위원의 의무사항과 직무, 회의의 제척 및 회피 등에 관하여 규정하고 있다.

제9항에서 납세자보호위원회에 분과위원회인 관세심사위원회를 두고 이 위원회의 심사 또는 의결 사항은 납세자보호위원회의 심의 또는 의결로 보도록 규정하고 있다.

제10항은 납세자보호위원회의 구성에 관한 사항 제11항은 납세자보호관의 감독에 관한 사항을 규정하고 있다.

제118조의 5【납세자보호위원회에 대한 납세자의 심의 요청 및 결과 통지 등】① 납세자는 관세조사 기간이 끝나는 날까지 제118조의 2 제2항의 세관의 세관장(이하 이 조에서 "세관장"이라 한다)에게 제118조의 4 제2항 제2호 또는 제3호에 해당하는 사항에 대한 심의를 요청할 수 있다.
② 세관장은 제118조의 4 제2항 제1호부터 제4호까지의 사항에 대하여 세관 납세자보호위원회의 심의를 거쳐 결정을 하고, 납세자에게 그 결과를 통지하여야 한다. 이 경우 제118조의 4 제2항 제2호 또는 제3호에 대한 결과는 제1항에 따른 요청을 받은 날부터 20일 이내에 통지하여야 한다.
③ 납세자는 제2항에 따라 통지를 받은 날부터 7일 이내에 제118조의 4 제2항 제1호부터 제3호까지의 사항으로서 세관 납세자보호위원회의 심의를 거친 세관장의 결정에 대하여 관세청장에게 취소 또는 변경을 요청할 수 있다.
④ 제3항에 따른 납세자의 요청을 받은 관세청장은 관세청 납세자보호위원회의 심의를 거쳐 세관장의 결정을 취소하거나 변경할 수 있다. 이 경우 관세청장은 요청받은 날부터 20일 이내에 그 결과를 납세자에게 통지하여야 한다.
⑤ 제118조의 2 제2항에 따른 납세자보호관 또는 담당관은 납세자가 제1항 또는 제3항에 따른 요청을 하는 경우에는 납세자보호위원회의 심의 전까지 세관공무원에게 관세조사의 일시중지 등을 요구할 수 있다. 다만, 납세자가 관세조사를 기피하려는 것이 명백한 경우 등 대통령령으로 정하는 경우에는 그러하지 아니하다.
⑥ 납세자보호위원회는 제118조의 4 제2항 제2호 또는 제3호에 따른 요청이 있는 경우 그 의결로 관세조사의 일시중지 또는 중지를 세관공무원에게 요구할 수 있다. 이 경우 납세자보호위원회는 정당한 사유 없이 위원회의 요구에 따르지 아니하는 세관공무원에 대하여 관세청장에게 징계를 건의할 수 있다.
⑦ 제1항 및 제3항에 따른 요청을 한 납세자는 대통령령으로 정하는 바에 따라 세관장 또는 관세청장에게 의견을 진술할 수 있다.
⑧ 제1항부터 제7항까지에서 규정한 사항 외에 납세자보호위원회에 대한 납세자의 심의 요청 및 결과 통지 등에 관하여 필요한 사항은 대통령령으로 정한다.

해 설

2019.12.31. 법 개정시 납세자보호위원회를 신설하고, 그 운영에 관한 구체적 내용을 본조

에 규정하고 있다. 국세기본법 제81조의 19(납세자보호위원회에 대한 납세자의 심의 요청 및 결과 통지 등) 규정을 관세법에 이관 규정하였다.

납세자는 관세조사기간 중에 세관장에게 납세자보호위원회에 해당 사항에 관하여 심의를 요청할 수 있다. 요청에 대하여 세관장은 위원회의 심의를 거쳐 납세자에게 통지하여야 한다. 그리고 납세자는 이러한 세관장의 결정 통지에 대하여 취소 또는 변경을 요청할 수 있다. 이에 대하여 관세청장은 심의 결과를 납세자에게 통지하여야 한다. 그리고 이러한 심의요청 및 심의과정에서 납세자는 관세조사의 일시 중지 등을 요구할 수 있으며, 의견 진술을 할 수 있다. 관세법 시행령 제144조의 4에서는 심의요청, 취소·변경을 요청하는 경우에는 서면으로 신청하도록 규정하고 결과 통지도 서면으로 통지하도록 규정하고 있다.

제2절 심사와 심판

제119조 【불복의 신청】 ① 이 법이나 그 밖의 관세에 관한 법률 또는 조약에 따른 처분으로서 위법한 처분 또는 부당한 처분을 받거나 필요한 처분을 받지 못하여 권리나 이익을 침해당한 자는 이 절의 규정에 따라 그 처분의 취소 또는 변경을 청구하거나 필요한 처분을 청구할 수 있다. 다만, 다음 각 호의 처분에 대해서는 그러하지 아니하다.
1. 이 법에 따른 통고처분
2. 감사원법에 따라 심사청구를 한 처분이나 그 심사청구에 대한 처분
3. 이 법이나 그 밖의 관세에 관한 법률에 따른 과태료 부과처분
② 제1항 각 호 외의 부분 본문에 따른 처분이 관세청장이 조사·결정 또는 처리하거나 하였어야 할 것인 경우를 제외하고는 그 처분에 대하여 심사청구 또는 심판청구에 앞서 이 절의 규정에 따른 이의신청을 할 수 있다.
③ 이 절의 규정에 따른 심사청구 또는 심판청구에 대한 처분에 대해서는 이의신청, 심사청구 또는 심판청구를 제기할 수 없다. 다만, 제128조 제1항 제3호 후단(제131조에서 국세기본법을 준용하는 경우를 포함한다)의 재조사 결정에 따른 처분청의 처분에 대해서는 해당 재조사 결정을 한 재결청에 심사청구 또는 심판청구를 제기할 수 있다.
④ 이 절의 규정에 따른 이의신청에 대한 처분과 제128조 제1항 제3호 후단(제132조 제4항에서 준용하는 경우를 포함한다)의 재조사 결정에 따른 처분청의 처분에 대해서는 이의신청을 할 수 없다.

해 설

불복신청은 위법·부당한 행정처분에 대하여 권한이 있는 행정기관에 그 취소·변경을 구하는 모든 행위를 말한다. '처분'은 행정심판법과 행정소송법에 행정청이 행하는 구체적 사실에 관한 법 집행으로서 공권력행사 또는 거부, 기타 이에 준하는 행정작용을 말한다. 불복신청의 주체는 권리 또는 이익의 침해를 당한 자이며, 불복신청의 대상은 관세법, 기타 관세에 관한 법률, 조약에 의한 위법 또는 부당한 처분을 받거나 필요한 처분을 받지 못한 경우다.

제1항은 불복청구의 대상에 관한 규정이다. 2018.12.31. 법 개정시 재조사 결정 후속처분에 대한 불복절차 개선하기 위하여 기존 제1항과 제2항 내용을 일부 조문을 이동하여 재배열하고 제3항을 신설하였다. 이의신청, 심사청구, 심판청구에 대한 처분과 이 법에 의한 통고처분, 감사원법에 의한 심사청구를 한 처분, 감사원법 심사청구에 대한 처분, 이 법이나 관세에

관한 법률에 따른 과태료 부과처분은 불복청구 대상이 아니다. 이러한 처분을 불복청구의 대상에서 제외한 것은 불복청구의 실익이 없거나 업무의 중복을 피하여 납세자 권리를 보다 효율적으로 구제하기 위한 것이다. 통칙에 수입물품에 대하여 납세의무자가 관세 등을 신고납부하고 세관장이 이를 수령하는 것은 사실행위에 불과하므로 이 법에 의한 불복대상이 되는 처분이 아니다. 통고처분은 이행을 강제하는 것이 아니므로 통고처분 자체를 불복청구의 대상으로 삼을 필요는 없는 것이며, 감사원법에 의한 처분 등은 별도의 구제절차를 거친 것으로 보아 바로 행정소송절차를 거치는 것이 납세자 권리구제에 도움이 되기 때문이다. 또한 2020.12.22.(법률 제17649호) 개정시 '과태료 부과처분'을 제외 대상으로 추가하였다. 이는 관세법상 과태료 처분에 대한 불복이 관세법상 불복절차가 아닌 질서위반행위규제법상 불복절차에 따르는 점을 고려하여, 관세불복청구 대상에서 제외하여 관세법과 질서위반행위규제법 규정 간의 충돌을 해소하기 위한 것이다.

제2항에 따라 처분이 세관장의 소관 사항인 경우에는 심사청구 또는 심판청구에 앞서 이의신청을 할 수 있다. 과세처분의 실체적·절차적 위법사유에 대하여 특별한 사정이 없는 한 과세관청이 그 과세요건 사실의 존재 및 절차의 적법성을 입증할 책임이 있다. 그러나 조세소송에 있어서 피고인 과세관청에 실지조사권이 있기는 하지만 과세요건사실을 뒷받침해 주는 과세자료의 대부분이 모두 납세자가 직접 지배하는 생활영역 내에 있어 과세관청이 납세자의 협력 없이 과세자료를 찾아낸다는 것이 쉽지 않다. 따라서 일반행정소송에서 요구되는 정도의 입증을 요구한다면 이는 과세관청에 사실상 불가능한 입증을 요구하는 결과가 될 수 있어 불합리한 결론이 도출될 위험이 있다. 이와 같은 조세법률관계의 특수성으로 인하여 조세소송에서의 입증책임은 그 분배의 문제보다는 입증책임을 부담하는 과세관청이 어느 정도 입증을 하였을 경우에 그 입증책임을 다한 것으로 볼 수 있느냐 하는 증명도의 완화 내지 입증필요의 전환에 관한 문제가 중요시되어 왔으며 이를 합리적으로 해결하기 위한 방향으로 이론과 실무가 전개되어 왔다. 그러한 방안에는 "일응의 입증",[32] "소극적 사실에 대한 부존재의 추정",[33] "사실상의 추정"[34] 이론 등이 있다.

이와 같이 원칙적으로 과세처분의 적법성은 과세관청이 주장·입증하여야 하지만 이를 다

32) "일응의 입증"은 과세관청이 주장하는 당해 처분의 적법성이 합리적으로 수긍할 수 있을 정도의 일응 입증이 된 경우에는 그 처분은 정당하다고 보고 이와 상반되는 주장과 입증책임 상대방에게 돌아간다는 것이다.

33) "소극적 사실에 대한 부존재의 추정"은 필요경비가 납세자에게 유리한 것이고 그것을 발생시키는 사실관계의 대부분은 납세자의 지배영역 안에 있는 것이어서 납세자가 입증하기에 손쉽다는 것을 감안하면 납세자가 그에 관한 입증활동을 하지 않고 있는 경비활동에 대해 부존재의 추정을 용인하여 납세자에게 입증의 필요성을 인정하는 것이 공평의 관념에 부합된다는 것이다.

34) "사실상의 추정"은 구체적인 소송과정에서 경험칙에 비추어 과세요건사실을 추정할 만한 간접적인 사실이 밝혀지면 상대방이 문제로 된 해당사실이 경험칙 적용의 대상 적격이 되지 못하는 사정을 입증하지 않는 한 해당 과세처분을 과세요건을 충족시키지 못한 위법한 처분이라고 단정할 수는 없다는 것이다.

투는 원고로서는 과세처분이 어떤 이유로 위법한지에 대하여 그 위법한 구체적 사실을 먼저 주장하여야 한다. 또한 비과세요건이나 감면요건에 대한 입증책임은 비과세, 감면사유를 주장하는 납세자에게 있으며 과세처분의 무효확인소송이나 신의성실의 원칙의 적용요건의 하나인 과세관청의 공적인 견해표명사실은 납세자가 주장·입증하여야 한다. 이외에도 신고납세방식의 조세에 있어 납세자가 신고한 세액이 잘못되었음을 주장하면서 신고한 세액을 감액경정하여 줄 것을 과세관청에게 청구하는 경우 당초의 세액신고가 잘못된 것임을 뒷받침할 자료를 제출할 주장·입증책임이 감액경정청구를 하는 납세자에게 있다.

제3항은 2018.12.31. 법 개정시 납세자 권리보호를 강화하기 위하여 신설된 조항으로 본문은 기존 제2항 내용 중 심사청구와 심판청구에 대한 처분에 대해서는 이의신청, 심사청구 또는 심판청구를 제기할 수 없지만, 단서조항에 따라 '재조사 결정 후속처분'은 심사청구·심판청구가 가능하도록 명문화 하였다.[35] 실무상 행해지고 있는 '재조사 결정'이란 심사청구·심판청구에서 사실관계 확인 등 추가 조사가 필요해 내리는 결정의 한 유형으로 재결청의 결정에서 지적된 사항에 관해서 처분청의 재조사결과를 기다려 그에 따른 후속 처분의 내용을 심판청구 등에 대한 결정의 일부분으로 삼겠다는 의사가 내포된 변형결정에 해당하고, 처분청의 후속 처분에 따라 그 내용이 보완됨으로써 결정으로서 효력이 발생한다.[36]

제4항도 2018.12.31. 법 개정시 신설된 조항으로 이의신청에 대한 처분과 재조사 결정 후속처분에 대한 이의신청을 금지하였다. 소송경제상으로 합리적인 불복절차를 위한 것이다.

제3항과 제4항이 신설됨에 따라 개정 전 제3항 내지 제8항은 제5항 내지 제10항으로 이동하였다.

【대법원 2007.2.22, 2006두6604】 일반적으로 세금부과처분취소소송에 있어서 과세요건사실에 관한 입증책임은 과세권자에게 있다 할 것이나, 구체적인 소송과정에서 경험칙에 비추어 과세요건 사실이 추정되는 사실이 밝혀지면 상대방이 문제로 된 당해 사실이 경험칙 적용의 대상 적격이 되지 못하는 사정을 입증하지 않는 한, 당해 과세처분이 과세요건을 충족시키지 못한 위법한 처분이라고 단정할 수 없다.

【대법원 2004.9.23, 2002두1588】 법인세과세처분 취소소송에 있어서의 과세근거로 되는 과세표준의 입증책임은 과세관청에 있는 것이고, 과세표준은 수입으로부터 필요경비를 공제한 것이므로 수입 및 필요경비의 입증책임은 과세관청에 있다 할 것이나, 필요경비는 납세의무자에게 유리한 것이고 그 필요경비를 발생시키는 사실관계의 대부분은 납세의무자가 지배하는 영역 안에 있는 것이

35) 개정 전 실무적으로 납세자가 재조사 결정 후속처분을 받은 경우 후속처분에 불복하여 다시 심판청구할 수 있다는 규정이 없었지만 조세심판원에서 실무상 심판청구를 접수하여 처리하였고, 재조사 결정 후속처분에 대한 심판청구를 하지 않는 경우 행정소송 제기기한에 대한 규정은 없었지만 후속처분 통지를 받은 날로부터 90일 이내에 행정소송을 제기하여 왔다.

36) 대법원 2010.6.25. 선고 2007두12514 전원합의체 판결 참조.

어서 그가 입증하는 것이 손쉽다는 점을 감안해 보면, 납세의무자가 입증활동을 하지 않고 있는 필요경비에 대해서는 부존재의 추정을 용인하여 납세의무자에게 입증의 필요성을 인정하는 것이 공평의 관념에도 부합된다.

【대법원 1992.3.31, 91누9824】 신의성실의 원칙이나 소급과세금지의 원칙이 적용되기 위한 요건의 하나인 “과세관청이 납세자에게 신뢰의 대상이 되는 공적인 견해를 표명하였다”는 사실은, 납세자가 주장 · 입증하여야 한다고 보는 것이 상당하다.

【대법원 1984.12.11, 84누225】 조세부과처분의 취소를 구하는 항고소송에 있어서 과세관청은 실체상의 과세요건 뿐만 아니라 부과절차상의 적법요건에 대하여도 이를 구비하였음을 입증할 책임이 있다 할 것이다.

【대법원 1984.7.24, 84누124】 민사소송법의 규정이 준용되는 행정소송에 있어서 입증책임은 원칙적으로 민사소송의 일반원칙에 따라 당사자 간에 분배되고 항고소송의 경우에는 그 특성에 따라 당해 처분의 적법을 주장하는 피고에게 그 적법사유에 대한 입증책임이 있다 할 것인바 피고가 주장하는 당해 처분의 적법성이 합리적으로 수긍할 수 있는 일응의 입증이 있는 경우에는 그 처분은 정당하다 할 것이며 이와 상반되는 주장과 입증은 그 상대방인 원고에게 그 책임이 돌아간다고 할 것이다.

【대법원 1984.2.28, 82누154】 행정처분 당연무효를 구하는 소송에 있어서 그 무효를 구하는 사람에게 그 행정처분에 존재하는 하자가 중대하고 명백하다는 것을 주장 입증할 책임이 있다.

【대법원 1981.6.3, 80누510】 행정소송에 있어서 특별한 사정이 있는 경우를 제외하면 당해 행정처분의 적법성에 관하여는 당해 처분청이 이를 주장 입증하여야 할 것이나 행정처분의 위법을 들어 그 취소를 청구함에 있어서는 그 위법된 구체적인 사실을 먼저 주장하여야 한다.

【대법원 1976.3.9, 74누274】 화주나 수입신고인이 아니고 화주에게 사실상 수입을 위탁한 실수요자로서 관세부과처분을 받지 아니한 사람은 관세부과 처분취소를 구할 당사자 적격이 없다.

⑤ 제1항 제2호의 심사청구는 그 처분을 한 것을 안 날(처분의 통지를 받았을 때에는 그 통지를 받은 날을 말한다)부터 90일 이내에 하여야 한다.
⑥ 제1항 제2호의 심사청구를 거친 처분에 대한 행정소송은 행정소송법 제18조 제2항 · 제3항 및 같은 법 제20조에도 불구하고 그 심사청구에 대한 결정을 통지받은 날부터 90일 내에 처분청을 당사자로 하여 제기하여야 한다.
⑦ 제5항과 제6항의 기간은 불변기간으로 한다.

해 설

제5항에서 감사원법에 의한 심사청구는 처분이 있은 것을 안 날이나, 통지를 받은 날로부터 90일 이내 심사청구를 하여야 한다. 납세의무자가 외국에 있는 경우에 90일로 하고 일반

적인 경우 60일로 하던 것을, 1998.12.28. 관세법 개정(법률 제5583호)시 단일화하였다.

제6항에서 이 법에 의한 심판청구를 행정소송법상 행정심판에 대한 예외로 규정하고 있다. 감사원법에 의한 심사청구에 대하여는 감사원법에 상세하게 규정하고 있으며, 이 법에서는 감사원법에 의한 심사청구 절차를 일부 인용하여 규정한 것이다. 행정소송법에는 행정심판 청구가 있은 날로부터 60일이 지나도 재결이 없는 경우에 처분 등이 있음을 안 날로부터 90일 이내, 처분이 있은 날로부터 1년 이내에 행정소송을 제기할 수 있다. 그러나 감사원법에 의한 심사청구 결과에 대한 행정소송은 그 결정 통지를 받은 날로부터 90일 이내 제기하여야 하며, 이때에는 감사원을 상대로 소송을 제기하는 것이 아니고 원처분청을 당사자로 하여 제기하여야 한다.

행정소송법 제18조 제2항에 의하면 행정심판은 선택적으로 청구할 수 있으나, 개별법률에서 행정심판을 거치도록 정한 경우에는 이를 거쳐야 한다. 행정심판청구가 있은 날로부터 60일이 지나도 재결이 없거나 그 밖에 다른 사유가 있으면 행정심판 결정 없이 행정소송을 제기할 수 있다. 같은 조 제3항에 의하면 행정심판을 제기하지 아니하고 취소소송을 제기할 수 있다. 행정소송법 제20조에는 제소기간을 처분 등이 있음을 안 날로부터 90일, 처분 등이 있은 날로부터 1년으로 정하고 있다. 행정소송이 제기되면 세관공무원은 관세청 훈령인 「소송사무에 관한 시행세칙」에 따라 소송업무를 수행하여야 한다. 이 세칙에는 행정소송, 민사소송, 기록 및 장부, 소송비용 지급, 고문변호사 등에 관하여 규정하고 있다.

제7항에서 '불변기간'은 일반적으로 소송의 종결에 대한 불복신청기간이 이에 해당한다. 예를 들면, 상고기간, 항소기간 등이 있다. 이 기간은 법원이 기간을 늘이거나 줄일 수 없으나 당사자에게 책임 없는 사유에 의한 해태시 보완이 가능하다. 민법에는 원격지에 거주하는 자를 위해서 불변기간에 일정한 기간이 부가하는 부가기간이 있다. 감사원법에 의한 심사청구와 이 심사청구에 대해 행정소송을 제기할 수 있는 기간은 불변기간이다. 감사원법에 의한 심사청구는 처분이 있은 것을 안 날로부터 90일, 그 행위가 있은 날부터 180일 이내 제기하여야 하고, 그 심사청구에 대하여는 그 결정을 받은 날로부터 90일 이내 행정소송을 제기해야 한다.

⑧ 수입물품에 부과하는 내국세등의 부과, 징수, 감면, 환급 등에 관한 세관장의 처분에 불복하는 자는 이 절에 따른 이의신청·심사청구 및 심판청구를 할 수 있다.
⑨ 이 법이나 그 밖의 관세에 관한 법률 또는 조약에 따른 처분으로 권리나 이익을 침해받게 되는 제2차 납세의무자 등 대통령령으로 정하는 이해관계인은 그 처분에 대하여 이 절에 따른 심사청구 또는 심판청구를 하여 그 처분의 취소 또는 변경이나 그 밖에 필요한 처분을 청구할 수 있다. 이 경우 제2항부터 제4항까지 및 제8항을 준용한다.
⑩ 동일한 처분에 대하여는 심사청구와 심판청구를 중복하여 제기할 수 없다.

해 설

제8항에서 세관장이 수입물품에 부과하는 내국세의 부과·징수·감면·환급 등 처분에 대하여 불복이 있는 자는 이 규정에 따라 이의신청·심사청구·심판 청구할 수 있다.

청구할 수 있는 업무범위는 단순히 내국세의 부과·징수·감면·환급뿐만 아니라 이 법 기타 관세에 관한 법률 또는 조약에 의한 처분으로 위법 또는 부당한 처분을 받거나 필요한 처분을 받지 못함으로써 권리 또는 이익을 침해당하게 된 처분을 말한다. 예를 들면, 체납처분에 대하여 불복 신청할 수 있으며 특허보세구역의 영업정지처분과 같이 비조세사건도 불복청구가 가능하다. 그러나 세관장이 대외무역법 등 타 법에서 위임·위탁받은 업무의 처분에 대하여는 중앙행정심판위원회에 행정심판을 제기하여야 한다.

제9항은 불복신청 신청권자의 범위에 관한 규정이다. 권리 또는 이익의 침해를 받게 될 제2차 납세의무자 등 이해관계인도 그 처분에 대하여 이 법에 의한 심사청구, 심판청구할 수 있다.

이해관계인은 일정한 사실행위나 법률행위 등에 있어서 그 직접 당사자가 아니나 그것에 의해서 자기 권리나 이익에 영향을 받는 자를 말한다. 친한 친구나 이웃 등 단순히 사실상·감정상의 관계에 있는 자는 포함되지 아니 한다.[37] 그러나 권리나 이익의 침해를 받게 될 자가 심사청구를 할 수 있으므로, 침해가 현실적이지 아니하여도 심사청구할 수 있다. 제3자적 지위에 있는 자도 해당 위법 부당한 처분으로 인해 권리 또는 이익의 침해를 당한 경우에도 불복청구를 할 수 있다. '대통령령이 정하는 이해관계인'이라 함은 제2차 납세의무자로서 납부통지서를 받은 자, 양도담보재산에 대한 물적 납세의무를 지는 자로서 납부통지서를 받은 자, 납세보증인, 기타 기획재정부령이 정하는 자다. 제2차 납세의무자는 국세기본법 제38조(청산인), 제39조(출자자), 제40조(법인), 제41조(사업양수인)에 규정되어 있다. 1997.12.13. 관세법 개정(법률 제5419호)시 심사청구할 수 있는 자는 납세의무자뿐만 아니라 제2차 납세의무자 등 이해관계인도 포함시켰다.

제10항에서 심사청구와 심판청구를 임의로 선택하여 청구할 수 있도록 규정을 개정함에 따라, 심사청구한 것에 대하여 중복해서 심판청구 하지 못하게 하고 바로 행정소송을 제기하도록 하고 있다. 심사청구나 심판청구는 중복하여 청구할 수 없다. 중복하여 청구할 수 없으나 심사청구, 심판청구, 감사원심사청구가 중복하여 제기된 경우에는 세관장은 결정을 희망하는 불복청구에 대한 청구인의 의사를 문서로 확인하여 처리한다. 납세자의 재산의 압류·매각 및 청산, 배분의 체납처분은 불복청구 대상이 되며, 체납처분으로 압류한 재산이 제3자 소유인 경우 그 제3자는 압류처분에 대하여 불복청구를 할 수 있다.

---

37) 법률상 이익은 처분의 근거 법률에 의하여 보호되는 직접적이고 구체적인 이익이 있는 경우를 말하고 간접적이거나 사실적, 경제적 이해관계를 가지는데 불과한 경우는 포함되지 아니한다(대법원 1991.12.13. 선고 90주10360 판결).

【대법원 1991.2.26, 90누7944】 조세의 부과징수처분에 대하여 감사원법에 정한 심사청구를 하여 그 절차를 거친 경우에는 그 처분의 취소소송 제기에 앞서 필요한 요건으로서의 해당처분에 대한 행정심판을 거친 것으로 보아야 한다.

제120조【행정소송법 등과의 관계】 ① 제119조에 따른 처분에 대하여는 행정심판법을 적용하지 아니한다. 다만, 심사청구 또는 심판청구에 관하여는 행정심판법 제15조, 제16조, 제20조부터 제22조까지, 제29조, 제39조, 제40조, 제42조 및 제51조를 준용하며, 이 경우 "위원회"는 "관세심사위원회", "조세심판관회의" 또는 "조세심판관합동회의"로 본다.
② 제119조에 따른 위법한 처분에 대한 행정소송은 행정소송법 제18조 제1항 본문, 제2항 및 제3항에도 불구하고 이 법에 따른 심사청구 또는 심판청구와 그에 대한 결정을 거치지 아니하면 제기할 수 없다. 다만, 심사청구 또는 심판청구에 대한 제128조 제1항 제3호 후단(제131조에서 국세기본법을 준용하는 경우를 포함한다)의 재조사 결정에 따른 처분청의 처분에 대한 행정소송은 그러하지 아니하다.
③ 제2항 본문에 따른 행정소송은 행정소송법 제20조에도 불구하고 심사청구나 심판청구에 따른 결정을 통지받은 날부터 90일 이내에 제기하여야 한다. 다만, 제128조 제2항 본문 또는 제131조에 따른 결정기간 내에 결정을 통지받지 못한 경우에는 제2항에도 불구하고 결정을 통지받기 전이라도 그 결정기간이 지난 날부터 행정소송을 제기할 수 있다.
④ 제2항 단서에 따른 행정소송은 행정소송법 제20조에도 불구하고 다음 각 호의 구분에 따른 기간 내에 제기하여야 한다.
1. 이 법에 따른 심사청구 또는 심판청구를 거치지 아니하고 제기하는 경우 : 재조사 후 행한 처분청의 처분의 결과 통지를 받은 날부터 90일 이내. 다만, 제128조 제5항 전단(제131조에 따라 국세기본법을 준용하는 경우를 포함한다)에 따른 처분기간(제128조 제5항 후단에 따라 조사를 연기 또는 중지하거나 조사기간을 연장한 경우에는 해당 기간을 포함한다. 이하 이 호에서 같다)에 처분청의 처분 결과 통지를 받지 못하는 경우에는 그 처분기간이 지난 날부터 행정소송을 제기할 수 있다.
2. 이 법에 따른 심사청구 또는 심판청구를 거쳐 제기하는 경우 : 재조사 후 행한 처분청의 처분에 대하여 제기한 심사청구 또는 심판청구에 대한 결정의 통지를 받은 날부터 90일 이내. 다만, 제128조 제2항(제131조에서 국세기본법을 준용하는 경우를 포함한다)에 따른 결정기간에 결정의 통지를 받지 못하는 경우에는 그 결정기간이 지난 날부터 행정소송을 제기할 수 있다.
⑤ 제119조 제1항 제2호에 따른 심사청구를 거친 경우에는 이 법에 따른 심사청구나 심판청구를 거친 것으로 보고 제2항을 준용한다.
⑥ 제3항 및 제4항의 기간은 불변기간으로 한다.

해 설

권리구제 제도에는 사법기관에 의한 권리구제와 행정관청에 의한 권리구제가 있으며, 행정관청에 의한 권리구제에는 행정심판법, 국세기본법에 의한 권리구제 등이 있다. 조세심판제도는 조세업무의 전문성을 고려하여 기본적으로는 행정심판법 적용을 배제한 제도다.

제1항에서 2011.12.31. 개정 관세법에서 행정심판법의 규정 일부를 심사청구와 과세전적부심사에서 확대 준용하도록 규정하였다.

행정심판법에는 국무총리행정심판위원회와 행정심판위원회를 심판기관으로 두어 심판업무를 처리하고 있다.[38] 심사청구와 심판청구를 모두 거쳐야만 행정소송을 제기할 수 있도록 하던 것을 2000년 개정 관세법에서 심사청구와 심판청구 중에서 한 가지 절차만 거치면 행정소송을 제기할 수 있도록 하여 신속하게 납세자 권리구제가 가능하게 되었다. 이전에는 이의신청과 심사청구에 대하여만 이를 선택적으로 청구할 수 있도록 하였으나, 관세청, 처분청인 세관에 청구하지 아니하고도 바로 심판청구할 수 있게 된 것이다.

2008.2.29. 국세기본법 및 정부조직법 개정으로 기획재정부 소속의 국세심판원이 국무총리 소속의 조세심판원으로 개편되었다. 그리고 기존의 국세심판원이 내국세 및 관세에 관한 행정심판을 수행했는데 조세심판원은 지방세의 행정심판 기능까지 확대하게 되었다. 행정심판법 제42조는 심판청구 등의 취하, 제51조는 행정심판 재청구의 금지에 관한 규정이다. 행정심판법의 이 규정은 심사청구와 심판청구에만 적용되며 과세전적부심사에는 적용하지 아니한다.

제2항에서 행정소송을 제기하기 위해서는 행정심판절차를 반드시 거쳐야 할 필요는 없으나, 이 법 처분에 대한 행정소송을 제기할 때에는 심사청구나 심판청구 중 한 가지를 반드시 거쳐야 한다.[39] 행정심판의 대상은 위법 또는 부당한 처분이지만 행정소송의 대상은 위법한 처분이다. 행정심판제도의 기능은 자기반성·자기감독에 의한 자율적 행정통제기능과 법원의 소송부담 경감 등의 소송경제 확보 및 조세분야에 대한 전문성이 가진 재결청 활용 등 순기능이 있다.[40] 행정소송법 제18조는 법령의 규정에 의하여 해당 처분에 대한 행정심판을 제기할 수 있는 경우도 이를 거치지 아니하고 제기할 수 있다는 규정이다. 2018.12.31. 법 개정시 단서조항을 추가하여, 납세자 권리보호를 강화하기 위하여 재조사 결정 후속처분에 대한 심사청구·심판청구 없이 행정소송 제기가 가능하도록 불복절차를 개선하였다.

조세소송은 과세처분의 절차적·실체적 위법사유를 그 취소원인으로 하는 것으로서 그 심

---

38) 2008.2.29. 행정심판법 개정으로 국무총리행정심판위원회의 소속이 국무총리 소속에서 「부패방지 및 국민권익위원회의 설치와 운영에 관한 법률」에 따른 국민권익위원회로 변경되고 위원장도 법제처장에서 국민권익위원회 부위원장 중 1인으로 변경되었다. 기존의 각 행정심판위원회의 소관이 바뀐 것은 없고 국무총리 행정심판위원회를 제외한 행정심판위원회의 위원장도 변경이 없으나, 재결청을 없애고 모든 행정심판위원회에 재결권을 부여한 것이 주요 특징이다.

39) 처분의 근거가 되는 법이 관세관련 법률이 아닌, 타 법인 경우(예 ; 대외무역법에 의한 원산지표시위반에 따른 과징금부과처분)에는 행정심판전치주의를 적용받지 아니한다.

40) 대법원 1994.11.22, 93누11050 판결 참조.

리대상은 과세처분의 위법 여부이고 당사자가 내세우는 개개의 위법사유는 자기의 청구가 정당하다고 주장하는 공격방어방법에 불과하므로 개개의 위법사유에 대하여 반드시 전심절차를 거쳐야 하는 것은 아니다. 따라서 전심절차에서 주장하지 아니한 사항도 행정소송에서 새로이 주장할 수 있고 이를 금반언의 원칙이나 신의성실의 원칙에 위배된다고 할 수 없으며 전심절차에서 한번 철회하였던 주장도 다시 주장할 수 있다.[41]

제3항은 행정소송과 불복청구의 관계에 관한 규정이다. 행정소송법에서는 1년 이내 소송을 제기하도록 규정하고 있지만, 불복신청은 결정의 통지를 받은 날부터 90일 이내 제기하여야 한다. 수입된 물품은 물품유통 속도가 빠르기 때문에 가급적 단기간에 과세여부에 대하여 결정을 내리는 것이 납세자의 권익을 보호하는 것이다. 따라서 결정기간 내에 결정통지를 받지 못한 경우에는 결정통지 받기 전이라도 결정기간이 경과한 날부터 행정소송을 제기할 수 있다. 행정소송법 제20조에는 취소소송은 처분이 있음을 안 날로부터 90일 이내 제기해야 하며 처분이 있는 날로부터 1년을 경과하면 소송을 제기하지 못하게 규정되어 있다. 법 제128조 제2항은 심사청구 결정기간에 관한 규정이며, 법 제131조는 심판청구에 대해 국세기본법을 준용한다는 규정이다.

제4항은 2018.12.31. 법 개정시 신설된 조항으로, 납세자 권리보호를 강화하기 위하여 재조사 결정에 따른 행정소송 제기 기한을 추가하였다. 심사청구 · 심판청구하지 않은 경우는 후속 처분 통지받은 날로부터 90일 이내, 심사청구 · 심판청구를 한 경우에는 심사청구 · 심판청구 결정 통지받은 날로부터 90일 이내이다.[42]

제4항이 추가됨에 따라 기존 제4항과 제5항은 제5항과 제6항으로 이동하였다.

제5항은 감사원법에 의한 심사청구의 법적인 성격에 관해 규정하고 있다. 감사원법에 의한 심사청구는 이 법에 의한 심사청구 · 심판청구를 거친 것으로 보고 바로 행정소송을 제기할 수 있다.

제6항은 감사원법에 의한 심사청구기간(90일)과 이 심사청구 후 행정소송을 제기하는 기간(90일), 이 법에 의한 심사나 심판청구를 거친 후 행정소송 제기기간(90일), 일반 행정소송제기기간(90일), 재조사 결정에 따른 행정소송 제기기간(90일)은 불변기간이다. 이 법에서 정하고 있는 이의신청, 심사청구, 심판청구 제기기간은 불변기간이 아니다.

---

41) 서울행정법원 조세소송실무연구회, 『조세소송실무』, 서울행정법원, 2012, p.56.

42) 기존 판례(대법원 2010.6.25. 선고 2007두12514 전원합의체 판결)에 따르면 "재조사결정에 따른 심사청구기간이나 심판청구기간 또는 행정소송의 제소기간은 이의신청인 등이 후속 처분의 통지를 받은 날부터 기산된다고 봄이 타당하다"고 판시한 바 있어, 재조사결정에 따른 심판청구기간 기산점은 이의신청인 등이 후속 처분의 통지를 받은 날부터 기산된다고 보았다.

【대법원 1997.7.22, 96누8321】 [1] 조세법률관계는 극히 대량적, 주기적으로 반복하여 성립할 뿐 아니라 그에 관한 법령 또한 전문적, 기술적이고 복잡하여 이를 정확하게 이해하기 위하여는 전문적, 기술적 지식을 필요로 하는 점 등 조세관계사건의 특수성과 관세법 규정이 전심절차를 거칠 것을 요구하는 한편 행정소송법 제18조 제2항, 제20조의 적용을 배제하고 있는 취지 등을 합목적적으로 고려하면, 관세에 관한 소송에서는 이미 관세청장과 국세심판소로 하여금 기본적 사실관계와 법률문제에 대하여 다시 판단할 수 있는 기회를 부여하였을 뿐더러 납세의무자로 하여금 굳이 또 전심절차를 거치게 하는 것이 가혹하다고 보이는 등 정당한 사유가 있는 때에 한하여 납세자가 전심절차를 거치지 아니하고도 처분의 취소를 청구하는 행정소송을 제기할 수 있다. [2] 수입신고 및 납세신고를 하면서 기본세율을 적용하지 않고 조정관세율을 잘못 적용하였다는 이유로 관세의 납세신고를 수리한 세관장의 행위를 대상으로 심사청구를 하여 기각결정을 받고 이에 불복하여 심판청구를 하였으나 부과처분 부존재를 이유로 각하결정을 받았으며, 그 후 세관장에게 과오납금환급청구를 하였으나 거부처분을 받은 경우, 국세심판소가 납세자의 심판청구에 대하여 불복대상인 부과처분이 존재하지 아니한다는 이유로 본안에 대하여 실질적인 판단을 하지 아니한 채 각하결정을 한 것은 적법하고, 따라서 납세자가 심사청구에 대하여 기각결정을 받았다 하더라도 이로써 수입물품의 조정관세대상 여부라고 하는 기본적 사실관계와 법률문제에 관하여 국세심판소로 하여금 다시 판단할 수 있는 기회를 부여하였다고 할 수 없다는 이유로, 납세자가 전심절차를 거치지 아니하고도 행정소송을 제기할 수 있는 경우에 해당되지 않는다.

【대법원 1994.11.22, 93누11050】 행정청의 위법한 처분의 취소, 변경, 기타 공법상의 권리관계에 관한 소송인 행정소송에 있어서 실질적으로 초심적 기능을 하고 있는 행정심판전치주의는 행정행위의 특수성, 전문성 등에 비추어 처분행정청으로 하여금 스스로 재고, 시정할 수 있는 기회를 부여함에 그 뜻이 있는 것이다.

제121조 【심사청구기간】 ① 심사청구는 해당 처분을 한 것을 안 날(처분하였다는 통지를 받았을 때에는 통지를 받은 날을 말한다)부터 90일 이내에 제기하여야 한다.
② 이의신청을 거친 후 심사청구를 하려는 경우에는 이의신청에 대한 결정을 통지받은 날부터 90일 이내에 하여야 한다. 다만, 제132조 제4항 단서에 따른 결정기간 내에 결정을 통지받지 못한 경우에는 결정을 통지받기 전이라도 그 결정기간이 지난 날부터 심사청구를 할 수 있다.
③ 제1항과 제2항 본문의 기한 내에 우편으로 제출(국세기본법 제5조의 2에서 정한 날을 기준으로 한다)한 심사청구서가 청구기간이 지나 세관장 또는 관세청장에게 도달한 경우에는 그 기간의 만료일에 청구된 것으로 본다.
④ 심사청구인이 제10조에서 규정하는 사유(신고, 신청, 청구, 그 밖의 서류의 제출 및 통지에 관한 기한 연장 사유로 한정한다)로 제1항에서 정한 기간 내에 심사청구를 할 수 없을 때에는 그 사유가 소멸한 날부터 14일 이내에 심사청구를 할 수 있다. 이 경우 심사청구인은 그 기간 내에 심사청구를 할 수 없었던 사유, 그 사유가 발생한 날과 소멸한 날, 그 밖에 필요한 사항을 적은 문서를 함께 제출하여야 한다.

해 설

심사청구는 본문에서 같이 처분이 있은 것을 안 날, 처분의 통지를 받은 날, 이의신청에 대한 결정의 통지를 받은 날부터 90일 이내 하여야 한다. 심판청구도 심사청구와 마찬가지로 결정서를 받은 날부터 90일 이내 청구해야 한다.[43]

제2항은 심사청구에 관한 규정이다. 이의신청의 결정을 받지 못한 경우에는 결정기간이 경과한 날부터 심사청구를 할 수 있다. 법 제132조 제2항에 따른 이의신청의 결정기간은 30일이다.

제3항은 우편 제출에 관한 규정이다. 청구기한 내에 우편으로 제출한 경우에는 청구기간이 경과하여 도달하더라도 기간만료일에 적법하게 청구한 것으로 본다. 기한은 법률행위의 효력발생이나 소멸 등을 장래의 확정적인 사실에 좌우시키는 법률행위의 부관을 말하며, 시기와 종기 등이 있다. 이에 대하여 기간은 어느 시점에서 다른 시점까지 계속되는 시간의 흐름을 나타내는 것을 말한다. 특정시점을 나타내는 기일과 구분되며 소멸시효 기간과 실종 기간 등이 있다.

국세기본법 제5조의 2에 우편에 의한 과세표준 등 신고는 우편법에 의한 통신 일부인이 찍힌 날에 신고된 것으로 본다고 규정하고 있다. 통신 일부인이 없는 경우에는 통상적인 우송일을 추정하여 발송한 날이라고 인정되는 날을 신고일로 본다.

제4항에서 보면, 천재지변으로 인하여 기간 내에 심사청구를 할 수 없는 때에는 그 사유가 소멸한 날부터 14일 이내 심사청구를 할 수 있다. 천재지변은 바람, 홍수, 지진으로 인한 자연 재해를 말한다. 이 경우 심사청구인은 그 기간 내 심사청구를 할 수 없었던 사유 · 사유 발생일자 · 사유 소멸일자 · 기타 필요한 사항을 기재한 문서를 함께 제출하여야 한다. 불변기간인 경우에는 이와 같은 기한연장은 없다.

【대법원 2000.9.22, 98두18510】 과세처분이 있은 후에 증액경정처분이 있는 경우 당초 과세처분은 경정처분에 흡수되어 독립적인 존재가치를 상실하므로 전심절차의 경유여부도 그 경정처분을 기준으로 판단하여야 하는 것이 원칙이고, 다만 그 위법사유가 공통되고 당초 과세처분에 대하여 적법한 전심절차를 거친 경우에는 납세의무자는 그 경정처분에 대하여 다시 전심절차를 거치지 아니하고도 취소를 구하는 행정소송을 제기할 수 있는 것이지만, 납세의무자 스스로 당초 과세처분에 대한 전심절차 외에 증액경정처분에 대한 전심절차를 거쳤다면, 그 증액경정처분에 대한 제소기간은 구 국세기본법(1994.12.22. 법률 제4810호로 개정되기 전의 것) 제56조 제2항의 규정에 따라 증액경정처분에 대한 심판결정 통지 수령일로부터 60일이라고 보아야 할 것이고, 당초 과세처분에 대한 심판결정 통지 수령일을 제소기간 기산일로 삼을 근거는 없다. * 과세처분이 있은 후에 증액경정처분이 있었는데 납세의무자가 당초 과세처분에 대한 전심절차 외에 증액경정처분에 대한 전심절차를 거친 경우, 그 증액경정처분에 대한 제소기간은 증액경정처분에 대한 심판결정 통지 수령일로부터 기산하여야 한다.

---

43) 기획재정부 유권해석(1979.10.31)에 의하면 부득이한 사유로 소원 접수 후 60일 경과한 후 소원이 재결이 있는 경우에 소원인은 그 재결서를 받은 날부터 60일 이내에 심판청구할 수 있다고 했다(대법원 2000.9.22. 선고 98두18510 판결). 증액 경정처분 제소기간은 증액 경정처분에 대한 심판 결정 통지 수령분부터 기산해야 한다.

제122조 【심사청구절차】 ① 심사청구는 대통령령으로 정하는 바에 따라 불복하는 사유를 심사청구서에 적어 해당 처분을 하였거나 하였어야 하는 세관장을 거쳐 관세청장에게 하여야 한다.
② 제121조에 따른 심사청구기간을 계산할 때에는 제1항에 따라 해당 심사청구서가 세관장에게 제출된 때에 심사청구가 된 것으로 본다. 해당 심사청구서가 제1항에 따른 세관장 외의 세관장이나 관세청장에게 제출된 경우에도 또한 같다.
③ 제1항에 따라 해당 심사청구서를 제출받은 세관장은 이를 받은 날부터 7일 내에 그 심사청구서에 의견서를 첨부하여 관세청장에게 보내야 한다.
④ 관세청장은 제3항에 따라 세관장의 의견서를 받은 때에는 지체 없이 해당 의견서의 부본을 심사청구인에게 송부하여야 한다.
⑤ 심사청구인은 제4항에 따라 송부받은 의견서에 대하여 반대되는 증거서류 또는 증거물을 관세청장에게 제출할 수 있다.

해 설

심사청구는 해당 처분을 하였거나 하였어야 할 세관장을 거쳐 관세청장에게 하여야 한다. 세관장을 거칠 때에는 세관장의 의견을 첨부하여 관세청장에게 제출하여야 한다. 이러한 절차를 거치는 것은 세관장의 의견을 묻는 의미와 심사청구의 사실을 미리 알리는 의미를 가지고 있다. 그러나 심사청구서가 관할 세관장 외의 세관장 또는 관세청장에게 제출된 때에는 해당 청구서를 관할세관장에게 지체 없이 송부하고 그 뜻을 해당 청구인에게 통지하여야 한다.

「관세 불복청구 및 처리에 관한 고시」에 과세전적부심사청구, 이의신청, 심사청구, 심판청구 또는 감사원심사청구에 관하여 그 기준을 정하고 있다. 이 고시에는 불이익변경금지, 청구제한의 금지 등 법적용원칙을 정하고 있으며, 감사원심사청구 요령, 과세전적부심사청구 내용도 정하고 있다.

제2항에서 심사청구는 세관장을 경유하여 관세청장에게 제출하므로 실제로 관세청장이 심사하지만 세관장에게 제출된 때부터 심사청구기간으로 계산한다. 관할 세관장이 아닌 세관장이나 관세청장에게 바로 제출된 때에도 관할세관장에게 제출된 것으로 보아 기간 계산한다. 이는 신속한 권리구제를 위하여 심사청구를 받고 결정할 때까지 기간을 가급적 짧게 하려는 취지에서 나온 기간계산 방법이다.

제3항에서 심사청구는 심사청구서에 의해 청구하여야 하고, 관할 세관장에게 제출하여야 하며, 관할 세관장이란 처분청 혹은 해당 처분을 하였거나 하였어야 할 세관장을 말한다. 청구서의 제출을 받은 세관장은 이를 받는 날부터 7일 내에 의견서를 첨부하여 관세청장에게 송부하고, 관세청은 송부 받은 의견서 부본을 해당 청구인에게 교부하며, 이 교부에 대하여 청구인은 반대되는 증거서류 또는 증거물을 제출할 수 있다. 이러한 의견서 부본 교부 및 반

대 증거서류 제출은 청구인에 대한 실질적인 항변기회를 준 것이라 할 수 있다. 이러한 청구인의 항변권을 법적으로 보장하고 강화하기 위하여, 2017.12.19. 법 개정시 제4항과 제5항을 신설하고 시행령에 규정된 내용을 상향 입법하였다.

감사원법에 의한 심사청구는 처분 기타 행위를 한 기관의 장을 거쳐 제출한다. 법 제119조 제8항에서 설명한 것과 같이 동일한 처분에 대하여 이의신청과 심사청구를 중복 제기한 경우 심사청구를 제기한 것으로 보며, 동일한 처분에 이의신청 · 심사청구 · 감사원 심사청구를 중복 제기한 경우 감사원 심사청구를 한 것으로 본다.

조세와 관련한 처분에 대하여 국세기본법 제55조, 관세법 제119조 등의 이의신청을 거쳐 감사원에 심사청구를 하는 경우 감사원법 제44조 제1항에 따른 제척기간은 "심사청구의 원인이 되는 행위"로부터 기산하며, 이의신청 결정일이 아니라 원처분일로부터 기산된다.

관세청 유권해석을 보면, 이의신청과 심판청구가 같이 청구되어 관세청 내규에 따라 이의신청을 취하하였으나 나중에 심판청구가 요건 미비로 각하된 경우에는 이의신청 청구된 경우로 보고 다시 이를 심사하는 것이 타당하다고 한다.

제123조【심사청구서의 보정】 ① 관세청장은 심사청구의 내용이나 절차가 이 절에 적합하지 아니하지만 보정할 수 있다고 인정되는 경우에는 20일 이내의 기간을 정하여 해당 사항을 보정할 것을 요구할 수 있다. 다만, 보정할 사항이 경미한 경우에는 직권으로 보정할 수 있다.
② 제1항 본문의 요구를 받은 심사청구인은 보정할 사항을 서면으로 작성하여 관세청장에게 제출하거나, 관세청에 출석하여 보정할 사항을 말하고 그 말한 내용을 세관공무원이 기록한 서면에 서명 또는 날인함으로써 보정할 수 있다.
③ 제1항의 보정기간은 제121조에 따른 심사청구기간에 산입(算入)하지 아니한다.

해 설

청구서의 내용 · 형식이 쟁송법규에 적합하지 아니하면 쟁송이 무효화되거나, 하자가 발생하게 된다. 이러한 형식요건의 흠결을 당사자가 자발적으로 혹은 재결청의 요청, 직권 등으로 치유하는 것이 보정이다. 보정의 대상으로 형식요건 · 청구능력 · 대리인 · 선정당사자 자격 등 흠결이 있다. 예를 들면, 심사청구서 형식을 취하지 아니하고 처분의 취소 처분을 요구하는 내용의 불복 신청이 서면으로 제출되었을 때에는 이를 보정하여 심사할 수 있다.[44] 직권 보정은 경미한 사항에 대하여 절차를 간소화하기 위하여 재결청이 직접 보완하는 것을 말한다. 청구인이 이의신청 · 심사청구를 취하하는 경우라도 청구기간 내에는 이의신청 · 심사청구를 다시 할 수 있다.

44) 대법원 2000.6.9. 선고 98두2621 판결 참조.

제2항에서 심사청구에 대한 재결청의 보정요구에 대해 청구인이 보정할 수 있는 구체적인 방법이 규정되어 있지 않아 이를 명확히 규정할 필요가 있어 2019.12.31. 법 개정시 신설하였다. 과세전적부심사 · 이의신청의 경우도 준용이 되어 청구인에게 편의 제공이 가능한 것이다. 국세기본법 제63조(청구서의 보정) 내용을 이관 규정한 것이다.

제3항에서 '보정기간'은 일차 심사청구한 내용을 보완하는 기간이며, 보완이 된 다음에 심사하므로 청구기간에 보정기간을 포함시키지 아니한다. 보정기간은 20일 이내며, 심사청구기간은 처분이 있은 날부터 90일이며, 심사청구한 건에 대한 결정기간은 60일 이내로 정해져 있다.

【대법원 2000.6.9, 98두2621】 [1] 행정심판법 제19조, 제23조의 규정 취지와 행정심판제도의 목적에 비추어 보면 행정소송의 전치요건인 행정심판청구는 엄격한 형식을 요하지 아니하는 서면행위로 해석되므로, 위법 부당한 행정처분으로 인하여 권리나 이익을 침해당한 자로부터 그 처분의 취소나 변경을 구하는 서면이 제출되었을 때에는 그 표제와 제출기관의 여하를 불문하고 이를 행정소송법 제18조 소정의 행정심판청구로 보고, 불비된 사항이 보정가능한 때에는 보정을 명하고 보정이 불가능하거나 보정명령에 따르지 아니한 때에 비로소 부적법 각하를 하여야 할 것이며, 더욱이 심판청구인은 일반적으로 전문적 법률지식을 갖고 있지 못하여 제출된 서면의 취지가 불명확한 경우도 적지 않으나, 이러한 경우에도 행정청으로서는 서면을 가능한 한 제출자의 이익이 되도록 해석하고 처리하여야 한다. [2] 비록 제목이 '진정서'로 되어 있고, 재결청의 표시, 심판청구의 취지 및 이유, 처분을 한 행정청의 고지의 유무 및 그 내용 등 행정심판법 제19조 제2항 소정의 사항들을 구분하여 기재하고 있지 아니하여 행정심판청구서로서의 형식을 다 갖추고 있다고 볼 수는 없으나, 피청구인인 처분청과 청구인의 이름과 주소가 기재되어 있고, 청구인의 기명이 되어 있으며, 문서의 기재 내용에 의하여 심판청구의 대상이 되는 행정처분의 내용과 심판청구의 취지 및 이유, 처분이 있은 것을 안 날을 알 수 있는 경우, 위 문서에 기재되어 있지 않은 재결청, 처분을 한 행정청의 고지의 유무 등의 내용과 날인 등의 불비한 점은 보정이 가능하므로 위 문서를 행정처분에 대한 행정심판청구로 보는 것이 옳다.

제124조【관세심사위원회】(삭제)

해 설

관세심사위원회는 심사청구사항을 심의 · 의결하는 위원회로서 관세청 및 세관에 설치된 합의체 의결기관이다. 관세청장은 재결청으로서 재결 자체의 권한과 관세심사위원회를 구성할 권한을 가지나, 재결권을 가진다고 하더라도 그것은 형식적인 것에 그치는 것으로 관세심사위원회에서 심의 · 의결된 재결의사를 대외적으로 표시하는데 불과하다.

2008.12.26. 법 개정(법률 제9261호)시 관세심사위원회에서 과세전적부심사 기능을 통합 수

행하도록 규정하여 관련 조문의 내용에 과세전적부심사 기능을 추가한 바 있다.

2011.12.31. 개정 관세법에서는 관세심사위원회로 이의신청, 심사청구, 과세전적부심 심의 기능을 일원화하였으며 관세청의 관세심사위원회에서 과세전적부심, 심사청구를 하고 본부세관의 관세심사위원회에서는 과세전적부심, 이의신청을 하고 일선세관의 관세심사위원회에서는 이의신청을 하도록 하였다.

2020.12.22.(법률 제17649호) 개정시 심사청구 결정의 공정성 및 투명성을 제고하기 위하여 '의결(제122조에 따른 심사청구에 한정한다)'을 추가하여 관세심사위원회를 명시적으로 의결기관화 하였다.

2022.12.31. 법 개정시 관세심사위원회 조문을 법 제118조의 4(납세자보호위원회) 조항에 통합 규정하였다.

제125조【심사청구 등이 집행에 미치는 효력】 이의신청 · 심사청구 또는 심판청구는 법령에 특별한 규정이 있는 경우를 제외하고는 해당 처분의 집행에 효력을 미치지 아니한다. 다만, 해당 재결청이 처분의 집행 또는 절차의 속행 때문에 이의신청인, 심사청구인 또는 심판청구인에게 중대한 손해가 생기는 것을 예방할 긴급한 필요성이 있다고 인정할 때에는 처분의 집행 또는 절차 속행의 전부 또는 일부의 정지(이하 "집행정지"라 한다)를 결정할 수 있다.
② 재결청은 집행정지 또는 집행정지의 취소에 관하여 심리 · 결정하면 지체 없이 당사자에게 통지하여야 한다.

해 설

"집행정지"란 집행기관이 법률상 특정의 집행권원에 기초한 전체로서의 강제집행의 개시 · 속행 또는 이미 개시된 개개의 집행절차를 계속할 수 없는 상태를 말한다. 행정심판 또는 행정소송이 제기된 것만 가지고 해당 처분의 효력이나 집행 절차 등에 대하여는 아무런 영향을 주지 아니한다. 이를 '집행부정지원칙'이라 한다. 그러나 시간이 경과함에 따라 심사청구에서 인용하더라도 발생되는 피해를 복구하기 어려운 경우에는 집행을 정지하거나 할 수 있다. 행정심판법 제30조 제2항에서 집행정지에 관한 규정을 두고 있으며 '집행부정지원칙'의 실효성 강화를 위해 2019.12.31. 법 개정시 집행정지 요건을 구체적으로 규정한 것이다. 국세기본법 제57조에서도 동일 내용을 규정하고 있다.

집행정지는 조세불복절차와 관련하여 부수적으로 행하여진다는 점에서 조세불복과 관련 없이 과세권의 행사를 일시 유보하는 징수유예와는 구별된다. '정지'는 재결청이 직접 행정행위를 하는 것을 의미하고, 정지하게 하는 것은 재결청 산하기관에 대하여 정지하도록 명하는 것을 의미한다. 이의신청 · 심사청구 · 심판청구에도 이러한 원칙을 준용한다. '재결'은 행정심판의 청구에 대한 심리결과를 판단하는 것을 말하며, '재결청'은 행정심판의 청구를 수리하고, 해당 청구사건에 대하여 재결을 할 수 있는 권한을 가진 행정기관을 말한다.

【대법원 2003.4.25, 2003무2】 [1] 행정소송법 제23조 제2항에 정하고 있는 행정처분 등의 집행정지 요건인 '회복하기 어려운 손해'라 함은 특별한 사정이 없는 한 금전으로 보상할 수 없는 손해로서 이는 금전보상이 불능인 경우 내지는 금전보상으로는 사회관념상 행정처분을 받은 당사자가 참고 견딜 수 없거나 또는 참고 견디기가 곤란한 경우의 유형, 무형의 손해를 일컫는다. [2] 당사자가 행정처분 등이나 그 집행 또는 절차의 속행으로 인하여 재산상의 손해를 입거나 기업 이미지 및 신용이 훼손당하였다고 주장하는 경우에 그 손해가 금전으로 보상할 수 없어 '회복하기 어려운 손해'에 해당한다고 하기 위해서는, 그 경제적 손실이나 기업 이미지 및 신용의 훼손으로 인하여 사업자의 자금사정이나 경영 전반에 미치는 파급효과가 매우 중대하여 사업 자체를 계속할 수 없거나 중대한 경영상의 위기를 맞게 될 것으로 보이는 등의 사정이 존재하여야한다.

제126조【대리인】 ① 이의신청인, 심사청구인 또는 심판청구인은 변호사나 관세사를 대리인으로 선임할 수 있다.

② 이의신청인, 심사청구인 또는 심판청구인은 신청 또는 청구의 대상이 대통령령으로 정하는 금액 미만인 경우에는 배우자, 4촌 이내의 혈족 또는 배우자의 4촌 이내의 혈족을 대리인으로 선임할 수 있다.

③ 대리인의 권한은 서면으로 증명하여야 한다.

④ 대리인은 본인을 위하여 청구에 관한 모든 행위를 할 수 있다. 다만, 청구의 취하는 특별한 위임을 받은 경우에만 할 수 있다.

⑤ 대리인을 해임하였을 때에는 그 뜻을 서면으로 해당 재결청에 신고하여야 한다.

해 설

대리인은 스스로 의사를 결정하여 표시하며, 그 행위효과는 본인에게 귀속한다. 법인의 행위 그 자체가 되는 법인의 대표와는 이러한 점에서 구별된다. 대리에는 법정대리와 임의대리가 있으며 법정대리는 법에서 대리인을 정해 놓은 경우를 말하며 임의대리는 대리인 지정의 권한이 있는 자가 정하는 대리를 말한다. 제1항, 제3항에서 보면 이 법에 의해서는 변호사나 관세사를 대리인으로 선임할 수 있으며, 그 권한은 서면으로 증명한다.

제2항은 이의신청, 심사청구 또는 심판청구의 대상이 일정 금액[45] 미만인 경우에는 신청인이나 청구인의 배우자, 4촌 이내의 혈족 또는 그 배우자의 4촌 이내의 혈족을 대리인으로 선임할 수 있도록 하여 대리인 선임에 따른 납세자의 비용부담을 경감하였다.

45) '소액사건이라 하며, 관세법 시행령에 3천만원으로 정하고 있다.

제4항, 제5항에서 대리인은 피대리인을 위하여 청구에 관한 모든 행위를 할 수 있으나 청구를 취하하는 것은 특별한 위임을 받아야 한다. 특별한 위임이란 대리인 지정시 청구의 취하에 대한 구체적인 위임사항을 표시하거나, 청구 취하할 때 개별적으로 확인하는 것을 말한다. 이는 포괄적인 대리인 관계만으로는 청구를 취하할 수 없다는 의미다.

제127조【결정절차】① 제122조에 따른 심사청구가 있으면 관세청장은 관세심사위원회의 의결에 따라 이를 결정하여야 한다. 다만, 심사청구기간이 지난 후 심사청구가 제기된 경우 등 대통령령으로 정하는 사유에 해당하는 경우에는 그러하지 아니하다.
② 관세청장은 제1항에 따른 관세심사위원회의 의결이 법령에 명백히 위반된다고 판단하는 경우 구체적인 사유를 적어 서면으로 관세심사위원회에 한 차례에 한정하여 다시 심의할 것을 요청할 수 있다
③ 관세심사위원회의 회의는 공개하지 아니한다. 다만, 관세심사위원회의 위원장이 필요하다고 인정할 때에는 공개할 수 있다.

해 설

심사청구한 사항에 대해서는 관세심사위원회의 의결에 따라 관세청장이 결정해야 한다. 그러나 심의사항이 위원회 심의가 없어도 명백한 경우에는 위원회를 개최하지 아니하고 관세청장이 바로 결정할 수 있다. 대통령령에서 정하는 사항이란 심사청구의 기간을 경과하거나, 대상처분이 존재하지 아니한 경우, 이익의 침해가 없는 경우, 불복청구의 대상이 되지 아니하는 경우, 보정하지 아니한 경우, 이미 결정한 적이 있는 경우, 신속한 결정이 필요한 경우가 있다.

제2항은 2020.12.22.(법률 제17649호) 개정시 신설한 조항으로 관세청장에게 재심의 요청권한을 부여하여 관세심사위원회의 의결기관화에 따른 권한의 균형을 확보하는 장치라 볼 수 있다.

제3항은 심사위원회의 비공개에 관한 규정이다. 심사위원회 심의는 행정에 대한 심판업무의 일종으로서 사법기관의 심판에 대한 전심 단계다. 우리나라는 재판공개의 원칙을 따르고 있으나, 동 위원회에서는 업무처리의 효율성을 우선 고려하여 회의의 비공개원칙을 채택하고 있다. 그러나 위원장이 인정하는 경우에는 공개할 수 있으며, 위원장은 관세청 차장이다.

제128조【결정】① 심사청구에 대한 결정은 다음 각 호의 구분에 따른다.
1. 심사청구가 다음 각 목의 어느 하나에 해당하는 경우 : 그 청구를 각하하는 결정
  가. 심판청구를 제기한 후 심사청구를 제기(같은 날 제기한 경우도 포함한다)한 경우

나. 제121조에 따른 심사청구 기간이 지난 후에 심사청구를 제기한 경우
다. 제123조에 따른 보정기간 내에 필요한 보정을 하지 아니한 경우
라. 적법하지 아니한 심사청구를 제기한 경우
마. 가목부터 라목까지의 규정에 따른 경우와 유사한 경우로서 대통령령으로 정하는 경우
2. 심사청구가 이유 없다고 인정되는 경우 : 그 청구를 기각하는 결정
3. 심사청구가 이유 있다고 인정되는 경우 : 그 청구의 대상이 된 처분의 취소 · 경정 또는 필요한 처분의 결정. 이 경우 취소 · 경정 또는 필요한 처분을 하기 위하여 사실관계 확인 등 추가적으로 조사가 필요한 경우에는 처분청으로 하여금 이를 재조사하여 그 결과에 따라 취소 · 경정하거나 필요한 처분을 하도록 하는 재조사 결정을 할 수 있다.

② 제1항에 따른 결정은 심사청구를 받은 날부터 90일 이내에 하여야 한다. 다만, 부득이한 사유가 있을 때에는 그러하지 아니하다.

③ 제1항에 따른 결정을 하였을 때에는 제2항의 결정기간 내에 그 이유를 적은 결정서를 심사청구인에게 통지하여야 한다.

④ 제123조에 따른 보정기간은 제2항에 따른 결정기간에 산입하지 아니한다.

⑤ 제1항 제3호 후단에 따른 재조사 결정이 있는 경우 처분청은 재조사 결정일부터 60일 이내에 결정서 주문에 기재된 범위에 한정하여 조사하고, 그 결과에 따라 취소 · 경정하거나 필요한 처분을 하여야 한다. 이 경우 처분청은 대통령령으로 정하는 바에 따라 조사를 연기 또는 중지하거나 조사기간을 연장할 수 있다.

⑥ 제1항 제3호 후단 및 제5항에서 규정한 사항 외에 재조사 결정에 필요한 사항은 대통령령으로 정한다.

해 설

심사청구에 대한 결정의 종류에는 각하, 기각, 처분 취소 · 경정, 필요한 처분이 있다. 형식적 요건을 갖추지 못한 경우는 본안을 심사하지 아니하고 각하한다. 일반적으로 각하는 행정심판 제기요건이 결여되어 부적법한 경우에 본 안 심리를 거절하는 재결을 말한다. 통칙에 각하의 구체적 결정 사유로서 처분의 부존재, 당사자 부적격, 불복청구대상이 아닌 처분, 권한 없는 자에 의한 불복청구가 있다. 이에 대하여 기각이란 본안을 심리한 결과 행정심판청구가 이유 없다고 인정하여 원래 처분을 인정하는 재결을 말한다. 처분의 취소는 행정행위의 효력을 행정 행위 시로 소급하여 소멸시키는 것을 말하며, 경정은 행정행위 내용 중 일부를 바꾸는 것을 말한다. '필요한 처분의 결정'은 새로운 행정행위를 해 줄 것을 요구하는 것이며, 적극적 결정이라 할 수 있다.

'필요한 처분의 결정'으로 '재조사' 결정이 있다. 재조사 결정의 성격은 재조사결정의 형식과 취지 그리고 행정심판제도의 자율적 행정 통제기능 및 전문적이고 기술적인 성격을 갖는

조세법률 관계의 특수성 등을 감안하면 재조사 결정은 해당 결정에서 지적된 사항에 관해서는 처분청의 재조사 결과를 기다려 그에 따른 후속 처분의 내용을 이의신청 등에 대한 결정의 일부분으로 삼겠다는 의사가 내포된 변형 결정에 해당한다고 대법원은 보고 있다.[46] 종전에는 재조사 결정일로부터 90일 이내에 불복제기가 가능하였으나 대법원 판결로 재조사에 따른 처분을 받은 날로부터 90일 이내에 하여 불복제기기간을 연장하였다. 이의신청 과정에서 재조사 결정이 있는 것은 동일 과세관청이라는 점에서 이해가 되나 다른 권리구제 단계에서 재조사 결정을 하는 경우는 제3호의 '필요한 처분의 결정'의 의미를 너무 확대 해석하는 것이 아닌가 하는 의견이 있다. 재조사 결정의 내용이 구체적인 의미를 가지는 처분의 범위에 포함되는지 여부가 문제라 하겠다.[47]

이러한 관례적으로 이루어진 재조사를 2017.12.19. 법 개정시 입법화 하였다. 사실관계 확인 등 추가적으로 조사가 필요한 경우에는 처분청으로 하여금 재조사하여 취소·경정 또는 처분을 하도록 하는 재조사 결정을 신설하였다.

제2항에서 심사청구 결정기간은 90일 이내며, 결정을 한 때에는 결정기간 이내에 이유를 기재한 결정서에 의하여 심사청구인에게 통지하여야 한다. 결정기간 내에 결정하지 못하면 이러한 사실을 심사청구인에게 통지하여야 한다. 이때 필요한 서류를 보정하는 경우 보정기간은 제4항에서 같이 결정기간에 산입하지 아니한다. 이는 법 제123조에서 보정기간을 심사청구기간에 산입하지 아니하는 경우와 동일하다. 동 결정기간은 이전에 60일이었으나, 심사청구 대신 선택적으로 청구할 수 있는 심판청구의 처리기간이 90일이고, 신중한 심사가 가능하도록 하고 그 형평성을 고려하여 심사청구 기간도 90일로 늘여서 2006.12.30. 개정 관세법에 반영하였다.

제3항에서 보면, 결정 또는 불복방법의 통지를 하는 때에는 인편 또는 등기우편에 의하여야 하며, 인편에 의하는 경우에는 수령증을 받아야 한다. 심사청구인의 주소 또는 거소가 불명하거나 기타의 사유로 인하여 결정 등을 통지할 수 없는 때에는 그 요지를 해당 재결관서의 게시판 기타 적절한 장소에 공고하여야 한다. 공고를 한 때에는 그 공고가 있은 날부터 10일을 경과한 날에 결정 등의 통지를 받은 것으로 본다. 법 제11조의 납부고지서 공시송달 기간은 14일이다.

제4항에 심사청구서의 내용·절차 등의 하자를 보완하는 데 소요되는 기간인 보정기간은 결정기간에 산입하지 아니한다. 일반 민원서류의 처리 기일에도 보정기간은 산입하지 아니하는 것이 통례다.

2017.12.19. 법 개정시 재조사 결정과 관련된 절차규정인 제5항·제6항을 신설하였다. 기

46) 대법원 2010.6.25. 선고 2007두12514 전원합의체 판결. 조세심판원은 재조사결정에 따른 처분에 다시 불복하여 심판청구를 한 경우 이를 받아주고 있는바, 이 점에 논란이 있다.

47) 이종익, "조세심판원의 관세 분야 재조사 결정에 관한 고찰", 『관세와 무역』, 관세무역개발원, 2010.6.

한은 60일이고 재조사결과를 처분시 통지하게 하며 재조사기간 연기 · 연장 · 중지 등은 관세조사 관련 규정을 준용하고 있다.

2018.2.13. 관세법 시행령 개정시 재조사 결과에 따른 처분의 통지 절차와 재조사의 연기 · 중지 또는 연장 절차를 신설하였으며, 관세법 시행령 제139조의 2(관세조사기간)에 관한 규정을 준용한다.

【조세심판원 2012.12.18, 2012관0156】 재조사 결정(조심 2011관145)에 대하여 처분청이 원 처분을 유지한 이 사건 처분의 기속력에 대하여 살피건대, 청구인은 "국세기본법 제80조(결정의 효력)에 의하면, '심판청구의 결정은 관계 행정청을 기속하고, 해당 행정청은 결정의 취지에 따라 즉시 필요한 처분을 하여야 한다'라고 규정되어 있으므로 조세심판원의 재조사 결정에 대하여 어떠한 조치도 취하지 않은 처분청의 행위는 이에 위배되는 행위라고 주장하나, 처분청은 조세심판원 재조사 결정에 따라 재조사를 실시하였으며, 그 결과 원처분을 유지한 것을 심판결정의 기속력에 위배되는 처분이라고 보기는 어렵다고 판단된다.

【서울고등법원 2012.9.26, 2011누21616】 국세기본법 제79조 제2항은 조세심판관회의 또는 조세심판관합동회의는 심판청구를 한 처분보다 청구인에게 불리한 결정을 하지 못한다고 하여 불이익변경금지 원칙을 규정하고 있다. 한편 재조사결정은 재결청의 결정에서 지적된 사항에 관해서는 처분의 재조사결과를 기다려 그에 따른 후속 처분의 내용을 심판청구 등에 대한 결정의 일부분으로 삼겠다는 의사가 내포된 변형결정에 해당하고, 재조사결정은 처분청의 후속 처분에 따라 그 내용이 보완됨으로써 결정으로서 효력이 발생한다고 보아야 한다. 이처럼 재조사결정은 처분청의 후속 처분에 따라 그 내용이 보완됨으로써 효력이 발생하므로, 국세기본법 제79조 제2항에서 말하는 청구인에게 불리한 결정인지 여부는 심판청구를 한 처분과 재조사결정의 후속 처분에 따른 처분을 비교하여 판단하는 것이 타당하다. [2] 과세관청이 갑에게 사업장 관련 매출누락액에 대해 종합소득세 등 부과처분을 하자 갑이 불복하여 조세심판원에 심판청구를 하였는데, 이후 조세심판원의 재조사결정에 따라 과세관청이 종합소득세를 일부 증액경정하는 처분을 한 사안에서, 과세관청이 조세심판원의 재조사결정 후 당초 처분보다 증액하는 처분을 하였고, 일부 세액이 감액되어 전체적으로는 감액되었더라도 종합소득세는 연도별로 과세단위를 달리하여 불이익변경에 해당하는지도 과세단위별로 보아야 한다는 이유로, 위 증액 부분은 국세기본법 제79조 제2항에서 정한 불이익변경금지 원칙에 위배되어 무효이다.

【인천지법 2012.10.11, 2012구합359】 국세기본법 제79조 제2항의 불이익변경금지원칙은 조세심판원 심판결정의 주문 내용이 심판청구 대상이 과세처분보다 원고에게 불이익한 경우에 적용될 뿐이고 과세관청이 심판 결정의 이유에서 밝혀진 내용에 근거하여 탈루 또는 오류가 있는 과세표준이나 세액을 경정결정하는 경우에는 적용되지 않는다(대법원 2007.11.16. 선고 2005두10675 판결).
* 재조사시 증액 경정의 불이익변경 금지 원칙 위반 여부에 관한 사례이다.

【대법원 2010.6.25, 2007두12514 전원합의체】 [다수의견] 이의신청 등에 대한 결정의 한 유형으로 실무상 행해지고 있는 재조사결정은 처분청으로 하여금 하나의 과세단위의 전부 또는 일부에 관하

여 해당 결정에서 지적된 사항을 재조사하여 그 결과에 따라 과세표준과 세액을 경정하거나 당초 처분을 유지하는 등의 후속 처분을 하도록 하는 형식을 취하고 있다. 이에 따라 재조사결정을 통지받은 이의신청인 등은 그에 따른 후속 처분의 통지를 받은 후에야 비로소 다음 단계의 쟁송절차에서 불복할 대상과 범위를 구체적으로 특정할 수 있게 된다. 이와 같은 재조사결정의 형식과 취지, 그리고 행정심판제도의 자율적 행정통제기능 및 복잡하고 전문적·기술적 성격을 갖는 조세법률관계의 특수성 등을 감안하면, 재조사결정은 해당 결정에서 지적된 사항에 관해서는 처분청의 재조사 결과를 기다려 그에 따른 후속 처분의 내용을 이의신청 등에 대한 결정의 일부분으로 삼겠다는 의사가 내포된 변형결정에 해당한다고 볼 수밖에 없다. 그렇다면 재조사결정은 처분청의 후속 처분에 의하여 그 내용이 보완됨으로써 이의신청 등에 대한 결정으로서의 효력이 발생한다고 할 것이므로, 재조사결정에 따른 심사청구기간이나 심판청구기간 또는 행정소송의 제소기간은 이의신청인 등이 후속 처분의 통지를 받은 날부터 기산된다고 봄이 타당하다. ※ [별개의견] 재조사결정은 단지 효율적인 사건의 심리를 위하여 처분청에 재조사를 지시하는 사실상의 내부적 명령에 불과하다고 보아야 할 것이므로 그로써 이의신청 등에 대한 결정이 있었다고 할 수 없고, 후속 처분에 의하여 그 효력이 발생한다고 의제할 수도 없다. 따라서 이의신청인 등에게 재조사결정이나 후속 처분이 통지되었다고 하더라도 그 후 다시 재결청이 국세기본법에 규정된 유형의 결정을 하여 이의신청인 등에게 이를 통지할 때까지는 심사청구기간 등이 진행하지 않는다고 보아야 한다.

제128조의 2【불고불리·불이익변경 금지】 ① 관세청장은 제128조에 따른 결정을 할 때 심사청구를 한 처분 외의 처분에 대해서는 그 처분의 전부 또는 일부를 취소 또는 변경하거나 새로운 처분의 결정을 하지 못한다.
② 관세청장은 제128조에 따른 결정을 할 때 심사청구를 한 처분보다 청구인에게 불리한 결정을 하지 못한다.

해 설

2019.12.31. 법 개정시 신설한 규정이다. 그 동안 명문규정은 없었으나 이의신청과 심사청구 과정에서 불고불리·불이익변경금지 원칙은 적용되어 왔었으며 납세자 권익보호를 위하여 이를 명확하게 한 것이다. 국세기본법 제65조의 3 및 제66조 제6항에서도 동일 내용을 규정하고 있다.

제1항은 불고불리(不告不理)의 원칙이다. 소송법상 법원은 소송의 제기가 없으면 재판할 수 없고, 또한 당사자의 청구의 범위를 넘어서 심리·판단할 수 없다는 원칙이다.[48] 제2항은 불

48) 행정소송법 제26조(직권심리)에서 "법원은 필요하다고 인정할 때에는 직권으로 증거조사를 할 수 있고, 당사자가 주장하지 아니한 사실에 대하여도 판단할 수 있다."고 규정하고 있는 것과 관련하여 판례는 원고의 청구범위를 유지하면서 그 범위 안에서 필요에 따라 주장 외의 사실에 대하여도 판단할 수 있음을 규정한 것으로 보고 있다(대법원 1923.10, 91누6030 참조).

이익변경금지(不利益變更禁止) 원칙이다. 소송법상 상소인에게 유리하게 원심판결을 변경할 뿐이고, 불이익하게 원심판결을 바꿀 수 없다는 원칙이다. 상소한 사건이 원심보다 불리하게 변경될 위험 때문에 상소를 단념하는 것을 방지하기 위한 것이다.

제129조 【불복방법의 통지】 ① 이의신청 · 심사청구 또는 심판청구의 재결청은 결정서에 다음 각 호의 구분에 따른 사항을 함께 적어야 한다.

1. 이의신청인 경우 : 결정서를 받은 날부터 90일 이내에 심사청구 또는 심판청구를 제기할 수 있다는 뜻
2. 심사청구 또는 심판청구인 경우 : 결정서를 받은 날부터 90일 이내에 행정소송을 제기할 수 있다는 뜻

② 이의신청 · 심사청구 또는 심판청구의 재결청은 해당 신청 또는 청구에 대한 결정기간이 지날 때까지 결정을 하지 못한 경우에는 지체 없이 신청인이나 청구인에게 다음 각 호의 사항을 서면으로 통지하여야 한다.

1. 이의신청인 경우 : 결정을 통지받기 전이라도 그 결정기간이 지난 날부터 심사청구 또는 심판청구를 제기할 수 있다는 뜻
2. 심사청구 또는 심판청구인 경우 : 결정을 통지받기 전이라도 그 결정기간이 지난 날부터 행정소송을 제기할 수 있다는 뜻

해 설

결정서 통지, 결정 못하는 경우 통지에 관한 규정이다. 재결청이 결정사항을 통보할 때에 사용하는 결정서에는 청구인의 권리구제를 위하여 그 결정사항에 대한 불복방법을 기재하여야 한다. 이 조항은 의무조항으로 명기하고 있는 만큼 반드시 기재하여야 한다.

불복방법의 통지를 잘못한 경우로서 불복 청구할 기관을 잘못 청구하거나 누락한 경우에는 그 통지된 기관 또는 해당 처분기관에 불복청구를 한 것을 정당한 기관에 해당 청구를 한 것으로 보고, 청구 받은 기관은 정당한 기관에 지체없이 이를 이송하고 그 뜻을 해당 청구인에게 통지하여야 한다. 통지는 특정인이나 불특정 다수인에 대하여 특정한 사실을 알리는 행정행위를 말한다. 통지 방법에는 구술, 통지서 결정문의 교부 또는 송달로 하거나, 불특정 다수인에게 통지하는 방법으로 관보, 신문 공고를 하는 방법이 있다.

제2항에서 보면, 세관장 · 관세청장이 결정을 하지 못한 경우에도 결정기간이 경과한 날부터 심사청구, 심판청구, 행정소송 등 불복청구 방법에 관한 내용을 통지해서 신청인 · 청구인이 필요시 자신의 권리구제에 어려움이 없도록 해야 한다. 여기서 신청인은 이의신청인을 말하며 청구인은 심사청구인 · 심판청구인을 말한다.

> 제129조의 2【정보통신망을 이용한 불복청구】 ① 이의신청인, 심사청구인 또는 심판청구인은 관세청장 또는 조세심판원장이 운영하는 정보통신망을 이용하여 이의신청서, 심사청구서 또는 심판청구서를 제출할 수 있다.
> ② 제1항에 따라 이의신청서, 심사청구서 또는 심판청구서를 제출하는 경우에는 관세청장 또는 조세심판원장에게 이의신청서, 심사청구서 또는 심판청구서가 전송된 때에 이 법에 따라 제출된 것으로 본다.

해 설

2019.12.31. 법 개정시 국가관세종합정보시스템 등을 통한 불복신청서 제출근거를 신설하였다. 현재도 관세청 유니패스, 조세심판원 홈페이지 등을 통해 온라인 신청이 가능한 점을 고려하여 법적인 근거를 명확히 한 것이다. 국세기본법 제60조의 2(정보통신망을 이용한 불복청구)에도 동일 내용을 규정하고 있다.

제2항은 전자자료의 발송시점을 제출의 기준시점으로 본 것이다.

> 제130조【서류의 열람 및 의견 진술】 이의신청인 · 심사청구인 · 심판청구인 또는 처분청(처분청의 경우 심판청구에 한정한다)은 그 청구와 관계되는 서류를 열람할 수 있으며 대통령령으로 정하는 바에 따라 해당 재결청에 의견을 진술할 수 있다.

해 설

'진술'은 당사자나 관계인이 사실이나 의견을 말하는 것이다. 진술할 때에는 대통령령이 정하는 절차에 따라야 한다. 의견을 진술할 때에는 의견진술신청서를 심사청구일부터 7일 이내에 재결청에 제출하고, 재결청은 회의 개최 3일 전까지 심사청구인에게 통지해야 한다. 관세청은 심사청구의 공정성과 투명성을 확보하기 위해 관세심사위원회에 회부되는 심리자료를 사전에 청구인과 처분청에 열람할 수 있는 제도를 실시하고 있다.

의견진술은 서류로도 할 수 있다. 심사청구의 대상이 된 사항이 경미한 때, 심사청구의 대상이 된 사항이 오로지 법령해석에 관한 것인 때에는 재결청은 이유를 명시한 문서로 그 뜻을 심사청구인에게 통지하여 의견진술 절차를 거치지 아니할 수 있다. 2015.12.15. 관세법 개정시 서류열람권과 의견진술권을 처분청에도 동등하게 부여하였다.

> 제131조【심판청구】 제119조 제1항에 따른 심판청구에 관하여는 다음 각 호의 규정을 준용한다.
> 1. 국세기본법 제65조의 2 및 제7장 제3절(제80조의 2는 제외한다). 이 경우 국세기본법 중 "세

무서장"은 "세관장"으로, "국세청장"은 "관세청장"으로 보며, 같은 법 제79조 제1항 · 제2항 및 제80조 제1항 중 "제80조의 2에서 준용하는 제65조에 따른 결정"은 각각 "제128조에 따른 결정"으로 본다.

2. 제121조 제3항 · 제4항, 제123조 및 제128조(제1항 제1호 가목 중 심사청구와 심판청구를 같은 날 제기한 경우는 제외한다). 이 경우 제123조 제1항 본문 중 "20일 이내의 기간"은 "상당한 기간"으로 본다.

해 설

심판청구 결정기관은 국세기본법에 설치근거를 둔 조세심판원으로서, 국무총리 소속으로 되어 있다. 관세에 관한 심판청구는 국세기본법에 의한 심판청구를 준용하므로, 관련 규정의 내용 중에서 세무서장, 국세청장은 세관장, 관세청장으로 보아서 법을 적용한다. 국세기본법 제7장 제3절에는 조세심판원, 청구기간, 국세청장의 의견서 항변, 담당조세심판관의 지정 등 심판청구에 관한 내용을 규정하고 있다.

2023.12.31. 법 개정시 본 조를 제1호와 제2호로 구분하여 세부적으로 관세 관련 심판청구 규정을 정비하였다. 국세기본법 제65조의 2는 결정의 경정에 관한 규정이고, 법 제121조 제3항은 심사청구서의 우편 제출에 관한 규정, 제4항은 심사청구 기간의 예외 조항 등이다.

제132조【이의신청】 ① 이의신청은 대통령령으로 정하는 바에 따라 불복의 사유를 갖추어 해당 처분을 하였거나 하였어야 할 세관장에게 하여야 한다. 이 경우 제258조에 따른 결정사항 또는 제259조 제1항에 따른 세액에 관한 이의신청은 해당 결정사항 또는 세액에 관한 통지를 직접 우송한 우체국의 장에게 이의신청서를 제출함으로써 할 수 있고, 우체국의 장이 이의신청서를 접수한 때에 세관장이 접수한 것으로 본다.

② 제1항에 따라 이의신청을 받은 세관장은 관세심사위원회의 심의를 거쳐 결정하여야 한다.

③ (삭제)

④ 이의신청에 관하여는 제121조, 제122조 제2항, 제123조, 제127조 제1항 단서 · 같은 조 제3항, 제128조 및 제128조의 2를 준용한다. 다만, 제128조 제2항 중 "90일"은 "30일"(제6항에 따라 증거서류 또는 증거물을 제출한 경우에는 "60일")로 본다.

⑤ 제1항에 따라 이의신청을 받은 세관장은 이의신청을 받은 날부터 7일 이내에 이의신청의 대상이 된 처분에 대한 의견서를 이의신청인에게 송부하여야 한다. 이 경우 의견서에는 처분의 근거 · 이유 및 처분의 이유가 된 사실 등이 구체적으로 기재되어야 한다.

⑥ 이의신청인은 제5항 전단에 따라 송부받은 의견서에 대하여 반대되는 증거서류 또는 증거물을 세관장에게 제출할 수 있다.

해 설

이의신청은 행정쟁송 절차에 있어서 세관장이 처분청이 되고 재결청이 되는 경우를 말한다. 처분청이 재결청이므로 권리구제의 실효성은 미흡할 것이나, 청구인의 선택에 따라 세관장에게 이의신청할 수 있다. 이의신청으로 인한 권리구제 과정은 처분청이 스스로 자신의 처분내용을 확인하는 과정이라 볼 수 있으므로 이를 생략하고 바로 심사청구나 심판청구 절차로 이행하는 경향이 많아서 본 제도의 이용도는 낮은 편이다.

세관장의 위법 부당한 처분에 대한 이의신청은 해당 처분을 한 세관장에게 하여야 하나, 세관장의 국제우편물에 대한 처분은 우체국을 통하여 납세자에게 통지하도록 하고 있으므로, 이에 대한 불복시 이의신청서도 해당 우체국의 장에게 제출하고 세관장에게 이송되도록 하여 납세자의 편의를 제고하기 위하여 2004.10.5. 같은 법 제1항의 후단을 신설하였다.

제2항과 제3항에서 보면, 2003.12.28. 개정 관세법에서는 이의신청 사항을 심의하기 위하여 이의신청심의위원회를 신설하고 있다. 세관장이 위원장이 되고 세관장이 위촉하는 자가 위원이 된다. 그 동안 이의신청에 대한 심사가 실질적이지 못한 면을 감안하여 새로 도입한 제도다. 종전에는 행정처분에 대한 이의신청을 제기하는 경우 해당 처분을 행한 세관장이 이를 심의·결정하는 등 심사의 중립성에 문제가 발생하였다. 이에, 이의신청이 행정심판의 일종이라는 점을 감안하여 독립된 위원회에서를 이를 공정하게 심의·결정하도록 하여 이의신청이 행정심판으로써 권리구제 역할을 제대로 수행할 수 있도록 이의신청심의위원회 제도를 신설하였다. 이의신청심의위원회는 공무원 3인, 외부 위원 4인으로 구성하였으나 2006.1.25. 「관세불복 청구 및 처리에 관한 고시」를 개정할 시에 공무원 2인, 외부위원 3인이 위원회에 참석하도록 규정함으로써 이의신청심의위원회의 객관성 및 활성화를 모색한 바 있다. 이후 2011.12.31. 개정시 부과처분 등에 대한 불복 심사기관으로서 유사한 기능을 수행하는 관세심사위원회, 이의신청심의위원회, 과세전적부심사위원회를 '관세심사위원회'로 통폐합하였다.

제4항에서 이의신청에 관하여는 심사청구에 관한 사항을 준용하며, 이의신청에 대한 결정기간은 30일이다. 심판청구는 심사결정서를 받은 날로부터 90일 이내 청구하여야 하며, 심판원은 심판청구를 받은 날로부터 90일 이내 결정하여야 하고, 90일 이내 결정통지가 없으면 심판청구인은 심판청구가 기각된 것으로 보고 다른 절차를 진행할 수 있다. 감사원법에 의한 심사청구는 동법 제46조에 의해 3개월 이내에 결정하여야 한다. 2017.12.19. 법 개정시 납세자 권리구제 절차를 합리화하기 위하여 이의신청 결정기간내 증거서류 또는 증거물을 제출한 경우 등 항변서 제출시 이에 대한 검토 등을 위하여 예외적으로 이의신청 결정기간을 연장할 필요가 있어 결정기한을 60일로 연장하였다.[49] 2019.12.31. 법 개정시 제128조의 2 불고불

---

49) 국세기본법(시행일 2017.1.1. 법률 제14382호)도 기존 30일로 규정하였던 이의신청 결정기간을 청구인이 세무서장 등의 의견서에 대하여 30일의 결정기간 내에 항변하는 경우 60일로 연장하도록 개정한 바 있다.

리 · 불이익변경 금지에 관한 원칙조항에 대한 준용규정을 추가하였다.

2017.12.19. 법 개정시 납세자 권익보호를 위하여 제5항과 제6항을 신설하여 이의신청을 받은 세관장은 이의신청을 받은 날부터 7일 이내에 의견서를 이의신청인에 송부하여야 하고 이의신청인은 반대 증거서류나 증거물 등 제출이 가능하도록 하였다.

【불복신청 절차】

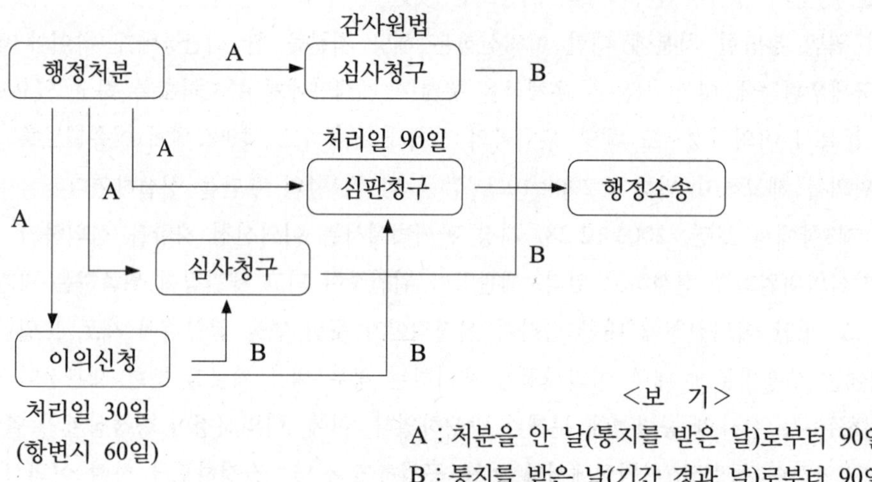

관세청 고시인「관세불복 청구 및 처리에 관한 고시」에 정하여진 불이익변경금지는 불복청구에 대하여 결정기관이 결정할 때에 청구인이 불복하는 내용 또는 처분보다 불이익한 결정을 할 수 없다는 것을 말하며, 청구제한 금지는 세관공무원은 납세의무자의 불복청구를 제한하는 직접 또는 간접적인 행위를 할 수 없으며, 납세의무자에게 불복청구의 절차를 친절히 알려주고 필요한 자료를 제공하여야 한다는 것을 말한다. 또한 이 고시에서는 과세전적부심사청구에 대한 결정은 불복청구 대상이 되는 처분에 해당되지 아니하나, 그 결정에 근거한 세관장의 처분을 대상으로 이의신청 · 심사청구 · 심판청구 또는 감사원심사청구를 할 수 있다고 규정하고 있다.

법 제121조는 처분이 있은 것을 안 날 혹은 처분의 통지를 받은 날로부터 90일 이내 청구를 제기하여야 한다는 규정, 법 제122조는 심사청구의 기간계산에 있어서는 관할세관장이 아닌 세관장에게 제출된 때에도 관할 세관장에게 제출된 것으로 본다는 규정, 법 제123조는 청구서 보정에 관한 규정, 법 제127조는 결정 절차에 관한 규정, 법 제128조는 결정에 관한 규정이다.

제 6 장

운송수단

관세행정의 감시분야는 항만감시, 공항감시, 화물감시로 나누어 볼 수 있으며 대상은 인적대상과 물적대상으로 구분할 수 있다. 인적대상으로는 내 · 외국인의 해외출입자, 항공기와 선박의 승무원, 보세구역 출입자 등이 있으며 물적대상으로는 운송수단과 수출입물품로 볼 수 있다. 수출입물품은 선하증권 등에 의한 일반 정상수출입물품, 체신관서를 통하여 반출입되는 국제우편물, 특송업체에 의한 특송화물, 개인의 거주이전에 따른 이사화물, 여행자가 직접 반입하는 휴대품 등이 있다.

수출입물품의 통관이란 물품을 수출입하는 절차를 말한다. 이 절차는 물품 이동과 함께 진행되고,[1] 이 물품은 운송수단으로 이동한다. 따라서 이 법에서는 운송수단의 중요성을 감안하여 별도로 '장'을 정하여 '운송수단'에 관해 규정하고 있다.

기본적으로 세관의 주요한 감시 · 단속대상은 물품이며 운반수단은 아니다. 그러나 이들 물품은 선박, 항공기 또는 차량 등 운반수단에 의해 외국 간을 이동하고 소정의 경제활동이 이루어지기 때문에 이들 운반수단은 그 적재물품과 함께 관세행정상 중요한 지위를 차지하며 여기에 관세행정을 통해 관리 · 통제하는 이유가 있다.

관세법상 운송수단에는 선박 · 항공기 · 차량[2]이 있으나, 대부분 수출입물량은 선박 · 항공기로 운송한다. 선박 · 항공기가 왕래하는 장소에는 항구와 공항이 있으며, 이 중에서도 국제항은 관세법상 중요한 장소다. 본장에서는 이 국제항을 이용하는 운송수단이 입출항시 거쳐야할 절차와 물품을 하역하는 절차 그리고 기타 제반 사항에 관하여 규정하고 있다. 운송수단에 관한 내용을 요약하면 다음과 같다.

제1절은 운송수단이 왕래하는 국제항에 관한 규정으로서 국제항의 지정, 국제항 출입방법에 관하여 규정하고 있다.

제2절은 선박과 항공기에 관한 규정으로서 입출항 절차, 간이입출항 절차, 재해로 인한 면책, 물품의 하역, 국제무역선의 국내운항선으로 자격전환 등에 관하여 규정하고 있다.

제3절은 차량에 관한 규정으로서 관세통로, 국경출입차량의 도착 · 출발절차, 국경출입차량의 국내운행차량으로 전환, 도로차량의 국경출입 등에 관하여 규정하고 있다.

---

1) 물품의 이동과 무관하게 통관절차를 진행시키려는 것이 통관제도 발전의 주요 방향이라 할 수 있다.
2) 철도차량과 도로차량으로 구분한다. 차량은 국경출입차량을 지칭한다.

국제항

제133조【국제항의 지정 등】 ① 국제항은 대통령령으로 지정한다.
② 제1항에 따른 국제항의 시설기준 등에 관하여 필요한 사항은 대통령령으로 정한다.
③ 국제항의 운영자는 국제항이 제2항에 따른 시설기준 등에 미치지 못하게 된 경우 그 시설 등을 신속하게 개선하여야 하며, 기획재정부장관은 대통령령으로 정하는 바에 따라 그 시설 등의 개선을 명할 수 있다.

해 설

국제항은 외국과 무역을 위하여 외국에 개방한 항구, 공항을 말한다. 「선박의 입항 및 출항 등에 관한 법률」[3]이 2015.8.4. 제정 시행됨에 따라 종전에 사용하던 '개항'이라는 용어를 '무역항'으로 변경하였으며, 무역항은 항만법 제2조에서 '국민경제와 공공의 이해(利害)에 밀접한 관계가 있고 주로 외항선이 입항·출항하는 항만으로 동 법 제3조에 따라 지정된 항만을 말한다'로 규정하고 있다.

그러나 항공법에서는 공항, 국제항에 관한 별도의 규정은 없다. 관세법 시행령에 국제항은 2021.2. 현재 항구 24개, 공항 8개가 지정되어 있다.[4]

우리나라는 현대적 의미로서 강화도조약에 따라 1876년에 부산·원산·인천항을 최초로 개항으로 지정하였다. 종전에는 개항지정령에 따라 개항을 지정하였으나, 2000년 개정시행령에서는 관세법 시행령 별표로 지정하였다. 2020.12.22.(법률 제17649호) 개정시 '개항'을 '국제항'으로 용어를 개정하였다.

제2항에서 보면, 국제항의 요건에 관하여는 별도로 정한 바가 없었으나 2003.12.30. 개정 관세법에서 개항의 시설기준에 관하여 규정하고 있다. 시행령에는 국제항의 지정요건으로서 관련법에 따라 상시 출입이 가능하고 필요한 시설·장비를 보유하고 일정 회수 이상의 운송

---

3) 종전 개항질서법과 항만법에 분산되어 있던 선박의 입항 및 출항에 관한 규정을 통합하여 현재는 「선박의 입항 및 출항 등에 관한 법률」을 제정하여 시행하고 있다.

4) 항구로서는 인천항, 부산항, 마산항, 여수항, 목포항, 군산항, 제주항, 동해·묵호항, 울산항, 통영항, 삼천포항, 장승포항, 포항항, 장항항, 옥포항, 광양항, 평택·당진항, 대산항, 삼척항, 진해항, 완도항, 속초항, 고현항, 경인항, 보령항이며, 공항으로서는 인천공항, 김포공항, 김해공항, 제주공항, 청주공항, 대구공항, 무안공항, 양양공항이 있다.

수단의 왕래가 있을 것 등으로 규정하고 있다.

제3항은 국제항의 지정 후 해당 국제항이 지정요건에 부합하지 아니하는 경우에 대한 보완책인 국제항시설의 개선명령제도이다. 2018.12.31. 법 개정시 신설하였다.

제134조 【국제항 등에의 출입】 ① 국제무역선이나 국제무역기는 국제항에 한정하여 운항할 수 있다. 다만, 대통령령으로 정하는 바에 따라 국제항이 아닌 지역에 대한 출입의 허가를 받은 경우에는 그러하지 아니하다.
② 국제무역선의 선장이나 국제무역기의 기장은 제1항 단서에 따른 허가를 받으려면 기획재정부령으로 정하는 바에 따라 허가수수료를 납부하여야 한다.
③ 세관장은 제1항 단서에 따른 허가의 신청을 받은 날부터 10일 이내에 허가 여부를 신청인에게 통지하여야 한다.
④ 세관장이 제3항에서 정한 기간 내에 허가 여부 또는 민원 처리 관련 법령에 따른 처리기간의 연장을 신청인에게 통지하지 아니하면 그 기간(민원 처리 관련 법령에 따라 처리기간이 연장 또는 재연장된 경우에는 해당 처리기간을 말한다)이 끝난 날의 다음 날에 허가를 한 것으로 본다.

해 설

국제항은 외국과 무역을 위해 외국에 개방한 항구·공항이며, 내·외국적 선박 등이 상시 출입할 수 있는 곳이다. 국제항이 아닌 다른 항을 '국제항이 아닌 지역'이라 하며, 이를 출입할 때에는 세관장의 허가를 받아야 한다.[5]

'허가'는 상대적인 금지를 특정한 경우에 해제하여 일정한 사실행위나 법률행위를 할 수 있도록 자유를 회복시켜 주는 행정행위이다. 이에 대하여 '신고'는 권한이 있는 관청에 일정한 사실을 진술하는 것을 말한다. 보통 신고는 신고하는 것만으로 족하며, 그에 대한 행정청의 특별한 결정을 기다릴 필요는 없다. '국제항이 아닌 지역'을 출입하고자 할 때에는 허가신청서를 '국제항이 아닌 지역' 관할세관장에게 제출해야 하고, 관할세관장에 제출하지 아니한 경우는 제출받은 세관장이 관할세관장에게 통보해야 한다. '국제항이 아닌 지역'의 출입 허가를 받지 아니하고 출입한 경우에는 2천만원 이하 벌금 혹은 과실인 경우에는 300만원 이하의 벌금에 해당된다.

제2항은 '국제항이 아닌 지역'의 출입 허가수수료에 관한 규정이다. '국제항이 아닌 지역'은 세관이나 기타 관공서가 상주하지 아니하는 곳이므로, 수혜자 부담원칙에 따라 허가를 받으려는 자가 수수료를 납부한다.[6] '국제항이 아닌 지역' 출입허가를 받은 경우는 별도로 항외

5) 개항에 상대되는 용어로 '불개항'을 사용하여 왔으나 '개항이 아닌 지역'으로 명칭을 변경하였고, 유사한 예로 '타소장치장'을 '보세구역이 아닌 장소'로 변경한 경우가 있다.

6) 기획재정부령에 불개항 출입 허가 수수료의 금액은 불개항에 출입하는 매 1회에 대하여 외국무역선의 경우에

작업허가를 받을 필요가 없다. 그러나 '개항이 아닌 지역'에 해당하는지 항외작업에 해당하는지에 따라 그 수수료에 차이가 발생할 수 있어 논란이 있을 수 있다. 수수료 납입에 관한 논란이 자주 발생하여 2005.2.에는 수수료를 납부하였으나 사정변경으로 출입하지 아니하게 된 경우로서 출입하기 전날까지 출입허가를 취소한 때에는 수수료를 반환하는 제도를 도입 운영하고 있다.

2018.12.31. 법 개정시 새로이 제3항에 개항 등에 출입허가 신청에 대한 통지의무 조항을 신설하였다. 인허가 처리기한 및 인허가 여부나 처리지연 사유 통보절차 등을 법률차원에서 명확하게 규정한 것이다. 행정법적으로 인허가의 효력을 발생시키는 규정은 국민에게 직접적인 권리의무와 관련된 중요하고 본질적인 법규적 내용이므로 법률유보원칙에 따라 법률에 규정할 필요가 있었다.

제4항도 2018.12.31. 법 개정시 신설된 조항으로 '허가' 간주규정이다. 인허가 여부나 처리지연 사유 미통보후 처리기한 경과시 허가가 있는 것으로 본다는 내용으로 관세행정 예측가능성과 민원인 편의를 제고하기 위한 규정이다. 국무조정실「인허가제도 합리화 추진 계획」에 따른 '인허가 간주제'[7] 도입에 따라 개정한 것이다.

는 해당 선박의 순톤수 1톤마다 100원으로 하고, 외국무역기의 경우에는 해당 항공기의 자중톤수 1톤마다 1천2백원으로 한다. 다만, 수수료의 총액은 50만원을 초과하지 못하며, 출입허가 수수료의 최저금액은 1만원이다. 기획재정부령에 세관장은 법령의 규정에 의하여 강제로 입항하는 경우, 급병환자·항해 중 발견한 밀항자·항해 중 구조한 조난자·조난선박·조난화물 등의 하역 또는 인도만을 위하여 일시 입항하는 경우, 위험물품·오염물품 기타 이에 준하는 물품의 취급·유조선의 청소 또는 가스발생선박의 가스제거작업을 위하여 법령 또는 권한 있는 행정관청이 정하는 일정한 장소에 입항하는 경우에는 수수료를 징수하지 아니한다.

7) 인허가 등을 신청한 당사자에게 인허가 여부나 처리지연 사유를 통보하지 않고 처리기한이 경과되면 인허가가 있는 것으로 간주하는 제도이다. 실제 개정전 일선 관세행정에서는 각종 고시 등을 통해 '즉시' 내지 '3일내' 처리하고 있던 처리기한에 대한 관세법상 명문의 법적근거를 마련한 것이다. ① 개항(開港)이 아닌 지역 출입 허가(제134조), ② 외국무역선(기) 출항 허가(제136조), ③ 입항절차 종료전 물품 하역·환적 허가(제140조), ④ 항외 하역·환적 허가(제142), ⑤ 선(기)용품 등 하역·환적 허가(제143조), ⑥ 보세구역외 보수작업 승인(제158조), ⑦ 보세구역 장치물품 해체·절단작업 허가(제159조), ⑧ 보세구역 등에 장치된 견본품 반출 허가(제161조), ⑨ 보세공장내 내국물품 작업 허가(제185조), ⑩ 보세공장외 작업 허가(제187조), ⑪ 보세건설장외 보세작업 허가(제195조) 등이 신설된 간주적용 조문에 해당한다.

선박과 항공기

1. 제1관 입출항절차

제135조【입항절차】 ① 국제무역선이나 국제무역기가 국제항(제134조 제1항 단서에 따라 출입허가를 받은 지역을 포함한다. 이하 같다)에 입항하려는 때에는 선장이나 기장은 대통령령으로 정하는 사항이 적힌 선박용품 또는 항공기용품의 목록, 여객명부, 승무원명부, 승무원 휴대품목록과 적재화물목록을 첨부하여 관세청장이 정하는 바에 따라 세관장에게 입항보고를 하여야 하며, 국제무역선은 선박국적증서와 최종 출발항의 출항허가증이나 이를 갈음할 서류를 제시하여야 한다. 다만, 세관장은 감시·단속에 지장이 없다고 인정될 때에는 선박용품 또는 항공기용품의 목록이나 승무원 휴대품목록의 첨부를 생략하게 할 수 있다.
② 세관장은 신속한 입항 및 통관절차의 이행과 효율적인 감시·단속을 위하여 필요할 때에는 관세청장이 정하는 바에 따라 입항하는 해당 선박 또는 항공기가 소속된 선박회사 또는 항공사(그 업무를 대행하는 자를 포함한다. 이하 같다)로 하여금 제1항에 따른 여객명부·적재화물목록 등을 입항하기 전에 제출하게 할 수 있다. 다만, 제222조 제1항 제2호에 따른 화물운송주선업자(제254조의 2 제1항에 따른 탁송품 운송업자로 한정한다. 이하 이 항에서 같다)로서 대통령령으로 정하는 요건을 갖춘 자가 작성한 적재화물목록은 관세청장이 정하는 바에 따라 해당 화물운송주선업자로 하여금 제출하게 할 수 있다.

해 설

입항은 선박이 일정기간 정박할 목적으로 항구 내로 이동하는 것을 말하며, 입항시점은 선박이 항계선을 통과하여 지정한 장소에 정박한 때를 말한다. 입항하기 위해 거쳐야 하는 절차를 입항절차라 하며, 입항절차는 입항한 후 서류를 갖추어 세관장에게 입항 보고함으로써 종료한다. 입항 서류에는 선박용품 또는 항공기용품의 목록, 여객명부, 승무원명부, 승무원 휴대품목록, 적재화물목록 등이 있다. 2020.12.22.(법률 제17649호) 개정시 '출항면장(出港免狀)'을 '출항허가증'으로 용어를 순화 개정하였다.

입항서류는 입항 후 지체 없이 세관장에게 제출하여야 하나, 감시단속에 지장이 없다고 인정되는 경우는 선박용품 또는 항공기용품 목록이나 승무원 휴대품목록은 첨부를 생략할 수 있다.

2000년 관세법 개정시에 '국제항이 아닌 지역'에 출입시 입출항절차도 국제항의 경우와 동일하게 적용하기 위하여 현재와 같이 개정하였고 입출항시에 필요한 각종 자료에 선박의 등록기호, 여객의 여권번호, 통과여객 수를 기재하도록 개정하였다. 이 서류의 기재내용은 대통령령에서 정하는 사항이 모두 기재되도록 규정하였다. 이와 같이 그 기재내용이 중시되는 것은 입출항절차 전산화의 효율성 및 기재내용의 공정성을 확보하기 위한 것이다. 법 제134조 제1항 단서 규정은 '국제항이 아닌 지역'의 출입에 관한 규정이다.

2024.12.31. 법 개정시 입항하기 전에 입항보고서를 제출하도록 하고, 제출 시기 절차 등 구체적인 규정은 관세청장이 정하도록 하는 국제무역선(기) 입항절차에 관한 위임 근거를 정비하였다.

입항보고에 관한 사항을 위반 혹은 허위로 보고하거나 관련 서류를 제출하지 아니하는 것은 1천만원 이하 벌금, 과실의 경우에는 200만원 이하 벌금에 해당된다. 또 부정한 방법으로 적재화물목록을 작성하였거나 제출하는 것은 2천만원 이하 벌금에 해당된다.[8] 그러나 과실로 여객명부, 승객예약 자료를 제출하지 아니한 경우는 200만원 이하의 과태료에 해당한다.

제2항은 입항 전 서류제출에 관한 규정이다. 입항절차는 선장이나 기장이 행하는 것이므로 선박·항공기가 입항 후에야 가능하다. 따라서 신속한 입항 등 통관절차 이행 등을 위하여 입항서류를 일부 대리 제출할 수 있도록 정하고 있으며, 입항절차 대리자로 항공사와 선박회사의 대리점을 정하고 있다. 승무원 휴대품목록, 선박용품 또는 항공기용품 목록에 비하여 여객명부와 적재화물목록은 통관절차 이행과 감시·단속에 중요한 자료이므로 입항하기 전에 미리 제출하여 충분히 검토할 수 있게 하고 있다. 여객명부는 탑승자의 명단을 말하므로 감시대상자를 파악할 수 있고 적재화물목록으로는 적재된 물품의 종류 등을 미리 심사할 수 있다.

「국제무역선의 입출항, 전환 및 승선 절차에 관한 고시」에 입·출항 보고를 전산으로 할 수 있도록 규정하고 있다. 세관에서는 전산으로 제출된 자료를 심사하고 현장 확인이 필요한 것은 세관 직원이 직접 확인한다. 입·출항보고는 선박의 경우 입항 또는 출항 24시간 이전, 항공기의 경우 입항시는 출항 국에서 항공기 이륙 직후, 출항시는 출항하는 즉시 제출할 수 있다. 중국, 일본 등 근거리 지역에서 입항하는 선박으로 세관장이 타당하다고 인정하는 때에는 출항 국에서 출항하는 즉시 제출할 수 있다. 2015.12.15. 관세법 개정시 신속통관을 지원하기 위하여 적하목록 제출대상자에 탁송품을 취급하는 화물운송주선업자를 추가하였다.

제136조 【출항절차】 ① 국제무역선이나 국제무역기가 국제항을 출항하려면 선장이나 기장은 출항하기 전에 관세청장이 정하는 바에 따라 세관장에게 출항허가를 받아야 한다.
② 선장이나 기장은 제1항에 따른 출항허가를 받으려면 그 국제항에서 적재한 물품의 목록을 제

8) 적재물품과 부합되지 아니하는 적화목록을 작성하였거나 제출한 경우는 100만원 이하 과태료에 해당한다.

출하여야 한다. 다만, 세관장이 출항절차를 신속하게 진행하기 위하여 필요하다고 인정하여 출항허가 후 7일의 범위에서 따로 기간을 정하는 경우에는 그 기간 내에 그 목록을 제출할 수 있다.
③ 세관장은 신속한 출항 및 통관절차의 이행과 효율적인 감시·단속을 위하여 필요한 경우에는 관세청장이 정하는 바에 따라 출항하는 해당 국제무역선 또는 국제무역기가 소속된 선박회사 또는 항공사로 하여금 제2항에 따른 적재물품의 목록을 출항허가 신청 전에 제출하게 할 수 있다. 다만, 제222조 제1항 제2호에 따른 화물운송주선업자(제254조의 2 제1항에 따른 탁송품 운송업자로 한정한다. 이하 이 항에서 같다)로서 대통령령으로 정하는 요건을 갖춘 자가 작성한 적재화물목록은 관세청장이 정하는 바에 따라 해당 화물운송주선업자로 하여금 제출하게 할 수 있다.
④ 세관장은 제1항에 따른 허가의 신청을 받은 날부터 10일 이내에 허가 여부를 신청인에게 통지하여야 한다.
⑤ 세관장이 제4항에서 정한 기간 내에 허가 여부 또는 민원 처리 관련 법령에 따른 처리기간의 연장을 신청인에게 통지하지 아니하면 그 기간(민원 처리 관련 법령에 따라 처리기간이 연장 또는 재연장된 경우에는 해당 처리기간을 말한다)이 끝난 날의 다음 날에 허가를 한 것으로 본다.

해 설

출항은 국제무역선(기)이 외국으로 향해 나가는 것을 말하므로, 국내운항선의 경우는 여기에 해당되지 아니한다. 출항하기 위해서는 필요한 절차를 거쳐야 하며, 이를 출항절차라고 한다. 출항절차는 출항하기 전에 출항 보고하여 출항허가를 얻음으로 종료한다. 이에 비하여 법 제135조 입항절차는 입항한 후 입항 보고함으로써 종료한다. 입항 후에 입항보고하나 출항 전에 출항허가를 받는 것은 효율적 선(기)의 관리를 위한 조치라 할 수 있다.

2024.12.31. 법 개정시 현재 출항 허가와 관련된 신청 등 구체적 절차는 관세청 고시로 운영 중이기 때문에 법령 체계상 관세청장이 정하도록 하는 위임 근거를 마련한 것이다.

제2항은 적재목록 제출에 관한 규정이다. 출항허가를 받고자 할 때에는 물품관리를 위해서 그 국제항에서 적재한 물품목록을 제출하여야 한다. 출항절차를 신속하게 하기 위하여 필요한 때에는 출항을 허가한 후 7일 이내에 서류를 제출할 수 있게 하고, 입항절차를 신속하게 하기 위해서는 입항 전에 미리 서류를 제출할 수 있게 할 수 있다.

제1항 규정을 위반하는 것은 1천만원 이하 벌금, 과실의 경우에는 200만원 이하 벌금에 해당되며,[9] 제2항의 규정을 위반한 것은 2천만원 이하 벌금, 과실의 경우에는 300만원 이하 벌금에 해당한다.

제3항은 2019.12.31. 법 개정시 외국무역선이나 외국무역기가 소속된 선박회사 또는 항공

9) 관세청 고시「보세화물 입출항 하선 하기 및 하역 허가에 관한 고시」에는 입항시 제출하는 적하목록과 제2항에 출항시 제출하는 적재물품목록을 적하목록으로 보고 있다. 선박, 항공기가 출항 후 익일까지 적하목록을 제출하여야 한다(대법원 1994.5.26. 선고 93구5437 판결 참조).

사로 하여금 적재물품의 목록을 출항허가 전에 미리 제출할 수 있도록 하여 업무의 효율성을 높였다. 2020.12.22.(법률 제17649호) 개정시 탁송품 운송업자가 적재화물목록을 제출할 수 있는 단서조항을 추가하였다. 특송화물 폭증에 기인한 선박회사, 항공사의 업무 가중 및 적재화물목록 제출 지연을 방지하기 위하여 출항 적재화물목록 제출 의무자를 화물운송주선업자로 확대한 것이다.[10]

2018.12.31. 법 개정시 새로이 제4항에 출항허가 신청에 대한 통지의무 조항을 신설하였다. 인허가 처리기한 및 인허가 여부나 처리지연 사유 통보절차 등을 법률차원에서 명확하게 규정한 것이다. 행정법적으로 인허가의 효력을 발생시키는 규정은 국민에게 직접적인 권리의무와 관련된 중요하고 본질적인 법규적 내용이므로 법률유보원칙에 따라 법률에 규정할 필요가 있었다.

제5항은 2018.12.31. 법 개정시 신설된 조항으로 '허가' 간주규정이다. 인허가 여부나 처리지연 사유 미통보후 처리기한 경과시 허가가 있는 것으로 본다는 내용으로 관세행정 예측가능성과 민원인 편의를 제고하기 위한 규정이다. 국무조정실 「인허가제도 합리화 추진 계획」에 따른 '인허가 간주제' 도입에 따라 개정한 것이다.

【대법원 1994.5.26, 93구5437】 해당 선박이 관세법에 통관절차를 거치지 아니한 선박이라면 수입면허를 받을 때까지 임의사용을 허용하지 아니할 수 있어 이 선박이 출항허가를 신청하였으나 이를 거부한 처분은 정당하다.

제137조【간이 입출항절차】 ① 국제무역선이나 국제무역기가 국제항에 입항하여 물품(선박용품 또는 항공기용품과 승무원의 휴대품은 제외한다)을 하역하지 아니하고 입항한 때부터 24시간 이내에 출항하는 경우 세관장은 제135조에 따른 적재화물목록, 선박용품 또는 항공기용품의 목록, 여객명부, 승무원명부, 승무원 휴대품목록 또는 제136조에 따른 적재물품의 목록의 제출을 생략하게 할 수 있다.

② 세관장은 국제무역선이나 국제무역기가 국제항에 입항하여 제135조에 따른 절차를 마친 후 다시 우리나라의 다른 국제항에 입항할 때에는 제1항을 준용하여 서류제출의 생략 등 간소한 절차로 입출항하게 할 수 있다.

해 설

간이입출항절차는 서류제출을 생략하여 입출항절차를 간소화하는 것을 말한다. 입출항절차

10) 특송화물을 운송하는 업체는 특송업체인 동시에 화물운송주선업자로서 화주의 운송의뢰를 받아 운송장을 발행하고 적재화물목록을 작성하지만, 법 개정 전 세관 제출책임은 선박회사·항공사로 한정되어 있어 일괄 제출완료에 많은 시간이 소요되었다.

를 거치게 하는 것은 물품을 관리하기 위한 것이므로 물품관리에 지장이 없다고 인정되는 경우에는 절차를 간소화하는 것이 효율적이라 할 수 있다. 국제항에 입항한 후 승무원 휴대품, 선박용품, 항공기용품 이외 물품을 하역하지 아니하고 24시간 이내 출항할 때에는 간이입출항 절차를 적용할 수 있다. 생략할 수 있는 서류는 정상 입항 보고시 제출하는 모든 서류이다. 따라서 간이입출항시에는 다른 서류는 필요 없고 입출항보고서만 제출하면 된다고 할 수 있다.

제2항은 간이입출항 절차 종류에 관한 규정이다. 우리나라 국제항에 입항하여 다시 우리나라 다른 국제항에 입항하는 경우에 간이입출항절차를 적용할 수 있다. 물품관리가 입출항통제의 목적이므로 이미 관리절차를 거친 경우에는 이중으로 관리할 필요가 없다.

제137조의 2 【승객예약자료의 요청】 ① 세관장은 다음 각 호의 어느 하나에 해당하는 업무를 수행하기 위하여 필요한 경우 제135조에 따라 입항하거나 제136조에 따라 출항하는 선박 또는 항공기가 소속된 선박회사 또는 항공사가 운영하는 예약정보시스템의 승객예약자료(이하 이 조에서 "승객예약자료"라 한다)를 정보통신망을 통하여 열람하거나 기획재정부령으로 정하는 시한 내에 제출하여 줄 것을 선박회사 또는 항공사에 요청할 수 있다. 이 경우 해당 선박회사 또는 항공사는 이에 따라야 한다.

1. 제234조에 따른 수출입금지물품을 수출입한 자 또는 수출입하려는 자에 대한 검사업무
2. 제241조 제1항 · 제2항을 위반한 자 또는 제241조 제1항 · 제2항을 위반하여 다음 각 목의 어느 하나의 물품을 수출입하거나 반송하려는 자에 대한 검사업무
   가. 「마약류관리에 관한 법률」에 따른 마약류(이하 "마약류"라 한다)로 한다.
   나. 「총포 · 도검 · 화약류 등 단속법」에 따른 총포 · 도검 · 화약류 · 분사기 · 전자충격기 및 석궁

해 설

세관장은 항공사 · 선박회사의 여객명부를 사전에 입수하여 마약 등 수사 업무에 활용하였으나 법 제135조에서 규정하고 있는 여객명부, 물품 목록만 가지고는 효과적인 대응이 어려워 2006.3.24. 개정 관세법에 처음 도입한 제도다.[11]

제1항에서 수출입금지 물품에 대한 검사업무, 수출입반송신고에 대한 검사업무를 위하여 승객예약 자료를 요구할 수 있다. 그러나 사실상 모든 경우에 승객예약 자료를 요구할 수 있어서 남용의 우려가 있으므로 비밀 준수에 관한 사항을 정하고 있다. 여행자 휴대품 검사업무에 활용되어서 일반적으로 선량한 여행자에 대하여 세관검사 없이 신속하게 출입국할 수 있어 여행자에

11) PNR(Passenger Name Record)이라고도 한다. 미국의 9.11테러 이후 지능화된 우범자 색출을 위해 미국에서 최초로 도입했다. 미국에서는 이 제도시행으로 기존의 국적, 성명, 여권 번호 등 여권에 기재돼 있는 6개 항목을 제공하던 APIS(Advanced passenger information system)에 비해 15개 항목이 많은 21개 항목을 제공하고 있다. 우리나라에서도 2년 간 유예기간을 거쳐서 2008.3.에 시행하였다.

게 큰 편의를 제공할 것으로 예상된다. 승객예약자료 제출에 대하여 2008.12.26. 법 개정(법률 제9261호)시 자료 요청의 법적 근거를 명시하였다. 현재 자료 제출은 세관과 항공사간 중개업체가 항공기 예약시스템 자료를 인출하여 세관 전산망에 통보하고 있으며, 이에 대하여 세관은 편당 일정 수수료를 지급하고 있다. 자료 제출시한을 기획재정부령으로 정하도록 위임하였다.

법 제135조에 의한 여객명부(APIS)와 승객예약자료(PNR)는 목적, 제출내용, 시한, 방법, 대상, 근거 등에 있어서 차이점이 있다.[12)]

종전에는 법 제135조 입항절차에만 적용하도록 규정하였으나 2010.12.30. 법 개정(법률 제10424호)시 출항절차에도 적용하도록 명시적으로 규정하여 오해의 소지가 없도록 하였다. 법 시행 규칙에는 출항시는 출항 후, 3시간 이내 입항시에는 입항 1시간 전에 제출하도록 하여 운행해 왔었다.

법 제136조는 출항절차에 관한 규정이고, 법 제234조는 수출입의 금지에 관한 규정이며, 법 제241조는 수출·수입 또는 반송의 신고에 관한 규정이다.

이 규정에 위반하는 것은 1천만원 이하 벌금, 과실의 경우에는 200만원 이하의 벌금에 해당한다. 그리고 과실로 승객예약 자료를 제출하지 아니하는 경우에도 200만원 이하의 과태료에 해당된다.

② 세관장이 제1항에 따라 열람이나 제출을 요청할 수 있는 승객예약자료는 다음 각 호의 자료로 한정한다.
1. 국적, 성명, 생년월일, 여권번호 및 예약번호
2. 주소 및 전화번호
3. 예약 및 탑승수속 시점
4. 항공권 또는 승선표의 번호·발권일·발권도시 및 대금결제방법
5. 여행경로 및 여행사
6. 동반탑승자 및 좌석번호
7. 수하물 자료
8. 항공사 또는 선박회사의 회원으로 가입한 경우 그 회원번호 및 등급과 승객주문정보

③ 제1항에 따라 제공받은 승객예약자료를 열람할 수 있는 사람은 관세청장이 지정하는 세관공무원으로 한정한다.

---

12) 협정체결 진행 및 법 개정이 추진되고 있으나, 2009.1. 현재 상황으로 비교하면 여객명부(APIS, Advanced Passenger Information System)는 목적이 항공기·선박의 입항 보고, 내용은 성명 국적 등 6개 항목, 시한은 입항 후 즉시, 방법은 항공사가 세관전산망에 제출, 대상은 모든 항공기이나, 승객예약자료(PNR, Passenger Name Record)는 목적이 수출입금지품목, 마약, 총포 수출입검사, 내용은 주소 전화번호 등 총 23개 항목, 시한은 규정 개정 중, 방법은 중개업자가 제출, 대상은 EU 4개 항공사 제외 등이다.

④ 제3항에 따른 세관공무원은 직무상 알게 된 승객예약자료를 누설 또는 권한 없이 처리하거나 타인이 이용하도록 제공하는 등 부당한 목적을 위하여 사용하여서는 아니 된다.
⑤ 제1항에 따라 제공받은 승객예약자료의 열람방법, 보존기한 등에 관하여 필요한 사항은 대통령령으로 정한다.

해 설

수출입 금지물품 등에 대한 검사업무에 필요한 경우 우리나라와 외국을 왕래하는 선박 또는 항공기가 소속된 선박회사 또는 항공사의 예약정보시스템상의 인적사항·여행경로 등 승객 예약 자료를 열람 또는 제출받을 수 있도록 하고 있다.

제2항에서 종전에 여객명부라고 포괄적으로 정하던 것을 보다 상세하게 정하고 있다. 전산화로 인하여 과거에 불가능하던 기관간의 정보 이동이 보다 손쉽기 때문인 것으로 설명할 수 있다. 개인의 사생활 보호를 위하여 적극적으로 보호되어야 할 자료가 많다.

제3항에서 이러한 사생활 보호를 위한 자료를 취급할 수 있는 세관공무원을 구체적으로 정하여 제4항에서와 같이 부당한 목적을 위하여 사용하는 것을 금지하는 의무 규정을 두고 있고 제5항에서는 기타 필요한 사항을 대통령령으로 정하고 있다. 규정 내용을 보면 승객예약자료를 열람할 수 있는 세관공무원에세 개인 식별 고유번호를 부여하여 권한이 없는 자가 열람하는 것을 방지하며, 1개월이 경과한 이후에는 별도 구분 관리하되, 따로 정한 경우를 제외하고는 3년 간 보존할 수 있도록 정하고 있다.

2. 제2관 재해나 그 밖의 부득이한 사유로 인한 면책 등

제138조【재해나 그 밖의 부득이한 사유로 인한 면책】 ① 제134조부터 제137조까지 및 제140조부터 제143조까지의 규정은 재해나 그 밖의 부득이한 사유에 의한 경우에는 적용하지 아니한다.
② 제1항의 경우 선장이나 기장은 지체 없이 그 이유를 세관공무원이나 경찰공무원(세관공무원이 없는 경우로 한정한다)에게 신고하여야 한다.
③ 제2항에 따른 신고를 받은 경찰공무원은 지체 없이 그 내용을 세관공무원에게 통보하여야 한다.
④ 선장이나 기장은 재해나 그 밖의 부득이한 사유가 종료되었을 때에는 지체 없이 세관장에게 그 경과를 보고하여야 한다.

해 설

'면책사유'는 책임조각사유를 말하며, 이 사유는 일단 잘못의 가능성 여지는 있으나 특수한 경우에는 그 잘못에 대한 책임을 배제하는 것을 말한다. 강요된 행위, 면책적 긴급피난 등이 여기에 속한다. 처음부터 책임 그 자체의 성립을 배제하는 책임무능력, 금지착오와 같은 책임 배제사유와 구별된다. 면책 사유의 종류에는 급한 환자가 발생되었거나, 밀항자를 발견하였거나, 조난자를 구조하여 이를 하선시키기 위하여 입출항하는 경우 등이 있다. 운송수단은 재해·기상변화 등 영향을 많이 받으므로 본조에서는 이로 발생되는 결과에 대한 면책사항을 규정하고 있다. 재해 기타 불가항력시에는 입출항차에 관한 규정인 국제항과 국제항이 아닌 지역에 출입·입항절차·출항절차·간이입출항절차·물품의 하역·외국물품의 일시양륙·항외하역·선박용품 및 항공기용품의 하역 등에 관한 규정을 적용하지 아니한다.

제2항 이하에서 재해를 당한 선장 혹은 기장은 세관공무원, 세관공무원이 없을 때에는 경찰공무원에게 신고하여야 하고,[13] 신고를 받은 경찰공무원이 다시 세관공무원에게 통보하여야 하며, 최종적으로 선장 혹은 기장이 전말을 보고하여야 한다. 재해 등으로 인한 결과보고는 재해내용, 발생일시 등을 보고서에 의거 보고해야 한다. 재해 등이 발생한 때에는 사건을 기준으로 업무를 처리하기 때문에 보고 내용이 중요하다.

선(기)장이 재해 기타 부득이한 사유로 '국제항이 아닌 지역' 입항시 신고의무를 이행하지 아니하는 경우에는 100만원 이하의 과태료에 해당한다. 그리고 재해 기타 부득이한 사유가 종료된 때 즉시 보고의무를 이행하지 아니한 경우에도 100만원 이하의 과태료에 해당한다.

제139조 【임시 외국 정박 또는 착륙의 보고】 재해나 그 밖의 부득이한 사유로 국내운항선이나 국내운항기가 외국에 임시 정박 또는 착륙하고 우리나라로 되돌아왔을 때에는 선장이나 기장은 지체 없이 그 사실을 세관장에게 보고하여야 하며, 외국에서 적재한 물품이 있을 때에는 그 목록을 제출하여야 한다.

해 설

2020.12.22.(법률 제17649호) 개정시 '기착(寄着)'을 '임시 정박 또는 착륙'으로 용어를 개정하였다. 기착은 목적지로 가는 도중에 잠시 들르는 것을 말한다. 임시 외국 정박 또는 착륙의 보고는 국내운항선이나 국내운항기가 재해 기타 부득이한 사유로 인하여 외국항에 임시 정박 또는 착륙한 사실을 보고하는 것이다. 예를 들면, 악천후, 기관고장, 연료부족, 해적약탈 등을 피하기 위하여 외국에 임시 정박 또는 착륙한 경우가 있다. 악천후 등으로 외국의 외항에 피항하여 있다가 귀착한 경우는 '임시 정박 또는 착륙'이 아니며, 공항만에 들르더라도 그곳에

13) 제주특별자치도에 자치경찰단을 두고 자치경찰사무를 집행하기 위해 「제주특별자치도 설치 및 국제자유도시 조성을 위한 특별법」이 2006.2.21. 공포됨에 따라 국가경찰과 자치경찰 간 업무를 구분하게 되었다. 이후 2020.12.22. 경찰법 전부개정(법률 제17689호)으로 경찰사무를 국가경찰사무와 자치경찰사무로 나누어짐에 따라 '국가경찰공무원'을 '경찰공무원'으로 다시 변경하였다.

서 입출항 수속을 하지 아니하면 '임시 정박 또는 착륙'이 아니다.

재해 기타 부득이한 사유가 아니고는 국내운항선이나 국내운항기는 외국에 임시 정박 또는 착륙할 수 없고, 외국에 임시 정박 또는 착륙하였을 때에는 지체 없이 세관장에게 보고하여야 한다. 이 규정을 위반하는 것은 1천만 원 이하 과태료에 해당된다.

3. 제3관 물품의 하역

제140조【물품의 하역】 ① 국제무역선이나 국제무역기는 제135조에 따른 입항절차를 마친 후가 아니면 물품을 하역하거나 환적할 수 없다. 다만, 세관장의 허가를 받은 경우에는 그러하지 아니하다.

② 세관장은 제1항 단서에 따른 허가의 신청을 받은 날부터 10일 이내에 허가 여부를 신청인에게 통지하여야 한다.

③ 세관장이 제2항에서 정한 기간 내에 허가 여부 또는 민원 처리 관련 법령에 따른 처리기간의 연장을 신청인에게 통지하지 아니하면 그 기간(민원 처리 관련 법령에 따라 처리기간이 연장 또는 재연장된 경우에는 해당 처리기간을 말한다)이 끝난 날의 다음 날에 허가를 한 것으로 본다.

④ 국제무역선이나 국제무역기에 물품을 하역하려면 세관장에게 신고하고 현장에서 세관공무원의 확인을 받아야 한다. 다만, 세관공무원이 확인할 필요가 없다고 인정하는 경우에는 그러하지 아니하다.

⑤ 세관장은 감시·단속을 위하여 필요할 때에는 제4항에 따라 물품을 하역하는 장소 및 통로(이하 "하역통로"라 한다)와 기간을 관세청장이 정하는 바에 따라 제한할 수 있다.

⑥ 국제무역선이나 국제무역기에는 내국물품을 적재할 수 없으며, 국내운항선이나 국내운항기에는 외국물품을 적재할 수 없다. 다만, 세관장의 허가를 받았을 때에는 그러하지 아니하다.

⑦ 세관장은 제4항에 따라 신고된 물품이 폐기물·화학물질 등 관세청장이 관계 중앙행정기관의 장과 협의하여 고시하는 물품으로서 하역 장소 및 통로, 기간을 제한하는 방법으로는 사회안전 또는 국민보건 피해를 방지하기 어렵다고 인정되는 경우에는 하역을 제한하고, 적절한 조치 또는 반송을 명할 수 있다

해 설

종전 선박 등에 물품을 적재 또는 하선시 통로에 대한 개념을 "관세통로"로 규정하여 다수의 조문에서 이 용어를 사용하였다. 그러나 관세통로라 함은 육접국경으로부터 통관역에 이르는 일반 수송용 철도와 육접국경으로부터 통관장에 이르는 육로 또는 수로로서 세관장이 지정한 것을 말하고 있어 선박 또는 항공기에서 물품을 적재 또는 하선(기)하는 경우에는 사용할 수 없는 용어이다. 따라서 선박 또는 항공기에서 물품을 적재 또는 하선(기)하는 물품의

통로에 대하여 “하역통로”라는 새로운 용어를 채택하였다.

‘하역(荷役)’은 배에 짐을 싣거나 부리는 일을 말하며, 여기서는 적재와 하선・하기를 모두 포함하는 개념이다. ‘적재’는 차나 배에 짐을 싣는 것을 말하며, ‘하선・하기’는 선원이나 타고 있던 승객이 배나 비행기에서 짐을 내리는 것을 말한다. 기본통칙에 ‘적재’는 화물을 선적지 보세구역에서 반출하여 본선에 옮겨 놓는 것이고, ‘하선・하기’는 화물을 본선에서 양륙하여 일정 장소에 반입하는 것이다. ‘하역’이란 외국으로부터 우리나라에 도착된 수입화물을 국제무역선(기)으로부터 양륙(육지로 내려놓은 것)하여 하선(기)장소에 반입하거나 수출물품을 외국으로 보내기 위하여 국제무역선(기)에 선적하는 것 또는 서로 다른 국제무역선(기)에 옮겨 싣는 적재작업을 말한다.

국제무역선(기)에 물품을 하역하거나 환적할 수 있는 시점은 입항절차가 종료된 후이다. 관련 고시에 의하면 구체적 입항절차 종료시점은 입항보고를 받아 이를 심사하고 그 결과를 전산으로 통보하는 시점이다. 입항절차를 종료하지 아니하고 물품을 하역하거나 환적하는 것은 1천만원 이하 벌금, 과실의 경우에는 200만원 이하 벌금에 해당한다.

2018.12.31. 법 개정시 새로이 제2항에 하역허가 신청에 대한 통지의무 조항을 신설하였다. 인허가 처리기한 및 인허가 여부나 처리지연 사유 통보절차 등을 법률차원에서 명확하게 규정한 것이다. 행정법적으로 인허가의 효력을 발생시키는 규정은 국민에게 직접적인 권리의무와 관련된 중요하고 본질적인 법규적 내용이므로 법률유보원칙에 따라 법률에 규정할 필요가 있었다.

제3항도 2018.12.31. 법 개정시 신설된 조항으로 ‘허가’ 간주규정이다. 인허가 여부나 처리지연 사유 미통보후 처리기한 경과시 허가가 있는 것으로 본다는 내용으로 관세행정 예측가능성과 민원인 편의를 제고하기 위한 규정이다. 국무조정실 「인허가제도 합리화 추진 계획」에 따른 ‘인허가 간주제’ 도입에 따라 개정한 것이다. 제2항과 제3항을 신설함에 따라 기존 제2항 내지 제4항은 제4항 내지 제6항으로 이동하였다.

제4항은 하역 및 환적 신고・확인에 관한 규정으로 종전에는 물품을 적재・하선・하기할 때에 세관장에게 신고하여 현장에서 세관공무원의 확인을 받고, 환적할 때에는 허가를 받았다. 그러나 2000년 개정 관세법에서 통관절차 간소화를 위하여 하역이나 환적 모두 세관장에게 신고하고 현장에서 세관공무원의 확인을 받도록 규정을 개정하였다.

본조 제2항과 제4항은 ‘신고와 허가’ 대상으로서 그 의미가 상충되는 것으로 보이나, 그 취지를 보면 제2항은 외국물품을 염두에 두고 규정한 것이고, 제4항은 내국물품을 염두에 두고 규정한 것으로서, 제2항의 경우에는 신고하고 제4항의 경우는 허가하는 것으로 해석할 수 있다. 하역 및 환적 작업시에는 작업 구분과 작업 예정기간을 기재한 신고서를 세관장에게 제출하고 신고필증을 현장세관공무원에게 제시하여야 하며, 항공기는 현장공무원에게 말로써 신고하여 이에 갈음할 수 있다. 2021.12.31. 법 개정시 종전에는 환적하는 경우에도 신고 의무를 두었으나 이를 삭제하였다.

제5항은 물품하역의 제한에 관한 규정이다. 통로제한 및 기간제한은 화물감시 · 단속을 용이하게 하기 위한 것이다. 통로는 물품이동 경로를 말하나 하역통로는 하역하는 장소 및 통로를 총칭해서 의미하는 것이며 기간 제한은 작업시간의 제한을 의미하는 것이다. 하역기간은 선박 또는 항공기에서 외국물품을 하역한 후 장치장소(하선장소)에 반입될 때까지 소요되는 기간을 말한다. 외국물품을 하역 후 하선장소까지는 하역작업의 연장선상에 있는 것으로 간주하여 보세운송없이 이동이 가능하다. 물류흐름의 신속화를 위해 하선장소의 범위가 확대됨에 따라 하역작업 물품에 대한 감시단속이 곤란하며 이를 이유로 하선장소의 범위를 축소하는 것은 규제강화로 현실적으로 불가능한 면이 있다. 하역기간의 제한으로 외국물품에 대한 간접적인 감시단속과 물류흐름의 촉진효과를 도모할 수 있다.

세관장은 필요한 경우 하역통로를 지정할 수 있으며 이 경우에는 이를 공고한다. 법 제148조에 관세통로라는 용어가 있으며 이는 운송수단과 관계된 통로라는 의미이다. 관세통로는 세관장이 지정한다. 예를 들면, 판문점 "자유의 집"에서 남북회담사무국 전방사무소까지를 임시관세통로로 지정한다는 공고가 있다. 이 조항에서 하역통로는 작업 장소 및 통로에 관한 의미가 강조되므로 2000년 개정 관세법에서 '하역통로'라는 새로운 용어를 사용하였고, 이 하역통로에는 통로뿐만 아니라 하역장소까지 포함하여 효과적으로 감시 · 단속할 수 있도록 하였다. 그리고 1993.12.31. 관세법 개정(법률 제4674호)시 운송기관은 세관장이 지정한 통로를 이용해야 하는 강제조항을 폐지하고, 세관장이 임의로 지정할 수 있는 것으로 개정한 바 있다.

2024.12.31. 법 개정시 세관장에서 관세청장이 정하는 바에 따라 제한한다는 내용으로 규정을 개정하였다.

제6항은 적재 제한에 관한 규정이다. 국제무역선(기)과 외국물품은 관세법에 의한 중요 관리대상 중 하나다. 따라서 국내운항선이나 국내운항기라도 외국물품을 적재하려면 세관장의 허가를 받아야 하며, 국제무역선(기)에 내국물품을 적재하려면 세관장의 허가를 받아야 한다.

내국물품을 국제무역선(기)에 의해 운송하려면 내국운송신고를 받도록 하는 것과 같은 취지다. 하역허가를 받은 경우, 보세운송신고를 하거나 보세운송승인을 받은 경우, 내국운송신고를 하는 경우, 수출신고가 수리된 경우에는 국제무역선 또는 국제무역기에 내국물품을 적재하거나 국내운항선이나 국내운항기에 외국물품을 적재하게 할 수 있다. 허가를 받지 아니하고 적재한 경우에 1천만원 이하 벌금, 과실의 경우에는 200만원 이하 벌금에 해당된다. 제1항 및 제2항 위반의 경우도 마찬가지이다. 그러나 제3항의 경우에는 과태료 200만원 이하에 해당한다.

제7항은 2020.12.22.(법률 제17649호) 개정시 위해물품 통제를 통한 국민 안전 강화를 위하여 신설한 조항이다. 세관장은 사회안전 또는 국민보건을 위하여 폐기물 · 화학물질 등 물품에 대한 하역제한, 반송을 명할 수 있다

제141조【외국물품의 일시양륙 등】 다음 각 호의 어느 하나에 해당하는 행위를 하려면 세관장에게 신고를 하고, 현장에서 세관공무원의 확인을 받아야 한다. 다만, 관세청장이 감시·단속에 지장이 없다고 인정하여 따로 정하는 경우에는 간소한 방법으로 신고 또는 확인하거나 이를 생략하게 할 수 있다.

1. 외국물품을 운송수단으로부터 일시적으로 육지에 내려 놓으려는 경우
2. 해당 운송수단의 여객·승무원 또는 운전자가 아닌 자가 타려는 경우
3. 외국물품을 적재한 운송수단에서 다른 운송수단으로 물품을 환적 또는 복합환적하거나 사람을 이동시키는 경우

해 설

종전 외국물품을 적재한 선박과 타 선박과의 물품의 환적과 교통이 금지되어 있었고 세관장이 허가한 경우에는 예외적으로 인정하고 있었던 것을 2000.12.29. 법률 제6305호 개정을 통해 언제든지 세관장에게 신고 후 환적과 교통을 할 수 있도록 함으로써 물류비용을 절감하고 절차를 간소화하였다. 그러나 허가제를 신고제로 전환함에 따라 동 제도를 악용하여 밀수나 밀입출국을 하는 사례가 우려되므로 신고받는 즉시 세관공무원이 현장에서 확인할 수 있도록 하였다. 다만 확인할 필요가 없다고 인정하는 경우에는 확인조차 생략할 수 있도록 하였다.

하역물품은 일반적으로 통관을 전제로 한 것이나, 일시양륙은 다시 적재하여 수출하는 것을 전제로 하는 것이다. 기본통칙에서는 '일시양륙화물'은 B/L상 수하인 및 목적지가 제3국으로 기재된 화물을 말한다. 일시 양륙하는 외국물품을 장치할 수 있는 장소의 범위 등에 관하여는 관세청장이 정한다. 외국물품의 일시양륙 등 신고를 하고 그 신고필증을 현장 세관공무원에게 제출하여야 한다. 일시양륙, 승선(기), 환적, 사람이 이동하는 경우 등에는 세관장에게 신고하고 세관공무원이 이를 확인함으로써 직·간접적으로 물품을 관리한다. 종전에는 이러한 상황에 대한 판단권한을 세관공무원에 주고 있었으나 2003년 개정 관세법에서는 관세청장이 정하도록 규정하여 물품관리의 공정성을 강조하고 있다.

제2호에서 여객 또는 승무원 이외의 자에는 선박수리업자, 선박대리점업자 등이 있다. 과거에는 출입국관리법에 의해서도 국제무역선 승선허가 업무가 있으므로 선박출입자에게 이중으로 승선허가를 받았으나, 일원화하여 세관에서 승선 허가하도록 한 바 있다. 승선 또는 탑승 신고를 하고 부여받은 신고필증을 현장세관공무원에게 제출하는 방식으로 확인한다.

제3호에서 '환적'은 물품을 옮겨서 적재하는 것을 말한다. '교통'은 사람, 차, 배가 일정한 길을 오고 가는 것 혹은 사람이나 물건을 실어 나르는 것을 말하나 여기서는 사람이 선박 간을 오고가는 것을 말한다. 외국물품을 관리하기 위해서 국제무역선과 이적·교통하는 내국선박에 대하여 환적 및 이동 신고를 하고 신고필증을 현장에 있는 세관공무원에게 제출하여야 한다.

종전에는 일시양륙하는 물품에 대하여는 세관장의 허가를 받았고, 국제무역선, 국제무역기에 여객 또는 승무원 이외 자가 승선할 때에도 승선허가를 받았으며, 물품을 이적, 교통할 때에도 세관장의 허가를 받았으나, 2000년 개정 관세법에서는 이를 신고사항으로 개정하고, 필요한 때에 세관공무원이 현장 확인할 수 있도록 하였다. 2007.12.31. 법 개정(법률 제8833호) 시 '복합환적'의 개념을 도입함으로써 이에 따라 동 조문도 개정하였다. 이 규정을 위반하는 경우에는 1천만원 이하 벌금, 과실의 경우에는 200만원 이하 벌금에 해당된다.

제142조【항외 하역】① 국제무역선이 국제항의 바깥에서 물품을 하역하거나 환적하려는 경우에는 선장은 세관장의 허가를 받아야 한다.
② 선장은 제1항에 따른 허가를 받으려면 기획재정부령으로 정하는 바에 따라 허가수수료를 납부하여야 한다.
③ 세관장은 제1항에 따른 허가의 신청을 받은 날부터 10일 이내에 허가 여부를 신청인에게 통지하여야 한다.
④ 세관장이 제3항에서 정한 기간 내에 허가 여부 또는 민원 처리 관련 법령에 따른 처리기간의 연장을 신청인에게 통지하지 아니하면 그 기간(민원 처리 관련 법령에 따라 처리기간이 연장 또는 재연장된 경우에는 해당 처리기간을 말한다)이 끝난 날의 다음 날에 허가를 한 것으로 본다.

해 설

"국제항의 바깥"이라 함은 국제항의 항계(港界) 밖을 의미하여 국제항의 항계는 국제질서법에 의한 범위를 말한다. 이와 같이 '항외'는 국제항의 외항으로서 국제항의 항계선 외를 말한다. 항외에서 물품을 하역하는 것을 항외 하역이라 한다.

예를 들면, 수심이 충분히 깊지 아니하여 원유를 실은 대형 선박이 항내로 들어오지 못하는 경우 외항에서 하역작업을 하는 경우가 있다. 이 작업을 항외하역이라 한다. 국제무역기에 대하여는 운송수단의 특성상 항외하역에 관한 규정을 두고 있지 아니하다. 허가 없이 항외에서 하역하는 것은 1천만원 이하 벌금, 과실의 경우에는 200만원 이하 벌금에 해당된다.

제2항은 허가수수료에 관한 규정이다. 국제항에 입항한 선박이 항외하역 허가를 받고자 할 때에는 허가수수료를 납부하여야 한다. '국제항이 아닌 지역'에 입항한 선박은 국제항이 아닌 지역 출입수수료 외에 추가로 항외하역 허가수수료를 별도로 납부하지 아니한다. 항외하역 수수료나 '개항이 아닌 지역' 출입수수료는 물품관리에는 인력과 장비 등이 사용되므로 이러한 사용에 대한 대가라 할 수 있다.[14)]

---

14) 기획재정부령에 의하여 납부하여야 하는 항외하역에 관한 허가수수료는 하역 1일마다 4만원으로 한다. 다만, 수출물품, 보세판매장에서 판매하는 물품과 보세공장, 「자유무역지역의 지정 등에 관한 법률」에 의한 자유무

2018.12.31. 법 개정시 새로이 제3항에 항외하역 허가 신청에 대한 통지의무 조항을 신설하였다. 인허가 처리기한 및 인허가 여부나 처리지연 사유 통보절차 등을 법률차원에서 명확하게 규정한 것이다. 행정법적으로 인허가의 효력을 발생시키는 규정은 국민에게 직접적인 권리의무와 관련된 중요하고 본질적인 법규적 내용이므로 법률유보원칙에 따라 법률에 규정할 필요가 있었다.

제4항도 2018.12.31. 법 개정시 신설된 조항으로 '허가' 간주규정이다. 인허가 여부나 처리지연 사유 미통보후 처리기한 경과시 허가가 있는 것으로 본다는 내용으로 관세행정 예측가능성과 민원인 편의를 제고하기 위한 규정이다. 국무조정실 「인허가제도 합리화 추진 계획」에 따른 '인허가 간주제' 도입에 따라 개정한 것이다.

第143조【선박용품 또는 항공기용품 등의 하역 등】 ① 다음 각 호의 어느 하나에 해당하는 물품을 국제무역선·국제무역기 또는 원양산업발전법 제2조 제6호에 따른 조업에 사용되는 선박(이하 이 조에서 "원양어선"이라 한다)에 하역하거나 환적하려면 세관장의 허가를 받아야 하며, 하역 또는 환적허가의 내용대로 하역하거나 환적하여야 한다.

1. 선박용품 또는 항공기용품
2. 국제무역선 또는 국제무역기 안에서 판매하는 물품
3. 원양산업발전법 제6조 제1항, 제17조 제1항 및 제3항에 따라 해양수산부장관의 허가·승인 또는 지정을 받은 자가 조업하는 원양어선에 무상으로 송부하기 위하여 반출하는 물품으로서 해양수산부장관이 확인한 물품

② 제1항 각 호의 어느 하나에 해당하는 물품이 외국으로부터 우리나라에 도착한 외국물품일 때에는 보세구역으로부터 국제무역선·국제무역기 또는 원양어선에 적재하는 경우에만 그 외국물품을 그대로 적재할 수 있다.

③ 제1항 각 호에 따른 물품의 종류와 수량은 선박이나 항공기의 종류, 톤수 또는 무게, 항행일수·운행일수 또는 조업일수, 여객과 승무원·선원의 수 등을 고려하여 세관장이 타당하다고 인정하는 범위이어야 한다.

④ 세관장은 제1항에 따른 허가의 신청을 받은 날부터 10일 이내에 허가 여부를 신청인에게 통지하여야 한다.

⑤ 세관장이 제4항에서 정한 기간 내에 허가 여부 또는 민원 처리 관련 법령에 따른 처리기간의

역지역에서 제조·가공하여 외국으로 반출하는 물품에 대한 하역인 경우에는 하역 1일마다 1만원으로 한다. 기획재정부 유권해석(1970.2.10)에 의하면 수수료는 행정기관의 일정한 행위에 대한 반대급부의 성질을 가지는 것으로서 세관의 항외하역 허가 당시 부산항 항계선이 변경되었더라도 항외하역 신청이 있었고 항외하역에 따르는 세관은 역무를 제공한데 대한 수수료를 징구한 것이며, 항외하역 허가에 따라 수납된 수수료는 하역회사가 지불하였다 할지라도 최종적으로는 동 하역의 대상인 화물의 소유자들에게 전과시키는 결과가 될 것이므로 이를 환급할 실익이 없고 과오납된 수수료의 환급에 관한 규정이 없으므로 환급할 수 없다.

연장을 신청인에게 통지하지 아니하면 그 기간(민원 처리 관련 법령에 따라 처리기간이 연장 또는 재연장된 경우에는 해당 처리기간을 말한다)이 끝난 날의 다음 날에 허가를 한 것으로 본다.
⑥ 제2항에 따른 외국물품이 제1항에 따른 하역 또는 환적허가의 내용대로 운송수단에 적재되지 아니한 경우에는 해당 허가를 받은 자로부터 즉시 그 관세를 징수한다. 다만, 다음 각 호의 어느 하나에 해당하는 경우에는 그러하지 아니하다.
1. 세관장이 지정한 기간 내에 그 물품이 다시 보세구역에 반입된 경우
2. 재해나 그 밖의 부득이한 사유로 멸실된 경우
3. 미리 세관장의 승인을 받고 폐기한 경우
⑦ 제1항에 따라 허가를 받아야 하는 물품의 종류와 수량, 사용 또는 판매내역관리, 하역 또는 환적절차 등에 관하여 필요한 사항은 관세청장이 정하여 고시한다.

해 설

선박용품 또는 항공기용품의 하역절차를 정한 규정이다. 제1항과 관련하여 종전에는 선박용품 또는 항공기용품 등의 적재시 세관장의 허가를 받도록 규정하고 있을 뿐이고 적재허가를 받은 물품이 허가받은 바에 따라 적법하게 적재되도록 관리하는 규정이 미미하였다. 이에 따라 적재허가를 받은 업체가 타 업체에게 선박용품 적재를 맡기거나 명의를 대여하는 사례가 발생하였고 이 과정에서 선박용품 무단반출 등 불법행위가 발생하였다. 따라서 2014.1. 관세법 개정(제1항)을 통해 세관장으로부터 선박용품 또는 항공기용품 적재허가를 받은 경우 그 허가받은 내용대로 하역 또는 환적하도록 의무를 부과하여, 선박용품의 효율적인 감시를 위해서 원칙적으로 적재신고를 한 자가 적재토록 하고 타인에게 적재를 위탁하거나 대행할 수 없도록 하였다.

선박용품 또는 항공기용품은 선박, 항공기 운항에 필요한 유류・부품 등을 말하고, 판매물품은 여객의 편의를 위해 선박・항공기 안에서 판매하는 편의용품 등 물품을 말한다. 선박용품(Stores)은 단어 그 뜻 자체로는 "선박에서 사용되는 용품"으로 정의될 수 있으나 선박이라는 특성은 용도와 종류도 다양할 뿐만 아니라 선박을 운항하는 승무원과 선박으로 운송되는 화물, 승선한 승객 등에 따라 그 용품의 구성도 다양해 질 수밖에 없다. 세관장은 관세부과 등 세수측면과 필요이상으로 적재시 밀수출입의 가능성 등의 측면에서 관세법 제2조 제9호에서 정의한 선박용품 규정을 엄격히 해석하여 적용하고 있는 편이다.

선(기)용품 등을 하역・환적하기 위해서는 허가신청서를 세관장에게 제출하여 허가를 받아야 하나, 일반화물을 하역하고자 할 때에는 세관장에게 신고하고 현장에서 확인을 받아야 한다. 선박용품 등을 하역・환적할 때에는 신청서를 제출하여야 하며, 외국물품인 경우에는 송품장 또는 과세자료를 첨부하며 세관공무원이 검사할 수 있다. 적재 완료한 때에는 선장, 기

장의 서명을 받아 세관장에게 제출해야 한다. 기간 내에 적재하지 아니하고 다시 보세구역에 반입한 때에는 지체 없이 반입연월일을 기재하여 세관공무원 서명을 받아 허가한 세관장에게 제출하여야 한다. 2021.12.31. 법 개정시 통관 절차를 간소화하기 위하여 원양어선의 선박용 또는 어로용품의 경우도 동 규정 적용에 포함시켰다. 종전에는 원양어선에 하역하고자 하는 물품의 경우 일반 통관 절차를 거치야 하는 번거로움이 있었다.

신고나 허가 신청시에는 세관에서 대인 · 대물적 요건을 심사하는 것이다. 그러나 적재 허가의 경우, 규정상 자격을 갖춘 타인에게도 적재 위탁하거나 대행하게 할 수 있다고 본다. 이 규정을 위반하는 것은 1천만원 이하 과태료에 해당한다.

제2항은 선박용품 또는 항공기용품 적재에 관한 규정이다. 선박용품 또는 항공기용품 · 판매물품이 외국으로부터 우리나라에 도착한 외국물품인 때에는 보세구역에서 바로 선박 · 항공기에 적재할 수 있다.

외국으로부터 도착한 물품은 일반적으로 수입 통관을 전제한 것이나, 선박용품 또는 항공기용품의 경우는 다시 외국으로 나가는 물품이므로 수입 통관절차를 거칠 필요가 없다.[15] 따라서 운송기관의 편의를 위해 수입 통관하지 아니하고 외국물품 그대로 적재한다. 반송이나 외국물품인 선박용품 등은 수입통관 절차를 거치지 아니하는 점에서는 같지만, 반송은 수출신고서를 제출하여 업무를 처리하고 선박용품은 하역허가 신청서를 제출하여 업무를 처리하는 점이 다르다.

외국물품인 선박용품 또는 항공기용품은 송품장 또는 과세가격 결정에 필요한 서류를 첨부하고 이외에 송품장 또는 항공화물운송증 번호와 해당 물품이 장치된 장소와 반입연월일에 관한 서류를 제출하여야 한다. 이때 세관공무원은 해당 물품을 검사할 수 있다. 이것은 관세채권 확보 차원에서 미리 수입물품에 대하여 과세물건을 확정하는 절차다.

제3항은 선박용품 또는 항공기용품 등 그 범위에 관한 규정이다. 선박용품 또는 항공기용품 · 판매용품을 선박 · 항공기에 적재할 때에 그 종류와 수량에 관하여는 세관장이 판단하여 결정한다. 선박이나 항공기의 크기 등을 감안하여 필요한 범위 내에서 적정하게 적재하여야 한다는 의미다.[16] 그러나 선박용품 또는 항공기용품 · 판매물품에 관한 전반적인 사항은 관세청장이 정하여 운영한다. 세관장이 타당하다고 인정하는 범위는 제5항의 관세청장이 정하는

---

15) 외항선에서 잔류유(선박 연료)를 수거하여 수출하기 위해서는 매입자료 유무와 무관하게 우선 관세법 제143조 및 「선(기)용품 선(기)내 판매용품의 하역 등에 관한 고시」 제6조 · 제7조의 규정에 따라 세관 감시부서에 "외국선(기)용품 및 판매용품 하선(기)허가" 절차를 마친 후 정식 수입신고절차(관련 제세 납부)를 거쳐야 하며, 이후 수입통관절차가 완료되어 내국물품이 된 잔류유에 대해 수출신고절차를 거쳐 수출이 가능하다(관세청 통관기획과－4931, 2014.8.14).

16) 선박 또는 항공기의 용도별 종류를 보면 화물선, 화물기, 여객선, 여객기, 관광선 등이 있다. 톤수는 배의 용량을 말하며, 군함은 배수톤수, 상선은 적재량으로 계산한다. 자중은 운송수단 자체의 무게를 말한다.

물품의 종류·수량의 범위 이내라고 할 수 있다.

2018.12.31. 법 개정시 새로이 제4항에 선박용품 또는 항공기용품의 하역허가 신청에 대한 통지의무 조항을 신설하였다. 인허가 처리기한 및 인허가 여부나 처리지연 사유 통보절차 등을 법률차원에서 명확하게 규정한 것이다. 행정법적으로 인허가의 효력을 발생시키는 규정은 국민에게 직접적인 권리의무와 관련된 중요하고 본질적인 법규적 내용이므로 법률유보원칙에 따라 법률에 규정할 필요가 있었다.

제5항도 2018.12.31. 법 개정시 신설된 조항으로 '허가' 간주규정이다. 인허가 여부나 처리지연 사유 미통보후 처리기한 경과시 허가가 있는 것으로 본다는 내용으로 관세행정 예측가능성과 민원인 편의를 제고하기 위한 규정이다. 국무조정실「인허가제도 합리화 추진 계획」에 따른 '인허가 간주제' 도입에 따라 개정한 것이다. 제4항과 제5항을 신설함에 따라 기존 제4항과 제5항은 제6항과 제7항으로 이동하였다.

제6항은 판매물품에 대한 관세징수 규정이다. 외국물품인 선박용품 또는 항공기용품·판매물품이 적재 허가된 대로 운송수단에 적재되지 아니한 때에는 적재 허가를 받은 자로부터 즉시 관세를 징수한다. 만일 적재되지 아니한 경우 무조건 관세를 징수하게 되면 적재에 관한 사인간의 계약이 변경되어 적재되지 못한 경우에도 관세를 납부해야 하는 불합리한 점이 있다. 따라서 계약 등이 변경되어 당초의 선적 예정량을 적재하지 못하더라도 다시 보세구역에 물품을 반입하면 징수대상에서 제외하는 것이다.[17]

선박용품 또는 항공기용품의 하역·환적 허가를 받은 자는 허가사항을 변경할 때에는 세관장의 승인을 얻어야 하며, 하역·환적을 완료한 때에는 선장 또는 항공기의 기장의 서명 확인을 받아야 한다. 허가받은 자가 허가받은 대로 적재하지 아니한 때에는 지체 없이 해당 허가서에 그 사실과 반입연월일을 기재하여 이를 확인한 세관공무원의 서명을 받아 허가한 세관장에게 제출하여야 한다. 멸실 혹은 폐기한 때에도 허가한 세관장에게 관련 서류를 제출해야 한다.

제7항은 선박용품 또는 항공기용품, 판매용품 등 지정에 관한 규정이다. 관세청고시로「선박용품 등 관리에 관한 고시」와「항공기용품 등 관리에 관한 고시」에 선용품 등 물품에 관하여 필요한 사항을 관세청장이 정할 수 있도록 하였으나, 2000년 개정 관세법에서는 허가를 받아야 하는 물품의 종류·수량 등에 관하여 필요한 사항을 관세청장이 정하도록 조문내용을 변경하였다. 법률 제12847호(2014.12.23) 개정을 통해 선(기)용품 및 선(기)내 판매용품의 판매

17) 기획재정부 유권해석(1989.7.22)에 의하면 외국에서 구입한 선용품을 국내입항 후 다른 외국무역선에 양도할 경우 관세를 부과하지 아니한다. 이것은 원래 선용품이 해당 선박에서만 사용되는 것이므로 다른 선박에 양도하는 경우에는 선용품 용도에 사용하지 아니 하였으므로 관세부과대상이라는 주장이 있을 수 있으나, 본조 규정에 따라 세관장의 허가를 받아서 다른 선박에 그대로 적재하는 경우에는 수입통관절차가 불필요하고 관세도 부과하지 아니한다는 것이다. 관세청고시로서「선박용품 등 관리에 관한 고시」가 있으며, 동 고시에 외국선용품의 수입·반입·판매나 사후관리에 관하여 규정하고 있다.

방법과 판매내역관리 등 세부 관리방법을 관세청장에 위임하는 등 선(기)내 판매용품 관리의 법적근거 마련을 마련하였다. 선박용품 또는 항공기용품 · 판매물품의 적재에 관한 사항은 제정관세법부터 그 절차를 꾸준히 간소화하여 운영해 왔다. 이 물품들을 선적 혹은 기적하였을 때에는 「수출용 원재료에 대한 관세 등 환급에 관한 특례법」 제2조 제4호 및 동법 시행규칙 제2조 제4항에 따라 이를 수출로 보며, 수출로 보기 때문에 관세환급 대상이 되기도 한다.[18)]

【조세심판원 2023.1.31, 2022관0102】 외국으로부터 구매하여 보세창고에 반입하였다가 보세운송 신고 및 적재허가를 받아 내국적 국제무역선의 수리에 사용한 쟁점물품과 관련하여 '수입으로 보지 아니하는 소비 또는 사용'에 해당하지 않는 수입신고 대상으로 보아 관세 등을 부과한 처분은 잘못이 없다. 선박용품을 국제무역선에 적재하려면 관세법 제143조 따라 청구법인은 처분청에 적재허가 신청을 하였고 처분청은 쟁점선박의 종류 및 톤수 등을 고려하여 이를 허가한 점 등을 고려할 때 처분청이 청구법인에게 관세 등을 부과 · 고지하면서 가산세까지 부과한 것은 잘못이 있다.

4. 제4관 국제무역선의 국내운항선으로의 전환 등

> 제144조【국제무역선의 국내운항선으로의 전환 등】 국제무역선 또는 국제무역기를 국내운항선 또는 국내운항기로 전환하거나, 국내운항선 또는 국내운항기를 국제무역선 또는 국제무역기로 전환하려면 선장이나 기장은 세관장의 승인을 받아야 한다.

해 설

국제무역선 · 국제무역기, 국내운항선 · 국내운항기의 관세법상 자격을 바꾸는 것을 '전환'이라 한다. 관세법상 자격은 해당 선(기)가 세관의 관리대상인지 여부를 결정하는 기준이 되며, 국내운항의 자격이라면 일차적으로 세관의 관리대상에서 제외한다. 종전에는 이를 '자격변경'이라 하여 국제무역선 · 국제무역기의 자격을 국내운항선 · 국내운항기의 자격으로 변경하는 것을 '자격내변', 반대의 경우를 '자격외변'이라고 하였다. 전환은 수입물품을 과세하기 위한 사전절차이므로 전환시에는 적재한 물품을 검사할 수 있다. 검사결과 사용하지 아니할 것은 별도로 보관해야 하고, 사용해야 할 물품이면 수입통관해서 사용하여야 한다. 국내 조선사에서 제조된 선박이 외국선주에게 인도되는 경우에는 수출신고수리와 동시에 국제무역선 자격을 자동 취득하게 되므로 별도의 전환신청이 불필요하다.

선박 또는 항공기 전환 신청시에는 전환 사유 등을 기재한 신청서를 제출하여야 하며, 세

---

18) 환급을 위한 적재허가신청 확인에 관한 절차는 「수출용 원재료에 대한 관세 등 환급사무처리에 관한 고시」 제66조~제69조에 규정하고 있다.

관장은 해당 선박 또는 항공기에 적재되어 있는 물품을 검사할 수 있다. 전환승인은 행정행위 중 확인행위에 해당하며, 승인은 개인의 특정한 행위에 대하여 부여하는 허가·인가 의미의 승낙이나 동의를 말한다. 이 확인행위는 대상 선박이나 항공기에 대하여 취급 업무의 내용을 객관적 사실로 확인하여 인정하는 것에 불과하며, 전환으로 선박·항공기 전체가 내국물품이 되는 것은 아니다.

외국적 국제무역선이 전환하여 국내운항선으로 운항하는 경우에는 관세법에 물품취급에 있어서 일정한 제한을 받는다. 예를 들면, 금강산 관광선인 금강호 등은 관세법에 국제무역선에 준하여 취급하고 있으나 다른 법에서는 이를 국내운항선으로 보는 경우다.[19] 우리나라 국적의 국제무역기에 외국물품인 연료를 적재하여 소비 또는 사용하고 남은 연료가 있는 경우로서 그 국제무역기를 제144조에 따라 국내운항으로 전환하는 경우, 전환 전에 소비 또는 사용하고 남은 연료를 그 내항기로 전환한 후에 그 국내운항기에서 소비 또는 사용하는 것은 제2조 제1호에 따른 수입에 해당하여 관세의 부과 대상이 된다.[20]

「국제무역선의 입출항전환 및 승선 절차에 관한 고시」와 「국제무역기의 입출항절차 등에 관한 고시」가 제정되어 있다. 전환하고자 할 때에는 선장·기장은 세관장 승인을 받아야 하며, 이 규정을 위반하는 것은 1천만원 이하 벌금, 과실의 경우에는 200만원 이하 벌금에 해당된다.

제145조【선장 등의 직무대행자】 선장이나 기장이 하여야 할 직무를 대행하는 자에게도 제134조 제2항, 제135조 제1항, 제136조, 제138조 제2항·제4항, 제139조, 제142조 및 제144조를 적용한다.

해 설

법률 행위의 효과가 본인에게 미치는 것을 '대리'라 하며, 법에 정해진 대리를 '법정대리'라 하고 그 이외의 경우를 '임의대리'라 한다.

선장·기장이 질병이나 부재 등으로 업무를 실제 수행할 수 없는 경우에 다른 자가 업무를 대리한다. 이러한 사유 없이 평상 업무처리 과정에서 직무를 대신하는 것은 직무대행으로 보지 아니한다. 예를 들면, 선장의 부재사유가 식사시간이라면 이조항의 직무대행자 규정을 적용할 수 없다. 선박직원법 제11조는 부득이한 사유로 선장이 직무를 수행할 수 없을 때에는

19) 남북한 모래운반선의 경우에는 승인서의 기간이 지나면 자동적으로 자격이 국내운항선으로 변환되는 경우가 있다.

20) 법제처 법령해석사례(2011.1.13).

1등 항해사 혹은 1등 운항사가 직무를 대행하도록 규정하고 있다.

종전에는 선장의 직무대행자에 관하여 포괄적으로 규정하였으나, 구체적으로 선장 혹은 기장이 해야 할 업무와 선박대리점 혹은 운송회사 등이 해야 할 업무를 구분하여 2006.12.30. 개정 관세법에 이를 반영하였다.

제134조 제2항은 '국제항이 아닌 지역'에 대한 출입의 허가를 받은 경우 허가 수수료를 납부해야 한다는 규정, 제135조 제1항은 국제 등에 출입하는 경우 입항보고를 해야 한다는 규정, 제136조는 출항허가, 적재물품 목록제출 등에 관한 규정, 제138조 제2항 및 제4항은 재해 기나 부득이한 사유로 인한 면책의 경우 신고 의무에 관한 규정, 제139조는 외국기착의 보고 의무, 제142조는 항외하역의 경우 허가 받을 의무에 관한 규정, 제144조는 국제무역선의 내항선으로 전환에 관한 규정이다.

제146조【그 밖의 선박 또는 항공기】① 다음 각 호의 어느 하나에 해당하는 선박이나 항공기는 국제무역선이나 국제무역기에 관한 규정을 준용한다. 다만, 대통령령으로 정하는 선박 및 항공기에 대해서는 그러하지 아니하다.

1. 국제무역선 또는 국제무역기 외의 선박이나 항공기로서 외국에 운항하는 선박 또는 항공기
2. 외국을 왕래하는 여행자와 제241조 제2항 제1호의 물품을 전용으로 운송하기 위하여 국내에서만 운항하는 항공기(이하 "환승전용국내운항기"라 한다)

② 제1항에도 불구하고 환승전용국내운항기에 대해서는 제143조 제2항은 적용하지 아니하며 효율적인 통관 및 감시·단속을 위하여 필요한 사항은 대통령령으로 따로 정할 수 있다.

해 설

외국에 왕래하는 기타 선박 또는 항공기는 국제무역선(기)에 관한 규정을 준용한다. 예를 들면 연구선, 관광선이나 의료선 등이 여기에 포함되며, 금강산 관광선인 금강호는 국제무역선에 관한 규정을 준용한다.[21]

2011.12.31. 개정 관세법에서 조문내용을 일부 조정하고 "환승전용국내운항기"에 관한 내용을 추가하였다. 외국물품이나 외국여행자를 통관 수속 없이 바로 환승하기 위해서는 별도의 제도가 필요하며, 동 조의 환승승객전용국내운항기는 이러한 업무를 효율적으로 처리하기 위한 제도라 할 수 있다.

대통령령이 정하는 선박·항공기에는 군함, 군용기, 국가원수 또는 정부를 대표하는 외교사

21) '쇄빙연구선' 아라온호는 남극 등지에서 연구활동 후 국내 재입항시 국내항과 공해 또는 영해를 왕래하고 국내 해양에서 연구활동을 하는 경우에는 관세법상 내항선에 해당되어 내항선으로 전환하여야 한다(관세국경감시과, 2014.10.13).

절이 전용하는 선박 또는 항공기 등이 있으며, 이러한 선박 또는 항공기를 특수선박 혹은 특수항공기라고도 한다. 특수선박이라 할지라도 수출신고수리된 물품을 적재해서 수출하는 경우라면 물품에 대해서는 수출절차에 관한 규정을 적용하면 될 것이다.

제2항에서 대통령령으로 정하는 사항은 입항보고, 출항허가, 여행자 및 휴대품의 통관 및 감시 등에 있어서 절차를 간소화할 수 있다.

법 제241조 제2항 제1호는 휴대품·탁송품 또는 별송품을 말한다. 법 제143조 제2항은 선박용품 및 항공기용품의 하역에 관한 규정이다.

제147조【국경하천을 운항하는 선박】 국경하천만을 운항하는 내국선박에 대해서는 국제무역선에 관한 규정을 적용하지 아니한다.

해 설

국경에 있는 하천을 국경하천이라 하며, 우리나라에는 두만강, 압록강과 같은 국경하천이 있다. 국경하천만을 항행하는 선박은 국제무역선 규정을 적용하지 아니하며, 국내운항선으로 보아 자유롭게 국경하천을 운항할 수 있도록 국제협약에 규정하고 있다. 국경하천을 운항하는 선박이 우리나라 영역에 입항하였을 때에는 국제무역선에 관한 규정을 적용받는다.

차 량

제148조【관세통로】 ① 국경을 출입하는 차량(이하 "국경출입차량"이라 한다)은 관세통로를 경유하여야 하며, 통관역이나 통관장에 정차하여야 한다.
② 제1항에 따른 관세통로는 육상국경(陸上國境)으로부터 통관역에 이르는 철도와 육상국경으로부터 통관장에 이르는 육로 또는 수로 중에서 세관장이 지정한다.
③ 통관역은 국외와 연결되고 국경에 근접한 철도역 중에서 관세청장이 지정한다.
④ 통관장은 관세통로에 접속한 장소 중에서 세관장이 지정한다.

해 설

관세법에 운송수단으로는 선박 · 항공기 · 차량이 있으며, 차량에는 철도차량, 도로차량이 있다. 선박 및 항공기의 경우 「선박 · 항공기의 입출항 및 절차에 관한 규정」이 있는 것과 같이 본조에 근거하여 국경출입차량의 이동통로 및 정차에 관한 내용을 관련 고시에 규정하고 있다.[22] 국경출입차량은 관세통로를 경유해야 하고, 통관역이나 통관장에 정차하여야 한다. 이에 비하여 선박과 항공기가 운항하여야 하는 통로나 정지하는 구역은 관세법에서는 국제항 이외에는 별도로 정하고 있지는 않다. 이는 육상운송수단은 감시 · 단속이 어려운 관계로 운송수단의 이동범위를 제한한 것이라 볼 수 있다.

현행 관세법상 국경출입차량에 관한 규정은 우리나라와 국경을 맞대고 있는 중국과 러시아를 출입하는 경우이겠으나 현실적으로 북한이 있으므로 북한을 국가로 인정하지 않는 한 국경이란 개념이 없어 국경출입차량에 관한 규정이 적용될 여지가 없어 보이나 남북교류협력에 관한 법률 등에서 북한과의 교역물품에 관하여 관세법을 준용하도록 규정하고 있으므로 교역물품 관리를 위하여 국경출입차량에 대한 절차규정은 일반 선박 또는 항공기의 입출항 절차와 같이 관세법을 적용하게 된다.

제2항에서 관세통로는 국경출입 차량이 경유해야 하는 통로를 말하며, 세관장이 이를 지정

22) 「남북간 철도차량의 출입절차에 관한 고시」에 철도차량 및 운송회사의 세관에 등록, 철도차량의 운행절차, 철도차량의 검사 및 여행객 휴대품 통관 등에 관하여 규정하고 있고, 「남북간 통행차량의 등록 및 출입에 관한 고시」에는 통행차량의 등록 및 증명서 발급, 통행차량의 도착 및 출발보고, 출입차량 검사 등에 관하여 규정하고 있다. 이 밖에도 남북교역의 특수성을 감안하여 「남북교역물품 통관 관리에 관한 고시」, 「남북한 왕래자 휴대품 통관에 관한 고시」 등이 제정 · 운영되고 있다.

한다. 육접 국경으로부터 통관역이나 통관장에 이르는 육로나 수로 중에서 관세통로를 지정한다. 육접 국경에서 통관역이나 통관장까지는 우리나라 영토이지만 관세가 유보된 상태이므로 관세 확보를 위해 통로를 지정하는 것이다. 이와 유사한 개념으로 보세운송통로가 있다. 보세운송통로는 보세운송물품의 감시단속을 위해서 세관장이 물품의 운송통로를 제한한 것이다.

제3항에서 '통관역'은 국외와 연결되어 있는 한 지점을 말하며, 국경에 가장 가까운 곳을 의미한다. 통관역은 국경에 근접한 철도역 중에서 관세청장이 지정한다. 통관장, 통관역이 정해지면 제2항에 따라 관세통로를 세관장이 정한다.

제4항의 '통관장'은 관세통로를 정한 다음에 혹은 동시에 세관장이 이를 지정한다.

최근에는 남북교역량이 늘어나면서 도라산, 고성 지역에 통관장이 지정되고 통관역도 지정되어 운영되고 있다.[23]

제149조【국경출입차량의 도착절차】 ① 국경출입차량이 통관역이나 통관장에 도착하면 통관역장이나 도로차량(선박·철도차량 또는 항공기가 아닌 운송수단을 말한다. 이하 같다)의 운전자는 차량용품목록·여객명부·승무원명부 및 승무원 휴대품목록과 관세청장이 정하는 적재화물목록을 첨부하여 지체 없이 세관장에게 도착보고를 하여야 하며, 최종 출발지의 출발허가서 또는 이를 갈음하는 서류를 제시하여야 한다. 다만, 세관장은 감시·단속에 지장이 없다고 인정될 때에는 차량용품목록이나 승무원 휴대품목록의 첨부를 생략하게 할 수 있다.
② 세관장은 신속한 입국 및 통관절차의 이행과 효율적인 감시·단속을 위하여 필요한 경우에는 관세청장이 정하는 바에 따라 도착하는 해당 차량이 소속된 회사(그 업무를 대행하는 자를 포함한다. 이하 같다)로 하여금 제1항에 따른 여객명부·적재화물목록 등을 도착하기 전에 제출하게 할 수 있다.
③ 제1항에도 불구하고 대통령령으로 정하는 물품을 일정 기간에 일정량으로 나누어 반복적으로 운송하는 데에 사용되는 도로차량의 운전자는 제152조 제2항에 따라 사증(査證)을 받는 것으로 도착보고를 대신할 수 있다. 다만, 최종 도착보고의 경우는 제외한다.
④ 제3항에 따라 사증을 받는 것으로 도착보고를 대신하는 도로차량의 운전자는 최종 도착보고를 할 때에 제1항에 따른 서류를 한꺼번에 제출하여야 한다.

해 설

도착절차는 선박·항공기의 입항절차와 유사하나, 선박용품목록, 항공기용품목록 대신에 차량용품목록을 제출하여야 한다. 선장·기장·도로차량운송인 등 운송수단의 책임자가 관련 서류를 제출하지만, 철도차량은 통관역장이 서류를 제출하여야 한다. 또한 국제무역기는 항공

23) 2004.4. 남북열차운행합의서 체결 이후 2006.5.25. 시험운행이 시작됨에 따라 도라산과 고성에 통관역을 지정하였다. 그리고 통관장의 지정과 함께 관세통로 세관검사장 등을 함께 지정 운영하고 있다.

기 국적증서나 최종출발지 출항허가증 등을 제출하지 아니하지만 선박이나 차량은 출발지의 허가서 등을 제출하여야 한다.

이 조항은 2000년 관세법 개정시에 육로운송의 활성화를 위해 관련 규정을 정비한 것이다. 그리고 2006.12.30. 개정 관세법에는 도로차량(Road vehicles)의 개념을 새로 도입하여 '도로차량'은 선박 · 철도차량 또는 항공기가 아닌 운송수단으로 정의하고 관련 규정을 개정하였다. 종전에는 법 제152조 '철도차량이 아닌 차량'으로 '도로차량'을 일괄 지칭하였다. 이는 남북 간 경협 차원에서 도량차량의 출입빈도수 증가 등으로 그 현실적 필요성이 절실하였기 때문이다.

제2항에서 차량이 소속된 회사나 업무대행자가 여객명부나 적재화물목록 등을 도착하기 전에 미리 제출하는 것은 선박 · 항공기의 경우와 같이 신속한 입항, 통관절차이행, 효율적인 감시단속을 위한 절차이다. 차량은 철도차량과 도로차량으로 구분할 수 있다.

제3항에서 남북한 운송물품 중에 모래 등과 같이 동일 화주가 동일 물품을 여러 번 반복하여 운송할 경우 매번 출입시마다 출발허가, 출발보고 및 도착보고를 해야 하는 번거로운 일이 발생하므로 이를 간소화 할 수 있는 근거로서 2006.12.30. 관세법 개정시 신설하였다. 도착절차와 마찬가지로 제150조 출발절차도 개정하였다.

제4항에서 도로차량의 운전자는 최종 도착보고를 할 때에 그동안 제출하지 아니하였던 적재화물목록 등 관련 서류를 제출하여야 한다. 여기에 해당하는 물품은 모래, 골재, 광물 등으로 제한하여 운영하고 있다. 서류 제출을 간소화 하는 절차이지만 물품검사는 종전과 같이 진행된다.

제150조【국경출입차량의 출발절차】 ① 국경출입차량이 통관역이나 통관장을 출발하려면 통관역장이나 도로차량의 운전자는 출발하기 전에 세관장에게 출발보고를 하고 출발허가를 받아야 한다.
② 통관역장이나 도로차량의 운전자는 제1항에 따른 허가를 받으려면 그 통관역 또는 통관장에서 적재한 물품의 목록을 제출하여야 한다.
③ 제1항에도 불구하고 대통령령으로 정하는 물품을 일정 기간에 일정량으로 나누어 반복적으로 운송하는 데에 사용되는 도로차량의 운전자는 제152조 제2항에 따라 사증을 받는 것으로 출발보고 및 출발허가를 대신할 수 있다. 다만, 최초 출발보고와 최초 출발허가의 경우는 제외한다.
④ 제3항에 따른 도로차량을 운행하려는 자는 기획재정부령으로 정하는 바에 따라 미리 세관장에게 신고하여야 한다.

해 설

출발절차도 출항절차와 유사하게 출발보고를 하고 출발허가를 받아서 출발한다. 선박 · 항공기의 경우는 운송수단의 책임자인 선장 · 기장이 출항보고를 해야 하며, 차량의 경우에는 기관사가 아닌 통관역장 또는 차량운전자가 출발보고를 해야 한다. 2006.12.30. 개정 관세법에서 출발절차를 간소화 할 수 있는 근거 규정과 함께 간소화된 절차를 이용하여 도로차량을 운행하려는 자에 대한 신고 의무사항을 규정하고 있다.

제2항에서 출발허가를 받기 위해서는 적재물품 목록을 제출하여야 한다. 선박·항공기의 경우에는 출항절차를 신속하게 하기 위하여 출항허가 후 7일의 범위 안에서 따로 정한 기간 내에 적재 물품목록을 제출하도록 하고 있다.

제3항에서 법 제149조 제3항의 도착보고와 같이 출발보고 및 출발허가를 사증으로 대신할 수 있고, 제4항과 같이 간소화된 절차를 이용하여 출발보고 및 도착보고, 출발허가를 받아 운행하려는 자는 세관장에게 별도로 신고를 하여야 한다.

> 제151조【물품의 하역 등】 ① 통관역이나 통관장에서 외국물품을 차량에 하역하려는 자는 세관장에게 신고를 하고, 현장에서 세관공무원의 확인을 받아야 한다. 다만, 세관공무원이 확인할 필요가 없다고 인정할 때에는 그러하지 아니하다.
> ② 차량용품과 국경출입차량 안에서 판매할 물품을 해당 차량에 하역하거나 환적하는 경우에는 제143조를 준용한다.

해 설

통관역 또는 통관장의 물품하역 작업에 대하여 종전에 이를 허가제로 운영하던 것을 신고제로 전환하여 절차를 간소화하였다. 신고제로 개정함에 따른 보완책으로 필요시에는 세관공무원이 물품을 확인할 수 있도록 규정하고 있다. 2000년 개정 관세법에서는 선박·항공기의 적재·하선 절차도 허가에서 신고로 운영한다. 물품을 하역하고자 하는 자는 하역신고서를 세관장에게 제출하고 그 신고필증을 현장공무원에게 제출하여야 한다.

제2항에서 차량용품 및 동 차량 안에서 판매할 물품을 하역하거나 환적하는 때에는 선박용품, 항공기용품의 하역·환적 절차를 준용하도록 규정하였다. 법 제143조는 선박용품 및 항공기용품의 하역 등에 관한 조항이다.

> 제151조의 2【국경출입차량의 국내운행차량으로의 전환 등】 국경출입차량을 국내에서만 운행하는 차량(이하 "국내운행차량"이라 한다)으로 전환하거나 국내운행차량을 국경출입차량으로 전환하려는 경우에는 통관역장 또는 도로차량의 운전자는 세관장의 승인을 받아야 한다. 다만, 기획재정부령으로 정하는 차량의 경우에는 그러하지 아니하다.

해 설

운송수단의 전환에 관한 규정은 제144조에서 규정하고 있으나, 동 조에서는선박 혹은 항공기에 관하여 규정하고 있을 뿐 철도차량 및 도로차량을 포함한 차량에 관한 규정은 없었다. 2006.12.30. 개정 관세법에서 이를 추가하여 규정하여 국경출입차량도 세관장 승인으로 국내운행차량으로 자격변경이 가능하다.

'자격변경'이 필요한 것은 선박 및 항공기에서와 같은 취지이지만 국경출입차량은 국내육상에서 운행이 계속될 것이므로 그 성격이 다른 점이 있다. 운송수단이 만일 자격 변경되지 아니하면 승객들이 통관역에 도착한 후 하차하여 다른 내국차량으로 옮겨 타야 하는 불편한 점이 있다. 그러나 이러한 불편 때문에 자격변경 절차 없이 외국차량을 국내에서 운행한다면 관세 확보 차원에서 문제점이 있을 수 있으므로 제도적으로 이를 확보하고 있다. 국제무역선 · 국제무역기, 국내운항선 · 국내운항기에 상대되는 개념으로 국경출입차량, 국내운행차량을 새로 도입한 것이다.

제151조의 3【통관역장 등의 직무대행자】 통관역장이나 도로차량의 운전자가 하여야 할 직무를 대행하는 자에게도 제149조 제1항, 제150조, 제151조의 2 및 제152조를 적용한다.

해 설

법 제145조 선장 등의 직무대행자에 관한 규정과 유사하게 통관역장 및 도로차량의 운전자에게도 그 의무를 부여하고 있다. 2006.12.30. 개정 관세법에서 법 제145조 선장 등의 직무대행자에 관한 규정과 마찬가지로 동 조에서도 통관역장과 도로차량의 운전자에 관하여 유사한 취지로 규정하고 있다. 제149조 제1항은 도착보고, 제150조는 출발보고 및 출발허가, 제151조의 2는 차량의 전환, 제152조는 국경출입에 관한 규정이다.

제152조【도로차량의 국경출입】 ① 국경을 출입하려는 도로차량의 운전자는 해당 도로차량이 국경을 출입할 수 있음을 증명하는 서류를 세관장으로부터 발급받아야 한다.
② 국경을 출입하는 도로차량의 운전자는 출입할 때마다 제1항에 따른 서류를 세관공무원에게 제시하고 사증을 받아야 한다. 이 경우 전자적인 방법으로 서류의 제시 및 사증 발급을 대신할 수 있다.
③ 제2항에 따른 사증을 받으려는 자는 기획재정부령으로 정하는 바에 따라 수수료를 납부하여야 한다. 다만, 기획재정부령으로 정하는 차량은 수수료를 면제한다.

해 설

세관장으로부터 자격을 증명하는 서류를 받아[24] 세관공무원에게 제시하고 사증을 받는다. '사증'은 조사하여 증명하는 것을 말하며, 'VISA'라고도 한다. 도로차량은 사증에 의해 국경을 상시 출입해야 한다. 종전에는 철도차량외의 차량이라 하여 포괄적으로 규정하여 왔으나 이를 명시적으로 정리하여 2006.12.30. 관세법을 개정한 바 있다. 위반의 경우 1천만원 이하의 과태료에 해당한다.

제2항에서 남북출입차량의 출입확인절차 간소화를 위하여 통행차량등록증명서와 통일부의 자동차운행승인서를 통합 운영하고 증명서를 제시하거나 출입경심사인 날인이 전자적 방법으로 가능하도록 2006.12.30. 개정 관세법에 관련 규정을 신설하였다.

제3항에서 기획재정부령에 납부할 사증수수료의 금액은 400원으로 한다. 2006.12.30. 개정 관세법에서 단서 조항에 따라 남북통행차량에 대하여 사증수수료 면제가 가능하도록 규정하였다.

제153조【기타 운송수단】(삭제)

해 설

2006.12.30. 개정 관세법에서 차량에 관한 규정을 상세하게 다른 조항에 규정함으로써 동 조항은 불필요한 규정으로 보아 이를 삭제하였다. 유사한 '기타 선박 및 항공기'에 관한 조항은 법 제146조에 규정하고 있다.

---

24) 일반적으로 차량등록증명서를 말한다.

제 7 장

보세구역

'보세(保稅)'는 글자 그대로 보면 일정한 목적으로 관세 부과를 미루어 두는 상태를 말한다. 물품관리에서 적용되는 보세개념은 무세·감면물품에도 적용되므로 납세미필로 보기는 어렵고 수입신고수리 미필 상태로 보는 것이 타당하다. 그러나 내국물품인 수입신고수리 전 반출물품은 수입신고수리 미필 상태이나 보세화물이 아니며, 외국물품 상태인 수출신고수리물품은 실제 보세화물관리에서 제외하므로 이를 보세화물로 보기는 어렵다. 따라서 수입신고수리 미필상태와 관세법상 물품의 성격을 두고 어느 것이 관세행정상 물품관리를 적정하게 운영할 수 있는 것인가에 따라 보세 개념은 유동적으로 변할 수 있다.

보세구역은 보세상태로 화물을 보관·사용할 수 있는 지역을 말한다. 물품은 이미 우리나라 영토 내에 반입되어 있지만, 이 물품에 대하여 일률적으로 과세하기보다 목적에 적합하게 구분하여 물품을 관리하는 장소가 보세구역인 것이다. 보세구역은 일정 범위를 갖는 장소로서 일반적으로는 일정구역의 토지 또는 건설물이다. 수면과 선박, 차량과 같이 정착성이 없는 것은 보세구역으로 할 수 없다. 외국물품이 우리나라에 반입되었다고 무조건 과세하게 되면 징세 업무가 비효율적으로 운영될 수 있다. 왜냐하면 반입된 물품 중에는 다시 외국으로 반출될 물품이 있고, 물품이 부분적으로 반입된 경우에는 이를 전체적으로 모아서 과세하는 것이 편리한 경우도 있기 때문이다. 이러한 물품의 성질에 따라 합리적으로 운영할 수 있도록 하기 위하여 보세구역제도를 운영하는 것이다. 이에 대하여 자유무역지역, 경제자유구역 등은 해당 특별법에서 정하는 지역으로서 관세법상 보세구역은 아니지만 보세기능을 하는 구역이라 할 수 있다.

제1절은 보세구역 통칙에 관한 규정으로서 보세구역의 종류, 물품의 장치·반입·반출절차, 반입된 물품에 대한 작업의 일종으로서 보수·해체·절단·폐기작업, 물품을 확인하거나 검사하기 위한 견품반출, 보세구역을 출입하는 물품취급자에 대한 단속, 세관인력이 부족하므로 보세구역에서 자율적으로 관리하기 위한 보세구역의 자율관리와 자율 관리하는 보세사에 관하여 규정하고 있다.

제2절은 지정보세구역에 관한 규정으로서 지정보세구역의 지정·취소·처분, 지정장치장의 장치기간, 수입하는 물품에 대한 검사 장소인 세관검사장에 관하여 규정하고 있다.

제3절은 특허보세구역에 관한 규정으로서 전체적으로 특허보세구역의 특허·반입 정지·특허 취소·효력 상실·승계, 특허보세구역에 대한 감독 등에 관하여 규정하고, 특허보세구역의 종류인 보세창고·보세공장·보세전시장·보세건설장·보세판매장에 관하여 규정하고 있다.

제4절은 보세구역기능을 종합적으로 수행할 수 있는 종합보세구역에 관한 규정으로 종합보세구역의 지정·설치·운영신고, 물품반입·반출, 운영인의 물품관리, 설비유지의무, 세관의 관리, 지정취소 등에 관해 규정하고 있다.

종합보세구역이 일반보세구역(지정보세구역 및 특허보세구역)과 다른 점은 ① 일반보세구역은 개인이나 국가의 특정시설에 대한 보세구역이나 종합보세구역은 일정한 지역단위의 보세구역이고, ② 일반보세구역은 장치, 제조, 건설, 판매 등 각각의 개별적인 보세기능밖에 수행할 수 없으나 종합보세구역은 일반 보세구역의 기능을 동일장소에서 모두 수행할 수 있고, ③ 일반보세구역은 특허 또는 지정을 받아야 하나, 종합보세구역은 신고만으로 입주하여 종합보세구역의 기능을 수행할 수 있으며, ④ 일반 보세구역의 반입할 수 있는 물품은 각 개별보세구역의 기능에 일치하는 물품만 반입할 수 있으나 종합보세구역은 원칙적으로 모든 물품을 반입할 수 있다.

다음으로 자유무역지역과의 차이점으로는 ① 자유무역지역은 「자유무역지역의 지정 및 운영에 관한 법률」에 따라 산업통상자원부장관이 지정하나 종합보세구역은 시·도지사 또는 관계행정기관장의 요청에 의하여 관세청장이 지정하고, ② 자유무역지역은 보세구역의 성격을 띤 지역으로서 관세법상 보세구역이 아니나 종합보세구역은 관세법상 보세구역의 일종이며, ③ 자유무역지역은 수출을 목적으로 설치되어 동 지역에서 생산한 물품은 원칙적으로 국내에 반입할 수 없고 전량 수출을 해야 하나 종합보세구역은 수출입에 있어 제한이 없으며, ④ 자유무역지역은 시설재 또는 자본재 등을 관세유보상태로서 반입, 사용할 수 있으나 종합보세구역은 시설재 또는 자본재는 수입통관 후 사용할 수 있다.

제5절은 물품에 대한 유치 및 처분에 관한 규정으로서 수입되는 물품에 대하여 이를 통관하지 아니하고 일시적으로 장치하는 유치·예치, 유치·예치된 물품의 보관에 관하여 규정하고 있으며, 또한 보세구역의 장치기간이 경과한 물품에 대한 매각 규정으로서 매각대상·절차, 화주 등에게 매각사실을 알리는 통고, 경쟁입찰·수의계약 등 매각방법, 매각된 물품의 매각금액에 대한 잔금처리, 매각되지 아니하는 경우 조치하는 국고귀속에 관하여 규정하고 있다.

제1절 통 칙

제154조【보세구역의 종류】 보세구역은 지정보세구역·특허보세구역 및 종합보세구역으로 구분하고, 지정보세구역은 지정장치장 및 세관검사장으로 구분하며, 특허보세구역은 보세창고·보세공장·보세전시장·보세건설장 및 보세판매장으로 구분한다.

해 설

보세구역은 법적인 성질로 보면 지정보세구역·특허보세구역·종합보세구역으로 구분할 수 있고, 세부적으로 목적 혹은 기능별로 보면 지정장치장·세관검사장·보세창고·보세공장·보세전시장·보세건설장·보세판매장·종합보세구역으로 구분할 수 있다. 지정보세구역은 공·항만 등 국가기간시설 중 일정시설을 지정하여 운영하며 공공적 성격을 띠고 있는 반면에, 특허보세구역은 개인이 보세구역을 특허[1]받아서 운영하며 개인 영리 추구적 성격을 띠고 있다. 종합보세구역은 관세청장이 직권 혹은 신청에 의하여 지정하는 구역으로서 위 다섯 가지의 특허보세구역 기능을 복합적으로 운영할 수 있는 지역을 말한다.

보세구역은 「소극적 보세구역」과 「적극적 보세구역」으로 구분할 수 있다. ① 소극적 보세구역은 물품에 대한 수입절차를 유예하는 목적이 아니라 오로지 통관절차의 편의를 위해 관세행정상의 필요에 근거하여 설치된 것이다. 따라서 물품 장치는 강제적이고 단기간이며 물품의 가공·제조 등 복잡한 내용의 행위는 인정되지 않는다. 지정 보세구역이 여기에 해당된다. ② 적극적 보세구역은 물품에 대한 수입절차의 유예라는 편의제공에 의해 무역 경영상의 장애를 제거 또는 편의를 제공함으로써 무역 진흥을 도모한다는 경제상의 적극적 목적을 위해 설치된 것이다. 따라서 물품의 장치는 장기간 가능하며 또한 가공, 제조, 전시 등의 복잡한 내용의 행위까지도 인정되는 것도 있다. 보세창고, 보세공장, 보세전시장, 종합보세구역 등이 여기에 해당된다.

2000년 개정 관세법에서는 보세장치장의 장치기간과 특허기간이 보세창고와 유사하여 상호구별의 실익이 없음에 따라 그 기능을 보세창고 제도로 일원화하였다. 또한 2003.12.30. 개정 관세법에서는 동북아물류의 중심기지로 역할을 원만히 수행하기 위하여 종합보세구역 등

1) 강학상 '특허'는 특정인에 대하여 권리를 부여하거나 권리를 향유하면서 동시에 의무를 부담하게 되는 포괄적 법률관계를 설정하는 행정행위를 말한다.

보세구역제도에 대하여 본장 제4절에서 그 활성화를 모색하고 있다.

【보세구역 관련 용어 비교】

유 형	강학상 개념
허 가	일반적으로 금지되는 행위를 특정한 경우에 해제하는 것
특 허	특정인에게 일정한 권리나 법률관계를 설정하는 것
승 인	타인의 법률관계의 효력을 보충하여 법률상 효력을 완성시키는 것
등 록	일정한 사실이나 법률관계를 행정기관에 비치된 장부에 등재하고 그 존부를 공적으로 증명하는 것
신 고	특정한 사실이나 법률관계의 존부를 행정기관에 알리는 것

제155조【물품의 장치】 ① 외국물품은 보세구역이 아닌 장소에 장치할 수 없다. 다만, 다음 각 호의 어느 하나에 해당하는 물품은 그러하지 아니하다.
1. 제241조 제1항에 따른 수출신고가 수리된 물품
2. 크기 또는 무게의 과다나 그 밖의 사유로 보세구역에 장치하기 곤란하거나 부적당한 물품
3. 재해나 그 밖의 부득이한 사유로 임시로 장치한 물품
4. 검역물품
5. 압수물품
6. 우편물품

② 제1항 제1호부터 제4호까지에 해당되는 물품에 대하여는 제157조, 제158조부터 제161조까지, 제163조, 제172조, 제177조, 제208조부터 제212조까지 및 제321조를 준용한다.

해 설

'장치'는 물품을 일정장소에 두는 것을 말한다. 장치는 보세화물을 보존하는 개념으로서 보세화물을 정적상태에 두는 것이며, 이에 비하여 보세운송은 동적 상태에 두는 것이라고 설명할 수 있다. 이렇게 보면 보수작업도 장치장내에 하는 것이므로 장치개념에 포괄한다. 내국운송은 법 제221조에서 규정하고 있으며, 내국물품을 국제무역선·국제무역기에 의하여 운송하는 것을 말한다. 종전에는 내국운송 승인제로 운영하였으나, 2000년 개정 관세법에는 신고제로 전환하였다. 2024.12.31. 법 개정시 제221조 관련 규정은 동 조항에서 삭제하여 국제무역선(기)로 내국물품을 운송하려는 경우 내국물품을 보세구역에 장치해야 하는 의무를 폐지하였다. 외국물품과 내국운송 신고하고자 하는 물품은 반드시 보세구역에 물품을 장치하여야 하며, 위 조항에서 규정한 6가지 물품에 대하여는 보세구역 이외에 장치할 수 있도록 규정하고

있다. 관세청고시에는 남북교역물품도 보세구역이나 통관장에 장치하도록 규정하고 있다. 이 규정을 위반시 1천만원 이하의 과태료에 해당한다.

제1호에서 수출신고가 수리된 물품은 보세구역이 아닌 장소에 장치할 수 있다. 수출신고가 수리된 물품은 30일 이내에 운송수단에 적재해야 하며, 이 기간 동안에는 물품 이동에는 아무런 제한이 없다. 운송수단에 적재해야 하는 의무기간은 1개월이 아니고 30일이다. 1개월 계산은 달력에 따라 계산하고, 30일 계산은 일수로 계산하기 때문에 그 기간이 다르다고 할 수 있다. 과거에는 수출 완료시점을 수입의 경우와 같이 여러 곳을 정하고 있었으나, 현재는 수출 완료시점을 적재 시점으로 단일화해서 운영하고 있다. 따라서 수출물품을 적재하기 전에는 어느 때고 신고하고 수리할 수 있다. 1993.12.31. 관세법 개정(법률 제4674호)시 수출업체 지원을 위해 수출신고대상물품 및 수출신고수리물품의 보세구역장치의무제를 폐지하였다.

제2호에서 보세구역 외 장치 허가대상품목으로서 거대중량, 보세구역에 장치하기가 곤란하거나 부적당한 물품이 정해져 있다. 1990.12.31. 관세법 개정(법률 제4286호)시 타소장치 허용물품 범위를 이와 같이 확대 실시하였다.

제3호에서 재해 기타 부득이한 사유로 임시 장치할 물품은 보세구역 외 장치를 하거나 보세구역에 장치할 시간적 여유가 없기 때문에 보세구역이 아닌 장소에 임시 장치할 수 있다.

제4호에서 검역대상물품은 별도로 관리해야 하는 물품이므로 검역법 등 규정에 따라 검역관서가 물품을 관리하며, 검역관서가 검역장에 검역물품을 장치 · 관리한다.

제5호에서 범죄 증거가 되거나 몰수가 예상되는 물품은 압수한다. 압수물품은 수사과정에서 발생하는 것이므로 수사기관의 책임으로 해당 관서에 보관 · 관리한다.

제6호에서 우편물품은 외국물품이지만 체신관서가 관리 책임을 진다. 법에 우편물 통관과 관리에 관한 규정이 있으며, 우편물은 통관우체국 우편물보관소에서 보관한다.

이 규정들을 위반하는 것은 1천만원 이하 벌금, 과실의 경우에는 200만원 이하 벌금에 해당된다.

제2항에서 수출신고수리된 물품, 보세구역에 장치가 곤란한 물품, 재해 등으로 임시 장치한 물품, 검역물품은 보세구역에 장치하지 아니하더라도 일반적인 보세화물 적용규정을 준용한다. 그러나 압수물품, 우편물품은 이러한 규정을 적용하지 아니한다. 일반적으로 보세화물에 적용하는 규정에는 제157조(물품의 반출입), 제158조(보수작업), 제159조(해체 · 절단 등의 작업), 제160조(장치물품의 폐기), 제161조(견품반출), 제163조(세관공무원의 파견), 제172조(물품에 대한 보관책임), 제177조(장치기간), 제208조(매각대상 및 매각절차), 제209조(통고), 제210조(매각방법), 제211조(잔금처리), 제212조(국고귀속), 제321조(세관의 휴일 · 개청시간 · 물품취급시간) 규정이 있다.

제156조【보세구역 외 장치의 허가】 ① 제155조 제1항 제2호에 해당하는 물품을 보세구역이 아닌 장소에 장치하려는 자는 세관장의 허가를 받아야 한다.
② 세관장은 외국물품에 대하여 제1항의 허가를 하려는 때에는 그 물품의 관세에 상당하는 담보의 제공, 필요한 시설의 설치 등을 명할 수 있다.
③ 제1항에 따른 허가를 받으려는 자는 기획재정부령으로 정하는 금액과 방법 등에 따라 수수료를 납부하여야 한다.

해 설

보세구역 외 장치는 보세구역이 아닌 다른 장소에 물품을 보관한다는 의미이다. 과거에는 이를 타소장치라 하였으나 지금 용어로 바꾸었다. 법 제155조 제1항 제2호에 따라 보세구역 외에 장치할 수 있는 물품은 거대중량 등 사유로 보세구역장치가 곤란하거나 부적당한 물품을 말한다. 이 규정을 위반하는 것은 1천만원 이하 과태료에 해당한다.

제2항에서 보세구역이 아닌 장소에 보세화물을 장치하고자 할 때에는 관세 확보를 위해 담보를 제공하게 할 수 있다. 또한 재해 등에 대비하여 보세화물을 잘 보관하기 위하여 시설설치 명령을 할 수 있다. 담보는 보관물품을 분실하는 경우 해당 관세를 확보하기 위한 것이며 분실에 따른 물품 보관·관리 자체를 세관이 책임지는 것은 아니다.[2] 보세구역에서 물품관리는 화주, 운영인 등 개인 간의 계약에 의해 관리되는 것이지 정부기관이 관리에 관여하는 것은 아니다. 보세구역에는 인화질 또는 폭발성의 물품을 장치하지 못하며 부패할 염려가 있는 물품 또는 살아있는 동물이나 식물을 장치하지 못한다. 다만, 특수한 설비를 한 보세구역에 대해서는 이를 적용하지 아니한다.

제3항에서 보세구역 외 장치한 물품에 대하여는 별도의 화물 관리·감시에 따른 비용이 발생할 수 있으며 이 비용은 수혜자부담원칙에 따라 수혜자가 부담한다.[3]

【대법원 2002.12.10, 2000다24894】 [1] 타소장치의 허가에 관하여 타소장치허가를 신청할 수 있는 자의 자격에 관하여 별다른 제한을 두지 않고 있고, 보세화물관리에관한고시 제4조 제1항에 의하면, 입항 전 또는 하선 전에 수입신고나 보세운송신고를 하지 않은 보세화물의 장치장소는 화주나 그 위임을 받은 자가 우선적으로 결정하게 되어 있는데, 여기에서 '화주'란 물품에 대한 정당한 권리를 취득하였는지의 여부와 관계없이 관세 등을 납부할 의무가 있는 수입자를 지칭하고, 외국물

2) 타소장치(관세법 개정으로 보세구역 외 장치)된 물품의 보관관리는 구 관세법 제67조(현행 관세법 제156조)의 규정에 의하여 세관장으로부터 보세구역의 장치허가를 받은 자의 책임하에 관리하는 것이며 보세구역 외 장치허가를 받은 물품이 도난·분실 등이 된 경우에는 보세구역 외 장치허가를 받은 자가 그 물품에 대한 관세법상의 책임을 지는 것이다(관세청 지도 47330-207, 1993.5.7).
3) 보세구역 외 장치 허가수수료 금액은 1만8천원이다.

품 장치장소 중의 하나에 해당하는 타소장치의 허가신청에 관하여도 그 물건의 실제 소유자 혹은 정당한 권리자가 누구인지 여부에 상관없이 수입자가 이를 행사할 권한을 가진다고 할 것이고, 보세화물관리에관한고시 제7조 제2항에서 타소장치를 하고자 하는 자로 하여금 그 허가신청서에 송품장, 선하증권 사본 등의 서류를 첨부하도록 하고 있으나, 위 첨부서류는 외국물품의 과세가격 결정에 필요한 가격, 수량, 중량 등을 확인하기 위한 것에 불과하지 그 물품에 대한 정당한 권리자를 확인하려는 목적에서 첨부시키고 있는 것은 아니라고 할 것이므로, 위 규정을 이유로 물품에 대한 정당한 권리자만이 타소장치허가를 신청할 수 있는 것이라고 볼 수도 없다. [2] 타소장치란 거대·중량 등의 사유로 보세구역 내에 장치하기가 곤란한 물품을 세관장으로부터 허가를 얻어 장치하는 장소로서 보세구역은 아니나 외국물품이 있는 동안은 보세구역의 성격을 띠게 되어 보세구역에 관한 일정한 규정이 준용되는 곳인데, 기본적으로 국가는 관세채권의 확보와 통관질서의 확립이라는 행정적 목적을 위하여 제한된 범위 내에서 타소장치에 반입되는 물품에 대하여 허가·승인권을 행사하거나 세관공무원 파견, 화물관리인 지정을 할 수 있을 따름이고, 거기에 반입된 물품에 대한 사법상의 보관 책임은 화주 또는 반입자가 부담하도록 되어 있다고 할 것이므로, 타소장치에 반입된 물품이 정당한 권리자 아닌 자에게 무단으로 반출되어 버렸다고 하더라도 특별한 사정이 없는 한 그 사유만으로 국가가 위 타소장치를 관리함에 있어 어떠한 잘못을 저질렀다고 할 수는 없다. [3] 수입물품이 지정장치장에 반입되었다가 곧바로 수입자의 신청에 따라 수입자 경영의 공장 야적장에 허가된 타소장치장으로 보세운송되어 반입된 경우, 수입물품에 대한 사실상의 지배는 이미 운송인으로부터 수입자에게 넘어가 버린 것으로서, 수입자 이외에 물품에 대한 정당한 권리자가 따로 있었다면 수입물품이 타소장치장에 반입되기 이전에 혹은 반입과 동시에 정당한 권리자에 대한 권리침해는 이미 완성되어 버렸다.

【대법원 1976.6.22, 75도2718】 외국물품을 세관장으로부터 소정의 수입면허를 받지 않고 타소장치장에서 반출하여 ○○견직주식회사의 공장에 설치 사용한 소위는 그 물품이 무세품이라고 하더라도 관세법 소정의 무면허수입죄의 구성요건을 충족하는 것이다.

【헌법재판소 2004.3.25, 2001헌바89 전원재판부】 타소장치의 허가를 받고 수입물품을 반입하기 위해서는 적하목록, 수량 및 가격 등 제반사항을 신고하여야 하므로, 관세당국은 타소장치 허가를 받은 곳에 반입된 물품을 파악할 수 있고, 물품이 신고 없이 반출된다고 하더라도 관세의 징수를 확보할 수 있다. 관세법의 입법목적은 타소장치 허가를 받고 장치한 물품을 무신고수입한 행위자의 책임에 따라서 법관의 개별적·구체적인 양형에 따라 임의적인 몰수·추징을 함으로써 얼마든지 달성될 수 있다. 보세구역이 아닌 장소에 장치한 물품을 신고를 하지 아니하고 수입한 자에 관하여 적용되는 부분은 타소장치 허가를 받고 장치한 물품에 대한 수입신고를 단순히 업무상 착오나 과실로 해태하고 반출한 경우와 같이 행위자의 책임이 무겁지 않은 경우에도, 일률적으로 해당 물품 전부를 필요적으로 몰수·추징하고 있으므로, 형벌 본래의 기능과 목적을 달성함에 있어 필요한 정도를 현저히 일탈함으로써 "최소침해성의 원칙"에 위배되어 헌법 제37조 제2항의 과잉금지원칙에 반한다.

제157조【물품의 반입 · 반출】① 보세구역에 물품을 반입하거나 반출하려는 자는 대통령령으로 정하는 바에 따라 세관장에게 신고하여야 한다.
② 제1항에 따라 보세구역에 물품을 반입하거나 반출하려는 경우에는 세관장은 세관공무원을 참여시킬 수 있으며, 세관공무원은 해당 물품을 검사할 수 있다.
③ 세관장은 보세구역에 반입할 수 있는 물품의 종류를 제한할 수 있다.

해 설

보세구역은 관세미납 물품을 보관 · 관리하는 구역이므로 이 구역을 출입하는 물품에 대하여는 관세를 확보하기 위해 물품이동을 통제한다. 통제내용은 위 조항에서 같이 세관장에게 신고해야 하고, 신고받은 세관장은 세관공무원을 입회시키고, 검사하도록 할 수 있으며, 반출입물품의 종류를 제한할 수도 있다. 보세구역 물품반출입에 관한 통제는 관세행정에 있어서 매우 중요한 분야며, 내국물품도 이 규정에서 제외되지 아니한다. 2010.1.1. 법 개정시 제302조에서는 '입회'라는 용어를 '참여'라는 용어로 순화 표현한 바 있다.

신고는 법 제327조에 따라 전자적 방법에 의하여 처리하므로 처리 절차가 매우 간소화되어 있다. 도라산 지역, 속초의 고성 지역을 통하여 남북 간 물자의 반출입 및 인원의 통행이 급속하게 늘어나고 있으며, 남북 간 교역물품, 즉 남북 간 반입 · 반출물품에 대하여는 「남북교역물품 통관관리에 관한 고시」에 물품의 장치, 반출입절차, 검사 방법 원산지 확인 등에 관하여 상세하게 규정하고 있다. 보세구역 물품 반출입 신고를 위반한 경우에는 200만원 이하의 과태료에 해당한다.

제2항에서 출입하는 물품과 서류 사항이 일치하는지 여부를 확인하기 위하여 세관공무원이 물품 반출입할 때 입회하고, 물품검사도 할 수 있다. 이 규정에 따라 보세구역 내에 있는 화물을 검사할 수 있고, 옮기는 화물에 대하여도 검사할 수 있다.

물품검사에는 이러한 종류의 검사 이외에도 수출입신고한 물품에 대한 검사 등도 있다. 물품검사는 일정 비용이 발생하는 행위이므로 이 비용이 과다한 경우에는 수입화주의 불만 요인이 될 수 있다. 현재 통관제도는 대부분의 물품이 검사생략으로 처리되고 소수의 물품이 검사대상으로 선별되는데, 자신의 물품이 검사대상으로 선별되어 비용부담, 통관지체 등 불이익을 받게 되는 데에 대한 불만인 것이다. 특히 비용이 많이 발생하는 컨테이너 화물의 경우에는 화주의 비용부담을 줄일 수 있는 보험제도 도입 등 제도개선이 필요하다.

제3항에서 물품검사 결과 다른 화물에 손상을 끼칠 수 있는 물품은 격리하여 보관하며, 보세화물 안전관리를 위해 시설도 갖추어야 하고, 그 시설에 적합한 물품을 장치하여야 한다. 위험품, 보온 · 보냉물품, 검역대상물품, 고철, 귀금속 등 물품은 장치하기에 적합한 시설을 갖춘 장치장이나 전용 장치장에 반입하여야 한다. 이를 확보하기 위한 수단으로 이러한 조건에

맞지 아니하는 물품에 대해서는 세관장의 물품반출명령권이 있다. 물품을 반출입할 때에는 외국물품은 물론이고 내국물품인 경우에도 반출입신고를 하여야 하며 이때에는 반출입신고서에 의해 신고하여야 한다. 또한 물품 검사시에는 반입신고서와 송품장 등 검사에 필요한 서류의 제출을 요구할 수 있다.

기본통칙에 화물관리번호란 적재화물목록상의 적재화물목록관리번호와 Master B/L 일련번호와 House B/L일련번호를 조합한 번호를 말한다. 적재화물목록관리번호는 항공화물이나 해상화물 별로 일정한 규칙 아래 지정하고 있다.

【대법원 1996.7.26, 95도2141】 [1] 보세구역에서 관세를 납부하여야 할 물품을 수입면허를 받음이 없이 무단반출한다는 인식이 있는 이상 관세포탈의 범의가 있는 것으로 보아야 하고, 관세포탈의 기수시기는 무단반출한 때이다. [2] 물품의 반출 이후에 관세가 포함된 금액을 매수가액으로 하여 정상적으로 세금계산서를 발부하였고, 사후에 관세를 추징당하는 등의 방법으로 관세를 납부할 의사가 있었다 하여도 관세포탈의 범의를 인정한다. * 1996.12.30. 개정관세법 이후에는 관세포탈죄의 주체를 '수입신고를 한 자'로 한정하여, 무단반출시 무신고수입죄만 성립하다.

【대법원 1974.7.16, 74다435】 보세지역에 장치되어 있을 뿐 관세가 부과징수되어 통관절차를 밟아 내국물품이 되지 아니한 물품에 대하여 법원이 국가에 대하여 그 물품의 인도를 명할 수 없다.

제157조의 2【수입신고수리물품의 반출】 관세청장이 정하는 보세구역에 반입되어 수입신고가 수리된 물품의 화주 또는 반입자는 제177조에도 불구하고 그 수입신고 수리일부터 15일 이내에 해당 물품을 보세구역으로부터 반출하여야 한다. 다만, 외국물품을 장치하는 데에 방해가 되지 아니하는 것으로 인정되어 세관장으로부터 해당 반출기간의 연장승인을 받았을 때에는 그러하지 아니하다.

해 설

공항만에 소재하는 보세구역은 수출입물품이 빈번하게 반출입하는 곳이다. 이러한 공항만의 보세구역에 수입신고수리된 물품을 장기간 방치하는 경우 물류흐름에 장애가 되기 때문에 신고수리 후 15일 이내에 반출하도록 정하고 있다.

반출책임자는 화주 또는 반입자다. 반입자란 통칙에서는 적재화물목록 작성책임자로 적재화물목록을 세관장에게 제출한 선박회사, 항공사, 운송주선업자를 말하며, 화주라 함은 화물의 적재화물목록에 수신인으로 기재되거나 수신인 란에 지시식으로 기재된 경우에는 통지처로 기재된 자를 말한다. 모든 보세구역에 수입신고수리물품에 이 내용을 적용하는 것은 보세구역 운영에 지장을 줄 수 있으므로 관세청장이 정한 보세구역에 한하여 운영한다.

이전에는 기획재정부령이 정하는 지정장치장에 한하여 이 제도를 운영하였으나 2003.12.30.

개정 관세법에서는 늘어나는 물동량을 효과적으로 처리하기 위하여 전체 보세구역을 그 대상으로 확대하고, 1차적으로 공항만 하역터미널을 그 대상으로 운영하되, 관세청장이 탄력적으로 그 대상을 조정하여 운영할 수 있도록 개정하였다. 그리고 지정보세구역의 수입신고 수리물품 반출 조항인 제171조를 삭제하고 제7장 보세구역에 관한 통칙 부분인 본 절에 이를 규정하였다.

신속한 물류흐름을 위하여 법 제241조 제3항에서도 유사한 내용을 규정하고 있다. 지정장치장, 보세창고, 보세구역 외 장치장 반입물품은 반입일 혹은 허가일부터 30일 이내에 수출, 수입 반송신고해야 한다. 그리고 수입신고 전 물품반출시, 반출신고일부터 10일 이내에 수입신고를 해야 하고, 수입신고일부터 15일 이내에 세액을 납부해야 한다. 15일 이내에 해당 물품을 보세구역으로부터 반출하지 아니하는 경우에는 100만원 이하의 과태료에 해당한다.[4] 법 제177조는 장치기간에 관한 규정이다.

제158조【보수작업】 ① 보세구역에 장치된 물품은 그 현상을 유지하기 위하여 필요한 보수작업과 그 성질을 변하지 아니하게 하는 범위에서 포장을 바꾸거나 구분·분할·합병을 하거나 그 밖의 비슷한 보수작업을 할 수 있다. 이 경우 보세구역에서의 보수작업이 곤란하다고 세관장이 인정할 때에는 기간과 장소를 지정받아 보세구역 밖에서 보수작업을 할 수 있다.
② 제1항에 따른 보수작업을 하려는 자는 세관장의 승인을 받아야 한다.
③ 세관장은 제2항에 따른 승인의 신청을 받은 날부터 10일 이내에 승인 여부를 신청인에게 통지하여야 한다.
④ 세관장이 제3항에서 정한 기간 내에 승인 여부 또는 민원 처리 관련 법령에 따른 처리기간의 연장을 신청인에게 통지하지 아니하면 그 기간(민원 처리 관련 법령에 따라 처리기간이 연장 또는 재연장된 경우에는 해당 처리기간을 말한다)이 끝난 날의 다음 날에 승인을 한 것으로 본다.
⑤ 제1항에 따른 보수작업으로 외국물품에 부가된 내국물품은 외국물품으로 본다.
⑥ 외국물품은 수입될 물품의 보수작업의 재료로 사용할 수 없다.
⑦ 제1항 후단에 따라 보수작업을 하는 경우 해당 물품에 관한 반출검사 등에 관하여는 제187조 제4항·제5항 및 제7항을 준용한다.

해 설

보수작업의 정의, 보수작업의 승인, 외국물품 의제, 외국물품 재료 사용금지, 담보제공 등에 관한 규정이다. 보수작업은 원래 현상이나 성질을 유지하는 범위 안에서 업체 편의와 물품 효

4) 「자유무역지역 지정 및 운영에 관한 법률」 제70조에도 일정기간 경과한 경우에 100만원 이하의 과태료에 해당하는 처벌 규정이 있다.

용을 높이기 위한 작업을 말한다. 종류에는 현상을 유지하기 위한 보수작업과 그 성질을 변하지 아니하는 범위 안에서 포장을 바꾸거나 개장, 구분, 분할, 합병 등 작업을 말한다.

기본통칙에는 보수작업을 품목분류번호가 변화되지 아니한 범위 안에서 하는 작업을 말한다. 보수작업 승인을 얻고자 하는 자는 승인 신청서를 세관장에게 제출하여야 한다. '개장'은 포장을 다시 하는 것이며 포장의 개체, 재료의 개체, 기호나 번호를 바꾸는 것을 말하며, '구분'은 외장·내장이나 내용품을 분류하는 작업을 말한다. '분할'이란 2종 이상의 물품이 혼합되어 있는 경우에 품종별로 분류하는 것을 말한다. '합병'은 같은 종류나 다른 종류 물품을 혼합하는 것을 말한다.

보세구역 안에서 보수작업이 곤란하면 보세구역 밖에서 보수작업을 할 수 있다. 종전에 보수작업은 보세구역 안에서만 할 수 있었으나, 1998.12.8. 관세법 개정(법률 제5583호)시 기업활동의 편의를 도모하기 위하여 보세구역 밖에서도 보수작업을 할 수 있도록 규정하였다.

제2항에서 보수작업은 물품 현상이나 성질이 변하지 아니하는 범위 안에서 작업해야 하므로, 그 작업 필요성과 과정 등에 관하여 사전에 세관장 승인을 얻어야 한다. 관세청고시 「보세화물 관리에 관한 고시」에는 보수 작업의 종류로 부패, 손상 방지를 위한 보존작업, 포장개선, 라벨표시, 절단, 선별, 용기변경, 간단한 조립작업을 정하고 있다. 보수작업 승인절차를 위반하는 경우에는 200만원 이하의 과태료에 해당한다.[5]

2018.12.31. 법 개정시 새로이 제3항에 보수작업 승인 신청에 대한 통지의무 조항을 신설하였다. 인허가 처리기한 및 인허가 여부나 처리지연 사유 통보절차 등을 법률차원에서 명확하게 규정한 것이다. 행정법적으로 인허가의 효력을 발생시키는 규정은 국민에게 직접적인 권리의무와 관련된 중요하고 본질적인 법규적 내용이므로 법률유보원칙에 따라 법률에 규정할 필요가 있었다.

제4항도 2018.12.31. 법 개정시 신설된 조항으로 '승인' 간주규정이다. 인허가 여부나 처리지연 사유 미통보후 처리기한 경과시 승인이 있는 것으로 본다는 내용으로 관세행정 예측가능성과 민원인 편의를 제고하기 위한 규정이다. 국무조정실 「인허가제도 합리화 추진 계획」에 따른 '인허가 간주제' 도입에 따라 개정한 것이다. 제3항과 제4항을 신설함에 따라 기존 제3항 내지 제5항은 제5항 내지 제7항으로 이동하였다.

제5항에서 보수작업은 보세구역에 장치된 물품에 내국물품이나 외국물품을 부가하여 필요한 작업을 하지만 그 현상이나 성질은 유지하는 작업이다. 따라서 보수작업 대상이 외국물품

5) 냉장육류가 장기간 보존됨에 따라 냉동 상태가 되고, 그 과정에서 '보수작업'에 관한 승인을 받지 않고 냉장육류를 냉동육류로 통관한 사례에 대하여 검토해 보면, 보수작업은 일종의 '가공'의 의미를 포함하고 있으며 쇠고기 육류가 냉장에서 냉동으로 변경된 것은 물품의 보존 등 별도의 사유에 의해 상태가 변경된 것으로 가공의 범위에 포함되지 않으므로 '보수작업' 승인에 관한 규정을 적용하는 것은 다소 무리가 있다.

이라면, 내국물품을 사용하여 보수작업을 하더라도 외국물품이라는 물품의 법적 성질에는 변함이 없다.

제6항에서 외국물품이 보수작업재료로 사용되어 다른 수입물품으로 통관한다면 수입물품 관리상 혼란이 초래될 수 있다. 따라서 외국물품은 수입될 물품의 보수작업재료로 사용할 수 없도록 규정하고 있다. 보수작업은 내국물품만을 재료로 사용하는 등 그 작업내용이 소극적인 것으로 한정하고 있다. 그러나 수출물품과 반송할 물품에는 외국물품을 보수작업 재료로 사용할 수 있다. 이 규정을 위반한 경우에는 200만원 이하의 과태료에 해당한다.

제7항에서 보세공장 보수작업에는 작업원료, 재료, 작업에서 생긴 물품을 장치, 반출하거나 수출물품 중 하자 보수를 위한 작업이 있다. 보수작업 승인 신청시에는 보수작업에 사용할 재료 등을 기재한 승인신청서를 제출하여야 한다.

법 제187조 제3항은 물품검사, 제4항은 보세공장에 있는 것으로 의제, 제6항은 보세공장운영인으로부터 즉시관세를 징수한다는 규정이다. 2010.1.1. 법 개정시 수입신고 이외의 행위시 요구되는 담보제공으로서 보수작업, 작업허가, 물품장치 등 경우에는 사실상 현재 담보 없이 운영되고 있는 현실을 감안하여 담보제공의무를 면제하였다.

제159조【해체 · 절단 등의 작업】 ① 보세구역에 장치된 물품에 대하여는 그 원형을 변경하거나 해체 · 절단 등의 작업을 할 수 있다.
② 제1항에 따른 작업을 하려는 자는 세관장의 허가를 받아야 한다.
③ 세관장은 제2항에 따른 허가의 신청을 받은 날부터 10일 이내에 허가 여부를 신청인에게 통지하여야 한다.
④ 세관장이 제3항에서 정한 기간 내에 허가 여부 또는 민원 처리 관련 법령에 따른 처리기간의 연장을 신청인에게 통지하지 아니하면 그 기간(민원 처리 관련 법령에 따라 처리기간이 연장 또는 재연장된 경우에는 해당 처리기간을 말한다)이 끝난 날의 다음 날에 허가를 한 것으로 본다.
⑤ 제1항에 따라 작업을 할 수 있는 물품의 종류는 관세청장이 정한다.
⑥ 세관장은 수입신고한 물품에 대하여 필요하다고 인정될 때에는 화주 또는 그 위임을 받은 자에게 제1항에 따른 작업을 명할 수 있다.

해 설

해체 · 절단 등 작업은 보수작업보다 작업도가 높아서 원형을 변경하거나 효용을 바꾸는 정도까지 진행된다. 따라서 외국물품에 대하여 보세상태에서 해체 · 절단 등 작업을 하는 것은 관세 확보와 물품 관리차원에서 세관의 직접적인 통제를 받도록 정하고 있다.

제2항 및 제5항에서 보수작업은 승인대상이나 해체 · 절단 등 작업은 허가대상이다. 해체 ·

절단 등 작업은 물품 상태의 변화가 큰 것이므로, 작업 대상 물품을 사전에 정하거나 별도로 통제하기 위해 관세청고시 「종합보세구역의 지정 및 운영에 관한 고시」에 물품 종류(수입고철)를 정하고 있다. 해체 · 절단 등 작업을 하고자 하는 경우에는 해당 물품 등을 기재한 신청서를 제출하고 작업이 완료되면 완료보고를 하여야 한다.

2018.12.31. 법 개정시 새로이 제3항에 해체 · 절단 작업허가 신청에 대한 통지의무 조항을 신설하였다. 인허가 처리기한 및 인허가 여부나 처리지연 사유 통보절차 등을 법률차원에서 명확하게 규정한 것이다. 행정법적으로 인허가의 효력을 발생시키는 규정은 국민에게 직접적인 권리의무와 관련된 중요하고 본질적인 법규적 내용이므로 법률유보원칙에 따라 법률에 규정할 필요가 있었다.

제4항도 2018.12.31. 법 개정시 신설된 조항으로 '허가' 간주규정이다. 인허가 여부나 처리지연 사유 미통보후 처리기한 경과시 허가가 있는 것으로 본다는 내용으로 관세행정 예측가능성과 민원인 편의를 제고하기 위한 규정이다. 국무조정실 「인허가제도 합리화 추진 계획」에 따른 '인허가 간주제' 도입에 따라 개정한 것이다. 제3항과 제4항을 신설함에 따라 기존 제3항과 제4항은 제5항과 제6항으로 이동하였다.

제6항에서 수입 신고한 물품이 통관 후 다른 용도로 사용될 우려가 있는 물품은 본래 목적에 맞게 해체 · 절단 등 작업을 하도록 세관장이 명할 수 있다. 이때에는 화주의 신청이 없더라도 세관장 직권으로 작업을 명하는 것이다.

예를 들면 고철로 수입한 엔진 블럭을 통관 후에 고철로 사용하지 않고 다른 기계부분품으로 사용하는 것을 막기 위해 해체 · 절단 등 작업을 하는 것이다. 허가 없이 해체 · 절단 작업을 하는 것은 1천만원 이하 과태료에 해당한다. 보세구역 내 수입화물에 대한 해체 · 절단 작업 명령을 위반한 경우에는 200만원 이하의 과태료에 해당한다.

제160조 【장치물품의 폐기】 ① 부패 · 손상되거나 그 밖의 사유로 보세구역에 장치된 물품을 폐기하려는 자는 세관장의 승인을 받아야 한다.
② 보세구역에 장치된 외국물품이 멸실되거나 폐기되었을 때에는 그 운영인이나 보관인으로부터 즉시 그 관세를 징수한다. 다만, 재해나 그 밖의 부득이한 사유로 멸실된 때와 미리 세관장의 승인을 받아 폐기한 때에는 예외로 한다.
③ 제1항에 따른 승인을 받은 외국물품 중 폐기 후에 남아 있는 부분에 대하여는 폐기 후의 성질과 수량에 따라 관세를 부과한다.

해 설

장치물품의 폐기 승인, 멸실 · 폐기시 관세징수, 잔존물에 대한 관세징수, 폐기 대상물품 및 절차, 통고 불가능시 공고, 반송 및 폐기시 비용부담에 관한 규정이다. '장치'는 물품을 보관하는 것을 말하며, 장치된 물품이 부패 · 손상되어 다른 물품까지 손상시키는 것을 막기 위하여, 물품을 버리는 것을 장치물품 폐기라 한다. 종전에는 '멸각'이라 하였으나 '폐기'로 그 용어를 바꾸었다. 장치물품을 폐기하고자 할 때에는 세관장의 승인을 얻어야 한다. '부패'는 물품이 화학적으로 변화하여 경제가치가 감소되는 것을 말하며, '손상'은 물품이 물리적으로 변하여 경제가치가 감소되는 것을 말한다.

제2항은 멸실 · 폐기시 관세징수에 관한 규정이다. 보세구역에 장치된 외국물품에 대한 보관책임은 운영인[6]이나 보관인에게 있으므로 폐기되면 이들로부터 즉시 관세를 징수한다. 세관장의 승인을 얻어 폐기하였을 때에는 관세를 징수하지 아니하며, 이것은 폐기한 부분에 대하여 관세를 납부하지 아니한다는 것이지 제3항과 같이 그 잔존물에 대하여도 관세를 납부하지 아니한다는 것은 아니다.[7] 폐기작업을 종료한 자는 잔존하는 물품의 품명 · 규격 · 수량 및 가격을 세관장에게 보고하여야 한다.

"그 밖의 부득이한 사유로 인한 멸실"이라 함은 보관인 또는 관리인이 선량한 주의 · 관리의무를 다하였음에도 불구하고 사전예측과 예방이 불가항력적인 경우가 이에 해당한다고 볼 수 있으며 선량한 주의 · 관리의무를 다하였는지 여부에 대하여는 보관인 또는 관리인이 해당 보세화물 손실의 직접적 원인뿐만 아니라 제반 사정을 고려하여 판단하여야 한다.[8]

'운영인'은 특허보세구역을 설치 · 운영하는 자를 말하며, '보관인'은 지정보세구역에 보관중인 물품에 대하여 화주를 대신하여 보관책임을 지는 자를 말한다. 여기서 보관인은 화물 보관의 책임을 지는 자로서 법 제172조의 화물관리인을 의미한다. 장치물품의 멸실 신고, 물품의 도난 또는 분실의 신고, 물품 이상의 신고는 특허보세구역장치물품인 경우에는 운영인, 기타 물품인 경우에는 보관인의 명의로 하여야 한다.

제3항은 잔존물에 대한 관세징수 규정이다. 폐기 후 잔존하는 부분은 외국물품임에는 변함이 없으므로 잔존 부분에 대하여는 그 남은 부분의 성질과 수량에 따라 관세를 부과한다. 예를 들면, 동제 케이블이 화공약품 등에 손상을 받아 원래 용도에 사용될 수 없어 폐기 승인을 사전에 얻어 폐기한 경우에는 폐기 후 그 잔존물로서 동선의 중량에 따라 관세를 부과한다. 폐기하는 경우에는 산업폐기물, 공해문제가 발생되는 물품에 대하여 특별한 시설을 갖추도록 하고 이 요건을 갖추지 못한 경우에는 이를 반송해야 한다. 또 폐기할 때에는 사전에 세관장

---

6) 보세창고를 특허받은 운영인이 제3자와 보세창고 사용계약 및 사업 양수도계약을 체결하여 특허면적의 일부를 무단으로 양도한 상황에서 보세창고에 원인 미상의 화재발생으로 보세화물이 멸실된 경우, 양수도계약은 당사자 간에 효력이 발생하는 사적계약에 불과하고 제3자는 특허권자로서 권리와 의무를 가진다고 볼 수 없으므로 납세의무자는 운영인이 된다(기획재정부 관세제도과－50, 2014.1.17).

7) 심판청구 재결례(국심 제95관0030호, 1995.7.1) 참조.

8) 관세청 세원심사과－2288호(2010.7.12).

의 승인을 얻어야 하며, 이 규정을 위반하는 것은 1천만원 이하 과태료에 해당한다.

【조세심판원 2016.7.15, 2016관0047】 청구법인은 화재 발생 전에 소방계획을 세워 소방·전기시설에 대한 자체 및 외주업체 점검을 충분히 한 것으로 보이는 점, 화재 원인으로서 방화 가능성 및 흡연·화기 취급·쓰레기 소각 등으로 인한 인적 부주의의 가능성은 처음부터 배제되었고, CCTV 상 화재 전 쟁점보세창고 1동에서 사람의 이동이 없었던 것으로 나타나는 점 등에 비추어 쟁점보세창고의 화재는 관세법 제160조 제2항에 따른 관세 징수의 예외사유인 재해나 그 밖의 부득이한 사유에 해당되는 것으로 보이므로 쟁점보세창고에 장치된 수입냉동식품이 멸실된 것에 대하여 관세 등을 과세한 처분은 잘못이 있다.

【조세심판원 1995.7.1, 제95관0030호】 관세는 수입물품에 부과하는 것이고 수입물품이라 함은 외국으로부터 우리나라에 도착된 물품 중 우리나라에 인취하는 것으로 보세구역에 장치된 외국물품을 미리 세관장 승인을 얻어 멸각하였다함은 과세대상인 수입물품이 존재치 아니하고 멸각 후 매몰로 인하여 잔존가치가 없으므로 관세를 징수할 수 없다.

④ 세관장은 제1항에도 불구하고 보세구역에 장치된 물품 중 다음 각 호의 어느 하나에 해당하는 것은 화주, 반입자, 화주 또는 반입자의 위임을 받은 자나 국세기본법 제38조부터 제41조까지의 규정에 따른 제2차 납세의무자(이하 "화주등"이라 한다)에게 이를 반송 또는 폐기할 것을 명하거나 화주등에게 통고한 후 폐기할 수 있다. 다만, 급박하여 통고할 여유가 없는 경우에는 폐기한 후 즉시 통고하여야 한다.

1. 사람의 생명이나 재산에 해를 끼칠 우려가 있는 물품
2. 부패하거나 변질된 물품
3. 유효기간이 지난 물품
4. 상품가치가 없어진 물품
5. 제1호부터 제4호까지에 준하는 물품으로서 관세청장이 정하는 물품

⑤ 제4항에 따른 통고를 할 때 화주등의 주소나 거소를 알 수 없거나 그 밖의 사유로 통고할 수 없는 경우에는 공고로써 이를 갈음할 수 있다.

⑥ 제1항과 제4항에 따라 세관장이 물품을 폐기하거나 화주등이 물품을 폐기 또는 반송한 경우 그 비용은 화주등이 부담한다.

해 설

제4항은 폐기 대상물품 및 절차에 관한 규정이다. 장치된 물품이 장치장에 더 이상 보관할 필요가 없는 경우에는 이를 폐기하여 다른 물품을 보호하거나, 장치장 운영의 효율을 기해야 한다. 사람의 생명이나 재산을 해할 우려가 있는 물품, 부패 또는 변질한 물품, 실용시효가 경과된 물품, 상품가치를 상실한 물품, 관세청장이 정하는 물품은 폐기 대상이 된다. 절차에

는 반송·폐기 명령, 통고 후 폐기, 폐기 후 통고 등이 있다. 1990.12.31. 관세법 개정(법률 제4286호)시 산업폐기물 등을 국내로 수입하여 폐기하려는 경우에는 폐기하는 것이 아니라 반송을 명할 수 있게 반송사항을 추가하여 규정한 것이다. 장치물품에 대한 폐기 명령을 위반한 경우에는 100만원 이하의 과태료에 해당한다.

제5항은 통고 불가능시 공고에 관한 규정이다. 화주등이라 함은 제4항에서 정한 바와 같이 화주, 반입자, 위임을 받은 자, 국세기본법 제38조 내지 제41조 규정에 의한 제2차 납세의무자를 말한다. 통고할 수 없으면 공고로써 통고에 갈음한다. 공고는 언론매체, 세관 게시판 등을 이용할 수 있다.

제6항은 반송 및 폐기시 비용부담에 관한 규정이다. 물품 폐기에 관련한 비용은 물품 주인인 화주가 부담한다. 상품가치가 없는 폐기물품을 위장하여 수입하는 경우가 있으나 폐기물품을 수입한 자는 대금을 지급하는 것이 아니라 대가를 받고 수입하는 것이다. 따라서 이 거래는 정상적인 무역거래가 아니므로 폐기하지 아니하고 반송해야 한다. 보세화물의 검사에 관하여 물품검사 비용 부담자를 명문으로 법에 규정되어 있지 아니하므로 과다하게 검사비용이 발생되면 비용 부담 책임자에 대하여 논란이 발생될 수 있다. 이와 마찬가지로 폐기할 때에도 그 비용이 발생하는 것이므로 해당 비용부담자를 구체적으로 정하고 있으며, 동 조항은 이러한 점에서 그 의의를 찾아 볼 수 있다.

제161조【견본품 반출】① 보세구역에 장치된 외국물품의 전부 또는 일부를 견본품으로 반출하려는 자는 세관장의 허가를 받아야 한다. 국제무역선에서 물품을 하역하기 전에 외국물품의 일부를 견본품으로 반출하려는 경우에도 또한 같다.

② 세관장은 제1항에 따른 허가의 신청을 받은 날부터 10일 이내에 허가 여부를 신청인에게 통지하여야 한다.

③ 세관장이 제2항에서 정한 기간 내에 허가 여부 또는 민원 처리 관련 법령에 따른 처리기간의 연장을 신청인에게 통지하지 아니하면 그 기간(민원 처리 관련 법령에 따라 처리기간이 연장 또는 재연장된 경우에는 해당 처리기간을 말한다)이 끝난 날의 다음 날에 허가를 한 것으로 본다.

④ 세관공무원은 보세구역에 반입된 물품 또는 국제무역선에 적재되어 있는 물품에 대하여 검사상 필요하면 그 물품의 일부를 견본품으로 채취할 수 있다.

⑤ 다음 각 호의 어느 하나에 해당하는 물품이 사용·소비된 경우에는 수입신고를 하여 관세를 납부하고 수리된 것으로 본다.

1. 제4항에 따라 채취된 물품
2. 다른 법률에 따라 실시하는 검사·검역 등을 위하여 견본품으로 채취된 물품으로서 세관장의 확인을 받은 물품

해 설

견품은 전체물품의 성질이나 상태 등을 알아 볼 수 있도록 본보기로 보는 물품이며, 용도에 따라 종류가 다양하다. 상거래를 위한 상품견품, 검사용 견품, 확인용 견품 등이 있다. 견품은 무역거래의 원활화를 위한 것이므로 일반 상거래 물품과는 구분하여 관리한다.

세관공무원 이외 자가 견품반출을 하고자 할 때에는 세관장의 허가를 받아야 한다. 이때에는 그 물품의 전부나 일부를 견품으로 반출할 수 있다. 이 견품은 반출기간이 경과하면 다시 보세구역으로 반입하여야 하며 견품채취로 물품이 변질·손상하여 관세채권 확보가 어려우면 견품반출을 할 수 없다. 이러한 이유로 견품 반출시 세관장의 허가를 얻어야 한다. 허가의 경우에는 세관의 적극적인 의사표시가 있어야 되나, 신고의 경우에는 특별한 사유가 없는 한 신고자의 의사만으로 견품반출이 가능하다는 점이 견품반출 허가제와 신고제의 차이점이라 할 수 있다. 세관장의 허가 없이 견품을 반출하는 것은 1천만원 이하 과태료에 해당한다.

2018.12.31. 법 개정시 새로이 제2항에 견본품 반출허가 신청에 대한 통지의무 조항을 신설하였다. 인허가 처리기한 및 인허가 여부나 처리지연 사유 통보절차 등을 법률차원에서 명확하게 규정한 것이다. 행정법적으로 인허가의 효력을 발생시키는 규정은 국민에게 직접적인 권리의무와 관련된 중요하고 본질적인 법규적 내용이므로 법률유보원칙에 따라 법률에 규정할 필요가 있었다.

2023.12.31. 법 개정시 선상 물품에 대하여도 필요시 물품 검사용 견본을 반출할 수 있도록 규정을 개정하였고, 이는 국제무역선에 적재된 상태에서 물품 검사할 수 있다는 것이다.

제3항도 2018.12.31. 법 개정시 신설된 조항으로 '허가' 간주규정이다. 인허가 여부나 처리지연 사유 미통보후 처리기한 경과시 허가가 있는 것으로 본다는 내용으로 관세행정 예측가능성과 민원인 편의를 제고하기 위한 규정이다. 국무조정실「인허가제도 합리화 추진 계획」에 따른 '인허가 간주제' 도입에 따라 개정한 것이다. 제2항과 제3항을 신설함에 따라 기존 제2항과 제3항은 제4항과 제5항으로 이동하였다.

제4항은 검사용 견품에 관한 규정이다. 세관공무원은 검사에 필요한 경우에는 물품 일부를 견품으로 채취할 수 있다. 세관공무원 이외 자가 견품을 반출하고자 할 때에는 허가를 받아야 하며, 물품 전부를 견품으로 채취할 수 있다는 점이 세관공무원이 견본을 채취하는 경우와 다르다. 물품검사 목적은 현품과 서류상 물품 일치여부를 확인하는 것이다. 세관공무원이 검사하기 위해 견품을 채취하는 경우에는 별도 허가 없이 견품을 채취할 수 있다. 제정관세법에서는 견본이 검사, 과세에 필요하면 화주가 의무적으로 제출하도록 하였으며, 견본 가격이 비싼 경우에는 세관에서 구매하여 보관하도록 하였다.

제5항은 수입신고·관세납부·수리의제에 관한 규정이다. 검사용 견품이 사용·소비된 때에는 이 견품을 수입신고하여 관세를 납부하고 신고수리된 것으로 본다. 이 의미는 수입신고

대상에 포함하며 해당 관세도 납부하고 신고 수리도 한다. 그러나 실제 물품은 사용·소비되어 없을 수 있으며 실제 물품이 있더라도 사용·소비와는 별도로 통관절차가 진행됨을 의미한다.[9] 채취는 연구·조사·검사를 위해 표본이나 자료를 골라서 거두는 것을 말한다. 다른 법률에 따라 세관공무원 외의 공무원이 실시하는 검사·검역 등을 위하여 견본품으로 채취된 물품으로서 세관장의 확인을 받은 물품이 사용·소비된 경우에는 수입신고를 하여 관세를 납부하고 수리된 것으로 하여 2016.12.20. 법 개정시 신설하였다.

제162조【물품취급자에 대한 단속】 다음 각 호의 어느 하나에 해당하는 자는 물품 및 보세구역 감시에 관한 세관장의 명령을 준수하고 세관공무원의 지휘를 받아야 한다.
1. 제155조 제1항 각 호의 물품을 취급하는 자
2. 보세구역에 출입하는 자

해 설

물품취급자는 운송업자, 창고업자, 작업인부, 실질적으로 물품을 보관·운송하는 사람들을 총칭하며, 이 규정은 보세구역에 대한 포괄적인 명령·지휘 규정이다.

현재는 세관공무원이 항상 보세구역에 위치하고 있지 아니하므로, 일정한 경우에는 자율관리보세구역의 보세사가 세관공무원 업무를 대행하고 있다. 법 제155조 제1항은 외국물품과 내국운송대상인 내국물품은 반드시 보세구역에 장치하여야 하지만, 수출신고수리물품, 거대물품, 임시장치물품, 검역물품, 압수물품, 우편물품은 예외적으로 보세구역이 아닌 곳에 장치할 수 있다는 규정이다. 1993.12.31. 관세법 개정(법률 제4674호)시 '세관장의 명령에 복종하고 세관 공무원의 지휘를 받아야 한다'는 내용을, '세관장의 명령을 준수하고 세관공무원의 지휘를 받아야 한다'는 내용으로 개정하였다. 내용 상 차이는 없지만 권위주의적 내용이 현행대로 바뀐 것이다. 보세구역 내 물품취급자의 명령, 지휘를 위반한 경우 100만원 이하의 과태료에 해당한다.

---

9) 이 조항을 두고 해석이 분분하나, 동 조의 취지는 물품관리에 관한 규정으로서 세관직원의 물품검사 활동을 원활화하기 위한 규정이다. 이 물품이 과세대상이냐 여부는 당초 이 규정 제정시 고려된 사항이 아니며, 이 규정에 비추어 과세 여부를 논하는 것은 맞지 않다. 과세여부는 평가에 관한 규정을 가지고 해석해야 하며, 이 규정은 물품 관리, 즉 내국물품화의 근거, 물품의 성격 등에 관한 내용이라 보아야 한다. 이와 유사한 규정으로 법 제239조의 수입으로 보지 아니하는 소비 또는 사용(수입으로 보지 아니함), 법 제240조의 수출입의제(적법하게 수입된 것으로 보고 관세 등은 따로 징수하지 아니함)가 있다. 이 규정은 견품이 사용 소비된 경우에는 사전에 본품이 신고수리 되기 전이라도 견품은 수입신고하고 관세를 납부한 것으로 보아 물품관리한다는 의미로 해석한다.

제163조 【세관공무원의 파견】 세관장은 보세구역에 세관공무원을 파견하여 세관사무의 일부를 처리하게 할 수 있다.

해 설

'보세구역에 파견한다'함은 세관공무원이 보세구역으로 가서 그 곳에서 세관일반사무를 처리하는 것을 말한다. 종전에는 파견된 공무원이 보세구역에 사무를 볼 수 있는 장소를 마련하여 세관 업무를 처리해 왔으나, 자율관리보세구역의 영역 확대, 관세행정 여건 변화 등으로 이제는 운영하지 아니하고 필요시 순찰 혹은 출장 형식으로 보세구역 운영상황을 점검한다. 관세청고시인 「보세공장 운영에 관한 고시」에 특파공무원의 직무에 대하여 규정하고 있다.

제164조 【보세구역의 자율관리】 ① 보세구역 중 물품의 관리 및 세관감시에 지장이 없다고 인정하여 관세청장이 정하는 바에 따라 세관장이 지정하는 보세구역(이하 "자율관리보세구역"이라 한다)에 장치한 물품은 제157조에 따른 세관공무원의 참여와 이 법에 따른 절차 중 관세청장이 정하는 절차를 생략한다.

② 보세구역의 화물관리인이나 운영인은 자율관리보세구역의 지정을 받으려면 세관장에게 지정을 신청하여야 한다.

③ 제2항에 따라 자율관리보세구역의 지정을 신청하려는 자는 해당 보세구역에 장치된 물품을 관리하는 사람(이하 "보세사"라 한다)을 채용하여야 한다.

④ 세관장은 제2항에 따른 지정신청을 받은 경우 해당 보세구역의 위치와 시설상태 등을 확인하여 제1항에 따른 자율관리보세구역으로 적합하다고 인정될 때에는 해당 보세구역을 자율관리보세구역으로 지정할 수 있다.

⑤ 제4항에 따라 자율관리보세구역의 지정을 받은 자는 제1항에 따라 생략하는 절차에 대하여 기록하고 관리하여야 한다.

⑥ 세관장은 자율관리보세구역의 지정을 받은 자가 이 법에 따른 의무를 위반하거나 세관감시에 지장이 있다고 인정되는 경우 등 대통령령으로 정하는 사유가 발생한 경우에는 제4항에 따른 지정을 취소할 수 있다.

해 설

외국으로부터 수입된 수입화물은 보세구역에 반입 후 관세 등을 납부하고 수입통관절차를 마치지 않은 경우에는 보세구역 밖으로 반출을 허용하지 않는 등 국가가 보세화물을 집중 관리함으로써 세관직원이 통관절차를 효율적으로 수행할 수 있고 보세화물을 이용한 밀수입 및 안전위해물품 등에 대한 감시를 용이하게 할 수 있다. 감시단속 측면에서 세관직원이 각 보세구역에 상주하면서 보세화물의 반출입과 이동과정 등을 직접 통제관리하는 것이 보세화물관리 목적을 확실하게 달성할 수 있다.

그러나 수출주도형의 압축성장을 지속한 우리나라의 무역규모가 급격히 증가함에 따라 수출입화물을 관리하기 위한 세관인력의 증원이 필요하였으나 정부의 공무원 증원억제정책과 이에 수반되는 예산상 문제 등으로 업무량 증가에 비례하는 증원은 어려워졌으며 시대적 여건도 대부분의 경제활동이 개발도상국의 관주도형에서 선진국의 민간주도형으로 전환되는 추세를 반영하여 민간경제활동에 대한 불필요한 정부규제를 축소하기 위해 1982년 관세법 개정으로 자율관리보세구역제도를 도입하게 되었다. 이후 관세청은 수년간 자율관리방법에 대한 구체적인 절차마련을 위하여 노력한 결과 88서울올림픽의 성공적 개최를 위한 총체적인 안보감시체제 구축의 필요에 따라 1988.7.1.자로 「자율관리보세구역운영요령」을 고시하여 오랫동안 운영하여 왔던 세관공무원에 의한 직접관리방법에서 보세구역 운영인에 의한 간접관리방식의 보세화물관리제도로 전환하였다.

이와 같이 보세구역 운영인이 수출입화물의 반출입 및 보관을 직접 관리하고 세관공무원은 최소한의 감독기능만을 수행하도록 마련된 제도가 자율관리보세구역(Self Managed Bonded Area)이다. 다시 말하면 세관공무원의 통제와 감독하에 이루어져왔던 보세화물관리를 보세구역 운영인이 스스로 관리하고 세관공무원은 그 관리실태를 확인·점검 또는 감시하는 방향으로 전환하여 화물관리가 효율적으로 이루어지도록 하는 것을 자율관리보세구역 제도이다.

세관장은 자율관리보세구역에 장치한 물품에 대하여 세관공무원의 참여와 확인절차 등을 생략하여 보세사로 하여금 대신 이를 확인하도록 하고 자율관리보세구역 운영인과 동 보세구역에 장치중인 물품에 대해 각종 절차상의 편의를 제공하여 관세법령 등 위반시에 부담하여야 하는 여러 형태를 행정제재를 하는 경우 일반 보세구역에 비해 경감된 수준으로 조치하며 일반 자율관리관리보세구역과 우수 자율관리보세구역에 대한 절차생략 등의 범위를 차등적으로 적용하고 있다.

관세청 고시로 「자율관리 보세구역 운영에 관한 고시」가 있으며, 자율관리보세구역 화물관리, 보세사 직무교육, 전형, 등록, 보세구역 업무절차생략, 위탁업무처리, 감독 등에 관해 규정하고 있다. 자율관리보세구역 지정은 지정보세구역, 특허보세구역이 모두 신청할 수 있다. 법 제157조는 보세구역에 물품을 반입·반출하고자 하는 자는 대통령령이 정하는 바에 따라 세관장에게 신고하여야 하고, 필요할 때에는 세관직원은 검사를 할 수도 있다는 규정이다.

제2항은 지정신청에 관한 규정이다. 지정보세구역의 화물관리인, 특허보세구역의 운영인이 자율관리보세구역 지정을 신청한다. 종합보세구역의 경우는 복합적으로 운영할 수 있는 보세구역의 운영인이 신청할 수 있다. 종전에는 '지정보세구역 및 특허보세구역'이 자율관리 보세구역으로 지정 신청할 수 있도록 하고 종합보세구역은 명시적인 규정이 없이 제외되어 있었

으나, 2003년 개정 관세법에서는 이를 '보세구역' 으로 개정함으로써 자율관리 보세구역 지정 범위에 포함시켰다. 화물관리인은 지정장치장에서 화주를 대신하여 물품 보관책임을 지는 자를 말한다. 자율관리보세구역의 지정을 받고자 하는 자는 신청서에 채용된 보세사의 보세사 등록증과 관세청장이 정하는 서류를 첨부하여 세관장에게 지정신청을 하여야 한다.

제3항은 보세사 채용에 관한 규정이다. 보세사는 법에서 정하는 자격을 갖춘 자로서 보세구역에 장치된 물품을 관리하는 자이다. 자율관리보세구역 지정을 받으려면, 보세사를 먼저 채용하고 지정 신청해야 한다. 자율관리보세구역 관리에 관하여는 운영인이 책임지나 보세사가 수행한 업무에 대하여는 보세사가 책임을 지도록 관련 규정을 2001.8. 개정하였다. 이는 보세사의 업무적 독립을 보장하여 공정한 보세업무를 추진하기 위한 조치로 볼 수 있다. 종전에는 보세사와 운영인이 연대하여 책임을 지도록 규정하였다.

제4항은 자율관리 보세구역지정에 관한 규정이다. 자율관리보세구역 지정의 물적 요건 즉 시설상태나 보세구역의 위치 등에 관한 요건을 정한 것이다.[10] 자율관리보세구역은 보세구역의 종류·명칭·소재지·구조·평수·동수와 장치물품의 종류, 수용능력을 고려한다. 인적 평가기준은 없으며, 보세사를 채용하면 된다.

제5항에서 보세화물 반출입 화물에 관한 신고 등 관련 업무에 대해 전반적으로 전산으로 처리하고 있다. 관세청의 보세구역 물품 반출입 신고 전산화로 별도 조치 없이 세관장이 실시간에 물품 현황을 파악할 수 있어서 2008.12.26. 법 개정(법률 제9261호)시 자율관리보세구역 물품반출입 정기보고 의무를 폐지하였다.

2023.12.31. 법 개정시 조문 내용을 정리하여 물품관리 및 세관감시에 필요한 절차 중 생략하는 절차(생략 절차)에 대한 기록·관리 의무를 법제화하였다.

제6항은 지정취소에 관한 규정이다. 자율관리보세구역 운영인은 자율적으로 보세구역을 관리하는 자이며, 운영인의 의무를 위반하거나, 그 시설상태 등이 세관감시에 지장이 있는 경우, 보세구역 설치·운영을 취소할 수 있다. 2017.12.19. 법 개정시 자율관리보세구역 관리 강화를 위하여 현행 고시로 운영되는 지정취소사유를 추가할 수 있도록 대통령령에 위임할 수 있는 근거규정을 신설하였다. 자율관리보세구역 지정을 취소할 때에는 청문을 실시하여야 한다.

2018.2.13. 관세법 시행령 개정시 보세구역에 물품을 반입하거나 반출할 때 세관공무원의 참여 등 절차를 생략할 수 있는 자율관리보세구역의 지정을 취소할 수 있는 사유를 장치물품에 대한 관세를 납부할 능력이 없다고 인정되는 경우 등으로 신설 규정하였다.

---

10) 관련 관세청 고시로 「자율관리 보세구역의 운영에 관한 고시」가 있다.

제165조【보세사의 자격 등】 ① 제175조 제2호부터 제7호까지의 어느 하나에 해당하지 아니하는 사람으로서 보세화물의 관리업무에 관한 시험(이하 이 조에서 "보세사 시험"이라 한다)에 합격한 사람은 보세사의 자격이 있다.
1. 일반직공무원으로서 5년 이상 관세행정에 종사한 경력이 있는 사람
2. 보세화물의 관리업무에 관한 전형에 합격한 사람
② 제1항에도 불구하고 일반직공무원으로 5년 이상 관세행정에 종사한 경력이 있는 사람이 제1항의 보세사 시험에 응시하는 경우에는 시험 과목 수의 2분의 1을 넘지 아니하는 범위에서 대통령령으로 정하는 과목을 면제한다. 다만, 다음 각 호의 어느 하나에 해당하는 사람은 면제하지 아니한다.
1. 탄핵이나 징계처분에 따라 그 직에서 파면되거나 해임된 자
2. 강등 또는 정직처분을 받은 후 2년이 지나지 아니한 자
③ 제1항의 자격을 갖춘 사람이 보세사로 근무하려면 해당 보세구역을 관할하는 세관장에게 등록하여야 한다.
④ 다음 각 호의 어느 하나에 해당하는 사람은 제3항에 따른 등록을 할 수 없다.
1. 제5항에 따라 등록이 취소(제175조 제1호부터 제3호까지의 어느 하나에 해당하여 등록이 취소된 경우는 제외한다)된 후 2년이 지나지 아니한 사람
2. 등록 신청일을 기준으로 제175조 제1호에 해당하는 사람
⑤ 세관장은 제3항에 따른 등록을 한 사람이 다음 각 호의 어느 하나에 해당하는 경우에는 등록의 취소, 6개월 이내의 업무정지, 견책 또는 그 밖에 필요한 조치를 할 수 있다. 다만, 제1호 및 제2호에 해당하면 등록을 취소하여야 한다.
1. 제175조 제1호부터 제7호까지의 어느 하나에 해당하게 된 경우
2. 사망한 경우
3. 이 법이나 이 법에 따른 명령을 위반한 경우
⑥ 제5항에 따른 행정처분이나 조치의 세부기준은 기획재정부령으로 정한다.
⑦ 관세청장은 다음 각 호의 어느 하나에 해당하는 사람에 대하여는 해당 시험을 정지시키거나 무효로 하고, 그 처분이 있는 날부터 5년간 시험 응시자격을 정지한다.
1. 부정한 방법으로 시험에 응시한 사람
2. 시험에서 부정한 행위를 한 사람
⑧ 보세사의 직무, 보세사 시험 및 등록절차와 그 밖에 필요한 사항은 대통령령으로 정한다.

해 설

보세사(Bonded goods caretaker)는 보세창고, 보세공장 등 보세구역을 통하여 반출입 및 보관 취급되는 보세화물을 체계적이고 효율적인 관리를 담당하는 전문자격사로서 특히 자율관리보세구역의 경우 세관공무원을 대신하여 보세화물을 관리하여야 하는 보세화물의 전문관리인이

다. 지정보세구역 화물관리인이나 특허보세구역 운영인이 자율관리보세구역으로 지정받기 위해서는 보세사를 채용(운영인이 자격증을 취득한 경우 예외로 한다)하여야 한다. 규제완화 차원에서 세관업무 중 일부를 보세사가 담당함으로 보세사의 역할이 커짐에 따라, 이전까지 대통령령에 규정하였던 내용을 1999.12.28. 관세법 개정(법률 제6046호)시 법에 이를 규정하였다.

2019.12.31. 법 개정시 보세사 자격제도의 공정경쟁을 촉진하고 기회 균등을 보장하기 위하여, 관세행정 경력공무원의 보세사 자격 자동 부여 제도를 폐지하고 시험과목을 일부 면제하는 것으로 규정을 개정하였다. 다만 본 규정 시행당시 종전의 규정에 따라 관세행정 종사중인 공무원은 종전의 규정에 따라 보세사 자격을 자동 부여하도록 규정하고 있다. 제1항에서 법 제175조는 특허보세구역 운영인의 결격사유에 관한 조항이다. 보세사 시험에 합격한 경우 보세사 자격이 있다고 하며 이러한 자격을 갖춘 자가 보세구역을 관할하는 세관장에게 등록하여 업무를 수행할 때 이를 '보세사'라고 한다.

2023.12.31. 법 개정시 미성년자도 보세사 시험에 응시할 수 있도록 규정을 합리화하였다. 법 제175조 제2호는 미성년자에 관한 규정이다.

제2항에서 보세사 시험 응시 자격 제한에 관한 규정이다. 그리고 일반직공무원으로 5년 이상 관세행정에 종사한 경력이 있는 사람이 시험에 응시하는 경우에는 시험과목 수의 2분의1을 넘지 아니하는 범위에서 과목을 면제할 수 있도록 규정하였다. 종전에는 시험 전 교육이수의무를 두었으나, 과도한 규제 및 비용 부담 등으로 이를 2013.1.1. 법 개정(법률 제11602호)시 폐지하였다. 2014.1.1. 법 개정시 보세사 자격을 취득할 수 있는 기회를 확대하기 위하여 보세사의 자격 취득요건 중 3년 이상 보세화물관리업무 종사경력을 삭제하여 보세사 자격 취득요건을 완화하였다.

제3항은 보세사의 등록의무에 관한 규정이다.

제4항은 등록 제한규정이고, 미성년자의 경우 시험 응시는 할 수 있으나 등록은 제한하는 것으로 규정하고 있다.

제5항은 처벌에 관한 규정으로서 등록 취소, 업무정지, 견책 등을 규정하고 있다. 보세사가 특허보세구역 운영인 결격사유에 해당되거나, 사망한 때에는 등록을 취소하며, 이 법 또는 이 법에 따른 명령에 위반한 때에는 등록의 취소, 업무정지, 견책 그 밖의 필요한 조치를 취할 수 있다. 보세사의 역할이 강조됨에 따라 2003년 개정 관세법에서 위반사항에 대하여 탄력적으로 행정제재를 가할 수 있도록 규정 내용을 신축성 있게 조정하였다. 종전 규정에는 관세법상 법령을 위반한 보세사에 대한 제재수단이 등록취소 밖에 없어 행정제재를 하기가 곤란하였고 불성실한 보세사가 계속적으로 보세화물 관리업무를 수행하는 사례가 발생하였다. 따라서 경미한 법령 위반시 업무정지 등의 조치를 취하는 등 신축적인 행정제재를 함으로써 보세사에 대한 획일적인 조치로 인한 불이익을 부여하지 않으면서 보세사의 성실한 업무수행을 촉구하

고 세관의 보세사에 대한 감독을 효율화시킬 수 있도록 개정하였다. 한편 등록취소사유인 사망 또는 결격사유 해당 시에는 세관장이 업무정지를 취할 여지가 없이 반드시 등록취소를 해야 하는 사유이므로 필요적 등록취소사유로 규정하였다. 2018.12.31. 관세법 개정시 「보세사 제도 운영에 관한 고시」로 운영하던 '견책' 처분을 조문에 추가하여 상향 입법하였다.

법 제175조와 관련하여 보세사는 자연인에 한하여 자격이 있는 것이므로 동조 각 호 중 제8호의 법인에 관한 사항은 무관한 것이다. 위임입법의 한계를 규정한 헌법 제75조에 위반한다는 의견에 따라 2006.3.24. 개정 관세법에서 업무정지의 기간을 6개월로 정하였다.

제6항은 2024.12.31. 법 개정시 신설한 조항이며, 보세사 자격에 대한 징계 등 처분 기준에 관한 근거를 명확화하였다.

제7항은 2015.12.15. 관세법 개정시 신설된 것으로 보세사 전형에서 부정행위를 한 자에 대한 제재조치 근거를 법률로 상향 입법하면서 전형 응시가 제한되는 기간을 5년으로 연장하였다.

보세사의 직무에는 보세화물 및 내국물품의 반출입시 입회·확인, 보세구역 안에 장치된 물품의 관리 및 취급 시의 입회·확인, 보세구역 출입문의 개폐 및 열쇠관리의 감독, 보세구역 출입자관리에 대한 감독, 견품의 반출 및 회수, 기타 보세화물의 관리를 위하여 필요한 업무로 관세청장이 정하는 업무가 있다. 보세사로 등록하고자 신청할 때에는 등록신청서에 보세사 자격증을 첨부하여 세관장에게 제출하여야 하며, 이에 대하여 제3항의 요건을 갖춘 경우 보세사 등록증을 교부한다. 보세사 제도는 보세구역을 자율관리하기 위해 마련된 제도이나, 보세사는 한편으로는 보세구역 운영인등의 고용인이므로 보세화물관리의 공정성이 결여될 수 있다. 예를 들면, 보세구역관리는 관세법령에 따라 해야 하나 회사의 영업이익을 우선 고려하게 될 수 있어 동 제도의 취약점으로 거론되기도 한다.

제165조의 2【보세사의 명의대여 등의 금지】 ① 보세사는 다른 사람에게 자신의 성명·상호를 사용하여 보세사 업무를 하게 하거나 그 자격증 또는 등록증을 빌려주어서는 아니 된다.
② 누구든지 다른 사람의 성명·상호를 사용하여 보세사의 업무를 수행하거나 자격증 또는 등록증을 빌려서는 아니 된다.
③ 누구든지 제1항 또는 제2항의 행위를 알선해서는 아니 된다.

해 설

본 조항은 보세사 및 보세운송업자 등의 명의대여 금지 규정이다. 2014.1.1. 관세법 개정시 보세화물의 관리를 강화하기 위하여 보세사 및 보세운송업자 등이 타인에게 자신의 성명·상호를 사용하여 업무를 하게 하거나 등록증을 대여하는 행위를 금지하도록 하여 신설하였다.

2020.12.22.(법률 제17649호) 개정시 보세사 시장질서 유지 및 국민피해 예방을 위하여 제2

항과 제3항을 신설하였다. 보세사가 자신의 명의를 대여하는 경우뿐만 아니라 보세사의 명의를 대여받거나 명의대여를 알선하는 행위 또한 금지하도록 하였다. 이를 위반한 경우에는 제275조의 4 보세사의 명의대여죄 등을 신설하여 1년 이하의 징역 또는 1천만원 이하의 벌금에 처하도록 하였다.

【대법원 2007.4.12, 2005도9267】 관세사법 제12조에서 금지하고 있는 '명의대여 등'이라 함은 다른 사람에게 자기의 성명 또는 사무소의 명칭을 사용하여 통관업을 행하게 하거나 그 자격증 또는 등록증을 이용하여 관세사로 행세하면서 수출입절차의 대행업무 등과 같은 관세사의 업무를 행하려는 것을 알면서도 자격증 또는 등록증 자체를 빌려주는 것을 말하므로, 관세사 자신이 그 관세사 사무소에서 수출입 물품에 대한 세번·세율의 분류, 과세가격의 확인과 세액 계산 등과 같은 관세사법 제2조 소정의 업무를 직접 수행하는 이상, 설사 관세사가 그 명의로 등록을 마친 관세사 사무소의 경영을 무자격자에게 맡겨 그의 계산과 경제적 책임 하에 사무소를 경영하게 하거나 무자격자로 하여금 자금을 투자하고 그로 인한 이익을 분배받게 하였다 하더라도, 이를 가리켜 '명의대여 등'을 하였다고 말할 수는 없다.

【대법원 2005.2.15, 2003다36133】 대법원 2005.2.25. 선고 2003다36133 판결 타인에게 어떤 사업에 관하여 자기의 명의를 사용할 것을 허용한 경우에 그 사업이 내부관계에 있어서는 타인의 사업이고 명의자의 고용인이 아니라 하더라도 외부에 대한 관계에 있어서는 그 사업이 명의자의 사업이고 또 그 타인은 명의자의 종업원임을 표명한 것과 다름이 없으므로, 명의사용을 허용받은 사람이 업무수행을 함에 있어 고의 또는 과실로 다른 사람에게 손해를 끼쳤다면 명의사용을 허용한 사람은 민법 제756조에 의하여 그 손해를 배상할 책임이 있다고 할 것이고, 명의대여관계의 경우 민법 제756조가 규정하고 있는 사용자책임의 요건으로서의 사용관계가 있느냐 여부는 실제적으로 지휘·감독을 하였느냐의 여부에 관계없이 객관적·규범적으로 보아 사용자가 그 불법행위자를 지휘·감독해야 할 지위에 있었느냐의 여부를 기준으로 결정하여야 할 것이다. [2] 사용자책임이 면책되는 피해자의 중대한 과실이라 함은 거래의 상대방이 조금만 주의를 기울였더라면 피용자의 행위가 그 직무권한 내에서 적법하게 행하여진 것이 아니라는 사정을 알 수 있었음에도 만연히 이를 직무권한 내의 행위라고 믿음으로써 일반인에게 요구되는 주의의무에 현저히 위반하는 것으로 거의 고의에 가까운 정도의 주의를 결여하고, 공평의 관점에서 상대방을 구태여 보호할 필요가 없다고 봄이 상당하다고 인정되는 상태를 말한다.

제165조의 3 【보세사의 의무】 ① 보세사는 이 법과 이 법에 따른 명령을 준수하여야 하며, 그 직무를 성실하고 공정하게 수행하여야 한다.
② 보세사는 품위를 손상하는 행위를 하여서는 아니 된다.
③ 보세사는 직무를 수행할 때 고의로 진실을 감추거나 거짓 진술을 하여서는 아니 된다.

제165조의 4【금품 제공 등의 금지】 보세사는 다음 각 호의 행위를 하여서는 아니 된다.
1. 공무원에게 금품이나 향응을 제공하는 행위 또는 그 제공을 약속하는 행위
2. 제1호의 행위를 알선하는 행위

해 설

2020.12.22.(법률 제17649호) 개정시 제165조의 3과 제165조의 4를 신설하여 보세사의 의무와 금품제공 등의 금지 등 규정하였다. 보세사의 명의대여 등의 금지만 법에서 규정하고 보세사의 의무 규정은 고시로 운영되고 있어, 의무 위반에 따른 행정처분이 있을 경우 신분상 영향을 받을 수 있기 때문에, 의무사항에 대한 법적근거 필요하여 상향 입법한 것이다. 의무에 관한 사항을 법으로 규정하여 법적 예측가능성과 안정성을 확보하고, 보세사 역할의 증대에 따른 보세사 업계 질서 유지를 강조한 것이라 할 수 있다.

제165조의 5【보세사징계위원회】 ① 세관장은 보세사가 제165조 제5항 제3호에 해당하여 등록의 취소 등 필요한 조치를 하는 경우 보세사징계위원회의 의결에 따라 징계처분을 한다.
② 제1항에 따른 보세사징계위원회의 구성 및 운영 등에 필요한 사항은 대통령령으로 정한다.

해 설

제165조의 5 '보세사징계위원회'는 2018.12.31. 법 개정시 신설된 조항으로 보세사 등록취소 등 행정제재처분을 하기 위한 보세사징계위원회에 대한 규정이다. 보세사 권리의무에 중요한 영향을 미치는 징계위원회의 구성·운영에 관한 사항을 법령에 명확하게 규정하기 위하여, 기존 관세청 「보세사제도 운영에 관한 고시」에 근거한 내용을 상향 입법한 것이다. 개정전 징계위원회의 설치근거가 고시에 규정되어 있어 위원회 의결의 법적 기속력에 대해 당위성이 부족하다는 지적에 따른 것으로, 보세사 권리의무에 중요한 영향을 미치는 위원회의 의결이 행정청의 의사를 기속하려면 그 위원회의 설치근거가 법률에 명시되어야 할 필요가 있었다.

보세사징계위원회는 세관에 설치하며 위원장 1명을 포함하여 5인 이상 10인 이내의 위원으로 구성한다. 위원장은 '세관장' 또는 '4급 이상 공무원으로서 세관장이 지명한 자'가 되고 위원은 세관공무원, 관세물류협회 지역별 협회장, 관세·물류전문가로서 세관장이 위촉하는 사람이 된다. 위원의 임기는 2년으로 하고 한 차례만 연임할 수 있다. '보세사징계위원회'의 회의는 위원장을 포함한 재적위원 3분의 2 이상 출석으로 개의하고, 출석위원 과반수의 찬성으로 의결한다.

지정보세구역

1. 제1관 통 칙

제166조 【지정보세구역의 지정】 ① 세관장은 다음 각 호의 어느 하나에 해당하는 자가 소유하거나 관리하는 토지·건물 또는 그 밖의 시설(이하 이 관에서 "토지등"이라 한다)을 지정보세구역으로 지정할 수 있다.
1. 국가
2. 지방자치단체
3. 공항시설 또는 항만시설을 관리하는 법인
② 세관장은 해당 세관장이 관리하지 아니하는 토지등을 지정보세구역으로 지정하려면 해당 토지등의 소유자나 관리자의 동의를 받아야 한다. 이 경우 세관장은 임차료 등을 지급할 수 있다.

해 설

지정보세구역은 개인의 영업이익보다는 공익을 우선 고려하여 국가, 지방자치단체, 기간시설 관리 법인을 대상으로 항만이나 공항 등에 설치하는 보세구역이다. 물류흐름의 중요지점에서 개인이 영업이익만 고려하여 물품을 관리하면 국가적 손실이 발생할 수 있으므로 이를 지정보세구역으로 관리하는 것이다. 지정보세구역은 지정장치장과 세관검사장으로 나눌 수 있다. 세관장이 보세화물을 효율적으로 관리하기 위해 지정보세구역을 지정하나, 특허보세구역은 신청자의 특허신청에 의하여 특허한다. 지정보세구역에는 정부나 지방자치단체 이외에 공항이나 항만시설을 관리하는 법인으로 인천국제공항공사, 사단법인 부산항 부두관리 협회 등이 운영하는 보세구역을 예로 들 수 있다. 지정보세구역은 세관장이 직권으로 혹은 토지 등의 소유자 또는 관리자의 동의를 얻어서 지정하며, 임차료 등을 지급할 수 있다. 지정보세구역의 지정에 관해서는 이 조항 이외에 달리 구체적으로 정한 규정은 없다.

제167조 【지정보세구역 지정의 취소】 세관장은 수출입물량이 감소하거나 그 밖의 사유로 지정보세구역의 전부 또는 일부를 보세구역으로 존속시킬 필요가 없어졌다고 인정될 때에는 그 지정을 취소하여야 한다.

해 설

지정보세구역은 화물관리를 위해 세관장이 지정하여 운영하는 것이므로, 보관하는 물량이 적거나, 경제적 환경변화로 인해 불필요한 경우에 보세구역을 계속 방치시키는 것을 막기 위하여 세관장이 의무적으로 지정을 취소하도록 정하고 있다. 지정을 취소할 때에는 법 제328조의 청문절차를 거쳐 관계자의 의견을 수렴해야 한다.

제168조【지정보세구역의 처분】 ① 지정보세구역의 지정을 받은 토지등의 소유자나 관리자는 다음 각 호의 어느 하나에 해당하는 행위를 하려면 미리 세관장과 협의하여야 한다. 다만, 해당 행위가 지정보세구역으로서의 사용에 지장을 주지 아니하거나 지정보세구역으로 지정된 토지등의 소유자가 국가 또는 지방자치단체인 경우에는 그러하지 아니하다.
1. 해당 토지등의 양도, 교환, 임대 또는 그 밖의 처분이나 그 용도의 변경
2. 해당 토지에 대한 공사나 해당 토지 안에 건물 또는 그 밖의 시설의 신축
3. 해당 건물 또는 그 밖의 시설의 개축·이전·철거나 그 밖의 공사
② 세관장은 제1항에 따른 협의에 대하여 정당한 이유 없이 이를 거부하여서는 아니 된다.

해 설

지정보세구역으로 지정된 지역에 대하여 그 지역의 토지소유자·관리인의 재산권 일부를 제한하고 있는 규정이다. 이러한 규정은 지정보세구역이 공익성을 띠고 있음을 보여주고 있다. 지정보세구역 안에서 물품관리에 지장이 있는 용도의 변경이나 시설의 신축, 공사 등 처분 행위를 할 시에는 미리 세관장과 협의하여야 한다. 그러나 토지 등 소유자가 국가나 지방자치단체인 경우에는 제외하고 있다. 이는 두 기관이 모두 공익을 추구하고 있기 때문인 것으로 해석된다.

제2항은 토지소유자·관리인이 협의를 요청하는 경우에도 세관장이 협의를 거부하여 이들의 재산권 행사를 지나치게 제한하는 것을 금지하는 규정이다.

2. 제2관 지정장치장

제169조【지정장치장】 지정장치장은 통관을 하려는 물품을 일시 장치하기 위한 장소로서 세관장이 지정하는 구역으로 한다.

해 설

통관을 하고자 하는 물품은 수출·수입·반송하고자 하는 물품이므로, 여기에서 물품이라

함은 외국물품과 내국물품이 모두 포함되는 물품이다. 지정보세구역은 국가가 지정하여 공공기관 등이 운영하며, 공익성을 띠고 있다. 세관검사장은 검사만을 위한 장소이지만 지정장치장은 물품 검사도 할 수 있고 물품 장치도 할 수 있다.[11)]

지정장치장에 일반 내국물품을 장치하는 것은 이와 같은 설치 목적에 반할 수 있으므로, 1995.12.6. 관세법 개정(법률 제4982호)시 통관과 관계가 없는 지정장치장의 내국물품 장치 규정을 삭제하였다.

【대법원 2000.11.24, 2000다28568】 세관장으로부터 지정장치장의 화물관리인으로 지정받은 사단법인 관우회가 김포공항 무환화물창고 건물 내에서 사용하는 사무실은 지정장치장에 대한 지배·이용관계와는 별도로 위 사단법인이 독립한 주체로서 점유·사용하여 온 것으로 봄이 상당하다.

> 第170조 【장치기간】 지정장치장에 물품을 장치하는 기간은 6개월의 범위에서 관세청장이 정한다. 다만, 관세청장이 정하는 기준에 따라 세관장은 3개월의 범위에서 그 기간을 연장할 수 있다.

해 설

지정장치장은 물품을 장기간 장치하기보다는 검사를 하거나 잠시 대기하기 위한 장소이므로 가급적 장치기간을 짧게 정하고 있다. 이는 외국에서 구매한 물품을 보세구역에 방치하여 두는 것은 다른 화물의 이동에 어려움이 있을 뿐만 아니라 외화를 낭비하는 결과를 초래하므로 장치기간을 짧게 정하여 이를 방지하려는 것이다. 보세창고의 경우는 일반적으로 1년으로 정하고 있다.

2003년 개정 관세법 시행령에서는 최대 9개월 간 장치할 수 있도록 정하고 있으나, 이는 본래의 지정장치장 설립목적인 '통관하고자 하는 물품을 일시장치하기 위한 장소'로서 보관기능에 역점을 둔 것이 아니다. 장치기간을 연장한 사유는 국제관세법인 개정교토협약(세관절차의 간소화 및 조화에 관한 국제협약) 특별부속서 A(물품신고서 제출전 절차) 제2장(물품의 일시장치) 제10조(권고관행)의 규정을 반영한 것으로 동 조에는 당사자의 요청이 있고 관세당국이 타당하다고 인정하는 사유가 있는 경우에 관세당국은 최초에 정한 기간(일시장치기간)을 연장할 수 있다고 규정되어 있다.[12)] 일시장치를 위한 지정장치장의 장기기간을 탄력적으로 운영하여 수입자 부담을 완화하였다.

---

11) 최근 사회 각계에서 지정장치장의 '장치장' 명칭에 대하여 영업용 보세창고와 경쟁적으로 화물을 유치한다는 오해가 있어 지정장치장의 명칭 변경에 대한 의견이 개진되고 있다.

12) At the request of the person concerned and for reason deemed valid by the Customs, the latter should extend the period initially fixed.

여행자 휴대품의 경우에는 종전에는 유치일부터 30일 내 반송 신고하도록 규정하고 있었으나, 과다하게 물품을 반입한 여행자에 대하여는 유치일부터 관세청장이 정하는 기간을 경과한 날부터 30일 내에 신고할 수 있도록 의무사항을 부가하여 반송을 지연함으로써, 여행자에 경제적인 부담을 주어 과다하게 물품을 반입하지 못하도록 억제하는 역할을 할 것으로 기대된다.

보세화물 장치기간에 관하여는 「보세화물 장치기간 및 체화 관리에 관한 고시」를 정하여 운영하고 있다. 이 고시에는 각 장치장 별로 장치기간이 정해져 있다. 예를 들면, 여행자나 승무원의 휴대품으로 유치된 물품 장치기간은 1개월이다.

제171조 【수입신고수리물품의 반출】 (삭제)

해 설

2003.12.30. 개정 관세법에서 지정보세구역 뿐만 아니라 일반보세구역에서도 신속하게 물품을 반출입할 수 있도록 반출의무에 관한 조문을 법 제157조의 2에 통합하였다.

제172조 【물품에 대한 보관책임】 ① 지정장치장에 반입한 물품은 화주 또는 반입자가 그 보관의 책임을 진다.

② 세관장은 지정장치장의 질서유지와 화물의 안전관리를 위하여 필요하다고 인정할 때에는 화주를 갈음하여 보관의 책임을 지는 화물관리인을 지정할 수 있다. 다만, 세관장이 관리하는 시설이 아닌 경우에는 세관장은 해당 시설의 소유자나 관리자와 협의하여 화물관리인을 지정하여야 한다.

③ 지정장치장의 화물관리인은 화물관리에 필요한 비용(제323조에 따른 세관설비 사용료를 포함한다)을 화주로부터 징수할 수 있다. 다만, 그 요율에 대하여는 세관장의 승인을 받아야 한다.

④ 지정장치장의 화물관리인은 제3항에 따라 징수한 비용 중 세관설비 사용료에 해당하는 금액을 세관장에게 납부하여야 한다.

⑤ 세관장은 불가피한 사유로 화물관리인을 지정할 수 없을 때에는 화주를 대신하여 직접 화물관리를 할 수 있다. 이 경우 제3항에 따른 화물관리에 필요한 비용을 화주로부터 징수할 수 있다.

⑥ 제2항에 따른 화물관리인의 지정기준, 지정절차, 지정의 유효기간, 재지정 및 지정 취소 등에 필요한 사항은 대통령령으로 정한다.

해 설

지정장치장을 지정하는 주체는 국가이고, 지정 목적은 공익을 위한 것이다. 지정장치장 내에 장치된 물품의 보관책임은 국가가 지는 것이 아니라 화주 또는 반입자가 보관책임을 진다. 이 조항을 보면 물품을 실질적으로 보관하고 있는 자는 국가이지만 그 책임을 화주나 반입자가 지도록 하고 있다. 이러한 내용은 합리적인 규정으로 보기 어려우나, 보완 대책으로 제2항에서 같이 화주에 갈음하여 보관의 책임을 지는 화물관리인을 정하여 운영하고 있다. 실제로 모든 지정장치장은 화물관리인을 정하여 운영하고 있다. 물품의 보관책임은 납세의무자가 누구인가를 결정하는 기준이 되기도 한다. 종전에는 화주만 보관책임을 지게 규정하였으나, 2000년 개정 관세법에서는 화주와 함께 물품반출의무를 지고 있는 반입자도 보관책임을 지도록 규정하였다.

제2항은 화물관리인에 관한 규정이다. 지정장치장은 국가가 지정한 구역이지만 대부분 국가가 직접 이 구역을 관리하지는 아니한다. 세관장은 지정장치장의 질서유지와 화물안전관리를 위해 화주를 대신하여 보관책임을 지는 관리인을 지정한다. 여기에서 물품의 보관책임은 보세구역에 장치된 외국물품이 멸실되거나 폐기된 때에 관세를 징수하는 때 관세납부의무를 지는 것과 하역·재포장·경비하는 것을 말한다. 화물관리인 지정은 물품관리의 효율을 높이기 위한 것이지 정부기관이 물품관리를 직접 하기 위함이 아니다. 관리인 지정은 직접 물품을 관리하는 정부기관의 장, 관세행정 또는 보세화물 관리와 관련이 있는 비영리 법인, 해당 시설의 소유자 또는 관리자가 요청한 자 등에 대하여 지정한다.[13] 그러나 지정될 자의 승낙이 있어야 지정할 수 있다.

제3항은 비용징수에 관한 규정이다. 지정장치장 장치물품의 보관책임은 화주에게 있으므로 화물관리인이 물품관리를 하고, 그 대가로 화주로부터 화물관리비를 징수한다. 다만, 그 요율이 지나치게 높거나 불합리한 점이 없도록 사전에 세관장의 승인을 얻도록 정하고 있다. 보세운송에서 세관절차 대행수수료 최고요율을 관세청장이 정하는 것과 같은 의미이다. 그러나 특허보세구역 보관규칙과 요율신고의무는 규제개혁 차원에서 1998.12.28. 관세법 개정에서 폐지하였다. 법 제323조 설비에는 건물과 토지가 있다. 지정장치장의 화물관리인은 화물관리에 필요한 비용 등 징수 요율에 대하여는 세관장의 승인을 얻어야 하며 이를 위반한 경우 200만원 이하의 과태료에 해당한다.

제4항은 세관설비사용료에 관한 규정이다. 사용료 금액은 기획재정부령으로 정하며 건물과 면적 크기의 제곱미터 당 일정금액으로 정해져 있다. 세관설비사용료는 국가재산인 세관시설 사용의 대가이므로 국가 기관인 세관에 사용료를 납부하여야 한다.

제5항은 세관장의 화물관리에 관한 규정이다. 공항 등에서 여행자가 휴대하여 반입하는 물품을 보관하는 지정장치장은 사업성이 떨어져 적자가 예상되면 화물관리인이 지정을 기피하게 되

13) 「세관지정장치장 화물관리인 지정절차에 관한 고시」에 화물관리인 심사기준과 지정절차 등을 정하고 있다.

어 지정장치장 화물관리인을 지정할 수 없는 경우도 발생된다. 이에 따라 휴대화물 장치장 등 적자가 지속되는 지정장치장에서 불가피한 경우에는 세관장이 직접 화물관리를 하고 이에 따른 비용을 징수할 수 있도록 규정하고 있다. 이 경우에는 세관장이 화물관리의 책임을 진다.

제6항은 2011.12.31. 개정 관세법에서 지정장치장의 지정 취소는 국민의 권리 · 의무와 직결되는 사항이므로 법적인 근거를 명확히 하였다.

【대법원 2004.10.15, 2003두8951】 관세법 제172조 2항 단서의 "세관장이 관리하는 시설이 아닌 때에는 세관장은 해당 시설의 소유자 또는 관리자와 협의하여 화물관리인을 지정하여야 한다."고 규정하고 있으나 이는 세관장이 자신이 관리하는 시설이 아닌 지정장치장의 경우에도 질서유지와 화물의 안전관리를 위하여 필요하다고 인정하는 때에는 대통령령이 정하는 바에 의하여 화주에 갈음하여 보관의 책임을 지는 화물관리인을 지정할 수 있는데, 화물관리인을 지정할 경우 해당 시설의 소유자 또는 관리자와 협의하여 해당 시설의 소유자 또는 관리자가 요청한 자 중에서 화물관리인을 지정하여야 한다는 것을 의미하는 것이지 세관장이 자신이 관리하는 시설이 아닌 지정장치장의 경우 반드시 화물관리인을 지정하여야 한다는 것을 의미한다고까지 볼 수 없다.

【대법원 1990.2.13, 88다카23735】 수입화물의 보세운송이나 보세구역에 장치되어 있는 화물에 관하여 관세법상 엄격한 감독과 규제를 받고 세관의 감독과 지배하에 놓이게 된다고 할지라도 이는 관세 확보라는 관세행정목적의 범위 내에서 세관장의 감독을 받는데 불과한 것이므로 그 자가보세장치장에 반입된 물품은 입고시킨 자의 점유하에 있다고 할 것이다.

【대법원 1988.9.27, 84다카1639】 관세법의 규정에 따라 설영한 자가보세장치장은 보세구역으로서 세관장의 엄격한 관리감독을 받는 것은 사실이나 자가보세장치장에 반입된 물품은 화주인 지배하에 있고 그 보관책임도 화주에게 있으며 다만 관세확보라는 관세행정목적의 범위 내에서 세관장의 감독을 받는데 불과하다

【대법원 1972.3.28, 72누74】 지정보세 구역에 반입한 물품의 보관책임은 그 화주에게 있고 세관장에게 있다고 할 수는 없으니 세관장의 귀책사유로 인하여 보관물품에 손상을 초래하게 된 경우도 그를 이유로 한 일반 불법행위가 성립함은 별문제로 하고 세관장에게 위 물품의 보관책임 불이행이 있다고 할 수 없다.

3. 제3관 세관검사장

제173조【세관검사장】 ① 세관검사장은 통관하려는 물품을 검사하기 위한 장소로서 세관장이 지정하는 지역으로 한다.

② 세관장은 관세청장이 정하는 바에 따라 검사를 받을 물품의 전부 또는 일부를 세관검사장에 반입하여 검사할 수 있다

③ 제2항에 따라 세관검사장에 반입되는 물품의 채취 · 운반 등에 필요한 비용(이하 이 항에서

"검사비용"이라 한다)은 화주가 부담한다. 다만, 국가는 중소기업기본법 제2조에 따른 중소기업 또는 중견기업 성장촉진 및 경쟁력 강화에 관한 특별법 제2조 제1호에 따른 중견기업의 컨테이너 화물로서 해당 화물에 대한 검사 결과 이 법 또는 대외무역법 등 물품의 수출입과 관련된 법령을 위반하지 아니하는 경우의 물품 등 대통령령으로 정하는 물품에 대해서는 예산의 범위에서 관세청장이 정하는 바에 따라 해당 검사비용을 지원할 수 있다.

해 설

검사 장소에는 보세구역, 타소장치장, 임시장치장 등이 있지만, 특히 검사를 위해 정한 구역을 세관검사장이라 한다. 순수하게 일반수입화물만 검사하는 세관검사장은 지금 운영하고 있지 아니하다. 다만, 공항세관에 입국여행자 검사장인 여행자 입국검사장이 있다.

제2항은 검사 장소에 관한 규정이다. 검사는 세관직원이 검사 장소에 찾아가서 하는 검사와 물품을 일정 장소에 반입시켜서 하는 검사가 있다. 이때 검사 장소는 전자의 경우 일반보세구역이나 수출물품 보관 장소이고, 후자의 경우는 세관검사장이다. 세관검사장 검사할 때에는 물품의 전부 또는 일부를 반입하여 검사할 수 있다.

제3항은 검사비용 부담에 관한 규정이다. 종전에는 검사대상 물품을 검사장으로 채취·운반할 수 있는 자의 자격을 구체적으로 정하여 운영하였으며, 이때에 채취·운반에 소요되는 경비는 화주가 부담하였다. 이러한 규정에 대한 민원이 다수 발생하여 2019.12.31. 법 개정시 컨테이너 화물의 검사비용 부담에 관한 예외 조항을 두게 되었다. 중소기업기본법 제2조(중소기업의 범위)의 「중소기업 및 중견기업 성장촉진 및 경쟁력 강화에 관한 특별법」 제2조 제1호(중견기업의 범위)의 중견기업의 경우에 적용된다.

제3절 특허보세구역

1. 제1관 통 칙

제174조【특허보세구역의 설치·운영에 관한 특허】 ① 특허보세구역을 설치·운영하려는 자는 세관장의 특허를 받아야 한다. 기존의 특허를 갱신하려는 경우에도 또한 같다.
② 특허보세구역의 설치·운영에 관한 특허를 받으려는 자, 특허보세구역을 설치·운영하는 자, 이미 받은 특허를 갱신하려는 자는 기획재정부령으로 정하는 바에 따라 수수료를 납부하여야 한다.
③ 제1항에 따른 특허를 받을 수 있는 요건은 보세구역의 종류별로 대통령령으로 정하는 기준에 따라 관세청장이 정한다.

해 설

특허보세구역에는 보세창고·보세공장·보세전시장·보세건설장·보세판매장이 있다. 지정보세구역과 상대되는 것이 특허보세구역이다. 지정보세구역이 세관장의 지정에 의해 지정될 수 있는 것이라면, 특허보세구역은 신청에 의하여 특허하는 것이다. 기본통칙에 보세구역의 설영특허는 세관장의 재량행위로서 특허요건을 갖추었다고 하더라도 관세행정 목적에 부합되지 아니하면 특허를 아니 할 수 있다. 또한 보세구역의 설영특허는 보세구역의 설치, 경영에 관한 모든 권리를 설정하는 공기업의 특허로서 그 특허의 부여 여부는 세관장의 재량에 속하며 특허기간이 만료된 때에 특허는 당연히 실효되는 것이어서 특허기간 갱신은 실질적으로 권리설정과 같으므로 그 갱신여부도 세관장의 재량에 속한다.[14] '설영'은 설치·경영을 의미한다. 상업목적으로 설치·운영하게 되는 특허보세구역은 세관장의 특허를 받아야 한다. 행정법상으로 특허는 권리설정 행위이고, 허가는 일반적 금지의 해제다. 갱신할 때에도 특허를 받아야 하며, 이는 갱신이 특허를 받는 것과 같다는 의미다.[15]

보세창고에 관한 관세청고시인 「특허보세구역 운영에 관한 고시」에 보세구역 설치·운영·특허·영업용보세창고, 자가용보세창고, 보세구역관리에 관한 규정이 있으며, 이외에 기

14) 대법원 1989.5.9. 선고 88누4188 판결 참조.

15) 행정행위(행정처분) → 법률행위적 행정행위 → 명령적 행정행위 : 하명, 허가, 면제
→ 형성적 행정행위 : 특허, 인가, 대리
→ 준법률행위적 행정행위 → : 확인, 공증, 통지, 수리

타 특허보세구역에 관해서는 보세전시장, 보세판매장, 보세공장, 보세건설장 등에 관한 고시가 있다. 특허 신청할 때에는 보세구역의 종류, 명칭 등을 기재한 신청서를 세관장에게 제출하여야 하며, 이때에는 보세구역 중 보세공장설치·운영 특허 사업계획서 등을 첨부하여야 하고, 법인인 경우에는 법인의 등기부 등본을 첨부하여야 한다. 또한 특허신청서에 운영인의 자격을 증명하는 서류, 필요한 시설 및 장비의 구비를 증명하는 서류도 첨부하여야 한다.[16] 특허갱신을 받고자 하는 자는 그 사유와 갱신기간을 기재한 신청서에 특허기간 만료 30일 전까지 세관장에게 제출하여야 한다.

제2항은 수수료에 관한 규정이다. '수수료'란 행정기관의 서비스를 받거나 공공시설을 이용할 때에 부담하는 경비를 말한다. 이 가운데 행정의 서비스 제공에 대한 반대급부가 '수수료'이며 시설의 이용에 대한 반대급부가 '사용료'이다. 넓은 의미의 수수료 개념에는 사용료가 포함된다. 수수료는 이익을 얻는 특정인에 대하여 부과·징수한다는 점에서 개별적·구체적인 대가성이 있다.

특허에 관한 수수료에는 특허신청수수료와 매 분기마다 납부하는 특허설치·운영수수료가 있다. 특허신청수수료는 특허신청에 따른 심사비용에 충당하기 위한 것으로 특허가 되지 아니하더라도 이를 환부할 수 없다. 우리나라에 있는 외국공관이 직접 운영하는 보세전시장에 대하여는 특허수수료를 면제한다. 특허수수료를 납부하여야 하는 자가 관세청장이 정하는 바에 의하여 이를 따로 납부한 때에는 그 사실을 증명하는 증표를 특허신청서 등에 첨부하여야 한다.

제3항은 특허요건에 관한 규정이다. 특허기준은 대통령령에서 정하고,[17] 이 기준에 따라 특허요건을 관세청장이 정한다. 특허기준은 운영인과 설치·운영시설에 관한 내용이다. 「특허보세구역 설치·운영에 관한 고시」에서는 특허보세구역을 한 곳으로 집중하여 설치하기 위한 원칙으로 집단화원칙, 일정자본금 이상의 자력을 갖추어야 한다는 운영인의 자력, 특허의 제한사항, 시설요건 등 특허요건에 관하여 정하고 있다.

【대법원 1989.5.9, 88누4188】 보세구역의 설영특허는 보세구역의 설치, 경영에 관한 권리를 설정하는 이른바 공기업의 특허로서 그 특허의 부여여부는 행정청의 자유재량에 속하며, 특허기간이 만료된 때에 특허는 당연히 실효되는 것이어서 특허기간의 갱신은 실질적으로 권리의 설정과 같으므로 그 갱신 여부도 특허관청의 자유재량에 속한다.

---

16) 기획재정부령에 특허신청서에 보세구역의 도면, 보세구역 위치도, 운영인의 자격을 증명하는 서류, 필요한 시설 및 장비의 구비를 증명하는 서류를 첨부하여야 한다.

17) 대통령령에서 정하고 있는 보세구역 설치·운영특허기준은 운영인이 체납된 관세 및 내국세가 없을 것, 법 제175조 각 호에 해당되지 아니하고 위험물품을 장치, 제조, 전시 또는 판매하는 경우에는 관계행정의 기관장의 허가, 승인을 받을 것, 관세청장이 정하는 바에 따라 보세화물의 보관 및 관리에 필요한 자본금, 수출입 규모나 장치면적에 관한 요건을 갖출 것 등이 있다.

第175조【운영인의 결격사유】 다음 각 호의 어느 하나에 해당하는 자는 특허보세구역을 설치·운영할 수 없다. 다만, 제6호에 해당하는 자의 경우에는 같은 호 각 목의 사유가 발생한 해당 특허보세구역을 제외한 기존의 다른 특허를 받은 특허보세구역에 한정하여 설치·운영할 수 있다.

1. 미성년자
2. 피성년후견인과 피한정후견인
3. 파산선고를 받고 복권되지 아니한 자
4. 이 법을 위반하여 징역형의 실형을 선고받고 그 집행이 끝나거나(집행이 끝난 것으로 보는 경우를 포함한다) 면제된 후 2년이 지나지 아니한 자
5. 이 법을 위반하여 징역형의 집행유예를 선고받고 그 유예기간 중에 있는 자
6. 다음 각 목의 어느 하나에 해당하는 경우에는 해당 목에서 정한 날부터 2년이 지나지 아니한 자. 이 경우 동일한 사유로 다음 각 목 모두에 해당하는 경우에는 그 중 빠른 날을 기준으로 한다.
   가. 제178조 제2항에 따라 특허보세구역의 설치·운영에 관한 특허가 취소(이 조 제1호부터 제3호까지의 규정 중 어느 하나에 해당하여 특허가 취소된 경우는 제외한다)된 경우
   : 해당 특허가 취소된 날
   나. 제276조 제3항 제3호의 2 또는 같은 항 제6호(제178조 제2항 제1호·제5호에 해당하는 자만 해당한다)에 해당하여 벌금형 또는 통고처분을 받은 경우
   : 벌금형을 선고받은 날 또는 통고처분을 이행한 날
7. 제268조의 2, 제269조, 제270조, 제270조의 2, 제271조, 제274조, 제275조의 2, 제275조의 3 또는 제275조의 4에 따라 벌금형 또는 통고처분을 받은 자로서 그 벌금형을 선고받거나 통고처분을 이행한 후 2년이 지나지 아니한 자. 다만, 제279조에 따라 처벌된 개인 또는 법인은 제외한다.
8. 제2호부터 제7호까지에 해당하는 자를 임원(해당 보세구역의 운영업무를 직접 담당하거나 이를 감독하는 자로 한정한다)으로 하는 법인

해 설

사전적 의미로 보면 '결격'은 자격이 없거나 모자라는 것을 말한다. 결격사유는 임용·고용·위임관계 등의 법률관계에서 그 당사자가 될 수 없거나 국가가 창설하여 운영하는 각종 자격제도에서 그러한 자격을 취득할 수 없거나 인허가 등을 요하는 영업을 할 수 없는 사유를 말한다. 결격사유를 두는 이유는 일반국민의 건강·안전 또는 재산에 중대한 영향을 미치거나 고도의 전문기술 또는 윤리성이 요구되는 직종이나 사업영역에 종사하는 자의 자질을 일정 수준 이상으로 유지함으로써 일반국민을 불완전한 서비스로부터 보호하기 위한 것이다. 결격사유는 자질이 미달되는 자가 이러한 직종이나 사업영역에 진입하는 것을 방지하는 기준

으로 작용하는 한편, 이러한 직종이나 사업영역에 종사하고 있는 자 중에 자질이 미달된 자를 퇴출시키는 기준으로도 작용한다.

본 조에는 인적 사항을 규정하고 있으며, 시설에 관한 사항은 법 제174조 제3항 등에 별도로 정하고 있다. 종전에는 '설영인'이라 하였으나, 2000년 개정 관세법에서는 '운영인'이라 하고 설영을 설치 · 운영으로 풀어서 표현하였다. 2010.1.1. 관세법 개정(법률 제9910호)시 제7호에 체납처분 면탈죄, 타인에 대한 명의대여죄 등을 추가하여 결격요건을 강화하였다.

2018.12.31. 법 개정시 특허 취소제도를 합리화하기 위하여 단서규정을 신설하여, 운영인의 다수 특허 중 1개가 취소될 경우[18] 타 보세구역의 특허는 취소되지 않고 해당 특허만 취소하도록 하였다.

제1호에서 미성년자는 특허보세구역을 설치 · 운영할 수 없다. 미성년자는 민법상 만 20세에 달하지 아니하여 성년이 되지 못한 자이고, 그 판단능력이 불완전하여 행위능력을 제한 받는 무능력자다. 미성년자가 단독으로 유효한 법률행위를 하려면 원칙적으로 법정대리인의 동의를 얻어야 한다.

제2호에서 피성년후견인과 피한정후견인은 특허보세구역을 설치 · 운영할 수 없다. 피성년후견인은 질병, 장애, 노령 그 밖의 사유로 인한 정신적 제약으로 사무를 처리할 능력이 지속적으로 결여된 사람으로서 가정법원으로부터 성년후견개시의 심판을 받은 자를 말한다. 피한정후견인은 정신적 제약으로 사무를 처리할 능력이 부족한 사람에 대하여 본인이나 4촌 이내의 친족 등의 청구에 의해 한정후견개시의 심판을 받은 자를 말한다.[19]

법률 제12847호(2014.12.23) 개정 전에는 금치산자 및 한정치산에 대해 특허보세구역을 설치 · 운영을 못하도록 규정하였다. 금치산 · 한정치산 제도는 심신박약자들을 보호하기 위해서라는 좋은 취지에도 불구하고, 나쁜 어감 등으로 인해 별로 사용이 되지 않자 용어를 바꾼 것으로, ① 경제적 문제에 대한 지원이 국한된 제도이고, ② 후견인의 임무수행에 대한 실질적인 감독이 어려웠으며, ③ 금치산 · 한정치산의 선고사실이 그래도 가족관계등록부에 그대로 공시되어 개인정보가 침해되는 등 여러 가지 문제점들이 있어 거의 이용되지 않았다. 금치산 · 한정치산 제도의 문제점을 개선하기 위해 후견인제도가 도입된 것으로, ① 사무처리능력에 도움이 필요한 성인의 재산보호 뿐만 아니라 의료행위, 거주지결정 등 신상에 관한 폭넓은 지원이 이루어지고, ② 가정법원 또는 후견감독인에 의한 실질적인 후견업무의 감독이 가능해졌으며, ③ 후견과 관련한 별도의 등기제도를 운영하여 후견인 선임여부에 대한 개인정보

---

18) 종전에는 모든 기존 보세구역 특허가 취소되었다.

19) 관세법 제175조 제2호에 따른 피성년후견인과 피한정후견인, 같은 조 제3호에 따른 파산선고를 받고 복권되지 아니한 자에는 국내에 거주하는 외국인으로서 그의 국적국 법령에 따라 이와 동일하거나 유사한 사유에 해당하는 자가 포함됩니다(법제처 24－0436, 2024.6.19).

도 보호할 수 있게 되었다.

제3호에서 파산선고를 받고 복권되지 아니한 자는 특허보세구역을 설치 · 운영할 수 없다. 채권자 또는 채무자의 신청에 의하거나 법원이 직권으로 파산 개시를 명하는 결정을 파산선고라 한다. 파산은 강제적으로 재산을 관리 · 환가하여 전체 채권자에게 공평하게 나누어 주는 것을 말한다.

제4호에서 종전에는 금고 이상의 형을 받은 자를 특허설치 · 운영 제외대상으로 하여 규정하였으나 금고의 종류나 기간은 징역과 마찬가지이고 관세법에는 금고형이 없으므로 1999. 12.28. 관세법 개정(법률 제6046호)시 징역형으로 개정하였다. '금고'는 수형자를 교도소 내에 구치하여 자유를 박탈하는 것을 말한다. 그러나 금고는 징역과는 달리 명예를 존중한다는 취지에서 의무적인 정역은 부과하지 아니한다.

제5호에서 집행유예는 일단 유죄를 인정하여 형을 선고하되 일정한 요건 아래 일정한 기간 동안 그 형의 집행을 유예하고 그것이 취소 또는 실효됨이 없이 유예기간을 경과하면 형의 선고효력을 상실하게 하는 제도다. 형사처벌을 받은 사실을 결격사유로 한 것으로 준법의식에 문제가 있는 자를 배제하여 관세행정 질서유지를 효율적으로 확보하는데 있다고 볼 수 있다.

제6호에서 특허보세구역 지정취소는 세관장이 일방적으로 취소하는 것이 아니고 청문절차를 거쳐서 취소한다. 본조 중에서 하나에 해당하거나, 1년에 3회 이상 반입정지 처분을 받거나, 1년 이상 물품의 반입실적이 없어서 세관장이 특허보세구역의 설치목적을 달성하기 곤란하다고 인정하는 경우에는 특허취소대상이 된다. 일단 특허가 취소된 자는, 제재조치로서 2년을 경과하지 아니한 경우 다시 특허를 설치 · 운영할 수 없도록 제한하고 있다. 2020.12.22.(법률 제17649호) 개정시 제6호를 가목과 나목으로 나누어, 기존 제6호 내용은 가목으로 이동하고 나목 내용은 신설하였다. 나목에서 무특허 영업(제276조 제3항 제3호의 2), 거짓으로 특허를 취득하거나 명의대여 사실(제276조 제3항 제6호)이 적발되어 벌금형 또는 통고처분을 받은 경우를 결격사유로 추가하였다. 보세구역 운영상 중대한 처벌이력이 있는 운영인에 대해 한시적으로 특허를 제한하는 것이다.[20]

제7호에서 벌금형은 범죄인에게 일정한 금액의 지급의무를 강제적으로 과하는 것을 내용으로 하는 형벌의 일종을 말한다. 과료나 몰수와 함께 재산형에 속한다. 통고처분은 준사법적인 행정행위로서 범칙사건에 대하여 정식재판에 가기 전에 조사의 결과 범칙의 확증을 얻은 경우 이유를 명시하여 벌금이나 과료에 상당하는 금액, 몰수에 해당하는 물품이나 추징금에 상당하는 금액 등을 지정한 장소에 납부할 것을 통고하는 것을 말한다. 법 제268조의 2는 전자문서 위조 · 변조죄, 제269조는 밀수출입죄, 제270조는 관세포탈죄 등, 제270조의 2 가격조작

20) 보세구역 신규특허를 받은 자가 기존의 다른 특허를 부정하게 받아 처벌받은 사실이 확인되었으나, 신규특허를 계속 운영하는 사례가 발생하는 것에 대한 보완규정이다.

죄, 제271조는 미수범 등, 제272조는 밀수전용 운반기구 몰수, 제273조는 범죄에 사용된 물품의 몰수 등, 제274조는 밀수품의 취득죄 등, 제275조의 2는 강제징수면탈죄 등, 제275조의 3은 타인에 대한 명의대여죄, 제275조의 4는 보세사의 명의대여에 관한 규정이다. 제279조는 양벌규정에 관한 규정이다. 2020.12.22.(법률 제17649호) 개정시 제268조 전자문서 위조 · 변조죄와 제270조의 2 가격조작죄를 결격 사유에 추가하였다.

제8호에서 제2호 내지 제7호에 해당하는 임원이 보세구역 운영, 감독을 직접 담당하는 법인은 특허보세구역을 설치 · 운영할 수 없다. 임원은 회사경영에 참여하는 회장, 사장, 이사, 감사 등을 말한다.[21]

제176조【특허기간】① 특허보세구역의 특허기간은 10년 이내로 한다.
② 제1항에도 불구하고 보세전시장과 보세건설장의 특허기간은 다음 각 호의 구분에 따른다. 다만, 세관장은 전시목적을 달성하거나 공사를 진척하기 위하여 부득이하다고 인정할 만한 사유가 있을 때에는 그 기간을 연장할 수 있다.
1. 보세전시장 : 해당 박람회 등의 기간을 고려하여 세관장이 정하는 기간
2. 보세건설장 : 해당 건설공사의 기간을 고려하여 세관장이 정하는 기간

해 설

일반적인 특허기간은 10년이나 보세전시장이나 보세건설장과 같은 일회적 성격을 가지는 보세구역에 대하여는 제2항과 같이 일반적 기간을 적용하지 아니한다. 보세전시장이나 보세건설장을 제외한 특허보세구역의 특허기간은 10년의 범위 안에서 신청인이 신청한 기간으로 한다. 다만, 관세청장은 보세구역의 합리적 운영을 위하여 필요한 경우에는 신청인이 신청한 기간과 달리 특허기간을 정할 수 있다.

제2항은 특허보세구역의 예외적 규정이다. 일반적인 특허보세구역 특허기간은 10년이나 보세전시장이나 보세건설장의 경우는 예외적 특허기간을 운영하고 있다. 이 특허보세구역은 특성상 보세창고나 보세공장과 같은 상설보세구역이 아니고 필요에 따라 수시로 특허를 할 수 있는 경우다. 보세전시장은 박람회 등 기간을 고려하고, 보세건설장은 건설공사 기간을 고려하여 특허기간을 정한다.

---

21) 기획재정부 유권해석에 의하면 외국인도 보세구역 특허를 받을 수 있다. 또한 특허보세창고의 일부를 제3자에게 임대계약을 맺고 임대하는 것은 특허사항을 위반하는 것이 될 수 있다.

제176조의 2【특허보세구역의 특례】 ① 세관장은 제196조 제1항에 따라 물품을 판매하는 보세판매장 특허를 부여하는 경우에 다음 각 호의 기업으로서 매출액, 자산총액 및 지분 소유나 출자 관계 등이 대통령령으로 정하는 기준에 맞는 기업 중 제174조 제3항에 따른 특허를 받을 수 있는 요건을 갖춘 자(이하 이 조에서 "중소기업등"이라 한다)에게 대통령령으로 정하는 일정 비율 이상의 특허를 부여하여야 하고,「독점규제 및 공정거래에 관한 법률」제31조 제1항에 따른 상호출자제한기업집단에 속한 기업에 대해 대통령령으로 정하는 일정 비율 이상의 특허를 부여할 수 없다. 다만, 세관장은 제196조 제2항에 따라 물품을 판매하는 보세판매장의 경우에는 중소기업등에게만 특허를 부여할 수 있다.
1. 중소기업기본법 제2조에 따른 중소기업
2.「중견기업 성장촉진 및 경쟁력 강화에 관한 특별법」제2조 제1호에 따른 중견기업
② 제1항에도 불구하고 기존 특허가 만료되었으나 제3항에 따른 신규 특허의 신청이 없는 등 대통령령으로 정하는 경우에는 제1항을 적용하지 아니한다.
③ 보세판매장의 특허는 대통령령으로 정하는 일정한 자격을 갖춘 자의 신청을 받아 대통령령으로 정하는 평가기준에 따라 심사하여 부여한다. 기존 특허가 만료되는 경우(제6항에 따라 갱신되는 경우는 제외한다)에도 또한 같다.
④ 보세판매장의 특허수수료는 제174조 제2항에도 불구하고 운영인의 보세판매장별 매출액(기업회계기준에 따라 계산한 매출액을 말한다)을 기준으로 기획재정부령으로 정하는 바에 따라 다른 종류의 보세구역 특허수수료와 달리 정할 수 있다. 다만,「재난 및 안전관리 기본법」제3조 제1호의 재난으로 인하여 보세판매장의 영업에 현저한 피해를 입은 경우 보세판매장의 특허수수료를 감경할 수 있다.
⑤ (삭제)
⑥ 제1항에 따라 특허를 받은 자는 두 차례에 한정하여 대통령령으로 정하는 바에 따라 특허를 갱신할 수 있다. 이 경우 갱신기간은 한 차례당 5년 이내로 한다.
⑦ 기획재정부장관은 매 회계연도 종료 후 4개월 이내에 보세판매장별 매출액을 대통령령으로 정하는 바에 따라 국회 소관 상임위원회에 보고하여야 한다.
⑧ 그 밖에 보세판매장 특허절차에 관한 사항은 대통령령으로 정한다.

해 설

이 조항은 보세판매장에 대한 특허의 특례에 관한 사항이다. 2000년대 후반에 오면서 해외여행객이 급증하였고, 특히 중국과 일본의 관광객의 구매력에 힘입어 기존 대기업 중심의 보세판매장 매출액이 급증하였다. 이에 보세판매장의 국내산업 발전의 기여도라든가 외화 절감에 대한 효과 및 독과점 현상 등에 대하여 여러 의견이 대두되어 이를 개선하기 위하여 2013.1.1. 법 개정(법률 제11602호)시 신설된 조항이다.[22] 2014.1.1. 개정(법률 제12159호)시 보

22) 제176조의 2의 개정규정은 2013.10.1.부터 시행하였다.

세판매장 특례대상 중견기업의 범위제한과 관련하여 중소·중견기업의 보세판매장 참여확대 취지를 실질적으로 살릴 수 있도록 산업발전법에 따른 중견기업 중 매출액, 자산총액 및 지분 소유 등이 대통령령으로 정하는 기준을 충족하는 일정규모 이하의 기업에 한하여 특허를 우대하여 부여하였다

이 규정은 소기업과 중기업 그리고 중견기업에 대하여 특례를 규정하여 특허 기회를 넓게 제공하고 있다. 그러나 규정 내용 중 중요 내용은 대통령령에 위임하고 있어, 구체적 내용을 확인하기 위해서는 대통령령 개정 내용을 확인하여야 한다.

중소기업기본법 제2조는 중소기업자의 범위에 관한 내용이며, 산업발전법 제10조의 2는 중견기업에 대한 지원에 관한 내용이다. 「독점규제 및 공정거래에 관한 법률」 제31조 제1항은 상호출자제한기업집단 및 채무보증제한기업집단 지정 등에 관한 내용이다. 2024.12.31. 법 개정시 제1항의 제1호, 제2호로 조문을 정리하였다. 보세판매장의 특허 대상으로서 매출액, 자산총액 및 지분 소유나 출자 관계 등 제한요건이 중소·중견기업 모두에게 적용되도록 명화화하였다. 특히 아래 제3항의 경우도 특허심사위원회의 심의를 거쳐서 갱신하도록 규정을 명확하게 한 것이다.

제1항 단서 부문은 2018.12.31. 법 개정시 추가한 것으로, 제196조의 제2항의 공항·항만의 입국 경로에 새로이 설치하는 보세판매장인 '입국장 면세점'에는 중소기업등에게만 특허를 부여한다는 것이다.

2019.9.24. 관세법 시행령 개정시 실질적인 중소·중견기업을 지원하기 위해 자산총액 1조원 이상인 법인과 지배 또는 종속의 관계에 있는 중소·중견기업을 해당 특례에서 제외하도록 규정을 개정하였다. 이는 우회적인 방법으로 대기업이 중소·중견기업 지원 혜택을 받는 사례가 없도록 보완한 것이다.

제3항에서 기존의 특허심사에 대한 평가기준은 자체 내규로 운영하였으나 평가기준을 공정하게 운영하기 위하여 대통령령으로 상향 조정하고 있다.

기존 보세판매장의 특허 만료시 기업규모와 상관없이 갱신을 불허하고 다시 신규 특허절차를 거치도록 하였으나, 중소기업 및 중견기업의 경우 대기업에 비하여 제반 여건이 열악하여 공정한 경쟁이 어려운 점 등을 고려하여 중소기업 및 중견기업이 특허를 받아 운영하는 보세판매장에 대해서는 특허 갱신을 1회에 한하여 최대 5년까지 허용하고, 해당 특허의 갱신시에는 신규 특허절차를 거치지 아니하도록 법률 제12847호(2014.12.23) 개정을 통해 개선하였다.

제4항에서 기존의 특허보세구역의 수수료는 법 제174조 제2항 동법 시행규칙 제68조에 세부적으로 정하되 특허구역의 면적을 중심으로 부과하였으나, 보세판매장의 특허수수료는 이에 대한 예외로 별도로 정할 수 있도록 규정하고 있다. 보세판매장 특허수수료는 행정관청이 보세판매장 특허를 부여해 줌으로써 특정인이 얻게 되는 독점적 권리에 대한 반대급부로서 일

종의 특허료 내지 설권료에 해당하고 반대급부성을 갖는 광의의 수수료에 포함되고, 그 구체적 기준은 보세판매장 특허의 경제적 가치를 반영하여 결정하는 것이지, 보세판매장 운영인이 실제 얻은 영업이익에 기초하여 결정되는 것은 아니라고 한다.[23] 그러나 2019.12.31. 법 개정시 운영인의 보세판매장별 매출액을 기준으로 정할 수 있도록 규정을 개정하였다. 단서 부문은 2020.12.22.(법률 제17649호) 개정시 신설된 조항으로, 보세판매장의 특허수수료를 감경할 수 있도록 하는 근거를 규정하였다.[24]

제5항에서 기존의 특허보세구역의 특허기간은 일반적으로 10년이나 보세판매장의 경우는 이를 5년 이내로 단축하도록 규정하였으나 2022.12.31. 법 개정시 면세점 업계의 경영 불확실성을 해소하고 종사자의 고용 안정성을 높이기 위하여 특허기간을 최대 5년에서 10년까지 연장하도록 개정하였다.

제6항 내지 제8항은 2014.12.23. 법 개정시 신설된 조항이다. 제6항에서 특허갱신을 규정하고 있다. 보세판매점 안정적 성장기반 제공하기 위하여 특허갱신 허용하고 있다. 2018.12.31. 관세법 개정시 기존 중소·중견기업등에게만 허용하던 특허갱신을 합리적으로 조정하여 특허기간 만료시 대기업 보세판매점은 1회, 중소기업등은 2회 갱신 가능하도록 하였다.[25] 그러나 2022.12.31. 법 개정시 보세판매장의 특허갱신은 기업의 규모에 관계없이 1회당 5년 이내로 최대 2회까지 가능하도록 규정을 개정하였다.

2019.2.12. 관세법 시행령 개정시 보세판매장 특허 갱신 신청시 세관장이 신청 자격 등을 확인 후 갱신 승인하던 것을 보세판매장 특허 심사위원회의 심사를 거쳐 세관장이 갱신 승인하도록 변경하여 특허 갱신절차의 공정성을 강화하는 취지로 규정하였다.

제7항에서 보세판매장 별 매출액을 국회에 보고하도록 규정하고 있다. 기존에는 내규로 관할 세관 담당부서에 매출액을 보고하도록 규정하였다. 2021.12.31. 법 개정시 보고 기간을 3개월에서 4개월로 연장하였다.

제8항에서 보세판매장 운영을 희망하는 기업들의 과당경쟁을 막기 위하여 세부적인 절차를 규정할 것으로 보인다.

【헌법재판소 2018.4.26, 2017헌마530 전원재판부】 [1] 보세판매장 특허수수료는 행정관청이 보세판매장 특허를 부여해 줌으로써 특정인이 얻게 되는 독점적 권리에 대한 반대급부로서, 부담금으로

23) 헌법재판소 2018.4.26, 2017헌마530 참조.

24) 면세점업계가 사드(THAAD · 고고도 미사일 방어체계)발 중국의 보복조치와 COVID-19 등이 연달아 이어지면서 부담이 커졌기 때문이다.

25) 관세법 제176조의 2 제6항에 따라 특허갱신이 가능한 중소기업 및 중견기업은 같은 법 제176조의 2 제1항 규정에 따라 중소기업기본법 제2항에 따른 중소기업 및 「중견기업 성장 촉진 및 경쟁력 강화에 관한 특별법」 제2조 제1호에 따른 중견기업으로서 매출액, 자산총액 및 지분 소유나 출자 관계 등이 관세법 시행령 제192조의 2 제1항 각 호의 요건에 해당하는 기업이다(기획재정부 관세제도과-324, 2015.5.26).

볼 수 없고 광의의 수수료에 포함된다. 따라서 심판대상조항은 법률유보원칙에 위반되어 재산권을 침해한다고 볼 수 없다. [2] 심판대상조항은 적정한 특허수수료 기준을 정함으로써 재정수요를 충족하고 국민경제의 발전에 이바지하기 위한 것이다. 특허수수료를 어떤 기준에 따라 부과할 것인지에 대하여 행정관청의 재량이 인정되고, 심판대상조항은 매출액을 기준으로 차등 요율을 적용함으로써 보세판매장 특허의 경제적 가치를 적절하게 반영하고 있다. 따라서 심판대상조항은 과잉금지원칙에 위반되어 재산권을 침해한다고 볼 수 없다. [3] 심판대상조항은 보세판매장 매출 규모가 클수록 그로 인한 이익이 증가하는 점을 고려한 것으로서 대기업 보세판매장 운영인과 중소·중견기업 보세판매장 운영인을 차별취급하는 것에 합리적인 이유가 있고, 보세판매장 운영인과 그 외 특허보세구역 운영인은 본질적으로 다른 집단으로서 차별이 발생한다고 보기 어렵다. 따라서 심판대상조항은 평등권을 침해한다고 볼 수 없다. * 매출액을 기준으로 차등 요율을 적용하여 보세판매장 특허수수료를 정한 관세법 시행규칙 제68조의 2 제1항 본문이 대상조항이다.

제176조의 3【보세판매장 특허심사위원회】 ① 제176조의 2에 따른 보세판매장의 특허에 관한 다음 각 호의 사항을 심의하기 위하여 관세청에 보세판매장 특허심사위원회를 둔다.
1. 제176조의 2 제3항에 따른 보세판매장 특허 신청자의 평가 및 선정
1의 2. 제176조의 2 제6항에 따른 특허 갱신의 심사
2. 그 밖에 보세판매장 운영에 관한 중요 사항
② 제1항에 따른 보세판매장 특허심사위원회의 설치·구성 및 운영방법 등에 관하여 필요한 사항은 대통령령으로 정한다.

해 설

2015.12.15. 관세법 개정시 신설된 것으로 종전에서 보세판매장의 특허심사위원회 설치근거를 관세청 고시로 운영하였으나 법적 지위를 명확히 하고 결정내용의 효력 인정 등 법적 안정성을 위해 법률로 상향 입법하였다. 2018.12.31. 관세법 개정시 제1호의 2를 추가하여 특허 갱신의 심사를 포함하였다. 기존 특허 신청 자격 여부 확인 후 세관장이 승인하던 것을 보세판매장 특허심사위원회의 심사를 거쳐 세관장이 갱신 승인하도록 한 것이다.

제176조의 4【보세판매장 제도운영위원회】 ① 제176조의 2에 따른 보세판매장의 특허 수 등 보세판매장 제도의 중요 사항을 심의하기 위하여 기획재정부에 보세판매장 제도운영위원회를 둔다.
② 제1항에 따른 보세판매장 제도운영위원회의 설치·구성 및 운영 등에 필요한 사항은 대통령령으로 정한다.

해 설

2018.12.31. 법 개정시 면세점 제도 운영의 객관성·투명성 제고를 위하여 신설된 조항이다. 특허 수 결정 등 면세점 제도 관련 주요 정책, 개선 방안 심의하는 '보세판매장 제도운영위원회'를 기획재정부에 설치하는 것이다.

위원회는 위원장 1명을 포함하여 20명 이내의 위원으로 구성한다. 위원장은 기획재정부차관 중 기획재정부장관이 지명하는 사람이 되고 위원은 기획재정부장관이 기획재정부·관세청 등 관계부처 고위공무원, 관세·무역·법률·경제·관광 분야 전문가 중 임명 또는 위촉하는 사람이 된다. 위원의 임기는 2년으로 하고 한 차례만 연임할 수 있다. '보세판매장 제도운영위원회'의 회의는 위원장을 포함한 재적위원 과반수의 출석으로 개의하고, 출석위원 과반수의 찬성으로 의결한다.

제177조【장치기간】 ① 특허보세구역에 물품을 장치하는 기간은 다음 각 호의 구분에 따른다.

1. 보세창고 : 다음 각 목의 어느 하나에서 정하는 기간
   가. 외국물품(다목에 해당하는 물품은 제외한다) : 1년의 범위에서 관세청장이 정하는 기간. 다만, 세관장이 필요하다고 인정하는 경우에는 1년의 범위에서 그 기간을 연장할 수 있다.
   나. 내국물품(다목에 해당하는 물품은 제외한다) : 1년의 범위에서 관세청장이 정하는 기간. 다만, 세관장이 필요하다고 인정하는 경우에는 1년의 범위에서 그 기간을 연장할 수 있다.
   다. 정부비축용물품, 정부와의 계약이행을 위하여 비축하는 방위산업용물품, 장기간 비축이 필요한 수출용 원재료와 수출품보수용 물품으로서 세관장이 인정하는 물품, 국제물류의 촉진을 위하여 관세청장이 정하는 물품 : 비축에 필요한 기간
2. 그 밖의 특허보세구역 : 해당 특허보세구역의 특허기간

② 세관장은 물품관리에 필요하다고 인정될 때에는 제1항 제1호의 기간에도 운영인에게 그 물품의 반출을 명할 수 있다.

해 설

물품장치기간은 보세구역 내에 물품을 보관할 수 있는 기간을 말한다. 특허보세구역의 물품 장치기간은 보세구역별로 조금씩 차이가 있었으나 2000년 개정 관세법에서 이를 단순화하여 보세창고는 기본적으로 장치기간을 1년으로, 기타 특허보세구역은 특허기간으로 정하고 있다. 장치기간을 정하는 취지는 물품관리를 효율적으로 하거나, 무역거래 당사자가 이를 미리 알고 거래를 할 수 있도록 하기 위한 것이다. 장치기간 구분은 1차적으로 보세구역별로 정하고, 2차적으로는 보세창고에 대하여는 외국물품, 내국물품, 정부비축용 물품별로 구분하고 있다. 보세장치장 제도를 폐지하고 보세창고 제도로 단일화함에 따라 보세창고의 외국물품 장치기간이 1년으로 되어 사실상 장치기간이 줄어든 셈이지만 필요한 경우 장치기간을 1년

연장할 수 있다.

'나'목에서 내국물품의 장치기간은 1년의 범위 안에서 관세청장이 정하는 기간이다. 종전에는 내국물품의 장치기간은 1년, 수입신고수리 된 내국물품의 장치기간은 신속한 물류 흐름을 위해 6개월로 정하였으나 보세구역에 일반 내국물품의 반입 및 적체가 심하여 보세구역 본래의 목적인 수출입물품의 장치에 지장을 초래하여 2006.3.24. 관세법 개정시에 이를 탄력적으로 운영하기 위하여 현행과 같이 규정하였다. 법 제183조 제2항 단서는 동일한 보세창고에 장치되어 있는 동안 수입신고가 수리된 물품은 신고 없이 계속 장치할 수 있다는 규정이다. 물품장치기간은 외국물품·내국물품으로 구분하여 정하고 있고, 장치기간에 있어 다소 차이가 있으며, 외국물품은 그 기간 연장이 가능하나 내국물품은 기간 연장이 불가능한 것이 큰 차이점이다. 다만, 내·외국물품을 막론하고 정부 비축용 물품은 예외적 장치기간을 정하고 있다. 2024.12.31. 법 개정시 내국물품의 장치기간을 탄력적으로 운영할 수 있도록 외국물품과 동일하게 1년으로 운영할 수 있도록 개정하였다.

'다'목에서 보세창고의 원래 기능은 외국물품을 보관하는 것이며, 이러한 기능을 수용하기 위해 종전 법 규정 조문을 여기에 그대로 규정한 것이다. 정부비축용 물품, 정부와 계약이행을 위하여 비축하는 방위산업용 물품 또는 장기간 비축이 필요한 수출용 원재료 및 수출품 보수용 물품, 국제물류의 촉진을 위하여 관세청장이 정하는 물품으로서 비축에 필요한 기간을 장치기간으로 한다. 보세창고는 외국물품을 장치하기 위한 장소인 만큼 국가정책상 중요한 물품에 대하여는 장치기간 제한을 두지 아니한다. 종전에는 총리령이 정하는 물품에 대하여 비축에 필요한 기간을 장치기간으로 하였으나, 1998.12.28. 관세법 개정시 이를 세관장이 인정하는 경우에 비축에 필요한 기간을 장치기간으로 정하도록 규정하였고, 2003.12.30. 개정 관세법에서는 동북아물류기지로서 국제물류의 촉진을 위해서 LME(London Metal Exchange)[26]등 국제물류화물에 대하여 장치기간을 완화하였다. 부산·광양 등에 런던금속거래소를 유치(2002.10.)함에 따라 동 거래소에 장치할 물품의 장치기간을 확대하여 LME 등 국제물류화물의 국내 유치활성화를 도모하고자 하였다. LME 대상물품으로는 전기동, 아연, 납, 주석, 알루미늄, 니켈, 알루미늄합금 등이 있다.

제2호에서 일반 특허보세구역에는 보세창고, 보세판매장, 보세공장, 보세건설장, 보세전시장이 있으며, 이 조문에서 '기타 특허보세구역'은 보세창고를 제외한 4개 보세구역을 말한다. 이 보세구역의 물품 장치기간은 보세구역특허기간이다.

제2항은 운영인에 대한 반출명령에 관한 규정이다. 장치장 내에 여러 물품들이 섞여 있어 물품 보관에 방해가 되거나 물품장치에 필요한 보관시설 등이 미비한 경우에는 장치기간 내

26) 1877년에 설립된 세계 최대의 비철금속거래소로 거래회원, 무역업체, 창고업체, 금융기관, 생산업자들을 회원으로 하고 있다.

이지만 물품을 반출하도록 명할 수 있다. 이것은 장치물품에 대한 세관장의 직접적 통제방법이다. 세관장은 물품관리상 필요하다고 인정되는 때에는 보세창고 물품 장치기간 내에도 운영인에 대하여 반출을 명할 수 있으며 이를 위반한 경우에는 100만원 이하의 과태료에 해당한다.

제177조의 2【특허보세구역 운영인의 명의대여 금지】특허보세구역의 운영인은 다른 사람에게 자신의 성명·상호를 사용하여 특허보세구역을 운영하게 해서는 아니 된다.

해 설

특허보세구역 관리 강화를 통한 통관질서 확립하기 위해 법률 제12847호(2014.12.23) 개정을 통해 신설하였다. 동 조항을 위배하여 명의를 대여한 경우 동법 제178조 제2항 제5호에 따라 특허를 취소할 수 있으며 또한 동법 제276조 제3항 제6호에 따라 허위신고죄에 해당되어 2천만원 이하의 벌금에 처하게 된다.

제178조【반입정지 등과 특허의 취소】① 세관장은 특허보세구역의 운영인이 다음 각 호의 어느 하나에 해당하는 경우에는 관세청장이 정하는 바에 따라 6개월의 범위에서 해당 특허보세구역에의 물품반입 또는 보세건설·보세판매·보세전시 등(이하 이 조에서 "물품반입등"이라 한다)을 정지시킬 수 있다.

1. 장치물품에 대한 관세를 납부할 자금능력이 없다고 인정되는 경우
2. 본인이나 그 사용인이 이 법 또는 이 법에 따른 명령을 위반한 경우
3. 해당 시설의 미비 등으로 특허보세구역의 설치 목적을 달성하기 곤란하다고 인정되는 경우
4. 그 밖에 제1호부터 제3호까지의 규정에 준하는 것으로서 대통령령으로 정하는 사유에 해당하는 경우

② 세관장은 특허보세구역의 운영인이 다음 각 호의 어느 하나에 해당하는 경우에는 그 특허를 취소할 수 있다. 다만, 제1호, 제2호 및 제5호에 해당하는 경우에는 특허를 취소하여야 한다.

1. 거짓이나 그 밖의 부정한 방법으로 특허를 받은 경우
2. 제175조 각 호의 어느 하나에 해당하게 된 경우. 다만, 제175조 제8호에 해당하는 경우로서 같은 조 제2호 또는 제3호에 해당하는 사람을 임원으로 하는 법인이 3개월 이내에 해당 임원을 변경한 경우에는 그러하지 아니하다.
3. 1년 이내에 3회 이상 물품반입등의 정지처분(제3항에 따른 과징금 부과처분을 포함한다)을 받은 경우
4. 2년 이상 물품의 반입실적이 없어서 세관장이 특허보세구역의 설치 목적을 달성하기 곤란하다고 인정하는 경우
5. 제177조의 2를 위반하여 명의를 대여한 경우

해 설

특허보세구역은 국가기간시설이 부족한 것을 보충해 주는 역할을 하지만 개인이 관리 책임을 지는 구역이다. 개인이 영리를 목적으로 특허보세구역을 설치·운영하기 때문에 국민경제의 효율적 운영을 위하여 세관이 이를 통제하는 것이다. 반입정지는 새로운 업무활동으로 물품 반입을 통제하는 것이나, 이미 장치장 내에 장치되어 있는 물품은 반출할 수 있다. 위 조항에서 운영인이 인적·물적 요건을 갖추지 못한 경우로서, 장치물품에 대하여 관세납부 자금능력이 없는 경우, 본인이나 사용인이 이 법이나 이 법에 의한 명령을 위반하는 경우, 시설이 미비하여 특허보세구역 운영 목적을 달성하기 곤란하다고 인정하는 경우가 있다. 이때에는 특허보세구역의 물품 반입정지, 보세건설·보세판매·보세전시를 정지할 수 있다. 「특허보세구역 운영에 관한 고시」에는 반입 정지할 때에도 운영인의 의견을 청취하도록 규정하고 있다.

세관장이 특허보세구역 운영인에 대해 가지는 권리는 특허취소, 운영인 감독, 운영에 대한 보고와 검사, 담보제공요구, 설비명령, 반출명령권이 있다. 그리고 위임입법의 한계를 규정한 헌법 제75조에 위반한다는 의견에 따라 2006.3.24. 개정 관세법에서는 반입정지의 기간을 구체적으로 6개월의 범위 안에서 정하고 있다.

제1호에서 관세를 납부할 자금능력이 있는지 여부는 운영인의 금융신용상태 등을 참조하여 종합적으로 판단해야 한다.

제2호에서 세관장은 업무에 종사하는 자의 성명 기타 인적사항에 대하여 보고를 하도록 명할 수 있고 운영인 혹은 관리인은 보세구역에 출입하는 자를 단속할 수 있고 이 호는 단속권에 근거한 명령에 위반한 경우를 말한다.

제4호는 2019.12.31. 법 개정시 신설한 규정으로 대통령령으로 정하는 경우에는 반입정지 조치를 할 수 있다. 보세판매장 수의 증가와 함께 물품 관리상 질서유지를 위한 규정이라 할 수 있다.

제2항은 특허보세구역의 특허취소에 관한 규정이다. 물품반입정지, 보세건설 등 정지조치 다음 단계로 특허취소가 있다. 반입정지나 특허취소는 세관장의 행정처분이지만 특허의 효력상실은 처분이 아니며, 조건에 해당되면 당연히 그 효력이 상실되는 것이다. 위 조항에서 거짓이나 그 밖의 부정한 방법으로 특허를 받은 경우, 법 제175조 각 호에 해당되거나, 3회 이상 반입정지 처분을 받은 경우, 2년 이상 물품의 반입실적이 없어 특허보세구역 운영 목적을 달성하기 곤란하다고 인정하는 경우(2016.12.20. 종전 1년을 2년으로 연장하는 법 개정을 통해 수출입 여건의 악화 등에 따라 특허가 취소되는 경우를 줄임으로써 특허보세구역의 운영에 대한 부담을 완화하였다), 명의대여를 한 경우에는 특허를 취소할 수 있다. 특허보세구역에 일정기간 물품의 반입실적이 없어 보세구역 운영의 실익이 없는 경우 행정력의 낭비를 방지하기 위하여 세관장이 인정하는 경우에는 직권으로 특허를 취소할 수 있도록 2000년 개정 관세법에서 신설하였

다. 그리고 2011.12.31. 개정 관세법에서는 반드시 특허를 취소해야하는 경우로 단서 조항을 추가하였다. 법 제175조는 운영인의 결격사유에 관한 조항이다. 2018.12.31. 법 개정시 제2호에 단서 조항을 추가해서, 피성년후견인·피한정후견인·파산선고 후 미복권자 등을 임원으로 하는 법인이 해당 임원을 3개월 이내에 변경한 법인은 특허 취소를 제한하도록 하였다.

③ 세관장은 제1항에 따른 물품반입등의 정지처분이 그 이용자에게 심한 불편을 주거나 공익을 해칠 우려가 있는 경우에는 특허보세구역의 운영인에게 물품반입등의 정지처분을 갈음하여 해당특허보세구역 운영에 따른 매출액의 100분의 3 이하의 과징금을 부과할 수 있다. 이 경우 매출액 산정, 과징금의 금액, 과징금의 납부기한 등에 관하여 필요한 사항은 대통령령으로 정한다.
④ 제3항에 따른 과징금을 납부하여야 할 자가 납부기한까지 납부하지 아니한 경우 과징금의 징수에 관하여는 제26조를 준용한다.

해 설

제3항은 특허보세구역 반입정지에 갈음하는 과징금제도를 신설한 것이다. 과징금 제도는 현행법상 다양한 유형으로 규정되어 있어 그 개념을 일의적으로 정리하는 것은 쉽지 않다. 현행법상 과징금은 크게 경제적 이익 환수 과징금, 영업정지 대체 과징금, 순수한 금전적 제재로서의 과징금 등으로 그 유형을 구분할 수 있다.

경제적 이익환수 과징금은 불법행위로 얻어진 경제적 이익을 확실히 환수하기 위하여 도입되었다. 불법이익의 환수 수단으로 일반적으로 인정되던 형법상의 몰수·추징제도 등이 엄격한 형사절차에 의하여 운영됨으로써 경제사범의 제재에 요구되는 융통성이 제약을 받는다는 점을 고려하여 고안된 제도이다. 이와 반면 영업정지 대체 과징금은 허가처분 등 수익처분 행정행위에 대한 사후관리수단으로서 영업자가 허가 등에 따른 행정상의 의무를 위반할 때 제재로서 가하는 강력한 수단이기는 하나, 이로 인하여 그 영업자가 수행하는 영업활동을 이용하는 일반국민에게 불편을 초래할 수 있다. 이러한 공익적 고려에 따라 행정처분을 대신하는 금전적 제재로서의 과징금이 등장하였다. 현행법상 이러한 유형의 과징금이 가장 많이 차지하고 있다.

과징금은 금전적 제재수단이라는 점에서 벌금이나 과태료와 유사하다. 그러나 과징금은 행정기관이 부과한다는 점에서 사법기관이 결정하는 벌금과 구별되고 과태료가 행정기관에 대한 협조의무 위반에 대해 부과하거나 경미한 형사사범에 대한 비범죄화 차원에서 부과되는 반면, 과징금은 일반적으로 법규 위반으로 얻어진 경제적 이익을 환수하거나 영업정지처분을 갈음하여 금전적 제재를 부과한다는 점에서 차이가 있다.

항만이나 공항터미널에서 반입정지 처분시에는 수출입물류에 심각한 불편을 초래할 우려가 있어, 특허보세구역의 경우 반입정지 명령에 해당하는 법령위반 사항이 발생하더라도 공익 보호 차원에서 단순 주의 처분 등에 그치는 사례가 발생하여 실효성 있는 제재 조치가 필요하였다. 이러한 경우에는 사업의 계속을 유지하도록 하되 사업을 계속함에 따른 발생이익은 환수하는 것이 합리적이라는 판단에서 과징금 제도를 도입한 것이다. 일반적인 특허보세구역의 매출액대비 영업 이익율을 감안하여 3% 이내로 과징금의 상한선을 두었다.

제4항에서 법 제26조는 '담보 등이 없는 경우의 관세징수'에 관한 규정이다. 과징금은 법 제327조의 2의 국가관세종합망 운영사업자의 지정 등, 법 제327조의 3 전자문서중계사업자의 지정 등에 규정되어 있다. 제3항과 제4항의 과징금 규정은 2010.12.30. 법 개정(법률 제10424호)시 도입되었다.

【조세심판원 2016.1.7, 2015관0025】 보세판매장고시 제4－2조 제3항 및 제5항의 규정은 청구법인에게 물품 판매시점에 구매자가 출국인인지를 여권 및 탑승권 등을 통하여 확인하라는 것이지 구매 후 출국한 사실까지 확인하는 사후관리 의무를 부여한 것은 아니라고 보이는 점, 위반사항에 대한 경고처분의 근거가 동일하여 각각 경고 처분하는 것은 타당하지 않아 보이는 점, 청구법인이 내국인 구매한도를 초과하여 물품을 판매하였으나, 이는 청구법인이 운영하는 전산시스템의 오류로 인한 문제로 사후에 이를 확인하고 판매를 취소한 점 등에 비추어 청구법인들이 과실로 보세판매장고시 규정을 위반한 것으로 보아 처분청이 경고 처분에 갈음하는 과징금을 부과한 처분은 잘못이 있다.
* 보세판매장고시에서 정한 절차 등을 위반하여 위반사항별로 각 1회의 경고처분을 한 후, 1년 내 3회의 경고처분을 받았다는 이유로 판매물품 반입정지처분에 갈음하는 과징금을 부과한 처분의 당부 사례이다.

【조세심판원 2014.2.26, 2013관0309】 관세법상 형사소송절차와 별도로 보세구역 운영자가 관세법 또는 세관장의 명령을 위반한 때에는 보세구역의 물품반입을 정지할 수 있도록 규정하고 있고 청구인이 장기간 반복적으로 보세화물을 무단반출한 점에 비추어 수출입화물 반입정지처분에 잘못이 없다.

제179조 【특허의 효력상실 및 승계】 ① 특허보세구역의 설치·운영에 관한 특허는 다음 각 호의 어느 하나에 해당하면 그 효력을 상실한다.
1. 운영인이 특허보세구역을 운영하지 아니하게 된 경우
2. 운영인이 해산하거나 사망한 경우
3. 특허기간이 만료한 경우
4. 특허가 취소된 경우
② 제1항 제1호 및 제2호의 경우에는 운영인, 그 상속인, 청산법인 또는 합병·분할·분할합병 후 존속하거나 합병·분할·분할합병으로 설립된 법인(이하 "승계법인"이라 한다)은 지체 없이 세관장에게 그 사실을 보고하여야 한다.

③ 특허보세구역의 설치 · 운영에 관한 특허를 받은 자가 사망하거나 해산한 경우 상속인 또는 승계법인이 계속하여 그 특허보세구역을 운영하려면 피상속인 또는 피승계법인이 사망하거나 해산한 날부터 30일 이내에 제174조 제3항에 따른 요건을 갖추어 대통령령으로 정하는 바에 따라 세관장에게 신고하여야 한다.
④ 상속인 또는 승계법인이 제3항에 따른 신고를 하였을 때에는 피상속인 또는 피승계법인이 사망하거나 해산한 날부터 신고를 한 날까지의 기간동안 피상속인 또는 피승계법인의 특허보세구역의 설치 · 운영에 관한 특허는 상속인 또는 승계법인에 대한 특허로 본다.
⑤ 제175조 각 호의 어느 하나에 해당하는 자는 제3항에 따른 신고를 할 수 없다.

해 설

'특허'는 권리설정 행정행위이며, 일정한 경우에는 그 효력을 상실한다. 본 조에서는 특허효력상실 사유에 관하여 구체적으로 정하고 있고, 승계할 때에 그 절차에 관하여 규정하고 있다. 특허보세구역 운영을 그만 둔 때, 이는 폐업을 의미하며, 해산은 단체가 그 존재를 잃고 재산을 정리하는 것을 말한다. 이때에는 청산인이나 상속인이 해산, 사망에 관한 보고를 해야 한다.

제2항은 특허사항 보고의무에 관한 규정이다. 보세구역 특허는 대인적 · 대물적 특허다. 특허보세구역 운영을 그만둔 때, 운영인이 해산, 사망한 때에는 그 상속인 또는 승계법인 등은 지체 없이 세관장에게 보고하여야 한다. 이는 특허보세구역 운영인의 신분 · 지위에 변화가 있을 때 이를 세관장에게 신속히 보고하여 물품관리를 적정하게 할 수 있도록 하기 위함이다. 특허기간 만료와 특허 취소 시에는 세관에서 보고를 받지 아니하여도 그 사실을 알 수 있다. 폐업을 보고할 때에는 폐업보고서를 세관장에게 제출하여야 하며, 30일 이상 계속하여 휴업하고자 할 때에도 세관장에게 서면 신고해야 한다. 또한 운영인이 해산, 사망한 경우에 청산인이나 상속인이 보고해야 한다. 신고 혹은 보고사항을 위반한 경우 100만원 이하의 과태료 부과대상이 된다.

제3항은 특허사항의 상속 · 승계의 신고에 관한 규정이다.[27] 보세구역의 상속 및 합병에 따른 폐업으로 보세화물의 이고(移庫) 등 번거로운 절차와 불필요한 비용이 발생할 수 있다. 상속인 등이 계속하여 보세구역을 운영하고자 하는 경우에도 종전 보세구역을 폐업하고 신규 특허절차를 받아야 하는 불편함이 점이 따른다. 이를 개선하기 위해 2000.12.29. 법률 제6305호로 신설하였다. 특허보세구역의 운영을 계속하고자 하는 상속인 또는 승계법인은 해당 특허보세구역의 종류 · 명칭 및 소재지를 기재한 특허보세구역승계신고서, 상속인 또는 승계

27) 기업결합이 최근에는 합병, 분할, 분할합병 등과 같이 단순하지 않고 기업연합, 기업합동, 기업인수 등 다양한 형태로 발전함에 따라 동 조의 규정도 좀 더 세분화할 필요가 있다.

법인을 확인할 수 있는 서류, 특허요건의 구비를 확인할 수 있는 서류를 세관장에게 제출하여야 한다. 피상속인 또는 피승계인이 사망 또는 해산한 날부터 30일 이내에 신고하고, 신고를 받은 세관장은 이를 심사하여 신고일부터 5일 이내에 그 결과를 신고인에게 통보하여야 한다.

제4항은 특허의제에 관한 규정이다. 보세구역의 상속 또는 합병에 따른 절차를 간소화하기 위한 규정으로서 2000년 개정 관세법에 새로 규정한 사항이다. 특허승계시 세관장에게 신고제를 두는 것은 승계를 원치 않는 경우도 있고 보세구역 운영인은 관세미납상태의 보세화물을 관리하는 자로서 일정한 자격요건을 충족할 필요가 있기 때문이다. 상속인이 승계하는 경우에는 사유가 발생한 날로부터 30일 이내에 신청하고, 이에 대해 세관장이 신고수리 한다. 피상속인이 사망한 경우에는 즉시 신고를 하여야 하며, 사망한 때부터 신고한 날 까지는 법적으로 상속인이 특허를 받은 것으로 소급하여 특허효과를 부여한다. 상속인과 마찬가지로 승계법인의 경우도 똑같이 적용한다.

제5항은 운영인의 결격사유 심사에 관한 규정이다. 특허를 승계 받을 자는 운영인의 결격사유에 해당되지 아니하면 승계가 될 수 있다. 이는 상속인에 대하여는 특허의 요건에 관하여는 다시 심사하지 아니한다는 취지로 볼 수 있다. 종전에는 법 제174조 제3항 특허 요건에 관하여도 준용하도록 규정하였으나, 승계신고를 받은 세관장은 법 제175조의 규정에 의한 운영인의 결격사유만을 심사하여 결과를 신고인에게 통보해야 한다. 법 제174조 제3항은 특허보세구역 특허요건에 관한 규정이며, 법 제175조는 운영인의 결격사유에 관한 규정이다.

제180조【특허보세구역의 설치 · 운영에 관한 감독 등】 ① 세관장은 특허보세구역의 운영인을 감독한다.

② 세관장은 특허보세구역의 운영인에게 그 설치 · 운영에 관한 보고를 명하거나 세관공무원에게 특허보세구역의 운영상황을 검사하게 할 수 있다.

③ 세관장은 특허보세구역의 운영에 필요한 시설 · 기계 및 기구의 설치를 명할 수 있다.

④ 제157조에 따라 특허보세구역에 반입된 물품이 해당 특허보세구역의 설치 목적에 합당하지 아니한 경우에는 세관장은 해당 물품을 다른 보세구역으로 반출할 것을 명할 수 있다.

해 설

운영인에 대한 감독, 운영상황 보고 및 검사, 시설 등 설치명령, 반출명령에 관한 규정으로서 보세구역 운영인에 대한 포괄적 감독권을 규정한 것이다. 감독권 이외에 법에 정한 사항으로 운영에 관한 보고와 검사 지시, 설비명령, 반출명령 등이 있다. 관세청장이 담보를 제공하게 할 수 있는 경우로는 법을 위반하였거나 관세 또는 내국세를 체납한 사실이 있는 경우, 장치물품에 대한 관세를 납부할 수 있는 재정적 능력이 취약하다고 인정되는 경우로서 관세채권의 확보를 위한 조치가 필요하다고 인정될 때에 한한다.

지정보세구역의 관리인 또는 특허보세구역의 운영인은 그 업무에 종사하는 자 기타 보세구역에 출입하는 자에 대하여 단속을 하는 등 세부내용을 「특허보세구역 운영에 관한 고시」에 규정하고 있다. 세관장이 최고보관 요율 등을 정하고, 업체가 보관규칙을 변경할 때에는 세관장의 승인을 얻어야 한다는 조항 등은 1998.12.28. 관세법 개정(법률 제5583호)시 규제개혁 차원에서 이를 삭제하였다. 특허보세구역의 감독 · 검사 · 보고지시를 불응한 경우 100만원 이하의 과태료에 해당한다.

제2항은 운영보고 및 검사에 관한 규정이다. 운영보고를 할 때에는 주로 시설과 보세구역의 관리에 관한 사항을 보고하며, 영업에 관한 사항은 제외한다. 보고내용으로는 업무내용 등의 변경, 수용능력증감 승인, 일반 특허보세구역관리에 관한 내용 등이 있다. 세관장은 특허보세구역의 관리상 필요하다고 인정되는 때에는 특허보세구역의 운영인에게 그 업무에 종사하는 자의 성명 기타 인적사항을 보고하도록 명할 수 있으며, 특허보세구역의 출입구를 개폐하거나 특허보세구역에서 물품을 취급하는 때에는 세관공무원의 참여가 있어야 한다. 다만, 세관장이 불필요하다고 인정하는 때에는 그러하지 아니하다. 특허보세구역의 출입구에는 자물쇠를 채워야 하며, 이 경우 세관장은 필요하다고 인정되는 장소에는 2중으로 자물쇠를 채우게 하고, 그중 1개소의 열쇠를 세관공무원에게 예치하도록 할 수 있다. 세관직원은 보세구역을 방문하여 점검 · 검사할 수 있다. 법 제175조에 따른 상설판매업자 등에 대하여는 장부 또는 자료의 제출을 요구할 수 있고 영업에 관하여도 보고하게 할 수 있다. 특허보세구역의 운영인이 장치물품의 종류를 변경하는 경우에는 신청서를 제출하여야 하며, 법인의 등기내용을 변경한 경우에는 그 요지를 지체 없이 서면으로 세관장에게 신고해야 한다. 또한 수용능력을 증감하거나 능력을 변경할 시에는 그 사유를 기재한 신청서를 제출하여야 하고, 세관장은 특허보세구역 업무에 종사하는 자의 성명, 인적사항을 보고하도록 명할 수 있다. 특허보세구역 출입구를 개폐할 때 세관공무원의 참여가 있어야 하며, 특허보세구역의 출입구는 시건장치를 하여야 하고, 운영인, 관리인은 보세구역 출입자에 상당한 단속을 해야 한다.

특허보세구역 운영인은 해당 특허보세구역을 운영하지 아니하게 된 때에는 세관장에게 통보하여야 한다. 특허보세구역의 운영인은 30일 이상 계속하여 특허보세구역의 운영을 휴업하고자 하는 때에는 세관장에게 통보하여야 하며, 특허보세구역의 운영을 다시 개시하고자 하는 때에는 그 사실을 세관장에게 통보하여야 한다. 보고 명령 불이행의 경우 과태료 100만원 이하에 해당한다.

제3항은 시설 등 설치명령 등에 관한 규정이다. 특허보세구역은 영업이익을 목적으로 운영하기 때문에 물품 보관에 소홀한 점이 있을 수 있으므로 제도적으로 이를 보완하기 위한 규정이다. 보세화물을 보관하는 보세구역에서는 특허 당시부터 기본설비를 구비하여야 하지만

운영 중에도 물품관리에 필요한 시설, 기계, 기구 등을 구비할 의무가 있다. 설치명령을 위반한 경우 과태료 100만원 이하에 해당한다.

제4항은 다른 보세구역으로 반출명령에 관한 규정이다. 특허보세구역은 여러 종류가 있지만 설치목적은 모두 다르다. 그 설치목적에 합당하지 아니한 경우 다른 물품의 장치에 장해가 될 수 있으므로, 반입물품에 대해 통제하는 것이다. 예를 들면, 위험물품이 일반보세창고에 입고되어 있는 경우 위험물을 보관하는 창고에 물품을 옮길 것을 명할 수 있다. 보세구역 장치물품을 제한할 수 있으며, 인화물질, 폭발성 물질, 부패할 염려가 있는 물품, 살아있는 동물이나 식물을 장치하지는 못한다. 다만 특수시설을 갖춘 보세구역은 장치할 수 있다. 보세구역 반입허가제를 폐지하고 신고제로 전환함에 따라 신고만 하고 물품을 보세구역에 반입할 수 있다.

신고물품에 대한 사전 심사를 간소화함에 따른 보완 대책으로서 보세구역 설치목적에 맞지 아니한 물품을 반입한 경우 나중에 세관장이 이를 강제로 반출시킬 수 있게 근거규정을 1995.12.6. 관세법 개정(법률 제4982호)시 신설하였다. 종전에는 반입된 내국물품에 대하여는 반입된 외국물품과는 다르게 각 보세구역별로 별도로 반출할 수 있는 규정을 두고 있었으나, 2000년 개정 관세법에서는 내외국 물품을 막론하고 반입물품 전체에 대하여 규정하고 있다. 특허보세구역 내 설치 목적에 맞지 아니한 물품에 대한 반출명령을 위반한 경우에는 과태료 100만원 이하에 해당한다.

제181조【특허보세구역 안의 담보】(삭제)

해 설

특허보세구역 운영인으로 하여금 담보를 제공하게 하는 것은 장치물품에 대한 관세확보를 위한 것이었다. 타인의 물품을 장치하는 경우도 해당되지만 특히 운영인이 자기 물품을 장치하는 경우에는 임의로 물품을 처분할 수 있으므로 과세 확보수단으로 담보를 제공하게 할 수 있었다. 보세창고, 보세전시장, 보세건설장, 보세판매장은 삭제 전의 담보제공 규정에 포함하였으나 보세공장은 제외하였다. 그러나 2010.1.1. 관세법 개정(법률 제9910호)시 특허보세구역 운영인의 물품장치에 대한 담보는 사실상 담보 없이 운영되고 있어 현실에 맞게 담보의무를 면제하였다.

초기에는 설치·운영인의 물품을 장치하는 경우에 이 장치하는 물품에 상당하는 관세를 담보로 제공하게 하였으나, 2000년 개정 관세법에서는 운영인의 물품에만 한정하지 아니하고 담보를 제공하게 할 수 있도록 규정을 개정한 바 있었다. 이와 같은 취지로 보세운송 경우에도 보세운송업자 본인의 화물을 운송할 때에는 담보를 제공하는 것으로 볼 수 있다.

제182조【특허의 효력상실 시 조치 등】 ① 특허보세구역의 설치·운영에 관한 특허의 효력이 상실되었을 때에는 운영인이나 그 상속인 또는 승계법인은 해당 특허보세구역에 있는 외국물품을 지체 없이 다른 보세구역으로 반출하여야 한다.
② 특허보세구역의 설치·운영에 관한 특허의 효력이 상실되었을 때에는 해당 특허보세구역에 있는 외국물품의 종류와 수량 등을 고려하여 6개월의 범위에서 세관장이 지정하는 기간 동안 그 구역은 특허보세구역으로 보며, 운영인이나 그 상속인 또는 승계법인에 대해서는 해당 구역과 장치물품에 관하여 특허보세구역의 설치·운영에 관한 특허가 있는 것으로 본다.

해 설

법 제155조에 의해 보세구역이 아닌 곳에 물품을 장치할 수 있는 경우를 제외하고는 보세구역이 아닌 곳에 외국물품을 장치할 수 없으며, 장치한 경우는 지체 없이 다른 보세구역으로 반출하도록 의무규정을 두고 있다. 그러나 제2항과 같이 법적으로는 보세구역이 아니지만 기존에 보관하고 있는 물품을 원활하게 관리하기 위하여 6월의 기간 동안 이 구역을 보세구역으로 보는 것이다. 이는 의제조항이라 할 수 있다. 의제는 본질이 같지 아니한 것을 법률 취급에서 동일한 것으로 간주하고 동일한 법률상 효과를 부여하는 것을 말한다. 2020.12.22.(법률 제17649호) 개정시 특허보세구역의 관리 효율화를 위하여 반출의무자에 승계법인을 추가하고 제2항 특허의제 규정에도 추가하였다. 제179조 특허보세구역 효력 상실시 보고의무자에 운영인·상속인 이외에 승계법인이 있는 점을 고려한 것이다.

제2항은 특허의제에 관한 규정이다. 특허효력이 소멸되면 소멸 당시 장치장에 남은 물품의 종류·수량을 고려하여 6개월 이내의 범위 안에서 이 구역을 특허보세구역으로 본다. 따라서 운영인에 대하여 기존의 특허가 계속되는 것으로 보고, 상속인 또는 승계법인에 대해서도 합병·분할·분할합병 후 신설 또는 존속 법인인 경우는 특허가 계속되는 것으로 본다. 이는 특허가 소멸된 후에도 외국물품에 대한 관세납부 의무, 보관관리 의무, 기타 권리에 대하여도 이를 그대로 인정하려는 취지에서 나온 것이다. 제정관세법에서는 특허가 소멸된 후 10일 이내에 보관하고 있는 외국물품을 수입·반송·보세운송하도록 규정하였으며, 이 기간 이내에 처리를 하지 못하면 매각하도록 하였다.

제1항의 외국물품 반출의무와 제2항의 신고 없이 내국물품을 장치하는 경우에는 과태료 100만원 이하에 해당한다.

2. 제2관 보세창고

제183조 【보세창고】 ① 보세창고에는 외국물품이나 통관을 하려는 물품을 장치한다.
② 운영인은 미리 세관장에게 신고를 하고 제1항에 따른 물품의 장치에 방해되지 아니하는 범위에서 보세창고에 내국물품을 장치할 수 있다. 다만, 동일한 보세창고에 장치되어 있는 동안 수입신고가 수리된 물품은 신고 없이 계속하여 장치할 수 있다.

해 설

이전에 보세장치장은 통관하고자 하는 외국물품을 보관하는 구역으로 운영하고 보세창고는 외국물품을 장치하기 위한 구역으로 운영하였다. 그러나 보세장치장 제도를 폐지하고 보세장치장 기능을 보세창고에 흡수하여 2000년 개정 관세법에서 현행과 같이 규정하였다.

통관을 목적으로 하는지 여부에 따라 보세구역의 성격이 구분되지만, 보세창고와 폐지된 보세장치장은 모두가 물품을 통관하는 기능을 가지고 있기 때문에 그 구분이 불분명한 경우가 많았다. 현행 규정은 두 보세구역의 기능에 큰 차이가 없는데도 이를 구분하여 운영함으로써 제도적으로 오히려 번잡한 점이 있어 이를 개선한 결과다. 보세창고제도는 외국물품을 국내에 가져와서 보관해 두면서 구매자를 물색하여 수입하는 제도로서 오래 전부터 국가 간 교역 증대를 위해 이용해 온 제도다. 현재는 중계무역을 위해 외국물품을 보관하는 장소로 많이 이용하고 있다. 보수작업도 현재는 일반적으로 보세구역에서 할 수 있는 작업이지만 제정 관세법에서부터 보세창고에서는 교역증대를 위하여 보수작업을 할 수 있도록 규정하였다.

제2항은 내국물품 장치신고에 관한 규정이다. 종전에는 내국물품을 장치할 때에 세관장의 허가를 얻도록 하였으나, 2000년 개정 관세법에서는 외국물품을 장치할 때와 같이 신고하도록 개정하였다. 내국물품을 장치할 때에는 외국물품 장치에 방해되지 아니하는 범위 안에서 장치하여야 한다. 보세창고에서는 외국물품을 우선적으로 장치한다는 취지를 여기서 밝힌 것이다. 외국물품이 수입신고가 수리되면 내국물품이 되는 것이나, 수입신고 수리되어 장치장에 그대로 장치되어 있는 경우에는 신고 없이 장치할 수 있도록 규정하고 있다. 그러나 수입신고 수리 후 다른 보세창고로 옮겨서 장치한다면 이는 내국물품 장치에 관한 신고를 해야 한다.

내국물품을 장치할 때에는 신고하여야 하며, 보세창고 전체를 내국물품만으로 장치하고자 하는 때에는 세관장의 승인을 얻어야 한다. 이 승인을 얻은 경우에는 반출입 신고를 생략할 수 있다.

【대법원 1984.6.26, 84도782】 [1] 회사의 전무이사가 매일매일의 수출대전의 입금 기타 차입자금 등의 사정에 따라 원자재의 정상조달이 불가능한 경우에 한하여 부득이 총무과장에게 그날 그날의 공장가동에 필요한 최소한도의 물량을 선반출받도록 지시하고 그 지시에 따라 과장이 보세장치장

의 영업차장에게 부탁하여 수일 내에 수입면허를 추완할 것을 다짐하고 보세장치장으로부터 합성수지를 무단반출하였다면, 적어도 1일에 이루어진 수회의 반출행위 만큼은 특별한 사정이 없는 한 단일하고 계속된 범의아래 이루어진 것으로서 포괄하여 1죄를 구성한다고 보아야 한다. [2] 보세장치장에 반입된 유세품에 대하여 수입면허절차를 밟아 수출용원자재로서 관세의 징수가 유예되거나 제품수출 후 관세를 환급받을 수 있다고 하여도 수입면허를 받지 않고 보세장치장에서 무단반출하였다면 사위의 방법으로 관세를 포탈한 것에 해당하며 그 포탈의 기수시기는 반출한 때라고 보아야 할 것이다. [3] 유세품에 대하여 수입면허 없이 무단반출한다는 인식이 있은 이상 포탈의 범의가 있는 것이며 또 포탈행위가 기수가 된 이상 그 후 수입면허절차를 추완하고 관세 등을 납부하거나 또는 수출제품에 사용된 원자재에 대한 관세환급을 받을 의사가 있었다고 하여 포탈의 범의를 부인할 수는 없다.

③ 운영인은 보세창고에 1년(제2항 단서에 따른 물품은 6개월) 이상 계속하여 제2항에서 규정한 내국물품만을 장치하려면 세관장의 승인을 받아야 한다.
④ 제3항에 따른 승인을 받은 보세창고에 내국물품만을 장치하는 기간에는 제161조와 제177조를 적용하지 아니한다.

해 설

제3항은 내국물품 장치 승인에 관한 규정이다. 보세창고는 원래 외국물품 또는 통관을 하고자 하는 물품을 장치하는 구역이며, 내국물품을 장치하고자 할 때에는 일반 외국물품과 같이 세관장에게 신고함으로써 장치할 수 있다. 그러나 1년 이상 계속하여 내국물품만을 장치하고자 할 때 또는 수입신고 수리된 물품만을 보세창고에 6개월 이상 장치하는 때에는 세관장의 승인을 받아야 한다.

물품을 장치할 때에 승인을 받도록 한 것은, 보세창고에 내국물품만을 장치하거나 신고수리된 물품을 장기간 장치하는 것은 보세창고 설립 취지에 맞지 아니하기 때문에 그러한 것이다. 신고 없이 내국물품을 장기 장치한 경우에는 100만원 이하의 과태료에 해당한다.

제4항은 내국물품 장치시 규정 적용의 배제에 관한 규정이다. 내국물품만 장치하는 경우는 당연히 외국물품에 적용하는 견품반출, 장치기간 규정을 적용하지 아니한다. 그러나 내국물품과 외국물품을 같이 보관하고 있는 보세창고라면 외국물품에 대하여는 견품반출 규정을 그리고 외국물품과 내국물품에 대하여는 장치기간 규정을 적용하여야 한다. 법 제161조는 견품반출에 관한 규정이고, 제177조는 장치기간에 관한 규정이다.

제184조 【장치기간이 지난 내국물품】 ① 제183조 제2항에 따른 내국물품으로서 장치기간이 지난 물품은 그 기간이 지난 후 10일 내에 그 운영인의 책임으로 반출하여야 한다.
② 제183조 제3항에 따라 승인받은 내국물품도 그 승인기간이 지난 경우에는 제1항과 같다.

해 설

내국물품은 장치기간 경과하더라도 외국 물품처럼 매각할 수 없다. 외국물품을 매각하는 것은 관세 등 세금을 징수하기 위함이 그 목적이며, 내국물품은 이러한 세금을 납부하는 물품이 아니기 때문에 국가에서 매각하지 아니한다. 내국물품은 세관장에게 신고하여 일정 기간 보관하고, 그 기간 경과 후에는 10일 이내에 운영인 책임으로 반출한다. 납세의무자는 없으므로 보세창고 운영의 실질 책임자인 운영인이 반출하도록 규정한 것이다. 보세창고는 외국물품을 취급하기 위한 구역이지만 지나치게 내국물품을 많이 장치하면 원래 설립취지에 맞지 아니하다. 본 조는 외국물품 우선 보관이라는 보세창고의 본래 기능을 확인하는 것이다.

제2항은 승인기간 경과물품에 대한 규정이다. 법 제183조 제3항에 의한 승인은 1년 이상 내국물품만 보관하는 경우로 승인기간이 경과한 때에는 제1항과 같이 그 기간이 경과한 날부터 10일 이내에 운영인 책임으로 내국물품을 반출하여야 한다. 보세창고 운영인은 장치물품에 관한 장부를 비치하고 필요한 사항을 기재하여야 한다. 다만, 법 제177조 제1항 제1호 다목의 규정에 의한 물품의 경우에는 관세청장이 정하는 바에 따라 장부의 비치 및 기재사항의 일부를 생략 또는 간이하게 할 수 있다. 이 규정을 위반하는 경우에는 100만원 이하의 과태료에 해당한다. 법 제177조 제1항 제1호 다목은 정부비축용물품 등을 말한다.

3. 제3관 보세공장

제185조 【보세공장】 ① 보세공장에서는 외국물품을 원료 또는 재료로 하거나 외국물품과 내국물품을 원료 또는 재료로 하여 제조·가공하거나 그 밖에 이와 비슷한 작업을 할 수 있다.
② 보세공장에서는 세관장의 허가를 받지 아니하고는 내국물품만을 원료로 하거나 재료로 하여 제조·가공하거나 그 밖에 이와 비슷한 작업을 할 수 없다.
③ 세관장은 제2항에 따른 허가의 신청을 받은 날부터 10일 이내에 허가 여부를 신청인에게 통지하여야 한다.
④ 세관장이 제3항에서 정한 기간 내에 허가 여부 또는 민원 처리 관련 법령에 따른 처리기간의 연장을 신청인에게 통지하지 아니하면 그 기간(민원 처리 관련 법령에 따라 처리기간이 연장 또는 재연장된 경우에는 해당 처리기간을 말한다)이 끝난 날의 다음 날에 허가를 한 것으로 본다.

⑤ 보세공장 중 수입하는 물품을 제조 · 가공하는 것을 목적으로 하는 보세공장의 업종은 기획재정부령으로 정하는 바에 따라 제한할 수 있다.
⑥ 세관장은 수입통관 후 보세공장에서 사용하게 될 물품에 대하여는 보세공장에 직접 반입하여 수입신고를 하게 할 수 있다. 이 경우 제241조 제3항을 준용한다.

해 설

보세공장제도는 역관세구조 시정, 가공무역 진흥을 위한 제도이다. 관세율 구조가 원료품에 대하여 저세율이고, 완제품에 대하여 고세율인 경사구조를 가져야 국내산업 보호 효과가 높다. 그러나 그 반대의 경우는 보호효과가 적으며, 이를 역관세구조라 한다. 보세공장은 외국물품을 대상으로 하는 보세구역이므로 내국물품만 사용하여 제조 · 가공할 시에는 제품을 수출한다고 하더라도 보세공장의 특허대상은 아니라 할 수 있다.

외국으로부터 완제품이 과다하게 수입되는 경우 보세공장에서 완제품을 생산하여 국내에 반입하므로 외국으로부터 수입의존을 줄이는 등 부작용을 해소할 수 있다. 그러나 이와 같은 장점에도 불구하고 보세공장제도는 원재료가 국산 가능하지만 수입하여 사용하게 하는 단점도 있다. 현재는 일반 수출입업체 등에 대한 수출 · 환급 제도의 발전으로 보세공장의 이점이 많이 퇴색되었다고 볼 수 있다.

관세청고시 「보세공장 운영에 관한 고시」에는 보세공장의 종류를 수출용 보세공장, 내수용 보세공장, 겸용 보세공장, 기내식 보세공장[28]으로 정하였으나 2001년에 해당 고시에서 구분관리 제도를 폐지한 바 있다. 내수용 보세공장 제한 업종이 사실상 폐지됨에 따라 업체 편의를 위하여 이러한 구분을 없앴다. 종전에는 보세공장의 업종을 구체적으로 지정하였으나, 1999. 12.28. 관세법 개정(법률 제6046호)시 이를 제한할 수 있는 방식으로 변경하였다. 이는 전부 제한하되 예외적으로 인정하는 포지티브방식에서, 전부 인정하되 예외적으로 제한하는 네가티브 방식으로 변경한 것이며, 2001년에는 이러한 구분 자체를 폐지한 것이다. FTA형 특별보세공장 제도를 2007.12.7. 「보세공장 운영에 관한 고시」를 개정하여 도입하였다.[29]

종전에는 보세공장 특허를 받은 운영인이 제3자 소유의 원재료를 반입하여 과세보류상태에서 제조 · 가공을 허용하지 않았으나 2013.12월 「보세공장 운영에 관한 고시」 개정을 통해 IT업종 등 위탁가공수요가 많은 분야에서 보세공장을 통한 위탁보세가공의 활성화 및 해외위

28) 기내식 보세공장에서 제조 및 가공하는 기내식을 우리나라에서 외국으로 운항하는 외국 국적 항공기에 공급하는 행위는 대외무역법 시행령 제2조 제3호에 따른 수출과 식품위생법 제7조 제3항의 "수출할 식품"에 해당하지 아니한다(법제처 19-0329, 2019.12.24.).

29) 보세공장에서 제조 · 가공한 물품을 우리나라의 자유무역협정 대상국가로 수출하려는 중소기업에 보세공장 특허절차를 대폭 간소화한 제도를 FTA형 특별보세공장이라 한다. 일반보세공장에 비하여 기계시설 비치 의무 물품검사를 위한 장비 비치 의무, 소방시설 구비의무 등을 생략할 수 있다.

탁가공 수요를 국내 보세공장으로 유인하여 보세공장의 일자리 창출과 국내 제조업의 활성화를 위해 제3자가 소유한 외국원재료를 과세보류상태에서 보세공장에서 반입하여 제조 · 가공할 수 있도록 허용하였다.

2017.3.27. 관세법 시행령 개정시 종전에는 보세공장에서는 생산만이 가능하였으나 보세공장에서 생산뿐만 아니라 수리 · 조립 · 검사 · 포장 및 이와 유사한 작업을 할 수 있도록 규정내용을 개정하였다.

제2항은 내국물품 작업금지에 관한 규정이다. 보세공장은 외국물품, 외국물품과 내국물품을 재료로 하여 제품을 만들기 위한 구역이다. 그러나 탄력적인 기업 생산활동을 위하여 내국물품만을 원료로 하거나 재료로 하여 작업을 할 수 있도록 하였다. 관세청장은 국내 공급 상황을 고려하여 필요하다고 인정되는 때에는 법 제185조 제3항의 규정에 의한 보세공장에 대하여는 외국물품의 반입을 제한할 수 있다. 이 규정을 위반하는 경우에는 과태료 100만원 이하에 해당한다. 법 제185조 제3항은 수입하는 물품을 제조 · 가공하는 것을 목적으로 하는 보세공장에 관한 규정이다.

2018.12.31. 법 개정시 새로이 제3항에 내국물품 작업허가 신청에 대한 통지의무 조항을 신설하였다. 인허가 처리기한 및 인허가 여부나 처리지연 사유 통보절차 등을 법률차원에서 명확하게 규정한 것이다. 행정법적으로 인허가의 효력을 발생시키는 규정은 국민에게 직접적인 권리의무와 관련된 중요하고 본질적인 법규적 내용이므로 법률유보원칙에 따라 법률에 규정할 필요가 있었다.

제4항도 2018.12.31. 법 개정시 신설된 조항으로 '허가' 간주규정이다. 인허가 여부나 처리지연 사유 미통보후 처리기한 경과시 허가가 있는 것으로 본다는 내용으로 관세행정 예측가능성과 민원인 편의를 제고하기 위한 규정이다. 국무조정실「인허가제도 합리화 추진 계획」에 따른 '인허가 간주제' 도입에 따라 개정한 것이다. 제3항과 제4항을 신설함에 따라 기존 제3항과 제4항은 제5항과 제6항으로 이동하였다.

제5항은 수입용 보세공장 설치제한에 관한 규정이다. 보세공장에는 수출하는 물품을 제조하는 보세공장과 수입하는 물품을 제조하는 보세공장이 있다. 수입하는 물품을 제조하는 보세공장에 대하여는 국내의 제조업에 미치는 영향을 고려하여 기획재정부령으로 업종을 제한할 수 있다.

제6항은 보세공장에 직접 반입에 관한 규정이다. 종전에는 보세공장에서 사용할 물품이라 할지라도 보세공장에서 물품을 바로 통관할 수 없으므로, 일반 보세장치장에 장치하여 수입통관 후 사용하였다. 이러한 불편한 점을 해소하기 위하여 보세창고 기능의 일부를 보세공장에도 부여하고 있으며, 2000년 개정 관세법에 새로 도입한 규정이다. 보세공장 시설재는 원칙적으로 수입통관 후 보세공장에 반입하여야 하나, 업체의 물류비용 절감 등 통관편의를 위해 보세공장 반입 후 통관하도록 규정한 바 있었다. 그러나 보세공장에 반입 후 통관할 시설재의

수입신고시기에 대해서는 규정이 없어 반입된 시설재를 통관하지 않고 원재료와 동일하게 장기간 장치하는 사례가 발생하였다. 시설재는 보세공장의 운영대상이 아니므로 일반수입물품의 신고시기와 동일하게 반입 후 30일 내에 수입신고하는 것을 명확히 하였다. 법 제241조 제3항은 물품 반입일 또는 장치일부터 30일 이내에 신고하여야 한다는 규정이다.

【대법원 1983.9.13, 81도3154】 (갑)공장이 관세법에 의한 보세공장설영특허를 받은 바 없다면 피고인이 (을)보세공장에 반입되어 있던 수출용원자재를 수입면허 없이 위 (갑)공장으로 반출한 소위는 관세법 소정의 무면허수입죄에 해당한다.

【대법원 1981.12.22, 80도1670】 본건 당시 시행되는 수출용원자재 잉여물품에 대한 사무처리요령(1974.6.20. 관세청지시) 제4조에 의하면 보세원자재 잉여물품을 수입하고자 하는 자는 관세법 제137조 제1항의 규정에 의한 수입신고서에 소정서류를 첨부하여 관할지 세관장에게 제출하고 그 면허를 받아야 한다고 규정하고 있으며, 보세공장제도운영요령(1977.11.4. 관세청고시 제124호) 제26조에 의하면 보세공장 설영인은 보세작업 결과 발생한 잉여물품을 세관장에게 신고토록 규정되어 있으므로 보세잉여물품(외국 국적 선주로부터 발주받은 선박의 보세가공용 원자재로 수입하여 보세공장에 반입하고 위 선박을 건조하고 남은 철판)을 세관장에의 신고 없이 내자재와 혼합하여 다른 철구공사에 사용하였다면 관세포탈죄가 성립된다.

제186조【사용신고 등】 ① 운영인은 보세공장에 반입된 물품을 그 사용 전에 세관장에게 사용신고를 하여야 한다. 이 경우 세관공무원은 그 물품을 검사할 수 있다.
② 제1항에 따라 사용신고를 한 외국물품이 마약, 총기 등 다른 법령에 따라 허가·승인·표시 또는 그 밖의 요건을 갖출 필요가 있는 물품으로서 관세청장이 정하여 고시하는 물품인 경우에는 세관장에게 그 요건을 갖춘 것임을 증명하여야 한다.

해 설

보세공장에 반입된 물품을 제조·가공 공정에 투입하기 전에 미리 사용신고를 한다. 제품을 만든 후에는 제품에 소요된 원재료에 대한 과세표준을 확정하기가 매우 어려우므로 사용신고하는 때 과세물건을 확정하고 수입에 필요한 요건도 확인한다. 제품이 완성된 후에는 절차에 따라 수입신고를 한다. 사용신고는 수입하는 원재료에 대하여는 실질적인 수입신고에 해당되므로 원재료에 대하여 미리 검사를 하여 과세대상물품을 확정하는 것이다.

제2항은 조건구비의 증명에 관한 규정이다. 사용신고를 한 물품은 세관직원이 이를 검사할 수 있고, 검사결과 법 제226조에 해당되는 경우에는 허가·승인·표시 기타 조건이 구비를 요하는 것임을 증명하여야 한다. 이는 일반 수입통관절차와 같은 방법이다. 이를 위반하는 것은 1천만원 이하 과태료에 해당한다. 2016.12.20. 법 개정시 보세공장에 반입된 외국물품의

경우 법령에서 정하는 바에 따라 허가·승인 등을 받아야 하는 물품은 이를 증명하도록 하고 있었으나, 앞으로는 그러한 물품 중 관세청장이 정하여 고시하는 물품인 경우에만 세관장에게 허가·승인 등을 받은 것임을 증명하도록 하여 보세공장 운영자의 부담을 완화하였다.

제187조【보세공장 외 작업 허가】① 세관장은 가공무역이나 국내산업의 진흥을 위하여 필요한 경우에는 대통령령으로 정하는 바에 따라 기간, 장소, 물품 등을 정하여 해당 보세공장 외에서 제185조 제1항에 따른 작업을 허가할 수 있다.

② 세관장은 제1항에 따른 허가의 신청을 받은 날부터 10일 이내에 허가 여부를 신청인에게 통지하여야 한다.

③ 세관장이 제2항에서 정한 기간 내에 허가 여부 또는 민원 처리 관련 법령에 따른 처리기간의 연장을 신청인에게 통지하지 아니하면 그 기간(민원 처리 관련 법령에 따라 처리기간이 연장 또는 재연장된 경우에는 해당 처리기간을 말한다)이 끝난 날의 다음 날에 허가를 한 것으로 본다.

④ 제1항에 따른 허가를 한 경우 세관공무원은 해당 물품이 보세공장에서 반출될 때에 이를 검사할 수 있다.

⑤ 제1항에 따라 허가를 받아 지정된 장소(이하 "공장외작업장"이라 한다)에 반입된 외국물품은 지정된 기간이 만료될 때까지는 보세공장에 있는 것으로 본다.

⑥ 세관장은 제1항에 따라 허가를 받은 보세작업에 사용될 물품을 관세청장이 정하는 바에 따라 공장외작업장에 직접 반입하게 할 수 있다.

⑦ 제1항에 따라 지정된 기간이 지난 경우 해당 공장외작업장에 허가된 외국물품이나 그 제품이 있을 때에는 해당 물품의 허가를 받은 보세공장의 운영인으로부터 그 관세를 즉시 징수한다.

해 설

보세공장 외 작업허가는 조문 내용대로 가공무역 또는 국내산업 진흥을 위한 것이다. 이는 포괄적인 의미이므로 작업 범위는 매우 넓다고 보아야 한다. 종전에는 가공무역의 진흥에 필요한 경우에만 보세공장외 작업을 허가하도록 한 것을 국내산업의 진작을 위하여도 장외작업이 가능토록 허용토록 함으로써 보세공장의 활성화를 도모하였다.

법 제185조 제1항의 작업은 일반적인 보세공장 작업이므로 보세공장 외 작업의 범위는 보세공장의 작업 내용과 같다. 보세공장 외 보세작업 허가는 보세작업의 종류 등을 기재한 신청서를 제출하도록 하고 있다. 세관장은 재해 기타 부득이한 사유로 인하여 필요하다고 인정되는 때에는 신청에 의하여 보세공장 외에서 보세작업의 기간 또는 장소를 변경할 수 있다. 세관공무원은 작업허가를 받은 물품이 법 제189조 후단의 규정에 의하여 세관공무원의 검사를 받은 것인 때에는 법 제187조 제4항의 규정에 의한 검사를 생략할 수 있다. 원료과세 신청시에 물품을 검사한 경우에는, 작업허가를 받고 반출할 때에 실시하는 검사를 생략하여 동일 사항에 대해 중복검사를 피하기 위한 규정이다. 허가를 받지 아니하고 공장 외 작업을 한 것은 1천만원 이하 과태료에 해당된다.

제2항은 보세공장 외 작업 허가시 담보제공에 관한 규정이었으나, 2010.1.1. 법 개정시 사실상 담보 없이 작업이 진행되는 현실을 감안하여 이를 삭제하였다. 보세공장 외 작업의 경우 과세물건 확정시기는 보세공장 외 작업허가를 한 때이므로, 물품 반출할 때 검사를 해서 과세물건을 확정할 수 있다. 만약 보세공장 외 작업 기간을 경과하여 지정장소에 물품이 있는 경우에는 이를 참고로 하여 운영인으로부터 관세를 징수할 수 있다.

2018.12.31. 법 개정시 새로이 제2항에 허가 신청에 대한 통지의무 조항을 신설하였다. 인허가 처리기한 및 인허가 여부나 처리지연 사유 통보절차 등을 법률차원에서 명확하게 규정한 것이다. 행정법적으로 인허가의 효력을 발생시키는 규정은 국민에게 직접적인 권리의무와 관련된 중요하고 본질적인 법규적 내용이므로 법률유보원칙에 따라 법률에 규정할 필요가 있었다.

제3항도 2018.12.31. 법 개정시 신설된 조항으로 '허가' 간주규정이다. 인허가 여부나 처리지연 사유 미통보후 처리기한 경과시 허가가 있는 것으로 본다는 내용으로 관세행정 예측가능성과 민원인 편의를 제고하기 위한 규정이다. 국무조정실 「인허가제도 합리화 추진 계획」에 따른 '인허가 간주제' 도입에 따라 개정한 것이다. 제2항과 제3항을 신설함에 따라 기존 제3항 내지 제6항은 제4항 내지 제7항으로 이동하였다.

제4항은 물품검사에 관한 규정이다. 물품검사는 현품과 서류 기재내용의 일치여부를 확인하여 과세물건을 확정하기 위한 것이며, 나중에 과세하게 되는 경우에는 이 검사결과에 따라 과세하게 된다. 보세공장에서는 보세공장 외 작업허가를 받은 다음에 물품을 반출할 때에 검사하는 것이므로 일반 수입신고의 검사방식과는 다르지만 현품과 서류상의 기재내용의 일치여부를 확인하는 역할은 같다.

제5항은 보세공장 의제에 관한 규정이다. 공장외작업장을 보세공장으로 의제하는 것은 아니다. 다만, 해당 외국물품에 대하여만 보세공장에 있는 것으로 보는 물품에 대한 의제조항이다. 따라서 공장외작업장에서 다시 다른 공장외 작업장으로 반출을 하는 경우는 불가하다고 본다.

제6항은 공장외 작업장 직접 반입에 관한 규정이다. 이 규정은 공장외 작업장에 보세구역 기능을 부여하는 것이다. 보세공장외 작업장에서 사용할 원재료 등을 보세공장을 거치지 않고 직접 외국에서 보세운송하여 공장외작업장으로 반입할 수 있도록 허용함으로써 절차간소화와 물류비용을 절감하게 되었다. 제4항 규정은 해당 물품을 보세구역에 있는 것으로 본 것이지만 본 규정은 해당 장소인 공장외작업장에 관하여 이를 보세구역 보아 외국물품을 직접 반입할 수 있게 한 것에 그 취지를 찾을 수 있다. 법 제185조 제4항의 경우와 같이 보세공장에 바로 물품을 반입하여 수입신고할 수 있도록 한 것과 같다.

제7항은 기간 경과시 관세징수에 관한 규정이다. 공장외작업장에 있는 물품에 대한 납세의

무는 보세공장 운영인에게 있다. 허가된 외국물품이나 공장외작업장에서 이미 만들어진 제품이 허가된 기간을 경과하여 공장외작업장에 있는 때에는 즉시 그 관세를 징수한다. 이는 제4항의 규정 내용에 따라 허가기간이 경과하면 이 장소를 보세공장으로 볼 수 없기 때문이다.

제188조【제품과세】 외국물품이나 외국물품과 내국물품을 원료로 하거나 재료로 하여 작업을 하는 경우 그로써 생긴 물품은 외국으로부터 우리나라에 도착한 물품으로 본다. 다만, 대통령령으로 정하는 바에 따라 세관장의 승인을 받고 외국물품과 내국물품을 혼용하는 경우에는 그로써 생긴 제품 중 해당 외국물품의 수량 또는 가격에 상응하는 것은 외국으로부터 우리나라에 도착한 물품으로 본다.

해 설

보세공장에서 만든 물품은 외국물품에 해당된다.[30] 그러나 이 외국물품을 통관할 때에는 일반적인 수입절차와는 달리 보세공장 특성을 고려하여 원재료 반입시기와 제품 수입시기를 기준으로 제품과세·원료과세 방식으로 통관절차를 진행할 수 있다. 제품과세 승인을 받은 때에는 반입 당시 신청된 원료의 수량 또는 가격에 상응하는 제품가격에 대하여 과세한다. 제품가격을 소요된 원료 비율로 나누어 외국물품에 해당되는 제품가격을 과세가격으로 보는 것이다. 제품과세·원료과세는 모두 수입신고당시 환율, 법령에 따라 과세하나, 제품과세는 제품세율, 원료과세는 원료세율에 의하며, 원료 과세할 때 과세가격산정은 원료과세 신청시점의 성질과 수량에 의한다.

내·외국물품 혼용 승인을 받기 위하여 외국물품과 혼용할 내국물품 등에 관하여 신청서를 세관장에게 제출하여야 한다.[31] 혼용 승인을 할 수 있는 경우는 작업의 성질·공정 등에 비추어 해당 작업에 사용되는 외국물품과 내국물품의 품명·규격별 수량과 그 손모율이 확인되고, 혼용 방식에 의해 과세표준을 결정될 수 있는 경우에 한한다. 이것은 사용된 외국물품과 내국물품의 내역이 분명하게 드러나지 아니하면 사용된 외국물품의 과세표준을 정할 수 없기 때문이다. 혼용 방식에 의한 과세표준 결정은 혼용 결과 생긴 제품 중에서 그 원료 또는 재료 중 외국물품의 가격이 차지하는 비율에 상응하는 분을 외국으로부터 우리나라에 도착된 물품으로 본다. 구체적으로는 "제품가격 × 외국물품원재료 ÷ 전체 원재료"가 과세표준이 된다.

---

30) 보세공장에서 원재료를 제조공정에 투입하여 사용한 결과 발생한 잉여물품은 재활용이 가능한 경제적 가치를 지닌 물품이고, 제188조(제품과세)에 따라 외국으로부터 우리나라에 도착한 물품으로 보아야 하므로 국내로 반출하려는 경우에는 수입통관 절차를 거쳐야 한다(관세청 보세산업지원과, 2022.9.5).

31) 「보세공장 운영에 관한 고시」 제18조 및 제21조에 따라 사용신고 시 소요원재료에 대한 상세목록이 있는 '내외국물품 혼용작업신청서'를 첨부하여 세관장의 승인을 받아야 한다.

【조세심판원 2019.2.11, 2018관0159】 쟁점물품은 보세공장 사용신고 당시의 목적에 사용할 수 없어 불용자재로 상태가 변경되어 국내에서 폐기될 것으로 결정되었고, 보세공장에서 폐기할 수 없어 부득이 원형 그대로 통관한 것으로 보이는 점 등에 비추어 사용신고가격이 아닌 국내업체에 낙찰된 가격을 기초로 과세가격을 결정함이 타당하다.

【대법원 2023.8.31, 2019두55781】 외국물품과 내국물품의 혼용작업을 개시한 이후 세관장의 혼용에 관한 승인을 받은 경우, 세관장의 승인을 받기 전에 혼용한 외국물품과 내국물품은 관세법 제188조 단서를 적용할 수 없다.

【대법원 2013.9.27, 2013두4101】 중소기업인 갑 주식회사가 을 주식회사 등으로 하여금 보세공장 내에서 갑 회사 공급의 내국물품과 을 회사 등의 외국물품 등을 결합해 집적회로 물품을 제조·가공하도록 하여 이를 보세공장으로부터 국내로 반입한 후 가공절차를 거치지 않은 채 수출하거나 다시 국내 수출물품 제조업체에 공급한 다음 '간이정액환급'을 받자, 관할 세관장이 관세 부과처분을 한 사안에서, 위 처분이 적법하다고 본 원심판단이 정당하다.

제189조【원료과세】 ① 보세공장에서 제조된 물품을 수입하는 경우 제186조에 따른 사용신고 전에 미리 세관장에게 해당 물품의 원료인 외국물품에 대한 과세의 적용을 신청한 경우에는 제16조에도 불구하고 제186조에 따른 사용신고를 할 때의 그 원료의 성질 및 수량에 따라 관세를 부과한다.

② 세관장은 대통령령으로 정하는 기준에 해당하는 보세공장에 대하여는 1년의 범위에서 원료별, 제품별 또는 보세공장 전체에 대하여 제1항에 따른 신청을 하게 할 수 있다.

해 설

일반수입물품은 수입신고당시 물품의 성질과 수량에 의하여 과세하지만, '원료과세'할 때에는 사용신고를 할 때의 원료의 성질과 수량에 의해 과세한다. 제품과세와 원료과세의 차이점 중에는 원료과세는 순수하게 외국물품인 원료에 대해서만 과세하는 것이지만, 제품과세는 제품의 부가가치분도 과세하는 것이다.

종전에는 원재료인 외국물품에 대하여 보세공장에 반입시 미리 신청한 것은 보세공장에 반입하는 때 그 원료의 성질 및 수량에 의하여 관세를 부과하도록 규정되어 있었으며, 과세물건의 확정시기는 보세공장 반입시가 되고 또한 별도로 원료과세 적용을 건별로 신청해야 하는 복잡한 절차를 적용하여 왔다. 그러나 2007.12.31. 법 개정(법률 제8833호)시 과세물건확정 시기를 사용신고시로 변경하여 이중검사 부담을 완화하였다. 반입시점에서는 별도로 검사를 하지 아니한다. 다만 이러한 경우 원재료의 부정유출 방지를 위하여 사후심사를 강화해야 하며, 내수용 보세공장에서 이 제도를 악용하여 과세이연의 효과를 볼 수 있기 때문에 일정한 요건 제한이 필요하다.

제2항과 관련하여 원료과세 적용신청자는 시행령 제175조 각 호의 사항과 원료인 외국물

품의 규격, 생산지 또는 제조지, 신청사유를 기재한 신청서를 세관장에게 제출하여야 한다. 이때 법 제186조 제2항의 증명서류, 해당 물품의 송품장 또는 이에 갈음할 수 있는 서류를 첨부하여야 한다. 세관장확인사항은 원료상태에서 미리 확인해야 하는 것으로 제품이 완성된 다음에 확인하는 것은 불합리한 것이기 때문에 원료과세 신청시에 증명서류를 제출하도록 규정한 것이다. 2008.2.22. 시행령 개정시 1년 이내의 기간에 대하여 보세공장 원료과세 적용을 포괄적으로 신청할 수 있게 관련 규정을 개정하였다. 그리고 이 제도의 남용을 방지하기 위하여 수출비율이 최근 2년 간 50% 이상인 업체에 대하여만 허용하고 부정유출 방지를 위하여 원자재 관리 방법에 문제가 없는 성실업체에 대하여만 포괄신고를 허용하였다.

원료과세제도는 1967년 처음 도입하였으며, 1999년 모든 물품에 원료과세를 적용하였고, 1998.12.28. 관세법 개정(법률 제5583호)시 원료과세 업무 중 원료과세 적용물품을 원재료로 하여 생산한 제품이 장치기간을 경과한 때에 부과하던 가산세 규정을 폐지한 바 있다. 또한 수출자유지역은 「자유무역지역의 지정 등에 관한 법률」에 의거 2000.7.1.부터 자유무역지역으로 변경되어, 동법에서 관세법 적용을 배제한 관계로 이 법에서 수출자유지역을 중복 규정할 필요가 없어 수출자유지역에 관한 내용을 삭제하였다.

【제품과세와 원료과세 비교표】

구 분	제품과세(제188조)	원료과세(제189조)
요 건	특별한 요건 없음(단, 세관장 승인을 받고 내·외국물품 혼용시 외국물품 상응비율에 대해서만 과세)	반입당시 미리 신청을 한 경우
과세대상	완성품(원재료 중 외국물품 비율)	외국 원재료
과세물건확정시기	수입신고시	보세공장 사용신고시

4. 제4관 보세전시장

제190조【보세전시장】 보세전시장에서는 박람회, 전람회, 견본품 전시회 등의 운영을 위하여 외국물품을 장치·전시하거나 사용할 수 있다.

해 설

보세전시장은 외국물품을 전시하는 것과 장치, 사용하는 구역을 통틀어서 말한다. '박람회'는 산업이나 기술 등 발전을 위하여 관련 물품을 모아 일정기간 여러 사람에게 보이는 모임이며, '전람회'는 여러 가지 물품이나 작품 등을 진열해 놓고 보이는 모임을 말한다. '견품시'는 견본시라고도 하며, 견본시장은 선전이나 소개를 위하여 각종 상품의 견본을 전시하여 거래하는 임시 시장이다. 외국물품의 사용에는 해당 외국물품의 성질 또는 형상에 변경을 가하거나 박람회의 주최자, 출품자 및 관람자가 그 보세전시장 안에서 소비하는 행위를 포함한다. 접착제의 효능을 시험하기 위하여 시험 삼아 재료를 이용하여 접착하는 경우가 있다. 그러나 전시장 내에서 불특정다수 관람객에게 제공할 물품 즉 시음용 음료수 등은 수입신고수리 후에 제공하여야 한다. 전시장 내에 장치물품에 대하여 장치할 장소를 제한하거나 보고하게 할 수 있다. 예를 들면, 무역회관 전시관에서 보세전시장을 특허하는 경우, 전시장 내 일정한 장소에서 물품을 장치하게 할 수 있다. 그러나 이러한 전시관 내에서는 물품관리를 목적으로 장치장소를 제한할 사유가 드물다. 판매용품은 수입신고가 수리되기 전에 이를 사용하지 못한다. 또한 직매용품도 수입신고가 수리되기 전에는 이를 인도하지 못한다. 사용하는 물품은 전시장 고유기능에 해당되므로 수입신고가 수리되기 전에도 사용할 수 있으나, 판매하는 물품은 수입신고 수리 후에 사용하여야 한다.

관세청고시 「보세전시장의 운영에 관한 고시」에 전시장 반입물품은 건설용품 · 업무용품 · 오락용품 · 전시용품 · 판매용품 · 증여물품으로 정해져 있으나 알콜 음료, 담배나 연료는 제외되어 있다.

5. 제5관 보세건설장

제191조 【보세건설장】 보세건설장에서는 산업시설의 건설에 사용되는 외국물품인 기계류 설비품이나 공사용 장비를 장치 · 사용하여 해당 건설공사를 할 수 있다.

해 설

외국물품인 기계류설비품, 공사용 장비를 장치 · 사용하여 건설공사를 하는 구역을 보세건설장이라 한다. 보세건설장은 국제협약이나 외국에는 없는 우리나라만의 독특한 제도로서 1967.11.29.(법률 제1976호)로 도입하였다. 수입물품에 대하여 과세할 때에는 수입신고 당시 물품의 성질과 수량에 의해 과세한다. 그러나 건설공사에는 많은 설비품과 장비가 소요되므로 이러한 물품을 매 건마다 통관절차를 거쳐서 공사에 사용하기는 불편하다. 따라서 건설공사에 사용하는 물품을 일단은 수입신고하여 공사에 사용하고 시설을 완성한 다음, 시설에 대해 일괄 신고 수리하여 통관절차에 편의를 제공하는 것이다.

반입되는 물품은 법에 명기된 기계류 설비품 · 공사용 장비 이외에 관세청고시로서 「보세건설장관리에 관한 고시」에 산업시설에 병설되는 사무소 · 의료시설 · 식당 · 공원 · 숙사 등 부대시설을 건설하기 위한 물품이 있다. 이 고시에 의하면 통상적인 수입통관절차에 의하더라도 공사에 지장이 없거나, 기존시설을 보수 및 개수하는 경우에는 물품을 미리 통관 후 사용하여야 한다. 공사에 사용하기 전에 수입신고를 해야 하고 공사가 완료되면 신고수리를 하게 된다. 수입신고가 수리되기 전에는 완성된 시설들을 사용할 수 없다.

기본통칙에 보세건설장 반입물품의 범위로, 산업시설 건설에 사용되는 외국물품인 기계류 설비품, 산업시설 건설에 사용되는 외국물품인 공사용 장비, 산업시설에 병설되는 사무소, 의료시설, 식당, 공원, 숙사 등 부대시설을 건설하기 위한 물품, 해당 산업시설 건설의 형편상 필요하다고 인정되는 기타 물품이 있다.

【과세물건 확정 등에 관한 비교표】

구 분	과세물건 확정	적용법령	과세환율	부과가능일
일반물품	수입신고	수입신고	수입신고	수입신고 다음 날
보세건설물품	수입신고	신고수리	수입신고	완료보고, 특허만료 다음 날

※ 과세물건에 대한 적용법령의 구체적 내용으로 품목분류, 세율, 감면 등이 신고수리 시점의 법령으로 적용된다. '과세물건 확정'은 수입물품의 성질과 수량을 구체적으로 정하는 것을 의미한다.

제192조【사용 전 수입신고】 운영인은 보세건설장에 외국물품을 반입하였을 때에는 사용 전에 해당 물품에 대하여 수입신고를 하고 세관공무원의 검사를 받아야 한다. 다만, 세관공무원이 검사가 필요 없다고 인정하는 경우에는 검사를 하지 아니할 수 있다.

해 설

기계류・설비품・공사용장비품을 수입하여 해당 특허시설을 완공하는 것이 보세건설장 운영목적이다. 여기서 '사용전'이란 건설공사에 원재료 등을 반입하여 사용하기 전이라는 의미이지 시설이 완공된 다음에 시설에 대한 사용(가동)을 의미하지 아니한다.

관세청고시인 「보세건설장 관리에 관한 고시」에는 기계류 설비품 이외 다른 반입물품은 모두 신고수리 후에 사용할 수 있도록 하고 있다. 이는 보세건설장 설치 목적에 적합한 물품만 완공 후에 과세하고 나머지 물품은 미리 과세하여 사용하는 것이 과세형평에 맞기 때문이다.

보세건설장 운영인은 법 제192조의 규정에 의한 수입신고를 한 물품을 사용한 건설공사가 완료된 때에는 지체 없이 이를 세관장에게 보고하여야 한다. 사용 전에 수입신고수리를 받지 아니한 경우에는 2천만원 이하 과태료에 해당한다.

제193조【반입물품의 장치 제한】 세관장은 보세건설장에 반입된 외국물품에 대하여 필요하다고 인정될 때에는 보세건설장 안에서 그 물품을 장치할 장소를 제한하거나 그 사용상황에 관하여 운영인으로 하여금 보고하게 할 수 있다.

해 설

보세건설장내에 건설공사가 진행 중일 때에는, 보세건설장 범위가 넓으므로 각종 반입물품을 효과적으로 관리하기 위해 장치장소를 제한할 필요가 있다. 이러한 이유로 반입물품을 일정장소에 장치하도록 하거나, 사용상황을 보고하게 할 수 있다. 보세건설장에 반입할 수 있는 물품은 법 제191조의 규정에 의한 외국물품 및 이와 유사한 물품으로서 해당 산업시설의 건설에 필요하다고 세관장이 인정하는 물품에 한한다. 보세건설장 장치장소 제한 등 감독, 검사, 지시에 불응하는 경우는 100만원 이하 과태료에 해당한다.

제194조【보세건설물품의 가동 제한】 운영인은 보세건설장에서 건설된 시설을 제248조에 따른 수입신고가 수리되기 전에 가동하여서는 아니 된다.

해 설

건설공사가 완료되었을 때 신고수리 전까지 시설가동을 금지한다. 내국물품화한 이후 가동하라는 의미이다. 신고수리 전에 시설을 가동하면 부과고지 대상이 된다. 처음에는 신고납부방식으로 징수할 예정이었으나, 신고수리 전에 가동한 때에는 정상적으로 징수할 수 없으므로 세관장이 직권으로 부과고지방식으로 징수하는 것이다. 법 제248조는 수입신고수리에 관한 규정이다. 수입신고 수리 전에 가동하는 경우에는 200만원 이하의 과태료에 해당한다.

제195조【보세건설장 외 작업 허가】 ① 세관장은 보세작업을 위하여 필요하다고 인정될 때에는 대통령령으로 정하는 바에 따라 기간, 장소, 물품 등을 정하여 해당 보세건설장 외에서의 보세작업을 허가할 수 있다.
② 제1항에 따른 보세건설장 외에서의 보세작업 허가에 관하여는 제187조 제2항부터 제7항까지의 규정을 준용한다.

해 설

보세건설장외 작업은 보세공장의 공장 외 작업과 비교하면 그 목적에 차이가 있다. 보세공장 외 작업허가는 가공무역 및 국내산업 진흥을 위한 것이며, 보세건설장 외 작업은 보세작업 과정에서 필요에 의한 것이다. 보세작업의 허가를 받고자 하는 자는 시행령 제175조 각 호의 사항, 보세작업의 종료기한 및 작업 장소, 신청사유, 해당 작업에서 생산될 물품의 품명·규격 및 수량을 기재한 신청서를 세관장에게 제출하여야 한다. 시행령 제175조는 보세구역 외 장치허가 신청에 관한 조항이다. 세관장은 재해 기타 부득이한 사유로 인하여 필요하다고 인정되는 때에는 보세건설장 운영인의 신청에 의하여 보세건설장외에서의 보세작업의 기간 또는 장소를 변경할 수 있다. 보세건설장외 작업허가 규정을 위반한 것은 1천만원 이하 과태료에 해당된다.

제2항은 준용규정이다. 법 제187조 제2항은 통지의무 조항, 제3항은 '허가' 간주조항, 제4항은 물품 반출할 때에 검사에 관한 조항, 제5항은 보세공장 특허기간 만료시 보세공장에 있는 것으로 보는 의제조항, 제6항은 공장 외 작업장에 직접 반입할 수 있는 조항, 제7항은 보세공장 운영인으로부터 관세를 징수하는 조항이다. 2010.1.1. 법 개정시 '보세공장 외 작업허가시 담보제공'에 관한 내용을 삭제하였다.

6. 제6관 보세판매장

제196조【보세판매장】 ① 보세판매장에서는 다음 각 호의 어느 하나에 해당하는 조건으로 물품을 판매할 수 있다.

1. 해당 물품을 외국으로 반출할 것. 다만, 외국으로 반출하지 아니하더라도 대통령령으로 정하는 바에 따라 외국에서 국내로 입국하는 자에게 물품을 인도하는 경우에는 해당 물품을 판매할 수 있다.
2. 제88조 제1항 제1호부터 제4호까지의 규정에 따라 관세의 면제를 받을 수 있는 자가 해당 물품을 사용할 것

해 설

보세판매장은 외국물품을 통관하지 아니한 상태로 판매하여 외화 가득효과와 구매자에게 편의를 제공하기 위한 제도다. 2018.12.31. 법 개정시 '외국물품'에서 '물품'으로 변경하여 보세판매장에서 내국물품을 판매하는 근거를 마련하였다. 개정전 내국물품 판매에 대한 명확한 법적 근거는 없었고, 보세판매장의 내국물품 반출입 절차만 고시에 규정하고 있었다.[32] 물품을

32) 개정전 조문 '외국물품을 판매할 수 있다'의 내용만으로 보면 '외국물품'만을 판매하는 곳이 보세판매장이라는 의미이지만 실제는 토산품 등 국산품을 외국인 관광객 쇼핑 편의와 국산품 판매 촉진을 위해 다수 판매하고 있었다. 2017년 기준 보세판매장 매출액 중 내국물품 점유율은 30.6%라고 한다.

판매시에는 물품을 외국으로 반출하거나,[33] 외교관면세규정에 의하여 면세를 받을 수 있는 자가 사용하는 조건으로 물품을 판매한다. 법 제88조 제1항 제1호 내지 제4호는 종전에 외교관면세 대상물품이다. 제5호 · 제6호에 준외교관면세로 지칭되던 면세대상자는 보세판매장을 사용할 수 없다. 일부 국가에는 입국자가 구매할 수 있는 입국장면세매점이 설치되어 있으며,[34] 이 면세매점은 입국하는 여행자가 사용할 수 있다. 우리나라에는 도입되지 아니하다가[35] 2018.12.31. 개정 관세법에서 설치 근거를 마련하여 도입되었다. 각국이 경쟁적으로 입국장면세매점을 설치하면 그 구매력은 상쇄되어 약화된다고 볼 수 있다. 2012년 현재 외국인전용시내보세판매장 설치 의견이 대두되고 있으나 아직 윤곽이 불확실한 상황이다.

관세법상 보세판매장과 유사한 제도로서 조세특례제한법에 의한 외국인관광객면세판매장, 관광진흥법에 의한 외국인전용 관광기념품 판매업소, 「제주도 국제자유도시 특별법」에 의한 지정면세점 등이 있다. 그리고 아직 시행되고 있는 제도는 아니지만 사후면세점 제도가 있다.[36]

경제 활성화로 해외여행객이 증가하자 면세점 이용률이 높아지고 사회적으로도 주요 관심의 대상이 되고 있다. 「보세판매장 운영에 관한 고시」에는 보세판매장 특허에 대한 공정한 심사 및 보세판매장제도의 원활한 운영을 위해 필요한 사항을 심의하기 위하여 관세청 또는 각 본부세관에 '보세판매장 특허심사위원회'를 두고 있다.

② 제1항에도 불구하고 공항 및 항만 등의 입국경로에 설치된 보세판매장에서는 외국에서 국내로 입국하는 자에게 물품을 판매할 수 있다.
③ 보세판매장에서 판매하는 물품의 반입, 반출, 인도, 관리에 필요한 사항은 대통령령으로 정한다.
④ 세관장은 보세판매장에서 판매할 수 있는 물품의 수량, 장치장소 등을 제한할 수 있다. 다만, 보세판매장에서 판매할 수 있는 물품의 종류, 판매한도는 기획재정부령으로 정한다.

---

33) 보세판매장(시내면세점 또는 출국장면세점)에서 출국인 또는 통과여객기(선)에 의한 임시체류인에게 국산품을 판매하여 출국인 또는 임시체류인이 그 물품을 소지하고 여객기(선)에 의하여 외국으로 이동하는 경우, 이러한 물품 이동은 대외무역법 시행령 제2조 제3호에 따른 "수출"에 해당하지 않는다(산업통상자원부 2012.9.18, 12-0473).

34) 입국장 면세점을 운영 중인 공항은 중국, 싱가포르, 홍콩, 대만 등 아시아 국가에 집중되어 있다

35) 입국장면세매점에 관한 의견은 국회에서도 상당기간 논쟁이 지속되었다. 찬성의견은 여행객의 편의를 높이고 외화낭비를 줄일 수 있다고 하였고, 반대의견은 입국장면세매점이 관세법 취지에 어긋나며 면세품은 국내가 아닌 해외에서 사용한다는 전제라는 점을 주장하였다.

36) 사후면세점제도란 일종의 관세 환급제도라 말할 수 있는 것으로 면세매점에서 물품 구매자가 출국시 관련 영수증을 제출하면 관세 등을 환급해 준다. 2009.1. 현재 시행되고 있지 아니하지만 현행 관세법상으로도 운영이 가능한 제도이다. 입국장면세매점 등 면세매점의 확대에 대한 관심이 높아지면서 각제 면세점 제도에 관한 의견이 제시되고 있다.

해 설

보세판매장의 운영인은 보세판매장에서 물품을 판매하는 때에는 판매사항·구매자 인적사항 기타 필요한 사항을 관세청장이 정하는 바에 따라 기록·유지하여야 한다. 보세판매장에서 물품을 판매한 때에는 구매자의 인적사항을 기록하여 판매물품이 외국으로 반출되는 등 원래 판매목적에 적합하게 사용되었는지를 확인한다. 관세청장은 보세판매장에서의 판매방법, 구매자에 대한 인도방법 등을 정할 수 있다.

제1항 제1호 단서 조항은, 외국여행을 마치고 입국하면서 물품을 국내에 반입하는 경우에 외국으로 물품을 반출하지 아니하더라도 물품을 구매할 수 있다. 이는 2019.12.31. 법 개정시 신설한 조항으로서 입국장 면세점과 함께 보세판매장 활용의 다양성을 높이는 제도이다. 외국에서 국내로 입국하는 자에게 물품을 인도하는 것을 조건으로 면세점에서 물품 판매가 가능하게 하였다.

제2항 2018.12.31. 법 개정시 신설된 조항으로 '입국장 면세점' 설치 근거 조항이다. 공항·항만의 입국 경로에 설치된 보세판매장인 입국장 면세점에서 외국에서 국내로 입국하는 자에게 물품[37] 판매가 가능하게 되었다.[38]

제3항은 물품 반출·입에 관한 규정이다. 관세청장은 보세화물이 보세판매장에서 불법적으로 반출되지 않도록 하기 위하여 반입·반출의 절차 기타 필요한 사항을 정할 수 있고, 세관장은 연 2회 이상 보세화물의 반출입량·판매량·외국반출현황·재고량 등을 파악하기 위하여 보세판매장에 대한 조사를 실시할 수 있다. 이 조사는 판매물품에 대한 재고조사를 의미한다. 관세청고시에 보세판매장은 외교관면세매점·출국장면세매점·시내면세매점·모피류면세매점·귀금속류면세매점이 있다.

제4항은 물품의 수량·장치장소·종류·판매한도 등에 제한에 관한 규정이다. 2018.12.31. 관세법 개정전 제2항에서 조문 내용이 수정되며 제4항으로 이동하였다. 물품의 종류는 단서조항으로 변경되어 기획재정부령으로 위임하도록 하였다. 판매한도는 시행령에서 기획재정부령으로 위임하고 있던 것을 상향 입법을 하였다. 보세판매장의 운영인은 보세판매장에서 물품을 판매하는 때에는 판매사항·구매자 인적사항 기타 필요한 사항을 관세청장이 정하는 바에 따라 기록·유지하여야 한다. 보세판매장에서 물품을 판매한 때에는 구매자의 인적사항을 기록하여 판매물품이 외국으로 반출되는 등 원래 판매목적에 적합하게 사용되었는지를 확인한

37) 판매 물품은 국산품 비중을 출국장 면세점보다 높은 수준으로 유도할 방침이며 담배는 제외한다는 방침이라고 한다.

38) 국민편의와 외화유출 방지, 내수진작과 일자리 창출 등 긍정적인 부분이 중점적으로 부각되어 입법화되었다. 세관·보안·검역기능 약화가 불가피하고, 휴대품 전수검사가 어려워지고 공항 혼잡으로 입국시간도 지체등 부작용에 대한 우려의 시각도 있다.

다. 관세청장은 보세판매장에서의 판매방법, 구매자에 대한 인도방법 등을 정할 수 있다.

보세판매장의 운영인이 외국으로 출국하는 내국인에게 보세판매장의 물품을 판매하는 때에는 관세청장이 정하는 금액 한도 안에서 판매하여야 한다. 구매자의 인도방법이란 시내에 있는 면세매점에서 물품을 구매한 경우 이를 면세매점에서 바로 주지 아니하고 공항 출국장에서 주는 방법을 말한다.[39] 내국인 구매액에 제한을 두는 것은 외화가득을 위하여 설립된 면세매점의 고객이 내국이라면 결국은 우리나라 외화가 외국으로 반출되는 것이므로 국익에 바람직하지 아니하기 때문이다. 보세판매장 판매물품의 종류, 수량, 장치장소에 대한 제한조치를 위반하는 경우는 200만원 이하의 과태료에 해당한다.

【조세심판원 2016.1.7, 2015관0025】 보세판매장고시 제4－2조 제3항 및 제5항의 규정은 청구법인에게 물품 판매시점에 구매자가 출국인인지를 여권 및 탑승권 등을 통하여 확인하라는 것이지 구매 후 출국한 사실까지 확인하는 사후관리 의무를 부여한 것은 아니라고 보이는 점, 위반사항에 대한 경고처분의 근거가 동일하여 각각 경고 처분하는 것은 타당하지 않아 보이는 점, 청구법인이 내국인 구매한도를 초과하여 물품을 판매하였으나, 이는 청구법인이 운영하는 전산시스템의 오류로 인한 문제로 사후에 이를 확인하고 판매를 취소한 점 등에 비추어 청구법인들이 과실로 보세판매장고시 규정을 위반한 것으로 보아 처분청이 경고 처분에 갈음하는 과징금을 부과한 처분은 잘못이 있다.

제196조의 2 【시내보세판매장의 현장 인도 특례】 ① 보세판매장 중 공항 및 항만 등의 출입국경로의 보세구역 외의 장소에 설치되는 보세판매장(이하 이 조에서 "시내보세판매장"이라 한다)에서 제196조 제1항 제1호 본문의 조건으로 외국인에게 내국물품을 판매하고 이를 판매 현장에서 인도하는 경우에는 대통령령으로 정하는 바에 따라 해당 물품을 인도할 수 있다.
② 세관장은 제1항에 따라 판매 현장에서 인도된 물품의 외국 반출 여부를 확인하기 위하여 물품 구매자의 출입국관리기록 등 대통령령으로 정하는 정보 또는 자료를 관계 중앙행정기관의 장에게 요청할 수 있다. 이 경우 요청을 받은 관계 중앙행정기관의 장은 정당한 사유가 없으면 이에 따라야 한다.
③ 세관장은 제2항에 따른 물품 구매자의 출입국관리기록 등을 확인하여 대통령령으로 정하는 사람에 대해서는 제1항에 따른 인도를 제한할 수 있다.
④ 세관장은 제3항에 따라 인도가 제한되는 사람의 명단을 시내보세판매장의 운영인에게 통보하여야 한다.
⑤ 시내보세판매장의 운영인은 제4항에 따라 통보 받은 명단의 사람에게 물품을 판매할 때에는 해당 물품을 판매 현장에서 인도하여서는 아니되고, 관세청장이 정하는 바에 따라 인도하여야 한다.

---

39) 「보세판매장운영에 관한 고시」 제22조(판매물품의 보세운송) 제5항 및 제23조(판매물품의 인도) 제1항에 따라 인도장의 보세운송 도착확인과 물품 인도는 (사)한국면세점협회에 위탁하고 있다.

해 설

2019.12.31. 법 개정시 시내면세점의 내국물품에 대한 현장인도 제도의 법적 근거를 마련하였고 시내면세점에서 외국인에게 내국물품을 판매하는 경우 현장인도가 가능하도록 하였다. 이와 함께 '현장인도 제한조치'의 근거도 마련하고 한편으로 시내면세점에서 현장 인도된 면세품의 국내 불법유통을 방지하는 규정도 신설하였다. 최근까지 외국인에게 판매된 내국물품이 외국으로 반출되지 아니하고 국내에 남아 있는 문제가 있어서 이러한 문제점 해소를 위한 보완 규정이라 할 수 있다.

제1항에서 외국인에게 내국물품을 인도하는 경우를 규정하고 있다.

제2항과 제3항은 외국인 물품구매자 관리에 관한 규정이며, 제4항과 제5항은 인도제한자 관리에 관한 사항이다.

제4절 종합보세구역

제197조【종합보세구역의 지정 등】 ① 관세청장은 직권으로 또는 관계 중앙행정기관의 장이나 지방자치단체의 장, 그 밖에 종합보세구역을 운영하려는 자(이하 "지정요청자"라 한다)의 요청에 따라 무역진흥에의 기여 정도, 외국물품의 반입·반출 물량 등을 고려하여 일정한 지역을 종합보세구역으로 지정할 수 있다.
② 종합보세구역에서는 보세창고·보세공장·보세전시장·보세건설장 또는 보세판매장의 기능 중 둘 이상의 기능(이하 "종합보세기능"이라 한다)을 수행할 수 있다.
③ 종합보세구역의 지정요건, 지정절차 등에 관하여 필요한 사항은 대통령령으로 정한다.

해 설

종합보세구역은 법률 제5583호(1998.12.29) 개정을 통해 신설된 제도이다. 세계 각국은 국제무역을 증진하고 외국인의 투자를 유치하기 위해 주요 공·항만을 물류기능과 생산기능을 동시에 보유한 복합거점으로 육성하고 있다. 신설당시 우리나라도 영종도 신공항의 건설, 광양항 개장, 부산 가덕 신항 개발 등에 따라 동 지역의 물류거점화를 지원할 필요가 대두되었다. 그러나 그 당시 보세구역 제도로는 이러한 수요를 충족할 수 없어 우리경제의 세계화 및 외환위기 극복을 위해 필요한 외국인 직접투자를 유치하기 위해 종합보세구역제도를 신설하였다.

종합보세구역은 무역진흥에 기여 정도, 외국물품 반출입 물량을 고려하여 관계행정기관의 장 등의 요청을 받아 관세청장이 정하며 지역특성을 고려하여 필요시 직권으로도 지정할 수 있다. 종합보세구역은 외국인투자촉진법에 의한 외국인투자지역, 「산업입지 및 개발에 관한 법률」에 의한 산업단지, 「공업배치 및 공장 설립에 관한 법률」에 의한 외국인투자기업전용산업단지, 유통산업발전법에 의한 집배송센터 및 공동집배송단지, 유통단지개발촉진법에 의한 유통단지, 기타 종합보세구역으로 지정됨으로써 외국인투자촉진·수출증대 또는 물류촉진 등의 효과가 있을 것으로 예상되는 지역으로써 관세청장이 종합보세구역으로 지정할 필요가 있다고 인정하는 지역을 그 지정대상으로 한다.

종합보세구역을 정한 다음 이 구역 안에서 자격을 가진 자가 종합보세기능을 가진 종합보세사업장을 운영한다. 예를 들면, 보세창고이면서 보세공장이고 보세전시장 기능을 동시에 가진 종합보세사업장을 운영할 수 있는 것이다. 그러나 최근에는 일반보세구역도 그 운영이 간소화되어 차츰 종합보세사업장의 차별성이 퇴색되는 경향이 있어 2003.12.30. 개정 관세법에서는 이를 활성화하기 위하여 지정요청자의 범위를 일반 민간인까지 넓히고, 판매물품에 대한 환급제도 등을 도입하였다. 이 제도의 이점은 법 제198조에 규정된 바와 같이 신고만으로 특허 보세구역을 운영할 수 있고 설치 · 운영 절차가 간편하다는 것이다.

제2항은 종합보세기능에 관한 규정이다. 종합보세구역은 기존 보세구역 기능을 복합적으로 수행하는 구역이다. 예를 들면, 보세공장은 물품을 제조 · 가공하여 수출 · 수입하는 것이고, 보세창고는 통관하고자 하는 물품을 장치하는 것이지만, 종합보세구역에서는 보세공장, 보세창고 업무를 수행하고자 신고하면 보세공장 기능과 보세창고 기능을 같이 수행할 수 있다. 부산 감천항 등이 종합보세구역으로 지정되어 있으나 배후 단지 등 여건이 미비하여 실무적으로는 아직 활성화되어 있지 못하다. 종합보세구역 외에 자유무역지역, 경제자유구역 등 유사제도가 있다.

제3항은 지정요건에 관한 규정이다. 종합보세구역의 지정을 요청하고자 하는 자는 지정요청서에 해당 지역의 도면을 첨부하여 관세청장에게 제출하여야 한다. 관세청장은 직권으로 종합보세구역을 지정하고자 하는 때에는 관계중앙행정기관의 장 또는 지방자치단체의 장과 협의하여 한다. 관세청 고시로 「종합보세구역의 지정 및 운영에 관한 고시」가 있다. 여기에는 종합보세구역의 지정 · 신고, 물품의 반출입, 보수 · 멸각 작업 등에 관하여 규정하고 있다. 기획재정부령에 의하면 외국인투자촉진법에 의한 외국인투자지역과 같은 지역을 관세청장은 종합보세구역으로 지정할 수 있고, 관계중앙행정기관장의 지정요청서에 의해 협의를 거쳐 종합보세구역으로 지정할 수 있다.

제198조 【종합보세사업장의 설치 · 운영에 관한 신고 등】 ① 종합보세구역에서 종합보세기능을 수행하려는 자는 그 기능을 정하여 세관장에게 종합보세사업장의 설치 · 운영에 관한 신고를 하여야 한다.
② 제175조 각 호의 어느 하나에 해당하는 자는 제1항에 따른 종합보세사업장의 설치 · 운영에 관한 신고를 할 수 없다.
③ 종합보세사업장의 운영인은 그가 수행하는 종합보세기능을 변경하려면 세관장에게 이를 신고하여야 한다.
④ 제1항 및 제3항에 따른 신고의 절차 등에 관하여 필요한 사항은 대통령령으로 정한다.

해 설

종합보세구역의 기능을 종합보세사업장 형태로 운영되도록 함으로써 종합보세구역 내에서 일정지역을 기반으로 종합보세기능을 수행하기 위한 규정이다. 종전에는 종합보세구역에 입주하고자 하는 자가 종합보세구역 안에서 설영신고를 하게 함으로써 종합보세구역 전체에 대한 설영신고와 종합보세구역 내의 일정지역에 대한 설영신고가 법적 개념이 모호한 점이 있어 운영상 문제가 있었다. 그래서 종합보세구역 전체에 대한 설영신고를 폐지하고 종합보세구역 안에서 일정지역을 기반으로 하는 종합보세구역사업장의 운영을 할 수 있도록 2000년 관세법 개정시 도입되었다.

특허보세구역기능 중 수행할 종합보세기능을 세관장에게 신고하여 종합보세사업장으로 설치·운영할 수 있다. 종합보세사업장은 종합보세구역의 기능을 가진 종합보세구역 내 일정 장소를 말한다. 종합보세사업장의 설치·운영에 관한 신고절차에 관하여는 특허보세구역 설치·운영에 관한 특허 규정을 준용한다. 다만, 관세청장은 종합보세구역의 규모·기능 등을 고려하여 첨부서류의 일부를 생략하는 등 설치·운영의 신고절차를 간이하게 할 수 있다.

제2항은 신고인 결격사유에 관한 규정이다. 법 제175조 각 호에 규정된 특허보세구역 운영인 결격사유에 해당되는 자는 종합 보세사업장을 설치·운영할 수 없다. 종전에는 동조에 해당되는 자는 종합보세구역에 입주할 수 없도록 규정하였다. 종합보세사업장 설치·운영 특허 결격사유는 일반 보세구역의 설치·운영 특허 결격사유와 동일하다. 법 제175조는 운영인의 결격사유에 관한 조항이다. 종합보세구역 안에서 수행하는 기능은 신고만으로 변경할 수 있다. 종합보세기능의 변경신고를 하고자 하는 자는 그 변경내용을 기재한 신고서를 세관장에게 제출하여야 한다.

제3항은 종합보세기능 변경신고에 관한 규정이다. 신고만으로 기능을 변경할 수 있다는 것은 일반보세구역을 생각하면 특허를 다시 받는 것이나 다를 바 없는 것이어서 획기적인 것으로 보인다. 그러나 최근에는 일반보세구역의 특허절차도 매우 간소화되어 있다. 종합보세구역의 기능변경 승인절차를 위반하는 경우에는 100만원 이하의 과태료에 해당한다.

제199조【종합보세구역에의 물품의 반입·반출 등】 ① 종합보세구역에 물품을 반입하거나 반출하려는 자는 대통령령으로 정하는 바에 따라 세관장에게 신고하여야 한다.
② 종합보세구역에 반입·반출되는 물품이 내국물품인 경우에는 기획재정부령으로 정하는 바에 따라 제1항에 따른 신고를 생략하거나 간소한 방법으로 반입·반출하게 할 수 있다.

해 설

일반보세창고와 마찬가지로 신고절차를 거치고 내국물품에 관하여는 절차를 생략한다. 법 제200조에는 반입물품의 범위를 정하고 동 조에는 반출입 방법에 대해 규정하고 있다. 종전에는 선박·항공기의 입출항 절차도 간소한 방법으로 할 수 있도록 규정하고 있으나 현행 조문에서는 이를 별도의 문제로 보아 삭제하였다. 종합보세구역에의 물품 반출입 신고에 관하여는 보세구역에 물품을 반출입에 관한 규정인 법 제176조의 규정을 준용한다. 종합보세구역에 반출입 신고절차를 위반하는 경우는 200만원 이하의 과태료에 해당한다.

제2항은 절차 생략 등에 관한 규정이다. 종합보세구역은 종합보세사업을 하는 업체가 모여 있는 장소다. 종전에는 종합보세기능별로 구분하여 반출입신고토록 하였으나 종합보세기능 간 물품이동이 자유롭게 허용되고 있고 운영인 간의 물품이동에 대해서만 신고를 하도록 하고 있으므로 현행과 같이 종합보세구역 안에서는 자유롭게 반출입할 수 있도록 규정하였다. 그러나 물품관리상 내국물품으로서 반드시 반출입신고를 해야 할 사항은 법 제185조 제2항의 규정에 의하여 세관장의 허가를 받고 제조·가공 등을 하는 경우 그 원료 또는 재료, 법 제188조 단서의 규정에 의한 혼용 작업에 소요되는 원재료, 법 제196조의 규정에 의한 보세판매장에서 판매하고자 하는 물품, 보세전시장 기능을 수행하는 경우에 해당 내국물품이 외국에서 생산된 물품으로서 종합보세구역 내의 외국물품과 구별될 필요가 있는 물품 등으로 정하고 있다.

제199조의 2【종합보세구역의 판매물품에 대한 관세 등의 환급】① 외국인 관광객 등 대통령령으로 정하는 자가 종합보세구역에서 구입한 물품을 국외로 반출하는 경우에는 해당 물품을 구입할 때 납부한 관세 및 내국세등을 환급받을 수 있다.
② 제1항에 따른 관세 및 내국세등의 환급 절차 및 방법 등에 관하여 필요한 사항은 대통령령으로 정한다.

해 설

종합보세구역은 배후시설의 취약성 등으로 인해 그 동안 활성화 되지 못하여 2003.12.30. 개정 관세법에서 이 조항의 '판매물품에 대한 환급제도' 등을 도입하였다. 현행 시내면세점(보세판매장)제도는 면세물품 구매시 이를 보세운송하여 공항에서 출국자에게 인도하는 절차를 채택하고 있는 점을 감안하여 종합보세구역 내 보세판매장에서 외국물품을 구매할 경우 현품을 구매인에게 현장에서 즉시 인계하여 동 물품이 해외로 반출할 때에 관세 및 내국세 등 수입제세를 환급하도록 함으로써 보세운송과 출국장 물품인도 등에 따른 불편을 해소하고 종합보세구역제도의 활성화를 도모하기 위해 신설되었다. 우리나라에 주소 또는 거소를 두거나 주된 사무소를 둔 개인·법인을 제외한 입국외국인이 종합보세구역에서 구입한 물품을 3개월 이내 반출시 공항만 관할세관장의 확인으로 물품판매자나 환급창구운영사업자에게 관세 및 내국세를 환급한다.

제200조【반출입물품의 범위 등】① 종합보세구역에서 소비하거나 사용되는 물품으로서 기획재정부령으로 정하는 물품은 수입통관 후 이를 소비하거나 사용하여야 한다.
② 종합보세구역에 반입한 물품의 장치기간은 제한하지 아니한다. 다만, 제197조 제2항에 따른 보세창고의 기능을 수행하는 장소 중에서 관세청장이 수출입물품의 원활한 유통을 촉진하기 위하여 필요하다고 인정하여 지정한 장소에 반입되는 물품의 장치기간은 1년의 범위에서 관세청

장이 정하는 기간으로 한다.
③ 세관장은 종합보세구역에 반입·반출되는 물품으로 인하여 국가안전, 공공질서, 국민보건 또는 환경보전 등에 지장이 초래되거나 종합보세구역의 지정 목적에 부합되지 아니하는 물품이 반입·반출되고 있다고 인정될 때에는 해당 물품의 반입·반출을 제한할 수 있다.

해 설

원활한 생산활동을 위해서는 물품의 반입을 최대한 허용하여야 하므로 특허보세구역에 반출입할 수 있는 모든 물품은 제약 없이 반입할 수 있다. 그러나 시설재 등은 타 보세구역과의 형평성 및 사용 후에는 국내 수입시 과세가 곤란하므로 사용전에 수입통관하여야 한다.

종합보세구역 안에서 소비·사용되는 물품으로서 기획재정부령이 정하는 물품은 수입통관 후 이를 소비·사용하여야 한다. 기획재정부령이 정하는 경우로 수입신고수리 후에 소비 또는 사용하여야 하는 물품은 제조 또는 가공에 사용되는 시설기계류 및 그 수리용 물품, 연료·윤활유·사무용품 등 제조 또는 가공에 직접적으로 사용되지 아니하는 물품이 있다. 이를 위반하는 것은 2천만원 이하 벌금, 과실의 경우에는 300만원의 벌금에 해당한다.

제2항에서 보면 보관업을 영위하는 보세구역인 운영인이 장치기간의 제한을 두지 아니함으로써 체화처분이 불가하여 보관료의 손실뿐만 아니라 폐기·멸각비용의 추가부담을 이유로 설영신고를 기피하고 있으므로 종합보세구역의 활성화를 위하여 부패·변질 등의 우려가 있는 경우에는 강제처분할 수 있는 근거규정을 마련할 필요가 있다. 종합보세구역에는 외국인의 투자활성화를 위해 장치기간이 없는바, 보세창고의 기능을 하는 구역에서도 장치기간을 두지 않는 것은 화물관리에 지장이 있다고 보고, 이를 탄력적으로 운영하기 위하여 2006.3.24. 개정 관세법에서는 장치기간을 1년 이내로 제한하였다.

제3항은 반출입 물품에 대한 통제나 제한에 관한 규정이다. 국가안전, 공공질서, 국민보건 또는 환경보전 등에 지장이 초래되거나 종합보세구역 지정목적에 부합되지 아니하는 물품에 대하여는 반입·반출을 제한할 수 있다. 이를 위반하는 것은 1천만원 이하 과태료에 해당한다.

제201조【운영인의 물품관리】 ① 운영인은 종합보세구역에 반입된 물품을 종합보세기능별로 구분하여 관리하여야 한다.
② 세관장은 종합보세구역에 장치된 물품 중 제208조 제1항 단서에 해당되는 물품은 같은 조에 따라 매각할 수 있다.
③ 운영인은 종합보세구역에 반입된 물품을 종합보세구역 안에서 이동·사용 또는 처분을 할 때에는 장부 또는 전산처리장치를 이용하여 그 기록을 유지하여야 한다. 이 경우 기획재정부령으로 정하는 물품은 미리 세관장에게 신고하여야 한다.

④ 제3항에 따른 기록의 방법과 절차 등에 관하여 필요한 사항은 관세청장이 정한다.
⑤ 운영인은 종합보세구역에 장치된 물품 중 반입한 날부터 6개월 이상의 범위에서 관세청장이 정하는 기간이 지난 외국물품이 다음 각 호의 어느 하나에 해당하는 경우에는 관세청장이 정하여 고시하는 바에 따라 세관장에게 그 외국물품의 매각을 요청할 수 있다.
1. 화주가 분명하지 아니한 경우
2. 화주가 부도 또는 파산한 경우
3. 화주의 주소·거소 등 그 소재를 알 수 없는 경우
4. 화주가 수취를 거절하는 경우
5. 화주가 거절의 의사표시 없이 수취하지 아니한 경우
⑥ 제5항에 따른 세관장의 외국물품의 매각에 관하여는 제208조부터 제212조까지의 규정을 준용한다. 이 경우 제208조 제1항 각 호 외의 부분 본문 중 "장치기간이 지나면"은 "매각요청을 접수하면"으로, 같은 조 제2항 중 "장치기간이 지난 물품" 및 제209조 제1항 중 "외국물품"은 각각 "매각요청물품"으로 본다.

해 설

종합보세구역에 반입된 물품은 운영인이 수행하고자 하는 기능에 따라 관리하도록 함으로써 관리의 효율화를 기할 필요가 있다. 운영인으로 하여금 물품의 이동 및 사용 등에 대해 장부 등을 이용, 기록을 유지(stock record)토록 함으로써 자율관리하되 필요시 세관이 추적관리(audit trail)할 수 있도록 하였다.

법 제197조 제2항에 종합보세구역기능으로 보세창고·보세공장·보세전시장·보세건설장 또는 보세판매장의 기능을 규정하고 있다. 물품관리는 이 종합보세기능별로 구분하여 관리하여야 한다. 예를 들면 보세공장 물품은 보세공장에 장치하여야 한다.

제2항은 매각에 관한 규정이다. 법 제208조는 장치기간 경과물품의 매각에 대한 규정이다. 동조 제1항 단서 규정은 기간 경과하기 이전에 매각할 수 있는 규정이다. 종합보세구역에 장치된 물품은 장치기간이 없다. 그러나 필요할 때에 살아있는 동식물이나 부패하거나 부패할 우려가 있는 물품은 장치기간에 불구하고 매각할 수 있다.

제3항·제4항은 기록유지·방법·절차에 관한 규정이다. 기획재정부령에 종합보세구역 내 이동시 신고대상 물품은 종합보세구역 운영인 상호간에 이동하는 물품을 말한다. 보세구역에는 반출·입에 관한 절차에 따라 물품을 관리하지만, 종합보세구역 안에서는 이러한 반출·반입 절차가 없으므로, 물품 이동·사용 또는 처분 내용에 대하여 기록·관리하도록 규정하고 있다. 현재 보세구역 물품 반출입 등에 관한 관리는 모두 전산으로 처리하고 있다. 위반시 1천만원 이하의 과태료에 해당한다.

제5항·제6은 2018.12.31. 법 개정시 신설된 조항으로 종합보세구역 화물관리 효율화를 위

하여 장기 미반출 화물에 대한 매각에 관한 규정이다. 종합보세구역에 반입된 물품의 장치기간 제한이 없음에 따라 장기 미반출이 발생하고, 화주의 부도·파산 등으로 화물의 수취를 거절하거나, 화주의 소재파악이 안 되는 경우 물품을 계속 방치할 수밖에 없고 관세등 세수확보에 문제가 발생하여 매각절차가 마련되었다. 신설된 매각절차를 통해 장기 악성 체화화물을 처리하고, 종합보세구역 물류촉진 및 운영인의 유치권 보호가 가능하도록 하였다. 종합보세구역내 6개월 이상 미반출 화물은 종합보세구역 운영인이 세관장에게 매각 요청할 수 있고, 매각요청물품에 대한 매각절차는 보세구역내 장치기간 경과물품 매각절차를 준용하도록 하고 있다.[40)]

제202조【설비의 유지의무 등】 ① 운영인은 대통령령으로 정하는 바에 따라 종합보세기능의 수행에 필요한 시설 및 장비 등을 유지하여야 한다.
② 종합보세구역에 장치된 물품에 대하여 보수작업을 하거나 종합보세구역 밖에서 보세작업을 하려는 자는 대통령령으로 정하는 바에 따라 세관장에게 신고하여야 한다.
③ 제2항에 따라 작업을 하는 경우의 반출검사 등에 관하여는 제187조를 준용한다.

해 설

일반보세구역에서와 같이 종합보세구역에서도 시설이나 장비 등 설비 유지의무가 있으며, 시설 유지의무를 지키지 아니하는 경우에는 종합보세구역 기능수행을 정지시킬 수 있다. 이는 입주자에게 해당 지역의 운영에 필요한 시설 및 장비 등을 유지하도록 의무화하여 실질적인 기업활동을 영위하도록 하였다.

종합보세구역의 운영인이 유지하여야 하는 시설 및 장비 등의 설비는 제조·가공·전시·판매·건설 및 장치 기타 보세작업에 필요한 기계시설 및 기구, 반입·반출물품의 관리 및 세관의 업무검사에 필요한 전산설비, 소방·전기 및 위험물관리 등에 관한 법령에서 정하는 시설 및 장비, 보세화물의 분실과 도난방지를 위한 시설이 있다. 설비가 천재·지변 기타 불가피한 사유로 인하여 일시적으로 기준에 미달하게 된 때에는 종합보세구역의 운영인은 관세청장이 정하는 기간 이내에 갖추어야 한다. 종합보세구역의 시설 및 장비 유지의무를 위반하는 경우는 200만원 이하의 과태료에 해당한다.

제2항은 보수작업 및 보세작업에 관한 규정이다. 일반보세구역에서 보수작업은 세관장의 승인사항이나, 종합보세구역에서 보수작업은 세관장에게 신고하면 된다. '보수작업'은 법 제

40) 「자유무역지역의 지정 및 운영에 관한 법률」 제37조 제2항에서도 불성실 화주에 대한 관세채권 확보 및 입주기업체의 자유로운 물류활동을 보장하기 위하여, 반입한 날부터 6개월이 경과한 외국물품이 일정한 요건에 해당하는 경우 세관장에게 매각을 요청할 수 있도록 규정하고 있다.

158조에 규정한 바와 같이 그 현상을 유지하기 위하여 필요한 보수작업과 그 성질을 변하지 아니하는 범위 안에서 포장을 바꾸는 등 작업을 지칭한다. 이에 비하여 '보세작업'은 작업의 범위가 더 넓어서 일반 가공 과정까지 포함한다고 할 수 있다. '보세작업'과 유사한 보세공장, 보세건설장외 작업은 세관장 허가사항이지만 종합보세구역 밖에서 보세 작업하는 경우에는 세관장에게 신고하면 된다. 승인은 신청내용을 심사하여 결정 내용을 신청자에게 통보하는 것이고, 신고는 신청자가 신고하고 이를 수리함으로써 절차는 종료된다. 따라서 신고절차가 더 용이한 방법이라고 할 수 있다. 종합보세구역 안에서 보수 작업할 때나 종합보세구역 밖에서 작업할 때 담보제공·반출검사에 관하여는 법 제187조의 보세공장 외 작업허가 규정에 준용한다.

제3항에서 2010.1.1. 관세법 개정시 담보제공에 관한 내용을 삭제하였다.

신고하지 아니하고 보세공장, 보세건설장, 종합보세구역 외의 장소에서 보세 작업하는 것은 1천만원 이하 과태료에 해당된다.

제203조【종합보세구역에 대한 세관의 관리 등】① 세관장은 관세채권의 확보, 감시·단속 등 종합보세구역을 효율적으로 운영하기 위하여 종합보세구역에 출입하는 인원과 차량 등의 출입을 통제하거나 휴대 또는 운송하는 물품을 검사할 수 있다.
② 세관장은 종합보세구역에 반입·반출되는 물품의 반입·반출 상황, 그 사용 또는 처분 내용 등을 확인하기 위하여 제201조 제3항에 따른 장부나 전산처리장치를 이용한 기록을 검사 또는 조사할 수 있으며, 운영인으로 하여금 업무실적 등 필요한 사항을 보고하게 할 수 있다.
③ 관세청장은 종합보세구역 안에 있는 외국물품의 감시·단속에 필요하다고 인정될 때에는 종합보세구역의 지정요청자에게 보세화물의 불법유출, 분실, 도난방지 등을 위한 시설을 설치할 것을 요구할 수 있다. 이 경우 지정요청자는 특별한 사유가 없으면 이에 따라야 한다.

해 설

종합보세구역에 대한 일반관리 조항으로서 종합보세구역에 반출입되는 모든 물품, 인원, 차량 등에 대하여 세관장이 일괄하여 관리할 필요가 있어 신설되었다. 세관장은 관세채권 확보, 감시단속을 위해 출입자·차량 등에 대하여 통제하거나 휴대품·물품을 검사할 수 있다. 일반보세구역에서의 출입통제는 자율적으로 한다.

종합보세구역이라 해서 지역을 구분 짓는 것은 구획선이 있는 것이 아니기 때문에 실질적으로는 그 기능별로 통제되고 관리된다. 종합보세구역 안에서는 자유로운 이동이 가능하나 종합보세구역 이외로 물품이 이동하는 경우에는 통제하며, 이때에 물품을 검사하기도 한다.

제2항은 보고의무에 관한 규정이다. 업체의 자율 활동을 보장하는 대신에 통제를 강화한

조항이다. 반입·반출되는 물품의 상황, 처분내역을 확인하기 위한 검사나 조사를 할 수 있고, 업무실적을 보고하게 할 수 있다. 법 제201조 제3항은 종합보세구역에 반입된 물품을 종합보세구역 안에서 이동·사용 또는 처분을 하는 때에는 장부 또는 전산처리장치를 이용하여 그 기록을 유지하도록 규정한 것이다. 세관의 관리·감독·지시에 불응하는 경우에는 100만원 이하의 과태료에 해당한다.

제3항은 시설설치 요구에 관한 규정이다. 종합보세구역도 보세구역의 일종이므로 보세구역과 보세구역이 아닌 지역을 구분하면서 보세화물의 불법유출·분실·도난방지를 위한 시설물의 설치가 반드시 필요하다. 일반보세구역에서도 물품보관, 감시에 필요한 시설 설치를 요구할 수 있는 것과 마찬가지로, 종합보세구역 안에 있는 시설물에 대하여 지정 요청자에게 필요한 시설을 설치할 것을 요구할 수 있다.

지정 요청자는 중앙행정기관의 장, 지방자치단체의 장, 그 밖의 종합보세구역을 운영하고자 하는 자이며 민간인도 지정을 요청할 수 있다.

제204조【종합보세구역 지정의 취소 등】 ① 관세청장은 종합보세구역에 반입·반출되는 물량이 감소하거나 그 밖에 대통령령으로 정하는 사유로 종합보세구역을 존속시킬 필요가 없다고 인정될 때에는 종합보세구역의 지정을 취소할 수 있다.
② 세관장은 종합보세사업장의 운영인이 다음 각 호의 어느 하나에 해당하는 경우에는 6개월의 범위에서 운영인의 종합보세기능의 수행을 중지시킬 수 있다.
1. 운영인이 제202조 제1항에 따른 설비유지의무를 위반한 경우
2. 운영인이 수행하는 종합보세기능과 관련하여 반입·반출되는 물량이 감소하는 경우
3. 1년 동안 계속하여 외국물품의 반입·반출실적이 없는 경우
③ 세관장은 종합보세사업장의 운영인이 다음 각 호의 어느 하나에 해당하는 경우에는 그 종합보세사업장의 폐쇄를 명하여야 한다.
1. 거짓이나 그 밖의 부정한 방법으로 종합보세사업장의 설치·운영에 관한 신고를 한 경우
2. 제175조 각 호의 어느 하나에 해당하게 된 경우. 다만, 제175조 제8호에 해당하는 경우로서 같은 조 제2호 또는 제3호에 해당하는 사람을 임원으로 하는 법인이 3개월 이내에 해당 임원을 변경한 경우에는 그러하지 아니하다.
3. 다른 사람에게 자신의 성명·상호를 사용하여 종합보세사업장을 운영하게 한 경우

해 설

종합보세구역 지정취소 사유 중 대표적인 것은 반출·반입 물량 감소이다. 관세청장은 반출·반입 물량 감소, 대통령령이 정하는 사유로 종합보세구역 지정을 취소할 수 있다.

대통령령이 정하는 사유에는 종합보세구역의 지정 요청자가 지정취소를 요청한 경우, 종합

보세구역의 지정요건이 소멸한 경우가 있다. 일반 특허보세구역에 대하여는 세관장이 특허를 하고 관리하지만 종합보세구역은 관세청장이 이를 특허하고 지정취소 등의 조치를 한다. 그러나 관리는 세관장이 담당하고 있다.

제2항은 종합보세기능 수행의 중지에 관한 규정이다. 종합보세사업장의 종합보세 구역 물량이 감소하는 경우, 설비유지의무를 지키지 아니하는 경우에는 종합보세기능 수행 중지사유가 된다. 2018.12.31. 관세법 개정시 대통령령에서 정하고 있던 설비유지의무를 위반과 외국물품의 반입·반출실적이 없는 경우를 관세법으로 상향 입법하고, 운영인이 보세구역운영특허 결격사유에 해당되는 경우에는 신설된 제3조 폐쇄사유로 전환하였다.

종합보세기능의 수행 중지조치를 위반한 것은 물품원가 또는 2천만원 중 높은 금액 이하의 벌금에 해당된다. 위임입법 한계를 규정한 헌법 제75조에 위반한다는 의견에 따라 2006.3. 24. 개정 관세법에서는 종합보세기능 수행의 중지 기간을 6개월의 범위 내로 제한하였다.

제3항은 2018.12.31. 법 개정시 신설된 조항이다. 운영인의 종합보세사업장 폐쇄명령 사유 신설하여 종합보세사업장에 대한 행정제재를 강화하였다. 거짓·부정하게 설치·운영 신고를 한 경우, 명의대여 금지 의무 위반, 운영인의 결격사유에 해당하는 경우등이 폐쇄명령사유가 된다. 운영인의 결격사유시 다수의 사업장 운영시 해당 사업장만 취소하며, 결격사유 해당 임원을 3개월 이내에 변경한 법인은 사업장 폐쇄를 제한하도록 하였다. 폐쇄명령 위반시 제276조 제2항에 따라 2천만원이하 벌금에 해당한다.

제205조【준용규정】종합보세구역에 대하여는 제175조, 제177조 제2항, 제177조의 2, 제178조 제1항·제3항, 제180조 제1항·제3항·제4항, 제182조, 제184조, 제185조 제2항부터 제6항까지, 제186조, 제188조, 제189조, 제192조부터 제194조까지 및 제241조 제2항을 준용한다.

해 설

종합보세구역도 보세구역의 일종이므로 보세구역 통칙이 적용되도록 하였다. 참고로 종합보세구역은 일반보세구역에 비하여 몇 가지 특성을 띠고 있다. 관세청장이 지정하는 점과 신고만으로 종합보세기능을 수행할 수 있으며, 관세채권 확보, 감시단속을 위하여 출입자 및 차량 통제하거나 물품을 검사할 수 있다. 또한 물품 장치기간이 없으며, 자유롭게 내국물품을 반출입할 수 있고, 보수작업하거나 보세구역 밖에서 보세작업할 때는 신고만으로 작업할 수 있다. 보세구역에서 소비 또는 사용하는 일정물품은 수입통관 후 소비 또는 사용하여야 하며, 국가안전, 공공질서, 국민보건, 환경보전, 지정목적에 맞지 않는 물품은 반출입을 제한할 수 있다. 그러나 이러한 제반 규정에도 불구하고 종합보세구역제도는 그 운영이 여러 가지 여건

상 매우 침체되어 있는 실정이다.

법 제179조 특허의 효력상실 및 승계는 종합보세구역의 성격상 준용될 수 없는 조항이며, 보세공장외 작업허가, 보세건설장외 작업허가, 보세창고, 보세공장, 보세건설장 원래 기능에 대하여는 종합보세구역에 관한 규정이 따로 있으므로 준용하지 아니한다. 법 제175조는 운영인의 결격사유에 관한 규정, 법 제177조는 장치기간에 관한 규정, 제177조의 2 특허보세구역 운영인의 명의대여 금지, 법 제178조는 반입정지 등과 특허의 취소, 과징금 부과에 관한 규정,[41] 법 제180조는 특허보세구역의 설치·운영에 관한 감독 등에 관한 규정, 법 제182조는 특허의 효력상실시 조치 규정, 법 제184조는 장치기간 경과한 내국물품 반출 규정, 법 제185조는 보세공장에 관한 규정, 법 제186조는 사용신고 등에 관한 규정, 법 제188조는 제품과세 관한 규정, 법 제189조는 원료과세 관한 규정, 법 제192조는 사용 전 수입신고에 관한 규정, 법 제193조는 반입물품의 장치제한에 관한 규정, 법 제194조는 보세건설장물품의 가동 제한에 관한 규정이다. 법 제175조는 결격사유에 관한 규정으로서 민간인도 지정 요청자에 포함되므로 2003.12.30. 개정 관세법에서 이 내용을 추가하였으며, 법 제241조 제2항은 신고를 생략하거나 간소한 방법으로 신고하는 물품에 관한 규정으로서 환급을 받기 위하여 외국관광객이 물품신고시 이를 준용할 수 있는 조항이다. 특허보세구역을 준용하는 기준에 명의대여 금지조항이 없어 위법사례에 대한 제재 및 처벌이 곤란한 문제가 있어 2018.12.31. 법 개정시 제177조의 2를 준용규정에 추가하여 종합보세구역 운영인의 명의대여 금지를 마련하였다.

41) 종합보세구역에 대하여도 과징금 부과제도를 적용토록 규정을 개정하였다(2010.12.30. 개정 법률 제10424호).

유치 및 처분

1. 제1관 유치 및 예치

제206조【유치 및 예치】 ① 세관장은 제1호에 해당하는 물품이 제2호의 사유에 해당하는 경우에는 해당 물품을 유치할 수 있다.

1. 유치대상 : 다음 각 목의 어느 하나에 해당하는 물품
   가. 여행자의 휴대품
   나. 우리나라와 외국 간을 왕래하는 운송수단에 종사하는 승무원의 휴대품
2. 유치사유 : 다음 각 목의 어느 하나에 해당하는 경우
   가. 제226조에 따라 필요한 허가・승인・표시 또는 그 밖의 조건이 갖추어지지 아니한 경우
   나. 제96조 제1항 제1호와 같은 항 제3호에 따른 관세의 면제 기준을 초과하여 반입하는 물품에 대한 관세를 납부하지 아니한 경우
   다. 제235조에 따른 지식재산권 등을 침해하는 물품을 수출하거나 수입하는 등 이 법에 따른 의무사항을 위반한 경우
   라. 불법・불량・유해물품 등 사회안전 또는 국민보건을 해칠 우려가 있는 물품으로서 대통령령으로 정하는 경우
   마. 국세징수법 제30조 또는 지방세징수법 제39조의 2에 따라 세관장에게 강제징수 또는 체납처분이 위탁된 해당 체납자가 물품을 수입하는 경우

② 제1항에 따라 유치한 물품은 해당 사유가 없어졌거나 반송하는 경우에만 유치를 해제한다.
③ 제1항 제1호 각 목의 어느 하나에 해당하는 물품으로서 수입할 의사가 없는 물품은 세관장에게 신고하여 일시 예치시킬 수 있다. 다만, 부패・변질 또는 손상의 우려가 있는 물품 등 관세청장이 정하는 물품은 그러하지 아니하다.

해 설

'유치'는 사람이나 물건을 일정한 지배하에 두는 것을 말한다. 법률적인 의미로서는 남의 물건을 점유하고 있는 사람이 그 물건에 관하여 생긴 채권을 변제를 받을 때까지 그 물건을 자기 지배하에 두는 것을 말한다. 외국에서 물품이 들어올 때 일반수입물품은 보세구역에 물품을 장치한 후 수입신고・검사・심사 등 절차를 거쳐 수입하게 되지만, 여행자 및 승무원 휴대품은 사람이 직접 들고 들어오고, 들고 나가기 때문에 이러한 절차를 그대로 적용할 수

없다. 유치에 해당되면 물품을 여행자나 승무원이 바로 휴대하고 나가는 것이 아니라 보관 장소에 물품을 일시 보관하고 통관절차를 거쳐야 한다. 유치 또는 예치한 때에는 유치증이나 예치증을 세관장에게 제출하여야 하며, 유치를 해제하거나 예치물품을 반환 받으려는 자는 교부받은 유치증 또는 예치증을 세관장에게 제출하여야 한다. 법 제226조는 허가·승인 등의 증명 및 확인에 관한 조항이다. 2020.12.22.(법률 제17649호) 개정시 제1항을 제1호 '유치대상'과 제2호 '유치 사유'로 나누어 구분하였다. 제2호 유치 사유에 있어서 종전 법 제226조 이외에 관세납부를 하지 않는 경우, 법 위반한 경우, 국민보건 위해 등 유치가 필요하다고 인정하는 경우에도 유치할 수 있도록 하여 유치사유를 추가하였다. 2021.2.17. 시행령 개정시 사회안전·국민보건 위해물품 유치사유 구체화[42]하여 납세자의 권리보호 및 예측 가능성을 제고하였다. 2023.12.31. 법 개정시 신설된 사항이며, 국세징수법이나 지방세징수법에 따라 세관장에게 강제징수 또는 체납처분이 위탁된 체납자인 여행자의 휴대품을 유치할 수 있도록 규정을 개정하였다

제2항은 유치물품 해제에 관한 규정이다. 관세청고시인「여행자 및 승무원 휴대품 통관에 관한 고시」에는 여행자가 세금을 납부하지 아니한 경우에는 세금을 납부할 때까지 혹은 확인사항이 확인될 때까지 해당 휴대품을 장치장에 보관한다. 이를 유치라 하며, 유치를 해제하고 물품을 내어 줄 수 있는 사유는 허가·승인·표시·납세, 기타 조건을 구비한 경우이다.

반송도 유치해제 사유가 된다. 일반수입통관물품은 통관에 필요한 서류를 보완하지 아니하면 유치된 물품을 통관 보류한다.[43] 통관보류는 일단 신고된 수입 건에 대하여 통관처리절차를 중지하는 것이다. 종전에는 시행규칙에 물품을 유치 또는 예치한 때에는 해당 물품에 관한 사항을 기재한 유치증 또는 예치증을 교부하도록 하였으나, 현재는 대통령령에 규정하고 있다. 그 물품을 반환 받기 위해서는 유치증 또는 예치증을 제출하여야 한다.

제3항은 예치에 관한 규정이다. 예치는 유치와 같이 우리나라에 일시 보관하는 것이지만 그 취지가 다르다. 국내에 수입할 의사가 없는 물품을 며칠 뒤 출국할 때에 다시 휴대하여 나갈 물품이라면 복잡하게 수입·수출·환급절차를 거칠 필요가 없으므로 예치한다. 유치는 타의에 의한 물품보관이고 예치는 자의에 의한 물품보관이라 할 수 있다. 2020.12.22.(법률 제17649호) 개정시 일시 예치를 제한할 수 있는 근거를 마련하여, 변질·손상 우려 물품 등은 예치 제한이 가능하게 하였다.

---

42) 시행령 제219조 제1항에 유치사유로 식약처장 등 관계기관장의 부적합통보·통관제한 요청, 성분·규격 불명으로 관계기관의 확인 등 필요 물품, 기타 유해성분 포함 식품·의약품 등이 있다.

43) 법 제230조에 '통관허용제한', 법 제231조에 환적물품에 대한 '유치', 법 제235조에 '통관보류' 등에 관해 각각 유사하게 규정하고 있어 용어의 사용상 다소 혼선의 기미가 있다.

제207조【유치 및 예치 물품의 보관】 ① 제206조에 따라 유치하거나 예치한 물품은 세관장이 관리하는 장소에 보관한다. 다만, 세관장이 필요하다고 인정할 때에는 그러하지 아니하다.
② 제206조에 따라 유치하거나 예치한 물품에 관하여는 제160조 제4항부터 제6항까지, 제170조 및 제208조부터 제212조까지의 규정을 준용한다.
③ 세관장은 유치되거나 예치된 물품의 원활한 통관을 위하여 필요하다고 인정될 때에는 제2항에 따라 준용되는 제209조에도 불구하고 관세청장이 정하는 바에 따라 해당 물품을 유치하거나 예치할 때에 유치기간 또는 예치기간 내에 수출·수입 또는 반송하지 아니하면 매각한다는 뜻을 통고할 수 있다.

해 설

일반 수입물품은 보세창고 등에 보관할 수 있지만, 유치 및 예치물품은 세관장이 관리하는 장소, 즉 지정장치장에 보관하거나 별도로 정한 장소에 보관한다. 이는 신속하게 물품 반출입이 가능한 장소에 장치해야 유치 해제·예치 해제시 물품처리가 용이하기 때문이다.

검역대상물품에 대하여는 검역 장소에 대기시키거나 보관한다. 「보세화물 장치기간 및 체화관리에 관한 고시」에 유치물품은 1개월, 예치물품은 출국예정시기에서 1개월을 가산한 기간으로 한다.

제2항에서 보면 법 제160조는 장치물품 폐기에 관한 규정, 법 제170조는 장치기간에 관한 규정, 법 제208조는 매각대상 및 매각절차에 관한 규정, 법 제209조는 통고에 관한 규정, 법 제210조는 매각방법에 관한 규정, 법 제211조는 잔금처리에 관한 규정, 법 제212조는 국고귀속에 관한 규정이다.

제3항은 매각에 관한 예정통고 규정이다. 여행자의 주소지 등 연락처가 정확하게 기재되지 아니하여 장치기간 경과물품을 처분할 때 지연될 수 있으므로, 미리 예치 또는 유치할 때에 예치기간 이내에 수출·수입 또는 반송하지 아니하면 매각한다는 뜻을 통고하여 처리 절차를 신속하게 진행한다.

【대법원 1982.12.28, 82누288】 행정처분의 무효확인을 구하는 소송은 원칙적으로 현재의 권리나 법률관계의 존부 등을 즉시 확정하는데 법률상 이익이 있어야 하므로 관세법에 의하여 통관여부 결정 시까지 유치 중인 종교용품을 원고 스스로 반송신청을 하고 이에 따라 반송면허를 받아 반송하여 감으로써 이미 해제된 위 유치나 반송의 무효확인이나 그 취소를 구할 이익이 없다 할 것이다.

2. 제2관 장치기간경과물품의 매각

제208조【매각대상 및 매각절차】 ① 세관장은 보세구역에 반입한 외국물품의 장치기간이 지나면 그 사실을 공고한 후 해당 물품을 매각할 수 있다. 다만, 다음 각 호의 어느 하나에 해당하는 물품은 기간이 지나기 전이라도 공고한 후 매각할 수 있다.
1. 살아 있는 동식물
2. 부패하거나 부패할 우려가 있는 것
3. 창고나 다른 외국물품에 해를 끼칠 우려가 있는 것
4. 기간이 지나면 사용할 수 없게 되거나 상품가치가 현저히 떨어질 우려가 있는 것
5. 관세청장이 정하는 물품 중 화주가 요청하는 것
6. 제26조에 따른 강제징수, 국세징수법 제30조에 따른 강제징수 및 지방세징수법 제39조의 2에 따른 체납처분을 위하여 세관장이 압류한 수입물품(제2조 제4호 가목의 외국물품으로 한정한다)

② 장치기간이 지난 물품이 제1항 각 호의 어느 하나에 해당하는 물품으로서 급박하여 공고할 여유가 없을 때에는 매각한 후 공고할 수 있다.
③ 매각된 물품의 질권자나 유치권자는 다른 법령에도 불구하고 그 물품을 매수인에게 인도하여야 한다.

해 설

'매각'은 국가가 개인의 일을 대신해 주는 행정상 대리행위 일종이다. 여기서 매각은 이익을 남기기 위한 것이 아니라 관세 징수를 위한 것이다. 보세구역에서 장치기간이 경과한 물품은 공고한 후 매각할 수 있다. 이러한 면에서 장치기간이 없는 종합보세구역 장치물품은 체화물품의 매각 대상은 아니라고 할 수 있다.

제6호는 2022.12.31. 법 개정시 체납하여 압류된 체납자의 외국물품을 보세구역의 장치기간 경과 전에 공고한 후 매각할 수 있는 근거로 규정하였다.

제2항은 긴급 매각에 관한 규정이다. 살아있는 동식물 등에 대하여는 매각 후에 공고할 수 있다. 관세청 고시로서 「보세화물 장치기간 및 체화관리에 관한 고시」에 매각처분 결정, 매각절차, 국고귀속, 물품 폐기 등을 규정하고 있다.

제3항은 매수인에 대한 의무 규정이다. 공매에 의해 취득한 재산권은 원시취득이다. 매각된 물품의 질권자, 유치권자는 매수인에게 매각된 물품을 인도하여야 한다.

④ 세관장은 제1항에 따른 매각을 할 때 다음 각 호의 어느 하나에 해당하는 경우에는 대통령령으로 정하는 기관(이하 이 절에서 "매각대행기관"이라 한다)에 이를 대행하게 할 수 있다.

1. 신속한 매각을 위하여 사이버몰 등에서 전자문서를 통하여 매각하려는 경우
2. 매각에 전문지식이 필요한 경우
3. 그 밖에 특수한 사정이 있어 직접 매각하기에 적당하지 아니하다고 인정되는 경우

⑤ 제4항에 따라 매각대행기관이 매각을 대행하는 경우(제211조 제6항에 따라 매각대금의 잔금처리를 대행하는 경우를 포함한다)에는 매각대행기관의 장을 세관장으로 본다.

⑥ 세관장은 제4항에 따라 매각대행기관이 매각을 대행하는 경우에는 매각대행에 따른 실비 등을 고려하여 기획재정부령으로 정하는 바에 따라 수수료를 지급할 수 있다.

⑦ (삭제)

⑧ 제4항에 따라 매각대행기관이 대행하는 매각에 필요한 사항은 대통령령으로 정한다.

해 설

제4항은 매각대행기관에 관한 규정이다. 세관에서 일반 매각절차를 진행하지만 사이버몰에서 전자문서를 통하여 매각하는 경우, 매각에 전문지식이 필요한 경우, 기타 특수한 사정이 있어 직접 매각하기에 적당하지 아니하다고 인정하는 경우에는 매각대행기관으로 하여금 매각을 대행하게 할 수 있다. 2000년 관세법 개정시 신속하고도 적정한 판매가격을 확보할 수 있도록 인터넷을 통해 사이버몰(Cybermall)[44] 등에서 매각대행을 할 수 있도록 법적 근거를 마련하였다. 2021.12.31. 법 개정시 법상 사이버몰의 정의 규정을 삭제하였다.

매각대행기관은 한국자산관리공사, 한국보훈복지공단, 관세청장이 인정하는 전자문서를 통한 매각을 수행할 수 있는 시설 및 시스템을 갖춘 것으로 인정되는 법인 또는 단체, 기타 관세행정 또는 보세화물관리에 전문성이 있다고 인정되는 단체로서 관세청장이 지정하는 기관 또는 단체를 말한다. 매각을 매각대행기관에 의뢰하는 것은 매각의 효율성을 높이기 위한 것이다. 행정업무를 전문으로 하는 행정기관에서 매각 업무를 처리하는 것보다는 매각전문상설기관에서 매각하는 것이 효율적이라는 취지에서 나온 제도다.

제5항은 세관장 의제에 관한 규정이다. 매각대행기관의 장을 세관장으로 본다. 법 제211조는 잔금처리에 관한 규정이다.

제6항은 매각대행수수료에 관한 규정이다.[45] 매각대행 수수료는, 매각물품의 가격을 세관에

---

44) 사이버몰의 정의(전자거래기본법 제2조 제5호) '사이버몰'이라 함은 컴퓨터 등과 정보통신설비를 이용하여 재화 또는 용역을 거래할 수 있도록 설정된 가상의 영업장을 말한다.

45) 매각대행을 의뢰한 물품이 매각된 경우에는 그 건별 매각금액에 1천분의 20을 곱하여 계산한 금액, 매각대행을 의뢰한 물품이 수입 또는 반송되어 매각대행이 중지된 경우에는 그 건별 최초공매예정가격에 1천분의 1을 곱하여 계산한 금액, 매각대행을 의뢰한 물품의 국고귀속・폐기 또는 매각의뢰의 철회 등의 사유로 매각대행이 종료된 경우에는 그 건별 최초공매예정가격에 1천분의 2를 곱하여 계산한 금액으로 한다. 또 매각대행수수료를 계산함에 있어서 건별 매각금액이나 건별 최초공매예정가격이 10억원을 초과하는 경우에는 해당 매각금액 또는 최초공매예정가격은 10억원으로 하며, 계산한 매각대행수수료의 금액이 5천원 미만인

서 정하기 때문에 시장 가격동향에 따라 대행기관이 가격을 조정하여 수익을 남길 수 없으므로, 매각에 따른 실비 등을 참작하여 수수료를 지급하도록 규정하고 있다.

제7항은 세관공무원 의제에 관한 규정으로 2016.12.20 법 개정시 삭제되었다. 동 규정은 매각대행기관 임직원은 형법 기타 법률 적용에 있어서 세관공무원으로 보며, 제5항에서 같이 대행 기관의 장은 세관장으로 본다는 내용이다.

제8항에서 보면 장치기간 경과물품 매각을 대행하게 하는 경우에는 매각대행의뢰서를 매각대행기관에 송부하여야 하며, 매각대행의 사실을 화주 및 물품보관인에게 통지하여야 한다.

매각대행기관은 매각대행의뢰서를 받은 날부터 2년 이내에 매각되지 아니한 물품이 있는 때에는 세관장에게 해당 물품에 대한 매각대행의뢰의 철회를 요구할 수 있다. 세관장은 철회요구를 받은 때에는 특별한 사유가 없는 한 이에 응하여야 한다. 이 조항은 대통령령에 정한 것이며, 매각물품이 장기간 걸쳐 매각되지 아니한 경우에는 그 부담을 국가가 지는 경우라 할 것이다. 1999.12.28. 관세법 개정(법률 제6046호)시 매각대행기관이 매각업무를 대행하는 제도를 도입하였다.

제209조【통고】① 세관장은 제208조 제1항에 따라 외국물품을 매각하려면 관세청장이 정하는 바에 따라 그 화주등에게 통고일부터 1개월 내에 해당 물품을 수출·수입 또는 반송할 것을 통고하여야 한다.
② 화주등이 분명하지 아니하거나 그 소재가 분명하지 아니하여 제1항에 따른 통고를 할 수 없을 때에는 공고로 이를 갈음할 수 있다.

해 설

통고일부터 1개월 이내에 수출입반송신고를 하여야 하나 1개월이 경과하더라도 매각 절차상 매각 참여자의 신뢰보호와 관세 징수 등에 문제가 없다면 통관조치를 우선적으로 고려하는 것이 합리적이다. 통고대상자는 화주·반입자·위임 받은 자·제2차 납세의무자이며, 통고의 목적은 물품에 대하여 수출·수입 또는 반송 통관의 기회를 부여하기 위한 것이다. 2024.12.31. 법 개정시 관세청장이 정하는 바에 따라 세관장이 통고하도록 규정을 명확화하였다.

제2항에서 보면 화주 등이 불분명하거나, 소재가 불명하여 통고할 수 없는 때에는 공고할 수 있다. 일반적으로 공고는 세관게시판 등을 이용한다.

경우에는 해당 매각대행수수료는 5천원으로 한다.

제210조【매각방법】① 제208조에 따른 매각은 일반경쟁입찰·지명경쟁입찰·수의계약·경매 및 위탁판매의 방법으로 하여야 한다.
② 경쟁입찰의 방법으로 매각하려는 경우 매각되지 아니하였을 때에는 5일 이상의 간격을 두어 다시 입찰에 부칠 수 있으며 그 예정가격은 최초 예정가격의 100분의 10 이내의 금액을 입찰에 부칠 때마다 줄일 수 있다. 이 경우에 줄어들 예정가격 이상의 금액을 제시하는 응찰자가 있을 때에는 대통령령으로 정하는 바에 따라 그 응찰자가 제시하는 금액으로 수의계약을 할 수 있다.
③ 다음 각 호의 어느 하나에 해당하는 경우에는 경매나 수의계약으로 매각할 수 있다.
1. 제2항에 따라 2회 이상 경쟁입찰에 부쳐도 매각되지 아니한 경우
2. 매각물품의 성질·형태·용도 등을 고려할 때 경쟁입찰의 방법으로 매각할 수 없는 경우
④ 제3항에 따른 방법으로도 매각되지 아니한 물품과 대통령령으로 정하는 물품은 위탁판매의 방법으로 매각할 수 있다.
⑤ 제1항부터 제4항까지에 따라 매각된 물품에 대한 과세가격은 제30조부터 제35조까지의 규정에도 불구하고 제2항에 따른 최초 예정가격을 기초로 하여 과세가격을 산출한다.
⑥ 매각할 물품의 예정가격의 산출방법과 위탁판매에 관한 사항은 대통령령으로 정하고, 경매절차에 관하여는 국세징수법을 준용한다.
⑦ 세관장은 제1항에 따라 매각할 때에는 매각 물건, 매각 수량, 매각 예정가격 등을 매각 시작 10일 전에 공고하여야 한다.

해 설

장치기간경과물품은 매각하며 매각방법에는 일반경쟁입찰·지명경쟁입찰·수의계약·경매·위탁판매가 있다. ‘경쟁입찰’은 다수의 매입신청 희망자들로부터 낙찰희망 예정가격을 기입한 신청서를 받아 그중에서 가장 유리한 내용을 제시한 입찰자와 계약을 체결하는 것을 말한다. 경쟁입찰에는 특정인만 입찰에 참석하는 지명경쟁입찰, 공고에 의해 많은 사람이 입찰에 참석하는 일반경쟁입찰이 있다. 경쟁입찰은 반드시 문서로 의사표시를 하고 청약내용은 비밀이 유지된다는 점에서 경매와 다르다. 수의계약은 경쟁입찰의 상대개념으로서 경쟁이나 입찰에 의하지 아니하고 임의로 선택하여 체결하는 계약을 말한다.[46] ‘경매’는 일반적으로 경쟁체결 방식에 의하는 것으로서 구두로 하는 매매를 말한다.[47] ‘위탁’은 법률행위 또는 사실 행

46) 기본통칙에 수의계약 범위를 1회 이상 경쟁입찰에 붙여서 매각되지 아니한 경우로서 다음 회의 입찰에서 체감될 예정가격 이상의 응찰자가 있을 때, 공매절차가 종료된 물품을 국고 귀속 예정 통고 전에 최종예정가격 이상의 가격으로 매수하려는 자가 있을 때, 부패 등의 우려가 있는 물품으로서 즉시 매각되지 아니하면 상품가치가 저하될 우려가 있을 때, 1회 공매 매각예정가격이 50만원 미만인 때, 경쟁입찰에 의하여 매각함이 공익에 반하는 때로 규정하고 있다.

47) 경매에는 국가기관이 하는 공경매와 사인이 하는 사경매가 있으며 공경매에는 민사소송법의 강제집행절차에 의한 경매와 국세징수법에 의한 경매가 있다(‘Naver 백과사전’ 참조).

위를 타인에게 의뢰하는 것을 말하며 위탁에 의한 판매를 위탁판매라 한다. 매각은 일반적으로 수입조건이지만 법률에 의해 수입이 금지된 물품, 관세청장이 지정하는 물품은 수출조건, 즉 외화지급조건으로 공매한다.

제2항은 예정가격 체감에 관한 규정이다. 경쟁입찰에 있어서 최초에 매각되지 아니하면 5일 기간을 두어 재입찰을 붙인다. 기간을 두는 것은 공매 사실을 충분히 공지하는 시간적 여유를 두는 의미가 있다. 공매절차를 빨리 진행하면 응찰희망자에게 공매내용을 충분히 알릴 기회가 없게 된다. 예정가격은 물품의 예상낙찰가격이다.[48] 입찰결과 예상보다 가격이 높을 수도 있고 낮을 수도 있으나, 최초 예정가격 이상으로 응찰되지 아니하여 유찰되면 예정가격을 입찰할 때마다 100분의 10 이내의 금액에서 예정가격을 낮추어 공매에 붙인다. 예정가격의 체감은 제2회 경쟁입찰 때부터 하되, 그 체감한도액은 최초예정가격의 100분의 50으로 한다. 다만, 관세청장이 정하는 물품을 제외하고는 최초예정가격을 기초로 하여 산출한 세액이하의 금액으로 체감할 수 없다. 응찰가격 중 다음 회의 입찰에 체감될 예정가격보다 높은 것이 있는 때에는 응찰가격의 순위에 따라 법 제210조 제2항의 규정에 의한 수의계약을 체결한다. 단독응찰자의 응찰가격이 다음 회의 입찰 시에 체감될 예정가격보다 높은 경우 또는 공매절차가 종료한 물품을 최종 예정가격이상의 가격으로 매수하려는 자가 있는 때에도 또한 같다. 수의계약을 체결하지 못하고 재입찰에 붙인 때에는 직전입찰에서의 최고응찰가격을 다음 회의 예정가격으로 한다. 수의계약을 할 수 있는 자로서 그 체결에 응하지 아니하는 자는 해당 물품에 대한 다음 회 이후의 경쟁입찰에 참가할 수 없다. 해당 물품에 대하여 경쟁입찰에 참가할 수 없기 때문에 다른 물품의 입찰에는 참여할 수 있다고 하겠다.

제3항은 수의계약에 관한 규정이다. 매각방법 적용순위는 경쟁입찰을 맨 먼저 시행하고, 2회 이상 경쟁입찰에 붙여도 매각할 수 없는 때와 매각물품의 성질 등에 따라 경쟁입찰 방법에 의하여 매각할 수 없는 경우에는 경매와 수의계약에 의하여 매각한다. 이때 수의계약은 제2항 규정에 따라 2회 경쟁입찰을 시행하기 전이라도 1회 경쟁입찰 후 수의계약 신청이 있으면 수의계약할 수 있다. 경쟁입찰에 의하여 매각할 수 없는 때라 함은 부패, 손상, 변질 등의 우려가 현저한 물품으로서 즉시 매각해야 하는 경우, 예정가격이 50만원 미만의 경우, 경쟁입찰 방식이 공익에 반하는 경우로 규정하고 있다. 수의계약 체결은 응찰가격 중 다음 회의 입찰할 때에 체감될 예정가격보다 높은 경우 응찰가격의 순위에 따라 계약을 체결하며, 수의계약을 체결하지 아니한 자는 다음 회 이후 해당 물품에 대한 입찰에 참여할 수 없다. 그러나 다른 물품의 입찰에는 참여할 수 있다.

제4항은 위탁판매에 관한 규정이다. 경쟁입찰·경매·수의계약으로 매각되지 아니한 물품

---

48) 대법원 1990.2.9, 89누5553 판결 참조. 당초 공매시 산출한 최초예정가격에 하자가 있어 정당하게 다시 산출하여 재공매를 실시하여 매각한 경우 재공매시 산출한 가격을 최초예정가격으로 한다(기획재정부 1985.12.5).

은 위탁판매 방법으로 경매한다. 그러나 대통령령이 정하는 물품에 대하여는 이러한 절차를 거치지 아니하고 최초부터 바로 위탁판매방법에 의하여 매각할 수 있다.[49)]

위탁판매하는 경우 판매가격은 해당 물품의 최종예정가격으로 하고, 바로 위탁판매하여 최종예정가격이 없는 경우 매각한 물품의 예정가격과 매각된 물품의 과세가격은 관세청장이 정하는 바에 의하여 산출한다. 위탁판매의 장소·방법·수수료 기타 필요한 사항은 관세청장이 정한다. 법률에 의하여 수입이 금지된 물품, 기타 관세청장이 지정하는 물품은 수출하거나 외화를 받고 판매하는 것을 조건으로 매각한다. 다만, 기타 물품으로서 관세청장이 필요하다고 인정하는 물품은 주무부장관 또는 주무부장관이 지정하는 기관의 장과 협의하여 수입하는 것을 조건으로 판매할 수 있다. 다만, 매각가격에 세액이 포함되어 있으므로 법 제240조에 수출입의제 조항에 해당하여 따로 관세 등을 징수하지 아니하는 것이다.

제5항은 과세가격 산출에 관한 규정이다. 매각되는 물품도 과세대상이며, 과세가격은 최초예정가격을 기초로 하여 산출한다. 세액이 매각가격에 포함되어 있다 해도 납세필증은 원래 화주에게는 발급해 주지만 낙찰자에게 발급해 주지 아니한다. 납세한 자는 원래 화주이지 낙찰자가 아니다. 매각물품에 대한 관세는 최초예정가격을 과세표준으로 하여 부과·징수한다. 그러나 과세가격 결정을 제1방법 내지 제6방법에 따라 결정하는 것이 아니라, 물품가격이 체감되더라도 최초에 정해진 과세가격에 따라 계산하여 부과한다. 결과적으로 과세가격 결정방법에 있어서 정상적 수입화물과 다르지만 관세와 내국세를 징수한다. 매각대금 중 잔금은 화주에게 돌려주는 점을 보면 최초 수입한 화주를 납세자로 볼 수 있다. 이 법에 따라 매각된 물품은 적법하게 수입된 것으로 보아 관세를 따로 징수하지 아니한다. 따라서 종합적으로 보면 매각도 수입통관이지만, 정상적인 수입통관으로 보기는 어렵고 원래 화주를 납세의무자로 하는 특수형태의 수입통관으로 볼 수 있다.

제6항은 국세징수법 준용에 관한 규정이다. 경쟁입찰, 위탁판매, 수의계약은 이 법에 의하지만 경매절차에 관하여는 국세징수법을 준용한다. 대통령령에 매각물품의 예정가격과 과세가격은 관세청장이 정하도록 규정하고 있다.

제7항은 매각 공고에 관한 규정이다. 공고는 신문이나 세관게시판 등을 이용할 수 있다. 매각개시 10일 전에 공고를 하는 것은 공매에 참여하는 사람들에게 충분한 기회를 주기 위한 것이다. 물론 긴급 공매할 때에는 매각한 후에 공고할 수 있다.[50)]

---

49) 제4항에서 '대통령령이 정하는 물품'이라 함은 부패하거나 부패의 우려가 있는 물품, 기간경과로 사용할 수 없게 되거나 상품가치가 현저히 감소할 우려가 있는 물품, 공매하는 경우 매각의 효율성이 저하되거나 공매에 전문지식이 필요하여 직접 공매하기에 부적합한 물품으로서 관세청장이 신속한 매각이 필요하다고 인정하여 위탁판매대상으로 지정한 물품을 말한다.

50) 기획재정부 유권해석(1974.6.20. 및 1982.1.12)에 의하면 세관장의 공매처분은 국세징수법의 체납처분에 관한 제규정을 일반적으로 준용한다. 따라서 국세징수법의 체납처분은 재판상의 가압류 또는 가처분으로 인하

【대법원 1990.2.9, 선고, 89누5553】 공매예정가격이란 본시 최저공매가격을 나타내는 것일 뿐 원매자가 많을 경우 가격을 경쟁하는 데는 지장이 있을 리 없으므로 그것이 실세보다 저렴하다 하여 바로 공매처분이 위법하게 되는 것은 아니고 예정가격을 낮추었기 때문에 부당하게 저렴한 가격으로 공매가 되었다는 사정이 있을 때에만 그 공매를 위법하다고 보아야 할 것이다.

제211조【잔금처리】① 세관장은 제210조에 따른 매각대금을 그 매각비용, 관세, 각종 세금의 순으로 충당하고, 잔금이 있을 때에는 이를 화주에게 교부한다.
② 제208조에 따라 매각하는 물품의 질권자나 유치권자는 해당 물품을 매각한 날부터 1개월 이내에 그 권리를 증명하는 서류를 세관장에게 제출하여야 한다.
③ 세관장은 제208조에 따라 매각된 물품의 질권자나 유치권자가 있을 때에는 그 잔금을 화주에게 교부하기 전에 그 질권이나 유치권에 의하여 담보된 채권의 금액을 질권자나 유치권자에게 교부한다.
④ 제3항에 따라 질권자나 유치권자에게 공매대금의 잔금을 교부하는 경우 그 잔금액이 질권이나 유치권에 의하여 담보된 채권액보다 적고 교부받을 권리자가 2인 이상인 경우에는 세관장은 민법이나 그 밖의 법령에 따라 배분할 순위와 금액을 정하여 배분하여야 한다.
⑤ 제1항에 따른 잔금의 교부는 관세청장이 정하는 바에 따라 일시 보류할 수 있다.
⑥ 제208조 제4항에 따라 매각대행기관이 매각을 대행하는 경우에는 매각대행기관이 제1항부터 제5항까지의 규정에 따라 매각대금의 잔금처리를 대행할 수 있다.

해 설

매각대금에서 비용·관세·제세를 공제하고 남은 금액 즉 잔금을 처리하는 방법에 관한 규정이다. 종전에는 관세·제세나 그 물품매각에 관한 비용을 그냥 충당하는 것으로만 규정되어 있고, 그 순위는 정해져 있지 아니한 것을 1997.12.13. 관세법 개정시 물품매각비용, 관세, 제세 순서로 잔금을 충당하도록 규정하였다. 질권자나 유치권자는 매각한 날로부터 1개월 이내에 권리증명서를 세관장에게 제출하여야 하며, 매각한 날이란 공매낙찰일을 말한다. 이들은 화주에 우선하여 잔금을 교부받을 수 있다.[51]

제2항은 증명서류 제출기한에 관한 규정이다. 질권은 담보물권의 하나로서 채권자가 그 채권의 담보로 채무자·제삼자로부터 취득한 물건을 채무변제가 있을 때까지 유치할 수 있고 변제가 없을 때에는 그 담보의 목적물에 의해 우선 변제를 받는 권리를 말한다. 유치권은 남의 물건의 점유자가 그 점유물로 인해 발생한 채권의 변제를 받을 때까지 그 물건을 유치하

여 영향을 받지 아니한다는 규정에 따라 세관장은 장치기간이 경과한 외국물품에 대하여 법원의 가압류 또는 가처분명령에 불구하고 공매를 할 수 있다.

51) 서울지법 1997.3.14. 선고 96가합18293 판결 참조.

는 권리를 말한다.

제3항, 제4항, 제5항은 잔금교부 방법에 관한 규정이다. 잔금교부에 있어서 질권 또는 유치권자가 화주에 우선함을 의미하며, 잔금배분 순위는 민법 규정에 의하여 배분순위와 금액을 정한다. 기본통칙에 세관의 공매대금 잔금 교부 채무에 있어서 해당 공매가 낙찰되기 전에 송달된 전부명령과 낙찰 후에 송달된 전부명령의 우선순위는 낙찰 후에 송달된 전부명령에 대하여 우선 변제한다. 법무부와 법원으로부터 동일 채무에 대하여 각기 다른 전부명령이 세관에 송달되는 경우에는 법무부로부터 송달된 전부명령에 대하여 변제한다. 잔금의 교부를 일시 보류하는 것은 수입제한품목 등을 수입한 화주의 수입행위에 대하여 일정기간 잔금 지급을 늦추므로 경제적 제재를 가하는 효과가 있다.

관세청고시로 「보세화물장치기간 및 체화관리에 관한 고시」가 있다. 이 고시에는 잔금교부 보류 대상물품 및 기간, 보류통지, 보류해제, 교부방법에 관하여 정하고 있다. 매각대행기관이 대행할 수 있는 사항은 화주에게 잔금을 교부하는 것, 질권자 혹은 유치권자[52]가 있을 경우 이들에게 잔금을 교부하는 것, 민법 규정에 의하여 배분할 금액순위를 정하는 것, 공매잔금을 일시 보류하는 것을 대행할 수 있다.

제6항은 매각대행기관의 잔금처리에 관한 규정이다. 세관장이 점유하고 있거나 제3자가 보관하고 있는 매각대상물품은 이를 매각대행기관에 인도할 수 있다. 이 경우 제3자가 보관하고 있는 물품에 대하여는 그 제3자가 발행하는 해당 물품의 보관증을 인도함으로써 이에 갈음할 수 있다. 매각대행기관은 물품을 인수한 때에는 인계·인수서를 작성하여야 한다. 매각대행기관은 매각대행의뢰를 받은 날부터 2년 이내에 매각되지 아니한 물품이 있는 경우에는 세관장에게 매각대행의뢰의 철회를 요구할 수 있고, 세관장은 특별한 사유가 없는 한 이에 응하여야 한다. 매각대행기관과 관세청장은 매각에 대하여 협의하여 이 규정에 없는 사항은 정하여 나갈 수 있다.

【서울지방법원 1997.3.14, 96가합18293】 공매잔금은 공매 처분된 화물의 가치적 변형물에 불과한 것이어서 화물에 대한 처분권한이 있는 자에게 공매잔금을 수령하게 하고자 한 것이라고 할 것이므로 이러한 취지에 비추어 볼 때 위 규정상의 화주는 화물의 소유자를 의미하는 것이라고 봄이 상당하다.

---

52) 기획재정부 유권해석(기획재정부 관세제도과 09－0256, 2009.8.7)에 따르면 보세구역(보세창고)에 반입된 외국물품이 장치기간 경과로 매각된 때, 물품의 공매잔금 교부와 관련하여 화주와 운송계약을 체결한 운송인은 관세법 제211조 제3항의 유치권자에 해당한다고 볼 수 있다.

제212조【국고귀속】① 세관장은 제210조에 따른 방법으로도 매각되지 아니한 물품(제208조 제1항 제6호의 물품은 제외한다)에 대하여는 그 물품의 화주등에게 장치 장소로부터 지체 없이 반출할 것을 통고하여야 한다.

② 제1항의 통고일부터 1개월 내에 해당 물품이 반출되지 아니하는 경우에는 소유권을 포기한 것으로 보고 이를 국고에 귀속시킬 수 있다.

③ 세관장은 제208조 제1항 제6호의 물품이 제210조에 따른 방법으로 매각되지 아니한 경우에는 납세의무자에게 1개월 이내에 대통령령으로 정하는 유찰물품의 가격에 상당한 금액을 관세 및 체납액(관세·국세·지방세의 체납액을 말한다. 이하 이 조에서 같다) 충당금으로 납부하도록 통지하여야 한다.

④ 제3항에 따른 통지를 받은 납세의무자가 그 기한 내에 관세 및 체납액 충당금을 납부하지 아니한 경우에는 같은 항에 따른 유찰물품의 소유권을 포기한 것으로 보고 이를 국고에 귀속시킬 수 있다.

해 설

'국고'는 재산권의 주체로서 국가의 지위를 말한다. 재산이 국고에 속하는 것을 국고귀속이라 한다. 매각되지 아니한 물품에 대한 국고귀속 등 처분절차에 관한 규정이며, 국고귀속하기 전에 사전절차로서 통고는 반드시 해야 한다. 국고에 귀속시킬 수 있다하여 제2항에 따라 모든 상품가치가 없는 물품도 국고귀속하는 것은 오히려 국고에 손해를 끼치므로 심사 후 상품가치가 있는 물품만 국고귀속하여야 할 것이다.

제2항은 소유권 포기에 관한 규정이다. 국고귀속물품은 이전에 체화 반출통고 등 절차를 거쳤기 때문에 통고 후 1개월 내에 반출하지 아니한 경우에는 화주가 소유권을 포기한 것으로 보아 국고귀속 조치를 할 수 있다. 이에 비해 관세범 조사과정에서 발생되는 유류품은 6개월 이내에 주인이나 관세범이 알려지지 아니한 경우에는 이를 유실물로 보아 공고 후 1년이 지난 다음에 국고귀속조치를 할 수 있다. 이와 같이 일정기간 공고 후에 국고귀속 조치하는 것은 국고귀속 절차에 관한 것으로 이를 지키지 아니하면 국고귀속 후 반환요구 등 문제가 발생될 수 있다.

제3항과 제4항은 2022.12.31. 법 개정시 신설된 조항으로서 체납자의 외국물품을 매각 조치하였으나 매각되지 아니한 경우 납세의무자에게 관세 및 체납액 충당금 납부 통지를 한 후 납세의무자가 기한 내에 미납부하면 해당 물품을 국고에 귀속할 수 있도록 하여 외국물품 처분 절차를 신속화하였다.

제 8 장

운　　송

운송은 물품의 장소적 이동을 의미한다. 외국물품이 우리나라에 반입되면 항구나 공항에서 통관하여 운송하거나, 보세운송 등 이동과정을 거쳐 내륙지 세관에 도착하여 통관절차를 거치게 된다. 물품을 관리하는 측면에서 보면 이동하는 물품에 대한 관리가 고정된 장소에서 물품을 관리하는 것보다 어렵다. 물품 이동시 관세 확보를 위한 제도적 장치가 필요하므로 중요성을 감안하여 운송에 관하여 별도로 규정하고 있다. 요즘은 수입물품에 대한 검사율이 낮으므로 운송의 중요성이 더 강조되고 있다. 운송에는 보세운송, 간이보세운송, 조난물품의 운송, 내국운송이 있다. 보세운송은 외국물품 그대로 운송하는 것을 말하며, 간이보세운송은 보세운송 절차를 간소화한 것을 말한다. 내국운송은 내국물품을 국제무역선(기)에 의하여 운송하는 것을 말한다. 운송에 관한 세부 내용을 요약하면 다음과 같다.

제1절은 보세운송에 관한 규정으로서 보세운송 신고, 신고인, 보고, 보세운송 통로, 기간 경과시 관세징수, 담보, 조난물품의 운송, 간이보세운송에 관한 규정이다.

제2절은 내국운송에 관한 규정으로서 내국운송의 신고에 관한 규정이다.

제3절은 보세운송업자 등에 관한 규정으로서 보세운송업자의 등록, 등록요건, 등록취소, 보세운송화물운송주선 등에 관한 규정이다.

보세운송

제213조【보세운송의 신고】 ① 외국물품은 다음 각 호의 장소 간에 한정하여 외국물품 그대로 운송할 수 있다. 다만, 제248조에 따라 수출신고가 수리된 물품은 해당 물품이 장치된 장소에서 다음 각 호의 장소로 운송할 수 있다.
1. 국제항
2. 보세구역
3. 제156조에 따라 허가된 장소
4. 세관관서
5. 통관역
6. 통관장
7. 통관우체국

② 제1항에 따라 보세운송을 하려는 자는 관세청장이 정하는 바에 따라 세관장에게 보세운송의 신고를 하여야 한다. 다만, 물품의 감시 등을 위하여 필요하다고 인정하여 대통령령으로 정하는 경우에는 세관장의 승인을 받아야 한다.
③ 세관공무원은 감시·단속을 위하여 필요하다고 인정될 때에는 관세청장이 정하는 바에 따라 보세운송을 하려는 물품을 검사할 수 있다.
④ 수출신고가 수리된 물품은 관세청장이 따로 정하는 것을 제외하고는 보세운송절차를 생략한다.
⑤ 제2항과 제3항에 따른 보세운송의 신고·승인 및 검사에 대하여는 제247조와 제250조를 준용한다.

해 설

외국물품은 통관 후 운송하여야 하나 일정한 장소 간에는 통관업무의 신속과 편의를 위해 통관하지 아니하고 외국물품 그대로 운송할 수 있다. 이러한 운송을 보세운송이라 한다.[1] 보세운송은 과세가 보류된 상태에서 운송되는 것이므로 세관의 통제를 받는다. 제1호에서 '국제

---

1) 「보세운송에 관한 고시」(관세청 고시)에는 우편법에 의해 체신관서가 관리하는 물품, 검역법에 의하여 검역관서가 인수하여 검역장으로 운송하는 물품, 국가기관에 의하여 압수되는 물품은 보세운송절차를 거치지 아니하도록 규정되어 있다. 또 동 고시에는 보세운송업체를 보세운송업자, 일반간이보세운송업자, 종합간이보세운송업자, 특정물품간이보세운송업자로 운송업자를 구분하여 운영하고 있다. 일반간이보세운송업자는 보세운송물품의 검사생략, 담보제공면제를 받을 수 있으며 종합간이보세운송업자는 운영되지 아니하고 있으며 특정물품간이보세운송업자는 간이보세운송물품 등을 운송할 수 있다.

항'은 대통령령에 의해 지정된 26개 항구, 공항을 말한다.

제2호에서 '보세구역'은 지정보세구역, 특허보세구역, 종합보세구역이 있다. 제3호에서 법 제156조는 보세구역 외 장치 허가한 구역을 말한다. 제5호 · 제6호에서 통관역과 통관장은 현재 도라산과 고성에 각각 지정되어 있다. 제7호에서 보면 통관우체국은 보세운송 구역으로 정해져 있지 아니하였으나, 2000년 개정 관세법에서 소량화물인 우편물에 대한 수요가 증가하여 신설한 규정이다.[2] 보세공장 등에서 제조 · 가공에 소요되는 소량 원재료등이 우편에 의하여 외국에서 송부되고 있으나 우체국은 보세운송을 할 수 있는 장소로 규정되지 않아 수입통관 후 다시 보세공장에 반입해야 하는 불편이 있어 통관우체국에서 직접 보세운송할 수 있도록 보세운송의 대상범위를 확대하였다. 수출신고가 수리된 물품은 장치된 장소에서 위 각 호의 장소로 운송할 수 있으며, 법 제219조 조난물품도 있던 장소로부터 위 각 호의 장소로 운송할 수 있다.

제2항은 보세운송의 신고와 승인에 관한 규정이다. 보세운송은 신고로 운송할 수 있지만 물품감시를 위하여 일정한 경우에는 세관장의 승인을 얻도록 규정하고 있다. 승인대상물품은 대통령령으로 정하고 있다. 신고 · 승인은 과세물건을 확정하고, 납세의무자를 정하고, 화물감시를 효과적으로 하기 위한 것이다. 보세운송을 신고하거나 승인을 얻고자 하는 자는 신청서를 제출하여야 한다. 보세운송승인을 얻어야 하는 물품은 보세운송 물품 중 다른 보세구역으로 재보세운송하는 경우 등이 있다.[3]

제3항은 보세운송 물품의 검사에 관한 규정이다. 보세운송물품 검사는 운송물품 감시 · 단속을 위해 세관직원이 물품을 확인하는 것이다. 물품검사에는 수출입신고물품에 대한 물품검사, 보세운송이나 장치장에서 반출입하는 물품에 대한 물품검사가 있어, 같은 물품에 대하여 이중으로 물품 검사하는 경우가 발생될 수 있다. 물품검사에는 비용과 시간을 많이 소요하게 됨으로써 부정확한 검사대상 선별은 바로 화주에게 비용부담을 가중하게 하는 결과를 주기 때문에 검사업무의 정확성이 한층 요구된다.

제4항은 보세운송 절차 생략에 관한 규정이다. 수출신고가 수리된 물품은 물품이 장치되어 있는 장소에서 보세운송이 가능한 장소로 운송을 할 수 있다. 이때 관세청장이 정하는 경우를

---

2) 제도가 구비되어 있으나 2010.1. 현재 통관우체국에서 보세운송을 하거나(국제우편물 수입통관사무처리에 관한 고시) 통관우체국으로 보세운송하는 경우는 그 활용도가 매우 낮은 편이다. 이는 통관우체국이 보세구역으로 정해져 있지 않기 때문에 시스템 상으로 보세운송할 수 없는 실무적 문제도 한 원인이라 할 수 있다.

3) 보세운송승인을 얻어야 하는 경우로서 재보세운송 물품, 검역법 · 식물방역법 · 가축전염병예방법 등의 규정에 의하여 검역을 요하는 물품, 소방법 · 유해화학물질관리법 해당물품, 비금속설, 최초 보세구역 반입일부터 30일 경과한 물품, 통관 보류품, 수입 불가품, 통관지가 제한되는 물품, 귀석 · 반귀석 · 귀금속 · 한약재 · 의약품 · 향료 등과 같은 고가품, 화주 등이 직접 운송 신고하는 경우, 타소장치장으로 운송되는 물품, 분할보세운송물품, 불법수출입방지를 위해 세관장이 지정한 물품을 보세운송하는 경우로 정해져 있다. 그러나 이중에서도 관세청장이 신고대상으로 인정하는 경우에는 신고만으로 보세운송이 가능하다.

제외하고는 보세운송절차도 생략한다. 검역법에 의하여 검역관서의 관리 하에 지정장소로 운송되는 검역대상물품은 보세운송 절차를 요하지 아니한다. 일반적인 수출신고수리물품에 대하여는 제조업체의 수출활동을 자유롭게 하고 지원하기 위해 보세운송 절차를 생략한다.

1993.12.31. 관세법 개정시 수출업체 지원을 위해 수출하고자 하는 물품에 대하여 보세구역 장치의무를 폐지하고, 검사나 보세운송에 관한 절차도 생략하였다.

제5항은 보세운송 신고·승인 및 검사는 일반 수출입물품의 신고와 검사에 관한 규정을 준용한다는 내용이다. 법 제247조는 검사장소에 관한 규정이고, 법 제250조는 신고의 취하 및 각하에 관한 규정이다.

제214조【보세운송의 신고인】 제213조 제2항에 따른 신고 또는 승인신청은 다음 각 호의 어느 하나에 해당하는 자의 명의로 하여야 한다.
1. 화주
2. 관세사등
3. 보세운송을 업(業)으로 하는 자(이하 "보세운송업자"라 한다)

해 설

보세운송 물품이 기간 이내에 도착하지 아니하여 해당 관세를 징수할 때에는 보세운송 신고·승인 신청자가 납세의무자가 되며, 보세운송신고 또는 승인신청자는 화주, 관세사, 관세법인, 통관취급법인, 보세운송업자이다. 종전에는 화주만 보세운송을 신청할 수 있었으나, 1993.12.31. 관세법 개정(법률 제4674호)시 관세사도 보세운송을 신고할 수 있도록 하였다. 보세운송신고인 명의를 위반하는 경우에는 200만원 이하의 과태료에 해당한다.

세관절차 대행수수료에 관하여 보세운송업자가 임의로 높은 율의 수수료를 받는 것은 물류비용 인상효과 등이 있으므로 이를 제한하였으나, 2000년 개정 관세법에서 이를 자율화하였고, 보세구역 보관요율 등에 관해서도 과거에는 세관장의 승인을 받던 것을 규제완화 차원에서 이를 자율화 하였다. 관세사의 경우 세관절차를 이행해 주는 대가로 받는 관세사 보수에 관한 요율은 관세사법에 정하고 있다.

【대법원 1996.3.12, 94다55057】 [1] 보세운송은 화주 또는 화주의 위임을 받은 보세운송업자가 그 명의로 세관장에게 신고하여 세관장의 면허를 받아야 할 수 있도록 규정되어 있어, 화물에 대한 보세운송 신고를 할 수 있는 자는 화주 또는 화주의 위임을 받은 보세운송업자뿐이므로, 다른 사정이 없는 한 보세운송 과정 중의 화물은 화주의 사실상의 지배 아래 있다고 봄이 상당하다. [2] 운송인이 컨테이너 전용장치장에 운송화물을 입고시키는 법률관계는 민법상 임치에 해당하므로 원칙적으로 수치인인 컨테이너 전용장치장 설영인으로서는 임치인인 운송인의 동의 없이는 임치인이 아닌 제3자에게 화물을

인도할 수 없는데, 관세법규상 보세운송에 있어서 운송인의 동의가 필요하다는 취지의 명시적 규정이 없다고 하여 화주가 보세운송을 위해 컨테이너 전용장치장으로부터 화물을 반출함에 있어서 운송인의 동의가 필요하지 않다고 단정할 수는 없다.

제215조【보세운송 보고】 제213조 제2항에 따라 보세운송의 신고를 하거나 승인을 받은 자는 해당 물품이 운송 목적지에 도착하였을 때에는 관세청장이 정하는 바에 따라 도착지의 세관장에게 보고하여야 한다.

해 설

보세운송 도착보고 업무는 자율관리보세구역 운영인 또는 관리인에게 위탁하여 처리하고 있다. 보세운송된 물품에 대하여 세관 화물 정보시스템에 반입신고하고 도착물품에 이상이 있으면 세관장에게 보고해야 한다. 보세운송시 담보를 제공한 자는 도착과 동시에 담보를 해제할 수 있다.

도착보고 의무를 위반한 경우는 200만원 이하의 과태료에 해당한다.

【대법원 1970.10.23, 70도1793】 관세부과의 기준이 확정되고 관세의 담보없는 특별보세운송면허를 받아 부산에서 서울 영등포구 구로동 보세장치장까지 보세운송하는 물건이고 면허기간 내에 운송목적지에 도착하지 아니한 때에는 즉시 관세를 증수한다고 규정되어 있다고 하여도 피고인들이 보세운송의 이 사건 물건들을 피고인들에게 송부되어온 면장을 이용하여 인수한 후 서울세관 구로동 출장소에 신고하여 보세장치장에 장치하고 통관절차를 받음이 없이 공장으로 반출하였으면 관세를 면탈하였다.

제216조【보세운송통로】 ① 세관장은 보세운송물품의 감시·단속을 위하여 필요하다고 인정될 때에는 관세청장이 정하는 바에 따라 운송통로를 제한할 수 있다.
② 보세운송은 관세청장이 정하는 기간 내에 끝내야 한다. 다만, 세관장은 재해나 그 밖의 부득이한 사유로 필요하다고 인정될 때에는 그 기간을 연장할 수 있다.
③ 보세운송을 하려는 자가 운송수단을 정하여 제213조 제2항에 따라 신고를 하거나 승인을 받은 경우에는 그 운송수단을 이용하여 운송을 마쳐야 한다.

해 설

보세운송통로는 보세운송할 때에 운송수단이 이용해야 할 통로를 말한다. 보세운송통로 이외에도 유사한 사항으로서 법 제140조에 하역통로, 법 제148조에 관세통로 등이 있다. 보세운송 통로는 보세화물의 감시 및 관세 확보를 위하여 운영하고 있다. 일반적으로 보세운송 통로제한에 관하여는 현재 실질적으로 운영하고 있지 않지만, 「보세운송에 관한 고시」에는 경유지 신고에 관한 규정이 있다. 경유지 신고는 보세운송도중 운송수단을 변경하기 위하여 해당 경유지를 사전에 신고하는 것을 의미하며 보세운송통로 지정과는 무관하다.

제2항은 보세운송 기간 연장에 관한 규정이다. 보세운송 기간은 재해 등 부득이한 사유에 의해서만 기간 연장이 가능하다. 보세운송기간의 연장을 받고자 하는 자는 신청서를 해당 보세운송을 신고하거나 승인한 세관장 또는 도착지 세관장에게 제출해야 한다. 제1항과 제2항을 위반하는 경우에는 200만원 이하의 과태료에 해당한다.

제정관세법에서는 육접 국경을 통과하는 경우에는 관세통로를 경유하게 하고, 보세운송하는 경우에는 보세운송신고시에 일정한 운송경로를 지정할 수 있도록 하였으나, 1993.12.31. 관세법 개정(법률 제4674호)시 보세운송통로 지정제도를 폐지하였다.

2023.12.31. 법 개정시 보세구역 출발 전에 신고한 운송수단과 다른 운송수단으로 운송 금지 에 사항을 규정화하였다. 보세운송의 실효성을 확보하기 위한 조치라 할 수 있다.

제217조【보세운송기간 경과 시의 징수】 제213조 제2항에 따라 신고를 하거나 승인을 받아 보세운송하는 외국물품이 지정된 기간 내에 목적지에 도착하지 아니한 경우에는 즉시 그 관세를 징수한다. 다만, 해당 물품이 재해나 그 밖의 부득이한 사유로 망실되었거나 미리 세관장의 승인을 받아 그 물품을 폐기하였을 때에는 그러하지 아니하다.

해 설

일반적으로 납세의무자는 해당 징수관련 법조문에서 정하고 있다. 본조에는 납세의무자가 누구인지를 구체적으로 정하지 않고 있지만, 법 제19조에서 보세운송신고인을 납세의무자로 규정하고 있다. 관세청 예규에 의하면, 보세운송승인을 얻었으나, 운송하지 아니하고 장치장에 그대로 장치하고 있는 경우, 이를 운송 목적지에 도착하지 아니하였다 하여 동법 규정에 의한 관세를 징수할 수 없다. 다만, 보세운송 기간 내에 운송을 종료하지 아니한 데에 대한 처벌은 할 수 있다.

기본통칙에도 보세운송신고, 승인된 물품이 지정한 기간 이내에 운송목적지에 도착하지 아니한 때에는 수입된 것으로 보고 관세를 징수하도록 규정하므로 미발송 상태에 있는 물품의 경우에는 보세구역에 장치되어 있는 한 그 관세를 징수하지 아니한다. 보세운송기간 연장제도가 있기 때문에 기간경과로 인한 징수사례는 잘 발생하지 아니한다.

제218조【보세운송의 담보】 세관장은 제213조에 따른 보세운송의 신고를 하거나 승인을 받으려는 물품에 대하여 관세의 담보를 제공하게 할 수 있다.

해 설

관세 확보를 위해 관세에 상당하는 담보를 제공하게 할 수 있다. 「보세운송에 관한 고시」에는 무세, 관세 면제, 수출용 보세공장에 반입하는 물품, 신용담보업체 · 포괄담보업체, 간이 보세운송업자가 보세운송 승인 신청한 경우에는 담보제공을 생략한다.

제219조【조난물품의 운송】 ① 재해나 그 밖의 부득이한 사유로 선박 또는 항공기로부터 내려진 외국물품은 그 물품이 있는 장소로부터 제213조 제1항 각 호의 장소로 운송될 수 있다.
② 제1항에 따라 외국물품을 운송하려는 자는 제213조 제2항에 따른 승인을 받아야 한다. 다만, 긴급한 경우에는 세관공무원이나 국가경찰공무원(세관공무원이 없는 경우로 한정한다)에게 신고하여야 한다.
③ 제2항 단서에 따라 신고를 받은 국가경찰공무원은 지체 없이 그 내용을 세관공무원에게 통보하여야 한다.
④ 제1항에 따른 운송에 관하여는 제215조부터 제218조까지의 규정을 준용한다.

해 설

조난물품이란 정상적인 입출항절차를 거치지 못할 정도의 부득이한 경우를 당한 선박 · 항공기의 적재 물품을 말한다. 떠내려 온 부유물은 조난물품이 아니다. 조난물품은 외국물품이며, 그 물품이 있는 장소에서 보세운송할 수 있다.

제2항은 조난물품 보세운송 승인에 관한 규정이다. 조난물품을 보세운송 할 때에는 승인을 얻어야 한다. 승인은 승인권자에게 신청하는 것이지만, 신고는 현장의 세관공무원 또는 국가경찰공무원에게 할 수 있다. 위반시 1천만원 이하 과태료에 해당한다.

제3항은 국가경찰공무원의 통보의무에 관한 규정이다. 조난물품을 보세운송 할 때에는 일반적으로 적용하는 보세운송 도착보고, 보세운송 통로, 보세운송 기간 경과시 징수, 보세운송 담보규정을 준용한다.

제220조【간이 보세운송】 세관장은 보세운송을 하려는 물품의 성질과 형태, 보세운송업자의 신용도 등을 고려하여 관세청장이 정하는 바에 따라 보세운송업자나 물품을 지정하여 다음 각 호의 조치를 할 수 있다.

1. 제213조 제2항에 따른 신고절차의 간소화
2. 제213조 제3항에 따른 검사의 생략
3. 제218조에 따른 담보 제공의 면제

해 설

간이보세운송제도는 보세운송업무의 효율성 제고 및 업자편의를 위한 제도다. 간이보세운송의 실제 내용에는 신고절차 간소화, 검사 생략, 담보제공 면제가 있다. 세관장은 물품 성상과 업자 신용도를 감안하여 간이보세운송할 수 있는 업체와 물품을 정할 수 있다. 현재는 주로 특정 보세운송 업체가 간이보세운송업자로 지정을 받아서 정기적으로 보세화물을 운송하고 있다.

제220조의 2 【국제항 안에서 국제무역선을 이용한 보세운송의 특례】 제214조에도 불구하고 국제무역선이 소속된 선박회사(그 업무를 대행하는 자를 포함한다)로서 기획재정부령으로 정하는 선박회사는 국제항 안에서 제213조 제1항에 따라 환적물품 등 기획재정부령으로 정하는 물품을 국제무역선으로 보세운송할 수 있다.

해 설

2023.12.31. 법 개정시 신설한 조항이다. 국제항 내 국제무역선에 의한 보세운송 절차 마련하고 그 절차는 기존 보세운송 제도를 준용한다. 환적, 수출신고수리 물품에 한해 국제항 내에서 보세운송을 허용하여 물품 취급의 효율성을 제고하였다.

제2절 내국운송

제221조【내국운송의 신고】 ① 내국물품을 국제무역선이나 국제무역기로 운송하려는 자는 대통령령으로 정하는 바에 따라 세관장에게 내국운송의 신고를 하여야 한다.
② 제1항에 따른 내국운송에 관하여는 제215조, 제216조, 제246조, 제247조 및 제250조를 준용한다.
③ 제1항 및 제2항에서 규정한 사항 외에 내국운송의 방법과 절차에 관하여 필요한 사항은 관세청장이 정하여 고시한다.

해 설

내국물품을 국제무역선, 국제무역기를 이용하여 동일한 관세영역 내에서 다른 장소로 운송하는 것을 '내국운송'이라 한다. 교토협약에서는 내국운송을 연안운송(Carriage of Goods coastwise)로 규정하고 있는데 내국물품은 원칙적으로 국제무역선(기)에 적재되어 외국물품과 혼재되어 운송할 수 없으나 상호구별이 가능하고 필요한 요건이 충족되는 경우에는 동일선박(비행기)에서 내외국물품을 동시에 운송할 수 있도록 되어 있다.[4] 국제무역선에는 외국물품이 적재되어 있기 때문에 내국물품이라도 국제무역선을 이용하여 운송하게 되면 세관의 통제대상이 된다. 국제무역선에 내국물품을 실으려면 전환을 하여야 하나, 이 절차를 거치지 아니하고 내국운송 신고하면, 수입물품을 선상에서 통관 후 바로 국내 다른 항구로 운송할 수 있다. 내국운송의 신고는 보세운송의 신고내용을 준용한다. 신고의무를 위반하는 경우에는 200만원 이하의 과태료에 해당한다.

제2항에서 제215조(보세운송 보고), 제216조(보세운송 통로), 제246조(물품의 검사), 제247조(검사 장소), 제250조(신고의 취하 및 각하) 등 규정은 준용한다. 그러나 보세운송기간 경과시 징수, 보세운송의 담보 등 규정은 내국물품이므로 적용하지 아니한다.

제3항은 2024.12.31. 법 개정시 신설한 조항이다. 내국운송 대상·절차 등을 관세청장이 정할 수 있도록 위임 근거를 마련한 것이다.

---

4) Provided that the goods can be identified and other requirement will be met.

보세운송업자 등

제222조【보세운송업자등의 등록 및 보고】 ① 다음 각 호의 어느 하나에 해당하는 자(이하 "보세운송업자등"이라 한다)는 대통령령으로 정하는 바에 따라 관세청장이나 세관장에게 등록하여야 한다.

1. 보세운송업자
2. 보세화물을 취급하려는 자로서 다른 법령에 따라 화물운송의 주선을 업으로 하는 자(이하 "화물운송주선업자"라 한다)
3. 국제무역선·국제무역기 또는 국경출입차량에 물품을 하역하는 것을 업으로 하는 자
4. 국제무역선·국제무역기 또는 국경출입차량에 다음 각 목의 어느 하나에 해당하는 물품 등을 공급하는 것을 업으로 하는 자
   가. 선박용품
   나. 항공기용품
   다. 차량용품
   라. 선박·항공기 또는 철도차량 안에서 판매할 물품
   마. 용역
5. 국제항 안에 있는 보세구역에서 물품이나 용역을 제공하는 것을 업으로 하는 자
6. 국제무역선·국제무역기 또는 국경출입차량을 이용하여 상업서류나 그 밖의 견본품 등을 송달하는 것을 업으로 하는 자

② 제1항에 따른 등록의 기준·절차 등에 관하여 필요한 사항은 대통령령으로 정한다.

③ 관세청장이나 세관장은 이 법의 준수 여부를 확인하기 위하여 필요하다고 인정할 때에는 보세운송업자등에게 업무실적, 등록사항 변경, 업무에 종사하는 자의 성명이나 그 밖의 인적사항 등 그 영업에 관하여 보고를 하게 하거나 장부 또는 그 밖의 서류를 제출하도록 명할 수 있다. 이 경우 영업에 관한 보고 또는 서류제출에 필요한 사항은 관세청장이 정한다.

④ 관세청장이나 세관장은 화물운송주선업자에게 제225조 제2항에 따라 해당 업무에 관하여 보고하게 할 수 있다.

⑤ 제1항에 따른 등록의 유효기간은 3년으로 하며, 대통령령으로 정하는 바에 따라 갱신할 수 있다. 다만, 관세청장이나 세관장은 제255조의 7 제1항에 따른 안전관리 기준의 준수 정도 측정·평가 결과가 우수한 자가 등록을 갱신하는 경우에는 유효기간을 2년의 범위에서 연장하여 정할 수 있다.

해 설

'등록'은 일정한 사실이나 법률 관계를 행정청 등에 비치된 장부에 기재하는 것을 말한다. 세관에서 업체를 관리하기 위하여 일정한 업무를 하고자 하는 자는 세관에 등록절차를 거치도록 하고 있다.[5] 법적 용어는 아니지만 등록해야 할 업체에는 보세운송업자, 화물운송주선업자, 하역업자, 선(기)·차량용품공급업자, 물품공급업자, 상업서류송달업자(COB)가 있다. 취급물품으로서 차량용품에 관하여는 2006.12.30. 개정 관세법에서 이를 추가하여 등록대상에 포함시켰다.

제1호에서 운송업은 물건 또는 여객의 운송 및 통신의 전달을 목적으로 하는 영업을 말하며 보세운송업이 여기에 해당된다.

제2호에서 '다른 법령'은 물류정책기본법을 말한다. 2011.7.25. 개정 관세법에서 화물운송주선업자를 등록대상으로 추가하였다.[6] '운송주선업(Forwarding agency)'은 화물이 잘 운송되도록 준비·정리·조정해 주는 업무다. 운송주선업은 타인을 위하여 주선행위를 하는 점에 있어서는 위탁매매업과 같고, 물건의 매매 등에 대한 지리적 장애를 제거하는 점에서는 운송업과 같다. 최근에는 철도·자동차·선박·항공기 운송에 있어 창고 임대·운송용구 임대·중개업 등을 직접 경영하기도 한다.

제4호에서 2011.7.25. 개정 관세법에서 종전에 '물품이나 용역을 제공'에서 '물품 등을 공급'으로 문구를 개정하였다. 종전에는 선박 또는 항공기 내 판매용품 공급업은 선(기)용품 공급업에 포함되는 것으로 보아 선(기)용품 공급업으로 세관장에게 등록하고 있었으나 2002. 12.18. 법률 제6777호 개정을 통해 선(기)내 판매용품과 선용품은 별개의 물품이므로 해당물품 공급업자도 구분하여 등록하도록 하고 기존의 등록대상을 알기 쉽게 분리하였다.

제5호는 일반보세구역이 아니고, 국제항 안에 있는 보세구역임을 명시하고 있다. 종전 규정상 등록대상 지역을 보세구역을 총칭하고 있어 보세공장, 보세전시장, 보세건설장 등에서 물품 또는 용역을 공급하는 자도 등록하도록 하는 결과를 초래하는 등 불합리한 점이 있어 본래 입법취지에 맞도록 국제항 내 보세구역으로 제한하여 운영하도록 하였다. 또한 보세구역

5) 외국무역선 또는 외국무역기에 물품을 적재·하선하는 것을 업으로 하는 자에 대한 등록은 항내 질서유지 및 감시단속 등을 위한 것이므로 동 규정에 의하여 등록되지 아니한 자는 외국무역선(기)에 물품을 적재·하선하는 것을 업으로 할 수 없는 것이나, 무역거래계약 또는 해상운송계약에 의하여 해당 물품을 운송하는 외국무역선의 선원 및 시설 등에 의한 물품을 운송하는 외국무역선내 선원 및 시설 등에 의한 물품의 적재 또는 하선작업을 금지하고 있는 것은 아니므로 해당 선박의 선장 명의에 의한 작업신고가 가능하다(기획재정부 1979.12.12).

6) 운송주선업자는 운송업자 지정, 적재화물목록 작성 등 수출입물류에서 하는 역할이 큰 비중을 차지하고 있으나 동업자의 지시를 받는 운송업자나 해운사 등에 대하여는 등록제로 운영하는 것과는 달리 신고제로 운영하고 있어 밀수, 원산지 단속 등 업무의 어려움과 업체 간의 형평성을 유지하기 위하여 등록제로 전환하였다. 관련 고시로는 「화물운송주선업자의 등록 및 관리에 관한 고시」가 있다.

내에서 외국인에게만 제한하여 물품 또는 용역을 공급하도록 한 것은 영업을 제한하게 되고 현실적으로 내국인도 이용하고 있는 실정임을 반영하여 내·외국인 모두에게 물품과 용역을 공급하도록 하였다.

제6호에서 탁송품 운송업자의 용어 정의에 해당한다.

관세청고시로서 「COB화물 통관 사무 처리에 관한 고시」가 있다. 이 고시는 종전에는 외국무역기에 관하여만 규정하고 있었으나, 1998.12.28. 관세법 개정시 송달하는 운송수단의 종류에 외국무역선도 포함시켰다. 개성공단을 오고가는 견품송달업자의 등록에 관한 규정 미비로 신속한 통관서비스 제공에 어려움이 있어, 2006.12.30. 개정 관세법에서 등록대상 운송수단으로 국경출입차량을 포함시켰다.

제7호에서 구매대행업자 등록제도를 2019.12.31. 법 개정시 신설하였다.[7] 2024.12.31. 법 개정시 동 호를 삭제하였다. 구매대행업자가 자가사용물품을 수입하려는 화주의 요청에 따라 사이버몰 등으로부터 해당 수입물품의 구매를 대행하는 것을 업으로 하는 자이다.

등록의무를 위반하여 업무를 하는 경우에는 2천만원 이하 벌금 혹은 과실인 경우에는 300만원 이하의 벌금에 해당된다.

2018.2.13. 관세법 시행령 개정시 보세운송수단에 대한 관리를 강화하기 위하여 보세운송업자로 등록하는 경우 세관장에게 제출하는 신청서에 운송수단의 종류·명칭 및 관련 법령에 따라 등록한 번호를 추가로 기재하도록 규정하였다.

2021.2.17. 관세법 시행령 개정시 해외직구물품 구매대행업자에 대한 체계적인 관리·감독을 통해 국내 소비자 보호를 위하여, 구매대행업자를 등록업자에 추가하고 등록대상 범위를 신설하였다. 구매대행업자 중 「전자상거래 소비자보호법」에 따라 '통신판매업자'로 신고한 자로서 직전 연도 구매대행한 수입물품의 총 물품가격이 10억 원 이상인 자는 관세청장이나 세관장에게 등록해야 한다.

제2항은 등록절차에 관한 규정이다. 등록을 신청한 자가 법 제223조의 등록 요건을 갖추고서 보세운송, 국제운송 등에 필요한 운송수단 또는 설비를 갖추고 있는 경우, 일정금액 이상의 자본금 또는 예금을 보유한 경우, 법 및 법에 의한 세관장의 명령에 위반하여 관세범으로 조사 받고 있거나 기소 중에 있지 아니한 경우에는 해당 등록부에 필요한 사항을 기재하고 등록증을 교부한다. 등록의 유효기간은 3년으로 하되 갱신할 수 있다. 이 경우 유효기간을 갱신하고자 하는 자는 등록 갱신 신청서를 기간만료 30일 전까지 관할지 세관장에게 제출하여야 한다. 등록한 자는 등록사항에 변동이 있는 때에는 지체 없이 등록지를 관할하는 세관장에게 신고하여야 한다.

---

7) 2020.7.1. 이후 시행하며, 시행 당시 구매대행업을 하고 있는 자는 2022.6.30. 등록한 것으로 간주한다.

종전에는 등록요건과 절차에 관하여 관세청장이 정하도록 한 것을, 1993.12.31. 관세법 개정(법률 제4674호)시 대통령령에서 정하도록 하였다.

제3항은 업무보고에 관한 규정이다. 영업에 관하여 보고하게 하거나 장부 기타 서류를 제출하게 할 수 있다. 영업보고에 관한 사항은 보세화물 등 관리에 필요한 최소한의 자료에 한정된다고 할 수 있다. 보세운송업자 등의 보고의무 위반의 경우에는 200만원 이하의 과태료에 해당한다. 2018.12.31. 법 개정시 포괄적이고 추상적으로 규정된 보세운송업자등에 대한 행정조사 요건을 '이 법의 준수 여부를 확인하기 위하여 필요하다고 인정할 때에는 보세운송업자등에게 업무실적, 등록사항 변경등'을 법문에 추가하여, 그 목적·대상·내용 등을 구체화한 것이다. 행정조사기본법 제4조 제1항에 따라 조사대상자의 예측가능성 제고 및 행정기관의 조사권 남용 방지를 위해 행정조사의 목적·대상·내용 등을 법령 등에 구체적으로 명시 필요할 필요가 있어 포괄적·추상적으로 규정된 경우에 해당되어 개정하였다.[8] 2020.12.22.(법률 제17649호) 개정시 보세운송업자등의 보고 범위에 '업무에 종사하는 자의 성명이나 그 밖의 인적사항'을 추가하였다.

제4항은 2011.7.25. 새로 추가된 화물운송주선업자에 관한 규정이며, 법 제225조 제2항은 화물운송주선업자의 업무 보고에 관한 사항이다.

제5항은 보세운송업자 등의 등록 유효기간을 3년으로 하되 안전관리 기준의 준수 정도 측정·평가 결과가 우수한 보세운송업자 등이 갱신등록하는 경우에는 해당 등록의 유효기간을 2년 범위에서 연장하여 최장 5년까지 할 수 있다.

【대법원 2022.4.14, 2021도2046】 수입식품 등 인터넷 구매 대행업 영업등록을 하고 대행업을 영위하는 이상 구 수입식품법 제20조 제1항에 따라 수입신고를 하여야 하고, 해외 판매자로부터 국내 소비자에게 직접 배송되었거나 수입 통관절차에 국내 소비자의 '개인통관고유부호'가 사용되었더라도 위 대행업에 해당하는 이상 수입신고가 필요하다.

제223조 【보세운송업자등의 등록요건】 보세운송업자등은 다음 각 호의 요건을 갖춘 자이어야 한다.
1. 제175조 각 호의 어느 하나에 해당하지 아니할 것
2. 항만운송사업법 등 관련 법령에 따른 면허·허가·지정 등을 받거나 등록을 하였을 것
3. 관세 및 국세의 체납이 없을 것
4. 보세운송업자등의 등록이 취소(제175조 제1호부터 제3호까지의 어느 하나에 해당하여 등록이 취소된 경우는 제외한다)된 후 2년이 지났을 것

---

8) ① 보세운송업자등 행정조사(보고) 등(제222조), ② 수출입안전관리우수공인업체 행정조사(제255의 2), ③ 몰수품 등 수탁판매기관 행정조사(제326조), ④ 국가관세종합정보시스템 운영사업자 행정조사(제327조의 2), ⑤ 전자문서중계사업자 행정조사(제327조의 3) 등이 동일한 취지로 개정하였다.

해 설

등록요건을 종전에는 대통령령으로 정하였으나 국민의 권리, 의무에 관한 사항이므로 2000년 개정 관세법에서는 법에서 규정하게 되었다. 등록기준은 법 제222조에 따라 대통령령으로 정한다.

제1호에서 법 제175조는 특허보세구역 운영인의 결격사유에 관한 조항이다.

제2호에서 보면 관련 법령에 의한 면허 · 허가 · 지정 등을 받거나 등록을 하는 것에는 공항 등 보세구역 안에서 부가가치세의 환급업무(global refund)를 담당하는 자에 대한 세무서장의 지정 등 각종 형태의 영업행위에 대한 면허 등이 포함된다.

제4호는 보세운송업자의 등록을 할 수 있는 경과 규정으로 미성년자, 피성년후견인과 피한정후견인, 파산선고를 받고 복권되지 아니한 자는 등록 취소된 후 2년이 경과하더라도 등록요건에서 제외된다.

제223조의 2【보세운송업자등의 명의대여 등의 금지】 보세운송업자등은 다른 사람에게 자신의 성명 · 상호를 사용하여 보세운송업자등의 업무를 하게 하거나 그 등록증을 빌려주어서는 아니 된다.

해 설

본 조항은 보세사 및 보세운송업자 등의 명의대여 금지 규정이다. 2014.1.1. 관세법 개정시 보세화물의 관리를 강화하기 위하여 보세사 및 보세운송업자 등이 타인에게 자신의 성명 · 상호를 사용하여 업무를 하게 하거나 등록증을 대여하는 행위를 금지하도록 하여 신설하였다.

제224조【보세운송업자등의 행정제재】 ① 세관장은 관세청장이 정하는 바에 따라 보세운송업자등이 다음 각 호의 어느 하나에 해당하는 경우에는 등록의 취소, 6개월의 범위에서의 업무정지 또는 그 밖에 필요한 조치를 할 수 있다. 다만, 제1호 및 제2호에 해당하는 경우에는 등록을 취소하여야 한다.

1. 거짓이나 그 밖의 부정한 방법으로 등록을 한 경우
2. 제175조 각 호의 어느 하나에 해당하는 경우. 다만, 제175조 제8호에 해당하는 경우로서 같은 조 제2호 또는 제3호에 해당하는 사람을 임원으로 하는 법인이 3개월 이내에 해당 임원을 변경한 경우에는 그러하지 아니하다.
3. 항만운송사업법 등 관련 법령에 따라 면허 · 허가 · 지정 · 등록 등이 취소되거나 사업정지처분을 받은 경우
4. 보세운송업자등(그 임직원 및 사용인을 포함한다)이 보세운송업자등의 업무와 관련하여 이 법이나 이 법에 따른 명령을 위반한 경우

4의 2. 제223조의 2를 위반한 경우

5. 보세운송업자등(그 임직원 및 사용인을 포함한다)이 보세운송업자등의 업무와 관련하여 개별소비세법 제29조 제1항 또는 「교통 · 에너지 · 환경세법」 제25조 제1항에 따른 과태료를 부과받은 경우
② 세관장은 제1항에 따른 업무정지가 그 이용자에게 심한 불편을 주거나 공익을 해칠 우려가 있을 경우에는 보세운송업자등에게 업무정지처분을 갈음하여 해당 업무 유지에 따른 매출액의 100분의 3 이하의 과징금을 부과할 수 있다. 이 경우 매출액 산정, 과징금의 금액 및 과징금의 납부기한 등에 관하여 필요한 사항은 대통령령으로 정한다.
③ 제2항에 따른 과징금을 납부하여야 할 자가 납부기한까지 납부하지 아니한 경우 과징금의 징수에 관하여는 제26조를 준용한다.

해 설

등록취소의 요건은 종전에는 관세법 시행령에서 정하고 있었으나, 국민의 권리 · 의무에 관한 조항이므로 이를 2000년 개정 관세법에서 법으로 규정하였다.

등록의 취소의 경우와 영업의 정지 및 그 밖의 필요한 조치를 명시적으로 구분하고 있다. 이는 보세사와 마찬가지로 보세운송업자에 대하여도 행정제재 요건을 보완하여 제재를 신축성 있게 부과할 수 있도록 2003년 개정 관세법에서 새로 정한 것이다. 재제의 내용을 보면 취소 · 정지 · 기타 조치 등이 있다. 2023.12.31. 법 개정시 관세청장이 정하는 바에 따라 세관장이 조치할 수 있도록 근거를 명시적으로 정하였다.

위임입법의 한계를 규정한 헌법 제75조에 위반한다는 의견에 따라 2006.3.24. 개정 관세법에서는 종합보세기능 수행의 정지 기간을 6개월의 범위 내로 제한하였다. 2011.12.31. 개정 관세법에서 단서 조항을 추가하여 제1호 및 제2호의 경우는 반드시 등록을 취소하도록 정하고 있다.

법 제175조는 운영인의 결격사유에 관한 규정이다. 2018.12.31. 법 개정시 제2호 단서부분을 추가하여, 피성년후견인 · 피한정후견인 · 파산선고 후 미복권자 등을 임원으로 하는 법인이 3개월내 임원을 변경한 경우에는 업무의 정지 및 지정 취소 사유에서 제외하도록 하였다. 항만운송사업법은 항만운송에 관한 질서 확립 등을 목적으로 한다. 등록하지 아니하고 항만운송사업을 한 경우나 항만 운송사 관련 사업을 하는 경우에는 처벌 대상이 된다.

제4호는 종전 업무관련[9] 처벌을 받은 경우를 등록취소요건으로 하였으나 사법적인 처벌결과가 나온 후에야 등록취소를 할 수 있어 효율적인 행정제재가 되지 못하고 있는 현실을 감안하여 2002.12.18. 개정 관세법에서 신축적으로 행정제재를 하기 위해 개정하였다.

제5호는 해상면세유 부정유통에 대한 처벌의 실효성 부족 등으로 선박급유업자의 해상면세

9) 행정제재 대상이 되는 보세운송업자등의 위반행위의 범위가 법 제222조 규정에 의해 세관장에게 등록한 업무와 관련된 위반행위로 한정되는지 여부에 대한 질의와 관련 “업무”란 보세운송업자등의 등록 업무를 의미한다고 회신하였다(관세국경감시과, 2017.7.31).

유 부정유통사례가 지속적으로 발생하여, 이를 효과적으로 방지하기 위하여 선박급유업자가 포함된 보세운송업자등이 해상면세유 부정유통시 영업활동을 제한할 필요성이 있어, 2013. 1.1. 법 개정시(법률 11602호) 이를 신설하였다. 당시 「조세범 처벌법」 제4조 제4항에 따라 과태료라는 규정으로 신설되었고 동 내용은 선박급유업자가 해상면세유 부정유통시 판매 가액 및 취득가액의 3배 이하의 과태료를 부과한다는 내용이었다. 2018.12.31. 「조세범 처벌법」 개정시 형법의 특별법인 「조세범 처벌법」을 그 성격에 맞게 운영하기 위하여 세법상 의무 위반에 대한 형벌만 「조세범 처벌법」에 규정하고, 그 외 행정질서벌인 과태료와 몰취(沒取) 규정은 개별 세법으로 이관함에 따라 개별소비세법과 「교통·에너지·환경세법」 해당 과태료 부과 조문으로 변경하였다.

제2항과 제3항은 보세운송업자등의 업무정지처분에 갈음한 과징금을 부과하는 규정으로 법률 제12847호(2014.12.23) 개정을 통해 신설되었다. 이는 업무정지에 따른 이용자의 불편을 해소하기 위해 마련되었으며 업무정지 처분에 갈음한 과징금은 매출액의 3% 이하의 범위 내에서 부과하도록 하였다.

【대법원 2002.6.28, 2002두2468】 항만운송관련사업자에 대하여 사업의 정지처분을 하려면 항만운송사업자 또는 그 대표자가 관세법 제179조, 제180조 또는 제182조에 규정한 죄로 공소가 제기된 때, 즉 자연인인 사업자나 사업자가 법인인 경우에는 그 대표자가 위 관세법위반죄로 공소제기된 때에 한정된다.

【대법원 1989.12.12, 88누3499】 해상화물운송주선업은 해상운송사업법상의 선박운항사업이나 해운법상의 여객 또는 해상화물운송사업과는 그 면허 또는 등록의 기준을 달리할 뿐만 아니라 해상운송사업법상의 해상운송부대사업으로서 면허대상이던 것이 해운업법에서는 여객 또는 화물운송사업과 병렬적인 관계에 서면서도, 다만 등록대상으로 바뀌고 그 등록기준도 면허기준보다 훨씬 완화된 한편 면허 또는 등록 없이 해당 사업을 영위하는 경우에는 형사처벌을 받도록 되어 있는 점 등에 비추어 보면 관세법 시행규칙 제41조가 통관법인의 허가대상으로 삼고 있는 해상운송사업법에 의하여 면허를 받은 운송업이란 해상화물 등의 운송을 주된 업무로 하는 운송업만을 지칭할 뿐 해상화물운송주선업은 여기에 포함되지 아니한다

【대법원 1979.2.27, 78누460】 항만운송사업법에 따라 항만운송부대사업자에 대하여 허가청이 사업의 정지 또는 면허취소를 할 수 있는 것은 법인인 항만운송부대사업자가 관세법 제179조 내지 제182조의 규정에 의한 처벌을 받은 때에 한하고 종업원이 관세법위반행위를 하여 처벌을 받은 것만으로는 위의 처분을 할 수 없고, 위 취지에 반하여 항만청훈령은 효력이 없다.

제224조의 2【보세운송업자등의 등록의 효력상실】 다음 각 호의 어느 하나에 해당하면 제222조 제1항에 따른 보세운송업자등의 등록은 그 효력을 상실한다.

1. 보세운송업자등이 폐업한 경우
2. 보세운송업자등이 사망한 경우(법인인 경우에는 해산된 경우)
3. 제222조 제5항에 따른 등록의 유효기간이 만료된 경우
4. 제224조 제1항에 따라 등록이 취소된 경우

해 설

2017.12.19. 법 개정시 신설된 조문으로 보세운송업자 등 등록 효력상실 요건을 법제화 하였다. 기존 관세청 고시인 「보세운송에 관한 고시」에 있던 내용을 법 규정으로 한 것이다. 등록 효력을 갖추지 못한 보세운송업자 등의 업무행위 관리감독 강화를 위하여 '등록의 효력상실'을 상향 입법으로 할 필요성이 있었다. 등록의 효력상실 효과와 그 시점을 법률차원에서 명확하게 규정하여 등록이 유효하지 않은 업체의 업무행위에 처벌 등 제재를 적용할 수 있다. 참고로 법 제179조 특허보세구역 등록 효력상실 사유로 운영인이 특허보세구역을 운영하지 않게 된 경우, 해산 또는 사망, 특허기간 만료, 특허 취소된 경우 등을 규정하고 있다.

제225조 【보세화물 취급 선박회사 등의 신고 및 보고】 ① 보세화물을 취급하는 선박회사 또는 항공사(그 업무를 대행하는 자를 포함한다. 이하 같다)는 대통령령으로 정하는 바에 따라 세관장에게 신고하여야 한다. 신고인의 주소 등 대통령령으로 정하는 중요한 사항을 변경한 때에도 또한 같다.
② 세관장은 통관의 신속을 도모하고 보세화물의 관리절차를 간소화하기 위하여 필요하다고 인정할 때에는 대통령령으로 정하는 바에 따라 제1항에 따른 선박회사 또는 항공사로 하여금 해당 업무에 관하여 보고하게 할 수 있다.

해 설

우리나라는 지리적인 특성상 보세화물은 선박이나 항공기로 대부분 반입이 된다. 본 조는 보세화물 운송주선에 관한 규정이기는 하나 육로운송에 해당하는 운송주선업에 그 의미의 비중이 많아서 실질적인 통제가 없었다. 그러나 2011.7.25. 개정 관세법에서 법 제222조에 화물운송주선업자에 대하여 신고제에서 등록제로 변경하였고, 운송수단을 항공기와 선박에 한정함으로써 선박회사, 항공사, 선박회사와 항공사 업무 대행하는 자(에이전트)에게 신고의무를 부여하고 있다. 보세화물을 취급한다는 것은 직접 보세화물을 운송하거나 보관하는 것을 말한다.

2006.3.24. 개정 관세법에서 화물운송주선업자에 대한 관리를 강화를 목적으로 후단을 신설하여 신고제에서 등록제로 전환한 바 있다. 시행령에는 신고인의 주소 또는 성명, 상호 영업장소, 등록사항의 변경이 있는 경우 그 변경 사항 신고에 관하여 규정하고 있다. 신고하지 아니하고 보세화물을 취급하는 것은 2천만원 이하 벌금 혹은 과실인 경우에는 300만원 이하

벌금에 해당된다.

제2항은 업무보고에 관한 규정이다. 화물운송주선업자는 법 제222조에 규정되고 대신에 삭제된 제3항의 선박회사나 항공사가 본 조의 업무 보고가 된 것이다.

업무에 관한 보고의무를 위반하는 경우에는 200만원 이하의 과태료에 해당한다.

제9장

통 관

외국물품을 내국물품화하고 내국물품을 외국물품화하기 위한 신고, 검사, 심사, 신고처리 등과 같은 절차가 있는데, 세관에서 이러한 절차를 통관이라고 의미하며, 화주 입장에서는 물품을 하역하고 창고에 보관하여 세관에 신고처리절차가 끝나기까지를 통관이라 할 수 있다. 결국 통관(Customs clearance)은 관세법의 규정에 의한 절차를 이행하여 물품을 수출, 수입 또는 반송하는 것으로 요약할 수 있다.

본장에서는 협의의 통관인 세관에서 통관에 관하여 규정하고 있다. 신고는 물품 내용에 관하여 수입자가 그 내용을 과세관청에 알리는 것을 말하며, 검사는 이러한 신고에 따라 신고내용과 물품이 일치하는지 여부를 확인하는 과정이다. 심사는 신고내용이 정확한 것인지를 확인하는 과정이며, 이러한 과정을 거쳐서 신고에 대하여 이를 받아들이는 것이 신고처리다.

통관에는 수출통관 · 수입통관 · 반송통관이 있다. 수출통관은 업체 지원을 위해 행정 규제가 거의 배제되어 있고, 반송통관은 그 성격상 국내에 영향이 없으므로 수입통관이 통관의 대명사라 해도 과언이 아니다. 그러나 향후에는 수출통관 분야도 중요성을 간과하여서는 아니 된다. 최근에는 부정수출(전략물품, 도난차량, 대외지급수단, 짝퉁물품 등)로 인한 국내외의 관심이 높아지고 있고, 수출물품에 대한 세관의 직접적인 통제가 더 필요하다는 것이 일반적인 견해다.

수입통관만 강조하고 수출을 경시할 때에 균형 있는 통관제도의 발전을 기대하기 어렵고 제도의 효율성도 낮다. 수입통관제도에서 걸러지지 못한 물품들이 수출통관제도에서 다시 걸러지는 시스템을 구축하여야 한다. 예를 들면 수입 짝퉁물품을 단속하지만 수출 짝퉁물품을 단속하지 아니한다면 통관제도의 효율성이 낮다는 것이다. 금괴의 밀수입 많던 때도 있었지만 최근에는 경제상황의 변화로 금괴의 밀수출이 빈번하게 사건화된 경우도 있다.

이 장의 내용은 대부분 수입통관에 관한 규정이다. 수입통관은 수입하고자 하는 자가 우리나라에 수입될 물품을 선적한 선박(항공기)가 ① 출항하기 전, ② 입항하기 전, ③ 입항 후 물품이 보세구역에 도착하기 전, ④ 보세구역에 장치한 후를 대상으로 이 중 하나를 선택하여 세관장에게 수입신고 하고, 세관장은 수입신고가 관세법 및 기타 법령에 따라 적법하고 정당하게 이루어진 경우에 이를 신고수리하고 신고인에게 수입신고필증을 교부하여 수입물품이 반출될 수 있도록 하는 일련의 과정을 말한다.

앞으로 P/L수입신고제도, 자동수입신고수리제도 등을 확대하여 시행하게 되면 규제 위주의 수입통관제도는 크게 간소화 될 것이나 어느 나라에서나 물품이 반출입되는 관문에서 통제를 가하려는 추세는 줄어들지 아니할 것이다. 본장은 우리나라 수입통관제도의 기본적 성격을 규정하고 있다.

제1절은 통칙으로서 통관요건 · 원산지 결정 · 통관의 제한 · 통관의 예외적용, 통관 후 유통이력 관리에 관한 규정이다.

제2절은 수출·수입 및 반송으로서 신고, 신고한 물품에 대한 검사·신고 처리·통관절차의 특례에 관한 규정이다.

제3절은 우편물로서 통관우체국·우편물 검사·납세절차·우편물의 반송에 관한 규정이다.

통 칙

1. 제1관 통관 요건

제226조【허가·승인 등의 증명 및 확인】 ① 수출입을 할 때 법령에서 정하는 바에 따라 허가·승인·표시 또는 그 밖의 조건을 갖출 필요가 있는 물품은 세관장에게 그 허가·승인·표시 또는 그 밖의 조건을 갖춘 것임을 증명하여야 한다.
② 통관을 할 때 제1항의 구비조건에 대한 세관장의 확인이 필요한 수출입물품에 대하여는 다른 법령에도 불구하고 그 물품과 확인방법, 확인절차, 그 밖에 필요한 사항을 대통령령으로 정하는 바에 따라 미리 공고하여야 한다.
③ 제1항에 따른 증명에 관하여는 제245조 제2항을 준용한다.

해 설

허가 등 구비조건 증명, 확인 방법공고, 관세사의 서류 확인에 관한 규정이다. 수출입시 법령이 정하는 허가·승인·표시·기타 조건을 구비해야 통관할 수 있는 물품은 세관장에게 구비사실을 증명하여야 하며, 이 구비조건은 세관장의 확인대상물품 및 확인방법으로 고시되고 있다. 통관절차를 진행할 때에 이러한 구비조건을 증명하지 못하면 통관 보류할 수 있다. 수출입과 관련된 법령은 「마약류 관리에 관한 법률」, 「양곡 관리법」 등이 있으며, 2018.4.19. 현재 수입의 경우 35개 법령, 수출의 경우 11개 법령이 있다.[1]

'반송'은 국내에 도착한 외국물품이 수입통관절차를 거치지 아니하고 다시 외국으로 반출되는 것을 말하므로 이러한 구비요건과는 무관하다고 할 수 있다. 물품에 대한 관리는 국가의 관문에서 하는 것이 가장 효과적인 방법이므로 어느 나라든지 정도의 차이는 있지만 세관통관 과정에서 물품에 대해 통제하고 있다.

'표시'에는 원산지표시, 품질 표시 등이 있다. 표시제도는 소비자를 보호하고 공정한 거래질서를 확립하기 위해 도입된 것이다. 소비자가 수입물품을 구매할 때에는 그 제품에 대하여 정확한 내용을 확인하고 구매할 수 있도록 수입자에게 표시의무를 부여한다. 표시에 관한 내용은 1993.12.31. 관세법 개정(법률 제4674호)시 신설된 사항이다.

---

1) 수입, 수출에 중복 해당되는 법령이 10개이다.

제2항은 확인 방법공고로서 통합공고에 관련된 규정이다. 확인방법은 물품을 수출·수입하는 화주가 그 내용을 사전에 알아야 하므로, 확인이 필요한 물품을 관세청장이 일괄하여 고시한다. 따라서 다른 법령에 확인하도록 규정하고 있으나, 관세청장이 주무부장관의 요청을 받아 세관장 확인대상물품 및 확인방법을 공고하지 아니하면 구비조건의 확인사항에 해당되지 아니한다. 허가·승인·표시 기타 조건의 구비를 요하는 물품에 대하여 관세청장은 주무부장관의 요청을 받아 세관공무원에 의하여 확인이 가능한 사항인지 여부, 물품의 특성 기타 수출입물품의 통관여건 등을 고려하여 세관장의 확인대상물품 및 확인방법을 공고하여야 한다.[2)]

2006.3.24. 개정 관세법에서는 확인방법 이외에 확인절차 등을 미리 공고하도록 규정하였다. 관세청장은 주무부처의 장과 협의하여 허가·승인·표시 그 밖에 조건의 구비를 위한 신청 등에 대하여 관세청장이 지정하는 정보통신망을 이용하도록 할 수 있고 공고할 때에 정보통신망의 이용절차, 방법 등을 공고하여야 하도록 규정하였다.

제3항은 서류생략의 준용에 관한 규정이다. 세관장 확인서류를 관세사가 미리 확인한 경우에는, 그 서류 제출을 생략할 수 있다. 관세사는 세관업무를 대행하는 역할을 한다. 예를 들면 수출신고 수리필증도 관세사가 세관을 대신하여 발급하기도 한다.

법 제245조 제2항은 신고시 제출할 서류를 관세사가 확인하는 경우에는 서류제출을 생략하거나 해당 서류를 수입신고수리 후에 제출하게 할 수 있다는 조항이다.

【조세심판원 2019.08.26, 2019관0022】 세관장 확인고시의 목적은 세관장 확인대상 수출입물품·확인방법·확인절차 등을 정하기 위한 것에 불과하고, 법적인 품목분류는 관세법 별표 관세율표 및 「관세율표 해석에 관한 통칙」에 따라야 하므로 세관장 확인고시를 과세관청의 공적인 견해표명으로 보기 어렵다(대법원 2014.2.27. 2011두17493).

【대법원 2007.5.31, 2005도1074】「관세법 제226조의 규정에 의한 세관장 확인물품 및 확인방법 지정고시」는 허가·승인·표시 기타 조건의 구비를 요하는 물품에 대하여 주무부장관의 확인 요청이 있는지 여부, 세관공무원에 의하여 확인이 가능한 사항인지 여부, 물품의 특성 기타 수출입 물품의 통관여건 등을 고려하여 그 확인대상 물품 및 확인방법이 정해지는 것이므로, 위 지정고시에 수출 자동차의 등록말소 사실을 확인대상으로 규정하고 있지 않다는 점만으로 등록말소 절차를 거치지 아니하고 자동차를 수출하는 행위를 관세법 제270조 제3항 위반죄로 처벌할 수 없다고 볼 수는 없다.

제227조【의무 이행의 요구 및 조사】 ① 세관장은 다른 법령에 따라 수입 후 특정한 용도로 사용하여야 하는 등의 의무가 부가되어 있는 물품에 대하여는 문서로써 해당 의무를 이행할 것을 요구할 수 있다.

2) 현재 관세청 고시인「세관장확인물품 및 확인방법 지정고시」로 운영하고 있다.

② 제1항에 따라 의무의 이행을 요구받은 자는 대통령령으로 정하는 특별한 사유가 없으면 해당 물품에 대하여 부가된 의무를 이행하여야 한다.
③ 세관장은 제1항에 따라 의무의 이행을 요구받은 자의 이행 여부를 확인하기 위하여 필요한 경우 세관공무원으로 하여금 조사하게 할 수 있다. 이 경우 제240조의 3을 준용한다.

해 설

「수입통관 사무 처리에 관한 고시」에는 대외무역법상 원산지표시에 관한 내용을 의무이행 요구대상으로 정하고 있다. 용도세율 적용은 관세법에 의해서 세관장 승인을 얻어 적용하고 사후관리를 하나, 관세법상 의무이행 요구에서는 제외된다.

의무이행 요구는 신고서 보완요구와는 다르다. 신고서 보완요구는 신고된 서류가 신고수리하기에 부적합하여 추가로 서류제출을 요구하는 것이나, 의무이행 요구는 신고수리요건을 갖추었으므로 신고수리하고, 수리 후에 해당 의무이행 사실을 확보하는 것이다. 또한 의무이행 요구는 관세법 이외 법령에 근거를 두고 있는 것이다. 예를 들면, 대외무역법에 따라 수입한 후 수입물품을 소매용으로 포장하여 판매할 때에 포장박스에 원산지표시를 하도록 의무를 부여하는 것이다. 수입신고필증 등 세관기재란에 특정용도에 사용하는 등 조건을 붙여서 신고수리한 경우, 이때의 기재내용은 본 조의 의무이행의 요구에는 해당하지 아니한다. 문서로써 의무를 요구하는 것은 처분 내용의 명확성을 확보하고 처분의 존부나 내용에 관한 다툼을 방지하기 위한 것이다.[3] 헌재결정례(헌법재판소 2013.2.28, 2012헌마427)에 따르면 수입신고필증의 세관기재란을 통한 의무이행 요구 역시 문서를 통하여 이루어진 것으로 볼 수 있다고 한다. 세관장의 의무이행 요구를 이행하지 아니 하는 것은 2천만원 이하 벌금 혹은 과실인 경우에는 300만원 이하의 벌금에 해당된다.[4]

제2항은 의무이행에 관한 규정이다. 법령이 정하는 허가 · 승인 · 추천 기타조건을 구비하여 의무이행이 필요하지 아니하게 된 경우, 법령 개정 등으로 의무이행이 해제된 경우, 관계 행정기관장의 요청 등으로 부가된 의무를 이행할 수 없는 사유가 있다고 인정된 경우로서 세관장의 승인을 얻어야 의무면제를 받을 수 있다.

제3항은 2021.12.31. 법 개정시 세관직원의 의무 이행 여부를 확인하기 위한 조사 권한 근거를 마련하였다.

---

3) 대법원 2010.2.11. 선고 2009두18035 판결 참조.
4) 법 제276조 허위신고죄 등에 해당되는 벌칙이다. 여러 건의 위반사례가 있는 경우 이를 포괄일죄로 할 것인지 여부에 대하여는 논란이 있다. 참고로 1개 또는 수개의 행위가 수개의 구성요건을 충족하지만 구성요건 상호간의 관계에 따라 1개의 구성요건만 적용하게 되는 것을 법조경합, 하나하나가 독자적으로 구성요건을 충족하는 수개의 행위가 포괄하여 일죄를 구성하는 것을 포괄일죄라 하며, 실질상 수죄이지만 일죄로 처벌하는데 불과한 일죄와 구분된다.

【헌법재판소 2013.2.28, 2012헌마427 전원재판부】 1. 죄형법정주의의 명확성원칙 위배 여부 : 이 사건 처벌조항은 구체적으로 '어떤 법령에 의한 어떤 의무'가 세관장의 의무이행 요구의 대상이 되는지에 관하여 열거하고 있지 않다. 그러나 복잡·다양한 통관업무와 관련하여 국민에게 부과할 의무를 일일이 나열한다는 것은 입법기술상 현저히 곤란하므로, 이러한 경우 다소 광범위하고 포괄적인 개념을 사용하는 것은 부득이하다. 구 관세법 제227조가 통관요건과 관련된 규정이고, 세관장의 의무이행 요구 대상으로 '수입 후 특정한 용도에의 사용 의무'를 예시하고 있으므로, 이 사건 처벌조항과 관련하여 세관장의 의무이행 요구가 가능한 의무는 '수출입 통관과 관련하여 관세법 이외의 다른 법률과 법규명령에서 규정한 의무'라고 충분히 합리적으로 해석할 수 있다. 여기에 더하여 세관장의 의무이행 요구라는 적절한 고지절차를 거쳐 처벌의 범위가 한정되는 점 등을 종합하여 보면 이 사건 처벌조항에 의해 금지되는 행위가 무엇인지 충분히 예측할 수 있으므로, 이 사건 처벌조항은 죄형법정주의의 명확성 원칙에 위반되지 아니한다.

2. 포괄위임입법금지원칙 위배 여부 : 포괄위임입법금지원칙이 적용되기 위하여는 법률조항이 구성요건 중 일정한 사항을 하위법령에 위임하였을 것이 요구된다. 그런데 이 사건 처벌조항의 범죄구성요건은 법률에서 하위법령에 위임하는 입법형식이 아니라, 그 자체로 완성된 구성요건을 구비하고 있는 것이고, 다만 그 법령의 적용과 관련하여 다른 법령을 전제로 하고 있는 것에 지나지 않으므로, 이 사건 처벌조항은 포괄위임입법금지원칙에 위배되지 아니한다.

3. 의무조항의 위헌 내지 위법 여부의회유보원칙 위배 여부 : 수출입 물품 원산지표시제도에서 파생된 이 사건 통지의무로 인하여 청구인의 영업의 자유 내지 일반적 행동자유권 등 기본권이 제한을 받게 되지만, 원산지표시제도와 관련하여 국회가 직접 결정할 내용은 제도의 전체적인 기준 및 개요로서 충분하다. 또 이 사건 통지의무는 그 제도의 전문적, 기술적인 사항에 불과하여 이를 입법자가 법률로써 규정하여야 할 본질적인 부분이라고 보기는 어려우며, 다양한 수출입 물품의 종류와 성질에 따라 어떠한 원산지표시방법을 채택할 것인지 등에 관한 구체적이고 세부적인 내용은 법률에서 직접 규정하기보다는 탄력적이고 기술적 대응을 위하여 하위법령에서 정하게 할 필요성이 인정된다. 따라서 이 사건 통지의무를 법률에서 직접 규정하지 아니하였다고 해서 기본권 제한의 본질적 사항에 관한 의회유보원칙에 위배된다고 볼 수 없다.

4. 의무조항의 위헌 내지 위법 여부위임범위 일탈 여부 : 구 대외무역법 제33조 제2항, 구 대외무역법 시행령 제56조, 구 대외무역관리규정 제78조 제3항의 단계적 위임 구조 및 공정한 거래질서 확립과 소비자 보호를 목적으로 하는 원산지표시제도 관련 법규의 입법목적과 수출입 물품의 다양성 및 그에 따른 통관업무의 복잡성 등을 종합하여 보면, 위 법률의 위임에 따라 위 대통령령과 고시에 규정될 내용은 세부적인 원산지표시방법의 기준 및 이를 위하여 수출입업자에게 부과할 의무 등이 될 것이라는 것을 충분히 예측할 수 있다. 나아가 수입업자가 구 대외무역법 제33조 제1항에 따라 원산지표시의무를 부담하는 이상 수입업자가 수입한 물품을 제3자에게 양도할 때 양수인에게 원산지표시의무를 준수할 것을 알릴 의무는 위 원산지표시의무를 벗어나는 새로운 의무라고 볼 수 없다. 따라서 이 사건 통지의무를 규정한 구 대외무역관리규정이 위임의 범위를 벗어난 것이라고 할 수 없다.

5. 통지의무 이행요구의 행정절차법 위반 여부 : 이 사건 의무이행 요구는, 세관장이 원산지표시대상 물품으로서 수입신고수리 후 재포장되는 물품, 분할포장되는 물품, 단순가공을 거치거나 다른

물품과 결합되는 물품을 수입하는 자에게 수입통관 후 일률적으로 부과하는 것이고, 이러한 의무이행 요구의 이유가 원산지표시제도의 실효성을 강화하려는 것임을 당사자로서 명백히 알 수 있는 경우에 해당하므로, 행정절차법 제23조 제1항 제2호에 따라 처분의 이유를 제시할 의무가 면제된다고 봄이 상당하다. 행정절차법 제24조 제1항의 문서가 오로지 해당 처분을 명하는 목적의 문서이어야만 한다고 볼 수 없고, 수입신고필증의 세관기재란을 통한 의무이행 요구 역시 문서를 통하여 이루어진 것으로 볼 수 있다. 의무이행 요구의 단순·반복적 성질 및 상대방이 그 처분의 이유를 명백히 알 수 있었을 것으로 보이는 점, 수입신고필증을 교부받게 되는 수입신고인은 수입화주 또는 관세사로서 필요한 경우 세관 담당자에게 연락하는 것이 어렵지 않았을 것으로 보이는 점 등을 종합적으로 고려하여 보면, 수입신고필증에 담당자의 연락처가 기재되어 있지 않은 흠이 있다는 이유만으로 이 사건 의무이행 요구에 따르지 않은 행위를 처벌할 수 없다고 보기는 어렵다. * 청구인이 원산지 미표시 중국산 반제품 연필을 수입하여 판매함에 있어 수입신고한 물품에 대하여는 양수인에게 원산지표시 의무를 준수하도록 서면통지하라는 세관장의 의무이행 요구를 받았음에도 과실로 이를 이행하지 아니하여 기소유예처분을 받자 그 근거가 되는 처벌조항 등이 헌법에 위반된다고 주장하여 청구한 사건으로, 처벌 조항들의 위헌 여부를 검토한 사안이다.

제228조【통관표지】세관장은 관세 보전을 위하여 필요하다고 인정할 때에는 대통령령으로 정하는 바에 따라 수입하는 물품에 통관표지를 첨부할 것을 명할 수 있다.

해 설

통관표지는 물품이 합법적으로 통관된 물품인지를 나타내는 증표로서 관세보전을 위해 첨부한다. 관세감면, 용도세율 적용물품, 분할납부승인 물품, 부정수입물품을 구별하기 위하여 통관표지 대상으로 한다. 「수입통관 사무 처리에 관한 고시」에서 통관표지 첨부대상, 통관표지의 종류, 첨부방법, 통관표지의 관리에 관하여 규정하고 있다.

2. 제2관 원산지의 확인 등

제229조【원산지 확인 기준】① 이 법, 조약, 협정 등에 따른 관세의 부과·징수, 수출입물품의 통관, 제233조 제3항의 확인요청에 따른 조사 등을 위하여 원산지를 확인할 때에는 다음 각 호의 어느 하나에 해당하는 나라를 원산지로 한다.

1. 해당 물품의 전부를 생산·가공·제조한 나라
2. 해당 물품이 2개국 이상에 걸쳐 생산·가공 또는 제조된 경우에는 그 물품의 본질적 특성을 부여하기에 충분한 정도의 실질적인 생산·가공·제조 과정이 최종적으로 수행된 나라

② 제1항 각 호를 적용할 물품의 범위, 구체적 확인 기준 등에 관하여 필요한 사항은 기획재정

부령으로 정한다.
③ 제1항과 제2항에도 불구하고 조약·협정 등의 시행을 위하여 원산지 확인 기준 등을 따로 정할 필요가 있을 때에는 기획재정부령으로 원산지 확인 기준 등을 따로 정한다.

해 설

원산지란 수출입 물품의 국적을 의미하는 것으로 해당 물품이 성장했거나 생산·제조·가공된 지역을 말하며 자본투자국, 디자인수행국, 기술제공국, 상표소유국과는 무관한 개념이다. 일반적으로 지역은 정치적 실체를 가진 국가를 의미하나 독립적 국가가 아닌 지역[5]도 교토협약 부속서 D.1에 따라 원산지가 될 수 있다. 상품을 실제로 제조한 국가가 어느 국가인가에 따라 국내소비자의 소비성향이 다르므로 소비자의 물품 선택권을 보호할 필요가 있다. 또한 FTA 체결로 국가별로 적용될 세율이 다양화 되어 원산지가 어느 국가인가를 확인하는 것이 중요시 되고 있다. 이러한 이유로 세관에서는 수출입통관 단계에서 물품에 대하여 정확하게 원산지를 표시하였는지를 확인한다.

원산지제도는 어떤 상품의 원산지가 어느 국가인지 판정하고 확인하고 표시하는 제도를 말한다. '원산지 판정'은 어떤 상품이 여러 국가를 거쳐 제조·가공된 경우 어느 국가를 원산지로 할 것인지 결정하는 기준과 판정절차 등을 규정하고 '원산지 확인'은 수입물품 제한, 원산지표시 위반물품 등을 단속하기 위하여 원산지 판정에 필요한 관계자료를 확인·제출받는 절차를 규정하며 '원산지 표시'는 판정된 원산지를 최종소비자에게 알리기 위한 것으로 해당물품에 알기 쉽고 견고하게 표시하도록 방법을 규정하고 있다.

요약하면, 원산지규정은 크게 원산지 결정기준과 원산지 확인기준으로 구분된다. 원산지 결정기준은 해당물품의 원산지 국가를 결정하는 실체적인 규정이며 원산지 확인기준은 해당물품의 원산지를 실제로 증명하고 검증하는데 필요한 절차적인 기준이다.

원산지에 관하여는 대외무역법에서 상세하게 규정하고 있다. 관세법은 수입물품 특혜와 관련된 원산지관리를 중심으로 다루고 대외무역법은 수출입물품의 원산지 관리 및 원산지 표시 방법 등의 비특혜 원산지규정을 다루고 있다. '특혜원산지'는 FTA 등 협정국 간 관세특혜를 부여하는 경우에 적용되는 것으로서 협정국 내에서 재배, 사육, 제조, 가공된 것을 확인하며, '비특혜원산지'는 관세혜택 등 특혜 없이 일반적으로 물품이 해당 나라에서 재배, 사육, 제조, 가공된 것을 확인한다.[6] 수출입 물품의 원산지를 판정하고 특혜 또는 비특혜의 어떤 무역조치

5) Hong Kong, Macao, Guam, Islans 등 독립된 관세영역이나 자치권을 행사하는 특별구역은 원산지가 될 수 있고, EU, NAFTA, ASEAN 등 지역·경제적 연합체 등은 원산지로 인정하지 않는다.
6) 비특혜(일반)원산지증명서를 발급받은 경우라도 FTA에 따른 관세혜택을 받을 수 없고, 특혜원산지증명서(FTA 원산지증명서 등)를 발급받은 경우라도 물품에 원산지표시를 못할 경우도 있다. 따라 물품에 원산지표시를 함

효과를 규정하는 각종 기준 및 절차를 정하기 위한 원산지 규정은 국제법규, 법률, 규정, 판례 및 행정 결정 등 제반 형태의 규정으로 존재한다.

비특혜(일반)원산지는 소비자에게 정보를 제공하고 생산자를 보호하며 공정한 거래질서 유지를 목적으로 하고 있으며 무역통계, 원산지표시, 정부조달, 반덤핑 · 상계관세, 세이프가드 수량제한, 쿼터 등 여러 가지 비특혜무역제도에 활용되며, 특혜원산지는 물품의 수입시 협상 체결국간 상호 양허한 관세율을 적용하기 위한 요건으로서의 원산지로 체결국간 정한 원산지 증명서를 근거로 특혜관세를 적용하며 일반적으로 최혜국대우의 관세율보다 낮은 관세율을 적용하여 교역증대를 도모하고 있다.

원산지 확인기준 적용 범위를 수출 등으로 확대하고 다자간 특혜무역협정에 따른 수출물품의 통관이나 우리나라에서 발급된 특혜원산지 증명서 등에 대해서 외국 정부의 조사 요청이 있으면 동 증명서의 정확성과 진위 여부 등을 판단하기 위하여 법적인 근거를 마련하기 위하여 2010.12.30. 법 개정(법률 제10424호)을 하였다.

대외무역법에는 원산지표시, 판정, 원산지증명서 제출, 판정에 대한 이의제기 등이 규정되어 있고, 이를 확보하기 위하여 벌칙 조항도 비교적 상세하게 규정하고 있다. 허위표시, 오인표시, 미표시, 손상표시, 부적정표시 여부에 대한 기준도 대외무역법령에서 규정하고 있으며, 원산지 표시에 관한 업무는 관세법과 함께 대외무역법에 따라 처리한다.[7]

관세청 고시로서 「원산지표시제도 운영에 관한 고시」가 있으며 동 고시에는 원산지 확인 서류와 절차, 원산지 표시와 이의제기, 원산지 위반 물품 처리 등에 관해 규정하고 있다. 법 제233조는 원산지증명서 등의 확인 요청 및 조사에 관한 규정이다.

제2항은 확인 기준 등에 관한 규정이다. 원산지 확인 기준을 살펴보면 해당 물품 전부를 생산 · 가공 · 제조한 나라, 2개 국가 이상에 걸쳐서 생산 · 가공 · 제조된 경우에는 본질적인 특성을 부여하는 생산 · 가공 · 제조과정을 최종적으로 수행한 나라가 원산지가 된다. '해당 물품 전부'를 생산 · 가공 · 제조한 것으로 보아 원산지를 인정하는 물품에는 해당국가의 영역에서 생산한 광산물과 식물성 생산물, 해당국가의 영역에서 번식 또는 사육한 산 동물과 이들로부터 채취한 물품, 해당국가의 영역에서의 수렵 · 어로로 채취 · 포획한 물품, 해당국의 선박에 의하여 채취 · 포획한 어획물 기타의 물품, 해당국가에서 제조 · 가공의 공정 중에 발생한 부스러기, 해당 국가 또는 해당 국가의 선박에서 위 물품을 원재료로 하여 제조 · 가공한 물

과 동시에 관세혜택을 받기 원할 경우 일반원산지증명서와 함께 특혜원산지증명서를 추가로 제출해야 한다.

7) 한 · 칠레 FTA 체결에 따라 원산지가 칠레인 경우 원산지에 관한 결정기준, 원산지 증명서 발급, 사전심사, 협정관세적용 제한 등 특례를 적용하며, 세부사항은 한 · 칠레 FTA 특례고시를 별도로 적용하여 운용하고 있다. 그리고 수출물품에 대한 아 · 태무역협정(APTA) 등의 특혜원산지기준 및 「원산지 증명 및 검증에 관한 규정」이 있고, 2010.12.30. 관세법 개정(법률 제10424호)시 특혜원산지 확인기준 적용 범위를 추가한 바 있다.

품이 있다. '2개국 이상에 걸쳐 생산·가공 또는 제조된 물품'의 원산지는 해당 물품의 생산과정에 사용되는 물품의 관세통계통합품목분류표상 6단위 품목번호가 다른 물품으로 최종적으로 생산되는 국가로 한다. 또한 관세청장은 6단위 품목번호 변경만으로 본질적 특성을 부여하기에 충분한 정도의 실질적인 생산과정을 거친 것이라고 인정하기 곤란한 품목[8]에 대해서는 주요공정·부가가치 등을 고려하여 품목별로 원산지기준을 따로 정할 수 있다.

원산지제도가 적용되는 물품은 형태에 따라 ① 수입품, ② 국내생산품, ③ 수출품 등 크게 3가지로 구분할 수 있는데, 그중 대외무역법은 ① 수입품, ② 수입원료를 사용한 국내생산품, ③ 수출품에 대한 표시 및 판정에 대해 규정하고 있다. 대외무역법상 일반원산지 판정의 핵심은 해당물품에 대하여 최종적으로 실질적 변형을 발생시킨 국가로서 그 기준으로 HS세번변경기준, 부가가치기준, 주요공정기준 등을 채택하고 있는데, 수입전 최종적으로 HS 6단위의 변경을 수행한 국가를 원산지로 하는 세번 변경을 원칙으로 하면서 일부 물품에 대해서는 부가가치와 주요공정기준을 적용하고 있다.

관세청장은 원산지 기준을 따로 정할 때는 기획재정부장관 및 해당 물품의 관계부처의 장과 협의하여야 한다. 운송 또는 보세구역장치 중에 있는 물품의 보존을 위하여 필요한 작업, 판매를 위한 물품의 포장개선 또는 상표표시등 상품성 향상을 위한 개수작업, 단순한 선별·구분·절단 또는 세척작업, 재포장 또는 단순한 조립작업, 물품의 특성이 변하지 아니하는 범위 안에서 원산지가 다른 물품과의 혼합 작업이 수행된 국가는 원산지로 인정하지 아니한다.

원산지를 확인함에 있어서 해당 물품이 원산지가 아닌 국가를 경유하지 아니하고 직접 우리나라에 운송·반입된 물품에 한하여 그 원산지로 인정한다. 다만, 지리적 또는 운송상의 이유로 원산지가 아닌 국가를 단순 경유하는 경우로서 원산지가 아닌 국가에서 환적 되었거나 일시적으로 장치된 경우, 박람회·전시회 기타 이에 준하는 행사에 전시하기 위하여 원산지가 아닌 국가로 수출되었던 물품으로서 해당 물품이 전시목적에 사용된 후 우리나라로 수출된 경우에는 해당 물품이 원산지가 아닌 국가의 보세구역에서 환적 되었거나 일시적으로 장치되었음이 인정되는 때에도 이를 우리나라에 직접 반입한 것으로 본다. 종전에 시행령에 규정하고 있던 본 조의 원산지 확인기준은 2000년 개정 관세법에 상향 규정하였다.

제3항은 조약 등에 의한 원산지 확인기준 등에 관한 규정이다. 자유무역협정 등에 의한 관세특혜의 부여와 관련하여 필요한 경우 별도로 원산지 확인기준 등을 정할 수 있도록 하기 위한 것이다.[9] 확인 기준 이외에 원산지증명서 제출, 확인 요청 등 절차를 규정하기 위하여 2011.

---

8) 예로서 운송 또는 보세구역장치 중에 있는 물품의 보존을 위하여 필요한 작업, 판매를 위한 물품의 포장개선 또는 상표표시 등 상품성 향상을 위한 개수작업, 단순한 선별·구분·절단 또는 세척작업, 물품의 특성이 변하지 아니하는 범위 안에서의 원산지가 다른 물품과의 혼합작업 등이 있다.

9) 「아시아·태평양 무역협정 원산지 확인 기준 등에 관한 규칙」(기획재정부령 제229호, 2011.8.4. 제정)이 있다.

12.31. 개정 관세법 제232조 제5항, 제233조 제4항에 명시적인 법적 근거를 규정하고 있다.

용어를 살펴보면 시행규칙에는 원산지 확인 기준과 관련하여 '원산지 결정 기준'으로 표현되어 있어, 본 조에 부과 · 징수를 위한 행위는 '확인'이라 할 수 있다. 그리고 원산지 표시를 결정할 때 '판정', 특혜부여 여부를 정할 때를 '결정' 등으로 표현하기도 한다.

【대법원 2014.2.13, 2011도10727】 [1] 관세법 제50조 제1항 별표 관세율표 중 '관세율표 통칙' 제2호 가목, 제241조 제1항, 관세법 제85조 제1항, 제276조 제1항 제4호, 관세법 시행령 제99조 제1항, 제246조 제1항 제3호, 제2항 제1호 · 제2호, 「품목분류 적용기준에 관한 고시」(2006.12.30. 관세청 고시 제2006-53호) 중 HS 관세율표 통칙 2의 (가) (Ⅰ), 대외무역법 제33조 제1항, 대외무역법 시행령 제55조 본문의 문언 내용과 체계 및 입법 취지 등을 고려하여 보면, 수입 단계에서 제시된 미완성 물품이 완성된 물품 자체는 아니라 하더라도 이미 완성된 물품의 '본질적 특성'을 지닌 물품으로 평가되는 경우에는 완성된 물품과 동일한 호에 분류하여야 하지만, 제시된 미완성 물품이 아직 완성된 물품의 본질적 특성을 갖추지 못한 상태에서 수입 후 국내에서의 가공과정을 통하여 그 물품의 세번과 상이한 세번인 완성된 물품이 생산되는 경우, 즉 '실질적 변형'을 일으키는 제조공정에 투입되는 부품으로서 실수요자가 직접 수입하는 경우에는, 미완성 물품은 완성된 물품이 아닌 부분품의 호에 분류되어야 하며 관련 규정에 따라 (원산지 표시 대상물품인 경우라 하더라도 그) 원산지 표시를 하지 아니할 수 있다고 보아야 한다. [2] 피고인들이 원산지 표시대상물품인 미완성 램프를 수입하면서 품명 및 원산지 표시 유무를 허위로 신고하였다고 하여 관세법 위반으로 기소된 사안에서, 미완성 램프가 완제품 램프와 동일한 품목번호에 분류될 수 없고 국내에서 가공공정을 통하여 실질적 변형이 일어난 것으로서 원산지 표시가 면제된다고 보아 무죄를 선고한 원심판단의 결론은 정당하다. [3] 피고인들이 미완성 램프를 수입한 후 국내 가공공정을 통하여 생산한 완제품 램프의 원산지를 국내산으로 기재하는 방법으로 원산지를 거짓으로 표시하거나 오인하게 하는 표시를 하였다고 하여 대외무역법 위반으로 기소된 사안에서, 완제품 램프의 총 제조원가 및 '수입원료'인 미완성 램프의 CIF(Cost, Insurance and Freight) 가격기준에 의한 수입원가를 산정하기에 적합한 객관적 · 합리적 증거에 기초하여 완제품 램프의 총 제조원가 중 '수입원료의 수입가격' 내지 이를 공제한 국내 제조원가의 비율을 산정하여야 함에도, 피고인들이 제출한 '제조원가표'의 기재에 근거하여 우리나라를 완제품 램프의 원산지로 볼 수 있다는 이유로 무죄를 선고한 원심판결에 대외무역관리규정 제86조 제2항 제1호 규정에 의한 '수입원료의 수입가격'의 적용범위에 관한 법리오해 등의 위법이 있다.

【대법원 2011.2.24, 2010도15724】 [1] '원산지제도 운영에 관한 고시'의 '부적정표시물품'이란 위 고시 규정에 따른 적정 원산지표시방법대로 원산지표시를 하기는 하였으나 이행의 방법이 부적절한 경우를 의미하는 반면, 위 고시 규정에 따른 적정 원산지표시방법대로 원산지표시를 하지 않은 경우는 위 고시 규정에서 달리 정하고 있는 경우를 제외하고는 '미표시물품'에 해당한다. [2] '원산지제도 운영에 관한 고시' 규정에 따라 중국산 자동차 브레이크디스크에 적용되는 적정 원산지표시방법은 현품에 원산지표시를 하는 것이고, 위 제품의 크기나 특성 등에 비추어 볼 때, 위 고시 규정에서 예외적으로 현품 자체가 아닌 운송 · 보관용 포장상자, 포장용기 등에 원산지표시를 할 수 있

는 '해당 물품의 특성상 현품에 원산지표시를 하는 것이 현실적으로 부적합하거나 상품가치를 현저히 손상시키거나 비용이 과다하게 드는 경우'에 해당한다고 볼 수 없으며, 위 제품이 제품별로 박스포장된 상태로 수입되었더라도 이를 밀봉되어 수입되는 경우로 볼 수도 없으므로, 위 제품의 현품에는 원산지표시를 하지 아니하고 개별포장박스에만 원산지표시를 한 피고인들의 행위는 '원산지표시 대상물품에 대하여 원산지표시를 하지 아니하는 행위'에 해당한다.

【대법원 2002.7.26, 2001도4245】 수입물품의 생산, 제조, 가공과정에 2 이상의 국가가 관련된 경우에는 최종적으로 실질적 변형을 행하여 그 물품의 본질적 특성을 부여하는 활동을 수행한 국가를 해당 물품의 원산지로 할 것인데 '실질적 변형'이라 함은 해당 국에서 제조, 가공과정을 통하여 원재료의 세번과 상이한 세번(HS 6단위 기준)의 제품을 생산하는 것을 말한다고 전제하고, HS해설서 등에 의할 때, 당초 중국에서 제조되어 북한으로 보내진 미완성 면타올은 위 분류에 의하면 테리타올지 직물로서 세번 HS5802에 해당하고 북한에서 이 미완성 면타올에 테두리 봉제작업을 함으로써 세번 HS6302에 해당하는 완제품이 된 결과, 세번의 변경을 가져오는 실질적 변형이 북한에서 이루어졌다고 볼 것이며, 한편 이러한 북한에서의 테두리 봉제작업은 산업자원부고시 대외무역관리규정 제6－3－1조 제7항 소정의 최소가공에도 해당하지 아니한다고 보아, 위 면타올의 원산지를 북한으로 정확히 표시하여 수입한 피고인들이 원산지를 허위로 표시하였다거나 관세율 등에 관한 허위신고를 한 것이라고 할 수 없다.

제230조【원산지 허위표시물품 등의 통관 제한】 세관장은 법령에 따라 원산지를 표시하여야 하는 물품이 다음 각 호의 어느 하나에 해당하는 경우에는 해당 물품의 통관을 허용하여서는 아니 된다. 다만, 그 위반사항이 경미한 경우에는 이를 보완·정정하도록 한 후 통관을 허용할 수 있다.
1. 원산지 표시가 법령에서 정하는 기준과 방법에 부합되지 아니하게 표시된 경우
2. 원산지 표시가 부정한 방법으로 사실과 다르게 표시된 경우
3. 원산지 표시가 되어 있지 아니한 경우

해 설

본조는 통관을 불허하는 원산지표시행위의 유형을 구체적으로 관세법상에 열거하고 이를 위반한 경우 관세법상 벌칙을 적용함으로써 원산지규정의 실질적인 집행을 강화하여 통관의 질서를 유지하는데 있다. 통관제한 대상이 되는 경우는 위 조문과 같이 원산지 표시가 법령에서 정하는 기준과 방법에 부합하지 아니하거나, 부정한 방법으로 사실과 다르게 표시한 경우, 원산지를 표시하지 아니한 경우가 있다. 원산지표시를 제대로 하지 아니한 경우에는 통관을 허용하지 아니하나, 경미한 경우로서 라벨을 붙이거나, 간단한 스크린인쇄 작업 등을 하는 것으로 흠을 치유할 수 있으면 보완·정정 작업 후 통관할 수 있다. 그러나 이에 대한 판단 기준은 매우 포괄적인 경향이 있다.

1996.12.30. 법 개정시 원산지 표시를 사위 기타 부정한 방법으로 사실과 다르게 표시한 경우만 통관을 허용하지 아니하던 것을, 원산지표시 단속업무를 효율적으로 하기 위하여 원산지표시가 기준과 방법에 부합하지 아니하거나, 표시가 아니 된 경우에도 통관을 허용하지 아니하도록 추가하였다. 세계경제가 블럭화됨에 따라 원산지 확인업무는 더욱 강화되고 있는 실정이다. 2009.8.1. 「원산지 표시 위반자에 대한 제재조치 운영지침」을 제정하여 시정 조치와 과징금을 병행 부과하고 수입신고된 상태의 물품이라도 원산지 위반된 경우에는 처벌하도록 강화하였다.

제230조의 2 【품질등 허위·오인 표시물품의 통관 제한】 세관장은 물품의 품질, 내용, 제조 방법, 용도, 수량(이하 이 조에서 "품질등"이라 한다)을 사실과 다르게 표시한 물품 또는 품질등을 오인(誤認)할 수 있도록 표시하거나 오인할 수 있는 표지를 붙인 물품으로서 「부정경쟁방지 및 영업비밀보호에 관한 법률」, 「식품 등의 표시·광고에 관한 법률」, 산업표준화법 등 품질등의 표시에 관한 법령을 위반한 물품에 대하여는 통관을 허용하여서는 아니 된다.

해 설

허위·오인 표시 물품에 대한 통관단계에서 세관의 단속 권한의 구체적인 근거 조항이다. 수출입물품 중에서 품질, 내용, 제조 방법, 용도, 수량 등에 관한 표시가 허위이거나 오인할 수 있도록 표시된 물품이 대상이다. 「식품 등의 표시·광고에 관한 법률」 등에서 위반물품에 대한 수출입을 금지하고, 지방자치단체에서 시중 단속 활동을 실시해 왔으며, 인력 부족 등으로 소비자 고발 등에 의존하여 단속 활동을 해 왔다.

2010.12.30. 법 개정(법률 제10424호)시 신설한 조항이다.

제231조 【환적물품 등에 대한 유치 등】 ① 세관장은 제141조에 따라 일시적으로 육지에 내려지거나 다른 운송수단으로 환적 또는 복합환적되는 외국물품 중 원산지를 우리나라로 허위 표시한 물품은 유치할 수 있다.

② 제1항에 따라 유치하는 외국물품은 세관장이 관리하는 장소에 보관하여야 한다. 다만, 세관장이 필요하다고 인정할 때에는 그러하지 아니하다.

③ 세관장은 제1항에 따라 외국물품을 유치할 때에는 그 사실을 그 물품의 화주나 그 위임을 받은 자에게 통지하여야 한다.

④ 세관장은 제3항에 따른 통지를 할 때에는 이행기간을 정하여 원산지 표시의 수정 등 필요한 조치를 명할 수 있다. 이 경우 지정한 이행기간 내에 명령을 이행하지 아니하면 매각한다는 뜻을 함께 통지하여야 한다.

⑤ 세관장은 제4항 전단에 따른 명령이 이행된 경우에는 제1항에 따른 물품의 유치를 즉시 해제하여야 한다.
⑥ 세관장은 제4항 전단에 따른 명령이 이행되지 아니한 경우에는 이를 매각할 수 있다. 이 경우 매각 방법 및 절차에 관하여는 제160조 제4항부터 제6항까지 및 제210조를 준용한다.

해 설

원산지 허위표시물품은 중계무역 물품이라도 유치할 수 있다. '중계무역'은 물품을 우리나라에 수입하지 아니하고 바로 제3국으로 반출하는 형태의 무역이다. 이 물품에 대하여 원산지 표시 적정여부를 따지는 것은 법 집행의 범위를 너무 확대하는 것이라는 의견도 있다. 그러나 우리나라 생산품이 아닌 것을 우리나라 원산지로 표시한 것은 우리나라의 국익을 해칠 수 있으므로 유치하는 것이 타당하다. 마약류에 대하여는 당연히 이를 단속할 수 있지만 일반상품에 대하여는, 모든 나라가 우리나라와 같은 유치 규정을 두고 있지는 않다. 미국, EU, 중국, 일본 등 주요교역국과 FTA협정이 시행되는 경우, 제3국 물품을 국내 반입 후 원상태로 수출하면서 원산지 세탁의 방법으로 한국산으로 원산지를 표시하여 제품의 신뢰도를 추락시킬 우려가 있어 제3국산 수출물품 검사시 원산지 표시 확인 업무를 강화해 나갈 필요가 있다.[10)]

중계무역 물품에 대한 물품검사나 단속을 강화하면 중계무역항으로서 우리나라 항구 역할이 위축되고, 다른 나라 항구로 중계 기지를 옮기게 되는 원인을 제공할 수 있으므로 운영상 득실을 따져 보아야 할 문제다. 종전에는 선박화물에 한정하여 이 제도를 운영하였으나 2007. 12.31. 법 개정시 모든 운송수단으로 확대하고 '복합환적'하는 경우도 그 대상에 포함하였다.

제2항은 보관 장소에 관한 규정이다. 법 제206조 유치물품 보관 장소와 같다. 세관장이 관리하는 장소로는 지정장치장, 별도 장소 등을 생각할 수 있다.

제3항은 통지에 관한 규정이다. 물품을 유치한 때에는 세관장은 화주 · 수입자에게 통지할 의무가 있다. 체화물품의 반출통고는 운영인이 하지만 이 경우는 세관장이 통지한다. 이적되는 물품을 원산지허위표시로 유치한 경우에는 화주가 국내에 없는 경우가 대부분이므로, 세관에서 이를 외국의 화주에게 통보하여야 한다. 우리나라에 수입되지 아니한 물품 화주는 외국에 있으므로 법에서 정하는 화주나 그 위임을 받은 자는 명확하게 밝혀질 수 없는 경우가 많다.

제4항은 매각통지에 관한 규정이다. 물품을 유치한 후 뒤따르는 조치내용을 규정한 것이다. 원산지 표시의 수정 등 필요한 조치를 명할 수 있고, 이행 기간 이내에 이행하지 아니하면 매각한다는 뜻을 함께 통지하여야 한다. 제5항에서 보면 매각통지에 의한 명령을 이행한 경우

---

10) 수출물품은 원산지 표시대상이 아니나 원산지를 허위표시하여 수출하면 대외무역법 위반으로 처벌될 수 있다. 우리나라 원산지 표시대상물품은 「대외무역관리규정」상 HS 4단위 671개 품목의 수입물품만 표시대상이며 수출물품은 표시대상이 아니다.

에는 즉시 유치를 해제하여야 한다. 제6항은 매각방법에 관한 규정이다. 원산지 표시를 위반한 경우에는 매각하거나 폐기할 수 있다. 그러나 실무적으로는 화주나 위임받은 자가 불명확한 경우에는 매각하기는 매우 어렵다고 할 수 있다. 법 제160조 제4항 내지 제6항은 장치물품 폐기, 통고, 비용부담에 관한 규정이며, 법 제210조는 장치기간 경과물품에 대한 매각에 관한 규정이다.

환적물품에까지 통관보류하거나 유치하는 등 통제의 범위를 적극적으로 넓혔다. 종전에는 지식재산권 보호 대상이 되는 상표권 또는 저작권을 침해한 환적물품에 대하여는 유치는 할 수 있으나 매각하거나 폐기하는 절차는 적용할 수 없고 권리보유자가 통보받은 날부터 10일 이내에 법원에 손해배상을 청구하지 아니한 때에는 물품 유치를 해제하도록 규정하였으나 2010.12.30. 법 개정시 이러한 내용을 삭제하였다.

제232조 【원산지증명서 등】 ① 이 법, 조약, 협정 등에 따라 원산지 확인이 필요한 물품을 수입하는 자는 해당 물품의 원산지를 증명하는 서류(이하 "원산지증명서"라 한다)를 제출하여야 한다. 다만, 대통령령으로 정하는 물품의 경우에는 그러하지 아니하다.
② 세관장은 제1항에 따라 원산지 확인이 필요한 물품을 수입하는 자가 원산지증명서를 제출하지 아니하는 경우에는 이 법, 조약, 협정 등에 따른 관세율을 적용할 때 일반특혜관세·국제협력관세 또는 편익관세를 배제하는 등 관세의 편익을 적용하지 아니할 수 있다.
③ 세관장은 원산지 확인이 필요한 물품을 수입한 자로 하여금 제1항에 따라 제출받은 원산지증명서의 내용을 확인하기 위하여 필요한 자료(이하 "원산지증명서확인자료"라 한다)를 제출하게 할 수 있다. 이 경우 원산지 확인이 필요한 물품을 수입한 자가 정당한 사유 없이 원산지증명서확인자료를 제출하지 아니할 때에는 세관장은 수입신고시 제출받은 원산지증명서의 내용을 인정하지 아니할 수 있다.
④ 세관장은 제3항에 따라 원산지증명서확인자료를 제출한 자가 정당한 사유를 제시하여 그 자료를 공개하지 아니할 것을 요청한 경우에는 그 제출인의 명시적 동의 없이는 해당 자료를 공개하여서는 아니 된다.
⑤ 제1항부터 제4항까지의 규정에도 불구하고 조약·협정 등의 시행을 위하여 원산지증명서 제출 등에 관한 사항을 따로 정할 필요가 있을 때에는 기획재정부령으로 정한다.

해 설

원산지증명서류의 대외신인도를 제고하기 위해 우리나라의 수출물품에 대한 원산지증명서류를 발급하는 절차를 규정하고 있다. 원산지 확인서류로서 원산지증명서와 원산지증명서 확인자료에 관해 정하고 있다. 원산지증명서(Certificate of Origin)는 수출물품이 재배·사육·제조 또는 가공된 원산지 국가를 증명하는 문서이다.

이 법 · 조약 · 협정 등에 의하여 다른 국가의 생산물품에 적용되는 세율보다 낮은 세율을 적용 받고자 하는 자로서 원산지확인이 필요한 경우, 관세청장이 원산지확인이 필요하다고 인정하는 경우에는 원산지증명서를 제출하여야 한다. 원산지증명서는 발급권자가 발급한 것이고 물품에 대한 권한이 있는 자가 기재하는 등 기본조건을 충족해야 하고, 수입신고일부터 1년 이내 발행한 것이어야 한다.

제1항에서 대통령령에 정한 물품은 세관장이 물품의 종류 · 성질 · 형상 또는 상표 · 생산국명 · 제조자 등에 의하여 원산지를 확인할 수 있는 물품, 우편물, 과세가격이 15만원 이하인 물품, 개인에게 무상 송부된 탁송품 · 별송품 또는 여행자의 휴대품, 기타 관세청장이 관계행정기관의 장과 협의하여 인정하는 물품은 원산지를 확인하지 아니한다. 이 내용은 교토협약 부속서의 내용을 반영한 것이다.

제2항은 관세편익 배제에 관한 규정이다. 관세편익을 받고자 하는 경우와 관세청장이 정한 경우에 원산지증명서를 제출하여야 한다. 관세청장이 정한 경우란 관세청장이 원산지 표시 대상 물품을 별도로 정하여 수입할 때에 원산지를 표시하도록 한 것이다. 원산지증명서를 제출하지 아니하면 일반특혜관세, 편익관세, 국제협력관세 적용, 기타 편익을 적용하지 아니하도록 규정하고 있다. 종전에는 대통령령에서 정하고 있었으나 2000년 개정 관세법에서는 법에 규정하였다.

제3항은 원산지증명서 확인자료 불인정에 관한 규정이다. 원산지증명서 확인자료는 원산지증명서만으로 원산지를 인정하기가 어려운 경우에 이를 확인하기 위한 자료다. 본 항은 세관장의 자료요구권을 규정하고 있으며, 수입한 자가 정당한 사유 없이 자료를 제출하지 아니하면 해당 원산지증명서를 인정하지 아니할 수 있다. 기본통칙에 정보기술협정(ITA)에 의하여 WTO 양허세율을 적용 받는 물품의 원산지 확인은 수입신고서상의 원산국 기재사항 확인만으로 원산지 증명서를 받는 것으로 한다. 구체적으로 필요한 자료는 선적자료나 운송, 매매계약, 제조 내용 등에 관한 것이 있을 수 있다.

제4항은 자료 비공개에 관한 규정이다.

제5항은 아태무역협정(APTA)[11]에 적용되는 원산지증명서 제출 규정에 대하여 법에서 명확한 근거를 두기 위하여 2011.12.31. 개정 관세법에 추가하였다.

제232조의 2 【원산지증명서의 발급 등】 ① 이 법, 조약, 협정 등에 따라 관세를 양허받을 수 있는 물품의 수출자가 원산지증명서의 발급을 요청하는 경우에는 세관장이나 그 밖에 원산지증명서를 발급할 권한이 있는 기관은 그 수출자에게 원산지증명서를 발급하여야 한다.
② 세관장은 제1항에 따라 발급된 원산지증명서의 내용을 확인하기 위하여 필요하다고 인정되

11) APTA협정(구방콕협정, 아시아 · 태평양무역협정)은 아시아 · 태평양경제사회위원회(ESCAP) 산하 개도국 간 특혜무역에 관한 협정으로 우리나라, 중국, 인도, 스리랑카, 방글라데시, 라오스 등 6개국이 회원국이다.

는 경우에는 다음 각 호의 자로 하여금 원산지증명서확인자료(대통령령으로 정하는 자료로 한정한다)를 제출하게 할 수 있다. 이 경우 자료의 제출기간은 20일 이상으로서 기획재정부령으로 정하는 기간 이내로 한다.

1. 원산지증명서를 발급받은 자
2. 원산지증명서를 발급한 자
3. 그 밖에 대통령령으로 정하는 자

③ 원산지증명서의 발급 요청 기한 및 발급 기관 등 원산지증명서의 발급에 필요한 사항은 기획재정부령으로 정한다.

해 설

특혜원산지증명서 발급의 근거 조항이다. 원산지증명서류의 대외확인제도는 교토협약 개별부속서 F(원산지) 제3장(원산지증명서류의 확인) 제3조 내지 제9조의 규정을 관세법에 반영한 것이다. 상기 부속서를 수락한 체약당사국의 관세당국은 자국의 영역 내에서 원산지증명서류가 작성된 체약당사국의 소관당국에 대해 그러한 증명에 대한 확인을 요청할 수 있다. 우리나라 수출물품에 대해 협정에서 양허관세를 적용 받을 수 있으면 수출자는 원산지증명서 발급을 요청한다. 이때 세관이나 상공회의소 등 발급 권한이 있는 기관은 원산지증명서를 발급하도록 강행 조항으로 규정하고 있다.

그리고 이러한 과정에서 필요한 경우 확인자료 등을 요구할 수 있도록 규정하고 있다. 이는 조사의 실효성을 확보하기 위한 자료 요구권의 근거이기도 하다.

2024.12.31. 법 개정시 제3항을 신설하여 원산지증명서의 발급에 필요한 사항은 기획재정부령으로 정하도록 명확화하였다.

제232조의 3【원산지확인위원회】(삭제)

해 설

2021.12.31. 법 개정시 원산지 관련 주요 쟁점이 감소하는 등 원산지확인위원회의 운영 필요성이 감소함에 따라 원산지확인위원회를 폐지하였다. 이와 함께 관련 고시인 「원산지표시제도 운영에 관한 고시」도 전면 개정 시행되었으며, 동 고시에 의하면 동 위원회 업무는 관세청 소관 부서에서 담당하도록 규정하고 있다.

제233조【원산지증명서 등의 확인요청 및 조사】 ① 세관장은 원산지증명서를 발급한 국가의 세관이나 그 밖에 발급권한이 있는 기관(이하 이 조에서 "외국세관등" 이라 한다)에 제232조 제1항 및 제3항에 따라 제출된 원산지증명서 및 원산지증명서확인자료의 진위 여부, 정확성 등의 확인을 요청할 수 있다. 이 경우 세관장의 확인요청은 해당 물품의 수입신고가 수리된 이후에 하여야 하며, 세관장은 확인을 요청한 사실 및 회신 내용과 그에 따른 결정 내용을 수입자에게 통보하여야 한다.

② 제1항에 따라 세관장이 확인을 요청한 사항에 대하여 조약 또는 협정에서 다르게 규정한 경우를 제외하고 다음 각 호의 어느 하나에 해당하는 경우에는 일반특혜관세 · 국제협력관세 또는편익관세를 적용하지 아니할 수 있다. 이 경우 세관장은 제38조의 3 제6항 및 제39조 제2항에 따라 납부하여야 할 세액 또는 납부하여야 할 세액과 납부한 세액의 차액을 부과 · 징수하여야 한다.

1. 외국세관등이 기획재정부령으로 정한 기간 이내에 그 결과를 회신하지 아니한 경우
2. 세관장에게 신고한 원산지가 실제 원산지와 다른 것으로 확인된 경우
3. 외국세관등의 회신내용에 제229조에 따른 원산지증명서 및 원산지증명서확인자료를 확인하는 데 필요한 정보가 포함되지 아니한 경우

③ 세관장은 원산지증명서가 발급된 물품을 수입하는 국가의 권한 있는 기관으로부터 원산지증명서 및 원산지증명서확인자료의 진위 여부, 정확성 등의 확인을 요청받은 경우 등 필요하다고 인정되는 경우에는 다음 각 호의 어느 하나에 해당하는 자를 대상으로 서면조사 또는 현지조사를 할 수 있다.

1. 원산지증명서를 발급받은 자
2. 원산지증명서를 발급한 자
3. 수출물품의 생산자 또는 수출자

④ 제1항에 따른 확인요청 및 제3항에 따른 조사에 필요한 사항은 대통령령으로 정한다.

⑤ 제1항부터 제4항까지의 규정에도 불구하고 조약 · 협정 등의 시행을 위하여 원산지증명서 확인요청 및 조사 등에 관한 사항을 따로 정할 필요가 있을 때에는 기획재정부령으로 정한다.

해 설

원산지증명서 및 원산지증명서 확인 자료의 진위, 정확성을 확보하기 위해 조치할 수 있는 내용을 법적으로 정하고 있으며, 2000년 개정 관세법에서 새로 규정한 내용이다.

증명서를 제출하지 아니하면 관세의 편익을 적용하지 아니하므로 수입신고수리를 하여 일단 물품을 반출한 후에 확인을 요청하는 것은 합리적이라 할 수 있다. 왜냐하면 세액에 관련되는 경우는 수입신고수리 후에도 치유할 수 있기 때문이다.

원산지 확인이 필요한 물품을 수입하는 자는 수입신고 전에 관세청장에게 원산지의 '사전확인'을 요청할 수 있다. 원산지 사전확인 요청을 받은 때에는 요청을 받은 날부터 60일 이내에 원산지 확인서를 신청인에게 교부하여야 한다.

사전확인서에 따라서 관세 등을 경감하며 사전확인서의 내용을 변경할 수 있다. 원산지 확인을 요청한 사실 및 회신 내용과 그에 따른 결정 내용을 수입자에게 통보하는 내용은 「자유무역협정의 이행을 위한 관세법의 특례에 관한 법률」 제13조에 규정된 내용이며 2013.1.1. 법 개정시(법률 제11602호) 이를 본 법에도 반영하였다.

제2항은 원산지 확인요청에 대한 상대국의 미회신시 특혜관세 제한의 규정이다. 2014.1.1. 법 개정(제12159)시 원산지 검증의 실효성을 제고하기 위하여 세관장의 원산지확인요청에 상대국의 원산지증명서 발급기관이 회신하지 아니하거나 원산지확인에 필요한 정보를 제공하지 아니한 경우 일반특혜관세 · 국제협력관세 또는 편익관세의 적용을 제한할 수 있도록 하였다.

제3항에서 제1항은 상대국이 발급한 원산지증명서에 대한 진위 여부를 상대국의 기관에 확인 요청할 수 있는 근거 조항이고, 본 항은 우리나라에서 발급한 원산지증명서에 대해 상대국이 확인 요청하는 경우 세관장의 조사 실시 근거 조항이다. FTA 원산지검증을 담당하고 있는 세관 당국이 특혜원산지 조사를 담당하도록 규정한 것이다. 2018.12.31. 관세법 개정시 제3항 내용 중 '제232조의 2에 따라' 부분을 삭제하고 각 호의 내용을 삽입하였다. 원산지확인 및 조사대상 물품을 일반특혜 대상물품에서 비특혜 대상물품으로 확대하는 등 원산지조사대상을 모든 물품으로 확대하고 이에 따라 조사대상자도 이에 맞게 조정한 것이다. 이는 EU, 터키 등에서 우리나라 수출물품에 대한 비특혜 원산지증명서(C/O)[12]의 원산지 적정성에 대한 확인 요청이 지속 증가함에 따라 비특혜 원산지증명서에 대한 상대국으로부터 원산지 확인요청을 받은 경우 수출자에 대한 원산지조사 근거를 명확하게 할 필요성에 따라 개정하였다. 기존에는 비특혜 원산지증명서 발행여부 확인은 산업부고시에 따라 상공회의소에 수행하였고, 비특혜 원산지증명서에 대한 원산지 조사는 근거 규정 없이 사실상 관세청 범칙조사부서와 FTA 검증부서에서 원산지를 확인하고 있었다.

제4항에서는 구체적인 절차 제정에 관한 사항이다. 제2항과 제3항은 2010.12.30. 법 개정(법률 제10424호)시 신설한 조항이다.

제5항은 2011.12.31. 개정 관세법에서 아태무역협정(APTA)에 적용되는 원산지증명서 제출규정 등에 대하여 법적 근거를 마련하였다.

제233조의 2 【한국원산지정보원의 설립】 ① 정부는 이 법과 「자유무역협정의 이행을 위한 관세법의 특례에 관한 법률」 및 조약 · 협정 등에 따라 수출입물품의 원산지정보 수집 · 분석과 활용 및 검증 지원 등에 필요한 업무를 효율적으로 수행하기 위하여 한국원산지정보원(이하 "원산지정보원"이라 한다)을 설립한다.

12) 일반적으로 관세특혜가 아닌 반덤핑관세 부과대상 여부 판단, 원산지표시 적정성 확인을 위해 활용되는 C/O를 말한다.

② 원산지정보원은 법인으로 한다.
③ 정부는 원산지정보원의 운영 및 사업수행에 필요한 경비를 예산의 범위에서 출연하거나 보조할 수 있다.
④ 원산지정보원은 설립목적을 달성하기 위하여 다음 각 호의 사업을 수행한다.
1. 자유무역협정과 원산지 관련 제도 · 정책 · 활용 등에 관한 정보의 수집 · 분석 · 제공
2. 수출입물품의 원산지정보 관리를 위한 시스템의 구축 및 운영에 관한 사항
3. 원산지인증수출자 인증, 원산지검증 등의 지원에 관한 사항
4. 자유무역협정 및 원산지 관련 교육 · 전문인력양성에 필요한 사업
5. 자유무역협정과 원산지 관련 정부, 지방자치단체, 공공기관 등으로부터 위탁받은 사업
6. 그 밖에 제1호부터 제5호까지의 사업에 따른 부대사업 및 원산지정보원의 설립목적을 달성하는 데 필요한 사업
⑤ 원산지정보원에 대하여 이 법과 「공공기관의 운영에 관한 법률」에서 규정한 것 외에는 민법 중 재단법인에 관한 규정을 준용한다.
⑥ 이 법에 따른 원산지정보원이 아닌 자는 한국원산지정보원 또는 이와 유사한 명칭을 사용하지 못한다.
⑦ 관세청장은 원산지정보원의 업무를 지도 · 감독한다.

해 설

칠레, 아세안 등과 FTA 체결 확대, 아시아태평양무역협정(APTA) 등으로 원산지 확인 수요 및 특혜관세의 적용을 위한 원산지 확인 · 검증 수요가 해가 거듭할수록 증가하고 있다.

특히 한 · 미 FTA에서는 수출물품에 대한 엄격한 원산지 검증을 요구하고 있으며 한 · EU FTA 협상시 EU 측에서도 수출국의 원산지 검증 능력이 떨어지는 경우 특혜 관세 부여 일시 정지를 주장하는 사례가 있다. 이에 원산지 결정, 확인 또는 검증 역량의 향상을 위하여 원산지 관련 정보를 수집하여 D/B화 할 필요가 있고, 효율적 원산지 정보 수집 · 분석을 위해 생산 공정에 대한 기술적 지식 및 관리회계능력이 필요하며, 전문성 있는 기관과 협력도 필요한 실정이어서 2007.12.31. 법 개정(법률 제8833호)시 동 조를 신설하였다. 그리고 국가관세종합정보시스템 운영에 필요한 재원, 지식재산권 보호업무 수행에 필요한 경비 지원과 형평을 맞추기 위하여 2013.1.1. 법 개정(법률 제11602호)시 예산 지원에 관한 법 조항의 근거를 마련하였다.

2022.12.31. 법 개정시(2023.7.1. 시행) 한국원산지정보원[13] 설립을 법에 직접 규정하여 종전

13) 국제원산지정보원(2009.2.)은 원산지에 관한 전문정보기관으로 원산지 정보 수집, 분석을 통해 FTA에 자료 활용, 수출입업체를 지원하는 한편 원산지 관리를 위한 전산 프로그램을 개발 · 보급하고, 원산지 관리 기법 교육서비스 등을 제공하였다.

에 관세청장의 지정에 따라 운영되던 조직을 전면 개정하여 법제화하였다. 정보원의 설립 및 출연, 보조 근거를 마련하고, 종전에 명칭을 국제원산지정보원으로 하였으나 실제 국제적인 기구는 아니기에 혼란의 요소가 있어, 원산지 관련 전문기관으로서 기능과 역할을 안정적으로 수행할 수 있도록 명칭을 한국원산지정보원으로 개칭하였다. 그리고 업무 범위를 정하여 자유무역협정과 원산지 관련 제도 정책 활용 등에 관한 정보의 수집, 분석 등 정보원의 설립목적 달성을 위해 수행하여야 하는 사업으로 구체화하였다.

국가관세종합정보시스템 운영에 필요한 재원, 지식재산권 보호업무 수행에 필요한 경비 지원과 형평을 맞추기 위하여 2013.1.1. 법 개정(법률 제11602호)시 예산 지원에 관한 법 조항의 근거를 마련하였다.

2023.12.31. 법 개정시 한국원산지정보원의 약칭을 정보원으로 하던 것을 원산지정보원으로 개정하였다.

제233조의 3【원산지표시위반단속기관협의회】 ① 이 법, 「농수산물의 원산지 표시 등에 관한 법률」 및 대외무역법에 따른 원산지표시 위반 단속업무에 필요한 정보교류 등 대통령령으로 정하는 사항을 협의하기 위하여 관세청에 원산지표시위반단속기관협의회를 둔다.
② 제1항에 따른 원산지표시위반단속기관협의회의 구성·운영과 그 밖에 필요한 사항은 대통령령으로 정한다.

해 설

2014.1.1. 법 개정(법률 제12159호)시 원산지단속기관 간 단속업무에 필요한 정보의 교류 등을 통해 단속업무의 실효성을 제고하기 위해 신설되었다. 관세청의 단속범위는 원산지를 반드시 표시해야 하는 원산지표시대상 수입품의 통관단계와 시중 유통·판매단계의 단속이고, 수입원료를 국내에서 가공한 제품이나 국산은 제외된다. 국립농산물품질관리원은 농산물품질관리법에 근거해 농축산물 및 그 가공품, 식품의약품안전처는 식품위생법을 근거로 대중음식점 판매 쇠고기를, 시·도지사는 관련 법령을 모두 적용해 원산지표시 대상 모든 물품의 원산지 표시 위반을 단속하고 있다.

2021.12.31. 법 개정시 관세법에 따른 유통이력 신고의무, 신고의무자에 대한 조사와 과태료 부과 등에 관한 사항을 「농수산물의 원산지 표시 등에 관한 법률」에 일원화하여 규정함으로써 수입 농산물 및 농산물 가공품에 대한 부정유통 관리체계를 효율적으로 정비하였다.

3. 제3관 통관의 제한

제234조【수출입의 금지】 다음 각 호의 어느 하나에 해당하는 물품은 수출하거나 수입할 수 없다.
1. 헌법질서를 문란하게 하거나 공공의 안녕질서 또는 풍속을 해치는 서적·간행물·도화, 영화·음반·비디오물·조각물 또는 그 밖에 이에 준하는 물품
2. 정부의 기밀을 누설하거나 첩보활동에 사용되는 물품
3. 화폐·채권이나 그 밖의 유가증권의 위조품·변조품 또는 모조품

해 설

종전에는 수출입금지를 절대적 금지, 수출입제한을 상대적 금지라고도 하였으나, 현재 이러한 구분은 그 실익이 없다. 본조에 의한 금지물품을 일반적으로 수출입금지품이라 한다. 이러한 물품들은 수출이나 수입을 할 수 없다고 명문화하고 있으나 반송에 관하여는 언급이 없다.

관세법상 수출입 금지 사항 이외에 타 법에 의하여 수출입이 제한 혹은 금지되는 경우가 있지만 이는 관세법 제226조에 의하여 긴밀한 통제 과정을 거친다. 그러나 최근 대북 제재와 관련하여 UN 안보리 결의 2397호 적용 품목이 광범위하게 확대됨으로서 통관 관리상 주의를 요한다. 이를 위반하는 경우에는 대외무역법 제53조 등에 의한 처벌 대상이 된다.

제1호에서 헌법질서는 헌법에 명시된 국민주권주의, 자유민주주의, 국민의 기본권 보장, 법치주의 등을 의미하며 "헌법질서를 문란하게 한다"는 것은 헌법 또는 법률에 의한 정한 절차에 의하지 아니하고 헌법 또는 법률의 기능을 마비시키는 것과 헌법에 의하여 설치된 국가기관을 강압에 의하여 전복 또는 그 기능의 행사를 불가능하게 하는 것이다.

'공공의 안녕질서'는 공공의 질서가 바로 잡혀 편안한 상태를 말하는 것으로 공공의 안녕질서를 해친다 함은 사회의 평온을 해치고 질서를 어지럽게 하는 것을 말한다. 그러나 헌법재판소는 '공공의 안녕질서', '미풍양속'은 매우 추상적인 개념이어서 어떠한 행위가 과연 공공의 안녕질서를 해하는 것인지에 관한 판단은 사람마다 가치관, 윤리관 등에 따라 크게 다를 수밖에 없고 법집행자의 통상적 해석을 통하여 그 의미내용을 객관적으로 확정하기도 어려워 보이기도 한다고 결정(99헌마480)한 바 있다.

'풍속을 해친다'함은 건전한 성적 풍속 또는 성도덕을 침해하는 것으로서 그 음란성을 판단함에 있어서 그 시대의 건전한 사회통념에 따라 객관적으로 판단하되 그 사회의 평균인의 입장에서 문서 전체를 대상으로 하여 규범적으로 평가하여야 하고 어떤 물건이 음란한 물건에 해당하는지 여부는 행위자의 주관적 의도나 전시 등이 행하여진 상황에 관계없이 물건 자체

에 관하여 객관적으로 판단하여야 한다.[14] 대법원은 예술작품이라고 하더라도 성욕을 자극하여 흥분시키고 일반인의 정상적인 성적 정서와 선량한 사회풍속을 해칠 가능성이 있는 도서는 형법상 음란물에 해당하며 그 음란성의 존부는 작성자의 주관적 의도가 아니라 객관적으로 도서 자체에 의하여 판단한다고 판결(91도1550)하였다. 또한 헌법재판소는 전기통신사업법 제53조에서 규정한 '미풍양속'이란 용어는 모호성, 추상성, 포괄성 때문에 그 적용범위가 과도하게 광범위하고 불명확하므로 법치주의와 권력분립원칙 및 죄형법정주의에 위배되어 무효라 판결한 바 있다.[15]

제2호에서 '기밀'이란 외부에서 드러내서는 안 될 중요한 비밀을 말하는 것으로 본 죄의 취지는 정부의 기밀을 누설하는 물품의 수출입을 금지하여 국익에 해가 되는 것을 방지하는 데 있다. 국가의 기밀에는 군사상 비밀, 외교상 비밀, 국가안보상 기밀 등이 있으며 이러한 국가기밀의 누설은 형법, 국가보안법, 군사기밀보호법 등 관련 개별법에 의해 처벌을 받는데, 관세법은 특히 국가기밀을 누설하는 물품의 수출입을 처벌하는 것이다. 한편 '첩보'란 상대방의 정보나 형편을 몰래 알아내어 보고하는 행위 또는 그런 정보를 의미한다.

제3호에서 '위조'는 작성(발행)의 권한이 없는 자가 외형상 진정한 것처럼 작성하는 것이고 '변조'는 진정한 것 또는 진정하게 작성된 것에 권한이 없는 자가 동일성을 해치지 않는 범위 내에서 변경을 가하는 것이다. '모조'는 본떠서 만드는 것으로 진정한 것에 유사하지만 일반인의 통상의 주의력으로서는 진정한 것으로 오인하지 않을 정도로 작성한 것을 말한다.[16] 위조·변조품은 일반인이 진정한 것으로 오인할 정도의 외관을 갖추면 그것으로 충분하다.

'화폐'란 강제 통용력을 가진 것으로 내국화폐뿐만 아니라 외국의 화폐도 포함한다. 다만, 형법 제207조는 외국의 화폐를 내국에서 유통하는 외국의 통화와 외국에서 통용하는 외국통화로 정의하여 국내에서 강제 통용력이 부여되지 않았거나 사용이 금지된 외국통화라 하더라도 사실상 유통되면 이에 해당된다고 볼 수 있다. 화폐의 위조·변조는 진정한 통화에 대한 가공행위로 인하여 기존 통화의 명목가치나 실질가치가 변경되었다거나 객관적으로 보아 일

---

14) 대법원 2006.4.28. 선고 2003도4128 판결 ; 대법원 2003.5.16. 선고 2003도988 판결 ; 대법원 2004.2.26. 선고 2002도7166 판결 등 참조. 한편 서울고법 2008.11.25. 선고 2008누17143 판결에 의하면 사회통념상으로 그것을 보는 것 자체만으로도 성욕을 자극하거나 흥분시킬 수 있고 일반인의 정상적인 성적 수치심을 해치면 성적 도의관념에 반한다고 하지 않을 수 없다 하여 수입통관을 보류처분한 것이 적법한 처분이라고 판결하고 1심 판결을 취소한 바 있다(1심은 인천지방법원 2008.5.15. 판결). 이 건에 대하여, 대법원 최종심에서는 원고 패소 판결한 원심을 파기한바, 전체적으로 모습이 상당히 저속하고 문란한 느낌을 주는 것이 사실일지라도 이를 넘어서서 사람의 존엄성과 가치를 심각하게 훼손·왜곡했다고 평가할 수는 없다고 했다.

15) 헌재 2002.6.27. 선고 99헌마480 결정 참조.

16) '위조품'은 가짜상품을 말하고, '변조품'은 이미 만들어진 형태나 내용을 다르게 고치는 것이며, '모조품'은 본떠서 만든 물품을 말한다. '위조'는 사기의 목적으로 만드는 것이고 '모조'는 그러한 목적을 가지고 있지 아니한 것을 말한다.

반인으로 하여금 기존의 통화와 다른 진정한 화폐로 오인하게 할 정도로 새로운 물건을 만들어 낸 것을 의미한다.

'채권'이란 정부, 공공단체, 주식회사 등이 일반인으로부터 큰 규모의 자금을 일시에 조달하기 위하여 발행하는 차용증서이며 그에 따른 채권을 표창하는 유가증권이다. 유가증권은 재산적 가치를 가지는 사권(私權)을 표시하는 증권으로서 그 권리의 발행, 행사, 이전의 전부 또는 일부를 증권에 의해서만 행사할 수 있는 것을 말한다. 유가증권은 크게 화물상환증, 선하증권, 창고증권 등과 같이 권리의 이전과 행사에 증권 점유를 필요로 하는 것(상품증권), 어음·수표·은행권과 같이 권리의 발생에 관하여서도 증권의 발생을 필요로 하는 것(화폐증권), 공사채권·기명주권과 같은 권리의 이전에는 증권의 점유를 필요하지만 권리의 행사는 증권에 의해서가 아니라 주주명부의 기재에 의하여 행하여지는 것(자본증권) 등으로 구분할 수 있다.

관세법상 수출입금지물품 이외에도 해부학 교보재용 인체 표본에 대해서도 수입을 금지하고 있는바, 국제기구(WCO)에서는 인간의 존엄성 보호를 위해 사람의 사체(또는 일부 사체)를 품목분류 대상에서 제외하여 국제거래를 엄격히 제한하고 있으며 우리나라도 외국으로부터 무상기증을 받은 시신을 해부교육용으로 보건복지부장관의 추천을 받아 대학병원 등에서 수입하거나 장례목적으로 수입하는 경우를 제외하고는 수입을 금지하고 있다.[17)]

금지품수출입죄는 위법인식이 없더라도 금지품을 수출입한다는 사실인식만으로 범죄가 성립한다. 즉, 특정물품이 국헌을 문란하게 하는 도서 또는 화폐의 모조품임을 알면서 수입한다는 인식만 있으면 본조의 범의가 성립되는 것이며 그러한 물품을 수출입하는 것이 위법이라는 인식이 없더라도 법률의 착오(자기의 행위가 법령에 의하여 죄가 되지 아니하는 것으로 오인한 행위)에 정당한 사유가 없으면 처벌하는 것이고 정당한 이유가 있을 경우에는 처벌하지 않는다. 본조 물품을 수출하거나 수입하는 것은 10년 이하의 징역 또는 2천만원 이하 벌금에 해당된다.

【대법원 2021.11.25, 2021두46414】 원심으로서는 이 사건 물품의 형상, 재질, 기능, 용도, 이 사건 물품이 본뜬 인물의 외관과 신체에 대한 묘사 등을 확인하여 이 사건 물품이 16세 미만 미성년자의 신체 외관을 사실적으로 본뜬 성행위 도구에 해당하는지에 관하여 면밀히 심리한 다음, 이 사건 물품이 관세법 제237조 제3호, 제234조 제1호가 규정한 통관보류대상에 해당하는지 여부를 판단하였어야 한다.

【대법원 2012.1.27, 2011도15544】 원심은 이 사건 각 물품이 사회통념상 일반 보통인의 성욕을 자극하여 성적 흥분을 유발하고 정상적인 성적 수치심을 해하여 성적 도의관념에 반하는 것이라고 보기 어렵고, 그 모습이 사람의 존엄성과 가치를 심각하게 훼손·왜곡하였다고 평가할 수 있을 정도로 노골적인 방법에 의하여 성적부위를 적나라하게 표현 또는 묘사한 것이라고 단정할 수 없다는 이유로 이 사건 물품들이 풍속을 해치는 물품에 해당하지 않는다고 보아 피고인에게 무죄를 선

17) 관세청 통관기획과－5097, 2015.9.9.

고한 원심의 판단은 정당하고 수출금지 대상으로 정한 '풍속을 해치는' 물품에 관한 법리를 오해한 잘못이 없다.

【대법원 2007.7.13, 2007도3394】 관세법 제234조 제3호 유가증권이란 증권상에 표시된 재산상의 권리의 행사와 처분에 그 증권의 점유를 필요로 하는 것을 총칭하는 것으로서 재산권이 증권에 화체된다는 것과 그 권리의 행사와 처분에 증권의 점유를 필요로 한다는 두 가지 요소를 갖추면 족하지 반드시 유통성을 가질 필요는 없고, 또한 위 유가증권은 일반인이 진정한 것으로 오신할 정도의 형식과 외관을 갖추고 있으면 되는 것이다. 일본국 대장대신이 발행한 것으로 위조된 잔고확인증이 관세법 제234조 제3호의 채권 기타 유가증권의 위조품에 해당한다.

【대법원 2006.4.28, 2003도4128】 전기통신기본법(2001.1.16. 법률 제6360호로 개정되기 전의 것) 제48조의 2에서 규정하고 있는 '음란'이라 함은, 일반 보통인의 성욕을 자극하여 성적 흥분을 유발하고 정상적인 성적 수치심을 해하여 성적 도의관념에 반하는 것을 말하고, 표현물의 음란 여부를 판단함에 있어서는 해당 표현물의 성에 관한 노골적이고 상세한 묘사·서술의 정도와 그 수법, 묘사·서술이 그 표현물 전체에서 차지하는 비중, 거기에 표현된 사상 등과 묘사·서술의 관련성, 표현물의 구성이나 전개 또는 예술성·사상성 등에 의한 성적 자극의 완화 정도, 이들의 관점으로부터 해당 표현물을 전체로서 보았을 때 주로 그 표현물을 보는 사람들의 호색적 흥미를 돋우느냐의 여부 등 여러 점을 고려하여야 하며, 표현물 제작자의 주관적 의도가 아니라 그 사회의 평균인의 입장에서 그 시대의 건전한 사회 통념에 따라 객관적이고 규범적으로 평가하여야 한다.

【대법원 2004.5.14, 2003도3487 】 여러 종류의 관광용 기념상품으로 제조 판매되고 있는 미합중국 백만달러 지폐와 과거에 발행되어 은행사이에서 유통되다가 현재는 발행되지 않고 있으나 화폐수집가나 재벌들이 이를 보유하고 있는 미합중국 십만달러 지폐 등은 통용될 것이라고 오인할 수 있다하더라도 화폐에 해당되지 않는다.

【대법원 2003.5.16, 2003도988 】 [1] 음란한 물건이라 함은 성욕을 자극하거나 흥분 또는 만족케 하는 물건들로서 일반인의 정상적인 성적 수치심을 해치고 선량한 성적 도의관념에 반하는 것을 의미하며, 어떤 물건이 음란한 물건에 해당하는지 여부는 행위자의 주관적 의도나 반포, 전시 등이 행하여진 상황에 관계없이 그 물건 자체에 관하여 객관적으로 판단하여야 한다. [2] 남성용 자위기구인 모조여성성기가 음란한 물건에 해당한다.

【대법원 2003.1.10, 2003도3340】 스위스화폐로서 1998년까지 통용되었으나 현재는 통용되지 않고 다만 스위스은행에서 신권과의 교환만이 가능한 진폐인 구화폐는 내국에서 유통되는 외국의 화폐에 해당되지 아니한다.

【대법원 2002.1.11, 2000도3950 】 일본국의 500￥짜리 주화처럼 사용하기 위하여 한국은행 발행 500원짜리 주화의 표면 일부를 깍아내어 손상을 가한 경우 객관적으로 일반인들로 하여금 일본국의 500￥자리 주화로 오신케 할 정도로 새로운 화폐를 만들어낸 것으로 볼 수 없어 통화변조에 해당하지 않는다.

【헌법재판소 2002.6.27, 99헌마480 전원재판부】 표현의 자유를 규제하는 입법에 있어서 명확성의 원칙은 특별히 중요한 의미를 지닌다. 무엇이 금지되는 표현인지가 불명확한 경우에, 자신이 행하

고자 하는 표현이 규제의 대상이 아니라는 확신이 없는 기본권주체는 대체로 규제를 받을 것을 우려해서 표현행위를 스스로 억제하게 될 가능성이 높기 때문에 표현의 자유를 규제하는 법률은 규제되는 표현의 개념을 세밀하고 명확하게 규정할 것이 헌법적으로 요구된다. 그런데, "공공의 안녕질서 또는 미풍양속을 해하는"이라는 불온통신의 개념은 너무나 불명확하고 애매하다. 여기서의 "공공의 안녕질서"는 위 헌법 제37조 제2항의 "국가의 안전보장 · 질서유지"와, "미풍양속"은 헌법 제21조 제4항의 "공중도덕이나 사회윤리"와 비교하여 볼 때 동어반복이라 해도 좋을 정도로 전혀 구체화되어 있지 아니하다. 이처럼, "공공의 안녕질서", "미풍양속"은 매우 추상적인 개념이어서 어떠한 표현행위가 과연 "공공의 안녕질서"나 "미풍양속"을 해하는 것인지, 아닌지에 관한 판단은 사람마다의 가치관, 윤리관에 따라 크게 달라질 수밖에 없고, 법집행자의 통상적 해석을 통하여 그 의미내용을 객관적으로 확정하기도 어렵다.

제234조의 2【마약류 등의 수출입 제한】 마약류, 「마약류 관리에 관한 법률」에 따른 원료물질 및 같은 법 제5조의 2에 따라 지정된 임시마약류는 같은 법에 따라 허가 또는 승인받은 경우를 제외하고 수출하거나 수입할 수 없다.

해 설

2024.12.31. 법 개정시 마약류 등에 대한 수출입 규제를 위하여 관세법에 명시적으로 규정하였다. 불법 마약류를 관세법상 수출입금지 품목으로 포함시켜 세관 자체에서 밀수사범으로 실질적 처벌 가능하도록 하였다.

제235조【지식재산권 등의 보호】 ① 다음 각 호의 어느 하나에 해당하는 지식재산권 등을 침해하는 물품은 수출하거나 수입할 수 없다.

1. 상표법에 따라 설정등록된 상표권
2. 저작권법에 따른 저작권과 저작인접권(이하 "저작권등"이라 한다)
3. 「식물신품종 보호법」에 따라 설정등록된 품종보호권
4. 「농수산물 품질관리법」에 따라 등록되거나 조약 · 협정 등에 따라 보호대상으로 지정된 지리적표시권 또는 지리적표시(이하 "지리적표시권등"이라 한다)
5. 특허법에 따라 설정등록된 특허권
6. 디자인보호법에 따라 설정등록된 디자인권
7. 「방위산업기술 보호법」에 따른 방위산업기술(이하 "방위산업기술"이라 한다)

해 설

'상표권'은 등록상표를 지정하여 특정상품에 독점적으로 사용할 수 있는 권리를 말하며,

'저작권'은 문학 · 학술 · 예술의 범위에 속하는 창작물에 대한 배타적 · 독점적 권리를 말한다. 2007.12.31. 법 개정(법률 제8833호)시 저작권에 대한 보호수준을 상표권과 동일한 수준으로 상향 조정하였다. 이전에는 일부 내용에 대하여 저작권의 경우 준용하는 방식으로 규정하였으나 저작권 침해 물품도 수출입금지를 명문화하고 세관신고, 침해물품 수출입사실통보, 직권통관보류를 도입하였다. 이 내용은 한 · 미 FTA 협상시 합의사항으로 법제화하여 전체 수입물품에 적용할 필요성이 있어 개정하게 되었다.

2009.4.22. 저작권법 개정(법률 제9625호)시 저작물 보호 등에 관한 저작권법과 컴퓨터프로그램저작물 보호 등에 관한 「컴퓨터프로그램 보호법」을 통합하고 온라인상의 불법 복제를 효과적으로 근절하기 위해 온라인서비스제공자 및 불법 복제 · 전송자에 대한 규제를 강화하였다.

2010.12.30. 법 개정(법률 제10424호)시 지식재산권 보호대상의 범위를 확대하였다. 종자산업법에 따른 품종보호권, 농산물품질관리법 또는 수산물품질관리법에 따른 지리적표시권, 특허법에 따른 특허권, 디자인보호법에 따른 디자인권을 추가하였다. 종전에는 상표권, 저작권, 저작인접권이 보호 대상이었으나 미국 EU, 일본 등 국가는 특허권, 상호, 반도체배치설계, 디자인, 식물신품종보호, 실용신안 등 다양한 지식재산권을 보호 대상으로 정하고 있다.

지식재산권은 산업재산권, 저작권, 신지식재산권으로 나눌 수 있다. 산업재산권은 기술적 창작의 보호를 목적으로 하며 상표권, 특허권, 실용신안권, 디자인권이 있고, 저작권은 창작 저작물에 대한 권리 보호를 목적으로 하며 저작권, 저작인접권이 있다. 컴퓨터프로그램보호권, 반도체배치설계에 대한 권리 등은 과학기술의 발전과 더불어 새로운 권리보호가 필요한 신지식재산권에 해당한다.

본 조는 지식재산권 보호에 관한 구체적 절차를 규정하고 있다. '지식재산권'은 지식재산 소유권의 대상이 되며, '지식재산 소유권'은 독창적인 기술이나 지식 등에 대하여 소유권을 인정하여, 남이 함부로 이용하지 못하게 할 수 있는 권리를 말한다.

지식재산권 침해여부를 판단하는 것은 전문적인 지식을 가져야 가능한 경우가 많기 때문에 침해여부를 확인하기 위하여 권리자가 세관에 전문 인력, 검사시설 등을 제공하게 할 수 있다.[18] 또한 통관된 물품에 대한 검사나 견본품의 채취를 요청하는 경우에는 해당 물품에 관한 영업상의 비밀보호 등 특별한 사유가 없는 한 이를 허용하여야 한다. 허위상표를 부착하여 수입한 경우 상표법 위반으로 세관공무원이 처벌 절차에 관한 직무를 수행한다.[19] 관세청 고시

---

18) 판례에 의하면 위조상품을 수입 판매하면서 진정상품의 병행수입에 해당하는 것으로 오인하였다고 하더라도 상표권 침해의 범의가 배제되지 아니한다. 여기에서 병행수입이란 외국에서 적법하게 판매된 물품을 구입하여 원 제조업자나 수입국 전용수입업자의 동의 없이 수입 · 판매하는 것을 말한다.

19) 「사법경찰관리의 직무를 행할 자와 그 직무범위에 관한 법률」 제6조 제14호에 의하면 세관공무원은 소속관서 관할 구역 안에서 발생하는 관세법 위반사범, 대외무역법 위반사례, 수출입물품의 통관과 관련된 지식재산권침해사범, 외국환거래법 등 지급수단 · 귀금속 또는 증권의 불법수출입사범, 수출입거래 및 이와 직접

로서 「지식재산권 보호를 위한 수출입 통관 사무처리에 관한 고시」가 있다.

대통령령에 상표권 침해 물품에 대한 규정을 적용하지 아니하는 예외 물품을 정하고 있다. 적용 배제 물품은 여행자휴대품 또는 우편물 등 상업적 목적이 아닌 개인용도에 사용하기 위하여 소량으로 수출입하는 물품이다. 기본통칙에 '상표권'이라 함은 상표법에 의하여 설정 등록을 필한 상표에 대한 권리를 말한다.[20] 2024.12.31. 법 개정시 조명을 '지식재산권 등'으로 개정하고 제7호 방위산업기술 보호에 관한 사항을 추가하였다.

② 관세청장은 제1항 각 호에 따른 지식재산권 등을 침해하는 물품을 효율적으로 단속하기 위하여 필요한 경우에는 해당 지식재산권 등을 관계 법령에 따라 등록 또는 설정등록한 자 등으로 하여금 해당 지식재산권 등에 관한 사항을 신고하게 할 수 있다.

③ 세관장은 다음 각 호의 어느 하나에 해당하는 물품이 제2항에 따라 신고된 지식재산권 등을 침해하였다고 인정될 때에는 그 지식재산권 등을 신고한 자에게 해당 물품의 수출입, 환적, 복합환적, 보세구역 반입, 보세운송, 제141조 제1호에 따른 일시양륙의 신고(이하 이 조에서 "수출입신고등"이라 한다) 또는 통관우체국 도착 사실을 통보하여야 한다. 이 경우 통보를 받은 자는 세관장에게 담보를 제공하고 해당 물품의 통관 보류나 유치를 요청할 수 있다.

1. 수출입신고된 물품
2. 환적 또는 복합환적 신고된 물품
3. 보세구역에 반입신고된 물품
4. 보세운송신고된 물품
5. 제141조 제1호에 따라 일시양륙이 신고된 물품
6. 통관우체국에 도착한 물품

해 설

제2항은 지식재산권 신고에 관한 규정이다. 관세청에 지식재산권을 등록하지 아니하여도, 해당 법에 의해 등록되어 있으면 수출·수입할 수 없으며, 효율적인 단속을 위하여 필요한 때에는 지식재산권에 관한 사항을 신고하게 할 수 있다. 지식재산권을 침해한 물품은 수출입신고등은 할 수 없다. 그러나 반송에 대하여는 명시적으로 규정하고 있지 아니 하다. 해당 법

관련되는 용역거래에 관한 외국환거래법 위반사범과 이러한 범죄에 대한 「범죄수익은닉의 규제 및 처벌 등에 관한 법률」 위반사범, 우리나라와 외국을 왕래하는 항공기 또는 선박이 입·출항하는 공항·항만과 보세구역 안에서 발생하는 마약·향정신성의약품 및 대마사범에 대하여 그 직무를 수행할 수 있다.

20) 지식재산권은 속지주의의 원칙이 적용된다. 관련 판례에 의하면 자국 내에서는 자국법이 적용되는 것이므로 한국의 상표법상 상표권침해로 인한 손해배상의 요건으로 손해의 발생을 요구하는 한 손해가 발생하여야 하며, 일본 내에서 고가로 팔리는 상표가 한국 내에서는 상표권등록만 되어있을 뿐 실제 제조 및 판매는 이루어지지 않는다는 점 때문에 영업상 손해를 인정하지 않는다.

에 따라 관할 부서에 등록하고, 이 등록사항을 관세청에 신고하고, 관세청에서는 이를 통관 담당 부서인 전국세관에 등록 자료로 작성·배포하여 통관 물품에 대한 지식재산권 위반 여부를 판단할 때 참고자료로 사용한다.

제3항은 수입사실 통보, 통관보류 요청에 관한 규정이다. 통관 보류요청시에는 통관의 보류를 요청하고자 하는 자는 신청서와 해당 법령에 의한 정당한 권리자임을 증명하는 서류를 세관장에게 제출하여야 한다. 지식재산권 침해 물품이 있는 경우 세관장은 수출입신고 등 사실을 통보해야 하는 의무가 있다.

2022.12.31. 법 개정시 통관우체국에 도착한 물품에 대하여도 통보 의무 사항으로 규정하였다.

1995.12.6. 관세법 개정(법률 제4982호)시 지식재산권 보호를 강화하기 위하여 상표권 침해가 인정되는 경우에 세관장은 상표권 신고자에게 통보하여 통관보류 요청을 할 수 있게 하였다. 그리고 2010.12.30. 법 개정(법률 제10424호)시 지재권 보호 대상 물품으로 종전에 '수출입신고' 물품으로 규정하였던 것을 통관 과정을 자세히 규정하여 '수출입, 환적, 복합환적, 보세구역 반입, 보세운송, 일시 양륙' 등으로 하였다. 이 규정에 따라서 통관 보류 내지는 유치 요청을 자유무역지역의 장치물품이나 보세운송 물품 등에 대하여도 할 수 있게 되었다.[21]

④ 제1항 각 호에 따른 지식재산권 등을 보호받으려는 자는 세관장에게 담보를 제공하고 해당 물품의 통관 보류나 유치를 요청할 수 있다.

⑤ 제3항 또는 제4항에 따른 요청을 받은 세관장은 특별한 사유가 없으면 해당 물품의 통관을 보류하거나 유치하여야 한다. 다만, 수출입신고등을 한 자 또는 제3항 제6호에 해당하는 물품의 화주가 담보를 제공하고 통관 또는 유치 해제를 요청하는 경우에는 다음 각 호의 물품을 제외하고는 해당 물품의 통관을 허용하거나 유치를 해제할 수 있다.

1. 위조하거나 유사한 상표를 붙여 제1항 제1호에 따른 상표권을 침해하는 물품
2. 불법복제된 물품으로서 저작권등을 침해하는 물품
3. 같거나 유사한 품종명칭을 사용하여 제1항 제3호에 따른 품종보호권을 침해하는 물품
4. 위조하거나 유사한 지리적표시를 사용하여 지리적표시권등을 침해하는 물품
5. 특허로 설정등록된 발명을 사용하여 제1항 제5호에 따른 특허권을 침해하는 물품
6. 같거나 유사한 디자인을 사용하여 제1항 제6호에 따른 디자인권을 침해하는 물품
7. 다음 각 목의 어느 하나에 해당하는 방위산업기술이 사용된 물품
   가. 부정한 방법으로 취득한 방위산업기술
   나. 가목에 해당하는 방위산업기술임을 알고 취득한 방위산업기술

21) USTR이 2009년부터 미국의 지재권 감시대상국(Watch List)에서 우리나라를 제외하였다. 국내에서 환적되는 지재권 침해물품의 사전 반입차단을 통해 국가신인도 향상의 계기가 될 것으로 전망된다.

⑥ 제2항부터 제5항까지의 규정에 따른 지식재산권 등에 관한 신고, 담보 제공, 통관의 보류·허용 및 유치·유치해제 등에 필요한 사항은 대통령령으로 정한다.
⑦ 세관장은 제3항 각 호에 따른 물품이 제1항 각 호의 어느 하나에 해당하는 지식재산권 등을 침해하였음이 명백한 경우에는 대통령령으로 정하는 바에 따라 직권으로 해당 물품의 통관을 보류하거나 해당 물품을 유치할 수 있다. 이 경우 세관장은 해당 물품의 수출입신고등을 한 자 또는 제3항 제6호에 해당하는 물품의 화주에게 그 사실을 즉시 통보하여야 한다.

해 설

제4항에서 통관 보류는 통관대상 물품 일반에 대한 통관절차의 보류를 의미하며, 유치는 법 제207조에서 여행자 휴대품이나 운송수단에 종사하는 승무원의 휴대품에 한하여 제한적으로 사용되고 있는 용어이다. 담보를 제공하고 통관 물품에 대한 절차 진행의 보류를 요청할 수 있다. 통관물품 소유권자에 대한 재산권 침해에 대한 담보라고 할 수 있다.

제5항 및 제6항은 통관 보류나 유치의 해제 요청에 관한 규정이다. 통관허용을 요청할 때에는 허용신청서와 해당 물품이 지식재산권을 침해하지 아니하였음을 소명하는 자료를 세관장에게 제출하여야 하며 지재권을 침해하지 않았음을 나타내는 증명을 하여야 한다. 수출입신고에 대한 지식재산권자의 보류권과 수출입신고자의 권리를 조화시킬 필요가 있으며, 세관장의 역할은 양자의 주장을 법에 정한 절차대로 수행하는 것이지 독자적인 역할을 하는 것은 아니다. 그러나 침해 행위의 성립 여부에 대하여는 전문가들의 증언과 복잡하고도 장기적인 재판절차를 거쳐야 하는데도 세관에서 통관을 보류하도록 한 것은 국민의 재판청구권 및 재산권 등을 침해하는 위헌적인 요소가 있다는 의견도 있다.

2007.12.31. 법 개정(법률 제8833호)시에 위조 유사상표 부착 물품이나 저작권 침해 불법복제 물품의 경우에는 어떠한 경우에도 담보제공 후 통관을 허용하지 않기로 한 한·미 FTA합의 사항 이행을 위하여 담보제공 후 통관제도를 폐지하는 방안을 검토하였으나, 지재권자와 수출입신고자의 권리 관계가 불명확하여 사법기관의 판단이 필요한 경우는 양측의 이익의 균형이 필요하므로 현 제도를 유지하는 대신에 단서 호를 두게 된 것이다.

2010.12.30. 법 개정(법률 제10424호)시 통관 보류나 유치의 해제 제한 대상이 종전 보다 넓게 규정되었다.

제7항은 위조상품 유통으로 인한 상표권자의 피해를 방지하기 위하여 세관에서 직권을 행사할 수 있도록 2006.12.30. 개정 관세법에서 규정하였다. 지식재산권 침해가 명백한 경우 직권통관 보류할 수 있는 근거 규정이며, 국민의 재산권을 직접적으로 제한하는 규정이기 때문에 법률에 명백한 근거를 둘 필요가 있다. 지식재산권 위반 여부에 대하여는 정교한 위반 물품인 경우에는 판단이 어렵지만 상식적인 기준을 가지고도 지식재산권 침해 여부를 판단할

수 있는 물품에 대하여는 세관직원이 적극적 판단을 내릴 수 있다. 지식재산권 위반 물품에 대하여는 일본이나 미국에서도 몰수, 폐기등 조치를 취하며 이러한 조치의 근거 규정에는 지식재산권 협정(WTO TRIPs 협정) 등이 있다.

저작권은 검사가 공소를 제기할 때 피해자 등 법률이 정한 사람의 고소가 필요한 친고죄 성격이 있다. 2007.12.31. 법 개정(법률 제8833호)시에서는 저작권의 경우에도 상표권 보호 절차와 동일하게 보호되도록 관련 준용 규정을 삭제하였다. 그리고 2010.12.30. 법 개정(법률 제10424호)시에는 해당되는 지재권 관련 법 6개의 권리를 보호대상으로 동일하게 규정하였다.

제236조【통관물품 및 통관절차의 제한】관세청장이나 세관장은 감시에 필요하다고 인정될 때에는 통관역·통관장 또는 특정한 세관에서 통관할 수 있는 물품을 제한할 수 있다.

해 설

이사물품은 주로 서울세관, 북부산세관, 인천세관에서 통관하도록 제한하는 것 등을 예로 들 수 있다. 물품을 보면 원료 한약재, 귀석 및 반귀석, 해체용 선박, 수산물 등이 있다. 그러나 이와 같이 통관물품·통관절차에 제한을 가하는 것은 비관세장벽으로 간주되어 외국과 무역마찰을 일으킬 수 있다.

제237조【통관의 보류】세관장은 다음 각 호의 어느 하나에 해당하는 경우에는 해당 물품의 통관을 보류할 수 있다.

1. 제241조 또는 제244조에 따른 수출·수입 또는 반송에 관한 신고서의 기재사항에 보완이 필요한 경우
2. 제245조에 따른 제출서류 등이 갖추어지지 아니하여 보완이 필요한 경우
3. 이 법에 따른 의무사항(대한민국이 체결한 조약 및 일반적으로 승인된 국제법규에 따른 의무를 포함한다)을 위반하거나 국민보건 등을 해칠 우려가 있는 경우
4. 제246조의 3 제1항에 따른 안전성 검사가 필요한 경우

4의 2. 제246조의 3 제1항에 따른 안전성 검사 결과 불법·불량·유해 물품으로 확인된 경우

5. 국세징수법 제30조 및 지방세징수법 제39조의 2에 따라 세관장에게 강제징수 또는 체납처분이 위탁된 해당 체납자가 수입하는 경우
6. 그 밖에 이 법에 따라 필요한 사항을 확인할 필요가 있다고 인정하여 대통령령으로 정하는 경우

② 세관장은 제1항에 따라 통관을 보류할 때에는 즉시 그 사실을 화주(화주의 위임을 받은 자를 포함한다) 또는 수출입 신고인에게 통지하여야 한다.

③ 세관장은 제2항에 따라 통지할 때에는 이행기간을 정하여 통관의 보류 해제에 필요한 조치를 요구할 수 있다.

④ 제2항에 따라 통관의 보류 사실을 통지받은 자는 세관장에게 제1항 각 호의 통관 보류사유에 해당하지 아니함을 소명하는 자료 또는 제3항에 따른 세관장의 통관 보류 해제에 필요한 조치를 이행한 사실을 증명하는 자료를 제출하고 해당 물품의 통관을 요청할 수 있다. 이 경우 세관장은 해당 물품의 통관 허용 여부(허용하지 아니하는 경우에는 그 사유를 포함한다)를 요청받은 날부터 30일 이내에 통지하여야 한다.

해 설

'통관 보류'는 통관절차 진행을 정지하는 것을 말한다. 물품보관을 의미하는 유치와 구별된다. 신고서의 기재사항이나 제출서류가 미비하여 보완이 필요한 경우, 의무사항 위반하거나 국민보건 등을 위해할 우려가 있는 경우 등에는 통관 보류할 수 있다. 통관보류는 세관장이 행할 수 있는 권한이다. 보류사유가 소멸되면 신고수리한다. 신고수리제도에서는 특별한 사유가 없는 한 지체 없이 신고를 수리해야 하므로, 제출서류가 미비한 경우에는 통관을 보류할 수 있도록 1995.12.6. 관세법 개정시 명문으로 규정하였다.[22]

제3호에서 의무사항이나 국민보건을 위하는 경우의 의미는 매우 포괄적이고 추상적이다. 조약 · 국제법규의 이행력 제고를 위하여 2020.12.22.(법률 제17649호) 개정시 체결한 조약 및 일반적으로 승인된 국제법규에 따른 의무를 포함하도록 하였다. 제4호는 2015.12.15. 관세법 개정시 신설된 것으로 통관보류 사유에 안전성 검사가 필요한 경우를 추가하고 관세청이 다른 행정기관과 협의하여 수입물품에 대한 안전성 검사를 할 수 있도록 하였으며, 2021.12.31. 관세법 개정시 제4호의 2를 추가하였다. 제5호는 체납자가 수입하는 물품에 대해 통관보류제재를 하여 세수확보를 유도하도록 하였다. 2020.12.22. (법률 제17649호) 개정시 지방세를 체납한 자에 대해서도 통관단계에서 압류 등 체납처분이 가능하도록 추가하였다. 제6호에서 대통령령이 정하는 경우로서 종전에는 「지식재산권보호를 위한 수출입 통관 사무 처리에 관한 고시」에 상표권 침해물품에 대하여 통관보류할 수 있도록 규정하였으나, 2006.12.30. 개정 관세법에서는 법 제235조 제7항에 이를 규정하여 통관보류의 법적 근거를 명확하게 하였다.

법 제249조 신고사항의 보완에서는 경미한 경우에는 신고수리 후 보완할 수 있으나, 이 경우는 통관보류 조치한 후 서류를 보완하도록 규정하고 있다. 신고시에는 신고서를 제출하며 이 신고서 기재내용에 보완이 필요하면 통관절차를 중지하고 통관 보류할 수 있다. 법 제245조는 수입신고시에 과세자료를 제출하며, 과세자료 이외에 대통령령이 정하는 선하증권 사본 등을 제출하여야 한다는 규정이다. 법 제241조는 수출, 수입 또는 반송의 신고에 관한 조항이며, 법 제244조는 입항전수입신고에 관한 조항이다.

---

22) 대법원 1994.10.21. 선고 93누10088 판결 ; 대법원 1994.6.10. 선고 94다1692 판결 참조.

제2항은 납세자 권리보호를 위하여 2020.12.22.(법률 제17649호) 개정시 신설한 통지의무 조항이다.

제3항은 통관보류의 실효성 제고를 위하여 2020.12.22.(법률 제17649호) 개정시 신설한 세관장 필요조치 요구 조항이다.

제4항은 납세자 권리보호를 위하여 2020.12.22.(법률 제17649호) 개정시 신설한 조항으로, 통관보류 해제를 요청할 수 있는 조항이다.

【대법원 1994.10.21, 93누10088】 식품수입신고서 등 서류 보완요구에 응하지 아니하여 통관 보류한 처분은 정당하다고 한다.

【대법원 1994.6.10, 94다1692】 베이컨이 수입추천승인품목에 해당하고 수입자동승인품목에 해당하지 아니하는 이상, 세관공무원이 수입추천서가 첨부되지 아니한 이유로 원고의 통관신청을 거부하였다고 하여 어떠한 위법이 있다고 할 수 없고, 세관공무원이 원고 회사 및 그 대표이사를 관세법 위반 등의 피의사실로 입건하여 수사를 하고 이를 송치받은 검사가 수사를 계속하다가 그 수사과정에서 일부 피의사실을 무혐의처리하고, 나머지 부분을 기소하였으나, 재판 결과 범의를 인정할 증거가 없다는 이유로 무죄가 선고되어 확정되었다고 하더라도, 그러한 사정만으로는 이를 수사하거나 기소한데에 대하여 세관공무원이나 검사에게 고의 또는 과실이 있다고 할 수는 없고, 그 밖에 이를 인정할 증거가 없을 뿐만 아니라 설사 과실이 있다고 하더라도 이 사건 베이컨에 대하여 수입추천서가 첨부되지 아니하여 통관될 수 없는 것인 이상 원고 회사가 이를 인도받지 못함으로 인한 손해가 위 입건, 압수 또는 수사로 인한 것이라고 볼 수 없다.

제238조【보세구역 반입명령】 ① 관세청장이나 세관장은 다음 각 호의 어느 하나에 해당하는 물품으로서 이 법에 따른 의무사항을 위반하거나 국민보건 등을 해칠 우려가 있는 물품에 대해서는 대통령령으로 정하는 바에 따라 화주(화주의 위임을 받은 자를 포함한다) 또는 수출입 신고인에게 보세구역으로 반입할 것을 명할 수 있다.
1. 수출신고가 수리되어 외국으로 반출되기 전에 있는 물품
2. 수입신고가 수리되어 반출된 물품
② 제1항에 따른 반입명령을 받은 자(이하 이 조에서 "반입의무자"라 한다)는 해당 물품을 지정받은 보세구역으로 반입하여야 한다.
③ 관세청장이나 세관장은 반입의무자에게 제2항에 따라 반입된 물품을 국외로 반출 또는 폐기할 것을 명하거나 반입의무자가 위반사항 등을 보완 또는 정정한 이후 국내로 반입하게 할 수 있다. 이 경우 반출 또는 폐기에 드는 비용은 반입의무자가 부담한다.
④ 제2항에 따라 반입된 물품이 제3항에 따라 국외로 반출 또는 폐기되었을 때에는 당초의 수출입 신고 수리는 취소된 것으로 본다. 이 경우 해당 물품을 수입할 때 납부한 관세는 제46조 및 제48조에 따라 환급한다.

⑤ 제1항에도 불구하고 관세청장이나 세관장은 법 위반사항이 경미하거나 감시·단속에 지장이 없다고 인정되는 경우에는 반입의무자에게 해당 물품을 보세구역으로 반입하지 아니하고 필요한 조치를 하도록 명할 수 있다.

해 설

보세구역 반입명령은 리콜(Recall)이라고도 한다. 리콜은 일반적으로 하자있는 제품을 수리해 주기 위하여 공장으로 다시 반입하는 것을 말한다. 수출신고가 수리되어 반출되기 전에 있는 물품과 수입신고가 수리되어 보세구역 등에서 반출되어 시중에 있는 물품이 보세구역 반입대상 물품이며, 이 물품이 이 법의 규정에 의한 의무사항을 위반하거나, 국민보건 등을 위해할 우려가 있으면 이를 보세구역으로 다시 반입하여 보완하는 조치를 할 수 있다.

보세구역 반입명령제도는 1993.12.30. 관세법 개정(법률 제4674호)시 의무이행 사항 확보 등을 위해 신설하였다. 실무적으로는 원산지표시 분야에 리콜실적이 있으며, 국제적으로 관심이 높은 지식재산권 분야에도 확산될 전망이다.

제1항에서 '반입' 혹은 '반출'이라는 용어는 조문명과 내용을 비교하여 해석해야 된다. 2호의 반출은 보세구역에서 내국으로의 반입을 의미하고 1호의 반출은 내국에서 외국으로의 반출을 의미한다. 2020.12.22.(법률 제17649호) 개정시 '화주(화주의 위임을 받은 자를 포함한다) 또는 수출입 신고인'을 반입의무자로 명확하게 하였다.

제2항은 보세구역 반입에 관한 규정이다. 반입명령을 받은 자가 해당 물품을 지정한 보세구역에 반입하여야 한다. 수입된 물품이 단기간에 매매되어 원래 수입자가 아닌 자가 매수하여 소유하고 있는 경우도 있으므로 개인 간의 매매 거래질서를 보호하기 위해서는 반입명령서 발부대상자를 선별하여 지정해야 한다. 반입명령을 받은 자는 일반적으로 수입화주가 되며, 반입명령서를 받은 자가 해당 물품을 지정한 장치장에 반입하여야 한다. 반입명령서를 구체적으로 누구에게 줄 것인가에 대해서는 법령에서 정하지 아니하고 있다. 2020.12.22.(법률 제17649호) 개정시 제1항에서 반입의무자로 명확하게 하였다. 기본통칙에 반입 장소는 반입명령인 또는 반입대상물품의 소재지 지정보세구역으로 한다. 또한 관세청장이 반입명령을 발하는 경우는 세관장에게 반입명령을 내리도록 지시할 수 있다.

수출입신고가 수리된 물품이 의무를 이행하지 아니한 경우, 원산지표시가 적법하게 표시되지 아니하였거나 수출입신고수리 당시와 다르게 표시되어 있는 경우, 상표권 및 저작권을 침해한 경우에는 해당 물품을 보세구역으로 반입할 것을 명할 수 있다. 다만, 해당 물품이 수출입신고가 수리된 후 3개월이 경과하였거나 관련법령에 따라 관계행정기관장의 시정조치가 있는 때에는 그러하지 아니한다. 관세청장 또는 세관장이 반입명령을 하는 경우에는 반입대상물품, 반입할 보세구역, 반입사유와 반입기한을 기재한 명령서를 화주 또는 수출입신고자에게 송달하여야 한다. 명령서를 받을 자의 주소 또는 거소가 불분명한 때에는 관세청 또는 세관의 게시판 및 기타 적당한 장소에 반입명령사항을 공시할 수 있다. 이 경우 공시한 날부터 2주일이 경과한 때에는 명령서를 받을 자에게 반입명령서가 송달된 것으로 본다. 일반적인 공시송달 기간은 심사청구의 경우에 10일 등이나 보세구역 반입명령에서는 2주일이다. 반입명령서를 받은 자는 관세청장 또는 세관장이 정한 기한 이내에 명령서에 기재된 물품을 지정 받은 보세구역에 반입하여야 한다. 다만, 반입기한 이내에 반입하기 곤란한 사유가 있는 경우에는 관세청장 또는 세관장의 승인을 얻어 반입기한을 연장할 수 있다.

2017.3.27. 관세법 시행령 개정시 관세청장 또는 세관장은 수출입신고가 수리된 물품이 품질 등의 표시가 적법하게 표시되지 아니하였거나 수출입신고 수리 당시와 다르게 표시되어 있는 경우에도 통관이 완료된 이후에 보세구역 반입을 명할 수 있도록 규정을 개정하였다.

세관장은 반입된 물품에 대하여 명령을 받은 자에게 그 물품을 반송 또는 폐기할 것을 명하거나 보완 또는 정정 후 반출하게 할 수 있다. 이 경우 소요되는 비용은 명령을 받은 자가 이를 부담한다. 반입된 물품이 반송 또는 폐기된 경우에는 당초의 수출입신고 수리는 취소된 것으로 본다. 동법에는 수출신고수리 취소에 관하여는 규정되어 있으나 수입신고수리 취소는 규정된 바가 없다. 그러나 이 규정에서 수입신고수리를 과거에 소급하여 그 효력을 취소하는 수입신고수리 취소의 효력에 관하여 규정하고 있다.

법 제250조에 수입신고를 취하하여 간접적으로 수리의 효력이 소멸하는 경우를 규정하고 있으며, 반송 또는 폐기된 물품에 대해서는 법 제46조 및 법 제48조의 규정을 준용하고, 법 제46조는 과오납금의 환급, 법 제48조는 환급가산금에 관한 규정이다. 반입대상물품의 전부 또는 일부를 반입하지 아니한 것은 물품원가 또는 2천만원 중 높은 금액이하의 벌금에 해당된다.

제3항과 제4항은 2020.12.22.(법률 제17649호) 개정시 신설한 조항이다. 반입명령 관련 절차를 합리화하기 위하여 반입된 물품을 국외 반출 또는 폐기명령을 하거나, 위반사항 보완 후 국내로 반입하게 할 수 있도록 하였다. 이 때 수출입 신고 수리는 취소된 것으로 보고, 납부관세는 환급한다.

제5항은 2020.12.22.(법률 제17649호) 개정시 신설한 반입명령 대체 조항이다. 시정사항이 경미한 경우, 보세구역에 반입하지 않고 필요한 조치를 하도록 할 수 있다.

4. 제4관 통관의 예외적용

제239조【수입으로 보지 아니하는 소비 또는 사용】 외국물품의 소비나 사용이 다음 각 호의 어느 하나에 해당하는 경우에는 이를 수입으로 보지 아니한다.

1. 선박용품 · 항공기용품 또는 차량용품을 운송수단 안에서 그 용도에 따라 소비하거나 사용하는 경우

해 설

외국물품을 소비하거나 사용하는 행위는 원칙적으로 수입이며, 예외적으로 수입으로 보지 아니하는 세 가지를 본 조에서 정하고 있다.

선박용품을 부두에서 운영하고 있는 크레인에 사용하였다면 이는 수입으로 보나, 여행자가 양주를 마신 경우는 이를 수입으로 보지 아니한다는 의미다. 선박용품 · 항공기용품 · 차량용품 · 여행자휴대품 · 기타 이 법에서 정한 물품을 소비하는 경우에는 이를 순수하게 소비로 보고 수입으로 보지 아니한다. 그러나 법 제16조 제6호의 소비물품이나 사용물품에 대하여는 소비하거나 사용한 때를 과세물건 확정시기로 본다는 규정에 따라 사용 · 소비하는 외국물품은 수입하는 것으로 본다.[23)]

2. 선박용품 · 항공기용품 또는 차량용품을 세관장이 정하는 지정보세구역에서 출입국관리법에 따라 출국심사를 마치거나 우리나라에 입국하지 아니하고 우리나라를 경유하여 제3국으로 출발하려는 자에게 제공하여 그 용도에 따라 소비하거나 사용하는 경우
3. 여행자가 휴대품을 운송수단 또는 관세통로에서 소비하거나 사용하는 경우
4. 이 법에서 인정하는 바에 따라 소비하거나 사용하는 경우

해 설

2호에서 선박용품, 항공기용품, 차량용품의 경우 종전에는 운송수단 안에서 그 용도에 따라 소비 · 사용되는 경우에 이를 수입으로 보지 아니하였으나 출국심사를 마치거나 경유하는 자에게 제공하는 경우도 수입으로 보지 아니함으로써 항공기 출발지연 등으로 출국대기 중인 승객에게 제공되는 음식 등에 대하여도 관세를 면제하도록 2004.10.5. 개정 관세법에서 규정을 개정하였다. 2018.12.31. 법 개정시 선용품, 기용품, 차량용품을 사용 · 소비하더라도 수입

23) 기용품을 그 용도에 따라 소비 또는 사용하는 경우는 외국무역기에 적재되어 있는 기용품을 외국무역기의 용도대로 소비 또는 사용하는 경우로 한정하여 해석한다(법제처 법령해석사례 2011.2.24).

으로 보지 않는 지정보세구역 지정권자를 관세청장에서 세관장으로 변경하였다. 관세법 제166조 지정보세구역의 경우 세관장이 지정하도록 하고 있는 관세법 체계와 차이가 있어 업무 혼선이 발생하고, 대부분 공항 출국대기자에 대한 식음료제공구역으로 관세행정의 유연성 확보를 위해 지정권한 하향을 한 것이다.

제240조【수출입의 의제】 ① 다음 각 호의 어느 하나에 해당하는 외국물품은 이 법에 따라 적법하게 수입된 것으로 보고 관세 등을 따로 징수하지 아니한다.
1. 체신관서가 수취인에게 내준 우편물
2. 이 법에 따라 매각된 물품
3. 이 법에 따라 몰수된 물품
4. 제269조, 제272조, 제273조 또는 제274조 제1항 제1호에 해당하여 이 법에 따른 통고처분으로 납부된 물품
5. 법령에 따라 국고에 귀속된 물품
6. 제282조 제3항에 따라 몰수를 갈음하여 추징된 물품
② 체신관서가 외국으로 발송한 우편물은 이 법에 따라 적법하게 수출되거나 반송된 것으로 본다.

해 설

법 제239조에서 수입이 아닌 소비·사용은 해당 물품에 대한 행위를 수입신고대상이 아닌 소비·사용으로 본다는 것이고, 본 조에서 수출입 의제는 특정 해당물품에 대한 행위를 수출입신고·수리된 것으로 본다는 의미다.

'의제'는 본질이 같지 않은 것을 일정한 법률의 취급에서 동일한 것으로 간주하고 동일한 법률 효과를 부여하는 것을 말한다. 견품이 사용·소비된 경우는 관세를 납부하고 수리된 것으로 본다. 이는 관세납부 및 신고수리에 대한 추인적 성격이 짙다. 그러나 타 법에 의하여 국적 취득 등 조치가 있어도 관세법에서 정한 통관절차를 거치지 아니한 선박이라면 관세법에 의해 수입절차를 거치기까지는 임의 사용을 허용하지 아니할 수 있다는 판례도 있다.[24)]

제1호에서 체신관서가 수취인에게 교부한 우편물은 적법하게 수입한 것으로 보고 관세는 따로 징수하지 아니한다. 수입화물 통관은 세관을 경유하는 것이 일반적이지만, 우편물은 세관이 아닌 산업통상자원부 소속 체신관서를 경유하여 국내로 반입한다. 우편물 통관에 대하여 체신관서장은 세관장이 수출·수입·반송 여부를 결정한 때에는 거기에 따르도록 규정되어

24) 선박 국적취득과 수출입의 의제와 관련하여 해당 판례를 보면 외국국적의 선박을 경매에 의해 소유권을 취득하여 국적취득 후 출항허가를 신청하였으나, 이에 대하여 세관장이 통관절차를 거치지 아니한 이유로 허가 거부한 처분은 적법하다.

있다. 그러므로 체신관서가 수취인에게 교부한 우편물은 세관장의 물품 교부행위와 마찬가지로 적법하게 수입된 것으로 본다.

제2호에서 이 법에 의하여 매각된 물품은 적법하게 수입한 것으로 보고 관세는 따로 징수하지 아니한다. 법 제210조에 의한 매각방법인 일반경쟁입찰, 지명경쟁입찰, 수의계약, 경매 및 위탁판매에 의한 매각을 말한다. 매각물품의 가격에 관세 등 제세가 포함이 되기 때문에 사실상 납부한 효과가 있다.

제3호에서 이 법에 의하여 몰수된 물품은 적법하게 수입한 것으로 보고 관세는 따로 징수하지 아니한다. 압수물품에 대하여 범죄가 확정되면 몰수하거나 환부한다.

제4호에서 제269조는 밀수출입죄, 제272조는 밀수전용 운반기구 몰수, 제273조는 범죄에 사용된 물품 몰수 등, 제274조는 밀수품의 취득죄에 관한 조항이다. 이 규정에 따라 통고처분을 받고 납부한 물품은 적법하게 수입한 것으로 보고 관세는 따로 징수하지 아니한다.

제5호에서 법령에 의하여 국고에 귀속된 물품은 적법하게 수입한 것으로 보고 관세는 따로 징수하지 아니한다. 국고에 귀속된다는 것은 물품소유권이 국가에 속한다는 것을 말한다.

제6호에서 몰수에 갈음하여 추징된 물품은 적법하게 수입한 것으로 보고 관세는 따로 징수하지 아니한다. 몰수할 수 없는 물품에 대하여는 몰수품에 상당하는 금액을 추징하여, 몰수에 해당되는 재정벌의 효과를 얻는다. 그러나 추징금을 납부하지 아니한 경우에는 외국물품으로 본다. 법 제282조는 몰수·추징에 관한 조항이며, 동조 제3항은 몰수할 물품의 전부 또는 일부를 몰수할 수 없는 때에 그 몰수할 수 없는 물품의 범칙당시 국내도매가격에 상당하는 금액을 범인으로부터 추징한다.

제2항은 수출의제에 관한 규정이다. 일반적으로 수출입 물품에 대한 관리는 세관이 담당하지만, 예외적으로 우편물에 대하여는 체신관서가 담당한다. 동조는 체신관서가 처리하는 물품에 대한 법적 성질을 규정한 것이다.[25)]

【조세심판원 2019.11.27, 2019관0099】 청구인이 수입신고 및 관세를 납부하지 아니하고 쟁점물품을 수입한 이상 이는 관세부과의 대상에 해당하는 점, 관세법 제240조 제1항에 따라 '제282조 제3항에 따라 몰수를 갈음하여 추징된 물품'에는 관세 등을 징수하지 않는 것이나, 쟁점물품은 선고유예 판결로 실제 추징되지도 아니한 점, 청구인은 수입신고 및 관세납부 없이 쟁점물품을 수입하였고 여기에 관세를 부과하는 것이 타당한 이상 선고유예 판결을 받은 것을 이유로 정당한 사유가 있다고 보기는 어려운 점 등에 비추어 처분청이 쟁점물품에 대하여 관세 등을 부과한 이 건 처분은 잘못이 없다.

25) 국제무역선(기)등에 적재허가를 받은 선(기)용품 및 판매용품을 적재하지 아니하거나 부정 유출하는 경우에는 세관절차 위반에 따른 처벌은 가능하지만, 밀수출입죄, 관세포탈죄 등에는 해당되지 아니한다.

5. 제5관 통관 후 유통이력 관리

第240조의 2【통관 후 유통이력 신고】 ① 외국물품을 수입하는 자와 수입물품을 국내에서 거래하는 자(소비자에 대한 판매를 주된 영업으로 하는 사업자는 제외한다)는 사회안전 또는 국민보건을 해칠 우려가 현저한 물품 등으로서 관세청장이 지정하는 물품(이하 "유통이력 신고물품"이라 한다)에 대한 유통단계별 거래명세(이하 "유통이력"이라 한다)를 관세청장에게 신고하여야 한다.
② 제1항에 따라 유통이력 신고의 의무가 있는 자(이하 "유통이력 신고의무자"라 한다)는 유통이력을 장부에 기록(전자적 기록방식을 포함한다)하고, 그 자료를 거래일부터 1년간 보관하여야 한다.
③ 관세청장은 유통이력 신고물품을 지정할 때 미리 관계 행정기관의 장과 협의하여야 한다.
④ 관세청장은 유통이력 신고물품의 지정, 신고의무 존속기한 및 신고대상 범위 설정 등을 할 때 수입물품을 내국물품에 비하여 부당하게 차별하여서는 아니 되며, 이를 이행하는 유통이력 신고의무자의 부담이 최소화 되도록 하여야 한다.
⑤ 유통이력 신고물품별 신고의무 존속기한, 유통이력의 범위, 신고절차, 그 밖에 유통이력 신고에 필요한 사항은 관세청장이 정한다.

해 설

"수입물품 유통이력신고제도"는 수입물품이 시중 유통단계에서 원산지가 둔갑되는 등의 불법행위를 차단하기 위해 수입자 및 유통업자가 수입통관 후 유통거래내역을 관세청에 신고하도록 의무화한 제도이다. 국내에 반입된 위해(危害)물품으로부터 사회를 보호하고 국민보건 수준을 향상하기 위하여 수입업자 및 수입물품 유통업자로 하여금 유통이력을 의무적으로 신고하도록 규정하고 있다. 이 규정은 2009.5.27. 관세법 개정(법률 제9709호)시 처음 신설된 조항이다.[26] 불량식품 등이 유통되어 사회적인 문제가 야기되고 쇠고기 등 음식물에 대한 국민적 관심이 증폭되어 유통이력 관리에 대한 필요성이 대두되었기 때문이다. 유통단계별 거래내역을 정확하게 기록 유지하기 위해서는 유통이력신고의무자는 양수자에게 양도물품이 유통이력대상물품으로서 유통이력신고의무가 있음을 수입신고필증이나 거래명세서에 표시하여 알려야 하며, 물품에 대한 품명이 다소 다를 수 있기 때문에 표준품명을 정하여 신고시에 동일 물건에 대한 품명의 상이로 혼란이 발생하지 않도록 관련 고시에 규정하고 있다.[27]

---

26) 의원입법으로 개정된 사항이나, 통관 후 물품 관리에 관한 사항을 세관에서 관리하기에는 기술적으로나 인력 운영면에서 어려움이 있다.

27) 수산물유통법이 제정 · 시행된 2016년 3월 28일 이후부터는 수입수산물 유통이력의 신고에 대해서 같은 법 제31조만 적용되는지 아니면 관세법 제240조의 2도 함께 적용되는지에 대하여 수산물유통법과 관세법은 특

'수입자'는 대상물품을 세관에 신고하는 자이고 '유통업자'는 수입자로부터 대상물품을 양도받아 소매업자 또는 소비자에게 양도하기 전까지 관리하는 자를 말한다. 위반시 500만원 이하의 과태료에 해당한다.

제2항에서 유통이력 장부는 1년간 보관한다. 법 제12조의 신고서류 등의 보관기간은 5년 범위 내에서, 5년, 3년 혹은 2년간 보관해야 한다. 유통이력에 관한 장부는 과세 등을 목적으로 하고 있지 않기 때문에 다소 짧은 기간으로 정하고 있다. 위반시 500만원 이하의 과태료에 해당한다.

제3항에서 관계행정기관으로는 기획재정부, 농림축산식품부, 산업통상자원부, 식품의약품안전처 등이 있다.

제4항에서 「수입물품 유통이력관리 고시」상 유통이력대상물품의 지정기준을 보면, 관계 전문기관 등에 의하여 위해성이 입증된 경우, 해외에서의 위해성으로 인하여 수입 후 국내에서 문제가 발생할 우려가 있는 경우, 공업용·사료용·미끼용 등이 식용으로 둔갑하여 국민 건강을 위해할 우려가 있는 경우, 수입 후 국산으로 원산지 둔갑 등을 통한 소비자 및 생산자의 권익 침해 등 시장질서·사회 안전을 위해할 우려가 있는 경우, 기타 사회안전·국민보건 등을 해할 우려가 있어 시급하게 지정할 필요성이 있다고 판단하여 관계 행정기관 등의 요청이 있는 경우이다.

제240조의 3【유통이력 조사】 ① 관세청장은 제240조의 2를 시행하기 위하여 필요하다고 인정할 때에는 세관공무원으로 하여금 유통이력 신고의무자의 사업장에 출입하여 영업 관계의 장부나 서류를 열람하여 조사하게 할 수 있다.
② 유통이력 신고의무자는 정당한 사유 없이 제1항에 따른 조사를 거부·방해 또는 기피하여서는 아니 된다.
③ 제1항에 따라 조사를 하는 세관공무원은 신분을 확인할 수 있는 증표를 지니고 이를 관계인에게 보여 주어야 한다.

해 설

세관장은 수입자·유통업자·소매업자의 사업장을 출입하여 장부 등을 열람할 수 있다. 이러한 결과 법 제227조의 의무이행의 요구, 법 제230조 원산지허위표시물품 등의 통관제한 규정에 해당하는 물품이 적발될 시에는 반입명령을 발할 수 있다. 이 반입명령은 「수입 통관 사무 처리에 관한 고시」에 따라 처리한다.

별법과 일반법의 관계에 있으므로 이 경우 "수산물유통법이 규율하고 있는 사항"에 관한 한 특별법인 수산물유통법의 규정이 우선적으로 적용되고 일반법인 관세법의 규정은 "수산물유통법의 규정에 모순·저촉되지 않는 범위에서" 적용된다고 한다(법제처 18－0542, 2018.11.8. 감사원).

이 조항은 제240조의 2 통관 후 유통이력 신고 조항과 함께 2009.5.27. 관세법 개정(법률 제9709호)시 신설되었다.

유통이력을 신고하지 아니하거나 거짓으로 신고한 경우, 장부를 기록하지 아니하거나 자료를 보관하지 아니한 경우는 500만원 이하의 과태료 부과 대상이다.

6. 제6관 통관절차 등의 국제협력

제240조의 4【무역원활화 기본계획의 수립 및 시행】 ① 기획재정부장관은 「세계무역기구 설립을 위한 마라케쉬협정」에 따라 이 법 및 관련법에서 정한 통관 등 수출입 절차의 원활화 및 이와 관련된 국제협력의 원활화(이하 "무역원활화"라 한다)를 촉진하기 위하여 다음 각 호의 사항이 포함된 무역원활화 기본계획(이하 "기본계획"이라 한다)을 수립·시행하여야 한다.

1. 무역원활화 정책의 기본 방향에 관한 사항
2. 무역원활화 기반 시설의 구축과 운영에 관한 사항
3. 무역원활화의 환경조성에 관한 사항
4. 무역원활화와 관련된 국제협력에 관한 사항
5. 무역원활화와 관련된 통계자료의 수집·분석 및 활용방안에 관한 사항
6. 무역원활화 촉진을 위한 재원 확보 및 배분에 관한 사항
7. 그 밖에 무역원활화를 촉진하기 위하여 필요한 사항

② 기획재정부장관은 기본계획을 시행하기 위하여 대통령령으로 정하는 바에 따라 무역원활화에 관한 업무를 수행하는 기관 또는 단체에 필요한 지원을 할 수 있다.

해 설

동 규정은 법률 제12847호(2014.12.23.) 개정을 통해 신설된 조항으로 통관 등 수출입 절차의 원활화 등을 추진할 추진체계로서 국가별 무역원활화위원회를 설치하고 무역원활화 시책을 수립하도록 의무화한 세계무역기구(WTO) 무역원활화협정(Trade Facilitation Agreement)[28]의 국내적 이행을 위하여 무역원활화를 위한 기본계획을 수립·시행하도록 하고, 무역원활화에 관한 업무를 수행하는 기관 또는 단체에 필요한 지원을 할 수 있도록 하였다.

무역원활화협정은 우루과이라운드(UR)가 끝나면서 WTO 회원국들은 향후 라운드에서 논의할

28) TFA는 크게 전문과 제1절 내지 제3절의 3개 절로 구분된다. 전문에는 협정의 법적 정당성, 무역원활화의 필요성 및 개도국 지원의 원칙을 정하였고, 제1절의 12개 조항은 GATT 제Ⅴ조, 제Ⅷ조, 제Ⅹ조와 관련된 기술적 조항들을 규정하고 제2절은 개도국 지원에 대한 내용이고, 제3절은 최종규정으로 협정 발효와 운영에 대한 기술적 사항이다. 동 협정은 무역규제의 투명성, 수출입 통관절차와 수수료, 화물의 통관 및 세관협력 등 무역원활화에 관한 각 회원국의 구체적 의무를 규정하고 있다. 우리나라는 2015년7월로 예상되는 동 협정의 발효와 함께 통관분야의 개발도상국 지원에서 보다 적극적인 역할을 할 것으로 기대된다.

주요이슈 중 하나로 무역절차의 간소화를 정하였고, 이것이 기존의 무역원활화 연구와 연결되면서 2001년부터 도하라운드(DDA) 협상과제의 하나로 선정되면서 본격적으로 시작되었다. 무역원활화란 전통적으로 '국제무역의 기본인프라, 즉 통상관련 정책의 규제 집행 및 행정과 관련된 모든 거래비용을 줄이는 것'라고 정의된다. 그러나 WTO 도하라운드 협상에서는 무역원활화를 '국제무역절차의 간소화와 조화'로 정의하고, 그 논의를 GATT협정의 제Ⅴ조(화물의 통과), 제Ⅷ조(수출입과 관련된 수수료와 통관절차), 제Ⅹ조(무역규제의 투명성) 내용만으로 한정하였다.[29]

제240조의 5【상호주의에 따른 통관절차 간소화】 국제무역 및 교류를 증진하고 국가 간의 협력을 촉진하기 위하여 우리나라에 대하여 통관절차의 편익을 제공하는 국가에서 수입되는 물품에 대하여는 상호 조건에 따라 대통령령으로 정하는 바에 따라 간이한 통관절차를 적용할 수 있다.

해 설

상호주의에 의한 간이통관제도는 국제협약에 의해 시행한다. 상호주의(reciprocity)에 입각한 통관은 상대국가가 우리나라를 대하는 수준으로 상대 국가를 대하는 방법으로 통관하는 것을 말한다. 즉, 상대국이 우리나라 물품 등에 통관절차상 편익을 제공할 때에 우리나라도 상대국 물품에 대하여 동일한 통관절차상 편익을 제공하는 것이다. 통관절차가 복잡하면 통관절차 자체도 무역장벽이 되므로, 인류의 복지증진을 위하는 차원에서 국제무역기구 등에서는 통관절차를 간소화하고 있다.

시행하고 있는 관련 협약으로는「물품의 일시수입을 위한 일시수입증서에 관한 관세 협약」, 견본물품 · 소액물품 · 수출물품용기류 통관에 관한 협약 등이 있다. 이외에 우리나라는 관광입국을 지향하고 있으므로, 외국과의 협약으로 그 나라의 관광객에 대하여 여행자휴대품검사를 생략 혹은 면세물품 구매제도 등 관련 통관제도를 편리하게 적용할 수 있는 방법이 있을 수 있다. 대통령령에 통관절차의 특례적용 대상 국가는 우리나라와 무역협정을 체결한 국가로 하며, 구체적인 통관절차에 관한 사항은 관세청장이 정한다.

제240조의 6【국가 간 세관정보의 상호 교환 등】 ① 관세청장은 물품의 신속한 통관과 이 법을 위반한 물품의 반입을 방지하기 위하여 세계관세기구에서 정하는 수출입 신고항목 및 화물식별번호를 발급하거나 사용하게 할 수 있다.

---

29) 관세청,『WTO 무역원활화협정 해설』, 휴먼컬처아리랑, 2014.12., p.18. 참고로 WCO는 통관절차의 간소화와 투명화를 위하여 교토협약(Kyoto Convention)을 1973년 공표하였고, 이를 1997년 개정한 바 있다. TFA가 체결되기 전에는 개정교토협약이 통관절차와 가장 밀접한 국제협정이다.

② 관세청장은 세계관세기구에서 정하는 수출입 신고항목 및 화물식별번호 정보를 다른 국가와 상호 조건에 따라 교환할 수 있다.
③ 관세청장은 관세의 부과와 징수, 과세 불복에 대한 심리, 형사소추 및 수출입신고의 검증을 위하여 수출입신고자료 등 대통령령으로 정하는 사항을 대한민국 정부가 다른 국가와 관세행정에 관한 협력 및 상호지원에 관하여 체결한 협정과 국제기구와 체결한 국제협약에 따라 다른 법률에 저촉되지 아니하는 범위에서 다른 국가와 교환할 수 있다.
④ 제3항에도 불구하고 관세청장은 상호주의 원칙에 따라 상대국에 수출입신고자료 등을 제공하는 것을 제한할 수 있다.
⑤ 관세청장은 제3항에 따라 다른 국가와 수출입신고자료 등을 교환하는 경우 대통령령으로 정하는 바에 따라 이를 신고인 또는 그 대리인에게 통지하여야 한다.

해 설

WCO에서 정하는 방식의 수출입신고항목(CDM),[30] 화물번호(UCR) 사용 근거를 도입하기 위하여 2007.12.31. 법 개정(법률 제8833호)시 신설한 내용이다. 무역원활화 및 효율적인 위험관리를 위한 전 세계적인 표준화 움직임에 대응하여 도입하는 이 제도는 허위·부정 신고 방지 및 수출입통계의 편차 축소에 기여할 것으로 기대되며 통일된 방식의 화물식별번호의 사용은 국가 간의 위험관리를 용이하게 하여 물류흐름의 원활화에 기여할 것으로 기대된다.

CDM을 도입함에 따라 중복 항목 삭제 및 반복적인 자료 작성 부담 감소, 국가 간 정보교환으로 저가신고 등 부정무역 행위를 차단하고 효율적인 위험관리 가능, 사전 심사·확인이 가능해져 통관시간 단축등 효과가 있을 것으로 예상된다. UCR을 도입함에 따라 물품의 생산단계에서부터 화물의 경로를 추적가능하며 UCR 번호로 공급자/구매자 및 상품정보에 대한 조회가 가능하다. 현재 국제교역에서 UCR을 전면적인 화물식별부호로 도입한 경우는 없으나 미국－중국 간 의류를 대상으로 하거나 호주와 영국 간 와인 등 물품 일부에 대하여 시범운영하고 있는 사례가 있다.

제2항과 관련하여, 세관자료항목 및 화물식별번호를 외국세관과 교환하기 위한 법적인 근거를 마련한 것이다. 2008.1. 현재 벨기에와 자료 교환 시범사업을 추진 중에 있다.[31] 현재 미국 등 주요 선진국 간에는 CDM 및 UCR을 활용하여 자료를 교환하고 있다.

제3항에서 2019.12.31. 법 개정시 수출입신고의 검증에 관한 내용을 추가하였으며 이는 통관질서 확립을 위한 국가간 정보교환의 근거를 명확히 한 것이기도 하다.

30) CDM(Customs Data Model) : 세관 자료항목 표준화, UCR(Unique Consignment Reference) : 화물식별 고유번호
31) 현재 WCO에서 인정하는 CDM이행 국가는 미국, 케나다, 영국, 네덜란드, 일본, 호주, 인도, 케냐, 남아공 등 9개국이며 우리나라는 아직 시범사업 추진 중에 있다.

수출·수입 및 반송

1. 제1관 신 고

제241조【수출·수입 또는 반송의 신고】 ① 물품을 수출·수입 또는 반송하려면 해당 물품의 품명·규격·수량 및 가격과 그 밖에 대통령령으로 정하는 사항을 세관장에게 신고하여야 한다.
② 다음 각 호의 어느 하나에 해당하는 물품은 대통령령으로 정하는 바에 따라 제1항에 따른 신고를 생략하게 하거나 관세청장이 정하는 간소한 방법으로 신고하게 할 수 있다.
1. 휴대품·탁송품 또는 별송품
2. 우편물
3. 제91조부터 제94조까지, 제96조 제1항 및 제97조 제1항에 따라 관세가 면제되는 물품
3의 2. 제135조, 제136조, 제149조 및 제150조에 따른 보고 또는 허가의 대상이 되는 운송수단. 다만, 다음 각 목의 어느 하나에 해당하는 운송수단은 제외한다.
가. 우리나라에 수입할 목적으로 최초로 반입되는 운송수단
나. 해외에서 수리하거나 부품 등을 교체한 우리나라의 운송수단
다. 해외로 수출 또는 반송하는 운송수단
4. 국제운송을 위한 컨테이너(별표 관세율표 중 기본세율이 무세인 것으로 한정한다)

해 설

수출·수입·반송의 절차를 밟는 것을 통관이라 한다. 절차이기 때문에 시작하는 시점이 있고 종료하는 시점이 있다. 좁은 의미로 보면 통관시작시점은 신고이고 종료시점은 신고수리이지만, 넓은 의미로 보면 신고 전 물품 반입절차까지 포함하고 신고수리 후 물품 반출절차까지 포함한다. 이러한 시점에 관한 의견은 관련 법 규정의 취지에 따라 변천될 수 있다. 예를 들면, 제정 관세법에서는 수출 완료시점을 일반물품의 경우 외국으로 향하는 선박, 항공기에 적재된 때, 우편물은 체신관서에서 접수한 때, 공해에서 수산물을 수출하는 때에는 그 선박이 외국으로 향하는 때나 외국으로 가는 선박에 적재한 때, 운송수단이 그 자체를 수출하는 때에는 외국 국적을 취득하고 우리나라 영토를 출발하거나 이륙한 때를 수출완료 시점으로 보았으나, 현재는 운송수단 적재로 단일화하고 있다.

'반송'이란 우리나라에 도착한 외국물품이 수입통관절차를 거치지 아니하고 다시 외국으로 반출되는

것을 말한다. 수출은 내국물품이 외국으로 나가는 것이지만 반송은 외국물품이 다시 외국으로 나가는 것이다. 통칙에 반송은 수출신고수리 물품을 제외한 외국물품을 외국으로 반출하는 것을 말한다.[32)]

'신고'는 일정한 법률사실이나 법률관계를 구두나 서면으로 행정청에 통고하는 것을 말한다. 행정청에 통고함으로써 족하고 그에 대한 행정청의 결정을 기다릴 필요가 없다. 이에 대하여 '승인'은 국가기관 등이 다른 기관이나 개인의 특정행위에 대하여 허가적, 인가적 승낙 또는 동의가 있어야 한다. 수출·수입·반송신고는 수출·수입·반송하려는 의사 표시를 말한다. 기본통칙에 수출·반송신고의 효력발생시점은 통관시스템에 신고번호가 부여된 시점을 말하며 수입신고의 효력발생시점은 전송된 신고 자료가 통관시스템에 접수된 시점을 말한다. 수입·수출·반송하고자 할 때에는 물품의 품명, 규격, 수량, 가격, 기타 사항에 관하여 세관장에게 신고하여야 한다. 품명과 규격은 검사할 때에 서류상 내용과 현품이 같은지를 확인하기 위한 것이고, 수량과 가격은 과세표준을 정하기 위한 것이다. 종전에는 수출자유지역에 반입하는 것도 수입으로 보았으나, 수출자유지역은 2000.7.1.부터 자유무역지역으로 변경되고 「자유무역지역의 지정 등에 관한 법률」에서 별도의 반출입절차를 규정하고, 2000년 개정 관세법에서 수출자유지역에 관한 내용을 삭제하였다.

【수출입반송 신고와 납세·가격신고 비교】

구 분	수출입반송신고	납세신고	가격신고
신고 의무자	수출입반송물품의 화주	물품을 수입하고자 하는 자	관세의 납세의무자
근거 조항	관세법 제241조 제1항, 동법 시행령 제246조 제1항	관세법 제38조 제1항, 동법 시행령 제32조	관세법 제27조, 동법 시행령 제15조
신고 내용	1. 당해 물품의 품명, 규격, 수량 및 가격 2. 포장의 종류·번호 및 개수 3. 목적지·원산지 및 선적지 4. 원산지표시 대상물품인 경우에는 표시유무·방법 및 형태 5. 상표 6. 납세의무자 또는 화주의 상호(개인의 경우 성명)·사업자등록번호·통관고유번호와	1. 당해물품의 관세율표상의 품목분류·세율과 품목분류마다 납부하여야 할 세액 및 그 합계액 2. 법 기타 관세에 관한 법률 또는 조약에 의하여 관세의 감면을 받는 경우에는 그 감면액과 법적근거 3. 시행령 제23조 제1항의 규정에 의한 특수관계에 해당하는지 여부와 그 내용	1. 수입관련 거래에 관한 사항 2. 과세가격산출내용에 관한 사항

32) 대법원 2006.5.25. 선고 2004도1133 판결 ; 대법원 2009.2.12. 선고 2007도300 판결 참조.

구 분	수출입반송신고	납세신고	가격신고
	해외공급자부호 또는 해외구매자부호 7. 물품의 장치장소 8. 그 밖의 참고사항	4. 기타 과세가격결정에 참고가 되는 사항	

관세법 시행령 제246조 제1항에서 물품의 장치장소를 수출입신고서에 기재하도록 규정하고 있으나, 하위 법령인 수출입통관 관련 고시에서는 장치장소의 내용을 각각 다르게 규정하고 있다. 「수출통관 사무처리에 관한 고시」에서는 수출물품이 장치되어 있는 소재지, 「수입통관 사무처리에 관한 고시」에서는 수입물품을 검사 또는 반입할 장소로 규정하고 있는 것이다. 동일한 목적으로 도입된 관세법 시행령 규정에 근거하고 있으나, 하위 고시에서 각각 다르게 규정하는 것은 법령 위임에 위배되며, 이를 근거로 하여 처벌하는 것은 죄형법정주의에도 맞지 않다. 따라서 「수출통관 사무처리에 관한 고시」 제11조 별표의 내용을 물품 검사에 관한 내용으로 개정하거나, 관세법 시행령 제246조 제1항 장치장소 규정을 삭제 개정할 필요가 있다.[33]

'반송'이란 외국물품을 다시 외국으로 반출하는 것을 말한다. '환적'과의 차이점은 환적은 물품이동을 지칭하지만 반송은 통관절차의 일종을 지칭한다. 따라서 반송할 때에는 통관에 관한 신고절차를 거쳐야 한다.

통관에 관계되는 신고에는 수출입반송신고, 가격신고, 납세신고 등 3종류가 있다. 수출입반송신고는 물품의 내용에 관한 신고이고, 가격신고는 물품의 가격에 관한 신고이며, 납세신고는 관세납부에 관한 신고다. 반송대상으로 외국물품을 선박 또는 항공기에서 내리지 아니한 상태에서 외국으로 재 운송되는 경우에는 반송신고 대상이 아니다. 반송신고의 대상은 우리나라에 수입할 목적으로 입항시 적재화물목록이 제출된 물품으로서 보세구역에 반입된 물품에 한한다. 수입신고된 것이라면 신고취하 후 반송할 수 있다.

제2항은 신고생략·간이신고에 관한 규정이다. 특정물품에 대하여 통관 신속화·능률화를 위하여 물품 내용에 관한 신고를 생략하거나 간소한 방법으로 신고할 수 있도록 하고 있다. 종전에는 대통령령에서 대상물품을 규정하였으나, 2000년 개정 관세법에서 법에 규정하였다. 우편물 및 종교용품·자선용품·장애인용품 면세, 정부용품 면세, 특정물품 면세, 소액물품 면세, 휴대품·탁송품·별송품·이사물품 면세, 재수출면세에 해당되는 물품과 국제운송을 위한 컨테이너에 대하여는 신고를 생략하거나 간이신고를 할 수 있다.[34] 통관의 편의를 위한 제도이지만 업무량이 증가함에 따라 정상적 신고를 해야 할 물품을 이 조항에 따라 신고 처

33) 이종익 "물품의 장치장소 기재에 관한 검토", 『계간 관세사』 통권197호, 2020년 여름호, 한국관세사회, pp.22~31.

34) 예를 들면, 「특송물품 수입통관 사무처리에 관한 고시」에 따라 특송업체가 제출하는 목록에 의하여 통관한다.

리함으로써 과세누락이 되는 부작용도 있다. 이를 막기 위해 동조 제5항에 가산세 부과에 관한 규정을 두고 있다.

휴대품은 여행자 또는 승무원이 여행할 때에 휴대하여 가지고 다니는 신변품 등을 말하며, 탁송품은 운송업자에게 위탁하여 물품을 보내는 것을 말하고,[35] 별송품은 여행자가 이용한 항공기, 선박 등 이외의 교통수단을 이용하여 별도로 반입하는 물품을 말한다. 국제운송을 위한 컨테이너나, 화물운반시 사용하는 화물깔판, 빠레트는 수출입할 때에 물품과 같이 이동하는 것이고 여러 번 걸쳐서 사용할 수 있다. 그러나 이 물품들을 관리하기 위해서는 재수출입 등 여러 절차를 거쳐야 한다. 이러한 문제를 해소하기 위하여 컨테이너를 세율 0%화하여 관리를 간소화하였다. 컨테이너는 별표 관세율표에 HS 8609호는 무세로 분류하고 있으나, 화물깔판은 무세가 아니며, 재수출 면세절차를 거쳐 통관하고 있다.

2018.12.8. 관세법 개정시 제3호의 2를 신설하여 수출입신고 생략이 가능한 물품을 추가하였다. 입항(도착) 보고 또는 출항(출발) 허가 대상인 선박, 항공기, 차량(도로 · 철도)등의 운송수단을 신고생략 가능물품으로 추가한 것이다. 제135조와 제136조는 입 · 출항절차를 규정하고, 제149조와 제150조는 국경출입차량의 도착과 출발절차를 규정하고 있다. 제3호의 2 단서 규정은 생략 예외를 열거한 것으로 신고대상 운송수단에 해당한다. 기존 업계에서 신고 누락사례가 다수 발생하여 관세조사과정에서 논란이 있었던 문제점을 보완한 것이다. 운송수단은 수입대상 물품이면서 다른 한편으로는 수입대상 물품을 운송하는 수단이 되는 이중적인 성격이 있기 때문에 발생한 현상이다. 이를 좀 더 명확하게 구분하기 위하여 수입 목적으로 우리나라에 최초 반입되는 운송수단, 해외에서 수리 또는 부품을 교체한 우리나라 운송수단, 해외로 수출 · 반송하는 우리나라 운송수단은 신고대상인 것으로 규정한 것이다.

법 제241조 제1항 · 제2항에 규정된 신고사항을 신고하지 아니하거나 허위로 신고하는 행위는 법 제276조의 허위신고죄에 해당하여 물품원가 또는 2천만원 중에서 높은 금액이하의 벌금에 해당된다.

【대법원 2020.1.30, 2019도11489】 세법 제241조 제1항 이 물품을 수출 · 수입 또는 '반송'하고자 할 때 세관장에게 신고하도록 규정한 취지는 통관절차에서 관세법과 기타 수출입 관련 법령에 규정된 조건의 구비 여부를 확인하고자 하는 데 있다. 한편 관세법 제269조 에서 무신고 수출입 및 '반송' 행위를 처벌하는 주된 취지는 수출입 및 반송 물품에 대한 적정한 통관절차의 이행을 확보

35) '탁송'은 사전적 의미로 남에게 부탁하여 물품을 보내는 것을 말한다. 이와 관련하여 사용례를 보면 여행자가 직접 가지고 있을 경우는 '휴대수하물'이 되고 운송업자 측에 맡길 경우 '탁송수하물'이 된다. 무역에서 사용되는 선하증권은 해운회사가 '탁송화물'에 대하여 발행하는 화물대표증권을 말한다. 우편증명서라 함은 소량의 화물을 우체국을 통하여 '탁송'하는 경우에 우체국이 발행하는 수취증을 말한다. 그리고 운송회사와 운송계약을 체결하고 화물을 '탁송'하는 자를 송하인이라 한다. 이와 같이 '탁송'이라는 의미는 광범위하게 사용되는 용어이다.

하는 데에 있고, 관세수입의 확보는 부수적인 목적에 불과하다. 외국으로부터 국내에 도착한 외국물품이 수입통관절차를 거치지 아니하고 다시 외국으로 반출되는 경우에는 관세법 제241조 제2항에 해당하는 등 특별한 사정이 없는 한 반송신고의 대상이 되므로, 이러한 신고 없이 해당 물품을 '반송'하는 행위는 관세법 제269조 제3항 제1호에 해당한다. [2] 우리나라가 가입하여 2006.2.3.부터 국내에서 발효된 '세관절차의 간소화 및 조화에 관한 국제협약 개정 의정서'('개정 교토협약')의 특별부속서 E(운송) 제2장(환적)의 이행지침에서는, 환적물품에 대하여 통관절차가 면제되는 취지로 규정하면서, 환적의 필수적인 특성으로 해당 물품은 오직 해당 관세영역으로부터 반출을 위하여 다른 운송수단으로 옮겨 실을 목적으로만 그 관세영역에 도착할 것 등을 규정하고 있다. 따라서 출국지를 우리나라로 변경할 목적으로 국내에 도착한 외국물품은 개정 교토협약에 따라 반송신고 등 통관절차가 면제되는 환적물품에 해당하지 않는다고 볼 것이다.

【서울고등법원 2019.10.31, 2018노3513】 외국으로부터 국내에 도착한 외국물품이 수입신고가 수리되기 전에 수입통관절차를 거치지 아니하고 다시 외국으로 반출되는 경우에는, 휴대품 등으로서 제241조 제2항에 따라 반송신고가 생략되는 물품이라는 등의 특별한 사정이 없는 한, 당연히 반송신고의 대상이 된다고 보아야 한다. 외국으로부터 국내로 들여와 내국인 여행객에게 건네져 외국으로 다시 반출되는 금괴는 신고 생략 대상이 아닌 반송신고의 대상이고, 금괴를 여행자의 통상적인 휴대품이라고 볼 수도 없다.

【대법원 2016.7.14, 2013도8382】 제241조 제1항 신고는 법 제1조가 규정한 관세법의 두 가지 목적, 즉 '관세의 부과 · 징수'를 통한 '관세수입의 확보'와 '수출입물품의 통관을 적정하게' 하는 것 중 통관의 적정을 위한 것이다. 물품의 '가격'은 수출신고나 반송신고뿐 아니라 수입신고의 경우에도 이를 '과세가격'으로 볼 것이 아니라 과세가격(법 제30조)을 결정하는 기초가 되는 실지거래가격, 즉 '구매자가 실제로 지급하였거나 지급하여야 할 가격'(구입가격)을 의미하고, 과세가격을 결정할 때 가산 · 조정하는 운임, 보험료 등은 거기에 포함되지 않는다. 납세신고는 수입신고서에 관세의 납부에 관한 사항을 기재하여 함께 제출하도록 되어 있어서(관세법 시행령 제32조), 납세신고와 수입신고는 하나의 서면으로 한꺼번에 이루어지게 되지만, 납세신고는 관세수입의 확보를 위한 것이므로 수입신고와는 목적이 다르다.

【대법원 2016.1.28, 2015도13591】 수입물품인 유류를 전부 하역한 후에도 유류를 적재한 유류탱크 내에 남는 폐유는 탱크의 구조 등으로 불가피하게 발생하고 세척의 방법을 이용하지 않는 한 하역이 될 수 없는 점, 유류의 수입화주가 폐유 부분까지 수입할 의사로 유류에 대한 수입신고를 하였다고 보기는 어려운 점, 입항 전 수입신고는 신속한 통관의 편의를 위하여 입항 후 수입신고의 원칙에 대한 예외로 인정된 것일 뿐 수입신고의 대상과 효력의 범위가 달리 취급되는 것은 아닌 점 등을 감안할 때, 수입화주의 유류에 대한 수입신고가 선박에 남는 폐유에까지 미친다고 볼 수는 없고, 따라서 유창(油艙)청소업자가 폐유를 하역하여 국내로 반입하고자 하는 경우에는 별도의 수입신고가 필요하다.

【대법원 2015.10.15, 2014도15287】 관세법 시행령 제246조 제1항 제5호는 관세법 제241조 제1항에 따라 수출시 세관장에게 신고하여야 하는 사항 중 하나로 '사업자등록번호 · 통관고유부호'를 정

하고 있는데, 사업자등록번호 등이 누구의 것인지를 명시하고 있지는 아니하나, 관세법이 수출물품의 통관에 관하여 화주의 특정을 필요로 하는 여러 규정(제160조, 제172조, 제214조 등)을 두고 있는 사정 등에 비추어 보면, 관세법 제242조에 따른 관세사 · 관세법인 · 통관취급법인이나 수출물품 제조 · 공급자의 명의에 의한 신고 등으로 물품의 수출신고명의인과 화주가 다른 경우에 수출물품의 통관을 적정하게 하려는 등의 의도에서 신고명의인과는 별도로 화주에 관한 신고의무를 정한 것이다. 그리하여 시행령 규정은 수출 화주에 관한 신고의무를 전제로 화주의 구체적인 특정을 위하여 그의 사업자번호 등을 신고하도록 정한 것이다, 그리고 '관세청의 수출통관사무처리에 관한 고시' 제7조 제6항 및 별표 '수출신고서 작성요령'에서 화주의 상호주소 등과 함께 사업자등록번호 및 통관고유부호를 기재하도록 정하고 있는 것도 이러한 취지에 따른 것이다.

【대법원 2014.1.29, 2013도12939】 관세법 시행령 제246조 제1항 제5호가 '사업자등록번호 · 통관고유부호'를 물품 수입시의 신고사항으로 정하고 있는 것은 대체로 수입신고명의의 대여 등으로 인하여 물품의 수입신고명의인과 실제로 납세의무를 부담하는 이가 상이한 경우에 있어서 관세의 부과 · 징수 및 수입물품의 통관을 적정하게 하고 관세수입을 확보하려는 의도에서 형식상의 신고명의인과는 별도로 실제로 물품을 수입한 자, 즉 화주인 납세의무자에 관한 신고의무를 정하였다고 봄이 상당하다. 그리하여 위 시행령 규정은 이러한 납세의무자에 관한 신고의무를 전제로 그 납세의무자의 구체적인 특정을 위하여 그의 사업자등록번호 등을 신고하도록 정한 것으로 보아야 할 것이다. 그리고 이러한 해석은 통상의 해석방법에 의하여 그 의미내용을 합리적으로 파악할 수 있는 것으로서, 처벌법규의 명확성의 원칙에 반한다거나 자의적으로 처벌 범위를 넓히는 해석이라고 할 수 없다.

【대법원 2011.7.14, 2011도2136】 편의치적의 방법으로 외국에 자신의 명의로 선박을 등록하여 외국의 가국적을 취득한 다음 이를 국내에 반입하여 사용에 제공하게 한 때에도 제241조 제1항의 '수입'에 해당하며, 관계 법령에서 정하는 적법한 절차를 밟아 수입하는 경우 관세가 부과되지 않는 물품에 해당한다고 하더라도, 적법한 수입신고 절차 없이 통관하는 경우에는 무신고수입으로 인한 구 관세법 위반죄에 해당한다.

【대법원 2009.2.12, 2007도300】 반송은 국내에 도착한 외국물품을 수입통관절차를 거치지 아니하고 다시 외국으로 반출하는 것으로서, 그 물품을 보냈던 화주에게 해당 물품을 도로 돌려보내는 경우로 한정되지 않는다고 봄이 상당하고 해당 반송물품이 반송신고한 바로 그 물품이 아니더라도 반송신고한 물품과 동일성이 인정되는 경우에는 밀반송죄는 성립하지 않는다.

【대법원 2008.6.26, 2008도22694】 관세법 제241조 제2항에서 규정하고 있는 간이통관절차의 대상물품에 해당하지 않는 상용물품을 수입하면서, 같은 조 제1항에서 규정하고 있는 일반수입신고를 하지 아니하고 부정한 방법을 이용하여 간이통관절차를 거쳐 통관하였다면, 이러한 수입행위는 적법한 수입신고 절차 없이 통관한 경우에 해당하므로 관세법 제269조 제2항 제1호의 밀수입죄를 구성한다.

【대법원 2006.5.25, 2004도1133】 [1] 관세법상 물품을 반송하고자 할 때에는 반송신고 당시 보세구역에 장치되어 있는 물품의 품명 · 규격 · 수량 및 가격 등을 현상 그대로 신고하여야 하는 것으로 해석하여야 하므로, 보세구역에 장치된 해당 물품 또는 그와 동일성이 인정되는 물품이 아닌 물품을 반

송신고한 다음 해당 물품을 반송하는 행위는 의당 관세법 제269조 제3항 제2호에 해당한다 할 것이다. [2] 수출입 회사 임직원들이 보세구역에 장치되어 있던 MTBE(산소계화합물의 일종)를 반출한 후 선박에서 다른 물품과 혼합하여 자동차용 휘발유의 일종인 오민(OMIN, Oily Mixture Including Naphtha)을 제조·수출함에 있어 'MTBE'가 아닌 'MOTOR GASOLINE'으로 반송신고한 경우, '해당 반송물품과 다른 물품으로 신고하여 반송'한 경우에 해당하여 관세법상 밀수출죄가 성립한다.

【대법원 2004.3.26, 2003도8014】 관세법 등 관계 법령에서 정하는 소정의 적법한 절차를 밟아 수입하는 경우에 관세가 부과되지 않는 물품(선박)에 해당한다고 하더라도 적법한 수입신고 절차 없이 통관하는 경우에는 무신고수입으로 인한 관세법위반죄에 해당한다.

【대법원 2002.12.6, 2000도3581】 관세법 등 관계 법령에서 정하는 소정의 적법한 절차를 밟아 수입하는 경우에 관세가 부과되지 않는 물품(골동품)에 해당한다 하더라도 적법한 수입신고 절차 없이 통관하는 경우에는 무신고수입으로 인한 관세법위반죄로 처벌할 수 있다.

【대법원 1983.3.22, 80도1591】 관세가 부과되지 않는 서적류로서 무역거래법상 상공부장관의 수입허가나 승인을 받을 필요가 없는 것일지라도, 세관장에 대한 수입신고의무가 당연히 면제되는 것은 아니며 만일 그 신고에 의한 세관장의 수입면허를 받음이 없이 통관한 경우에는 무면허수입죄의 죄책을 면할 수 없다.

【대법원 1981.1.27, 80도3096】 물품을 휴대 반입할 때에 세관원에게 구두로 신고하고 검사대 위에 이를 제시하여 일부 과세처분을 받아 관세를 납부하고 통관을 하거나 가액이 근소하다고 인정받아 면세 통관되거나 통관이 보류 등 적법한 절차에 의하여 통관하였다면 비록 사전에 정식 수입절차를 밟지 않고 수입하였다고 하더라도 관세법위반의 죄책을 물을 수 없다.

③ 수입하거나 반송하려는 물품을 지정장치장 또는 보세창고에 반입하거나 보세구역이 아닌 장소에 장치한 자는 그 반입일 또는 장치일부터 30일 이내(제243조 제1항에 해당하는 물품은 관세청장이 정하는 바에 따라 반송신고를 할 수 있는 날부터 30일 이내)에 제1항에 따른 신고를 하여야 한다.
④ 세관장은 대통령령으로 정하는 물품을 수입하거나 반송하는 자가 제3항에 따른 기간 내에 수입 또는 반송의 신고를 하지 아니한 경우에는 해당 물품 과세가격의 100분의 2에 상당하는 금액의 범위에서 대통령령으로 정하는 금액을 가산세로 징수한다.

해 설

제3항은 신고의무 기간에 관한 규정이다. 지정장치장·보세창고 등 보세구역이 아닌 장소에 장치한 물품에 대하여 30일 이내에 수입·반송 신고하도록 규정한 것은 장치장 화물 체화를 방지하고 물류 흐름을 신속화하기 위한 것이다.[36] 반출의무기간, 신고의무기간 등 물품 처

36) 반송신고하였으나 취하 후 다시 반송신고한 경우에는 반입 시부터 최종 신고시까지 기간으로 신고기한을

리기간을 법에 규정하게 된 것은 무역 교역량이 증가함에 따라 발생되는 화물운송의 지체현상을 막기 위한 것이다. 이와 같은 목적으로 물품의 화주·반입자는 지정장치장에 장치된 물품을 수입신고수리 후 15일 이내에 반출하여야 하고, 보세창고에서 내국물품이 정한 장치기간을 초과할 시에는 운영인의 책임으로 10일 이내에 반출하여야 하며, 수출물품은 수출신고수리 후 30일 이내에 운송수단에 적재하여야 한다. 그러나 과거 보세장치장에 대하여도 수입신고수리 후 15일 이내에 물품을 반출하도록 규정하고 있었으나,[37] 1998.12.28. 관세법 개정(법률 제5583호)시 특허보세장치장 업무 자율성을 높이기 위해 보세장치장은 제외하였으나 현재는 동일하게 적용한다.

여행자 휴대품 중 특정물품에 대하여는 예외적으로 반송신고할 수 있는 날부터 30일 이내에 반송신고 하여야 한다. 이 규정은 반송을 지연하기 위한 것으로서, 일반 수입 또는 반송규정이 의미하는 '신속한 신고'를 확보하기 위한 규정은 아니다. 한·중 여객선을 이용한 속칭 '보따리상'의 경우 상용물품은 면세통관이 허용되지 않음을 알면서도 통관의 허점을 노리고 지속적으로 상용물품을 반입하고 보따리상이 반입하는 물품에 대해 전량 검사 후 유치하여도 반송 후 재반입하는 악순환이 지속되는 부작용이 발생하였다. 따라서 상용물품을 과다반입한 여행자가 유치된 물품을 반송하는 경우 반송기간과 반송방법을 제한하여 차후 과다반입을 억제하기 위해 동 규정을 신설하였다.

신고를 하지 아니한 물품에 대하여는 세관장이 직권으로 이를 검사할 수 있으며, 신고인의 참여가 필요하거나 신고인이 참여를 신청하는 경우에는 검사에 참여할 것을 통지할 수 있다. 법 제243조 제1항은 여행자 휴대품 중에서 관세청장이 정하는 물품은 반송방법을 제한할 수 있다는 규정이다.

제4항은 가산세 징수에 관한 규정이다. 가산세는 세법이 규정하는 의무의 성실한 이행을 확보하기 위하여 세법이 정하는 제반의무를 불이행한 경우에 행정상의 제재이다. 이 경우는 기간 내 미신고가산세[38]라 할 수 있다. 기간 내 미신고 가산세율은 신고기한이 경과한 날로부터 20일이 경과할 시에는 1000분의 5부터 최고 1000분의 20까지 정해져 있으며, 기한 경과 일에 따라 차등비율을 정해 놓고 있다.[39] 또 가산세액은 전체 500만원을 초과할 수 없다. 가산세 대상물품은 신속 통관에 긴요하다고 인정되는 보세구역의 종류 및 물품의 특성을 감안하여 관

산정한다(관세청 유권해석 수출입물류-926, 2010.4.9).

37) 보세구역 아닌 장소에 장치허가를 받은 때보다 늦게 반입된 경우에는 실제 반입이 완료된 때부터 기간 계산을 한다(기획재정부 1976.2.12).

38) 수입하려는 물품을 보세구역에 반입한 후 수입신고하였으나 식품검사에 합격하지 못해 통관하지 못하고 수입신고 취하 승인을 받아 반송 신고한 경우, 반송과 관련된 반입일은 수입신고 취하일로 보아야 하므로 이건 신고지연가산세 부과대상에 해당하지 않음(관세청 통관기획과-3952, 2013.7.10).

39) 2007.1. 현재 지정보세구역 등 일부 보세구역에 대하여는 30일의 기간을 두고 있다.

세청장이 정한다.[40] 여기에서 규정한 가산세는 해당 수입물품의 과세가격을 과세표준으로 정하고 있으므로 일반적으로 경정, 수정신고에 에 따라 부과되는 가산세와는 그 성격을 달리한다.

⑤ 세관장은 다음 각 호의 어느 하나에 해당하는 경우에는 해당 물품에 대하여 납부할 세액(관세 및 내국세를 포함한다)의 100분의 20(제1호의 경우에는 100분의 40으로 하되, 반복적으로 자진신고를 하지 아니하는 경우 등 대통령령으로 정하는 사유에 해당하는 경우에는 100분의 60)에 상당하는 금액을 가산세로 징수한다.

1. 여행자나 승무원이 제2항 제1호에 해당하는 휴대품(제96조 제1항 제1호 및 제3호에 해당하는 물품은 제외한다)을 신고하지 아니하여 과세하는 경우
2. 우리나라로 거주를 이전하기 위하여 입국하는 자가 입국할 때에 수입하는 이사물품(제96조 제1항 제2호에 해당하는 물품은 제외한다)을 신고하지 아니하여 과세하는 경우

⑥ 제3항에도 불구하고 전기·유류 등 대통령령으로 정하는 물품을 그 물품의 특성으로 인하여 전선이나 배관 등 대통령령으로 정하는 시설 또는 장치 등을 이용하여 수출·수입 또는 반송하는 자는 1개월을 단위로 하여 해당 물품에 대한 제1항의 사항을 대통령령으로 정하는 바에 따라 다음 달 10일까지 신고하여야 한다. 이 경우 기간 내에 수출·수입 또는 반송의 신고를 하지 아니하는 경우의 가산세 징수에 관하여는 제4항을 준용한다.

해 설

제5항은 과세물품 미신고가산세에 관한 규정이다. 이 규정은 부정확하게 수출입신고하는 사례를 막고 신속하게 물품을 통관하기 위한 과세물품 미신고가산세제도를 규정하고 있다. 법 제96조 제1항 제1호, 제2호, 제3호는 여행자휴대품·이사물품·승무원 휴대품 등의 면세에 해당되는 물품을 말한다. 여행자는 휴대품 검사를 할 때에 휴대품으로 적정하지 아니한 물품은 신고를 하여야 하지만 이를 신고하지 아니하여 과세하는 경우에는 그 물품에 대하여 납부할 세액의 100분의 40, 우리나라로 거주를 이전하기 위하여 이사하는 자가 이사물품으로 적정하지 아니한 물품을 신고하지 아니하여 과세하는 경우에는 그 물품에 대하여 납부할 세액의 100분의 20을 가산세로 부과하고 반복적으로 자진신고를 하지 아니하는 경우 대통령령에 정하는 사유에 해당될 때에는 100분의 60을 가산세로 부과한다. 법률 제12847호(2014.12.23) 개정을 통해 납세자의 성실한 신고를 유도하기 위하여 면세한도를 초과하는 휴대품을 자진신고하지 아니한 여행자에 대하여 종전 신고불성실 가산세율 30퍼센트를 40퍼센트로 상향조정하고, 반복적으로 자진신고를 하지 아니하는 여행자 등에 대한 가산세율은 60퍼센트로 상향조정하였다.

2006.3.24. 개정 관세법에서는 승무원의 경우에도 여행자와 동일하게 미신고가산세를 부과

40) 「보세화물관리에 관한 고시」 별표 1에 적용대상 보세구역을 정하고 있다.

하도록 규정을 개정하였다.[41] 여기에서는 가산세 과세표준으로서 관세 및 내국세를 명시적으로 포함하고 있으므로 따로 내국세 가산세 부과에 관한 문제는 발생하지 아니한다.

제6항은 연속 공급물품(예 : 전기, 가스 등)에 대한 수출입 절차 규정의 미비점을 2006.12.30. 개정 관세법에서 새로 규정한 내용이다. 현행 관세법은 우리나라의 지리적 특성상 선박이나 항공기를 이용한 수출입을 주 대상으로 규정하고 있어, 연속공급물품의 수출입신고 절차에 관한 규정의 미비점을 보완하였다. 주기적으로 수출입 신고하는 기간신고제를 도입한 것이다. 종전에는 관세청 고시를 통하여 월별 신고제도를 도입, 임시 운영하였다.

이전에는 여행자휴대품에 대하여만 규정하였으나, 1999.12.28. 관세법 개정시 여행자휴대품과 그 성질이 유사한 이사물품의 경우에도 확대 적용하였다. 여행자나 이사자는 이러한 면세물품을 제외하고 나머지 과세대상 물품을 신고하여야 한다. 면세, 과세여부는 「여행자 및 승무원 휴대품 통관에 관한 고시」와 「이사물품의 수입통관 사무 처리에 관한 고시」에 규정되어 있다. 그러나 과세여부를 여행자나 이사자가 스스로 판단하여야 한다는 점에서 관련된 민원인의 부담이 크다 할 수 있다.

제241조의 2 【해외 수리 운송수단 수입신고의 특례】 제241조 제2항 제3호의 2 나목에 따른 운송수단을 수입신고하는 경우 해당 운송수단의 가격은 수리 또는 부품 등이 교체된 부분의 가격으로 한다.

해 설

2018.12.8. 관세법 개정시 신설된 조항으로 해외에서 수리하거나 부품이 교체된 운송수단의 수입 신고 내용을 명확하게 하였다. 수리한 운송수단의 과세가격은 관세평가규정에 따른 수리·개체된 부분의 과세가격이 적용되고, 품목번호·관세율은 해당 운송수단의 품목번호 및 관세율이 된다. 관세법 제81조에 따라 해외수리선박 간이세율제도가 폐지되고 본조가 신설되었다. 간이세율 적용 당시에는 과세가격은 수리 또는 개체를 위하여 지급하는 외화가격으로 하고, 세율은 해당 선박 또는 항공기 세율을 기초로 별도 간이세율표를 법령으로 정하여 운영하였다.

제242조 【수출·수입·반송 등의 신고인】 제241조, 제244조 또는 제253조에 따른 신고는 화주 또는 관세사등의 명의로 하여야 한다. 다만, 수출신고의 경우에는 화주에게 해당 수출물품을 제조하여 공급한 자의 명의로 할 수 있다.

41) 일부에서는 탁송품 중(미화 100불 이하 소액면제대상물품 등 목록통관 대상)에서 수입화주 등이 신고를 생략하거나 신고하지 아니하여 과세하는 경우에도 가산세를 중과하자는 의견이 있다.

해 설

수출·수입·반송의 신고는 화주나 관세사의 이름으로 하여야 한다. 수입자는 수입하려는 의사가 있어야 하나, 반드시 그 물품 소유자일 필요는 없다.[42] 다만, 수출신고는 완제품공급자의 이름으로도 신고할 수 있다. 이는 완제품에 사용되는 수입원재료의 관세를 완제품공급자가 직접 환급을 받을 수 있도록 하기 위한 것이다. 수입신고는 수입하고자 하는 의사를 가지고 수입신고서를 제출하거나, 수입신고자료를 전송하는 것을 말한다. 자료를 전송할 때에는 통관시스템에 자료가 접수된 시점을 수입신고한 때라 한다.

'기본통칙'에서는 반송신고를 범위를 넓혀서 적재화물목록의 수신인, 운송한 선박, 항공사의 동의를 받은 자 등도 가능하다. 관세청 유권해석에 의하면 '신고인으로서 화주'는 해당 물품의 소유주인 개인 또는 법인을 의미하며, 동일한 법인 내 여러 사업주체가 있는 경우 각 법인이 생산하거나 구매한 물품에 대하여 각 사업주체는 하나의 법인체, 법인 구성원으로서 동등하게 권리와 의무를 가진다.

법 제241조는 수출·수입·반송의 신고, 법 제244조는 입항 전 수입신고, 법 제253조는 수입신고 전 물품반출에 관한 조항이다. 명의는 문서상의 이름을 말한다. 여기서 화주라 함은 명의상 화주를 말하며 실질적으로 물품의 소유권·점유권을 가진 자인지 여부는 따질 필요가 없다. 관세사 등은 관세사·관세법인[43]·통관취급법인 등[44]을 말한다. 이외에 합동관세사가 있으나, 대표 관세사의 명의로 업무를 처리하므로 이는 관세사의 일종으로 볼 수 있으므로 별도로 법에서 정하지 아니한다.

'관세사'는 수출입물품 화주 등의 요청을 받아서 수출입물품에 관한 세번 분류·세율 결정, 과세가격 확인과 세액 계산, 관세법에 의한 수출·수입이나 반송의 신고와 이와 관련되는 절차 이행, 관세법에 의한 이의신청 등 대리, 관세에 관한 상담 또는 자문, 환특법에 의한 환급 청구 대리업무 및 조사 또는 처분에 관련된 화주를 위한 의견 진술의 대리 업무를 하는 자를 말한다.

최근에는 수출입통관절차가 간소화되면서 신고인의 책무가 강화되는 경향이 있다.[45] 사전품

---

42) 실무에서 발생하는 사례를 중심으로 의견을 소개하자면, 수입물품의 납세의무자는 법 제19조 제1항 1호에 의하면 물품을 수입한 화주 등이나 실질과세원칙에 따라 그 납세의무자를 사안별로 판단하고 있다. 그러나 수입신고시 신고한 납세의무자가 단순히 명의대여자에 지나지 않는다고 주장하는 경우 그 실제 화주를 밝혀내어 이를 납세의무자로 변경하여 관세 등을 추징하고 있다. 명의를 대여한 자에 대한 제재가 없어 명의대여 행위가 빈발하고 있는 상황에서 수입신고시 납세의무자를 허위로 신고한 경우 제재할 수 있도록 법제화하자는 의견이 있다.

43) 관세사 5인 이상으로 구성되며, 관세법인에는 3인 이상의 이사를 두어야 한다(2009.1.1.부터 시행).

44) 관세사법 제19조에 따라 운송·보관 또는 하역을 업으로 하는 법인이나, 화물유통촉진법에 따른 종합물류업자 등이 일정요건을 갖추고 관세청에 등록한 자를 말한다.

45) 관세청 고시 「관세사의 직무 수행에 관한 고시」에는 관세사의 의무, 등록 및 개업신고 등, 관세법인, 통관취

목분류 조회 등 조치를 하지 아니하고 단지 화주의 요구대로 수입신고를 잘못하여 화주가 추징에 따른 가산세를 물게 되어 손해를 입게 되면 그 손해배상 책임이 있다.[46] 현재는 통관에 대한 보수는 관세사와 업체의 계약에 의하여 자율적으로 정하고 있다.[47]

종전에는 관세사를 화물취급인, 통관업자라 하였으나 1975.12.22. 관세법 개정(법률 제2793호)시 명칭을 '관세사'로 변경하였다. 1995.12.6. 관세법 개정(법률 제4984호)시 납세자의 편의와 통관절차의 능률을 기하기 위하여 관세사법을 별도로 제정·운용하고 있다. 당시에 화주에게 관세사 채용을 강제할 수 있는 규정을 삭제하였고 수출신고할 수 있는 자로 완제품공급자를 추가시켰다.[48] 현행 관세사법에는 관세사의 자격과 시험, 등록과 개업, 관세사의 권리와 의무, 관세법인, 통관취급 법인 등, 관세사회, 보칙, 징계에 관하여 규정하고 있다. 2007.7.19. 관세사법 개정시 관세사의 영세성을 탈피하고 글로벌 경쟁체제를 갖추기 위하여 관세법인 제도를 도입하였다.

【대법원 2005.10.7, 2005다38294】 [1] 관세사 또는 관세사 법인과 그에게 통관 업무를 맡긴 수입업자 사이의 법률관계는 민법상의 위임관계와 같으므로, 관세사는 위임계약의 내용에 의하여 정해지는 구체적 위임사무 범위에서 위임의 본지에 따라 선량한 관리자의 주의로써 의뢰받은 통관 업무를 처리하여야 하고, 위임인인 의뢰인의 지시가 있으면 우선적으로 이에 따라야 할 것이지만, 다른 한편 구 관세사법(2002.12.18. 법률 제6778호로 개정되기 전의 것)이 관세사에게 관세사법 및 관세법 기타 법령에 의한 명령을 준수하고 통관업을 성실·공정하게 수행하여야 할 의무를 지우고 있는 점(제13조)이나, 관세사의 직무를 관세사나 관세사 법인 등이 아니면 취급할 수 없도록 명시하고 있는 점(제3조) 등에 비추어 보면, 관세사는 의뢰받은 사무와 밀접하게 연관되는 범위 안에서는 비록 별도의 위임이 없다 하여도 의뢰인이 이익을 도모하고 손해를 방지하기 위하여 필요한 조치를 취하도록 의뢰인에게 설명하고 조언하여야 하며, 의뢰인의 구체적인 지시가 있어도 그에 따르는 것이 위임의 본지에 적합하지 않거나 또는 의뢰인에게 불이익한 때에는 관세사는 그러한 내용을 의뢰인에게 설명하고 그 지시를 변경하도록 조언할 의무를 진다. [2] 관세사가 의뢰인으로부터 위임받은 수입물품의 통관 업무를 처리하면서 관세청장에 대한 사전회시 등 수입물품의 관세율표 품목분류번호(세번)를 확정하는 데 필요한 조치를 취하지 아니한 채, 의뢰인의 요구에 따라 잘못된 세번과 세율로 수입신고함으로써 의뢰인으로 하여금 가산세를 무는 손해를 입게 하였다면, 관세사로서의 선량한 관리자의 주의의무와 설명조언의무를 위반한 것이다.

급법인 등, 합동사무소, 관세사의 손해배상책임 보장 및 분쟁 등의 조정, 관세사의 징계, 직무보조자의 채용 및 징계, 관세사자격시험 및 실무수습, 관세사회 감독, 신고인관리 시스템 등에 관하여 규정하고 있다.

46) 대법원 2005.10.7. 선고 2005다38294 판결 참조. 관세사법 개정(2007.7.19)시 관세법인 또는 통관취급법인 등에 소속된 관세사를 제외하고는 의무적으로 손해배상책임 보장을 위한 보험에 가입하도록 규정하였다.

47) 보수 규정은 1999.2.5. 「독점규제 및 공정거래에 관한 법률의 적용이 제외되는 부당한 공동행위 등의 정비에 관한 법률」(법률 제5815호)에 따라 폐지되었다.

48) 수출물품을 수출자에게 공급하는 자를 완제품 공급자라 한다.

제243조【신고의 요건】 ① 제206조 제1항 제1호 가목의 물품 중 관세청장이 정하는 물품은 관세청장이 정하는 바에 따라 반송방법을 제한할 수 있다.
② 제241조 제1항에 따른 수입의 신고는 해당 물품을 적재한 선박이나 항공기가 입항된 후에만 할 수 있다.
③ 제241조 제1항에 따른 반송의 신고는 해당 물품이 이 법에 따른 장치 장소에 있는 경우에만 할 수 있다.
④ 밀수출 등 불법행위가 발생할 우려가 높거나 감시단속을 위하여 필요하다고 인정하여 대통령령으로 정하는 물품은 관세청장이 정하는 장소에 반입한 후 제241조 제1항에 따른 수출의 신고를 하게 할 수 있다.

해 설

신고 요건은 신고하기 위한 기본 구비사항을 말한다. 기본 구비사항으로 신고 대상물품의 위치를 꼽고 있다. 관세행정은 대물행정이므로 물품의 위치에 따라 관련 적용할 법규가 정해진다. 수입신고 요건은 선박, 항공기가 입항한 후에 한하여 신고할 수 있도록 하였다. 2003년 개정 관세법에서는 여행자 휴대품의 과다반입을 억제하기 위하여 관세청장이 반송방법을 제한할 수 있는 규정을 신설하였다. 이 조문은 법 제206조의 유치 및 예치 조문에 신설하는 것이 적정한 방법인 것으로 판단된다. 반송방법은 유치의 해제에 관한 문제이지 신고 요건으로 보기는 부적정하며 다른 조항과 내용상 균형이 맞지 않다.

제2항은 수입신고 요건에 관한 규정이다. 제정 관세법에서는 장치장에 장치한 후 신고하였다. '입항된 후'는 입항절차가 종료된 후라는 의미다. 그러나 무역 형태가 여러 가지 다양한 모습으로 발전하여 이러한 원칙만으로는 늘어나는 교역량을 처리해 나갈 수 없기 때문에, 입항전수입신고 등과 같은 신고요건에 예외적인 제도도 운영하고 있다. 「수입통관 사무 처리에 관한 고시」에는 출항 전 신고, 입항 전 신고, 보세구역도착 전 신고, 보세구역장치 후 신고에 관하여 규정하고 있다.

제3항은 반송신고 요건에 관한 규정이다. 반송신고요건은 물품을 장치장소에 장치하는 것이지만 수출신고에 관하여는 별도의 신고요건에 관한 규정이 없다. 법 제206조 제1항 제1호는 여행자휴대품을 말한다.

제4항은 2015.12.15. 법 개정시 신설된 것으로 고위험 물품의 밀수출 등 불법행위가 발생할 우려가 높거나 감시단속상 필요하다고 인정하는 물품에 대해서는 관세청장이 정하는 장소에 반입한 후 제241조 제1항에 따른 수출신고를 하도록 하였다. 기존에는 수출신고가 수리된 물품은 보세구역에 반입할 필요 없이, 수출신고 후 30일 이내 선박 등에 적재하도록 하였는데, 동 기간 내에 물건을 바꿔치기 하는 등의 방식으로 불법적인 물품을 수출하는 사례 등이

발생하여 이를 차단하기 위한 것이다.[49)]

2017.3.27. 관세법 시행령 개정시 도난우려가 높은 물품 등 국민의 재산권 보호를 위하여 수출관리가 필요한 물품이나 고세율 원재료를 제조가공하여 수출하는 물품 등 부정환급의 우려가 높은 물품에 대하여는 수출신고 전에 관세청장이 정하는 보세구역에 반입하도록 하되 수출입 안전관리 우수 공인업체가 수출하는 물품에 대해서는 반입의무 대상에서 제외하도록 규정을 개정하였다.

2019.9.24. 관세법 시행령 개정시 보세구역 반입 후 수출신고 대상물품에 국민보건이나 사회안전 또는 국제무역질서 준수 등을 위하여 수출관리가 필요한 물품을 추가하였다.

제244조【입항전수입신고】 ① 수입하려는 물품의 신속한 통관이 필요할 때에는 제243조 제2항에도 불구하고 대통령령으로 정하는 바에 따라 해당 물품을 적재한 선박이나 항공기가 입항하기 전에 수입신고를 할 수 있다. 이 경우 입항전수입신고가 된 물품은 우리나라에 도착한 것으로 본다.
② 세관장은 입항전수입신고를 한 물품에 대하여 제246조에 따른 물품검사의 실시를 결정하였을 때에는 수입신고를 한 자에게 이를 통보하여야 한다.
③ 제2항에 따라 검사대상으로 결정된 물품은 수입신고를 한 세관의 관할 보세구역(보세구역이 아닌 장소에 장치하는 경우 그 장소를 포함한다)에 반입되어야 한다. 다만, 세관장이 적재상태에서 검사가 가능하다고 인정하는 물품은 해당 물품을 적재한 선박이나 항공기에서 검사할 수 있다.
④ 제2항에 따라 검사대상으로 결정되지 아니한 물품은 입항 전에 그 수입신고를 수리할 수 있다.
⑤ 입항전수입신고가 수리되고 보세구역 등으로부터 반출되지 아니한 물품에 대하여는 해당 물품이 지정보세구역에 장치되었는지 여부와 관계없이 제106조 제4항을 준용한다.
⑥ 입항전수입신고된 물품의 통관절차 등에 관하여 필요한 사항은 관세청장이 정한다.

해 설

신속한 통관이 필요할 때에 물품을 실은 선박, 항공기가 입항하기 전에 수입신고할 수 있으며, 이를 입항 전 수입신고라 한다. 관세청 고시에서는 입항시점을 하선(기) 신고시점[50)]으로 보고 있다. 물품이 도착하기 전에 서류심사를 거치고, 만일 이 물품이 검사할 필요가 없는 물품이라면 나중에 우리나라에 도착하더라도 바로 운송하여 화주가 사용할 수 있도록 한 것이다.

입항전수입신고한 때 물품은 우리나라에 도착하지 아니 하였지만 우리나라에 도착한 것으로 본다. 도착은 우리나라 주권이 미치는 영역 안으로 들어왔음을 의미하며, 구체적으로는 법

49) 특히, 중고자동차 등의 밀수출 우려가 높은바, 현재는 개장검사가 어려운 컨테이너에 적재하여 수출하는 차량에 한하여 보세구역 반입 후 수출신고를 하도록 하고 있다.
50) '하역신고'란 선박 등이 입항(도착)한 후의 하역신고를 의미한다(관세청 통관기획과－6563호, 2013.11.20).

제30조 제1항 제6호의 '수입항까지'와 마찬가지로 입항하여 하역 신고한 것으로 해석된다. 입항 전 수입신고는 해당 물품을 적재한 선박 또는 항공기가 그 물품을 적재한 항구 또는 공항에서 출항하여 우리나라에 입항하기 5일 전, 항공기의 경우 1일 전부터 할 수 있다. 출항부터 입항까지의 기간이 단기간인 경우 해당 선박 등이 출항한 후에 신고하는 것이 곤란하다고 인정되어 출항하기 전에 신고 할 필요가 있는 때에는 관세청장이 정하는 바에 따라 그 신고시기를 조정할 수 있다.

법령의 개정에 따라 새로운 수입요건의 구비가 요구되거나, 해당 물품이 우리나라에 도착하는 날부터 높은 세율이 적용되도록 법령에 규정되어 있거나 법령 개정이 예고된 물품, 수입신고하는 때와 우리나라에 도착하는 때의 물품의 성질과 수량이 달라지는 물품으로서 관세청장이 정하는 물품은 해당 물품을 적재한 선박 등이 우리나라에 도착된 후에 수입신고하여야 한다. 만일 위 두 가지 경우에도 입항 전 수입신고를 할 수 있다면 신속통관을 목적으로 하는 본 수입신고 제도를 악용하여 유리한 시간에 맞추어 미리 신고하는 경우가 발생될 수 있을 것이다. 조세회피 목적으로 악용되는 것을 막기 위하여 고세율로 변경이 입법 예고된 물품에 대한 입항 전 신고의 제한,[51] FTA 계절관세가 적용되는 물품 경우 별도로 입법예고하지 않더라도 날짜 변경에 따라 세율이 변화하는 경우에 대비한 문구 수정 등을 2008.2.22. 시행령 개정시 반영하였다.

종전에는 물품이 입항·하역되어 보세구역에 장치된 후 수입신고가 가능하였으나, 1995. 12.6. 관세법 개정(법률 제4982호)시 물류흐름을 신속히 하기 위해 선박·항공기가 입항하기 전에 수입신고가 가능하도록 하였다. 그리고 2000년 개정시행령에서는 입항 전 수입신고를 할 수 없는 경우를 정하여 수입신고업무를 합리적으로 운영할 수 있게 하였다.

우리나라에 도착의 개념에 관하여,[52] 동법 시행령 제249조 제3항(입항전 수입신고의 제한)의 '우리나라에 도착'은 객관적인 증빙서류 등을 통해 입증되는 경우 원칙적으로 영해 등 우리나라의 영역에 도달하는 시점으로 본다.[53]

제2항은 물품검사에 관한 규정이다. 입항 전 수입신고는 물품이 실질적으로 우리나라에 도착되지 아니한 때 신고하므로, 물품검사가 생략되는 경우에는 물품이 도착되기도 전에 수입신고수리가 될 수 있다. 그러나 물품검사를 해야 할 때는 신고자에게 통보하여 물품검사를 할 수 있도록 준비해야 한다.

---

51) 할당관세 적용, 비적용 여부는 고세율로 변경이 입법 예고된 사항과 무관하다(기획재정부 유권해석, 2019. 7.24).

52) 이종익, "입항전수입신고제도상 '입항'과 '도착' 용어 해석에 관한 고찰", 『계간 관세사』, 2020 신년호, 한국관세사회, pp.46~53.

53) 기획재정부 관세제도과－646(2019.7.24).

제3항은 물품반입에 관한 규정이다. 입항전수입신고한 물품이 검사로 결정된 경우에는 검사할 수 있도록 관할 보세구역에 반입하여야 한다. 물품검사 여부는 화물선별 프로그램에 따라 선별하는 것이므로 신고한 후에야 검사여부를 알 수 있으며, 검사대상으로 결정된 경우 관할 보세구역에 반입하여야 한다.

다만, 원유·곡물 등 산적 화물의 검사절차 간소화를 위하여 물품을 선박 또는 항공기에 적재한 상태로 검사할 수 있다. 물품검사를 위해 불필요하게 보세구역 또는 보세구역 외 장치를 함에 따라 물류비용의 증가 및 물류흐름의 장애가 발생하므로 이를 개선하고 신속하게 통관을 위해 2000년 관세법 개정시 신설되었다.

제4항은 입항 전 수입신고수리에 관한 규정이다. 물품검사를 하지 아니하는 것으로 결정되면 그 시점에서 바로 수입신고수리할 수 있다. 수입신고수리한 물품은 화주의 운송계획에 따라 하선·하기하여 바로 공장 등으로 운송하여 사용할 수 있다.

제5항은 위약물품 관세환급에 관한 규정이다. 장치장에 장치중인 물품에 대한 위약물품 관세환급은 법 제106조에 따라 지정장치장에 있는 경우에만 가능하다. 그러나 입항 전 수입신고에서는 지정장치장에 장치 여부와 관계없이 위약물품 관세환급 규정을 적용한다. 입항 전 수입신고는 물품이 입항 전 상태에서 수입신고 되는 것이므로, 이 상태에서 보세구역에 따라 위약환급 여부를 결정한다는 것은 불합리하기 때문에 전체 보세구역을 대상으로 한 것이다. 입항 전 수입신고 수리물품이 보세구역으로부터 반출되지 아니한 상태에서 멸실·변질·손상된 경우에는 지정보세구역에 장치되어 있지 아니하더라도 위약물품 관세환급을 할 수 있다.

제6항과 관련하여 관세청 고시인 「수입통관 사무처리에 관한 고시」 등에서 입항전수입신고에 대하여 규정하고 있다. 기획재정부령에 입항 전 수입신고는 선박 또는 항공기가 다른 나라의 항구, 공항을 출항한 후에 하여야 한다. 다만, 관세청장이 정하는 바에 따라 그 신고시기를 조정할 수 있다.

【심판청구 2020.1.9, 조심 2019관0045】 관세법 시행령 제249조 제3항 제1호에 따라 입항전수입신고가 제한되는 것은 원칙적으로 법령의 개정에 따라 적용되는 세율 자체가 높아진 경우나 새로운 수입요건을 요구하는 경우를 말하는 것으로 보이는 점, 그런데 쟁점물품의 경우 쟁점선박 입항 전후를 비롯하여 2014년 1년간 계속하여 할당관세율과 할당물량이 동일하였고, 특별히 새로운 수입요건을 요구하는 내용의 법령개정이 예정되어 있지 아니하였던 점, 관세법 제17조에 따라 관세는 수입신고 당시의 법령에 따라 부과하여야 하는데, 청구법인은 입항전수입신고 당시 그 기간 등이 유효한 쟁점추천서를 제출하여 할당관세율의 적용을 신청하였던 점 등에 비추어, 처분청이 쟁점물품에 할당관세율의 적용을 배제하고 WTO 양허관세율을 적용하여 과세한 이 건 처분은 잘못이다.

【심판청구 2015.8.31, 조심 2015관0100】 관세법 시행령 제249조 제3항에 세율이 인상하거나 새로운 수입요건을 갖추도록 요구하는 법령이 적용되거나 적용될 예정인 물품은 적재한 선박 등이 우

리나라에 '도착한 후'에 수입신고하도록 제한하고 있는바, 그 기준 시점으로 규정된 '도착한 후'는 하선신고일이 아닌 입항보고 등 입항절차가 완료된 시점으로 보이는 점, 쟁점물품의 입항일 및 입항 후 수입신고일이 개정된 개별소비세법 시행일 이후인 점, 처분청 등의 잘못된 행정지도로 인하여 청구법인이 불이익을 받았다고 보기 어려운 점 등에 비추어 처분청이 개정된 개별소비세법에 개별소비세 등을 과세한 처분은 잘못이 없다.

【대법원 2011.10.13, 2009두22072】 [1] 제244조 제1항의 문언상 입항 전 수입신고의 절차와 방법만을 관세법 시행령에서 정하도록 위임한 것이 아니므로 시행령이 입항 전 수입신고의 대상에 관하여도 필요한 경우 일정한 제한을 하는 것을 충분히 예상할 수 있는 점, 입항 전 수입신고는 신속한 통관의 편의를 위하여 법 제243조 제2항에 의한 입항 후 수입신고의 원칙에 대한 예외로서 인정된 것인 만큼 그로 인하여 법령의 개정이 예고되어 있는 상황에서 개정법령의 적용을 회피하는 결과까지 초래되는 것은 바람직하지 않으므로 이와 같은 경우에 시행령에서 입항 전 수입신고를 제한하더라도 모법의 취지에 반한다고 할 수 없는 점 등을 종합하면, 시행령 제249조 제3항 제1호 규정이 세법 개정에 따라 높은 세율의 적용이 예고되어 있는 물품에 대하여 입항 전 수입신고를 제한하더라도 이를 두고 법 제244조 제1항의 위임범위를 벗어나 무효라고 할 수 없다. [2] 액화천연가스 수입업자인 甲 공사가 2006.1.1. 우리나라 도착 예정인 액화천연가스에 대하여 2005.12.30. 입항 전 수입신고를 하였는데, 당시 2006.1.1.부터 액화천연가스에 대한 특별소비세율을 인상하는 내용의 구 특별소비세법 개정안이 입법예고되어 있어서 구 관세법 시행령 제249조 제3항 제1호에 따라 위 물품은 입항 전 수입신고 대상에 해당되지 않는다는 이유로 과세관청이 甲 공사에 개정된 세율에 따른 특별소비세 및 그에 대한 가산세 등을 부과하는 처분을 한 사안에서, 위 처분이 적법하다고 본 원심판단은 정당하다.

제245조【신고 시의 제출서류】 ① 제241조 또는 제244조에 따른 수출 · 수입 또는 반송의 신고를 하는 자는 과세가격결정자료 외에 대통령령으로 정하는 서류를 제출하여야 한다.
② 제1항에 따라 서류를 제출하여야 하는 자가 해당 서류를 관세사등에게 제출하고, 관세사등이 해당 서류를 확인한 후 제241조 또는 제244조에 따른 수출 · 수입 또는 반송에 관한 신고를 할때에는 해당 서류의 제출을 생략하게 하거나 해당 서류를 수입신고 수리 후에 제출하게 할 수 있다.
③ 제2항에 따라 서류의 제출을 생략하게 하거나 수입신고 수리 후에 서류를 제출하게 하는 경우 세관장이 필요하다고 인정하여 신고인에게 관세청장이 정하는 장부나 그 밖의 관계 자료의 제시 또는 제출을 요청하면 신고인은 이에 따라야 한다.

해 설

신고할 때 제출하는 서류에는 과세자료 이외에 대통령령이 정하는 서류가 있으며, '대통령령에 정하는 서류'에는 신고서 · 선하증권 사본 또는 항공화물운송장 사본 · 원산지 증명서 · 기타 참고서류 등이 있다. 법 제226조의 규정에 의한 증명을 필요로 하는 것인 때에는 관련

증명서류를 첨부하여 수출입신고하여야 한다. 물품의 동일성을 확인하기 위해서 선하증권 사본 또는 항공화물운송장 사본이 필요하며, 통관구비 조건을 갖추었는지 여부를 확인하기 위하여 법 제226조에 관한 증명서류가 필요하다. 신고할 때 제출하는 서류 종류는 신고인 편의를 위해 계속 줄여 왔고, 현재는 '서류 없는 신고제도' 즉 P/L까지 발전해 왔다. 실질적으로 통관심사 · 검사할 때에는 무엇보다도 화주가 제출한 원본 서류가 가장 중요한 참고자료가 된다.

관세청에서는 2018년 수출통관 물류 업무를 수행하기 위해 수출화주가 생성하는 무역서류의 실시간 공유와 관세청 수출통관과 적하신고를 블록체인 기반으로 제공하는 서비스 시범사업을 진행하고 있다. 다수의 물류 주체가 참여하는 프로세스의 특성상 주체 간 정보공유의 번거로움과 신고정보의 위변조 등 취약점은 블록체인 기술을 적용하면 근본적으로 개선이 가능하다. 시범사업을 거쳐서 향후 서비스 이용자는 관세청, 수출화주, 관세사, 선사, 항공사, 포워더, 적재화물목록 취합사업자, 터미널, 내륙운송사, 해외 세관, 해외 거래처 등으로 확산될 전망이다.

제2항은 관세사가 세관을 대신하여 신고서류를 확인하는 제도에 관한 규정이다. 수입 분야에서는 아직까지 크게 활성화되어 있지는 아니하지만 앞으로 신속통관을 위해서는 적극적으로 추진해야 할 제도이다. 관세사가 일차로 확인하고 수출 · 수입 또는 반송 신고한 서류는 세관에 제출하는 것을 생략하거나, 수입신고수리 후에 서류를 제출하게 하는 것이다. 이때 서류 제출의 무자는 관세사다. 화주 편의를 도모하고 신고인인 관세사에게 서류 확인 업무를 분담하므로 통관 업무에 있어서 관세사 역할을 강조한 것이다. 현재는 수출신고업무에 있어서 관세사가 화주에게서 모아온 서류를 일정기간 보관하다가 일괄 제출하는 등 방법으로 운영하고 있다.

제3항은 신고인의 관계자료 등 제출의무에 관한 규정이다. 관세청장이 정하는 장부 기타 관계 자료는 제1항에서 규정하는 과세자료 · 선하증권 사본 · 기타 참고서류 · 법 제226조에 관한 증명서류를 제외한 서류이다. 서류제출을 생략하거나 수입신고수리 후에 서류를 제출하는 대신에 서류의 정확성을 확보하는 수단으로 신고인이 장부 · 기타 관계 자료를 기록 유지하도록 규정한 것이다. 서류에 대하여는 전산 매체로 보관할 수 있으나 전산으로 데이터화할 수 있는 서류가 제한되어 있어 실질적으로는 보관하여야 할 서류의 양이 많으므로 보관의무를 성실하게 지킬 수 있도록 하기 위해 전산에 의한 보관 방법 등이 연구되어야 한다. 관계자료 제시 · 제출 요구에 불응한 경우에는 100만원 이하의 과태료에 해당한다.

【대법원 1996.9.6, 94다46404】 [1] 수입 항공화물에 대한 통관절차를 마치는 데 필요한 항공화물운송장의 사본은 수하인용 항공화물운송장 원본을 분실하거나 기타 사유로 제출할 수 없을 때 원본과 같은 효력이 있음을 인증받은 사본을 말한다. [2] 운송주선인의 국내 대리점인 운송취급인이 수하인용 항공화물운송장 등 운송서류를 수하인이나 통지처가 아닌 제3자(실수입업자)에게 임의 교부한 경우, 수하인에게 그 운송장 등을 교부하고 수입 물품을 인도할 의무가 있는 운송취급인으로서는 제3자에게 통관에 필요한 운송장 등을 교부하면 제3자가 이를 이용하여 수입 물품에 대한

통관절차를 마치고 수하인의 승낙 없이 이를 보세창고에서 반출하여 감으로써 수하인이 갖고 있는 수입 물품의 인도청구권을 침해하는 결과가 발생할 수 있음을 인식할 수 있었고 만약 그 결과의 발생을 인식하지 못하였다면 그와 같이 인식하지 못하게 된 점에 대하여 운송취급인으로서의 주의의무를 결여한 과실이 있으며, 제3자가 운송취급인으로부터 교부받은 운송장 등을 이용하여 통관절차를 마치고 수입 물품을 반출하여 간 이상, 그 운송장 등의 교부로써 운송취급인이 제3자에게 수입 물품을 인도한 법적 효력이 발생하였는지 여부와는 상관없이 그와 같은 운송취급인의 과실행위는 수하인의 수입 물품에 대한 인도청구권을 침해한 불법행위가 된다. [3] 위 [2]항의 제3자가 운송취급인으로부터 교부받은 항공화물운송장 등과 스스로 위조한 수입승인서를 이용하여 통관을 마치고 보세창고에서 그 수입 물품을 반출하여 간 경우, 운송취급인의 운송장 등 교부행위와 수하인의 손해 사이에는 상당인과관계가 존재한다.

【수입신고 시기 구분에 따른 통관절차 비교】

구 분		출항전 신고	입항전 신고	보세구역 도착전 신고	보세구역 장치후 신고
신고시기		입항5일전(항공기는 1일전)으로 선박(항공기)이 적재항 출항전	입항5일전(항공기는 1일전)으로 선박(항공기) 출항후 입항전	입항후 해당물품이 반입될 보세구역 도착전	해당물품의 보세구역 도착 후
신고대상 물품		• 항공기 수입물품 • 선박은 일본, 중국, 대만, 홍콩의 수입물품	제한 없음	제한 없음	제한 없음
신고세관		입항예정지세관	입항예정지세관	해당 보세구역 관할세관	해당 보세구역 관할세관
검사대상 여부 통보시기		선박(항공기)이 출항하였음을 입증하는 자료제출하는 시점	수입신고일	수입신고일	수입신고일
수리시기	검사생략	적재화물목록 제출후	적재화물목록 제출후	보세구역 도착보고후	수입신고후
	검사대상	물품검사 종료후	물품검사 종료후	물품검사 종료후	물품검사 종료후

2. 제2관 물품의 검사

제246조【물품의 검사】 ① 세관공무원은 수출 · 수입 또는 반송하려는 물품에 대하여 검사를 할 수 있다.

② 관세청장은 검사의 효율을 거두기 위하여 검사대상, 검사범위, 검사방법, 검사 장비 · 시설 및 검사인력 양성 등에 관하여 필요한 기준을 정할 수 있다.

③ 화주는 수입신고를 하려는 물품에 대하여 수입신고 전에 관세청장이 정하는 바에 따라 확인을 할 수 있다.

해 설

물품검사에는 수출·수입 물품검사와 보세구역 반출·반입 물품검사, 보세운송물품 검사, 적재·하선하는 선박용품·항공기용품검사 등이 있다. 검사에 있어서는 제정관세법에서는 전량검사가 원칙이었으나, 현재에는 선별검사하고 있다. 검사제도는 모든 물품을 검사하는 전량검사제도에서 검사대상을 선별하여 검사하는 선별검사제도로 발전하고 있다. 선별검사는 위험도관리기법을 적용하여 위험도가 높은 물품을 검사대상으로 선별하여 검사하고 위험도가 낮은 것은 검사를 생략하는 것이다.

수출·수입 물품 검사가 신고서와 현품이 일치하는지 여부를 면밀히 검사하는 것이라면, 보세운송 검사, 보세구역반출입 검사 등은 물품 품명·개수 등이 맞는지 여부에 중점을 둔 감시위주 검사다. 수입물품검사는 과세대상물품을 확인하는 업무로서 일반적으로 검사라 하면 이를 두고 말한다. 수입물품 중 관세가 면제되거나, 무세인 물품에 있어서는 그 검사를 마친 때에 해당 물품에 대한 수입신고가 수리된 것으로 본다.

제2항은 검사의 기준에 관한 규정이다. 2024.12.31. 법 개정시 검사 장비 시설, 검사인력 양성에 관한 사항을 구체적으로 규정하였다. 어느 수출·수입 신고 건을 검사할 지, 검사 개수는 몇 개로 할 것인지 등에 관한 기준은 관세청장이 정할 수 있다. 관세청 훈령으로 「수입물품 선별검사에 관한 시행세칙」이 있으며, 이 훈령에는 검사대상 선별기준의 구분이나 운영, 검사대상의 선정, 검사결과 조치나 등록, 검사실적 평가 등을 규정하고 있다.[54] 또한 수입물품에 대한 검사방법[55] 중 하나인 분석검사의 절차나 방법 등에 대해서는 별도로 「수출입물품의 분석사무처리에 관한 시행세칙」에서 규정하고 있다.

제3항은 화주의 물품확인에 관한 규정이다. 수입신고할 물품에 대하여, 화주가 확인하지 못한 상태에서 보세창고 등에 장치되는 경우가 많으므로 물품이 정확하게 반입되었는지 여부 등을 화주가 확인할 수 있도록 하고 있다. 확인의 정도는 단순 외포장 확인을 말하는 것이 아니고 물품의 규격과 세부성능에 대하여도 확인할 수 있다. 관세청 고시로 「보세화물 관리에 관한 고시」에 구체적 확인 및 견본품 인취 방법 등에 관하여 규정하고 있다.

---

54) 물품 검사에 따른 비용 부담은 수입물품의 화주가 부담하는 것이나, 화주는 검사에 따른 불이익의 감수보다는 불만이 앞서 검사 비용을 검사 주체인 세관에서 지불하여야 한다는 주장을 펴고 있다. 수입 화주가 물품에 대하여 '검사를 받을 의무'가 있음을 법에서 명시하는 것이 이런 불만을 해소할 수 있는 방법이라 할 수 있다.

55) 「수입통관 사무처리에 관한 고시」 제32조(검사방법) 제1항에 검사대상물품은 전량검사, 발췌검사, 분석검사나 과학장비에 의한 검사 방법으로 검사를 실시한다고 규정하고 있다.

【대법원 2012.10.11, 2010두27165】 수입화주가 수입물품을 관세율 8%인 '감자전분의 조제품'으로 하여 수입신고하였는데, 중앙관세분석소가 그 시료를 분석하여 관세율 455%인 '감자전분'으로 판정하고서도 남은 시료를 수입화주 등의 의사 확인 없이 즉시 폐기한 후 그에 기초하여 관세를 증액하여 부과한 사안에서, 위 처분은 '분석결과에 대하여 수출입화주가 이의를 제기할 가능성이 있는 경우'에는 남은 시료를 6개월간 보관하도록 한 구 '수출입물품의 분석사무처리에 관한 시행세칙'을 어겨 甲에게 이의제기권 등을 보장하지 아니한 잘못된 절차에 근거하여 위법하다.

【대법원 1998.7.24, 96누18076】 수출입물품 검사에 관한 관세법, 수입통관사무처리규정에 의하면 수출입물품 검사는 수송포장단위를 기준으로 2개 이상만 검사하면 되고, 그 시료채취의 방법에 관하여는 특별한 제한이 없으므로 전체가 동일한 종류의 물품이라고 신고한 수입 합판에 있어 수송포장단위인 번들을 기준으로 하여 2번들 이상을 육안으로 검사하고 그 가운데서 시료를 채취하여 검사한 검사 결과에 따라 위 합판은 조정관세의 대상이다.

제246조의 2 【물품의 검사에 따른 손실보상】 ① 관세청장 또는 세관장은 이 법에 따른 세관공무원의 적법한 물품검사로 인하여 물품 등에 손실이 발생한 경우 그 손실을 입은 자에게 보상(이하 "손실보상"이라 한다)하여야 한다.
② 제1항에 따른 손실보상의 기준, 대상 및 보상금액에 관한 사항은 대통령령으로 정한다.
③ 제1항에 따른 손실보상의 지급절차 및 방법, 그 밖에 필요한 사항은 관세청장이 정한다.

해 설

본 조항은 2015.12.15. 관세법 개정시 신설된 것으로 종전 세관공무원이 규정에 따라 국내반입 물품에 대한 세부조사를 실시하는 과정에서 해당 물품이 손상되는 경우 보상 규정이 없어 직원이 직접 물어내야 하는 경우가 많았다. 2014년도 관세청 국정감사에서 세관공무원의 밀수의심품을 개봉조사하는 과정에서 포장손상 등으로 인한 손실 등이 발생할 경우 그 손실을 세관공무원 개인이 부담하고 있는 점이 지적된 바 있다. 세관이 위법의심물품에 대한 검사가 위축될 경우 관세탈루 및 마약 등 위험물품 반입검사에 허점이 발생할 수밖에 없다.

따라서 세관공무원이 공무수행을 적극적으로 하도록 환경을 조성하고 또한 국민의 재산권 보호를 위해 세관공무원이 적법한 물품검사과정에서 발생한 손실을 국가가 보상하도록 규정하였다.

2019.12.31. 법 개정시 제1항의 관세법 상 모든 검사, 예를 들면 물품의 품명, 규격, 성분, 용도, 원산지 확인, 품목분류를 위한 분석검사 등으로 인하여 발생한 손실에 대하여 국가가 손실을 보상하는 것으로 그 범위를 넓혔다.

2023.12.31. 법 개정시 손실보상 대상을 포장용기, 운반수단 등의 손실로 확대하여 세관 직원이 물품 검사를 적극적으로 수행할 수 있도록 규정을 보완하였다.

제246조의 3【물품에 대한 안전성 검사】 ① 세관장은 중앙행정기관의 장과 협의하여 제226조에 따른 세관장의 확인이 필요한 수출입물품 등 다른 법령에서 정한 물품의 성분·품질 등에 대한 안전성 검사(이하 "안전성 검사"라 한다)를 하게 할 수 있다. 다만, 관세청장은 제226조에 따른 세관장의 확인이 필요한 수출입물품에 대하여는 필요한 경우 해당 중앙행정기관의 장에게 세관장과 공동으로 안전성 검사를 할 것을 요청할 수 있다.
② 중앙행정기관의 장은 제1항에 따라 안전성 검사를 요청하는 경우 관세청장에게 해당 물품에 대한 안전성 검사 방법 등 관련 정보를 제공하여야 하고, 필요한 인력을 제공할 수 있다.
③ 관세청장은 제1항에 따라 중앙행정기관의 장의 안전성 검사 요청을 받거나 중앙행정기관의 장에게 안전성 검사를 요청한 경우 해당 안전성 검사를 위하여 필요한 인력 및 설비 등을 고려하여 안전성 검사 대상 물품을 지정하여야 하고, 그 결과를 해당 중앙행정기관의 장에게 통보하여야 한다.
④ 관세청장은 안전성 검사를 위하여 협업검사센터를 주요 공항·항만에 설치할 수 있고, 세관장에게 제3항에 따라 지정된 안전성 검사 대상 물품의 안전성 검사에 필요한 자체 검사 설비를 지원하는 등 원활한 안전성 검사를 위한 조치를 취하여야 한다.
⑤ 세관장은 제3항에 따라 안전성 검사 대상 물품으로 지정된 물품에 대하여 중앙행정기관의 장과 협력하여 안전성 검사를 실시하여야 한다.
⑥ 관세청장은 안전성 검사 결과 불법·불량·유해 물품으로 확인된 물품의 정보를 관세청 인터넷 홈페이지를 통하여 공개할 수 있다.
⑦ 안전성 검사에 필요한 정보교류 제264조의 10에 따른 불법·불량·유해물품에 대한 정보 등의 제공 요청 등 대통령령으로 정하는 사항을 협의하기 위하여 관세청에 수출입물품안전관리기관협의회를 둔다.
⑧ 제7항에 따른 수출입물품안전관리기관협의회의 구성·운영과 그 밖에 필요한 사항은 대통령령으로 정한다.
⑨ 제1항부터 제8항까지에서 규정한 사항 외에 안전성 검사의 방법·절차 등에 관하여 필요한 사항은 관세청장이 정한다

해 설

본 조항은 2015.12.15. 관세법 개정시 신설된 것으로 위해(危害) 수입물품을 통관단계에서 차단하기 위해 안전성 검사를 도입하였다. 다른 법령에서 정한 수입물품의 성분, 품질 등의 안전성에 대해 통관단계에서 관세청과 관계부처 간 협업·합동검사를 할 수 있도록 하였다.[56]

56) 미국의 경우, 수입제품의 안전을 위해 각 국가기관들이 상호 정보 공유의 필요성을 인식하고 세관국경보호국(CBP)에 10개 부처가 참여하는 협업조직 CTAC(Commercial Targeting and Analysis Center)가 있어 협업검사 대상을 선별하고 있고 주요 공항만 실험분석실에서 안전성 조사를 수행한다.

「관세법 제246조의 3에 따른 안전성 검사 업무처리에 관한 고시」를 2018.6.27. 제정하여서 수출입 물품의 안전성 검사 방법 및 절차 등에 대한 세부 기준을 운영하고 있다. 관세청장이 검사인력 장비 예산 등을 고려하여 대상물품을 지정하고 그 결과를 중앙행정기관의 장에게 통보하여 검사를 진행한다. 그리고 검사대상 지정을 수출입신고 물량 적발실적 등에 따라 조정하거나 법규준수도가 향상되어 협업 부처의 사후관리로 충분한 경우 등에는 검사대상의 지정 중지·해제 조치를 할 수 있다. 세관장은 해당 법령에 따른 안전기준을 위반한 경우 관세법 제237조에 따라 통관보류 조치를 할 수 있다. 그리고 안전성 검사에 장기간이 소요되는 경우 협업부처와 협의하여 안전성 검사 완료 전에 통관허용 가능 검사결과 위반사항이 적발된 경우는 협업부처에서 리콜 등 행정제재가 가능하다. 이 고시는 종전 「수출입물품안전관리기관협의회 구성 및 운영에 관한 규정」(관세청 훈령)을 고시로 상향 조정한 것이다.

2017.12.19. 법 개정시 관계 중앙행정기관장의 안전성 검사 요청과 관계부처와의 협의를 명확히 규정하는 제2항부터 제6항까지 내용을 신설하여 검사제도를 효과적이고 실효성 있게 운영하기 위한 안전성검사 절차를 마련하여 하였다. 기존 제2항·제3항·제4항 내용이 제7항·제8항·제9항으로 각각 이동하게 되었다.

2019.12.31. 법 개정시 제1항 단서 조항을 신설하여 중앙해정기관의 장에게 공동검사를 요청할 수 있는 근거를 법에 규정하였다. 그리고 제2항에서는 인력을, 제4항에서는 관련 시설을 설치할 수 있도록 규정하였다. 2020.12.22.(법률 제17649호) 개정시 신설한 '제264조의 10에 따른 불법·불량·유해물품에 대한 정보 등의 제공 요청'을 제7항에 추가하였다.

제247조【검사 장소】 ① 제186조 제1항 또는 제246조에 따른 검사는 제155조 제1항에 따라 장치할 수 있는 장소에서 한다. 다만, 수출하려는 물품은 해당 물품이 장치되어 있는 장소에서 검사한다.
② 제1항에도 불구하고 세관장은 효율적인 검사를 위하여 부득이하다고 인정될 때에는 관세청장이 정하는 바에 따라 해당 물품을 보세구역에 반입하게 한 후 검사할 수 있다.

해 설

보세공장 반출입 물품검사와 수입신고 물품검사는 정해진 보세구역에서 하지만 수출할 물품에 대한 검사는 검사할 장소 제한을 받지 아니한다. 보세구역 반출입 물품검사는 본조 검사에 해당되지 아니하며, 구체적으로 어디에서 검사하는지 정해져 있지 아니하다.[57]

57) 수출신고 후 검사대상이 되면 수출신고를 취하하고 검사대상이 되지 아니하면 수출신고수리를 받는 편법을 사용하는 사례가 발생할 수 있다. 최근에는 수출신고수리된 사항을 정정하면서까지 수출신고내용을 정정하는 경우도 있다.

1993.12.31. 관세법 개정(법률 제4674호)시 수출절차 간소화를 위해 수출물품은 별도 허가 없이 신고한 장소에서 수출검사를 받을 수 있도록 하였고, 파출검사 허가제도도 폐지하였다. 법 제186조 제1항은 보세공장 물품사용 신고시 검사, 법 제246조는 수출·수입 또는 반송하고자 하는 물품에 대한 검사, 법 제155조는 물품의 장치에 관한 조항이다.

제2항은 보세구역 반입 후 검사에 관한 규정이다. 효율적인 수출입 물품검사를 위해 부득이한 경우에 실시할 수 있는 물품검사에 관한 규정이다. 수출물품을 검사할 때에도 장치장소 제한은 없으나 필요할 시에는 이 규정에 의하여 보세구역에 물품을 반입하여 검사할 수 있다.

제3항은 수수료 납부에 관한 규정이었으나 2023.12.31. 법 개정시 이를 삭제하였다.

3. 제3관 신고의 처리

제248조【신고의 수리】 ① 세관장은 제241조 또는 제244조에 따른 신고가 이 법에 따라 적합하게 이루어졌을 때에는 이를 지체 없이 수리하고 신고인에게 신고필증을 발급하여야 한다. 다만, 제327조 제2항에 따라 국가관세종합정보시스템의 전산처리설비를 이용하여 신고를 수리하는 경우에는 관세청장이 정하는 바에 따라 신고인(신고 명의인이 화주가 아닌 경우에는 화주를 포함한다)이 직접 전산처리설비를 이용하여 신고필증을 발급받을 수 있다.

해 설

신고가 적법하고 정당한 경우 지체 없이 신고를 수리해야 하나, 관세가 미납되어 있으면 관세에 상당하는 담보를 제공하게 하고 신고를 수리해야 한다. 담보제공에 대하여는 2010.1.1. 관세법 개정(법률 제9910호)시 수입하는 경우에는 원칙상 '관세무담보 방식'으로 전환하였다고 볼 수 있다. 이전에는 원칙상 담보를 제공하도록 하고 예외적으로 신용도가 높은 업체 등에 대하여는 담보를 생략하였다. 따라서 제2항에서는 종전에는 '담보제공을 요구하지 아니하는 사안'에 대하여 나열식으로 규정하였으나 개정 법에서는 '담보제공을 요구할 수 있는 사안'에 대하여 규정하고 있다.

본 규정에 의거하여 수출입면허제가 수출입신고제로 실질적으로 전환된 것으로 본다. 수출입을 제한하고 조건에 맞는 경우에만 면허하던 것을 특별한 사유가 없는 한 지체없이 수리하고 신고인에게 신고필증을 교부한다. 그러나 제2항에서와 같이 관세를 납부하는 물품에 대하여는 신고 수리하는 때에 관세에 상당하는 담보를 제공하여야 한다. 이 제도는 1995.12.6. 관세법 개정(법률 제4982호)시 도입된 제도이다.[58] 법 제327조 제2항은 국가관세종합정보시스템

58) 신고수리에 관한 판례를 보면 신고수리는 납세의무자의 신고에 따라 세액을 수령하고, 신고수리하는 사실행

의 전산처리설비를 이용한 신고 등에 관한 규정이다. 한 때 신고수리필증을 전산처리설비로 교부받아 왔으나 전자 관세행정을 구현하기 위하여 2003년 법 제327조 규정 개정시 이를 명시적으로 규정하였다.

2024.12.31. 법 개정시 화주가 신고 명의인이 아닌 경우에도 수입신고필증을 교부받을 수 있도록 규정하였다. 화주가 관세사를 통해 수출입신고한 경우 관세사를 통해서만 수출입신고필증을 발급받을 수 있어 관세사가 폐업한 경우 신고필증 발급이나 재교부가 곤란한 경우 이를 방지하기 위한 것이다.

② 세관장은 관세를 납부하여야 하는 물품에 대하여는 제241조 또는 제244조에 따른 신고를 수리할 때에 다음 각 호의 어느 하나에 해당하는 자에게 관세에 상당하는 담보의 제공을 요구할 수 있다.

1. 이 법 또는 「수출용 원재료에 대한 관세 등 환급에 관한 특례법」 제23조를 위반하여 징역형의 실형을 선고받고 그 집행이 끝나거나(집행이 끝난 것으로 보는 경우를 포함한다) 면제된 후 2년이 지나지 아니한 자
2. 이 법 또는 「수출용 원재료에 대한 관세 등 환급에 관한 특례법」 제23조를 위반하여 징역형의 집행유예를 선고받고 그 유예기간 중에 있는 자
3. 제269조부터 제271조까지, 제274조, 제275조의 2, 제275조의 3 또는 「수출용 원재료에 대한 관세 등 환급에 관한 특례법」 제23조에 따라 벌금형 또는 통고처분을 받은 자로서 그 벌금형을 선고받거나 통고처분을 이행한 후 2년이 지나지 아니한 자
4. 제241조 또는 제244조에 따른 수입신고일을 기준으로 최근 2년간 관세 등 조세를 체납한 사실이 있는 자
5. 수입실적, 수입물품의 관세율 등을 고려하여 대통령령으로 정하는 관세채권의 확보가 곤란한 경우에 해당하는 자

③ 제1항에 따른 신고수리 전에는 운송수단, 관세통로, 하역통로 또는 이 법에 따른 장치 장소로부터 신고된 물품을 반출하여서는 아니 된다.

위에 불과하며, 행정관청의 부과처분은 아니라고 한다. 그러나 강학상 '수리'는 형식적인 요건을 갖추어 신고한 경우에 이를 유효한 행위로 받아들이는 것이며, '수리' 거절행위(각하)는 소극적인 법률행위적 행정행위이다. 수리되면 법정의 효과가 발생되며, 최근에는 신고수리를 제 때에 하지 않는 신고 건에 대한 논란이 있다. 형식적 내지는 법적 요건을 갖추지 못한 경우 신고수리를 강제할 수 없다고 본다. 신고와 그 수리에 대하여 자세히 알아보면, 신고는 그 효과 면에서 수리를 요하지 아니하는 자기완결적 공법 행위와 수리를 요하는 행위요건적 공법행위로 구분해 볼 수 있다. 전자는 신고서의 기재사항 등에 하자가 없고 형식적인 요건에 적합하면 접수기관에 도달한 때에 신고의 의무가 이행된 것으로 보며, 이 경우 수리의 거부는 행정처분이 아닌 사실행위로 보아 취소소송으로 다툴 수 없다. 그리고 후자는 신고 등 사인의 공법행위가 적법유효한 것인지를 사전에 심사하여 수리할 의무를 지며, 행정청이 정당한 기간 내에 처리하지 아니하면 부작위나 거부에 대한 행정소송을 제기할 수 있다.이 경우는 수리를 처분으로 볼 수 있다.

해 설

제2항은 담보제공에 관한 규정이다. 이전에는 세관장은 관세를 납부해야 할 물품에 대하여 신고수리 전에 관세에 상당하는 담보를 반드시 제공받아야 했으나, 해당 규정 내용을 보면 일부 실질적 의미가 없었고,[59] 담보를 생략하는 경우도 대통령령으로 별도로 정하도록 하고 있었다. 그리고 관세징수의 상당 부분을 무담보로 통관하고 개정 교토협약 등에서 요구하는 국제규범과도 일치하지 않았으나, 2010.1.1. 법 개정시 문제점을 해소하고 기업부담을 경감하기 위하여 원칙적인 관세무담보 방식으로 전환하게 된 것이다. 담보제공 대상자를 보면 관세법 또는 환급특례법에 의한 벌금형 이상 또는 통고처분을 받은 후 2년이 경과되지 아니한 자, 최근 2년간 체납이 있는 자, 수입실적을 고려하여 대통령령으로 정하는 자로서 최근 2년 이상 수입실적이 없는 자, 파산, 청산 등 절차 진행 중인 자, 수입 실적, 자산, 영업 이익, 수입물품의 관세율 등을 고려할 때 관세 채권 확보가 곤란한 경우로서 관세청장이 정하는 자 등을 들 수 있다.

환특법 제23조는 동법의 전체적인 처벌 규정이고 집행이 종료된 것으로 보는 경우는 예를 들면, 가석방 기간을 경과한 때에는 형의 집행이 종료된 것으로 보는 것이 있다. 법 제269조는 밀수출입죄, 제270조는 관세포탈죄 등, 제271조는 미수범 등에 관한 규정이고, 제274조는 밀수품의 취득죄 등, 제275조의 2는 강제징수면탈죄 등, 제275조의 3은 타인에 대한 명의대여죄에 관한 규정이다.

제3항은 수리 전 반출금지에 관한 규정이다. 이 조항은 수입물품 신고수리 전에 시장으로 반출되면 관세 확보에 차질이 발생할 우려가 있으므로 일반적인 반출금지조항을 규정해 놓은 것이다. 관세통로는 법에 그 정의가 없지만 통관역, 통관장과 관련하여 보세운송 통로 혹은 보세상태에서 물품이동 통로를 의미한다. 또한 보세운송할 때에 차량이 이용해야 할 보세운송 통로에 관한 규정이 있다. 신고수리제도 도입기인 1995.12.6. 관세법 개정(법률 제4982호)시 화물관리를 강화하기 위해 신설한 조문이다. 이 규정 위반은 물품원가 또는 2천만 원 중 높은 금액 이하의 벌금에 해당된다.

제249조 【신고사항의 보완】 세관장은 다음 각 호의 어느 하나에 해당하는 경우에는 제241조 또는 제244조에 따른 신고가 수리되기 전까지 갖추어지지 아니한 사항을 보완하게 할 수 있다. 다만, 해당 사항이 경미하고 신고수리 후에 보완이 가능하다고 인정되는 경우에는 관세청장이 정하는 바에 따라 신고수리 후 이를 보완하게 할 수 있다.

---

59) 참고로 종전 규정 내용 일부를 살펴보면, 제2항 제1호는 관세감면, 징수유예기간 연장, 분할 납부를 승인할 때에 담보를 제공하지 아니하는 경우에는 신고수리할 때에 별도로 담보를 제공할 필요가 없다. 이러한 경우 일반적으로 관세담보가 불필요한 경우라 할 수 있으므로 수입신고수리할 때에도 당연히 담보를 제공할 필요가 없다.

1. 제241조 또는 제244조에 따른 수출·수입 또는 반송에 관한 신고서의 기재사항이 갖추어지지 아니한 경우
2. 제245조에 따른 제출서류가 갖추어지지 아니한 경우

해 설

신고사항의 보완은 신고 내용이 충분하지 못하여 추가로 내용을 신고하여 완전하게 하는 것을 말한다. 보통은 신고가 수리되기 전까지 보완하지만 보완사항이 경미하면 수리 후에도 보완하게 할 수 있다. 수리 후에 보완하기 어려운 법 제226조의 세관장 확인사항 등은 수리 전에 반드시 보완하여야 한다. 기재사항이 미비한 경우는 기재사항에 관하여 자료를 제출하거나 기재하는 것으로 보완이 가능하며, 제출서류가 미비한 경우는 서류를 제출하여야 한다.

보완은 외부에 서류 등을 추가로 제출할 것을 요구하는 것이고, 보류는 서류의 진행을 내부에서 중지하는 것이다. 신고서에 대하여 보완하지 아니하면 법 제237조의 통관보류 사유에 해당된다.[60] 신고사항의 보완명령을 불이행하는 경우에는 100만원 이하의 과태료에 해당한다.

법 제241조는 수출·수입 또는 반송의 신고에 관한 조항, 법 제244조는 입항전수입신고에 관한 조항, 법 제245조는 신고시에 제출하여야 하는 서류에 관한 조항이다.

제250조【신고의 취하 및 각하】 ① 신고는 정당한 이유가 있는 경우에만 세관장의 승인을 받아 취하할 수 있다. 다만, 수입 및 반송의 신고는 운송수단, 관세통로, 하역통로 또는 이 법에 규정된 장치 장소에서 물품을 반출한 후에는 취하할 수 없다.
② 수출·수입 또는 반송의 신고를 수리한 후 제1항에 따라 신고의 취하를 승인한 때에는 신고수리의 효력이 상실된다.
③ 세관장은 제241조 및 제244조의 신고가 그 요건을 갖추지 못하였거나 부정한 방법으로 신고되었을 때에는 해당 수출·수입 또는 반송의 신고를 각하할 수 있다.
④ 세관장은 제1항에 따른 승인의 신청을 받은 날부터 10일 이내에 승인 여부를 신청인에게 통지하여야 한다.
⑤ 세관장이 제4항에서 정한 기간 내에 승인 여부 또는 민원 처리 관련 법령에 따른 처리기간의 연장을 신청인에게 통지하지 아니하면 그 기간(민원 처리 관련 법령에 따라 처리기간이 연장 또는 재연장된 경우에는 해당 처리기간을 말한다)이 끝난 날의 다음 날에 승인을 한 것으로 본다.

60) 판례에 의하면 식품수입신고서 수입추천서 보완서류를 제출하지 아니하여 세관장이 통관 보류한 처분은 적법하다.

해 설

수입이나 반송할 때에는 물품이 장치장소에서 반출되면 관세 확보를 위한 물품관리가 어렵기 때문에 신고취하 할 수 없다. '정당한 이유'가 있는 경우에 신고 취하할 수 있으며, 이 경우에도 단서와 같이 물품을 반출하기 전에만 신고 취하할 수 있다. 법 제248조 제3항에 신고수리 전에 운송수단·관세통로·하역통로·장치장소로부터 신고된 물품을 반출하여서는 아니 된다는 것을 강조하고 있다.[61] 수입신고는 통관업무의 근간으로 이를 취소하는 경우는 제한적으로 허용되어야 하기 때문에 관세청에서는 2009.11.20. '수입신고 취하 업무처리지침'을 시달한 바 있다.[62]

제2항은 신고수리의 효력상실에 관한 규정이다. 취하는 철회를 말하며, 철회는 종국적인 법률 효과가 생기지 아니한 법률행위 등의 효과를 장래에 존속하는 것을 말한다. 수출·수입·반송신고를 취하하였을 때에는 신고수리 효력은 상실된다. 신고 후 신고수리하기 때문에 신고를 취하하는 경우에는 이로 인한 신고수리는 원인 무효로 효력이 상실된다.

제3항은 신고의 각하에 관한 규정이다. 각하는 요건을 갖추지 못하여 본안 심사를 거절하는 것을 말한다. 수입통관 신고건에 대하여 법 위반으로 조사한 결과 유죄로 인정되면 신고를 각하하고 고발할 수 있다. 신고 취하, 신고 각하, 신고 수리 취소 등 용어는 사용하지만 성질상 신고기각이라는 용어는 사용하지 아니한다. 신고를 각하할 때에는 신고인에게 각하통지서를 송부하여야 한다. 통칙에 어떠한 행정처분을 일단 취소한 후에는 그 취소처분을 취소함으로써 당초 행정처분의 효력을 회복시킬 수 없다. 다만, 그 취소처분의 하자가 중대하고도 명백하여 해당 처분이 무효인 경우 이에 대한 무효선언으로서 이를 취소하거나 행정쟁송절차에 의하여 취소된 경우에는 그러하지 아니하다.

'취소'는 하자 있는 의사표시나 법률행위의 효력을 소급하여 소멸시키는 일을 말하며, '취하'는 신청하거나 제출한 것을 철회하는 것을 말한다. 철회는 종국적인 법률효과의 존속을 막

---

61) 감면신청을 신고수리 전에 신청해야 되는 것을 제때에 하지 못하여 감면을 받지 못하자 급기야 신고취하하려다가 물품을 반출한 후라서 이마저 못하여 신고수리의 취소가 불가능한 사례가 있다. 그리고 예외적인 경우로서 우편물을 면세처리하고 나서 사후에 면세처리가 맞지 않아서 다시 재반입하여 정상 수입신고하여 수리하는 경우가 있다. 이런 경우는 처리의 적법성의 문제이기 때문에 잘못된 것을 바로 잡는 의미에서 신고를 다시 하여 신고수리하는 것으로 처리하는 것이 타당하다.

62) '정당한 이유'로서 수입계약 내용과 상이한 물품, 오송물품, 변질·손상물품 등을 해외공급자 등에게 반송하기로 한 경우, 재해 기타 부득이한 사유로 수입물품이 멸실되거나 세관의 승인을 얻어 폐기하고자 하는 경우, 통관보류·통관요건 불합격, 수입금지물품 등의 사유로 반송 또는 폐기하고자 하는 경우, 기타 정당한 사유가 있는 경우를 열거하였다. 반송의 경우는 반송합의서 등을 징구하고, 멸실의 경우 멸실확인서 등을 징구하며, 기타의 경우는 관세청 사전승인 후 처리하도록 하였다. 이와 관련 관세법 제250조 입법취지는 관세포탈 및 밀수 등의 위험을 제도적으로 차단하여 관세행정의 법적 안정성 및 공정성과 관세행정 질서를 유지하기 위한 목적이라고 한다. 심사청구 재결례(2012.6.28, 관심 제2012-7호) 참조.

는 것이며, 취소는 하자있는 법률행위를 행위 시까지 소급하여 법률효과를 소멸시키는 것을 말한다. 이 경우에 취소는 철회에 가깝다고 할 수 있으며, 취소와 철회는 용어 사용에 있어서 가끔 혼돈이 있다.

제4항과 제5항은 2020.12.22.(법률 제17649호) 개정시 신설한 '통지의무'와 '승인 간주' 조항이다. 관세행정 예측가능성과 민원인 편의를 제고하기 위한 규정이다. 처리지연 사유를 통보하지 않고 처리기한이 경과되면 승인이 있는 것으로 간주하는 제도이다.

【심사청구 2012.6.28, 관심 제2012-7호】 청구법인은 수입신고 수리 후 분석 결과에 따라 쟁점물품의 품목번호가 변경된 상황에서 추천기관인 단미사료협회에서 농림축산물양허관세 추천이 가능하여 이전 수입신고의 오류를 정정하여 양허관세 추천을 받은 다음 다시 수입신고 하고자 한 것으로 청구법인이 쟁점물품의 품목번호를 정확히 신고하였다면 양허관세 추천을 받아 수입신고 하였을 것(HSK 2309.90-9000호, 농림축산물양허관세 추천 5%)이므로 잘못된 품목번호(HSK 2309.90-1099호, 기본관세율 5%)로 수입신고한 때의 관세납부액과 변동이 없다는 점, 청구법인이 고의적으로 쟁점물품을 다른 품목번호로 수입신고하여 부당한 이득을 취하거나 관세행정 질서를 어지럽힌 사실이 확인된 바 없는 점, 청구법인이 이 사건 수입신고 이후 쟁점물품과 동일한 물품을 수입하면서 추천기관으로부터 양허추천을 받아 수입한 사실이 있는 점 등을 고려해 볼 때 청구법인의 주장과 같이 관세포탈이나 밀수입 등의 의도가 아닌 업무상 과실로 인한 단순 신고 오류로 보여진다. 단순한 신고오류로 인하여 청구법인에게 과중한 세금을 부담하게 하는 것은 관세법 제250조의 입법취지나 보호법익에 비하여 납세자의 이익을 현저하게 침해하는 것으로 판단되며, 이는 조세형평에 어긋난다고 볼 수 있으므로 이 사건 수입신고 취하 신청에 대한 처분청의 거부처분을 취소하는 것이 타당하다고 판단된다.

제251조【수출신고수리물품의 적재 등】 ① 수출신고가 수리된 물품은 수출신고가 수리된 날부터 30일 이내에 운송수단에 적재하여야 한다. 다만, 기획재정부령으로 정하는 바에 따라 1년의 범위에서 적재기간의 연장승인을 받은 것은 그러하지 아니하다.
② 세관장은 제1항에 따른 기간 내에 적재되지 아니한 물품에 대하여는 대통령령으로 정하는 바에 따라 수출신고의 수리를 취소할 수 있다.

해 설

본문에서 보면 수출신고 수리물품은 30일 이내에 운송수단에 적재해야 한다. 과거에는 수출의 완료시점을 수입의 경우와 같이 여러 곳을 정하고 있었으나, 현재는 수출의 완료시점을 운송수단에 적재하는 시점으로 단일화하고 있다. 따라서 수출물품을 운송수단에 적재하기 전에 어느 때고 수출신고하고 수출신고 수리할 수 있다.

종전에는 30일 이내에 '선(기)적'하도록 규정하였으나, 2000년 개정 관세법에서 30일 이내 '운송수단에 적재'하도록 규정하였다. 운송수단에는 선박·항공기 등이 있지만, 차량·기타 운송수단의 경우에는 이들 모두가 국경을 출입하는 것이어야 법 제6장의 운송수단이 될 수 있다. 또한 기간연장을 종전에는 기획재정부령으로 정하여 운영하였으나, 2000년 개정 관세법에서는 수출신고 수리된 물품에 대하여 수출이행을 확보하기 위하여 적재 승인기간을 1년 범위 내에서 허용할 수 있도록 개정하였다. 수출신고수리물품 적재의무를 위반한 경우에는 200만원 이하의 과태료에 해당한다.

제2항은 수출신고 수리 취소에 관한 규정이다. 수출신고가 수리된 날로부터 30일 이내 수출물품을 운송수단에 적재하지 못한 경우에는 수출신고수리를 취소할 수 있다. 수출신고수리가 취소되면 수출신고의 효력도 상실된다.

수출신고수리 취소는 있으나 제도운영상 수입신고수리 취소는 직접적으로 인정하지 아니한다. 수출신고수리에 관하여는 이미 신청, 제출한 것을 받아들인 것이므로 취하가 아니라 취소하여야 한다. 수출신고의 수리 취소는 선(기)적 승인기간을 경과한 때에 할 수 있으나, 2000년 시행령 개정시 승인기간을 경과하였다고 무조건 취소하지 아니 하도록 개정하여 기간이 경과하더라도 세관장이 취소하기 전에 적재 완료된 때에는 취소하지 아니할 수 있다. 수출신고취하 승인이 정당한 사유가 있는 경우, 적재기간연장승인의 신청이 정당한 사유가 있는 경우, 세관장이 수출신고의 수리를 취소하기 전에 물품의 적재를 확인한 경우, 세관장이 기간 내에 적재가 곤란하다고 인정하는 경우는 수출신고수리를 취소하지 아니한다. 수출신고수리를 취소한 때에는 즉시 신고인에게 그 내용을 통지해야 한다.

4. 제4관 통관절차의 특례

제252조【수입신고수리 전 반출】 수입신고를 한 물품을 제248조에 따른 세관장의 수리 전에 해당 물품이 장치된 장소로부터 반출하려는 자는 납부하여야 할 관세에 상당하는 담보를 제공하고 세관장의 승인을 받아야 한다. 다만, 정부 또는 지방자치단체가 수입하거나 담보를 제공하지 아니하여도 관세의 납부에 지장이 없다고 인정하여 대통령령으로 정하는 물품에 대하여는 담보의 제공을 생략할 수 있다.

해 설

일반적으로는 수출입신고를 하고 수출입신고가 수리되면 물품을 반출하는 통관절차를 거치게 되어 있다. 이러한 절차에 대한 예외로서 수입신고수리 전 반출, 수입신고 전의 물품반출, 전자상거래물품 등의 특별통관, 상호주의에 의한 간이통관 등이 있다.

법 제248조에 관세를 납부하여야 할 물품에 대하여 관세에 상당하는 담보를 제공해야 하는 점에 있어서는 차이점이 없다. 다만, 수입신고수리 전 반출제도는 세액이 확정되지 아니한 경우에 이용할 수 있는 제도로서 효용이 있다. 법 제248조 제2항 제3호는 담보제공을 생략하는 대상을 정한 것이다. 수입신고수리 전 반출 승인을 얻고자하는 자는 수입신고수리 전 반출신청서를 세관장에게 제출하여야 하며, 승인하는 때에는 관세청장이 정하는 절차를 따라야 한다.

단서 규정에서 수입신고수리 전 반출시 담보제공 생략 가능 범위를 명확화하기 위해 2010.12.30. 법 개정(법률 제10424호)시 담보 제공의 예외적인 생략이라는 법 취지에 맞게 최근 관세법 위반 사실이 없는 등 담보를 제공하지 않아도 관세납부에 지장이 없다고 인정되는 경우로 내용을 완화하였다.

【대법원 1979.8.28, 79도1607】 관세법상 면허전 반출의 규정은 수입 신고한 물품을 적법한 장치장(유허가 타소장치장 포함)으로부터 반출함을 전제로 하는 것이고 무허가 장치장으로부터 반출하는 경우까지 포함하는 것이 아니다. * 타소장치된 강선재 337톤 중 124톤을 세관장의 허가 없이 반출하여 공장 작업장에 옮겨 장치한 행위를 면허전 반출에 있어서 세관장의 승인없는 경우에 해당할 뿐이라고 주장한 사건이다.

제253조【수입신고 전의 물품 반출】 ① 수입하려는 물품을 수입신고 전에 운송수단, 관세통로, 하역통로 또는 이 법에 따른 장치 장소로부터 즉시 반출하려는 자는 대통령령으로 정하는 바에 따라 세관장에게 즉시반출신고를 하여야 한다. 이 경우 세관장은 납부하여야 하는 관세에 상당하는 담보를 제공하게 할 수 있다.

해 설

신고수리 전 반출제도보다 더 신속하게 반출할 수 있는 제도로서 '수입신고 전 물품반출' 제도를 규정하고 있다. 수입신고 전 물품반출은 즉시반출이라고 한다. 수입자는 동 제도를 통해 수입물품을 도착 즉시 가져가서 사용할 수 있으므로 통관을 위한 서류 준비 및 통관절차에 소요되는 시간과 보관료의 절감이 가능하게 되었다.

수입하고자하는 물품을 수입신고 전에 즉시 반출하고자 하는 자는 해당 물품의 품명·규격·수량 및 가격을 기재한 신고서를 제출하여야 한다. 이 신고에 대하여 세관장은 담보를 제공하게 할 수 있다. 규정 문구상 담보제공은 의무적이 아니지만 담보는 제공하여야 한다고 본다. 입항전수입신고는 아직 물품은 도착하지 아니하였으나 미리 신고를 하는 경우이며, 즉시반출신고는 수입신고를 하지 아니하였으나 물품은 도착되어 반출할 수 있는 경우이다. 일반적으로 수입신고함으로써 적용법령, 과세물건 확정 등 효과가 있는 것과 같이 즉시반출신고에도 이러한 효과가 따르며 나중에 수입신고는 요식적 행위에 해당한다. 이 제도는 물품을 반출하여 사용한 후 수입신고하는 것으로 신속통관 및 통관 편의를 위해 1998.12.28. 관세법 개정(법률 제5583호)시 신설하였다.

② 제1항에 따른 즉시반출을 할 수 있는 자 또는 물품은 대통령령으로 정하는 바에 따라 세관장이 지정한다.
③ 제1항에 따른 즉시반출신고를 하고 반출을 하는 자는 즉시반출신고를 한 날부터 10일 이내에 제241조에 따른 수입신고를 하여야 한다.
④ 세관장은 제1항에 따라 반출을 한 자가 제3항에 따른 기간 내에 수입신고를 하지 아니하는 경우에는 관세를 부과·징수한다. 이 경우 해당 물품에 대한 관세의 100분의 20에 상당하는 금액을 가산세로 징수하고, 제2항에 따른 지정을 취소할 수 있다.

해 설

제2항은 즉시반출의 주체 및 대상에 관한 규정이다. 즉시반출은 일반통관절차를 거치기 전에 반출할 수 있는 제도로서 특별한 절차이므로 즉시 반출할 수 있는 자, 즉시 반출할 수 있는 물품을 대통령령에 따라 세관장이 별도로 지정한다. 수입신고 전 반출물품 및 대상 업체는 관세 등 체납이 없고 최근 3년 동안 수출입실적이 있는 제조업자 또는 외국인투자자가 수입하는 시설재 또는 원부자재, 기타 관세 등의 체납우려가 없는 경우로서 관세청장이 정하는 물품으로서 법 제226조 제2항의 규정에 의한 구비조건의 확인에 지장이 없어 세관장이 지정하는 것에 한한다.

법 제226조 제2항은 통관에 있어서 구비조건에 대한 세관장의 확인이 필요한 수출입물품에 대하여는 다른 법령의 규정에 불구하고 그 물품과 확인방법을 대통령령이 정하는 바에 의하여 미리 공고하여야 한다는 내용이다. 법 제252조는 수입신고수리 전 반출에 관한 규정으로 담보제공을 생략하는 내용에 관한 것이다.

제3항은 수입신고 의무에 관한 규정이다. 즉시반출 물품에 대하여 정식으로 수입신고해야 하는 기간을 규정한 것이다. 징수권 소멸시효는 신고수리된 날부터 15일이 경과한 다음 날부터 기산하므로, 이를 감안하여 즉시반출신고한 날부터 10일 이내에 수입신고하도록 정하고 있다.

이전에는 수입신고의 EDI로 일반적인 수입절차가 당일로 처리되고 있음에 비추어 수입신고 전 물품반출제도는 반출신고 및 수입신고를 이중으로 해야 할 뿐만 아니라 납기도 수입신고 후 5일로 매우 짧아서 동 제도를 이용하는 업체가 없었다. 따라서 상기제도의 활성화를 위하여 납기를 연장함으로써 일반수입절차에 비하여 혜택을 주었다. 일반 수입신고물품에 대한 징수기간 보다 결과적으로 약 10일 정도는 더 길게 정해진 것이다. 즉시반출물품도 신고수리 전 반출물품과 같이 수입신고 수리가 되지 아니 하였지만, 국내로 반출되면 자유유통상태에 놓이게 되므로 이를 내국물품으로 본다. 법 제241조는 수입·수출·반송신고에 관한 조항이다.

제4항은 가산세 징수 및 지정 취소에 관한 규정이다. 즉시반출업체가 신고의무를 어길 때에 이에 대한 제재내용을 규정한 것이다. 법 제39조 제1항 제5호에는 즉시반출물품은 즉시반출 신고한 날 부터 10일 이내 수입신고하지 아니하는 경우 부과고지하도록 규정되어 있으나 물품반출 후 10일 내에 반출신고를 하고 반출을 한 자가 신고납부토록 되어 있고 반출신고를 한 자가 신고납부하지 않는 경우에는 한하여 부과고지토록 되어 있다. 현 규정은 부과고지대상자로서 현 규정상 물품반출을 신고한 자로 있어 반출신고인인 관세사가 납세의무자로 되어 있는 모순이 발생하여 부과고지대상자를 물품을 반출한 자(화주)로 규정함으로써 납세의무자를 명확히 하였다.

즉시반출 신고한 날 부터 10일 이내 수입신고하지 아니하는 경우에는 100분의 20에 상당하는 가산세를 징수하고 지정을 취소할 수 있다. 해당 관세는 세관장이 직권으로 부과징수하며, 납세의무자는 물품을 반출한 자가 된다.

제254조【전자상거래물품의 특별통관 등】① 전자상거래물품 중 대통령령으로 정하는 물품에 대하여는 대통령령으로 정하는 바에 따라 수출입신고·물품검사 등 통관에 필요한 사항을 생략하거나 간소한 방법으로 적용할 수 있다.

② 다음 각 호의 자(국내에 주소 또는 영업소가 없는 자를 포함하며, 이하 "전자상거래업자등"이라 한다)는 제1항에 따라 통관에 필요한 사항을 생략하거나 간소한 방법으로 적용받으려는 경우에는 대통령령으로 정하는 바에 따라 관세청장 또는 세관장에게 등록하여야 한다.

1. 「전자상거래 등에서의 소비자보호에 관한 법률」에 따른 통신판매업자
2. 「전자상거래 등에서의 소비자보호에 관한 법률」에 따른 통신판매중개를 하는 자
3. 화주의 위임을 받아 국외에서 전자상거래물품을 수령하여 배송을 대행하는 자

③ 관세청장은 관세의 부과·징수 및 통관을 위하여 필요한 경우 제2항에 따라 등록한 전자상거래업자등에게 전자상거래물품의 주문·결제 등과 관련된 거래정보로서 대통령령으로 정하는 정보를 수입 전에 제공하여 줄 것을 요청할 수 있다.

④ 제3항에 따라 요청받은 정보의 제공 방법·절차 등 정보의 제공에 필요한 사항은 대통령령으로 정한다.

⑤ 관세청장은 납세자의 권리 보호를 위하여 화주에게 전자상거래물품의 통관 및 납세와 관련된 사항으로서 대통령령으로 정하는 사항을 안내할 수 있다.

⑥ 제1항은 다음 각 호의 구분에 따른 규정에 우선하여 적용한다.

1. 수출입신고에 관한 사항의 경우 : 제254조의 2 제1항 및 제258조 제2항
2. 물품검사에 관한 사항의 경우 : 제254조의 2 제5항, 제256조의 2 제3항 및 제257조

⑦ 제2항에 따른 등록의 유효기간은 3년으로 하며, 대통령령으로 정하는 바에 따라 갱신할 수 있다.

> ⑧ 다음 각 호의 어느 하나에 해당하면 제2항에 따른 등록은 그 효력을 상실한다.
> 1. 전자상거래업자등이 폐업한 경우
> 2. 전자상거래업자등이 사망한 경우(법인인 경우에는 해산된 경우)
> 3. 제7항에 따른 등록의 유효기간이 만료된 경우

해 설

전자상거래 활성화를 도모하기 위하여 특급탁송화물이나 특급우편물로 배달되는 전자상거래물품에 대한 특별통관절차를 2000년 개정 관세법에서 신설하였다. 세부적인 수출입신고, 물품검사, 기타 통관에 관한 사항은 관세청장이 정할 수 있도록 규정하였다. 관세청에서는 전자상거래물품의 건전한 통관질서 유지와 효율적 통관관리를 위하여 2004.12.13. 「전자상거래물품 등의 특별통관 절차에 관한 고시」를 제정하여 시행하였다. 이 고시에 의하면 전자상거래라 함은 물품의 주문, 대금결제 등 거래의 전부 또는 일부가 전자문서에 의하여 처리되는 상거래를 말하며, 전자상거래의 유형을 4가지로 구분하여 개인직접구매형, 배송대행형, 수입대행형, 수입쇼핑몰형으로 규정하였으나 전자상거래 유형을 명확하게 구분할 수 없는 경우가 빈발하여 과세상 혼란이 있어 현행 고시에서는 이러한 내용을 삭제하여 운영하고 있다.

참고로 전자상거래 중에서 '수입대행형'에 대하여는 대법원에서 '판매목적 배송중개는 수입에 해당'된다고 판결한 바 있다.[63] 그러나 소비자 '개인직접구매형'에 대하여는 여전히 예외적으로 적용되어 건강식품, 의약품 등이 자가사용의 용도로 무차별 반입될 소지가 남아 있다.[64] '수입쇼핑몰형'의 경우에만 수입화주, 즉 납세의무자로 전자상거래업체를 규정하고 있어 외형상 신고사항만 가지고는 전자상거래의 유형을 파악하기가 쉽지 않기 때문이다. 특별통관대상업체로 지정 받지 아니한 전자상거래업체는 목록통관·간이통관이 배제되고 일반수입신고를 하도록 규정하고 있다.

2009.7.15. 급증하는 인터넷 전자상거래 물품의 효율적인 관리를 위하여 전자상거래 특별통관관리대상으로 지정받을 수 있는 자격요건, 지정기간, 법규준수도 평가 등에 관항 관련 고시인 '특송고시'와 함께 '전자상거래고시'를 개정한 바 있다.

2020.11.27. 시행되는 「전자상거래물품 등의 특별통관 절차에 관한 고시」는 특별통관대상

63) 대법원 2008.10.23. 선고 2007두14800 판결 참조.

64) 인터넷을 매개로 수많은 판매자가 거래에 참여하는 오픈마켓의 경우, 동 운영자가 상표권 침해행위의 주체가 아니고 침해여부를 판단하기도 쉽지 않으며 제품에 관해 책임지지 않는다고 미리 알렸으므로 배상책임이 없다고 한 판례가 있고, 오픈마켓이 유사품 정보를 찾을 수 있음에도 차단 노력을 하지 않아 상표권 침해 가능성을 인식하면서 이를 용인 방관했다고 하여 오픈마켓 운영자의 책임을 묻는 판례가 있다(서울중앙지법 민사합의부 판례). 오픈마켓 운영자의 상표권 침해에 대한 인식 여부가 중요한 판단의 기준이 되고 운영자의 의무범위에 대하여는 서로 다른 입장이다.

업체 신고, 전자상거래물품의 수입신고, 물품 검사, 통관 심사, 전자상거래업체의 의무, 법규준수도, 행정 제재 등에 관하여 규정하고 있다.

2022.12.31. 법 개정시 그 동안 전자상거래물품에 대하여는 대통령령으로 규정하던 사항들을 법에 상향 규정하였다. 주요한 내용은 전자상거래업체에 대한 정보 제공 등에 관한 사항이다. 한편으로 납세자의 권리를 보호하기 위하여 관세청장이 해외직구물품의 소비자에게 거래물품의 통관 및 납세 관련 정보를 안내할 수 있는 근거를 마련하였다.

2024.12.31. 법 개정시 동조의 전문을 개정하였다. 제2항 이하에서 전자상거래물품의 특별통관 규정을 적용받으려는 자로서 통신판매업자, 통신판매중개를 하는 자, 배송을 대행하는 자는 등록을 하여야 하고, 필요한 정보를 수입 전에 제공하여 줄 것을 요청할 수 있도록 규정하였다. 종전에는 법 제19조 제5항 제1호 다목에 따른 구매대행업자와 전자상거래법에 따른 통신판매업자 또는 통신판매중개를 하는 자로 정보제공 요청대상으로 제한되어 있었다.

제6항 이하에서 전자상거래물품의 검사에 관한 사항도 일반적인 탁송품의 검사절차 우선 적용하도록 명확화하였고, 등록의 유효기간 등록 효력의 상실 등에 관하여 규정하고 있다.

【서울중앙지법 2011.11.2, 2011노1541】 ① 이 사건 회사는 도매업자로부터 직접 건강기능식품을 매입하여 재고를 구비하고 있었던 점, ② 이 사건 쇼핑몰에 기재된 가격은 이 사건 회사가 새롭게 책정한 소비자가격인 점, ③ 위 쇼핑몰에는 상품의 기능, 제조사, 성분 등이 상세히 기재되어 있고 그 구매를 유도하는 광고성 설명이 대부분인 반면, 배송 및 결제 등에 대한 설명은 부수적인 것에 불과한 점, ④ 제품의 하자로 인한 책임은 이 사건 회사가 부담하는 점 등에 비추어 보면 이 사건 쇼핑몰이 '상품의 판매로 인한 손익 및 거래책임을 부담하지 않는 거래형태'인 배송/결제대행형 거래(제2호) 또는 수입대행형 거래(제3호)라고는 볼 수 없고, 따라서 전자상거래업자가 스스로 거래의 책임을 부담하는 형태인 해외판매자의 사이버몰(제1호) 또는 수입쇼핑몰형 거래(제4호)에 해당할 수 밖에 없다.

① 이 사건 쇼핑몰 거래가 해외판매자의 사이버몰에서 이루어지는 거래라면, 국내소비자가 신고하는 가격은 이 사건 회사로부터 구입한 물품가격이 되어야 할 것인데 피고인은 이 사건 회사가 도매상으로부터 구입한 가격으로 신고한 점, ② 이 사건 쇼핑몰은 오로지 국내소비자만을 대상으로 개설한 것이고 현금거래 및 반품과 환불이 실제로는 국내에서 이루어진 점, ③ 이 사건 회사의 설립 목적 자체가 피고인이 수입화주로서 부담하는 국내법상의 각종 신고의무를 회피하고, 관세를 부담하게 되는 국내 쇼핑몰보다 낮은 가격으로 판매할 수 있어 가격경쟁력을 확보하기 위한 것으로서, 수입물품에 대해 원칙적으로 관세를 부과하되 예외적인 경우에만 면세 또는 관세감면을 규정하는 관세법의 규정을 잠탈하기 위한 것이었던 점, ④ 이 사건 쇼핑몰의 운영방식에 비추어 보면 국내소비자의 입장에서 위 쇼핑몰을 아마존이나 이베이와 같은 해외사이버몰로 인식하였을 가능성이 거의 없는 점, ⑤ 전자상거래고시 제2-1조 제2항에서도 호스트서버가 국외에 소재하더라도 실질적으로 영업이 국내에서 이루어지는 경우 호스트서버가 국내에 소재하는 경우와 같이 취급하도록 하

고 있는 점, ⑥ 이 사건 쇼핑몰과 같은 거래형태를 해외사이버몰 거래로 분류하게 되면 개별 소비자가 관세법뿐만 아니라 식품위생법 등에서 정한 각종 신고의무 등을 부담하게 되어 위 법령에서 정한 신고의무부과의 목적 및 행정규제의 효율성과 적절성이라는 측면에서도 부당한 결과를 가져오게 되는 점 등을 종합하면, 이 사건 쇼핑몰의 거래형태는 실질적으로 수입쇼핑몰형(제4호)에 해당한다고 봄이 타당하다. 따라서 이 사건 회사는 전자상거래고시 제2－2조 제2호에 의해 수입화주가 되고 관세법 제19조 제1항 제1호에 의해 관세의 납세의무자가 되는바, 그럼에도 불구하고 마치 국내소비자들이 수취하는 소액물품인 것처럼 신고함으로써 관세를 면제받은 것은 관세법 제270조 제4항의 '부정한 방법으로 관세의 감면을 받은 경우'에 해당함에도, 이 사건 쇼핑몰의 거래형태가 수입쇼핑몰형이 아니라는 전제에서 피고인에게 무죄를 선고한 원심판결에는 사실오인 및 법리오해로 인해 판결에 영향을 미친 위법이 있다.

【대법원 2008.10.23, 2007두14800】 외국에서 미리 사둔 식품을 국내 구매자들에게 인도해 소유권을 이전하는 것은 판매를 목적으로 하는 수입에 해당 한다. 수입에 해당된다는 것은 예를 들면, 식품 등을 수입시 식품위생법상에 '판매를 목적으로 한 식품의 수입'에 해당된다는 의미이며 물품을 반입하려면 식품기준규격 검사 등을 받아야 한다.

제254조의 2【탁송품의 특별통관】 ① 제241조 제2항 제1호의 탁송품으로서 기획재정부령으로 정하는 물품은 운송업자(제222조 제1항 제6호에 따라 관세청장 또는 세관장에게 등록한 자를 말한다. 이하 "탁송품 운송업자"라 한다)가 다음 각 호에 해당하는 사항이 적힌 목록(이하 "통관목록"이라 한다)을 세관장에게 제출함으로써 제241조 제1항에 따른 수입신고를 생략할 수 있다.
1. 물품의 발송인 및 수신인의 성명, 주소, 국가
2. 물품의 품명, 수량, 중량 및 가격
3. 탁송품의 통관목록에 관한 것으로 기획재정부령으로 정하는 사항

해 설

탁송품(Consignment)을 탁송품 운송업자가 통관하는 경우에 별도로 정한 통관 규정이다. 운송업자의 자격, 신고생략, 의무사항, 의무위반에 대한 제재, 기타 검사 등에 관한 사항을 정하고 있다. 전자상거래의 활성화로 국내 반입되는 탁송품에 대한 관리·감독의 강화가 필요하여 2008.12.26. 법 개정(법률 제9261호)시 신설한 조항이다. 특급탁송물품(특송물품)[65]의 통관은 「특송물품 수입통관 사무처리에 관한 고시」에서 목록통관, 간이통관, 일반신고통관 등을 구분하여 통관한다. 목록통관은 정식수입신고를 생략하고 특송업체가 제출하는 통관목록에 의해 통관하는 방식으로 국내거주자가 수취하는 자가 사용 물품 또는 면세되는 상용견품 중 물품

65) 해당 고시에 의하면 특급탁송물품이라 함은 특송업체가 운송하거나 특송업체의 운송주선에 의하여 우리나라에 반입되는 물품을 말한다.

가격이 미화 100불 이하 물품에 대한 통관 방식이다. 목록통관 대상물품은 X-Ray 검색 위주로 검사 업무가 종료되어 통관 절차가 비교적 단순화 되어 있으므로, 이를 악용하여 부정불법 기능식품 등 국민건강 위해물품등의 반입 통로로 악용되어 사회적 문제가 야기됨에 따라 이에 대한 강화를 위한 법적인 기초를 마련하기 위하여 본조를 신설하였다.

② 탁송품 운송업자는 통관목록을 사실과 다르게 제출하여서는 아니 된다.
③ 탁송품 운송업자는 제1항에 따라 제출한 통관목록에 적힌 물품수신인의 주소지(제241조 제1항에 따른 수입신고를 한 탁송품의 경우에는 수입신고서에 적힌 납세의무자의 주소지)가 아닌 곳에 탁송품을 배송하거나 배송하게 한 경우(우편법 제31조 단서에 해당하는 경우는 제외한다)에는 배송한 날이 속하는 달의 다음달 15일까지 실제 배송한 주소지를 세관장에게 제출하여야 한다.
④ 세관장은 탁송품 운송업자가 제2항 또는 제3항을 위반하거나 이 법에 따라 통관이 제한되는 물품을 국내에 반입하는 경우에는 제1항에 따른 통관절차의 적용을 배제할 수 있다.
⑤ 관세청장 또는 세관장은 탁송품에 대하여 세관공무원으로 하여금 검사하게 하여야 하며, 탁송품의 통관목록의 제출시한, 실제 배송지의 제출, 물품의 검사 등에 필요한 사항은 관세청장이 정하여 고시한다.

해 설

제2항에서 특송품 운송업자는 특송업체를 지칭한다. 해당 고시에서 '특급탁송업체'이라 함은 상업용의 속달서비스에 의하여 상업서류 기타 견품 등을 송달하는 것을 업으로 하는 자로 등록이 된 자를 말한다.

제3항은 2014.1.1. 관세법 개정시 신설된 것으로 탁송품 운송업자가 통관목록의 주소지와 다르게 배송한 경우 배송한 날이 속하는 달의 다음달 15일까지 실제 배송한 주소지를 세관장에게 제출해야 할 의무를 부여하였다. 이는 다수의 타인 명의를 도용, 수입통관시 신고한 배송지와 실제 배송지를 달리하여 관세 및 요건확인 면제를 받는 등 간이통관 제도를 상업적으로 악용하는 사례가 발생하는 것을 방지하기 위한 것으로 허위로 신고한 배송지 정보분석 등을 통해 타인 명의의 도용을 방지하고 관세 탈루를 예방함으로써 간이통관제도 정착에 기여할 것으로 판단한다.[66] 2017.12.19. 법 개정시 목록통관이 배제되어 정식 수입신고[67] 절차를

---

66) 국회자료에 따르면, 배송지 정보 제출제도 도입 이후 2016년말까지 특송업체로부터 약 28만건의 배송지 정보를 제출 받았으며, 이를 활용하여 40개 업체, 17,646(적발 금액 15억원 상당)건의 불법 분산반입 사례를 적발하였다고 한다.

67) 자가사용으로 보기 어려운 다량의 건강식품, 약품 등은 목록통관 배제되고 정식 수입하여야 한다. 그 외 판매를 목적으로 하거나 영업상 사용을 위해 수입하는 경우에는 정식수입신고절차를 거쳐 관세를 부담하도록 하고 있다.

거치는 탁송품을 수입신고서상 납세의무자 주소지가 아닌 곳에 배송하는 경우에도 실제 배송지 정보를 제출하도록 하여 제출대상을 확대하였다. 일반 수입신고 대상물품의 경우에도 분산반입 등을 통해 부정수입하는 업체의 적발 건수가 증가하고 건강기능식품 등 식품류의 비중이 높으나, 부당한 방법으로 수입하여 관세 등을 탈루하고 불법유통을 통해 국민의 건강을 위협하는 문제 등이 대두되고 있는 상황을 반영한 것으로 보인다. 결국 모든 특송물품에 대해 실제 배송지 정보를 제출하도록 하여 불법수입 행위 근절과 유통과정의 안정성 확보 및 관세채권 확보가 가능할 것으로 본다.

제4항에서 통관절차를 배제하는 것은 목록통관을 배제하고 일반 수입신고 절차를 거치도록 하는 것을 의미한다. 일반수입신고의 경우 관세사의 통관수수료 지급 등 비용 문제 및 업무의 번잡성 등이 수반되기 때문에 관련 업체의 자발적인 법규 준수도를 높이는 간접 강제의 수단이라 볼 수 있다.

제5항에서 관세청장과 세관장의 물품 검사에 대한 의무를 규정하고 하고 있다. 법 제246조는 수출입반송물품에 대한 물품 검사의 일반적인 규정이나, 본 항은 탁송물품에 대하여 특별조치 취할 수 있는 근거 규정이다. 향후 증가될 탁송물품의 통관 질서 유지를 위한 사전 법령의 정비라 할 수 있다. 2011.12.31. 개정 관세법에 근거 규정을 마련하였다.

⑥ 세관장은 관세청장이 정하는 절차에 따라 별도로 정한 지정장치장에서 탁송품을 통관하여야 한다. 다만, 세관장은 탁송품에 대한 감시·단속에 지장이 없다고 인정하는 경우 탁송품을 해당 탁송품 운송업자가 운영하는 보세창고 또는 시설(「자유무역지역의 지정 및 운영에 관한 법률」 제11조에 따라 입주허가를 받아 입주한 업체가 해당 자유무역지역에서 운영하는 시설에 한정한다)에서 통관할 수 있다.
⑦ 세관장은 제1항에 따른 통관절차가 적용되지 아니하는 탁송품으로서 제5항에 따른 검사를 마치고 탁송품에 대한 감시·단속에 지장이 없다고 인정하는 경우에는 제6항에도 불구하고 관세청장이 정하는 보세구역 등에서 탁송품을 통관하게 할 수 있다.
⑧ 제6항 단서에 따라 탁송품 운송업자가 운영하는 보세창고 또는 시설에서 통관하는 경우 그에 필요한 탁송품 검사설비 기준, 설비이용 절차, 설비이용 유효기간 등에 관하여 필요한 사항은 대통령령으로 정한다.
⑨ 관세청장은 탁송품의 신속한 통관과 탁송품에 대한 효율적인 감시·단속 등을 위하여 필요한 세관장과 탁송품 운송업자간 협력에 관한 사항 등 대통령령으로 정하는 사항에 대하여 고시할 수 있다.

해 설

종전에는 「특송물품 수입통관사무처리에 관한 고시」에 규정하여 운영하던 사항을 2013.1.1. 법 개정(법률 제11602호)시 법에 신설하여 원칙적으로 탁송품은 지정장치장에서 장치하여 통관하도록 규정하였다. 예외적으로 통관할 수 있는 보세창고 또는 시설 기준을 제6항에 규정하고 있다.

제7항은 2020.12.22.(법률 제17649호) 개정시 통관할 수 있는 장소에 '관세청장이 정하는 보세구역'을 추가 하였다. 기존 제7항의 내용은 제8항으로 이동 하였다. 기업의 물류비 절감 및 업무 효율화를 지원하기 위하여 기존 '지정장치장'과 '탁송품 운송업자 자체시설'에 '보세창고'를 추가한 것이다.

제8항에서 특송물품은 소량으로 많은 건이 수입되는 관계로 통관절차의 통일성이 필요하다. 그러나 여러 특송업체가 난립하여 미비한 검사설비 등 여건으로 통관업무를 처리할 때 통관질서 확보가 어려우므로, 시설 기준 등을 두어 설비의 표준화를 기하고 있다.

제9항은 2020.12.22.(법률 제17649호) 개정시 신설한 조항으로 세관장과 탁송품 운송업자 간 협력사항과 관련한 관세청 고시 운용사항에 대한 법적근거를 명확하게 하였다. 대통령령으로 정한 사항은 밀수출입 정보교환 및 정보제공, 신속한 통관을 위한 절차 개선 협약, 세관장의 탁송품 운송업자에 대한 평가·관리에 관한 세부사항 등이다.

제255조【상호주의에 따른 통관절차 간소화】(삭제)

해 설

동 조항은 법률 제12847호(2014.12.23) 개정을 통해 법 제240조의 5로 이동하였다.

제255조의 2【수출입 안전관리 우수업체의 공인】① 관세청장은 수출입물품의 제조·운송·보관 또는 통관 등 무역과 관련된 자가 시설, 서류 관리, 직원 교육 등에서 이 법 또는 「자유무역협정의 이행을 위한 관세법의 특례에 관한 법률」 등 수출입에 관련된 법령의 준수 여부, 재무건전성 등 대통령령으로 정하는 안전관리 기준을 충족하는 경우 수출입 안전관리 우수업체로 공인할 수 있다.

② 관세청장은 제1항에 따른 공인을 받기 위하여 심사를 요청한 자에 대하여 대통령령으로 정하는 바에 따라 심사하여야 한다.

③ 제2항에 따른 심사를 요청하려는 자는 제출서류의 적정성, 개별 안전관리 기준의 충족 여부 등 관세청장이 정하여 고시하는 사항에 대하여 미리 관세청장에게 예비심사를 요청할 수 있다.

④ 관세청장은 제3항에 따른 예비심사를 요청한 자에게 예비심사 결과를 통보하여야 하고, 제2항에 따른 심사를 하는 경우 예비심사 결과를 고려하여야 한다.

⑤ 제1항에 따른 공인의 유효기간은 5년으로 하며, 대통령령으로 정하는 바에 따라 공인을 갱신할 수 있다.

⑥ 제1항부터 제5항까지에서 규정한 사항 외에 수출입 안전관리 우수업체의 공인에 필요한 사항은 대통령령으로 정한다.

해 설

AEO(Authorized Economic Operator) 제도는 세관당국이 수출입업체 등의 물류공급망상의 기업을 법규준수도, 안전관리, 내부통제, 재무건전성 등 세관당국이 정한 기준[68]에 따라 심사하여 인증하고, 공인된 기업에 대해 통관절차상의 신속통관, 세관검사 면제 등의 특별한 혜택을 부여하는 제도를 말한다.

2001년 발생한 미국 9.11 테러는 전 세계의 물류보안 패러다임을 변화시키는 직접적인 계기가 되었으며 이에 미국은 물류보안제도를 도입하여 자국으로 유입되는 화물의 안전기준을 강화하였다. 2002년 1월 CSI(컨테이너 안전협정 ; Container Security Initiative)제도를 도입하여 세계 20대 항만의 화물검색을 강화했고, 동년 4월 C-TPAT(세관·민간 대테러 협력프로그램 ; Customs-Trade Partnership Against Terrorism)[69]제도를 마련해 AEO제도의 기틀을 제공했다.

2005년 6월 세계관세기구(WCO) 총회에서는 9.11 이후 강화된 미국의 무역안전조치를 수용하면서 회원국의 만장일치로 「국제무역의 안전과 원활화를 조화시키기 위한 국제규범」(SAFE-framework)을 제정했다. 이 규범은 미국 9.11 테러 이후 세계 각국이 추진하던 무역안전조치를 통합한 것으로 크게 세관당국간 협력체계구축과 세관당국과 민간기업의 파트너쉽 형성을 주요 골자로 하고 있다. 우리나라도 국제무역의 원활화와 안전을 동시에 달성하기 위해 2007.12.31. 개정 관세법(법률 제8833호)에 AEO 도입 근거를 마련하였다. 이 제도는 국가간 상호인증약정(MRA)[70]에 따라 우리나라의 AEO가 외국세관에서도 신속한 통관 혜택을 수혜할 수 있다. AEO인증대상은 제조업자, 수출입업자, 포워더, 관세사, 창고업자, 운송업자,

---

68) 관세법 등 수출입에 관련된 법령을 성실하게 준수할 것, 세금을 체납하지 않는 등 재무 건전성을 갖출 것, 운영시스템 등을 갖출 것, 수출입물품의 안전한 관리를 확보할 수 있는 운영시스템·거래업체·운송수단 및 직원교육체계 등을 갖출 것, 그 밖의 세계관세기구에서 정한 수출입안전관리에 관한 표준 등을 반영한 관세청장이 정하는 기준을 갖출 것 등 기준이 있다. 공인기준과 심사절차를 규정한 「수출입 안전관리 우수업체 공인 및 운영에 관한 고시」가 있다.

69) C-TPAT제도는 테러 수단 반입차단을 위한 민관협력 프로그램으로서 절차보안, 대물보안, 인원보안, 접근통제, 교육 및 훈련, 운송수단 보안 적하목록 관리감독 등 7개 기준에 대하여 세관직원 및 업체 대표로 구성된 공동조사팀을 구성하여 인증절차를 진행하고 인증업체에 대해 검사비율 축소, 우선검사권 부여, 물품통관시 전용통로 이용, 자율심사허용 등 혜택을 제공하고 있다.

70) AEO 상호인증약정(Mutual Recognition Arrangement)이란 상대국의 AEO제도를 자국의 AEO제도와 동등하게 받아들이는 것을 의미한다. AEO제도를 시행 중인 국가 간에 상호인정약정을 체결할 경우, 자국의 AEO업체는 상대국 세관에서도 상대국 AEO업체와 동일한 수준의 통관상의 혜택을 받게 된다. AEO제도는 WCO SAFE Framework을 바탕으로 하고 있지만 동 Framework이 강제규정이 아니기 때문에 개별 국가별로 자국의 실정에 맞게 AEO제도를 도입하고 있다.

선사, 항공사 등 모든 무역공급망의 주체다.

AEO제도는 ① 신속과 함께 안전이 담보되는 정확한 세관절차[신속 → 정확], ② 물품중심의 위험관리에서 기업중심의 위험관리[화물(物) → 기업(人)], ③ 국제협력을 통해 세관영역을 국내에서 국외로 확장[국내→해외], ④ 특정시점·장소에서의 단편적 관리에서 흐름중심의 통합관리[통관시점(點) → 수출입 공급망(線)]으로 관세행정의 패러다임을 변화시켰다.

2021.12.31. 관세법 개정시 종전에 제255조의 2에서 일괄 규정하였던 AEO인증 제도 관련 조문을 이해하기 쉽게 조문을 분할하여 규정하였다. 이하 제255조의 3에서 '수출입 안전관리 우수업체에 대한 혜택 등', 제255조의 4 '수출입안전관리우수업체에 대한 사후관리', 제255조의 5 '수출입안전관리우수업체의 공인 취소', 제255조의 6 '수출입안전관리우수업체의 공인 관련 지원 사업', 제255조의 7 '수출입 안전관리 기준 준수도의 측정·평가'이다.

제3항과 제4항은 공인에 관한 일반적 사항으로서 종전과 달리 예비심사를 신청할 수 있도록 하고 관세청장은 이 예비심사 결과를 고려하여 공인 여부를 심사하도록 규정하였다.

동 시행령 제259조의 7에는 수출입안전관리우수업체심의위원회 관련 규정을 두고 있으며, 심의 대상, 심의원원회 구성, 운영 등에 관하여 규정하고 있다.

제255조의 3【수출입 안전관리 우수업체에 대한 혜택 등】 ① 관세청장은 제255조의 2에 따라 수출입 안전관리 우수업체로 공인된 업체(이하 "수출입안전관리우수업체"라 한다)에 통관절차 및 관세행정상의 혜택으로서 대통령령으로 정하는 사항을 제공할 수 있다.
② 관세청장은 다른 국가의 수출입 안전관리 우수업체에 상호 조건에 따라 제1항에 따른 혜택을 제공할 수 있다.
③ 관세청장은 수출입안전관리우수업체가 제255조의 4 제2항에 따른 자율 평가 결과를 보고하지 아니하는 등 대통령령으로 정하는 사유에 해당하는 경우 6개월의 범위에서 제1항에 따른 혜택의 전부 또는 일부를 정지할 수 있다.
④ 관세청장은 제3항에 따른 사유에 해당하는 업체에 그 사유의 시정을 명할 수 있다.

해 설

공인을 받기 위해서는 규정된 내용을 엄격하게 준수하여야 하는 부담이 있으나 이에 대하여 반대로 제공되는 통관절차상 혜택이 충분하지 못하여 공인 참여자의 불만이 있었다. 이에 대하여 개정 내용에서는 통관절차상과 함께 관세행정상의 혜택 등도 제공할 수 있도록 법에 명시적으로 규정하였다. 동 시행령 제259조의 4에서는 수출입물품에 대한 검사 완화나 수출입신고 및 관세납부 절차 간소화 등의 사항이라 규정하고 있으며, 세부 사항은 관세청장이 고시로 정하도록 규정하고 있다.

제3항에서는 동 혜택의 전부 또는 일부를 정지할 수 있도록 규정하였으며, 제4항에서는 그 사유의 시정권을 규정하여 혜택 시행의 효율성을 높이고 있다.

제255조의 4【수출입안전관리우수업체에 대한 사후관리】 ① 관세청장은 수출입안전관리우수업체가 제255조의 2 제1항에 따른 안전관리 기준을 충족하는지를 주기적으로 확인하여야 한다.
② 관세청장은 수출입안전관리우수업체에 제1항에 따른 기준의 충족 여부를 자율적으로 평가하도록 하여 대통령령으로 정하는 바에 따라 그 결과를 보고하게 할 수 있다.
③ 수출입안전관리우수업체가 양도, 양수, 분할 또는 합병하거나 그 밖에 관세청장이 정하여 고시하는 변동사항이 발생한 경우에는 그 변동사항이 발생한 날부터 30일 이내에 그 사항을 관세청장에게 보고하여야 한다. 다만, 그 변동사항이 수출입안전관리우수업체의 유지에 중대한 영향을 미치는 경우로서 관세청장이 정하여 고시하는 사항에 해당하는 경우에는 지체 없이 그 사항을 보고하여야 한다.
④ 제1항부터 제3항까지에서 규정한 사항 외에 수출입안전관리우수업체의 확인 및 보고에 필요한 세부사항은 관세청장이 정하여 고시한다.

해 설

2018.12.8. 관세법 개정시 신설된 조항으로 관세행정 투명성 강화를 위하여 AEO 업체 행정조사 근거를 관세법에 마련한 것이다. AEO 업체에 대한 행정조사의 목적 · 대상 · 내용 등을 규정한 것으로 조사대상자의 예측 가능성 제고 및 행정기관의 조사권 남용 방지를 위해 행정조사의 목적 · 대상 · 내용 등을 법령 등에 구체적으로 명시할 필요가 있었다.

구체적인 내용은「수출입 안전관리 우수업체 공인 및 운영에 관한 고시」로 정하여 운영하고 있다. 공인기준의 충족 여부 등을 심사하는 것을 종합심사라고 하며, 동 고시에는 공인기준, 등급, 절차, 사후관리, 종합심사, 국가 간 상호 인정 등에 관하여 규정하고 있다.

제255조의 5【수출입안전관리우수업체의 공인 취소】 관세청장은 수출입안전관리우수업체가 다음 각 호의 어느 하나에 해당하는 경우에는 공인을 취소할 수 있다. 다만, 제1호에 해당하는 경우에는 공인을 취소하여야 한다.
1. 거짓이나 그 밖의 부정한 방법으로 공인을 받거나 공인을 갱신받은 경우
2. 수출입안전관리우수업체가 양도, 양수, 분할 또는 합병 등으로 공인 당시의 업체와 동일하지 아니하다고 관세청장이 판단하는 경우
3. 제255조의 2 제1항에 따른 안전관리 기준을 충족하지 못하는 경우
4. 제255조의 3 제3항에 따른 정지 처분을 공인의 유효기간 동안 5회 이상 받은 경우

5. 제255조의 3 제4항에 따른 시정명령을 정당한 사유 없이 이행하지 아니한 경우
6. 그 밖에 수출입 관련 법령을 위반한 경우로서 대통령령으로 정하는 경우

해 설

2021.12.31. 법 개정시 취소 사유를 세분화하였다. 종전에는 안전관리 기준을 충족하지 못하는 경우, 심사 요청을 거짓으로 한 경우라고 포괄적으로 규정하였으나, 공인 관리를 실효적으로 운영하기 위하여 관련 규정을 세분화한 것이라 할 수 있다.

제255조의 6 【수출입안전관리우수업체의 공인 관련 지원사업】 관세청장은 중소기업기본법 제2조에 따른 중소기업 중 수출입물품의 제조·운송·보관 또는 통관 등 무역과 관련된 기업을 대상으로 수출입안전관리우수업체로 공인을 받거나 유지하는 데에 필요한 상담·교육 등의 지원사업을 할 수 있다.

해 설

수출입 중소기업에 대한 AEO공인 인증 획득 지원 근거를 규정하고 있다. AEO인증이 새로운 무역거래의 조건으로 대두되고 있으나, 우리 중소기업의 대응이 미진한 상태여서, 이에 대하여 관세청이 컨설팅과 교육 지원이 필요하여 2010.12.30. 법 개정(법률 제1044호)시 도입하였다.

수출입 안전관리 우수 공인업체에 대한 지원 확대하기 위해 2014.1.1. 법 개정(제12159호)시 수출입안전관리 우수 공인업체의 부담을 완화시킬 수 있도록 수출입 안전관리 우수 공인업체로 지정된 이후 그 지위의 유지에 필요한 상담·교육 등에 대한 지원사업을 할 수 있도록 하였다.

제255조의 7 【수출입 안전관리 기준 준수도의 측정·평가】 ① 관세청장은 수출입안전관리우수업체로 공인받기 위한 신청 여부와 관계없이 수출입물품의 제조·운송·보관 또는 통관 등 무역과 관련된 자 중 대통령령으로 정하는 자를 대상으로 제255조의 2 제1항에 따른 안전관리 기준을 준수하는 정도를 대통령령으로 정하는 절차에 따라 측정·평가할 수 있다.
② 관세청장은 제1항에 따른 측정·평가 대상자에 대한 지원·관리를 위하여 같은 항에 따라 측정·평가한 결과를 대통령령으로 정하는 바에 따라 활용할 수 있다.

해 설

수출입물품의 제조·운송·보관 또는 통관 등 무역과 관련된 자를 대상으로 수출입 관련

법령을 준수하는 정도 등을 포함한 안전관리 기준의 준수 정도를 측정 · 평가하고, 그 결과를 해당 업체의 지원 및 관리 등에 활용할 수 있도록 하기 위해 법률 제12847호(2014.12.23) 개정을 통해 신설하였으며, 「수출입물류업체에 대한 법규수행능력측정 및 평가관리에 관한 훈령」이 있다.

무역과 관련된 이해당사자에 대하여 수출입 관련 법령에서 규정한 의무 등의 법규준수 정도를 통합적으로 평가하고 그 결과를 관세행정에 환류함으로써 수출입관련 기업의 자율적 법규준수를 유인하고, 법규준수도 향상을 위하여 2018.11.5. 「통합 법규준수도 평가와 운영에 관한 고시」를 제정하여 시행하고 있다. 업체별 통합 법규준수도, 업무분야별 통합 법규준수도, 통합 법규준수도 활용 등에 관하여 규정하고 있다. 이 고시 제정으로 종전의 「통합 법규준수도 평가와 운영에 관한 시행세칙」은 폐지되었으나, 법규 준수나 법규 수행 능력 측정에서 기준이 다소 혼란하여 정비가 필요하다.

우 편 물

제256조【통관우체국】 ① 수출·수입 또는 반송하려는 우편물(서신은 제외한다. 이하 같다)은 통관우체국을 경유하여야 한다.
② 통관우체국은 체신관서 중에서 관세청장이 지정한다.

해 설

국제우편물의 통관절차를 보면 우선 국제우편물은 관세청장이 정하는 통관우체국을 경유해야 한다. 그리고 통관우체국이 국제우편물을 접수한 때에는 우편물목록을 작성하여 세관장에게 제출하여 통관에 관한 결정을 받아야 한다. 세관장은 결정사항을 통관우체국에 통지하며, 통관우체국에서는 수취인에게 다시 이를 통지하거나 국제우편물을 바로 주소지로 우송한다. 통지받은 자는 통관에 관한 절차를 거쳐 수입인지나 금전으로 관세 등을 납부한다. 다만 현장통관, 원격지통관 등 경우에는 국제우편물을 배송하는 직원에게 관세 등을 납부할 수 있다. 이러한 절차가 국제우편물 통관에 관한 일반절차다. 국제우편물을 수입하는 경우 바로 수취인에게 배달되는 물품, 과세하고 배달할 물품, 정식으로 수입신고하고 찾아가거나 배달하는 물품으로 구분되므로, 규모는 작지만 여러 가지 통관 형식이 있는 셈이다. 이러한 관계로 통관우체국업무는 비교적 복잡하여 정형화하기가 쉽지 아니한 특성이 있다.

이 절에서는 우편물에 대한 물품관리와 통관관리를 담당하는 우체국과 세관 간 업무영역에 관하여 주로 규정하고 있다. 예를 들면 세관장 결정이 없이는 체신관서장은 국제우편물을 발송하지 못하고, 관세를 징수하기 전에는 물품 교부를 금지하는 조항 등이 있다. 이와는 별도로 국가 간의 우편물 취급에 관하여는 국제조약으로 관리되고 있다. 우편물 통관은 관세법 이외에 관련 조약도 조화롭게 잘 적용해야 한다.[71)]

2007.6.4. 관세청 고시로 「국제우편물 수입통관 사무처리에 관한 고시」를 제정하여 현재

71) 우편물의 자유로운 교환을 보장하여 국제협력을 증진하기 위하여 만국우편연합(UPU)은 헌장, 총칙, 협약, 우편지급업무약정등 4개 조약과 그 시행세칙(통상우편규칙, 소포우편규칙, 우편지급업무약정규칙)을 근간으로 국제우편물 교환질서를 규율하고 있다. 최근 조약으로 2004.9. 루마니아 부카레스트에서 개최된 제23차 만국우편연합 총회에서 채택되어 2006.1.1. 우리나라에서 발효된 조약이 있다. 이 조약의 시행세칙 중 통상우편규칙에는 CN22 표지 CN23 세관신고서의 의무적 첨부, 소포우편규칙에는 CP72, CP71 서식의 첨부, 반송에 관한 사항 등이 자세히 규정되어 있다.

운영하고 있으며, 종전에는 관세청훈령으로 「국제우체국 수입우편물의 통관사무처리에 관한 시행세칙」으로 운영하였고 이 규정은 2001.3.10. 종전에 「서울세관 국제우편물 통관 규정」을 전국적으로 확대 적용하기 위한 것이었다. 이 고시에는 국제우편물의 검사 및 심사, 국제우편물 통관처리, 국제우편물 수입신고, 보세운송 등을 규정하고 있으며, 통관과정에서 우편물의 종류를 현장면세물품, 현장과세물품, 재감정 물품으로 구분하고 신고시기의 종류를 도착 전 신고, 도착 후 신고로 나누고 있다. 그리고 통관대상우편물은 서신을 제외한 우편물과 서신 중에서 세관검사를 실시한 우편물이라 규정하고 있다.

제2항은 통관우체국 지정에 관한 규정이다. 모든 우체국에서 통관 업무를 하는 경우에는 인력이 과다하게 소요되는 문제가 있고, 너무 적게 지정하게 되면 우편물 수취인이 체신관서를 찾아가고 오는 데에 불편이 있다. 또 우편물 관리를 위해서는 집중관리하는 것이 편리할 것이며, 분산 관리하는 것은 통제가 어려운 문제점이 있어 이를 적정하게 유지할 필요가 있다. 집중화를 추진하면서 원격지 통관제도를 도입하여 집중화로 인한 문제점을 해소할 필요가 있다.[72] 원칙적으로 외국물품은 세관 통제 아래 관리되지만, 외국물품인 우편물은 체신관서에서 직접 관리하고 있다. 이는 우편물이 국제협약, 우편법 등에 의해서 발송·관리·수취되는 특성을 가지고 있기 때문이다. 통관우체국이 세관이 지정하는 보세구역이 아닌 점은 이러한 성격을 어느 정도 나타내고 있다고 볼 수 있다.

2007년 인천공항의 One-Stop 우편물통관제도 구축을 위해 통관우체국의 숫자를 단계적으로 줄여서 2007.10.29. 관세청장이 지정한 통관우체국은 국제우편물류센터, 부산국제우체국 2개가 지정되어 있다. 국제우편물류센터는 항공우편물, 부산국제우체국은 선박우편물을 전담한다.

제256조의 2【우편물의 사전전자정보 제출】 ① 통관우체국의 장은 수입하려는 우편물의 발송국으로부터 해당 우편물이 발송되기 전에 세관신고정보를 포함하여 대통령령으로 정하는 전자정보(이하 "사전전자정보"라 한다)를 제공받은 경우에는 그 제공받은 정보를 해당 우편물이 발송국에서 출항하는 운송수단에 적재되기 전까지 세관장에게 제출하여야 한다.
② 세관장은 관세청장이 우정사업본부장과 협의하여 사전전자정보 제출대상으로 정한 국가에서 발송한 우편물 중 사전전자정보가 제출되지 아니한 우편물에 대해서는 통관우체국의 장으로 하여금 반송하도록 할 수 있다.
③ 통관우체국의 장은 사전전자정보가 제출된 우편물에 대해서는 제257조 본문에 따른 우편물 목록의 제출을 생략하고 세관장에게 검사를 받을 수 있다. 다만, 통관우체국의 장은 세관장이 통

72) 원격지 통관제도란 전화 등을 통하여 과세가격, 세액 등을 알려 주어 납세의무자가 이 내용을 수용하면 물품을 보내고 그 세액은 우체국을 통하여 징수하나, 이의를 제기하면 납세의무자가 찾아와서 과세관청과 상의한 후 세액을 결정 납부하는 제도를 말한다.

관절차의 이행과 효율적인 감시·단속을 위하여 대통령령으로 정하는 사유에 해당하여 우편물 목록의 제출을 요구하는 경우에는 이를 제출하여야 한다.
④ 제1항부터 제3항까지에서 규정한 사항 외에 사전전자정보의 제출 절차 및 반송 등에 필요한 세부사항은 대통령령으로 정한다.

해 설

국제우편물에 대한 사전전자정보는 해당 국가의 전산화 진도에 따라 일괄 제출 받기 어려운 사항이었으나 이를 법제화함으로써 우편물에 대한 신속 정확한 검사 통관이 가능하게 되었다. 2021.12.31. 법 개정시 국세우편물 사전전자정보 제출 의무화 규정을 신설하였다. 그 대상은 통관우체국장이 「만국우편협약 우편규칙」에 따라 우편물 발송국으로부터 제공 받은 사전전자정보를 말한다. 이 사전전자정보는 관세법 시행령 제259조의 8에 보면 사전 통관정보와 사전 발송정보로 구분하고 있다.

제2항은 동 제도의 실효성을 높이기 위한 제재 수단이나 제3항은 우편물목록 제출의 생략으로 통관의 신속성을 구현하고 있다. 다만, 관세를 부과·징수하려는 경우, 우편물의 통관을 보류하거나 유치할 필요가 있는 경우, 사전전자정보가 불충분하거나 불분명한 경우, 수입신고를 해야 하는 경우, 우편물을 조사하려는 경우에는 예외적으로 우편물목록을 제출하여야 한다.

제4항은 동 제도의 절차 및 반송 등에 필요한 세부사항으로서 대통령령으로 정하고 있다. 사전 통관정보로서 우편물번호, 발송인 및 수취인의 성명과 주소, 총 수량 및 총중량, 품명, 수량, 중량 가격 등으로 정하고 있으며, 사전 발송정보로서 우편물 자루번호 및 우편물번호, 발송·도착 예정 일시, 발송국·도착국 공항 또는 항만의 명칭, 운송수단 등으로 정하고 있다.

제257조【우편물의 검사】 통관우체국의 장이 제256조 제1항의 우편물을 접수하였을 때에는 세관장에게 우편물목록을 제출하고 해당 우편물에 대한 검사를 받아야 한다. 다만, 관세청장이 정하는 우편물은 검사를 생략할 수 있다.

해 설

통관우체국장이 우편물을 접수한 때에는 세관장에게 우편물목록[73]을 제출하고 우편물에 대

73) 국제우편물 수입통관 사무처리고시에 의하면 우편물 목록이란 통관우체국을 통하여 반입되는 우편물의 종류·번호, 발송국가, 발송인 성명, 수취인 성명·주소·전화번호, 품명, 중량, 수량, 가격 등 통관에 필요한 항목이 기재된 자료를 말한다. 우편물 목록이외에 통관우체국장은 우편물신고서를 제출한다. 우편물 신고서는 특급우편물 목록 및 우편물에 부착된 세관표지(CN22), 세관신고서(CN23), 송장(CP71, CP72) 등 우편물에 대한 정보가 기재된 자료를 말한다. 우편물의 검사 및 심사에 활용되는 기초자료다.

하여 검사를 받아야 한다. 우편물목록이란 외국으로부터 도착한 우편물에 관한 사항을 적어 놓은 목록이다. 일반수출입물품은 화주나 관세사가 수입신고하고 검사를 받지만 우편물은 통관우체국장이 목록을 제출하여 물품검사를 받아야 한다.[74]

통관우체국장이 제출하는 우편물목록에 대하여는 그 범위가 전량이냐 일차 검사를 거친 재감정 물품만을 대상으로 하느냐에 대하여 논란이 있으나 현재는 재감정 물품에 대하여만 목록을 제출받고 있다. 국제우편물의 통관제도 발전을 위해서 통관 전 사전자료 입수가 중요하며, 사전자료로서 정확한 자료에 근거한 우편물목록이 필수적인 점을 감안하면 모든 우편물에 대한 우편물목록이 필요하다.

우편물 검사는 일반수출입화물 검사와 마찬가지로 서류상의 물품내용과 현품을 확인하는 것이다. 우편물 검사업무는 세관 단독 업무가 아니고 통관우체국장은 소속공무원을 참여시키고 필요시에는 포장해체 등 작업을 상호협조 아래에서 처리한다. 예를 들면, 통관우체국장은 검사를 받는 때에는 소속공무원을 검사에 참여시켜야 한다. 그리고 통관우체국은 세관공무원이 해당 우편물의 포장을 풀고 검사할 필요가 있다고 인정되는 때에는 그 우편물의 포장을 풀었다가 다시 포장하여야 한다. 최근에는 인터넷을 이용한 전자상거래 물품의 반입이 늘어나면서 우편물에 대한 검사의 중요성이 강조되고 있다. 우편물에 대한 검사는 우편물의 종류에 따라 다소 다르다. 우편물의 종류는 일반적으로 소포, 특급, 통상우편물로 구분한다.[75] 소포와 특급은 전량 X-ray기기 검사를 거치고 통상은 선별적으로 거친다. 1차 X-ray기기 검사를 거친 우편물에 대하여 필요한 경우 2차로 물품검사를 하는 것을 현품검사라고 한다.

【대법원 2013.9.26, 2013도7718】 우편물 통관검사절차에서 이루어지는 우편물의 개봉, 시료채취, 성분분석 등의 검사는 수출입물품에 대한 적정한 통관 등을 목적으로 한 행정조사의 성격을 가지는 것으로서 수사기관의 강제처분이라고 할 수 없으므로, 압수·수색영장 없이 우편물의 개봉, 시료채취, 성분분석 등 검사가 진행되었다 하더라도 특별한 사정이 없는 한 위법하다고 볼 수 없다.

제258조【우편물통관에 대한 결정】 ① 통관우체국의 장은 세관장이 우편물에 대하여 수출·수입 또는 반송을 할 수 없다고 결정하였을 때에는 그 우편물을 발송하거나 수취인에게 내줄 수 없다.

74) 만국우편연합국간에 체결된 만국우편협약(만국우편엽합조약 : 2004 UPU 부카레스트 조약 중) 제1편 국제우편업무에 공통으로 적용되는 규칙 제18조(통관, 관세 및 기타 수수료)에 의하면, 접수국가와 배달국가의 우정청은 국내법에 따라 우편물을 통관에 회부할 권한이 있고, 고객을 대신하여 세관을 통하여 우편물 통관을 할 수 있는 권한이 있는 우정청은 실제 비용에 근거한 통관수수료를 고객에게 부과할 수 있으며, 경우에 따라 우정청은 발송인 또는 우편물 수취인으로부터 관세와 기타 부과될 수 있는 모든 수수료를 징수할 권한이 있다.

75) 소포는 개당 30킬로그램 이하 포장우편물, 특급은 개당 30킬로그램 이하 긴급배달우편물, 통상우편물은 개당 2킬로그램 이하의 일반우편물과 엽서를 말한다.

② 우편물이 대외무역법 제11조에 따른 수출입의 승인을 받은 것이거나 그 밖에 대통령령으로 정하는 기준에 해당하는 것일 때에는 해당 우편물의 수취인이나 발송인은 제241조 제1항에 따른 신고를 하여야 한다.

해 설

우편물 통관여부는 세관장이 결정하고 우편물 관리는 체신관서가 담당한다. 본조는 우편물에 대한 통관여부 결정과 관리에 관하여 세관과 체신관서 간 업무분장을 명확하게 규정하고 있다. 우편물 통관은 현장면세, 현장과세, 재감정 회부로 처리되는 것이 일반적인 흐름이다. 재감정 회부된 국제우편물에 대한 통관절차는 제2항에서 규정하고 있다.

제2항은 우편물 신고에 관한 규정이다. 수입신고 방법에는 간이한 방법과 일반적인 방법이 있다. 간소한 방법에 의한 통관은 법 제39조 시행규칙 제9조에 의한 부과고지 방식에 의하여 처리되며 일반적인 방법에 의한 통관은 신고납부방식이라 할 수 있다. 여기에서 신고납부나 부과고지 방식을 구분하는 의미는 수취인이나 발송인의 신고 여부와는 관계가 없이 징세 방법의 종류가 다르기 때문이라는 점을 유념해야 한다. 부과고지 방식에 의하는 경우에도 법 제241조에 따라 간소한 방식으로 신고하도록 규정하고 있다. 여행자휴대품, 이사물품도 일차적으로 신고하는 의무를 부여하고 있는 점은 같은 맥락이라 볼 수 있다. 2021.12.31. 법 개정시 제2항에 해당되는 경우에는 법 제241조 제1항에 따른 수입신고를 하도록 명시적으로 규정하였다.

대외무역법 제14조는 수출입승인에 관한 조항이다. 대통령령에 수출입신고대상 우편물은 법령에 의하여 수출입이 제한되거나 금지되는 물품, 법 제226조 세관장 확인 대상물품, 판매 목적으로 반입하는 물품 또는 대가를 지급하였거나, 지급할 물품 및 그 밖에 수출입신고가 필요하다고 인정되는 물품으로서 관세청장이 정하는 금액을 초과하는 물품 등[76]으로 정해져 있다.

신고시기에 관하여 도착 전 신고는 국제우편물이 도착하기 5일 전부터 미리 수입신고를 할 수 있는 제도로 2007.6월부터 시행함으로써 신속한 통관을 유도하는 제도다. 일반적으로 국제우편물은 바코드를 부착하여 우편물번호를 확인할 수 있는 상태에서 도착하므로 도착 전 신고도 바코드가 부착된 국제우편물에 한하여 신고가 가능하며 해당물품 도착시 수입신고대상물품으로 자동선별되어 처리된다.

일반우편물은 검사를 거친 후 수취인에게 배달하지만, 수출입신고대상이 되는 우편물에 대하여는 바로 배달하지 아니하고, 수취인이 수출입신고를 해서 통관을 거쳐야 한다. 그러나 우편물

76) 「국제우편물 수입통관 사무처리에 관한 고시」에 따르면 1. 판매목적 반입물품, 2. 물품가격이 미화 1,000달러 초과물품, 3. 과세가격 5백만원 초과물품, 4. 수취인의 일반수입신고 신청물품 등이다.

은 일차적으로 세관에서 검사를 하고 수입신고대상이 아니라고 판단되는 경우에는 바로 배달하기 때문에 수취인은 최초 우체국 도착상태에서는 우편물이 수입신고 대상인지 미리 알 수 없다.

우편물이 배달된 다음 수취인이 수입신고 대상인 것을 안 경우에 이를 다시 세관에 제출하여 신고하여야 하는 것인지 여부에 대하여 명확한 규정이 없다. 다만, 법으로 수취인 혹은 발송인에게 신고의무를 규정하고 있을 뿐이다. 따라서 회사의 회계 규정상 일반수입신고 절차를 거쳐서 통관하는 것이 필요한 경우에는 현재에는 우편물을 다시 통관우체국에 반입하여 확인한 후 수입신고 수리필증을 교부하는 경우가 있다. 즉, 현장 현장면세 처리된 국제우편물이 체신관서를 통해 바로 수취인에게 배송되어 일반수입신고를 할 수 없게 된 때에도 민원 편의를 제공하기 위해 국제우편물 재반입 수입신고제도[77]를 도입하여 신고할 수 있도록 하고 있다.

【대법원 2012.12.26, 2011도10192】 관세법 제258조 제2항에서 정한 특례 우편물은 수입신고 생략 대상에서 제외되어 원칙적으로 수입신고를 하여야 하므로, 관세법 제240조 제1항 제1호의 '체신관서가 수취인에게 교부한 우편물'에 대한 적법한 수입 의제규정이 구 관세법 제258조 제2항에서 정한 특례 우편물에는 적용되지 아니한다고 보아야 할 것이다. 종자는 관세법 제226조 제1항, 제241조, 제258조 제2항 등에 의하여 세관장 확인 대상 물품으로서 관세법상 수입신고의 대상이며, 국립식물검역기관의 식물방역관 검사를 받는 물품으로 신고인(관세사 등) 또는 화주는 해당 물품의 품명·규격·수량 및 가격 등의 사항을 세관장에게 신고해야 한다면서, 세관으로부터 통관안내서를 받지 못하여 수입신고를 하지 않아도 된다고 생각하였다고 하더라도 그러한 사유만으로 이 부분 각 밀수입 행위가 법령에 의하여 허용되는 행위로서 죄가 되지 않는다고 그릇 인식함에 정당한 이유가 있는 경우라고 보기 어렵다.

【대법원 1983.8.23, 83도1496】 일본에서 미군사우편으로 한국에 우송된 물품중 일부가 미군사우체국에서 통관전에 발견되었다 하더라도 당초부터 관세를 포탈할 의도에서 위 물품들을 정당하지 않은 수입경로인 미군사우편을 이용하여 소포물로 우송하고 또 그 우송과정에서도 소포의 내용물을 견본용 책자라고 허위신고하였다면 이는 관세포탈행위의 실행 착수가 있었다고 봄이 상당하다.

제259조【세관장의 통지】 ① 세관장은 제258조에 따른 결정을 한 경우에는 그 결정사항을, 관세를 징수하려는 경우에는 그 세액을 통관우체국의 장에게 통지하여야 한다.
② 제1항의 통지를 받은 통관우체국의 장은 우편물의 수취인이나 발송인에게 그 결정사항을 통지하여야 한다.

77) 특송물품 및 우편물의 재반입 수입신고에 대한 업무처리지침 (2009.7.27) 에 따라 2009.8.1.부터 시행하고 있으며 대부분 업체에서 회계처리 등의 목적으로 통관우체국에 재반입후 일반수입신고한 것으로 확인되고 있다. 따라서 신고관련 절차를 국민이 알기 쉽게 명확히 하여 운용할 필요가 있다

해 설

통관우체국이 세관과 수취인·발송인 사이에서 매개자 역할을 하여 통관절차를 진행한다. 세관장은 우편물에 대하여 수출입할 수 없다는 결정, 일반수입통관절차를 거쳐야 한다는 결정, 세금을 납부해야 한다는 결정을 내릴 수 있다. 그리고 세관장은 이러한 결정사항을 통관우체국장에게 통지해야 한다. 우편물 통관에 대한 결정 통지는 수입신고 수리 필증 등을 해당 신고인이 통관우체국에 제출하는 것으로 갈음할 수 있고, 징수하고자 할 때에는 납부고지서로 통지할 수 있다. 이것은 일반수입통관절차를 거쳐야 하는 물품에 대하여는 수입신고 수리필증을 통관우체국에 제출하면 물품을 찾아 갈 수 있다는 것을 의미하며, 세금을 납부하여야 하는 물품에 대하여는 납부고지서를 교부 받아 납부하면 물품을 찾아 갈 수 있다는 것을 의미한다.

제2항은 통관우체국장의 통지의무에 관한 규정이다. 통관우체국장은 통지받은 사항을 수취인이나 발송인에게 통지하여야 한다. 구체적으로는 제1항에서와 같이 신고 수리 필증을 신고인이 제출하거나, 납부고지서를 통지하는 것 등을 의미한다. 원격지 우편물통관제도에서는 세관에서 물품에 대한 과세내역을 통관우체국에 송부하면 통관우체국에서는 수취인에게 이를 제시하고, 물품과 교환으로 과세내역에 따라 세금을 징수하여 세관장의 계좌에 입금하는 징수절차를 거친다.

제260조【우편물의 납세절차】 ① 제259조 제2항에 따른 통지를 받은 자는 대통령령으로 정하는 바에 따라 해당 관세를 수입인지 또는 금전으로 납부하여야 한다.
② 체신관서는 관세를 징수하여야 하는 우편물은 관세를 징수하기 전에 수취인에게 내줄 수 없다.

해 설

수입인지는 국가가 세금이나 수수료를 거두어들일 때 그 서류 등에 붙여서 일정한 금액을 납부한 사실을 나타내는 증표를 말한다. 우편물에 대하여 납세통지를 받은 자는 수입인지나 금전으로 관세 등을 납부한다. 실무에서는 수입인지로 납세하는 경우는 없고 모두 금전으로 납부한다. 우편물에 관한 납세절차로서 세관장이 납세 고지한 경우에는 세관장에게 금전으로 납부하여야 하고, 기타의 경우에는 체신관서에 금전으로 납부하여야 한다고 규정하고 있다. 체신관서는 통관우체국을 포함한 다른 모든 우체국을 말한다. 이는 일반우체국도 관세를 징수할 수 있음을 말한다. 앞서 법 제258조에서 설명한 것과 같이 우편물은 부과고지와 신고납부방식 두 가지 방법으로 징세한다.

제2항은 체신관서의 우편물 교부에 관한 규정이다. 체신관서의 관세징수에 대한 의무사항을 규정하고 있다. 물품관리 부서인 체신관서는 관세징수 대상 우편물품을 관세징수 전에는

수취인에게 교부할 수 없으며 통관우체국이 아닌 일반우체국도 여기에 포함된다.

제261조【우편물의 반송】 우편물에 대한 관세의 납세의무는 해당 우편물이 반송되면 소멸한다.

해 설

우편물은 우편물 수취거부, 수취인 불명 등 사유로 일정기간(예 : 60일 등) 지나면 국제우편협약에 의해 자동적으로 반송된다. 따라서 납부·충당·부과 취소 등 구체적인 처분은 필요없다. 실질적으로는 통관의 제한에 해당하거나 통관요건을 충족하지 못하는 경우에는 통관이 되지 않으므로 이로 인한 반송이 빈번하다. 우편물의 반송은 법 제20조 납세의무의 소멸 이외에 납세의무 소멸사유 중 하나다. 반송은 관련 고시에 의하면 통관우체국장이 보관기일 경과, 수취인 소재불명 등 사유로 반송하고자 할 경우에는 세관장의 승인을 얻어서 반송할 수 있다.

제10장

세관공무원의 자료 제출 요청 등

관세법은 세법, 물품관리법, 형사법적인 성격을 띠고 있으며, 본 장에서는 관세 업무를 성공적으로 집행하기 위한 방법으로 자료 요청권, 물품에 대한 검사권 등에 관하여 규정하고 있다. 비록 관세청장이나 세관장의 권한은 세관직원을 통하여 행사할 수 있으나, 규정상 관세청장, 세관장, 세관공무원에 대해 그 권한을 각각 명시적으로 구분하고 있다. 관세법 전체 13장 규정 중에서도 본장은 가장 행정상 강제력이 강한 규정이어서, 납세의무자의 기본권 침해가 쉽게 발생될 수 있는 조항이기도 하다. 따라서 이를 발동할 때에는 행정 목적 달성에 맞는 최소한도에 그치도록 노력해야 한다.

제1절은 과세자료 요청으로서 운송수단의 출발중지, 서류제출 · 보고, 과세자료 및 불법 · 불량 · 유해물품 정보 요청에 관한 규정이다.

제2절은 물품검사로서 물품 · 운송수단에 대한 검사, 장부 · 자료제출, 무기 휴대, 관계기관에 대한 협조 요청, 명예세관원에 관한 규정이다.

제1절 세관장 등의 과세자료 요청 등

제262조【운송수단의 출발 중지 등】 관세청장이나 세관장은 이 법 또는 이 법에 따른 명령(대한민국이 체결한 조약 및 일반적으로 승인된 국제법규에 따른 의무를 포함한다)을 집행하기 위하여 필요하다고 인정될 때에는 운송수단의 출발을 중지시키거나 그 진행을 정지시킬 수 있다.

해 설

물품 이동을 감시하기 위해서는 운송 수단을 통제하는 것이 가장 효율적인 방법이므로, 본 조에 운송수단을 통제할 수 있는 근거를 규정하고 있다. 그러나 운송수단을 이용하는 선의의 화주나 승객이 있을 수 있으므로 피해가 없도록 신중하게 시행해야 한다. 관세청장이나 세관장의 위임을 받아서 실무를 집행하는 세관공무원이 운송수단을 출발 중지하거나 진행을 정지시킨다. 진행 정지는 출발지점으로 되돌아오는 것까지 포함한다.

운송 수단의 출발 중지, 서류 제출 또는 보고 등의 명령은 관세청장과 세관장의 권한이나, 국가기관 및 지방자치단체 등 관계기관에 대한 과세자료 요청은 관세청장의 권한이다. 1993.12.31. 관세법 개정(법률 제4674호)시 세관장 직권으로 신설한 바 있다. 2020.12.22.(법률 제17649호) 개정시 '대한민국이 체결한 조약 및 일반적으로 승인된 국제법규에 따른 의무'를 명시적으로 포함시켰다.

출발 중지 · 진행 정지 조치 명령을 위반하는 것은 1천만원 이하 벌금, 과실의 경우에는 200만원 이하 벌금에 해당된다.

제263조【서류의 제출 또는 보고 등의 명령】 관세청장이나 세관장은 이 법(「수출용 원재료에 대한 관세 등 환급에 관한 특례법」을 포함한다. 이하 이 조에서 같다) 또는 이 법에 따른 명령을 집행하기 위하여 필요하다고 인정될 때에는 물품 · 운송수단 또는 장치 장소에 관한 서류의 제출 · 보고 또는 그 밖에 필요한 사항을 명하거나, 세관공무원으로 하여금 수출입자 · 판매자 또는 그 밖의 관계자에 대하여 관계 자료를 조사하게 할 수 있다.

해 설

관세청장이나 세관장은 물품 · 운송수단 · 장치장소에 관한 서류제출명령권과 보고명령권,

수출입자나 판매자 등에 대한 조사 명령권을 가진다. 이 조항은 포괄적 명령, 조사에 관한 조항으로서 세관공무원이 업체에서 관계 자료를 조사할 수 있는 법적인 근거이자, 한편으로는 처벌 내용이 경미하며 자료를 고의적으로 제출하지 아니하여 탈세를 하려는 업체가 악용할 수 있는 조항이기도 하다. 명령에 대하여 보고하지 아니하거나 허위보고를 하거나 기타 이를 이행하지 아니하는 것은 1천만원 이하 벌금에 해당된다.

제264조【과세자료의 요청】 관세청장은 국가기관 및 지방자치단체 등 관계 기관 등에 대하여 관세의 부과·징수 및 통관에 관계되는 자료 또는 통계를 요청할 수 있다.

해 설

종전에는 관세법상 수출입자 등에 대해 장부나 자료를 조사 제출하게 하거나 납세의무자에게 과세자료를 제출하게 할 수 있으나 일반적인 과세자료를 수집할 수 있는 근거는 없었다. 개방체제의 진전에 따라 인적·물적 이동의 증가로 수출입거래를 통한 재산 해외도피 및 불법 자금세탁 등 불법행위가 발생함에 따라 국가의 과세권을 확보하고 수출입거래와 관련한 세수탈루를 방지하기 위하여 자료 요청권을 규정하게 되었다.

관세청장은 정부나 지방자치단체 등에 대하여 부과·징수·통관에 관계되는 자료나 통계를 요청할 수 있으며, 외부기관에 대한 자료 요청권은 관세청장에게만 있으며, 납세의무자에 대한 세관장의 과세자료 요청과는 요청 대상·목적 등에 있어서 그 성질이 다르다.

2013.8.13. 법 개정시 '과세자료'와 '과세가격 결정자료'라는 용어가 구분되어 법에 규정하고 있다. 즉 종전에 과세자료로 부르던 관세법 제27조의 과세자료를 과세가격결정자료로 하고 동조의 자료를 과세자료로 한 것이다. 과세자료 혹은 기타 자료 요구에 관한 규정은 관세법 제27조 가격신고 자료, 제29조 가격조사 보고 자료, 제30조 신고가격에 관한 자료, 제37조의 3 특수관계에 관련된 자료 등 제출에 관한 규정이 있다. 국세에서는「과세자료의 제출 및 관리에 관한 법률」을 2000.7.1. 제정하여 운영하고 있다. 같은 법에서는 과세자료 제출기관의 범위, 과세자료의 범위, 금융거래에 관한 과세자료의 제출, 과세자료의 제출방법, 협조요청, 관리 및 활용, 책임, 비밀유지 의무 등을 규정하고 있다. 관세법에서도 이와 같은 체제로 도입하였다.

제264조의 2【과세자료제출기관의 범위】 제264조에 따른 과세자료를 제출하여야 하는 기관 등(이하 "과세자료제출기관"이라 한다)은 다음 각 호와 같다.

1. 국가재정법 제6조에 따른 중앙관서(중앙관서의 업무를 위임받거나 위탁받은 기관을 포함한다. 이하 같다)와 그 하급행정기관 및 보조기관

2. 지방자치단체(지방자치단체의 업무를 위임받거나 위탁받은 기관과 지방자치단체조합을 포함한다. 이하 같다)
3. 공공기관, 정부의 출연·보조를 받는 기관이나 단체, 지방공기업법에 따른 지방공사·지방공단 및 지방자치단체의 출연·보조를 받는 기관이나 단체
4. 민법 외의 다른 법률에 따라 설립되거나 국가 또는 지방자치단체의 지원을 받는 기관이나 단체로서 그 업무에 관하여 제1호나 제2호에 따른 기관으로부터 감독 또는 감사·검사를 받는 기관이나 단체, 그 밖에 공익 목적으로 설립된 기관이나 단체 중 대통령령으로 정하는 기관이나 단체
5. 여신전문금융업법에 따른 신용카드업자와 여신전문금융업협회
6. 「금융실명거래 및 비밀보장에 관한 법률」 제2조 제1호에 따른 금융회사등
7. 「가상자산 이용자 보호 등에 관한 법률」에 따른 가상자산사업자(「특정 금융거래정보의 보고 및 이용 등에 관한 법률」 제7조에 따라 신고가 수리된 자로 한정한다)

해 설

2000.12.29. 관세법 일부개정에 따라 세관공무원이 법에 정한 직무를 수행하기 위해 관세청장이 국가기관 및 지방자치단체 등 관계 기관에 대해 관세의 부과징수 및 통관에 관계되는 자료 또는 통계를 요청할 수 있도록 관세법 제264조(과세자료의 요청)가 신설되었다. 그러나 요청대상 기관, 요청자료, 제출방법을 명확하게 정하지 않아 국가기관 등의 과세자료를 활용하지 못하고 있는 실정이었다.

지하경제 양성화를 통한 조세정의 실현 및 복지공약 추진을 위해 조세의 부과·징수 관련 필요한 사항은 법령 개정 등으로 과세인프라의 확충이 필요하게 되었다. 실제로 관세청이 국세청에 과세자료를 제출할 때는 과세자료의 제출 및 관리에 관한 법률에 구체적으로 명시되어 있는 반면 국세청이 관세청에 과세자료를 제출할 때는 관세법 제264조에 포괄근거가 있으나 구체적으로 명시돼 있지 않아 기관 간 협의에 의해 제공받고 있는 실정이었다. 관세청은 이로 인해 일부 과세자료 확보에 애로사항이 있었다.

또한 현행 관세법은 국가기관, 지방자치단체 등이 보유한 관세의 부과·징수 및 통관에 필요한 자료를 요청할 수 있도록 규정하고 있으나 대상기관, 대상자료, 제출시기 및 방법을 구체적으로 규정되지 않아 활용하는 데 미흡한 점이 있었다. 이에 따라 관세의 부과·징수와 통관에 필요한 자료의 제출대상기관, 대상자료, 제출시기 및 방법 등을 구체적으로 정하기 위해 2013.8.13. 법률 제12027호로 신설하였다. 종전 국가기관이나 지방자치단체에서 공공기관, 정부출연기관 등 국가 등으로부터 감독·감사를 받거나 공익목적 설립된 단체 중 대통령령으로 정하는 단체로 확대되었다.

세수증대 및 공평과세 실현을 위해 민간 기관이나 단체로부터 해외 구매물품에 대한 과세

자료를 수집 관리할 수 있는 근거를 마련하고, 제출받은 자료에 대한 관세공무원의 비밀유지 의무를 명확히 하였다.

2014.1.1. 법 개정(제12159호) 개정시 해외신용카드 사용내역 등 관세청에 통보하는 규정을 신설하였다. 여행자 휴대품 등에 대한 관세 등의 부과 · 징수를 위하여 관세청장이 신용카드 등의 발행업자와 여신전문금융업협회장으로부터 신용카드 등의 해외 사용을 통한 물품구매 내역을 분기별로 제출받도록 하였다.

「과세자료의 제출 및 관리에 관한 법률」 제4조의 과세자료 제출기관의 범위에서 금융감독원과 금융회사 등이 제외되고 대신에 제5호의 신용카드업자와 여신전문금융업협회 및 제6호의 금융회사 등이 포함되었다.

2018.2.13. 관세법 시행령 개정시 입국시 휴대품 검사, 전자상거래물품에 대한 조사단속 등에 활용하기 위하여 신용카드업자는 거주자의 신용카드 등 물품 구매내역 등에 관한 자료 중 건별 금액이 미화 600달러를 초과하는 자료를 여신전문금융업협회의 장에게 실시간으로 제출하도록 하고, 여신전문금융업협회의 장은 그 자료를 관세청장에게 실시간으로 제출하도록 하는 등 과세자료 제출 대상 및 주기에 관한 별표 내용을 확대 규정하였다.

2024.12.31. 법 개정시 가상자산에 관한 규정을 신설하여 가상자산 거래내역 입수를 위해 과세자료 제출기관에 가상자산 사업자를 추가하도록 규정을 개정하였다.

제264조의 3 【과세자료의 범위】 ① 과세자료제출기관이 제출하여야 하는 과세자료는 다음 각 호의 어느 하나에 해당하는 자료로서 관세의 부과 · 징수와 통관에 직접적으로 필요한 자료로 한다.

1. 수입하는 물품에 대하여 관세 또는 내국세등을 감면받거나 낮은 세율을 적용받을 수 있도록 허가, 승인, 추천 등을 한 경우 그에 관한 자료
2. 과세자료제출기관이 법률에 따라 신고 · 제출받거나 작성하여 보유하고 있는 자료(각종 보조금 · 보험급여 · 보험금 등의 지급 현황에 관한 자료를 포함한다) 중 제27조, 제38조, 제241조에 따른 신고내용의 확인 또는 제96조에 따른 관세 감면 여부의 확인을 위하여 필요한 자료
3. 제226조에 따라 허가 · 승인 · 표시 또는 그 밖의 조건을 증명할 필요가 있는 물품에 대하여 과세자료제출기관이 허가 등을 갖추었음을 확인하여 준 경우 그에 관한 자료
4. 이 법에 따라 체납된 관세 등의 징수를 위하여 필요한 자료
5. 제264조의 2 제1호에 따른 중앙관서 중 중앙행정기관 외의 기관이 보유하고 있는 자료로서 관세청장이 관세의 부과 · 징수와 통관에 필요한 최소한의 범위에서 해당 기관의 장과 미리 협의하여 정하는 자료
6. 거주자의 여신전문금융업법에 따른 신용카드등의 대외지급(물품구매 내역에 한정한다) 및 외국에서의 외국통화 인출 실적

② 제1항에 따른 과세자료의 구체적인 범위는 과세자료제출기관별로 대통령령으로 정한다.

해 설

과세자료 범위는 종전에는 관세부과 · 징수 및 통관에 관계되는 자료에 국한하였으나 과세자료 제출의 법적 근거를 명확히 정하고 과세자료 활용의 실효성 제고하기 위해 2014.1.1. 법 개정시 관세감면 등 관련 자료, 수입가격신고 확인 등을 위한 자료, 수출입물품 허가 등 자료, 체납징수를 위한 자료 등을 확대하였으며 과세자료의 구체적 범위는 시행령으로 규정하고 있다. 수출입 가격의 적정성 여부 조사의 효율성을 도모하기 위해 법률 제12847호(2014.12.23) 개정을 통해 국민건강보험공단으로부터 건강보험 · 장기요양급여 내역 등의 통관관리에 필요한 보조금 내역을, 무역보험공사로부터 수출보험금 지급내역 등의 각종 보험금 지급현황을 받을 수 있도록 추가하였다.

과세자료의 범위는 관세가 수입물품에 대하여 부과하는 것이므로 그 특성상 필요 최소한의 범위로 과세자료의 범위를 제한하고 있다. 내국세의 경우 포괄적으로 법률에 따라 인가 · 허가 · 특허 · 등기 · 등록 · 신고 등을 하거나 받는 경우에 그에 관한 자료가 대상에 포함되나, 관세의 경우는 감면이나 저세율 적용(할당관세 등) 물품, 허가 · 승인 · 표시 또는 그 밖의 조건을 증명할 필요가 있는 물품, 체납 관세 징수, 필요 최소한의 범위에서 협의하여 정하는 자료 등으로 제한적으로 운영하고 있다.

2019.12.31. 법 개정시 과세자료를 제출하는 목적 등의 범위를 '관세 감면'에서 '감면'으로 그 범위를 넓혔다.

제27조는 가격신고 규정, 제38조는 신고납부 규정, 제241조는 수출 · 수입 또는 반송의 신고 규정, 제96조는 여행자 휴대품 및 이사물품 등의 면세에 관한 규정이다. 그리고 제226조는 허가 · 승인 등의 증명 및 확인에 관한 규정이다.

제264조의 4 【과세자료의 제출방법】 ① 과세자료제출기관의 장은 분기별로 분기만료일이 속하는 달의 다음 달 말일까지 대통령령으로 정하는 바에 따라 관세청장 또는 세관장에게 과세자료를 제출하여야 한다. 다만, 과세자료의 발생빈도와 활용시기 등을 고려하여 대통령령으로 정하는 바에 따라 그 과세자료의 제출시기를 달리 정할 수 있다.

② 제1항에 따라 과세자료제출기관의 장이 과세자료를 제출하는 경우에는 그 기관이 접수하거나 작성한 자료의 목록을 함께 제출하여야 한다.

③ 제2항에 따라 과세자료의 목록을 제출받은 관세청장 또는 세관장은 이를 확인한 후 제출받은 과세자료에 누락이 있거나 보완이 필요한 경우 그 과세자료를 제출한 기관에 대하여 추가하거나 보완하여 제출할 것을 요청할 수 있다.

④ 과세자료의 제출서식 등 제출방법에 관하여 그 밖에 필요한 사항은 기획재정부령으로 정한다.

해 설

과세자료의 제출방법을 분기별로 정기적으로 제출하도록 규정함으로써 종전에 형식적으로 운영하던 제도를 실질적인 제도로 운영하기 위하여 강행규정으로 정하고 있다. 내국세의 경우도 과세자료의 제출방법에 있어서는 동일하게 운영하고 있다. 그러나 내국세와 마찬가지로 관세법 제264조의 9 비밀유지 의무 위반에 대한 처벌규정 이외에 별도의 처벌규정은 두고 있지 않다.

제264조의 5【과세자료의 수집에 관한 협조】 ① 관세청장 또는 세관장으로부터 제264조의 3에 따른 과세자료의 제출을 요청받은 기관 등의 장은 다른 법령에 특별한 제한이 있는 경우 등 정당한 사유가 없으면 이에 협조하여야 한다.
② 관세청장 또는 세관장은 제264조의 3에 따른 자료 외의 자료로서 관세의 부과·징수 및 통관을 위하여 필요한 경우에는 해당 자료를 보유하고 있는 과세자료제출기관의 장에게 그 자료의 수집에 협조하여 줄 것을 요청할 수 있다.

해 설

법 제37조의 2 '관세의 부과 등을 위한 정보제공'에서 관세청장 또는 세관장은 국세청장 등에 과세가격의 결정 등 목적으로 정보 또는 자료를 요청할 수 있다. 그러나 이 조항의 규정은 국세청장 이외 자에 대한 업무협조 규정이다.

「과세자료의 제출 및 관리에 관한 법률」 제2조에 과세자료라 함은 '과세자료 제출기관이 직무상 작성 또는 취득하여 관리하는 자료로서 국세의 부과·징수와 납세의 관리에 필요한 자료'로 정의하고 있으며, 관세법상 과세자료는 법 제264조의 3 규정에서 '관세의 부과·징수와 통관에 직접적으로 필요한 자료'로 규정하고 있다. 그리고 법 제116조 비밀유지 규정에서는 '납세자가 이 법에서 정한 납세의무를 이행하기 위하여 제출한 자료나 관세의 부과·징수 또는 통관을 목적으로 업무상 취득한 자료'를 '과세정보'라 한다고 규정하고 있다.

제264조의 6【과세자료의 관리 및 활용 등】 ① 관세청장은 이 법에 따른 과세자료의 효율적인 관리와 활용을 위한 전산관리 체계를 구축하는 등 필요한 조치를 마련하여야 한다.
② 관세청장은 이 법에 따른 과세자료의 제출·관리 및 활용 상황을 수시로 점검하여야 한다.

해 설

제출된 자료에 대한 전산관리와 자체적인 과세자료의 제출, 관리, 활용 상황 점검 등을 통하여 효율적인 과세자료 제출제도 운영을 확보하고 있다.

제264조의 7【과세자료제출기관의 책임 등】① 과세자료제출기관의 장은 그 소속 공무원이나 임직원이 이 법에 따른 과세자료의 제출 의무를 성실하게 이행하는지를 수시로 점검하여야 한다.
② 관세청장은 과세자료제출기관 또는 그 소속 공무원이나 임직원이 이 법에 따른 과세자료의 제출 의무를 이행하지 아니하는 경우 그 기관을 감독 또는 감사·검사하는 기관의 장에게 그 사실을 통보하여야 한다.

해 설

제264조의 7에서 과세자료제출기관의 책임에 관하여 규정하고, 동조에서는 과세자료를 받는 기관의 관리상 의무에 관하여 규정하고 있다. 자체 점검하거나 감독 또는 감사 기관에 자료제출에 관한 협조의무 등에 관하여 구정하고 있다.

제264조의 8【비밀유지의무】① 관세청 및 세관 소속 공무원은 제264조, 제264조의 2부터 제264조의 5까지의 규정에 따라 제출받은 과세자료를 타인에게 제공 또는 누설하거나 목적 외의 용도로 사용하여서는 아니 된다. 다만, 제116조 제1항 단서 및 같은 조 제2항에 따라 제공하는 경우에는 그러하지 아니하다.
② 관세청 및 세관 소속 공무원은 제1항을 위반하는 과세자료의 제공을 요구받으면 이를 거부하여야 한다.
③ 제1항 단서에 따라 과세자료를 제공받은 자는 이를 타인에게 제공 또는 누설하거나 목적 외의 용도로 사용하여서는 아니 된다.

해 설

비밀유지에 관하여는 포괄적으로 법 제116조에서 규정하고 있다. 두 조항 모두 세관공무원의 의무에 관하여 규정하고 있다. 그러나 법 제116조 위반에 대하여는 별도의 벌칙조항을 두고 있지 아니하지만 동조의 경우 제264조의 9에 벌칙조항을 두고 있다. 법 제116조 제5항에는 공무원 의제조항이 있으나 동조에는 공무원 의제조항은 없다. 법 제116조 위반으로 처벌할 수 있기 때문인 것으로 보인다.

제264조의 9【과세자료 비밀유지의무 위반에 대한 처벌】① 제264조의 8 제1항 또는 제3항을 위반하여 과세자료를 타인에게 제공 또는 누설하거나 목적 외의 용도로 사용한 자는 3년 이하의 징역 또는 1천만원 이하의 벌금에 처한다.
② 제1항에 따른 징역과 벌금은 병과할 수 있다.

해 설

비밀유지의무 위반시 처벌규정이다. 「FTA 관세특례법」상에는 비밀취급자료를 타인에게 제공 또는 누설하거나 목적 외의 용도로 사용한 자는 3년 이하의 징역 또는 3천만원 이하의 벌금에 처하도록 규정하고 있다.

과세자료는 물품에 대한 상업적인 중요 자료가 포함되어 있어 노출 시에는 사업상 직접적인 피해가 예상되므로 해당 기관 등에 제출을 꺼리는 경우가 많다. 이러한 사례는 FTA에 원산지 검증에서도 있다. 외국에서는 국내 기관의 보안에 대한 불신으로 자료제출을 하지 않아 특혜관세 적용상 불리한 대우를 받는 경우가 있더라도 제출하지 않고 있는 상황이다. 이에 대한 보완책으로 본조의 과세자료 비밀유지의무를 규정하고 있다.

【서울고등법원 1995.8.24, 94구39262】 [1] 일반적으로 국민은 국가기관에 대하여 기밀에 관한 사항 등 특별한 경우 이외에는 국가기관이 보관하고 있는 문서의 열람 및 복사를 청구할 수 있다고 할 것이어서, 사무관리규정(1991.6.19. 대통령령 제13390호) 제33조 제2항도 행정기관으로 하여금 일반 국민의 문서 열람 및 복사 신청에 대하여 기밀 등의 특별한 사유가 없는 한 이에 응하도록 규정하고 있고, 행정정보 공개에 관한 국무총리훈령도 행정정보는 공개를 원칙으로 하여 일반 국민으로 하여금 행정정보의 공개를 요청할 수 있도록 하면서 특별한 경우에 한하여 공개대상에서 제외하도록 규정하고 있으므로, 일반 국민은 문서의 보관자인 행정기관을 상대로 그 행정기관이 보관하고 있는 세무조사 자료의 공개를 요구할 권리가 있다. [2] 사생활의 비밀과 자유의 불가침은 사생활의 내용을 공개당하지 아니할 권리, 자신에 관한 정보를 스스로 관리·통제할 수 있는 권리 등을 내용으로 하는 인격권으로서 오늘날 정보화사회가 급속히 진행되면서 그 보호가 절실한 권리이고, 국민의 알 권리 또한 국민의 기본권에 속하나 공공기관의 정보에 대한 공개청구권을 의미하는 한 청구권적·간접적 성격을 가진다고 보여지는 점에서, 위 두 개의 기본권이 경합하여 충돌하는 경우에 구체적 상황을 고려하여 그 보호법익을 형량하되 충돌하는 기본권 모두의 본질적 내용을 훼손하지 아니하는 범위 내에서 그 효력을 최적정화할 수 있도록 기본권들을 조화시키는 방법으로 제한 가능성이 보다 작은 기본권을 우선시킴이 원칙이라고 할 것인데, 일반적으로 기본권의 보호법익은 생명권, 인격권이 가장 우선한다고 보여지는 점에서 알 권리 보다는 개인의 사생활의 비밀과 자유가 더욱 보호해야 할 우선적인 가치라고 할 것이므로 그 범위 내에서는 국민의 알 권리도 제한을 받지 아니할 수 없다고 할 것인바, 피고의 세무조사 결과는 인격, 신분, 재산, 경력 등 개인에 관한 사항으로서 공개할 경우 개인의 사생활을 침해할 우려가 있는 정보, 법인이나 사업자 등의 영업 또는 과학 기술이나 금융에 관한 정보로 공개함으로써 사업 운영상 지장을 초래하는 정보, 비공개를 전제로 제3자로부터 취득한 정보, 기타 공개할 경우 특정인에게 이익·불이익을 주는 정보 또는 행정의 공정 원활한 집행이나 공공의 이익을 현저히 해한다고 판단되는 정보 등을 그 내용으로 하고 있어 원고의 알 권리보다 우선하는 개인 또는 법인의 사생활이 포함되어 있다고 보아야 할 것이고, 나아가 국민의 알 권리를 충족시킴으로 인한 공공의 이익만으로는 사생활의 비밀로서의 조세비밀을 침해할 명백하고 우월한 공익이 존재한다고 보기 어려우므로, 피고의 세무조사 결과가 공개

되는 것은 국민의 알 권리 충족이라는 이익보다 사생활의 비밀침해라는 인격권을 침해하는 결과를 초래하는 점에서 불가능하다고 보지 아니할 수 없으니, 피고가 지침에 의하여 세무조사 결과의 공개가 납세자 본인은 물론 기업경영의 기밀이 유출되어 납세자의 경영활동에 미치는 영향이 크고 조사과정에서 당국을 믿고 조사에 협조한 납세자와의 신뢰관계가 무너지게 되어 원활한 세정운영에 저해를 받을 염려가 있다는 이유로 한 거부처분은 적법하다.

제264조의 10【불법·불량·유해물품에 대한 정보 등의 제공 요청과 협조】 ① 관세청장은 우리나라로 반입되거나 우리나라에서 반출되는 물품의 안전 관리를 위하여 필요한 경우 중앙행정기관의 장에게 해당 기관이 보유한 다음 각 호의 불법·불량·유해물품에 대한 정보 등을 제공하여 줄 것을 요청할 수 있다.

1. 이 법 또는 다른 법령에서 정한 구비조건·성분·표시·품질 등을 위반한 물품에 관한 정보
2. 제1호의 물품을 제조, 거래, 보관 또는 유통하는 자에 관한 정보

② 제1항에 따른 요청을 받은 중앙행정기관의 장은 특별한 사유가 없는 경우에는 이에 협조하여야 한다.

해 설

2020.12.22.(법률 제17649호) 개정시 관계기관 간 정보공유를 통한 국민안전 확보를 위하여 신설한 조항이다.

제1항은 우리나라에 반출입되는 물품 안전관리를 위한 자료 요청권이다. 제1호는 구비조건 등을 위반한 물품에 대한 정보이고, 제2호는 위반한 자에 대한 정보이다.

제2항은 요청 받은 중앙행정기관의 장에 대한 업무협조 규정이다.

제264조의 11【마약류 관련 정보의 제출 요구】 ① 관세청장은 법령을 위반하여 우리나라에 반입되거나 우리나라에서 반출되는 마약류를 효과적으로 차단하기 위하여 대통령령으로 정하는 바에 따라 관계 중앙행정기관의 장에게 해당 기관이 보유한 다음 각 호의 정보의 제출을 요구할 수 있다.

1. 마약류 관련 범죄사실 등에 관한 정보
2. 「마약류 관리에 관한 법률」 제11조의 2 제1항에 따른 마약류 통합정보
3. 마약류 관련 국제우편물에 관한 정보

② 제1항에 따른 요구를 받은 중앙행정기관의 장은 특별한 사유가 없는 경우에는 이에 따라야 한다.

③ 제1항 및 제2항에 따라 제출받은 정보의 관리 및 활용에 관한 사항은 제264조의 6을 준용한다.

해 설

2023.12.31. 법 개정시 신설한 조항이다. 「마약류 관리에 관한 법률」 제11조의 2는 마약류 통합정보관리센터(통합정보센터)에 관한 규정이고, 통합정보센터는 주민등록전산정보자료, 가족관계자료, 출입국관리기록, 진료기록, 의약품공급기록 등 개인정보에 관한 자료 등을 제공 받아 관리할 수 있다. 법 제264조의 6은 과세자료의 관리 및 활용 등에 관한 규정이다.

제2절 세관공무원의 물품검사 등

제265조【물품 또는 운송수단 등에 대한 검사 등】 세관공무원은 이 법 또는 이 법에 따른 명령(대한민국이 체결한 조약 및 일반적으로 승인된 국제법규에 따른 의무를 포함한다)을 위반한 행위를 방지하기 위하여 필요하다고 인정될 때에는 물품, 운송수단, 장치 장소 및 관계 장부·서류를 검사 또는 봉쇄하거나 그 밖에 필요한 조치를 할 수 있다.

해 설

외국물품을 감시·단속하는 세관공무원에게 부여된 포괄적 검사 등 권한에 관한 조항이다. 물품·운송수단·장치장소·관계 장부 등은 법 전반에 결쳐서 외국물품에 대한 통제수단으로 이용되는 대상이다. 우리나라가 PSI[1)]에 가입함에 따라 이행을 위한 국내법령의 정비가 필요하여 2011.12.31. 개정 관세법에 검사 등의 사유를 추가하였다.

이 조치를 거부하거나 방해하는 것은 1천만원 이하 벌금에 해당된다.

명령에 위반하는 행위에 대하여 미리 검사·봉쇄 등 예방 조치를 할 수 있으므로 세관공무원의 재량권이 커서 납세자의 재산권 침해 가능성도 높다. 일부에서는 세관공무원이 여행자 등에 대한 신변 검사권도 포함될 수 있는 것으로 보고 있으나, 본조는 성격상 물품이나 운송수단에 대한 검사라 할 수 있다. 그리고 그 성격이 법 제246조 물품의 검사와 다르며, 예방적인 성격을 띠고 있다. 신변에 대한 검색은 법 제301조 신변 수색을 의미하는 것으로 해석해야 한다.

제265조의 2【물품분석】 세관공무원은 다음 각 호의 물품에 대한 품명, 규격, 성분, 용도, 원산지 등을 확인하거나 품목분류를 결정할 필요가 있는 때에는 해당 물품에 대하여 물리적·화학적 분석을 할 수 있다.

1. 제246조 제1항에 따른 검사의 대상인 수입, 수출 또는 반송하려는 물품
2. 제265조에 따라 검사하는 물품
3. 「사법경찰관리의 직무를 수행할 자와 그 직무범위에 관한 법률」 제6조 제14호에 따른 범죄와 관련된 물품

---

1) PSI(Proliferation Security Initiative)는 불량국가 또는 비국가 행위자에 의한 대량살상무기 확산 방지를 위한 국제협력체제로 UN안보리 결의에 기반을 두고 있으며, UN 각국은 이행 이무를 부담하고 있다.

해 설

2018.12.8. 관세법 개정시 신설된 조항으로, 분석근거 법제화로 분석업무수행의 법적안전성 확보하기 위하여 수출입 물품의 품명・규격・성분・용도・원산지 확인 및 품목분류를 위한 물리・화학적 분석검사에 대한 근거를 마련하였다. 제246조 제1항에 따른 수출・수입・반송하려는 물품에 대한 검사를 실시하는 과정에서 물리적・화학적 분석을 실시하고 있으나 법률에 근거 없이 고시・훈령으로 규정하고 있어 근거 및 범위 명확화 필요가 있었다. 또한, 제265조에 따른 세관공무원의 물품 또는 운송수단 등에 대한 검사를 실시하는 과정에서 물리적・화학적 분석을 할 수 있는 법적근거가 없어 신설된 것이다. 제3호에서는 「사법경찰관리의 직무를 수행할 자와 그 직무범위에 관한 법률」 제6조 제14호의 개정으로 세관공무원의 직무범위 확대에 따른 국민건강 침해물품[2] 및 원산지 위반물품 등에 대한 수사과정에서 필요한 분석검사 근거를 마련한 것이다.

第266條【장부 또는 자료의 제출 등】 ① 세관공무원은 이 법에 따른 직무를 집행하기 위하여 필요하다고 인정될 때에는 수출입업자・판매업자 또는 그 밖의 관계자에 대하여 질문하거나 문서화・전산화된 장부, 서류 등 관계 자료 또는 물품을 조사하거나, 그 제시 또는 제출을 요구할 수 있다.

② 상설영업장을 갖추고 외국에서 생산된 물품을 판매하는 자로서 기획재정부령으로 정하는 기준에 해당하는 자는 해당 물품에 관하여 부가가치세법제32조 및 제35조에 따른 세금계산서나 수입 사실 등을 증명하는 자료를 영업장에 갖춰 두어야 한다.

③ 관세청장이나 세관장은 이 법 또는 이 법에 따른 명령을 집행하기 위하여 필요하다고 인정될 때에는 제2항에 따른 상설영업장의 판매자나 그 밖의 관계인으로 하여금 대통령령으로 정하는 바에 따라 영업에 관한 보고를 하게 할 수 있다.

④ 관세청장이나 세관장은 소비자 피해를 예방하기 위하여 필요한 경우 「전자상거래 등에서의 소비자보호에 관한 법률」 제2조 제4호에 따른 통신판매중개(이하 이 조에서 "통신판매중개"라 한다)를 하는 자를 대상으로 통신판매중개를 하는 사이버몰에서 거래되는 물품 중 이 법 제226조, 제230조 및 제235조를 위반하여 수입된 물품의 유통실태 조사를 서면으로 실시할 수 있다.

⑤ 관세청장은 제4항에 따라 실시한 서면실태조사의 결과를 공정거래위원회에 제공할 수 있고, 공정거래위원회와 소비자 피해 예방을 위하여 필요하다고 합의한 경우에는 대통령령으로 정하는 바에 따라 그 조사 결과를 공개할 수 있다.

⑥ 관세청장이나 세관장은 제4항에 따른 서면실태조사를 위하여 필요한 경우에는 해당 통신판매중개를 하는 자에게 필요한 자료의 제출을 요구할 수 있다.

---

2) ① 수입식품법안전관리특별법, ② 식품위생법, ③ 건강기능식품법, ④ 약사법, ⑤ 화장품법, ⑥ 의료기기법 등을 위반한 수입물품 등이 있다.

⑦ 제4항에 따른 서면실태조사의 시기, 범위, 방법 및 조사결과의 공표범위 등에 관하여 필요한 사항은 대통령령으로 정한다.

해 설

세관공무원은 직무를 집행하기 위하여 장부 또는 기타 자료를 조사하거나, 제시·제출을 요구할 수 있다. 이 조항은 제정 관세법부터 규정된 조항으로서 수입물품에 대하여 가격을 조사하거나, 수출입업자·판매업자 등에 대하여 조사할 수 있는 법적 근거 조항이기도하며, 사후심사업무의 활동을 확보하기 위한 것이기도 하다.[3]

2003.12.30. 개정 관세법에서는 업체의 전산화에 발맞추어서 전산화된 장부·서류를 요구할 수 있게 규정하였으며, 기업체는 일반 관리업무는 물론이고 회계업무까지 전산화하는 추세에 있다. 정보통신기술의 발달로 기업환경이 전통적인 장부 등 서류 의존형에서 전산화된 문서 또는 장부 등 컴퓨터 의존형으로 변화함에 따라 세관의 직무집행을 위해서 기업의 전산화된 자료를 제출 요구할 수 있게 법적 근거를 마련하였다. 2011.12.31. 개정 관세법에서 '질문'과 '물품' 등 내용을 추가하여 규정의 내용을 구체화 하였다.

'제시'는 현장에서 즉시에 보여주는 것이고, '제출'은 제공하는 것이다. 이 규정을 위반하는 것은 1천만원 이하 벌금, 과실의 경우는 200만원 이하 벌금에 해당된다.

제2항은 자료 비치의 의무에 관한 규정이다. 기획재정부령이 정하는 자는 상설영업장에 세금계산서나 수입신고필증 등을 증명하는 자료를 비치하여야 한다. 수입사실을 증명하는 자료로서 수리일부터 5년간 보관해야 하는 자료는 수입신고필증, 수입거래관련 계약서 또는 이에 갈음하는 서류, 지식재산권거래관련 계약서 또는 이에 갈음하는 서류, 수입물품 가격결정에 관한 자료가 있다. 수출신고필증, 수출물품 가격결정에 관한 자료, 수출거래관련 계약서 또는 이에 갈음하는 서류는 수리일부터 3년 간 보관해야 하며, 보세화물 반출입에 관한 자료, 적하목록에 관한 자료, 보세운송에 관한 자료는 수리일부터 2년 간 보관해야 한다. 부가가치세법제32조는 세금계산서 등에 관한 규정, 제35조는 수입세금계산서에 관한 조항이다. 상설영업장 자료비치 의무를 위반한 경우에는 1천만원 이하 과태료에 해당한다.[4]

제3항은 상설영업장의 영업보고에 관한 규정이다. 상설영업장을 갖추고 외국에서 생산된

---

3) 관세청훈령으로 「기업심사 운영에 관한 시행세칙」을 정하여 운영하고 있다. 이 세칙에는 정보 분석, 종합심사, 자율심사, 기획심사, 심사결과의 조치, 심사요원의 행동수칙과 상벌 등에 대하여 규정하고 있다.

4) 기획재정부령이 정하는 사업장은 외국에서 생산된 물품을 판매하는 자로 백화점, 최근 1년간 수입물품의 매출액이 5억원 이상인 수입물품 만을 취급하거나 수입물품을 할인 판매하는 상설영업장, 통신 판매하는 자로서 최근 1년간 수입물품 매출액이 10억원 이상인 상설영업장, 관세청장이 정하는 물품을 판매하는 자로서 최근 1년간 수입물품의 매출액이 전체 매출액의 30% 초과하는 상설영업장, 상설영업장의 판매자 또는 그 대리인이 최근 3년 이내에 관세법 또는 관세사법 위반으로 처벌받은 사실이 있는 경우 그 상설영업장이 해당된다.

물품을 판매하는 자, 그 대리인 기타 관계인은 판매물품에 관하여 판매물품의 품명·규격 및 수량, 수입대상국과 생산국 또는 원산지, 수입가격 또는 구입가격, 수입자 또는 구입처, 구입일자, 해당 영업장에의 반입일자, 판매일에 관한 보고서를 제출한다. 영업보고 의무사항을 위반하는 경우에는 200만원 이하의 과태료에 해당한다.

2019.12.31. 법 개정시 오픈마켓을 통한 불법수입물품 유통 억제 및 소비자 피해 예방을 위하여 제4항 이하를 신설 규정하였다. 오픈마켓에서 거래되는 불법수입 물품의 유통실태 서면조사 실시가 가능하고, 조사결과 공정거래위원회와 합의하여 공표할 수 있으며, 서면조사시 필요한 자료제출을 요구할 수 있다.

2021.12.31. 법 개정시 사이버몰에 대한 용어 정의를 「전자상거래 등에서의 소비자보호에 관한 법률」에 규정된 내용으로 단일화하였다. 동법 제2조 제4호에 사이버몰에 대한 용어 해석을 컴퓨터 등과 정보통신설비를 이용하여 재화등을 거래할 수 있도록 설정된 가상의 영업장이라고 하여 종전 관세법 규정 내용은 이와 동일한 내용으로 규정되어 있었다.

제266조의 2 【위치정보의 수집】 ① 관세청장이나 세관장은 제241조 제1항 및 제2항을 위반하여 수입하는 마약류의 위치정보를 수집할 수 있다.
② 제1항에 따라 수집된 위치정보의 저장·보호·이용 및 파기 등에 관한 사항은 「위치정보의 보호 및 이용 등에 관한 법률」을 따른다.
③ 제1항에 따른 위치정보 수집대상 물품의 구체적인 범위와 방법, 절차 등에 관하여 필요한 사항은 관세청장이 정한다.

해 설

2023.12.31. 법 개정시 신설한 조항이다. 법 제241조는 수출·수입 또는 반송의 신고에 관한 규정이므로 사실상 모든 물품을 대상으로 하고 있고 「위치정보의 보호 및 이용 등에 관한 법률」(약칭 : 위치정보법)은 위치정보의 유출·오용 및 남용으로부터 사생활의 비밀 등을 보호하고 위치정보의 안전한 이용환경을 조성하여 위치정보의 이용을 활성화하는 것을 목적으로 제정된 법으로서 방송통신위원회 소관 법률이다. 법 제264조의에 해당하는 개인자료와 함께 마약 단속을 위한 정보 수집의 근거를 마련한 것이다.

제267조 【무기등의 휴대 및 사용】 ① 관세청장이나 세관장은 직무를 집행하기 위하여 필요하다고 인정될 때에는 그 소속 공무원에게 「경찰관 직무집행법」 제10조 및 제10조의 2부터 제10조의 4까지에 따른 장비, 장구, 분사기 및 무기(이하 이 조에서 "무기등"이라 한다)를 휴대하게 할 수 있다.

② 세관공무원은 「경찰관 직무집행법」 제10조 및 제10조의 2부터 제10조의 4까지에 준하여 무기등을 사용할 수 있다.
③ 삭제

해 설

관세청장과 세관장은 세관공무원에게 무기를 휴대하게 할 수 있고 세관공무원은 무기를 휴대할 수 있다. 해방 이후 밀무역이 성행하고 그 수법이 흉악하여, 세관공무원의 신변보호와 직무집행을 원활화하기 위하여 총기를 휴대하게 하였다. 그러나 사회질서가 안정되면서 총기를 회수하여 지금은 세관에서는 총기를 보유하고 있지 않다. 제정 관세법에는 자기의 생명신체의 보호를 위해서만 총기를 사용할 수 있도록 하였으나, 현행법에서는 동료 등을 위해서도 무기를 사용할 수 있게 개정하였다.

2017.12.19. 법 개정시 동조항의 '총기'란 용어를 '무기'로 변경하고, 제2항을 신설하여 무기의 범위를 명확히 정의하였다.[5] 개정을 통해 휴대 가능한 무기의 범위가 확대되고 호신용 무기의 사용이 가능하게 되는 것이다. 종전에는 총기보다 살상력이 낮은 무기(가스분사기, 전자충격기) 등에 대한 휴대 및 사용의 근거가 없어, 휴대 등을 위해서는 경찰청장의 허가를 받아야하는 불편함이 있었다.[6] 이에 따라 자체적으로 관세청장은 무기의 안전한 사용, 관리 및 사고예방을 위하여 그 무기의 사용, 관리, 보관 및 해당 시설 등에 대한 안전기준을 마련하여야 한다.

2024.12.31. 법 개정시 제2항의 경찰관 직무집행법 준용 규정을 신설하고 제3항을 삭제하였다.

2018.2.13. 관세법 시행령 개정시 관세청장으로 하여금 그 소속 공무원이 휴대하는 무기의 사용, 관리 및 보관시설 등에 대한 안전기준을 마련하도록 하고 그 소속 공무원이 무기를 사용하는 경우에는 사용 일시 · 장소 및 대상 등을 기록하여 보관하도록 규정하였다.

제267조의 2 【운송수단에 대한 검문 · 검색 등의 협조 요청】 ① 세관장은 직무를 집행하기 위하여 필요하다고 인정될 때에는 다음 각 호의 어느 하나에 해당하는 자에게 협조를 요청할 수 있다.
1. 육군 · 해군 · 공군의 각 부대장
2. 국가경찰관서의 장

---

5) 「총포 · 도검 · 화약류 등의 안전관리에 관한 법률」제2조에서 "분사기"란 사람의 활동을 일시적으로 곤란하게 하는 최루(催淚) 또는 질식 등을 유발하는 작용제를 분사할 수 있는 기기, "전자충격기"란 사람의 활동을 일시적으로 곤란하게 하거나 인명(人命)에 위해(危害)를 주는 전류를 방류할 수 있는 기기라고 정의하고 있다.
6) 「총포 · 도검 · 화약류 등의 안전관리에 관한 법률」에 따르면, 법령에 따라 직무상 총포 · 도검 · 화약류 · 분사기 · 전자충격기 · 석궁을 소지 못하도록 하고 있고, 이를 소지하기 위해서는 관할 지방경찰청 등의 허가를 받도록 하고 있다.

3. 해양경찰관서의 장
② 제1항에 따라 협조 요청을 받은 자는 밀수 관련 혐의가 있는 운송수단에 대하여 추적감시 또는 진행정지명령을 하거나 세관공무원과 협조하여 해당 운송수단에 대하여 검문·검색을 할 수 있으며, 이에 따르지 아니하는 경우 강제로 그 운송수단을 정지시키거나 검문·검색을 할 수 있다.

해 설

세관장은 밀수단속 업무상 긴급사태가 발생한 때에는 군이나 다른 기관에 직접 협조 내지 원조를 요청할 수 있다. 사전적 의미로는 '협조'는 이해관계가 엇갈리는 자들이 서로 협력하여 문제를 해결하는 것을 말한다.

협조할 수 있는 조치는 추적감시, 진행정지 명령, 검문·검색, 무력을 사용하여 운송수단을 정지·검문·검색하는 것이다. 따라서 세관 고유의 밀수단속, 조사업무 등에 대해서는 협조하는 자가 관여할 수 없다. 이들의 협조는 세관 직무집행에 대한 외부장애를 제거하는 데에 그치며 세관 고유직무 자체를 협조하는 것이 아니다.

1972.12.30. 관세법 개정(법률 제2423호)시 원조 요구권자를 세관장에서 세관공무원으로 변경하였고, 조문의 내용을 '원조'에서 '협조'로 바꾸었다. 2014.11.19. 정부조직법의 일부 개정됨에 따라 종전 '해양경찰관서의 장'을 '해양경비안전관서의 장'으로 관세법 개정(법률 제12844호)하였다. 2017.7.26. 정부조직법 일부 개정(법률 제14839호)으로 해양수산부장관 소속으로 해양경찰청을 신설함에 따라 '해양경찰관서의 장'으로 명칭이 환원되었다.

2020.12.22.(법률 제17649호) 개정시 조문 제목을 '관계 기관의 장에 대한 원조 요구'에서 '운송수단에 대한 검문·검색 등의 협조 요청'으로 변경하고, 협조요청자를 '세관공무원'에서 '세관장'으로 다시 환원하며, 밀수 단속업무의 실효성 제고를 위하여'선박'에서 '운송수단'으로 협조요청 범위를 확대하였다.

제268조【명예세관원】① 관세청장은 밀수감시단속 활동의 효율적인 수행을 위하여 필요한 경우에는 수출입 관련 분야의 민간종사자 등을 명예세관원으로 위촉하여 다음 각 호의 활동을 하게 할 수 있다.
1. 공항·항만에서의 밀수 감시
2. 정보 제공과 밀수 방지의 홍보
② 제1항에 따른 명예세관원의 자격요건, 임무, 그 밖에 필요한 사항은 기획재정부령으로 정한다.

해 설

명예세관원 제도는 한정된 세관인력만으로는 밀수단속에 한계가 있어 밀수감시 단속활동의 효율적인 수행을 위해 수출입 관련분야의 민간 종사자 등을 관세행정 파트너로 지정하여 밀수정보제공과 관세행정안내 및 홍보활동 역할을 수행하는 제도이다. 2003.8.1.부터 '자원봉사세관원' 제도를 자체적으로 운영하고 있었다. 효율적인 조사감시 업무수행을 위하여 세관업무 주변종사자들을 활용하는 제도라 할 수 있다. 민간인으로 하여금 공항 · 항만감시 등 실제 세관원의 업무와 유사한 업무를 수행하고 국가예산에서 활동 경비도 지원할 수 있다.

관세법 이외에 농산물품질관리법, 산업안전보건법 등에서 명예 감시원, 명예 감독관 제도를 운영하고 있다.[7] 명예세관원이 세관원임을 사칭하여 권한을 남용하는 경우에는 형법 규정에 따라 공무원자격 사칭죄로 처벌이 가능하다. 공항 · 항만에서의 밀수감시, 정보제공 및 밀수방지의 홍보에 그 업무가 제한되어 있다.

제2항에서 명예세관원의 자격에 관한 규정을 두고 하위 규정에 자격요건을 엄격히 하여 품위를 손상시키는 경우를 대비하고 있다.

7) 미국에서는 대테러방지 민관협력프로그램을 구축하여 화물의 보안상태를 확인 및 유지하고 있다.

제11장

벌 칙

행정벌이란 행정법상 의무위반에 대한 제재로서의 벌을 말하며 행정벌이 과해지는 의무위반행위를 '행정범'이라고 한다. 일반적으로 각종 행정법규는 그 행정목적을 달성하기 위해 여러 가지 의무규정을 두고 의무규정을 위반한 경우에는 처벌한다는 벌칙규정을 대부분 두고 있다. 이와 같이 행정법규상 의무위반에 대한 제재로서 일반통치권에 의거하여 과하는 처벌을 '행정벌'이라고 한다. 행정범은 행정목적을 실현하기 위해 규정된 명령·금지사항을 위반한 범죄이므로 법정범이라고 하며 이와 반면 형사범은 범죄행위 그 자체가 반도덕성·반사회성을 지니고 있어 자연범이라고 한다. 행정벌에는 형법상의 형벌을 그 제재로서 과하는 행정형벌과 형법상의 형벌이 아닌 제재를 부과하는 행정질서벌이 있다. 행정벌 이외에 관세법상 의무이행 강제수단으로 가산세, 과징금, 체납절차, 각종 특허와 허가 등의 제한 등의 행정제재가 있다. 형벌은 형법 제41조에 따라 사형, 징역, 금고, 자격상실, 자격정지, 벌금, 구류, 과료, 몰수로 9가지가 있다. 관세법에는 징역, 벌금, 몰수 3가지가 있으며 그중에서 가장 많이 부과되고 것은 벌금형이다. 형법 제8조에 "본법 총칙은 타 법령에 정한 죄에 적용한다. 단, 그 법령에 특별한 규정이 있는 때에는 예외로 한다"라고 규정하고 있으므로 관세형벌을 과함에 있어 관세법에 특별한 규정이 있는 것을 제외하고는 형법총칙 규정과 그 이론이 그대로 적용된다.

관세법은 관세수입의 확보와 수출입통관을 적정하게 하여 국민경제의 발전에 기여함을 목적으로 하는 행정법의 일종으로서 그와 같은 관세행정 목적달성의 실효성을 확보하기 위하여 각종의 명령, 금지 등의 규정을 두고 이를 위반한 경우에는 처벌하도록 규정하고 있는데 관세법상 의무위반에 제재를 과하는 처벌을 관세행정벌이라고 한다. 관세행정벌은 다시 관세형벌과 관세질서벌로 구분할 수 있다. 관세형벌은 관세법상 의무위반에 대한 제재로서 형법상 형명이 있는 형벌 즉 징역, 벌금, 몰수를 과하는 것을 말하며 관세질서벌은 관세법상 의무위반에 대한 제재이긴 하지만 관세형벌보다는 경미한 사안에 적용되는 과태료를 부과하는 것으로 관세법 제277조가 이에 해당한다. 이것은 직접적으로 행정목적달성을 침해하는 것이 아니고 일정한 신고, 보고 등록 등의 의무를 태만히 함으로써 간접적으로 행정목적 달성에 위험성이 있는 행위 즉 관세행정질서를 문란하게 하는 행위에 대한 제재를 말한다.

관세형벌은 크게 두 가지 면에서 특징적 요소를 가지고 있는데 하나는 내용적인 것이고 다른 하나는 절차적인 것이다. 전자는 범죄의 구성요건이나 법정형과 관련하여 일부 형법총칙을 배제하거나 그것과 다른 경우로 실체적인 것이다. 예를 들면, 형법 적용의 빌부 배제규정, 양벌규정, 징역과 벌금의 병과규정 등이 있다. 후자는 형벌을 부과하는 절차와 관련하여 형사소송법과 다른 경우로서 예를 들면 전속고발제도와 통고처분제도가 있다.

관세범은 이 법 혹은 이 법에 의한 명령에 위반한 행위에 대하여 관세법에 의해 처벌되는 것을 말한다. 관세범은 행정범 중 재산범이므로 1949.11.23. 최초로 제정된 관세법의 벌칙규정에서 재산상의 부당이득 박탈을 주목적으로 하여 벌금형 및 과료형에만 국한되었다. 그러나 국내 공업생산이 빈약하여 극심한 생필품 부족에 시달리고 외국산 물품에 대한 의존이 높아 밀수범죄가 점차 증가하고 그 수법이 교묘・흉악하고 대형화되어 국민경제에 크게 해악으로 작용하게 되자 밀수범에 대한 사회통념 및 도덕적 평가가 변화하여 사회악의 한 축으로 여겨졌으며 이를 처벌하는 벌칙규정도 일반 형사범처럼 자유형을 추가하는 등 매우 강화되었다. 이러한 추세가 계속되어 1966년 국가경제와 국민 생활을 파탄시키는 밀수를 근절하고자 특정범죄가중처벌대상 범죄에 포함시키기에 이르렀다. 오늘날 관세범죄는 행정범적 성격과 형사범적 성격을 같이 가지고 있어 혼성적 성격을 띤 범죄로 변화되었다.

관세범은 국가경제에 미치는 영향이 크고 조직성, 전문성, 지능성, 국제성을 갖춘 영리범이라는 특성을 갖고 있다. 밀수를 자행하려면 밀수자금이 필연적으로 소요되기 때문에 관세범은 단순히 경제적인 빈곤타개가 목적인 절도범과 같은 일반 재산범죄와 달리 보다 나은 경제적 욕망의 충족을 위해 범행하는 영리범이라고 볼 수 있다. 또한 관세범은 한번 성공하면 많은 이익 실현이 가능하며 위법행위가 당국에 적발되고 처벌을 받음으로써 입은 재산상의 손실을 만회하고자 또다시 범죄에 착수하는 특성이 있다. 따라서 한번 손을 되면 계속하는 되는 상습성이 있다.

관세범은 국가재정수입 확보와 통관질서 유지를 위한 행정적 합목적성이 강조되는 행정범 중 재정범의 일종으로서 재산형을 과하는 것이 원칙이므로 일반사범과 다른 특성이 있다. 따라서 관세범을 처벌함에 있어 형법규정을 그대로 적용할 수 없으므로 형법규정의 적용을 일부 배제하고 있다. 예를 들면 관세법 제278조에서 규정한 벌금경합에 관한 제한 가중규정 미적용이 있다. 헌법재판소는 국가경제에 끼치는 손실이 큰 밀수사범을 엄벌로 다스리고자 하는 것을 반영하여 관세범에 대해 경합범 가중제한 규정을 적용하지 않는 관세법 제278조는 헌법에 위반되지 않는다고 결정하였다.

종전 관세형벌 유형은 14종류로서 그 체계가 복잡하고 형량에 모순점이 있어, 이를 1996.12.30. 관세법 개정(법률 제5194호)시 그 형량을 내국세 규정과 조화시켜 합리적으로 하향 조정하고 복잡한 형벌 종류를 현행과 같이 단순화시켰다. 그러나 단순화한 결과 법에서 정한 죄명을 보고도 해당되는 죄의 내용을 쉽게 알 수 없다는 단점이 있다.[1]

세관공무원은 수출입거래에 따른 각종 불법・부정무역사범에 대한 전방위적 수사권을 가지고 있다. 수사범위는 관세법, 대외무역법, 외국환거래법 등을 법적 근거로 하여 아래와 같이

1) 법 제270조 관세포탈죄에는 6가지 죄의 종류가 있으나 이를 관세포탈죄 한 가지 죄명으로 정하여, 관세포탈과 무관한 부정신고수입 등도 관세포탈죄 등에 포함되어 있는 것이다. 여기에 대하여 일부에서는 현행 법 제269조 밀수출입죄 법 제270조 관세포탈죄를, 법 제269조에 금지품수출입죄(관세법상 수출입금지품 및 상표권 침해물품), 제270조에 관세포탈죄 등(유세품을 세관에 신고 없이 수입), 제270조의 2에 무신고수출입죄(무세품을 세관에 신고 없이 수입・수출・반송), 제270조의 3에 부정수출입죄(수출입에 필요한 허가 등을 부정한 방법으로 구비하여 수출입)로 세분하자는 의견도 있다.

7개 분야로 나눌 수 있다. 참고로 '불법'은 법을 위반하여 행정목적을 직접적으로 침해하는 행위라고 볼 수 있고 '부정'은 정상절차 이행 중 불공정한 방법으로 행정의무를 위반하는 행위라고 볼 수 있다.

【세관공무원의 수사범위】

구 분	범 위
관세사범 (약칭 '관세범')	관세법 위반사항(밀수입, 관세포탈, 부정수입 등)
	환급특례법, 관세사법 등 위반사항
대외무역사범	대외무역법 위반사항(원산지, 전략물자, 가격조작 등)
	불공정무역행위 조사 및 산업피해 구제에 관한 법률 위반사항 (원산지표시 위반 물품 수출입 행위)
지재권사범	수출입 통관·환적 물품의 지식재산권 침해
외환사범	지급수단 등 불법수출입
	수출입거래 및 이와 관련된 용역·자본거래
	대체송금 목적의 용역·자본거래
재산도피사범	상기 수사권 해당 범죄에 대한 재산도피사범
자금세탁사범	상기 수사권 해당 범죄에 대한 자금세탁사범
마약사범	공항만과 보세구역 안에서 발생하는 마약사범

관세법상의 관세범 종류는 전자문서위조·변조범, 불법수출입사범, 강제징수면탈사범, 명의대여사범, 단순 질서범으로 나눌 수 있고 이를 관세형벌과 관세질서벌(주로 과태료)로 나눌 수 있다. 관세형벌은 관세행정 목적을 직접적으로 침해하는 행위에 대해 제재로서 관세법에 정해져 있는 형을 과하는 것을 말하며 관세질서법은 신고의무 위반 등과 같이 행정목적을 간접적으로 침해하는 행위에 대해 과하여진다. 관세형벌은 원칙적으로 형법총칙이 적용되나 과태료는 형법총칙이 적용되지 않는다.

전자문서위조·변조범은 전자문서의 위조·변조, 무자격전자문서중계. 정보훼손 및 침해, 비밀누설 및 도용 행위를 한 자를 말한다. 관세법상 전자문서중계업자 지정제도를 운영하기 위한 제도적인 보완 장치로서, 2003년 개정 관세법에서 「무역업무 자동화 촉진에 관한 법률」에 의한 무역업무자동화사업자에 대한 벌칙규정과 동일한 내용으로 규정하였고, 이런 의미에서 이 규정의 관세범은 다른 벌칙 규정에 의한 관세범과 성질이 다르다.

2010.1.1. 경미한 관세법 위반에 대한 과태료로 전환, 미성년자 등에 대한 벌금형 처벌시 경감, 관세 형벌 관련 용어의 순화 등을 내용으로 법을 개정한 바 있다. 그리고 고의적인 재산은닉으로 관세를 체납하는 행위를 방지하기 위한 체납처분면탈죄와 관세회피나 강제집행의

면탈행위를 방지하기 위한 타인에 대한 명의대여죄 등도 규정하였다. 그리고 2010.12.30. 어려운 용어를 쉬운 용어로 바꾸며 길고 복잡한 문장은 체계 등을 정비하여 간결하게 하는 등 국민이 법 문장을 이해하기 쉽게 정비하였다.

불법수출입사범은 밀수출입, 관세포탈, 밀수품취득, 허위신고 행위를 한 자를 말하며 단순질서범은 법 제277조의 과태료 부과대상 행위를 한 자를 말한다.

'밀수출입죄'에 해당하는 것으로 금지품을 수출입한 금지품수출입죄, 신고를 하지 아니하고 수입한 무신고수입죄, 신고를 하지 아니하고 수출·반송한 무신고수출·반송죄, 신고한 해당 물품과 다른 물품으로 수입신고한 위장신고수입죄, 신고한 해당 물품과 다른 물품으로 수출신고한 위장신고수출·반송죄가 있다.

'관세포탈죄 등'에 해당하는 것으로는 세액결정에 영향을 미치기 위해 과세가격과 관세율을 허위로 신고하거나 신고하지 아니한 허위세액신고수입죄, 수입이 제한된 사항을 회피할 목적으로 부분품 등으로 분할하여 신고한 허위분할신고수입죄, 수입에 필요한 허가·승인·추천·증명 기타 조건 등을 부정한 방법으로 구비하여 수입한 부정신고수입죄, 수출에 필요한 허가·승인·추천·증명 기타 조건 등을 부정한 방법으로 구비하여 수출한 부정신고수출죄, 부정한 방법으로 감면받거나 감면징수를 면탈한 부정감면죄, 부정한 방법으로 환급을 받는 부정환급죄가 있다.

'밀수품취득죄 등'에 해당하는 것으로는 밀수출입죄, 허위분할신고수입죄, 부정신고수입죄, 부정신고수출죄에 해당되는 물품을 취득한 경우가 있다.

'허위신고죄 등'은 징벌적인 의미와 함께 질서유지 의미도 매우 강하므로 질서범이라 분류하기도 하고, 형법에서 정한 죄명에 해당되므로 질서범에서 제외하기도 하나, 일반적 구분은 그 실익이 없으며 사용할 목적에 따라 용어를 구분해서 사용할 필요는 있다.

강제징수면탈죄와 타인에 대한 명의대여죄는 「조세범 처벌법」상 규정을 본법에 규정하였다. 조세 회피 수단이 지능화됨에 따라 사해행위에 대한 소멸시효 정지 규정을 두었으나, 실효성이 적어서 징세 행정의 강화를 위해 규정하게 된 것이다.

과태료부과 대상행위는 특허보세구역의 특허사항을 위반한 운영인, 분할납부승인을 받은 자가 용도변경하거나 양도하고자 할 때 세관장의 승인을 얻지 아니한 자, 세율이 낮은 용도에 사용하고자 할 때 세관장의 승인을 얻지 아니한 자 등이 있다.

이 장에서는 밀수출입죄, 관세포탈죄, 미수범 등, 밀수전용 운반기구 몰수, 범죄에 사용된 물품의 몰수, 밀수품 취득죄, 징역과 벌금의 병과, 허위신고죄, 과태료, 형법규정의 배제, 양벌규정, 법인처벌, 면책, 몰수·추징에 관하여 규정하고 있다.

【관세범 유형】

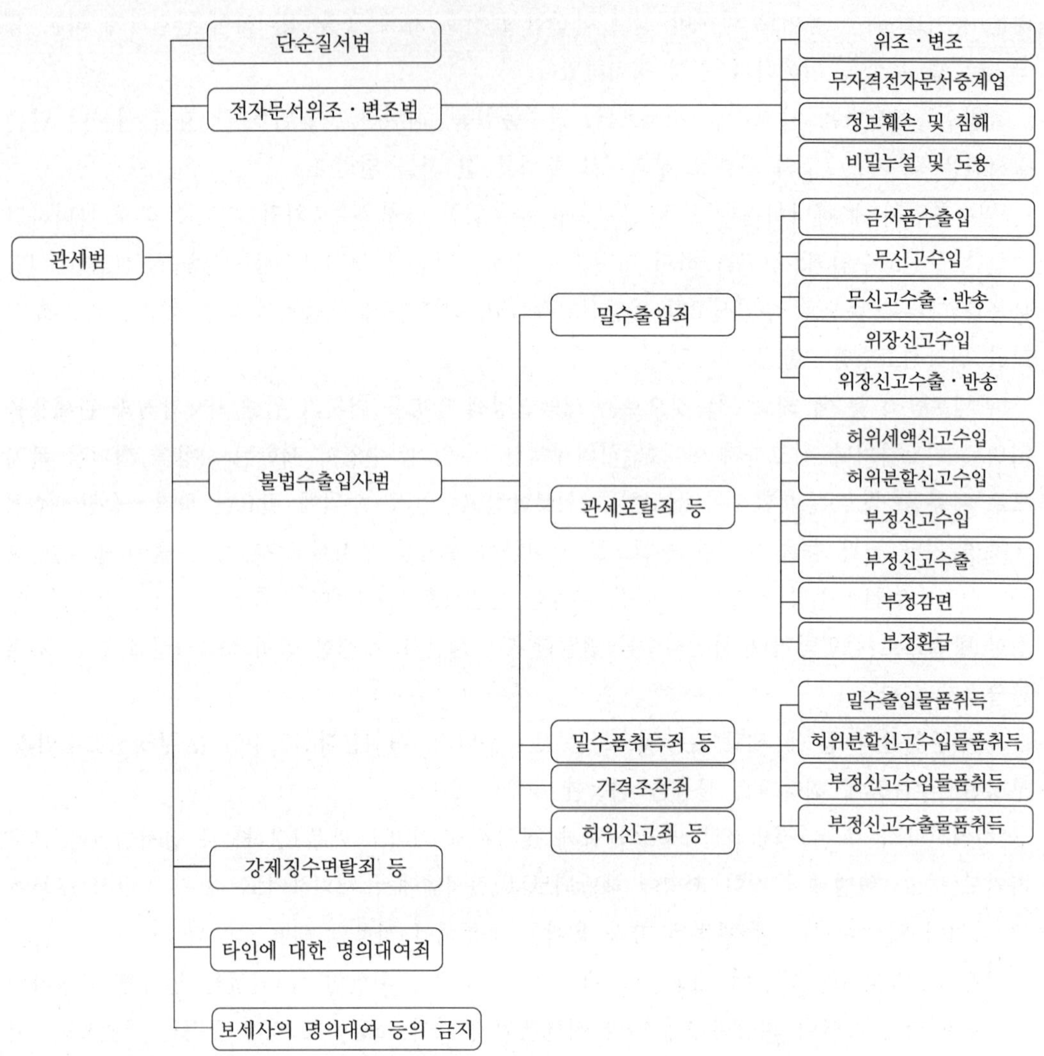

> 제268조의 2【전자문서 위조·변조죄 등】 ① 제327조의 4 제1항을 위반하여 국가관세종합정보시스템이나 전자문서중계사업자의 전산처리설비에 기록된 전자문서 등 관련 정보를 위조 또는 변조하거나 위조 또는 변조된 정보를 행사한 자는 1년 이상 10년 이하의 징역 또는 1억원 이하의 벌금에 처한다.
> ② 다음 각 호의 어느 하나에 해당하는 자는 5년 이하의 징역 또는 5천만원 이하의 벌금에 처한다.
> 1. 제327조의 3 제1항을 위반하여 관세청장의 지정을 받지 아니하고 전자문서중계업무를 행한 자
> 2. 제327조의 4 제2항을 위반하여 국가관세종합정보시스템 또는 전자문서중계사업자의 전산처리설비에 기록된 전자문서 등 관련 정보를 훼손하거나 그 비밀을 침해한 자

3. 제327조의 4 제3항을 위반하여 업무상 알게 된 전자문서 등 관련 정보에 관한 비밀을 누설하거나 도용한 한국관세정보원 또는 전자문서중계사업자의 임직원 또는 임직원이었던 사람

해 설

관세청은 지식정보사회화 추세에 맞추어 통관간소화, 물류비용 감소, 밀수 등 위험물품 반입방지라는 목적 달성을 위해 수출입신고, 입출항관리, 화물관리, 관세환급 등의 세관업무를 전산화해 놓고 있는바, 이를 '전자통관시스템'('UNI-PASS'[2]라고 부른다)이라고 한다. 전자통관시스템을 구축 활용함에 따라 수출입 통관업무처리 속도가 빨라지고 효율성이 제고되었기에 물류비용 절감은 물론 공항, 항만 증서 억제효과도 거두고 있다. 관세청은 전자통관 편의를 증진하고 외국세관과 정보교환을 통해 수출입 원활화와 교역안전 및 증대를 도모하기 위해 전산처리설비와 데이터베이스에 관한 '국가관세종합정보시스템'을 설치하고 그 운영사업자를 지정하는 한편 전자신고 등을 중계하는 업무를 수행하는 자는 전자문서중계사업자로 지정하였다. 전자문서는 전자 기록의 한 유형으로 컴퓨터 등 정보처리능력을 가진 장치에서 전자적인 형태로 작성되고 송수신 또는 저장되는 문서를 말하며 법률에 특별한 규정이 없는 한 문서로서의 효력이 있다.

2008.12.26. 법 개정(법률 제9261호)시 국가관세종합정보시스템에 관한 규정을 신설하여 통관 감시 등 개별 정보시스템을 구축 운영하는 법적인 안정성을 확보하였고, 본조에서는 전자문서중계업무와 함께 국가관세종합정보시스템 관련 사항을 추가하였다.

국가관세종합정보시스템 또는 전자문서중계사업자의 전산처리설비에 기록된 전자문서 등 관련 정보를 위조 또는 변조하거나 위조 또는 변조된 정보를 행사하는 자는 1년 이상 10년 이하의 징역 또는 1억원 이하의 벌금에 해당한다. 전산처리설비는 주전산기 등 하드웨어, 소프트웨어 및 데이터베이스 등에 수록된 전자문서 등 관련정보가 저장·유지·관리되는 설비를 말한다. "전자문서 등 관련정보"는 사람의 지각에 의하여 인식할 수 없는 방식에 의하여 작성되어 컴퓨터 등에 의한 정보처리를 위해 제공된 기록을 말하며 전자기록뿐만 아니라 전기기록이나 광학기록을 말한다.

'위조'는 권한이 없는 자가 외형상 진정한 것처럼 작성하는 것으로 처음부터 권한 없이 전자문서 등 정보의 중요 부분에 변경을 가하거나 효력을 상실한 것에 변경을 가하여 새로운 전자문서 등 정보를 작성하는 것을 말한다. 전산처리설비에 기록되어 있는 진정한 정보를 변

2) 유니패스(UNI-PASS)는 기업이나 개인이 수출입물품에 대한 세관의 물품신고, 수출입신고, 세금납부 등의 절차를 온라인, 인터넷 등 전자적 방식으로 처리하는 시스템으로 모든 세관신고 업무를 통합해 One-Stop 처리가 가능하다. 동 시스템은 세계관세기구가 권고하는 국제표준을 모두 반영하였기 때문에 세계 어느 나라에서도 사용할 수 있다.

경하여 본질적이거나 중요한 부분이 바뀜으로써 새로운 것을 작성한 것도 위조에 해당한다. 예를 들면 전산망에 침입하여 새로운 수입신고를 입력하거나 이미 기록되어 있는 수출신고서의 명의인을 바꾸어 본질적으로 다른 것으로 변경하는 행위이다. '변조'는 권한이 없는 자가 이미 진정하게 성립된 전자문서 등의 정보내용에 동일성을 잃지 않는 정도로 변경을 가하는 행위를 말한다. 예를 들어 전산처리설비에 기록되어 있는 수입신고내용 중 세율이나 가격 등을 권한 없이 변경하여 관세 등 세액을 바꾸는 행위를 들 수 있다. 그러나 내용이 바뀌지 않는 단순 자구수정 등으로는 본 죄를 성립시키지 않는다.

국가관세종합정보시스템 운영사업자나 전자문서중계사업자를 지정하는 것은 관세행정에 관련된 자료를 전자문서로 처리함으로써 이른바 전자정부를 본격적으로 구현하기 위한 것이다. 이를 위한 제도적인 보완장치로서 동 전산처리 설비에 기록된 전자문서 등 관련 정보를 보호하기 위한 처벌 규정을 두고 있다. 전자문서에 관한 법률인 「무역업무자동화 촉진에 관한 법률」에서는[3] 무역업무자동화사업에 관하여 그 신뢰성 및 안정성을 확보하도록 하고 있다. 이를 본떠서 2003년 개정 관세법에서는 이 벌칙규정과 동일한 구성요건과 형량으로 벌칙규정을 정하고 있다. 다만, 과태료부과는 이를 규정하지 아니하고 과징금을 부과할 수 있도록 규정하고 있다. 과징금 부과는 벌칙이 아니라 행정행위의 일종이다.

제2항은 위조·변조죄 이외의 범죄에 관한 규정이다. 제2항 제1호에서 보면 무자격 업자에 관한 규정으로서 관세청장의 지정을 받지 아니하고 국가관세종합정보시스템이나 전자문서중계업무를 행한 자는 5년 이하의 징역 또는 5천만원 이하의 벌금에 해당한다. 전자신고 등 및 전자송달을 중계하는 업무를 수행하고자 하는 자는 대통령령이 정하는 기준과 절차에 따라 관세청장의 지정을 받아야 한다.

본 죄의 성립요건 중 주체는 국가관세종합정보시스템 운영사업자 또는 전자문서 중계사업자로 지정을 받지 아니한 자이고 객체로는 관세법 제327조에 의한 '전자신고 등' 및 '전자송달'이다. '전자신고 등'이라 함은 전자처리설비를 이용하여 세관장에게 신고·신청·보고·납부 등을 하는 것을 말하며 전자송달은 세관장이 민원인에게 승인·허가·수리 등에 대한 교부·통지·통고 등을 하는 것을 말한다. 행위와 범위로는 사업자로 지정받지 아니한 자가 국가관세종합정보시스템을 운영하거나 전자신고 및 전자송달 중계하는 업무를 행하는 것이다. 중계란 전자문서중계업자가 민원인으로부터 수출입신고 등을 전자문서로 받아 관세청 통관시스템에 전송하고 관세청 통관시스템의 수출입신고사실 등을 민원인에게 전달하는 업무를 말한다.

---

3) 「무역 업무자동화 촉진에 관한 법률」은 무역업무의 자동화를 촉진하여 무역절차의 간소화와 무역정보의 신속한 유통을 실현하고 무역업무의 처리시간과 비용을 절감하여 산업의 국제경쟁력을 높임으로서 국민경제의 발전에 이바지하는 것을 목적으로 하고 있다. 동법에는 무역자동화사업자 지정, 전자문서의 표준화 및 효력, 전자문서 및 무역정보의 보안처리, 벌칙, 과태료 등에 관하여 규정하고 있다.

본 죄는 고의범이므로 행위자가 고의적으로 자신이 국가관세종합정보시스템 운영사업자 또는 전자문서중계사업자로 지정을 받지 않았다는 사실과 자기의 행위가 전자문서중계업무에 해당한다는 사실을 인식하고 전자문서중계업무를 수행하려는 인식과 의사가 있어야 한다.

제2호에서 정보훼손 및 침해에 관한 규정으로서 국가관세종합정보시스템 운영사업자나 전자문서중계사업자의 전산처리설비에 기록된 전자문서 등 관련 정보를 훼손하거나 그 비밀을 침해한 자는 5년 이하의 징역 또는 5천만원 이하의 벌금에 해당한다.

대상행위는 전자문서 등 관련정보를 훼손하거나 그 비밀을 침해하여 그 효용을 떨어뜨리는 행위이다. 비밀을 침해한다는 것은 기술적 수단을 이용하여 그 내용을 알아내는 것으로서 본 죄는 정보의 내용을 알아야 성립하는 침해범이므로 내용을 알아내지 못한 때에는 본 죄가 성립하지 않는다.

제3호에서 비밀 누설 및 도용에 관한 규정으로서 업무상 지득한 전자문서 등 관련 정보에 관한 비밀을 누설하거나 도용한 국가관세종합정보시스템 운영사업자나 전자문서중계사업자의 임원 또는 직원이거나 임원 또는 직원이었던 자는 5년 이하의 징역 또는 5천만원 이하의 벌금에 해당한다.[4] 국가관세종합정보시스템 운영사업자나 전자문서중계사업자의 임원 또는 직원은 형법, 그 밖의 법률에 의한 벌칙 적용에 있어서 공무원으로 보아 관리를 강화하고 있다.

객체로는 업무상 지득한 전자문서 등 관련정보에 관한 비밀이다. 비밀이란 특정인 또는 일정한 범위의 사람에게만 알려져 있는 사실로서 타인에게 알려지지 아니하는데 본인에게 이익이 있는 사실을 말한다. 대상행위는 비밀을 누설 또는 도용하는 것이다. 누설이란 비밀에 속하는 사실을 이를 모르는 사람에게 알게 하는 것을 말하며 방법상 제한이 없다. 구두로 고지하든 서류를 열람시키든 묻지 않는다. 부작위에 의해서도 누설할 수 있다. 비밀을 기재한 서류를 방치하여 다른 사람이 읽게 하는 경우이다.

비밀의 누설은 상대방에게 도달하면 된다. 도용이란 남의 것을 허가 없이 사용하는 것을 말한다. 본 죄는 고의범이므로 자기가 지득한 타인의 비밀을 비밀이 아니라고 오신하여 제3자에게 말한 때에는 구성요건적 사실에 대한 착오이므로 고의성이 성립되지 않는다.

【대법원 2012.7.12, 2010도5835】 관세법 제268조의 2 제1항의 위조 또는 변조의 대상인 '전자문서중계사업자의 전산처리설비에 기록된 전자문서 등 관련 정보'는 전자문서중계사업자가 전자신고 등과 전자송달을 중계하는 업무를 수행할 목적으로 구축하여 설치·운영하는 '전산처리설비에 기록된' 전자문서 등 관련 정보만을 의미한다고 할 것이다. 피고인의 요구를 받은 ○○관세사무소 직원이 전자문서중계사업자의 전산망에 접속하지 않고 프로그램을 이용하여 자체 컴퓨터에 보관되어 있던 수입신고필증 파일을 불러내 과세가격, 관세액 등의 사항을 수정, 입력한 후 그 내용을 출력하여 피고인에게 주었을 뿐, 전자문서중계사업자의 전산처리설비에 기록된 수입신고필증의 내용을

4) 일부에서는 형량이 형법상 비밀침해죄 등에 비하여 과다하다는 의견이 있다.

직접 수정한 것은 아닌 점 등에 비추어 볼 때, ○○관세사무소 컴퓨터에 저장된 것으로서 피고인에 의하여 그 내용이 수정된 이 사건 수입신고필증 파일들은 전자문서중계사업자의 전산처리설비에 기록된 전자문서 등 관련 정보에 해당한다고 보기 어렵다.

제269조【밀수출입죄】① 제234조 각 호의 물품을 수출하거나 수입한 자는 7년 이하의 징역 또는 7천만원 이하의 벌금에 처한다.

② 다음 각 호의 어느 하나에 해당하는 자는 5년 이하의 징역 또는 관세액의 10배와 물품원가 중 높은 금액 이하에 상당하는 벌금에 처한다.

1. 제241조 제1항·제2항 또는 제244조 제1항에 따른 신고를 하지 아니하고 물품을 수입한 자. 다만, 제253조 제1항에 따른 반출신고를 한 자는 제외한다.
2. 제241조 제1항·제2항 또는 제244조 제1항에 따른 신고를 하였으나 해당 수입물품과 다른 물품으로 신고하여 수입한 자

③ 다음 각 호의 어느 하나에 해당하는 자는 3년 이하의 징역 또는 물품원가 이하에 상당하는 벌금에 처한다.

1. 제241조 제1항 및 제2항에 따른 신고를 하지 아니하고 물품을 수출하거나 반송한 자
2. 제241조 제1항 및 제2항에 따른 신고를 하였으나 해당 수출물품 또는 반송물품과 다른 물품으로 신고하여 수출하거나 반송한 자

해 설

관세범은 재정범으로 제정 관세법에서는 재산상 이익 박탈을 주목적으로 벌금 등으로만 처벌해 왔으나, 한국전쟁 이후 밀수가 성행하여 처벌을 강화하기 위해 징역형과 벌금을 병과할 수 있도록 하였다. 본 조는 국가의 안전과 사회공공의 안녕 및 공서양속을 해할 물품이 외국으로부터 유입되거나 유출되는 것을 막기 위한 벌칙조항이다. 따라서 본 죄의 보호법익은 국가재정수입 확보나 관세행정 질서유지에 있는 것이 아니라 국가안전, 사회공공의 안녕, 통화의 안정 등을 확보하려는 데 있는 형사범죄 성질의 범죄로서 형법 등에서도 규제대상이 되고 있다. 또한 본죄는 수출입금지품등을 수입 또는 수출함으로써 성립하고 외국에서 도착한 물품을 통관하지 않은 상태에서 그대로 내보내는 반송은 이에 해당하지 않는다.

밀수출입죄는 관세법 벌칙 중 가장 무거운 죄에 해당되며, 수출입금지품을 수출입한 죄에 해당되는 벌칙은 7년 이하의 징역이나 7천만원 이하의 벌금이다.[5] 종전의 벌칙은 10년 이하의 징역이나 2천만원 이하의 벌금으로 되어 있었으나 법률 제12847호(2014.12.23) 개정을 통

5) 2013.12. 현재 금지품수출입죄는 물품가액이 3000만원, 밀수입죄는 수입한 물품원가가 2억원 이상, 밀수출죄는 물품원가가 5억원 이상, 부정수입죄는 물품 원가가 2억원 이상이면「특정범죄 가중처벌 등에 관한 법률」이 적용된다.

해 징역은 10년에서 7년으로 줄이고 그 대신 벌금은 2천만원에서 7천만원으로 상향 조정하였다. 이 호에는 반송에 관한 사항은 규정하고 있지 아니하다.

수출의 경우 선적·기적 시점, 수입의 경우 보세구역에서 인취한 시점, 보세구역에서 사용 소비한 때에는 그 사용·소비 시점, 그 이외의 경우에는 양륙하는 시점, 국제무역선(기) 또는 국내운항선(기)에 이적 시점 등 사실상 우리나라 영역 내에 반입하는 시점이 범죄기수 시점이다. 그러므로 물품을 외항선까지 운항할 내국선에 싣거나 밀수출 목적으로 물품을 구입, 포장하는 경우 등은 미수 또는 예비단계에 해당된다. 그러나 수입금지품을 우리나라 영역 내에 반입함으로써 범죄행위가 완성되고 그 후 세관장에게 수입사실을 신고하였다 하더라도 이미 완료된 범죄행위가 소멸되지 않는다.

금지품수출입죄는 금지품을 수출입한다는 사실 인식만으로 범죄가 성립된다. 예를 들면 위조화폐를 수출입한다는 인식만 있으면 되지 그 행위가 위법인지는 인식할 필요가 없다. 수출입금지품을 무신고 수입하거나 신고한 경우 상상적 경합에 해당되어 금지품수출입죄에 해당되고, 무신고수입죄 또는 관세포탈죄에 해당되지 아니한다. 왜냐하면 수출입금지품은 과세대상이거나 수출입신고대상이 될 수 없기 때문이다. 상상적 경합이란 1개의 행위가 여러 개의 죄에 해당하는 경우를 말하며 이때에는 중한 죄로 처벌하는 형법규정에 따라 처벌한다.

밀수출입죄 해당 행위는 수출입금지품을 수출입하는 것, 신고하지 아니하거나 위장신고하여 물품을 수입하는 것, 신고하지 아니하거나 위장 신고하여 물품을 수출·반송하는 것이 있다. 이 죄가 성립되려면 통관절차를 거쳐 수입·수출·반송해야 하는 물품을 무신고, 위장신고하여 수입·수출·반송하려는 인식이 있어야 한다. 위장신고 수입은 허위신고에도 해당되지만 상상적 경합이 되므로 더 중한 죄인 위장신고 수입죄에 해당된다. 위장신고는 '해당 수입물품과 다른 물품으로 신고하여 수입'하는 경우로서 해당 물품은 신고서에 기재된 물품과 동종의 물품으로서 수입신고수리의 효력이 동일한 물품이어야 한다. 법 제234조는 수출입금지에 관한 규정이다.

제2항은 무신고수입, 위장신고수입에 관한 규정이다. 수출입물품에 대해 관세법에 의한 통관절차를 이행하지 않고 수출입한다면 국가재정에 누수가 발생되고 무역통계 왜곡에 따른 국가정책 혼선 등 관세행정의 존립기반이 무너지게 된다. 따라서 수출입신고절차는 관세 등의 징수, 수출입금지물품의 차단, 개별법령에서 정하고 있는 수출입요건 구비 여부 확인 등 국가경제와 사회안전 등을 위해 반드시 이행하여야 할 절차이다. 이러한 점에서 수출입시 통관절차를 거치지 않을 경우 행정절차 미이행에 따른 질서범이 아닌 형사범으로 다루고 있는 것이다.

무신고수입이나 위장신고수입에 해당되는 죄에 대한 벌칙은 5년 이하의 징역 또는 관세액의 10배와 물품 원가 중 높은 금액 이하에 상당하는 벌금을 부과한다. 신고하지 아니하고 물품을 수입한 경우, 즉 수출·수입·반송신고나 입항 전 수입신고를 하지 아니하고 보세구역에서 물품을 반출한 경우를 말하며, 무신고수입이라 한다. 또한 신고를 하였으나 수입물품과 다른 내용으로 신고하고 수입한 경우는 위장신고수입이라 한다. 1996.12.30. 개정 관세법에서 신고를 하지 아니하고 물품을 수출입한 경우뿐만 아니라 해당 수입물품과 다른 물품으로 신고한 경우를 추가하였다.

예를 들면, 철강재 구조물로 신고하였으나 실제로는 TV를 가지고 온 경우를 말한다.[6] '신고의 동일성'에 관하여는 대법원 판례 등에서도 사안별로 달리 언급되고 있다. 중요한 것은 전체적인 '신고의 내용'에 관한 사항이므로, 신고서의 내용이 현품과 어느 정도 다른지 그리고 그 다른 내용이 왜 발생하였는지에 대한 검토가 뒤따라야 합리적인 판단에 이를 수 있을 것으로 본다. 단순히 HS번호, 품명, 규격, 수리요건 등을 기준으로 동일성을 판단하기는 어렵다.

그리고 실제 수입한 물량이 신고한 물량보다 1개가 많은데 불과한 경우에도 밀수입죄를 적용하거나, 농수산물이나 산물도 아닌 의류 등 물품이 1/3 정도 과다하게 수입된 경우도 동일성으로 판단하고 있는 것에는 다소 무리가 있다고 본다. 일본의 경우는 수출입금지품 이외에 물품에 대하여는 관세포탈죄로 단일하게 처벌하고 있는 반면에 우리나라 관세법에서는 밀수입죄, 부정수입죄, 관세포탈죄로 세분되어 있어 밀수입물품에 대한 법조 적용에 모호함이 발생하고 있는 것으로 알려져 있다.

법 제241조는 수출·수입 또는 반송의 신고에 관한 조항, 법 제244조는 입항 전 수입신고에 관한 조항, 법 제253조는 수입신고 전 물품반출에 관한 조항이다.[7]

제3항은 무신고수출·반송, 위장신고수출·반송에 관한 규정이다. 무신고 수출·반송, 위장신고 수출·반송에 해당하는 행위를 한 자에 대한 벌칙은 3년 이하의 징역 또는 물품원가 이하에 상당하는 벌금을 부과하는 것이다.[8]

【대법원 2015.10.15, 2014도17084】 관세법 제269조 제3항 제1호에서 정하고 있는 '제241조 제1항에 따른 신고를 하지 아니하고 물품을 수출'하였다는 것은 물품을 수출하면서 화주 또는 관세사 등이 수출신고를 전혀 하지 아니한 경우를 의미하는 것으로 보아야 하고, 수출신고를 하였으나 수출

---

6) 대법원 1983.12.13. 선고 83도2193 판결에 의하면 수출입신고서 기재물품과 동일성이 있는 물품이라 함은 동종의 물품으로서 수출입면허부여의 요건이 동일한 물품을 말하며 동종의 물품이라도 수출입면허 부여의 요건이 다른 것은 동일성이 없다고 보는 것이 타당하다. 관련 판례로서, 대법원 1973.5.22. 선고 73도385 판결 ; 대법원 1980.9.8. 선고 80도1159 판결 ; 대법원 1983.12.13. 선고 83도2278 판결 ; 대법원 1988.9.27. 선고 84도249 판결 ; 대법원 1990.11.23. 선고 90도1480 판결 등이 있다.

7) 서울고법 1990.1.19. 선고 89노3263 판결 참조.

8) 대법원 2006.5.25. 선고 2004도1133 판결에서 반송은 신고 당시 보세구역에 장치된 물품의 원형과 성상 그대로 신고하여야 한다는 서울지방법원의 판례(2003고합252)를 인정하여 동 건의 고법 상고에 대하여 파기 환송한 바 있다. 그리고 동 건에 대하여 2007.1.30. 헌법소원심판청구한 결과 반송의 법률 적용단계에서 명확성의 원칙에 반하지 않고 밀반송죄와 허위반송신고죄 양자는 그 성립요건과 불법의 정도를 달리한다는 점에서 동일한 구성요건에 대한 처벌조항 병존으로 인한 명확성의 원칙 위배 문제는 발생하지 않는다고 선고했다.

신고서에 수출물품의 품명·규격·수량 및 가격과 수출화주 등을 허위로 기재한 경우까지 포함하는 것은 아니라고 할 것이다.

【대법원 2015.10.15, 2014도15278】 물품을 수출하는 사람이 화주 또는 관세사법에 따른 관세사·관세법인 또는 통관취급법인의 명의로 수출신고를 하였다면, 수출신고를 하지 않고 물품을 수출하였다고 할 수는 없으므로 관세법 제269조 제3항 제1호의 밀수출입죄는 성립하지 아니하고, 다만 화주의 사업자등록번호 등 관세법 제241조 제1항 및 그 위임에 따른 관세법 시행령 제246조 제1항 각 호에서 정한 사항을 허위로 신고한 경우에는 관세법 제276조 제1항 제4호에서 정한 허위신고죄 등이 성립한다.

【대법원 2011.11.10, 2009도12443】 [1] 관세법 제269조 제2항 제2호에서 정한 '해당 수입물품과 다른 물품'이란 수입신고서에 의하여 신고한 바로 그 물품 이외의 모든 물품을 의미하는 것이 아니라 수입신고한 물품 또는 그와 동일성이 인정되는 물품을 제외한 모든 물품을 의미하는데, 여기에서 동일성이 인정되는 물품이란 동종의 물품으로서 수입신고수리의 요건이 동일한 물품을 말하고, 동종의 물품이라고 하더라도 수입신고수리 요건이 다르면 동일한 물품이라고 할 수 없다. [2] 관세법상 관세 납부나 관세에 상당하는 담보 제공은 수입신고수리 요건이므로, 수입신고서에 신고한 물품과 실제로 수입한 물품의 관세율이나 과세표준이 달라 양자의 관세액에 차이가 나는 경우에는 수입신고수리의 요건이 달라져 양자를 동일성이 인정되는 물품이라고 할 수 없다. [3] 관세법 제38조 제2항, 관세법 시행규칙 제8조 제1항 제5호, 관세법 제252조에 의하면, 관세청장이 기준가격을 정해 심사시스템에 사전세액심사 대상물품으로 등록한 물품, 즉 사전세액심사 대상물품에 해당하는 경우에는 수입신고수리 이전에 반드시 세액심사를 거쳐야 하고 세액심사 이전에 물품을 반출하기 위해서는 담보를 제공하고 세관장의 승인을 얻어야 하므로, 사전세액심사 대상물품으로 지정된 물품과 그렇지 않은 물품은 수입신고수리의 요건이 달라 양자를 동일성이 인정되는 물품이라고 할 수 없다. [4] 무역회사 대표이사인 피고인이 수입신고서에 '청콩', '카오피콩'을 수입하는 것으로 신고하고 실제로는 '콩나물콩'을 수입한 사안에서, '청콩', '카오피콩'과 '콩나물콩'은 모두 관세·통계통합품목분류표상 10단위 품목번호가 같아 동종의 물품으로 보아야 하고 관세율 및 관세액도 동일하지만, 수입 당시 '콩나물콩'은 사전세액심사 대상물품이었음에 반하여 '청콩'이나 '카오피콩'은 그 대상물품이 아니어서 양자를 동일성이 인정되는 물품이라고 할 수 없으므로, 위 행위가 관세법 제269조 제2항 제2호에서 정한 밀수입죄에 해당한다.

【대법원 2009.2.12, 2007도300】 반송은 국내에 도착한 외국물품을 수입통관절차를 거치지 아니하고 다시 외국으로 반출하는 것으로서, 그 물품을 보냈던 화주에게 해당 물품을 도로 돌려보내는 경우로 한정되지 않는다고 봄이 상당하고 해당 반송물품이 반송신고한 바로 그 물품이 아니더라도 반송신고한 물품과 동일성이 인정되는 경우에는 밀반송죄는 성립하지 않는다.

【대법원 2009.1.30, 2008도9822】 금이나 금합금의 지금에 해당하지 않는 순수한 '팔라듐괴'는 외국환거래법에서 규정하고 있는 '귀금속'에 해당하지 않는다. 외국환거래법이 적용되지 않는 '팔라듐괴'의 밀수출미수행위에 대하여는 관세법 제271조 제2항, 제269조 제3항 제1호를 적용하여 처벌하고, 이 경우 범인이 소유 또는 점유하는 그 물품은 같은 법 제282조 제2항의 규정에 의하여 필요

적으로 몰수하여야 한다.

【대법원 2008.6.26, 2008도22694】 관세법 제241조 제2항에서 규정하고 있는 간이통관절차의 대상 물품에 해당하지 않는 상용물품을 수입하면서, 같은 조 제1항에서 규정하고 있는 일반수입신고를 하지 아니하고 부정한 방법을 이용하여 간이통관절차를 거쳐 통관하였다면, 이러한 수입행위는 적법한 수입신고 절차 없이 통관한 경우에 해당하므로 관세법 제269조 제2항 제1호의 밀수입죄를 구성한다.

【대법원 2007.1.11, 2004도3870】 [1] 화주가 물품을 수입하면서 수입신고를 하지 않고 여러 사람들을 고용하여 그들로 하여금 각자의 휴대품인 양 가장하여 세관 검색대를 통관하게 하는 방법으로 수입하는 것은 무신고수입죄에 해당한다. [2] 무신고수입죄는 수입물품에 대한 정당한 관세의 확보를 그 보호법익으로 하므로, 물품을 신고하지 아니하고 수입하는 경우에는 그 수입시 마다 해당 수입물품에 대한 정당한 관세의 확보라는 법익이 침해되어 별도로 구성요건이 충족되는 것이어서 각각의 수입시 마다 1개의 죄가 성립하고, 수개의 무신고수입행위를 경합범으로 기소하는 경우에는 각 행위마다 그 일시와 장소 및 방법을 명시하여 사실을 특정할 수 있도록 공소사실을 기재하여야 한다.

【대법원 2006.5.25, 2004도1133】 [1] 관세법상 물품을 반송하고자 할 때에는 반송신고 당시 보세구역에 장치되어 있는 물품의 품명·규격·수량 및 가격 등을 현상 그대로 신고하여야 하는 것으로 해석하여야 하므로, 보세구역에 장치된 해당 물품 또는 그와 동일성이 인정되는 물품이 아닌 물품을 반송신고한 다음 해당 물품을 반송하는 행위는 관세법 제269조 제3항 제2호에 해당한다 할 것이다. [2] 수출입 회사 임직원들이 보세구역에 장치되어 있던 MTBE(산소계화합물의 일종)를 반출한 후 선박에서 다른 물품과 혼합하여 자동차용 휘발유의 일종인 오민(OMIN, Oily Mixture Including Naphtha)을 제조·수출함에 있어 'MTBE'가 아닌 'MOTOR GASOLINE'으로 반송신고한 경우, '해당 반송물품과 다른 물품으로 신고하여 반송'한 경우에 해당하여 관세법상 밀수출죄가 성립한다.

【대법원 2006.1.27, 2004도1564】 [1] 관세법 제269조 제3항 제2호의 해당 수출물품과 '다른 물품'이라 함은 수출신고서에 의하여 신고한 바로 그 물품 이외의 모든 물품을 의미하는 것이 아니고, 수출신고한 물품 또는 그와 동일성이 인정되는 물품을 제외한 모든 물품을 의미하는 것으로 보아야 하며, 수출신고서에 의하여 신고한 물품과 실제 통관하여 수출한 물품 간에 동일성이 인정되는지는 재정경제부 장관이 고시한 10단계 분류체계인 '관세·통계통합품목분류표(HSK)'상 양자의 10단위 분류코드가 같은지 다른지를 기준으로 결정되어야 한다. [2] 피고인이 세관에 수출신고한 차량들과 실제 수출한 차량들의 관세·통계통합품목분류표상 10단위 분류코드가 같은 사안에서, 제조회사, 차량의 종류 또는 규격(톤수, 연식) 등에 차이가 있다는 이유만으로 동일성을 인정하지 아니한 원심 조치는 위법하다.

【대법원 2006.4.27, 2005도6405】 수입신고 물량과 실제수입 물량의 차이가 그리 현저하지 않는 경우에는 수입신고를 초과하여 실제 수입한 물량의 의류와 수입신고한 물량의 의류 사이에 동일성이 인정되지 않는다고 할 수는 없을 것이므로 밀수입죄가 성립하지 않는다고 볼 여지가 있다. 수입신고 물량보다 초과하여 물품을 수입한 각 행위에 관하여 그 각 실제수입 물량과 각 수입신고 물량의 차이가 현저하게 많은지 여부를 각 행위별로 판단하여 유·무죄를 가려야한다.

【대법원 2005.12.23, 2005도6484】 귀금속 등의 수출입 및 통관에 관한 한 외국환거래법은 관세법

의 특별법으로 보아야 할 것이므로, 통관에 필요한 절차를 거치지 않고 귀금속 등을 수출입한 행위에 대해서는 외국환거래법상 무허가·신고 수출입죄에 의하여 처벌할 수 있을 뿐, 관세법이나 그 가중처벌 규정인 특정범죄 가중처벌 등에 관한 법률 위반(관세)죄를 적용하여 처벌할 수는 없다.

【대법원 2003.11.28, 2003도3956】 음향기기인 콘솔시스템과 녹음시스템을 부분품으로 분할하여 수입하면서 수입신고서에는 음향기기와는 전혀 다른 품명과 관세법상의 품목분류번호로 신고를 하였는바, 전체적으로 보아 실제로 수입된 물품은 음향기기의 완제품으로 보아야 하는 것으로서 수입신고된 물품과의 사이에는 서로 동일성이 없어 수입신고의 효력은 실제로 수입된 물품에 미치지 아니하므로 관세법상 무신고수입죄를 구성하는 것이며, 수입한 물품 중의 일부가 신고한 물품과 일치되거나 신고한 물품과 수입한 물품에 대한 관세율이 같다고 하더라도 마찬가지이다.

【대법원 2000.5.26, 2000도1338】 관세법상 무신고수입죄에 있어서는 수입신고 없이 유세품을 수입할 때마다 적법한 통관절차에 의한 관세의 확보라는 법익의 침해가 있다고 할 것이어서 그 위반사실의 구성요건 충족 회수마다 1죄가 성립하는 것이 원칙이고, 무신고수입행위의 특성상 동일한 물품을 계속하여 밀수입하는 경우에도 범죄행위자는 그 때마다 새로운 시기와 수단, 방법을 택하여 다시 무신고수입행위를 하는 것이어서 그 때마다 범의가 갱신된다고 보아야 할 것이므로, 서로 다른 시기에 수회에 걸쳐 이루어진 무신고수입행위는 그 행위의 태양, 수법, 품목 등이 동일하다 하더라도 원칙적으로 별도로 각각 1개의 무신고수입으로 인한 관세법위반죄를 구성한다.

【대법원 2000.4.7, 2000도576】 전자제품 등을 밀수입해 올테니 이를 팔아달라는 제의를 받고 승낙한 경우, 그 승낙은 물품을 밀수입해 오면 이를 취득하거나 그 매각알선을 하겠다는 의사표시로 볼 수 있을 뿐 밀수입 범행을 공동으로 하겠다는 공모의 의사를 표시한 것으로는 볼 수 없다.

【대법원 2000.2.8, 99도4864】 물품을 수입함에 있어 실제로 수입하는 물량 중 일부만을 수입하는 것으로 신고하고 나머지 물량에 대하여는 수입신고를 하지 않을 의사로 각종서류를 신고한 물량에 맞추어 허위로 작성, 통관절차를 밟는 방법으로 수입신고한 물량에 비하여 현저하게 많은 물량의 물품을 수입하였다면, 수입신고를 하지 않고 수입한 물량의 물품은 수입신고한 물량의 물품과 동일성을 인정할 수 없어 이에 대하여는 관세법 제269조 제2항 제1호 소정의 밀수입죄가 성립한다.

【대법원 1993.12.24, 93도37】 동일성이 있는 물품이라 함은 동종의 물품으로 수출입면허 부여의 요건이 동일한 것을 말하며 수출입면허 부여의 요건이 다른 것은 동일성을 인정할 수 없다.

【대법원 1993.6.8, 93도1032】 어류를 잡아 냉장으로 보관하느냐 냉동으로 보관하느냐에 따라 식품으로서의 물리적 성상이나 조직적 성상, 어체의 고유색택, 탄력 및 신선도 등에 차이가 생겨 상품으로서의 품질이나 품위에 차이가 생길 뿐만 아니라 냉동복어의 운반 및 보관의 용이성과 저장기간의 장기성 등을 감안하여 국내수산물가격의 안정과 어민보호를 위하여 냉동복어는 수입추천품목으로 냉장복어는 수입자유화품목으로 하여 달리 취급하고 있는 점 등에 비추어 보면 수출국에서 냉동상태로 얼마나 오랜 기간 동안 보관되었는지 알 수 없는 냉동복어를 바닷물로 해동하여 냉장상태로 보관하여 수입하였다고 하여 수입 통관한 복어가 냉장복어로 변경되었다고 할 수 없다.

【대법원 1991.6.28, 91도914】 피고인이 관세율표상 별도로 품목분류가 되어 있지 아니한 기타 어류로서 수산청장의 추천을 받아야 수입할 수 있게 되어 있는 검정통삼치(영어명이 Sneok, Snake

Mackerel 또는 Baracouta)를 수입하면서 세관에 제출한 수입신고서의 그 수입품명란에 영문으로 "FROZEN SPANISH MACKEREL(BARACOUTA)"라고 기재하고, 그 난 위에 한글로 "냉동삼치"라고 부기하였다면, 피고인에게 관세률표상 수입자동승인품목으로 품목분류된 "삼치"를 수입하는 것처럼 그 수입물품명을 허위로 기재하여 수입신고를 하는 방법으로 검정통삼치를 무면허수입하려고 하였다는 점에 관한 범의를 인정하기는 어렵다.

【대법원 1991.6.25, 91도436】「특정범죄 가중처벌 등에 관한 법률」(관세) 제6조 제4항에 규정된 "물품원가"라 함은 수입의 경우에는 수입지의 도착가격(CIF)을 말하는 것으로서 여기에 관세 등 제세 기타 과징금, 비용 및 이윤 등이 첨가된 국내도매가격 또는 시가를 말하는 것이 아니고, 반송의 경우에도 수입의 경우에 준하여 이를 해석한다.

【대법원 1991.3.22, 90도1492】금화를 수입한 행위에 대하여는 특별법인 외국환관리법에 의하여 처벌하여야 하고, 관세법에 위반됨을 전제로 하여「특정범죄 가중처벌 등에 관한 법률」제6조 제4항을 적용할 수 없다.

【대법원 1990.3.27, 89도2587】실제로 중고선박을 매수하면서 그로 인한 처벌을 피하기 위하여 온두라스에 유령회사를 만들어 그 회사가 위 선박을 매수한 것처럼 위장하고 마치 위 선박의 수리를 위하여 입항시킨 양 부산항에 반입하였다면 이는 사위 기타 부정한 방법으로 관세를 포탈한 것이어서 관세포탈죄를 구성한다.

【서울고등법원 1990.1.19, 89노3263】면허 없이 수입한 기계가 동종의 물건이라 하더라도 그 수입이 일시와 수입자 및 수입면장을 달리하여 수회에 걸쳐 이루어졌다면 이는 포괄일죄가 아니라 수입일시, 수입자, 수입면장 별도 별개의 죄가 성립한다.

【대법원 1984.7.24, 84도565】수입신고한 물품인 냉동 고등어와 반입한 물품인 냉동 전갱이가 모두 고등어과에 속하는 동종의 물품이라고 할지라도 그 물품원가가 서로 달라서 물품원가를 기준으로 산출하는 세액에 차이가 있다면 면허부여의 요건이 다르다고 볼 수밖에 없다.

【대법원 1984.1.24, 83도2216】수입제한품목인 양파씨앗과 수입자동승인품목인 부추씨앗은 물품의 종류와 수출입면허의 부여요건이 달라서 그 동일성을 인정할 수 없으므로 부추씨앗의 수입신고로써 양파씨앗을 수입한 소위는 무면허수입죄에 해당한다.

【대법원 1983.12.13, 83도2193 전원합의체】수출입면허 대상은 수출입신고서에 기재된 물품 또는 이와 동일성이 인정되는 물품으로 이때 동일성이 인정되는 물품이란 동종의 품목으로서 수출입면허 부여의 요건이 동일한 물품을 말하며 동종의 물품이라도 수출입 면허 부여의 요건이 다른 것은 동일성이 없다고 봄이 타당하므로, 수입제한 품목인 양파씨앗 2,000리터를 반입한 후 수입자유품목인 부추씨앗 2,000리터를 수입하는 것처럼 신고하여 수입 면허를 받아 통관하였다면 양파씨앗과 부추씨앗은 동종의 백합과에 속하는 씨앗이라도 하나는 수입제한품목이고 다른 하나는 수입자유품목으로서 수입면허 부여의 요건이 상이하여 동일성 있는 물품이라고 보기 어려우므로 위 양파씨앗의 수입행위는 무면허수입죄에 해당한다.

【대법원 1983.12.13, 83도2278】상치씨앗은 채소종자이고 잔디씨앗은 목초종자로써 식물분류상 같은 과에 속하지 아니하므로, 수입제한품목인 상치씨앗을 수입자동품목인 잔디씨앗으로 위장하여 수

입할 목적으로 그 수입신고서에 기재한 잔디씨앗은 피고인이 수입하려는 상치씨앗과는 동일성이 없어 이 사건 수입면허의 효력은 상치 씨앗에는 미치지 아니하므로 피고인의 소위는 무면허수입미수죄에 해당한다.

【대법원 1983.9.27, 83도1725】 농수산부장관의 추천품목인 신선마늘은 수입제한품목에 해당하는 것으로 수입자동승인품목인 염장마늘과는 그 동일성을 인정할 수 없다 할 것이므로 염장마늘만에 대하여 수입신고하고 염장되지 않은 신선마늘을 혼합수입한 소위는 무면허수입죄를 구성한다.

【대법원 1980.8.19, 80도1478】 금괴를 밀수하기 위하여 자금을 공동으로 출자하였다면 공모범의 성질상 자기의 투자분에 대해서만 책임을 지는 것이 아니라 공동목적을 위하여 투자된 전액에 대하여 각자 책임을 져야하는 것이므로 원심이 피고인들에게 투자된 전액을 기준으로 벌금액을 병과하였음은 정당하다.

【대법원 1978.6.27, 78도925】 대외지급수단의 수출입행위는 오직 외국환관리법의 규정에 따라 규율되어야 하므로 일본국 화폐를 수입하려 한 행위에 대하여 외국환관리법령에 의하여 처단함은 별론으로 하고 관세법은 적용될 수 없다.

【대법원 1970.9.29, 70도1360】 국민인 비거주자(재일교포)가 일본화폐를 휴대 귀국한 행위는 관세법으로 의율할 수 없고 외국환관리법령에 의하여 처단된다.

【대법원 1960.2.17, 4292형상834】 수입금지품 수입죄는 그 수입금지품을 대한민국 영역 내에 반입한 때에 범죄행위는 완료되고 수입신고 유무는 관계없다.

【헌법재판소 2013.10.24, 2012헌바85 전원재판부】 1. 통관절차에 있어서 수입신고는 통관의 핵심적인 요소로서 수입신고를 하지 않은 행위는 단순한 행정절차상 신고의무의 해태 또는 지연에 불과한 것이라고 할 수 없다. 수입신고가 이루어지지 않으면 해당 물품의 국내반입을 파악할 방법이 없고 통관절차의 진행도 불가능하기 때문에, 수입신고 자체를 하지 않는 밀수 행위는 관세 행정의 기본적인 체제를 무너뜨리는 범죄라 할 것이므로, 이를 엄정히 처벌할 필요가 있다. 이처럼 무신고수입행위는 관세법상의 가장 기본적이고도 핵심적인 요소를 결하여 통관질서의 적정이라는 보호법익을 침해한다는 점에서 죄질이 무겁고 비난가능성이 크다는 점을 고려하여, 입법자는 무신고수입행위에 대하여 관세포탈죄보다 중한 형으로 처벌하도록 규정한 것이므로 그 합리성을 인정할 수 있다. 그리고 무신고수입행위에 대한 처벌조항은 그 법정형의 폭이 넓게 규정되어 있어, 법관이 구체적인 사안에 따라, 특히 관세포탈까지 나아가지 아니한 경우 등에는 양형재량을 통하여 적정을 기하는 등 행위의 개별성에 맞추어 책임에 알맞은 형을 선고할 수 있으므로, 지나치게 과중한 형벌을 규정하고 있다고 할 수 없다.

2. 또한 무신고수입 행위에 대하여 임의적 몰수·추징만이 가능하다고 한다면, 관세법을 위반한 물품의 유통을 억제하고 일반 예방적 차원에서 이를 엄하게 징벌하려고 하는 관세법의 입법 목적 자체를 달성하기 어려우므로, 이에 대해서 필요적 몰수·추징이 필요하다.

3. 그리고 수입물품에 대한 신고가 이루어지지 않으면 해당 물품의 국내반입을 파악할 방법이 없고 그로 인하여 국내의 유통질서를 왜곡시키는 등 통관질서 및 국민경제질서의 적정을 심히 해할 수 있는데, 이러한 결과는 수입물품이 유세품인지 무세품인지 여부에 따라 달라지는 것이 아니다. 통

관질서의 적정을 해하였다는 점에서 유세품에 대한 무신고수입행위나 무세품에 대한 무신고수입행위는 죄질과 비난가능성의 정도가 다르지 아니하므로, 유세품인지 무세품인지 여부를 따지지 아니하고 동일한 법정형으로 규정해 놓은 데에는 합리적인 이유가 있다. 따라서 이 사건 법률조항들이 유세품, 무세품의 구별 없이 모든 수입품에 대한 무신고수입행위를 동일하게 처벌하고 있다고 하여 평등원칙에 위반된다고 할 수 없다.
4. 나아가 무신고수입죄는 관세법 제276조 제1항 제4호의 허위신고죄와 관세법 제270조 제1항 제1호의 관세포탈죄와는 주된 보호법익 및 죄질을 달리하고 있으므로, 무신고수입행위로 인하여 관세를 포탈하였는지 여부에 따라 법정형을 구별하여 규정하지 않았다고 하여 허위신고죄 및 관세포탈죄와의 관계에서 이 사건 법률조항들이 형벌체계의 균형성을 상실하였다거나 평등원칙에 반한다고 할 수 없다. * 청구인들은 '관세가 무세인 컴퓨터 소프트웨어 프로그램을 우편물로 수입하면서 정식의 수입신고를 하지 않고 반입하였다'는 범죄사실로 각 벌금 및 추징을 선고받고, 수입신고를 하지 않고 물품을 수입한 행위에 대해서 그로 인해 관세포탈이 있는지 여부를 묻지 않고 일률적으로 처벌하는 것은 형벌과 책임의 비례원칙 등에 반한다고 주장하며 위헌법률심판제청신청을 하였으나 기각되자 헌법소원심판을 청구한 사례이다.

【헌법재판소 2012.4.24, 2010헌바363】 관세법의 입법목적과 수입통관절차에서의 수입신고의 중요성, 수입신고의 확보라는 이 사건 법률조항들의 입법목적, 이 사건 처벌조항이 그 법정형의 폭을 넓게 규정하여 법관이 구체적 사건의 내용에 따라 특히 관세포탈이 없는 경우 등에는 양형재량권을 행사하도록 규정하고 있는 점, 관세법상 몰수·추징의 징벌적 특성과 부가형적인 성질 등을 종합적으로 고려하여 보면, 해당 수입물품과 다른 물품으로 신고하여 수입한 경우 5년 이하의 징역 또는 관세액의 10배와 물품원가 중 높은 금액 이하의 벌금형에 처하도록 하고, 필요적으로 몰수·추징하도록 규정한 이 사건 법률조항들이 헌법상의 평등 및 비례원칙에 위배된다고 보기 어렵다. * 청구인들은 식품의약품안전청장의 허가를 받아야 하는 수술용 재료인 인체힘줄 Bone Tendon Bone을 수입하면서 허가를 받지 않아도 되는 인체뼈 가공제품 DMB Paste를 수입하는 것처럼 세관장에게 신고하였다가 '해당 수입물품과 다른 물품으로 신고하여 수입하였다'는 범죄사실로 관세법위반죄로 기소되어 관세법 제269조 제2항 제2호, 제282조 제2항 본문 제3항에 의하여 벌금형 및 추징형을 선고받고 상고심 계속 중 헌법소원심판을 청구한 사례이다.

제270조【관세포탈죄 등】 ① 제241조 제1항·제2항 또는 제244조 제1항에 따른 수입신고를 한 자(제19조 제5항 제1호 다목에 따른 구매대행업자를 포함한다) 중 다음 각 호의 어느 하나에 해당하는 자는 3년 이하의 징역 또는 포탈한 관세액의 5배와 물품원가 중 높은 금액 이하에 상당하는 벌금에 처한다. 이 경우 제1호의 물품원가는 전체 물품 중 포탈한 세액의 전체 세액에 대한 비율에 해당하는 물품만의 원가로 한다.
1. 세액결정에 영향을 미치기 위하여 과세가격 또는 관세율 등을 거짓으로 신고하거나 신고하지 아니하고 수입한 자(제19조 제5항 제1호 다목에 따른 구매대행업자를 포함한다)

2. 세액결정에 영향을 미치기 위하여 거짓으로 서류를 갖추어 제86조 제1항·제3항에 따른 사전심사·재심사 및 제87조 제3항에 따른 재심사를 신청한 자
3. 법령에 따라 수입이 제한된 사항을 회피할 목적으로 부분품으로 수입하거나 주요 특성을 갖춘 미완성·불완전한 물품이나 완제품을 부분품으로 분할하여 수입한 자

해 설

조세포탈범은 국가의 재정권을 침해하는 범죄로서 사기 기타 부정한 방법으로 헌법상 국민의 기본적 의무인 납세의무를 면탈하는 것이라는 점에서 반사회적·반윤리적 범죄로 평가되고 있다. 이외에도 국가의 복지비용이 증가하는 추세에 따라 조세의 중요성이 더욱 부각되고 있고 국민의 담세율과 담세액이 점차 증대되는 점에서 관세포탈은 단순히 국가의 재정 감소만 초래하는데 그치는 것이 아니라 관세부과를 통하여 국가가 달성하고자 하는 다양한 정책적 목적을 저해하는 범죄로 볼 수 있다.

본 죄의 성립요건은 세액에 영향을 미치기 위해 수입이 제한된 사항을 회피하기 위한 인식과 의욕, 즉 목적의식이 있어야 한다. 세액결정에 영향을 미치기 위하여 관세 등을 적게 납부하려는 의도를 가지고 과세가격이나 관세율을 허위로 신고하거나 신고하지 아니한 경우는 관세포탈죄에 해당되며, 이를 허위세액신고수입이라 한다.

과거에는 관세가 부과되는 수입물품을 세관장에게 신고하지 않고 수입하는 행위가 관세포탈죄와 무면허수입죄에 동시에 해당하였다. 이에 대법원은 양죄간 법조경합의 흡수관계로 보고 관세포탈죄가 성립하며 무면허수입죄는 이에 흡수되어 따로 성립되지 않는다고 보았다. 그러나 1996.12.30. 개정 관세법에서 관세포탈죄와 별개의 구성요건으로 밀수출입죄를 신설하고 관세포탈죄에 해당하는 물품의 몰수규정도 삭제하였다. 또한 관세포탈죄 등의 주체를 "수입신고를 한 자"로 한정하여 유세품을 수입신고를 하지 않고 수입한 경우 무신고수입죄만 성립하고 관세포탈죄는 성립하지 않도록 하였다.

관세포탈죄는 자신이 납부하여야 할 관세를 포탈한 자를 말하는 것이며 실제로 관세를 포탈하는 행위를 한 자를 말하는 것이 아니다. 관세포탈죄는 화주 등 관세를 납부할 의무가 있는 자만이 그 범죄의 주체가 될 수 있는 신분범으로서 그러한 신분이 없는 자는 신분자의 범죄를 가공한 경우에 한하여 관세포탈죄의 공범으로서 처벌할 수 있을 뿐이다. 여기서 "수입신고를 한 자"는 해당물품을 실제로 수입하는 화주(수입한 물품의 실제 소유자), 즉 실제의 납세의무자를 의미한다.

품목분류가 변경됨에 따라 세율이 변경되고 이 변경된 세율의 적용에 관하여 논란이 거듭되어 왔었다. 2006.3.24. 개정 관세법에서는 사전심사 변경의 효력을 원칙적으로 고시일 이후로 정하고 있어 일차적인 논란은 해소되었으나 고의성을 가지고 사전심사를 신청하거나 중대

한 착오가 있어 품목분류에 잘못이 있는 경우에 대처 방법이 미흡한 실정이었다. 그러나 본조에 근거하여 허위의 서류를 가지고 사전심사를 신청한 경우에는 이를 관세포탈죄 등으로 처벌할 수 있다. 법 제86조 제1항은 품목분류 사전심사에 관한 규정이다.

수입제한을 회피하기 위하여 부분품, 미완성, 불완전한 물품이나 혹은 분할하여 신고한 경우를 허위분할신고수입이라 한다. 관세청 예규에 의하면 부분품은 물품 주체를 구성하는데 직접 필요한 부분이 되도록 만들어진 물품을 말하며, 부속품은 부수적으로 그 주체의 사용상 편리한 물품을 말한다. 'Standard Accessory'는 표준부속품, 'Spare Part'는 부분품으로 예비품을 말한다.[9] 허위세액신고 수입, 허위분할신고 수입 행위에 해당되면 3년 이하의 징역이나 포탈관세액의 5배와 물품원가 중 높은 금액 이하에 상당하는 벌금에 처한다.

2019.12.31. 법 개정시 구매대행업자에 대한 본 조 적용에 관한 규정을 추가하였다. 구매대행업자의 경우 일반적인 관세포탈 요건에 추가 요건을 충족하여야 범죄의 구성요건을 충족하게 된다.

【대법원 2016.10.27, 2014도16271】 관세포탈죄는 포탈세액이 구체적으로 계산되어 확정될 수 있어야 하는데, 장부 기타 증빙서류를 허위작성하거나 이를 은닉하는 등의 방법으로 실제 거래가격을 줄이거나 신고하지 아니함으로써 관세를 포탈한 경우, 포탈세액의 계산기초가 되는 수입물품의 대가로서 구매자가 실제 지급하였거나 지급하여야 할 가격을 인정할 확실한 증거를 요한다고 고집할 수는 없다. 따라서 이러한 경우에는 일반적으로 용인될 수 있는 객관적, 합리적인 방법으로서 제31조 내지 제35조를 순차적으로 적용하여 포탈세액을 추정하는 방법도 허용되고, 추정계산의 기초가 되는 거래가격 또는 비용의 증명책임은 검사에게 있다.

【대법원 2016.7.14, 2013도8382】 수입신고를 하면서 수입물품의 구입가격을 사실대로 신고하였다면, 그 과세가격의 결정에 가산·조정하는 요소인 운임 등에 관하여 사실과 달리 신고한 부분이 있다고 하더라도 이를 법 제270조 제1항 제1호에 따라 허위신고죄로 처벌할 수는 없다.

【대법원 2005.7.15, 2005도2520】 수입업자인 피고인이 수입신고를 함에 있어 수입업자가 운임을 부담하는 본선인도가격조건(FOB)이 아니라 수출업자가 운임을 부담하는 운임포함가격조건(C&F)으로 수입가격을 신고하였다고 하더라도 실제로는 사실상 본선인도가격조건(FOB)에 불과하여 수입업자가 그와 별도로 그 운임을 실질적으로 부담하기로 한 사실이 인정되는 경우 세액결정에 영향을 미치기 위하여 그 운임 상당액을 고의로 누락하고 저가로 신고하였다면 다른 특별한 사정이 없는 한 그 운임 상당액에 부과될 관세를 포탈한 것으로 보아야 할 것이다.

【대법원 2002.5.10, 2000도1773】 공소사실은 검사가 입증하여야 하는 것으로서, 그 입증은 법관으로 하여금 합리적인 의심을 할 여지가 없을 정도의 확신을 생기게 하는 증명력을 가진 엄격한 증거에

9) 부속품은 그 자체로서는 필수적이지 않지만 편의성과 효율성을 더해 주는 물건으로서 카메라삼각대, 자전거 짐선반 등을 예로 들 수 있으며 부분품은 그 자체만으로는 용도에 사용할 수 없고 타 물품에 필수불가결한 구성 요소이다.

의하여야 하는 것이고, 이와 같은 증거가 없다면 설령 피고인에게 유죄의 의심이 간다 하더라도 피고인의 이익으로 판단할 수밖에 없다 할 것이므로, 수입업자가 수입신고를 함에 있어 수입가격을 본선인도가격(FOB)이 아니라 수출업자가 운임을 부담하는 운임포함가격(CFR)으로 신고하였으나 그 운임을 수입업자가 지급한 사실이 인정되는 경우에, 수출업자를 위하여 그 운임을 대신 지급한 것에 불과하다는 점을 제대로 입증하지 못한다면 일응 수입업자가 그 운임의 부담자이고, 따라서 수입업자가 운임 상당액을 누락하고 수입가격을 신고하여 관세를 포탈한 것이라고 추단할 수 있겠지만, 그렇지 아니하고 수출업자를 위하여 수입업자가 그 운임을 대신 지급한 것이라는 점에 부합하는 자료가 있다면 특단의 사정이 없는 한 함부로 수입업자가 운임 상당액을 누락하고 수입가격을 신고하여 관세를 포탈한 것이라고 인정할 수는 없다.

【대법원 2000.11.10, 99도782】 관세는 신고납부방식의 조세로서 납부의무자가 수입물품의 수입신고를 할 때마다 1개의 납세의무가 확정된다 할 것인바, 관세포탈죄는 수입물품에 대한 정당한 관세의 확보를 그 보호법익으로 하는 것이므로, 수입물품의 수입신고를 하면서 과세가격 또는 관세율 등을 허위로 신고하여 수입하는 경우에는 그 수입신고시마다 해당 수입물품에 대한 정당한 관세의 확보라는 법익이 침해되어 별도로 구성요건이 충족되는 것이므로 각각의 허위 수입신고시마다 1개의 죄가 성립한다.

【대법원 1998.9.25, 98도2111】 개정 관세법은 조문체계를 바꿈과 동시에 관세포탈죄를 유형별로 세분화하고 그에 대한 법정형을 각기 달리 정하는 한편 법정형도 대폭 낮추는 것으로 전면 개정되었으나 관세포탈죄의 가중처벌규정인 「특정범죄 가중처벌 등에 관한 법률」 제6조 제2항은 개정되지 아니하였고, 다만 개정 관세법 부칙 제8조에 "다른 법령에서 종전의 규정을 인용한 경우에 이 법 중 그에 해당하는 규정이 있는 때에는 이 법의 해당규정을 인용한 것으로 한다."라는 규정을 두었는바, 이는 관세법이 위와 같이 개정된 것과 무관하게 죄질이 무거운 이들 행위에 대하여는 동일한 처벌을 하려는 데 그 목적이 있다고 해석함이 상당하므로, 관세법 개정 후의 관세포탈예비범행에 대하여 구 「특정범죄 가중처벌 등에 관한 법률」을 적용하지 아니한 원심판결은 위법하다.

【대법원 1997.9.26, 97도1267】 [1] 관세법 소정의 '사위 기타 부정한 방법'이라 함은 결과적으로 탈세를 가능하게 하는 행위로서 사회통념상 사위·부정으로 인정되는 모든 행위를 말하며 적극적 행위(작위)뿐만 아니라 소극적 행위(부작위)도 포함한다. [2] 일시수입통관증서(A.T.A.Carnet)에서 정해진 목적으로 사용할 의사가 아니라 처음부터 일시수입통관증서에서 지정된 목적 이외에 사용할 의사로서 물품을 수입한 것이라면 일시수입통관증서에서 정해진 목적은 단지 명목에 불과한 것이고 그것은 오로지 관세포탈의 수단으로 사용되었을 뿐이라고 할 것이므로, 이러한 경우에는 '사위 기타 부정한 방법'으로 관세를 포탈한 경우에 해당한다.

【대법원 1996.5.28, 96도756】 [1] "관세의 전부 또는 일부를 포탈한 자"는 자신이 납부하여야 할 관세를 포탈한 자를 말하는 것이지 실제로 관세를 포탈하는 행위를 한 자를 말한다고는 볼 수 없다. [2] 수입통관업무를 대행하여 주는 관세사 사무소의 직원은 관세를 납부할 의무가 있는 자가 아닐 뿐 아니라 그의 행위가 관세납부의무자의 관세포탈 범행에 가공한 경우도 아니므로, 관세포탈죄로 처벌할 수 없다.

【대법원 1996.5.28, 96도757】 실제 거래가격을 조작하기 위하여 다른 품목에 대한 관세를 초과 납부한 경우 해당 품목에 대하여 정당하게 납부하여야 할 관세를 포탈한 것이라면 그로써 관세포탈죄가 성립하는 것이고, 실제 거래가격을 조작하기 위하여 다른 품목에 대한 관세를 초과 납부하였다 하더라도 그 초과 납부한 관세에 상응한 액만큼 세액이 줄어드는 것으로 볼 수는 없다.

【대법원 1995.9.15, 94도2324】 수입한 자기공명전산화단층촬영기의 주요 부분품에다가 국내에서 제작된 다른 부분품들을 특별히 정밀 또는 복잡한 공정을 거치지 않고 부착하는 방법으로 이를 조립하여 완성품으로 사용할 수 있다 하더라도 자기공명전산화단층촬영기의 완제품을 수입한 것으로 볼 수 없다.

【대법원 1995.7.28, 93도1977】 수입제한품목인 완제품을 구입하면서 이를 부분품으로 분해하여 수출하도록 부탁하여 그 회사로부터 승낙을 얻고 마치 수입자동승인품목인 부품을 수입하는 것처럼 하여 세관으로부터 자동제어장치부품에 대한 수입면허를 받아 각 부분품들을 통관·반출하여 이를 수입한 다음 특별한 가공절차 없이 각 부분품을 단순조립하거나 운영 프로그램만을 장착하여 자동제어장치 완제품으로 판매하였다면, 이는 실질적으로는 그 자동제어장치 완제품을 수입하는 것과 같다.

【서울지방법원 1994.9.26, 94고합202, 366 병합】 여행자가 입국하면서 물품을 휴대하여 수입하는 경우에 있어서 관세포탈죄의 실행의 착수시기로는 세관검사장을 통하여 장외로 반출하려는 행위가 개시된 때에 본다.

【대법원 1992.12.11, 92다33169】 송금액에 해당하는 수입품에 대한 관세포탈의 범죄를 저지르기 위하여 환전상 인가를 받지 아니한 자에게 비밀송금을 위탁한 행위는 선량한 풍속 기타 사회질서에 반하는 행위로서 민법 제746조 소정의 불법원인급여에 해당한다.

【대법원 1990.8.28, 90도285】 선박의 수리사실을 알고 있었으나 수리내역 근거서류가 없어서 먼저 입항신고 절차를 신속히 마치고 선박수리에 관한 수입신고는 나중에 보완할 요량으로 수입신고를 아니한 경우 관세법 소정의 사위 기타 부정한 행위에 해당한다고는 할 수 없다.

【대법원 1990.5.8, 90도422】 선주인 피고인이 선박의 입항신고를 함에 있어서 선장으로부터 받은 해외에서의 엔진수리에 관한 메모지를 찢어버리고 신고하지 아니한 행위가 관세법 소정의 '사위 기타 부정한 방법'에 해당한다.

【대법원 1990.5.22, 89누4994】 관련된 형사재판에서 조세포탈사실이 인정된 경우에는 이를 채용할 수 없는 특별한 사정이 없는 한, 그 인정사실은 갱정결정의 유력한 증빙자료가 된다고 할 것이므로 형사확정판결을 이 사건 부과처분의 적법한 근거로 본 원심 조치는 정당하다.

【대법원 1985.11.12, 85도1905】 장식품과 온도계의 성질을 구비하고 있는 물품을 단순히 온도계로 수입신고하였다는 사실만으로는 사기 기타 부정한 방법으로 장식품과 온도계의 차액상당의 관세를 포탈하였다고 보기 어렵다.

【대법원 1985.2.26, 83도551】 구 외자도입법(1983.12.31. 법률 제3691호로 개정되기 전의 법) 제6조, 제15조 제4항에 의하여 외국인투자인가를 받은 외국인투자가가 그 인가에 따라 도입하는 자본재에 대하여는 관세가 면제되는 것이나 이 경우 관세가 면제되는 것은 위 인가액의 범위 내라고 할

것이므로 위 투자가가 물품의 실제수입가격 보다 낮은 가격으로 수입신고하여 마치 위 물품의 실제수입가격이 그 인가범위 내인 것처럼 위장신고하는 방법으로 관세면제를 받았다면 실제수입가격과 수입신고가액의 차액에 해당하는 관세를 포탈하였다고 할 것이다.

【대법원 1984.2.28, 83도2470】 "사위 기타 부정한 행위"라 함은 관세의 부과결정을 불능 또는 현저하게 곤란하게 하는 위계 기타 부정한 적극적인 행위를 말하는 것이므로 관세 등을 포탈할 목적으로 신용장, 송품장 등을 허위기재하여 과세자료를 구비함으로써 관세의 부과결정을 현저히 곤란하게 한 경우는 위에 해당한다.

【대법원 1983.11.22, 83도2224】 경화카제인은 관세율표상 세번 3907번 세율 60퍼센트에 해당되어 부산세관에서 그렇게 취급하고 있고 피고인이 그와 같은 사실을 알고 있었다고 하더라도, 서울세관에서 수입신고함에 있어서 동 세관에서 수년간 관행적으로 취급하여 온 바에 따라 이 사건 경화카제인을 세번을 3904 세율을 40으로 신고하였다면 피고인 행위는 비록 그 행위 외관에 있어 설사 어떤 위법이 있다고 할지라도 국민일반의 도의적 감정에 있어 결코 비난할 수 없는 사회상규에 반하지 않은 행위에 해당한다고 할 것이다.

【대법원 1983.3.22, 80도1591】 관세가 부과되지 않는 서적류로서 편물에 관한 전집을 수입하면서 그 부록으로 첨부된 관세가 부과되는 일제 편물바늘을 함께 들여온 경우 서적의 부록으로서 그 일부라고 생각되는 편물바늘에 대한 관세를 납부함이 없이 수입하였다 하여도 특별한 사정이 없는 한 관세를 포탈한다는 범의가 있음을 단정할 수 없을 뿐 아니라 동 서적과 부록을 포장된 대로 수입하여 통관을 마쳤다면 특별한 사정이 없는 한 사위 기타 부정한 방법이 있었다고 단정할 수 없다.

【대법원 1976.12.14, 75도2984】 금괴는 관세법 제7조 소정의 별표 관세율표에 의하면 무세품이므로 이에 대하여는 관세포탈죄가 구성되지 아니한다.

【대법원 1972.2.22, 71도2099】 세관에 대한 반입신고는 보세장치장에 물건을 입고시키기 위하여 필요한 조치로 볼 수 있을 뿐이므로 반입신고를 한 것으로써 관세포탈의 협의가 없는 자료로 삼을 수는 없다.

【대법원 1972.2.29, 71도2496】 처음부터 타용도에 사용할 의사로써 수출용 원재료로 위장 수입한 경우에는 관세포탈죄가 성립된다.

【대법원 1971.9.14, 71도1379】 보세공장 잉여물품의 불법반출은 관세포탈죄가 성립한다.

② 제241조 제1항·제2항 또는 제244조 제1항에 따른 수입신고를 한 자 중 법령에 따라 수입에 필요한 허가·승인·추천·증명 또는 그 밖의 조건을 갖추지 아니하거나 부정한 방법으로 갖추어 수입한 자는 3년 이하의 징역 또는 3천만원 이하의 벌금에 처한다.

③ 제241조 제1항 및 제2항에 따른 수출신고를 한 자 중 법령에 따라 수출에 필요한 허가·승인·추천·증명 또는 그 밖의 조건을 갖추지 아니하거나 부정한 방법으로 갖추어 수출한 자는 1년 이하의 징역 또는 2천만원 이하의 벌금에 처한다.

④ 부정한 방법으로 관세를 감면받거나 관세를 감면받은 물품에 대한 관세의 징수를 면탈한 자는 3년 이하의 징역에 처하거나, 감면받거나 면탈한 관세액의 5배 이하에 상당하는 벌금에 처한다.
⑤ 부정한 방법으로 관세를 환급받은 자는 3년 이하의 징역 또는 환급받은 세액의 5배 이하에 상당하는 벌금에 처한다. 이 경우 세관장은 부정한 방법으로 환급받은 세액을 즉시 징수한다.

해 설

제2항은 부정신고수입에 관한 규정이다. 허가 · 승인 등을 부정한 방법으로 구비하여 수입한 자는 3년 이하의 징역 또는 3천만원 이하의 벌금에 처한다. "법령에 따라"라는 규정에 대해 관세법만이 아니라 모든 실정법령(개별법령)을 포함하여 해석할 것인지에 대해 부산고등법원(2000노998)은 통관절차에서 세관장확인대상물품을 제외한 물품의 경우에는 다른 개별법령에서 그 수입에 관련 행정청의 허가 · 승인 · 추천 등이 필요한 것으로 규정되어 있고 또 그 조건을 갖추지 아니한 채 이를 수입하였다 하더라도 관세법 부정수입죄에 해당되지 않는다고 보는 것이 합리적인 해석인 것으로 판단되어 중고복사기를 안전인증을 받지 아니하고 수입하였다 하더라도 이를 두고 통관에 필요한 물품의 수입조건확인절차에서 부정한 수단을 동원하였다고 보기 어렵다고 판결한 반면, 대법원(2005도1074)은 관세법 및 대외무역법의 입법취지 및 상호관계 등에 비추어 관세법 제270조 제3항에서의 '법령'에는 대외무역법 관련 법령이 당연히 포함된다고 판결하였다.

또한 부정수출입죄는 무역관련 법령에서 요구하는 조건을 만족하지 않고 물품을 수출입하는 행위를 처벌하는 것으로서 법령 적용범위가 관세법에 그치지 않고 개별법령에서도 처벌대상이 된다. 판례는 부정한 방법으로 산업통상자원부 장관의 수입승인을 받아 세관장에게 수출통관한 경우 관할관청이 서로 다를 뿐만 아니라 각 법률의 입법목적이나 보호법익이 서로 차이가 있으므로 관세법 위반죄와 대외무역법 위반죄가 별도로 성립된다고 한다.

제3항은 부정신고수출에 관한 규정이다. 수출에 필요한 허가 · 승인 · 추천 · 증명 기타 조건을 구비하지 아니하거나 부정한 방법으로 구비하여 수출한 자는 1년 이하의 징역 또는 2천만원 이하의 벌금에 처한다.

제4항은 부정감면에 관한 규정이다. 국내산업발전을 위한 중요산업의 육성, 사회정책의 수행, 종교자선사업의 지원, 환경보호, 학술연구 및 국제교류의 촉진, 외교적 관례 등에 따라 수입물품이 일정한 요건을 충족하는 경우 관세면세 또는 감세대상으로 정하고 있다. 부정감면죄는 이러한 관세감면대상이 해당되지 아니하여 감면혜택을 받을 수 없음에도 불구하고 부정한 방법으로 관세를 감면받았거나 이미 감면받은 후 일정한 사유가 발생하여 세관에서 감면세액을 환수하고자 하는 경우 부정한 방법으로 이를 회피하려는 행위를 처벌하는데 있다.

부정감면은 3년 이하의 징역 또는 감면받거나 면탈한 관세액의 5배 이하에 상당하는 벌금에 해당되며, 감면의 경우는 환급의 경우처럼 환급받은 세액을 즉시 징수한다는 명문 규정은 없지만, 감면받은 세액은 범죄조사 결과 유죄로 인정되면 새로운 정상적인 통관절차를 거치는 과정에서 과세가 되므로 추징하는 것과 같은 효과를 얻는다.[10]

제5항은 부정환급에 관한 규정이다. 부정환급죄는 관세환급대상에 해당되지 않거나 요건을 갖추지 못하였음에도 불구하고 부정한 방법으로 환급을 받음으로써 국가의 재정권 수입을 침해한 행위를 처벌하는데 있다. 부정환급은 3년 이하의 징역 또는 환급받은 세액의 5배 이하에 상당하는 벌금에 해당된다. 이때 환급받은 세액은 즉시 징수한다.

【대법원 2007.5.31, 2005도1074】 [1] 관세법 및 대외무역법의 입법 취지 및 상호 관계 등에 비추어 관세법 제270조 제3항에서의 '법령'에는 대외무역법 관련 법령이 당연히 포함되므로, 등록말소절차를 거치지 아니하고 등록된 자동차를 수출하는 행위는 대외무역법 제15조에 의한 통합공고(산업자원부고시)가 규정하고 있는 수출에 필요한 허가·승인·추천·증명 기타 조건을 구비하지 아니하고 수출한 경우에 해당하여 관세법 제270조 제3항에 위반된다. [2] 관세법 제270조 제3항이 그 처벌규정 자체에서 범죄구성요건을 정하고 있고, 다만 수출에 필요한 허가·승인·추천·증명 기타 조건을 규정하는 '법령'을 다른 법령의 규정에 의하도록 하고 있으나, 대외무역 관련 업무에 종사하는 법규 수범자로서는 대외무역 관련 법령인 대외무역법 제15조 및 이 규정에 의한 통합공고(산업자원부고시) 제3조 및 제121조의 규정을 종합하여 위 통합공고에 의하여 구비하여야 하는 조건 및 이러한 조건을 구비하지 아니한 채 수출하는 경우 처벌대상이 된다는 사실을 충분히 예측할 수 있으므로, 관세법 제270조 제3항이 죄형법정주의의 명확성의 원칙에 반한다고 할 수 없다.

【대법원 2005.1.14, 2004도7028】 개별환급절차에 의한 관세부정환급죄의 경우에 환급신청을 할 수 있는 자가 관세의 환급신청을 하여 관세의 환급결정을 받을 때마다 적법한 통관절차에 의한 관세의 확보라는 법익침해가 발생하는 것이므로 같은 달에 날짜를 달리하여 여러 차례 수출신고한 물품에 대하여 일괄하여 한꺼번에 관세의 환급신청을 하여 환급결정을 받은 경우에는 수출신고별로 별도의 죄가 성립하는 것이 아니고 1회의 관세환급결정에 따라 단순 일죄가 성립한다고 할 것이다.

【대법원 2003.12.26, 2002도4550】 「수출용 원재료에 대한 관세 등 환급에 관한 특례법」은 수출용 원재료를 수입한 경우 능률적인 수출지원 등을 위하여 수입업자가 납부한 관세 등의 환급을 위한 근거와 그 요건 및 절차를 규정한 것에 불과하므로, 환급특례법 제23조에 제1항에 "사위 또는 부정한 방법으로 관세 등의 환급을 받은 자는 3년 이하의 징역 또는 세액의 5배 이하에 상당하는 벌금에 처한다."고 하여 관세법 제270조 제5항이 당연히 실효되었다고는 할 수 없고, 따라서 관세법 제270조 제5항에 규정된 죄를 범한 자에 대하여 그 환급세액에 따라 가중 처벌하는 특가법 제6조 제4항의 규정의 적용이 배제되는 것이라고 볼 수 없다.

---

10) 판례에 의하면 '사위 기타 부정한 행위'는 결과적으로 탈세를 가능하게 한 행위로서 사회통념상 사위 부정으로 인정되는 모든 행위를 말하며 적극적인 행위뿐만 아니라 소극적 행위도 포함된다고 한다. 통칙에 수입신고를 한 자에는 신고명의자인 관세사도 포함한다.

【대법원 2002.7.23, 2000도1094】 서로 다른 시기에 수회에 걸쳐 이루어진 간이정액환급절차에 의한 관세부정환급행위는 그 행위의 태양, 수법, 품목 등이 동일하다 하더라도 원칙적으로 별도로 각각 1개의 관세부정환급죄를 구성한다.

【대법원 2001.5.15, 99도1046】 관세법상 무신고수입죄 및 관세포탈죄에 있어서 서로 다른 시기에 수회에 걸쳐 이루어진 무신고수입행위 및 관세포탈행위는 그 행위의 태양, 수법, 품목 등이 동일하다 하더라도 원칙적으로 별도로 각각 1개의 무신고수입 및 관세포탈로 인한 관세법위반죄를 구성한다 할 것이고, 이와 같은 법리는 부정수입으로 인한 관세법위반죄에 있어서도 마찬가지이다.

【부산고등법원 2001.4.12, 2000노998】 세관장의 수입조건 확인대상물품으로 특별히 지정되지 아니하고 구 전기용품안전관리법상의 형식승인 대상으로만 되어 있는 중고복사기를 형식승인 없이 판매한 행위는 구 관세법 제180조 제2항의 부정수입죄를 구성하지 아니하고 구 전기용품안전관리법상에 의거 처단하면 족하다.

【대법원 2001.1.19, 99도2488】 주류를 수입하면서 통합공고 품목별수입요령에 의한 제한조건인 주류수입업 면허를 사위 기타 부정한 방법으로 구비하여 수입승인을 받아 이를 세관장에게 신고하여 수입한 경우, 관세법상 부정수입죄에 해당한다.

【대법원 2000.2.11, 98도2761】 2인승용 물놀이 보트를 수입하기 위하여 안전검사를 실시하였으나 정원수가 1.8인으로 측정되자 1인승으로 카탈로그를 수정한 후 1인승으로 안전검사를 받아 수입한 경우, '사위 기타 부정한 방법'에 의한 수입이라고 볼 수 없다.

【대법원 2000.2.8, 99도3190】 군수품확인서 대신 국방부조달본부와의 사이에 체결된 물품구매계약서를 첨부하여 세관에 제출하고, 정부의 위탁을 받아 수입을 대행하는 자가 관세의 면제를 받고자 할 때에는 정부의 위탁을 받아 수입한다는 것을 해당 수요기관이 확인한 서류를 관세면제신청서에 첨부하도록 규정하고 있는데 피고인은 관세면제신청서에 위와 같은 서류를 첨부하지 아니한 사실, 또한 피고인의 이 사건 관세면제신청서에는 위탁수입확인서도 첨부되어 있지 아니하였으므로, 담당 세관공무원이 그와 같은 점에 대하여 조금만 주의를 기울여 심사하였더라면, 이 사건 관세면제신청이 인용될 수 없다고 쉽게 판정할 수 있었을 것임에도 불구하고, 담당 공무원이 위와 같은 법규정의 해석을 그르쳤거나 업무를 제대로 수행하지 아니한 과실로 인하여 이 사건 관세면제처분을 한 것으로 보이므로, 피고인의 이 사건 관세면제신청은 이 사건 수입품을 관세법 소정의 관세면제 대상으로 오인하여 필요한 서류도 제대로 구비하지 못한 채 한 것으로 평가함이 상당할 뿐 사회통념상 사위 또는 부정한 행위라고 할 수는 없다.

【대법원 1997.10.10, 97도1690】 지방질 분해와 피부의 노폐물 배출을 촉진하여 살을 빼는 작용이 있는 해조감비비누를 수입하면서 상품명에서 비만증을 치료하는 어감을 지닌 "감비(減肥)"라는 문구를 삭제함과 아울러 보건복지부장관의 허가를 받아야 할 관세율표상 품목번호 3401.11-1000호의 약용비누로 수입신고하는 대신 그러한 허가가 필요 없는 품목번호 3401.11-1000호의 기타비누로 신고한 것은 수입할 당시 관세법위반의 고의가 있다

【대법원 1995.12.26, 95도2172】 [1] 구 관세법 소정의 수출입면허는 수출입 신고가 있는 경우에 세관장이 수출입신고자에 대하여 보세구역에 반입한 물품에 대한 일반적 수출입금지를 해제하는 대

물적 허가의 성질을 띤 처분으로서, 그 면허의 대상은 수출입신고서에 기재된 물품 또는 이와 동일성이 인정되는 물품이므로, 무면허수출입죄가 성립되기 위하여는 수출입신고자가 실제로 보세구역에 반입한 물품과 동일성이 없는 다른 물품을 수출입신고서에 허위 기재하여 그 신고대로 면허를 받고 그 반입 물품을 통관한 경우에 성립되는 것이고 수입신고서에 기재한 물품과 보세구역에 반입한 물품이 동일하고 다만 법령이 정한 허가·승인·추천·원산지증명 기타 조건을 사위 기타 부정한 방법으로 구비하여 수출입면허를 받은 경우에는 그 수입면허가 당연무효로 되지 않는 한 소정의 부정수출입죄를 구성할 뿐이다. [2] 전기용품안전관리법 제9조 소정의 공업진흥청장의 형식승인은 어떤 특정한 전기용품이 전기용품안전관리법상의 기술기준을 구비하였는지의 여부를 심사하는데 그 목적이 있다 할 것이어서 그 형식승인서에 기재된 사항이 물건의 동일성 여부에 대한 판단에 영향을 미칠 수 없다. [3] 부정한 방법으로 수입면허를 받기 위하여 실제 수입하고자 하는 전기축음기의 정격전압과 일치하지 아니하는 내용의 형식승인서를 발급받아 수입신고서에 첨부하였고 또 그러한 내용을 알고 있는 세관의 공무원에게 부정한 청탁을 하고 수입면허를 받았다고 하더라도, 그와 같은 점만으로는 하자가 중대하고도 명백하여 그 수입면허가 당연무효로 된다고 볼 수 없다.

【대법원 1995.7.25, 95도391】「수출용 원재료에 대한 관세 등 환급에 관한 특례법」 제2조 제6항에서 정하는 관세의 '상계'라 함은 수출용 원재료를 수입하면서 일정한 기간 내에 수출용 원재료를 다시 수출 등의 용도에 제공할 것을 조건으로 수출용 원재료에 대하여 징수할 관세에 대하여 세관장으로부터 납세고지의 유예를 받았다가 위 조건에 따라 수출용 원재료를 수출 등의 용도에 제공한 때에 납세고지유예를 받은 관세 등과 관세 등의 납부를 유예받지 아니하고 납부하였더라면 환급하여야 할 관세 등을 상계하는 것인바, 이는 수출용 원재료의 수입이 관세 부과의 대상이 되는 것이나 그에 대한 관세의 납부의무를 유예하였다가 면제하는 것으로 확정하는 제도로서 관세의 면제에 해당한다. 상계신청서에 첨부하여 이미 사용한 수출면장을 상계신청시 중복사용함으로써 수출실적이 없는데도 수출실적이 있는 것처럼 가장하는 방법으로 부정하게 관세의 상계를 받은 행위는 관세의 부정감면죄에 해당된다.

【대법원 1995.1.24, 94도2787】 이미 부정한 방법으로 수입승인을 얻어 내어 수입면허를 받은 물품에 대하여 사후에 그 수입승인조건에 변경이 있다 하여 범죄 후 형의 폐지나 변경에 해당한다고 볼 수 없다.

【대법원 1994.4.12, 94도221】 유해화학물질관리법 신고대상에서 제외되는 화학물질에 관한 환경처 고시의 변경이, 법률이념의 변천으로 종래의 규정에 따른 처벌 자체가 부당하다는 반성적 고려에서 비롯된 것이라기보다는 통관절차의 간소화와 통관업무부담의 경감 등 그때 그때의 특수한 필요에 대처하기 위한 조치에 따른 것이므로, 고시가 변경되기 이전에 범하여진 위반행위에 대한 가벌성이 소멸되는 것은 아니다.

【대법원 1994.1.11, 93도3155】 시멘트에 대한 수입승인을 받고 교부받은 업자용 수입승인서의 표제 중 "업자용"을 "세관용"으로 변조하여 이를 세관장에게 제출하여 수입신고를 한 결과 수입면허를 받았더라도 위 행위는 "법령이 정하는 승인 기타 조건을 사위 기타 부정한 방법으로 구비한 경우"에 해당한다고 볼 수 없다.

【대법원 1993.6.22, 91도3346】 부정한 방법으로 상공부장관의 수입 승인을 얻고 나아가 이를 신고하여 세관장의 수입 면허까지 받은 경우에는 대외무역법 해당죄 외에 별도로 관세법 해당죄가 적용되고 두 죄는 실체적 경합범의 관계에 있다.

【대법원 1991.9.13, 91도1471】 위조한 농업협동조합중앙회장 명의의 수입추천서를 이용하여 상공부장관의 수입승인을 받아 물품을 수입한 후, 정당하게 수입승인을 받은 것인 양 세관장에게 수입신고를 하여 수입면허를 받음으로써 완료된 관세법 위반죄의 실행의 착수시기는 세관장에 대한 수입신고시라고 할 것이다.

【대법원 1990.11.13, 90도2024】 허위 기타 부정한 방법으로 관세를 환급받은 자에 대하여도 「특정범죄 가중처벌 등에 관한 법률」을 적용할 수 있다고 해석되고, 동법에 "포탈한 세액"에 따라 차등을 두어 가중처벌하도록 규정되었다 하여 그 "포탈세액"에 관세법 소정의 환급세액이 포함되지 않는다고 할 수 없다.

【대법원 1985.4.9, 85도225】 외국으로부터 물품을 수입함에 있어 관세의 면제대상자가 수입하는 양 가장하여 수입하고 관세를 면제받고 통관한 이상 사위의 방법으로 관세를 포탈하였다 할 것이고, 설사 수입후 일정기간 경과시에 "관세면세대상자"로부터 형식상 위 승용차를 양도받고 그때에 소정의 관세를 납부할 의사가 있다 하여도 관세포탈죄의 성립에는 아무런 소장이 없다.

【대법원 1980.11.11, 80도276】 피혁에 대하여 대응수출의 이행정도를 결정하는 소요량증명의 기준은 오로지 면적이고 두께나 중량은 수입원자재인 피혁과 수출품제조에 사용된 피혁의 동일성 여부를 확인하는 자료에 불과하기 때문에 수입원자재인 피혁과 수출품 제조에 사용된 피혁이 실질적으로 동일하고 그 대응수출이 전량 이행되었다면 피고인이 수입면장상의 피혁의 두께와 중량의 표시를 변조하여 관세의 환급을 받았다고 하더라도 그것만으로 사위 기타 부정한 방법으로 관세의 환급을 받은 경우라고 할 수 없다.

【대법원 1970.5.12, 70도628】 처음부터 오직 관세면제를 받아 그 물건을 지정된 목적 이외에 사용할 의사로서 당국에 가장된 수입신고를 하고 그 수입면허를 얻어 물건을 들여다가 시중에 매각처분하면 구성요건에 해당한다.

제270조의 2 【가격조작죄】 제1호에 따른 신청 또는 신고를 할 때 부당하게 재물이나 재산상 이득을 취득하거나 제3자로 하여금 이를 취득하게 할 목적으로 물품의 가격을 조작하여 신청 또는 신고한 자는 2년 이하의 징역 또는 제2호에 따른 금액 이하의 벌금에 처한다.

1. 다음 각 목의 어느 하나에 해당하는 신청 또는 신고
   가. 제38조의 2 제1항·제2항에 따른 보정신청
   나. 제38조의 3 제1항에 따른 수정신고
   다. 제241조 제1항·제2항에 따른 신고
   라. 제244조 제1항에 따른 신고
2. 다음 각 목의 금액 중 가장 높은 금액

가. 5천만원
나. 물품원가
다. 다음 1) 및 2) 간의 차액
1) 제1호 각 목의 어느 하나에 해당하는 신청 또는 신고를 한 물품가격
2) 과세가격(제241조 제1항·제2항에 따른 수출신고 또는 반송신고의 경우에는 해당 물품을 국제무역선 또는 국제무역기에 인도하는 조건으로 실제로 지급받았거나 지급받아야 할 가격으로서 최종 선적항 또는 선적지까지의 운임·보험료를 포함한 가격을 말한다)
3. 삭제
4. 삭제

해 설

법 제241조 제1항은 일반 수출입반송 신고, 제241조 제2항은 간이 신고, 제244조 제1항은 입항전수입신고에 관한 사항이다.

수출입 가격조작을 통해 여러 유형의 지능적 경제범죄가 파생되고 있다. 재산 국외도피, 역외탈세, 공공재원 편취, 주가조작, 신용장사기, 비자금 조성이 그 예이다. 특히 수출입 가격조작은 재산국외도피 등 국부유출의 주요수단으로 활용되고 있다. 미국의 불법자본유출 전문기기관 GFI(Global Financial Integrity)은 개도국에서의 불법자본유출은 2010년 약 2,790억달러에 이르며 이 중 80%가 수출입 가격조작을 통해 이루어졌다고 발표한 바 있다.

관세가 부과되지 않는 수출품 또는 FTA 확대 등에 따라 영세율이 적용되는 수입물품에 대하여 수입가격을 고가로 조작, 수입 원가를 허위로 부풀리는 수법을 통해 납품단가를 올리는 등 부당이익을 취하거나, 수출가격을 저가로 조작하여 부의 해외 이전을 위한 부당거래 등이 증가하는 추세에 놓여 있다.

그럼에도 불구하고 과거 관세법은 부당이득 목적의 가격조작에 대한 처벌조항은 없어 단순 허위신고에 대해서만 벌금형 부과가 가능하였다. 관세포탈 목적의 저가수입(관세법 제270조 제1항) 또는 탈세목적의 신고대리자 거짓신고(「조세범 처벌법」 제9조 제1항) 등 유사유형의 타 범죄는 징역형까지 처벌이 가능한 반면에 가격허위신고는 단순 허위신고로 처벌(관세법 제276조 제1항)되고 벌금형에 불과하여 부당이득이 벌금보다 큰 경우 범죄의 억제효과가 저하되었다. 이에 따라 2013.8.13. 법률 제12027호 개정을 통해 종전 관세법 제276조 제1항에 있는 규정을 폐지하고 본 조를 신설하게 되었다.

2024.12.31. 법 개정시 벌금 기준을 현행 물품원가에서 가격조작 차액으로 개정하였다. 수입 가격 조작의 피해가 가격 조작 규모와 관련이 있음에도 물품 원가를 벌금액 산정 기준으

로 사용하는 불합리성이 있었다. 물품원가와 5천만원 중 높은 금액이하의 벌금에서 신청 또는 신고한 가격과 실제 물품 가격의 차액을 비교 부과하도록 규정을 개정하였다.

【인천지방법원 2024.2.16, 2021고합924】 공급 계약상 원재료 조달에 관한 특수한 계약 조건은 거래 당사자 사이의 자유롭고 정상적인 교섭의 결과로, 거래 당사자의 고유한 거래상 필요를 반영해 체결된 계약의 내용은 존중돼야 한다. 단순히 기존 물질에 비해 가격이 고가라는 이유만으로 그 수입가격의 책정이 부당하거나 조작됐다고 단정하기는 어렵다.

【대법원 2016.10.13, 2016도8130】 수출가격을 고가로 부풀려 신고하고 신고된 가격에 의한 수출대금채권을 금융기관에 매각하거나 담보로 대출받는 등 조작된 수출가격에 의한 수출대금채권을 이용하여 금원을 편취한 것은 부당하게 재물이나 재산상 이득을 취득할 목적으로 물품의 가격을 조작하여 신고한 경우에 해당된다.

제271조 【미수범 등】 ① 그 정황을 알면서 제269조 및 제270조에 따른 행위를 교사하거나 방조한 자는 정범(正犯)에 준하여 처벌한다.
② 제268조의 2, 제269조 및 제270조의 미수범은 본죄에 준하여 처벌한다.
③ 제268조의 2, 제269조 및 제270조의 죄를 저지를 목적으로 그 예비를 한 자는 본 죄의 2분의 1을 감경하여 처벌한다.

해 설

교사범, 방조범, 예비범, 미수범에 관한 규정이다. '미수'는 범죄 실현의 의사로서 실행에 착수하여 행위를 종료하지 못하였거나 결과가 발생하지 아니한 경우를 말하며, '정범'은 자기의 범죄를 스스로 행하는 자로서, 적합한 수단을 계획적·의식적으로 조종할 의사를 가지고 구성요건실현에 이르기까지의 경과를 자신의 수중에 두고 있는 사태중심의 인물을 말하며 '공범'은 행위지배 없이 사태의 부수적 인물로서 구성요건 실현을 조성하는데 그치는 자이다. '교사'는 타인으로 하여금 범죄를 결의하여 실행하도록 하는 것을 말한다. '방조'는 정범의 범죄 실행 결의를 강화시켜 주고 조언을 한다는 점에서 교사와 구별되며 정범에 대한 행위지배 없이 실행행위를 용이하게 하는 행위로서 물질적 방법이건, 정신적 방법이건, 직접적인건, 간접적이건 가리지 아니한다. 금지품수출입, 무신고수입, 위장신고수입, 무신고수출·반송, 위장신고수출·반송, 허위세액신고수입, 허위분할신고수입, 부정신고수입, 부정신고수출, 부정감면, 부정환급 행위를 교사하거나 방조한 자는 정범에 준하여 처벌한다. 여기서 정범에 준한다는 뜻은 정범에 정한 형으로 처벌하되 종범 감경을 아니한다는 취지이다. 또한 징역과 벌금을 병과할 수 있다. 따라서 제269조 및 제270조에 해당하는 범죄는 벌금형과 징역형을 불문하고 감경을 인정하지 아니한다.

제2항은 미수범 등에 관한 규정이다. 형법상 범죄는 기수범을 기본형으로 한다. 일반적으로 범행 결의, 예비·음모, 미수, 기수, 범행 종료의 순서로 진행된다. 범행 결의단계는 형법상 처벌의 대상이 되지 않는다. 예비와 미수는 실행의 착수여부로, 미수와 기수는 범죄의 완성여부에 따라 구별된다. 전자문서위조·변조죄, 밀수출입죄, 관세포탈죄를 범할 목적의 미수범은 본죄에 준하여 처벌한다. 여기서 본죄에 준한다는 뜻도 앞서 종범감경을 인정하지 않는 것과 같이 미수감경을 아니한다는 취지이다. '미수범'이란 범죄의 실행에 착수하여 종료하지 못하였거나 결과가 발생하지 아니한 때를 말하며 원칙적으로 처벌되지 아니하나 법률에 규정이 있는 경우에 한하여 예외적으로 처벌한다. 미수를 기수에 준해서 처벌하는 것은 형사정책적인 필요에 대한 입법적인 합리적 고려에 의한 것으로서 헌법 제9조의 평등원칙에 위배된다고 할 수 없다. 관세범은 범죄의 실행에 착수하여 여러 단계의 절차를 거쳐서 범죄의 완성에 이르는 특성을 갖고 있어 범죄의 완성과 미완성의 의미가 실질적으로 큰 차이가 없기 때문에 미수범과 기수범을 구별하여 차등 처벌하는 실익이 없기 때문에 미수범을 본죄에 준하여 처벌하는 것이다.

제3항은 예비범에 대한 경감 규정이다. 제2항에 설명한 것과 같이 2010.1.1.에 신설한 조항이다. '예비'는 범죄 실행을 위한 준비행위로서 아직 실행의 착수에 이르지 아니한 일체 행위를 말한다. 예비죄가 성립하려면 고의가 있어야 하며 예비는 실행의 착수의 전 단계 행위이므로 예비죄의 미수는 있을 수 없다.[11] 2010.1.1. 관세법 개정(법률 제9910호) 예비범에 대한 처벌을 경감하기 위하여 제3항을 신설하고 처벌을 2분의 1로 하향 조정하였다. 관세범은 조직성, 전문성을 갖춘 영리범이므로 관세포탈 등을 예비한 자에 대해 처벌하는 것은 타당하나 본범과 동일하게 형량을 부과하는 것은 과도하다는 의견을 반영한 결과다.

법 제268조의 2는 전자문서위조·변조죄, 법 제269조는 밀수출입죄, 법 제270조는 관세포탈죄에 관한 조항이다.

【대법원, 2016도2696, 2016.4.29】 형사소송법 제254조 제4항에서 범죄의 일시·장소와 방법을 명시하여 공소사실을 특정하도록 한 취지는, 법원에 대하여는 심판의 대상을 한정하고 피고인에게는 방어의 범위를 특정하여 방어권 행사를 용이하게 하기 위한 데 있으므로, 공소 제기된 범죄의 성격에 비추어 공소의 원인이 된 사실을 다른 사실과 구별할 수 있을 정도로 일시·장소·방법·목적 등을 적시하여 특정하면 충분하고, 공모의 시간·장소·내용 등을 구체적으로 명시하지 아니하였다거나 일부가 다소 불명확하더라도 그와 함께 적시된 다른 사항들에 의하여 공소사실을 특정할 수 있고 피고인의 방어권 행사에 지장이 없다면, 공소사실이 특정되지 아니하였다고 할 수 없다. 그러나 공모가 공모공동정범에서의 '범죄 될 사실'인 이상, 범죄에 공동가공하여 범죄를 실현하려는 의사결합이 있었다는 것은, 실행행위에 직접 관여하지 아니한 자에게 다른 공범자의 행위에 대하여 공동정범으로서의 형사책임을 지울 수 있을 정도로 특정되어야 한다.

---

11) 서울고법 1989.9.11. 선고 89노1526 판결 참조.

【대법원 2007.6.14, 2007두6267】 [1] 형법상 방조행위는 정범이 범행을 한다는 정을 알면서 그 실행행위를 용이하게 하는 직접·간접의 행위를 말하므로, 방조범은 정범의 실행을 방조한다는 이른바 방조의 고의와 정범의 행위가 구성요건에 해당하는 행위인 점에 대한 정범의 고의가 있어야 하나, 이와 같은 고의는 내심적 사실이므로 피고인이 이를 부정하는 경우에는 사물의 성질상 고의와 상당한 관련성이 있는 간접사실을 증명하는 방법에 의하여 입증할 수밖에 없고, 이때 무엇이 상당한 관련성이 있는 간접사실에 해당할 것인가는 정상적인 경험칙에 바탕을 두고 치밀한 관찰력이나 분석력에 의하여 사실의 연결상태를 합리적으로 판단하는 외에 다른 방법이 없다고 할 것이며, 또한 방조범에 있어서 정범의 고의는 정범에 의하여 실현되는 범죄의 구체적 내용을 인식할 것을 요하는 것은 아니고 미필적 인식 또는 예견으로 족하다. [2] 금괴를 부가가치세 영세율이 적용되는 수출원자재 명목으로 구입한 후 실제로는 시중에 판매처분하고 허위로 수출신고를 하여 이를 근거로 관세를 부정환급받은 정범의 범행에 대하여, 정범이 설립한 위장수출회사의 직원인 피고인이 미필적으로나마 정범의 범행을 인식 또는 예견하고 그 실행행위를 용이하게 하였다고 볼 여지가 있다.

【대법원 2000.4.25, 99도5479】 관세법은 죄를 범할 목적으로 예비를 한 자와 미수범을 본죄에 준하여 처벌한다고 규정하고 있어서 예비나 미수를 기수와 구별할 실익이 없으므로, 동일한 기회를 이용하여 단일한 의사로 다량의 물품에 대한 밀수입의 예비를 하고 그 물품 중 일부만 양륙에 착수하였거나 일부만 양륙을 완료하였더라도 양륙의 착수나 완료 여부에 따라 물품을 나누어 예비죄, 미수죄, 기수죄의 수죄가 성립하는 것이 아니라 포괄하여 1개의 관세법위반죄가 성립한다고 보아야 하고, 이와 같은 경우에 「특정범죄 가중처벌 등에 관한 법률」 제6조 제2항을 적용할 것인지의 여부도 그 물품원가를 모두 합산하여 같은 항 각 호가 정한 금액 이상인지의 여부에 따라 이를 결정하여야 한다.

【대법원 1999.4.9, 99도424】 관세범이 국가경제에 미치는 영향이 크고, 조직성, 전문성, 지능성, 국제성을 갖춘 영리범이라는 특성을 갖고 있으며, 기수와 미수, 미수와 예비가 그 법익침해 가능성이나 위험성에 있어서 크게 차이가 없는 점 등에 비추어 관세법의 입법목적 달성 및 질서유지와 공공복리를 위하여 그 예비행위를 벌하는 규정을 두고 있는 것일 뿐이고, 합리적 근거 없이 어느 특정인을 일반 국민과 차별하거나 조세범처벌법상 조세포탈죄 등 다른 특정범죄와 차별하여 특별히 엄단하려 하는 것은 아니므로, 관세포탈예비죄에 관한 규정들은 헌법 제11조의 평등원칙이나 헌법 제10조의 기본적 인권보장의 원리에 위배된다고 할 수 없다.

【대법원 1998.4.10, 97도58】 수입금지된 선박을 편의치적의 방법에 의하여 수입하고도 단순히 수리목적 또는 운항목적의 입항한 것처럼 입항신고를 한 경우 관세포탈죄가 성립한다.

【부산고등법원 1993.8.4, 93노713】 정범이 실행의 착수에 이른 경우 그 예비행위를 방조한 자도 처벌한다.

【대법원 1993.3.23, 92도3327】 공모공동정범에 있어서의 공모는 두 사람 이상의 공동의 의사로 특정한 범죄행위를 하기 위하여 일체가 되어 서로가 다른 사람의 행위를 이용하여 각자 자기의 의사를 실행에 옮기는 것임.

【대법원 1991.5.28, 91도676】 피고인의 행위가 공소제기된 관세 등 포탈죄의 정범에는 해당하지

아니하나, 관세 등 포탈죄의 방조행위에는 해당하지만 심리과정에서 이에 관한 언급이나 공소장변경이 없는 경우 법원이 관세 등 포탈의 방조죄를 유죄로 인정하지 아니하고 관세 등 포탈의 점에 관하여만 무죄를 선고한 조치는 적법하다.

【대법원 1990.6.8, 90도707】 면허를 받지 아니하고 물품을 수입하기로 공모하여, 일본국으로부터 수입된 물품이 부산항에 반입되어 보세창고에 장치되게 한 경우 무면허수입을 예비 한 자에 해당한다.

【대법원 1990.3.14, 90노31】 동일한 선박의 승무원들이 각자 외국에서 금괴를 구입 또는 운반을 의뢰받고 그 선적 및 선내 은닉행위를 함에 있어 일부 공동으로 행위를 하거나 도와준 사실만으로 타인의 밀수행위의 공동정범으로 볼 수 없다.

【대법원 1987.9.22, 87도1635】 「특정범죄 가중처벌 등에 관한 법률」 제6조 제6항 및 관세법 규정의 "본죄에 준한다"는 의미는 본죄에 정한 형으로 처벌하되 미수감경을 하지 아니한다는 취지이다.

【대법원 1986.1.28, 85도2421】 공동정범의 주관적 성립요건인 공모는 공범자 상호간에 직접 또는 간접적으로 범죄의 공동실행에 관한 암묵적인 의사연락이 있으면 족하고 반드시 공범자들이 미리 일정한 장소에 집합하여 사전에 각자의 분담행위를 정하는 등 직접적인 모의를 하여야만 하는 것은 아니다.

【대법원 1984.12.26, 83도1988】 수입면허를 받음이 없이 보세장치장에서 물품을 무단반출하는 등 부정한 방법으로 관세를 포탈한 경우 그 포탈의 기수시기는 물품을 반출한 때이다.

【대법원 1984.7.24, 84도832】 범의를 가지고 선박을 이용하여 물품을 영해 내에 반입한 때에는 실행의 착수가 있었다고 할 것이고, 선박에 적재한 화물을 양육하는 행위 또는 그에 밀접한 행위가 있음을 요하지 아니한다고 할 것이다. * 미수죄를 인정한 사례이다.

【대법원 1984.6.26, 81도3153】 피고인이 상피고인으로부터 부정유출된 맥주를 피고인이 근무하고 있는 미8군 포장음료판매처 제6분점에서 직접 적법하게 판매된 것처럼 그곳 금전등록기에 부정유출된 맥주가액을 찍어 넣어 달라는 부탁을 받고 이를 응락하여 위 상피고인으로 하여금 안심하고 6회에 걸쳐 맥주를 부정유출한 경우 방조죄를 구성한다.

【대법원 1984.3.13, 83도3266】 피고인이 면세대상자가 아니면서 공소외인으로부터 외제차량을 구입해 달라는 부탁을 받고서 보관 중이던 면세대상자인 초청계약자(갑) 소유의 관세면세물품인 외제승용차를 금 250만원에 매수토록 해주겠다고 승락한 후 매매대금을 교부받고 소유자에게 차량대금을 제공하였으나 차를 인수받지 못한 채 발각되었다면 이는 미수에 해당하고 예비 또는 음모로 볼 것이 아니다.

【대법원 1983.8.13, 83도1496】 방조죄는 정범의 범죄에 종속하여 성립하는 것으로서 정범의 실행행위의 착수가 없는 이상 방조죄만이 독립하여 성립할 수 없다.

【대법원 1983.4.12, 82도2939】 세관직원에게 부탁하여 사위의 방법으로 밀수입하려고 외국에서 구입한 손목시계 등 물품을 가지고 왔다가 통관시켜 줄 세관직원을 찾지 못하여 이를 보세창고에 예치시킨 행위에 대하여 관세포탈미수로 인한 특정범죄 가중처벌 등에 관한 법률위반죄로 공소제기된 경우에는 위 소위가 관세포탈예비로 인한 특정범죄 가중처벌 등에 관한 법률위반죄를 구성한

다고 하더라도 검사가 공소장변경을 하지 아니한 이상 법원은 이에 관하여 심판할 수 없다.

【대법원 1982.6.22, 82도898】 수입물품을 보세구역에 반입한 자가 반입당시부터 사위 기타 부정한 방법으로 관세포탈의 의사를 가졌다 하더라도 보세구역에 반입한 사실만으로써는 관세포탈의 미수에 해당한다고 볼 수 없다.

【대법원 1982.4.13, 82도256】 「특정범죄 가중처벌 등에 관한 법률」 제6조 제6항에 의하면 관세포탈죄등을 범할 목적으로 예비한 자는 같은 법률 제6조 제1항 내지 제5항의 예에 의할 본죄에 준하여 처벌하도록 되었는바 이 경우 포탈세액은 포탈할 관세액을 말하고 밀수입하려던 물품의 원가상당액을 그에 대한 벌금형의 양정기준으로 할 수 있다.

【대법원 1980.6.24, 80도629】 피고인이 공소외인에게 일본에서 보석류 등을 숨겨서 가지고 들어오면 사주거나 팔아주겠다고 하여, 동 공소외인이 보석류를 밀수입해 와서 피고인에게 인도하고 피고인이 받아온 대금을 교부받았다면 그러한 사정만으로는 피고인이 밀수품의 취득이나 그 매각알선을 하겠다는 의사표시를 한 것으로 볼 수 있음은 별론으로 하고, 피고인이 밀수행위를 공동으로 하겠다는 공모의사를 표시한 것으로는 볼 수 없다.

【대법원 1980.1.29, 79도2663】 어느 범죄에 대해서 미수를 기수에 준해서 또는 방조범을 정범에 준해서 처벌하는 것은 그 범죄에 대한 형사정책적인 필요에 대한 입법적인 합리적 고려에 의한 것으로서 헌법 제9조의 평등의 원칙에 위배된다고 할 수 없다.

【대법원 1979.11.27, 79도2201】 예비행위의 방조범은 처벌되지 아니한다.

【대법원 1979.2.27, 78도3113】 정범의 실행행위를 확정함이 없이 방조범의 성립을 인정할 수 없다.

【광주고등법원 1977.9.9, 77노209】 관세의 전부 또는 일부를 포탈하는 행위를 방조한 자는 그 정범에 준하여 처벌하도록 되어 있으므로 법률상 감경을 할 수 없다.

【대법원 1971.8.31, 71도1204】 세관원에게 "잘 부탁한다"는 말을 하였다는 사실만으로서는 사위 기타 부정한 방법으로 관세를 포탈하는 범행의 방조행위에 해당된다든가 또는 그 범행의 실행에 착수하였다고 볼 수 없다.

【대법원 1970.11.24, 70도1813】 물품을 선적한 해운호가 대마도 남단 14마일 공해상을 항해 중에 이미 관세포탈 미수죄가 성립되는 것으로 인정한 제1심 판결은 잘못이다. 우리 영해에 들어옴과 동시에 세관당국에 수입신고할 의사를 가지고 있었고 또 실제로 수입신고까지 한 것이라면 피고인에게 관세를 포탈할 의사가 있었다 할 수 없다. * 공해상에서 여수세관 감시선의 임검을 받았으나 밀수입할 의사는 없었으며, 여수항에 도착 즉시 세관에 자진신고하였으나 세관이 신고를 받아주지 않았다고 변소한 사건이다.

【대법원 1969.8.26, 68도164】 수입물품을 보세구역에 반입한 자가 반입당시부터 관세포탈의 의사를 가졌다 하더라도 반입자체만으로는 관세포탈죄의 기수나 미수가 성립하지 아니한다.

【대법원 1957.5.10, 4290】 밀수출할 물품의 구입자금을 알선한 행위는 방조죄에 해당한다.

【대법원 1954.2.16, 4286】 외국화물을 선박에 의하여 밀수입한 경우에 그 선박의 선원들은 특단의 사정이 없는 한 그 운반품의 밀수입에 관하여 방조한 것이다.

【서울고등법원 1989.9.11, 89노1526】 예비란 범죄의 실행착수 이전의 준비행위로서 그 준비의 방법 및 태양에는 아무런 제한이 없고 각 범죄유형에 상응하여 객관적으로 그 실현에 중요한 의의를 가지거나 혹은 직접 작용한다고 인정되는 정도의 준비가 갖추어 짐으로써 성립되는 것이므로 피고인들이 구입한 보석류를 적법한 통관절차를 거치지 아니한 채 국내에 밀반입할 목적으로 비닐봉지에 나누어 넣고 스카치테이프로 밀봉한 다음 과자통에 은닉하는 등의 준비행위를 한 이상 관세포탈의 예비죄가 성립되고, 설령 그 후에 피고인들이 그 보석류를 국내에 밀반입하지 아니한 채 그 구입처에 반품하였다 하더라도 이미 완성된 예비죄에는 아무런 영향이 없다.

【헌법재판소 2019.2.28, 2016헌가13 전원재판부】 예비행위란 아직 실행의 착수조차 이르지 아니한 준비단계로서, 실질적인 법익에 대한 침해 또는 위험한 상태의 초래라는 결과가 발생한 기수와는 그 행위태양이 다르고, 법익침해가능성과 위험성도 다르므로, 이에 따른 불법성과 책임의 정도 역시 다르게 평가되어야 한다. 그럼에도 예비행위를 본죄에 준하여 처벌하도록 하고 있는 심판대상조항은 그 불법성과 책임의 정도에 비추어 지나치게 과중한 형벌을 규정하고 있는 것이다. 또한 예비행위의 위험성은 구체적인 사건에 따라 다름에도 심판대상조항에 의하면 위험성이 미약한 예비행위까지도 본죄에 준하여 처벌하도록 하고 있어 행위자의 책임을 넘어서는 형벌이 부과되는 결과가 발생한다. 나아가 관세법과'특정범죄 가중처벌 등에 관한 법률'은 관세범의 특성과 위험성에 대응할 수 있도록 여러 규정을 두어 규율하고 있으므로 관세범의 특성과 위험성에 대응하기 위하여 반드시 밀수입 예비행위를 본죄에 준하여 처벌하여야 할 필요성이 도출된다고 볼 수도 없다. 따라서 심판대상조항은 구체적 행위의 개별성과 고유성을 고려한 양형판단의 가능성을 배제하는 가혹한 형벌로서 책임과 형벌 사이의 비례성의 원칙에 위배된다.

【헌법재판소 1996.11.28, 96헌가13 전원재판부】 [1] 관세범은 재정범으로서 국가경제에 미치는 영향이 크고, 조직성, 전문성, 지능성, 국제성을 갖춘 영리범이라는 特性을 갖고 있으며, 범행의 인지, 범인의 체포 등이 극히 어렵고, 기수와 미수, 미수와 예비를 엄격히 구별하기 어려울 뿐만 아니라 법익침해가능성이나 위험성에 있어서도 크게 차이가 없으므로, 관세법 관세포탈죄 등의 예비범과 미수범을 기수범에 준하여 처벌하도록 규정한 것은 관세법의 입법목적 달성을 위하여 선택된 수단 및 방법으로서 적정하다고 인정된다. [2] 특수한 구성요건에 해당하는 행위를 특별하게 처벌하는 이유가 질서유지와 공공복리를 위하여 필요함에 있을 뿐, 합리적 근거 없이 어느 특정인을 일반국민과 차별하거나 다른 특정범죄와 차별하여 특별히 엄단하려 함에 있지 아니하므로 헌법 제11조의 평등원칙이나 헌법 제10조의 인간의 존엄성 존중원리에 반하지 아니하며 입법형성재량권의 범위를 일탈한 바가 없다. * 반대의견 : 기수 및 미수죄와 예비죄를 모두 동일한 법정형으로 처벌하는 것은 우리 형법이 예비죄를 기수·미수죄와 처벌상 구분하여 책임주의를 구현하고 있는 것과는 명백히 배치된다. 관세범의 경우에는 기수 및 미수와 예비행위와의 구분이 비록 명백하지 아니한 경우가 있다고 하더라도 이는 구성요건을 합리적이고 적정하게 해석함으로써 해결할 문제이지 이를 이유로 법규정상 미수와 예비행위의 구분을 포기하여 수범자인 국민에게 불이익이 돌아가도록 하여서는 아니 된다. 따라서 관세법위반의 예비죄를 본죄에 준하여 처벌하도록 규정한 이 사건 법률조항은 평등의 원칙과 적법절차의 원칙 및 기본권 제한에 관한 과잉금지의 원칙에 위반된다.

제272조【밀수 전용 운반기구의 몰수】 제269조의 죄에 전용(專用)되는 선박·자동차나 그 밖의 운반기구는 그 소유자가 범죄에 사용된다는 정황을 알고 있고, 다음 각 호의 어느 하나에 해당하는 경우에는 몰수한다.

1. 범죄물품을 적재하거나 적재하려고 한 경우
2. 검거를 기피하기 위하여 권한 있는 공무원의 정지명령을 받고도 정지하지 아니하거나 적재된 범죄물품을 해상에서 투기·파괴 또는 훼손한 경우
3. 범죄물품을 해상에서 인수 또는 취득하거나 인수 또는 취득하려고 한 경우
4. 범죄물품을 운반한 경우

해 설

금지품수출입, 무신고수입, 무신고수출·반송, 위장신고수입, 위장신고수출·반송에 전용되는 운반 기구를 밀수전용 운반기구라 한다. '밀수전용'이란 당초부터 밀수품만을 운반하기 위해 제작이나 취득된 것이 아니라 주로 밀수에 사용한 운반용구로 해석한다. 구체적으로는 범죄에 사용한 회수, 범인과의 관계, 특수한 시설 유무, 타 물품의 적재유무 등을 종합적으로 고려해서 판단하여야 한다. 밀수전용 운반기구는 범죄물품 적재와 관련되거나, 정지명령을 어기거나, 해상에서 범죄물품을 투기하는 등 행위를 하거나, 해상에서 범죄물품을 인취한 경우, 범죄물품을 운반한 때에는 그 소유자가 이 운반 기구를 범죄에 사용되는 것을 알고 있는 경우 몰수한다. 몰수는 재산형의 일종으로 범죄 반복을 예방하고 범죄에 의해 이득을 취하는 것을 금지할 것을 목적으로 몰수 대상품의 소유권을 박탈하는 것을 말한다.

밀수전용 운반기구의 몰수, 범죄공용물품 몰수 등은 종전에는 법 제179조나 제180조에 해당되는 범죄에 관련될 때 이를 몰수하였으나, 1998.12.28. 관세법 개정(법률 제5583호)시 법 제179조에 해당되는 경우로 그 범위를 축소하였다.

제정 관세법에서는 밀수전용운반구를 범죄공용물품의 몰수규정에 같이 규정하고 있었으나, 그 후 판례 등 사례를 거쳐서 현재와 같은 2개 조문으로 나누어 규정되었다. 승무원이 밀수한 경우 그 무역선이나 항공기를 밀수전용운반구라고 할 수 없고, 몰수규정도 누구의 소유이든 몰수하는 규정은 지나치게 엄한 처벌 규정이라는 의견을 수용한 결과이다. 법 제269조는 밀수출입죄에 관한 조항이다.

【대법원 1999.12.10, 99도3478】 밀수전용의 선박·자동차 기타 운반기구가 몰수대상이 되는지의 여부를 판단함에 있어 해당 운반기구가 누구의 소유에 속하는가 하는 것은 그 공부상의 명의 여하에 불구하고 권리의 실질적인 귀속관계에 따라 판단하여야 한다.

【대법원 1970.4.14, 70다328】 밀수행위에 공여된 선박에 대하여 본법위반 형사피고사건에서 선고된 몰수의 효력은 몰수의 원인사실에 관하여 유죄판결을 받은 피고인에게 대하여서만 발생하고 그

형사판결을 받지 아니한 선박소유자에게 미치지 아니한다.

【대법원 1967.12.26, 67모61】 압수된 선박이 가사 관세법에 의하여 장차 필요적으로 몰수되어야 할 성질의 물건이라 할지라도 법원이 반드시 그것을 압수할 필요가 없다고 보고 압수처분을 취소하였다 하여 위법이라 할 수 없다.

【대법원 1967.9.5, 67다1366】 밀수품 운반용에 사용된 차량이 몰수된 경우에도 원고가 본건 차량이 밀수품운반용에 사용된다는 점을 알았다고 인정되지 아니하는 본건에 있어서 몰수판결의 효력은 유죄판결을 받은 피고인 이외자에 대하여 미치지 않으므로 피고인이 아닌 소유자의 몰수차량에 대한 권리행사를 함에는 아무런 영향을 줄 수 없다.

【대법원 1966.12.27, 66다1703】 관세법위반 피고사건의 판결에서 원고소유 본건 선박을 소외인으로 부터 몰수한다는 판결이 확정되었다 하더라도 그 몰수판결의 효력은 몰수의 원인이 된 사실에 관하여 유죄의 판결을 받은 피고인인 동 소외인에게 대하여 발생할 뿐 그 형사사건의 피고인도 아니고 그 사건에 있어서 방어의 기회도 가질 수 없었던 몰수선박소유자인 본건 원고에게까지 그 효력이 미칠 수 없다.

【대법원 1966.12.20, 66다2080】 선박몰수판결의 효력은 몰수의 원인이 된 사실에 관하여 유죄의 판결을 받은 피고인에 대해서만 발생할 뿐이고 몰수선박 소유자에게까지 그 효력이 미칠 수는 없다고 봄이 상당하다.

【대법원 1965.2.23, 64도653】 몰수가 원칙적으로는 공소사실에 관하여 재판을 받는 피고인에 대한 유죄의 판결에서 다른 형에 부가하여 선고되는 형인 점에 비추어 그 몰수선고의 효력은 몰수의 원인이 된 사실에 관하여 유죄의 판결을 받는 피고인에 대하여만 발생할 뿐으로 그 판결을 받지 않은 몰수선박 소유자에게까지 미치는 것이 아닌 만큼 그 몰수선고가 있었다할지라도 몰수 선박 소유자의 그 선박에 대한 권리 행사에는 아무런 영향도 없을 것이다.

제273조【범죄에 사용된 물품의 몰수 등】 ① 제269조에 사용하기 위하여 특수한 가공을 한 물품은 누구의 소유이든지 몰수하거나 그 효용을 소멸시킨다.
② 제269조에 해당되는 물품이 다른 물품 중에 포함되어 있는 경우 그 물품이 범인의 소유일 때에는 그 다른 물품도 몰수할 수 있다.

해 설

몰수란 범죄행위에 제공하였거나 범죄로 생긴 물건 등에 대한 사회적 유통을 억제하고 범죄로 인한 재산적 이익을 회수하기 위하여 그 소유권을 박탈하는 재산형의 일종으로 주형에 부가하여 과하는 것이 원칙이나 예외적으로 몰수만을 과할 수 있고 몰수 불능일 때에는 그 가액을 추징하는 제도이다. 종전에는 관세포탈죄 또는 부정수출입죄의 경우에도 범인이 소유·점유하는 물품까지 몰수하였는데 법률 제5583호(1998.12.29) 개정을 통해 폐지하고 추징으로 변경하였다. 그 폐지사유로 내국세의 경우 대부분 몰수 없이 추징하고 있고 관세포탈의 경우 수입자유화된 현실에서 해당물품의 사회적 유통을 억제할 필요가 없으며 추징을 하면 범죄로 인한 재산적 이익도 발생하지 않으므로 몰수의 합리적 근거가 없고 부정수출입죄의 경우 몰수 여부도 각 개별법의 판단에 따르도록 하는 것이 타당하다는 사유로 폐지하였다.

밀수품을 은닉하기 위하여 사용된 물품, 정상품으로 가장하기 위하여 가공한 물품, 그 용기 등은 누구의 소유이든지 몰수하거나 못쓰게 한다. 누구의 소유인지를 불문하므로 범인이나 범인이 아닌 자의 소유이거나 무주물이거나 구분하지 아니하고 몰수한다. 밀수출입죄에 해당되는 물품이 다른 물품 중에 포함되어 있는 경우에는 다른 물품이 범인의 것이면 다른 물품도 몰수할 수 있다.

제274조【밀수품의 취득죄 등】① 다음 각 호의 어느 하나에 해당되는 물품을 취득·양도·운반·보관 또는 알선하거나 감정한 자는 3년 이하의 징역 또는 물품원가 이하에 상당하는 벌금에 처한다.
1. 제269조에 해당되는 물품
2. 제270조 제1항 제3호, 같은 조 제2항 및 제3항에 해당되는 물품
② 제1항에 규정된 죄의 미수범은 본죄에 준하여 처벌한다.
③ 제1항에 규정된 죄를 저지를 목적으로 그 예비를 한 자는 본죄의 2분의 1을 감경하여 처벌한다.

해 설

법 제269조 밀수출입죄, 법 제270조 관세포탈죄 중 허위세액신고 수입, 부정감면, 부정 환급을 제외하고는 이를 취득, 양도, 운반, 보관, 알선, 감정한 자는 3년 이하의 징역이나 물품원가 이하에 상당하는 벌금에 처한다. 또한 징역과 벌금을 병과할 수 있다.[12] 동조는 관세범칙장물 취득에 대한 처벌조항으로서 처벌대상은 밀수품이나 부정수입품 취득에 국한하고 있다. 따라서 허위세액신고 수입물품, 부정감면물품, 부정환급물품은 밀수품취득죄 처벌대상에서 제외되어 있다. 이유는 이러한 물품은 시중에 유통되는 문제보다는 세액 문제와 관련이 깊기 때문이다. 본죄가 성립하려면 해당 물품이 밀수품이라는 사실을 알고 있어야 한다.

'취득'이란 점유를 이전함으로써 재물에 대한 소유권이나 사실상의 처분권을 획득하는 것을 말하는 것으로 유상이든 무상이든 불문하며 반드시 물품을 점유하는 것은 아니다. '양도'는

12) 판례에 의하면 밀수품 취득죄에 해당되는 행위 당시 공소시효가 완성되었으면 장물성을 상실한다. 또 알선죄를 인정하려면 언제, 누구에 의해 물품이 반입된 것이며 피고인이 정을 알고도 이를 알선한 사실이 인정되어야 한다.

취득한 관세장물을 제3자에게 넘겨주는 것을 말하며 유상인가 무상인가는 문제가 되지 않고 아울러 상대방이 밀수품을 알았는지 여부도 불문한다. '운반'이란 밀수품의 장소적 이전 즉 소재를 이전하는 것을 말하며 운반수단이나 방법은 불문하며 운반비 등 대가지불 여부도 본 죄 성립에 영향이 없다. '보관'이란 타인의 위탁을 받아 현실적으로 간직하고 관리하는 것으로서 유상이나 무상인 여부, 감추어둔 은닉정도는 본 죄 성립에 영향을 미치지 않는다. 보관은 밀수품에 대한 사실상의 처분권이 없는 점에서 취득과 구별된다.'알선'은 밀수품의 매매·교환·보관·운반 등이 잘 되도록 매개하거나 주선하는 행위를 말하며 알선의 사실만 있으면 본 죄가 성립되며 알선행위를 한 결과가 성공으로 나타났는지 여부는 불문한다.

제2항은 미수범에 관한 규정이다. 밀수품 취득죄를 범할 목적으로 미수한 자는 본죄에 준하여 처벌한다. 미수범은 범죄 실현의 의사로써 실행에 착수하여 행위를 종료하지 못했거나 결과가 발생하지 아니한 경우를 말한다.

제3항은 밀수품 취득죄 예비범에 대한 처벌의 경감에 관한 규정이다. 예비범은 범죄 실현을 위한 준비 행위로서 아직 실행의 착수에 이르지 않는 일체의 행위를 말한다. 밀수품의 취득죄는 밀수출입죄에 비해 범죄의 죄질이 높지 않음에도 처벌 수준을 과도하게 설정하여 관세법의 전체적인 형벌 체계에 맞지 아니 하다는 의견이 있었다. 2009년에 관세포탈죄에 대하여 예비범의 처벌 수준을 본죄의 1/2로 완화한 바 있으며, 2010.12.30. 법 개정(법률 제10424호)시 이를 반영하였다.

【대법원 2008.1.17, 2006도455】 관세법 제274조 제1항 제1호는 같은 법 제269조 제2항에 해당되는 물품을 취득, 양여하는 등의 행위를 처벌하고 있는바, 이는 무신고 수입행위를 조장·유발하거나 이를 용이하게 하는 밀수품의 취득, 양여 등의 행위를 처벌함으로써 본범인 무신고 밀수입범의 발생을 억제하고, 궁극적으로는 관세법이 무신고 수입행위를 금지함으로써 달성하고자 하는 수입물품에 대한 적정한 통관절차의 이행과 이를 통한 관세수입의 확보를 위한 것이라고 할 것이다. 따라서 신고 없이 물품을 수입한 본범이 그 물품에 대한 취득, 양여 등의 행위를 하는 경우 밀수입행위에 의하여 이미 침해되어 버린 것으로 평가되는 적정한 통관절차의 이행과 관세수입의 확보라는 보호법익 외에 새로운 법익의 침해를 수반한다고 보기 어려우므로, 이는 새로운 법익의 침해를 수반하지 않는 이른바 불가벌적 사후행위로서 별개의 범죄를 구성하지 않는다고 할 것이다.

【대법원 2007.1.11, 2004도3870】 관세법 제274조 제1항 제1호에 의한 밀수품 취득·보관죄는 각 취득행위 또는 보관행위마다 1개의 죄가 성립하고, 수개의 밀수품 취득·보관행위를 경합범으로 기소하는 경우에는 각 행위마다 그 일시와 장소 및 방법을 명시하여 사실을 특정할 수 있도록 공소사실을 기재하여야 한다.

【대법원 2005.3.25, 2004도8786】 상용물품을 반입하는 경우에는 여행자휴대품신고서를 제출하는 방법의 간이수입신고를 통하여 면세통관할 수 없다 할 것이어서, 설령 상용물품이 여행자휴대품신고서를 제출하는 방법의 간이수입신고를 통하여 면세통관되었다고 하더라도 이는 적법하게 통관된 것으로 볼 수 없어 그 수입행위는 관세법 제269조 제2항 제1호 소정의 무신고수입죄를 구성한다

할 것이고, 그러한 사정을 알면서 그 물품을 취득하는 행위는 관세법 제274조 제1항 제1호 소정의 밀수품취득죄를 구성한다.

【대법원 1999.1.26, 98도1480】 밀수품의 취득죄는 각 취득행위마다 1개의 죄가 성립하는 것이므로 수 개의 취득행위를 경합범으로 기소하는 경우에는 각 행위마다 그 일시와 장소 및 방법을 명시하여 사실을 특정할 수 있도록 공소사실을 기재하여야 한다. '1992.2.경부터 1996.6.7.경까지 수회에 걸쳐' 밀수품을 취득하였다는 방식으로 공소사실을 기재하는 것은 범행의 회수조차 특정되지 아니하여 적법한 공소사실의 기재로 볼 수 없다.

【대법원 1986.6.10, 86도728】 다이아 등의 보석들이 국내에서 생산되지 아니하고 또 정식으로 수입된 것이 아니라는 이유만으로 곧바로 관세법 소정의 처벌대상인 밀수품이라고 단정할 수는 없는 것이므로 설사 피고인이 이를 밀수품으로 알고 취득하였다고 하더라도 그 보석들이 언제, 누구에 의하여 밀수입된 것이라는 점에 대하여 확정함이 없이 또 밀수품이라 해도 피고인이 이를 취득할 당시 본범에 대한 공소시효가 완성된 여부를 조사함이 없이는 관세법 위반으로 처벌할 수 없다(대법원 1982.12.28. 선고 82도2466 판결).

【대법원 1983.5.24, 83도639】 관세장물알선죄에 있어서 본범과의 관계에 관하여 관세장물알선죄를 인정하려면 그 물품이 언제, 누구에 의하여 밀수입된 것이며 피고인이 그 정을 알고도 이를 알선한 사실이 인정되어야 한다.

【대법원 1982.12.28, 81도1875】 관세법의 목적이 관세의 부과징수 및 수출·입품의 통관을 적정하게 하여 국민경제의 발전에 기여하고 관세수입의 확보를 기하는데 있는 것이므로, 그 실효를 거두기 위해서는 밀수품의 취득이 강도 등 범죄행위에 의하여 이루어진 경우에도 관세법위반(관세장물취득)죄로 인정하여야 할 것이다. 밀수품이 강도행위에 의하여 취득된 경우에는 관세법 위반(관세장물취득)죄와 강도죄가 성립하고, 양죄는 상상적 경합범의 관계에 있다 할 것이다.

【대법원 1981.9.22, 81도1295】 국내에서 생산되지 아니하고 상품으로 정식수입되지 않는 보석이라 할지라도 관세법 소정의 수입금지품도 아니고, 국외 여행자 또는 해외에서 거주하다가 귀국하는 내국인에 의하여 정식으로 관세를 물고 통관된 것이거나, 관세법 제정 이전부터 국내에서 전래되어 오던 보석 또는 최초의 밀수를 한 본범에 대한 공소시효가 완성되어 관세장물성이 상실된 보석일 수도 있으므로, 단순히 보석이 국내에서 생산되지 아니하고, 그 매매에 통관관계의 증빙서류가 첨부되어 있지 아니하였다는 사정만으로 동 보석이 관세장물이라고 단정할 수 없다.

【대법원 1981.4.14, 81도75】 외국제 전자제품이 언제, 누구에 의하여 관세포탈된 것인지 알 수 없고, 가사 위 물품들이 관세포탈물이라고 하더라도 피고인이 매수 또는 보관 당시 관세포탈의 본범에 대한 공소시효가 완성되었다면 관세법상의 장물성을 상실하게 되어 이를 주관적으로 관세포탈물이라고 인식하면서 취득 보관하더라도 이를 관세법으로 처벌할 수 없다.

【대법원 1980.11.25, 79도2071】 국내에서 생산되지 아니하는 보석이라고 하더라도 그것이 언제, 누구에 의하여 밀수입된 것이라는 점이 확정되지도 아니하고 또 밀수품이라고 하더라도 공소시효가 완성된 여부를 조사함이 없이 정식으로 수입되지 않은 것이라는 이유만으로는 관세법 소정의 밀수품이라고 단정할 수 없다.

【대법원 1980.3.25, 80도86】 밀수입된 물건도 매수하거나 보관할 당시 이를 밀수한 본범에 대한 공소시효가 완성되어 국가과형권을 발동할 수 없는 단계에 이르면 관세법상 장물성을 상실하게 되어 이를 매매 취득 보관하더라도 이를 관세법으로 처벌할 수 없다.

【대법원 1977.5.18, 77도541】 공소외 임○○ 등이 피고인 등으로부터 받은 녹용밀수자금을 일본하관소재 경흥상회 주인에게 지급하면 위 경흥상회 주인이 그 책임 아래 약정된 수량의 녹용을 하관앞바다에 정박 중인 선박에 선적하여 주기로 약정하였다면 위 녹용의 소유권은 위 경흥상회측이 이를 지정된 선박에 선적하여 준 때에 비로소 피고인 등에게 귀속된다고 하는 것이 당사자의 의사였다고 보여지므로 위 녹용이 하관 앞바다에서 지정된 선박 아닌 다른 선박에 착오로 선적되었다면 피고인등은 아직 위 녹용의 소유권을 취득하였다고 할 수 없고 동 피고인등이 국내에서 공소외인으로부터 위 녹용을 인수하였다면 비로소 위 녹용에 대한 소유권을 취득하고 따라서 관세법에 규정된 관세포탈품취득죄를 구성한다.

【대법원 1977.3.22, 76도4483】 관세법 제186조는 같은 법 제180조 소정의 관세포탈품뿐만 아니라 179조의 금지품 수출입죄와 제181조의 무면허수출입죄등 직접적으로는 관세의 징수와 관련이 없는 관세법위반에 해당하는 물품의 취득등을 처벌의 대상으로 삼기 때문에 그 보호법익은 관세징수권에 의한 국가 재정권의 확보에만 있는 것이 아니므로 관세법 제186조 해당물품의 장물성의 존속기간은 관게징수권의 소멸시효기간인 5년이라 할 수 없고 형사소송법에 의하여 공소시효가 완성되어 국가형벌권이 발동할 수 없고 몰수추징 할 수 없는 단계에 이르기 전까지 라고 해석하여야 할 것이다.

【헌법재판소 2008.10.30, 2008헌바11 전원재판부】 미신고 수입물품을 감정하는 행위는 정상적인 유통과정을 거치지 않는 미신고 수입물품의 경제적 가치를 결정해 줌으로써 그 유통을 원활하게 하므로 미신고 수입물품의 유통억제를 통하여 미신고 수입을 근절하려는 입법목적을 달성하기 위해서는 미신고 수입물품을 감정한 자도 형사처벌할 필요성이 있고, 고의에 의한 감정행위만을 처벌하므로 헌법상 과잉금지의 원칙에 위반되지 않으며, 형법상 장물죄와 보호법익을 달리하므로 헌법상 평등의 원칙에 위반된다고 할 수 없다.

【헌법재판소 1998.3.26, 97헌마194 전원재판부】 “감정” 행위는 전문적 지식이나 특정한 장비의 유무에 관계없이 물품(밀수품)의 진부와 품질을 판단하는 것을 의미하고, 감정행위의 주체도 감정을 업으로 하는 자 또는 감정을 할 수 있는 자격이 부여된 자 여부를 불문하고 밀수품의 감정행위를 하는 사람 모두를 의미한다. 또한 법조항은 밀수품인 줄을 알고도 고의로 감정행위를 한 경우에만 형사처벌하도록 규정하고 있다. 따라서 이러한 감정행위의 의미는 건전한 상식과 통상적인 법감정을 가진 일반사람으로 하여금 구체적으로 어떠한 행위가 이에 해당하는지 의심을 가질 정도로 불명확한 개념이라고는 볼 수 없으므로 위 법조항 중 “감정”부분은 죄형법정주의의 명확성원칙에 반하지 아니하고, 직업선택의 자유 및 평등의 원칙에 위배되지 아니한다.

제275조【징역과 벌금의 병과】 제269조부터 제271조까지 및 제274조의 죄를 저지른 자는 정상(情狀)에 따라 징역과 벌금을 병과할 수 있다.

해 설

제269조 밀수출입죄, 제270조 관세포탈죄 등, 제270조의 2 가격조작죄, 제271조 미수범 등, 제274조 밀수품의 '취득죄' 등은 징역과 벌금을 병과할 수 있다. '병과'는 동시에 두 가지 이상의 형을 지우는 것을 말한다. 예를 들면, 자유형인 징역과 재산형인 벌금형을 지우는 것이다. 자유형은 수형자의 신체자유를 박탈하는 형벌로서, 징역·금고·구류가 있고, 재산형은 범죄인으로부터 재산을 박탈하는 것이며, 벌금·과료·몰수가 있다.

【대법원 1990.3.9, 89도2490】「특정범죄 가중처벌 등에 관한 법률」 소정의 범죄사실에 대하여 같은 조항과 관세법의 관계규정을 적용하여 피고인을 징역형에 처함과 아울러 벌금형을 병과한 것은 정당하다.

제275조의 2 **【강제징수면탈죄 등】** ① 납세의무자 또는 납세의무자의 재산을 점유하는 자가 강제징수를 면탈할 목적 또는 면탈하게 할 목적으로 그 재산을 은닉·탈루하거나 거짓 계약을 하였을 때에는 3년 이하의 징역 또는 3천만원 이하의 벌금에 처한다.
② 제303조 제2항에 따른 압수물건의 보관자 또는 국세징수법 제48조에 따른 압류물건의 보관자가 그 보관한 물건을 은닉·탈루, 손괴 또는 소비하였을 때에도 3년 이하의 징역 또는 3천만원 이하의 벌금에 처한다.
③ 제1항과 제2항의 사정을 알고도 이를 방조하거나 거짓 계약을 승낙한 자는 2년 이하의 징역 또는 2천만원 이하의 벌금에 처한다.

해 설

납세의무자가 스스로 세금을 납부하지 않거나 납부의사는 있어도 여러 가지 사정에 따라 납부하지 못하는 경우가 발생할 수 있다. 이때 세금을 징수하여야 하는 과세관청으로서는 자력집행권을 발동하여 독촉·납부최고·압류·매각·청산 등의 강제징수절차에 착수한다. 관세를 기한까지 납부하지 않을 경우 강제징수를 진행하는데 이를 체납처분이라고 한다. 2020.12.22.(법률 제17649호) 개정시 '체납처분'을 '강제징수'로 용어를 변경하고, 조문 제목도 '체납처분면탈죄'에서 '강제징수면탈죄'로 변경하였다.

체납자가 고의적으로 재산은닉 등을 통하여 관세를 체납하는 행위를 방지하기 위한 처벌 규정으로서 2010.1.1. 관세법 개정(법률 제9910호)시 신설한 조항이다. 2006.12.30. 법 제23조에 사해행위에 대해서는 소멸시효 정지 규정을 신설한 바 있으나 이를 지능적으로 회피하여 효과적인 제재수단이 미비하였다. 사해행위에 대해서는 민사소송법의 사해행위 취소소송이 가능하나 민사소송인 관계로 실제 효력을 거의 없는 실정이었다. 형량은 「조세범 처벌법」[13]의

13) 「조세범 처벌법」은 체납면탈 목적의 사해행위에 대한 형사처벌 규정을 보유하고 있다.

사해행위 처벌과 동일 수준이다.

제2항에서 법 제303조 제2항은 압수물품은 편의에 의하여 소지자 또는 시·군·읍·면사무소에 보관시킬 수 있다는 조항이다. 압수물품은닉죄는 세관으로부터 압수물품의 보관을 위탁받은 자가 그 물건을 은닉·탈루·손괴 또는 소비하는 행위를 형사처벌하는 데 있다. 국세징수법 제48조는 동산과 유가증권의 압류절차에 관한 규정으로서 시장·군수·체납자 또는 제3자에게 동산 또는 유가증권을 보관하게 할 수 있다는 규정이다. 「조세범 처벌법」 제7조는 체납처분의 면탈에 관한 내용으로서 동 항의 규정과 같은 내용이다. 이하 제3항도 「조세범 처벌법」 제7조 제3항과 동일 내용으로 규정하고 있다.

제275조의 3 【명의대여행위죄 등】 ① 관세(세관장이 징수하는 내국세등을 포함한다)의 회피 또는 강제집행의 면탈을 목적으로 하거나 재산상 이득을 취할 목적으로 다음 각 호의 행위를 한 자는 2년 이하의 징역 또는 2천만원 이하의 벌금에 처한다.
1. 타인의 명의를 사용하여 탁송품 또는 우편물을 수입한 자
2. 타인의 명의를 사용하여 제38조에 따른 납세신고를 한 자
② 관세(세관장이 징수하는 내국세등을 포함한다)의 회피 또는 강제집행의 면탈을 목적으로 하거나 재산상 이득을 취할 목적으로 타인에게 자신의 명의를 사용하여 제38조에 따른 납세신고를 하도록 허락한 자는 1년 이하의 징역 또는 1천만원 이하의 벌금에 처한다.

해 설

자기의 성명이나 상호 등을 사용하도록 허락하는 것을 '명의대여'라 한다.[14] 관세를 포탈하거나 체납한 자가 타인의 명의를 대여 받아 수입행위 등을 하면서 계속적으로 관세를 회피하거나 강제집행의 면탈 행위가 빈발하나, 명의를 대여한 자는 포탈에 직접 간여하면 공범으로 처벌이 가능하지만 그 이외에는 처벌이 불가능하여 계속적인 명의대여가 빈발하였다.

재산을 타인의 명의로 돌려놓고 징세를 교묘하게 모면하고 버젓하게 생활하는 범죄자의 모습이 사회적 공분을 일으켰고 이에 대한 징벌을 요구하는 목소리가 점차 높아짐에 따라 관세징수를 회피할 목적으로 타인에게 자신의 명의를 대여한 자를 형사처벌하기 위해 2010.1.1. 관세법 개정(법률 제9910호)시 법 제275조의 2 체납세액 면탈목적 사해행위 처벌 규정과 함께 신설하였다.

제38조는 신고납부에 관한 규정이다. 따라서 면허에 대한 명의대여 등은 동 조와 직접 관계가 없다. 형량은 「조세범 처벌법」의 명의대여자에 대한 처벌수준과 동일하다.

---

14) 면허를 가진 자가 면허가 없는 자에게 그 면허의 사용을 허락한 경우도 명의대여라고도 한다. 행정상의 규제 목적을 가지고 있으므로 원칙적으로 허용되지 않는다.

2022.12.31. 법 개정시 '재산상 이득'을 취할 목적으로 하거나 납세신고를 허락한 자 뿐 아니라 납세신고를 한 자도 처벌의 대상에 포함시켰다. 법 제276조 제2항 제4호의 '허위신고를 한 자' 중 명의대여 납세신고자에 대하여는 본 조에 의한 처벌 대상으로 규정한 것이다.

2024.12.31. 법 개정시 제1항에서 명의대여행위죄 처벌 대상을 납세·수출입·반송 신고 및 탁송품·우편물의 수출입·반송으로 확대 규정하고 형량을 강화하였다.

제275조의 4【보세사의 명의대여죄 등】 다음 각 호의 어느 하나에 해당하는 자는 1년 이하의 징역 또는 1천만원 이하의 벌금에 처한다.

1. 제165조의 2 제1항을 위반하여 다른 사람에게 자신의 성명·상호를 사용하여 보세사 업무를 수행하게 하거나 자격증 또는 등록증을 빌려준 자
2. 제165조의 2 제2항을 위반하여 다른 사람의 성명·상호를 사용하여 보세사의 업무를 수행하거나 자격증 또는 등록증을 빌린 자
3. 제165조의 2 제3항을 위반하여 같은 조 제1항 또는 제2항의 행위를 알선한 자

해 설

2020.12.22.(법률 제17649호) 개정시 신설한 조항이다. 제165조의 2 제1항부터 제3항까지 규정한 보세사가 자신의 명의를 대여하는 경우, 보세사의 명의를 대여받거나 명의대여를 알선하는 행위 또한 금지하고 이를 위반한 경우에는 1년 이하의 징역 또는 1천만원 이하의 벌금에 처하도록 하였다.

제276조【허위신고죄 등】 ① (삭제)

② 다음 각 호의 어느 하나에 해당하는 자는 물품원가 또는 2천만원 중 높은 금액 이하의 벌금에 처한다.

1. 제198조 제1항에 따른 종합보세사업장의 설치·운영에 관한 신고를 하지 아니하고 종합보세기능을 수행한 자
2. 제204조 제2항에 따른 세관장의 중지조치 또는 같은 조 제3항에 따른 세관장의 폐쇄 명령을 위반하여 종합보세기능을 수행한 자
3. 제238조에 따른 보세구역 반입명령에 대하여 반입대상 물품의 전부 또는 일부를 반입하지 아니한 자
4. 제241조 제1항·제2항 또는 제244조 제1항에 따른 신고를 할 때 제241조 제1항에 따른 사항을 신고하지 아니하거나 허위신고를 한 자(제275조의 3 제1항 각 호에 해당하는 자는 제외한다)

4의 2. 제38조의 2 제1항 및 제2항, 제38조의 3 제1항에 따른 보정신청 또는 수정신고를 할 때 제241조 제1항에 따른 사항을 허위로 신청하거나 신고한 자
5. 제248조 제3항을 위반한 자

해 설

허위신고죄는 결과범(結果犯)과 달리 형식범(形式犯)에 해당하여 범죄구성요건의 내용이 결과의 발생을 요하지 않고 법에 규정된 행위를 함으로써 충족되는 범죄이다. 허위신고죄에 해당하는 벌칙 내용에는 3가지 종류가 있다. 물품원가나 2천만원 중 높은 금액 이하의 벌금, 2천만원 이하의 벌금(과실의 경우 300만원 이하 벌금), 1천만원 이하의 벌금(과실의 경우 200만원 이하 벌금)이다.

기본통칙에 수입신고서상의 신고 구분란을 허위로 기재하고 과세가격을 누락한 행위에 대한 가벌성 여부와 관련하여 관세포탈죄가 성립하려면 관세탈루의 목적이 인정되어야 하고 허위신고죄가 성립하려면 허위신고의 고의가 존재하여야 한다. 따라서 피의자의 자백 및 제반사정을 종합 판단하여 관세포탈의 목적 및 허위신고의 고의가 인정된다면 상상적 경합에 따라 처리하고 관세포탈의 목적은 없으나 허위신고의 고의가 인정된다면 허위신고죄로 처벌하여야 한다. 물품을 수출·수입 또는 반송하고자 하는 의사 없이 허위신고를 하는 자들에게는 허위신고죄에 관한 규정을 적용할 수 없다.[15)]

제1항은 제270조의 2 가격조작죄 항으로 옮겨서 규정하였다.

제2항에서 제4호도 허위신고에 대한 처벌을 강화하기 위하여 2013.1.1. 법 개정(법률 제11602호)시 신설한 내용이다. 제2호에서 2018.12.8. 관세법 개정시 종합보세사업장 폐쇄명령 사유가 신설됨에 따라 세관장의 폐쇄 명령 위반자를 추가 하였다.

법 제198조는 종합보세사업장의 설치·운영에 관한 신고에 관한 조항, 법 제204조는 종합보세구역지정의 취소에 관한 조항, 법 제238조는 보세구역 반입명령에 관한 조항, 법 제244조는 입항 전 수입신고에 관한 조항, 법 제248조 제3항은 신고수리 전에 운송수단·관세통로·하역통로 또는 이 법에 규정된 장치장소로부터 신고된 물품을 반출하여서는 아니 된다는 조항이다.

【대법원 2016.7.14, 2013도8382】 수입신고서에 기재된 사항이 수입신고 사항인지 납세신고 사항인지는 분명하게 가려서 판단하여야 하므로, 수입신고를 하면서 수입물품의 구입가격을 사실대로 신고하였다면, 과세가격의 결정에 가산·조정하는 요소인 운임 등에 관하여 사실과 달리 신고한 부분이 있더라도 이를 법 제276조 제1항 제4호에 따라 허위신고죄로 처벌할 수는 없다.

15) 대법원 2002.11.26. 선고 2002도3736 판결 참조.

【대법원 2011.3.24, 2008도8816】 [1] 제276조 제1항 제4호는 관세의 부과·징수 및 수출입 물품의 통관을 적정하게 하도록 물품을 수출·수입 또는 반송하고자 하는 사람들에게 신고의무를 부과하고 이를 이행하지 않거나 허위신고 하는 경우를 처벌하려는 것이므로, 물품을 수출·수입 또는 반송할 의사 없이 허위신고를 하는 경우까지 위 법조항에 의하여 처벌된다고 볼 수는 없다. [2] 중국산 의류제품을 국내에 반입하였다가 제3국으로 반출하면서 수출쿼터제 등을 회피할 목적으로 원산지가 국내인 것처럼 허위의 수출신고를 하였는데, 수출신고필증을 근거로 허위의 원산지증명서를 발급받은 후에는 위 신고를 모두 취하하고 의류제품은 모두 별도의 반송신고에 의하여 반출한 사안에서, 피고인이 제품을 수출할 의사 없이 위 수출신고를 한 것이므로 신고내용에 허위가 있었더라도 제241조 제1항 위반죄로 처벌할 수 없다.

【대법원 2010.4.29, 2007도1749】 수출허위신고의 경우 허위신고의 대상인 수출가격에 대해서 규정하고 있지는 않지만, 관세법상 신고제도의 목적이 관세수입의 확보뿐만 아니라 통관의 적정성 확보에도 있는 만큼(법 제1조), 가격의 허위신고도 위 규정의 규제대상이 된다 할 것인데, 이때 수출가격이라 함은 원칙적으로 당사자가 자율적으로 정한 수출계약서에 기재된 가격을 기준으로 하여야 할 것이지만, 위 신고제도의 취지 및 수입가격신고에 관한 규정의 내용에 비추어 그 계약의 실제 내용과 달리 허위로 계상하거나 누락한 부분을 가감한 실제 가격을 의미한다고 보아야 할 것이다.

【대법원 2002.11.26, 2002도3736】 국내에서 러시아 보따리 상인들에게 물품을 판매하는 것이 수출행위가 아님에도 세관으로부터 수출신고필증을 받아 부가가치세 등을 환급받기 위하여 판매물품 상당을 수출한 것처럼 허위로 수출신고를 한 경우, 물품을 수출하고자 하는 의사없이 허위신고하였을 뿐이므로 관세법상의 허위신고죄로 의율할 수 없다.

【대법원 1988.9.27, 88도249】 수입의 면허는 수입신고가 있는 경우에 세관장이 수입신고자에 대하여 보세구역에 반입한 물품에 대한 일반적 수입금지를 해제하는 대물적 허가의 성질을 갖는 처분으로서, 그 면허의 대상은 수입신고서에 기재된 물품 또는 이와 동일성이 인정되는 물품이며 동일성이 없는 물품에는 그 면허의 효력이 미치지 아니한다고 할 것이므로, 그 이외의 물품에 관해서는 무면허수입죄가 성립할 뿐 허위신고죄가 성립될 여지가 없다.

【대법원 1985.6.11, 84도2294】 "허위신고"는 신고서에 허위기재한 것뿐 아니라 신고할 때에 첨부하는 서류에 허위내용이 기재된 경우도 포함한다.

【대법원 1982.3.23, 81도3186】 관세법 시행령 제115조 제1항 제2호 소정 "수량"은 수효와 분량을 의미하고, 분량은 중량의 개념까지 포함하는 것이므로 수출신고를 함에 있어 수효 또는 개수는 실제와 같이 기재하였으나 중량을 실제와 상이하게 신고한 경우에는 관세법상 허위신고에 해당한다.

【대법원 1978.4.11, 78도201】 허위신고죄는 수입물품의 수령인 및 납세의무자에 관한 허위신고와 같이 주요사항이 아닌 경우에는 허위신고죄를 구성하지 아니한다.

【대법원 1974.6.11, 74도352】 관세법 소정의 물품에 대한 수입신고를 함에 있어서 주요사항을 허위로 신고한 경우에 위 물건은 신고의 대상물에 지나지 않아 신고로서 이루어지는 허위신고죄의 범죄행위 자체에 제공되는 물건이라고 할 수 없으므로 형법 제48조 제1항 소정의 몰수요건에 해당한다고 볼 수 없다.

③ 다음 각 호의 어느 하나에 해당되는 자는 2천만원 이하의 벌금에 처한다. 다만, 과실로 제2호, 제3호 또는 제4호에 해당하게 된 경우에는 300만원 이하의 벌금에 처한다.
1. 부정한 방법으로 적재화물목록을 작성하였거나 제출한 자
2. 제12조 제1항(제277조 제7항 제2호에 해당하는 경우는 제외한다), 제98조 제2항, 제109조 제1항(제277조 제6항 제3호에 해당하는 경우는 제외한다), 제134조 제1항(제146조 제1항에서 준용하는 경우를 포함한다), 제136조 제2항, 제148조 제1항, 제149조, 제222조 제1항(제146조 제1항에서 준용하는 경우를 포함한다) 또는 제225조 제1항 전단을 위반한 자
3. 제83조 제2항, 제88조 제2항, 제97조 제2항 및 제102조 제1항을 위반한 자. 다만, 제277조 제6항 제3호에 해당하는 자는 제외한다.
3의2. 제174조 제1항에 따른 특허보세구역의 설치·운영에 관한 특허를 받지 아니하고 특허보세구역을 운영한 자
4. 제227조에 따른 세관장의 의무 이행 요구를 이행하지 아니한 자
5. 제38조 제4항 후단에 따른 자율심사 결과를 거짓으로 작성하여 제출한 자
6. 제178조 제2항 제1호·제5호 및 제224조 제1항 제1호에 해당하는 자

해 설

2천만원 이하 혹은 300만원 이하 벌금에 해당하는 벌칙이다. 제2항에서 보면 2천만원 이하 벌금에 처하거나, 과실로 제2호 내지 제4호에 해당되는 죄에 해당하는 행위를 한 경우에는 300만원 이하 벌금에 처한다. 고의는 구성요건의 실현을 인식·의욕하는 것을 말한다.[16] 과실은 고의가 아닌 경우를 말하는 것으로 사회생활상 요구되는 주의의무를 위반·태만함으로써 구성요건적 결과 발생을 예견하지 못하거나 회피하지 못한 경우를 말한다. 과실범은 고의범과 달리 부주의에 의해 범법한 것이므로 고의범보다 처벌이 가벼워야 하는 것이 원칙이며 특별한 규정, 즉 과실범을 처벌한다는 규정이 없으면 처벌할 수 없다. 과실범의 처벌규정에서는 과실을 '과실', '중대한 과실', '업무상 과실' 등으로 구분하여 표시한다.

2010.1.1. 관세법 개정(법률 제9910호)시 18개의 경미한 관세법 위반사항을 1천만원 이하의 과태료로 전환하였다. 여기에는 2천만원 또는 1천만원 이하의 벌금에 해당되었던 보세건설장 반입물품 수입신고 전 사용과 종합보세구역 반입물품 수입통관 전 소비·사용, 보세운송 위반에 관한 3건, 보세제도 위반에 관한 13건이 해당된다.[17] 2023.12.31. 법 개정시 제2호와 제

16) 실무에서는 '인식있는 과실'과 '미필적 고의'가 논란이 되는데, '인식있는 과실'이라함은 결과의 발생을 예견하였으나 그 결과의 발생을 바라거나 용인하지 않는 과실을 말하며 '미필적 고의'는 결과의 발생이 불확실한 경우, 즉 행위자에 있어서 그 결과발생에 대한 확실한 예견은 없으나 그 가능성은 인정하는 것으로 결과발생에 대한 인식이 있음은 물론 나아가 이러한 결과발생을 용인하는 내심의 의사가 있음을 요한다(대법원 2004.4.23. 선고 2003도8039 판결 등 다수).

17) 종전에 해당하던 제192조는 보세건설장에서 사용전 수입신고에 관한 규정이며, 법 제200조 제1항은 종합보

3호 일부를 조문 정리 및 개정하였다.

제2호는 2017.12.17. 관세법 개정시 개항이 아닌 공항·항만 관리를 강화하기 위하여 법 제146조 제1항에서 외국무역선에 준용하는 '무역 이외의 목적으로 외국을 운항하는 선박·항공기'와 '환승전용 내항기'[18]도 개항이 아닌 공항·항만에 무단입항시 처벌 대상으로 추가하였다.

제3호의 2는 특허보세구역 관리 강화를 통한 통관질서를 확립하기 위해 법률 제12847호(2014.12.23) 개정을 통해 신설하고 2015.1.1. 이후에 발생하는 위반행위분부터 적용하도록 하였다.

제5호는 자율심사제도 도입에 대하여 업체가 자율적으로 심사함에 따라서 심사결과를 허위로 작성하는 경우 동 제도 실효성 확보를 위해 2003.12.30. 신설한 벌칙 조항이다.

법 제12조는 신고서류의 보관기간에 관한 조항이며, 가격신고·납세신고·수출입신고·보세운송신고에 관한 자료는 신고일부터 5년 범위에서 보관하여야 한다는 내용이다. 제277조 제4항 제2호는 신고필증을 보관하지 아니한 자에 관한 내용이다.

법 제98조 제2항은 재수출감면을 받은 물품에 대한 용도 외 사용승인에 관한 조항이며, 감면기간(2년 혹은 4년) 내에 용도 외 사용, 양도할 수 없다는 내용이다.

법 제109조 제1항은 다른 법령에 의한 감면물품에 관한 조항이며, 이 감면물품은 5년 내에 용도 외 사용 혹은 양도할 수 없다는 내용이다. 제277조 제3항 제3호는 감면물품의 용도 외 사용에 관한 내용이다. 법 제134조 제1항은 국제항 등에 출입규정이며, 입항시에는 출입 허가를 받아야 한다는 내용이다.

법 제136조 제2항은 출항절차에 관한 규정이며, 출항허가를 받고자 하면 적재물품의 목록을 제출하여야 한다는 내용이다. 제146조는 그 밖의 선박 또는 항공기에 관한 규정이다.

법 제148조 제1항은 관세통로에 관한 조항이며, 국경을 출입하는 차량은 관세통로를 경유해야 하고, 통관역 또는 통관장에 정차하여야 한다는 내용이다.

법 제149조는 국경출입차량의 도착절차에 관한 규정이며, 법 제225조 전단은 보세화물운송주선에 관한 규정으로서 보세화물운송주선업자는 세관장에게 신고하여야 한다는 내용이다.

법 제222조는 보세운송업자등의 등록에 관한 규정이며, 법 제146조는 그 밖의 선박 또는 항공기에 대한 규정 적용에 관한 내용이다.

세구역의 물품의 반입·반출에 관한 조항이며, 수입통관 후 이를 소비 또는 사용하여야 한다는 내용이다. 법 제222조는 보세운송업자의 등록에 관한 규정이며, 보세운송업자는 관세청장 또는 세관장에게 등록하여야 한다는 내용이다.

18) 외국을 왕래하는 여행자·휴대품·탁송품·별송품 전용 운송을 위해 국내에서만 운항하는 항공기를 말하며 '인천－대구' 노선 등을 운항하는 항공기가 그 예이다.

법 제83조 제2항은 용도세율에 관한 규정이며, 용도세율 적용을 받은 물품은 수입신고의 수리일부터 3년 범위 안에서 용도외 사용하거나 양도할 수 없다는 내용이다.

법 제88조 제2항은 외교관용물품 면세에 관한 규정이며, 기획재정부령이 정하는 물품은 3년의 범위 안에서 용도 외 사용하거나 양수할 수 없다는 내용이다.

법 제97조 제2항은 재수출면세물품에 관한 규정으로서 재수출면세기간인 1년 범위 안에서 용도 외 사용하거나 양도할 수 없다는 내용이다.

법 제102조 제1항은 관세감면물품의 사후관리에 관한 조항이며, 감면받은 물품은 3년 범위에서 감면받은 용도 외 사용이나 양도할 수 없다는 내용이다.

법 제277조 제4항 제3호에 해당하는 경우는 해당 감면물품을 직접 수입한 경우에 관세의 감면을 받을 수 있고 수입자와 동일한 용도에 사용하고자 하는 자에게 양도한 경우를 말한다.

법 제227조는 의무이행 요구에 관한 조항으로서 세관장이 의무를 이행하도록 요구한 것은 의무를 이행하여야 한다는 내용이다.

법 제38조 제3항 후단은 자율심사에 관한 규정이다.

법 제178조는 반입정지 등과 특허의 취소에 관한 규정이며, 법 제224조는 보세운송업자등의 행정제재에 관한 규정이다.

【대법원 1988.4.25, 87도2451】 주한외국대사관의 공용품으로서 관세가 면제되어 수입된 후 5년이 경과되지 아니한 차량의 양수에 관하여는 미리 세관장의 승인을 얻어야 하는 바 이를 얻지 아니하고 위 승용차를 매수하기로 약정한 후 그 매수대금 중 일부를 지급하고 위 차량을 인수받았다면 그로써 용도외사용죄는 일단 성립된 것으로 보아야 하므로 설사 그 후 위 매매계약이 해약되고 매도인측이 매매대금을 반환하지 아니하여 부득이 위 차량을 보관만 하고 있었다 하더라도 그와 같은 사유는 일단 성립된 위 용도외사용죄에는 아무런 영향도 주지 아니한다.

④ 다음 각 호의 어느 하나에 해당하는 자는 1천만원 이하의 벌금에 처한다. 다만, 과실로 제2호 또는 제3호에 해당하게 된 경우에는 200만원 이하의 벌금에 처한다.

1. 삭제
2. 제135조 제1항(제146조 제1항에서 준용하는 경우를 포함한다)에 따른 입항보고를 거짓으로 하거나 제136조 제1항(제146조 제1항에서 준용하는 경우를 포함한다)에 따른 출항허가를 거짓으로 받은 자
3. 제135조 제1항(제146조 제1항에서 준용하는 경우를 포함하며, 제277조 제6항 제4호에 해당하는 자는 제외한다), 제136조 제1항(제146조 제1항에서 준용하는 경우를 포함한다), 제137조의 2 제1항 각 호 외의 부분 후단(제277조 제6항 제4호에 해당하는 자는 제외한다), 제140조 제1항·제4항·제6항(제146조 제1항에서 준용하는 경우를 포함한다), 제142조 제1항(제

146조 제1항에서 준용하는 경우를 포함한다), 제144조(제146조 제1항에서 준용하는 경우를 포함한다), 제150조, 제151조, 제213조 제2항 또는 제223조의 2를 위반한 자
4. 삭제
5. 부정한 방법으로 제248조 제1항 단서에 따른 신고필증을 발급받은 자
6. 삭제
7. 제265조에 따른 세관장 또는 세관공무원의 조치를 거부 또는 방해한 자
8. 삭제

해 설

각 호의 경우 1천만원 이하 벌금에 처하거나, 과실로 제2호 내지 제4호에 해당하는 경우 200만원 이하의 벌금에 처한다.[19]

2010.1.1. 관세법 개정(법률 제9910호)시 1천만원 이하의 벌금에 해당하던 것을 1천만원 이하의 과태료(행정벌)로 전환하여 법 제277조(과태료)에 규정하였다. 제3호 내용의 일부와 제5호 해당 전체 내용을 대폭 하향 조정하였다. 2023.12.31. 법 개정시 제1호, 제4호, 제6호, 제8호를 법 제277조(과태료) 제3항에 이관 규정하였다.

'거부'는 언어나 동작으로 처분을 승낙하지 아니하는 것을 말하고, '기피'는 처분대상이 되는 물건을 숨기거나 오인하게 하여 그 직무를 이행하지 못하도록 하는 것을 말한다.

법 제135조 제1항은 입항절차에 관한 조항이며, 입항한 때에는 관련 서류를 첨부하여 지체 없이 세관장에게 입항 보고하여야 한다는 내용이다. 입출항보고를 하지 아니한 경우의 처벌 규정은 있으나, 이를 허위로 한 경우의 처벌 규정이 없으므로, 출항 목적지 등을 허위로 보고하여 세관단속을 피하는 사례를 막기 위한 규정이다. 그러나 법 제277조 제1항 제3호의 2는 과태로 처벌 규정이며, 과실로 여객명부를 제출하지 아니하는 자는 과태료 부과대상이다.

법 제135조는 입항절차에 관한 규정이며, 제146조는 그 밖의 선박 또는 항공기에 관한 규정이다.

법 제136조 제1항은 출항절차에 관한 조항이며, 출항하기 전에 출항허가를 받아야 한다는 내용이다.

법 제137조의 2 제1항 후단은 선박회사 또는 항공사는 승객예약자료 제공요구에 응하여야 한다는 내용이다.

법 제140조는 물품의 하역에 관한 조항이며, 입항절차를 종료한 후가 아니면 물품을 하역하거나 환적할 수 없고, 하역하거나 환적할 때에는 신고하여야 하며, 국제무역선 또는 외국무역기에 내국물품을 적재할 수 없으며 국내운항선 또는 내항기에는 외국물품을 적재할 수 없

19) 위반 유형이 비교적 경미한 절차위반은 과태료로 전환하여 비범죄화하고, 처벌 절차를 간소화하자는 의견이 있다.

다는 내용이다.

법 제141조는 외국물품의 일시양륙에 관한 조항이다.

법 제142조 제1항은 항외하역에 관한 조항이며, 국제항 외에서 하역하거나 환적하고자 하는 때에는 세관장의 허가를 받아야 한다는 내용이다.

법 제144조는 국제무역선의 국내운항선으로 전환에 관한 규정이며, 전환 시에는 세관장의 승인을 얻어야 한다.

법 제150조는 국경출입차량의 출발절차에 관한 규정이며, 법 제151조는 차량 등의 물품 하역에 관한 규정이다.

법 제151조는 통관역 또는 통관장에서 외국물품을 차량에 하역하고자 하는 자는 세관장에게 신고하여야 한다는 규정이다.

법 제213조 제2항은 보세운송 신고에 관한 조항이며, 보세운송하고자 하는 자는 세관장에게 보세운송의 신고를 하여야 하며 대통령령이 정하는 경우에는 세관장의 승인을 얻어야 한다는 내용이다.

법 제135조 제2항은 입항절차에 관한 규정이며, 신속한 입항 및 통관절차의 이행과 효율적인 감시·단속을 위하여 필요한 때에는 여객명부, 적재화물목록 등을 입항하기 전에 제출하게 할 수 있다는 내용이다. 그러나 제277조 제1항 제3호의 2는 과태료 규정으로서 과실로 여객명부를 제출하지 아니한 경우는 과태료 부과대상이다.

법 제140조 제3항은 감시·단속을 위하여 필요한 때에는 물품하역장소 및 통로를 제한할 수 있다는 내용이다.

명의 대여에 관한 금지는 관세법 제275조의 3 제275조의 4 등에서 규정하고 있으나, 보세운송업자 등의 명의 대여에 관하여는 2021.12.31. 법 개정시 벌금 부과 규정을 신설하였다.

법 제223조의 2는 보세운송업자등의 명의 대여 등의 금지에 관한 규정이다.

법 제262조는 운송수단의 출발중지에 관한 조항이다.

법 제248조 제1항 단서 규정은 전산처리설비를 이용한 신고필증 교부에 관한 조항이다.

법 제265조는 물품 또는 운송수단 등에 대한 검사에 관한 조항이며, 물품·운송수단·장치장소 또는 관계 장부서류를 검사하거나 봉쇄 기타 필요한 조치를 할 수 있다는 내용이다.

제165조 제3항은 보세사의 등록의무에 관한 내용이다. 2013.1.1. 법 개정(법률 제11602호)시 신설한 내용이다.

제277조【과태료】① 제37조의 4 제1항 및 제2항에 따라 과세가격결정자료등의 제출을 요구받은 특수관계에 있는 자로서 제10조에서 정하는 정당한 사유 없이 제37조의 4 제4항 각 호의 어느 하나에 해당하는 행위를 한 자에게는 1억원 이하의 과태료를 부과한다. 이 경우 제276조는

적용되지 아니한다.

② 제37조의 4 제7항을 위반한 자에게는 2억원 이하의 과태료를 부과한다. 이 경우 제276조는 적용되지 아니한다.

③ 다음 각 호의 어느 하나에 해당하는 자에게는 5천만원 이하의 과태료를 부과한다. 다만, 과실로 제2호에 해당하게 된 경우에는 400만원 이하의 과태료를 부과한다.

1. 세관공무원의 질문에 대하여 거짓의 진술을 하거나 그 직무의 집행을 거부 또는 기피한 자
2. 제200조 제3항, 제203조 제1항 또는 제262조에 따른 관세청장 또는 세관장의 조치를 위반하거나 검사를 거부·방해 또는 기피한 자
3. 제263조를 위반하여 서류의 제출·보고 또는 그 밖에 필요한 사항에 관한 명령을 이행하지 아니하거나 거짓의 보고를 한 자
4. 제266조 제1항에 따른 세관공무원의 자료 또는 물품의 제시요구 또는 제출요구를 거부한 자

④ 다음 각 호의 어느 하나에 해당하는 자에게는 1천만원 이하의 과태료를 부과한다.

1. 제139조(제146조 제1항에서 준용하는 경우를 포함한다), 제143조 제1항(제146조 제1항에서 준용하는 경우를 포함한다), 제152조 제1항, 제155조 제1항, 제156조 제1항, 제159조 제2항, 제160조 제1항, 제161조 제1항, 제186조 제1항(제205조에서 준용하는 경우를 포함한다), 제192조(제205조에서 준용하는 경우를 포함한다), 제200조 제1항, 제201조 제1항·제3항, 제219조 제2항 또는 제266조 제2항을 위반한 자
2. 제187조 제1항(제89조 제5항에서 준용하는 경우를 포함한다) 또는 제195조 제1항에 따른 허가를 받지 아니하거나 제202조 제2항에 따른 신고를 하지 아니하고 보세공장·보세건설장·종합보세구역 또는 지정공장 외의 장소에서 작업을 한 자

⑤ 다음 각 호의 어느 하나에 해당하는 자에게는 500만원 이하의 과태료를 부과한다.

1. 제240조의 2 제1항을 위반하여 유통이력을 신고하지 아니하거나 거짓으로 신고한 자
2. 제240조의 2 제2항을 위반하여 장부기록 자료를 보관하지 아니한 자
3. 제243조 제4항을 위반하여 관세청장이 정하는 장소에 반입하지 아니하고 제241조 제1항에 따른 수출의 신고를 한 자
4. 제327조의 2 제10항을 위반하여 한국관세정보원 또는 이와 유사한 명칭을 사용한 자

⑥ 다음 각 호의 어느 하나에 해당하는 자에게는 200만원 이하의 과태료를 부과한다.

1. 특허보세구역의 특허사항을 위반한 운영인
2. 제38조 제34항, 제83조 제1항, 제107조 제3항, 제135조 제2항(제146조 제1항에서 준용하는 경우를 포함한다), 제136조 제3항(제146조 제1항에서 준용하는 경우를 포함한다), 제140조 제5항, 제141조 제1호·제3호(제146조 제1항에서 준용하는 경우를 포함한다), 제157조 제1항, 제158조 제2항·제6항, 제172조 제3항, 제194조(제205조에서 준용하는 경우를 포함한다), 제196조의 2 제5항, 제198조 제3항, 제199조 제1항, 제202조 제1항, 제214조, 제215조(제219조 제4항 및 제221조 제2항에서 준용하는 경우를 포함한다), 제216조 제2항·제3항(제219조 제4항 및 제221조 제2항에서 준용하는 경우를 포함한다), 제221조 제1항, 제222조 제

3항, 제225조 제1항 후단 또는 제251조 제1항을 위반한 자
3. 제83조 제2항, 제88조 제2항, 제97조 제2항, 제102조 제1항 및 제109조 제1항을 위반한 자 중 해당 물품을 직접 수입한 경우 관세를 감면받을 수 있고 수입자와 동일한 용도에 사용하려는 자에게 양도한 자
4. 제135조 제1항 또는 제137조의 2 제1항 각 호 외의 부분 후단을 위반한 자 중 과실로 여객명부 또는 승객예약자료를 제출하지 아니한 자
5. 제159조 제6항, 제180조 제3항(제205조에서 준용하는 경우를 포함한다), 제196조 제4항, 제216조 제1항(제219조 제4항 및 제221조 제2항에서 준용하는 경우를 포함한다), 제222조 제4항, 제225조 제2항, 제228조 또는 제266조 제3항에 따른 관세청장 또는 세관장의 조치를 위반한 자
6. 제321조 제2항 제2호를 위반하여 운송수단에서 물품을 취급한 자
7. 보세구역에 물품을 반입하지 아니하고 거짓으로 제157조 제1항에 따른 반입신고를 한 자

해 설

과태료는 행정목적을 간접적으로 침해하는 행위에 대해 제재를 통한 억제가 그 주된 목적이다. 종래에는 과태료와 같은 행정질서벌은 행정질서유지를 위해 행정법규위반이라는 객관적 사실에 대하여 과하는 제재이므로 반드시 현실적인 행위자가 아니라도 법령상 책임자로 규정된 자에게 부과되고 또한 특별한 규정이 없는 한 위반자의 고의나 과실을 요하지 않는다는 입장이었다.

그러나 형벌이든 과태료이든 국민에게 불이익 처분을 하기 위해서는 반드시 합당한 사유가 있어야 하고 당사자에게 책임을 물을 수 있는 근거 또는 당사자를 비난할 수 있는 근거가 있어야 한다. 행위자의 고의나 과실 같은 주관적 요건과 관계없이 단순하게 객관적인 위반 사실만으로 과태료를 부과한다는 것은 결과 책임을 묻는 것으로 책임주의 원칙에 부합하지 않는다.

따라서 질서위반행위가 성립하기 위해서는 법규위반이라는 객관적 사실 이외에 행위자의 주관적 요건(고의나 과실 등)의 존재를 필요로 하고 과실이 없는 경우에는 과태료를 부과하지 않는 것이 타당하다. 질서위반행위규제법은 이 점을 반영하여 제7조에 질서위반행위 성립에 고의나 과실이 필요함을 명문화하였다.

관세행정상 질서위반행위의 주된 유형으로는 신고의무위반, 보고의무위반, 표시의무위반, 자료보관의무, 자료제출의무 등이 있다. 과태료를 부과함으로써 얻어지는 보호법익은 세수확보와 통관의 적정성에 있다. 금액을 기준으로 한 과태료 종류를 보면 1억원 이하, 1천만원 이하, 500만원 이하, 200만원 이하, 100만원 이하가 있다. 과태료를 부과하는 때에는 해당 위반행위를 조사·확인한 후 위반사실·과태료금액·이의방법·이의기간 등을 서면으로 명시하여 이를 납부할 것을 과태료처분 대상자에게 통지하여야 한다. 세관장은 과태료를 부과하고자

하는 때에는 15일 이상의 기간을 정하여 과태료처분 대상자에게 구술 또는 서면에 의한 의견진술 기회를 부여하여야 한다.[20)]

세관장은 과태료의 금액을 정함에 있어서는 해당 위반행위의 동기와 그 결과 등을 참작하여야 한다. 관세청 훈령으로서 「관세법 등에 의한 과태료 부과징수에 관한 시행세칙」에 부과기준, 절차 등에 관하여 자세하게 규정하고 있다.[21)] 동 세칙은 일시에 적발된 수개의 위반행위에 대한 부과상한제, 가중부과방식 세분화, 중소업체의 신규감경 등 과태료의 합리적인 부과기준을 마련함으로써 법규준수 및 납부 순응도를 높이기 위하여 2011.12.26. 대폭 개정한 바 있다. 그리고 2013.1.1. 법 개정(법률 제11602호)시 제1항을 신설하여 자료 미제출, 허위자료 제출시 과태료 부과를 강화하는 내용으로 개정하였다. 「국제조세조정에 관한 법률」 등 관련 법률도 과태료 부과 내용을 상향 조정한 바 있다.

2023.12.31. 법 개정시 종전 허위신고 관련 사항을 제3항에 신설 규정하였다.

법 제200조 제3항은 종합보세구역에서의 물품의 반입 · 반출 등에 관한 조항이며, 종합보세구역에 반입 · 반출되는 물품에 대하여 제한할 수 있다는 내용이다.

법 제203조 제1항은 종합보세구역에 대한 세관의 관리 등에 관한 조항이며, 세관장은 종합보세구역에 출입하는 인원 및 차량 등의 출입을 통제하거나 휴대 또는 운송하는 물품을 검사할 수 있다는 내용이다.

법 제263조는 서류의 제출 또는 보고 명령 등에 관한 조항이며, 물품 · 운송수단 또는 장치장소에 관한 서류의 제출, 보고 기타 필요한 사항을 명하거나, 세관공무원으로 하여금 관계자료를 조사하게 할 수 있다는 내용이다.

법 제266조 제1항은 장부 또는 자료 제출에 관한 조항이며, 수출입업자 · 판매업자 기타 관

---

20) 1개의 질서위반행위는 1개의 법률상 의무를 위반한 것이므로 1개의 과태료가 부과되어야 하나, 다수의 동일한 질서위반행위가 시간적 · 장소적 근접성, 범의의 단일성, 범행방법의 동종성, 침해법익의 단일성 등 4가지 요건을 충족된다면 포괄일죄 법리를 적용하여 1건으로 부과가능하다(최천식, "관세행정상 과태료경합 및 포괄일죄법리 고찰", 『관세와 무역』, 한국관세무역개발원, 2011.10월호).

21) 기획재정부 유권해석(1978.8.18)에 의하면 질서범의 공소시효기간은 형사소송법을 준용하여 3년으로 한다. 현행 질서위반행위규제법 제19조(과태료 부과의 제척기간) 제1항에서는 질서위반행위가 종료된 날(다수인이 질서위반행위에 가담한 경우에는 최종행위가 종료된 날을 말한다)부터 5년이 경과한 경우에는 해당 질서위반행위에 대하여 과태료를 부과할 수 없다고 규정하고 있다. 한편, 관세청 유권해석에 의하면 전체 220회에 걸쳐 보세공장에 반입된 과세보류 물품을 세관장에게 신고하지 않고 무단 반출한 행위에 대하여 전체를 포괄하여 1건의 과태료를 부과하는지에 대하여 과태료는 관세행정 질서유지라는 행정목적 달성을 위하여 관세법 위반이라는 객관적 사실에 대하여 과하는 금전벌이므로 위반자의 고의 · 과실을 요하지 아니하고 구성요건에 해당하는 각각의 위반행위에 대하여 부과하므로 상당기간 수회에 걸쳐 과세보류된 물품을 보세공장에서 신고 없이 무단 반출한 경우 무단 반출한 때마다 위반행위가 성립하는 것이고 각 위반행위별로 과태료를 부과하여야 한다. 과태료처분의 당부는 비송사건절차법에 의한 절차에 의해서 판단되어야 하므로 과태료처분은 행정소송의 대상이 되는 행정처분이 아니다(대법원 1995.7.28. 선고 95누2623 판결) 참조.

계 업자에 대하여 장부 기타 관계 자료를 조사하거나 제시 또는 제출을 요구할 수 있다는 내용이다.

법 제37조의 4 제1항 및 제2항은 특수관계자 수입물품 과세자료 제출과 기한에 관한 내용이고, 제10조는 천재지변에 관한 내용이다. 법 제37조의 4 제4항은 자료제출을 기한 내에 하지 아니하거나 거짓 자료를 제출하는 경우이다.

제2항은 2021.12.31. 법 개정시 신설한 규정이다. 과태료 부과 후 자료제출이나 시정 요구가 가능하며 이를 미이행시 지연 기간에 따라 최대 2억원의 과태료를 추가로 부과 할 수 있으며, 최대 3억원까지 부과할 수 있다. 제37조의 4 제7항은 자료 제출 요구를 받은 자가 30일 이내 요구에 따른 자료 제출 의무 조항이다.

제6항은 통관질서 관련 의무 위반시 처벌 수준을 완화하는 규정이며, 출항허가 신청전 적재화물 목록 제출요구 불응시 등 경우에 1천만원의 벌금 처벌에서 200만원 이하 과태료 부과로 완화하였다.

벌금형 이상은 전과기록이 남지만 과태료 부과는 행정처분이어서 전과와 상관이 없으므로 가급적 전과자 수를 줄이려는 것이 현재의 추세이다. 2008.6.22.부터 질서위반행위규제법이 발효됨에 따라(2007.12.21. 법무부 소관) 질서위반행위 성립요건, 과태료 부과·징수·재판 등에 관한 사항을 동법에 일괄하여 규정하였다.[22]

2010.1.1. 관세법 개정(법률 제9910호)시 18개의 경미한 관세법 위반에 대한 처벌을 형벌에서 과태료(행정벌)로 전환하였다. 제2항은 이때에 제276조(벌금 부과)에서 동 조(과태료 부과)로 이동 규정하였으며 제3항은 2009.5.27. 관세법 개정(법률 제9709호)시 신설한 조항이다.

제2항의 내용을 구체적으로 보면, 법 제139조는 국내운항선 등이 부득이한 사정으로 외국에 기항 후 돌아오는 경우 세관장에 보고해야 하는 의무 위반에 관한 규정이다. 제143조 제1항은 허가 없이 국제무역선 등이 선박용품 등을 하역·환적한 사항에 관한 내용이며, 제146조는 그 밖의 선박 또는 항공기에 관한 규정이다.

제152조 제1항은 국경출입차량의 출입증명서류 미교부에 관한 규정이다. 제155조 제1항은 보세구역 이외 장소에 외국물품 장치에 관한 규정이다. 제156조 제1항은 보세구역 내 장치가 곤란한 물건을 보세구역 이외에 장치하는 경우 허가규정 위반에 관한 규정이다. 제159조 제2항은 허가 없이 보세구역 장치물품을 변경, 해체하는 사항에 관한 규정이다. 제160조 제1항은 부패

---

22) 동법 제5조에 다른 법률의 규정 중 이 법의 규정에 저촉되는 것은 이 법으로 정하는 바에 따른다는 규정에 의거 「관세법에 의한 과태료 부과징수에 과한 시행세칙」에 상기 법 규정을 반영하였다. 질서위반행위규제법은 과태료부과기간을 5년으로 정하고 확정된 과태료의 소멸시효도 5년으로 명문화하였고 책임주의원칙을 채택하여 고의 또는 과실이 없는 질서위반행위는 과태료를 부과하지 않도록 하였다. 종전 대법원은 객관적인 위반사실만 있으면 행위자의 고의나 과실이 없더라도 과태료를 부과할 수 있다는 입장이었다(대법원 2000.5.26. 선고 98두5972 판결 참조).

등의 사유로 보세구역 장치 물건을 폐기할 경우 승인절차 위반에 관한 규정이다. 제161조 제1항은 허가 없이 보세구역 내 물품을 견품으로 반출하는 경우에 관한 규정이다. 제186조 제1항, 제205조는 신고 없이 보세공장(종합보세구역) 반입물품 사용에 관한 규정이다. 제201조 제1항은 종합보세구역 물품의 구분관리 위반에 관한 규정이다. 제201조 제3항은 기록 없이 종합보세구역 반입물품 이동·사용 등에 관한 규정이다. 제219조 제2항은 승인 없이 재해 등의 사유로 선박 등으로부터 하역한 외국물품의 운송에 관한 규정이다. 제266조 제2항은 외국물품 판매자가 세금계산서 등을 영업장에 구비하지 아니하는 사항에 관한 규정이다. 제187조 제1항, 제89조 제4항은 무허가 보세공장(지정공장)외 작업에 관한 규정이다. 제195조 제1항은 무허가 보세건설장 외 작업에 관한 규정이다. 제202조 제2항은 무신고 종합보세구역 외 작업에 관한 규정이다.

제4항은 유통이력관리제 시행에 따른 신설 조항이다. 국내에 반입된 위해 수입물품으로부터 우리사회를 보호하고 국민보건 수준을 향상하기 위하여 수입업자로 하여금 유통이력을 신고하게 한 것이다. 이에 대한 확보수단으로 처벌 규정을 동 항에 신설한 것이다. 법 제240조의 2는 통관 후 유통이력 신고에 관한 규정이고, 법 제240조의 3은 유통이력조사에 관한 규정이다. 제3호는 2017.12.19. 법 개정시 신설된 것으로 밀수출 우려 품목에 대한 관리 실효성 제고를 위해 제243조 제4항을 위반하여 보세구역 반입 없이 수출신고시 제재수단을 마련한 것이다. 제243조 제4항은 밀수출 등 불법행위의 발생우려가 높거나, 감시단속이 필요한 중고자동차 등 특정물품에 대해서는 관세청장이 지정한 특정장소(보세구역)에 반입한 후, 수출신고를 할 수 있도록 하고 있다. 종전에는 위반행위에 대한 제재수단이 없어 제도의 실효성 확보에 한계가 있었다.

제5항 제4호는 종전에는 1천만원 벌금을 부과 대상이었으나, 과태료 부과대상으로 전환하여 행정제재로 처리함으로써 항공사의 자발적인 여행자 정보제공을 유도하도록 2003.12.30. 추가한 조항이다. 세관장 등이 부과하는 과태료는 본 법 이외에 「자유무역지역의 지정 및 운영에 관한 법률」, 「자유무역협정의 이행을 위한 관세법의 특례에 관한 법률」, 관세사법, 대외무역법, 외국환거래법 등이 있다.

법 제38조 제3항은 자율심사결과를 세관장에게 제출하여야 한다는 규정이다.

법 제83조 제1항은 용도세율에 관한 조항이며, 용도세율을 적용하고자 할 때에는 세관장의 승인을 얻어야 한다는 내용이다.

법 제107조 제3항은 관세의 분할납부에 관한 조항이며, 분할납부물품을 용도 변경하거나 양도하고자 할 때에는 세관장의 승인을 얻어야 한다는 내용이다.

법 제140조 제5항은 하역통로와 하역기간의 제한에 관한 내용이다.

법 제157조 제1항은 물품의 반입·반출에 관한 조항이며, 보세구역에 물품을 반입·반출하고자 하는 자는 세관장에게 신고하여야 한다는 내용이다.

법 제158조 제2항은 보수작업에 관한 조항이며 보수작업을 하고자 하는 자는 세관장의 승인을 얻어야 하며, 외국물품은 수입될 물품의 보수작업 재료로 사용할 수 없다는 내용이다.

법 제172조 제3항은 물품에 대한 보관책임에 관한 조항이며, 화물관리에 필요한 비용을 화주로부터 징수할 수 있고 요율은 세관장의 승인을 받아야 한다는 내용이다.

법 제194조는 보세건설물품의 가동제한에 관한 조항이며, 보세건설장 물품은 수입신고수리가 되기 전에는 가동하여서는 아니 된다는 내용이다.

법 제196조의 2 제5항은 시내보세판매장 인도 특례에 관한 규정이다.

법 제198조 제3항은 종합보세사업장의 설치·운영에 관한 신고 조항이며, 종합보세사업장의 운영인은 종합보세기능을 변경하고자 할 때에는 세관장에게 이를 신고해야 한다는 내용이다.

법 제199조 제1항은 종합보세구역에의 물품의 반입·반출에 관한 조항이며, 물품을 반입·반출하고자 하는 자는 세관장에게 신고하여야 한다는 내용이다.

법 제202조 제1항은 설비의 유지의무에 관한 조항이며, 운영인은 종합보세기능의 수행에 필요한 시설 및 장비 등을 유지하여야 한다는 내용이다.

법 제214조는 보세운송신고인에 관한 조항이며, 보세운송은 화주, 관세사 등, 보세운송업자 명의로 신고하여야 한다는 내용이다.

법 제215조는 보세운송보고에 관한 조항이며, 보세운송목적지에 도착한 때에는 도착지 세관장에게 보고하여야 한다는 내용이다.

법 제216조는 보세운송통로에 관한 조항이며, 감시·단속을 위하여 운송통로를 제한할 수 있고 보세운송기간을 연장할 수 있다는 내용이다.

법 제221조 제1항은 내국운송에 관한 규정이며, 내국물품을 국제무역선, 국제무역기에 의하여 운송하고자 할 때에는 내국운송 신고를 하여야 한다는 내용이다.

법 제222조 제3항은 보세운송업자 등록에 관한 조항이며, 보세운송업자에 대하여 영업에 관한 보고를 하게 할 수 있다는 내용이다.

법 제225조 제1항 후단은 보세화물운송주선업자 신고사항의 변경에 관한 내용이다.

법 제251조 제1항은 수출신고수리물품의 적재 등에 관한 조항이며, 수출신고수리된 물품은 수리된 날부터 30일 이내에 운송수단에 적재하여야 한다는 내용이다.

법 제83조 제2항은 용도세율 적용에 관한 규정이며, 용도세율적용물품은 수입신고 수리일부터 3년의 범위에서 용도외 사용하거나 양도할 수 없다는 내용이다.

법 제88조 제2항은 외교관용물품 면세에 관한 규정이며, 수입신고수리일부터 3년의 범위 안에서 용도 외 사용하거나 양도할 수 없다는 내용이다.

법 제97조 제2항은 재수출면세에 관한 규정이며, 재수출면세 기간 이내에 용도외 사용하거나 양도할 수 없다는 내용이다.

법 제102조 제1항은 일반관세감면물품의 사후관리에 관한 규정이며, 감면물품은 수입신고수리일부터 3년 범위에서 용도외 사용하거나 양도할 수 없다는 내용이다.

법 제109조는 다른 법령 등에 따른 감면물품의 관세징수에 관한 규정이다.

법 제135조 제1항 및 제2항은 입항절차에 관한 규정으로서 관련 서류를 첨부하여 입항 보고하여야 하며, 여객명부, 적재화물목록을 미리 제출하게 할 수 있다는 내용이다.

법 제137조의 2 제1항 각 호 외의 부분 후단은 선박회사 또는 항공사는 승객예약자료 요청에 응해야 하는 내용이다.

법 제159조 제6항은 해체 · 절단 작업에 관한 규정이며, 세관장은 화주 또는 위임 받은 자에게 작업을 명할 수 있다는 내용이다.

법 제180조 제3항은 특허보세구역의 설치 · 운영에 관한 감독에 관한 규정이며, 특허보세구역에 필요한 시설 · 기계 및 기구의 설치를 명할 수 있다는 내용이다.

법 제196조 제2항은 보세판매장에 관한 규정이며, 보세판매장에서 판매할 수 있는 물품의 종류 · 수량 · 장치장소 등을 제한할 수 있다는 내용이다.

법 제216조 제1항은 보세운송통로에 관한 규정이며, 세관장은 보세운송물품의 감시 · 단속을 위하여 보세운송통로를 제한할 수 있다는 내용이다.

법 제225조 제2항은 보세화물운송주선에 관한 규정이며, 필요할 때에 보세화물운송주선업자로 하여금 해당 업무에 관하여 보고하게 할 수 있다는 내용이다.

법 제228조는 통관표지에 관한 규정이며, 수입하는 물품에 통관표지의 첨부를 명할 수 있다는 내용이다.

법 제266조 제3항은 장부 또는 자료의 제출에 관한 규정이며, 상설영업장의 판매자 기타 관계인에 대하여 영업에 관한 보고를 하게 할 수 있다는 내용이다.

법 제321조 제2항은 세관의 개청시간 · 물품취급시간에 관한 조항이며, 세관의 개청시간외 통관절차 · 보세운송절차 또는 입출항절차를 밟고자 하는 자 등은 세관장에게 미리 통보하여야 한다는 내용이다.

제7호는 2020.12.22.(법률 제17649호) 개정시 추가한 규정이다. 법 제157조 제1항은 보세구역에 물품을 반입 · 반출하려는 자는 세관장에게 신고하여야 한다는 내용이다. '보세구역 도착 전 수입신고 제도'를 악용하여,[23] 반입물품 확인절차 없이 국내로 무단 반입하는 통관질서 교란행위를 처벌하는 규정이 필요하여 신설하였다.

---

23) 전산상 수입신고 후 검사대상으로 선별되지 않으면 보세구역 반입신고 시 수입신고수리가 통보되는 것을 악용하여, 운영인이 허위로 반입신고하고 신고인이 수입신고수리 통보를 받으면 보세구역 반입 · 반출없이 물품이 국내로 반입될 수 있다.

⑦ 다음 각 호의 어느 하나에 해당하는 자에게는 100만원 이하의 과태료를 부과한다.

1. 적재물품과 일치하지 아니하는 적재화물목록을 작성하였거나 제출한 자. 다만, 다음 각 목의 어느 하나에 해당하는 자가 투입 및 봉인한 것이어서 적재화물목록을 제출한 자가 해당 적재물품의 내용을 확인하는 것이 불가능한 경우에는 해당 적재화물목록을 제출한 자는 제외한다.
   가. 제276조 제3항 제1호에 해당하는 자
   나. 적재물품을 수출한 자
   다. 다른 선박회사 · 항공사 및 화물운송주선업자
2. 제12조 제1항을 위반하여 신고필증을 보관하지 아니한 자
3. 제28조 제2항에 따른 신고를 하지 아니한 자
4. 제107조 제4항, 제108조 제2항, 제138조 제2항 · 제4항, 제141조 제2호, 제157조의 2, 제162조, 제179조 제2항, 제182조 제1항(제205조에서 준용하는 경우를 포함한다), 제183조 제2항 · 제3항, 제184조(제205조에서 준용하는 경우를 포함한다), 제185조 제2항(제205조에서 준용하는 경우를 포함한다), 제245조 제3항 또는 제254조의 2 제2항 및 제3항을 위반한 자
5. 제160조 제4항(제207조 제2항에서 준용하는 경우를 포함한다)에 따른 세관장의 명령을 이행하지 아니한 자
6. 제177조 제2항(제205조에서 준용하는 경우를 포함한다), 제180조 제4항(제205조에서 준용하는 경우를 포함한다) 또는 제249조 각 호 외의 부분 단서에 따른 세관장의 명령이나 보완조치를 이행하지 아니한 자
7. 제180조 제1항(제205조에서 준용하는 경우를 포함한다) · 제2항(제89조 제5항에서 준용하는 경우를 포함한다), 제193조(제205조에서 준용하는 경우를 포함한다) 또는 제203조 제2항에 따른 세관장의 감독 · 검사 · 보고지시 등을 따르지 아니한 자

해 설

법 제276조 제3항 제1호는 부정한 방법으로 적재화물목록을 작성하였거나 제출한 자에 관한 규정이다.

법 제28조 제2항은 잠정가격신고에 관한 규정이며, 잠정가격으로 가격신고를 한 때에는 대통령령이 정하는 기간 이내에 확정가격신고를 해야 한다는 내용이다.

법 제107조 제4항은 관세 분할납부에 관한 규정이며, 분할납부 승인을 얻은 자가 파산선고를 받은 때에는 관세를 납부하여야 하는 자는 지체 없이 그 사유를 세관장에게 신고하여야 한다는 내용이다.

법 제108조 제2항은 담보세공 및 사후관리에 관한 규정이며, 감면 또는 분할납부 승인을 받은 자는 해당 조건 이행을 확인하는 데에 필요한 서류를 세관장에게 제출하여야 한다는 내

용이다.

법 제138조 제2항 및 제4항은 재해 기타 부득이한 사유로 인한 면책에 관한 규정이며, 세관공무원 또는 국가경찰공무원에게 이 내용을 보고하여야 하며, 부득이한 사유가 종료된 때에는 지체 없이 그 경과를 세관장에게 보고하여야 한다는 내용이다.

법 제141조 제2호는 외국물품의 일시양륙에 관한 규정이며, 해당 운송수단의 여객 · 승무원 또는 운전자가 아닌 자가 타고자 하는 경우는 세관장에게 신고하여야 한다는 내용이다.

법 제162조는 물품취급자에 대한 단속에 관한 규정이며 물품취급자는 세관장의 명령을 준수하고 세관공무원의 지휘를 받아야 한다는 내용이다.

법 제157조의 2는 수입신고수리물품의 반출에 관한 규정이며, 관세청장이 정하는 보세구역에 반입되어 수입신고가 수리된 물품의 화주 또는 반입자는 수입신고 수리일부터 15일 이내에 해당 물품을 보세구역으로부터 반출하여야 한다는 내용이다.

법 제179조 제2항은 특허의 효력상실 및 승계에 관한 규정이며, 운영인 또는 상속인, 승계법인은 특허보세구역의 운영을 그만 둔 때 등의 경우에는 지체 없이 세관장에게 보고하여야 한다는 내용이다.

법 제182조 제1항은 특허의 효력상실시 조치에 관한 규정이며, 특허의 효력이 상실된 때에는 특허보세구역 안에 있는 외국물품을 지체 없이 다른 보세구역으로 반출하여야 한다는 내용이다.

법 제183조 제2항 및 제3항은 보세창고에 관한 규정이며, 보세창고 안에서 다른 물품의 장치에 방해가 되지 아니하는 범위 안에서 내국물품을 장치할 수 있고, 1년 이상 계속하여 내국물품만을 장치하고자 하는 때에는 세관장의 승인을 얻어야 한다는 내용이다.

법 제184조는 장치기간 경과한 내국물품에 관한 규정이며, 장치기간이 경과한 내국물품은 그 기간 경과 후 10일 이내에 운영인의 책임으로 반출하여야 한다는 내용이다.

법 제205조는 종합보세구역의 준용규정에 관한 내용이다.

법 제185조 제2항은 보세공장에 관한 규정이며, 보세공장 안에서는 세관장의 허락 없이는 내국물품만을 원료로 하거나 재료로 하여 제조 등 작업을 할 수 없다는 내용이다.

법 제245조 제3항은 신고시의 제출서류에 관한 규정이며, 신고인에게 장부 기타 관계 자료의 제시 또는 제출을 요청하는 때에는 신고인은 이에 응하여야 한다는 내용이다.

법 제254조의 2 제2항은 탁송품 운송업자는 통관목록을 사실과 다르게 제출하여서는 아니된다는 내용이다.

법 제160조 제4항은 장치물품의 폐기에 관한 규정이며, 보세구역에 장치중인 물품에 대하여 화주 등에게 반송 또는 폐기할 것을 명할 수 있다는 내용이다.

법 제177조 제2항은 장치기간에 관한 규정이며, 정해진 장치기간 안에서도 운영인에게 물품 반출을 명할 수 있다는 조항이다.

법 제180조 제4항은 특허보세구역의 설치・운영에 관한 감독에 관한 규정이며, 특허보세구역의 설치 목적에 합당하지 아니한 때는 다른 보세구역으로 반출을 명할 수 있다는 내용이다.

법 제249조는 신고사항의 보완에 관한 규정으로서 신고수리 전까지 보완할 수 있으나 경미하고 수리 후 보완이 가능하다고 인정되는 경우에는 신고수리 후 보완할 수 있다는 내용이다.

법 제180조 제1항은 특허보세구역의 설치・운영 감독에 관한 규정이며, 세관장은 운영인을 감독한다는 내용이다. 동조 제2항은 운영인에 대하여 보고를 명하거나 운영상황을 검사시킬 수 있다는 내용이다.

법 제193조는 반입물품의 장치제한에 관한 규정이며, 보세건설장 반입물품은 그 물품을 장치할 장소를 제한하거나 사용상황에 관하여 운영인으로 하여금 보고하게 할 수 있다는 내용이다.

법 제203조 제2항은 종합보세구역에 대한 세관 관리에 관한 규정이며, 종합보세구역에 반입・반출되는 물품에 대하여 그 장부나 전산처리장치를 이용한 기록을 검사 또는 조사할 수 있고, 업무실적도 보고하게 할 수 있다는 내용이다.

⑧ 제1항부터 제7항까지의 규정에 따른 과태료는 대통령령으로 정하는 바에 따라 세관장이 부과・징수한다.

해 설

과태료부과 징수권자에 관한 규정이다. 2008.6.22. 질서위반행위규제법이 발효됨에 따라 과태료 부과에 관한 일반법인 동법의 규정에 의거 업무를 처리하고 각 법에 규정된 과태료 관련 사항은 삭제하였다.

종래 판례는 과태료의 제재는 범죄에 대한 형벌이 아니므로 그 성질상 처음부터 공소시효나 형의 시효에 상당하는 것이 있을 수 없고 이에 상당하는 규정도 없으므로 일단 한번 과태료에 처해질 위반행위를 한 자는 그 처벌을 면할 수 없다는 입장이었다. 그러나 위반자는 언제 처벌을 받을지 몰라서 항상 불안에 떨게 되고 안정적인 사회생활도 불가능할 수도 있으므로 질서위반행위규제법에서는 질서위반행위가 종료된 날로부터 5년이 경과한 경우에는 과태료를 부과할 수 없도록 규정하였다.

동법 제5조에 다른 법률의 규정 중 이 법의 규정에 저촉되는 것은 이 법으로 정하는 바에 따른 다는 규정에 의거 동법 제3장에 과태료 부과징수에 관한 절차를 규정하여 사전통지, 이의제기, 법원에 통보 등 절차를 정하고 있다. 이에 따라서 동조의 이의제기, 법원에 통보 등 제4항에서 제6항 규정은 2008.12.26. 법 개정(법률 제9261호)시 삭제하였다. 2010.1.1. 법 개정시 제3항에서 제5항으로 변경되었다.

2018.12.8. 관세법 개정시 '대통령령으로 정하는 바에 따라'는 내용을 삽입하였다. 법률의 의무위반 행위에 관하여 세관장이 부과·징수함만을 규정하고 있고, 부과기준은 하위법령(대통령령)이 아닌 훈령으로 운영하고 있어 위임입법 체계의 일탈이 발생한다는 우려에 따른 것이다. 국민의 재산권에 직접적 침익을 야기하는 금전적 제재수단의 경우 반드시 법률에 그 부과·징수에 관한 근거를 두어야 하며, 하위법령(대통령령)에서는 법률에서 위임된 내용에 따라 세부적 절차와 부과기준을 별개의 조문 내지 일반적으로 별표의 형식을 통하여 규정하여야한다는 점에서 관세법상 부과기준 및 위임근거를 마련하였다.

과태료부과처분에 불복이 있는 자는 질서위반행위규제법 제20조에 따라 과태료부과통지서 및 과태료납부고지서를 받은 날로부터 60일 이내에 이의제기를 할 수 있다. 세관장은 이의제기를 받은 날로부터 14일 이내에 과태료처분대상자의 주소지를 관할하는 지방법원에 그 사실을 통보하여야 하며 관할법원은 비송사건절차법에 의한 과태료 재판을 하게 된다.

【대법원 2011.7.14, 2011마364】 질서위반행위규제법은 과태료의 부과대상인 질서위반행위에 대하여도 책임주의 원칙을 채택하여 제7조에서 "고의 또는 과실이 없는 질서위반행위는 과태료를 부과하지 아니한다."고 규정하고 있으므로, 질서위반행위를 한 자가 자신의 책임 없는 사유로 위반행위에 이르렀다고 주장하는 경우 법원으로서는 그 내용을 살펴 행위자에게 고의나 과실이 있는지를 따져보아야 한다.

【대법원 2005.2.7, 2004마1003】 자동차를 수출하기 위하여 말소등록을 신청하고, 그에 따라 자동차의 수출 이행 여부를 신고하여야 하는 자는 자동차의 소유자 혹은 자동차를 수출하는 자에 해당하여야 할 것이고, 따라서 말소등록 신청 후 자동차의 수출 이행 여부를 신고하지 아니하는 경우에 과태료를 부과할 수 있는 대상자도 자동차의 소유자 혹은 수출업자로 한정된다 할 것이므로, 수출업자를 대행하여 자동차 말소등록 신청서를 작성하여 제출한 자가 자동차의 소유자 혹은 수출업자에 해당하지 않는 이상, 비록 그가 자동차 말소등록 신청서를 작성하여 제출하면서 수출업자의 업무를 대행한다는 사실을 고지하지 않았다고 하더라도, 그와 같이 자동차의 말소등록신청업무만을 대행한 자에게 자동차의 수출 이행 여부를 신고하지 않았음을 이유로 과태료를 부과할 수는 없다.

【대법원 1998.12.23, 98마2866】 법원이 비송사건절차법에 따라 과태료 재판을 함에 있어서는 관할 관청이 부과한 과태료처분에 대한 당부를 심판하는 행정소송절차가 아니므로 행정관청 내부의 부과기준에 기속됨이 없이 관계법령에서 규정하는 과태료 상한의 범위 내에서 그 동기·위반의 정도·결과 등 여러 인자를 고려하여 재량으로 그 액수를 정할 수 있으며, 항고법원이 정한 과태료 액수가 법이 정한 범위 내에서 이루어진 이상 그것이 현저히 부당하여 재량권남용에 해당되지 않는 한 그 액수가 많다고 다투는 것은 적법한 재항고이유가 될 수 없다.

【대법원 1995.7.28, 95누2623】 구 건축법(1991.5.31. 법률 제4381호로 전문 개정되기 전) 제56조의 2 제1·4·5항 등에 의하면, 부과된 과태료처분에 대하여 불복이 있는 자는 그 처분이 있음을

안 날로부터 30일 이내에 당해 부과권자에게 이의를 제기할 수 있고, 이러한 이의가 제기된 때에는 부과권자는 지체 없이 관할법원에 그 사실을 통보하여야 하며, 그 통보를 받은 관할법원은 비송사건절차법에 의하여 과태료의 재판을 하도록 규정되어 있어서, 건축법에 의하여 부과된 과태료처분의 당부는 최종적으로 비송사건절차법에 의한 절차에 의하여만 판단되어야 한다고 보아야 하므로, 그 과태료처분은 행정소송의 대상이 되는 행정처분이라고 볼 수 없다.

【대법원 1992.2.11, 91도2536】 형사소송법 제326조 제1호에 의하면 확정판결이 있는 때에는 판결로써 면소의 선고를 하도록 규정되어 있는바, 이는 확정판결의 일사부재리의 효력에 기하여 동일성이 인정되는 범죄사실에 대한 재소를 금지하는 데에 그 취지가 있는 것이므로, 여기에서 말하는 확정판결에는 정식재판에서 선고된 유죄판결과 무죄의 판결 및 면소의 판결뿐만 아니라, 확정판결과 동일한 효력이 있는 약식 명령이나 즉결심판 등이 모두 포함되는 것이지만, 행정벌에 지나지 않는 과태료 부과처분은 위 "확정판결" 의 범주에 속하지 않는다고 할 것이다.

【대법원 1990.10.20, 90마699】 가. 건축법 제56조의 2에 따른 과태료는 행정관청의 시정명령위반행위에 대하여 과하는 제재이므로 일단 그 위반행위가 이루어지면 과태료부과대상이 되는 것이고 그 후에 이를 시정하였다 하여 과태료부과대상에서 당연히 벗어나는 것은 아니다.

나. 건축법 제56조의 2에 의한 과태료부과 처분에 대한 위반자의 불복으로 법원에서 비송사건절차법에 따라 과태료의 재판을 하는 절차는 부과권자인 행정관청이 부과한 과태료 처분에 대한 당부를 심판하는 행정소송절차가 아니므로 법원에서 비송사건절차법에 따라 당사자의 진술을 청취하고 적법한 절차에 따라 과태료의 재판을 한 이상 부과권자가 과태료를 부과하기 전에 건축법시행령 제103조의 규정에 따른 의견진술의 기회를 주지 아니하였다는 사유를 가지고 법원의 과태료재판이 위법하다고 주장할 수 없다.

【대법원 1982.7.22, 82마337】 비송사건절차법 제279조에 의하면 동조 제1항의 약식재판에 의한 과태료 결정은 그 고지를 받은 날로부터 1주일 이내에 당사자 또는 검사로부터 이의신청이 있으면 그 재판의 효력이 상실된다고 규정되어 있으므로 위 이의신청기간을 도과한 때에는 그 결정은 확정되어 더 이상 다툴 수 없는 것이다.

제277조의 2 【금품 수수 및 공여】 ① 세관공무원이 그 직무와 관련하여 금품을 수수(收受)하였을 때에는 국가공무원법 제82조에 따른 징계절차에서 그 금품 수수액의 5배 내의 징계부가금 부과 의결을 징계위원회에 요구하여야 한다.

② 징계대상 세관공무원이 제1항에 따른 징계부가금 부과 의결 전후에 금품 수수를 이유로 다른 법률에 따라 형사처벌을 받거나 변상책임 등을 이행한 경우(몰수나 추징을 당한 경우를 포함한다)에는 징계위원회에 감경된 징계부가금 부과 의결 또는 징계부가금 감면을 요구하여야 한다.

③ 제1항 및 제2항에 따른 징계부가금 부과 의결 요구에 관하여는 국가공무원법 제78조 제4항을 준용한다. 이 경우 "징계 의결 요구"를 "징계부가금 부과 의결 요구"로 본다.

④ 제1항에 따라 징계부가금 부과처분을 받은 자가 납부기간 내에 그 부가금을 납부하지 아니한 때에는 징계권자는 국세강제징수의 예에 따라 징수할 수 있다.

⑤ 관세청장 또는 세관장은 세관공무원에게 금품을 공여한 자에 대해서는 대통령령으로 정하는 바에 따라 그 금품 상당액의 2배 이상 5배 내의 과태료를 부과한다. 다만, 형법 등 다른 법률에 따라 형사처벌을 받은 경우에는 과태료를 부과하지 아니하고, 과태료를 부과한 후 형사처벌을 받은 경우에는 과태료 부과를 취소한다.

해 설

2017.12.19. 법 개정시 신설된 조항이다. 세관공무원의 직무상 청렴성을 제고하기 위하여 직무와 관련하여 금품을 수수하거나 세관공무원에게 금품을 공여한 자에 대해 징계부가금 및 과태료 등을 부과하는 것을 내용으로 하고 있다. 「조세범 처벌법」[24]의 국세와 관련한 부정행위에 대한 징계부가금 및 과태료 부과 규정을 관세의 경우에도 동일하게 규정하고자 하는 것으로, 국세와 유사 위법행위에 대해 제재 내용 또한 형평성 있게 한 것이다. 즉 국세의 경우에도 세무공무원이 그 직무와 관련하여 금품을 수수하였을 때에는 국가공무원법상 징계절차에서 그 금품 수수액의 5배내의 징계부가금 부과 의결을 징계위원회에 요구하도록 하고 있고, 세무공무원에게 금품을 공여한 자에 대해서는 그 금품 상당액의 2배 이상 5배내의 과태료를 부과하도록 하고 있다.

2019.12.31. 법 개정시 금품공여자에 대한 과태료 부과주체를 명확화하고 부과기준의 위임 근거를 신설하였다. 부과주체를 세관장에서 관세청장을 추가하고, 시행령상 규정하고 있는 '금품상당액의 5배'에 관한 위임 근거를 법에 규정하였다.

제277조의 3 【비밀유지 의무 위반에 대한 과태료】 ① 관세청장은 제116조 제1항 · 제6항 또는 제116조의 6 제10항을 위반하여 과세정보를 타인에게 제공 또는 누설하거나 그 목적 외의 용도로 사용한 자에게 2천만원 이하의 과태료를 부과 · 징수한다. 다만, 형법 등 다른 법률에 따라형사처벌을 받은 경우에는 과태료를 부과하지 아니하고, 과태료를 부과한 후 형사처벌을 받은 경우에는 과태료 부과를 취소한다.
② 제1항 본문에 따른 과태료의 부과기준은 대통령령으로 정한다.

---

24) 「조세범 처벌법」 제16조(금품 수수 및 공여) 내용과 동일하다. 즉, 국세의 경우에도 세무공무원이 그 직무와 관련하여 금품을 수수하였을 때에는 국가공무원법상 징계절차에서 그 금품 수수액의 5배내의 징계부가금 부과 의결을 징계위원회에 요구하도록 하고 있고, 세무공무원에게 금품을 공여한 자에 대해서는 그 금품 상당액의 2배 이상 5배내의 과태료를 부과하도록 하고 있다.

2019.12.31. 법 개정시 금품공여자에 대한 과태료 부과주체를 명확화하고 부과기준의 위임 근거를 신설하였다. 부과주체를 세관장에서 관세청장을 추가하고, 시행령상 규정하고 있는 '금품상당액의 5배'에 관한 위임 근거를 법에 규정하였다.

해 설

2022.12.31. 법 개정시 신설한 조항이다. 법 제116조 제1항은 세관공무원의 비밀유지 의무를 규정한 것이며, 제6항은 정보를 알게 된 자 혹은 정보 관련 업무 대행자에 관한 규정이다. 전산화가 진화됨에 따라 관세행정의 여러 분야에서 축적된 정보의 보안에 관한 사항이 중요한 만큼 정보 취급 당사자에 대한 의무사항을 형평성에 맞게 규정한 것이다.

법 제116조의 6은 납세자 본인에 관한 과세정보의 전송 요구에 관한 조항으로 2023.12.31. 법 개정시 신설된 조항이다.

제278조【형법 적용의 일부 배제】 이 법에 따른 벌칙에 위반되는 행위를 한 자에게는 형법 제38조 제1항 제2호 중 벌금경합에 관한 제한가중규정을 적용하지 아니한다.

해 설

관세형벌 중 벌금형 처벌시 형법 총칙 규정을 배제하여 왔으나 책임능력, 위법성 착오, 종범감경 등 형법 총칙 규정을 관세범 처벌에도 동일하게 적용하도록 2010.1.1. 관세법을 개정(법률 제9910호)하였다. 이전에는 일반적인 형법 규정을 징역형의 경우에 배제하는 것은 법 목적을 넘는 것이기 때문에 이를 적용하지 아니하였다.

형법 규정의 적용배제는 관세법 제정 당시부터 규정된 사항이나 2010.1.1. 법 개정으로 배제 규정을 삭제하고 형법 총칙의 규정을 적용하게 되었다. 구체적으로 보면 형사미성년자에 대한 벌금형 면제, 농아자에 대한 감경, 심신미약자에 대한 감경, 위법성 착오(정당사유)시 면제, 종범에 대한 감경, 작량에 의한 감경 허용에 관한 규정이었다.[25] 그러나 2010.1.1. 법 개정 이후에도 경합범에 대해 합산하여 가중하는 처벌은 수회에 걸쳐 발생한 밀수, 관세포탈 행위에 대한 처벌수준이 과도하게 낮아질 우려가 있어 현행대로 유지하였다. 미성년자, 농아자, 심신미약자 등에 대한 인권보호 강화, 위법성 착오시 정당한 사유가 있는 경우 형벌 처벌을 면제하는 책임주의 구현, 헌법상 처벌에 관한 과잉금지원칙, 과도한 형벌권 행사 방지 등을 목적으로 하고 있다. 형법 제38조 제1항 제2호는 '경합범과 처벌례'에 관한 규정이다.

---

25) 형법 제9조는 14세가 되지 아니한 자의 행위는 벌하지 아니한다는 내용, 형법 제10조 제2항은 심신장애로 인하여 전항의 능력이 미약한 자의 행위는 형을 감경한다는 내용, 형법 제11조는 농아자의 행위는 형을 감경한다는 내용, 형법 제32조 제2항은 종범의 형은 정범의 형보다 감경한다는 내용, 형법 제38조 제1항 제2호는 경합범 처벌 예로서 형기 또는 액수 가중 혹은 기준에 관한 내용, 형법 제53조는 범죄의 정상에 참작할 만한 사유가 있는 때에는 작량하여 그 형을 감경한다는 내용, 형법 제16조는 자기의 행위가 법령에 의하여 죄가 되지 아니하는 것으로 오인한 행위는 그 오인에 정당한 이유가 있는 때 한하여 벌하지 아니한다는 내용이다.

【헌법재판소 2019.4.11, 2018헌바156 전원재판부】 특가법 제6조 제2항이 수입한 물품원가를 죄의 경중을 가늠하는 가장 중요한 기준으로 삼아 자유형의 단계적 가중처벌을 규정하고 있는 것은 합리적인 이유가 있다. 심판대상조항은 그에 더하여 물품원가의 2배에 상당하는 금액을 필요적으로 병과하고 있는바, 이는 미신고 밀수입행위가 국가적으로 중대한 범죄임에도 불구하고 그에 대처하는 관세법의 처벌 규정이 가벼워서 범죄예방에 큰 실효를 거두지 못하고 있다는 반성적 고려에서 특가법 제6조 제2항에 더하여 심판대상조항을 입법하게 된 것이라는 입법배경, 관세범에 대하여 벌금형을 필요적으로 병과할 것인가의 여부는 원칙적으로 입법정책의 문제라는 점, 미신고 밀수입 행위는 국가의 관세부과·징수권을 직접 침해하고 관세수입의 감소와 무역질서의 기조를 심각하게 훼손하는 반사회적 범죄인 점 등을 고려하면, 그 범죄예방을 위한 형사정책적 측면에서 신고하지 아니하고 수입한 물품원가가 2억 원 이상인 경우 그 물품원가의 2배의 벌금형을 규정한 심판대상조항이 범죄의 죄질 및 행위자의 책임에 비하여 지나치게 가혹한 것이라거나 범죄에 대한 형벌 본래의 목적과 기능을 달성함에 있어 필요한 정도를 일탈한 자의적 입법이라 볼 수 없다.

【헌법재판소 2008.2.28, 2005헌바88 전원재판부】 관세범의 경우 일반 형사범과는 달리 범행의 동기나 행위의 태양 등이 비교적 정형화되어 있어 벌금형의 법정형의 범위가 대부분 포탈세액이나 물품원가를 기준으로 하고 있다. 따라서 개별 포탈세액이나 물품원가는 적지만 수차례에 걸쳐 범행을 저지른 경우 형법상의 경합범가중 규정을 그대로 적용하면 벌금형을 선고할 수 있는 범위가 너무 좁아지는 불합리한 경우가 발생할 수 있다. 특히 국제적·조직적·지능적으로, 또한 반복적·계속적으로 행해지는 관세범의 특성에 비추어 볼 때, 경합범가중 규정을 그대로 적용할 경우 벌금형이 지나치게 낮아져서 벌금형의 형벌로서의 위하력이 상실되는 결과가 될 수도 있다. 경합범가중 제한규정과 작량감경 규정의 적용을 배제하고 있는 것은 관세범의 특성을 고려하는 한편, 관세징수의 확보와 통관질서의 유지를 위해 관세범을 엄벌하고자 하는 입법자의 정당한 입법목적에 따른 것이며, 그로 인해 벌금형의 법정형이 무거워지는 정도는 우리의 경제현실이나 사회실정 및 국민의 법감정에 기초해 볼 때 불합리한 정도라 할 수 없다.

【헌법재판소 1998.11.26, 97헌바67 전원재판부】 수개의 관세포탈행위에 대하여 벌금형으로 처벌함에 있어서 형법상의 경합범가중규정이나 작량감경규정을 준용할 것인가 여부의 문제도 결국 관세포탈죄의 법정형에 관한 문제이어서 국가의 입법정책에 속하는 문제라고 할 것이므로, 그 입법목적이 합리적이 아니거나 그것이 형벌체계상의 균형을 잃고 형벌 본래의 목적과 기능을 넘어선 과잉처벌인 경우에 한하여 헌법에 위반된다. 관세범에 대하여 벌금형에 처할 경우에 경합범가중제한 규정과 작량감경 규정의 적용을 배제하고 있는 관세법은 그 입법목적이 합리적일 뿐 아니라 그 내용이 형벌체계상의 균형을 잃게 되어 다른 범죄자와의 관계에 있어서 평등의 원칙에 반한다거나 그러한 유형의 범죄에 대한 형벌 본래의 목적과 기능을 넘어선 과잉처벌에 해당한다고 할 수 없으므로 헌법에 위반되지 아니한다.

第279조【양벌 규정】 ① 법인의 대표자나 법인 또는 개인의 대리인, 사용인, 그 밖의 종업원이 그 법인 또는 개인의 업무에 관하여 제11장에서 규정한 벌칙(제277조의 과태료는 제외한다)에 해당하는 위반행위를 하면 그 행위자를 벌하는 외에 그 법인 또는 개인에게도 해당 조문의 벌금형을 과(科)한다. 다만, 법인 또는 개인이 그 위반행위를 방지하기 위하여 해당 업무에 관하여 상당한 주의와 감독을 게을리하지 아니한 경우에는 그러하지 아니하다.

② 제1항에서 개인은 다음 각 호의 어느 하나에 해당하는 사람으로 한정한다.

1. 특허보세구역 또는 종합보세사업장의 운영인
2. 수출(「수출용원재료에 대한 관세 등 환급에 관한 특례법」 제4조에 따른 수출등을 포함한다) ·수입 또는 운송을 업으로 하는 사람
3. 관세사
4. 국제항 안에서 물품 및 용역의 공급을 업으로 하는 사람
5. 제327조의 3 제3항에 따른 전자문서중계사업자

해 설

사용자의 책임벌에 관한 규정이다.[26] 양벌이란 하나의 범죄행위에 대하여 행위자와 업무주(법인 또는 개인)를 함께 처벌한다는 의미이다. 책임벌은 사용인 등의 행위의 결과가 영업주 본인에게 귀속하는 것이므로 이익이 귀속하는 데에도 손해도 귀속하여야 한다는 보상책임의 이론에서 유래한다. 책임벌은 영업주 본인에게 경제적 부담을 주기 위한 것을 목적으로 하면, 형사 정책적으로도 벌금형만으로 족하기 때문에 사용자 등에 대한 책임벌은 벌금형을 원칙으로 한다. 양벌규정은 직접 행위를 한 자 이외의 자를 처벌하는 규정이며, 쌍벌규정이라고도 한다. 일반적으로는 양벌규정은 법인처벌을 말한다. 성질상 사용자, 법인에게 책임을 물을 수 없는 과태료에 해당되는 벌칙 위반의 경우에는 양벌규정을 적용하지 아니한다.[27]

양벌규정이 기업주의 경영활동을 크게 위축시키는 요인으로 보아, 2008.12.26. 법 개정(법률 제9261호)시 신체형이나 벌금형의 구분 없이 '처벌한다'는 규정을 '벌금형'으로 한정하고, 법인·개인을 동일 항에서 규정하도록 하는 법무부의 요청을 수용하여 규정을 개정한 바 있다. 종전에는 관세법에는 법 제280조의 법인처벌과 사용인 및 본인의 처벌에 관해서도 규정하고 있었고, 법 제281조의 면책조항도 별도로 규정하였으나 이를 본조에 통합하여 규정하였다.[28]

---

26) 대법원 1997.2.14. 선고 96도2699 판결에 의하면 "각 호의 1에 해당하는 자"나 "본인"은 자연인만을 의미하는 것이고 법인은 여기에 해당되지 않는다. 통칙에도 운영인은 자연인만을 의미하고 법인은 이에 해당되지 않는다.

27) 2008.10.7.자 '한국경제신문'에 의하면 양벌규정에 대하여 관계자는 '양벌규정이 있는 380개 법률을 과실이 있을 때만 사용자가 책임지는 과실책임주의 방식으로 전환'할 계획이라는 등 현행 양벌규정에 대한 개정의견을 피력한 바 있다. 주요 양벌규정 법률 현황을 보면 관세법, 관세사법, 외국환거래법, 해외이주법 보호관찰 등에 관한 법률, 도로교통법, 소방기본법 등이 있다.

28) 2009.12. 현재 관세사법에는 양벌규정 적용시 면책 조항이 없다.

법인의 임원, 직원, 일시 고용된 사용인 등이 법인 업무를 하여 법에 규정된 벌칙에 위반되는 행위를 한 때에는 임원, 직원, 사용인을 처벌하는 것 외에 법인도 처벌한다. 임원은 이사와 감사로 등기된 자를 말하고 상근 여부, 보수 여부를 불문한다. 「조세범 처벌법」에는 법인의 대표자, 법인 또는 개인의 대리인, 사용인 기타 종업원이 그 법인 또는 개인의 업무 또는 재산에 관하여 동법에 규정하는 범칙행위를 한 때에는 행위자를 처벌하는 외에 그 법인 또는 개인에 대하여도 벌금에 처한다. 업무관련성 요건의 해석과 관련하여 대법원은 (1) 객관적으로 법인의 업무를 위하여 하는 것으로 인정할 수 있는 행위가 있어야 하고, (2) 주관적으로는 피용자 등이 법인의 업무를 위하여 한다는 의사를 가지고 행위함을 요한다는 기준을 제시하고 있다.[29] 법인의 사용인 그 밖의 종업원에는 법인과 정식 고용계약을 체결하고 근무하는 자 뿐만 아니라 그 법인업무로 직·간접으로 수행하면서 법인의 통제·감독하에 있는 자도 포함된다.[30]

면책과 관련하여 책임 없으면 형벌 없다는 책임원칙은 형법의 기본원칙이다. 이것은 책임이 없으면 형벌 없다는 것에 끝나지 아니하고, 처벌 시에는 행위자가 자기의 책임에 따라 행하는 것보다 형벌이 무거워서는 아니 된다는 것을 의미하기도 한다. 본인이 위반행위를 방지하는 방도가 없었음을 증명하는 때, 즉 본인의 과실이 없음을 증명하는 때에는 양벌규정에 의한 처벌은 하지 아니한다. 법인의 경우에도 임원·직원·사용인에 대하여 과실이 없음을 증명하는 때에도 처벌하지 아니한다.

이 면책조항은 책임벌에 대한 구제를 규정하고 있다. 법인은 법률이 인정하는 자연인이 아닌 권리의무의 주체를 말한다. 과실유무 대상행위는, 본인이 직접 지휘하거나 알고 있는 사항에 대하여만 책임이 있다는 것은 아니고, 행위가 본인의 업무를 위하여 행한다는 의사 아래 행해지고, 객관적으로도 그렇게 인정되는 행위에 대하여 책임이 있다는 것이다.[31] 사용인은 법인에 고용되어 그 업무를 종사하는 자이지만, 사전적인 의미로는 근로계약에 따라 정신적·육체적 일을 하고 대가로 보수를 받는 사람을 말하며, 사용자는 근로자에게 일을 시키고 그 대가로 보수를 주는 사람을 말한다.

제2항에서 특허보세구역·종합보세구역 운영인·수출·수입이나 운송을 업으로 하는 자·관세

29) 대법원 1997.2.14. 선고 96도2699 판결 참조.

30) 대법원 2006.2.24. 선고 2003도4966 판결 참조.

31) 2009.7.30. 헌법재판소에서는 「청소년 보호법」, 「사해행위 등 규제 및 처벌특례법」, 의료법, 구 도로법, 건설산업기본법, 「의료기사 등에 관한 법률」 등 6개 법의 양벌규정은 위헌이라 판결하였다. 그리고 종업원이 업무와 관련하여 위반행위를 한 경우 영업주가 비난받을 만한 행위가 있었는지 여부와는 전혀 관계없이 자동적으로 처벌하도록 규정하고 있으므로 이는 책임주의에 반하여 헌법에 위반된다고 하였다. 국가경쟁력강화위원회는 종업원의 범죄행위를 방지하기 위해 관리·감독 의무를 다한 경우 법인·개인 영업주의 형사책임은 면제키로 결정한 바 있다(2008.7.24).

사·국제항 내 물품공급업자, 국가관세종합정보시스템 운영사업자, 전자문서중계사업자가 양벌규정에 해당된다. 성질상 법인에게 책임을 물을 수 없는 자유형, 과태료에 해당되는 벌칙 위반의 경우에는 양벌규정을 적용하지 아니하며, 지정보세구역관리인은 양벌규정에 해당되지 아니한다.

직접적인 관련은 없지만 타 법에 의한 처벌이 있은 업체에 대한 관세법상 행정벌의 병과는 사안별로 검토해야 한다. 예를 들면 금괴를 밀수출입한 사건에 대하여 외국환거래법으로 처벌하면서 관세법상 행정처분으로 특허보세구역 운영인, 용역도급업체 등에 대하여 경고처분, 영업정지 10일 등 처분한 사례가 있다.[32)]

【대법원 1997.9.30, 96도2159】 [1] 특허보세구역의 설영인은 자연인만을 의미하는 것이고 법인은 여기에 해당하지 않는다. [2] 관세법에 따라 법인의 임직원 또는 피용자의 범칙행위에 의하여 법인을 처벌하기 위하여는 먼저 범칙행위를 한 자가 법인의 임원, 직원, 사용인의 어느 하나에 해당되어야 하고, 나아가 그의 범칙행위가 '법인의 업무에 관하여' 행한 것이어야 한다.

【대법원 1997.2.14, 96도2699】 "다음 각 호의 1에 해당하는 자"나 "본인"은 자연인만을 의미하는 것이고 법인은 여기에 해당하지 않는다. 법인의 임직원 또는 피용자의 범칙행위에 의하여 법인을 처벌하기 위한 요건으로서 '법인의 업무에 관하여' 행한 것으로 보기 위하여는 객관적으로 법인의 업무를 위하여 하는 것으로 인정할 수 있는 행위가 있어야 하고, 주관적으로는 피용자 등이 법인의 업무를 위하여 한다는 의사를 가지고 행위함을 요하며, 위 요건을 판단함에 있어서는 법인의 적법한 업무의 범위, 피용자 등의 직책이나 직위, 피용자 등의 범법행위와 법인의 적법한 업무 사이의 관련성, 피용자 등이 행한 범법행위의 동기와 사후처리, 피용자 등의 범법행위에 대한 법인의 인식 여부 또는 관여 정도, 피용자 등이 범법행위에 사용한 자금의 출처와 그로 인한 손익의 귀속 여하 등 여러 사정을 심리하여 결정하여야 한다. * 보세창고 사무직원이 화주로부터 몰래 물품반출을 부탁받고 통관절차를 거치지 않고 물품반출한 사례이다.

【대법원 1995.7.25, 95도391】 [1] 법인이 처벌받게 되는 경우에도 본인으로서 그 직원 또는 임원의 위반행위를 방지하는 방도가 없었음을 증명한 때에는 면책되는바, 이는 법인에게 무과실책임은 아니더라도 입증책임을 부과함으로써 업무주체에 대한 과실의 추정을 강하게 하려는 데 목적이 있다. [2] 법인의 직원 또는 사용인이 위반행위를 하여 양벌규정에 의하여 법인이 처벌받는 경우, 법인에게 자수감경에 관한 형법 제52조 제1항의 규정을 적용하기 위하여는 법인의 이사 기타 대표자가 수사책임이 있는 관서에 자수한 경우에 한하고, 그 위반행위를 한 직원 또는 사용인이 자수한 것만으로는 위 규정에 의하여 형을 감경할 수 없다.

【대법원, 1980.3.11, 80도138】 법인의 수출선적사무를 전담하는 업무부장이 법인의 대표자 또는 이사에게 알리지도 않은 채 위반행위를 혼자 범하였다는 사실만으로는 법인의 면책사유에 해당되지 아니한다.

【대법원 1977.9.13, 77도2055】 법인의 사용인이 관세법위반 행위를 한 경우 그 법인을 처벌하기

32) 관세청업무처리지침(2008.7.17) 금괴 밀수출입에 대한 관세법상 행정처분 의견 통보.

위하여서는 위 행위가 법인의 업무에 관하여 이루어 진 것이야 하며 그 관세가 법인이 업무상 부담하여야 할 성질의 것이어야 한다. 법인의 사용인이 관세품을 절취하는 방법으로 인취한 경우에는 관세법위반죄와 절도죄는 상상적 경합법의 관계가 된다.

【헌법재판소 2010.10.28, 2010헌가55 · 64(병합)】 법인이 법인의 업무를 집행하는 사용인 등에 대하여 위반행위를 방지하는 방도가 없었음을 증명하는 때에는 법인을 처벌하지 아니하는 것으로 규정되어 있는바, 법인으로서는 사용인 등의 위반행위를 방지할 방도가 없었음을 증명하면 형사처벌 자체를 받지 않게 된다. 이처럼 구 관세법 부분은 헌법재판소가 위헌결정을 하였던 다른 양벌규정들과 달리 면책의 가능성이 열려 있고, 법인의 사용인 등에 대한 선임 · 감독상의 주의의무위반을 근거로 법인에게 그 책임을 묻고 있으므로, 책임 없는 자에 대한 처벌로서 책임주의 원칙에 반한다고는 볼 수 없다.

제280조 【법인 처벌】 (삭제)

해 설

2008.12.26. 법 개정(법률 제9261호)시 법 제279조에 통합하여 규정하였다.

제281조 【면책】 (삭제)

해 설

2008.12.26. 법 개정(법률 제9261호)시 법 제279조에 통합하여 규정하였다.

제282조 【몰수 · 추징】 ① 제269조 제1항(제271조 제3항에 따라 그 죄를 범할 목적으로 예비를 한 자를 포함한다)의 경우에는 그 물품을 몰수한다.

② 제269조 제2항(제271조 제3항에 따라 그 죄를 범할 목적으로 예비를 한 자를 포함한다. 이하 이 조에서 같다), 제269조 제3항(제271조 제3항에 따라 그 죄를 범할 목적으로 예비를 한 자를 포함한다. 이하 이 조에서 같다) 또는 제274조 제1항 제1호(같은 조 제3항에 따라 그 죄를 범할 목적으로 예비를 한 자를 포함한다. 이하 이 조에서 같다)의 경우에는 범인이 소유하거나 점유하는 그 물품을 몰수한다. 다만, 제269조 제2항 또는 제3항의 경우로서 다음 각 호의 어느 하나에 해당하는 물품은 몰수하지 아니할 수 있다.

1. 제154조의 보세구역에 제157조에 따라 신고를 한 후 반입한 외국물품
2. 제156조에 따라 세관장의 허가를 받아 보세구역이 아닌 장소에 장치한 외국물품
3. 폐기물관리법 제2조 제1호부터 제5호까지의 규정에 따른 폐기물

4. 그 밖에 몰수의 실익이 없는 물품으로서 대통령령으로 정하는 물품
③ 제1항과 제2항에 따라 몰수할 물품의 전부 또는 일부를 몰수할 수 없을 때에는 그 몰수할 수 없는 물품의 범칙 당시의 국내도매가격에 상당한 금액을 범인으로부터 추징한다. 다만, 제274조 제1항 제1호 중 제269조 제2항의 물품을 감정한 자는 제외한다.
④ 제279조의 개인 및 법인은 제1항부터 제3항까지의 규정을 적용할 때에는 이를 범인으로 본다.

해 설

관세법에서는 일정한 경우 필요적으로 몰수·추징하도록 규정하고 있는데 이는 관세법위반으로 인하여 생긴 물품의 사회적 유통을 억제하고 일반예방적인 차원에서 이를 엄하게 징벌하려는 데 입법취지가 있다. 관세법상의 몰수·추징은 범죄행위로 인한 이득의 박탈을 주목적으로 하는 형법상의 몰수·추징과는 달리 그 범죄공용물의 훼기 또는 징벌적 목적의 달성을 주목적으로 하는 징벌적 성질의 처분이다.

다만, 관세법상의 필요적 몰수·추징은 모든 관세범죄에 적용되는 것이 아니라 수출입금지물품의 수출입이나 미신고·허위신고 수출입 또는 그러한 수출입의 대상이 되는 물품을 취득·양여·운반·보관 또는 알선하는 등의 경우 범인이 소유 또는 점유하는 그 물품에 대하여만 적용된다. 이는 수출입신고를 토대로 이루어지는 현행 통관절차에 있어 올바른 신고행위가 수출입에 있어 가장 기본이 되는 요소이므로 신고 자체가 이루어지지 않거나 허위로 이루어지는 경우 및 이와 관련되는 범죄의 경우 해당 물품을 필요적으로 몰수·추징함으로써 일반예방적인 차원에서 밀수출입죄를 엄하게 징벌하여 수출입신고를 확보하려는 데 그 목적이 있다. 제1항에서 보면 수출입금지품을 수출입한 때는 소유나 점유자가 누구인가를 묻지 않고 그 물품을 몰수한다.

2019.12.31 법 개정시 밀수출입 등 예비범에 대한 몰수·추징 규정을 신설하였다. 이는 밀수행위 억제 및 밀수출의 국내유통을 차단하기 위한 예비책이기도 하다.

제2항에서 보면 무신고 수입품, 위장신고 수입품, 무신고 수출품, 위장신고 수출품, 밀수품 취득죄에 해당하는 물품을 범인이 소유, 점유한 경우 이를 몰수한다. 다만, 단서규정과 관련하여 2013.1.1. 법 개정(법률 제11602호)시 종전 '몰수하지 아니한다'는 조문 내용을 '몰수하지 아니할 수 있다'로 조정하였다.

2019.12.31. 법 개정시 제3호와 제4호를 신설 규정하여 폐기물이나 몰수의 실익이 없는 물품 등은 몰수하지 아니하도록 규정하고 있다. 이는 국고 관리상 물품관리 비용절감에 관한 사항이다.

몰수에 대한 우리나라 규범체계는 임의적 몰수규정와 필요적 몰수규정로 구분하고 있다. 범죄일반에 관한 임의적 몰수는 형법 제48조에서 일괄 규정하고 있고 필요적 몰수는 범죄행

위별로 필요적 몰수를 규정할 필요가 있는 경우 각 개별법에서 필요적 몰수를 규정하고 있다. 따라서 각 개별법에서 필요적 몰수로 규정하지 않은 물건에 대해서도 범죄에 관련되는 물품인 한, 형법 제48조의 규정에 의한 임의적 몰수규정에 따라 그 몰수가 가능하다.

1998.12.28. 관세법 개정시, 관세포탈죄 중에서 허위세액신고수입 물품, 허위분할신고수입 물품은 몰수 대상에서 제외하였고, 허위세액신고수입 물품, 부정환급 물품, 부정감면 물품은 밀수품취득죄에서 제외하였다.

세관장의 허가를 얻어 보세구역이 아닌 곳에 장치한 외국물품을 수입신고 없이 국내에 수입한 경우에 범인이 소유 또는 점유하고 있는 물품을 필요적으로 몰수하도록 하는 것은 과잉금지에 반한다는 헌법재판소의 위헌결정(2004.3.25)에 따라, 보세구역에 반입신고를 한 후 반입하거나 세관장의 허가를 받아 보세구역이 아닌 장소에 장치한 물품을 수입신고 없이 국내에 수입한 경우에 있어서는 필요적으로 몰수하지 아니하고 사례별로 사정을 고려하여 몰수 여부를 판단하도록 2004.10.5. 단서 조항을 추가하였다. 보세구역에 반입하기 위해서는 적하목록, 품명, 포장종류, 반입개수 등을 세관장에게 신고하여야 하는바, 반입신고가 된 물품은 일단 세관의 통제권하에 있으므로 신고 없이 반출하였다 하더라도 세관장에게도 그 관리책임을 다하지 못한 면이 있다는 점을 반영했다고 볼 수 있다.

제154조는 보세구역의 종류, 제156조는 보세구역 외 장치허가, 제157조는 물품의 반입·반출에 관한 규정이다.

제3항에서 몰수할 물품을 몰수하지 못하면[33] 범인에게 실현되는 이익을 박탈하고 범죄물품을 제3자에게 이동시키거나 멸실시키는 것을 방지하기 위해 몰수해야 할 물품에 대한 범칙당시의 국내도매가격에 상당하는 금액을 범인으로부터 추징한다.[34] 이와 같이 추징은 몰수에 갈음하는 환형처분(換刑處分)으로 몰수대상물의 전부 또는 일부가 몰수하기 불능인 때에 몰수에 갈음하여 그 가액 상당의 납부를 명하는 부수처분이다.[35] 징역 등 다른 형벌로 죄에 대한 대가를 치렀다 하더라도 범죄로 발생한 이익을 범인이 타인에게 양도하거나 은닉하는 등의 교묘한 수법으로 국가의 몰수를 회피하고 여전히 향유한다면 역시 법 감정에 어긋난다고 볼 수

---

33) 통칙에는 "몰수할 수 없는 때"라 함은 범인이 이를 소비, 은닉, 훼손, 분실하는 등의 경우는 물론 그 소재장소로 말미암은 장애사유로 인하여 몰수할 수 없는 때도 이에 해당된다고 한다.

34) 관세청 예규에 제3국에서 관세사범으로 처벌 받았을 때에 관세법에 추징금 징수에 대한 추징은 몰수할 물품을 몰수할 수 없을 경우에 범인이 얻은 이익을 빼앗는 데 목적이 있으므로, 제3국의 세관에 몰수된 경우에는 우리나라에서는 처음부터 몰수문제가 발생될 수 없어 추징도 생길 수 없다. 판례(1989.10.18, 88나4461)에 소유권을 취득한 제3자가 범칙품인 정을 알면서 취득하였다거나 범행의 공범이라는 증거가 없고 몰수의 선고는 범칙자에 대한 판결에서 선고된 것이어서 특별한 사정이 없는 한 그 효력이 제3자에게까지 미치지 않는다고 한다.

35) 추징 선고는 부수 처분에 불과하므로 종국 판결에 대한 상고 없이 추징 부분만에 대하여 독립하여 상고할 수 없다. 그리고 몰수, 추징만을 위한 공소제기는 할 수 없다.

있다. 이점을 보완하고자 범죄로 발생한 물품의 전부 또는 일부를 몰수 할 수 없는 때에는 그 몰수할 수 없는 물품의 "범칙당시의 국내도매가격에 상당하는 금액"을 범인으로부터 추징하는 것이다. 국내도매가격은 수입물품을 무역업자로부터 매수하여 국내도매시장에서 공정한 거래방법에 의하여 공개적으로 판매하는 가격을 말한다.[36] 전자상거래의 경우 도매가 형성이 일반적인 거래의 경우와 달라서 다소 혼선이 있다.

추징시에는 일반 징수권에 의한 추징을 하며, 부정감면물품의 경우도 마찬가지로 일반 징수권에 의해 추징한다. 따라서 체납이 발생되는 경우에는 형사소송법에 의한 절차가 아니라 국세징수법에 의한 절차로 징수해야 한다. 관세포탈사건에서 체납이 자주 발생하는 것은 담보가 없는 상태에서 발생하는 추징 조치 때문이다.

밀수품 감정자에 대한 몰수에 갈음한 추징이 비례원칙 내지 과잉금지원칙에 위배되어 위헌이라는 헌법재판소의 결정이 있었다.[37] 이에 따라서 2008.12.26. 법 개정(법률 제9261호)시 단서 규정을 신설하였다. 법 제274조 제1항 제1호는 밀수출입죄에 해당되는 경우이며, 제269조 제2항은 무신고수입 물품이나 위장신고수입 물품의 감정에 관한 조항이다.

제4항에서 추징 · 몰수 시에는 본인이나 법인을 범인으로 보아 소유 · 점유한 물품에 대하여 몰수 · 추징한다. 기본통칙에 추징금액 산정 시에는 시가역산율표에 근거하여 산정할 수 있다. 법 제269조 제1항은 밀수출입죄에 관한 규정이며, 금지품수출입죄에 관한 내용이다. 동조 제2항은 무신고수입죄, 허위신고수입죄에 관한 내용이며, 동조 제3항은 무신고수출 · 반송죄, 허위신고수출 · 반송죄에 관한 내용이다. 법 제274조는 밀수품 취득죄에 관한 규정이다. 법 제279조는 양벌규정, 법 제280조는 법인처벌에 관한 규정이다.

【대법원 2017.9.21, 2017도8611】 '국내도매가격'은 도매업자가 수입물품을 무역업자로부터 매수하여 국내도매시장에서 공정한 거래방법에 의하여 공개적으로 판매하는 가격으로서(관세법 시행령 제266조), 물품의 도착원가에 관세 등의 제세금과 통관절차비용, 기업의 적정이윤까지 포함한 국내도매물가시세인 가격을 뜻한다. 한편 시가역산율표에 의한 국내도매가격의 산정 방법은 수입항 도착가격 또는 감정가격을 기준으로 하여 관세 등의 제세금과 통관절차비용, 기업의 적정이윤까지 포함한 국내도매가격을 산정하는 것이나, 이러한 방식에 의하여 산정한 가격이 실제의 국내도매가격과 차이가 있다는 유력한 자료가 있다면 이러한 방식으로 국내도매가격을 산정하는 것은 위법하다. 몰수하기 불능한 때에 추징하여야 할 가액은 범인이 그 물건을 보유하고 있다가 몰수의 선고를 받았더라면 잃게 될 이득상당액을 의미하므로, 추징하여야 할 가액이 몰수의 선고를 받았더라면 잃게 될 이득상당액을 초과하여서는 아니 된다.

【대법원 2016.1.28, 2015도13591】 관세법 제282조 제3항은 관세법상 밀수입죄의 경우 추징금액을

36) 서울고법 1989.9.11. 선고 89노1526 판결 참조.

37) 헌재 2008.10.30. 선고 2008헌바11 전원재판부 결정 참조.

'국내도매가격'으로 정하고 있고, 여기서 국내도매가격이란 '물품의 도착원가에 관세 등의 제세금과 통관절차비용, 기업의 적정이윤까지 포함한 국내도매물가 시세인 가격'을 의미하므로, 특별한 사정이 없는 한 이러한 국내도매가격에 부가가치세가 제외된다고 볼 수 없다.

【대법원 2009.6.25, 2009도2807】 관세법 제282조는 이른바 필수적 몰수 또는 추징 조항으로서 그 요건에 해당하는 한 법원은 반드시 몰수를 선고하거나 추징을 명하여야 한다. 위와 같은 몰수 또는 추징은 범죄행위로 인한 이득의 박탈을 목적으로 하는 것이 아니라 징벌적인 성질을 가지는 처분으로 부가형으로서의 성격을 띠고 있어, 피고사건 본안에 관한 판단에 따른 주형 등에 부가하여 한 번에 선고되고 이와 일체를 이루어 동시에 확정되어야 하고 본안에 관한 주형 등과 분리되어 이심되어서는 아니 되는 것이 원칙이다. 따라서 상소심에서 원심의 주형 부분을 파기하는 경우 부가형인 몰수 또는 추징 부분도 함께 파기하여야 하고, 몰수 또는 추징을 제외한 나머지 주형 부분만을 파기할 수는 없다.

【대법원 2008.1.17, 2006도455】 관세법상의 추징은 일반 형사법에서의 추징과는 달리 징벌적 성격을 띠고 있어 여러 사람이 공모하여 관세를 포탈하거나 관세장물을 알선, 운반, 취득한 경우에는 범칙자의 1인이 그 물품을 소유하거나 점유하였다면 그 물품의 범칙 당시의 국내도매가격 상당의 가액전액을 그 물품의 소유 또는 점유사실의 유무를 불문하고 범칙자 전원으로부터 각각 추징할 수 있는 것이다. 다만 그 공범자 또는 범칙자 중 어떤 자가 그 가액의 전액을 납부한 때에는 다른 공범자에 대하여 그 추징의 집행이 면제될 뿐이다.

【대법원 2008.6.26, 2008도2269】 관세법상의 국내도매가격은 물품의 도착원가에 관세 등의 모든 세금과 통관절차비용 및 기업의 적정이윤까지 포함한 국내 도매물가시세인 가격을 뜻한다. 국내도매가격의 산정방식의 하나인 '시가역산율표'에 의한 산정도 수입항 도착가격이나 감정가격을 기초로 관세 등의 모든 세금과 통관절차비용 및 기업의 적정이윤까지 포함하여 산정하는 것인 이상, 이러한 방식에 의하여 산정한 국내도매가격이 실제의 가격과 차이가 있다는 달리 유력한 자료가 없는 한, 이 시가역산율표에 의한 국내도매가격의 산정을 위법하다고 할 수 없다.

【대법원 2008.1.17, 2006도455】 몰수·추징의 대상이 되는 여부나 추징액의 인정은 엄격한 증명을 필요로 하지 아니하는바, 몰수할 수 없는 다이아몬드의 범칙 당시 국내도매가격을 인정한 것은 정당하고, 거기에 상고이유로 주장하는 바와 같은 국내도매가격의 산정방법에 관한 법리오해 등의 위법이 없다.

【대법원 2007.12.28, 2007도8401】 '국내도매가격'이란 도매업자가 수입물품을 무역업자로부터 매수하여 국내도매시장에서 공정한 거래방법에 의하여 공개적으로 판매하는 가격으로서, 물품의 도착원가에 관세 등의 제세금과 통관절차비용, 기업의 적정이윤까지 포함한 국내 도매물가시세인 가격을 뜻한다.

【대법원 2007.12.28, 2007도8401】 '몰수할 수 없을 때'란 범인이 이를 소비, 은닉하는 등 그 소유 또는 점유의 상실이 범인의 이익으로 귀속시킬 수 있는 사유로 인한 경우뿐 아니라, 범인의 이익과는 관계없는 훼손, 분실 그 밖에 소재장소로 말미암은 장애사유로 인한 경우도 포함한다.

【대법원 2006.4.7, 2005도9858 전원합의체】 몰수대상이 되는지 여부나 추징액의 인정 등 몰수·

추징의 사유는 범죄구성요건 사실에 관한 것이 아니어서 엄격한 증명은 필요 없지만 역시 증거에 의하여 인정되어야 한다.

【대법원 2005.2.18, 2004다59362】 밀수입한 도자기를 보관한 자가 밀수품보관죄에 대한 유죄판결을 받고 항소하지 않아 몰수판결이 확정된 경우, 위 몰수판결의 효력은 도자기를 몰수당할 수 있는 지위에 있던 밀수입한 자에 대하여도 당연히 미친다.

【대법원 2004.3.26, 2003도8014】 관세법 제282조 제2항에서 정한 몰수는 형법총칙의 몰수에 대한 특별규정으로서 필요적인 몰수에 관한 규정이라 할 것이고, 같은 조항이 같은 법 제269조 제2항 및 제3항, 제274조 제1항 제1호의 경우에는 범인이 소유 또는 점유하는 그 물품을 몰수한다고 규정한 이상 범인이 점유하는 물품은 누구의 소유에 속함을 불구하고 소유자가 선의였든가 악의였든가를 가리지 않고 그 사실에 관하여 재판을 받는 범인에 대한 관계에서 이를 몰수하여야 한다고 해석할 것이다.

【대법원 2001.12.28, 2001도2572】 무신고수입죄의 미수범은 본범에 준하여 처벌되므로 신고를 하지 아니하고 물품을 국내에 반입하려다가 미수에 그친 것과 같은 미수행위가 있는 때에는 관세범칙물들의 몰수에 관하여 규정한 경우에 해당한다.

【대법원 1996.10.11, 96도1999】 관세를 포탈할 목적으로 예비한 행위는 본죄에 준하여 처벌되므로, 그와 같은 예비행위가 있는 때에는, 그 후 정당한 관세를 납부한다고 하여 몰수에서 벗어나는 것은 아니다. * 예비행위의 목적물도 몰수 대상물이다(대법원 1990.8.28. 선고 90도1576 판결).

【대법원 1996.4.26, 96도220】 [1] 국내 도매가격은 물품의 도착원가에 관세 등의 제세금과 통관절차비용, 기업의 적정이윤까지 포함한 국내 도매물가 시세인 가격을 뜻하고, 시가역산율표에 의한 국내 도매가격의 산정방법은 수입항 도착가격(또는 감정가격)을 기준으로 하여 관세 등의 제세금과 통관절차비용, 기업의 적정이윤까지 포함한 국내 도매가격을 산정하는 방식이므로, 위와 같이 산정한 국내 도매가격이 실제의 가격과 차이가 있다는 유력한 자료가 없는 한 시가역산율표에 의하여 국내 도매가격을 산정한 조치가 위법이라고 할 수 없다. [2] 시가역산율표에 의하여 산정한 국내 도매가격이 실제의 가격과 차이가 있는 이상 시가역산율표에 의하여 산정한 국내 도매가격에 상당한 금액의 추징을 명할 수는 없고 실제 도매가격을 기초로 추징액을 산정한다.

【대법원 1996.11.12, 96도2477】 관세법에 따라 몰수하여야 할 압수물이 멸실, 파손 또는 부패의 염려가 있거나 보관하기에 불편하여 이를 형사소송법 제132조의 규정에 따라 매각하여 그 대가를 보관하는 경우에는, 몰수와의 관계에서는 그 대가보관금을 몰수 대상인 압수물과 동일시할 수 있다.

【대법원 1996.8.16, 94모5 전원합의체】 외국산 물품을 관세장물의 혐의가 있다고 보아 압수하였다 하더라도 그것이 언제, 누구에 의하여 관세포탈된 물건인지 알 수 없어 기소중지 처분을 한 경우에는 그 압수물은 관세장물이라고 단정할 수 없어 이를 국고에 귀속시킬 수 없을 뿐만 아니라 압수를 더 이상 계속할 필요도 없다.

【대법원 1995.5.12, 94도477】 정식으로 수입·통관되지 않은 중국산 냉동홍어의 수량, 매수경위 등에 비추어 외항선원들이 휴대품으로 조금씩 소지하고 귀국한 것을 수집한 것이라고 보기 어렵고, 더욱이 홍어라는 물품의 특질에 비추어 피고인이 매수할 당시 이를 밀수한 본범에 대한 공소시효가 이미

완성되었다고 보여지지도 아니함에도, 그 냉동홍어의 밀수입 경로에 관하여 구체적으로 인정할 만한 자료가 없다는 점만을 들어 다른 특별한 이유의 설시도 없이 관세포탈물 취득의 공소사실에 관하여 무죄를 선고한 원심판결을 법리오해, 채증법칙 위배를 이유로 파기.

【대법원 1994.10.14, 94도607】 "국내도매가격"은 물품의 도착원가에 관세 등의 제세금과 통관절차 비용, 기업의 적정이윤까지 포함한 국내도매물가 시세인 가격을 뜻하는 것이다. 시가역산율표에 의한 국내도매가격의 산정방법은 수입항 도착가격(또는 감정가격)을 기준으로 하여 관세 등의 제세금과 통관절차비용, 기업의 적정이윤까지 포함한 국내도매가격을 산정하는 방식이므로 이와 같이 산정한 국내도매가격이 실제의 가격과 차이가 있다는 유력한 자료가 없는 한 시가역산율표에 의하여 국내도매가격을 산정한 조치가 위법이라고 할 수 없다.

【대법원 1992.7.28, 92도700】 공소사실이 인정되지 않거나 이미 공소시효가 완성되어 유죄의 선고를 할 수 없는 경우에는 몰수나 추징도 할 수 없다.

【대법원 1992.4.10, 91도1738】 선박의 간판을 도장하고 냉동기와 선미창고 및 냉동실의 고장을 수리하였고 선박 운항에 있어 중요한 부분인 항해기기 및 다이오드 등을 수리 또는 개체한 것이어서 그 수리부분은 선박의 구성부분을 이루고 있어 그 부분만을 따로 떼어 낼 수 없는 경우 위 수리부분은 몰수할 수 없는 때에 해당한다고 보아 그 수리부분에 대한 범칙당시의 국내도매가격 상당의 금액을 추징함이 정당하다.

【대법원 1992.9.18, 92모22】 관세법에서 정한 몰수는 형법총칙의 몰수에 대한 특별규정으로서 필요적인 몰수에 관한 규정이라 할 것이다. 범인이 소유 또는 점유하는 그 물품을 몰수한다고 규정한 이상 범인이 점유하는 물품은 누구의 소유에 속함을 불구하고 소유자가 선의였든가 악의였든가를 가리지 않고 그 사실에 관하여 재판을 받는 범인에 대한 관계에서 이를 몰수하여야 한다고 해석할 것이다.

【대법원 1991.9.13, 91도1192】 관세법 규정에 의한 몰수와 추징은 관세법의 입법목적과 취지에 따라 범죄공용물의 훼기나 그 징벌적인 목적이 있어 형법소정의 몰수·추징과는 구별된다.

【대법원 1991.4.22, 91모10】 금의 수입이 금지되어 있는 것도 아니므로 압수된 금괴가 외국에서 생산된 것이라고 하여 당연히 밀수입된 것이라고 추정되는 것은 아니고, 외국산이라고 하여도 언제, 누구에 의하여 관세포탈된 물건인지 알 수 없어 검사가 사건을 기소중지 처분하였다면 그 압수물은 관세장물이라고 단정할 수 없으므로 국고에 귀속시킬 수 없을 뿐 아니라 압수를 더 이상 계속할 필요도 없다.

【대법원 1991.12.13, 91도2274】 "몰수할 수 없을 때"라 함은 범인이 이를 소비, 은닉하는 등 그 소유 또는 점유의 상실이 범인의 이익으로 귀속시킬 수 있는 사유로 인한 경우뿐 아니라, 범인의 이익과는 관계 없는 훼손, 분실 그 밖에 소재장소로 말미암은 장애사유로 인한 경우도 포함하므로, 어선으로 밀수입되던 녹용이 중국연안에서 연안경비정에 의하여 탈취되어 버린 경우도 이에 해당한다.

【대법원 1991.10.11, 91도1141】 [1] 피고인이 중고 인쇄기를 수입. 판매함에 있어 수입항 도착 후 통관절차, 제세금 및 매수인의 공장까지 운반하여 설치, 시운전하는 것까지 부담하는 조건으로 매매한 경우 위 수입에 있어 과세가격이 되는 거래가격은 그 매매대금에서 중고 인쇄기가 수입항에 도

착한 후의 통관절차비용, 관세 등 전세금, 공장까지 운반하는 데 소요된 비용 및 설치, 시운전 비용을 공제한 금액이 된다. [2] 관세포탈죄에 대한 추징액인 국내도매가격의 산정기초가 되는 수입항 도착가격을 산출함에 있어서 매매대금에서 피고인이 지출한 수입추천 및 무역대행료, 통관절차의 비용, 창고료 등을 공제하지 아니한 위법이 있다.

【대법원 1991.6.25, 91도436】 범인이 소유 또는 점유하는 범칙물품은 이를 필요적으로 몰수하도록 하고 있고, 여기서 말하는 범인이라 함은 반드시 그 형사사건의 피고인이 된 경우에 한정하는 것은 아니라 할 것이므로 무면허반송예비범행의 대상물인 참깨 100톤의 소유자라 할 수 있는 그 수입자가 공소외인을 통하여 순차적으로 피고인들과 위 범행을 공모한 범인인 것으로 인정된다면, 피고인들에 대하여 위 참깨 100톤에 대한 몰수의 형벌을 부가하여 선고한 조치는 정당하다.

【대법원 1990.11.13, 90도2150】 몰수할 물품을 몰수할 수는 없는 때에는 범칙당시의 국내도매가격에 상당한 금액을 추징하도록 되어 있는바, 감정가격을 기준으로 하여 관세 등을 합산하여 국내도매가격을 산출하는 방식인 시가역산율표에 근거하여 추징금액을 산정한 조치는 정당하다.

【대법원 1990.12.11, 90도2068】 피고인이 관세법 소정의 관세를 포탈하고 수입한 물품을 타에 매각처분한 경우에는 특별한 사정이 없는 한 범인이 소유 또는 점유하는 물품을 몰수할 수 없는 때에 해당한다.

【서울고등법원 1989.9.11, 89노1526】 [1] 관세법 제198조 제3항의 국내도매가격이라 함은 물품의 도착원가에 관세 등의 제세금과 통관절차 비용 및 기업의 적정이윤까지 포함된 국내도매물가시세의 의한 가격을 지칭하고, 범칙물건이 존재하지 아니하는 경우에는 범칙자가 제시하는 수입면장 또는 물품구입명세서 등에 나타난 가격을 도착원가로 하여 관세율을 감안한 시가역산율표에 의하여 역산한 가격을 국내도매가격으로 삼을 수 있다. [2] 관세법상의 추징은 동법위반에 대한 제재로서 범칙자가 여러 사람일 때에는 각 범칙자에 대하여 그 가액 전부의 추징을 명하여야 하고 다만 그 집행에 있어서는 범칙자 중 한 사람이 그 가액의 전부를 납부할 때에는 모든 범칙자는 추징의 집행을 면하지만 전부가 납부되지 못할 때에는 각 범칙자가 추징의 집행에 복종하여야 하는 것으로서 형법상의 추징과는 구별된다.

【대법원 1986.7.8, 86도486】 관세법상의 몰수, 추징은 관세법위반에 대한 제재이므로 범칙자가 여러 사람인 경우, 그 추징은 각 범칙자에 대하여 그 가액전부의 추징을 명해야 한다.

【대법원 1985.8.20, 83도2575】 "몰수할 수 없을 때"라 함은 범인이 이를 소비, 은닉, 훼손, 분실하는 등의 경우는 물론 그 소재장소로 말미암은 장애사유로 인하여 몰수할 수 없는 경우도 이에 해당한다. * 무면허수출 관련하여 수출물품이 사우디아라비아국 제다항에서 발주한 물건과 상이하고 수량도 다르다는 이유로 양육이 보류된 상태가 몰수 할 수 없는 때에 해당한다고 보아 범칙당시 국내도매가격 상당금액을 추징한 사례이다.

【대법원 1985.6.25, 85도652】 몰수할 물품의 전부 또는 일부를 몰수할 수 없을 때에는 그 몰수할 수 없는 물품의 범칙당시의 국내 도매가격에 상당한 금액을 범인으로부터 추징한다라고 규정하고 있는바 여기서 말하는 범인의 범위는 공동정범자 뿐만 아니라 종범 또는 교사범도 포함된다.

【대법원 1984.12.11, 84도2154】 범칙물건이 현존하지 아니하는 경우, 수입면장에 나타난 씨.아이.에

프(C.I.F) 가격으로 부터 관세율을 감안한 시가역산율표에 의하여 역산한 가격을 국내도매가격으로 감정한 감정서에 기하여 추징하였음에 위법이 있다 할 수 없다.

【대법원 1984.4.24, 83도2363】 관세법 소정의 벌금액산정의 기준이 되는 "물품의 원가"라 함은 수입지의 도착가격을 말한다. 관세법 소정의 추징액을 산정하는데 있어서의 "국내도매가격"이란 수입지의 도착원가에 관세 등의 제세금과 비용, 이윤 등이 첨가된 국내도매물가 시세인 가격을 말한다.

【대법원 1983.3.8, 82도3050】 관세법상의 추징은 관세법위반에 대한 하나의 징벌이라 할 것이므로 범칙자가 수인일 때에는 공범은 물론 범칙물을 점유하며 알선한 자에 대하여도 그 가격 전부를 추징하여야 한다.

【대법원 1983.9.27, 83도1911】 관세법상의 몰수와 추징은 형법상의 그것과는 달리 범죄공용물품의 훼기 혹은 징벌적 목적의 달성 등을 이유로 하는 것이다. 범칙물건에 관해서 생산지, 제작년대, 품질 등을 고려하여 과세가격을 산출한 감정결과에 따라 포탈세액을 산정하였음은 정당하다.

【대법원 1981.12.8, 81도2223】 관세포탈품이 그 지정취득자로부터 압수 몰수되었다면 같은 물건에 대한 다른 범법자의 관계에 있어서도 실질상 몰수한 것과 마찬가지라고 할 것이므로 여기에는 관세법에 의하여 추징을 명할 수 없다.

【대법원 1980.8.19, 80도1592】 관세장물인 금괴가 일본세관에 의하여 압수되었다가 압수가 해제되었으나 그 금괴가 일본에 있기 때문에 몰수 할 수 없는 경우라면 범칙당시의 국내도매가격에 상당한 금액을 추징하여야 할 것이지만 그 금괴가 일본국에 몰수되어 그 소유가 박탈되었기 때문에 우리나라 법원이 이를 몰수할 수 없게 된 경우에는 위 법조에 의하여 추징할 수 없다.

【대법원 1980.12.9, 80도584】 주형에 대하여 선고를 유예하는 경우에 그 부가형인 몰수 추징에 대하여도 선고를 유예할 수 있다. 법인에게 관세법상의 형사책임을 물어 법인을 처벌하는 이상 부가형인 몰수나 추징도 과하여야 한다.

【대법원 1980.8.26, 80도620】 관세포탈 물품이 전전양도된 경우 그에 관련된 범인중의 1인에 대하여 그 물품을 몰수한다는 판결이 확정되었다면 그 범칙물품은 국고에 귀속되는 것이고 다른 범인과의 관계에 있어서도 실질상 이를 몰수한 결과가 되는 것이므로 다른 범인에 대하여는 그 가액을 추징할 수 없는 것이다.

【대법원 1981.10.13, 80도2837】 관세법 소정의 "국내 도매가격"이라 함은 물품의 도착원가에 관세 등의 제세금과 통관절차 비용, 기업의 적정이윤까지 포함한 국내 물가시세인 가격을 의미한다.

【대법원 1979.4.10, 78도3236】 수인이 공모하여 관세법을 위반한 사건에 있어서는 공범자중의 1인만이 밀수입한 물품을 소유 또는 점유하였을 뿐이라 하여도 그 몰수에 갈음하여 추징할 때에는 각 범칙자에게 그 가액 전액의 추징을 명하여야 한다.

【대법원 1979.4.10, 78도831】 국내에 밀수입하여 관세포탈을 기도하다가 외국에서 적발되어 압수된 물품이 그후 몰수되지 아니하고 피고인의 소유 또는 점유로 환원되었으나 몰수할 수 없게 되었다면 범칙 당시의 국내 도매가격에 상당한 금액을 추징하여야 할 것이나, 동 물품이 외국에서 몰수되어 그 소유가 박탈되므로서 몰수할 수 없게 된 경우에는 위 법조에 의하여 추징할 수 없다.

【대법원 1979.4.10, 78도3098】 몰수에 갈음하는 추징은 부가형적 성질을 띠고 있어 그 주형에 대하여 선고를 유예하는 경우에는 그 부가할 추징에 대하여도 선고를 유예할 수 있으나, 그 주형에 대하여 선고를 유예하지 아니하면서 이에 부가할 추징에 대하여서만 선고를 유예할 수는 없다.

【대법원 1978.11.14, 78도2078】 금괴밀수중 인도받는 찰나에 바닷물 속에 던져버림으로써 인도를 받지못한 경우 아직 피고인들이 소유 또는 점유하는 물건이라고 볼 수 없으므로 몰수·추징의 대상이 되지 아니한다.

【대법원 1978.4.25, 76도2262】 필요적몰수의 경우라도 주형을 선고유예하는 경우에는 몰수나 또는 몰수에 가름하는 추징도 선고유예를 할 수 있다.

【대법원, 1977.5.24, 77도629】 형법 제7조 규정의 취지에 비추어 외국판결에 의하여 몰수추징의 선고가 있었던 경우라도 관세법상 몰수할 수 없는 때에 해당한다 할 것이므로 그 물품의 범칙 당시의 국내도매가격에 상당한 금액을 피고인으로부터 추징하여야 마땅하다.

【대법원, 1976.8.24, 76도2024】 관세법상의 추징은 관세법위반에 대한 하나의 징벌이므로 범칙자가 여러사람이 있을 때에는 법원은 각 범칙자에 대하여 그 가격전부의 추징을 명하여야 하는 것이며 범칙자중 어떤 자가 가격의 전부를 납부할 때에는 모든 범칙자는 추징의 집행을 면할 것이지만 전부 납부가 되지 못할 때에는 각 범칙자에 있어서 추징의 집행에 복종하여야만 한다 할 것이므로 민법상의 분할의 원칙을 적용할 수 없고 또 형법상의 추징과도 구별된다.

【대법원 1976.6.22, 73도2625】 일본국 당국이 본건 범행당시 피고인으로부터 압수한 일본산 백금괴 15개를 일본국내에 있는 피고인의 대리인인 공소외인이 일본국 재판소로부터 환부받아 피고인을 위하여 보관하고 있는 경우에는 몰수할 물품을 몰수할 수 없는 때에 해당된다 할 것이므로 범칙당시의 국내 도매가격에 상당한 금액을 피고인으로부터 추징하여야 마땅하다.

【대법원 1973.12.11, 73도1133】 형법 제59조에 의하여 형의 선고유예를 하는 경우에도 몰수의 요건이 있는 때에는 몰수형만의 선고를 할 수 있다고 해석함이 상당하다.

【대법원 1971.3.23, 71도158】 피고인 각자에게 대하여 가격 전부에 관하여 추징을 명하고, 이것이 전부 납부되지 아니하는 한, 각자로 하여금 그 책임을 지도록 한 조처는 정당하다.

【대법원 1966.1.28, 65모21】 압수한 물건이 몰수대상이 된다면 그 물건에 대한 압수는 몰수의 집행을 보전하기 위한 의미도 포함된 것이므로 압수물이 피고인 이외의 제3자의 소유인 경우에는 가환부 대상이 될 수 없다. 몰수대상이 된 물품은 증거에 공할 목적 외에 몰수를 위한 집행보전의 목적도 있다고 할 것이므로 가사 그 물품이 피고인이 아닌 자의 소유라고 할지라도 가환부를 할 수 없다.

【대법원 1966.12.13, 66도1153】 범죄사실을 인정한 이상 동 법조에 의하여 범인의 소유 또는 점유하는 그 물품을 몰수하여야 할 것이고, 만일 이를 몰수할 수 없는 때에는 그 몰수할 수 없는 물품의 원가 상당금액을 범인으로부터 추징하여야 함에도 불구하고 원심이 몰수추징을 하지 아니한 것은 위법이다.

【대법원 1951.8.21, 51다13】 밀수입품을 몰수하지 아니하면 위법이다.

【헌법재판소 2024.8.29, 2022헌바156, 전원재판부】 반송통관 절차에서 반송신고의 중요성 등을

종합하여 볼 때, 신고를 하지 아니하고 물품을 반송한 경우 형사처벌의 대상으로 하면서 대상 물품을 필요적으로 몰수·추징하는 것은 관세법의 입법목적 달성을 위하여 적절한 수단이 된다. 청구인들은, 필요적 추징 규정에도 불구하고 무신고 반송 범행이 지속되는 것을 보면, 심판대상조항은 일반예방적 효과가 미미하다 주장한다. 그러나 심판대상조항이 존재함에도 불구하고 당해 사건과 같은 무신고 반송 범행이 지속된다고 하여 심판대상조항이 적합한 제재수단이 아니라고 단정할 수 없고, 재정범으로서의 성격이 강한 관세범의 특성에 비추어 볼 때 필요적 추징 규정이 없을 경우 오히려 경제적 이익을 목적으로 무신고 반송 범행이 더 많이 발생할 위험이 있다.

【헌법재판소 2021.7.15, 2019헌바226, 전원재판부】 제282조 제3항 본문 중 '제269조 제2항 제1호 가운데 제241조 제1항에 따른 신고를 하지 아니하고 물품을 수입한 자'에 관한 부분은 헌법에 위반되지 아니한다. 무신고 수입행위에 가담한 단순 운반책과 밀수범죄집단의 구성원을 합리적 이유 없이 차별 취급하는 것으로 볼 수 없으므로, 평등원칙에 위반되지 아니한다.

【헌법재판소 2021.7.15, 2020헌바201, 전원재판부】 가. 무신고 수출입행위에 대한 예외를 인정하지 않더라도 과도한 제한이라 할 수 없고, 행정의 합목적성이 강조되는 관세범의 특질, 수출입신고의 중요성, 일반예방적 효과를 제고할 필요 등을 고려해 볼 때, 기망적 의도나 관세포탈이 없는 무신고 수출입행위에 대한 필요적 몰수·추징이 국가 재정권과 통관질서의 유지를 위한 입법 재량의 범위를 일탈한 것으로는 보기 어렵다. 재산상 이득을 얻으려는 관세범의 성격에 비추어 볼 때, 필요적 몰수·추징과 같은 재정적인 규제 수단이 필요한 점, 법관의 양형재량에 따라 책임과 형벌의 비례관계는 주형과 부가형을 통산하여 인정될 수 있는 점 등에 비추어 볼 때, 이 사건 몰수·추징조항은 책임과 형벌 간의 비례원칙에 위반되지 않는다. 나. 법인의 업무와 관련된 무신고 수출입행위는 법인의 관리·감독 형태 등 구조적인 문제로 인하여도 발생할 수 있으므로, 무신고 수출입 업무의 귀속 주체인 법인을 행위자와 동일하게 몰수·추징 대상으로 하여 위반행위의 발생을 방지하고 관련 조항의 규범력을 확보할 필요가 있으며, 법인이 그 위반행위를 방지하기 위하여 주의와 감독을 게을리 하지 아니한 경우에는 몰수·추징 대상에서 제외되므로, 이 사건 법인적용조항은 책임과 형벌 간의 비례원칙에 위반된다고 할 수 없다.

【헌법재판소 2019.11.28, 2018헌바105 전원재판부】 통관우체국을 경유하였다 하더라도 수입신고 없이 우편물통관절차를 거친 행위는 무신고 수입행위에 해당하고, 이에 대하여 필요적 몰수·추징만 규정한다고 하여 과도한 제한이라고 할 수 없다. 수입신고를 하지 않고 물품을 자유무역지역에서 그 외의 국내지역인 관세영역으로 반출한 행위에 대하여 필요적 몰수·추징을 규정한 것은 적정한 통관절차의 이행을 확보하기 위한 것으로, 자유무역지역 경유 물품에 대하여 보세구역 경유 물품과 같이 필요적 몰수·추징의 예외를 규정하지 않고 있다 하여 책임과 형벌 간의 비례원칙에 위반된다 할 수 없다.

【헌법재판소 2015.10.21, 2013헌바388】 관세법상 몰수는 범죄행위로 인한 이득의 박탈을 주목적으로 하는 형법상의 몰수와 달리 범죄공용물의 훼기 또는 징벌적 목적의 달성을 주목적으로 하는 징벌적 성질의 처분이다. 그런데 만약 무신고수입행위에 대하여 임의적인 몰수만이 가능하다면, 관세법을 위반한 물품의 유통을 억제하고 일반예방적인 차원에서 이를 엄하게 징벌하려고 하는 관세법

의 입법 목적을 달성하기 어려워질 수 있다. 또한 행위자의 책임과 형벌의 비례관계는 주형과 부가형을 통산하여 인정되므로, 주형의 구체적인 양형과정에서 법관은 몰수형을 참작하여 구체적 형평성을 기할 수 있다. 따라서 몰수조항은 책임과 형벌과의 비례원칙에 위배되지 아니한다.

【헌법재판소 2012.2.23, 2010헌바479】 [1] 관세범죄에 있어 필요적 몰수 · 추징은 모든 관세사범에 부과되는 것이 아니라 신고 자체가 이루어지지 아니하거나 허위로 이루어지는 경우와 그 관련되는 범죄에 한하여 적용되는 것이고, 이는 신고를 토대로 이루어지는 현행 통관절차에 있어서는 올바른 신고행위가 수출입에 있어 가장 기본이 되는 요소이므로, 신고 자체가 이루어지지 않거나 허위로 이루어지는 경우 및 이와 관련되는 범죄의 경우 해당 물품을 필요적으로 몰수 · 추징함으로써 일반예방적인 차원에서 밀수출입죄를 엄하게 징벌하여 수출입 신고를 확보하려는 데에 그 목적이 있는 것이다. 관세법상 몰수 · 추징의 징벌적 특성, 부가형적인 성질 및 관세법의 입법목적과 수출통관절차에서의 수출신고의 중요성 등을 종합적으로 고려하여 보면, 허위신고 수출의 경우 필요적으로 몰수 · 추징하도록 규정한 이 사건 법률조항이 기본권 제한에 관한 헌법상의 비례원칙을 위반한다고 보기 어렵다. [2] 수출신고의 확보라는 이 사건 법률조항의 입법목적과 몰수 · 추징의 징벌적 성격 등에 비추어 보면 이 사건 법률조항이 관세포탈죄나 밀수입죄, 미신고 수출죄와 비교하여 평등원칙에 반한다고 볼 수도 없다. 특히 이 사건과 같이 식용 돼지껍질을 수출하면서도 이를 피혁 제조용으로 허위 신고하여 검역을 회피하는 경우, 향후 수출에 차질이 생기거나 무역분쟁이 일어날 수도 있으므로, 국내산 축산물의 대외 신인도가 저하되고 수입국과의 무역분쟁이 발생하는 것을 방지하고 합법적인 수출업자를 보호하기 위해서라도 수출신고는 중요한 의미를 갖는 것이다. * 청구인이 필리핀으로 식용 냉동 돼지껍질을 수출하면서 국립수의과학검역원의 검역절차를 회피하기 위하여 피혁 제조용 돼지가죽을 수출하는 것처럼 허위신고를 하고 수출함으로써 '해당 수출물품과 다른 물품으로 신고를 하고 수출하였다'는 범죄사실로 기소되어 판결이 확정된 것으로, 허위신고를 하고 수출을 한 경우 필요적으로 몰수 · 추징하도록 규정한 관세법 제282조 제2항, 제3항이 비례원칙과 평등원칙에 반하여 헌법에 위반된다며 위헌법률심판 제청신청을 하였으나 기각되자 헌법소원심판을 청구한 사례이다.

【헌법재판소 2010.5.27, 2009헌가28】 [1] 제281조 제2항에서는 법인이 법인의 업무를 집행하는 사용인 등에 대하여 위반행위를 방지하는 방도가 없었음을 증명하는 때에는 법인을 처벌하지 아니하는 것으로 규정되어 있는바, 법인으로서는 사용인 등의 위반행위를 방지할 방도가 없었음을 증명하면 형사처벌 자체를 받지 않게 될 뿐만 아니라 이 사건 법률조항에 의한 몰수 · 추징도 부과받지 않게 된다. 이처럼 이 사건 법률조항은 법인의 사용인 등에 대한 선임 · 감독상의 주의의무위반을 근거로 법인에게 그 책임을 묻고 있으므로, 책임 없는 자에 대한 처벌로서 책임주의 원칙에 반한다고는 볼 수 없다. [2] 관세법상 몰수 · 추징의 징벌적 성격 및 관세법의 입법 목적, 수입통관 절차에서 수입신고의 중요성, 국가의 관세부과 · 징수권을 침해하고 관세수입의 감소와 무역질서의 기조를 심각하게 훼손하는 밀수입행위의 반사회성, 그리고 법인 처벌의 필요성과 면책의 가능성 등을 종합하여 볼 때, 이 사건 법률조항에서 밀수입방조죄를 직접 저지른 사용인뿐만 아니라 법인에게도 필요적으로 몰수 · 추징을 부과하도록 규정한 것은 통관질서의 확립과 관세범의 이익박탈, 관세범의 징벌 및 일반예방적 효과 등을 위한 것으로서 형벌과 책임 간 비례원칙에 반한다고 보기 어렵다.

【헌법재판소 2008.12.2, 2005헌바30 전원재판부】 [1] 수출신고는 수출통관의 핵심적인 요소로서 수출금지 품목을 수출하는 것은 아닌지, 수출허가 품목에 대하여 허가를 받지 않은 것은 아닌지, 재산 해외 도피를 위한 편법의 허위수출은 아닌지 등을 확인하는 기본적인 절차이고, 신고를 통한 수출 내용의 파악은 국가 수출입 정책의 수립 및 관세 행정의 실효성을 확보하는 기초가 되는데, 수입과 달리 일단 물품이 해외로 반출된 이후에는 증거확보조차 곤란하다. 이러한 수출 신고의 중요성과 관세법상 몰수·추징의 징벌적 성질 및 관세법의 입법 목적 등을 종합하여 볼 때, 무신고 수출의 경우 형사처벌의 대상으로 하고 그 대상 물품을 필요적으로 몰수·추징하도록 할 필요가 있다. 임의적 몰수·추징을 통하여 입법목적을 달성할 수 없는지, 특히 관세 감경의 혜택도 없는 무상 임가공 수출의 경우까지 필요적 몰수·추징을 규정한 것이 과도한 것이 아닌지가 문제되나, 무신고 수출을 처벌하는 목적이 신고의 확보를 위한 것이므로 유·무상 수출 여부를 구분할 것은 아니며, 해외 임가공 수출의 경우 가공·수리한 물품을 재수입할 때 관세를 경감해 주는 제도를 악용하기 위한 수단이 될 수 있는 점, 임의적 몰수·추징만으로는 관세법 위반 물품의 유통을 억제하고 일반예방의 효과를 달성하려는 관세법의 입법 목적을 실현하기 곤란한 점 등을 고려할 때 필요적 몰수·추징이 과도한 기본권의 침해가 아니다. 나아가, 벌금형에 대하여 필요적 몰수·추징을 규정하였다고 하더라도 범죄로 인한 이익을 환수할 필요성이 크다는 점을 감안하면 과잉입법이라고 할 수 없다. 또한 주형의 양형과정에서 필요적 몰수·추징의 부가형을 참작하여 양형의 형평성을 기할 수 있는 점 등에서 보면 필요적 몰수·추징 규정이 법관의 양형결정권을 침해한다고 보기 어렵다. [2] 관세포탈죄보다 법정형이 무겁지 아니한 밀수출죄에 대하여 관세포탈죄에도 규정되어 있지 아니한 필요적 몰수·추징을 규정하더라도 통관의 기본이 되는 수출신고의 확보라는 목적을 가진 밀수출죄는 적정한 관세의 부과·징수를 통한 관세수입의 확보라는 목적을 가진 관세포탈죄 및 밀수입죄와는 그 입법 목적을 달리하므로 평등원칙에 반한다고 볼 수 없다. 나아가, 밀수입의 경우와 달리 관세포탈의 이익이 없고 오히려 수출 장려금 등의 손실을 보게 되는 밀수출에 대하여 밀수입과 같이 필요적 몰수·추징을 규정하였다고 하더라도 밀수출죄의 입법 목적은 포탈관세의 환수에 있지 아니하고 수출신고를 확보하는 데에 있으며, 더욱이 임가공 수출의 경우 완제품 재수입시 적용되는 관세 경감제도를 악용하는 범죄를 방지하는 의미가 있으므로 밀수입죄와 비교하여 평등의 원칙에 위배된다고 볼 수 없다.

【헌법재판소 2008.10.30, 2008헌바11 전원재판부】 [1] 신고를 요건으로 하는 수입통관절차를 고려할 때 미신고 수입행위뿐만 아니라 미신고 수입물품의 유통 또한 억제할 필요가 있으므로 미신고 수입물품을 통한 범죄의 반복 및 이득의 금지를 위해서는 유통의 각 단계에서도 범인이 이를 소유 또는 점유하고 있는 한 몰수할 필요성이 있고 이를 임의적 규정으로 하여서는 위와 같은 입법목적을 달성할 수 없으므로 미신고 수입물품을 감정한 자로부터 '필요적으로 몰수'하는 것은 헌법상 과잉금지의 원칙 및 평등의 원칙에 위반되지 않는다. [2] 추징도 형의 일종이므로 헌법상 과잉금지의 원칙의 제한을 받는다 할진대, 미신고 수입물품을 감정하는 행위는 미신고 수입물품을 취득·양여·운반·보관 또는 알선하는 행위와 동일한 법정형으로 규율되고 있으나 그 취득과 무관하고 미신고 수입물품의 유통에 직접 관여하는 행위가 아니라 이를 원활하게 하는 행위에 불과하다. 그리

고 동일한 법정형이라도 법정형은 상대적으로 폭이 넓어 법관의 양형에 의해 구체적 타당성을 기할 수 있으나 필요적 규정의 경우 위와 같은 사정을 고려할 수 있는 가능성이 일체 배제된다. 또한 미신고 수입물품을 감정한 자에 대한 엄벌의 목적은 주형을 통해서도 충분히 그 목적을 달성할 수 있다. 그러므로 미신고 수입물품을 감정한 자로부터도 그 물품에 대한 몰수가 불가능한 경우 물품의 범칙 당시의 국내도매가격에 상당한 금액을 '필요적으로 추징'하도록 규정한 것은 오로지 징벌적 목적의 달성만을 위해 위와 같은 사정을 고려할 수 있는 가능성을 일체 배제하고 있다 할 것이므로 헌법상 과잉금지의 원칙에 위반된다.

【헌법재판소 1998.2.5, 96헌바96 전원재판부】 편의치적(Flag of Convenience)의 방법에 의한 선박수입의 경우 그 선박이 우리나라 국적을 취득하지 않았다고 하더라도 실질적으로는 선박이 수입된 것으로 인정할 수 있기 때문에 관세부과의 대상이 되며 헌법상의 재산권보장이나 직업선택의 자유(영업의 자유)에 위배되지 아니한다. 선박에 대한 수입관세를 선박가액의 2.5%로 낮게 규정한 것은 입법정책의 문제에 속하고 해당 선박에 대하여 몰수형과 추징을 부가하여 과(科)한다고 하여 입법재량권을 현저하게 일탈했다고 볼 수 없으며, 관세포탈죄를 엄하게 징벌하려는 입법목적과 몰수·추징이 부가형으로 과하여지는 다른 관세범죄와의 형의 균형에 비추어 선박 자체의 몰수·추징이 과도한 제한이라고 볼 수 없다.

제12장

조사와 처분

죄형법정주의의 원칙에서 파생되는 명확성의 원칙은 법률이 처벌하고자 하는 행위가 무엇이며 그에 대한 형벌이 어떠한 것인지를 누구나 예견할 수 있고, 그에 따라 자신의 행위를 결정할 수 있도록 구성요건을 명확하게 규정하는 것을 의미한다. 그러나 처벌법규의 구성요건이 명확하여야 한다고 하여 모든 구성요건을 단순한 서술적 개념으로 규정하여야 하는 것은 아니고, 다소 광범위하여 법관의 보충적인 해석을 필요로 하는 개념을 사용하였다고 하더라도 통상의 해석방법에 의하여 건전한 상식과 통상적인 법감정을 가진 사람이면 당해 처벌법규의 보호법익과 금지된 행위 및 처벌의 종류와 정도를 알 수 있도록 규정하였다면 처벌법규의 명확성에 배치되는 것이 아니다. 또한 어떠한 법규범이 명확한지 여부는 그 법규범이 수범자에게 법규의 의미내용을 알 수 있도록 공정한 고지를 하여 예측가능성을 주고 있는지 여부 및 그 법규범이 법을 해석·집행하는 기관에게 충분한 의미내용을 규율하여 자의적인 법해석이나 법집행이 배제되는지 여부, 다시 말하면 예측가능성 및 자의적 법집행 배제가 확보되는지 여부에 따라 이를 판단할 수 있다. 그런데 법규범의 의미내용은 그 문언뿐만 아니라 입법 목적이나 입법 취지, 입법 연혁, 그리고 법규범의 체계적 구조 등을 종합적으로 고려하는 해석방법에 의하여 구체화하게 되므로, 결국 법규범이 명확성 원칙에 위반되는지 여부는 위와 같은 해석방법에 의하여 그 의미내용을 합리적으로 파악할 수 있는 해석기준을 얻을 수 있는지 여부에 달려 있다.

제11장에는 추상적으로 죄와 그에 따르는 형을 정하고 있고, 본 장에서는 구체적으로 발생한 사실에 대하여 죄의 존부와 그 범위를 확정하고 범칙자를 처분하는 절차를 규정하고 있다. 제11장과 제12장의 관계는 형법과 형사소송법의 관계와 유사하다. 이 법에 정한 바가 없으면 조사와 처분에 관하여는 형사소송법을 준용하도록 규정하고 있으므로, 본 장에 관한 충분한 이해를 위해서는 형법과 형사소송법에 대한 추가적 이해가 필요하다.[1] 법 제295조에서 정하는 사법경찰권 규정은 세관공무원이 타 규정에 의한 세관공무원으로서 '조사와 처분'과 사법경찰관으로서 '조사와 처분'이 두 가지 역할을 같이 수행하는 것을 보여 주고 있으며, 사법경찰관으로서 직무를 수행할 때에는 형사소송법의 적용을 받고 검사의 지휘를 받아 업무를 수행한다.

제1절은 통칙으로서 관세범, 공소 요건, 관세범에 관한 서류, 조사처분에 관한 서류, 조서의 서명, 서류의 송달, 서류 송달시 수령증에 관한 규정이다.

---

1) 형사소송법상 현행범의 체포는 중복이 되므로 관세법에서 삭제하자는 의견, 형사소송법상 신변수색, 변호인 참여 등의 내용은 관세법에 신설 혹은 반영하자는 의견 등이 있다.

제2절은 조사로서 관세범 조사, 조서 작성, 사법경찰권, 수색 · 압수영장, 현행범 체포 · 인도, 압수물품 국고귀속, 검증수색, 입회, 압수물품 보관 · 폐기, 압수조서 작성, 야간집행 제한, 조사 중 출입금지, 신분증명, 경찰원조, 조사 결과보고에 관한 규정이다.

제3절은 처분으로서 통고처분, 즉시고발, 압수물품의 환부, 통고서 작성 · 송달, 통고 불이행과 고발, 일사부재리, 무자력자 고발, 준용에 관한 규정이다.

제1절 통 칙

제283조 【관세범】 ① 이 법에서 "관세범"이란 이 법 또는 이 법에 따른 명령을 위반하는 행위로서 이 법에 따라 형사처벌되거나 통고처분되는 것을 말한다.
② 관세범에 관한 조사·처분은 세관공무원이 한다.

해 설

범죄란 실질적으로는 사회에 유해하거나 법익을 침해하는 반사회적 행위를 말하고 형식적으로는 법률에 규정된 구성요건에 해당하고 위법하며 책임이 있는 행위[2]를 말한다. 범죄의 일반적인 형태는 고의의 작위범이고 과실범이나 부작위범은 범죄의 특수형태를 보이는 것이다.

일반적으로 '관세범'이라면 법 제269조 금지품수출입부터 법 제275조의 3 타인에 대한 명의대여죄까지를 말한다. 이러한 관세범의 조사는 통고처분 또는 고발을 하기 위한 준비절차로서 범인을 체포하고 범죄사실을 확인하며 증거를 수집 또는 보전하는 일련의 행위를 말한다. 조사 목적은 1차적으로는 관세범죄의 혐의 유무를 명백히 하여 통고처분이나 고발 여부를 결정하고 2차적으로는 공소제기 및 유지여부를 하는데 있다.

법 제276조 허위신고죄는 불법수출입죄에 포함시키기도 하고 질서범에 포함시키기도 한다. 법 제277조 과태료에 해당되는 것을 질서범이라고 한다. 관세형벌을 규정하고 있는 법규로서는 관세법 이외에 특별법으로 「특정범죄 가중 처벌 등에 관한 법률」, 「SOFA임시특례법」, 「국제물류기지 육성을 위한 관세자유지역의 지정 및 운영에 관한 법률」,[3] 「자유무역지역의 지정 등에 관한 법률」, 대외무역법, 외국환거래법이 있다. 2006.12.30. 개정 관세법에서 관세범의 정의를 제12장(조사와 처분)의 적용을 받는 범위로 한정하고 과태료 처분대상을 관세범에서 제외함으로써 관세범의 정의를 명확히 하였다.

제2항은 관세범의 조사·처분의 권한에 관한 규정이다. 관세범에 관하여는 세관공무원이 조사·처분한다. 관세범이 있을 때에는 세관공무원은 이를 조사하기 위하여 검증·수색·압수 등을 할 수 있으며, 그 결과를 세관장이나 관세청장에게 보고하고 세관장이나 관세청장은

2) 행위는 의사에 지배되거나 지배가능한 사회적으로 의미있는 인간의 외부적 형태를 말하는 것으로 행위 자체, 행위의 수단 및 방법, 행위의 상황들과 작위·부작위를 포함한다.

3) 2004.6.23.부터 관세자유지역 및 자유무역지역은 「자유무역지역의 지정 및 운영에 관한 법률」로 통합 운영하고 있다.

통고처분이나 고발처분을 한다. 이러한 의미에서 본조의 세관공무원은 사법경찰권을 가진 공무원을 포함한 전체 세관공무원을 말한다. 기획재정부령에 사법경찰관리의 직무를 행하는 세관공무원이 법령에 의하여 피의자를 구속할 때에는 세관관서 경찰관서 또는 교도관서에 유치하여야 한다고 규정하고 있다.

> 第284조【공소의 요건】 ① 관세범에 관한 사건에 대하여는 관세청장이나 세관장의 고발이 없으면 검사는 공소를 제기할 수 없다.
> ② 다른 기관이 관세범에 관한 사건을 발견하거나 피의자를 체포하였을 때에는 즉시 관세청이나 세관에 인계하여야 한다.

해 설

'고발'[4]이란 관세청장이나 세관장이 관세법의 규정에 의하여 관세범죄사실을 검사에게 고지하여 일반 형사소송법에 따라 수사와 소추를 구하는 의사표시이다. 공소는 법원에 대하여 특정한 형사사건의 심판을 요구하는 검사의 법률 행위적 소송행위를 말한다.

관세범에 관한 사건은 관세청장이나 세관장의 고발 없이는 검사는 공소를 제기할 수 없다. 관계관청의 고발이 있어야 기소할 수 있는 사건을 '즉고발사건(卽告發事件)'이라고 하고, 그 고발권을 전속적 고발권이라고 한다.[5] 이러한 전속적 고발권은 해당 관청의 전문적 지식과 경험을 갖춘 공무원으로 하여금 해당 분야의 행정목적을 달성할 수 있도록 자율적 행정적 제재수단을 형사처벌에 우선하여 활용할 수 있돌 있도록 하려는 데에 그 취지가 있다.

일정한 범죄에 대한 공소제기의 유효요건이 되는 행정기관의 고발을 '전속고발'이라고 할 때 세관장이나 관세청장의 고발을 공소요건으로 한 것은 세관장에게 통고처분권이 있으므로, 동일건에 대하여 이중으로 처벌하는 것을 방지하고, 고발을 전제로 하여 통고처분의 효과를 확보하려는 데에 있다. 세관장이나 관세청장의 고발은 형식적인 요건에 해당되므로 이 고발이 없는 경우에는 형사소송법 제327조 제2호에 따라 공소제기의 절차가 법률의 규정에 위반하여 무효이므로 공소기각의 선고에 해당된다. 여기서 세관장의 고발 없이도 검찰 등 수사기관이 수사의 필요성을 인정하여 수사를 할 수 있는지 문제되는 바, 판례[6]는 고소나 고발이 있어야 논할 수 있는 죄에 있어서 고소 또는 고발은 이른바 소추조건에 불구하고 당해 범죄의 성립 요건이나 수사의 조건은

4) 일반적으로 '고발'은 고소권자와 범인 이외의 제3자가 수사기관에 대하여 범죄사실을 신고하여 범인의 처벌을 희망하는 의사표시인 반면 '고소'는 범죄의 피해자 등 고소권자가 수사기관에 범죄사실을 신고하여 범인의 처벌을 희망하는 의사표시를 말한다.

5) 신동운, 『신형사소송법』, 서울 : 법문사, 2014, p.172.

6) 대법원 2011.3.10. 선고 2008도7724 판결 참조.

아니라는 판단 아래, 즉고발사건에 관하여 고소나 고발이 있기 전에 수사를 하였다고 하더라도 그 수사가 장차 고소나 고발이 있을 가능성이 없는 상태하에서 행해졌다는 등의 특단의 사정이 없는 한, 그 수사가 위법하게 되는 것은 아니라는 입장을 취하고 있다.

제2항은 관세범의 인계에 관한 규정이다. 경찰 등 다른 기관이 관세범에 관하여 사건적발, 피의자 등을 체포하였을 때에는 관세청이나 세관에 인계하여야 한다. 피의자는 죄를 범한 혐의로 수사기관의 수사대상이 되어 있는 자로서 아직 공소가 제기되지 않은 자를 말한다.[7]

1972.12.30. 관세법 개정(법률 제2423호)시 관세청이 개청됨에 따라 공소제기권자를 세관장에서 관세청장이나 세관장으로 확대하였다.

【대법원 2009.10.29, 2009도6614】 검사의 불기소처분에는 확정재판에 있어서의 확정력과 같은 효력이 없어 일단 불기소처분을 한 후에도 공소시효가 완성되기 전이면 언제라도 공소를 제기할 수 있으므로, 세무공무원 고발이 있어야 공소를 제기할 수 있는 조세범처벌법 위반죄에 관하여 일단 불기소처분이 있었더라도 세무공무원이 종전에 한 고발은 여전히 유효하다. 따라서 나중에 공소를 제기함에 있어 세무공무원 등의 새로운 고발이 있어야 하는 것은 아니다.

【대법원 1982.1.19, 80도1759】 관세법에 관한 세관장의 고발은 구체적인 범죄사실에 대하여 범인의 처벌을 구하는 뜻의 의사표시이지만 반드시 공소장 기재 요건과 동일한 범죄의 일시 장소 등을 표시하여 사건의 동일성을 특정할 수 있을 정도로 범죄사실을 표시함을 필요로 하는 것은 아니고, 관세법 소정의 어떠한 태양의 범죄인지를 판명할 수 있을 정도의 사실을 일응 확정할 수 있을 정도로 표시하면 족하다.

【대법원 1973.10.31, 73도292】 관세법위반사실에 대한 세관장의 고발에 있어서 그 사실의 기재는 범죄사실을 특정할 수 있을 정도로 표시하면 족하며, 범죄일시는 범죄의 동일성인식의 표식에 불과하므로 그 기재에 약간의 상이가 있더라도 고발서의 전후 기재로 보아 그 범죄사실을 특정할 수 있는 한 유효한 고발이라 할 것이다.

【대법원 1966.12.6, 66도1482】 고발서 범죄사실은 기재되어 있지 아니하여 세관장의 명백한 고발의사표시는 보이지 않으나 추송기록에 첨부되어 있는 검거동행보고서, 범죄보고서, 피고인의 자백서, 피의자신문조서의 기재내용에 위 본법위반사건의 내용이 들어 있으니 이는 추가하여 고발한다는 취지로 볼 수 있다.

제284조의 2【관세범칙조사심의위원회】 ① 범칙사건에 관한 다음 각 호의 사항을 심의하기 위하여 관세청 또는 대통령령으로 정하는 세관에 관세범칙조사심의위원회를 둘 수 있다.

1. 제290조 및 「사법경찰관리의 직무를 수행할 자와 그 직무범위에 관한 법률」 제6조 제14호에 해당하는 사건에 대한 조사의 시작 여부에 관한 사항

7) 공소가 제기된 뒤의 피고인과 대립된다. 피의자는 소송당사자가 아니고 조사의 객체라 볼 수 있다.

2. 제1호에 따라 조사한 사건의 고발, 송치, 통고처분(제311조 제8항에 따른 통고처분의 면제를 포함한다) 및 종결 등에 관한 사항
3. 그 밖에 범칙사건과 관련하여 관세청장 또는 세관장이 관세범칙조사심의위원회의 심의가 필요하다고 인정하는 사항

② 관세범칙조사심의위원회는 위원장 1명을 포함하여 20명 이내의 위원으로 성별을 고려하여 구성한다.

③ 제2항에서 규정한 사항 외에 관세범칙조사심의위원회의 관할, 구성 및 운영 등에 필요한 사항은 대통령령으로 정한다.

해 설

2019.12.31. 법 개정시 신설된 조항이다. 「조세범 처벌절차법」 제5조에 조세범칙조사심의위원회를 규정하고 있다.

제1항 각 호에서는 심의 대상을 규정하고 있으며, 제2항과 제3항에서는 위원회 구성내역 등에 관한 내용을 대통령령에 위임하고 있다. 동 시행령에서는 관세범칙조사위원회는 인천세관, 서울세관, 부산세관, 대구세관, 광주세관 및 평택세관 등 6곳에 설치하도록 규정하고 있다. 위원장 1명을 포함한 10명이상 20명 이하의 위원으로 구성되며, 위원의 해임, 위원장의 직무, 운영, 위원의 제척 · 회피 등에 관하여 규정하고 있다. 개정 전에는 「세관공무원의 범칙조사에 관한 훈령」에서 이를 운영하고 있었으나 상향 입법한 것이다.

제285조【관세범에 관한 서류】 관세범에 관한 서류에는 연월일을 적고 서명날인하여야 한다.

해 설

관세범의 조사 · 처분은 서면주의를 원칙으로 한다. 관세범에 관한 증거의 보전 · 조사처분의 적정을 기하기 위한 것이다. 서면주의는 서면심리주의를 말하는 것으로 구술주의의 상대개념이다. 서면주의는 소송행위를 내용적 · 절차적으로 명확히 한다는 특징을 가지고 있으며 형식적 확실성을 요하는 절차형식행위의 원칙적 방식이다.

민사소송법, 형사소송법상의 판결은 구술주의에 의하는 것을 원칙으로 한다. 관세범에 관한 서류는 진실성을 증명하기 위하여 서명 · 날인을 하여야 한다.

제286조【조사처분에 관한 서류】 ① 관세범의 조사와 처분에 관한 서류에는 장마다 간인(間印)하여야 한다.

② 문자를 추가하거나 삭제할 때와 난의 바깥에 기입할 때에는 날인(捺印)하여야 한다.

③ 문자를 삭제할 때에는 그 문자 자체를 그대로 두고 그 글자수를 적어야 한다.

해 설

'간인'은 동일서류가 2매 이상일 때 그 기재사항이 서로 연결되어 있는 것임을 증명하기 위하여 매장 간에 인장을 날인하는 것을 말한다. 계인은 그 서류에 서명 날인하는 모든 사람이 다 날인하여야 한다.

제2항 및 제3항은 문자의 추가·삭제에 관한 규정이다. '추가'는 문자를 써넣는 것을 말하고 '삭제'는 제거하는 것을 말하며, 이때에는 그 추가·삭제한 장소에 날인해야 한다. 문자를 삭제할 때에는 삭제한 부분을 해득할 수 있도록 그 자체를 존치하고 삭제한 자수를 기재하여야 한다.

제287조【조서의 서명】 ① 관세범에 관한 서류에 서명날인하는 경우 본인이 서명할 수 없을 때에는 다른 사람에게 대리서명하게 하고 도장을 찍어야 한다. 이 경우 도장을 지니지 아니하였을 때에는 손도장을 찍어야 한다.
② 다른 사람에게 대리서명하게 한 경우에는 대리서명자가 그 사유를 적고 서명날인하여야 한다.

해 설

'서명'은 자기의 성명을 쓰는 것을 말한다. 법에 서명을 요하는 경우 서명이 없는 서류는 무효로 해석된다. 서명은 원래 자서를 의미하나, 본조의 규정과 같이 대리서명도 가능하다. 민법에서는 기명날인으로 대신할 수 있다. 관세범에 관한 서류에는 서명·날인하여야 하지만 문맹이거나 서명할 수 없는 경우에는 타인이 대신 서명하고 인장이 없는 경우에는 손도장을 찍어야 한다. 2020.12.22.(법률 제17649호) 개정시 '대서'를 '대리서명'으로 용어를 개정하였다.

제288조【서류의 송달】 관세범에 관한 서류는 인편이나 등기우편으로 송달한다.

해 설

일반적인 서류송달에 관하여는 법 제11조에 납부고지서 송달에 관한 규정이 있고 동 조에는 관세범에 관한 서류의 송달에 관하여 규정하고 있다. 서류 송달의 종류에는 직접교부, 인편, 우편이 있으며, 전자송달 방법에 의한 교부도 있다.

관세범에 관한 서류는 인편 또는 우편으로 한정되어 있다. 법 제289조에 수령증을 받기 위한 가장 정확한 방법 중 하나로 보기 때문이다.

제289조 【서류송달 시의 수령증】 관세법에 관한 서류를 송달하였을 때에는 수령증을 받아야 한다.

해 설

수령증은 송달을 확인하기 위한 것이다. 통고서의 경우 수령일부터 15일 내에 통고를 이행하지 아니하면 즉시 고발하므로 수령일에 관한 문제 발생시 이 수령증이 증거가 될 수 있어 서류 송달시에는 수령증을 반드시 받아야 한다.

조 사

제290조【관세범의 조사】 세관공무원은 관세범이 있다고 인정할 때에는 범인, 범죄사실 및 증거를 조사하여야 한다.

해 설

관세행정에서 조사는 크게 '관세조사'와 '범칙조사'로 구분할 수 있다. '관세조사'는 관세법 제110조 내지 제114조에 따라 사후세액심사의 일환으로 세관공무원이 관세의 과세표준과 세액의 결정·경정을 위하여 납세자를 방문 조사하는 활동을 말하며[8] '범칙조사'는 관할 지검장이 특별사법경찰관리로 지명한 세관공무원이 관세범 등의 범인·범죄사실 및 증거를 조사하여 처분하는 활동을 말한다.

세관공무원은 관세범에 대한 조사와 처분을 관한 전속적 권한을 가지고 있으며 관세범이 있다고 인정할 때에는 조사할 의무가 있다. 이는 세관공무원이 관세 및 무역에 관한 전문지식과 풍부한 관련정보를 가지고 있는 점을 고려한 것이다. 상황에 따라 판단해야 하지만 조사를 하지 아니하면 직무유기에 해당된다.

관세법상 범칙조사는 범죄혐의로부터 조사를 개시하여 통고처분이나 고발에 의하여 종료한다. 고발이 있는 경우 그 이후의 수사는 검찰단계로 이첩되어 일반 형사소송법을 적용받는다. 세관공무원이 관세법 위반사건을 수리하여 범칙조사를 개시하는 것을 '입건'이라고 하며 실무상으로는 범죄사건부에 사건을 등재하는 단계를 말한다. 조사는 조사기관의 직접인지에 의한 '자율적 개시'와 고소, 밀수신고 등의 '타율적 개시'로 나누어진다.

'내사'는 범죄의 혐의 유무를 확인하고 수사의 개시 여부를 결정하기기 위하여 입건 전의 단계에서 하는 일련의 조사활동으로 신문 기타 출판물의 기사, 익명의 신고, 풍설 등에 범죄의 혐의유무를 조사하여야 할 가치가 있는 내용이 있을 경우 그 진상을 밝히기 위해 입건하지 아니하고 조사하는 단계를 말한다.

'범인'은 범죄행위를 한 자를 말하는 것으로 조사기관에 의해 범죄혐의를 받고 수사의 대상으로 되어 있는 사람을 '피의자'라 한다. 수사가 개시되면 범죄혐의자의 신분은 피의자로 그 신분이 바뀌게 된다. 수사종결 후 검사가 법원에 공소를 제기한 사람을 '피고인'이라 하며 수

---

8) 관세조사과정에서 부정한 방법에 의한 관세포탈행위가 발견된 경우 범칙조사로 전환할 수 있다.

사개시 전의 내사단계에서 내사의 대상자를 '피내사자'라고 하고 판결에 의하여 형이 확정된 자를 '수형자'라고 한다. 피의자의 지위는 수사기관이 범죄혐의를 인정하여 수사를 개시한 때로부터 발생한다.

'범죄사실'은 범죄를 구성하는 사실을 말하며, 증거는 사실의 존부에 관하여 확신을 얻게 하는 자료를 말한다. '조사'는 수사의 목적을 위해 검사나 사법경찰관이 피의자나 참고인의 출석을 요구하여 필요한 사항을 알아보는 것을 말한다. 조사에는 '강제조사'와 '임의 조사'가 있다. 강제조사에는 검증, 수색, 압수 등이 있다. 수사는 수사기관에서 범인의 행방을 찾거나 공소의 제기·유지를 위하여 범인과 범죄에 관한 증거를 수집하는 것을 말한다. 2006.1.2. 직제가 개편되면서 전국에 있던 출장소급이 세관장으로 명칭이 변경 승격되었다. 세관장은 공소 제기권을 가지고 있어 독자적인 수사권이 인정된다. 일반적인 조사 업무는 세관공무원이면 누구나 수행할 수 있으나 사법경찰관리로서 조사는 별도로 검사의 지휘 등을 받아서 처리해야 한다.

【대법원 2007.7.26, 2007도4532】 '함정수사'라 함은 본래 범의를 가지지 아니한 자에 대하여 수사기관이 사술이나 계략 등을 써서 범죄를 유발하게 하여 범죄인을 검거하는 수사방법을 말하는 것이므로, 범의를 가진 자에 대하여 범행의 기회를 주거나 단순히 사술이나 계략 등을 써서 범죄인을 검거하는 데 불과한 경우에는 이를 함정수사라고 할 수 없다.

제291조【조사】 세관공무원은 관세범 조사에 필요하다고 인정할 때에는 피의자·증인 또는 참고인을 조사할 수 있다.

해 설

수사기관은 수사의 목적을 달성하기 위해 필요한 조사를 할 수 있고 그 방법으로는 강제처분에 의한 강제수사와 임의수사가 있다. 강제처분은 압수·수색, 검증 증거보전과 통신제한조치 등의 '대물 강제처분'과 체포와 구속이라는 '대인 강제처분'으로 구분된다. '대인 강제처분'은 개인의 신체의 자유를 일시적으로 제한하는 것으로 그 요건 및 절차를 모두 법으로 엄격하게 규정하고 있다.

사법경찰관리가 아니라도 세관직원이면 누구나 조사할 수 있으며, 조사에는 시간제한이 없으므로 야간 조사도 할 수 있다. '조사'는 묻는 것을 말하며 법적으로는 법원이나 당사자가 증인 등에 대하여 질문하는 것을 말한다. 2010.1.1. 관세법 개정(법률 제9910호)시 '신문'이라는 용어를 일반국민이나 기업이 알기 쉽도록 '조사'라는 용어로 순화하여 표현하였다. 조사의 종류에는 증인조사·당사자조사·피의자조사 등이 있다. '심문'은 법원에서 당사자·이해관계인·기타 참고인에게 적당한 방법으로 서면이나 구술로 개별적으로 진술할 기회를 부여하는 것을 말한다.

제292조 【조서 작성】 ① 세관공무원이 피의자·증인 또는 참고인을 조사하였을 때에는 조서를 작성하여야 한다.
② 조서는 세관공무원이 진술자에게 읽어 주거나 열람하게 하여 기재 사실에 서로 다른 점이 있는지 물어보아야 한다.
③ 진술자가 조서 내용의 증감 변경을 청구한 경우에는 그 진술을 조서에 적어야 한다.
④ 조서에는 연월일과 장소를 적고 다음 각 호의 사람이 함께 서명날인하여야 한다.
1. 조사를 한 사람
2. 진술자
3. 참여자

해 설

'조서'는 소송법상 일정한 절차의 경과를 확인하기 위한 기록으로써 그 절차 진행의 형식적 절차나 실질적 내용을 법에 의해 조서를 작성할 수 있는 권한을 부여받은 자가 법에 정한 방식에 따라 조사한 사실을 적은 문서를 말한다. '피의자 신문'이라 함은 해당범죄사건에 관하여 피의자에게 범행사실에 관한 사항을 신문하는 것을 말하며 '피의자 신문조서'라 함은 전 신문사항을 기재한 조서를 말한다. 조서를 작성한 후에는 이를 진술자에게 읽어주며, 내용에 변경청구를 진술자가 요청한 경우는 진술을 조서에 기재하여야 하고, 조서에는 연월일·장소·조사자·진술자·참여인이 서명 날인한다.

'진술'은 형사소송법에서 사실을 사실로서 말하는 일을 말하며, '진술'은 소송당사자나 관계인이 법원에 대하여 사건에 관한 사실이나 법률상의 의견을 말한다. '피의자'는 범죄의 혐의를 받고 있으나 아직 기소되지 아니한 사람을 말하며, 증인은 어떤 사건에 대하여 법정에서 증언하는 사람을 말한다. '참고인'은 수사기관의 조사에 대하여 과거에 실제로 경험하여 안 사실을 진술하도록 명령을 받은 피고·피의자 이외의 제3자를 말한다. '참여자'는 뒷날의 증인으로 삼기 위하여 어떤 일이 벌어지거나 일어난 곳에 참여·입회시키는 사람을 말한다. 2010.1.1. 법 개정시 '입회인'이란 용어를 '참여자'로 순화하여 표현하였다.

제293조 【조서의 대용】 ① 현행범인에 대한 조사로서 긴급히 처리할 필요가 있을 때에는 그 주요 내용을 적은 서면으로 조서를 대신할 수 있다.
② 제1항에 따른 서면에는 연월일시와 장소를 적고 조사를 한 사람과 피의자가 이에 서명날인하여야 한다.

해 설

피의자를 조사하였을 때에는 조서를 작성하여야 하나 긴급을 요하는 경우에는 범인과 범죄사실을 확인할 수 있을 정도의 내용을 기재한 서면만으로 조서에 대용한다. 조서를 대용하는 서면 기재요령에는 일반 조서내용과는 다르게 시각까지 기재하도록 하고 있다. 이는 구속영장 청구 등에 사용될 기간 계산을 하기 위한 것이다.

제294조【출석 요구】① 세관공무원이 관세범 조사에 필요하다고 인정할 때에는 피의자·증인 또는 참고인의 출석을 요구할 수 있다.
② 세관공무원이 관세범 조사에 필요하다고 인정할 때에는 지정한 장소에 피의자·증인 또는 참고인의 출석이나 동행을 명할 수 있다.
③ 피의자·증인 또는 참고인에게 출석 요구를 할 때에는 출석요구서를 발급하여야 한다.

해 설

'출석요구'는 당사자나 그 밖의 소송관계인에 대하여 기일을 고지하여 출석을 명하는 것을 말한다. 형사소송법으로는 영장의 일종으로 출석요구의 재판을 기재한 재판서를 말하기도 한다. 출석요구는 임의처분이므로 출석이나 동행을 거부할 수 있다.

제2항 및 제3항은 동행 명령 및 출석요구에 관한 규정이다. "동행을 명한다"고 하는 것은 강제연행을 의미하는 것이 아니라 임의수사로서의 동행, 즉 임의동행을 의미한다고 해석해야 한다. 강제연행에는 영장주의가 적용되기 때문이다. 임의동행이란 조사기관이 피의자나 상대방의 동의 또는 승낙을 얻어 이들과 함께 조사기관까지 동행하는 것을 말한다. 임의동행은 임의조사이므로 동행요구를 받은 피의자 등은 동행요구를 거절할 수 있고 임의동행 후 언제든지 조사기관에서 퇴거할 자유가 있다고 할 것이다. 임의동행 과정에서 강제력이 개입된 때에는 임의조사로서의 한계를 벗어나게 되므로 영장이 필요하다.

출석명령도 법원이 필요한 때에 지정한 장소에 피고인의 출석을 명하는 것을 말하기도 하나 여기서는 사법경찰관이 수사에 필요하여 피의자를 출석하도록 요구하는 것을 말한다. 동행명령도 역시 법원의 동행을 명하는 재판을 말하나 여기서는 사법경찰관의 동행요구를 말하며, 출석요구서에 의해 출석요구를 해야 한다. 2010.1.1. 법 개정시 '소환'이라는 용어를 '출석요구'로 순화 표현하였다.

【대법원 2011.6.30, 2009도6717】 형사소송법 제199조 제1항은 임의수사 원칙을 명시하고 있는데, 수사관이 수사과정에서 동의를 받는 형식으로 피의자를 수사관서 등에 동행하는 것은, 피의자의 신체의 자유가 제한되어 실질적으로 체포와 유사한데도 이를 억제할 방법이 없어서 이를 통해서는 제도적으로는 물론 현실적으로도 임의성을 보장할 수 없을 뿐만 아니라, 아직 정식 체포·구속단계

이전이라는 이유로 헌법 및 형사소송법이 체포·구속된 피의자에게 부여하는 각종 권리보장 장치가 제공되지 않는 등 형사소송법의 원리에 반하는 결과를 초래할 가능성이 크므로, 수사관이 동행에 앞서 피의자에게 동행을 거부할 수 있음을 알려 주었거나 동행한 피의자가 언제든지 자유로이 동행과정에서 이탈 또는 동행장소에서 퇴거할 수 있었음이 인정되는 등 오로지 피의자의 자발적인 의사에 의하여 수사관서 등에 동행이 이루어졌다는 것이 객관적인 사정에 의하여 명백하게 입증된 경우에 한하여, 동행의 적법성이 인정된다고 보는 것이 타당하다.

第295条【사법경찰권】 세관공무원은 관세범에 관하여 「사법경찰관리의 직무를 수행할 자와 그 직무범위에 관한 법률」에서 정하는 바에 따라 사법경찰관리의 직무를 수행한다.

해 설

'사법경찰관리제도'는 사회발전으로 범죄수사의 전문성이 요구됨에 따라 산림, 환경, 식품, 세무, 컴퓨터프로그램 등 특별법규 위반자에 대하여 전문성을 갖춘 공무원에게 사법경찰권을 부여하고 검사의 지휘를 받아 수사한 후 사건을 검찰에 송치하게 하는 제도를 말한다.

행정경찰은 일반경찰권 작용이라는 점에서 행정법규의 적용을 받지만 사법경찰은 형벌권의 작용으로서 형사소송법의 적용을 받고 검사의 지휘를 받는다는 점에서 양자는 구별된다. 법관의 영장을 요하는 관세범인의 체포, 구속, 압수, 수색 등의 강제조사는 피의자의 신체의 자유를 침해할 우려가 매우 크기 때문에 영장 등 엄격한 형사절차를 요구함과 더불어 강제조사를 하는 수행하는 자에 대해 특별한 자격요건을 요구하고 있다. 관세범에 관하여는 모든 세관직원이 조사를 할 수 있으나, 인신 구속 등에 관한 권한을 가진 사법경찰관이 조사를 효과적으로 할 수 있기 때문에 사법경찰권을 법률에 따라 세관직원에게 부여하게 되었다.

「사법경찰관리의 직무를 행할 자와 그 직무범위에 관한 법률」에는 소속관서장의 제청에 의하여 근무지를 관할하는 지방검찰청검사장이 지명한 7급 이상 국가공무원은 사법경찰관, 8급 이하는 사법경찰관리 직무를 행한다. 사법경찰관리의 직무를 행하는 세관공무원이 법령에 의하여 피의자를 구속하는 때에는 세관관서·경찰관서 또는 교도관서에 유치하여야 한다.

2015.8.11. 「사법경찰관리의 직무를 행할 자와 그 직무범위에 관한 법률」 제6조가 개정되어 사법경찰관리에 지명된 세관공무원의 직무범위에 형법상 문서에 관한 죄(제20장) 및 인장에 관한 죄(21장)이 추가되었다. 이에 따라 동법 제6조 제14항 가목에 규정된 범죄(관세법, 관세사법, 환급특례법, 대외무역법, 지재권법, 외국환거래법 등)와 경합범 관계에 있는 문서·인장의 죄에 한하여 수사 및 송치가 가능하게 되었다.

【대법원 2022.12.15, 2022도8824】 사법경찰관리 또는 특별사법경찰관리에 대하여는 헌법과 형사

소송법 등 법령에 따라 국민의 생명·신체·재산 등을 보호하기 위하여 광범위한 기본권 제한조치를 할 수 있는 권한이 부여되어 있으므로, 소관 업무의 성질이 수사업무와 유사하거나 이에 준하는 경우에도 명문의 규정이 없는 한 함부로 그 업무를 담당하는 공무원을 사법경찰관리 또는 특별사법경찰관리에 해당한다고 해석할 수 없다. 사법경찰관리의 직무를 수행할 자와 그 직무범위에 관한 법률(2021.3.16. 법률 제17929호로 개정되기 전의 것)은 특별사법경찰관리를 구체적으로 열거하면서 '관세법에 따라 관세범의 조사 업무에 종사하는 세관공무원'만 명시하였을 뿐 '조세범칙조사를 담당하는 세무공무원'을 포함시키지 않았다. 현행 법령상 조세범칙조사의 법적 성질은 기본적으로 행정절차에 해당하므로, 달리 특별한 사정이 없는 한 이를 형사절차의 일환으로 볼 수는 없다.

제296조【수색·압수영장】 ① 이 법에 따라 수색·압수를 할 때에는 관할 지방법원 판사의 영장을 받아야 한다. 다만, 긴급한 경우에는 사후에 영장을 발급받아야 한다.
② 소유자·점유자 또는 보관자가 임의로 제출한 물품이나 남겨 둔 물품은 영장 없이 압수할 수 있다.

해 설

'압수'는 물건을 강제로 빼앗아 보관하는 것을 말하며 '수색'은 압수할 물건 또는 체포할 사람을 찾기 위해 장소나 사람의 몸을 강제로 뒤지는 것을 말하며 '영장'은 강제처분의 재판을 기재한 서면을 말한다. 수색과 압수할 때에는 영장을 받아야 하며, 긴급시에는 사후에 영장을 교부 받아야 한다.

제2항에서 자기의사에 따라 제출한 물품이나 유류한 물품은 영장 없이도 압수할 수 있다. '임의'는 자기 의사대로 하는 것을 말한다.

【대법원 2013.9.26, 2013도7718】 관세법 제246조 제1항, 제2항, 제257조, '국제우편물 수입통관 사무처리'(2011.9.30. 관세청고시 제2011-40호) 제1-2조 제2항, 제1-3조, 제3-6조, 구 '수출입물품 등의 분석사무 처리에 관한 시행세칙'(2013.1.4. 관세청훈령 제1507호로 개정되기 전의 것) 등과 관세법이 관세의 부과·징수와 아울러 수출입물품의 통관을 적정하게 함을 목적으로 한다는 점(관세법 제1조)에 비추어 보면, 우편물 통관검사절차에서 이루어지는 우편물의 개봉, 시료채취, 성분분석 등의 검사는 수출입물품에 대한 적정한 통관 등을 목적으로 한 행정조사의 성격을 가지는 것으로서 수사기관의 강제처분이라고 할 수 없으므로, 압수·수색영장 없이 우편물의 개봉, 시료채취, 성분분석 등 검사가 진행되었다 하더라도 특별한 사정이 없는 한 위법하다고 볼 수 없다.

【대법원 2012.3.29, 2011도10508】 전자정보에 대한 압수·수색영장의 집행에 있어서는 원칙적으로 영장 발부의 사유로 된 혐의사실과 관련된 부분만을 문서 출력물로 수집하거나 수사기관이 휴대한 저장매체에 해당 파일을 복사하는 방식으로 이루어져야 하고, 집행현장의 사정상 위와 같은 방식에 의한 집행이 불가능하거나 현저히 곤란한 부득이한 사정이 있더라도 그 같은 경우에 그 저

장매체 자체를 직접 또는 하드카피나 이미징 등 형태로 수사기관 사무실 등 외부로 반출하여 해당 파일을 압수·수색할 수 있도록 영장에 기재되어 있고 실제 그와 같은 사정이 발생한 때에 한하여 예외적으로 허용될 수 있을 뿐이다. 나아가 이처럼 저장매체 자체를 수사기관 사무실 등으로 옮긴 후 영장에 기재된 범죄 혐의 관련 전자정보를 탐색하여 해당 전자정보를 문서로 출력하거나 파일을 복사하는 과정 역시 전체적으로 압수·수색영장 집행에 포함된다고 보아야 한다. 따라서 그러한 경우 문서출력 또는 파일복사의 대상 역시 혐의사실과 관련된 부분으로 한정되어야 함은 헌법 제12조 제1항·제3항, 형사소송법 제114조·제215조의 적법절차 및 영장주의의 원칙상 당연하다. 그러므로 수사기관 사무실 등으로 옮긴 저장매체에서 범죄혐의와 관련성에 대한 구분 없이 저장된 전자정보 중 임의로 문서출력 또는 파일복사를 하는 행위는 특별한 사정이 없는 한 영장주의 등 원칙에 반하는 위법한 집행이 된다. '○○물류' 관련 관세법 위반의 점에 대한 증거인 '○○물류 관련 서류'와 '전산자료 출력물'은 이 사건 압수·수색영장의 압수 대상이 아니거나 그 혐의사실과 무관하고, 피고인이 수사기관에서 한 자백 역시 절차에 따르지 않은 증거에 기초하여 획득된 이 사건에서, 원심은, 이들 증거가 적법절차의 실질적 내용을 침해하는 것으로 절차 위반행위와 2차적 증거 수집 사이에 인과관계가 희석되거나 단절된다고 볼 수 없어 위 공소사실에 대한 유죄의 증거로 삼을 수 없다고 보아 위 공소사실에 대하여 이유에서 무죄로 판단한 것은 정당하다.

【대법원 2010.1.28, 2009도10092】 형사소송법 제218조는 '사법경찰관은 소유자, 소지자 또는 보관자가 임의로 제출한 물건을 영장없이 압수할 수 있다'고 규정하고 있는바, 위 규정을 위반하여 소유자, 소지자 또는 보관자가 아닌 자로부터 제출받은 물건을 영장없이 압수한 경우 그 압수물 및 압수물을 찍은 사진은 이를 유죄 인정의 증거로 사용할 수 없는 것이고, 헌법과 형사소송법이 선언한 영장주의의 중요성에 비추어 볼 때 피고인이나 변호인이 이를 증거로 함에 동의하였다고 하더라도 달리 볼 것은 아니다.

【대법원 2009.5.14, 2008도10914】 음란물 유포의 범죄혐의를 이유로 압수수색영장을 발부받은 사법경찰리가 피고인의 주거지를 수색하는 과정에서 대마를 발견하자, 피고인을 마약류관리에 관한 법률 위반죄의 현행범으로 체포하면서 대마를 압수하였으나 그 다음 날 피고인을 석방하고도 사후 압수수색영장을 발부받지 않은 사안에서, 위 압수물과 압수조서는 형사소송법상 영장주의를 위반하여 수집한 증거로서 증거능력이 부정된다.

【대법원 2009.3.12, 2008도763】 압수·수색영장은 처분을 받는 자에게 반드시 제시하여야 하는바, 현장에서 압수·수색을 당하는 사람이 여러 명일 경우에는 그 사람들 모두에게 개별적으로 영장을 제시해야 하는 것이 원칙이다. 수사기관이 압수·수색에 착수하면서 그 장소의 관리책임자에게 영장을 제시하였다고 하더라도, 물건을 소지하고 있는 다른 사람으로부터 이를 압수하고자 하는 때에는 그 사람에게 따로 영장을 제시하여야 한다.

【대법원 2007.11.15, 2007도3061】 [1] 기본적 인권 보장을 위하여 압수수색에 관한 적법절차와 영장주의의 근간을 선언한 헌법과 이를 이어받아 실체적 진실 규명과 개인의 권리보호 이념을 조화롭게 실현할 수 있도록 압수수색절차에 관한 구체적 기준을 마련하고 있는 형사소송법의 규범력은 확고히 유지되어야 한다. 그러므로 헌법과 형사소송법이 정한 절차에 따르지 아니하고 수집한 증거

는 기본적 인권 보장을 위해 마련된 적법한 절차에 따르지 않은 것으로서 원칙적으로 유죄 인정의 증거로 삼을 수 없다. 수사기관의 위법한 압수수색을 억제하고 재발을 방지하는 가장 효과적이고 확실한 대응책은 이를 통하여 수집한 증거는 물론 이를 기초로 하여 획득한 2차적 증거를 유죄 인정의 증거로 삼을 수 없도록 하는 것이다. [2] 다만, 법이 정한 절차에 따르지 아니하고 수집한 압수물의 증거능력 인정 여부를 최종적으로 판단함에 있어서는, 실체적 진실 규명을 통한 정당한 형벌권의 실현도 헌법과 형사소송법이 형사소송 절차를 통하여 달성하려는 중요한 목표이자 이념이므로, 형식적으로 보아 정해진 절차에 따르지 아니하고 수집한 증거라는 이유만을 내세워 획일적으로 그 증거의 증거능력을 부정하는 것 역시 헌법과 형사소송법이 형사소송에 관한 절차 조항을 마련한 취지에 맞는다고 볼 수 없다. 따라서 수사기관의 증거 수집 과정에서 이루어진 절차 위반행위와 관련된 모든 사정 즉, 절차 조항의 취지와 그 위반의 내용 및 정도, 구체적인 위반 경위와 회피 가능성, 절차 조항이 보호하고자 하는 권리 또는 법익의 성질과 침해 정도 및 피고인과의 관련성, 절차 위반행위와 증거수집 사이의 인과관계 등 관련성의 정도, 수사기관의 인식과 의도 등을 전체적·종합적으로 살펴 볼 때, 수사기관의 절차 위반행위가 적법절차의 실질적인 내용을 침해하는 경우에 해당하지 아니하고, 오히려 그 증거의 증거능력을 배제하는 것이 헌법과 형사소송법이 형사소송에 관한 절차 조항을 마련하여 적법절차의 원칙과 실체적 진실 규명의 조화를 도모하고 이를 통하여 형사 사법 정의를 실현하려 한 취지에 반하는 결과를 초래하는 것으로 평가되는 예외적인 경우라면, 법원은 그 증거를 유죄 인정의 증거로 사용할 수 있다고 보아야 한다. 이는 적법한 절차에 따르지 아니하고 수집한 증거를 기초로 하여 획득한 2차적 증거의 경우에도 마찬가지여서, 절차에 따르지 아니한 증거 수집과 2차적 증거 수집 사이 인과관계의 희석 또는 단절 여부를 중심으로 2차적 증거 수집과 관련된 모든 사정을 전체적·종합적으로 고려하여 예외적인 경우에는 유죄 인정의 증거로 사용할 수 있다.

【대법원 1996.8.8, 95나4753】 수사기관이 영장 사본의 제시만으로 피의자를 연행한 행위 등에 대하여 국가의 불법적인 책임이 인정된다.

제297조【현행범의 체포】 세관공무원이 관세법의 현행범인을 발견하였을 때에는 즉시 체포하여야 한다.

해 설

체포제도는 임의동행과 보호유치 등 종래의 탈법적 수사관행을 없애고 적법한 수사절차를 확보하기 위해 1997.1.1.부터 시행된 형사소송법에 도입된 제도로 체포영장에 의한 체포, 긴급체포,[9] 현행범인 체포 등 3가지가 있다.

---

9) 피의자가 사형·무기 또는 장기 3년 이상의 징역이나 금고에 해당하는 죄를 범하였다고 의심할만한 상당한 이유가 있고 피의자가 증거를 인멸할 염려가 있거나 또는 도망하거나 도망할 우려가 있는 때에는 그 사유를 알리고 영장 없이 피의자를 체포할 수 있는데 '긴급을 요한다' 함은 피의자를 우연히 발견한 경우 등과 같이

체포는 사람의 신체에 대하여 직접적, 현실적인 구속을 가하여서 행동의 자유를 빼앗는 것으로 죄를 범하였다고 의심할 만한 상당한 이유가 있는 피의자의 신병을 확보하기 위해 피의자를 단기간 동안 조사기관 등 일정한 장소에 인치하는 강제처분이다.

세관공무원은 현행범인을 체포할 의무가 있으며, 세관공무원 이외 누구든지 현행범을 체포할 수 있다. 현행범은 범죄 실행 중이거나 범죄의 실행 즉후[10]인 자를 말하며, 현행범에 대해 준현행범이 있다. '준현행범'은 현행범은 아니지만 형사소송법에서 범인으로 호칭되어 추적되거나 장물이나 범죄에 사용되었다고 확정하기에 충분한 흉기 기타 물건을 소지하고 있는 자, 신체나 의복류에 현저한 증적이 있는 자, 누구냐라고 물을 때 도망하려한 자를 준현행범으로 본다.

피의자를 체포한 경우에는 피의사실의 요지, 체포의 이유, 변호인을 선임할 수 있음을 말하고, 변명의 기회를 주어야 한다.[11] 형사소송법 제200조의 5에 규정된 권리의 고지절차를 무시하고 체포한 경우 그 체포는 위법하고 그에 기한 피의자신문조서도 증거능력이 부정된다. 체포한 피의자를 구속하고자 할 때에는 검사는 체포한 때로부터 48시간 이내에 구속영장을 청구하여야 한다.

【대법원 2007.4.13, 2007도1249】 형사소송법 제211조가 현행범인으로 규정한 "범죄 실행의 즉후인 자"라고 함은, 범죄의 실행행위를 종료한 직후의 범인이라는 것이 체포하는 자의 입장에서 볼 때 명백한 경우를 일컫는 것으로서, 위 법조가 제1항에서 본래의 의미의 현행범인에 관하여 규정하면서 "범죄의 실행의 즉후인 자"를 "범죄의 실행 중인 자"와 마찬가지로 현행범인으로 보고 있고, 제2항에서는 현행범인으로 간주되는 준현행범인에 관하여 별도로 규정하고 있는 점 등으로 미루어 볼 때, "범죄의 실행행위를 종료한 직후"라고 함은, 범죄행위를 실행하여 끝마친 순간 또는 이에 아주 접착된 시간적 단계를 의미하는 것으로 해석되므로, 시간적으로나 장소적으로 보아 체포를 당하는 자가 방금 범죄를 실행한 범인이라는 점에 관한 죄증이 명백히 존재하는 것으로 인정되는 경우에만 현행범인으로 볼 수 있는 것이다.

【대법원 2012.2.9, 2011도7193】 검사 또는 사법경찰관리는 현행범인을 체포하거나 일반인이 체포한 현행범인을 인도받는 경우 형사소송법 제213조의 2에 의하여 준용되는 제200조의 5에 따라 피의자에 대하여 피의사실의 요지, 체포의 이유와 변호인을 선임할 수 있음을 말하고 변명할 기회를 주어야 하고, 이와 같은 고지는 체포를 위한 실력행사에 들어가기 전에 미리 하여야 하는 것이 원칙이지만, 달아나는 피의자를 쫓아가 붙들거나 폭력으로 대항하는 피의자를 실력으로 제압하는 경우에는 붙들거나 제압하는 과정에서 하거나 그것이 여의치 않은 경우에는 일단 붙들거나 제압한 후에 지체 없이 하면 된다.

체포영장을 받을 시간적 여유가 없는 때를 말한다.

10) '즉후'란, 실행행위를 종료한 순간 또는 이에 근접한 시간적 · 장소적 단계를 말한다.

11) 일명 '미란다원칙'으로 종전에는 '범죄사실'의 요지를 고지한다고 되어 있으나 개정 형사소송법에서는 피의자에 대한 체포시 '피의사실'의 요지를 고지한다고 표현 변경하였다.

【대법원 2003.3.27, 2002모81】 긴급체포의 요건을 갖추었는지 여부는 사후에 밝혀진 사정을 기초로 판단하는 것이 아니라 체포 당시의 상황을 기초로 판단하여야 하고 이에 관한 검사나 사법경찰관 등 수사주체의 판단에는 상당한 재량의 여지가 있다고 할 것이나, 긴급체포 당시의 상황으로 보아서도 그 요건 충족여부에 관한 검사나 사법경찰관의 판단이 경험칙에 비추어 현저히 합리성을 잃은 경우에는 그 체포는 위법한 체포라 할 것이다.

【대법원 1994.3.1, 93도958】 피의자를 구속영장 없이 현행범으로 체포하든지 긴급구속하기 위하여는 체포 또는 긴급구속 당시에 헌법 및 형사소송법에 규정된바와 같이 피의자에 대하여 범죄사실의 요지, 체포 또는 구속의 이유와 변호인을 선임할 수 있음을 말하고 변명할 기회를 준 후가 아니면 체포 또는 긴급구속할 수 없다.

제298조 【현행범의 인도】 ① 관세범의 현행범인이 그 장소에 있을 때에는 누구든지 체포할 수 있다.
② 제1항에 따라 범인을 체포한 자는 지체 없이 세관공무원에게 범인을 인도하여야 한다.

해 설

관세 현행범은 범행 장소에 있으면 누구든지 범인을 체포할 수 있다. 관세범에 대한 조사는 세관공무원이 수행하기 때문에 다른 기관의 조사 직원이 체포하더라도 세관공무원에게 인도하여야 한다. 이는 관세범에 대하여 공소를 제기하기 위해서는 관세청장이나 세관장의 고발이 있어야 하기 때문이다. 인도는 민법상 점유의 이전을 말하며, 고대 로마법에서는 물건 또는 사람에 관한 지배를 이전하는 의미로 사용되었으나 근대에서는 물건의 인도를 의미한다.

【대법원 2011.5.26, 2011도3682】 현행범인은 누구든지 영장 없이 체포할 수 있는데(형사소송법 제212조), 현행범인으로 체포하기 위하여는 행위의 가벌성, 범죄의 현행성・시간적 접착성, 범인・범죄의 명백성 이외에 체포의 필요성 즉, 도망 또는 증거인멸의 염려가 있어야 하고, 이러한 요건을 갖추지 못한 현행범인 체포는 법적 근거에 의하지 아니한 영장 없는 체포로서 위법한 체포에 해당한다. 여기서 현행범인 체포의 요건을 갖추었는지는 체포 당시 상황을 기초로 판단하여야 하고, 이에 관한 검사나 사법경찰관 등 수사주체의 판단에는 상당한 재량 여지가 있으나, 체포 당시 상황으로 보아도 요건 충족 여부에 관한 검사나 사법경찰관 등의 판단이 경험칙에 비추어 현저히 합리성을 잃은 경우에는 그 체포는 위법하다고 보아야 한다.

제299조 【압수물품의 국고귀속】 ① 세관장은 제269조, 제270조 제1항부터 제3항까지 및 제272조부터 제274조까지의 규정에 해당되어 압수된 물품에 대하여 그 압수일부터 6개월 이내에 해당 물품의 소유자 및 범인을 알 수 없는 경우에는 해당 물품을 유실물로 간주하여 유실물 공고를 하여야 한다.

② 제1항에 따른 공고일부터 1년이 지나도 소유자 및 범인을 알 수 없는 경우에는 해당 물품은 국고에 귀속된다.

해 설

법 개정 전에는 유실물공고 절차 없이 바로 국고귀속하던 것을 1997.12.13. 헌법재판소의 위헌판결이 있은 후 현행 조문으로 개정하였다. 헌법재판소의 판례에 의하면 압수물품의 국고귀속은 헌법 제12조 제1항에 규정한 처벌에 해당하는 데도 적법절차 원칙에 의하지 아니하고 실질적으로 몰수형을 집행한 것과 같은 효과를 발생하는 법률규정이므로 헌법에 위배된다고 한다. 압수된 물품이 압수일부터 6월 안에 그 물품의 소유자나 범인을 알 수 없으면, 이를 유실물로 보아 유실물공고를 해야 한다.

제2항은 국고귀속에 관한 규정이다. 유실물의 공고일부터 1년이 경과하여도 소유자나 범인을 알 수 없으면 이를 국고귀속한다. 법 제269조는 밀수출입죄에 관한 규정, 법 제270조는 관세포탈죄 등에 관한 규정, 법 제272조는 밀수전용 운반기구 몰수에 관한 규정, 법 제273조는 범죄에 사용된 물품의 몰수 등에 관한 규정, 법 제274조는 밀수품의 취득죄 등에 관한 규정이다. 관세청훈령으로 「압수물품 보관관리에 관한 시행세칙」이 있다. 이 세칙에는 범칙물품의 압수, 감정, 인수, 보관관리, 처분, 보고에 관하여 규정하고 있다.

【헌법재판소 1997.5.29, 96헌가17 전원재판부】 관세법상 몰수할 것으로 인정되는 물품을 압수한 경우에 있어서 '범인이 해당관서에 출두하지 아니하거나 또는 범인이 도주하여 그 물품을 압수한 날로부터 4월을 경과한 때에는 해당 물품은 별도의 재판이나 처분없이 국고에 귀속한다'고 규정하고 있는 이 사건 법률조항은 재판이나 청문의 절차도 밟지 아니하고 압수한 물건에 대한 피의자의 재산권을 박탈하여 국고귀속시킴으로써 그 실질은 몰수형을 집행한 것과 같은 효과를 발생하게 하는 것이므로 헌법상의 적법절차의 원칙과 무죄추정의 원칙에 위배된다.

제300조 【검증수색】 세관공무원은 관세범 조사에 필요하다고 인정할 때에는 선박 · 차량 · 항공기 · 창고 또는 그 밖의 장소를 검증하거나 수색할 수 있다.

해 설

'검증수색'은 조세에 관한 범칙사건이나 위반사건을 위해 현장에 임하여 검사하거나 창고, 영업소 등 현장에 임하여 일정한 상태 등을 검사하는 즉시강제 사실행위를 말한다. 검증이란 사람의 신체, 장소, 물건의 성질과 형태를 오관의 작용으로 인식하는 강제처분으로 수색을 위하여 하는 것이 아니고 범죄사실에 대한 인식을 얻기 위한 독립처분이다. 수색 · 압수할 때에는 영장이 필요하지만 검증수색할 때에는 영장이 불필요하다. 2010.1.1. 법 개정시 '임검'이라는 용어를 '검증'으로 순화 표현하였다.

【광주고등법원 2008.1.15, 2007노370】 수사기관은 압수수색 영장 청구시 압수수색 장소를 가능한 범위 내에서 최대한 특정하여야 하지만, 압수수색 장소의 내부구조를 사전에 명확히 알 수는 없는 점을 고려하면, 피의자, 범죄사실과 압수수색이 필요한 사유에 기초하여 통상적으로 보아 압수수색 영장에 기재된 장소와 동일성이 인정되는 범위 내에서는 영장기재 장소라고 볼 수 있다.

제301조【신변 수색 등】 ① 세관공무원은 범죄사실을 증명하기에 충분한 물품을 피의자가 신변(身邊)에 은닉하였다고 인정될 때에는 이를 내보이도록 요구하고, 이에 따르지 아니하는 경우에는 신변을 수색할 수 있다.
② 여성의 신변을 수색할 때에는 성년의 여성을 참여시켜야 한다.

해 설

'개시'는 열어서 보여주는 것이다. 예를 들면, 밀수품을 몸에 은닉하였다고 인정하는 경우 이를 보여주도록 요구하는 것이다. 이러한 요구를 거절하는 경우 직원이 신변을 수색할 수 있다. 개시요구와 신변수색도 검증과 마찬가지로 즉시 강제 사실행위이다.

제2항에서 종전에는 긴급한 경우에는 예외를 인정하였으나, 형사소송법 상에도 예외를 인정하지 아니함으로 법에서도 동일한 내용으로 2006.12.30. 개정하였다. 그리고 '부녀자' 혹은 '부녀'라는 용어를 시대에 맞게 '여자'로 변경하였으며, '여자'를 '여성'으로, 법률 용어 표준화의 일반원칙에 따라 용어를 2010.3.31. 개정하였다.

제302조【참여】 ① 세관공무원이 수색을 할 때에는 다음 각 호의 어느 하나에 해당하는 사람을 참여시켜야 한다. 다만, 이들이 모두 부재중일 때에는 공무원을 참여시켜야 한다.
1. 선박·차량·항공기·창고 또는 그 밖의 장소의 소지인·관리인
2. 동거하는 친척이나 고용된 사람
3. 이웃에 거주하는 사람
② 제1항 제2호 및 제3호에 따른 사람은 성년자이어야 한다.

해 설

선반·차량·항공기·창고·기타 장소를 수색할 때에는 소지인·관리인·동거의 친척·고용자·이웃 혹은 공무원을 참여시켜야 한다. 참여는 나중에 발생될 분쟁에 대비하여, 다른 사람을 조사 현장에 있게 하는 것이다.

피의자의 주거에 피의자 및 참여인이 없는 경우에는 압수할 물건이 있음을 전제로 하여 긴급하게 압수·수색할 필요가 있는 경우에 한하여 출입문이나 창문의 시건장치를 열고 압수·수색한다.

이때 출입문, 창문 등 시건장치의 파손을 최소화하고 집행을 종료하였을 때에는 원상복구 조치를 취하여야 하며 참여인 없이 압수·수색하였다는 취지의 내용이 기재된 문건을 작성하여 피압수·수색자에게 즉시 통보하거나 전화 등 기타 방법으로 그 사실을 고지하여야 한다. 2010.1.1. 법 개정시 '입회'라는 용어를 '참여'로 순화 표현하였다.

제303조 【압수와 보관】 ① 세관공무원은 관세범 조사에 의하여 발견한 물품이 범죄의 사실을 증명하기에 충분하거나 몰수하여야 하는 것으로 인정될 때에는 이를 압수할 수 있다.
② 압수물품은 편의에 따라 소지자나 시·군·읍·면사무소에 보관시킬 수 있다.
③ 관세청장이나 세관장은 압수물품이 다음 각 호의 어느 하나에 해당하는 경우에는 피의자나 관계인에게 통고한 후 매각하여 그 대금을 보관하거나 공탁할 수 있다. 다만, 통고할 여유가 없을 때에는 매각한 후 통고하여야 한다.
1. 부패 또는 손상되거나 그 밖에 사용할 수 있는 기간이 지날 우려가 있는 경우
2. 보관하기가 극히 불편하다고 인정되는 경우
3. 처분이 지연되면 상품가치가 크게 떨어질 우려가 있는 경우
4. 피의자나 관계인이 매각을 요청하는 경우
④ 제3항에 따른 통고 및 매각에 관하여는 제160조 제5항 및 제326조를 준용한다.

해 설

범죄사실을 증명하거나, 몰수할 것으로 인정될 때 그 물품을 압수할 수 있다. 관세청 훈령으로 「압수물품 보관 관리에 관한 시행세칙」이 있으며, 동 훈령에는 범칙물품의 압수, 감정 및 인수, 압수물품의 보관관리 및 처분 등에 관하여 규정하고 있다.

제2항은 압수물품 보관에 관한 규정이다. 물품을 압수한 때에는 해당 물품에 봉인하여야 한다. 다만, 물품의 성상에 따라 봉인할 필요가 없거나 봉인이 곤란하다고 인정하는 경우에는 예외로 한다. 압수물품을 보관시킬 때에는 수령증을 받고 그 요지를 압수 당시의 소유자에게 통지하여야 한다. 검증·수색 또는 압수조서에는 해당 물품의 품명 및 수량, 포장의 종류·기호·번호 및 개수, 검증·수색 또는 압수의 장소 및 일시, 소유자 또는 소지자의 주소 또는 거소와 성명, 보관 장소를 기재하여야 한다. 몰수에 해당하는 물품으로서 시·군·읍·면사무소에서 보관한 것은 그대로 납부절차를 행할 수 있다.

제3항은 매각 대금 보관 또는 공탁에 관한 규정이다. '공탁'은 변제, 담보, 보관 등 목적으로 금전·유가증권 기타 물건을 공탁소에 임치하는 것을 말한다. 매각하거나 공탁하는 것은

조사과정 동안에 압수물품의 가치가 하락하므로 발생되는 국고나 피의자·관계인의 경제적인 손실을 막기 위한 제도이다. 물품을 압수 시에는 봉인해야 한다. 압수물품을 보관시킬 때에는 수령증을 받고 그 요지를 압수 당시의 소유자에게 통지하여야 한다. '영치'는 피의자나 관계인이 임의로 범칙물품을 제출하는 경우에 임의적으로 취득하는 처분을 말하며 이에 대하여 압수, 압류는 판사의 영장이 있어야 한다.

제4항은 준용에 관한 규정이다. 법 제160조 제5항은 장치물품의 폐기에 관한 규정이며, 화주 등의 주소 및 거소가 불명하거나 기타의 사유로 인하여 통고할 수 없는 때에는 공고로서 갈음할 수 있다는 내용이다. 법 몰수품 등 처분에 관한 규정이다.

【대법원 2010.7.22, 2009도14376】 [1] 기본적 인권 보장을 위하여 압수·수색에 관한 적법절차와 영장주의의 근간을 선언한 헌법과 이를 이어받아 실체적 진실 규명과 개인의 권리보호 이념을 조화롭게 실현할 수 있도록 압수·수색절차에 관한 구체적 기준을 마련하고 있는 형사소송법의 규범력은 확고히 유지되어야 하므로, 헌법과 형사소송법이 정한 절차에 따르지 아니하고 수집한 증거는 물론이거니와 이를 기초로 하여 획득한 2차적 증거 또한 기본적 인권 보장을 위해 마련된 적법한 절차에 따르지 않은 것으로서 원칙적으로 유죄 인정의 증거로 삼을 수 없고, 다만 수사기관의 절차 위반행위가 적법절차의 실질적인 내용을 침해하는 경우에 해당하지 아니하고, 그 증거의 증거능력을 배제하는 것이 오히려 헌법과 형사소송법이 적법절차의 원칙과 실체적 진실 규명의 조화를 통하여 형사 사법 정의를 실현하려고 한 취지에 반하는 결과를 초래하는 것으로 평가되는 예외적인 경우에 한하여 그 증거를 유죄 인정의 증거로 사용할 수 있을 뿐이다. [2] 형사소송법 제215조 제2항은 "사법경찰관이 범죄수사에 필요한 때에는 검사에게 신청하여 검사의 청구로 지방법원 판사가 발부한 영장에 의하여 압수, 수색 또는 검증을 할 수 있다."고 규정하고 있는바, 사법경찰관이 위 규정을 위반하여 영장없이 물건을 압수한 경우 그 압수물은 물론 이를 기초로 하여 획득한 2차적 증거 역시 유죄 인정의 증거로 사용할 수 없는 것이고, 이와 같은 법리는 헌법과 형사소송법이 선언한 영장주의의 중요성에 비추어 볼 때 위법한 압수가 있은 직후에 피고인으로부터 작성받은 그 압수물에 대한 임의제출동의서도 특별한 사정이 없는 한 마찬가지라고 할 것이다.

제304조【압수물품의 폐기】 ① 관세청장이나 세관장은 압수물품 중 다음 각 호의 어느 하나에 해당하는 것은 피의자나 관계인에게 통고한 후 폐기할 수 있다. 다만, 통고할 여유가 없을 때에는 폐기한 후 즉시 통고하여야 한다.

1. 사람의 생명이나 재산을 해칠 우려가 있는 것
2. 부패하거나 변질된 것
3. 유효기간이 지난 것
4. 상품가치가 없어진 것

② 제1항에 따른 통고에 관하여는 제160조 제5항을 준용한다.

해 설

압수물품 중 사람의 생명이나 재산을 해칠 우려가 있는 것, 즉 현실적으로 해치지 아니하여도 물품 관리자의 판단으로 해칠 우려가 있는 물품은 폐기할 수 있다. 부패·변질되었거나 실용시효가 경과한 것, 상품가치를 상실한 물품은 객관적인 검사자료를 구비한 후에 폐기할 수 있다. 피의자는 범죄의 혐의를 받아 수사기관에 의하여 수사의 대상이 되어 있는 자로서 아직 법원에 공소제기를 당하지 않은 자를 말한다.

제2항에서 '준용'은 유사하지만 본질이 다른 사항에 대하여 필요한 경우 조금의 수정을 가하여 적용시키는 것을 말한다. 압수물품의 폐기는 일반장치물품의 폐기에 관한 규정을 준용한다. 이때 물품 폐기비용은 화주가 부담한다. 법 제160조 제5항은 주소나 거소 등이 불명하거나 통고를 할 수 없는 경우에는 공고로 갈음할 수 있다는 내용이다.

제305조【압수조서 등의 작성】① 검증·수색 또는 압수를 하였을 때에는 조서를 작성하여야 한다.
② 제1항에 따른 검증·수색 또는 압수조서에 관하여는 제292조 제2항 및 제3항을 준용한다.
③ 현행범인에 대한 수색이나 압수로서 긴급한 경우의 조서작성에 관하여는 제293조를 준용한다.

해 설

'조서'는 보고성 문서 중 일정한 절차나 사실을 인정하기 위하여 작성된 공권적인 문서다. 검증·수색·압수·조사하였을 때에는 조서를 작성하여야 한다. 현행범은 범죄의 실행중이거나 실행 직후인 자를 말한다. 현행범으로서 급속을 요하는 경우에는 요령을 기재한 서면으로서 조서를 대용할 수 있다. 검증·수색 또는 압수조서에서는 해당 물품의 품명, 수량, 포장의 종류·기호·번호 및 개수, 검증·수색 또는 압수장소 및 일시, 소유자 또는 소지자의 주소·거소·성명과 보관 장소를 기재하여야 한다. 몰수에 해당하는 물품으로서 시·군·읍·면사무소에서 보관한 것은 보관한 그대로 납부절차를 행할 수 있다.

법 제292조 제2항은 조서작성에 관한 규정이며, 조서는 진술자에게 읽어주거나 열람하게 하여 그 사실의 상위유무를 문의하여야 한다는 내용으로서 제3항은 증감변경의 청구를 한 때에는 진술을 조서에 기재하여야 한다는 내용이다. 법 제293조는 조서의 대용에 관한 규정이며, 긴급을 요하는 경우에는 요령을 기재한 서면으로 조서에 대신할 수 있고, 이서면에는 연월일시와 장소를 기재하고 조사를 한 자와 피의자가 이에 서명·날인하여야 한다는 내용이다.

【대법원 2009.3.12, 2008도763】 수사기관이 작성하여 피압수자 등에게 교부해야 하는 압수물 목록에는 작성연월일을 기재하고, 그 내용은 사실에 부합하여야 한다. 압수물 목록은 피압수자 등이 압수물에 대한 환부·가환부신청을 하거나 압수처분에 대한 준항고를 하는 등 권리행사절차를 밟

는 가장 기초적인 자료가 되므로, 이러한 권리행사에 지장이 없도록 압수 직후 현장에서 바로 작성하여 교부해야 하는 것이 원칙이다.

【대법원 2001.10.12, 2001다47290】 압수조서, 압수목록을 작성하지 아니하고 보관한 일련의 조치가 불법행위를 구성한다.

제306조【야간집행의 제한】 ① 해 진 후부터 해 뜨기 전까지는 검증·수색 또는 압수를 할 수 없다. 다만, 현행범인 경우에는 그러하지 아니하다.
② 이미 시작한 검증·수색 또는 압수는 제1항에도 불구하고 계속할 수 있다.

해 설

본문에서 같이 일몰로부터 일출까지는 검증·수색·압수를 할 수 없으나, 현행범에 대하여 또는 이미 개시한 집행에 대하여 예외적으로 계속할 수 있다. 일반적으로 야간 수색은 주간 수색에 비하여 제한을 가하고 있는바, 이는 야간에 있어서 사생활의 평온을 보호하기 위한 것이다. 형사소송법에 여관·음식점 기타 야간에 공중이 출입할 수 있는 장소 중 공개된 장소에서는 야간 수색 제한을 받지 아니한다. 근로기준법에서 야간은 하오 10시부터 상오 6시까지를 말한다.

제307조【조사 중 출입금지】 세관공무원은 피의자·증인 또는 참고인에 대한 조사·검증·수색 또는 압수 중에는 누구를 막론하고 그 장소에의 출입을 금할 수 있다.

해 설

조사는 검증·수색·압수의 방법으로 하며, 조사 중에는 누구를 막론하고 출입을 금할 수 있다. 이는 세관직원이 범칙조사를 할 때 방해를 받지 아니하고 공정하게 조사할 수 있도록 보장하기 위함이다. 2010.1.1. 법 개정시 '신문', '임검' 이라는 용어를 각각 '조사', '검증'이라는 용어로 순화 표현하였다.

제308조【신분 증명】 ① 세관공무원은 조사·검증·수색 또는 압수를 할 때에는 제복을 착용하거나 그 신분을 증명할 증표를 지니고 그 처분을 받을 자가 요구하면 이를 보여 주어야 한다.
② 제1항에 따른 세관공무원이 제복을 착용하지 아니한 경우로서 그 신분을 증명하는 증표제시 요구를 따르지 아니하는 경우에는 처분을 받을 자는 그 처분을 거부할 수 있다.

해 설

본문에서 같이 조사 등 처분을 할 때에는 제복착용 혹은 신분증을 제시하여야 하고, 증명할 증표제시요구에 따르지 아니하는 경우에는 처분을 받을 자는 이를 거부할 수 있다. 통상적으로는 신분을 부여한 자가 그 신분을 부여받은 자의 신분을 증명하게 된다. 증명이라 함은 이에 관하여 제3자가 이로써 심증을 얻게 하는 일을 말한다. 이 규정은 관세범 조사과정에서 발생될 수 있는 인권침해에 대한 보호규정이라 할 수 있다.

【대법원 2001.4.19, 2000도1985】 운전면허증은 운전면허를 받은 사람이 운전면허시험에 합격하여 자동차의 운전이 허락된 사람임을 증명하는 공문서로서, 운전면허증에 표시된 사람이 운전면허시험에 합격한 사람이라는 '자격증명'과 이를 지니고 있으면서 내보이는 사람이 바로 그 사람이라는 '동일인증명'의 기능을 동시에 가지고 있다. 운전면허증의 앞면에는 운전면허를 받은 사람의 성명·주민등록번호·주소가 기재되고 사진이 첨부되며 뒷면에는 기재사항의 변경내용이 기재될 뿐만 아니라, 정기적으로 반드시 갱신교부되도록 하고 있어, 운전면허증은 운전면허를 받은 사람의 동일성 및 신분을 증명하기에 충분하고 그 기재 내용의 진실성도 담보되어 있다. 그럼에도 불구하고 운전면허증을 제시한 행위에 있어 동일인증명의 측면은 도외시하고, 그 사용목적이 자격증명으로만 한정되어 있다고 해석하는 것은 합리성이 없다. 인감증명법상 인감신고인 본인 확인, 공직선거및선거부정방지법상 선거인 본인 확인, 부동산등기법상 등기의무자 본인 확인 등 여러 법령에 의한 신분 확인절차에서도 운전면허증은 신분증명서의 하나로 인정되고 있다. 또한 주민등록법 자체도 주민등록증이 원칙적인 신분증명서이지만, 주민등록증을 제시하지 아니한 사람에 대하여 신원을 증명하는 증표나 기타 방법에 의하여 신분을 확인하도록 규정하는 등으로 다른 문서의 신분증명서로서의 기능을 예상하고 있다. 한편 우리 사회에서 운전면허증을 발급받을 수 있는 연령의 사람들 중 절반 이상이 운전면허증을 가지고 있고, 특히 경제활동에 종사하는 사람들의 경우에는 그 비율이 훨씬 더 이를 앞지르고 있으며, 금융기관과의 거래에 있어서도 운전면허증에 의한 실명확인이 인정되고 있는 등 현실적으로 운전면허증은 주민등록증과 대등한 신분증명서로 널리 사용되고 있다. 따라서 제3자로부터 신분확인을 위하여 신분증명서의 제시를 요구받고 다른 사람의 운전면허증을 제시한 행위는 그 사용목적에 따른 행사로서 공문서부정행사죄에 해당한다고 보는 것이 옳다.

제309조【경찰관의 원조】 세관공무원은 조사·검증·수색 또는 압수를 할 때 필요하다고 인정하는 경우에는 경찰공무원의 원조를 요구할 수 있다.

해 설

경찰공무원의 원조는 세관직원이 관세범에 관한 조사·검증·압수를 할 때, 외부적인 장애가 있을 때, 이를 배제하기 위한 것이지 세관공무원의 직무 자체를 원조 받아서 처리하는 것은 아니다.

'검증'은 현장에 임하여 검사하거나 영업소, 창고 등 현장의 일정한 상태 등을 검사하는 즉시 강제적 사실행위를 말한다. '수색'은 압수할 물건 또는 체포할 사람을 발견할 목적으로 주거·물건, 사람의 신체나 기타 장소에 대하여 행하는 강제처분을 말한다.

제310조【조사 결과의 보고】 ① 세관공무원은 조사를 종료하였을 때에는 관세청장이나 세관장에게 서면으로 그 결과를 보고하여야 한다.
② 세관공무원은 제1항에 따른 보고를 할 때에는 관계 서류를 함께 제출하여야 한다.

해 설

본문에서 같이 세관공무원이 조사를 마친 때에는 결과를 서면으로 보고하여야 한다. 다른 기관의 의뢰에 의해서 조사를 한 때에는 해당 세관장을 거쳐서 의뢰한 기관의 장에게 통보·보고한다. 관계 서류에는 조사조서, 수색조서, 검증조서, 압수조서, 구속영장, 압수물품보관증 등이 있다.

1972.12.30. 관세법 개정(법률 제2423호)시 조사결과 보고를 소속세관장에게 서면 보고하도록 되어 있는 것을 관세청장 또는 세관장으로 확대하였다. 관세청장이나 세관장의 조사 위촉을 받은 수사기관의 장은 그 조사 전말을 관세청장이나 세관장에게 통지하여야 한다.

수사종결은 종국처리와 중간처리로 구분한다. 종국처리에는 기소처분과 불기소처분으로 나누고 기소처분에는 공소청구와 약식명령이 있고 불기소처분은 혐의 없음,[12] 죄가 안됨,[13] 공소권 없음,[14] 기소유예[15]가 있다. 중간처리는 중지처분과 이송처분으로 나누고 중지처분에는 기소중지,[16] 참고인중지[17]가 있고 이송처분에는 타 검찰청 검사 이첩, 군검찰관 송치, 가정법원 송치 등이 있다.

12) '혐의 없음(무혐의)'은 피의사실이 인정되지 아니하거나 피의사실을 인정할만한 충분한 증거가 없는 경우 또는 피의사실이 범죄를 구성하지 아니하는 경우에 하는 처분을 말한다.

13) '죄가 안됨(범죄불성립)'은 피의사실이 범죄구성요건에 해당하나 법률상 범죄의 성립을 조각하는 사유가 있어 범죄를 구성하지 아니하는 경우로 피의자가 형사미성년자나 심신상실자인 경우, 정당행위 등에 해당하는 경우를 말한다.

14) '공소권 없음'은 확정판결이 있는 경우, 사면이 있는 경우, 공소시효가 완성된 경우, 범죄후 법령의 개폐로 형이 폐지된 경우, 법률의 규정에 의하여 형이 면제된 경우, 피의자에 대한 재판권이 없는 경우, 고소 또는 고발이 무효나 취소된 때, 피의자가 사망한 경우, 반의사불벌죄의 경우 처벌을 희망하지 아니하는 의사표시가 철회된 경우 등을 말한다.

15) 기소유예는 피의사실이 인정되나, 범인의 연령, 선행(性行), 지능과 환경, 피해자에 대한 관계, 범행의 동기, 수단과 결과, 범행 후의 정황 등을 참작하여 공소를 제기하지 않는 것을 말한다.

16) '기소중지'는 피의자의 소재가 불명확하거나 심신상실, 질병, 해외 장기여행 등과 같은 사유로 조사를 더 계속하여 종결할 수 없는 경우이다. 피의자의 소재불명을 이유로 기소중지하는 경우에는 피의자를 지명수배하게 되고 피의자의 소재가 판명되면 기소중지사유가 해소되어 다시 수사를 진행한다.

17) '참고인 중지'는 참고인·고소인·고발인 또는 같은 사건 피의자 소재불명으로 수사를 종결할 수 없는 경우에는 그 사유가 해소될 때까지 참고인 중지를 결정할 수 있다. 참고인 등에 대한 소재수사지휘를 하는 경우가 있다.

처 분

제311조【통고처분】① 관세청장이나 세관장은 관세범을 조사한 결과 범죄의 확증을 얻었을 때에는 대통령령으로 정하는 바에 따라 그 대상이 되는 자에게 그 이유를 구체적으로 밝히고 다음 각 호에 해당하는 금액이나 물품을 납부할 것을 통고할 수 있다.
1. 벌금에 상당하는 금액
2. 몰수에 해당하는 물품
3. 추징금에 해당하는 금액
② 관세청장이나 세관장은 제1항에 따른 통고처분을 받는 자가 벌금이나 추징금에 상당한 금액을 예납(豫納)하려는 경우에는 이를 예납시킬 수 있다.
③ 제1항에 따른 통고가 있는 때에는 공소의 시효는 정지된다.
④ 제1항에 따른 벌금에 상당하는 금액의 부과기준은 대통령령으로 정한다.
⑤ 제1항에 따라 통고처분을 받은 자는 납부하여야 할 금액을 대통령령으로 정하는 통고처분납부대행기관을 통하여 신용카드, 직불카드 등(이하 이 조에서 "신용카드등"이라 한다)으로 납부할 수 있다.
⑥ 제5항에 따라 신용카드등으로 납부하는 경우에는 통고처분납부대행기관의 승인일을 납부일로 본다.
⑦ 제5항 및 제6항에서 정한 사항 외에 통고처분납부대행기관의 지정 및 운영, 납부대행 수수료 등 통고처분에 따른 금액을 신용카드등으로 납부하는 경우에 필요한 세부사항은 대통령령으로 정한다. 납부하는 경우에는 통고처분납부대행기관의 승인일을 납부일로 본다.
⑧ 관세청장이나 세관장은 통고처분 대상자의 연령과 환경, 법 위반의 동기와 결과, 범칙금 부담능력과 그 밖에 정상을 고려하여 제284조의 2에 따른 관세범칙조사심의위원회의 심의·의결을 거쳐 제1항에 따른 통고처분을 면제할 수 있다. 이 경우 관세청장이나 세관장은 관세범칙조사심의위원회의 심의·의결 결과를 따라야 한다.
⑨ 제8항에 따른 통고처분 면제는 다음 각 호의 요건을 모두 갖춘 관세범을 대상으로 한다.
1. 제1항 제1호의 금액이 30만원 이하일 것
2. 제1항 제2호의 물품의 가액과 같은 항 제3호의 금액을 합한 금액이 100만원 이하일 것

해 설

조사경과에 대한 조치를 처분이라고 하며, 처분에는 통고처분, 고발처분이 있다. 통고처분할 때에는 통고서를 작성하여야 한다. 통고서 송달이 불가능할 때, 통고 이행 자력이 없을 때

에는 고발한다.[18] 그러나 통고를 이행한 때에는 일사부재리 원칙에 의해 동일 건에 대하여 다시 처벌하지 아니한다.

통고처분은 법원에 의하여 자유형 또는 재산형에 처하는 과벌제도에 갈음하여 행정관청이 법규위반자에게 금전적 제재를 통고하고 이를 이행한 경우에는 해당 위반행위에 대한 소추를 면하게 하는 행정처분이다.[19] 제도적 의의는 첫째 관세범에 대한 효율적 · 기술적 처리를 도모하고 법원 · 검찰의 업무부담을 덜어주며, 둘째 증거인멸과 재산도피 이전에 신속히 해결할 수 있고 국가세수확보에 이바지하며, 셋째 정식절차는 오히려 비용증가 · 신용실추 · 고통 장기화로 범죄자에게 불리하다는 점이다. 통고처분권은 관세청장 · 세관장에게 있다. 처분에 대한 이행은 통고를 받은 자의 자유의사이며, 통고처분의 이행을 강제할 수는 없다. 다만, 이행하지 아니하는 경우 관세범에 대하여 고발권을 가지고 있는 관세청장, 세관장이 고발할 뿐이다. 통고처분은 요식 행위이므로 통고서에 의해 해야 하며 구두로 할 수 없다. 행정행위의 일종이지만 통고처분 내용이 불법 · 부당한 경우가 있더라도 심사청구 등 행정상 구제절차는 없다. 관세범은 재정범이기 때문에 모든 관세범에 대하여 사법적으로 고발 처분하는 것보다 세관장이 행정적으로 처분하는 것이 신속하고, 합리적이기 때문에 이러한 제도를 둔 것이다. 조세범, 관세범 등에 통고처분제도를 두고 있다. 관세청 훈령으로 「관세범칙 등에 대한 통고처분 및 고발에 관한 시행세칙」이 있다.

2008.1.1.부터 실체적 진실 발견과 인권보호를 골자로 하는 개정 형사소송법이 시행됨에 따라 통고처분 대상자에 대하여 피의자조사조서, 진술조서 등 작성을 생략하고 통고처분확인서를 받거나 통고처분확인조서를 작성하여 업무처리 절차 간소화 및 인권보호를 강화하고 있다.[20]

'확증'은 세관장이나 관세청장이 범칙사건의 조사에 관한 서류와 증거 · 물건 등을 종합하여 자유로운 심증으로 범죄증명을 확신하는 것을 말한다. 세관장이나 관세청장은 조사결과에 구애되지 않고 자유심증주의에 의해 자유로운 판단으로 범칙사건을 심리하고 처분하는 것이다. '이유를 명시하고'에서 이유는 확증을 얻은 이유를 명시하는 것이 아니고 범칙사실과 해당 법조문을 명시하는 것을 말한다.

2018.12.8. 관세법 개정시 제1항 본문에 '대통령령으로 정하는 바에 따라 그 대상이 되는

18) 벌금과 몰수(추징금)를 처음부터 선택할 수 있는 것으로 해석할 여지가 있어 조문 내용을 개정하자는 의견이 있다.

19) 기획재정부 유권해석(1975.8.27)에 의하면 통고처분한 후 관세범인이 통고의 요지를 이행하기 전에 통고를 취소하거나 내용을 변경할 수 있는가에 대하여는 명문의 규정이 없으나 통고처분도 행정처분이므로 행정법상의 일반원칙에 따라 통고처분에 하자가 있을 경우 이를 취소하거나 그 내용을 변경할 수 있다(대법원 1995.12.26. 선고 95누16158 판결 참조.

20) 세관 내부의 업무처리방법에 관한 사항이기는 하나 '통고처분'을 조사 부서에 조사의뢰하지 않고 민원부서에서 바로 처리 할 수 있도록 2009년 관련 규정을 개정하였다. 그러나 범칙혐의사실을 부인하거나 범칙물품을 임의제출하지 않는 등 즉시 통고납부가 곤란하다고 판단(추가 내사 필요 등)되면 조사부서에 조사의뢰하여야 한다.

자에게'라는 내용을 삽입하였다. 통고처분 대상자에 대한 명문규정이 없다는 지적에 따라 법령에 근거한 보다 명백한 통고처분을 위해 대상자를 법규정으로 명확하게 한 것이다. 참고로 「조세범 처벌절차법」에서는 통고처분 시기(조세범칙행위의 확증을 얻었을 때)와 대상자(조세범칙행위자 및 양벌규정에 따른 법인 또는 개인)을 함께 규정하고 있는 실정이다.

관세청장 또는 세관장이 관세범을 소관 검찰청에 고발하는 경우에 압수물품이 있을 때에는 압수물품조서를 첨부하여 인계하여야 한다. 압수물품은 편의에 의해 소지자 또는 시·군·읍·면사무소에 보관시킬 수 있으며, 이 압수물품을 인계할 때에는 해당 보관자에게 인계 요지를 통지하여야 한다.

동 시행령에서는 경미한 관세사범에 대해 처분하는 통고처분의 실효성을 제고하기 위하여 2020년 벌금에 상당하는 금액의 산정 비율을 벌금 최고액의 '100분의 20'에서 '100분의 30'으로 상향 개정하였다

제2항은 예납에 관한 규정이다. '예납'은 피고인이 법원의 명령에 따라 판결이 확정되기 전에 벌금이나 과료 또는 추징에 상당하는 돈을 미리 내는 것을 말한다. 예납은 통고처분 대상자 편의를 도모하자는 데에 그 의의가 있으며, 과형 절차에 상당한 시간이 소요되는 경우 예납금을 받고 범인을 방면해 주고 차후에 과형 절차에 따라 벌금을 징수하는 것이다. 벌금 또는 추징금을 예납하고자 하는 자는 주소·성명·예납금액과 신청사유를 기재한 신청서를 관세청장 또는 세관장에게 제출하여야 한다. 예납을 받은 관세청장 또는 세관장은 그 보관증을 예납자에게 교부하여야 한다. 예납금으로써 예납자가 납부하여야 할 벌금 또는 추징금에 충당하고 잔금이 있을 때에는 지체 없이 예납자에게 환급하여야 한다.

제3항은 공소시효의 정지에 관한 규정이다. 공소시효 완성이 임박한 사건의 경우, 통고처분 기간으로 인하여 공소시효가 완성되는 경우가 발생될 수 있으므로, 이를 방지하기 위하여 시효정지 제도를 두고 있다. 2010.1.1. 관세법 개정(법률 제9910호)시 이전에 세관장 통고처분시 '공소시효가 중단'되던 것을 '공소시효의 정지'로 바꾸어 형사소송법상 검사의 공소제기 효과와 형평을 맞추어 피의자 권리보호 강화를 위해 규정내용을 개선하였다.

제5항 내지 제7항은 2018.12.8. 관세법 개정시 신설된 조항은 현금납부만 가능한 납부방법을 국민 편익 증진, 경제적 취약계층 배려 등을 위해 다양화하여 신용카드, 직불카드 등으로 납부 가능하도록 하였다. 신용카드 등이 일반적인 결제수단으로 보편화된 상황에서 타 법령[21]과의 형평성 등을 감안하여 신용카드 등을 이용한 통고처분 벌금 상당액 등을 납부할 수 있도록 할 필요성이 있다. 경미한 관세사범이 일시적인 자금 경색으로 통고처분 이행이 어려운

21) 도로교통법 제161조 제4항에 따라 신용카드등을 통한 통고처분 범칙금액 납부가 가능하고(2016.7.28. 시행), 형사소송법 제477조 제6항 「재산형 등에 관한 검찰 집행사무규칙」 제15조 제2항에 따라 신용카드로 벌금등 납부가 가능하다(2018.1.7. 시행).

경우 신용카드 할부 결제로 일시납 부담도 해소할 수 있다.

제8항과 제9항은 2019.12.31. 법 개정시 신설한 조항이다. 경미한 위법행위에 대한 범칙금 부담을 감면하는 기준으로서 통고처분 면제기준을 구체적으로 정하고 있다. 이 때 관세범칙조사심의위원회에서 심의하여야 하며 그 결과에 따라야 한다.

【조세심판원 2014.7.16, 2014관217】 통고처분과 부과처분은 다른 별개의 처분으로 이중처벌에 해당되지 않고, 청구법인은 처음 수정신고를 안내받았을 때나 또는 이 건 처분 전에 수정신고를 하였더라면 수정세금계산서를 발부받아 부가세를 환급받을 수 있음에도 보정신고를 하지 않았으므로, 당초 과세처분은 달리 잘못이 없다.

【대법원 1997.4.11, 96도2753】 관할 검찰청 검사장으로부터 범칙사건을 조사할 수 있는 자로서 지명 받지 아니한 세무공무원에게는 통고처분이나 고발을 할 권한이 없다.

【대법원 1995.12.26, 95누16158】 통고처분은 이를 받은 자가 그 처분에 대하여 이의가 있는 때에는 이를 이행하지 아니함으로써 관세청장 또는 세관장의 고발에 의하여 법원의 심판을 받을 수 있으므로 위법한 통고처분에 대하여는 행정심판이나 행정소송에 의하여 다툴 것이 아니다.

【대법원1976.1.27, 75누40】 관세법 소정의 통고처분을 받은 자가 그 처분에 대하여 이의가 있는 때에는 이를 이행하지 아니함으로써 관세청장 또는 세관장의 고발에 의하여 법원의 심판을 받을 수 있게 되는 것으로서 위 통고처분이 위법함을 이유로 한 행정소송은 부적법하여 각하를 면치 못한다.

【헌법재판소 1998.5.28, 96헌바4 전원재판부】 통고처분은 상대방의 임의 승복을 그 발효요건으로 하기 때문에 그 자체만으로는 통고이행을 강제하거나 상대방에게 아무런 권리의무를 형성하지 않으므로 행정심판이나 행정소송의 대상으로서의 처분성을 부여할 수 없고, 통고처분에 대하여 이의가 있으면 통고내용을 이행하지 않음으로써 고발되어 형사재판절차에서 통고처분의 위법·부당함을 얼마든지 다툴 수 있기 때문에 법관에 의한 재판받을 권리를 침해한다든가 적법절차의 원칙에 저촉된다고 볼 수 없다.

제312조【즉시 고발】 관세청장이나 세관장은 범죄의 정상이 징역형에 처해질 것으로 인정될 때에는 제311조 제1항에도 불구하고 즉시 고발하여야 한다.

해 설

범죄의 정상이 징역형에 해당될 때, 통고처분을 이행할 자력이 없다고 판단될 때, 주소나 거소가 불명하여 통고하기가 곤란한 때에는 통고처분을 하지 아니하고 즉시 고발하며, 통고처분을 15일 안에 이행하지 아니할 때에도 즉시 고발한다. 통고처분 등의 조치를 먼저 취하지 않고 곧바로 고발하는 것이 유효한 고발인가 하는 점에 있어서 판례는 통고처분을 할 것인가의 여부는 관계 기관의 재량에 맡겨져 있다고 보고, 관계 기관이 해당 위반사범에 대하여 통고처분을 하지 아니한 채 고발하였다는 것만으로는 그 고발 및 이에 기한 공소제기가 부적법하게 되는 것은 아니라는 입장을 취하고 있다.[22]

관세청장 또는 세관장은 관세범을 고발하는 경우 압수물품이 있는 때에는 압수물품조서를 첨부하여 인계하여야 한다. 압수물품에 대하여 보관자에게 인계의 요지를 통지하여야 하며, 관세청장 또는 세관장의 조사 위촉을 받은 수사기관의 장은 그 조사전말을 관세청장 또는 세관장에게 통지하여야 한다.

【대법원 2007.5.11, 2006도1993】 관세법 제284조 제1항, 제311조, 제312조, 제318조의 규정에 의하면 관세청장 또는 세관장은 관세범에 대하여 통고처분을 할 수 있고, 범죄의 정상이 징역형에 처하여질 것으로 인정되는 때에는 즉시 고발하여야 하며, 관세범인이 통고를 이행할 수 있는 자금능력이 없다고 인정되거나 주소 및 거소의 불명 기타의 사유로 인하여 통고를 하기 곤란하다고 인정되는 때에도 즉시 고발하여야 하는바, 이들 규정을 종합하여 보면, 통고처분을 할 것인지의 여부는 관세청장 또는 세관장의 재량에 맡겨져 있고, 따라서 관세청장 또는 세관장이 관세범에 대하여 통고처분을 하지 아니한 채 고발하였다는 것만으로는 그 고발 및 이에 기한 공소의 제기가 부적법하게 되는 것은 아니다.

제313조【압수물품의 반환】 ① 관세청장이나 세관장은 압수물품을 몰수하지 아니할 때에는 그 압수물품이나 그 물품의 환가대금(換價代金)을 반환하여야 한다.
② 제1항의 물품이나 그 환가대금을 반환받을 자의 주소 및 거소가 분명하지 아니하거나 그 밖의 사유로 반환할 수 없을 때에는 그 요지를 공고하여야 한다.
③ 제2항에 따라 공고를 한 날부터 6개월이 지날 때까지 반환의 청구가 없는 경우에는 그 물품이나 그 환가대금을 국고에 귀속시킬 수 있다.
④ 제1항의 물품에 대하여 관세가 미납된 경우에는 반환받을 자로부터 해당 관세를 징수한 후 그 물품이나 그 환가대금을 반환하여야 한다.

해 설

압수물의 환부란 압수물을 종국적으로 소유자 또는 제출자에게 반환하는 조사기관의 처분을 말한다. 환부에는 사후영장을 발부받지 못한 경우와 압수계속의 필요성이 없는 경우[23] 등이 있다. 압수를 계속할 필요가 없다고 인정되는 압수물은 사건종결 전이라도 결정으로 환부하여야 한다. 관세청장이나 세관장은 압수물품을 몰수하지 아니할 때 그 압수물품 또는 그 물품의 환가 대금을 환부하여야 한다.[24] 압수는 물건의 점유를 취득하는 강제처분을 말한다. '환

22) 신동운, 앞의 책, p.173 ; 대법원 2011.3.10. 선고 2008도7724 판결 ; 대법원 2007.5.11. 선고 2006도1993 판결 참조.
23) 압수계속의 필요성이 없는 경우란 처음부터 압수요건이 갖추어지지 않은 경우는 물론이고 사후적으로 압수사유가 소멸한 경우를 포함한다. 혐의 없음, 죄가 안됨, 공소권 없음 등의 협의의 불기소처분으로 수사를 종결하면 압수계속의 필요성이 소멸된다.

가처분'은 압수한 물건이 몰수의 판결을 받은 후 멸실 · 파손 또는 부패할 염려가 있거나 보관이 불편할 때 이를 매각하여 대가를 보관하는 것을 말한다. 이 환가처분은 몰수하여야 할 압수물품에 대하여만 할 수 있으므로 몰수해야 할 물품이 아닌 이상 멸실, 부패 등 염려가 있어도 환가처분은 할 수 없다.

제2항 · 제3항은 공고 및 환가대금의 국고귀속에 관한 규정이다. 공고 후 6월이 경과하여도 환부청구가 없어 환부할 수 없을 때에는 국고귀속한다. 환부는 물품 및 환가대금을 피압수자에게 반환하는 것을 말한다.

제4항은 관세징수 후 환부에 관한 규정이다. 압수되었던 물품의 관세가 미납되었을 때에는 관세를 징수한다. 종전 규정이 압수물품의 환부시 관세징수를 하는 것으로 해석되고 있어 물품을 환가처분한 경우 그 환가대금에서도 관세를 징수할 수 있는 것임을 명확히 규정하였다.

【대법원 2006.4.28, 2005다44633】 세관에 압수된 녹용전지가 세관공무원의 보관잘못으로 인하여 남은 가치가 없을 정도로 훼손된 사안에서, 녹용전지의 도착가격을 기준으로 손해액을 산정한 원심의 판결은 정당하다.

【대법원 2001.4.10, 2000다49343】 압수물을 환부받을 자가 압수 후 소유권을 포기한 경우 수사기관의 압수물 환부의무가 면제되지 아니한다.

【대법원 2000.1.21, 97다58507】 형사 본안사건에서 무죄가 선고되어 확정되었다면 형사소송법 제332조에 의하여 검사가 압수물을 제출자나 소유자 기타 권리자에게 환부하여야 할 의무는 당연히 발생하는 것이고, 검사가 몰수할 수 있는 물건으로 보고 압수한 물건이 멸실, 손괴 또는 부패의 염려가 있거나 보관하기 불편하여 이를 매각하는 환가처분을 한 경우 그 매각대금은 압수물과 동일시 할 수 있는 것이므로, 국가는 압수물의 환가처분에 의한 매각대금 전액을 압수물의 소유자 등에게 반환할 의무가 있다.

【대법원 1996.8.16, 94모51】 수사 도중에 수사관에게 소유권 포기각서를 제출한 경우 수사기관의 압수물 환부의무가 면제되지 아니한다.

【대법원 1992.9.18, 92모22】 선하증권상의 화물은 적법한 권리자에게 인도되기 전까지는 운송인의 점유하에 있는 것으로 볼 것이어서 피의자가 압수물의 통관을 위하여 스스로 양하작업을 하고 일반보세장치장에 타소장치하는 작업을 한 사실만으로는 압수물이 운송인의 지배를 떠나 피의자의 점유 아래 있다고 볼 수 없다.

【대법원 1984.12.21, 84모61】 외국산 제품이라 하여도 그것이 언제 누구에 의하여 관세포탈된 물건인지 알 수 없어 검사가 그 사건을 불기소처분하였다면 그 압수물은 관세장물이라고 단정할 수 없으므로 국고에 귀속시킬 수 없을 뿐만 아니라 압수를 더 이상 계속할 필요도 없다.

---

24) 기획재정부 유권해석(1991.10.5)에 의하면, 법 제249조에 몰수된 물품은 적법하게 수입된 것으로 보고 따로 징수하지 아니하나, 몰수하지 아니하고 검찰의 명령에 의하여 압수물품을 무혐의 처분을 받은 수입신고자에게 환부하여야 하는 경우에는 수입통관절차를 거친 후 환부함이 타당하다.

【대법원 1977.5.24, 76도4001】 몰수는 압수되어 있는 물건에 대해서만 하는 것이 아니므로 판결선고전 검찰에 의하여 압수된 후 피고인에게 환부된 물건에 대하여도 피고인으로부터 몰수할 수 있다.

【대법원 1968.2.27, 67모70】 압수물에 대한 소유권 포기는 압수물환부청구권의 소멸을 가져온다.

【대법원 1966.1.28, 65모21】 [1] 압수한 물건이 몰수대상이 된다면 그 물건에 대한 압수는 몰수의 집행을 보전하기 위한 의미도 포함된 것이므로 압수물이 피고인 이외의 제3자의 소유인 경우에는 가환부 대상이 될 수 없다. [2] 본법위반피고사건의 몰수대상이 된 물품은 증거에 공할 목적 외에 몰수를 위한 집행보전의 목적도 있다고 할 것이므로 가사 그 물품이 피고인이 아닌 자의 소유라고 할지라도 가환부를 할 수 없다.

【대법원 1965.5.25, 65다569】 국가가 압수한 선박의 관리를 소홀히 하여 침몰 파손되었다 하더라도 국가가 사전에 선박소유자에게 풍우기에 대처하기 위하여 필요한 배치를 취하는데 협조하여 달라고 통지하였음에도 불구하고 선박소유자가 이에 응하지 아니하였다면 그 손해배상액을 산정함에 있어서는 위와 같은 선박소유자의 과실도 참조하여 상계하여야 한다.

【대법원 1951.8.21, 4284민상13】 [1] 면허를 받지 않고 수입한 물품은 절대몰수품으로 이를 몰수치 않은 재판은 위법이다. [2] 면허 없이 수입한 물품이 압수된 경우에 몰수의 언도가 없을 지라도 검사는 이를 제출인 또는 소유자에게 반환할 수 없고 세관이 이를 보유하는 때에는 다만 차압이 해제되었음을 세관에 통지함으로써 족하고 기타기관이 이를 보관한 때에는 이를 세관에 인도하여야 한다. [3] 전시품에 관하여 세관은 통관절차 없이는 이를 인도하지 못하고 제출자 또는 소유자는 통관절차를 경유치 않고는 인도를 청구할 수 없다.

제314조 【통고서의 작성】 ① 통고처분을 할 때에는 통고서를 작성하여야 한다.
② 제1항에 따른 통고서에는 다음 각 호의 사항을 적고 처분을 한 자가 서명날인하여야 한다.
1. 처분을 받을 자의 성명, 나이, 성별, 직업 및 주소
2. 벌금에 상당한 금액, 몰수에 해당하는 물품 또는 추징금에 상당한 금액
3. 범죄사실
4. 적용 법조문
5. 이행 장소
6. 통고처분 연월일

해 설

통고처분은 요식적 행정행위이므로, 반드시 서류로 하여야 한다. 처분대상자・내용・이유・이행장소・통고처분일자・통고처분한 자의 서명날인이 있어야 한다. 법에서 정한 벌금에 상당하는 금액, 몰수에 해당하는 물품, 몰수할 수 없는 경우 그 추징금에 상당하는 금액이 통고처분의 내용이다. 통고처분에서 '상당하거나, 해당하는' 등 같은 표현은 통고처분이 행정행위임을 말하며, 최종판단인 사법처분이 아님을 말하는 것이다.

제315조【통고서의 송달】 통고처분의 고지는 통고서를 송달하는 방법으로 하여야 한다.

해 설

통고서는 범칙자 이외에 법인이나 영업주에게도 개별적으로 통고를 하여야 하며, 법인의 경우는 대표자에게 송달한다. 법 제288조에 의하여 통고서의 송달은 인편이나 등기우편에 의하여야 한다.

【대법원 1971.7.27, 71다1092】 통고처분이 원고들에게 송달되지 않아 효력이 발생하지 아니하였음에도 불구하고 가납금을 벌금 또는 추징금으로 충당하였다면 이는 부당이득이 된다.

【대법원 1988.3.22, 87누986】 과태료의 부과처분에 대한 납입고지서에 송달상대방이나 송달장소, 송달방법 등에 관하여는 서울특별시급수조례 제37조에 따라 지방세법의 규정에 의하여야 할 것이므로, 납세고지서의 송달이 부적법하면 그 부과처분은 효력이 발생할 수 없고, 또한 송달이 부적법하여 송달의 효력이 발생하지 아니하는 이상 상대방이 객관적으로 위 부과처분 존재를 인식할 수 있었다 하더라도 그와 같은 사실로써 송달의 하자가 치유된다고 볼 수 없다.

제316조【통고의 불이행과 고발】 관세범인이 통고서의 송달을 받았을 때에는 그 날부터 15일 이내에 이를 이행하여야 하며, 이 기간 내에 이행하지 아니하였을 때에는 관세청장이나 세관장은 즉시 고발하여야 한다. 다만, 15일이 지난 후 고발이 되기 전에 관세범인이 통고처분을 이행한 경우에는 그러하지 아니하다.

해 설

'통고처분의 이행'이라 함은 피통고자가 송달된 통고서에 표시되어 있는 일체의 사항을 이행하여 해당 범칙행위에 대한 형사책임의 해제를 요구하는 사실행위이다. 통고처분의 일부이행만으로는 완전한 이행이 되지 않고 통고요지의 전부가 동시에 이행되어야 비로소 통고처분이 이행되었다고 볼 수 있다. 통고서의 송달을 받은 때에는 15일 안에 이를 이행하여야 한다. 15일을 경과한 경우에도 고발하기 전에 이행한 때에는 통고처분을 이행한 것이다. 이는 고발처분의 과정 중에 통고처분을 이행한 경우에도 가급적이면 유효한 통고의 이행으로 보는 것이 통고처분의 취지에 합당하기 때문이다. 실무에서도 통고대상자가 통고처분을 이행할 의사가 있다고 추정되면 2내지 3일 정도 이행 기간을 주는 것이 상례다. 그러나 조문상 '즉시 고발'에 관한 내용과 15일이 경과해도 이행할 수 있다는 내용은 운영상 조화가 필요한 부분이다. 통고이행을 뒤늦게 하거나 착오로 통고처분을 이행한 경우에는 납부금액 등을 되돌려 주며 어떠한 경우에도 고발 후에는 통고처분 효력은 없다.

1972.12.30. 관세법 개정(법률 제2423호)시 통고처분에 대한 이행일을 5일에서 10일로 연장하고 통고처분권자에 관세청장을 포함시켰다. 그리고 2013.1.1. 법 개정(법률 제11602호)시 이를 다시 15일로 연장하였다. 「조세범 처벌절차법」상 통고처분의 이행기간도 15일 이내로 규정되어 있다.

제317조【일사부재리】관세범인이 통고의 요지를 이행하였을 때에는 동일사건에 대하여 다시 처벌을 받지 아니한다.

해 설

관세범인이 통고처분을 이행한 때에는 동일 사건에 대하여 다시 처벌 받지 아니한다. 일사부재리는 소송법상 판결이 확정되어 판결의 실체적 확정력이 발생하면, 그 후 동일사건에 대하여는 거듭 심판하는 것이 허용되지 아니하는 것을 말한다. 일사부재리의 효력은 원칙적으로 통고처분을 이행한 범칙자에게만 미친다. 통고처분을 이행한 경우 소추를 받지 아니함은 물론 당연히 소추의 전제가 되는 수사, 고발 또는 새로운 통고처분도 받지 않는다.

【대법원 2002.11.22, 2001도849】 범칙행위와 같은 일시, 장소에서 이루어진 행위라 하더라도 범칙행위의 동일성을 벗어난 형사범죄행위에 대하여는 범칙금의 납부에 따라 확정판결의 효력에 준하는 효력이 미치지 아니한다. 같은 일시, 장소에서 이루어진 안전운전의무 위반의 범칙행위와 중앙선을 침범한 과실로 사고를 일으켜 피해자에게 부상을 입혔다는 교통사고처리특례법위반죄의 범죄행위사실은 시간, 장소에 있어서는 근접하여 있는 것으로 볼 수 있으나 범죄의 내용이나 행위의 태양, 피해법익 및 죄질에 있어 현격한 차이가 있어 동일성이 인정되지 아니하고 별개의 행위라고 할 것이어서 피고인이 안전운전의 의무를 불이행하였음을 이유로 통고처분에 따른 범칙금을 납부하였다고 하더라도 피고인을 교통사고처리특례법 제3조 위반죄로 처벌한다고 하여 도로교통법 제119조 제3항에서 말하는 이중처벌에 해당한다고 볼 수 없다.

【대법원 1986.2.25, 85도2664】 경범죄처벌법 제7조 제2항에 범칙자가 통고처분을 받고 범칙금을 납부한 경우에는 그 범칙행위에 대하여 다시 벌 받지 아니한다고 규정하고 있음은 위 범칙금의 납부에 확정재판의 효력에 준하는 효력을 인정하는 취지로 해석할 것이므로 이에 위반하여 공소가 제기된 경우에는 면소의 판결을 하여야 한다.

【대법원 1984.11.27, 84도1545】 일사부재리의 효력은 확정판결이 있을 때에 발생하는 것이므로 검사가 일차 무혐의 결정을 하였다가 다시 공소를 제기하였다 하여도 이를 일사부재리의 원칙에 위배된 것이라고는 할 수 없다.

【대법원 1983.12.27, 83도2686】 검사가 절도죄에 관하여 일단 기소유예의 처분을 한 것을 그 후 다시 재기하여 기소하였다 하여도 기소의 효력에 아무런 영향이 없는 것이고, 법원이 그 기소사실에 대하여 유죄판결을 선고하였다 하여 그것이 일사부재리 원칙에 반하는 것이라 할 수 없다.

제318조【무자력 고발】관세청장이나 세관장은 다음 각 호의 어느 하나의 경우에는 제311조 제1항에도 불구하고 즉시 고발하여야 한다.
1. 관세범인이 통고를 이행할 수 있는 자금능력이 없다고 인정되는 경우
2. 관세범인의 주소 및 거소가 분명하지 아니하거나 그 밖의 사유로 통고를 하기 곤란하다고 인정되는 경우

해 설

통고처분을 이행할 자력이 없거나, 주소나 거소의 불명 기타 사유로 인하여 통고하기가 곤란한 경우에는 즉시 고발하여야 한다. 자금능력이 없다는 것은 경제적인 지불능력이 없다는 것을 말하지만, 현재 재산이 없는 것만을 두고 판단할 것이 아니다. 금전을 융통할 수 있어도 자금능력이 있는 것으로 본다. 자금능력이 없을 때와 주소나 거소의 불명 등으로 통고하기 곤란한 경우에는 즉시 고발하여야 한다.[25] 자력이 없는 경우에 통고처분을 하는 것은 이행할 수 없는 통고처분을 하는 결과이므로 불필요한 절차 없이 바로 고발하는 것이다. 그럼으로써 국가재정의 조기 확보를 기할 수 있다. 따라서 빈부에 따른 차별대우를 하는 것은 아니라고 볼 수 있다.

통고처분을 이행할 수 있는 자금능력을 판단함에 있어 관세범이 통고금액을 현실로 이행할 수 있는 능력 여부를 가지고 판단하여야 하며 관세범이 보유한 기본재산에 따라 판단하는 것은 곤란하며 단지 참고는 할 수 있다.

관세청장 또는 세관장은 법 제312조·법 제316조 및 법 제318조의 규정에 의하여 관세범을 고발하는 경우 압수물품이 있는 때에는 압수물품조서를 첨부하여 인계하여야 한다. 법 제312조는 즉시고발에 관한 조항, 법 제316조는 통고의 불이행과 고발에 관한 조항, 법 제318조는 무자력자고발에 관한 조항이다. 관세청장 또는 세관장은 압수물품이 법 제303조 제2항의 규정에 해당하는 것인 때에는 해당 보관자에게 인계 요지를 통지하여야 한다. 법 제303조 제2항은 압수물품은 편의에 따라 소지자 또는 시·군·읍·면사무소에 보관시킬 수 있다는 조항이다.

【대법원 1955.2.25, 4286형상39】 [1] 「조세범 처벌절차법」 제9조 제1항은 조세징수에 있어서의 복잡한 수속을 간략히 하여 소기의 성과를 획득하려고 하는 취지일 것이다. 즉, 납세자의 자의로 납부함을 종빙하고 될 수 있는 한 국가의 권력발동을 제지한 것이나 통고전부터 납세자의 재산상태로 보아 객관적으로 통고처분을 하여도 이행할 자력이 없어 세금징수의 성과를 기하기가 곤란하고 세무관서의 주관적 관찰로서 통고대로 원칙적으로 7일 이내에 이행할 능력이 없거나 정상이 징역형에 처할 것으로 사료되는 때에는 통고처분은 하등실효가 없고 시일만 지연하여 국가재정의 혼란을 초래케 함으로 세무관서로 하여금 통지처분을 하지 않고 즉시 고발케 한 것이다. [2] 범칙자

25) 일부에서는 1호 및 2호 이외에 관세범인이 통고처분을 받기를 원치 않을 때나 죄질이 무거울 때에는 즉시고발 대상으로 추가하자는 의견이 있다.

가 통고대로 이행할 자력이 없다는 것은 이행할 자력 즉 7일 내에 포탈한 세금 금액을 납부할 수 있느냐 없느냐에 좌우될 것이며 범칙자의 기본재산이 기하이건 상관없다. 7일 이내에 통고금액을 현실로 이행할 능력여부에 따를 것이다. 기본재산이 거액이라고 하더라도 국가의 경제사정과 범칙자 자신의 금융사정에 의하여 소액의 금액일지라도 융통하지 못하는 경우에 세무관서가 자체적으로 주관적으로 통고를 하여도 통고처분을 현실로 이행할 능력이 없다고 인정되는 때는 통고를 하지 않고 즉시 고발할 수 있을 것이다. [3] 즉시 고발의 경우에는 고발장에 통고처분을 함이 없이 즉시 고발하게 된 이유를 명시하여야 할 것이오 그 이유의 명시가 없는 고발은 부적법하다.

第319조【준용】 관세범에 관하여는 이 법에 특별한 규정이 있는 것을 제외하고는 형사소송법을 준용한다.

해 설

관세범에 관한 준용 규정이다.[26] 관세법은 관세범의 조사와 처분에 관하여 제12장에서 규정하고 있다. 그러나 관세법상 조사절차규정은 통고처분 등의 행정처분을 위한 기본적이거나 특례적인 사항만을 규정하고 있으므로 관세법에 규정이 없는 것은 형사소송법의 절차를 따라야 한다. 더욱이 강제조사나 고발을 전제로 하는 조사는 형사소송법의 규정에 따라야 한다. 이와 같이 관세법상 조사처분 규정은 세관공무원의 조사전담권 행사와 행정처분을 위한 것에 불과하여 사법처분을 목적으로 하는 형사소송법과는 그 법체계가 다르므로 특별법과 일반법의 관계에 있다고 볼 수 있다.

그러나 관세법상의 특칙규정도 사실상 형사소송법의 해당규정의 확인 정도에 그치고 있으며 사실상 형사소송법상의 수사 관련규정이 그대로 적용된다고 볼 수 있다. 또한 관세범에 대한 조사와 처분권이 세관공무원에게 있다고 하더라도 헌법상 원칙인 죄형법정주의, 영장주의 등은 일반 형사범과 마찬가지로 반드시 지켜져야 한다.

【부산지법 1998.6.26, 98고합6352】 관세법 위반죄로 1회의 벌금형 및 몇 차례의 통고처분을 받은 전력만으로는 종전 범행 후 1년 10개월이 지난 후의 한 차례의 밀수범행의 상습성을 인정하기 어렵다.

【서울고등법원 1979.12.6, 79노1259】 관세범의 상습성을 인정함에 있어서는 범죄행위가 수회이고 수단 및 성질이 같다는 것만으로는 아니 되고 여러 번 행한 범행이 습벽의 발현이라고 보여지는 경우에만 상습성을 인정한다.

---

26) 기획재정부 유권해석(1978.8.18)에 의하면 질서범 등에 관한 공소시효기간은 형사소송법을 준용하여 3년으로 한다.

제13장

보 칙

법령의 총칙과 실체 규정에 규정하기에는 적합하지 않는 절차적 · 기술적 · 보충적인 사항에 대한 규정을 '보칙 규정'이라 한다. 따라서 본 장에는 다른 장에 해당되지 아니한 여러 종류의 내용을 모아서 규정하고 있다. 가산세의 법적 성질을 의미하는 가산세의 세목, 세관의 업무처리 시간에 관한 세관의 개청 시간과 물품취급시간, 세관의 업무처리 실적에 관계되는 통계 및 증명서의 열람 · 교부, 세관설비의 사용, 포상, 세관 업무에 국민이 제공해야 할 편의제공, 몰수품의 처분, 전산처리설비의 이용, 국가관세종합시스템 구축 및 운영, 한국관세정보원의 설립, 전자문서중계사업자의 지정 등, 전자문서 등 관련정보에 관한 보안,청문, 필요한 경우 세관의 업무를 타 기관에서 처리할 수 있는 권한의 위임 및 위탁에 관한규정이 있다

그러나 가산세의 세목 규정은 가산세 규정에, 세관의 개청시간 · 물품취급시간은 통관 규정에, 몰수품 등 처분은 매각 규정에, 전산처리설비의 이용은 통관 규정에 규정하는 것이 이 법 이해에 오히려 도움이 될 것으로 본다.

第320조【가산세의 세목】 이 법에 따른 가산세는 관세의 세목으로 한다.

해　설

관세법에 의한 가산세는 관세 종목에 포함하지만, 관세는 아니다. 그러나 징수한 가산세 세액은 관세로 보아 국고에 계상하며, 관세가 아니기 때문에 내국세를 산출할 때에는 과세표준으로 관세액에 가산세액을 포함하지 아니한다. 세목은 국가재정법 시행령에 정해진 세입예산 과목구분의 일종으로서 각종 내국세와 관세가 분류되는 목을 지칭하는 것이다.

가산세는 법 제253조 수입신고 전 물품반출신고에 대한 미신고 가산세, 법 제241조 제5항의 과세물품에 대한 미신고 가산세, 법 제241조 제4항 수입 및 반송신고 지연 가산세, 법 제241조 제6항 신고지연 가산세, 법 제97조 재수출면세물품에 대한 미수출 가산세, 법 제42조 수정신고 및 경정시 가산세 등이 있다.

그 성격은 다르지만 가산세로 통칭되므로 이 조항에 의하여 가산세의 세목으로 정하고 있다.

내국세 가산세 적용에 관하여는 2006.12.22. 국세기본법 개정시 개별소비세, 부가가치세 등 각 내국세법에 상이하게 규정된 가산세율을 국세기본법에 동일한 가산세율로 통합 운영하여 수입물품에 대한 내국세 가산세는 국세기본법 규정을 적용하도록 명문화 한 바 있다. 개괄적 내용을 보면 수정신고 및 경정시 과소 신고와 무신고로 구분하고 다시 각 신고에서 부당 및 일반으로 구분하여 가산세율을 달리 적용하고 있다.

【대법원 2009.9.10, 2009다11808】 관세법 제48조가 환급가산금의 대상으로 '가산세'를 명시하고 있음에 반하여, 국세기본법 제52조가 환급가산금의 대상으로 하고 있는 국세기본법 제51조의 국세

환급금에는 '가산세'가 명시되어 있지 아니하다. 그러나 국세기본법 제47조 제2항은 "가산세는 해당 의무가 규정된 세법의 당해 국세의 세목으로 한다"고 규정하고 있으므로, 국세기본법 제51조의 '국세'에는 '가산세'가 당연히 포함되어 있는 것이다.

【대법원 2007.3.15, 2005두12725】 가산세는 과세권의 행사와 조세채권의 실현을 용이하게 하기 위해 세법에 규정된 의무를 정당한 이유 없이 위반한 납세자에게 부과하는 일종의 행정상 제재로서, 개별 세법에 의하여 산출한 법인세 등 본세에 가산세를 가산한 금액을 본세의 명목으로 징수한다 하더라도 이는 징수절차의 편의상 본세의 세액에 가산하여 함께 징수하는 것일 뿐 세법이 정하는 바에 의하여 성립·확정되는 본세와는 그 성질이 다르므로, 본세의 산출세액이 없는 경우에는 가산세도 부과·징수하지 아니한다는 등의 특별한 규정이 없는 한, 본세의 산출세액이 없다 하더라도 가산세만 독립하여 부과·징수할 수 있다.

【대법원 2005.9.30, 2004두2356】 가산세는 과세권의 행사와 조세채권의 실현을 용이하게 하기 위하여 세법에 규정된 의무를 정당한 이유 없이 위반한 납세자에게 부과하는 일종의 행정상 제재이므로, 징수절차의 편의상 당해 세법이 정하는 국세의 세목으로 하여 그 세법에 의하여 산출한 본세의 세액에 가산하여 함께 징수하는 것일 뿐, 세법이 정하는 바에 의하여 성립 확정되는 국세와 본질적으로 그 성질이 다른 것이므로, 가산세부과처분은 본세의 부과처분과 별개의 과세처분이다.

제321조【세관의 업무시간·물품취급시간】 ① 세관의 업무시간, 보세구역과 운송수단의 물품취급시간은 대통령령으로 정하는 바에 따른다.

② 다음 각 호의 어느 하나에 해당하는 자는 대통령령으로 정하는 바에 따라 세관장에게 미리 통보하여야 한다.

1. 세관의 업무시간이 아닌 때에 통관절차·보세운송절차 또는 입출항절차를 밟으려는 자
2. 운송수단의 물품취급시간이 아닌 때에 물품을 취급하려는 자

③ 제2항에 따라 사전통보를 한 자는 기획재정부령으로 정하는 바에 따라 수수료를 납부하여야 한다.

해 설

세관업무는 무역과 관련되어 있고, 휴일에는 업무를 할 수 없기 때문에 세관 휴일에 관하여 이를 법으로 정하여 내·외국의 일반인에게도 널리 알릴 필요가 있다. 현재 세관 휴일은 관공서의 공휴일에 관한 규정을 적용하기 때문에 별다른 의미는 없으며, 세관의 개청시간 및 물품취급시간은 공무원복무규정에 의한 공무원의 근무시간으로 한다. 개청시간과 물품취급시간은 같다. 다만, 보세구역의 물품취급시간은 24시간으로 하며 감시·단속을 위하여 필요한 경우 세관장은 이 시간을 제한할 수 있다.

세관의 개청시간 및 운송수단의 물품취급시간을 공무원복무규정에 의한 근무시간으로 하고

그 외의 시간에 통관절차를 거치거나 물품을 취급하고자 하는 자는 이에 대한 수수료를 납부하도록 하고 있는바, 야간·휴일에 업무를 수행할 필요가 있는 세관에서는 세관장이 공무원 복무규정 제12조의 규정에 따라 관세청장의 승인을 얻어 근무시간을 달리 정할 수 있도록 함으로써 그 시간 내에는 수수료 없이 통관 업무를 처리할 수 있도록 시행령에 규정하였다. 이는 24시간 통관체제 유지 등 통관 편의 제공을 위한 근거라 할 수 있다.

제2항은 사전 통보에 관한 규정이다. 개청시간외에 통관절차·보세운송절차·입출항절차를 밟고자 하는 자, 운송수단의 물품취급시간 외 물품 취급을 하고자 하는 자는 세관장에게 미리 통보하여야 한다.[1] 종전에는 세관장에게 신고하던 것을 1998.12.28. 관세법 개정할 때에 세관장에게 사전통보를 하도록 개정하였다. 또 2000년 개정 관세법에서는 통보대상에 보세운송절차를 추가하였다. 통관절차는 수출·수입 또는 반송을 뜻하는 것으로 정의되고 있고 실무적으로도 통관절차의 한 분야로서 보세운송이 행하여지고 있어 통관절차와 보세운송절차를 따로 분리하여 임시개청할 수 있도록 규정할 실익은 없으나 법적으로 보세운송과 수출·수입 또는 반송절차가 각각 분리되어 있어 법적인 용어차이로 인해 업무수행이 곤란한 경우가 발생할 수 있으므로 보세운송절차를 임시개청의 대상에 포함하였다. 개청시간외 절차는 서류상 절차를 주로 의미하며, 운송수단의 시간외 물품취급은 실제물품이 이동하는 것을 의미한다. 종전에 공항만에서 정상 근무 시간 외에 하역작업을 할 경우 감시 목적상 미리 세관장에게 통보하도록 하고 있으나 현재 공항만 세관의 감시부서가 24시간 근무 체제로 운영되고 있는 상황으로서 별도의 통보 실익이 적어서 2008.2.22. 시행령 개정시 세관통보를 생략하도록 하였다.

공휴일 또는 개청시간외에 통관절차·보세운송절차 또는 입출항절차를 밟고자 하는 자는 사무의 종류 및 시간과 사유를 기재한 통보서를 세관장에게 제출하여야 한다. 다만, 법 제241조의 규정에 의하여 신고를 하여야 하는 우편물외의 우편물에 대하여는 그러하지 아니하다. 이것은 정상적인 수출입신고를 하지 아니하는 우편물은 이 절차를 밟지 아니하여도 된다는 의미다. 우편물은 체신관서가 전담하여 관리하는 만큼 별도의 감시 절차를 둘 필요가 없기 때문에 이러한 절차를 밟지 아니하는 것이다.

운송수단에서 시간외 물품을 취급하고자 하는 자는 미리 신청하여야 한다. 시간외 물품취급 신청을 하지 아니하여도 되는 경우는 우편물인 경우, 임시개청 통보시간 내에 해당 물품을 취급하는 경우, 보세공장에서 보세 작업하는 경우, 보세건설장·보세전시장에서 물품을 취급하는 경우, 수출신고시 세관검사가 생략되는 물품인 경우, 재해 기타 불가피한 경우이다. 재

1) 관세청 유권해석에 의하면 공무원의 근무시간외 통관절차를 밟고자 하는 자는 세관장에게 미리 통보하도록 하고, 사전통보를 한 자에 대하여 수수료를 납부하도록 하고 있으므로 신고인이 임시개청을 사전에 통보하지 않은 물품에 대하여는 세관의 개청시간외에 통보가 없었으므로 임시개청 수수료 징수대상이 아니다.

해의 경우에는 사후에 경위서를 세관장에게 제출하여 그 확인을 받아야 한다. 이러한 경우를 제외하고는 공무원복무규정에 의한 공무원의 근무시간 안에 사전통보서를 제출하여야 한다.

같은 보세구역이지만 보세판매장은 자체 재고조사 등 특별한 경우에는 사전에 물품취급신청을 하고 물품을 취급하여야 한다. 개청시간외 통관절차 · 보세운송절차 또는 입출항절차에 관한 수수료 금액은 물품취급시간외 물품취급수수료 금액의 두 배로 책정되어 있다.[2] 또한 최근에는 전산장비 장애로 근무시간에 통관업무를 처리 못한 경우에 임시개청수수료 징수를 면제하기도 한다. 세관에 통보 없이 물품취급시간외 물품을 취급하는 경우는 200만원 이하의 과태료에 해당한다.

제322조【통계 및 증명서의 작성 및 교부 등】 ① 관세청장은 다음 각 호의 사항에 관한 통계를 작성하고 그 열람이나 교부를 신청하는 자가 있으면 이를 열람하게 하거나 교부하여야 한다.
1. 수출하거나 수입한 화물에 관한 사항
2. 입항하거나 출항한 국제무역선 및 국제무역기에 관한 사항
2의 2. 수입물품에 대한 관세 및 내국세등에 관한 사항
3. 그 밖에 외국무역과 관련하여 관세청장이 필요하다고 인정하는 사항
② 관세청장은 제1항에 따라 통계를 집계하고 대통령령으로 정하는 바에 따라 정기적으로 그 내용을 공표할 수 있다.
③ 제1항에 따른 통계 외 통관 관련 세부 통계자료를 열람하거나 교부받으려는 자는 사용 용도 및 내용을 구체적으로 밝혀 관세청장에게 신청할 수 있다. 이 경우 관세청장은 대통령령으로 정하는 경우를 제외하고는 이를 열람하게 하거나 교부하여야 한다.

해 설

특정국가에 대하여 무역역조 시정을 요구하거나, 통상 협상할 때에 사용할 자료로서 통계의 역할은 매우 크다. 그러나 잘못된 통계는 국가의 신인도를 떨어뜨릴 우려가 있으므로 통계의 중요성은 국가 간 무역이 개방되면서 더욱 강조되고 있다. 통계는 수출 · 입화물에 관한 사항, 입 · 출항하는 국제무역선에 관한 사항, 외국무역에 관련하여 관세청장이 인정하는 사항을 표로 작성한 것이다. 무역규모는 수출입금액으로 나타낼 수 있으며, 이 경우 수출에는 발송지가격, 수입에는 도착지가격을 위주로 하여 관세청 수출입통계를 작성하고 있다. 이 방식은 수입이 과다하게 계상될 수 있는 방식이다. 관세청고시 「무역통계 작성 및 교부에 관한 고시」에는 통계를 보통무역통계 · 특수무역통계 · 보조통계로 나누고 있고, 통계공표, 열람, 교부와 통계자료 제공에 관하여 규정하고 있다. 통계표 · 증명서의 작성 및 교부를 신청할 때에

---

2) 입출항 수속과 관련한 임시개청수수료는 현재 부과하지 않고 있다.

는 신청서를 제출하여야 한다.

제1항에서 제2호의 2 규정은 2021.12.31. 법 개정시 신설한 조항이며, 관세 통계 작성 · 공표의 근거를 마련한 것이다.

제2항은 통계공표에 관한 규정이다. 관세청장은 수출 · 입 물품통계에 관한 무역통계월보를 발간하고 있다. 무역통계연보에는 선박 · 항공기 입출항에 관한 통계가 작성, 발간되고 있다. 통계공표는 연 1회 이상으로 한다. 무역통계월보에서 통계범위는 연 · 월별수출입총괄, 세번별 수출입, 국별수출입 등 7개 범위로 되어 있다.

제3항은 통계열람 및 교부신청에 관한 규정이다. 무역규모의 증대에 따라 무역업체의 수출입전략수립에 필요한 구체적인 통계수요에 부응하고 국민의 알권리를 최대한 충족시키기 위해 대국민 통계서비스제도를 보완하였다. 일반인에게 정기적으로 작성 · 공표되는 통계뿐만 아니라 세부통관통계자료에 대한 열람 및 교부신청 권한을 부여하였다. 통계 열람 및 교부에 관한 수요가 증가함에 따라 신청 범위를 확대하여 통관관련 세부 통계자료를 열람하거나 교부받을 수 있도록 정하고 있으며, 특히 별도로 정한 경우를 제외하고는 열람시키거나 교부해야하는 의무사항으로 규정하고 있다. '대통령령이 정하는 경우'라 함은 「공공기관의 정보 공개에 관한 법률」 제7조 각 호의 1에 해당하는 경우를 말한다.[3)]

④ 관세청장은 제1항에 따른 통계 및 제3항에 따른 통계자료를 전산처리가 가능한 전달매체에 기록하여 교부하거나 전산처리설비를 이용하여 교부할 수 있다. 이 경우 교부할 수 있는 통계의 범위와 그 절차는 관세청장이 정한다.
⑤ 관세청장은 제1항에 따른 통계, 제3항에 따른 통계자료 및 제4항에 따른 통계의 작성 및 교부 업무를 대행할 자(이하 이 조에서 "대행기관"이라 한다)를 지정하여 그 업무를 대행하게 할 수 있다. 이 경우 관세청장은 통계작성을 위한 기초자료를 대행기관에 제공하여야 한다.
⑥ 세관사무에 관한 증명서와 제1항에 따른 통계, 제3항에 따른 통계자료 및 제4항에 따른 통계를 교부받으려는 자는 기획재정부령으로 정하는 바에 따라 관세청장에게 수수료를 납부하여야 한다. 다만, 제5항에 따라 대행기관이 업무를 대행하는 경우에는 대행기관이 정하는 수수료를 해당 대행기관에 납부하여야 한다.

3) 비공개대상정보에 관한 규정으로서 공공기관은 다른 법률 또는 법률에 의한 명령에 의하여 비밀로 유지되거나 비공개사항으로 규정된 정보이외에 감사 · 감독 · 검사 · 시험 · 규제 · 입찰계약 · 기술개발 · 인사관이 · 의사결정과정 또는 내부검토과정에 있는 사항 등으로서 공개될 경우 업무의 공정한 수행이나 연구 · 개발에 현저한 지장을 초래한다고 인정할 만한 상당한 이유가 있는 정보, 해당 정보에 포함되어 있는 이름 · 주민등록번호 등에 의하여 특정인을 식별할 수 있는 개인에 관한 정보, 법인 · 단체 또는 개인의 영업상 비밀에 관한 사항으로서 공개될 경우 법인 등의 정당한 이익을 현저히 해할 우려가 있다고 인정되는 정보, 공개될 경우 부동산투기 · 매점매석 등으로 특정인에게 이익 또는 불이익을 줄 우려가 있다고 인정되는 정보 등이 있다.

⑦ 대행기관은 제6항 단서에 따라 수수료를 정할 때에는 기획재정부령으로 정하는 바에 따라 관세청장의 승인을 받아야 한다. 승인을 받은 사항을 변경하려는 경우에도 또한 같다.
⑧ 제6항 단서에 따라 대행기관이 수수료를 징수한 경우 그 수입은 해당 대행기관의 수입으로 한다.
⑨ 제6항에 따른 증명서 중 수출·수입 또는 반송에 관한 증명서는 해당 물품의 수출·수입 또는 반송 신고의 수리일부터 5년 내의 것에 관하여 발급한다.
⑩ 관세청장은 다음 각 호의 어느 하나에 해당하는 자가 관세정책의 평가 및 연구 등에 활용하기 위하여 통계 작성에 사용된 기초자료와 관세청장이 생산·가공·분석한 데이터(이하 "관세무역데이터"라 한다)를 직접 분석하기를 원하는 경우 제116조 제1항 각 호 외의 부분 본문에도 불구하고 관세청 내에 설치된 대통령령으로 정하는 시설 내에서 관세무역데이터를 그 사용목적에 맞는 범위에서 제공할 수 있다. 이 경우 관세무역데이터는 개별 납세자의 과세정보를 직접적 또는 간접적 방법으로 확인할 수 없는 상태로 제공하여야 한다.
1. 국회의원
2. 국회법에 따른 국회사무총장·국회도서관장·국회예산정책처장·국회입법조사처장 및 국회미래연구원법에 따른 국회미래연구원장
3. 정부조직법 제2조에 따른 중앙행정기관의 장
4. 지방자치법 제2조에 따른 지방자치단체의 장
5. 「정부출연연구기관 등의 설립·운영 및 육성에 관한 법률」 제2조에 따른 정부출연연구기관의 장 등 대통령령으로 정하는 자

⑪ 제1항에 따라 열람·교부된 통계(제2항에 따라 공표된 것은 제외한다), 제3항에 따라 열람·교부된 통계자료, 제4항에 따라 교부된 통계 및 제10항에 따라 제공된 관세무역데이터를 알게 된 자는 그 통계, 통계자료 및 관세무역데이터를 목적 외의 용도로 사용하여서는 아니 된다.
⑫ 세관사무에 관한 증명서, 제1항에 따른 통계, 제3항에 따른 통계자료, 제4항에 따른 통계의 열람 또는 교부 절차, 제5항에 따른 대행기관의 지정 및 지정 해제와 제10항에 따른 관세무역데이터의 제공 절차에 필요한 사항은 대통령령으로 정한다.

해 설

제4항은 통계교부에 관한 규정이다. 교부하는 방법을 확대하여 종전에는 전달매체에 기록하여 교부할 수 있도록 하였으나, 인터넷 등 방법을 활용한 전산처리설비에 의한 교부도 가능하다는 의미다.

제5항은 교부대행자 지정에 관한 규정이다. 관세청장이 정하는 대행 기관으로 관세무역개발원장이 있다.

제6항은 수수료 납부에 관한 규정이다. 세관사무에 관한 증명서 범위는 명시적으로 규정하고 있지는 아니하지만 개인정보 보호를 위반하지 아니하는 범위 내의 것이어야 한다. 예를 들

면 제3자가 수입한 특정물품의 수입거래단가에 관한 내용 등은 이 증명서 범위에 포함할 수 없다. 2011.12.31. 개정 관세법에서 수납기관과 수수료의 수입 귀속 근거를 명확히 하였다.

세관사무에 관한 증명서와 통계의 교부를 받으려면 수수료를 납부하여야 한다. 2007.12.31. 규칙 개정시 세부통계자료 교부에 대한 수수료도 받을 수 있도록 규정하였다.[4] 통계작성 및 교부업무대행자는 정한 금액의 범위 안에서 수수료를 인하하여 정할 수 있고, 정부・지방자치단체에 대하여는 수수료를 면제한다.[5] 통계 교부수수료는 법 제226조에 따른 요건확인기관, 정부투자기관 등 관세청장이 정하는 기관이 감면 또는 면제할 수 있도록 2007.12.31. 관련 규정을 개정하였다.

열람에는 별도의 수수료를 납부하지 아니하며, 또한 열람업무는 대행자가 수행하지 아니하며 세관사무에 관한 증명서는 세관이 할 수 있다.

제7항에서 수수료 결정・변경시 기획재정부령으로 정하는 방법에 따라 관세청장이 승인하도록 규정하고 있다. 감사원 감사에서 대행기관의 과도한 수수료 수익을 방지하기 위한 지적사항을 2011.12.31. 개정 관세법에 반영한 것이다.

제8항은 수수료 수입의 귀속에 관한 사항이다. 수수료 수입은 실비적 성격이며 수수료를 대행기관에 귀속시키는 유사 사례가 있어[6] 이를 대행기관의 수입으로 하도록 2011.12.31. 개정 관세법에 규정하였다.

제9항은 증명서 발급기간에 관한 규정이다. 증명서의 경우 발급기간을 수출입반송의 신고수리일부터 5년 내로 제한하고 있다.

제10항은 2022.12.31. 법 개정시 연구 목적으로 관세무역데이터 등의 제공하는 경우 그 근거를 마련한 것이다. 비밀유지 의무에 대한 예외로서 일정 기관에 대하여 사용 목적에 맞게 관세무역데이터를 가공하여 제공하되, 개별 납세자의 과세정보를 직접 간접으로 확인할 수 없는 방법으로 제공하도록 규정하고 있다

제12항에서 2024.12.31. 법 개정시 통계작성・교부 대행업무의 세부 기준・절차 및 관리감독 사항을 법령에 구체적으로 정하여 대통령령에 위임하고 있다.

제322조의 2【연구개발사업의 추진】 ① 관세청장은 관세행정에 필요한 연구・실험・조사・기술개발(이하 “연구개발사업”이라 한다) 및 전문인력 양성 등 소관 분야의 과학기술진흥을 위한 시책을 마련하여 추진할 수 있다.

---

4) 통관관련 세부통계자료는 기본 28,000원에 매당 400원을 받고, 전산통계는 기본 28,000원에(건수 × 항목수) × 5원으로 정하고 있다. 자세한 내용은 시행규칙 별표 7에 규정하고 있다.

5) 수출(입)신고필증 재발급시에 세관별로 수수료를 징수하는 형태는 다양하다.

6) 선박법, 선박안전법, 어선법 등이다.

② 제1항에 따른 연구개발사업은 단계별 · 분야별 연구개발과제를 선정하여 다음 각 호의 기관 또는 단체 등과 협약을 맺어 실시하게 할 수 있다.
1. 국가 또는 지방자치단체가 직접 설치하여 운영하는 연구기관
2. 「특정연구기관 육성법」 제2조에 따른 특정연구기관
3. 「과학기술분야 정부출연연구기관 등의 설립 · 운영 및 육성에 관한 법률」에 따라 설립된 과학기술분야 정부출연연구기관
4. 고등교육법에 따른 대학 · 산업대학 · 전문대학 및 기술대학
5. 「기초연구진흥 및 기술개발지원에 관한 법률」 제14조의 2 제1항에 따라 인정받은 기업부설 연구소 또는 기업의 연구개발전담부서
6. 민법이나 다른 법률에 따라 설립된 법인으로서 관세행정 관련 연구를 하는 기관
7. 그 밖에 대통령령으로 정하는 관세행정 분야의 연구기관 또는 단체

③ 관세청장은 제2항에 따른 기관 또는 단체 등에 연구개발사업을 실시하는 데 필요한 자금의 전부 또는 일부를 출연하거나 보조할 수 있다.

④ 제3항에 따른 출연금 및 보조금의 지급 · 사용 및 관리 등에 관한 사항은 국가연구개발혁신법 제13조를 준용한다. 이 경우 국가연구개발혁신법 제13조 중 "연구개발비"는 "출연금 또는 보조금"으로, 같은 조 제1항 중 "정부" 및 같은 조 제2항 · 제6항 · 제7항 중 "중앙행정기관의 장"은 각각 "관세청장"으로 본다.

해 설

관세청장은 관세행정에 필요한 연구개발사업을 연구기관 · 대학 등과 협약을 맺어 실시할 수 있도록 하고 해당 기관 등에 그에 필요한 자금을 출연 · 보조할 수 있도록 하기 위하여 2020.12.22.(법률 제17649호) 개정시 신설한 조항이다.

2024.12.31. 법 개정시 제4항 내용을 개정하여 국가연구개발혁신법 제4조(타법률에 우선 적용 규정)를 준용하여 별도로 대통령령으로 정할 필요가 없어 조문을 정리하였다.

제323조 【세관설비의 사용】 물품장치나 통관을 위한 세관설비를 사용하려는 자는 기획재정부령으로 정하는 사용료를 납부하여야 한다.

해 설

세관설비에는 토지와 건물 등이 있으며, 이를 사용하는 경우 사용료를 납부하여야 한다. 일반 국가시설에 대한 사용료를 부담하여야 하므로 물품장치 또는 통관을 위해서 세관설비를 사용한다면 역시 같은 취지로 사용료를 납부하는 것이다.[7]

7) 기획재정부령에 납부할 세관설비사용료의 금액은 기본료 1만2천원에 넓이 당 추가 금액을 합한 금액으로 한

第324条【포상】 ① 관세청장은 다음 각 호의 어느 하나에 해당하는 사람에게는 대통령령으로 정하는 바에 따라 포상할 수 있다.

1. 제269조부터 제271조까지, 제274조, 제275조의 2 및 제275조의 3에 해당되는 관세범을 세관이나 그 밖의 수사기관에 통보하거나 체포한 자로서 공로가 있는 사람
2. 제269조부터 제274조까지의 규정에 해당되는 범죄물품을 압수한 사람으로서 공로가 있는 사람
3. 이 법이나 다른 법률에 따라 세관장이 관세 및 내국세 등을 추가 징수하는 데에 공로가 있는 사람
4. 관세행정의 개선이나 발전에 특별히 공로가 있는 사람

② 관세청장은 체납자의 은닉재산을 신고한 사람에게 대통령령으로 정하는 바에 따라 10억원의 범위에서 포상금을 지급할 수 있다. 다만, 은닉재산의 신고를 통하여 징수된 금액이 대통령령으로 정하는 금액 미만인 경우 또는 공무원이 그 직무와 관련하여 은닉재산을 신고한 경우에는 포상금을 지급하지 아니한다.

③ 제2항에서 "은닉재산"이란 체납자가 은닉한 현금·예금·주식이나 그 밖에 재산적 가치가 있는 유형·무형의 재산을 말한다. 다만, 다음 각 호의 어느 하나에 해당하는 재산은 제외한다.

1. 국세징수법 제25조에 따른 사해행위 취소소송의 대상이 되어 있는 재산
2. 세관공무원이 은닉 사실을 알고 조사를 시작하거나 강제징수 절차를 진행하기 시작한 재산
3. 그 밖에 체납자의 은닉재산을 신고받을 필요가 없다고 인정되는 재산으로서 대통령령으로 정하는 것

④ 제2항에 따른 은닉재산의 신고는 신고자의 성명과 주소를 적고 서명하거나 날인한 문서로 하여야 한다.

해 설

밀수출입죄·관세포탈죄 등·미수범 등·강제징수면탈죄·명의대여죄·밀수전용운반기구몰수·범죄물품몰수 등·밀수품취득죄에 해당될 때 포상대상이 되며, 통보·체포·압수하거나, 관세 및 내국세등을 추가 징수하는데 공로가 있는 자, 관세행정에 개선 또는 발전에 공로가 있는 자, 은닉재산 신고자 등은 포상대상자가 된다. 포상은 관세청장이 정하는 바에 의하여 포상장 또는 포상금을 수여하거나 포상장과 포상금을 함께 수여할 수 있다.

2003.12.30. 개정 관세법에서 포상대상에 관세나 내국세 등 징수에 공로가 있는 자로서 사후심사시 탈루세액 정보를 제공한 민간인도 포상대상에 포함시켰다. 기업정보의 고도화로 내부고발자의 조력 없이는 고난도 세액탈루를 적발하기 어려워지고 있는 현실을 감안하여 범칙

다. 넓이당 추가 금액은 토지 1제곱미터마다 780원, 건물 1제곱미터마다 1천5백6십원으로 한다(2010.3.26. 시행령 개정). 또한 세관장은 토지의 상황 기타의 사정에 의하여 필요하다고 인정하는 때에는 관세청장의 승인을 얻어 사용료를 경감할 수 있다.

포상금제도를 세액탈루 정보제공자에 대해서도 확대 운영하기 위해 신설하였다. 2006.12.30. 개정 관세법에서는 은닉재산 신고자를 포함시켰다.

2008.12.26. 법 개정(법률 제9261호)시 타 부처의 경우 표창에 관하여는 부령, 훈령 등에 규정하고 있어 관세법상 근거와 형평에 맞지 않다하여 이를 삭제하였다.

법 제269조는 밀수출입죄, 법 제270조는 관세포탈죄등, 법 제271조는 미수범 등, 법 제275의 2는 강제징수면탈죄 등, 법 제275의 3은 타인에 대한 명의대여죄에 관한 규정이다. 법 제272조는 밀수전용 운반기구 몰수, 법 제273조는 범죄에 사용된 물품의 몰수 등에 관한 규정이다.

제2항에서 체납자의 지능적인 수법이 동원되어 재산이 은닉되는 사례를 방지하기 위하여 은닉재산 신고자를 포상대상에 추가하였다. 체납액의 지속적인 증가로 체납정리활동의 강화가 요구되고 있어 주변 관계인의 협조가 필요하였기 때문에 2006.12.30. 개정 관세법에 반영하였으며, 이 내용은 국세기본법에도 2006.4.28. 반영된 바 있다. 체납자 은닉재산 신고 활성화를 위하여 포상금의 지급한도를 1억원에서 10억원으로 2013.1.1. 법 개정(법률 제11602호)시 인상하였다.

제3항은 은닉재산의 종류에 관한 규정, 제4항은 은닉재산의 신고 방법에 관한 규정이며, 국세기본법 제84조의 2 제3항의 내용과 동일하다.

제325조【편의 제공】 이 법에 따라 물품의 운송·장치 또는 그 밖의 취급을 하는 자는 세관공무원의 직무집행에 대하여 편의를 제공하여야 한다.

해 설

선언적 규정으로서 이를 위반하는 경우 특별한 제재사항은 없다. 물품에 관한 세관공무원의 직무집행에 대하여 물품취급자는 의무적으로 편의를 제공하여야 하며 대상자는 운송에 관하여는 보세운송업자, 물품보관에 관하여는 보세창고·보세공장운영인 등을 예상할 수 있다.

제326조【몰수품 등의 처분】 ① 세관장은 이 법에 따라 몰수되거나 국고에 귀속된 물품(이하 "몰수품등"이라 한다)을 공매 또는 그 밖의 방법으로 처분할 수 있다.

② 몰수품등의 공매에 관하여는 제210조를 준용한다. 다만, 관세청장이 정하는 물품은 경쟁입찰에 의하지 아니하고 수의계약이나 위탁판매의 방법으로 매각할 수 있다.

③ 세관장은 관세청장이 정하는 기준에 해당하는 몰수품등을 처분하려면 관세청장의 지시를 받아야 한다.

④ 세관장은 몰수품등에 대하여 대통령령으로 정하는 금액의 범위에서 몰수 또는 국고귀속 전에 발생한 보관료 및 관리비를 지급할 수 있다.

⑤ 세관장은 몰수품등의 매각대금에서 매각에 든 비용과 제4항에 따른 보관료 및 관리비를 직접 지급할 수 있다.
⑥ 세관장은 제1항에도 불구하고 몰수품등이 농산물인 경우로서 국내시장의 수급조절과 가격안정을 도모하기 위하여 농림축산식품부장관이 요청할 때에는 대통령령으로 정하는 바에 따라 몰수품등을 농림축산식품부장관에게 이관할 수 있다.
⑦ 관세청장 또는 세관장은 제2항에 따른 위탁판매 물품에 대한 적정한 관리를 위하여 필요한 경우에는 수탁판매기관에게 물품의 판매 현황, 재고 현황 등 관리 현황을 관세청장 또는 세관장에게 보고하게 하거나 관련 장부 및 서류의 제출을 명할 수 있다. 이 경우 보고의 방법 및 절차 등 필요한 사항은 관세청장이 정한다.

해 설

몰수는 반복범죄를 예방하고, 범죄로 인한 재산상 이득을 취하는 것을 방지할 목적으로 몰수 대상물에 대한 소유권을 박탈하는 것을 말한다. 몰수품 처분은 장치기간 경과물품 매각방식을 준용한다. 관세청장이 정한 몰수품에 대하여는 수의계약 또는 위탁판매 방법에 의하여 매각할 수 있으며, 일부 몰수품에 대하여는 관세청장의 지시를 받아서 매각하기도 한다. 중국 등에서 농림수축산물 등 물품이 대량으로 밀수되어 사회적으로 물의를 일으키고 있고, 몰수품을 일반 시중에 판매하는 경우 사회 전체에 미치는 여파가 크므로 이를 적정히 조정하고 관리하기 위하여 제6항과 같이 별도의 매각 방법을 규정하고 있다.

제4항 및 제5항은 보관료 및 관리비 지급에 관한 규정이다. 종전 규정에는 몰수 이전에 발생한 보관료 및 관리비 등에 대한 지급규정이 없어 몰수 후 보관인이 유치권을 행사하는 경우 공매처분 등 소유권 이전이 불가능한 사례가 있어 보관인에게 세관장이 보관료 등을 지급할 수 있는 법적 근거를 마련하였다. 세관에서 압수하여 검찰에 고발한 물품은 세관에서 민간위탁보관을 하는 경우가 있는바, 재판결과 몰수되어 세관이 해당물품을 처분하고자 해도 보관인이 유치권을 행사하여 보관료 및 관리비를 지급하는 경우에는 물품을 인도하지 않는 사례가 발생하였고 이와 관련하여 계속적인 민원 및 소송이 제기되었다. 국가는 몰수된 물품에 대하여 사인간의 채권·채무관계에 직접적인 영향을 받지 아니하나 동 채권·채무관계에 따른 유치권의 영향을 받으므로 완전한 소유권 행사를 위하여는 결국 원인이 되는 채권을 변제할 필요가 있다.

'몰수품 등'은 몰수품과 국고귀속물품을 지칭하며, '대통령령이 정하는 금액'이라 함은 통상적인 물품의 보관료 및 관리비를 감안하여 관세청장이 정하여 고시하는 금액을 말한다. 관세청 고시로 「국고귀속이전 보관료 지급에 관한 고시」가 있다. 보관료 및 관리비로 지급할 금액은 해당 물품의 매각대금에서 매각비용을 공제한 금액을 초과할 수 없으며, 해당 물품 매각대금의 50/100을 넘지 못한다. 이러한 내용은 보세창고운영인에게 불리한 규정이므로, 차후 논란의 소지에 대비하여 국고귀속조치를 할 때 운영인으로부터 동의서를 받도록 규정하고 있다.

제6항은 몰수품등을 농림축산식품부장관이 요청하는 경우 이관 조치할 수 있는 조항이며, 2003.12.30. 개정 관세법에서 처음 규정하였다. 세관에서는 대형 농수산물의 밀수 등으로 발생되는 몰수품의 처리를 효율적으로 할 수 있고 농림축산식품부에서는 이를 국내 시장의 수급조절 등에 활용할 수 있는 방법이다.

1998.12. 관세법 개정시 관세청에 설치된 몰수품심사위원회를 삭제하여 세관자체에서 몰수품을 처리할 수 있도록 개선하였고, 보관료나 비용을 지급할 수 있는 근거 규정을 만들었다. 종전에는 물건에 따라서 보관료나 관리비가 물품의 가격보다 많은 경우도 있어 몰수·국고물품의 보관료지급 문제로 민원마찰이 발생되기도 하였다.

1999.12.18. 관세법 개정시 구체적으로 대통령령에서 금액을 정하여 지급할 수 있도록 하였고, 몰수품도 국고물품이므로 몰수품이란 표현은 삭제하고 국고귀속으로 내용을 바꾸었으나, 2002.12.18. 관세법 개정시 '국고귀속' 문구를 '몰수 또는 국고귀속'으로 조문을 바꾸어 몰수품에 대하여도 명시적으로 보관료 및 관리비를 지급할 수 있도록 개정하였다. 종전 규정상에는 몰수 이전에 발생한 보관료 및 관리비 등 지급에 관한 명시규정이 없어서, 물품 보관인이 보관료를 이유로 유치권을 행사함으로써 공매처분을 한 경우에도 소유권 이전이 불가능한 사례가 발생되기도 하였다.

관세청 훈령으로 「몰수품 및 국고귀속물품 관리에 관한 시행세칙」이 있다. 이 세칙에는 몰수품관리, 처분, 위탁판매에 관하여 규정하고 있다. 몰수품등 관리, 몰수품등 처분, 위탁판매, 폐기처분등 기타 처분에 관하여 규정하고 있다. 법 제210조는 장치기간 경과물품 매각방법에 관한 규정이다.

제7항은 2018.12.8. 관세법 개정시 신설된 조항으로, 수탁판매기관에 대한 행정조사 근거를 마련하여 관세행정 투명성을 강화한 것이다. 조사대상자의 예측가능성 제고 및 행정기관의 조사권 남용 방지를 위해 행정조사의 목적·대상·내용 등을 법령 등에 구체적으로 명시할 필요성에 따라 신설하였다.

> 제326조의 2【사업에 관한 허가 등의 제한】 ① 세관장은 납세자가 허가·인가·면허 및 등록 등(이하 이 조에서 "허가등"이라 한다)을 받은 사업과 관련된 관세 또는 내국세등을 체납한 경우 해당 사업의 주무관청에 그 납세자에 대하여 허가등의 갱신과 그 허가등의 근거 법률에 따른 신규 허가등을 하지 아니할 것을 요구할 수 있다. 다만, 재난, 질병 또는 사업의 현저한 손실, 그 밖에 대통령령으로 정하는 사유가 있는 경우에는 그러하지 아니하다.

② 세관장은 허가등을 받아 사업을 경영하는 자가 해당 사업과 관련된 관세, 내국세등을 3회 이상 체납하고 그 체납된 금액의 합계액이 500만원 이상인 경우 해당 주무관청에 사업의 정지 또는 허가등의 취소를 요구할 수 있다. 다만, 재난, 질병 또는 사업의 현저한 손실, 그 밖에 대통령령으로 정하는 사유가 있는 경우에는 그러하지 아니하다.
③ 제2항의 관세 또는 내국세등을 체납한 횟수와 체납된 금액의 합계액을 정하는 기준과 방법은 대통령령으로 정한다.
④ 세관장은 제1항 또는 제2항의 요구를 한 후 해당 관세 또는 내국세등을 징수한 경우 즉시 그 요구를 철회하여야 한다.
⑤ 해당 주무관청은 제1항 또는 제2항에 따른 세관장의 요구가 있는 경우 정당한 사유가 없으면 요구에 따라야 하며, 그 조치 결과를 즉시 관할 세관장에 알려야 한다.

해 설

2022.12.31. 법 개정시 신설한 조항이다. 관세 등 체납을 방지하고 성실납세문화를 조성하기 위하여 세관장은 관세 또는 수입물품에 대하여 세관장이 부과, 징수하는 내국세 등이 체납된 경우 이와 관련된 허가, 인가 등의 갱신 및 신규 허가 등의 제한을 주무 관청에 요구할 수 있도록 규정하였다.

제327조 【국가관세종합정보시스템의 구축 및 운영】 ① 관세청장은 전자통관의 편의를 증진하고, 외국세관과의 세관정보 교환을 통하여 수출입의 원활화와 교역안전을 도모하기 위하여 전산처리설비와 데이터베이스에 관한 국가관세종합정보시스템(이하 "관세정보시스템"이라 한다)을 구축·운영할 수 있다.
② 세관장은 관세청장이 정하는 바에 따라 관세정보시스템의 전산처리설비를 이용하여 이 법에 따른 신고·신청·보고·납부 등과 법령에 따른 허가·승인 또는 그 밖의 조건을 갖출 필요가 있는 물품의 증명 및 확인신청 등(이하 "전자신고등"이라 한다)을 하게 할 수 있다.
③ 세관장은 관세청장이 정하는 바에 따라 관세정보시스템 또는 「정보통신망 이용촉진 및 정보보호 등에 관한 법률」 제2조 제1항 제1호에 따른 정보통신망으로서 이 법에 따른 송달을 위하여 관세정보시스템과 연계된 정보통신망(이하 "연계정보통신망"이라 한다)을 이용하여 전자신고등의 승인·허가·수리 등에 대한 교부·통지·통고 등(이하 "전자송달"이라 한다)을 할 수 있다.
④ 전자신고등을 할 때에는 관세청장이 정하는 바에 따라 관계 서류를 관세정보시스템의 전산처리설비를 이용하여 제출하게 하거나, 그 제출을 생략하게 하거나 간소한 방법으로 하게 할 수 있다.
⑤ 제2항에 따라 이행된 전자신고등은 관세청장이 정하는 관세정보시스템의 전산처리설비에 저장된 때에 세관에 접수된 것으로 보고, 전자송달은 송달받을 자가 지정한 전자우편주소나 관세

정보시스템의 전자사서함 또는 연계정보통신망의 전자고지함(연계정보통신망의 이용자가 접속하여 본인에게 송달된 고지내용을 확인할 수 있는 곳을 말한다)에 고지내용이 저장된 때에 그 송달을 받아야 할 자에게 도달된 것으로 본다.

해 설

신고 등에 관하여는 수출입신고와 선박입출항에 관련 고시에서도 세부적으로 정하고 있으나 본조에서는 관세행정에서 적용되는 국가관세종합정보시스템의 전산설비 이용에 관한 전반적인 내용을 규정하고 있다. 2023.12.31. 법 개정시 '국가관세종합정보망'이라는 명칭을 '국가관세종합정보시스템'으로 바꾸었다.

2008.12.26. 법 개정(법률 제9261호)시 국가관세종합정보시스템에 관한 법적인 근거를 규정하였다.[8] 종전에는 전산처리설비를 이용한 전자신고・전자송달에 관하여 규정하였다. 국가관세종합정보시스템은 수출입 EDI 통관망, 인터넷 서비스, 통계, 내부 정보 등에 관련된 약 75개 이상의 시스템을 총칭하는 용어다. 국가관세종합정보시스템은 국가 소유의 시스템으로서 전자문서중계사업자의 경우 개인 소유의 시스템인 점에서 큰 차이가 있다. 그러나 국가관세종합정보시스템 중에는 상당수가 민간에 위탁하여 운영하고 있으며 일부는 자체 운영하고 있다.

종전에는 승인・허가・수리 등이 행정행위인 점을 고려하여 실제 전산설비에 의한 교부・통지・통고 등을 할 수 있도록 2002.12.18. 관세법 개정시 정비하였고, 신고・신청・보고・납부 등을 전자신고 등이라 하여 '납부' 등을 추가함으로써 종전보다 시행할 수 있는 업무범위를 확대하여 규정한 바 있다. 당시 관세전자납부에 대한 법적 근거가 없이 계좌이체방식으로 전자납부해 왔으나, 이를 명시적으로 규정한 셈이다.

제2항에서 전자신고 등 정의를 규정하였다. 범위를 넓혀서 2008.12.26. 법 개정(법률 제9261호)시 법령에 따른 허가・승인 또는 그 밖의 조건의 구비를 요하는 물품의 증명 및 확인신청까지 포함시켰다. 국가관세종합정보시스템의 사용자는 무역업자, 운송인, 법령요건 확인기관, 은행 등 많은 유관 부서이므로 관련 업무에 대하여 동 망의 전산처리설비를 이용하여 업무를 처리할 수 있다.

제3항에서 전자송달의 정의를 규정하고 있다. 2020.12.22.(법률 제17649호) 개정시 송달을 위한 연계정보통신망을 추가하였다.

제4항에서 국가관세종합정보시스템의 전산처리설비를 이용한 제출, 서류제출 생략 등에 관한 규정이다. 전산으로 신고하는 경우에는 관계서류의 제출을 생략하거나 간이하게 할 수 있

8) 산업통상자원부의 u-Trade Hub 등 민간망은 관련법에 포괄적 근거가 있으며 공공망인 국가관세종합정보시스템에 대한 법적 근거 도입도 필요하여 법 개정을 하였다.

다. 전산설비를 이용하는 경우에는 서류제출을 생략하는 것이 진정한 의미에서 업무전산화라 할 수 있다. 수출입 P/L(Paperless) 신고 건은 신고 관련서류를 제출하지 아니하지만 서류를 보관하여야 하는 의무를 부여함으로써 진정한 의미에서 P/L이 아니라는 이견도 있다. 2003.12. 30. 개정 관세법에서 서류로만 자료를 제출하는 것이 아니라 전산처리설비를 이용하여 자료를 제출할 수 있도록 규정한 바 있고 1988.12.26. 관세법 개정(법률 제4027호)시 수출입통관절차 등의 이행을 전산처리할 수 있는 근거를 최초로 마련한 바 있다.

제5항에서 전자신고의 접수 및 전자송달의 도달 시점에 관한 규정이다. 법 제11조 등에 일반서류의 경우에는 서류의 송달 등에 대하여 명확하게 정하고 있으며 전산처리 설비를 이용하는 경우에는 본 항에서 정하고 있다. 전자신고에 대해서는 지정된 전산처리설비에 저장된 때에 접수된 것으로 보고, 전자송달은 송달받은 자가 지정한 컴퓨터 혹은 관세청장이 정하는 전산처리설비에 저장하는 때에 송달된 것으로 본다.[9] 이러한 규정은 문서의 효력발생에 관하여 도달주의를 원칙으로 하는 경우를 전제로 한 것이다. 민법 등에서는 도달주의를 주로 채용하고 있으며, 상법에서는 발신주의를 많이 채용하고 있다.

⑥ 전자송달은 대통령령으로 정하는 바에 따라 송달을 받아야 할 자가 신청하는 경우에만 한다.
⑦ 제6항에도 불구하고 관세정보시스템 또는 연계정보통신망의 전산처리설비의 장애로 전자송달이 불가능한 경우, 그 밖에 대통령령으로 정하는 사유가 있는 경우에는 교부·인편 또는 우편의 방법으로 송달할 수 있다.
⑧ 제6항에 따라 전자송달할 수 있는 대상의 구체적 범위·송달방법 등에 관하여 필요한 사항은 대통령령으로 정한다.

해 설

제6항은 전자송달 요건에 관한 규정이다. 전자송달로 업무를 처리하고자 하는 경우에는 송달을 받을 자가 신청한 경우에 이를 적용할 수 있도록 하고 있다. 이는 전자송달에 필요한 자료를 사전에 확보하기 위한 것이다. 신청할 경우에는 성명, 주민등록번호 등 인적사항, 주소, 거소 또는 영업소의 소재지, 전자우편주소, 송달 받을 서류의 종류 등을 기재한 신청서를 제출하여야 한다.

제7항은 예외적 송달에 관한 규정이다. 예외적인 송달로서 전산처리설비의 장애로 인하여

---

9) 종전에는 전산처리설비에 갖추어진 파일에 등록 된 때에 세관에 접수되거나 세관에 발송한 것으로 보며, 등록된 후 통상 출력에 소요되는 시간이 경과된 때에 해당 통지 등이 송달된 것으로 본다고 규정하였다. 심사청구재결례(2000.5.12, 관심 제2000－22호) 할당관세 적용추천서를 수입신고수리 전까지 제출하지 않았다고 하더라도 수리 전에 할당관세 적용추천내용이 EDI방식에 의해 추천기관으로부터 세관에 전송되었다면 할당관세 적용신청이 있었던 것으로 보아야 한다.

전자송달이 불가능한 경우를 정하고 있다. 이외에 '대통령령이 정하는 사유'로서 정전, 프로그램의 오류 그 밖의 부득이한 사유로 인하여 금융기관 또는 체신관서의 전산처리장치의 가동이 정지된 경우, 전자송달을 받고자 하는 자의 전산처리설비 이용권한이 정지된 경우, 관세청장이 정하는 경우에는 교부・인편 또는 우편에 의하여 송달할 수 있다.

제8항은 전자송달 대상 및 방법 등에 관한 규정이다. 전자송달할 수 있는 서류의 종류로서는 납부서・납부고지서・환급통지서 및 그 밖에 관세청장이 정하는 서류로 할 수 있다. 이 경우에는 관세청장이 정하는 전산처리설비에 저장하는 방식으로 이를 송달하여야 하며, 다른 경우에는 전자송달을 받고자 하는 자가 지정하는 전자우편주소로 송달하여야 한다. 서류 종류에 따라 송달하는 방식을 두 가지로 나누어 규정하고 있다.

【창원지방법원 2008.10.23, 2008구합301】 원고는 납세고지서의 전자송달을 신청하였고, 국세정보통신망으로 납세고지서를 송달한 사실이 인정되는바, 위 납세고지서가 국세정보통신망에 저장함으로써 고지서가 적법하게 송달되는 것이다.

【서울고등법원 2012.5.9, 2011누32760】 전자송달의 경우 송달받을 자가 지정한 전자우편주소에 입력된 때 송달을 받아야 할 자에게 도달한 것으로 보므로 적법하게 송달된 것으로 의제되고, 매매대금을 지급받은 사실이 확인되지 아니한 사정 등에 비추어 소득세를 부당하게 감소시키기 위하여 특수관계자에게 아파트를 증여한 것으로 보아 한 부과처분은 적법하다.

제327조의 2【한국관세정보원의 설립】 ① 정부는 관세정보시스템을 안정적으로 운영・관리하고, 관세정보시스템의 지능 정보화를 촉진하여 통상환경을 개선함으로써 국민경제의 발전에 이바지하기 위하여 한국관세정보원(이하 "관세정보원"이라 한다)을 설립한다.

② 관세정보원은 법인으로 한다.

③ 관세정보원은 그 주된 사무소의 소재지에 설립등기를 함으로써 성립한다.

④ 관세정보원의 정관에는 다음 각 호의 사항이 포함되어야 하며, 정관을 변경할 때에는 관세청장의 인가를 받아야 한다.

1. 명칭
2. 목적
3. 주된 사무소의 소재지
4. 이사회에 관한 사항
5. 임직원에 관한 사항
6. 조직에 관한 사항
7. 업무 및 그 집행에 관한 사항
8. 재산과 회계에 관한 사항
9. 공고에 관한 사항

10. 정관의 변경에 관한 사항
11. 내부 규정의 제정 · 개정 · 폐지에 관한 사항
⑤ 관세정보원은 다음 각 호의 사업을 한다.
1. 관세정보시스템의 운영 및 관리
2. 관세정보시스템 기술지원센터의 운영
3. 관세정보시스템의 지능정보화 촉진을 위한 기획 · 조사 · 컨설팅 · 연구 · 교육 · 홍보
4. 그 밖에 국가, 지방자치단체 또는 「공공기관의 운영에 관한 법률」에 따른 공공기관 등으로부터 위탁받은 사업
⑥ 관세정보원장은 정관으로 정하는 바에 따라 관세청장이 임명한다.
⑦ 관세정보원은 관세청장의 승인을 받아 제5항에 따른 사업 외에 설립목적 달성에 필요한 경비를 조달하기 위하여 수익사업을 할 수 있다.
⑧ 정부는 관세정보원의 시설, 운영 및 사업에 필요한 경비를 예산의 범위에서 출연하거나 보조할 수 있다.
⑨ 관세정보원에 대하여 이 법과 「공공기관의 운영에 관한 법률」에서 규정한 것 외에는 민법 중 재단법인에 관한 규정을 준용한다.
⑩ 이 법에 따른 관세정보원이 아닌 자는 한국관세정보원 또는 이와 유사한 명칭을 사용하지 못한다.
⑪ 관세청장은 관세정보원의 업무를 지도 · 감독한다.
⑫ 관세청장은 필요하면 소속 공무원에게 관세정보원의 업무 · 회계 및 재산에 관한 사항을 검사하게 하거나 관세정보원에 대하여 필요한 자료의 제출을 요구할 수 있다.
⑬ 관세청장은 제12항에 따라 검사를 한 결과 위법하거나 부당한 사항이 있는 경우에는 관세정보원에 그 시정을 명하거나 그 밖에 필요한 조치를 할 수 있다.

해 설

국가관세종합정보시스템은 시스템에 대한 접근성 정도에 따라 관세청 내부정보시스템, EDI 시스템, 인터넷시스템으로 구분하고 이중에서 조사, 감시, 심사 등 보안시스템은 자체적으로 운영하고 통관시스템 등 개방형은 위탁운영하고 있다. 동 망의 전부 또는 일부를 운영하는 자를 국가관세종합정보시스템 운영사업자라 하고, 개인의 자체 시스템을 사용하여 국가관세종합정보시스템 등에 자료를 중계하는 사업자를 전자문서중계사업자라 한다.

이러한 점은 법 제327조의 2의 국가관세종합정보시스템 운영사업자와 법 제327조의 3의 전자문서중계사업자 간에 있는 차이점이라 할 수 있다. 2008.12.26. 법 개정(법률 제9261호)시 국가관세종합정보시스템 운영자에 효율적인 지도 · 감독의 필요성에 따라 이를 규정하였다.[10]

10) 산업통상자원부의 전자무역촉진법 국토교통부의 물류정책기본법에 지정 사업자 도입의 근거를 두고 있다. 관세법 시행령 상 동 운영사업자의 지정기준은 민법 제32조에 따라 설립된 비영리법인 또는 「정부출연연구기관 등의

2023.12.31. 법 개정시 관세정보원의 설립을 법제화하였다. 기존에는 법에서 설립의 결격사유나 관리 운영에 관한 사항을 정하였으나 이를 정관을 제정하여 운영하는 등 중요 사항을 정하고 관세청장이 관세정보원을 지도 감독하는 체제로 정한 것이다. 국가관세종합시스템 운영사업자 및 전자문서중계사업자에 대한 제재 실효성 제고를 위하여 시행세칙 등에서 동 단체의 지정 취소 및 업무 정지 기준에서 '시정명령 위반'사항을 추가하였다.

2024.12.31. 법 개정시 제12항 및 제13항을 신설하였다.

제327조의 3【전자문서중계사업자의 지정 등】 ① 전기통신사업법 제2조 제8호에 따른 전기통신사업자로서 전자신고등 및 전자송달을 중계하는 업무(이하 "전자문서중계업무"라 한다)를 수행하려는 자는 대통령령으로 정하는 기준과 절차에 따라 관세청장의 지정을 받아야 한다.
② 다음 각 호의 어느 하나에 해당하는 자는 제1항에 따른 지정을 받을 수 없다.
1. 제175조 제2호부터 제5호까지의 어느 하나에 해당하는 자
2. 제3항에 따라 지정이 취소(제175조 제2호 또는 제3호에 해당하여 지정이 취소된 경우는 제외한다)된 날부터 2년이 지나지 아니한 자
3. 제1호 또는 제2호에 해당하는 자를 임원으로 하는 법인
③ 관세청장은 제1항에 따라 지정을 받은 자(이하 "전자문서중계사업자"라 한다)가 다음 각 호의 어느 하나에 해당하는 경우에는 그 지정을 취소하거나 1년 이내의 기간을 정하여 전자문서중계업무의 전부 또는 일부의 정지를 명할 수 있다. 다만, 제1호 및 제2호에 해당하는 경우에는 그 지정을 취소하여야 한다.
1. 제2항 각 호의 어느 하나에 해당한 경우. 다만, 제2항 제3호에 해당하는 경우로서 제175조 제2호 또는 제3호에 해당하는 사람을 임원으로 하는 법인이 3개월 이내에 해당 임원을 변경한 경우에는 그러하지 아니하다.
2. 거짓이나 그 밖의 부정한 방법으로 제1항에 따른 지정을 받은 경우
3. 제1항에 따른 기준을 충족하지 못하게 된 경우
4. 제7항에 따른 관세청장의 지도·감독을 위반한 경우
5. 제8항에 따른 관세청장의 시정명령을 그 정하여진 기간 이내에 이행하지 아니한 경우
6. 제327조의 4 제3항을 위반하여 업무상 알게 된 전자문서상의 비밀과 관련 정보에 관한 비밀을 누설하거나 도용한 경우

설립·운영 및 육성에 관한 법률」에 따른 정부출연연구기관일 것, 전산정보처리시스템의 구축 및 운영에 관한 경험을 보유할 것, 그 밖에 관세청장이 정하는 설비 및 운영에 관한 경험을 보유할 것 등이 있다. 2010.3.26. 시행령에 운영사업자 지정에 비영리법인이나 정부출연연구기관만이 가능하여 민간 업체의 진입이 제한되는 문제점이 있어 납입자본금 10억원 이상인 상법상 주식회사일 것 등 지정기준을 정한 바 있다.

해 설

전자문서중계사업자 지정, 결격사유, 업무의 중지 및 지정 취소, 과징금부과 및 징수, 수수료부과, 지도·감독에 관한 규정이다. 전자문서중계사업자는 관세청과 민원인 사이에서 전자문서를 중계하는 업자로서 관세행정의 일부를 담당한다고 할 수 있다. 따라서 지정 시에는 공익을 보호하기 위하여 업자·중계방법·취급하는 자료의 보안 등에 관하여 요건을 엄격히 심사한다. 전기통신사업법 제2조 제1항 제1호에 의한 전기통신사업자[11]는 자격요건을 정한 것이고, 인적요건에 대하여는 제2항에서 정하고 있으며, 기타 요건에 대하여는 대통령령이 정하는 기준과 절차에 따라 관세청장이 지정한다. '대통령령이 정하는 기준'에는 자본금 규모, 주식소유, 설비·기술인력에 관하여 정하고 있고,[12] 주식 및 설비·기술 인력에 관하여는 다시 기획재정부령으로 정하고 있다. 전자문서중계사업자를 지정 받거나 지정받은 사항을 변경하기 위해서는 지정서류를 갖추어 관세청장에게 신청하여야 하며, 지정한 때에는 자격증을 교부하고 관련 기관장에게 통보한다.[13]

제2항은 지정의 결격사유에 관한 규정이다. 2018.12.8. 관세법 개정시 제2항 제2호 괄호부분을 추가하여 국가관세종합정보시스템 운영사업자의 결격사유와 동일하게 재지정 불가 사유에서, 피성년후견인·피한정후견인·파산선고 후 미복권자 등이 권리회복 또는 복권후에는 즉시 위탁사업자 지정이 가능하도록 하여 결격사유를 완화하였다. 이는 피성년후견인 등 권리를 회복한 자에 대해 권리 강화한 것이다.

제3항은 업무의 정지 및 지정 취소에 관한 규정이다. 2014.1.1. 법 개정(제12159호)시 개인정보 보호를 위하여 국가관세종합정보시스템 운영사업자 및 전자문서중계사업자에 대한 영업정지 등의 사유에 업무상 취득한 비밀을 누설하거나 도용한 경우를 추가하였다. 2018.12.8. 관세법 개정시 제3항 제1호 단서부분을 추가하여, 피성년후견인·피한정후견인·파산선고 후 미복권자 등을 임원하는 법인이 3개월내 임원을 변경한 경우에는 업무의 정지 및 지정 취소 사유에서 제외하도록 하였다.

> ④ 관세청장은 제3항에 따른 업무정지가 그 이용자에게 심한 불편을 주거나 그 밖에 공익을 해칠 우려가 있는 경우에는 업무정지처분을 갈음하여 1억원 이하의 과징금을 부과할 수 있다. 이 경우 과징금을 부과하는 위반행위의 종류와 위반 정도 등에 따른 과징금의 금액 등에 관하여 필요한 사항은 대통령령으로 정한다.

---

11) 전기통신사업자라 함은 전기통신사업법 의한 허가를 받거나 등록 또는 신고를 하고 전기통신역무를 제공하는 자를 말한다.

12) 전자문서중계사업에 경쟁을 유도하여 납세자의 선택권과 서비스 품질을 제고할 수 있도록 전자문서중계사업자 지정기준 중 납입자본금 한도를 10억원으로 완화한 바 있다.

13) 2015.1. 현재 지정되고 사업을 하고 있는 전자문서중계사업자는 KTNET(한국무역정보통신), KCNET이다.

⑤ 제4항에 따른 과징금을 납부하여야 할 자가 납부기한까지 이를 납부하지 아니한 경우에는 제26조를 준용한다.
⑥ 전자문서중계사업자는 전자문서중계업무를 제공받는 자에게 기획재정부령으로 정하는 바에 따라 수수료 등 필요한 요금을 부과할 수 있다.
⑦ 관세청장은 전자문서중계사업의 안정적인 운영을 위하여 전자문서중계사업자에게 사업실적 등 운영사업과 관련한 주요 내용을 매년 보고하도록 하거나 관련 장부 및 서류를 제출하도록 명할 수 있다. 이 경우 보고의 방법 및 절차 등 필요한 사항은 관세청장이 정한다.
⑧ 관세청장은 전자문서중계사업자의 업무 수행의 방법, 절차 등이 부적절하여 전자문서중계의 안정성을 저해하거나 저해할 우려가 있는 경우 6개월 이내의 기간을 정하여 그 시정을 명할 수 있다.
⑨ 제3항에 따른 지정취소 및 업무정지 처분의 세부기준에 관한 사항은 기획재정부령으로 정한다.

해 설

제4항 및 제5항은 과징금부과·징수에 관한 규정이다. 법 제327의 2 제5항 국가관세종합정보시스템 운영사업자에 과징금부과·징수에 관한 규정과 동일하다. 법 제26조는 담보 등이 없는 경우의 관세 징수에 관한 규정이다.

제6항 및 제7항은 수수료 부과 및 지도·감독에 관한 규정이다. 법 제327의 2 국가관세종합정보시스템 운영사업자에게는 일정한 재원을 지원하도록 규정하고 있으나, 전자문서중계사업자는 전자문서중계 업무를 제공받은 자로부터 수수료를 징수할 수 있다. 관세청장은 동 사업에 관하여 지도·감독의 책임 및 권한을 포괄적으로 부여받고 있다. 2018.12.8. 관세법 개정시 제7항을 개정하여 포괄적이고 추상적으로 규정된 전자문서중계사업자에 대한 지도·감독을 국가관세종합정보시스템 운영사업자에 지도·감독을 준용하도록 명시하였고, 2023.12.31. 법 개정시 이를 구체적으로 법규정하면서 제8항 및 제9항을 신설하였다. 이는 전자문서중계사업자에 대한 행정조사의 목적·대상·내용 등 관리감독을 구체화하고 강화한 것이다.

제327조의 4【전자문서 등 관련 정보에 관한 보안】 ① 누구든지 관세정보시스템 또는 전자문서중계사업자의 전산처리설비에 기록된 전자문서 등 관련 정보를 위조 또는 변조하거나 위조 또는 변조된 정보를 행사하여서는 아니 된다.

해 설

국가관세종합정보시스템 운영사업자 또는 전자문서중계사업자의 전산처리설비에 기록된 전자문서 등 관련 정보를 보호하기 위한 규정이다. 전자문서 등 관련 정보의 위조·변조행위는 물론이고 위조·변조된 정보를 사용하여서는 아니 되며, 보다 더 적극적인 내용으로서는 전산처리설비에 기록된 전자문서 등 관련 정보를 훼손하거나 비밀을 침해하여서는 아니 된다.

'변조'는 정보 내용의 동일성을 해치지 않을 정도로 변경을 가하는 것을 말하며, '위조'는 전자문서 등 정보 내용의 중요 부분에 변경을 가하거나 효력을 상실한 것에 변경을 가하여 새로운 정보를 작성하는 것을 말한다. 관련 정보를 훼손하거나 비밀을 침해하는 것으로는 컴퓨터 시스템 해킹행위와 통신망을 이용한 침투, 정보처리장치를 훼손하는 행위, 정보의 부정 유출하는 행위, 컴퓨터 바이러스의 제작·유포행위, 메일폭탄 등으로 컴퓨터 시스템을 공격하는 행위 등을 예로 들 수 있다.

② 누구든지 관세정보시스템 또는 전자문서중계사업자의 전산처리설비에 기록된 전자문서 등 관련 정보를 훼손하거나 그 비밀을 침해하여서는 아니 된다.
③ 관세정보원 또는 전자문서중계사업자의 임직원이거나, 임직원이었던 자는 업무상 알게 된 전자문서상의 비밀과 관련 정보에 관한 비밀을 누설하거나 도용하여서는 아니 된다.
④ (삭제)

해 설

제3항은 비밀누설·도용금지에 관한 규정이다. 국가관세종합정보시스템 운영사업자 또는 전자문서중계업사의 임원 또는 직원이거나 임원 또는 직원이었던 자는 업무상 비밀을 누설하거나 도용하여서는 아니 된다. 형법에 공무원의 직무에 관한 죄에는 직무유기, 직권남용, 공무상비밀의 누설, 알선수뢰, 뇌물공여, 공무원의 직무상 범죄에 대한 형의 가중 등에 관하여 별도로 처벌 규정을 두고 있으며, 일반적으로 처벌의 엄격성을 강조하고 있다.

제327조의 5【전자문서의 표준】 관세청장은 제240조의 6에 따른 국가 간 세관정보의 원활한 상호 교환을 위하여 세계관세기구 등 국제기구에서 정하는 사항을 고려하여 전자신고등 및 전자송달에 관한 전자문서의 표준을 정할 수 있다.

해 설

무역거래에서 전자문서의 표준을 따를 때 수출입관련 업무 및 신고 항목의 표준화·간소화로 국가 간 사전정보 교환에 의한 위험관리 강화 그리고 물류비용 절감 및 국가 간 협력확대와 정보화 촉진 등 효과를 얻을 수 있다. 국내 수출입업자 등이 이 표준에 따르도록 유도하기 위한 근거가 필요하므로 동조에 따라 관세청장이 전자신고·전자송달에 관한 전자문서의 표준을 만들 수 있다.[14] 2008.12.26. 법 개정(법률 제9261호)시 전자문서의 표준화의 필요성에 따라 신설된 내용이다.

제240조의 6은 국가 간 세관정보의 상호교환에 관한 규정이다.

제328조【청문】 세관장은 다음 각 호의 어느 하나에 해당하는 처분을 하려면 청문을 하여야 한다.
1. 제164조 제6항에 따른 자율관리보세구역 지정의 취소
2. 제165조 제5항에 따른 보세사 등록의 취소 및 업무정지
3. 제167조에 따른 지정보세구역 지정의 취소
4. 제172조 제6항에 따른 화물관리인 지정의 취소
5. 제178조 제1항 및 제2항에 따른 물품반입등의 정지 및 운영인 특허의 취소
6. 제204조 제1항에 따른 종합보세구역 지정의 취소
7. 제204조 제2항에 따른 종합보세기능의 수행 중지
7의 2. 제204조 제3항에 따른 종합보세사업장의 폐쇄
8. 제224조 제1항에 따른 보세운송업자등의 등록 취소 및 업무정지
9. 제255조의 5에 따른 수출입안전관리우수업체 공인의 취소
10. 제327조의 3 제3항에 따른 전자문서중계사업자 지정의 취소 및 사업·업무의 전부 또는 일부의 정지

해 설

청문은 행정기관이 행정처분, 규칙제정, 행정심판 등 행정행위를 하기 전에 이해관계인이나 제3자의 의견을 듣기 위한 행정절차의 하나다. 청문절차는 국민의 권익을 보장하기 위하여 행정기관이 처분하려고 할 때에 처분의 원인이 되는 사실 등을 당사자에게 사전에 통지하여 청문주재자의 주재하에 당사자의 구술에 의한 주장을 청취하고 행정기관과 당사자 간 또는 당사자 상호간에 반증을 허용하며 증거조사를 함으로써 사실 규명과 법령의 해석·적용을 명확히 하려는 절차를 말한다.

이 절차를 무시한 행정행위는 절차위반의 중대하자를 띠게 되어 무효가 되며, 동법에서도 의무사항으로 규정하고 있다. 청문에는 의견진술형 청문이 있고, 이에 대해 어떤 사실을 찾아내기 위한 조사형 청문도 있다. 여기에서는 당연히 의견진술형 청문이라 하겠다.

우리나라 행정절차법은 청문에 관하여 상세하게 규정하고 있다. 이 법은 국민의 행정참여를 도모하여 행정의 공정성과 투명성 및 신뢰성을 확보하고 국민 권익을 보호하기 위하여 제정된 것이다.

14) 관세분야 전자문서표준(CDM, Customs Data Model)에 대하는 WCO, 개정 교토협약 및 WCO SAFE 등 분야에서 지속적으로 추진되고 있다.

종전에는 6가지 종류의 처분에 대하여 청문을 실시하도록 규정하였으나, 2011.12.31. 개정 관세법에서는 보세사 등록, 화물관리인 지정, 보세운송업자 등록, 수출입 안전관리 우수업체(AEO) 공인 업무 등 4가지를 추가하였다. 불이익 처분시 처분 상대방에 의견진술 기회를 부여하여 납세자 친화적 관세제도를 마련하고자 하는 행정자치부의 권고사항을 수용한 것이다.

2018.12.8. 관세법 개정시 제7의 2호를 신설하여 '종합보세사업장의 폐쇄'를 추가하였다.

제329조【권한 또는 업무의 위임·위탁】 ① 이 법에 따른 기획재정부장관의 권한 중 다음 각 호의 권한은 대통령령으로 정하는 바에 따라 관세청장에게 위임할 수 있다.

1. 제56조 제2항에 따른 덤핑방지관세 재심사에 필요한 사항의 조사
2. 제62조 제2항에 따른 상계관세 재심사에 필요한 사항의 조사

② 이 법에 따른 관세청장이나 세관장의 권한은 대통령령으로 정하는 바에 그 권한의 일부를 세관장이나 그 밖의 소속 기관의 장에게 위임할 수 있다.

③ 세관장은 대통령령으로 정하는 바에 따라 제257조부터 제259조까지의 규정에 따른 권한을 체신관서의 장에게 위탁할 수 있다.

④ 세관장은 대통령령으로 정하는 바에 따라 제157조, 제158조 제2항, 제159조 제2항, 제165조 제3항, 제209조, 제213조 제2항(보세운송신고의 접수만 해당한다)·제3항, 제215조, 제222조 제1항 제3항·제5항 및 제246조 제1항에 따른 업무를 다음 각 호의 자에게 위탁할 수 있다. 다만, 제222조 제1항·제3항·제5항에 따른 업무는 같은 조 제1항 제1호 및 제2호에 관한 사항으로 한정한다.

1. 통관질서의 유지와 수출입화물의 효율적인 관리를 위하여 설립된 비영리법인
2. 화물관리인
3. 운영인
4. 제222조에 따라 등록한 보세운송업자

⑤ 이 법에 따른 관세청장 또는 세관장의 업무 중 다음 각 호의 업무는 대통령령으로 정하는 바에 따라 대통령령으로 정하는 단체에 위탁할 수 있다.

1. 제165조 제1항에 따른 보세사 시험 업무
2. 제173조 제3항 단서에 따른 물품 검사비용 지원 업무 중 신청서 접수, 지원 요건 및 금액에 관한 심사
3. 제235조 제2항에 따른 지식재산권 등의 신고 업무 중 신고서 접수 및 보완 요구
4. 제255조의 2 제2항에 따른 수출입안전관리우수업체 공인 심사 지원 및 같은 조 제3항에 따른 예비심사 지원
5. 제265조에 따른 물품 또는 운송수단 등에 대한 검사 등에 관한 업무 중 국제항을 출입하는 자가 휴대하는 물품 및 국제항을 출입하는 자가 사용하는 운송수단에 대한 검사

⑥ (삭제)

해 설

'권한의 위임 · 위탁'은 행정권한을 위임하거나 위탁한다는 것은 법령에 따라 권한을 부여받은 행정기관이 그 권한의 일부를 다른 행정기관, 지방자치단체, 민간기관 · 단체 등에 맡기고, 이를 받은 수임자 · 수탁자가 그의 명의와 책임으로 그 권한을 행사하도록 하는 것을 말한다. 위탁과 위임은 특정 행정기관의 권한 또는 기능의 일부를 여타의 기관에 맡겨 수행한다는 점에서 본질적으로 동일한 방식이나 단지 특정권한이나 기능을 수탁하는 대상기관의 성격에 차이가 있다.

'권한의 위임'이란 원(原) 권한자인 행정기관의 권한의 일부를 그 보조기관 또는 하급 행정기관의 장이나 지방자치단체의 장 등 그의 지휘 계통에 속하는 하급기관에 맡기는 것을 말한다. 관세청의 경우 소속기관의 장으로는 관세평가분류원장, 중앙관세분석소장, 세관장을 예로 들 수 있다. '권한의 위탁'이란 원 권한자로부터 독립되어 있는 다른 행정기관의 장에게 그 권한을 맡기는 것을 말한다. '사무의 민간위탁'이란 사무의 수탁자가 행정청이나 지방자치단체가 아닌 법인, 단체나 개인이 되는 경우, 즉 행정기관이 아닌 민간이 되는 것을 말한다.

권한이 위임되거나 위탁되면 수임자 · 수탁자의 명의로 그 책임하에 처리되며, 그 처리의 법적 효과도 우선은 수임자 · 수탁자에게 귀속된다는 점에서 수임자 · 수탁자에게 권한이 이관된다는 특징이 있다. 이러한 점에서 권한의 위임 · 위탁은 권한을 이관하는 효과를 가져 오지 않는 '대리 · 대행'이나 '내부위임'과 구분된다. '대행'이란 행정기관이 법령상 업무를 대행기관으로 하여금 사실상 행하게 하되, 그 명의와 책임은 원 권한자인 행정기관에게 귀속되도록 하는 것을 말한다. 따라서 대행에 따른 법령상 권한의 이전은 발생하지 않고 자신의 명의로 이를 행사하더라도 그 법률적 효과는 본래의 권한자인 행정기관이 직접 행사한 것과 같은 효력이 발생한다.

또한 위임 · 위탁은 권한이 이관된다는 점에서는 권한의 이양과 유사하나, 위임 · 위탁된 경우 위임인이 비용부담과 최종적인 책임을 지게 된다는 점에서 최종적인 책임을 이양받은 자가 모두 책임을 지게 되는 권한의 이양과 구분된다.

'위탁'은 타 기관 간에 법률행위 또는 사실행위의 처리를 의뢰하는 것을 말하며, 위탁자와 수탁자간에 신임관계가 발생한다. 타 기관의 종류로서는 비영리법인, 보세운송업자, 지정장치장의 화물관리인, 특허보세구역 운영인, 체신관서의 장이 있고, 최근 지식재산권 신고 등에 관한 업무 위탁대상으로 무역관련 지식재산권보호협회장이 지정된 바 있다. 수임자에 대하여는 해당 업무를 처리함에 있어서는 공무원 신분을 가진 것으로 본다.

과세환율의 결정권을 관세평가분류원장에게 위임하며, 품목분류 사전심사업무를 관세평가분류원장, 중앙관세분석소장에게 위임하며, 자율관리 보세구역 운영인, 관리인에게 장치기간 경과 물품 매각통고 업무를 위탁하고, 보세운송 도착보고를 자율관리보세구역의 운영인 또는 관리인에게 위탁한다. 보세운송업자의 등록에 관한 권한을 한국관세물류협회에[15] 위탁한다.

업무의 위탁에 대하여는 2008.2.22. 시행령 개정시, 법 제233조의 2 동 시행령 제236조의 5에서 원산지정보 수집·분석업무에 관하여 위탁할 수 있도록 규정하고 있다. 2010.1.1. 관세법 개정(법률 제9910호)시 지재권 관련 업무의 민간위탁 근거를 신설하였다.[16] 이전에는 행정자치부 소관의 「행정권한의 위임 및 위탁에 관한 규정」[17]에 규정되어 있었고, 최초의 법률 개정시 개별법에 근거 규정을 신설하도록 요구하고 있어 이를 개정하였다.

2021.12.31. 법 개정시 조문 내용이 분산되어 있던 것을 현재와 같이 정리 규정하였으며, 제1항에 규정된 사항인 덤핑방지관세와 상계관세 재심사를 위한 조사 업무를 기획재정부 장관이 관세청장에게 위임할 수 있도록 신설 규정하였다. 제2항에서 제4항은 종전 제1항과 제3항의 규정을 순서대로 정리한 것이다.

제5항과 제6항에서 2019.12.31. 법 개정시 컨테이너화물 검사비용 지원업무 위탁 근거를 신설한 것이 종전의 규정이었으나 이를 2021.12.31. 법 개정시 제6항을 삭제하고 제5항에 통합 규정하였다. 검사비용 지원업무의 일부를 법인 또는 단체에 위탁이 가능하다. 이는 검사비용 지원절차의 투명성 및 효율성을 제고하기 위한 것이다.

2024.12.31. 법 개정시 위탁업무로서 보세사 시험 업무를 추가하였다.

【관세청 사무위탁 협회·단체현황】

협회단체명	위탁근거	국가수탁사무
(사)한국관세물류협회	관세법 제329조	보세사 및 보세운송업자 등록
(사)무역관련지식재산권보호협회	관세법 제329조	지식재산권 신고업무
(사)한국면세점협회	관세법 제196조	인도장의 보세운송 도착확인
(사)한국AEO진흥협회	관세법 255조의 2	수출입안전관리 기준 충족 여부 심사
(사)한국관세무역개발원	관세법 제172조	지정장치장 화물관리
(재)한국무역통계진흥원	관세법 제322조	무역통계 작성 및 교부 대행
(재)국가관세종합정보망운영연합회	관세법 제327조의 2	국가관세종합정보망 응용프로그램 운영 등

15) 2007.7.5. 한국관세협회는 정관변경을 통하여 명칭을 한국관세물류협회로 변경하였다.

16) 무역관련지식재산권보호협회(TIPA, Trade related IPR Protection Association)에 신고업무 등을 위탁하였다.

17) 제2조(정의)에서 “위임”이란 법률에 규정된 행정기관의 장의 권한 중 일부를 그 보조기관 또는 하급행정기관의 장이나 지방자치단체의 장에게 맡겨 그의 권한과 책임 아래 행사하도록 하는 것을 말하고, “위탁”이란 법률에 규정된 행정기관의 장의 권한 중 일부를 다른 행정기관의 장에게 맡겨 그의 권한과 책임 아래 행사하도록 하는 것을 말하며, “민간위탁”이란 법률에 규정된 행정기관의 사무 중 일부를 지방자치단체가 아닌 법인·단체 또는 그 기관이나 개인에게 맡겨 그의 명의로 그의 책임 아래 행사하도록 하는 것을 말한다고 규정되어 있다.

협회단체명	위탁근거	국가수탁사무
(재)한국원산지정보원	관세법 제233조의 2	원산지 정보수집 · 분석업무
(사)한국관세사회	관세사법 제26조	관세사 등록, 실무수습 실시 등

법 제257조는 우편물 검사에 관한 규정이며, 법 제258조는 우편물통관결정에 관한 규정이다. 법 제259조는 세관장의 통지에 관한 규정이며, 결정사항을 우체국장에게 통지하여야 한다는 내용이다.

법 제157조는 보세구역에 물품의 반입 · 반출에 관한 규정이며 반입 · 반출시에는 세관장에게 신고하여야 한다는 내용이다.

법 제158조 제2항은 보수작업에 관한 규정이며, 보수작업을 하고자 하는 자는 세관장의 승인을 얻어야 한다는 내용이다.

법 제159조 제2항은 해체 · 절단 등의 작업에 관한 규정이며, 해체 · 절단시에는 세관장의 허가를 받아야 한다는 내용이다.

법 제165조 제2항은 보세사의 자격에 관한 규정이며, 보세사로 근무하고자 하는 자는 보세구역을 관할하는 세관장에게 등록하여야 한다는 내용이다.

법 제209조는 통고에 관한 규정이며 장치기간 경과물품을 매각하고자 할 때에는 화주 등에 대하여 통고일로부터 1개월 이내에 해당 물품을 수출 · 수입 또는 반송할 것을 통고하여야 한다는 내용이다.

법 제213조 제2항은 보세운송신고에 관한 규정이며, 보세운송하고자 하는 자는 세관장에게 신고해야 한다는 내용이다. 제3항은 보세운송하고자 하는 물품을 검사할 수 있다는 내용이다.

법 제215조는 보세운송보고에 관한 규정이며, 보세운송 목적지에 도착한 때에는 세관장에게 보고하여야 한다는 내용이다.

법 제222조 제1항은 보세운송업자 등의 등록에 관한 규정이며, 제1호는 보세운송업자 등록에 관한 내용이다.

법 제246조 제1항은 물품의 검사에 관한 규정이며, 세관공무원은 수출 · 수입 또는 반송하고자 하는 물품에 대하여 검사할 수 있다는 내용이다.

법 제172조 제2항은 물품보관책임에 관한 규정이며, 지정장치장의 화물보관책임을 지는 화물관리인을 지정할 수 있다는 내용이다.

법 제174조 제1항은 특허보세구역의 설치 · 운영에 관한 특허규정이며, 특허보세구역의 설치 · 운영을 하고자 하는 자는 세관장에게 특허를 얻어야 한다는 내용이다.

법 제222조는 보세운송업자의 등록에 관한 내용이다.

대통령령에 법 또는 이 영 규정에 의한 신청서 기타 서식은 관세청장이 정한다. 예를 들면,

「수입통관 사무 처리에 관한 고시」에 수입신고서 서식, 보완요구서 서식 등을 규정하고 있다.

제5항은 2017.12.19. 법 개정시 추가된 항으로 공항·항만 검사 업무 효율화를 위하여 법 제265조의 일부 업무인 국내로 들어오는 물품·차량 검사에 대한 위탁근거를 마련하였다. 법 제265조는 세관공무원의 물품, 운송수단, 장치 장소 및 관계 장부·서류에 대한 검사 및 봉쇄조치 등에 대한 내용이다.

【대법원 2004.11.26, 2003두2403】 [1] 행정처분이 당연무효라고 하기 위하여는 처분에 위법사유가 있다는 것만으로는 부족하고 하자가 법규의 중요한 부분을 위반한 중대한 것으로서 객관적으로 명백한 것이어야 하며, 하자의 중대·명백 여부를 판별함에 있어서는 법규의 목적, 의미, 기능 등을 목적론적으로 고찰함과 동시에 구체적 사안 자체의 특수성에 관하여도 합리적으로 고찰함을 요한다. [2] 적법한 권한 위임 없이 세관출장소장에 의하여 행하여진 관세부과처분이 그 하자가 중대하기는 하지만 객관적으로 명백하다고 할 수 없어 당연무효는 아니다.

제330조【벌칙 적용에서 공무원 의제】 다음 각 호에 해당하는 사람은 형법 제127조 및 제129조부터 제132조까지의 규정을 적용할 때에는 공무원으로 본다.

1. 제208조 제4항에 따라 대행 업무에 종사하는 사람
2. 제233조의 2 제1항에 따른 한국원산지정보원의 업무에 종사하는 사람
3. (삭제)
4. 제322조 제5항에 따라 대행 업무(제116조 제5항에 따라 과세정보를 제공하는 경우를 포함한다)에 종사하는 사람
5. 제327조의 2 제1항에 따른 관세정보원의 임직원
6. 제327조의 3 제3항에 따른 전자문서중계사업자
7. 제329조 제3항부터 제5항까지의 규정에 따라 위탁받은 업무에 종사하는 사람
8. 다음 각 목의 위원회의 위원 중 공무원이 아닌 사람
   가. 제45조 제1항에 따른 관세체납정리위원회
   나. 제85조 제2항에 따른 관세품목분류위원회
   다. 제116조의 2 제2항에 따른 관세정보공개심의위원회
   라. 제118조의 4 제1항에 따른 납세자보호위원회
   마. (삭제)
   바. 제165조의 5에 따른 보세사징계위원회
   사. 제176조의 3 제1항에 따른 보세판매장 특허심사위원회
   아. 제176조의 4에 따른 보세판매장 제도운영위원회
   자. (삭제)
   차. 제284조의 2에 따른 관세범칙조사심의위원회

해 설

동 조항은 공무원의 의제규정이다. 공공기관 등의 임직원, 또는 행정기관으로부터 위탁받은 업무를 수행하는 법인이나 단체의 임직원과 개인 등이 업무와 관련하여 금품의 수수(授受) 등 불법행위를 한 경우에 이들을 공무원과 같이 다루어 처벌할 수 있도록 하는 것을 '벌칙 적용에서의 공무원 의제(擬制)'라고 한다. 이렇게 공무원이 아닌 자를 공무원으로 의제하여 처벌할 수 있도록 하는 것은 다루는 업무의 공공성이 크기 때문에 그 업무수행을 할 때 공정성과 책임성을 확보하기 위해서이다.

'벌칙 적용에서의 공무원 의제' 규정의 적용 대상으로는 기본적으로 행정기관으로부터 위탁받은 업무를 수행하는 법인 또는 단체의 임직원과 개인, 각종 위원회의 위원 등이 된다. 법인 중 공기업·준정부기관의 경우에는 「공공기관의 운영에 관한 법률」 제53조에서 그 임원과 직원 등에 대하여 '벌칙 적용에서의 공무원 의제' 규정을 일반화하고 있기 때문에 개별 법률에서 따로 규정할 필요는 없다. 지방공사와 지방공단의 경우에도 지방공기업법 제83조에서 임원과 간부 직원에 대하여 같은 취지의 규정을 두고 있으므로, 이 역시 따로 규정할 필요는 없다.

2017.12.19. 관세법 개정시 제8호를 신설하여 관세법상 각종 위원회 민간위원을 공무원의 제 대상으로 추가하여 공무원 의제 조항 적용 대상 확대하였다. 이는 민간위원의 공익성 제고를 위한 것이다. 2018.12.8. 관세법 개정시 신설된 '보세사징계위원회'와 '보세판매장 제도운영위원회'를 추가하였다.

공무원 의제 규정이 적용되는 벌칙을 형법상 공무원의 직무에 관한 죄인 뇌물죄에 한정할 것인지, 공무상 비밀침해죄도 포함할 것인지, 형법상 모든 공무원 범죄를 대상으로 할 것인지, 다른 법률에 의한 벌칙까지 확대할 것인지는 적용대상자의 책임의 정도와 업무의 성격에 따라 판단한다. 다만, 형법 외의 다른 법률의 적용에까지 '공무원 의제'를 확대하는 것은 적용 범위가 너무 넓어진다는 점에서 신중할 필요가 있다. '벌칙 적용에 있어서의 공무원 의제' 규정은 공무원이 아닌 사람을 공무원으로 보아 처벌을 강화하는 것이므로 법률로만 의제가 가능하다.

현재 본조 규정상 '공무원 의제'가 적용되는 형법벌칙 조항은 제127조 비밀누설, 제129조 수뢰, 제130조 제삼자뇌물제공, 제131조 수뢰 후 부정처사·사후수뢰, 제132조 알선수뢰 규정이 된다.

2019.12.31. 법 개정시 새로 구성된 '관세정보위원회', '납세자보호위원회', '관세범칙조사위원회' 위원에 대한 내용을 추가로 규정하였다.

[부 록]

관세법 변천 개요

2021년 관세법 용어 개정

부록 : 관세법 변천 개요

*『경제국경에서 한국경제와 함께한 30년』 자료 참고

일 자	구 분	주 요 골 자
1949.11.23. (법률 제67호)	신규 제정	관세의 부과·징수 및 수출입물품의 통관을 적정하게 하여 국민경제의 발전에 기여하고 관세수입의 확보를 기하려는 것임. ① 관세의 과세·징수·징수면제 기타 이의신청에 관한 사항을 정함. ② 보세구역을 지정보세구역과 특허보세구역으로 하여 지정보세구역의 종류를 통관역·통관비행장·통관우편국·통관장 및 세관 구내로 하고 특허보세구역의 종류를 보세장치장·보세창고 및 보세공장으로 함. ③ 보세운송·내국운송 및 수출·수입 또는 반송의 절차 등 운송 및 통관절차에 관하여 정함. ④ 세관화물취급인의 자격·허가·업무 등에 관하여 정함. ⑤ 세관장 등 세관관리가 이 법 또는 이 법에 의하여 발한 명령을 집행하기 위하여 필요한 조치를 할 수 있도록 함. ⑥ 관세법에 대한 조사와 처분에 관한 사항을 정함.
1951.12.6. (법률 제229호)	일부 개정 (제1차)	① 자선 또는 구제용 물품에 대하여는 면세함. ② 세관 구내의 물품장치기간 물품반입일부터 6월을 물품수용일부터 3월로 조정함. ③ 벌칙을 강화함. ④ 세관관리로 하여금 사법경찰관리의 직무를 행하게 함
1953.10.30. (법률 제296호)	일부 개정 (제2차)	현행 관세행정은 보호주의와 재정관세를 절충하고 있는바, 현행법상 외국의 원조물자 중 무상으로 분배하는 것은 면세토록 하고 유상으로 분배하는 물자에 대하여는 관세와 물품세를 징수해 왔으나 한미 합동경제위원회에서 현행법상 미비점으로 부각되고 있는 밀수법에 대한 벌칙규정이 경미하여 밀수방지정책에 막대한 지장을 초래하고 있으므로 이에 대한 대책으로 벌칙을 대폭 강화하여 밀수로 인한 국민경제의 침식을 최대한 방지하려는 것임. ① 항공기 및 항공기의 발착과 비행의 안전을 위하여 필요한 기계와 부분품과 선박(단, 등기부 톤수 100톤 이상에 한함)은 면세하도록 함. ② 국제연합 또는 외국정부로부터 원조할 목적으로 정부에 기증된 물품 중 지정한 것은 면세토록 함. ③ 면세한 물품을 타인에게 증여 또는 매각하거나 또는 지정한 용도에 사용할 것을 조건으로 면세한 물품을 그 조건 이외의 용도에 충당하였을 때에는 수입한 자로부터 관세를 징수하되 수입일부터 5년을 경

		과한 때에는 예외로 함. ④ 면세에 해당하는 물품으로서 재무부장관이 필요하다고 인정하는 것에 대하여는 그 물품을 수입할 때의 관세에 상당한 담보물을 제공 또는 공탁하게 할 수 있게 함. ⑤ 밀수물품을 운반 · 기장 · 수수 · 고매 또는 알선한 자는 2년 이하의 징역 또는 그 물품의 원가에 상당한 금액 이하의 벌금에 처하고 범인이 소유 또는 점유하는 그 물품을 몰수하도록 함. ⑥ 범인 이외의 자가 범죄 후 밀수품을 판매의 목적으로 취득한 경우 취득 당시의 선의가 인정되지 않으면 그 물품을 몰수하도록 함. ⑦ 세관관리의 질문에 대하여 답변을 하지 아니하거나 허위의 진술을 하거나 그 직무집행을 거부 또는 기피한 자는 처벌하도록 함. ⑧ 밀수품의 전부 또는 일부를 몰수할 수 없을 때에는 그 물품의 원가에 상당한 금액을 범인으로부터 추징토록 함.
1957.1.1. (법률 제429호)	일부 개정 (제3차)	① 면세물품의 범위를 조정함. ② 우편물의 관세는 도착일에 시행되는 법규에 의하여 부과함. ③ 자기 소유 재산의 반출입 등에 관한 사항을 대통령령으로 정하도록 함. ④ 몰수물품 등이 국내산업을 저해하거나 국민생활에 요긴한 것이 아닌 경우에는 재수출을 조건으로 매각할 수 있게 함. ⑤ 관세임시중징법을 폐지함.
1957.1.14. (법률 제431호)	일부 개정 (제4차)	관세법을 세관관서에 통보하거나 검거한 자 등에 대한 상여금의 지급액을 조정하려는 것임.
1958.12.29. (법률 제510호)	일부 개정 (제5차)	도입 농산물의 세율을 인상하는 한편, 현재는 국내생산이 되지 않으나 장차 생산이 예견되는 물품 및 반제품에 대한 세율을 인하하는 등 일부 물품에 대한 세율을 조정하려는 것임.
1961.4.10. (법률 제600호)	일부 개정 (제6차)	① 수입면허된 물품의 품질 · 규격등의 상위로 인하여 반송하는 경우의 관세반려에 관한 규정을 신설함. ② 면세물품의 범위를 조정함. ③ 국제연합군 등이 국제연합군 또는 동 관리기관을 통하여 반입한 물품 등을 국내에서 타인에게 양도할 때에는 정부의 허가를 요하도록 함. ④ 수출입금지물품의 범위를 조정함. ⑤ 세관관리의 무기사용의 한계를 조정함. ⑥ 벌칙을 조정함.
1961.7.14. (법률 제658호)	일부 개정 (제7차)	관세법에 대한 정보제공자나 관세법을 검거한 자에게 지급하는 상여금은 당해사건으로 수입되는 벌금 · 추징금 및 몰수품 매각대금 등이 있을

		때에 한하여 그 총액의 100분의 50을 지급하고 수입금이 없을 때에는 재무부장관이 정하는 율에 의하도록 되어 있는 것을 국고수입에 관계없이 일정률의 상여금을 지급하려는 것임.
1961.7.29. (법률 제664호)	일부 개정 (제8차)	① 면세물품의 범위를 조정함. ② 가공무역의 진흥을 위하여 보세공장 외에서의 보세작업을 허가할 수 있게 함.
1961.12.31. (법률 제932호)	일부 개정 (제9차)	① 종가세대상물품에 대한 부과방법규정을 보완함. ② 면세물품의 범위를 확대함. ③ 세관 구내의 물품장치기간을 단축함.
1962.7.14. (법률 제1106호)	일부 개정 (제10차)	외국으로부터 수입하는 물품의 보세장치기간 2월은 너무 단기간이므로 물자도입 의욕을 감퇴시켜 현재 외자자금의 소화 부진을 초래하고 있으므로 이를 4월로 연장하려는 것임.
1963.12.5. (법률 제1461호)	일부 개정 (제11차)	① 납세의무자의 범위를 조정함. ② 과세기준이 되는 물품의 성질・수량・가격의 결정시기를 조정함. ③ 종가세대상물품의 과세가격의 결정방법을 조정함. ④ 부당염매된 수입물품에 대한 가산세제를 신설함. ⑤ 우리나라의 수출물품 등에 대하여 불이익한 취급을 하는 나라로부터의 수입물품에 대한 가산세제를 신설함. ⑥ 은행지급보증을 관세 등의 담보로 제공할 수 있게 함. ⑦ 면세물품의 범위를 조정함. ⑧ 외화획득에 기여하는 수입물품에 대한 관세의 면제 및 환부에 관한 규정을 보완함. ⑨ 가공・수리를 위하여 수출한 물품의 수입에 대한 면세규정을 신설함. ⑩ 관세소원위원회를 신설함. ⑪ 세관 구내와 보세장치장의 물품장치기간을 단축함. ⑫ 특허보세구역에 공무원을 파견하여 세관사무의 일부를 처리하게 함. ⑬ 특허보세구역 설치・운영자의 결격사유를 보완함. ⑭ 국제연합군 등이 국제연합군 또는 동 관리기관을 통하여 반입한 물품 등을 외국물품으로 간주함. ⑮ 세관송품장에 관한 규정을 신설함. ⑯ 보세운송의 요건을 조정함. ⑰ 자기명의로 통관절차를 하려는 화주 등은 세관장의 허가를 받도록 함. ⑱ 세관화물취급인의 자격요건을 신설함. ⑲ 법인인 세관화물취급인의 자격제한에 관한 규정을 신설함. ⑳ 벌칙을 보완함.

		㉑ 상여금의 지급액을 조정함. ㉒ 상여금지급심사위원회를 신설함.
1963.12.13. (법률 제1488호)	일부 개정 (제12차)	수출입되는 관세물품 중 과세가격을 결정할 수 없는 물품 또는 대통령령으로 정하는 특정물품에 대하여는 동종 또는 유사한 물품의 국내도매가격에서 과징금 및 정상비용을 공제한 금액을 과세가격으로 하려는 것임.
1964.12.31. (법률 제1680호)	일부 개정 (제13차)	증권거래소에 상장되고 있는 증권을 관세 등의 담보로 제공할 수 있게 하려는 것임.
1965.3.19. (법률 제1688호)	일부 개정 (제14차)	① 외화획득의 촉진을 위한 사전면세 및 관세환급의 절차를 간소화함. ② 대치면세제를 신설함.
1967.11.29. (법률 제1976호)	전문 개정 (제15차)	① 무역의 자유화에 따라 국내산업의 보호육성과 관세 수입의 확보를 위하여 관세율을 재조정하는 동시에 급격히 변동하는 경제여건에 따라 관세의 탄력적 운영을 기할 수 있도록 긴급관세·상계관세·편익관세·제한적 관세 수권제도 및 관세할당제도를 신설하고 그 운영의 적정을 위하여 재무부에 관세심의위원회를 두도록 함. ② 새로 건설될 중요산업의 설비품에 대하여는 종래의 면세 위주의 지원책을 지양하여 일정기간 관세의 징수를 유예하고 산업건설이 완료된 후에 관세를 징수하는 관세유예제도를 신설함. ③ 지방자치단체에 기증된 물품과 소액의 증여품에 대한 관세를 면제하여 대중의 세부담을 경감하였으며 간이세율제도를 신설하여 여행자의 휴대품과 우편물의 통관사무를 일층 간소화함. ④ 보세건설장제도를 신설하여 주로 외국차관 또는 외자도입에 의하여 새로 건설될 발전, 제철, 석유화학 등 플랜트공사를 보세상태하에서 건설할 수 있게 하였으며, 보세전시장제도를 신설하여 우리나라에서 개최될 국제박람회, 전시회를 보세상태하에 운영할 수 있게 하여 국제교역과 문화교류의 원활에 기여하게 함. ⑤ 무역행정의 일원화를 위하여 이와 상치된 재산반출입규정을 관세법에서 삭제하고, 무역거래법에 의하여 처리하도록 하며 체화물자의 처분을 위한 규정을 정비함. ⑥ 밀수단속과 관세행정의 원활을 위하여 밀수범·질서범의 벌칙규정을 정비강화하고 밀수적발상여금의 한도를 인상함. ⑦ 통관, 운수기관, 보세구역 등 관세법의 제규정을 전면적으로 정돈함. ⑧ 장치기간경과물품처리법을 폐지함.
1968.12.31. (법률 제2062호)	일부 개정 (제16차)	면양사육과 원모생산의 증대를 촉진하기 위한 유축농업의 효율적인 보호육성을 위하여 원모류에 대한 현행 물품세율을 인하하는 반면 현행

		관세율을 물품세율 인하부분만큼 인상조정함으로써 농민의 소득을 증대하는 데 기여함과 동시에 세수확보에 차질이 없도록 하려는 것임.
1970.1.1. (법률 제2162호)	일부 개정 (제17차)	납세의무자로부터 관세에 충당하기 용이한 담보물의 종류를 확대시킴으로써 수출입물품의 통관업무를 원활하게 하고 납세의무자의 간편은 물론 수출진흥과 보험업계의 육성으로 국민경제의 발전을 기하려는 것으로, 납세보증보험증권을 담보물로 제공할 수 있게 하려는 것임.
1972.12.30. (법률 제2423호)	일부 개정 (제18차)	① 자진납세제도를 신설함. ② 관세의 부과 및 징수제도를 개선함. ③ 수출용 원자재의 사전감면과 환급제도를 개선함. ④ 보세화물의 관리제도를 개선함. ⑤ 통관절차를 간소화함. ⑥ 벌칙을 강화함.
1973.2.5. (법률 제2469호)	일부 개정 (제19차)	국내산업의 급격한 발전에 따라 발생된 세율 불균형을 시정하고 제3차 경제개발 5개년계획의 효과적인 추진을 위하여 관세율을 재조정하려는 것임.
1975.12.21. (법률 제2697호)	일부 개정 (제20차)	근거리무역 위주의 수입구조를 개선하고 원거리무역의 촉진을 통한 무역구조의 다변화를 기하기 위하여 현행 도착지주의의 과세가격제도를 발송지가격주의로 개정하고 재무부령 및 대통령령에 위임하고 있는 면세규정을 입법화하며, 면세된 수입품이 이유 없이 방치되었을 때에는 감면된 관세를 징수하도록 하여 국고수입의 확보를 도모하려는 것임. ① 과세가격을 대통령령이 정하는 경우에는 수출국에서의 본선인도가격에 재무부령으로 정하는 일정률을 가산한 가격으로 할 수 있도록 함. ② 세관장은 일정한 경우에는 일반송품장에 갈음하여 세관송품장을 제출하게 할 수 있도록 함. ③ 중요산업 · 제조용 원료품 · 인정용도감면세에 관한 규정은 조정함. ④ 관세범통보자나 검거자에 대한 상여금제도를 포상제도로 전환함.
1975.12.22. (법률 제2793호)	일부 개정 (제21차)	관세행정의 국제표준화를 위하여 국제기구의 관세협약내용을 반영하며, 관세감면제도와 분할납부제도의 탄력적 운영을 도모하고 조세채권 확보와 공정거래 보호를 위하여 납세의무자에 관한 규정을 보완함과 아울러 관련법규의 통폐합에 따른 관계규정을 정비하려는 것임. ① 보세건설장 반입물품에 대하여 수입 면허 시에 시행되는 법령을 적용함. ② 법인(상장법인 제외)의 제2차납세의무자로 무한책임 사원 및 과점주주 등을 규정하고, 감면세물품의 경우 점유자로부터의 관세추징을

		배제함. ③ 간이세율을 대통령령으로 조정하게 함. ④ 과세가격의 개념을 관세협력이사회의 평가정의와 일치되도록 함. ⑤ 관세납기를 정함. ⑥ 관세담보물의 종류에 신용보증기금법에 의한 신용보증을 추가함. ⑦ 중요산업 감면제도를 탄력적으로 운용할 수 있게 함. ⑧ 제품용 원료품에 대한 감면대상에 방위산업제품을 추가함. ⑨ 교육용품에 대한 면세범위를 확대함. ⑩ 통관업자제도를 관세사제도로 전환함. ⑪ 관세심의위원회를 폐지하고 그 기능을 조세제도심의위원회에 이관함. ⑫ 관세법 및 특정외래품판매금지법에 의한 몰수품 및 국고귀속물품에 관한 임시조치법을 폐지하고 그 내용을 관세법에 흡수함.
1976.12.22. (법률 제2928호)	일부 개정 (제22차)	국제경제 여건의 변동과 국내산업의 급속한 발전에 따라 초래된 세율 간의 불균형을 시정하고 제4차 경제개발계획의 효율적인 추진을 지원하기 위하여 1973년에 책정된 현행 관세율을 전면조정하는 한편, 가산세의 징수근거를 마련하고 관세감면제도 및 분할납부제도를 확충하며 납세자의 권익보장을 위하여 행정구제절차를 국세기본법에 의한 내국세심사청구의 경우와 조화시키고 기타 현행법의 미비점을 보완하려는 것임. ① 세율 간의 불균형을 시정하고, 1973년에 책정한 세율을 전면조정함. ② 가트(GATT) 등에 대한 양허품목의 일부를 철회하는 경우에는 협약상의 철회발효일부터 관세법 별표 세율로 환원함. ③ 관세의 납부기한을 고지일부터 20일로 명시하고 가산세의 징수근거를 신설함. ④ 관세감면대상범위를 조정함. ⑤ 관세분할납부 허용대상범위를 확대함. ⑥ 이의신청 및 소원제도를 개선함. ⑦ 관세사제도의 미비점을 보완함. ⑧ 벌칙을 강화함.
1978.12.5. (법률 제3109호)	일부 개정 (제23차)	수입자유화시책에 부응하고 산업구조의 고도화를 촉진하며, 생활필수품의 물가안정을 기하기 위하여 관세율을 조정하는 한편, 수출입규모의 확대에 대처할 수 있는 새로운 통관체제를 확립하고 관세행정의 국제화를 도모하기 위하여 관세제도를 개선하려는 것임. ① 중화학공업용 원재료, 생활필수품 기타 정부의 중점 시책지원에 필요한 물품에 대한 관세율을 인화함. ② 관세법의 해석기준과 소급과세금지조항을 신설함. ③ 세율표의 잠정세율을 대통령령으로 조정할 수 있도록 함.

		④ 과세가격의 평가방법을 가트(GATT) 등의 기준에 합치되도록 조정함. ⑤ 부당염매방지관세 및 상계관세제도의 발동요건·절차를 국제적 표준과 일치되도록 함. ⑥ 물가평형관세제도를 신설함. ⑦ 지정세관통관관리제도를 신설함.
1981.4.13. (법률 제3441호)	일부 개정 (인허가등의 정비를위한 행정서사법등)	관세사업무를 하고자 하는 자는 등록하게 하고 이를 3년마다 갱신하게 하던 것을 대통령령이 정하는 바에 의하여 갱신할 수 있도록 하되 갱신기간을 적어도 3년 이상으로 하려는 것임.
1981.12.31. (법률 제3478호)	일부 개정 (제24차)	내외경제상황의 변화에 능동적으로 대처하고 제5차 경제사회발전계획 수행에 필요한 재정수요를 조달하며 정부의 중점시책사업을 효율적으로 지원하기 위하여 관세율을 조정하는 한편, 대외경쟁력이 확립된 일부산업 등에 대한 지원을 점진적으로 축소하고 자원확보 및 기술발전을 위한 지원을 확대하여 경제발전에 따른 산업에 대한 지원의 균형을 도모하며, 수출입규모의 확대에 대처하여 국제관세규범을 국내법에 수용하고 통관관리체제를 효율화하여 관세상의 성장·발전저해요인을 제거하려는 것임. ① 보호관세율을 인하하는 등 관세율을 조정함. ② 국제경쟁력을 확립한 산업에 대한 관세지원을 축소하는 등 관세지원제도를 조정함. ③ 관세청장은 보세구역에 장치한 물품을 효율적으로 관리하기 위하여 필요하다고 인정하는 경우에는 당해 구역의 관리인 또는 경영인의 신청에 의하여 지정보세구역 또는 특허보세구역 중에서 보세구역을 지정할 수 있게 하고, 이들 구역에 장치한 물품에 대하여는 법에 의한 절차의 전부 또는 일부를 생각할 수 있게 함. ④ 간이보세운송제를 신설하여 관세청장은 물품의 성상과 보세운송업자 이 신용도를 감안하여 신고절차·검사를 간이하게 하거나 담보의 제공을 생략하게 할 수 있게 함. ⑤ 관세행정에 일반직공무원으로 20년 이상 종사한 자가 대통령령이 정하는 특별전형에 합격한 경우에는 관세사의 자격을 인정함.
1981.12.31. (법률 제3492호)	일부 개정 (사법경찰관리의직무를행할자와그직무범위에관한법률중개정법률)	세관공무원은 관세법에 대하여 사법경찰관리의 직무를 행할 수 있도록 하려는 것임.

1983.12.29. (법률 제3666호)	일부 개정 (제25차)	대내외 경제여건 변화에 능동적으로 대처하고 국내산업의 경쟁력 향상 및 이에 따른 수출의 지속적인 증대를 통한 경제의 안정성장을 효율적으로 뒷받침하기 위하여 관세율을 경쟁촉진적 체계로 개편하고, 관세지원제도에 있어서도 경쟁원리에 의한 시장경제의 창달을 위하여 특정산업이나 특정업종에 대한 차등지원제도를 폐지함으로써 정부지원의 균등과 최소화로 기업의 자력성장기반을 마련하고, 국제관세협약의 수용을 통한 통관관리제도의 국제화 및 효율화를 기함으로써 무역규모의 증대에 대처하고 국민편의 위주의 관세행정을 이룩하려는 것임. ① 국내산업의 가격경쟁력을 높이기 위하여 기초원료의 관세율을 인하함. ② 산업 간 · 품목 간 공정경쟁기반을 조성하기 위하여 고율체계에 의한 과보호 및 차등세율체계에 의한 세율 격차를 축소함. ③ 기타 물품에 대하여는 적정관세율을 설정함. ④ 시설재에 대한 관세의 감면을 기술개발 주도산업인 기계공업(일반기계제조업 및 기계부분품제조업) 및 전자공업에 한정하고 기타산업에 대하여는 감면지원을 폐지함. ⑤ 원료품에 대한 감면은 외항선박 및 외항항공기의 원료품에 한정함. ⑥ 과학기술연구용 계측기기 및 조정기기에 대하여 관세를 감면지원함. ⑦ 관세지원대상에서 제외되는 제철제강업 · 조선업 및 자동차제조업 · 석유정제업 · 광업 · 발전업 · 송전업 · 선박 · 농약에 대하여는 1985년까지 한시적으로 감면지원할 수 있도록 함. ⑧ 새로이 수입이 자유화된 품목으로서 수입의 급증을 억제할 필요가 있는 품목에 대하여는 대통령령으로 세율을 인상적용할 수 있는 조정관세제도를 신설함. ⑨ 통상적인 거래가격을 기준으로 관세를 부과하던 것을 국제협정에 맞추어 실제로 지급한 가격을 기준으로 관세를 부과하도록 신평가제도를 도입함. ⑩ 관세의 징수절차를 내국세와 일치되도록 함. ⑪ 통관절차를 간소화함. ⑫ 관세사가 업무상 알게 된 비밀을 누설하는 경우 처벌하도록 함.
1984.8.7. (법률 제3746호)	일부 개정 (국세기본법 중개정법률)	국세기본법에서 세관장이 징수하는 내국세에 대하여는 관세법에서 특례규정을 둘 수 있도록 함에 따라 관세법의 관계조문을 이에 맞추려는 것임.
1984.12.15. (법률 제3754호)	일부 개정 (행정소송법 개정법률중)	행정소송법이 개정됨에 따라 이를 인용하고 있는 관세법의 관계조문을 정비하려는 것임.
1984.12.15.	일부 개정	소원법을 폐지하고 행정심판법을 제정하여 대체함에 따라 이를 인용하

(법률 제3755호)	(행정심판법)	고 있는 관세법의 관계조문을 정비하려는 것임.
1987.12.4. (법률 제3981호)	일부 개정 (제26차)	범세계적으로 상품분류체계를 통일하기 위한 통일상품명 및 부호체계에 관한국제협약이 1988년 1월 1일부터 발효될 예정으로 있어 이에 맞추어 동 협약의 국내시행에 대비하여 관세율표의 상품분류체계를 현행 관세율표상물품의 분류를 위한 품목분류에 관한 협약에 의한 상품분류체계(CCCN)에서 동 협약에 의한 상품분류체계(HS)로 전환함으로써 앞으로 수출입정책 등 제반 경제정책을 보다 효율적으로 운용할 수 있도록 하려는 것임.
1988.12.26. (법률 제4027호)	일부 개정 (제27차)	관세율을 전면적으로 인하하여 원료 및 공산품의 중심세율을 현행 20퍼센트에서 1993년까지는 선진국 수준인 8퍼센트까지 단계적으로 인하하는 동시에 산업 간 · 물품 간의 세율격차를 축소하고, 국내산업의 세율개편에 따른 충격을 방지하며 이에 대비할 수 있도록 장래의 세율을 사전예시하고, 기타 통관 및 관세부과 · 징수절차 등을 개선하려는 것임.
1990.12.31. (법률 제4286호)	일부 개정 (제28차)	방위세의 폐지에 따른 세수를 일부 보전하고, 제조업의 국제경쟁력 강화를 위하여 관세지원제도를 보강하며, 수출입물량의 증대에 부응하여 수출입통관절차를 간소화하는 한편, 경제의 개방화 · 국제화에 대비할 수 있도록 관세제도를 개편하려는 것임. ① 수출입물량의 증대에 부응하여 수출입통관제도를 간소화함. ② 수입자유화에 따른 국내 농 · 임 · 축 · 수산업을 보호하기 위하여 농 · 임 · 축 · 수산물 수입시 국내외 가격차에 상당하는 율을 가산하여 관세를 부과할 수 있도록 함. ③ 제조업의 국제경쟁력 강화를 위하여 관세지원제도를 정비 · 보강함. ④ 보세화물관리의 적정을 기하기 위하여 보세제도를 보완함. ⑤ 수출입신고 등을 전산처리설비를 이용하여 처리할 수 있도록 하고 그 신고 또는 통지 등은 전산처리설비에 갖추어진 파일에 등록되었을 때 세관 또는 수출입업자에게 접수된 것으로 보며, 통지 등이 등록된 후 통상적으로 출력에 소요되는 시간이 경과되었을 때 당해 통지 등이 송달된 것으로 보도록 함. ⑥ 전산처리설비를 이용하는 경우에는 관계서류의 제출을 생략하게 하거나 간이하게 할 수 있도록 함. ⑦ 관세법에 대한 벌칙을 현실화하되, 경미한 범칙에 대하여는 과태료를 부과하도록 하고 그 부과 및 징수절차를 정함.
1991.3.8. (법률 제4351호)	일부 개정 (음반및비디오물에관한법률)	「음반및비디오물에관한법률」이 제정됨에 따라 관련사항을 정비하려는 것임. 제215조 중 제181조 부분은 헌법재판소의 위헌결정(1997.5.29)으로 효력

	위헌법률조항	상실[1993.12.31. 법률 제4674호 관세법중개정법률에 의하여 정리]
1993.12.31. (법률 제4674호)	일부 개정 (제29차)	수출입통관제도를 대폭 간소화하여 기업의 물류비용을 절감하고, 탄력관세제도를 개선하여 저가물품의 불공정한 수입으로 인한 국내산업 피해를 신속히 구제하도록 하며, 납세관련제도를 납세자 편의 위주로 개선하려는 것임. ① 화물의 흐름을 신속하게 하기 위하여 수출물품의 제조 이전에도 수출신고를 할 수 있도록 하고, 수출물품이 제조된 장소에서 곧바로 수출신고가 가능하도록 하며, 선박 또는 항공기가 입항하기 전에도 미리 수입예정신고를 할 수 있도록 함. ② 납세의무자의 편의를 제고하기 위하여 납세의무자가 편리한 시점과 장소에서 관세를 납부할 수 있도록 하고, 납부하기 전에도 일정한 납세담보만 제공하면 수입면허를 받을 수 있는 사후납부제도를 도입함. ③ 시장개방의 확대에 대비하여 탄력관세부과의 상한선을 국내외가격차의 범위까지 확대하고 덤핑방지관세 등 탄력관세의 부과대상 및 세율 등을 재무부령으로 정하도록 함. ④ 특정산업에 대한 감면을 점진적으로 축소하는 반면, 공장자동화기계의 핵심부품에 대한 감면제도를 신설하고, 관세감면물품에 대한 사후관리기간을 5년에서 3년으로 단축함. ⑤ 수출·입화물의 불법유통을 방지하기 위하여 통관 후 위법사실이 발견된 물품을 보세구역에 반입시킬 수 있도록 하고, 지적재산권 침해 물품의 통과단계에서 세관이 단속할 수 있도록 함.
1994.3.24. (법률 제4743호)	일부 개정 (농어촌특별세법)	농어촌특별세법이 제정됨에 따라 관련사항을 정비하려는 것임.
1994.12.22. (법률 제4813호)	일부 개정 (제30차)	농림축산물의 시장개방에 대비하여 관세법의 관련규정을 정비하고, 1993년 12월에 개정된 국세기본법의 규정과 관련된 규정에 대하여 개정취지를 반영하려는 것임. ① 국제기구와의 관세협상에서 기본세율보다 높게 양허한 농림축산물의 경우 당해 양허세율을 기본세율보다 우선 적용하도록 하여 국내외 가격차가 큰 농림축산물의 수입급증을 사전에 방지함. ② 국제기구와의 관세협상에서 양허한 농림축산물의 수입물량이 급증하거나 국제가격이 하락하는 경우에는 당초 양허한 세율을 초과하여 관세를 부과할 수 있도록 하여 저가 농림축산물의 일시적 수입급증으로 인한 국내 농가의 피해를 예방함. ③ 심사청구 및 행정소송의 제기기간을 하급심 결정이 지연된 기간만큼 연장하도록 하여 국민의 권리구제 기회를 확대함. ④ 천재·지변 등의 사유로 심사청구를 법정 기간 내에 할 수 없는 경

<table>
<tr><td></td><td></td><td>우에는 그 사유가 소멸된 날부터 14일 이내에 청구할 수 있도록 하여 부득이한 사유로 심사청구를 하지 못하는 사례를 예방함.</td></tr>
<tr><td>1995.12.6.
(법률 제4982호)</td><td>일부 개정
(제31차)</td><td>통관절차로 인한 물류에의 부담이나 장애를 최소화하여 기업의 물류비용을 절감하고, 행정규제를 완화하여 수출입자의 편의를 도모하는 한편, 국제규범이나 국제관행에 맞게 관세제도를 개편함으로써 관세행정의 선진화를 도모하려는 것임.
① 물류촉진을 위하여 수출입통관제도를 다음과 같이 개선함.
• 물품을 수출하고자 하는 자는 수출입신고를 하도록 하고 세관장은 신고가 적정하게 이루어진 경우에는 지체 없이 신고를 수리하여 물품이 반출될 수 있도록 함.
• 보세구역에 물품이 반입되기 전에도 수입신고하여 신고가 수리되면 물품을 보세구역에 반입하지 아니하고 부두에서 직접 반출할 수 있도록 하여 화물의 흐름을 촉진함.
• 물품반출 후 관세를 납부하게 하여 수입절차와 납세절차를 분리시킴으로써 신속한 통관과 납세자의 편의를 도모함.
② 수출입자 편의중심의 관세행정을 확립하기 위하여 보세제도 및 감면제도를 다음과 같이 개선함.
• 보세구역반입 및 보세운송을 하고자 할 때에는 면허를 받도록 하던 것을 신고만 하도록 하고 보세운송 발송보고를 생략하여 보세제도와 관련된 규제를 완화함.
• 수출, 수입이 반복되며 대부분 재수출면세를 받는 컨테이너의 관세율을 무세로 하여 면세에 따른 사후 관리절차를 폐지함.
• 외국영해에서 채포한 수산물 및 합작어획물 등을 감면대상으로 하고, 감면물품을 계열 중소기업에 임대하는 경우에도 감면승계를 허용하는 등 감면절차를 간소화하고 기업의 대외경쟁력 향상을 지원함.
③ 관세법령을 국제규범에 일치시키기 위하여 국내산업피해 구제제도 등을 다음과 같이 보완함.
• 덤핑방지관세부과대상을 수출자 및 수출국으로 하던 것을 생산자 및 생산국도 포함한 개념인 공급자 또는 공급국으로 하여 우회덤핑 수입을 방지하는 등 국내 관련법규를 세계무역기구 덤핑방지관세 협약과 일치시킴.
• 긴급관세의 부과수준, 잠정긴급관세의 부과·중단 및 환급등에 관한 사항을 신설하여 긴급관세규정을 보완함.
• 컴퓨터 소프트웨어에 대한 관세율을 무세로 하여 소프트웨어에 관세를 부과하지 아니하는 국제관행과 일치시킴.
④ 관세사 관련조항을 분리하여 별도의 관세사법을 제정함으로써 관세사의 책임과 사명감을 고취시키고 원활한 관세사제도의 운용을 도모함.</td></tr>
</table>

1996.12.30. (법률 제5194호)	일부 개정 (제32차)	수출입자 중심의 관세제도를 지향하여 납세자의 편의를 증진하고 관세시효제도를 개선하며, 세계무역환경에 적극적으로 대처하기 위하여 개발도상국과의 경제협력지원을 강화하고, 조세형평성의 확립을 위하여 관세범처벌제도를 개편함으로써 관세행정을 선진화하려는 것임. ① 종전에 납세자가 납부한 세액이 부족한 경우에는 납세자의 수정신고 또는 세관장의 경정으로 대처할 수 있었으나, 납세자가 관세등을 과다하게 납부한 경우에는 이를 환급받는데 미흡한 점이 있었으므로 납세자가 경정청구를 할 수 있도록 함. ② 종전에는 관세징수권의 소멸시효만 규정되어 있었으나, 관세징수권은 관세부과권에 의한 조세채권의 확정을 전제로 하는 것이므로 국세기본법의 예에 따라 관세부과의 제척기간을 2년 또는 5년으로 새로이 규정하고, 종전에 2년 또는 5년으로 되어 있던 관세징수권의 소멸시효를 5년으로 연장함. ③ 국제무역질서의 확립에 긴요한 원산지표시제도를 운영하는 데 있어 원산지표시가 법령에서 정한 기준과 방법에 부합되지 아니한 경우에도 당해 물품의 통관을 보류하도록 하고, 우리나라의 항구 또는 영해에서 환적 또는 이적되는 외국물품 중 허위로 우리나라를 원산지로 표기하였거나 위조상표 등을 붙인 경우에는 당해 물품을 유치할 수 있도록 함. ④ 국제경제무대에서 우리나라의 지위가 신장됨에 따라 이에 상응하는 역할을 수행하고 적극적인 관세협력을 통한 개발도상국과의 무역증진을 도모하기 위하여 개발도상국에 대한 관세상 우대조치인 일반특혜관세(GSP)제도의 도입근거를 신설하되, 대상국가 · 물품 · 세율 · 적용기간 및 시행시기 등은 대통령령으로 정하도록 함. ⑤ 여행자가 신고하지 아니한 물품을 관세공무원이 적발하여 과세하는 경우 가산세를 부과함으로써 성실한 신고를 유도함. ⑥ 현행 2.5퍼센트인 선박관세율을 성격이 유사한 항공기관세율과 같이 무세로 함.
1997.8.28. (법률 제5374호)	일부 개정 (여신전문 금융업법)	여신전문금융업법이 제정됨에 따라 관련사항을 정비하려는 것임.
1997.12.13. (법률 제5419호)	일부 개정 (제33차)	기초원자재등에 대한 관세부담을 완화하여 산업의 경쟁력 강화를 도모하고 구조조정과정에서 어려움을 겪고 있는 일부 산업의 원만한 구조조정을 지원하는 한편, 관세제도와 관련된 규제완화 등을 통하여 수출입업체의 편의를 증진하려는 것임. ① 품목분류를 변경한 때에는 30일간의 적용유예기간을 설정하여 수입자가 관세율의 변경에 따라 예기하지 못한 피해를 받지 아니하도록

		함(제7조의 2). ② 심사청구를 할 수 있는 자에 납세의무자 등뿐만 아니라, 제2차 납세의무자 등 이해관계인도 포함시킴(제38조). ③ 선(기)용품을 항구에 하역한 후 다시 적재하는 데 따른 불편을 해소하기 위하여 바로 다른 선박이나 항공기에 이적할 수 있도록 함(제51조). ④ 수출신고가 수리된 물품을 의무적으로 보세구역에 반입하도록 하던 것을 앞으로는 보세구역에 반입하지 아니하고 바로 선(기)적 할 수 있도록 하여 수출통관절차를 간소화함(제66조). ⑤ 1997년 12월 31일까지 한시적으로 적용되는 첨단산업용품에 대한 관세감면을 3년간 연장시행함으로써 국내산업의 국제경쟁력 강화를 지원함(법 부칙 제3조). ⑥ 우리나라에서 생산되지 아니하는 천연고무 등 66개 기초원자재와 메탄올 등 중간재의 관세율을 각각 1~3퍼센트 포인트 인하하여 산업의 경쟁력 강화를 도모하고, 구조조정과정에서 어려움을 겪고 있는 의류 · 신발 등 69개 품목의 관세율을 주요 경쟁국의 관세율 수준을 감안하여 소폭 인상함으로써 구조조정을 지원하며, 장기간 탄력관세가 적용되고 있는 원목 등 36개 품목의 관세율을 탄력관세율 수준으로 조정함(법 별표 관세율표).
1997.12.13. (법률 제5453호)	일부 개정 (행정절차법의시행에따른공인회계사법등의정비에관한법률중)	행정절차법이 1998년 1월 1일부터 시행됨에 따라 행정절차법과 개별 법률에 중복규정되어 있는 행정절차관련규정을 삭제하고, 개별 법률의 다양한 의견청취유형을 행정절차법에 맞도록 정비하며, 일정한 원칙과 기준에 따라 청문을 실시하는 처분을 명확히 개별 법률에 규정함으로써 행정절차법 운영의 실효성을 확보하려는 것임. ① 개별 법률에 의견제출 · 청문의 대상으로 다양하게 규정되어 있는 불이익처분 중 당사자의 재산권 · 자격 또는 지위를 직접 박탈하는 허가 · 인가 · 면허 등의 취소처분과 법인 · 조합 등의 설립인가 취소 또는 해산을 명하는 중대한 불이익처분의 경우에는 엄격한 처분절차인 청문을 실시하도록 함. ② 공사채등록법 · 관세법 등과 같이 당사자에게 중대한 불이익을 주는 인가 및 특허 등의 취소처분을 규정하고 있으나 청문에 관한 근거가 없는 경우에는 당해 처분의 성질에 맞게 청문실시의 근거를 신설함. ③ 의견진술 · 공청 등 행정절차법의 불이익처분절차에 맞지 아니하는 개별 법률상의 용어를 행정절차법에 적합하도록 정비하여 법 적용상의 혼란을 해소함.
1998.12.28. (법률 제5583호)	일부 개정 (제34차)	외국인투자유치를 원활히 하기 위하여 종합보세구역제도를 도입하는 등 보세제도를 개선하고, 기업의 생산성 향상을 도모하기 위하여 물품의

		즉시반출제도를 신설하는 등 수출입통관절차상의 편의를 증진하며, 기타 현행 제도의 운영상 나타난 일부 미비점을 개선·보완하려는 것임. ① 납세의무자가 신고납부한 세액이 납부하여야 할 세액에 미달하게 납부된 경우에는 그 부족세액으로 징수함과 아울러 가산세도 징수하여야 하는바, 이 경우의 가산세를 부족세액의 100분의 10에서 100분의 20으로 상향조정하여 납세자의 성실신고를 유도함(제17조의 4 및 제137조 제5항). ② 보세구역 안에서만 허용하던 보수작업을 보세구역 밖에서도 할 수 있도록 하고, 보세장치장에 반입된 물품의 장치기간을 6월의 범위 내에서 관세청장이 정하는 기간으로 하던 것을 1년의 범위 내에서 정하도록 하며, 보세공장에 반입된 물품의 장치기간을 1년에서 보세공장 설영의 특허기간으로 하는 등 보세구역 이용자의 편의를 증진할 수 있도록 함(제69조, 제91조 및 제99조). ③ 일정한 지역을 보세구역으로 지정하여 동 지역 입주 업체로 하여금 외국물품상태에서 물품을 제조·보관·판매·전시 등을 할 수 있도록 하는 종합보세구역제도를 도입하고, 내수용 보세공장의 업종제한을 완화하는 등 외국인의 투자유치에 편의를 제공하도록 함(제98조 제3항 및 제116조의 3 내지 제116조의 11). ④ 물품의 품명, 규격 등 간단한 사항만을 신고하고 물품을 반출·사용한 후 수입신고하는 즉시반출제도를 신설하여 통관상의 편의를 증진함(제143조의 2). ⑤ 단순한 보고불이행동의 경우 벌칙으로 처벌하던 것을 과태료로 전환하고 관세포탈죄의 경우 당해 물품을 몰수하던 것을 이에 대하여도 과세를 하도록 함으로써 국민의 부담을 경감함(제148조·제188조·제192조의 2 및 제198조). ⑥ 관세청에 설치된 몰수품심사위원회를 폐지하고, 몰수 또는 국고귀속되기 전에 발생한 보관료 등을 세관장이 지급하도록 명시하여 몰수품처분제도의 합리화를 도모하는 등 관세제도를 합리적으로 개선함(제242조의 3 및 제242조의 4 등).
1999.1.21. (법률 제5681호)	일부 개정 (국가안전기획부법중개정법률)	국가안전기획부법이 개정되어 국가정보원법으로 제명이 변경됨에 따라 관계조문을 정비하려는 것임.
1999.12.28. (법률 제6046호)	일부 개정 (제35차)	관세에 대한 불복절차를 간소화함으로써 납세자의 신속한 권리구제를 도모하고, 관세부과에 대한 사전구제절차로서 과세전적부심사제도를 도입하는 한편, 원재료의 관세율이 이를 재료로 하여 생산된 제품보다 높은 세율불균형현상을 시정하는 등 현행 제도의 운영상 나타난 일부 미비점을 개선·보완하려는 것임.

		① 납세자의 실질적인 권리구제를 위하여 세관장이 납세액의 부족을 이유로 세액을 경정하여 부족분을 징수하고자 하는 때에는 사전에 그 사실을 납세자에게 통지하도록 하고, 그 통지를 받은 납세자가 세액경정에 대하여 이의가 있는 경우에는 과세의 적법성 여부를 심사청구할 수 있도록 하는 과세전적부심사제도를 도입함(제20조의 2). ② 종전에는 산업기술의 연구개발에 사용하기 위하여 수입하는 물품은 국내제작이 곤란한 경우에만 관세를 감면하도록 하였으나, 앞으로는 국내제작의 곤란 여부와 관계없이 감면할 수 있도록 함(제28조의 5 제1항 제9호). ③ 종전에는 일정액이하의 물품으로서 우리나라의 거주자에게 기증기 물품에 대하여만 관세를 면제할 수 있었으나, 앞으로는 기증 여부와 관계없이 우리나라의 거주자가 수취하는 일정액 이하의 물품에 대하여는 면세할 수 있도록 함(제30조 제16호). ④ 종전에는 관세부과 등에 대하여 불복하는 경우, 심사청구와 심판청구를 거쳐야만 행정소송을 제기할 수 있도록 하던 것을, 앞으로는 심사청구와 심판청구 중 하나의 절차만 거치면 행정소송을 제기할 수 있도록 하여 납세자의 신속한 권리구제를 도모함(제38조 · 제38조의 2 · 제43조의 2 · 제43조의 4 및 제43조의 6). ⑤ 세관장은 보세구역에서 장치기간이 경과한 물품을 효율적으로 매각하기 위하여 필요한 경우에는 대통령령이 정하는 외부기관으로 하여금 매각과 관련된 업무를 대행할 수 있도록 함(제122조 및 제125조).
2000.1.12. (법률 제6136호)	일부 개정 (한국교육방송공사법)	한국교육방송공사법이 제정됨에 따라 관련사항을 정비하려는 것임.
2000.12.29. (법률 제6305호)	전문 개정 (제36차)	총313개 조문중 내용이 삭제된 조문(62개)을 폐지하고 가지화된 조문(105개)을 일반조문화하며, 관세법의 각 장, 절 및 조문순서를 관세를 통관하는 절차에 따라 재구성하여 총 실행조문 수 329개로 확대 ① 수입의 정의에서 외국물품을 우리나라에 반입(보세구역을 경유하는 것은 보세구역으로부터)하거나 우리나라에서 소비 또는 사용하는 것(우리나라의 운송수단안에서의 소비 또는 사용을 포함하며, 제239조 각 호의 1에 해당하는 소비 또는 사용을 제외하고, 설영인을 운영인으로 개정(제2조) ② 법적용의 원칙에서 신의성실 원칙을 신설, 세관공무원의 재량의 한계를 신설(제6조 및 제7조) ③ 전산처리설비가동 정지시 기한 연장규정 신설(제8조) ④ 납세의무자의 범위를 구체화하여 수입위탁으로 인한 대행수입위탁자, 수하인, 양수인을 추가함(제19조).

		⑤ 부과제척기간을 연장하여 심판청구 등 불복절차의 결정 또는 확정판결이 있는 경우, 압수물품의 환부결정이 있는 경우에는 1년간 경정처분 등 필요한 처분을 할 수 있도록 개정함(제21조). ⑥ 과오납환급제도에서 과오납금의 환급대상에서 신고납부한 세액을 삭제하고 청구기간에서는 그 행사할 수 있는 날을 대통령령으로 정함(제22조 및 제46조). ⑦ 경정청구기간을 1년에서 2년으로 연장함(제38조). ⑧ 부과고지 요청제도 도입(제39조) ⑨ 징수금액 최저한을 대통령령으로 설정(제40조) ⑩ 가산금제도에서 중가산금을 1.2%로 하고 부과기간을 최장 60월을 초과 못하게 함(제41조). ⑪ 덤핑등 피해조사를 법에 규정하고, 덤핑 및 상계관세 부과 시 고려사항을 구체적으로 나열(제52조 및 제58조) ⑫ 관세감면제도를 정비 개선하여 외교관 면세의 상호조건 폐지하고 무조건 면세로 하고 준외교관면세를 통합(제88조 내지 제101조) ⑬ 세율불균형물품에 대한 감면제도 신설(제89조) ⑭ 학술연구용품 감면세 제도의 간소화(제90조) ⑮ 특정물품 감면세 제도의 정비(제91조 및 제93조) ⑯ 정부용품면세제도의 분리(제92조, 제94조, 제96조) ⑰ 공장자동화감면 및 방위산업감면 연(제95조) ⑱ 해외임가공물품 감세제도의 재구성(제101조) ⑲ 첨단산업시설 감면제도 및 농업용기기 감면제도의 폐지 ⑳ 재수출면세제도 개선(제50조) ㉑ 위약물품 환급의 적용범위를 보세구역이 아닌 장소에 장치한 경우도 그 대상으로 확대(제106조) ㉒ 관세에 관한 납세자권리헌장 제정근거 도입(제110조) ㉓ 세관공무원의 납세자에 정보제공 의무제 도입(제117조) ㉔ 과세전 적부심사제도에서 행정적, 사법적 사전심사를 받은 경우에는 과세전적부심사의 적용대상에서 제외하는 등 관련 제도 개선(제118조) ㉕ 각종 세관장 허가제도를 세관장 신고제로 전환함(제141조, 제151조, 제221조). ㉖ 남북 간 왕래차량에 대하여 철도차량을 포함한 모든 육상운송수단의 입출국절차를 보완정비함(제149조, 제150조). ㉗ 보세제도에서 보세장치장제도를 폐지하고 보세창고에 통폐합하고 특허 및 장치기간을 일원화(제176조, 제177조, 제183조) ㉘ 특허보세구역의 운영인의 사망 등으로 특허가 상실될시 상속인이 승계하도록 함(제179조). ㉙ 보세공장제도에서 특별보세공장 등 각종 제도를 폐지하고 간소화함(제185조, 제187조).

		㉚ 종합보세구역의 설영신고제도에서 종합보세구역의 운영신고로 전환함(제198조). ㉛ 장치기간 경과물품에 대하여 인터넷 경매기관에 매각 허용(제208조) ㉜ 보세운송할 수 있는 장소에 통관우체국을 추가(제213조) ㉝ 원산지확인제도 관련 규정에서 수입물품의 원산지결정기준을 시행령에서 국민의 권리의무에 관한 사항이므로 법으로 상향 조정(제229조) ㉞ 원산지증명서류의 대외확인제도 신설(제233조) ㉟ 수입신고 전 물품반출제도에서 반출신고후 15일 이내 제세 납부하던 것을 수입신고 후 15일 이내 개정(제253조) ㊱ 전자상거래 물품에 대하여 특별통관절차를 신설(제254조) ㊲ 기타 인취, 멸각, 타소장치, 신서, 설영, 설영인, 채포, 전말, 거대중량, 운수기간 등 용어를 반입, 폐기, 보세구역 외 장치, 서신, 설치운영, 운영인, 채집 또는 포획, 경위, 크기나 무게의 과다, 운송수단 등 용어로 정리
2002.8.26. (법률 제6705호)	일부 개정	기술신용보증기금법 신설로 관련 조문을 정리함.
2002.12.18. (법률 제6777호)	일부 개정 (제37차)	중국이 세계무역기구 가입조건으로 동 회원국에게 자국에 대한 한시적 긴급수입제한조치를 허용함에 따라 중국 등 특정국가 물품에 대하여 긴급관세를 부과할 수 있는 법적 근거를 마련하는 한편, 전자정부구현을 위하여 전자송달도 및 전자문서 중계사업자 지정제도 등을 새로이 마련하고, 과다하게 반입된 여행자 휴대품의 반입을 차단하며, 그 밖에 관세가 감면되는 특정물품을 추가하는 등 현행 제도의 운영상 나타난 일부 미비점을 개선·보완하려는 것임. ① 특정국가 물품의 수입증가가 국내시장의 교란 또는 교란우려의 중대한 원인이 되거나 다른 세계무역기구 회원국이 특정국가 물품에 대하여 자국의 피해를 구제하거나 방지하기 위하여 취한 조치로 인하여 우리나라에 대한 수입증대가 발생할 경우 긴급관세를 부과할 수 있도록 함(제67조의 2 신설). ② 수입 시 관세가 면제되는 특정물품의 범위에 국제경기대회에 참가하는 자가 수입하는 물품, 국립묘지 건설·유지 또는 장식을 위한 자재, 국내에 주소를 둔 자에게 상속되는 피상속인의 신변용품 등을 추가함(제93조 제2호, 동조 제17호 및 제18호 신설). ③ 여행자 휴대품중 관세청장이 정하는 물품의 반송은 관세청장이 정하는 반송방법 및 반송시기에 하도록 함(제241조 제3항 및 제243조 제1항 신설). ④ 관세청장은 통관관련 세부통계자료를 포함한 관세통계를 작성하고 그 열람 또는 교부를 신청하는 자가 있는 때에는 대통령령이 정하는

		경우를 제외하고는 이를 열람시키거나 교부하도록 함(제322조). ⑤ 세관장은 컴퓨터를 이용하여 전자송달을 할 수 있으며, 전자송달은 송달받은 자가 지정한 컴퓨터에 입력된 때에 도달된 것으로 보도록 하되, 이러한 전자송달은 송달받아야 할 자가 신청하는 경우에 한하여 행하도록 함(제327조 제1항 · 제3항 및 동조 제4항 내지 제6항 신설). ⑥ 전산처리설비를 이용하여 전자신고 등을 전자문서로 중계하는 업무를 수행하고자 하는 자는 관세청장으로부터 전자문서 중계사업자로 지정받도록 함(제327조의 2 신설).
2003.12.30. (법률 제7009호)	일부 개정 (제38차)	성실납세 풍토를 조성하고 성실납세자 등에 대한 납세편의를 제공하기 위하여 관세납부방식과 신고한 관세에 대한 심사방식을 개선하며, 신고납부한 세액에 과부족이 있는 경우 이를 조정하는 절차를 개선 · 보완하는 한편, 가산금으로 인한 납세자의 과중한 부담을 경감하기 위해 현행 5%의 가산금 부과요율을 3%로 인하하고, 밀수농산물의 시장유통으로 인한 농가의 피해를 막기 위해 농림부장관의 요청에 의해 밀수농산물을 농림부로 이관할 수 있도록 하며, 그 밖에 종합보세구역을 활성화하기 위하여 민간인도 종합보세구역지정을 요청할 수 있도록 하고 외국인 관광객 유치를 위하여 관세등에 대한 환급절차를 마련하는 등 현행 제도의 운영상 나타난 일부미비점을 개선 · 보완하려는 것임. ① 성실납세자가 신청할 경우에는 납부기한이 동일한 달에 속하는 관세의 세액에 대하여 각각의 납부기한에 맞추어 관세를 납부하는 대신 그 다음 달에 일괄하여 납부할 수 있도록 특례를 규정함(제9조 제3항 신설). ② 현행 5%의 가산금 부과요율을 3%로 인하함(제41조). ③ 납세실적이 우수하고 일정규모 이상의 수입실적이 있는 기업이 신청할 경우에는 납세신고한 세액에 대하여 세관장이 심사하지 아니하고 당해 기업으로 하여금 자체적으로 심사하도록 하되, 그 심사결과를 세관장에게 제출하도록 함(제38조 제3항). ④ 납세의무자가 관세를 납부한 후 3월 이내에 납부세액의 오류를 발견하거나 세관장이 발견하여 통지한 경우에는 세관장에게 신청하여 세액의 보정을 할 수 있도록 하고, 당해 보정으로 인하여 그 부족세액을 징수하는 경우의 가산금 부과에 관한 사항을 정함(제38조의 2 신설). ⑤ 종전에는 수입신고가 수리된 물품의 장치기간이 제한되는 보세구역을 재정경제부령으로 정하도록 하였으나 앞으로는 관세청장이 정하도록 하여 공항 · 항만의 보세구역을 탄력적으로 지정 · 운영하게 하여 물류적체를 해소할 수 있도록 함(제157조의 2 신설). ⑥ 종전에는 관세청장이 직권이나 관계중앙행정기관의 장 및 지방자치단체 장의 요청에 의하여 종합보세구역을 지정하도록 하였으나 앞으로는 종합보세구역을 운영하고자 하는 민간인도 지정요청할 수

		있도록 함(제197조의 2 신설). ⑦ 외국인관광객 등이 종합보세구역에서 구입한 물품을 국외로 반출하는 경우 당해 물품을 구입할 때 납부한 관세 및 내국세 등을 환급받을 수 있도록 함(제199조의 2 신설). ⑧ 국내시장의 수급조절 및 가격안정을 도모하기 위하여 농림부장관이 요청하는 경우에 몰수된 농산물을 농림부로 이관할 수 있도록 함(제326조 제6항 신설).
2004.10.5. (법률 제7222호)	일부 개정 (제39차)	① 일괄납부기한을 당해 달의 말일까지로 함(제9조 제3항). ② 국가 또는 지방자치단체가 직접 수입하는 경우 이자 상당액 면제(제38조의 2 제5항 단서신설) ③ 이의신청을 우체국의 장에게 제출하고 이를 세관장에게 이송할 수 있도록 제도화(제132조 제1항 후단신설) ④ 출국심사를 마치거나 경유하는 자에게 제공하는 선용품 기용품도 수입으로 보지 아니하고 사용, 소비로 봄(제239조 제1호의 2 신설). ⑤ 보세구역 아닌 곳에 장치한 외국물품을 수입신고 없이 국내에 수입한 경우 이를 몰수하는 것은 과잉금지에 반하며 임의적으로 여러 사정을 감안하여 몰수(제282조 제2항 단서신설)
2005.7.13. (법률 제7581호)	일부 개정 (제40차)	① 환급청구권 소멸시효를 3년간으로 한다(제22조 제2항).
2006.2.21. (법률 제7849호)	타법 개정	① 경찰공무원을 각각 국가경찰공무원으로 한다(제138조 제2항 등).
2006.3.24. (법률 제7887호)	일부 개정 (제41차)	① 고액의 체납자에 대한 명단공개제도 도입(제116조의 2 신설) ② 특정물품에 대한 품목분류 변경의 효력 명확화(제87조 제3항 등 신설) ③ 재수출감면세율의 범위를 법률에 규정(제98조 제1항) ④ 보세창고 장치기간의 탄력적 운영(제177조) ⑤ 항공사, 선박회사의 승객예약자료 제출요구권 도입(제137조의 2 신설)
2006.10.4. (법률 제8050호)	타법 개정	① 예산회계법 제18조를 국가재정법 제17조(제46조 제4항)
2006.12.30. (법률 제8136호)	일부 개정 (제42차)	① 기한의 특례(제8조 제3항) ② 우편물의 과세물건 확정시기 변경(제16조) ③ 관세징수권 소멸시효 정지제도 보완(제23조) ④ 신고가격불인정 기준에 대한 위임근거(제30조 제5항) ⑤ 통관역장 등의 직무대행 규정 신설(제151조의 3)

		⑥ 과세전적부심사 청구기한 등 연장(제118조 및 제128조) ⑦ 국경출입차량의 도착절차 및 출발절차에 대한 통관특례 규정 신설(제149조 및 제150조) ⑧ 국경출입차량의 국내운행차량으로의 전환 등 신설(제151조의 2) ⑨ 상표권 침해물품에 대한 직권통관보류 근거신설(제235조 제7항) ⑩ 국경출입 도로차량의 신고절차 간소화(제152조) ⑪ 차량용품에 대한 면세(제239조) ⑫ 전기등 연속반출입 물품의 통관절차 근거규정 신설(제249조 제6항) ⑬ 명예세관원에 대한 법적 근거규정 신설(제268조) ⑭ 관세범의 정의규정 정비(제283조) ⑮ 여성인권 보호 강화(제301조) ⑯ 등록대상업자에 국경출입차량에 대한 물품하역, 공급업자 등 추가(제222조) ⑰ 체납자 은닉재산 신고 포상금 도입(제324조) ⑱ 관세율표의 전문개정(별표)
2007.4.11. (법률 제8356호)	타법 개정	① 대외무역법 제26조 제1항을 대외무역법 제39조 제1항에 따른(제65조 제5항), 대외무역법 제14조의 규정에 의한을 대외무역법 제11조에(제258조) 따른으로 한다.
2007.4.11. (법률 제8367호)	타법 개정	① 장애인복지법 제48조를 장애인복지법 제58조로 한다(제91조 제5호).
2007.12.31. (법률 제8833호)	일부 개정 (43차)	① 반송·복합환적 정의 규정 신설(제2조) ② 특수관계자로부터 수입시 과세가격 결정방법 사전심사제 도입(제37조) ③ 관세의 신용카드 납부근거 도입(제38조) ④ 정부용품 중 군수품 면세 규정 정비(제92조) ⑤ 항공기 발착·항행안전용품 관세감면제도 감축·폐지(제93조, 제95조) ⑥ 하자물품 보세공장 재반입 시 환급제한규정 완화(제106조) ⑦ 보세공장 원료과세 신청절차 개선(제189조) ⑧ 원산지정보 수집·분석(제233의2) ⑨ 저작권 세관신고제도 및 직권통관보류제도 도입(제235조) ⑩ 지재권 침해물품 '담보제공 후 통관' 제도 개선(제235조 제5항) ⑪ 수출입안전관리 우수업체 공인제도 도입(제255조의 2) ⑫ 국가 간 세관자료 표준화 및 상호교환근거 도입(제255조의 3)
2008.2.29. (법률 제8852호)	타법 개정	① 재정경제부를 기획재정부로 한다(제13조 제1항 등).

2008.2.29. (법률 제8860호)	타법 개정	① 국세심판관회의를 조세심판관회의로, 국제심판관합동회의를 조세심판관합동회의로 한다(제120조 제1항).
2008.12.26. (법률 제9261호)	일부 개정 (제44차)	① 납세자의 환급청구권 소멸시효 연장(제22조) ② 보정기간의 연장(제38조의 2) ③ 허위 · 부당신고에 대한 가산세 중과(제42조) ④ 장애인 운동용구의 면세(제93조 제16호) ⑤ 승객예약자료 제출시한 신설(제137조의 2 제1항) ⑥ 탁송품에 대한 관리강화(제254조의 2, 제277조 제2항) ⑦ 국가관세종합정보망의 구축 및 운영 근거(제327조, 제327조의 3 및 제327조의 4, 제327조의 2)
2009.2.6. (법률 제9410호)	일부 개정 (제45차)	① 수입물품의 평균 신고가격 등 집계 공표(제29조 제2항)
2009.4.1. (법률 제9617호)	타법 개정	① 신용정보업자 또는 신용정보집중기관을 신용정보회사 또는 같은 법 제25조에 따른 신용정보집중기관으로 한다(제44조 제3항).
2009.4.22. (법률 제9625호)	타법 개정	①「컴퓨터프로그램 보호법」 폐지에 따른 문구 조정 (제235조 제1항, 제2항)
2009.5.27. (법률 제9709호)	일부 개정 (제46차)	① 통관 후 유통이력 관리(제5관) 신설, 통관 후 유통이력 신고(제240조의 2) 신설, 유통이력조사(제240조의 3) 신설 ② 500만원 이하의 과태료 신설(제277조 제1항)
2010.1.1. (법률 제9910호)	일부 개정 (47차)	① 수입시 원칙상 "관세무담보 방식"으로 전환(제248조) ② 수입신고 이외의 행위시 요구되는 담보제공 면제 (제158조, 제181조, 제187조, 제195조, 제202조, 제205조) ③ 재수출면세물품에 대한 담보제공 금액에 가산세를 제외(제108조) ④ 체납시 중가산금 적용 금액 상향 조정(제41조) ⑤ 정당한 사유가 있을 경우 보정이자 면제(제38조의 2) ⑥ 산업재해 예방물품 감면 폐지(제95조 제1항 제3호) ⑦ 재수입 면세 대상물품 범위 조정(제99조) ⑧ 학술연구용품 관세감면 조문정리(제90조 제1항 제1호에서 제4호까지) ⑨ 농특세법 폐지 유예에 따른 감면율 확대(환원)(제93조) ⑩ 18개 경미한 관세법 위반에 대한 처벌을 형벌에서 과태료(행정벌)로 전환(제276조, 제277조) ⑪ 미성년자, 심신미약자, 종범 등에 대한 벌금형 처벌의 면제 또는 감경(제278조)

		⑫ 관세 예비범에 대한 처벌 경감(제271조) ⑬ 체납세액 면탈 목적 사해행위 처벌 신설(제275조2) ⑭ 제3자의 관세회피 등을 위한 명의대여행위처벌(제274조3) ⑮ 세관장 통고처분을 공소시효 정지 사유로 변경(제311조) ⑯ 관세형벌 관련 용어의 순화(제291조, 제292조, 제294조, 제300조, 제302조, 제307조, 제308조, 제309조) ⑰ 지식재산권 신고의 민간위탁 근거 신설(제329조)
2010.1.1. (법률 제9924호)	타법 개정	① 부가가치세를 부가가치세, 지방소비세로 개정(제4조 제1항)
2010.1.25. (법률 제9968호)	타법개정	① 행정심판법 개정에 따른 조문정리(제120조 제1항)
2010.3.31. (법률 제10195호)	일부개정	① "여자의"를 "여성의"로, "여자를"을 "여성을"로 한다. (제301조 제2항)
2010.12.30. (법률 제10424호)	일부개정	① 방위산업용품 관세감면제도 및 항공기 항행안전용품 관세감면제도 폐지(제95조) ② 특허보세구역 반입정지에 갈음하는 과징금제도 신설(제178조, 제205조) ③ 특혜원산지 확인기준 적용 범위 추가(제229조) ④ 특혜원산지증명서 발급 등 근거 신설(제232조의 2) ⑤ 세관당국의 수출물품 원산지 조사권한 신설(제233조) ⑥ 신성장동력 산업 육성 등을 위한 기본관세율 인하(관세법 별표) ⑦ 고액 상급 체납자 명단공개 범위 확대(제116조의 2) ⑧ 승객예약자료 제출범위 명확화(제137조의 2) ⑨ 허위 오인 표시 물품의 통관제한(제230조의 2) ⑩ 지식재산권 보호대상 확대(제235조) ⑪ 수출입 중소기업에 대한 AEO 공인인증 획득 지원 근거마련(제255조의 2) ⑫ 밀수품 취득죄 예비범에 대한 처벌 경감(제274조) ⑬ 의무보관 신고서류에 반송신고서류 추가(제12조) ⑭ 수입신고수리 전 반출시 담보제공 생략 가능 범위 명확화(제252조) * 전체적으로 어려운 용어, 복잡한 문장을 이해하기 쉽게 정비
2011.7.25. (법률 제10897호)	일부개정	① 화물운송주선업자의 등록제로 변경(제222조)
2011.12.31.	일부개정	① 관세법 사항을 국세예규심사위원회 심의(제5조의 2)

(법률 제11121호)		② 후발적 경정에 대한 특별 제척기간 도입(제21조) ③ 관세평가방법 적용순서 명확화(제33조) ④ 보정은 부족세액의 경우만 허용(제38조의 2) ⑤ 국세청에 대한 과세가격 정보요청 근거(제29조) ⑥ 납세의무자의 거래가격 의견제출 기회(제30조) ⑦ 내국세 세무조사에 따른 관세환급 근거(제38조의 4) ⑧ 가산세 면제규정 정비(제42조) ⑨ 수입신고 수리 전 반출 물품 부과고지 규정화(제39조) ⑩ 관세 조사시 통합조사 근거 마련(제110조의 2) ⑪ 관세조사 대상 선정 기준 명확화(제110조의 3) ⑫ 관세조사권 남용금지 의무 신설(제111조) ⑬ 재조사 결정에 의한 조사 시 중복조사 예외(제111조) ⑭ 고액체납자 명단공개 확대(제116의 2) ⑮ 과세전통지 건에 대한 조기 경정제도(제118조) ⑯ 관세 불복시 행정심판법 준용 확대(제118조) ⑰ 관세불복관련 위원회 통합 정비(제118조) ⑱ 화물관리인 지정 취소의 법적 근거 명확화(제172조) ⑲ 특혜협정 원산지증명서 확인요청 근거(제233조) ⑳ UN안보리결의 이행을 위한 세관의 검사권(제265조) ㉑ 청문대상 확대(제328조) ㉒ 무역통계 수수료 수납기관 명확화 등(제322조)
2013.1.1. (법률 제11602호)	일부개정	① 내국세등에 대한 담보 관련 근거 명확화(제4조) ② 체납된 국세의 인계 규정을 법에 반영(제4조) ③ 소비 또는 사용하는 물품에 대한 납세의무 명확화(제19조) ④ 원산지 검증시 회신기간 특별제척사유 인정(제21조) ⑤ 수정신고 기한 명확화(제38조의 3) ⑥ 결손처분 규정 삭제(제44조) ⑦ 환급 사유 및 환급가산금 기산일 명확화(제46조) ⑧ 관세미납 위약물품 부과취소 사유 확대(제106조) ⑨ 수출입물품 가격 조작시 허위신고죄 처벌강화(제276조) ⑩ 통고처분 이행기간 연장(제316조) ⑪ 체납자 은닉재산 신고포상금 제도 개선(제324조) ⑫ 평가규정의 해석 등을 위한 협의원칙(제30조) ⑬ 납세자 입증 거래가격 인정(제30조) ⑭ 동종 동질물품의 거래가격의 요건 명확화(제31조) ⑮ 생산지원비배분 가산 근거 마련(제30조) ⑯ 산정가격 적용요건 구체화(제34조) ⑰ 특수관계자 수입물품 자료 미제출에 대한 제재수단(제37조의 3 등)

		⑱ 보세운송업자 등의 행정제재 요건 추가(제224조) ⑲ 탁송품 통관절차 명확화(제254의 2) ⑳ 세율불균형 감면 단계적 폐지(제89조) ㉑ 재수출감면세 가산세 규정 합리화(제97조)
2013.3.23. (법률 제11690호)	타법개정	① 방송통신위원회가를 미래창조과학부장관으로 한다(제92조 제4호). ② 농림수산식품부장관을 각각 해양수산부장관으로 한다(제93조 제5호 및 제6호). ③ 농림수산식품부장관을 농림축산식품부장관으로 한다(제326조 제6항).
2013.6.1. (법률 제11458호)	타법개정	① 종자산업법을 「식물신품종 보호법」으로 한다(제235조 제1항 제3호).
2013.6.7. (법률 제11873호)	타법개정	① 부가가치세법 제16조를 부가가치세법 제32조 및 제35조로 한다(제266조 제2항).
2013.8.13. (법률 제12027호)	일부개정	① 관세 부과의 제척기간을 2년에서 5년으로, 부정한 방법으로 관세를 포탈한 경우 제척기간을 5년에서 10년으로 연장(제21조 제1항) ② 과세가격을 결정하기 위한 합리적 기준이 없는 경우 국제거래시세를 조정한 가격을 적용하는 등 거래의 실질 및 관행에 비추어 합리적으로 인정되는 방법에 따라 과세가격을 결정(제35조 제2항) ③ 경정청구기간을 2년에서 3년으로 연장(제38조의 3 제2항) ④ 관세의 부과·징수와 수출입물품의 통관을 위한 허가·승인 등 제한사항의 확인을 위하여 필요한 자료 및 통계의 요청대상 기관, 요청자료, 제출방법 등을 구체화(제264조의 2 부터 제264조의 9까지 신설) ⑤ 물품가격 조작 신고자 2년 이하의 징역 또는 물품원가와 5천만원 중 높은 금액 이하의 벌금 신설, 가격 허위신고 행위 처벌규정 삭제(제270조의 2 신설 및 현행 제276조 제1항 삭제).
2014.1.1. (법률 제12159호)	일부개정	① 납세의무자의 범위 보완(제19조 제4항부터 제6항까지) ② 수입물품의 과세가격 조정에 따른 경정청구 대상의 확대(제38조의 4 제1항) ③ 경정청구시 등 우편제출에 따른 특례(제38조의 5 신설) ④ 할당관세의 효과 분석 결과 국회 보고(제71조 제4항) ⑤ 재수입시 관세 면제 제외사유 명확화(제99조 제1호 다목 신설) ⑥ 관세 조사시 참여하는 조력자 범위 조정(제112조) ⑦ 선용품(船用品) 및 기용품(機用品) 적재허가 준수의무의 부과(제143조 제1항)

		⑧ 보세사 자격 취득요건의 완화(제165조 제1항 제2호) ⑨ 보세사 및 보세운송업자 등의 명의대여 금지(제165조의 2 및 제223조의 2 신설) ⑩ 보세판매장 특례 대상 중견기업 범위 제한(제176조의 2) ⑪ 원산지 확인요청에 대한 상대국의 미회신시 특혜관세 제한(제233조 제2항 신설) ⑫ 탁송품 배송지에 대한 정보의 제출(제254조의 2 제3항 신설) ⑬ 수출입 안전관리 우수 공인업체에 대한 지원 확대(제255조의 2 제6항) ⑭ 해외 신용카드 사용 내역 등 관세청 통보(제264조의 2 등) ⑮ 허위 보정신청 또는 수정신고에 대한 처벌(제270조의 2, 제276조 제2항 제4호의 2 신설) ⑯ 국가관세종합정보망 운영사업자 등의 비밀 누설시 제재처분(제327조의 2 제4항 제5호 및 제327조의 3 제3항 제5호 신설) ⑰ 관세율표를 알기 쉽게 개정(별표)
2014.1.21. (법률 제12307호)	타법개정	① 산업발전법 제10조의 2를 「중견기업 성장촉진 및 경쟁력 강화에 관한 특별법」 제2조 제1호로 한다(제176조의 2 제1항).
2014.11.19. (법률 제12844호)	타법개정	① 정부조직법을 개정에 따라 해양경찰관서의 장을 해양경비안전관서의 장으로 한다(제267조의 2 제1항 제3호).
2014.12.23. (법률 제12847호)	일부개정	① 고액 관세채권에 대한 징수권 소멸시효 기간 연장(제22조 제1항) ② 국내판매가격에 기초한 과세가격 결정방법의 배제요건 마련(제33조 제2항 신설) ③ 과세가격 사전심사에 대한 재심사 제도의 도입(제37조 제3항 신설) ④ 관세의 과세가격 결정방법과 국세의 정상가격 산출방법의 사전조정 제도 도입(제37조의 2 신설) ⑤ 납세자의 경정청구기간 확대(제38조의 3 제2항 및 제38조의 4 제1항) ⑥ 품목분류 사전심사 및 품목분류 변경에 대한 재심사 제도 도입(제86조 및 제87조) ⑦ 해외여행자 휴대품 자진신고자에 대한 세금경감(제96조 제2항 신설) ⑧ 납세증명서의 제출 및 발급 제도 도입(제116조의 3 신설) ⑨ 중소기업 및 중견기업이 운영하는 보세판매장에 대한 특허 갱신제도 도입(제176조의 2) ⑩ 보세운송업자 등의 업무정지처분에 갈음한 과징금제도 도입(제224조 제2항 및 제3항 신설) ⑪ 무역원활화 기본계획의 수립 및 시행(제240조의 4 신설) ⑫ 해외여행자 휴대품 미신고자에 대한 가산세 강화(제241조 제5항) ⑬ 수출입 물류업체에 대한 법령준수도 등의 평가 및 지원 제도 도입

		(제255의 2 제7항 신설)
2015.12.15. (법률 제13548호)	일부개정	① 무신고에 대한 가산세 신설(제42조 제3항) ② 품목분류 사전심사 신청인의 귀책으로 품목분류 변경시 해당 신청인에 대한 소급적용 근거 마련(제86조 제5항 제2호 가목) ③ 세율불균형 감면물품 제조·수리 공장 지정 취소요건 신설(제89조 제2항 및 제4항) ④ 수입한 상태 그대로 수출되는 자가사용물품에 대한 관세 환급 신설(제106조의 2) ⑤ 고액·상습체납자의 명단공개 대상 확대(제116조의 2 제1항) ⑥ 서류열람권과 의견진술권을 처분청에도 동등하게 부여(제130조) ⑦ 적하목록 제출 대상자 확대(제135조 제2항 단서) ⑧ 보세사 전형에서 부정행위를 한 자에 대한 제재조치의 근거를 법률로 상향입법하면서, 전형 응시가 제한되는 기간을 5년으로 연장(제165조 제4항) ⑨ 보세판매장 특허심사위원회의 설치 근거를 법률로 상향입법(제176조의 3) ⑩ 보세운송업자 등의 등록 유효기간 연장(제222조 제5항 단서) ⑪ 통관보류 사유 추가 및 법령화(제237조) ⑫ 수입물품 안전성 검사제도 신설(제237조 및 제246조의 3) ⑬ 고위험 수출물품에 대한 수출신고요건 추가(제243조 제4항)
2015.12.29. (법률 제13636호)	타법개정	① 지방세법 개정에 따라 지방소비세를 지방소비세, 담배소비세, 지방교육세로 한다(제4조 제1항).
2016.1.27. (법률 제13856호)	타법개정	① 「자유무역지역의 지정 및 운영에 관한 법률」 개정에 따라 "입주허가를 받아"를 "입주계약을 체결하여"로 한다(제254조의 2 제6항 단서).
2016.3.29. (법률 제14127호)	타법개정	① "여신전문금융업법에 따른 시설대여업을 하는 자"를 "여신전문금융업법에 따른 시설대여업자"로 한다(제105조 제1항 전단).
2016.12.20. (법률 제14379호)	일부개정	① 특수관계에 있는 자가 수입하는 물품의 과세가격 결정방법의 보완(제37조의 4) ② 덤핑방지관세 및 상계관세 부과 시 고려사항 추가(제52조 제2항 및 제58조 제2항) ③ 관세조사의 사전통지 기한 연장(제114조 제1항) ④ 소액의 불복청구에 대한 대리인 범위 확대(제126조 제2항 신설) ⑤ 보세구역에서 채취한 견본품에 대한 비과세 확대(제161조 제3항) ⑥ 특허보세구역의 특허 취소 요건 완화(제178조 제2항 제4호)

		⑦ 보세공장에 반입하는 외국물품에 대한 증명의무 완화(제186조 제2항) ⑧ 국제기준에 따른 품목분류 변경(별표) ⑨ 반도체 제조용 장비를 제조 또는 수리하기 위하여 사용하는 부분품과 원재료에 대한 관세 감면의 감축 유예(법률 제11602호 관세법 일부개정법률 부칙 제14조 제2항)
2017.7.26. (법률 제14839호)	타법개정	① 정부조직법 개정에 따라 "미래창조과학부장관"을 "과학기술정보통신부장관"으로 한다(제92조 제4호). ② "해양경비안전관서의 장"을 "해양경찰관서의 장"으로 한다(제267조의 2 제1항 제3호).
2017.12.19. (법률 제15218호)	일부개정	① 관세 등의 연대납부 의무(제19조 제5항 제1호 나목 신설) ② 납세자권리헌장의 교부 대상 확대(제110조 제2항 제1호) ③ 정기선정에 의한 조사 외의 관세조사 대상 확대(제110조의 3 제2항 제4호 신설) ④ 납세자의 장부 등 보관 금지(제114조의 2 신설) ⑤ 고액·상습체납자의 명단 공개 대상 확대(제116조의 2 제1항 본문) ⑥ 과세전적부심사 청구 또는 심사청구에 대한 재조사 결정(제118조 제4항 제2호 후단 및 제128조 제1항 제3호 후단) ⑦ 이의신청에 대한 세관장의 의견서의 송부 의무(제132조 제4항 단서, 제132조 제5항 및 제6항 신설) ⑧ 세관공무원의 무기 휴대(제267조) ⑨ 금품 수수에 대한 징계부가금 및 금품 공여에 대한 과태료 부과(제277조의 2 신설)
2018.12.31. (법률 제16093호)	일부개정	① 과세가격 결정방법의 사전심사 및 사전심사에 대한 재심사 대상의 확대(제37조 제1항 및 제3항) ② 특수관계자의 과세가격결정자료 미제출 시 적용하는 과세가격 결정방법 개선(제37조의 4 제4항·제5항 신설) ③ 체납된 관세에 대한 중가산금의 이율 인하(제41조 제2항 전단) ④ 체납처분의 유예 규정 신설(제43조의 2 신설) ⑤ 조정관세 부과사유 확대 및 세율 적용순위 조정(제50조 제2항 제1호·제3호, 제69조 제2호 및 제70조 제1항) ⑥ 중소기업 이외 기업의 항공기 관세 면제 기한 연장(제89조). ⑦ 개항시설의 개선명령 신설(제133조 제3항 신설) ⑧ 특허보세구역 운영인의 결격사유 정비(제175조 각 호 외의 부분단서 신설) ⑨ 보세판매장의 특허 갱신 횟수 조정 및 입국장 면세점 신설 근거 마련(제176조의 2)

		⑩ 종합보세구역 내 장기 미반출 외국물품에 대한 매각요청 제도 신설(제201조 제5항 · 제6항 신설)
2019.12.31. (법률 제16838호)	일부개정	① 구매대행업자에 대한 연대 납세의무와 관세포탈죄를 적용(제19조 제5항 제1호 다목 신설, 제270조 제1항) ② 기간이자 성격의 가산세와 가산금을 일원화하여 납부지연가산세로 통합(현행 제41조 삭제, 제42조) ③ 가산세 감면 사유와 금액을 법률에 직접 규정(제42조의 2 신설) ④ 관세를 면제할 수 있는 특정물품에 보석의 원석(原石) 및 나석(裸石)을 포함(제93조 제18호 신설) ⑤ 보세판매장 구입물품을 환불시 납부한 관세를 환급(제106조의 2 제2항 신설) ⑥ 고액 · 상습체납자에 대한 감치(監置) 신설(제116조의 4 신설) ⑦ 체납한 자에 대한 출국금지 및 출국정지 요청 근거 신설(제116조의 5 신설) ⑧ 과세전적부심사에 대하여 우편제출에 따른 청구기간 특례, 관세정보통신망 등을 통한 불복청구 등을 허용(제118조 제6항) ⑨ 납세자보호관과 납세자보호위원회 신설(제118조의 2 및 제118조의 4 신설) ⑩ 불복청구서에 대한 보정방법을 명확화(제123조 제2항 신설) ⑪ 불복제기 시 처분의 집행 정지 기준을 구체화(제125조) ⑫ 심사청구 및 이의신청에 대한 불고불리 · 불이익변경 금지의 원칙이 적용됨을 명확화(제128조의 2 신설, 제132조 제4항) ⑬ 관세정보통신망 등을 활용하여 불복청구 근거 신설(제129조의 2 신설) ⑭ 보세사 제도 개선(제165조) ⑮ 중소기업 · 중견기업의 컨테이너 화물 검사비용 지원(제173조 제3항 단서 및 제329조 제6항 신설) ⑯ 보세판매장의 특허수수료를 보세판매장별 매출액 기준 산정(제176조의 2 제4항) ⑰ 보세판매장에서 국내 입국자에게 물품을 인도하는 물품판매 허용(제196조 제1항) ⑱ 시내보세판매장 내국물품 판매 · 현장인도와 과태료 부과 근거(제196조의 2 신설, 제277조 제4항 제2호). ⑲ 구매대행업자 등록근거 신설(제222조 제1항 제7호 신설) ⑳ 국가 손실 보상 검사범위 확대(제246조의 2 제1항) ㉑ 공동 안전성 검사 신설(제246조의 3) ㉒ 수출물품인 검사 수수료 면제 (제247조 제3항) ㉓ 통신판매중개자 유통실태 조사 및 공개(제266조 제4항부터 제7항까지 신설)

		㉔ 몰수 실익이 없는 범칙물품을 임의적 몰수 대상으로 전환(제282조 제2항 제3호 및 제4호 신설) ㉕ 관세범칙조사심의위원회의 설치(제284조의 2 신설) ㉖ 통고처분 면제 기준 신설(제311조 제8항 및 제9항 신설)
2020.2.4. (법률 제16957호)	타법개정	「신용정보의 이용 및 보호에 관한 법률」 일부개정으로 "「신용정보의 이용 및 보호에 관한 법률」 제2조 제5호에 따른 신용정보회사 또는 같은 조 제6호에 따른 신용정보집중기관"을 "제2조 제6호에 따른 신용정보집중기관"으로 한다(제44조).
2020.6.9. (법률 제17339호)	타법개정	법률용어 정비를 위한 기획재정위원회 소관 33개 법률 일부개정 ① "범하거나"를 "저지르거나"로, "범하여"를 "저질러"로 한다(제19조 제5항 제1호 나목). ② "등이"를 "등에서"로, "기관에게"를 "기관에"로 한다(제21조 제2항 제5호). ③ "결정에"를 "결정과"로 한다(제27조 제2항). ④ "경과한"을 "지난"으로 한다(제38조의 4 제4항). ⑤ "국내산업에"를 "국내산업과"로 한다(제51조 각 호). ⑥ "요구에 응하지"를 "요구를 따르지"로 한다(제53조 제1항 제2호). ⑦ "국내산업에"를 "국내산업과"로 한다(제57조). ⑧ "부착하는"을 "붙이는"으로 한다(제93조 제12호). ⑨ "1회"를 "한 차례"로, "2회"를 "두 차례"로 하고, 같은 조 제8항 중 "기타"를 "그 밖에"로 한다(제176조의 2 제6항). ⑩ "기간에 있어서"를 "기간 동안"으로 한다(제179조 제4항). ⑪ "보세작업상"을 "보세작업을 위하여"로 한다(제195조 제1항). ⑫ "해소되었거나"를 "없어졌거나"로 한다(제206조 제2항). ⑬ "기하고"를 "도모하고"로 한다(제225조 제2항). ⑭ "부착한"을 "붙인"으로 한다(제230조의 2). ⑮ "부착하여"를 "붙여"로 한다(제235조 제5항 제1호). ⑯ "감시단속상"을 "감시단속을 위하여"로 한다(제243조 제4항). ⑰ "여부에"를 "여부와"로 한다(제244조 제5항). ⑱ "여부에"를 "여부와"로 한다(제255조의 2 제7항). ⑲ "한한다"를 "한정한다"로 한다(제264조의 3 제1항 제6호). ⑳ "범할"을 "저지를"로 한다(제271조 제3항 제274조 제3항). ㉑ "범한"을 "저지른"으로 한다(제275조). ㉒ "등에 응하지"를 "등을 따르지"로 한다(제277조 제5항 제7호 중). ㉓ "요구에 응하지"를 "요구를 따르지"로 한다(제308조 제2항). ㉔ "운송수단에 있어서의 물품의 취급시간"을 "운송수단의 물품취급시간"으로 한다(제321조 제1항).

2020.12.22. (법률 제17649호)	일부개정	① 원산지 증명 서류의 진위 확인 요청 회신을 받은 날과 회신기간이 종료된 날 중 먼저 도래하는 날부터 1년 동안 회신결과에 따른 경정(제21조 제2항) ② 납세담보 제공관련 대상 법률에 「자유무역협정의 이행을 위한 관세법의 특례에 관한 법률」 추가, 납세담보 제공 면제 조건 충족 여부 확인 위한 범죄경력자료 조회 근거(제43조의 2 제4항, 제43조의 2 제8항 신설) ③ 관세심사위원회의 의결기관화(제124조 제1항 및 제127조 제1항, 제127조 제2항 신설) ④ 출항허가 신청 전 적재물품목록에 제출할 수 있는 자에 화물운송주선업자 추가(제136조 제3항 단서 신설) ⑤ 폐기물 · 화학물질 하역 제한, 반송 명령(제140조 제7항 신설) ⑥ 보세사 명의 대여, 명의대여 알선행위 금지하고 처벌(제165조의 2 제2항 · 제3항 및 제275조의 4 신설) ⑦ 특허기간 종료 후 특허취소사유 적발되거나 전자문서 위조 · 변조 등으로 벌금형 또는 통고처분을 받은 경우 2년간 특허보세구역을 설치 · 운영불가(제175조 제6호 및 제7호) ⑧ 재난으로 인하여 보세판매장의 영업에 현저한 피해를 입은 경우 보세판매장 특허수수료 감경(제176조의 2 제4항 단서 신설) ⑨ 보세운송업자등의 보고 범위에 업무종사자의 성명이나 그 밖의 인적사항을 추가(제222조 제3항) ⑩ 지방세 체납처분이 위탁된 해당 체납자가 수입하는 물품에 대하여 세관장이 통관을 보류할 수 있도록 함(제237조 제1항 제5호). ⑪ 보세구역에 물품을 반입하지 아니하고 거짓으로 반입신고한 자에 대하여 과태료 부과(제277조 제4항 제7호 신설) ⑫ 관세행정 필요 연구개발사업을 연구기관 · 대학 등과 협약 및 필요 자금 출연 · 보조(제322조의 2 신설)
2020.12.22. (법률 제17689호)	타법개정	경찰법 전부개정법률 "국가경찰공무원"을 "경찰공무원"으로 한다.
2020.12.29. (법률 제17758호)	타법개정	국세징수법 전부개정법률 ① "체납처분"을 "강제징수"로 한다. ② "체납처분비"를 "강제징수비"로 한다.
2020.12.29. (법률 제17799호)	타법개정	독점규제 및 공정거래에 관한 법률 전부개정법률 제176조의 2 제1항 본문 중 "「독점규제 및 공정거래에 관한 법률」 제14조 제1항"을 "「독점규제 및 공정거래에 관한 법률」 제31조 제1항"으로 한다.

2021.11.30. (법률 제18525호)	타법개정	농수산물의 원산지 표시에 관한 법률 일부개정법률 제233조의 3 제1항 중 "「농수산물의 원산지표시에 관한 법률」"을 "「농수산물의 원산지 표시 등에 관한 법률」"로 한다.
2021.12.21 (법률 제18583호)	일부개정	① 부당 과소신고된 세액의 보정신청 혜택 배제(제38조의 2 제6항 신설) ② 소액 체납세액에 대한 납부지연가산세 면제 확대(제42조 제5항) ③ 항공기 부분품에 대한 관세 감면 연장(제89조 제6항 제1호) ④ 관세 환급 대상 확대(제106조의 2) ⑤ 원양어선에 사용되는 어로용품 등에 대한 통관절차 간소화(제143조) ⑥ 의무 이행 요구의 이행 여부 확인을 위한 세관공무원의 조사 권한 근거 마련(제227조 제3항 신설) ⑦ 원산지확인위원회 폐지(현행 제232조의 3 삭제) ⑧ 안전성 검사 결과에 따른 통관보류 근거 마련(제237조 제1항 제4호의 2 신설) ⑨ 국제우편물의 사전전자정보 제출(제256조의 2 신설) ⑩ 관세율표 정비(안 별표)
2022.9.15 (법률 제18976호)	일부개정	제18조 중 "외국환매도율"을 "기준환율 또는 재정환율"로 한다.
2022.12.31. (법률 제19186호)	일부개정	① 전자상거래물품 전용 통관절차 마련 등(제2조 제19호 및 제254조 제2항부터 제5항까지 신설) ② 공시송달 대상 및 방법 확대(제11조 제2항 및 제3항) ③ 특수관계자의 과세가격 관련 자료제출의 실효성 제고(제37조의 4 제1항부터 제4항까지, 같은 조 제6항 및 제277조 제1항 전단) ④ 여행자 휴대품 자진신고 시 관세경감액 한도 상향(제96조 제2항) ⑤ 계약 내용과 다른 물품 등에 대한 관세 환급 요건 완화(제106조 제1항 및 제106조의 2 제1항 제1호) ⑥ 납세의무자의 동의 기반 과세정보 제공 확대 등(제116조) ⑦ 보세판매장의 특허기간 연장 및 갱신 횟수 조정(제176조의 2 제5항 삭제, 제176조의 2 제6항) ⑧ 관세 · 국세 및 지방세 체납자 외국물품의 처분 절차 마련(제208조 제1항 제6호 및 제212조 제3항 · 제4항 신설, 제209조 제1항 및 제212조 제1항) ⑨ 한국원산지정보원의 설립 및 출연 · 보조 근거 마련(제233조의 2) ⑩ 연구목적 관세무역데이터 등의 제공 근거 마련(제322조 제10항부터 제12항까지 신설) ⑪ 체납자에 대한 사업 허가 등의 제한(제326조의 2 신설)

2023.12.31. (법률 제19924호)	일부개정	① 장부 등의 보관 규정에 관한 사항(제12조) ② 명의대여에 관한 부과제척 기간 예외(제21조 제3항) ③ 수정신고시 감면율 상향 조정(제42조의 2) ④ 우회덤핑에 대한 덤핑방지관세 부과 근거 마련(제56조의 2) ⑤ 품목분류체계의 수정 등에 관한 조문 정리(제84조, 제87조) ⑥ 용도세율에 관한 운영 규정 개정(제83조) ⑦ 고액·상습체납자의 명단 공개 등(제116조의 2) ⑧ 납세자 본인에 관한 과세정보의 전송 요구(제116조의 6) ⑨ 심판청구 관련 조문 정리(제131조) ⑩ 국제무역선에서 물품검사에 관한 사항(제161조) ⑪ 국제항 안에서 국제무역선의 보세운송 특례(제220조의 2) ⑫ 마약류 관련 정보의 제출 요구(제264조의 11) ⑬ 위치정보의 수집(제266조의 2) ⑭ 국가관세종합정보망 명칭을 국가관세종합정보시스템 등 변경(제268조의 2) ⑮ 직무집행 거부·기피 등 경우 벌금을 과태료로 전환(제277조) ⑯ 한국관세정보원의 설립(제327조의2)
2024.12.31. (법률 제20608호)	일부개정	① 월별 성실납세신고 제도 신설(제9조 제4항 및 제38조의 5 신설) ② 수입신고를 하지 아니하고 수입한 경우 관세부과 제척기간 연장(제21조) ③ 부정행위를 통한 과소신고의 가산세율 상향(제42조 제2항) ④ 최빈개발도상국에서 제외된 국가에 대한 특혜관세 적용(제76조 제3항) ⑤ 지재권 침해 물품의 확대(제235조 제1항 제7호 신설) ⑥ 통신판매업자 등록 근거(제254조 제2항·제7항·제8항) ⑦ 과세자료 제출기간 추가(제264조의 2 제7호 신설) ⑧ 세관공무원의 무기휴대 및 사용의 범위 확대(제267조) ⑨ 가격조작죄의 벌금형 산정 기준 합리화(제270조의 2 제2호)

【2021년 관세법 용어 개정】

	조문	종전	2021년 개정 「관세법」
1	제2조	외국무역선	국제무역선
2	제2조	외국무역기	국제무역기
3	제2조	내항선(內港船)	국내운항선
4	제2조	내항기(內航機)	국내운항기
5	제2조	선용품(船用品)	선박용품
6	제2조	기용품(機用品)	항공기용품
7	제9조	납세고지	납부고지
8	제11조	납세고지서	납부고지서
9	제12조	적하목록	적재화물목록
10	제19조	수하인(受荷人)	물품수신인
11	제19조	체납처분(비)	강제징수(비)
12	제23조	체납처분유예기간	압류・매각의 유예기간
13	제43조의 2	체납처분의 유예	압류・매각의 유예
14	제43조의 2	체납처분	압류 또는 매각
15	제69조의 2	유한(有限)	한정된
16	제90조	학술연구용품의 감면세	학술연구용품의 감면
17	제91조	예배용품과 식전용품(式典用品)	의식(儀式)에 사용되는 물품
18	제94조	상용견품(商用見品)	상업용견본품
19	제95조	환경오염방지물품에 대한 감면세	환경오염방지물품 등에 대한 감면
20	제96조	여행자 휴대품 및 이사물품 등의 감면세	여행자 휴대품 및 이사물품 등의 감면
21	제98조	재수출감면세	재수출 감면
22	제100조	손상감세	손상물품에 대한 감면
23	제101조	해외임가공물품 등의 감세	해외임가공물품 등의 감면
24	제124조	심의	심의 및 의결
25	제127조	심의를 거쳐 이를	의결에 따라
26	제6장 제1절	개항	국제항
27	제135조	출항면장(出港免狀)	출항허가증
28	제139조	외국의 기착(寄着)보고	임시 외국 정박 또는 착륙의 보고
29	제182조	상속인	상속인 또는 승계법인
30	제254조	송하인 및 수하인	발송인 및 수신인
31	제275조의 2	체납처분면탈죄등	강제징수면탈죄등
32	제287조	대서	대리서명

저/자/소/개

▌이 종 익▐

부산수산대학(부경대학교) 졸업
연세대학교 행정대학원 졸업(행정학 석사)
부산세관, 김포세관, 서울세관, 관세청, 구로세관, 국세공무원교육원, 재정경제부 근무
관세청 법인심사과장, 김포세관장, 인천공항우편세관장, 서울세관 통관국장, 양산세관장 역임
법무법인 대륙아주 고문, 관세법인 신대륙 고문
현 에스원관세사무소 대표

<저서 및 논문>
『관세법해설』, 『관세법강의』, 『객관식 관세법』,
『자유무역협정(FTA)의 이행을 위한 관세법의 특례에 관한 법률 해설』
“행정전산화가 조직원의 직무 만족에 미치는 영향에 관한 연구”

▌박 병 목▐

연세대학교 졸업
연세대학교 경영전문대학원 졸업(MBA)
서울세관, 구로세관, 인천공항세관, 관세청, 인천세관 근무
현 에스티로지스틱스 본부장

<저서 및 논문>
『관세법해설』, 『객관식 관세법』, 『수출입 통관』,
『자유무역협정(FTA)의 이행을 위한 관세법의 특례에 관한 법률 해설』,
“FTA 체결로 인한 원산지 관리 및 대응방안에 관한 관세청 사례연구”

2025
관세법 해설

초 판 발 행 2000년 7월 20일
개정 23판 발행 2025년 2월 3일

지 은 이 | **이종익 · 박병목**
펴 낸 이 | **김 수 진**
펴 낸 곳 | **세 경 사**

출 판 등 록 | 1977.12.2. No. 제3-74호
주 소 | 서울특별시 영등포구 은행로 29(여의도동) 정우빌딩 209호
전 화 번 호 | 792-7202~3, 795-3398, 796-2400
팩 스 | 792-1343
홈 페 이 지 | www.sekyungsa.co.kr
I S B N | 978-89-7933-446-3 93360
정 가 | 48,000원